济南市志

1986～2010

JI NAN SHI ZHI

济南市史志编纂委员会 编

方志出版社
Publishing House of Local Records

图书在版编目（CIP）数据

济南市志 ：1986～2010. 2 / 济南市史志编纂委员会编. -- 北京 ：方志出版社，2015.10
ISBN 978-7-5144-1745-6

Ⅰ.①济… Ⅱ.①济… Ⅲ.①济南市—地方志—1986～2010 Ⅳ. ①K295.21

中国版本图书馆 CIP 数据核字（2015）第 245699 号

济南市志（1986～2010） 2

编　　者：济南市史志编纂委员会
责任编辑：李志瑜
出 版 人：冀祥德
出 版 者：方志出版社
地址　北京市朝阳区潘家园东里 9 号（国家方志馆 4 层）
邮编　100021
网址　http：//www.fzph.org
发　　行：方志出版社发行中心
电话（010）67110500
经　　销：各地新华书店
印　　刷：济南黄氏印务有限公司（0531）88711234
开　　本：889×1194　　1/16
印　　张：40.5
字　　数：1066 千字
版　　次：2015 年 10 月第 1 版　2015 年 10 月第 1 次印刷
印　　数：0001～1600 册

ISBN　978-7-5144-1745-6　　定价：580.00 元

凡　例

一、本志坚持辩证唯物主义和历史唯物主义，以马克思列宁主义、毛泽东思想、邓小平理论、“三个代表”重要思想、科学发展观为指导，依据国务院《地方志工作条例》，全面客观记述济南市自然、政治、经济、文化和社会的历史与现状，努力做到思想性、资料性、科学性的统一，力求突出时代特色、地方特点。

二、本志为《济南市志(1840～1985)》的续志，上限为1986年，下限为2010年，部分内容适当上溯或下延。

三、体裁，以志为主，述、记、传、图、表、录辅之；结构为卷、篇、章、节体，部分节下设目和子目。图片使用与文字同步，力求图文并茂，扩大信息量，增强可读性。

四、区域范围，一般为2010年济南市行政区域；部分内容为当时行政区域。

五、纪年，一般采用公元纪年，视情括注历史纪年。部分贯通古今的内容，民国以前采用历史纪年，视情括注公元纪年；民国以来采用公元纪年。

六、行文采用语体文、记述体。除引用原文外，均以第三人称记述；文风力求严谨朴实，语言力求简洁流畅。涉及组织机构、会议、文件、职务、地名、称谓，采用当时的名称；历史地名视情括注今称。

七、数字、标点符号使用，遵循国家标准《出版物上数字用法》《标点符号用法》的规定；计量单位，遵循《中华人民共和国法定计量单位》的规定，个别地方保留“亩”“公斤”“马力”等计量单位。

八、入志资料以撰稿单位提供为主；同时参考相关图书、报刊资料。统计数据，一般采用统计部门的数据；统计部门未有的，采用事业主管部门的数据。

九、注释。文字简短的注释在文内括注，文字较长的注释采用脚注。记述有争议的事物，一般以一说为主，他说附于脚注。

十、人物。遵循“生不立传”原则，排列以卒年为序。立传人物为在本行政区域有重大影响者，以及本籍人物在外地有重大影响者。部分内容适当设人物表和人物名录。

济南市史志编纂委员会

（2015年3月～ ）

名誉主任	王文涛
主　　任	杨鲁豫
顾　　问	张福山　朱文兴
第一副主任	巩宪群
副 主 任	李华贤　任建新　陈　荣　刘　民　张德萍　崔春荣
	凌安中　王宏志　蒋晓光　张　利　翟旭东
委　　员	李会宝　田　庄　陈东生　徐　群　史同伟　刘程华
	孙竹兮　尹清忠　刘　浩　王玉玲　贾　杰　朱传东
	于晓奎　孙庚贵　孙建新　马军远　王　军　孙元文

济南市志

(1986～2010)

第二册

主　　编　翟旭东

副 主 编　綦延辉　杜加臣　朱佩峰　郭建群

总　　纂　丁爱军

副 总 纂　庞新华　高长海　亓远程　于瑞东

编　　辑　(按姓名笔画为序)

丁爱军　刁文菁　王　炜　王　洋　王　群　王海峰

代戈红　孙　广　别玉金　张　阳　宋高峰　张超强

李国宇　陈　蕾　庞新华　宣　涛　夏　兵　高江娜

景国富　董殿勋　路玉增

编　　校　马晓飞　安宝坪　范玉峰　侯　蓉

济南市史志办公室组成人员

（以到职先后为序）

党组书记　庄虔贵*　王历历*　李吉祥*　翟旭东

主　　任　庄虔贵*　袁淑玲*　李吉祥*　翟旭东

副 主 任　王历历*　李明亮*　朱佩峰*　綦延辉　杜加臣

巡 视 员　朱佩峰

副巡视员　郭建群

工作人员　王鲁宁*　杨薇薇　郭德芳　于香萍*　夏　兵　高江娜　高进录*　宣　涛　王　炜　郭建群*　杜加臣*　李国宇　董殿勋　刘兴亮*　刁文菁　路玉增　宋高峰　陈　蕾　丁爱军　庞新华　张　阳　景国富　代戈红　孙　广　王　洋　张超强　王　群　胡健美*　祁忠举*　王海峰　别玉金

注：名单所列组成人员为2005年9月以来的情况。“*”表示离任。

趵突腾空　　　　（董丽娜摄）

泉城广场　　　　（郑曙光摄）

一城山色

（张崇元摄）

半城湖

（张崇元摄）

护城河

小清河

（郑曙光摄）

（陈长礼摄）

中国石油

东部新城中央商务区

西部新城

泉城出芙蓉（奥体中心）　　（济南市城建档案馆提供，2009年摄）

五彩荷韵（济南西站）　　（林珈宇摄）

目　录

第二卷　城建 环保

第一篇　综　述

第二篇　城市规划

第三篇 城乡建设

第四篇 建筑业

第五篇 城市绿化

第六篇 房产业

第七篇 环卫与市容管理

第八篇 环境保护

第三卷 基础设施建设

第一篇 综 述

第二篇 市政公用事业

第三篇 电 力

第四篇 公 路

第五篇 铁 路

第六篇 航空 水路

第七篇 邮电 信息

第二卷

城建 环保

CHENG JIAN HUAN BAO

单位审稿、撰稿人员名单

（按姓名笔画为序）

市规划局

审稿人：刘　卫　　　　撰稿人：马交国　彭　昊

市城乡建设委员会

审稿人：杜绪德　　　　撰稿人：关学军　杨　阳

市城市园林绿化局

审稿人：孙平远　　　　撰稿人：于文玲　尤凤尧　王桂欣　释　达

市住房保障和房产管理局

审稿人：宋道勇　　　　撰稿人：周春竹

济南住房公积金管理中心

审稿人：董宝珂　　　　撰稿人：王　鹏

市城市管理局、市城市管理行政执法局

审稿人：秦国芬　黄爱民　撰稿人：冯　蕾　阴洁伟　张　辉

市环境保护局

审稿人：秦立华　谭晓哲　撰稿人：纪发文

济南西城投资开发集团有限公司

审稿人：李培杰　　　　撰稿人：杨方玉

济南旧城开发投资集团有限公司

审稿人：杨庆绪　　　　撰稿人：魏　鑫

第一篇　综　述

1986～2010年，是济南市城市建设史上投资规模最大、发展速度最快的重要时期。经过25年的建设与发展，济南市在城市环境、城市面貌、发展潜力、发展活力等方面都发生了翻天覆地的变化，先后获“国家历史文化名城(1986年)”“首批中国优秀旅游城市(1998年)”“国家园林城市(2002年)”“国家节水型城市(2002年)”“优先发展城市公共交通示范城市(2006年)”“中国人居环境范例奖城市(2007年)”“中国最具特色十大旅游城市(2010年)”等称号。

调整发展战略
建设区域中心城市

1986年，中共中央、国务院提出建设“环渤海经济圈”发展战略。1993年，济南市第二批纳入“环渤海城市圈”，确立将济南市建设成为环渤海南翼具有国际竞争力的基础产业、先进制造业和服务业中心的中长期发展目标。

2000年，国务院批准实施《山东省城镇体系规划(1996～2010年)》，进一步明确济南、青岛的省域中心城市地位，济南都市圈的战略概念形成。《济南市城市总体规划(2006～2020年)》提出，要构建以省会济南为中心，辐射淄博、泰安等6个周边城市的“济南都市圈”，逐步形成“一心三轴十六群”的城镇空间组织结构，构筑城乡一体、统筹协调发展的格局，济南作为省域中心城市的地位日益凸显。

2006年，山东省“十一五”规划提出构建“一群一圈一带”的发展战略。其中，“一圈”即指中部崛起“省会都市圈”，以突破济南为着力点，建设一个带动辐射淄博等周边城市的大都市圈，通过健全完善一体化交通网络，壮大优势产业集群，放大产业集聚效应，扩大经济总体规模，促进山东中部地区加速崛起，推动济南都市圈成为全省区域经济发展新的增长点。

25年间，山东省委、省政府一直高度重视省会济南的建设和发展，省委常委会多次专题研究济南城市建设与发展，为济南城市建设发展从战略层面做了宏观定位和前瞻谋划。1997年6月15日，省委常委扩大会议专题研究省城济南的发展定位、发展战略等问题，提出其后五年投资600亿元，完成6项重点工程和30个重点项目，改善和提升城市基础设施。2003年6月26日，省委常委扩大会议确定省会济南“东拓、西进、南控、北跨、中疏”的空间发展战略和“新区开发、老城提升、两翼展开、整体推进”的总体发展思路，坚持高起点规划、高标准建设、高效能管理、高水平经营，把济南建成现代化区域中心城市。2009年9月29日，省委常委扩大会议围绕济南作为十一届全运会主办城市进行专题研究，对城市重点工程推进、服务功能提升、环境交通保障等方面做出决策和部署。

修编城市规划
优化城市发展布局

自1986年，济南市委、市政府按照国务院和省委决策部署，结合济南城市历史沿革、发展基础、区位资源和战略布局等实际情况，先后4次修编城市总体规划。

1990年，济南市对1983年版总体规划进行适当优化和调整。城市性质确定为：济南市素有“泉城之誉”，是国家级历史文化名城，山东省会，以机械、轻纺工业为重点，适于开展旅游事业的社会主义现代化开放型城市。人口规模：2000年全市非农业人口为160万人，其中市区非农业人口140万人。用地规模：2000年城市建设用地规模125.02平方千米，人均建设用地89.3平方米。城市结构由单一中心封闭型结构变为多中心开放型结构。

1995年，随着经济持续快速增长，城市建设迅猛发展，济南市进入“第二次城市建设的高潮”。5月，济南市启动对1983年版城市总体规划的修订工作，论证编制《济南市城市总体规划(1996～2010年)》，并于2000年12月经国务院批复。城市性质确定为：山东省省会，著名的泉城和国家历史文化名城，东部沿海经济开放区重要的中心城市；城市规模为：2000年城市人口将达到180万人，城市建设用地规模控制在170平方千米以内；2010年城市人口将达到220万人，城市建设用地规模控制在205平方千米以内。2000年版城市总体规划首次对济南市的市域城镇体系及市区卫星镇进行了统筹布局安排，在城市外围构筑发展组团，有效疏解城市功能布局，拓展城市发展空间，该规划对指导城市建设、促进城市合理健康发展发挥了重要作用。

2006年，济南市报请建设部批准，编制《济南市城市总体规划(2006～2020年)》。本次规划修编重点为城乡统筹发展、城市空间结构和规模调整、城市生态环境保护和资源节约利用等。城市性质与职能进一步明确为：山东省省会，著名的泉城和国家历史文化名城，环渤海地区南翼和黄河中下游地区的中心城市。2020年市域城镇化水平增至75%以上，市域户籍总人口增至700万人左右，城镇人口增至530万人左右，其中中心城区人口规模达到430万人。中心城规划范围向东扩展至市区边界，向西南扩展至长清城区。总体发展目标为：至2020年把济南建成具有独特自然风貌、深厚历史文化底蕴、浓郁现代化气息、代表山东形象的区域中心城市和繁荣、和谐、宜居的魅力泉城。

在适时开展城市总体规划修编工作的同时，为满足完善城市区域拓展、功能提升的需要，济南市先后完成体育专项规划、基础教育设施专项规划、城市综合交通规划、商业网点规划、电力发展规划、燃气发展规划、防洪规划对策研究、历史文化名城保护规划、泉城特色风貌带规划、泉城特色标志区规划、商埠区历史城区保护规划、泉水保护规划、经十路规划与城市设计、铁路沿线综合整治规划、棚户区改造规划、市区镇村体系规划、南部山区保护与发展规划、北跨及北部新城区发展战略研究、国家信息通信国际创新园规划、文化设施专项规划、医疗卫生专项规划、轨道交通规划、公共交通专项规划、城市防洪规划方案等24项专项规划的修订或编制工作。

推进城市开发
提高城镇发展水平

1986年始，随着城市开发速度的加快，济南市行政区划不断调整和扩大。1987年5月，撤销历城县与济南市郊区合并设立历城区；1989年12月，德州地区济阳、商河两县划归济南市；1991年，济南高新技术产业开发区成立，成为国务院批准的首批国家级高新区之一，总面积125平方千米；1992年3月，撤销章丘县，改设章丘市(县级)；2001年，撤销长清县，改设长清区。城市区划的迅速拓展，带来人口数量骤增及城镇用地的迅速变迁。1986～2010年，济南市总人口由388.13万人增加到604.08万人，市区人口由146.43万人增加到348.02万人。至2010年年底，济南市户籍人口城镇化率71.35%，市区面积347平方千米。

在城市建设与开发中，旧城改造与新城建设是实现增量与提质并进的关键。2003年后，随着土地有偿使用、住房制度改革的深入推进，按照“东拓、西进、南控、北跨、中疏”的空间战略和“新区开发、老城提升、两翼展开、整体推进”的思路，济南市城市发展“旧城改造”与“新城扩建”齐头并进，进而突破传统“摊大饼”式的城市扩展方式，科学制定向东西两翼拉开框架的城市总体发展战略，重点建设不同规模的党家庄、王舍人镇等区域级和地块级城市综合体，大学科技园、西部高铁新城、小清河滨河新区、东部(高新)新区、唐冶新区等相继迅速崛起，有力带动了城市建设特别是房地产业的兴起与发展。

建筑业是城市建设的基础产业。1986年后，济南市建筑房地产业蓬勃兴起、稳步发展，产值、规模、效益等逐年提高。至1988年年底，济南市、县、区共有城建综合开发公司和房屋建设开发公司16家，城市居民住宅建筑面积1932万平方米，人均7.5平方米，济南城市建设多层次综合开发体系初步形成。1989年，燕子山住宅小区被评为全国优秀住宅实验小区。1992年，济南市组建房地产开发管理办公室，房地产开发呈现新局面，当年即新成立房地产开发公司20多家，推出合资合作开发项目28个。至1999年，济南新建住宅建筑面积285万平方米，市区人均住宅使用面积15.92平方米。进入21世纪后，通过实施重点区域带动战略，增加住房有效供给、调整住房供应结构、重点发展中低价位商品房和保障房等措施，形成住房资源的合理配置。至2010年，济南市全年房地产开发完成投资480亿元，施工面积2230万平方米，新开工面积920万平方米，销售面积485万平方米，人均住房面积29.4平方米，较1986年增长3倍。

凝练地域文化
彰显城市发展特色

济南素有“泉城”美誉，加之作为龙山文化发祥地之一，1986年，济南市入选第二批国家历史文化名城，1998年入选首批中国优秀旅游城市，泉水、龙山遗迹等已成为济南市的文化符号。

1986年后，济南市历次总体规划和分项规划的修编，均对泉城地域文化的传承和保护做出界定。1989年12月，济南市十届人大常委会第十三次会议审议通过《济南历史文化名城保护规划》，并于1994年8月报经建设部和国家文物局批准，成为全国首批历史文化名城保护规划。按照“一带一片三街坊，五十二点一个网”的思路，强调名城保护的重点是古城区及其自然地理环境、历史性街区、泉水、文物古迹、风景名胜区和城市风貌基本特色。《济南市城市总体规划(2006～2020年)》对济南市地域及文化资源的传承与保护进行阐述和界定，逐步构建“历史文化名城、历史文化街区、文物保护单位”三个层次的保护体系，确定118处市级以上重点文物保护单位和58处省市级近现代优秀历史建筑，划定芙蓉街－曲水亭街传统历史文化街区等5个历史文化街区和宽厚所街等3个特色街区进行保护，划定以72名泉为重点的泉水出露区的保护范围和控制范围实施严格保护，对具有重要历史文化价值的千佛山、大明湖、灵岩寺、四门塔、朱家峪等风景名胜区进行重点保护或产业开发。

至2013年，以“一河(护城河)一湖(大明湖)三泉(趵突泉、黑虎泉、五龙潭)四园(趵突泉公园、环城公园、五龙潭公园、大明湖风景名胜区)”组团成立的“天下第一泉”景区，成功获批国家AAAAA级旅游景区，成为泉城特色文化标志区的亮点，得到海内外游客的齐声赞誉。

加大园林绿化
构建宜居生态城市

1986年后，济南先后建成环城公园、五龙潭公园、泉城公园、百花公园、跑马岭野生动物世界、济南森林公园、济南植物园、济南国际园博园等8个市级公园和华山、药山、匡山、浆水泉等34个区、县(市)级公园，建成千佛山风景名胜区、英雄山风景区、红叶谷生态文化旅游区和大明湖风景名胜区。其中，济南动物园被建设部和中国动物协会评为全国十佳动物园，趵突泉公园被建设部评为全国重点公园。至2013年，济南市建成1个国家AAAAA级景区(天下第一泉)和4个国家AAAA级景区。

济南着力加快城市绿化工作，推进实施城市绿化工程，城市绿地面积持续增长。1986年以来，济南先后实施十余期绿化近郊荒山工程、两期绿化保泉工程。2002年12月，创建国家园林城市后，又相继实施“玉绣河综合治理工程”等52条市区重点道路的绿化建设改造提升任务、578条背街小巷的绿化美化任务、开辟新建43处绿地广场。至2010年，各类绿地比1985年增长9.47倍，1.1亿平方米，城市绿化覆盖率、绿地率、人均公共绿地面积分别为37%、33.6%和10.2平方米。

坚持以人为本
提高城市管理水平

1986～2010年，济南市城市管理实现从粗放到精细、从条块管理到资源整合的快速发展历程。全市公厕布点及改造、垃圾收集及转运处理、道路环境保洁等工作有效适应了城市快速发展的需要，城市管理水平跃入全国先进行列。特别是济南的城管执法工作，积极探索和实践“为人民管理城市”的城市管理理念。本着“节能、环保、高效、安全”的照明理念，加强户外广告和照明管理，真正使泉城亮起来。实施《济南市城市容貌管理办法》，使建筑物外部装修管理有法可依，逐渐走向规范；对占道经营的管理，推行“地图式”思维，提

泉城新貌

出关口前移和疏堵并举的举措。济南城市管理经验得到中央领导的充分肯定和社会各界广泛好评。

加强环境保护
维护城市碧水蓝天

20世纪80年代后，济南市进入工业化和城市化快速发展阶段，城市规模扩大，人口密度加大，由此带来的水、大气等环境污染问题日趋加重，环境保护工作迫在眉睫。1985年12月至1986年10月，济南市首次开展工业污染源调查，成立市环境保护委员会，制定《济南市环境保护规划》。1991年，济南市环境保护治理计划首次纳入全市国民经济计划，促进各项污染治理任务的落实。1997年，市政府《关于进一步加强水污染防治工作的决定》实施，打响全市水污染防治攻坚战。90年代中后期，通过推进“腾笼换业”计划，实施重点污染源企业分期分批搬迁出城，先后完成东方红水泥厂和济南水泥厂的搬迁工作。自2000年，济南市全面实施污染物总量控制，开展排污申报登记和排污许可证制度。2003年4月，济南市正式启动创建国家环境保护模范城市、建设生态城市工作，组织实施“蓝天保护、碧水、安静、固体废物治理、绿化建设、创模细胞”六项工程，建成以空气自动监测系统和重点大气污染源在线监测网络为一体的城市环境空气预警与监控系统，及以黄河、小清河水质自动监测系统和重点废水污染源在线监测网络为一体的水环境预警与监控系统。2005年，国家环保总局在济南市召开全国污染源自动监控工作现场会，推广济南市的环保工作经验。至2010年，济南市空气质量良好以上天数比率72%，城市水域功能区水质达标率100%，市内五区垃圾无害化处理率98%。生态保护、流域治理等方面也取得显著成绩。

至2010年，济南市城市建设突飞猛进、日新月异，经十大道横跨通衢，“东荷西柳”圣火燃起，趵突腾空盛景再现，小清河里清波荡漾，高铁新城平地崛起。泉城济南，这座具有独特自然风貌、深厚历史文化底蕴、浓郁现代化气息、生机勃勃的发展城市，正以崭新的姿态屹立在齐鲁大地。

（2013年孙广摄）

第二篇　城市规划

1983年6月10日，国务院批准《济南市城市总体规划》。1985年，济南市规划局成立。1987年4月，组建济南市规划设计院，明确规划设计与规划管理的分工。济南城市建成区面积由1948年解放时的23平方千米发展到1989年的101.7平方千米。

1988～1990年，济南市各级规划部门依据济南市总体规划和《济南市城市规划管理办法》，编制大量各类规划，指导城市建设。其间，《济南市历史文化名城保护规划》编制完成。

1991～1995年，编制完成《济南市高新技术产业开发区总体规划》《济南市高新技术产业开发区科技城详细规划》；为发展第三产业，编制完成《济南商城规划》。

1996～2000年，围绕济南市基础、形象、便民“三大工程”建设，完善城市规划体系，加强规划设计管理；加大城市规划监察执法力度，查处违法建设行为；发挥城市规划对城市建设的指导作用，保证全市建设任务的完成。其间，完成《济南市城市总体规划(1996～2010年)》的修订工作；市辖各县县城的总体规划修订工作全部完成；完成泉城广场方案规划设计工作；围绕济南“五年大变样”目标，提高城市规划设计水平，深化总体规划指导下的各专业规划、专项规划和建设地段的详细规划，编制完成仲宫及南部山区保护与发展规划、济南民营科技园总体规划、山大路高科技中心区规划等各类规划，扩大城市规划的覆盖面，城市规划体系不断完善。

2001～2005年，《济南市城市空间战略及新区发展研究》和《泉城特色风貌带空间结构规划研究》取得重大成果。建立城市规划委员会，以保证城市规划决策的科学性和民主性。适应省会城市发展要求，落实济南“东拓、西进、南控、北跨、中疏”的城市空间发展战略，实施总体规划修编；实施以“一张蓝图、一个流程、一套法规、一个制度、一套体系、一支队伍”为内容的“六个一”工程。

2006～2010年，围绕“维护省城稳定、发展省会经济、建设美丽泉城”的总体思路，进一步实施“六个一”工程。推行科学规划、民主规划、依法规划，城乡规划体系基本完善，在济南规划史上首次实现中心城控制性详细规划全覆盖。奥体文博片区规划进展顺利，泉城特色标志区规划取得阶段性成果，西客站核心区完成国际招标。法规制度建设取得重要突破，构建以《济南市城乡规划条例》为核心、配套规章和规范标准为补充的地方性规划法规体系，该条例是《中华人民共和国城乡规划法》颁布后全国第一部地方性规划法规。

第一章　城市总体规划

第一节 1983年版总体规划调整

1990年，济南市对1983年版《济南市城市总体规划》进行适当调整。城市性质：山东省会，以机械、轻纺工业为重点，适于开展旅游事业的社会主义现代化开放型城市。人口规模：2000年全市非农人口160万人，其中，市区非农人口140万人，王舍人庄工业区非农人口12万人，党家庄工业区非农人口8万人。用地规模：2000年城市建设用地规模125.02平方千米，人均建设用地89.3平方米。

城市结构由单一中心封闭型结构变为多中心开放型结构，特点是：沿济南东西经济轴，向东沿轴发展，多中心应有各自的特点和性质，具备弹性布局结构。

居住用地新增郎茂山北侧、王官庄、匡山、大桥路北、还乡店、祝甸、燕翅山、羊头峪、106医院北侧、泺口、北园路北11片居住用地，新增居住用地13.24平方千米。

市区基本形成四大工业区，即西南工业区、泺口工业区、黄台工业区、七里河工业区。严格控制黄台工业区和西南工业区的发展；规划在王舍人庄工业区内安排近期2.13平方千米，远期6.2平方千米的经济技术开发区。拟在黄河北桑梓店北部规划一处化工区，用地规模近期2平方千米，远期6平方千米，主要为济南市工业结构调整后新建重污染项目或现有化工厂建分厂预留用地。

一、道路广场用地调整

市内主要解决经七路、纬十路的高架交通系统，以解决东西向交通问题。加快实施内环路的立交工程，使平面交通组织变为立体交通组织，适当建设轻轨交通和地铁交通，从根本上解决济南市的交通问题。市区内大型公建前增设机动车停车场，以解决现状静态交通存在的问题。加强公交系统的管理和发展，适当增设部分缓冲点、停车场、保养厂等。拟在济南站、北关站、人民商场、市立五院和甸柳庄等处增设换乘枢纽站，加快出租交通的管理和建设，解决公交现状存在的问题。

二、对外交通干线调整

以济青高速公路、城市北外环及西外环组成城市对外快速干道，通过大桥路立交、泺口立交、吴家堡立交、段店立交节点与市区二环路有机联系，带动市区的发展；东部以三环、济王路(经十路东段和经十东路)、机场路形成次快速干道带动王舍人庄工业区的发展。

三、城市绿地调整

通过三个入口将南山绿化引进市区，即四里山至七里山将南山绿化引入市区，并通过大纬二路绿化带与市区北部绿化带相连，千佛山公园通过历山路绿化带与市区北部绿化带相连，郎茂山和青龙山绿化通过纬十二路绿化带与市区北部绿化带相连。市区通过三个绿带的楔入，将改善济南市现状气候和环境，并且市区北部加强黄河两岸的东西绿化带和小清河两岸的东西绿化带，可改善济南市气候和预防黄河风沙侵入市区。加快黄河公园的建设，尽快形成鹊山－黄河公园－华山连为一体的风景区，改善济南市北部环境，开发荷花公园、羊头峪森林公园和龙洞佛峪风景区，提高城市的环境质量，改善居民的生活居住条件。

四、公共设施用地调整

文教用地在燕子山东侧集中规划部分用地；金融贸易中心规划在大纬二路中段，结合现状改建；市级商业服务设施的规划以经四路一条线贯穿几个商业中心为主，其他居住区区级公建设施在小区规划中加以解决，形成舜井街、百货大楼、西门、人民商场、大观园、经二纬二、西市场等中心；省市级科研用地规划在燕子山大厦周围和花园路与外环路的交叉口处，产业区规划在七里河工业区的备用地内；文化娱乐设施，拟在千佛山公园东侧，即历山路与经十路相交处，建一处省级博物馆，在七里山和八里洼小区内各规划一处市级文化娱乐设施，如影剧院等；体育设施，各区相应规划一处区级体育场，满足各区体育运动发展的需要；医疗卫生设施，除按原总体规划实施外，在历山路与北园路交叉口西北角新建一处省级医院，即山东医学院第二附属医院。

第二节　1996～2010年总体规划

改革开放后，随着经济的持续、高速增长，城市建设迅猛发展，进入“第二次城市建设高潮”。为适应城市经济社会发展的需要，市政府于1995年5月启动编制《济南市城市总体规划(1996～2010年)》，2000年12月22日经国务院正式批复。

一、城市性质

山东省省会，著名的泉城和国家历史文化名城，中国东部沿海经济开放区重要的中心城市。

二、城市规模

2000年城市人口将达到180万人，城市建设用地规模控制在170平方千米以内；2010年城市人口将达到220万人，城市建设用地规模控制在205平方千米以内。

三、发展目标

至2010年，把济南市建设成为经济发达、社会文明、布局合理、交通便捷、基础设施完善、生态环境良好、人民生活富裕、泉城特色突出的现代化省会城市。

中心城区为“东西带状组团式”布局，由主城区和王舍人、贤文、大金、党家四个外围组团组成，主城区与组团之间以绿色空间相隔离。

主城区范围东至大辛河，西至二环西路，北至黄河，南至分水岭，总面积255平方千米。2010年该区城市人口180万人，规划建设用地160平方千米。主城区是全市的行政、金融、商贸、文化、科教、居住中心，划分为核心区和11个功能各有侧重的片区。核心区为历山路、经十路、铁路围合的地区。白马山、泺口、黄台、七里河是以工业为主的片区；无影山、工人新村、北园、洪楼、七里山是以居住为主的片区；文东为科研文教片区；千佛山为风景旅游片区。

王舍人组团位于中心城区最东部，规划为独立工业区。2010年该区城市人口15万人，规划建设用地18平方千米。重点发展冶金、石化、轻工业。严格控制该组团与贤文组团之间小汉峪沟以东宽度不小于1000米的绿色隔离地带。

贤文组团位于主城区与王舍人组团之间，以济南开发区新区为主体构成。2010年该区城市人口10万人，规划建设用地10平方千米。重点发展电子信息、生物技术、光机电一体化等产业。严格控制该组团与主城区之间大辛河两侧宽度不小于1000米的绿色隔离地带，北部建设用地控制在花园路延长线以南。

大金组团位于中心城区西部，规划为新兴产业园区。2010年该区城市人口10万人，规划建设用地11平方千米。重点发展电子信息、材料科学等新兴产业和仓储业。严格控制腊山河与张庄机场之间宽度约2000米的绿色隔离地带。

党家组团位于中心城区西南部，规划为以汽车制造工业为主的独立工业区。2010年该区城市人口5万人，规划建设用地6平方千米，重点发展汽车制造工业。该组团位于玉符河中游和地下水补给区内，严禁对地表水和地下水有污染的工业生产和建设项目。严格控制该组团与主城区之间宽度不小于2000米的绿色隔离地带。

中心城区的建设以主城区的调整改造和以“先东后西”的时序发展建设外围组团为重点。主城区调整改造应控制外延，重点调整用地结构和布局，强化省会城市的中心功能，积极发展第三产业，完善城市基础设施和公共服务设施，改善城市环境，突出泉城特色，保护历史文化名城。

第三节 2006～2020年总体规划

2003年，根据建设部《关于同意修编济南市城市总体规划的批复》，编制《济南市城市总体规划(2006～2020年)》。修编重点为城乡统筹发展、城市空间结构和规模调整、城市生态环境保护和资源节约利用、城市综合交通、城市公共事业发展、历史文化名城保护、城市安全与综合防灾体系等。

一、城市性质

山东省省会，著名的泉城和国家历史文化名城，环渤海地区南翼和黄河中下游地区的中心城市。全省的政治、经济、科技、文化、教育、旅游中心，区域性金融中心，全国重要交通枢纽。重点发展现代服务业和总部经济、高新技术产业和先进制造业。

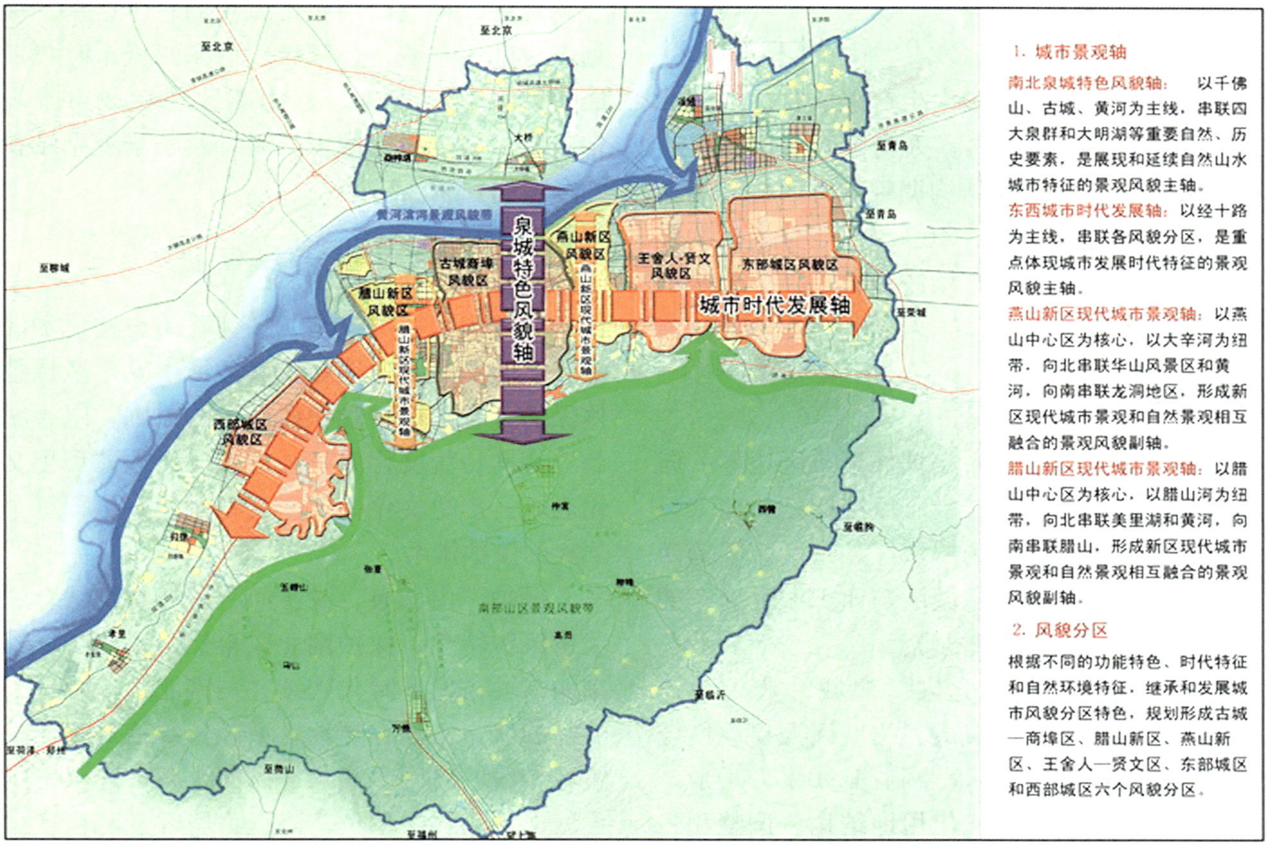

2006～2020年济南市城市总体规划

二、城市人口与用地规模

2020年市域城镇化水平将由2005年的58%增至75%以上。2020年市域户籍总人口将由2005年的597万人增至700万人左右，城镇人口将由2005年的347万人增至530万人左右。

中心城人口规模：2010年中心城人口规模340万人，2020年中心城人口规模430万人左右；2020年全市总人口将达到840万人左右，城镇总人口670万人左右。中心城用地规模：2010年建设用地规模330平方千米，2020年中心城建设用地规模为410平方千米。

三、总体发展目标

至2020年把济南建成具有独特自然风貌、深厚历史文化底蕴、浓郁现代化气息、代表山东形象的区域中心城市和繁荣、和谐、宜居、魅力的泉城。

四、经济发展目标

2020年，济南市国内生产总值将达到8000亿以上，年均增长11%，人均国内生产总值达到10万元以上；经济结构调整取得明显进展，三次产业结构调整为4∶46∶50；形成发达的现代产业体系和完善的市场经济机制，率先基本实现现代化。

五、中心城总体布局

中心城规划范围向东扩展至市区边界，向西南扩展至长清城区。中心城空间结构为“一城两区”。“一城”为主城区，“两区”为西部城区和东部城区。主城区与西部城区、东部城区之间以绿色空间相隔离。

主城区由腊山、党家、旧城、燕山、王舍人和贤文六个片区组成。主城区人口规模控制在310万人，用地规模控制在290平方千米。主城区的规划重点是优化用地结构，调整和强化政治、经济、科技和文化中心功能，发展会展、体育、物流等新兴服务业；建设腊山、燕山两个新区，疏解旧城的中心功能；加强王舍人、贤文两个片区传统产业的改造和高新技术产业的发展。

西部城区由文昌、平安和崮山三个片区组成。西部城区人口规模控制在50万人，用地规模控制在50平方千米。西部城区规划以发展高等教育、高科技产业、生活居住为主，形成现代化新城区。

东部城区由郭店、孙村和彩石三个片区组成。东部城区人口规模控制在70万人，用地规模控制在70平方千米。东部城区规划的重点是发展高新技术产业、高附加值制造业和加工业，完善生活居住、公共服务配套，形成现代化新城区。

“山、泉、湖、河、城”有机结合是济南城市风貌的基本特色。南北以自然山水为特征，东西以城市发展时代延续并与南北山水融合为特征，构成济南城市风貌的总体格局。规划形成南北泉城特色风貌轴、东西城市时代发展轴两条景观主轴，燕山新区现代城市景观轴、腊山新区现代城市景观轴两条景观副轴和六个风貌分区。

六、历史文化名城保护

名城保护要从继承弘扬优秀历史文化和保护真实的历史文化遗存及其环境出发，坚持整体保护、重点保护和积极保护的原则，以古城商埠及其传统文化保护为重点，建立“历史文化名城、历史文化街区、文物保护单位”三个层次的保护体系。

保护“山、泉、湖、河、城”有机结合的城市风貌特色，保护南北以自然山水为特征、东西以城市发展时代延续并与南北山水融合为特征的城市格局；继承古城区传统格局，保护古城轴线、路网、泉水、湖河水系，迁出影响古城保护的相关单位，降低古城容量和密度，增加开敞空间和公共绿地，改善古城环境质量；商埠区应保持经纬道路路网和街区空间格局，保护典型街坊和具有代表性的建筑，新建设应保持与保护建筑的协调，整治街区环境，改善基础设施条件，实施功能更新，激发商埠区的活力，促进商埠区的复兴。

划定芙蓉街－曲水亭街传统历史文化街区、将军庙历史文化街区、山东大学西校区(原齐鲁大学)历史文化街区、洪家楼历史文化街区、朱家峪历史文化街区五个历史文化街区和宽厚所街特色街区、经一路经三路纬一路纬五路围合的特色街区、经三路经五路小纬六路纬七路围合的特色街区三个特色街区进行保护。

对具有重要历史文化价值的千佛山、大明湖、龙洞、灵岩寺、四门塔等风景名胜区进行重点保护。划定严格保护及控制范围，坚持适度开发、科学开发、永续利用的原则，保护风景名胜及其生态环境。

划定118处市级以上重点文物保护单位的保护范围及建设控制范围，完善保护措施，进行科学保护；加强58处省市级近现代优秀历史建筑和古树名木的保护与管理；将具有地域性、人文性的文物古迹和历史建筑补充列入保护范围。

泉水的保护要坚持保护泉源、泉脉和保护泉眼、泉系并重的原则，妥善处理好泉水保护与旅游发展、城市供水的关系。划定以72名泉为重点的泉水出露区的保护范围和控制范围并实施严格保护；保护济南泉域、章丘百脉泉泉域、平阴洪范池泉域补给区；保护重点渗漏带。

第二章　专业专项规划

第一节 济南历史文化名城保护规划

济南是国务院1986年公布的第二批国家历史文化名城。1989年12月22日，济南市十届人大常委会第十三次会议审议通过《济南历史文化名城保护规划》。1994年8月29日，建设部和国家文物局批准该规划。这是全国首批批准的历史文化名城保护规划。

《济南历史文化名城保护规划》概括为：“一带一片三街坊，五十二点一个网”。“一带”即从千佛山到黄河南北的鹊山、华山这一风景文化带，集中了山、泉、湖、河、文物古迹，以彰显古城与山水巧妙映照的风貌；“一片”即原明代济南府城，大致与环城公园内的区域相当，体现古城与泉水映照的风貌；“三街坊”指的是所里街、司里街向北的半边街、珍珠泉地区和剪子巷，所里街、司里街到半边街一带有保存比较完整传统民宅，是清末上层士绅聚居地，珍珠泉地区体现着“家家泉水，户户垂杨”的泉城特色，剪子巷原是富有传统色彩的专卖商业街，因靠趵突泉，昔日街心路旁的石缝中有泉水流淌；“五十二点”指济南范围内的52处文物古迹；“一个网”指包括古城在内的连接整个市域范围内风景名胜区的旅游网络。突出“从保护城市特色、保存城市历史文化遗产出发，点、线、片相结合，加强对文化古迹、历史性街区、传统风貌地区的保护，形成名城保护的完整体系。”强调名城保护的重点是“古城区及其自然地理环境、历史性街区、泉水、文物古迹、风景名胜区和城市风貌基本特色”。提出合理调整地下水资源、开辟新水源、补源和节流并举等保泉供水的策略和措施。

第二节 济南市商业网点发展规划（2005～2020年）

2005年，济南市贸易服务局、规划局组织济南市规划设计研究院编制完成《济南市商业网点发展规划》，并报市政府批复实施。

一、规划内容

主要内容是对商业网点，包括市级商业中心、市级商业副中心、区域商业中心、社区商业中心、大型商业网点、商业街、大型综合及专业批发市场、物流基地及会展中心等的发展布局作出规划安排，以引导和规范商业网点布局，构筑布局合理、结构完善、分布有序的现代商业网点体系。

二、规划构思

贯彻落实科学发展观，以构建和谐社会为目标，按照发挥省城优势，发展省会经济的总要求，适应济南作为环渤海地区和黄河中下游地区中心城市的区域定位，树立现代商贸中心理念、现代商业网点理念和现代服务业理念，采取“大力发展新区网点，改造提升老城设施，东西两翼展开布局，整体推进网点建设”的总体思路，构建与城市定位、发展目标和总体布局相适应的现代化都市型商业网点体系，建设现代化区域性商贸中心城市。

三、空间布局

适应济南作为省际现代化区域性大商都的目标定位，围绕城市总体规划确定的“一城二区”城市总体布局，商业网点布局体系规划形成老城商圈、主城商圈和新城商圈三大不同等级、不同层次的商圈，总体布局形成“一核两区四心”结构，“一核”指构筑都市级商业中心；“两区”为打造中心商业区文化旅游和商埠区历史文化两个特色商业街区；“四心”为构建燕山、唐冶、腊山、崮山四个市级商业副中心，构筑与城市总体布局相适应的多中心、多层次、多功能的现代商业设施布局体系。

第三节 泉城特色风貌带规划

2002年，济南市聘请两院院士、清华大学教授吴良镛主持指导，委托清华大学建筑学院与济南市规划设计研究院合作，编制完成《泉城特色风貌带规划》。

一、规划范围

规划南起千佛山一带山体，北部涵盖黄河及鹊山、华山等9座山，东起历山路，西至顺河高架路，南北长约10千米，南部东西宽约4千米，北部东西宽约12千米。总面积约70平方千米。

二、规划布局

泉城特色风貌带建设规划为“一轴、两湖、三区、四泉、六河、九山”。济南是山、泉、湖、河、城浑然一体的历史文化名城，风貌带南山北水，古城位于千佛山与鹊山、华山等九山所形成的三角形构图中央。黄河、小清河横亘城区北部，泉水巧妙地穿插城区中央，城市与自然环境天造地设，相亲相融。“一轴、两湖、三区、六河、九山”是依据自然而规划总结的。“一轴”指从千佛山经古城到黄河的历史传统风貌发展延续轴；“两湖”为大明湖和北部将要开发的北湖；“三区”是千佛山风景名胜区、北湖市民文化区和泉城特色标志区；“四泉”指与古城鼎足而立的趵突泉、黑虎泉、五龙潭和珍珠泉四大泉群；“六河”为黄河、护城河、东泺河、西泺河、小清河和曲水亭河；“九山”指构成“齐烟九点”的匡山、粟山、北马鞍山、药山、标山、凤凰山、鹊山、华山和卧牛山等九座山。

千佛山风景名胜区位于风貌带南部，以千佛山为中心，东至燕子山西路，西到玉函路，南至旅游路，北到经十路，用地约5.6平方千米。千佛山是俯视泉城和风貌带全貌以及远眺“齐烟九点”的制高点，它体现了人文与自然景观的和谐。设计扩大千佛山公园和植物园用地，将千佛山外围，沿经十一路以南，以千佛山东、西路范围内用地规划为千佛山扩建区；植物园以西至玉函路规划为植物园扩建区。沿千佛山路两侧各规划40米宽绿化带，在经十路至马鞍山路段、在历山路南口、广场东沟以东、山东大学南校区(千佛山校区)围墙以西和千佛山西路以南等地规划三块绿地，保持并强化植物园的生态环境，增加广场东沟、广场西沟、羊头峪西沟两侧绿化面积。

泉城特色标志区位于风貌带中部，是风貌带的核心所在，东至历山路，西到顺河高架路，南至文化西路，北到胶济铁路，用地约9平方千米，以泉水为主题，以泉池园林景观区、地方传统历史街巷和商业中心区为主体，融“山泉湖河城”自然景观和人文景观于一体，构成主题鲜明、特色突出、生态良好、功能完善的城市中心标志区；环城公园以内的区域为主城区，由于经济利益驱使，近十几年超强度建设开发，使得部分历史街区、传统民居、传统店面整片整片地消失，而大量的商厦办公楼蜂拥而起，造成古城容量失控，环境恶化。规划整合古城区的用地功能，减少开发强度，减轻重置的功能设施。泉城路以北的功能整合以芙蓉街到曲水亭街的保护整治为重点，严格按照规划设计方案进行实施，坚决杜绝以开发代保护的做法。在这个区域内有四个重要片区，一是位于泉城特色风貌带和泉城特色标志区核心地带的黑虎泉－趵突泉－五龙潭－大明湖－泉城广场和珍珠泉泉池园林景观区，以泉水为主体，充分展示济南自然泉水特色和园林艺术，优化用地功能，完善商业、旅游、服务设施，形成泉城广场周围良好的建筑环境；二是芙蓉街－曲水亭街传统文化保护街区，以泉水和府城传统民居为主体，体现“泉水串流于街巷民居之间”的风貌和传统商业街区形象，再现“家家泉水，户户垂杨”的特色；三是将军庙－泉城路－泉城广场周边地区商业中心区，以将军庙地方特色商业街区、泉城路步行商业街为主体，在保留现有风貌的基础上，建设富有地方文化特色的商业、餐饮、娱乐设施，恢复古城区内原有的生机和活力，展示商业中心区的整体形象。通过以上三个片区的综合改造和整治，建成“泉水、泉脉和园林”“泉池、街巷和民居”“商贸、购物和娱乐”三片区有机结合的山水园林式的城市中心标志区；四是大明湖景区及周边地区，古人早有诗句形容济南湖景的地位是“一城山色半城湖”，所以这次规划特别注重了济南湖水的开发，真正把大明湖变成“城中湖”。为了变成“城中湖”，规划将湖面向东扩展，在南北历山街的南北两端，通过架设桥梁的方式，将西侧大明湖与东湖水体联起来。在南北历山街中段沿街设立适量的商业店铺，并在原贺胜戏场区新建一座戏园。东湖水面扩大后，增设东南角的入口处，引黑虎泉水入大明湖，改善东湖水质。在东湖的东北侧，恢复历史上的水月寺，作为东湖的主体建筑，强化了大明湖对城区空间的开放景观作用，也激活了古城北部的历史文化景观。

北湖市民文化区位于风貌带北部，是中疏的重要措施之一，重点建设东泺河东路、北园大街、顺河高架桥、二环北路围合地区，面积约3.9平方千米，规划结合滞洪区及小清河改造，开辟40公顷水面形成北湖，与大明湖遥相呼应。在道路上以清河北路作为进入北湖市民文化区的主要道路和东西主轴，从大明湖公园内的北极阁至小清河方向开一条垂直于清河北路的南北向轴线，作为城市自然、历史文化轴的北延，并加强古城区与市民文化区在空间上的联系，使之与清河北路共同形成“十”字轴的空间发展格局。北湖以南以文化休闲、商业服务为主，北湖以北以政务办公为主，该功能区突出和完善“山泉湖河城”的空间格局，将泉城特色风貌带及景观特色北延，形成新的城市功能空间，带动北跨，带动黄河以北经济社会全面发展。

三、规划特点

指导思想鲜明，规划原则突出；宏观分析入手，承上启下规划；保护优化视线走廊，科学指导规划建设；挖掘历史文化内涵，发展城市特色风貌；突出空间结构，强化生态景观；完善规划成果，加强对策研究。

第四节　济南市城市综合交通规划(2006～2020年)

2005年，济南市委托中国城市规划设计研究院和济南市规划设计院开展济南城市综合交通规划(2006～2020年)编制工作，2006年编制完成。

一、道路网规划

将城市快速路调整为“三横五纵”；加强中心城区与外围主要发展组团的联系，在规划快速路联系通道基础上，增加主干道的连通，分散单一通道的压力，完善平行于快速路两侧的主干道，提高新建区域主干路网的密度；按合理的密度、间距加密城市次干路、支路，完善道路网络。

二、道路立体交叉布局

为保证快速路的快速、安全、畅通，快速路与快速路相交时均应设置立体交叉；二环线以内原则上不建大型互通立交。次干道以上等级的平交路口按渠化要求规划为平面扩大路口。共规划立交桥27座，其中高速公路出入口立交桥6座，快速路与快速路相交立交桥13座，快速路与Ⅰ级主干路相交立交桥7座，保留现状Ⅰ级主干路相交立交桥1座。

三、公共交通规划

优先发展公共交通，尤其是大容量公共交通系统，构建以轨道交通、快速公交(BRT)与普通公交、出租车相结合的“快速、方便、舒适、低污”的综合公共交通体系。

城市公共交通在城市交通总出行中的比重45%。公共交通方式出行中，轨道交通出行比重10%，快速公交与普通公交的出行比重82%，出租车出行比重8%。公共交通系统平均运营速度15～20千米/小时，公交准点率90%以上。居民公交方式出行单程最大时耗小于50分钟。线网密度：城市中心区3.5～4千米/平方千米，东部城区、西部城区2.5～3.5千米/平方千米。万人车辆拥有率：19标台/万人。站点覆盖率：城区站点300米半径覆盖率达到75%，500米半径覆盖率达到95%。发车间隔：中心区5分钟，外围区10分钟。

四、公共停车场规划

结合用地特征，共规划大、中型路外公共停车场92个，规模在100～400个泊位之间，总泊位20688个，占预测路外公共停车泊位的67%。

五、对外交通规划

通过完善高速公路网络、修建高速铁路，加强与周边城市的交通联系，在济南周围100千米范围内，实现1小时城市交通圈；通过增加公路网密度、完善公路网结构，提高公路等级，加强与周围重点城镇的交通联系；发挥航空运输优势，加强与国内外重要城市的交通联系。

依托济南市区位、交通、信息等综合优势，以区域物流为发展定位，以国际物流为发展目标、以配送物流作为支撑平台，努力把济南建成服务于济南市及山东省、辐射环渤海经济圈的全国区域性重点物流中心城市，逐步成为国际、国内现代物流业发展的重要枢纽和节点。

规划年度内将新建京沪客运专线、胶济线增建四线、邯济线增建二线，济惠线引入枢纽规划，远景新建太青客运专线，黄河北货运环线，实现高速与普速服务结合，客运、货运分离。枢纽将形成由京沪线、胶济线、邯济线、济惠线、京沪客运专线、青济客运专线、太青客运专线等7条铁路干线构成的“两环三客两编六货”格局的大型铁路枢纽。“两环”为京沪客运专线、太青客运专线、既有线组成的客运环线，黄河北货运环线与京沪线、胶济线等既有线组成的货运环线；“三客”为结合京沪客运专线设置的新济南站(济南西客站)、既有济南站和根据太青客运专线设置的济南北站；“两编”为济南西站主要编组站和晏城北站辅助编组站；“六货”为东沙王庄站、泺口站、黄台站、历城站、水屯站和桑梓店站；枢纽内的工业站为黄台、历城和平陵城站。

为减少过境交通对城区的交通压力，改善黄河以北地区的交通条件，规划建设济南绕城高速公路黄河北环线；为加强济南与济阳、商河、惠民地区的交通联系，规划济商高速公路；为加强济南与鲁西南地区的联系，缓解西南出口交通紧张状况，规划建设济菏高速公路；为缓解济青高速公路交通压力分流京福高速公路交通，加强济南与鲁中南地区的交通联系，规划建设济莱高速公路。以上几条规划高速公路与既有高速公路形成“一环八射”的高速公路网。同时，通过改建国道、省道，提高其技术等级，增加公路网密度，进一步改善公路网的等级结构，加强与周围重点城镇及南部山区的交通联系，适应城市发展。

规划采用明确的分级分方向划分公路主枢纽，充分考虑与铁路客运站的衔接。保留济泺路、火车站联运、匡柳庄、青龙山、段店等现状客运站，结合铁路客运站的设置和城市用地布局规划，在腊山片区、王舍人片区规划于家庄客运枢纽和王舍人客运枢纽；在十六里河、开山、东部城区、黄河北分别规划十六里河旅游客运站、开山客运站、经十东路客运站、大吴客运站。结合城市轨道线网的布设和城市公共交通场站的布置，将各客运站建设成为综合性的客运枢纽站。在章丘、济阳、商河、平阴结合铁路场站、公共交通场站的布设，规划适当规模的客运枢纽。

结合铁路、公路、机场规划构建城市物流交通系统，加强物流市场化，促进“第三方”物流发展，实现货运交通一体化。以提高供应链管理水平为核心，以实现物流资源整合为出发点，建立现代物流体系。即以政府为主导，加强政府宏观调控和政策支持力度；以企业为主体，支持第三方物流企业发展壮大，全面提升工商企业核心竞争力；以市场为导向，推动现代物流业快速有序发展；以现代物流理论为指导，形成快速便捷的供应链服务体系，建立高效物流行政管理机制；以先进物流技术为支撑，建成信息互通的公用信息平台，大力提高企业生产效率。通过科学分工，明确相关职能部门职责任务；通过倾斜政策，引导物流产业健康发展；通过公用设施建设，降低物流产业成本；通过物流社会化，降低全社会物流成本；充分调动相关行业的积极性，形成责任明确、导向清晰、政策合理、措施得当的现代物流业发展规划。

建设公路主枢纽管理服务中心，采用物流园区、物流中心和货运站分层次总体布局方法，规划担山屯、大桥路、郭店三个物流园区，邢村、国际集装箱分流中心、桑梓店、遥墙空港四个物流中心，贤文、方家庄、农高区、开山、胡同店、东营子、崔寨七个货运站。

规划将济南遥墙机场发展成为国内民用航空运输干线机场和对外开放口岸机场之一，飞行区等级4E。新建航站楼等配套设施，提高运输能力，加强与国内外省市的交通联系；巩固既有航线，增加各航线密度，增辟国际航线，逐步形成以济南为中心，向全国沿海、沿江、沿边开放城市、旅游城市辐射的国内航线网络以及联结东南亚、韩国、日本、独联体等国家的国际航线网络。

根据济南遥墙机场发展需求预测，近期年客运能力800万人次，年货邮吞吐量11万吨；航线数量125条，通航城市60个，每周航班量1000个。远期年客运能力1600万人次，年货邮吞吐量15.81万吨；航线数量165条，通航城市78个，每周航班量1400个。为满足未来航空运输需求，近期建设8万平方米的航站楼；远期新建两条跑道及其相应的航站楼设施。在现有跑道西侧相距2100米处新建一条3600米的远距离跑道，并相应建设20万平方米的新航站楼，设置机位52个；在跑道东侧相距500米处新建一条2900米的近距离跑道，并相应建设12万平方米的新航站楼，设置机位73个。

第五节　济南市城市供热工程规划

2005年年初，济南市委托北京清华规划设计研究院和济南市规划设计院启动济南市城市供热规划，2005年6月编制完成。

主城区、东部城区采用大集中供热系统，热源主要为西部热电厂(新建)、北郊热电厂、黄台热电厂、华电章丘发电有限公司四个热电联产热源，并在大型热电厂之间选取两个调峰锅炉房，东部调峰锅炉房(力诺集团锅炉房扩建)，西部调峰锅炉房(南郊热电厂扩建)，最终形成由四个热电厂和两个调峰锅炉房组成的大集中热水网供热系统，供热面积总计可达8000万平方米左右。

西部城区规划单独的热水网。将该地区现有的小型热电厂扩大规模，作为该地区热网的主力热源，满足基本热负荷的热量。高校区已经建设了一批燃气锅炉房用于局部供热，大热网形成后，部分燃气锅炉房可以作为二次网调峰热源。供热规模约1500万平方米。

南部地区规划单独的区域热网集中供热。由南郊热电厂承担供热任务。不足部分由热水锅炉补充。远期规划将达到1000万平方米供热面积。

大热网不能到达或不易到达、而供热面积又相对较大的区域，可以建设具有一定规模的燃煤锅炉房(一般单台锅炉容量要在10吨/时以上)，并采取相应的煤清洁燃烧技术；供热面积约2500万平方米。负荷密度低、不能敷设管网、环境要求高的区域，采用分散的燃气采暖或电动热泵采暖；这一类建筑面积大约3000万平方米。其中，分散的燃气采暖约2000万平方米，电动热泵采暖约1000万平方米。

第六节　济南市文化设施专项规划

为适应新的发展形势对城市文化发展的要求，进一步提升济南城市文化层次，塑造独特的城市文化形象，2010年编制完成《济南市文化设施专项规划》。

规划从保持城市特色、历史文化遗产出发，加强对文物古迹、历史性街区、传统风貌地区的保护，形成历史文化空间保护的完整体系；健全提高文化娱乐用地的质量和水平，分区分级合理配置，满足人民群众多层次、多样化的文化需求；坚持文化娱乐用地的建设体现特色化、精品化原则，凸显泉城文化名城特色，符合济南市的文化品位和城市形象；建设一批标志性文化场所，既体现时尚、高雅的现代都市气质，又融入济南优美的古城风貌，还要具备承办高质量大型演出的先进设备和规模容量；谋求文化事业与文化产业的协调发展，发掘济南特色文化产业、创意产业，打造大区域文化中心。规划确定“历史名城、创意新都、文化强市”的规划理念，形成“一城、两轴、三区”的文化体系框架，坚持“秉承济南历史文脉，嵌入生态教育理念，架构现代文化空间，打造彰显泉城特色的文化复合新城”的规划目标，建设全国历史文化名城、区域创意产业核心和区域文化中心城市。至2013年，在全市建成一批体现城市特色的标志性文化娱乐设施，进一步健全完善公共文化服务体系，丰富人民群众的精神文化生活，增强文化事业对经济社会发展的保障作用。至2020年，在全市建立与城市经济社会发展相适应的公共文化服务体系，构建较为完善的“15分钟社区文化圈”，文化服务能力达到全国同类城市领先水平。

第七节 棚户区改造规划

2007年，济南市二环路以内集中连片的棚户区有38片，房屋总建筑面积196万平方米，居民3万余户、约10万人。4月30日，济南市棚户区改造动员大会召开。市委、市政府确定“力争三年基本完成棚户区改造工作”，市规划局遵循“政府主导、市场运作、政策扶持、阳光操作”的方针，按照“统筹规划、捆绑策划、先急后缓、压茬推进”的原则，结合旧城改造规划，确定先期对旧城区内成片的37个主要棚户片区及周边零星棚改地块进行改造规划，改造片区面积约220万平方米，拆迁建筑面积约196万平方米。对确定规划条件的片区，按照“符合城市规划、符合法律法规、符合规范标准，尽量提高土地利用率”的“三符合一提高”原则，最大限度提高容积率，提高土地利用效率，降低改造成本，增强棚户区开发改造的可行性和可实施性。

至2007年年底，济南市共完成37个片区的规划研究，为30个片区出具规划条件，为7个片区确定策划要求。

第三章 详细规划

第一节 控制性详细规划

2006年年初，济南市启动中心城控制性详细规划编制工作，2007年年底完成。范围东起巨野河，西至南大沙河，南起兴隆山与蟠龙山一带南部山体，北至黄河，总用地面积约1319.9平方千米。规划自西向东划分为巨野河、大辛河、旧城、腊山河、大沙河五个分区和古城、唐冶、大学园等五个分区，基本覆盖历下区、市中区、槐荫区、天桥区、历城区、长清区和高新区规划发展区域。

该轮控规的技术思路为“二个结合、二个核心、三个层次、一张蓝图”。“二个结合”指将控制性详细规划与分区规划及专项规划有机结合，控规相当于分区规划与控制性规划相结合的一个规划层次；控制内容分为刚性控制和弹性引导两种，并且有机结合。“二个核心”指规划控制的两个核心内容，即土地使用控制和“六线”控制。土地使用控制重点是确定各类用地的规划布局、使用性质、面积界限、使用强度与控制要求；“六线”控制重点是合理确定道路红线、城市绿线、城市紫线、城市蓝线、城市黄线和城市橙线的线位、宽度、控制范围与要求。“三个层次”指三个编制管理层次，即按照“片区-街坊-地块”三级管理单元分别进行规划控制和引导。片区是规划编制的基本单元，街坊是规划管理的基本单元，地块是指标控制的基本单元。“一张蓝图”指整合控制性规划内容，形成操作性强的控制性规划管理应用系统，纳入济南市城市规划管理“一张蓝图”信息系统。

规划内容分为片区规划、街坊规划和地块规划三个层次。片区规划实现总体控制，以街接落实城市总体规划和各类专项规划为重点，确定片区功能定位、用地布局、公益性公共设施规划、“六线”规划、城市设计原则与要求等方面内容。街坊规划实现总量控制和重点控制，以合理控制开发强度和落实公益性设施为重点，确定街坊划分、街坊控制指标、“六线”控制定线、配套设施布局、城市设计导向等方面内容。地块规划是进行具体建设项目规划管理的直接技术依据，以具体分解街坊控制指标和引导地块建设为重点，确定地块位置、地块性质、引导指标、兼容性要求等方面内容。

规划成果包括强制性执行内容、引导执行内容和附件三部分。强制执行内容包括片区规划文本与图则，是城市规划管理的法定文件，须经市政府审批，具有法律效力。引导执行内容包括街坊规划执行条文和执行图则，是城市规划管理的技术文件，经城市主管部门核准后，作为指导规划管理的直接依据。附件包括规划说明书与专题研究、概念规划成果和基础资料汇编，是针对强制执行内容和引导执行内容的详细解释。成果图集均为一套五册，分别是《片区规划文本与图则》《街坊规划执行条文与图则》《规划说明书与专题研究》《概念规划成果》《基础资料汇编》。

第二节　修建性详细规划

一、工人新村改建规划

工人新村地处济南市北部地区，隶属于天桥区。北至金牛公园，东至济泺路，南临汽总东路，西至西工商河，总用地面积28.12公顷，为20世纪60年代政府修建的工人居住地——工人新村，现状地势低洼，海拔高程22.5米左右。

1987年，市规划局组织设计人员利用一个月的时间完成工人新村改建详细规划，规划宗旨是将现状地面高程由原来22.5米左右提高到24米左右；合理布局区内道路系统，保证区内各种市政管线与城市管网衔接畅通，使雨水及时排向工商河；合理配建公共服务设施，满足居民日益增长的基本需求；尽可能多安排受灾居民，同时保证区内公共绿地指标不小于1.5平方米/人；住宅建筑采用五至六层，布局采用条式和点式相结合，满足采光、通风、消防等环境要求。改建后的工人新村可安排受灾户数4604户，受灾人数16114人。

二、阳光100国际新城详细规划

1999年编制完成。阳光100国际新城基地原为济南水泥厂、东方水泥厂厂区，地处济南市上风上水。随着城市规模的不断扩大，其所处位置已对济南市区的生活环境严重污染，对其周围居民的健康状况造成严重损害。根据《济南城市总体规划(1996～2010年)》搬迁两水泥厂，其用地性质为居住用地。

(一)设计理念　创造以人为本的生活环境：现代生活需要有安宁的居家环境，便捷的交通联系，方便的服务设施。规划方案中从空间层次、设施布局、道路结构等角度出发，组织了公共交往空间、交通通道与停车空间、安静与私密的居家空间等适应居民不同需要、不同行为特征的场所，形成环境安宁、交通便捷、生活方便的居住生活社区。

(二)功能布局　将规划区用地划分为平地、坡地和台地三类，对场地坡度大于8%的用地，采用分台处理的手法。三类用地的分类中，平地分别位于沿兴济河两岸和规划区中部，虽然都属平地，但有高程上的差异，其中中部地区高于沿河地区。

(三)功能分区　区域划分为五个小区。分别是近期建设区、城市功能区和三个生活居住小区。

规划将阳光新路和兴济河东岸地区布置为新城中心区兼城市功能区，构成城市生活服务、金融商贸中心向南延伸的态势。在新城东北地块依据社区主次干道形成三个不同规模的居住生活小区，每个小区都有独立的服务体系，同时各个功能区又是相互联系，相互依托。在居住区主干道与城市道路连接处，根据服务半径和周围公建配套，分别布置社区中学、小学、托幼等公共服务设施。依托中心会所、南北两大矿坑的设计布局形成居住区级公共活动中心，包括中央公园、文化娱乐中心、物业管理中心。为体现新城和未来济南市新商务区、新城生活居住和新城中心的联系，该方案规划了两条步行景观走廊，沿步行走廊规划适宜居民休闲的场所。

（四）分期建设 规划采取分期建设的方案，以区内道路及河道自然分割，根据现状土地情况，将阳光100国际新城分为七期实施方案。

首期建设：地段内布置2780套各种套型、不同标准的住宅，拟开发39.98万平方米的建筑面积。形成配套设施完善、环境优美的居住小区。

二期详细规划：利用小区内两条南北小区级道路，将小区分为三个台地，每个台地根据各自的地形特点，形成不同高度的院落组团。靠近西侧的台地为二期的最高点，也是二期与三期的结合点，7栋点式高层布置在山林绿化之中；山体东侧两台地，顺应地形形成四组具有北欧风情的住宅组团，通过底层消防门洞，将四个组团相互联通。靠兴济河公园设置4组底层公建，以满足小区级的商业配套服务，同时保留原有的绿化景观通道。

三期详细规划：做到不开挖、不回填、不损伤山体，原生地形，尊重原生地质肌理，顺山而势，小区主干道依山体等高线而建，做到区内交通方便，景观效果最好；人车分流的布局方式，利用南北两个矿坑作为地下停车场，地上绿化的设计手法，通过曲径通幽的步行系统及人工湖泊将南北两个中央绿化广场组成为阳光100中央公园，面积4万平方米；公共服务中心，依南侧矿坑而建，形成地下购物、娱乐、运动、休闲场所；6栋点式住宅依山而建，会所在山的最高处，站在会所可以俯瞰整个社区全貌。其他板式高层住宅分布在中央公园的四周，围合形成阳光100国际新城城中之城。会所以西，由西至东地势高差比较大，其布局手法与二期相近，形成2个大的住宅空间组团和7个小私密空间。

（五）绿化规划 绿化系统充分利用规划区本身具有的“两山一水”之称的自然环境优势，规划组成树木、沟塘、广场、林荫步道一体化的绿化空间。区内绿化系统采用小区－组团－宅间三级布置，并通过连接居住组团之间的林荫步道与小区东侧的兴济河滨河绿地连成整体。环绕林荫步道形成的中心绿地是居民进行交往活动、身体锻炼、戏耍游憩的主要场所，中心绿地内以林木、草坪为主要的环境构成要素，点缀各种花卉树木。组团绿地内布置儿童游戏场、亭廊座椅，与住宅的绿化庭院紧密相连，形成可以供人们停留的空间场所。

兴济河是贯穿新城南北的城市河道，方案借鉴国外水环境处理的经验，考虑在兴济河的南段建设一片湿地生态景观，作为保证新城地段内水环境质量的过渡带。在规划地段内的河道上，结合地形落差大的特点，逐段布设橡胶坝，使狭长的河沟变成开阔的水面，在丰水期还可以形成层层叠落瀑布景观。两岸分别规划有滨河绿带和步行散步道，与飞架在河道上的各式桥梁共同构成新城独具特色的滨河公园。

（六）配套公共设施 新城中心沿城市主干道布置，规划区设九年一贯制学校一所，标准小学一所，幼儿园三所，位于新城北、西南和东南。

在新城南北入口处分别设有居住区级商业服务设施；在社区主次干道一侧分散布置小区级商业服务设施；在中央公园的最高点布置新城中心会所，与中央公园密切结合，形成居民活动和新城标志性场所。

（七）空间形态 沿城市南北主干道形成的高层建筑群和规划区内保留山坡地的两组至高

点，人文和自然遥相呼应，虚实相间，区内保留的自然特征将5个小区划分为8个组团，或沿河展开，或环山分布，建筑依山就势与地形紧密结合，旨在创造和自然条件相适宜的居住和生活环境，形成新城活泼的城市空间形态，将城和自然环境融为一体。

区内主要道路的走向和自由的城市形态紧密配合，城市次干道是新城和济南城区联系的主要通道，道路竖向的设计以满足和城市地区的联系为原则，区内道路则更多以与地形走势相适应的角度布置，形成小区道路或跨越城市次干道，或从次干道下穿过的不同道路空间。在新城内规划了两条步行景观轴，在刘长山上至高点规划山顶会所形成步行景观轴交点，景观轴的另一端为新城两个人行主入口，两条景观轴由入口广场、中心绿地、组团间的带形绿地等要素构成，是居民日常游憩娱乐的活动带。

三、北园大街综合改造总体控制规划

(一)规划时间　2005年1月开始规划，2005年11月编制完成。

(二)项目背景　济南北部的发展基本是以沿北园大街带、小清河带、黄河带作为发展主线。而北园大街改造工程则成为推动北部发展的助推器，为实现真正意义上的北跨奠定坚实的基础。

(三)项目位置　位于济南市旧城区，是主要东西向城市主干道。

(四)规划范围　东起电建路，西至二环西路，南起交校西路，沿济齐路、堤口路、东西丹凤街、义和北街、胶济铁路至电建路，北起小清河南岸，沿黄岗路、无影山西路、田家庄东路、西工商河、汽车厂东路、济泺路、标山南路、联四路、水屯北路、航运路、小清河南岸至电建路。

(五)用地规模　东西长约13千米，南北宽约1.5～1.8千米，用地面积约19.35平方千米。

(六)主导功能　北园大街定位为城市一级主干路，并为城市快速公交系统提供支持；总体控制规划将其定位为：含行政办公、生活居住、科教文化、金融商贸等多功能聚集的中心景观大道。强化市民公共活动功能，促使多元功能之间的互动，增强城市活力，使之人气旺盛、商业繁荣、文化气息浓郁。

(七)功能分区　规划为“四个功能段”“五个中心节点”。四个功能段：二环西路至无影山路(道路全长约3.43千米)——区级商业居住段；无影山路至津浦铁路(道路全长约2.33千米)——市级商贸居住段；津浦铁路至历山路(道路全长约3.70千米)——市级商贸文化段；历山路至电建路(道路全长约3.56千米)——区级商业居住段。五个中心节点：黄冈路路口节点——商业服务中心；济泺路路口节点——商贸中心；北园立交桥下节点——休闲美食中心；历山路路口节点——商业服务中心；二环东路路口节点——商业服务中心。

(八)规划布局　设计分别对区内的土地利用、道路交通、绿地水系、步行开放空间、竖向形态、环境保护及各项市政服务设施等七个方面进行系统优化和完善。提升北湖市民文化区功能；扩大整合顺河高架路至济泺路的商业商务功能；根据发展拆迁工业、仓储企业，并调整结构、完善配套服务设施；提高和改善全福、石桥、黄台、匡山等居住生活区，将三、四类居住用地改造提升为二类居住用地，提升其城市居住生活功能；提高绿化用地面积，扩大堤口路与济泺路三角绿地、规划好沿全福河、柳行头河、东西泺河、工商河和兴济河两侧绿带，沿胶济铁路、津浦铁路两侧绿化带等；配合城市快速公交(BRT)的发展构想，规划预留好公交枢纽站和停靠点，解决好道路交通和居住、公建的关系。

在土地利用系统的规划中，着重控制公共空间的用地与形成。根据功能类聚、有机互补的开发需求，强化规模效益与联动效益，将金融商贸、文化娱乐、行政办公、生活居住相对集中布置。同时，鼓励土地的复合使用，商业与办公、商业与住宅、商办与文化娱乐高效复合、互补设置。

四、济南经十路规划

2004年编制完成。

（一）项目位置　济南市经十路位于城市南部，东起章丘城区东边界，西至长清城区西边界，全长约90千米，贯穿章丘市区和济南东部城区、主城区、西部城区，是贯穿济南市东西走向的最重要的交通主干道，连接东西二环路和绕城高速公路东西环线，由绕城高速公路东环线邢村立交以东的经十东路、绕城高速公路东环线邢村立交和京福高速公路担山屯立交之间的经十路、京福高速公路担山屯立交以西的经十西路三个路段组成，承担着城区内部联系交通、通过性交通和城市对外交通等多种功能，是实施“新区开发、老城提升、两翼展开、整体推进”城市发展战略的桥梁和纽带。

（二）编制背景　2003年6月26日省委常委扩大会议后，历届省市领导高度重视并多次强调抓好经十路的综合整治和两侧用地的开发改造。同时，为迎接2004年在济南市举办的亚洲杯足球赛事，自2003年起，市规划局委托清华大学建筑设计研究院、上海现代设计集团、济南市规划设计研究院进行《济南经十路综合改造规划及城市设计》《济南经十路标准段城市设计》《济南经十路控制规划》等相关规划研究，于2004年编制完成。《济南经十路综合改造规划及城市设计》获山东省2004年度优秀城市规划设计二等奖。

（三）规划范围　东起二环东路燕山立交，西至二环西路段店立交，长约12.4千米，总用地面积约11.9平方千米。

（四）主导功能　商务办公、产业科研、体育休闲、文化教育、生活居住的复合功能发展带和城市综合交通走廊，是城市形象的窗口和展示带，是省会济南的城市发展带、社会发展带、经济发展带和生态发展带。

（五）规划特色　规划构思利用山水济南独特的自然风貌，体现文化济南悠久的历史文化底蕴，创造活力济南新世纪的现代化气息，达到改善城市交通、加速城市发展、更新城市环境、改善城市形象、整合城市功能、提升城市价值的目标。

设计策略主要包括整体规划、保护生态、突出特色、功能兼容、效益兼顾等五个方面。整体功能布局为聚合经济发展、交通聚散、景观塑造于一体的分段多功能的复合型城市发展带。通过地标建筑、景观节点设计，形成具有可识别性的城市形象；利用得天独厚的自然资源，建设现代生态山水城市特色；沿道路两侧规划设计一定进深的城市空间，形成可供人驻留的城市环境；通过对道路的拓宽改造，交叉路口交通渠化和沿街立面的整体设计，塑造出交通井然通畅、建筑错落有致、空间收放有度的有序城市空间。

（六）规划布局与功能分区　规划重点是对现状用地功能进行整合提升，自东向西形成配

经十东路　(2005年摄)

套完善、特点鲜明的四大功能区：燕山立交至玉函立交段北侧，有山东大学、山东师范大学、山东医科院、省电视台等10多所科研院所和大中专院校，规划为文教科研区；玉函立交至八一立交段北侧，规划为小街坊的商务办公区；燕山立交至八一立交段南侧，汇聚千佛山、省博物馆、泉城公园、省体育中心、英雄山等重要的旅游文体娱乐资源，规划为旅游体育休闲文化区；八一立交至段店立交段，规划为中高档城市综合居住区，并在振兴街地区规划区域性商业服务中心。

五、解放阁地区及舜井街两侧详细规划

（一）规划背景 1999年，由历下区政府委托济南市规划设计研究院进行解放阁地区改造规划前期研究工作，对片区内现状建设和历史文化遗存等进行调查和研究分析，并提出初步规划方案。2000年，历下区政府委托清华大学建筑学院张杰教授主持与济南市规划设计研究院合作，进行解放阁地区改造规划，并经过专家咨询论证。2002年，委托清华大学建筑学院张杰教授主持进行舜井街两侧城市设计，并统一纳入到解放阁地区及舜井街两侧详细规划，于2003年经过市规划局审批。

（二）总体指导思想 在泉城风貌带规划总体框架下，借鉴上海豫园新天地、南京夫子庙等文化商业区改造的成功经验，调整和丰富舜井街－解放阁片区的功能，改造、整治城市环境，挖掘历史与文化内涵，使舜井街－解放阁片区与泉城路一道成为济南古城最具吸引力的特色商业、旅游、文化娱乐、办公综合功能区，整个片区与旧城的芙蓉街－珍珠泉历史文化保护区、现代化的泉城广场共同支撑旧城的提升。整治改造后的舜井街－解放阁片区应成为泉城路联系解放阁、黑虎泉－环城公园的重要地段。而改造后的舜井街将成为今后旧城从南门通向大明湖的重要景观走廊。改善区内道路交通环境，增加停车服务设施，营造连续舒适的步行环境。

（三）总体布局 原址保留浙闽会馆、原历下区房管局两处重要文物、历史建筑以及其他需要保留的现代建筑，结合原有街巷格局，将整个地区规划成两横四纵的道路格局。整个区片由两条东西向的步行轴为中心条构成步行区，其间主要布置反映济南地方特色的商业、文化、餐饮、旅游休闲等功能，结合文物古建民居的保护利用、城市园林、绿化、广场的设计，塑造富有活力的地方特色浓郁的城市场所。整个步行区东西两端分别以解放阁广场和舜园文化广场结束。

（四）历史遗存保护与利用 原址保护浙闽会馆文物建筑，并结合两处迁建四合院的保护，形成以浙闽会馆文物建筑为核心的古建民居保护群。建议利用该组保护建筑作为济南古城民俗文化博览馆。原址历下区房管局重要历史建筑，将其余两处格局较完整的民居四合院迁建至此，并配以新建传统风格四合院共同形成一组古建群。建议将其设为高档风味餐馆。舜井传说为舜帝耕于历山之下时所用之井，方案将其原地保留，并利用舜园的文化积淀，在原舜园旧址结合舜井开辟舜园文化广场，广场周边布置旅游、文化、餐饮设施，使舜园文化广场成为泉城路、舜井街地区最重要的公共空间节点。延续现有街巷名称，使改造、整治后整个街区在空间、地名上都具有很强的归属感和识别性。

（五）环境设计 整个地区的广场、绿化环境应充分体现地方传统与现代文化相结合的原则。开放空间的尺度不宜过大，以便与规模宏大的泉城广场形成鲜明的对比。区内的绿化以适于本地土壤气候的乔木为主，一般不采用草坪。园林、泉池的设计应积极吸取济南传统城市园林特色。灯饰、小品等应与整个环境相协调，选型、设计要朴素大方。区内的广场、步行街铺地主要采用渗透性较好的传统灰砖为

主，配以石材或混凝土砌块。

六、经一路综合改造规划

（一）编制背景 经一路综合改造规划是市委市政府“实现新跨越、建设新泉城”的重点规划，也是济南市实施旧城改造、老城提升、环境改善、路网完善的重要规划。规划建设采取以市为主导，以区为主体，市区联动的全新运作模式。

（二）规划期限 2003～2020年。

（三）规划范围 西南至京沪铁路和经六路延长线，东至化纤厂路，北至京沪和胶济铁路，南至经四路、经二路、顺河街、少年路、明湖路、利农庄路、山大北路、华能路等道路，包括纬北路、经一路、明湖北路、东关北路、花园路、花园东路。

（四）功能定位 分段式多功能的生活性城市主干道。

（五）城市规模 东西长约13.2千米，两侧规划用地约14.5平方千米。

（六）功能布局 经六路至纬十二路为居住综合区，纬十二路至纬一路为商业商务区，纬一路至生产路为居住生活区，生产路至历黄路为休闲旅游区，历黄路至历山路为居住生活区，历山路至二环东路为科技商贸、商业区，二环东路至化纤厂路商住综合区。

（七）主要特点 经一路综合改造规划是城市功能整合、旧城区改造区提升的需要，可改善城市交通状况，提升省会城市形象，提高城市生活质量、完善配套服务设施。

七、泉城广场周边地区规划设计

2004年编制完成。

（一）项目背景及意义 泉城广场是实现“济南五年大变样”的重点建设工程，其建设对于改变城市面貌，突出泉城特色，丰富城市空间，增加休闲、游览场所，具有重要作用。做好广场周边地区的规划控制和城市设计，对广场周边地区的建设改造和景观控制，具有重要意义。为此，济南市规划局多次委托济南市规划设计研究院等省内外不同设计单位，对泉城广场周边地区进行规划研究和城市设计，广泛征求意见，确保这座“城市大客厅”有一个良好的周边环境和优美的城市轮廓线。

（二）项目概况 位于济南山、泉、湖、河自然山水景观轴和泉城特色标志区的核心地带，南眺千佛山，北靠环城公园和中心商业区，东与解放阁相望，是大明湖至千佛山风景视廊的重要组成部分，并与护城河和环城公园有机地融为一体，是泉城济南的重要标志和象征，是重要的休闲、游览和人流集聚区。

（三）规划总体控制与主要设计特点 规划目标在于保持泉城广场与山、泉、湖、河、城的有机联系，保证空间视线通透，美化城市面貌，改善周围景观环境，突出泉城特色，丰富城市空间。重点处理好广场与千佛山、趵突泉公园、环城公园、大明湖、解放阁及中心商业区等周围景观环境的关系。控制泉城广场至千佛山之间的建筑高度，保持广场与千佛山之间的视线通透，在广场东西两侧和广场内部的特定观赏点保留较宽的视线通廊，能看到千佛山山体，保持“青山进城”的城市空间特色，广场南侧的建筑轮廓线，应与广场空间尺度相协调，采用退台式形式，追求流畅、舒展、大方、明快的风格，控制建筑高度，加大横向体量，既满足在广场特定视点对千佛山山体的可视要求，将千佛山山景融入泉城广场，又能在空间上对广场起围合作用，并与广场空间尺度相协调。在广场东南角规划带形绿化，并向南延伸形成绿化通廊，强化泉城广场与千佛山的视线联系。保持广场西侧优美的城市轮廓线，改造景观较差的高大建(构)筑物；改善广场西侧的景观环境，使趵突泉公园与泉城广场在空间、绿化、景观等方面互相渗透，互为借景，融为一体。广场北侧处于“湖-山”景观视廊控制范围的重点地段，是中心商业区的重要组成部分。广场北侧的城市设计，应精心设计空间形态，适当提高建筑密度，严格控制建筑高度，保护大明湖南眺千佛山的空间景观视廊。黑虎泉西路沿街有多幢新建筑，建筑轮廓线较为平缓，造型较为大方稳重。规划设计尽量保持沿街建筑轮廓线的平缓与流畅，建筑造型力求舒展大方，建筑色彩淡雅稳重，使黑虎泉西路沿街建筑形成一条静态的连续画面，成为广场北侧的理想背景。规划梳理出多条南北向的步行通廊，加强广场与中心商业区及泉城路准步行商业街的联系，使泉城广场与中心商业区环境相互协调，空间相互渗透，促进商业购物和休闲游览的融合。控制广场东侧的建筑高度和体量，合理确定新建建筑的位置，保证泉城广场东西主轴与解放阁之间景观通视，避免新建建筑遮挡视线。并通过南环城公园的步行系统，加强与解放阁的联系。利用环城公园的步行系统，将广场与趵突泉、五龙潭、大明湖、黑虎泉环状相连，使泉城广场与护城河及环城公园有机地融为一体，成为镶嵌在环城公园"绿色项链"上一颗闪亮的明珠。

八、大明湖风景名胜区详细规划

2007年编制完成。

大明湖位于济南市旧城北部，是济南三大名胜之一，也是构成济南"山、泉、湖、河、城"特色风貌的重要组成部分，2003年被省政府确定为省级风景名胜区。大明湖南侧即是"泉城特色风貌带"中的历史风貌保护区。为保护景区资源，与周边区域协调发展，使景区成功地向半开放式城市风景名胜区转变，济南市于2007年启动了大明湖风景名胜区规划。大明湖风景名胜区总体规划范围为：东至黑虎泉北路，南至明湖南路，西北连接西护城河，北护城河。扩建后总面积103.4公顷。

大明湖风景区以"名士文化"为文化主题，以自然景观以及文化古迹、街巷民居建筑等人文景观为其风景特色，集游赏观光、休闲娱乐、科学文化传播和爱国主义教育等内容为一体，是代表泉城特色风貌的半开放式城市型省级风景名胜区。通过大明湖风景名胜区总体规划及周边综合整治，实现"园中湖"变为"城中湖"的规划设想，提升大明湖景区的旅游配套服务功能，进一步强化大明湖作为泉城特色标志区的景观核心作用，创造优美的沿湖植物生态环境，为市民创造风景宜人的休闲娱乐场所。同时带动大明湖周边地区旅游业及商业发展。

（一）规划功能分区 根据大明湖的景源布局特点及游线组织方式，将大明湖风景名胜区规划为水上活动区、环湖游览区及小东湖餐饮服

大明湖东南景区 （2009年摄）

务区；水上活动区面积60.16公顷，是大明湖主要的游览内容。沿湖岸线与湖中岛屿之间形成了多个水上游览线路；环湖游览区面积37.82公顷。环湖游览区除沿湖观赏湖水风光之外，可进入园中园游览，园中园景区文化主题多样，体现泉城风貌及多彩的滨湖水景魅力；小东湖餐饮服务区面积5.42公顷，为景区主要的餐饮服务区，游人观光后在湖边就餐。

（二）规划结构布局 规划布局为一路、二湖、六园、九岛、十八景，规划重点为六园。一路指环湖游览路；二湖为大明湖主体水面和小东湖水面；六园为沿大明湖湖岸线分布的六个主题景园：稼轩园、遐园、秋柳园、湖居园、南丰园、奇石观鱼园；九岛为大明湖风景名胜区中的9个岛屿：翠柳屏岛、鸟禽憩栖岛、名士岛、汇泉岛、湖心岛、稼轩岛、秋柳岛、湖居岛、鹊华岛；十八景为景区中分布的历史性景点及恢复、新建景点18处：清漪江南、龙泉清听、滨湖长廊、佛山倒影、鹤鸬起舞、曲池观鱼、北极道场、明昌晚钟、汇波晚照、柳浪荷风、鹊华烟雨、明湖绝调、七桥风月、荷香北渚、秋柳遗风、历下秋风、蒲香荷馨、明湖秋月。

第四章　重点片区规划设计

第一节 泉城特色标志区规划

泉城特色标志区是泉城特色风貌带的核心区域，是以明清济南府城为主体，集湖光山色、名泉园林、文物古迹、民俗民居于一体，集中体现泉城风貌特色的标志性区域。为更好地彰显泉城特色、延续历史文脉、提升形象品质、打造城市品牌，2007年，依据《济南市历史文化名城保护规划》和《泉城特色风貌带规划》，编制《泉城特色标志区规划与更新整治方案》。

一、规划目标

以建设“国际知名的魅力泉城和文化名城”为目标，延续历史文脉，彰显泉城特色，提升服务功能，增强城市活力，打造特色鲜明、功能完善、环境优美的泉城特色标志区，实现“人城和谐，人水和谐，人文和谐，人居和谐”的目标。以科学发展观为统领，坚持恢复性保护、艺术性更新、创新性改造的规划理念，按照统筹规划、长期控制、持续改造、逐步更新的原则，充分发挥规划的先导和引领作用，有力促进市委、市政府确定的“维护省城稳定、发展省会经济、建设美丽泉城”中心任务的顺利实现。

二、总体构思与规划重点

从整体风貌出发，继承和保护“山泉湖河城”有机结合的传统格局，保护府城街巷肌理和泉池园林水系，以明府城、大明湖、环城公园为主体，体现泉城风貌特色；从个性特色出发，突出自然景观和地方特色，体现“家家泉水、户户垂杨”和“泉水串流于小巷民居之间”的风貌特征；从持续发展出发，优化府城职能，疏解老城容量，控制建筑高度，增加开敞空间，完善基础设施，改善居住环境。

以“一城、一湖、一环”的整治改造为重点，保护明府城的结构肌理，整治改造历史街区，梳理泉池水系；扩建大明湖风景名胜区，使园中湖变成城中湖，形成环湖休闲游览景观线；整治改造护城河环境景观，丰富游览景点，贯通环城陆地及水上游览线。

第二节 奥体文博片区规划

一、奥体中心规划

济南奥体中心位于城市主轴线经十路东段，北起经十东路、南至体育南路(后定名为龙奥南路)、东起体育东路(后定名为奥体东路)、西至体育西路(后定名为奥体西路)，占地85公顷，总建筑面积35万平方米，是2009年第十一届全国运动会的主会场。奥体中心规划方案设计具有以下六个特点："三足鼎立"，奥体中心两组场馆与综合服务楼形呈"品"字形"三足鼎立"的总体格局；"对轴对称"，奥体中心场地内形成南北主轴和东西两条轴线；"地方特色"，充分利用柳树(市树)和荷花(市花)等地方特色元素，形成"东荷西柳"的建筑景观；"交通组织"，结合场地布局，满足赛事和赛后要求，形成完整合理的交通组织体系；"竖向设计"，建筑布局、建筑景观、交通组织与地形现状有机结合，形成整体；"赛后运营"，场馆设计、交通组织充分考虑赛时利用和赛后运营要求，使其具备举办大型文艺演出、各类展览、商业服务等功能。

二、文博中心规划

文博中心位于经十路东段，北至工业南路，东至贤文路，南至龙泉山庄北侧规划路，西至华阳路，总用地面积约6平方千米。

2007年年底，市规划局会同有关部门共同组织济南市奥体文博中心文博片区城市设计方案征集，定向邀请4家国外著名规划设计机构参加设计，研究论证片区未来发展方向；在此基础上，委托中国城市规划设计研究院进行多轮深化研究，进行奥体文博中心文博片区城市设计，并划定核心区进行东部新城CBD研究，编制完成《济南东部新城CBD城市设计》，报规划委员会通过。

通过规划研究与设计，确定文博片区的城市中心地位，明确片区功能定位、形态结构、交通组织、空间景观意向等内容，较好地指导该片区的城市规划，为济南CBD规划建设奠定基础。

省博物馆新馆是文博中心的主体建筑，为高水平编制设计方案，组织省博物馆新馆规划设计方案国际投标，国内外81家设计单位积极参与。经专家评审，最终"天圆地方"设计方案脱颖而出，它体现了中国传统文化中天圆地方的理念和齐鲁文化的大气与厚重。建成后的省博物馆新馆将按照"国际先进、国内一流"的目标，成为一座集历史、艺术、民俗、自然于一体，弘扬齐鲁文化传统，提升省会城市形象的标志性建筑。

第三节 西客站片区规划

济南西客站位于二环西路以西、绕城高速公路西环线以东的张庄片区，规划用地约25平方千米。核心区6平方千米，该片区规划以京沪高速铁路新济南站建设和张庄机场搬迁为契机，充分利用高铁站的交通枢纽功能，承接京津、沪宁辐射，大力发展商业会展、商务办公等城市功能，打造"山东新门户、泉城新商埠、城市新中心"，成为彰显泉城特色和省会形象的重要窗口，带动西部地区跨越发展的增长点。

依据西客站片区控制性详细规划，形成"一站、两轴、三心、多组团"的布局结构。一站：济南西客站及其核心地区，是本片区重要的发展节点，对整个片区及济南的发展有着重要的带动作用。两轴：东西发展轴——以高铁站为起点规划一条东西向中心绿带，形成片区重要的发展轴线。根据两侧的用地类型，轴线分为高铁站前广场段、文化活动段、商业服务段、城市中心公园段。南北景观轴——以腊山河水系为主要承载的绿色廊道。在水系东侧扩大滨水空间形成滨水公园，联系南北腊山湖和小清河。同时该廊道还是贯穿片区的重要景观视廊。三心：区域商务中心、城市公共中心、主题园区，是西客站片区实现腊山新区中心区的重要功能体现，也是西客站片区作为济南区域发展新的“门户”和“窗口”的具体表现。多组团：在一站、一轴、三心的骨架结构统领下，规划设置大型居住区，形成多个居住组团。

核心区设计构思，“名泉长卷，展齐鲁人文风采；高铁通途，迎济南发展舞台”。高铁的开通，势必给济南带来跨越式发展的机遇。济南自古有泉城美誉，是济南最具特色的城市名片。因此，在规划的东西轴线中结合泉的特色做足水的文章，结合山东和济南的丰厚历史人文底蕴，规划形成有地域特色的人文画卷，通过精心设计把核心区打造成济南新的发展极，成为展现城市形象的新舞台，一方面可以展示城市的现代化风貌，另一方面也集中体现了城市的特色与活力。

2007年10月至2008年1月，本着高起点规划的原则，市规划局会同有关部门对西客站地区概念规划及站前核心区城市设计方案进行国际征集。经知名专家评审，最终选定东南大学城市规划设计研究院、阿特金斯顾问(深圳)有限公司、奥雅纳工程顾问(上海)有限公司、清华城市规划设计研究院等7家设计机构承编设计方案。以西客站合理的发展定位为前提，以交通枢纽与城市的互动发展为核心，对西客站片区未来发展的功能定位、布局结构、空间形态、交通组织、开发容量与运行组织等主要内容进行深入研究。

第四节　南部山区保护与发展规划

南部山区是济南中心城南部的绿色生态屏障，是城市的绿肺，自然景观和人文资源丰富，素有“城市后花园”之称。南部山区是济南市地下水的直接补给区、城市地表水水源地，生态环境十分脆弱。

为落实“南控”战略，2006年8月，济南市规划局委托北京清华城市规划设计研究院、济南市规划设计院启动《南部山区保护与发展规划》编制工作，经多轮修改完善，于2008年10月编制完成，2009年9月经济南市第二届城市规划委员会一次会议审议通过，2010年由市政府正式批复。

依据济南市城市总体规划，遵循“在保护中发展，在发展中保护”的原则，按照“和谐发展、城乡统筹、资源保护、生态优先、公众参与”的思路，对南部山区的功能定位、镇村体系、生态环境保护、城乡用地布局、历史文化保护、旅游发展、道路交通、公共服务设施及市政基础设施

济南西客站内景　(2011年沙利摄)

等方面进行统筹规划。

一、生态持续发展

通过规划实施，使水资源与历史文化资源、景观资源得到有效保护，水污染得到根本治理，沟谷生态系统进入良性循环，为生态安全格局奠定基础，生态产业园、生态人居建设发挥综合效益。2010年，南部山区森林覆盖率40%，2020年南部山区森林覆盖率50%。

二、经济健康发展

通过规划实施，使与资源环境生态承载力相适应的生态经济得到稳定健康发展，生态农业及休闲度假产业成为南部山区经济的主导产业，明确界定各类产业发展空间，村镇经济与资源环境经济相呼应，第一产业、第二产业、第三产业协调发展。2010年产业结构30：25：45，2020年产业结构25：15：60。

三、社会和谐发展

南部山区总人口控制在78万人以下，社会服务保障体系健全，居民生活达到小康水平，就业结构多元化，居民受教育水平率80%以上，60%以上农民从第一产业转向第二、三产业。2010年，农民人均纯收入7000元。2020年，农民人均收入1.8万元。

第五节　北跨及北部新城区发展战略研究

"北跨"是2003年6月26日省委常委扩大会议确定的济南城市空间发展战略之一，济南市新一轮城市总体规划提出"实现跨黄河发展，在黄河北建设新城"的远景目标。为落实城市空间发展的"北跨"战略，加快黄河以北地区建设发展，市规划局于2006年7月委托北京大学城市规划设计中心和济南市规划设计研究院组织编制《济南市北跨及北部新城区发展战略研究》，并于2008年10月编制完成。

一、研究范围

北跨研究以济南市黄河以北地区为研究范围，包括济阳县、商河县全域及天桥区的桑梓店镇和大桥镇，总面积2250平方千米。

二、发展定位

济南市对接京津、辐射鲁西北的经济走廊，济南市重化工业、物流产业和新型制造业基地，济南市未来城市发展的重点区域，济南市绿色生态产业示范区。

三、布局结构

济南北跨发展将带动城市空间结构的重构，形成"一核、三心、T型主轴、X型生长、组群联动、网状支撑"的格局。"一核"。即主城区，济南都市区城市、经济、产业功能高度集聚的核心，济南市信息、交通、金融、管理、服务中枢。"三心"。即三个次中心，分别为西部、东部、北部新城，是济南都市区人口、城市服务和产业功能向心集聚的副中心，带动各片区整合发展。"T型主轴"。即长清－章丘(郑州－济南－青岛)东西轴向，济南－商河(济南－京津)南北轴向，构成都市区发展主轴，也是都市区城镇空间的生长骨架。"X型生长"。即都市区内缘沿黄河南北两翼带状组团生长，形成"X"型城市空间形态，构建济南城市发展新的空间框架，改变固有的东西向延伸的形态。"组群联动"。即重点发展三个外围市镇组群，包括黄河北市镇组群、南部山区西部市镇组群、南部山区东部市镇组群，使之成为联系城镇功能区和乡村地域的支点与枢纽，统筹城乡区域发展，带动南部山区和黄河北地区协调发展。"网状支撑"。即培育若干具有较大发展潜力的组团、片区和城镇，使之发展成为中小型专业化城镇组群，促进市域城镇体系的网状发展，形成济南市城市化推进的面域支撑。

第五章　城乡统筹规划

2008年，章丘市、济阳县总体规划分别上报山东省、济南市政府。2011年8月，省政府批准章丘市城市总体规划。2012年8月，市政府批准济阳县城市总体规划和商河县城市总体规划；11月，市政府批准平阴县城市总体规划。

第一节 章丘市城市总体规划

一、城市性质 济南的次中心城市，以先进制造业和高新技术产业为主导，具有泉水特色的园林城市。

二、市域城镇体系规划 城镇规模等级结构分为三级，一级为中心城区，二级为刁镇、普集、文祖3个重点镇，三级为其他建制镇。市域形成“四个核心城镇、三条城镇带”的空间结构。“四个核心城镇”指中心城区、刁镇、普集镇、文祖镇，“三条城镇带”分别为依托经十东路形成的东西向城镇带、依托242省道和潘王路形成的两条南北向城镇带。城镇化水平2020年达到65%左右。

三、城市规模 规划到2020年城市人口为50万人，用地不超过55平方千米。

四、城市规划区 东起明水、双山街道办事处东行政边界，西至章丘与济南边界，北至明水、枣园、龙山街道办事处北部边界，南至圣井、双山街道办事处南部边界，总面积约185平方千米。

五、中心城区用地布局 中心城区以“西进、东优、南控、北抑”为城市空间发展战略，以西巴漏河为界，形成“一城(东部主城区)一区(西部城区)”的格局。“一城”(东部主城区)由老城、新城、教育和明水4个片区组成。老城片区位于章丘大道以北、西环路以东，以改善生活居住环境、提升商业服务功能为主，面积约15平方千米；新城片区位于章丘大道以南、经十东路以北、西环路以东，具有商务办公、金融服务、文体娱乐和居住等功能，面积约6平方千米；教育片区位于经十东路以南、埠村路以东，重点发展教育及配套设施，面积约10平方千米；明水片区位于经十东路以北、西环路以西，主要依托已有基础，发展现代工业，面积约9平方千米。“一区”(西部城区)由圣井片区和龙山－枣园片区组成。圣井片区位于西巴漏河以西、胶济铁路以南、经十东路以北，是以重型汽车等产业为主的现代制造业基地，面积约9平方千米；龙山－枣园片区位于西巴漏河以西、胶济铁路以北，是以发展能源动力及钢铁、机械制造为主体的现代化产业园区，面积约6平方千米。

第二节 平阴县城市总体规划

一、城市性质 济南市的次中心城市，是具有玫瑰特色的山水园林城市。

二、县域城镇发展布局 城镇空间布局规划形成“一心两带两廊三群”的结构。以平阴中心城区为核心，沿105国道、济菏高速和220国道形成两条城镇聚合带，构建沿东阿至孔村、洪范池至孝直两条乡镇发展走廊，组建北部、东南部、西南部三个城镇组群，构筑县域城乡统筹协调发展的格局。

三、城市规模 规划至2020年城市人口为20万人，中心城建设用地规模23平方千米。

四、城市规划区 东至安城镇驻地东部山体和济菏高速公路，南至榆山、锦水街道办事处南部边界，西至新220国道，北至黄河和济平干渠，总面积约87平方千米。

五、城市布局结构 规划形成“两轴两带三团”结构。“两轴”指榆山路南北向城市公共中心轴和翠屏街东西向城市发展轴；“两带”指两条绿色空间渗透带，亦为组团间的隔离绿带；“三团”指山体环绕的中心组团、安城组团、济西组团。

六、县域产业发展布局 规划产业发展形成“两带六园”的总体布局。“两带”指沿济菏高速公路和105国道形成以加工制造业、炭素生产为主的工业产业聚集带和沿220国道形成以旅游休闲、农业观光和特色农副产品加工为主的旅游产业聚集带，“六园”为济西工业园区、安城工业园区、山水工业园区、孝直工业园区、孔村工业园区、东阿工业园区六个特色产业园区。

第三节 济阳县城市总体规划

一、城市性质 济南市的次中心城市，是实施城市“北跨”的重要承接地，是以发展机械、煤电、化工和农副产品加工为重点的现代化城市。

二、县域城镇体系规划 城镇等级结构由县城、重点镇和一般镇构成。县城为城区、济北经济开发区以及新规划的城市建设用地范围；重点镇为孙耿镇、曲堤镇、崔寨镇；一般镇为新市镇、太平镇、垛石镇、仁风镇。县域城镇空间布局结构以县城为中心，以国道220、104线为发展主轴，省道248线、县城至太平镇的县级公路为辅轴，各镇通过环线相连，形成轴线加环线的城镇空间发展体系。城镇化水平2020年达到65%。

三、城市规模 规划至2020年城市人口为35万人，用地不超过42平方千米。

四、城市规划区 县城以现济阳城区以及济北经济开发区为依托，东至黄河大坝，西至新220国道，北至西八里庄，南至回河办事处，建设用地面积为42平方千米。

五、县城用地布局 县城总体布局以现有城区为基础，发展西部开发区，建立南部新区形成“一轴、两带、两园、四区”的城市布局结构。“一轴”是在中心区规划形成一条南北向的城市中心发展轴。“两带”是指沿220国道、黄河两侧形成景观绿化带。“两园”是指形成两个工业园区。“四区”是指规划形成一个商贸中心区和三个居住片区。

第四节 商河县城市总体规划

一、城市性质 济南市次中心城市，是以温泉旅游度假为主的生态宜居城市。

二、县域城镇体系规划 城镇等级规模结构分为三级：一级为中心城区，二级为玉皇庙、郑路、怀仁3个中心镇，三级为其他一般镇。县域规划形成“一主一副、两轴多点”的网络状空间结构。“一主”为县中心城区，二三产业及人口聚集核心；“一副”为玉皇庙镇与经济开发区联合组团，县域副中心，产业聚集区；“两轴”为沿省道248线和沿商怀路及商展路城镇聚合轴；“多点”为怀仁、郑路等县域各级城镇。城镇化水平2020年达到63%左右。

三、城市规模 规划至2020年城市人口为20万人，用地不超过23.49平方千米。

四、城市规划区 包括许商街道办事处和贾庄镇高速公路以东部分，总用地148.03平方千米。

五、中心城用地布局 中心城以向南、向西发展为主，东向、北向适当整合为发展方向，形成“一轴、两心、四区”的布局结构。“一轴”指沿商中路形成引导中心城空间拓展的轴线。“两心”指结合北城区现状的商业设施，利用人民公园的自然资源，打造中心城商贸中心；结合南部新湖，建设旅游服务、文化娱乐、行政办公、科研教育为主的旅游文化办公中心。“四区”：北城区位于滨河路以东，银河路以北，依托现状商业，逐步整合用地，建设商业中心，面积约724公顷；西城区位于滨河路以西，银河路以北，远期结合旧村改造，依托商中河，建设景观优美、配套完善的居住社区，面积约278公顷；南城区位于滨河路以东，银河路以南，建设集居住、行政办公、休闲娱乐和教育体育于一体的新区，面积约733公顷；产业研发区位于滨河路以西，银河路以南，以高科技产业研发用地为主，面积约613公顷。

第六章 勘察测绘

第一节 工程地质勘察

1986年后，工程勘察经历由直接委托为主向市场承揽、投标承揽的过渡。1995年后，主要通过市场承揽，少量工程接受建设方直接委托。2000年后，勘察设计工程实行招投标制，主要通过投标承接任务，受多种所有制勘察队伍数量猛增等因素影响，工程勘察市场竞争日趋激烈。中标价一般为国家收费标准的50%左右。2002年收费标准实行后，取费价基本为收费标准的20%左右。业务范围主要承担济南市市政工程、道路、桥梁与工业民用建筑项目的工程地质勘察，另有少量外地工程。至2010年，市勘测院共完成各类工程勘察项目2409项，勘探孔47333个，钻探总进尺73.8万米。

1986～2010年济南市勘测研究院工程地质勘察表

表2—2—1

年 份	项 目（个）	钻孔总数（个）	钻探总进尺（米）	年 份	项 目（个）	钻孔总数（个）	钻探总进尺（米）
1986	56	665	7315	1999	101	1155	17127
1987	71	1070	15140	2000	96	1141	17670
1988	91	1262	17856	2001	84	1260	16000
1989	77	1101	11669	2002	90	1765	25640
1990	128	1171	15223	2003	203	4896	53750
1991	120	1327	18373	2004	105	2267	28322
1992	130	1552	22783	2005	98	3239	41408
1993	79	1143	17145	2006	88	3572	56752
1994	74	963	14445	2007	83	2206	33923
1995	71	634	9487	2008	98	4299	91824
1996	82	973	14143	2009	85	3770	47000
1997	90	916	17690	2010	128	4048	114720
1998	78	938	12817				

一、工程勘察技术

20世纪90年代后，国家勘察设计规范经历1990年、2000年两轮修订，以及工程地质勘察向岩土工程方向发展的国家政策导向，促进传统工程地质勘察行业向岩土工程方面延伸，在地基测试、复合地基处理、桩基设计与施工、基坑降水支护等方面技术发展较快。市勘测院拓展桩基施工、复合地基处理、建筑基坑降水支护设计施工业务。岩土工程勘察专业在土工测试方面开展高压固结、三轴剪力等室内特殊试验项目，以适应高层建筑勘察对地基强度、变形计算的要求。在原位测试方面，载荷试验、旁压试验、静力触探、波速测试技术得到普遍应用。1994年，在银工大厦(地上36层，高150米)超高层建筑勘察中，应用深层载荷试验，对地基强度进行测试，结合其他测试技术，综合分析评价，确定采用箱形基础天然地基方案，于2000年获建设部部级优秀工程勘察设计一等奖，标志着济南市勘察技术在同期同行业内达到国内领先水平。地球物理勘探技术在工程勘察方面得到应用和发展，在1993年齐鲁宾馆二期勘察项目中，应用大功率超声波地层断面透视技术，对岩石地基内溶洞发育作立体定量评价，其勘察成果获1998年山东省优秀工程勘察设计一等奖。1997年，结合泉城广场建设，采用地质雷达、浅层地震技术对济南泉群岩溶水运动规律进行研究，其课题列入市科研计划，成果获1999年济南市科技进步二等奖。至2010年，获省级42项、部级19项、国家银奖1项。

二、计算机技术

1988年，市勘测院工程地质专业购置浪潮0520微机1台。1989年，首次采用Basic编程开发土工试验数据计算、试验报告汇总程序，其TQC小组成果“土工试验微机应用”在省建委建设系统TQC小组发布会上获表扬奖，标志着计算机技术在工程勘察专业应用的开始。1994年7月，购进由国家电力公司南京自动化设备总厂生产的TSW-2型土工试验数据采集系统及其配套软件，实现土工试验自动数据采集、数据计算、成果汇总、曲线打印等计算机土工试验一体化技术。2004年4月，更新为TSW-3型。2007年3月，购进华宁土工试验采集软件一套以及低压固结仪56台，实现土工试验自动数据采集系统更新换代。

1991年下半年，引进专业勘察软件，开始采用计算机对勘察报告中的剖面图，柱状图进行绘制。1993年7月，市勘测院“工程地质机助成图系统”获建设部优秀成果二等奖。1998年5月，引进理正工程地质勘察CAD软件，并逐年升级，至2001年全部使用计算机，直接由项目技术负责人上机进行原始数据录入、各种图件绘制编辑、数据统计计算、报告编写工作，淘汰手工打字员绘图员的岗位。

三、工程勘察信息系统

1996年，在引进北京市勘察研究院“工程地质勘察信息管理系统”基础上，进行济南市工程勘察信息系统(JNGEIS)应用研究，列入当年市科委科研计划。至1999年年底，共输入勘察报告850余份。2000年年初，通过市科委组织的专家鉴定，达到国内同行业先进水平，填补省内空白。2000～2002年，市勘测院研究开发建立“济南市基础地理信息系统”，工程地质数据库作为子系统之一实现城市空间地形、工程地质、综合管网数据的多库协同。2004～2005年，采用理正工程地质信息管理系统平台更新工程地质数据库管理系统，基本实现土工试验数据采集处理、工程勘察CAD制图与成果编制、工程地质数据库资料管理的计算机技术网络一体化。

第二节 基础测绘

一、控制测量

(一)平面控制测量 1955年，济南市首次建立由56座三角点组成的独立坐标系，坐标原点设在成记面粉厂生产楼顶部，覆盖面积约500平方千米，损毁严重。1993年，首次采用GPS技术改造、扩建济南市平面控制网，由135点组成，控制范围东至围子山，西至平安店，南至仲宫镇，北至桑梓店、靳家，覆盖面积1800平方千米。1994年10月，山东省科委对1993年GPS平面控制网成果鉴定结论为“三维网居国内领先，达到国际水平”。

1997年12月至1998年2月，在济南市二环路、高新区范围布设由68点组成的E级GPS网，控制面积400平方千米。2003年，为满足济南市东部新城及西部大学园区规划、建设需要，布设E级GPS网15点，控制面积共约500平方千米。

2005～2006年，济南市勘察测绘研究院根据国家测绘局和山东省国土资源厅统一部署，在济南市布设由122点组成的C级GPS网，控制面积约8200平方千米。

2010年，为满足济南市第二次土地调查工作的开展，布设由234点组成的城镇地籍E级GPS网，覆盖济南市中心城区和长清区城区，章丘市、平阴县、济阳县、商河县等城区，覆盖约800平方千米。

(二)高程控制测量 1998年，为启用“1985国家高程基准”，济南市城市规划区内在原有一、二等水准网基础上扩大控制范围施测三、四等水准网。三等水准网控制范围东至郭店镇，西至平安店镇，南至仲宫、西营镇，北至黄河、遥墙机场，控制面积约1200平方千米，线路总长437.7千米；四等水准网控制范围东至机场路、郭店镇，西至西郊工业区，南至二环南路、济王路，北至二环北路、华山，控制面积350平方千米，水准线路长度为382.88千米。三、四等水准网水准成果完成后，将济南市所有水准网成果由1954年黄海高程系统改至1985国家高程基准，济南市自1999年4月起正式启用“1985国家高程基准”。

2003年，为配合济南市东部新城、西部大学科技园建设，布设、施测四等水准190千米，其中，东部新城四等水准83.03千米，西部大学科技园四等水准107.15千米。2005～2006年，根据国家测绘局和山东省国土资源厅统一部署，在济南市布设由117点组成、覆盖市域8200平方千米的二、三等水准网，其中二等水准331.2千米、三等水准921.2千米、三等水准支线50.2千米。

(三)建立现代测绘基准体系 2005～2006年，济南市利用GPS技术、重力测量和水准测量技术，建成济南市厘米级高分辨率、高精度似大地水准面。2007年，综合运用现代卫星定位技术、计算机和网络通信技术、现代地球重力场确定理论和方法，建立由7个基准站和一个数据处理中心组成的济南市连续运行卫星定位服务系统(JNCORS)。至此，济南市建成由JNCORS系统、城市高精度GPS网、精密水准网和高精度高分辨率似大地水准面四部分组成的济南市现代测绘基准体系。该基准体系先后获得山东省国土资源科学技术一等奖、山东省科技进步三等奖、国家测绘局测绘科技进步三等奖。

二、地形图测绘

1991年，采用航测模拟测图法测绘建成区1：5000比例尺地形图220平方千米。1993～1996年，采用航摄模拟测图法测绘市区北部1：2000比例尺地形图1062平方千米。至1998年，采用航测模拟法和外业平板仪法测绘，内业手工清绘测绘二环区域1：500比例尺地形图约100平方千米。

2005年，测绘1：500比例尺地形图24平方千米，并开展二环区域城区重点道路修测，测绘至第一排建筑物。2006年，测绘完成黄河北、玉清湖北等测区1：2000地形图353平方千米、围子山测区1：500地形图26平方千米；完成南部山区1：5000地形图1687.5平方千米。2007年，完成东部孙村测区1：500比例尺地形图77平方千米；采用全野外数字采集法修测孙村、济钢、汉峪测区1：2000地形图300平方千米。2008年，完成董家、大正片区等测区1：500地形图测绘70.24平方千米、济南西部城区1：2000地形图修测290平方千米。2009年，采用航空摄影和全野外修测技术，完成南部山区三镇驻地1：2000地形图测绘及建库24.64平方千米；采用全野外测图技术，完成长清区、龙洞片区1：500地形图测绘及建库80平方千米；完成测绘商河县1：500比例尺数字地形图和建库26.3平方千米；完成平阴县城乡规划1：500地形图测绘及入库12.20平方千米，1：2000地形图测绘及入库1.90平方千米。2010年，全野外测绘完成济钢、腊山片区1：500地形图测绘30平方千米；完成济南市二环内1：500地形图修测面积约150平方千米；测绘长清区部分村镇1：2000地形图测绘约40平方千米；至2010年年底，测绘1：500比例尺地形图592平方千米，范围基本覆盖规划中心城区；测绘1：2000比例尺地形图1864平方千米，覆盖范围为东至市区界、西至黄河、南至南高绕城高速公路、北至市区界；测绘1：5000比例尺地形图1703平方千米，覆盖范围为东、西、南至济南市六区行政区划边界，北至南绕城高速公路，与1：2000比例尺地形图无缝衔接。实现中心城区1：500比例尺数字线划图、北部1：2000比例尺数字线划图和南部山区1：5000比例尺数字线划图有效覆盖。

第三节　基础地理信息

1998年后，济南市基础地理信息在城市规划、建设方面的应用越来越广泛。“十一五”期间，济南市勘察测绘研究院为国土资源管理部门、城市规划管理部门、城市建设管理部门的政府决策，为第十一届全运会，为规划、市政、统计、房产、公安地理信息系统建设等重点工程提供权威基础地理信息数据，并实施完成专题数据加工整理、系统设计开发服务，开展地理信息便民服务，为济南市经济和社会发展提供有力保障和技术支撑。

一、地理信息系统开发

1998～1999年，建设完成“济南市工程勘察信息系统应用研究”项目，主要内容是建立济南市工程勘察信息数据库，具备二维显示、检索、剖面显示等功能，具有初步的三维显示功能。2000年1月，通过济南市科委鉴定，认为“该成果达到国内同行业先进水平，填补了省内工程勘察信息系统研究的空白”。

2000～2002年，研发建设济南市建委立项项目“济南市基础地理信息系统”，主要内容是建立1：500、1：2000地形图数据库，济南市工程地质数据库，地下管网实验性数据库，基于MGE平台开发地理信息系统，具有数据入库、管理、查询、输出和空间分析功能。2002年11月，通过济南市科技局鉴定，认为该系统“在城市空间地形、岩土工程、综合管网多库协同方面有所突破，总体上达到了国际先进水平”。被省建设厅列为“山东省建设信息2002年模范项目”。2003年获中国城市规划协会二等奖，2004年获济南市科技进步二等奖，2005年获中国GIS协会银奖、中国测绘科技进步三等奖。

2004年，研发建设“济南市空间信息服务系统”，开通“泉城经纬”网站。主要内容是建设济南市电子地图及空间数据库，通过互联网提供基于电子地图的位置查询、公交换乘和路径分析服务。2005年3月，通过山东省科技厅委托济南市科技局组织的鉴定，认为“在多尺度电子地图的表现形式、采用街道为基础组织信息、信息及时更新维护方面有突破，处于国内领先水平。”

2005～2007年，研发建设“基于数字技术的城市规划决策管理三维支持系统应用研究”项目。2006年在建设部立项，主要内容是建立城市三维景观，提供虚拟城市浏览和规划成果展示，规划方案查询、比对、分析等功能。2007年12月通过由建设部组织的项目验收和市科技局组织的项目鉴定，认为“系统在二维三维信息共享、与城市测绘结合建设三维城市的方法和海量城市地形影像网络发布等方面有突破，达到国际先进水平”。2009年10月，获得省国土资源科学技术一等奖。

2008～2009年，研发建设“全运会地理信息专题服务系统”，在第十一届全运会官方网站开通地图频道。2008年5月，市勘测研究院被第十一届全运会组委会指定为地理信息服务机构，享有十一届全运会地图产品和专题地理信息系统的特许经营权。2009年9月～10月，在第十一届全运会举办期间，圆满完成地理信息服务保障工作。2009年12月，通过市科技局组织的科技鉴定，认为“在三维景观图和全景影像的集成、屏站结合的服务模式、信息共建共享方面有所突破，总体处于国际先进水平”。

2010年6月，济南市启动“济南市基础地理信息公共服务平台”建设，以地理空间框架数据库为基础，以网络化的地图和地理信息服务为表现形式，以电子政务内外网为依托，形成与国家、省三级互联互通的地理信息服务体系。项目办公室设在济南市规划局，市勘测研究院负责基础测绘成果整理、提供。

2008～2011年，承担并完成济南市信息化补贴项目——“数字泉城‘地理信息服务网站与服务屏’”“济南市地理空间资源展示与服务系统”。二次土地调查项目和济南市警用地理信息系统建设开发了地理信息采集工具，提供了地理信息技术服务。

二、地理信息数据服务

(一)基础地理信息数据　2005年，济南市组织实施市区4200平方千米的数字航空摄影，制作完成1∶2000正射影像图(DOM)。2009年9月至2010年5月，基于0.5米分辨率遥感影像制作完成1∶2000济南市六区正射影像图。2006年，利用济南市现有资料，采用航测和直接提取高程点的方法制作完成济南市域8000平方千米地面高程模型数据(DEM)，采用济南市独立坐标系，数据精度10米。为满足济南市城市建设与发展需要，2007年8月至2008年12月底，经市规划局组织，济南市勘察测绘研究院实施完成“‘一张蓝图’工程基础测绘成果规整建库项目”。主要是把十年来济南市的历史数据按照国家最新规范和标准进行整理和建库，其中1∶500地形图面积393平方千米，主要覆盖中心城区；1∶2000地形图面积1872平方千米，主要覆盖主城区及其北部；1∶5000地形图面积1703平方千米，主要覆盖南部山区。1∶2000和1∶5000地形图全覆盖六区范围。在项目实施初期，编写《济南市基础地理信息数据分类与代码》标准，作为该院此后基础地理信息数据的规范性标准。2008～2009年，为济南市全国第二次经济普查、济南市警用地理信息系统建设和济南市房产管理地理信息系统、济南市数字市政系统提供了电子地图和基础地理信息数据加工整理服务，为济南市全国第二次土地调查提供地理信息数据库设计和监理服务。

(二)电子地图数据　2004年，完成济南市泉城经纬电子地图，面积约3300平方千米，主要包含街区、居民地、城市内部道路、公园绿地、河流水系、建筑物、热点地物信息、公交线路、公交站点等数据。泉城地图考虑空间信息表达的多尺度问题，按照不同尺度下空间信息的表达详细程度，进行空间信息的二次抽取，形成在不同尺度下的多级数据分层体系；该地图共制作六种不同尺度的数据，整体风格以淡色为基调，颜色过渡协调，和谐不夸张。2005～2009年，制作完成全运会电子地图，面积约为8000平方千米，主要包含街区、公园绿地、河流水系、道路、行政区划、山脉、名泉、全运场馆、地名、公交等十二大图层，该地图共制作八种不同尺度的数据，地图采用瓦片式发布；满足系统用户浏览地理位置、POI等信息标注和标绘场馆对空间位置的要求，提供道路网络、框架地名、政区和统一的坐标系，提供对应属性数据库，以适应系统查询需要。

（三）三维模型数据 2005～2007年，结合“基于数字技术的城市规划决策管理三维支持系统应用研究”项目，共完成济南市3800平方千米数字高程模型、正射影像编译，实现济南市六区三维地形影像浏览。2008～2011年，根据已有的CAD数据和实际采集的现场纹理照片，通过3ds max三维建模软件完成的地面建筑物建模，覆盖济南市城市中心区及高新区37平方千米，共建立4876个城市地表建筑物三维模型及泉城广场、大明湖、奥体中心城市景观模型。2011年，通过提取道路沿线高程点数据，设置地面高程，采用3ds max三维建模软件完成的地表环境建模，共完成济南市二环东路至高新区会展中心东46平方千米城市地表环境建模，完全仿真城市地表环境，建筑内容包括道路模型、地形模型、植被模型、水系模型、城市管理部件模型。至2010年，完成的规划三维模型包括全民健身中心规划方案、奥体东部地块规划方案、泉城特色标志区高度控制规划、西客站详细规划方案的三维模型数据。

第四节 地图编制

济南市地图编制主要包括地形图编绘、普通地图编制和专题地图编制。

一、地形图编绘

市勘测研究院利用1998～2004年测绘的1：500比例尺数字线划地图，经2005年重点修测后，编绘成1：2000比例尺数字线划地图180平方千米。幅面为50厘米×50厘米，范围为二环路地区原有1：2000比例尺地形图空白区。作业方式采用计算机编绘。采用1993年济南独立坐标系和1985国家高程基准，等高距1米、2米。作业依据GB/T7929-1995版图示。

2009年，完成规划区域内75平方千米的地形图缩编工作，完成平阴县规划区域内32平方千米的地形图缩编工作。

2010年，利用济南市修测完成的1：500地形图，缩编完成二环内150平方千米1：2000地形图、济钢腊山地区30平方千米1：2000地形图。

二、普通地图编制

（一）济南市地图（1990年版） 1990年，山东省地图出版社编制、出版《济南市地图》。比例尺1：20万，全开幅面，彩色印刷。范围包括济南市行政区域：济南市区、历城区、商河县、济阳县、章丘县、长清县、平阴县。

（二）《中国城市地图集》（济南部分） 1992年，市勘测研究院根据《中国城市地图集》编委会统一部署，负责承编“济南部分”。主要由《济南市域图》和《济南市区图》组成，占3个8开页面。《济南市域图》比例尺1：80万，范围包括市中、历下、槐荫、天桥、历城五区和商河、济阳、章丘、长清、平阴五县。《济南市区图》图廓尺寸49厘米×34.5厘米(占两页面)，成图比例尺1：4万，范围东起牛旺庄，西至吴家堡，北起鹊山，南至前龙庄，面积约270平方千米。

（三）济南市城区图（1994年版） 1994年，市勘测研究院编绘济南市1：2.5万比例尺《济南市城区图》。主要依据资料是不同时期成图的1：1万、1：2000比例尺地形图，参考1993年航摄1：8000比例尺黑白航片等。范围东至巨野河，西至旧齐河、长清县城，南至仲宫镇，北至表白寺、遥墙镇。面积2800平方千米。共20分幅，每幅幅面48厘米×48厘米。采用济南独立坐标系，1985国家高程基准，等高距2.5米、10米。作业方法采用传统工艺编绘、清绘、植字，成果为聚酯薄膜二底图。

（四）济南市行政区划图、济南市六区政区图 2003年11月，济南市规划局、济南市民政局组编《济南市行政区划图》和《济南市六区政区图》。市勘测研究院负责地图编辑，星球地图出版社出版。两图幅面均为双全开，彩色印刷，双面覆膜。《济南市行政区划图》成图比例尺1：15万，范围包括济南市辖市中、历下、天桥、槐荫、历城、长清六区和商河、济阳、平阴三县及章丘市。《济南市六区政区图》比例尺1：8万。

（五）济南市行政区划图（2006年版） 2006年10月，市民政局编制《济南市行政区划图》（2006年版）。市勘测研究院承编。该图比例尺1：15万，范围包括济南市中、历下、天桥、槐荫、历城、长清六区，商河、济阳、平阴三县和章丘市。

（六）济南市行政区划图（2011年版） 2011年3月，为反映2006～2011年济南市部分乡镇、街道办事处调整、撤并后的行政区划现状，在2006版的基础上修编《济南市行政区划图》（2011版）。该图比例尺1：15万，范围包括济南市中、历下、天桥、槐荫、历城、长清六区，商河、济阳、平阴三县和章丘市，并附有章丘、济阳、商河、平阴城区插图。

三、专题地图编制

（一）济南市区街巷图 1988年，山东省地图出版社编印出版《济南市区街巷图》。全开幅面、彩色印刷，比例尺1：1.5万。范围东至茂岭山，西至段店，南至七里山，北至药山。反映街巷、水系、山丘、景点、主要单位名称。

（二）济南市区地名图 1996年9月，济南市地名委员会编制《济南市区地名图》，幅面为全开2拼、彩色印刷。由市勘测研究院负责地图编辑，清绘。范围东起牛旺庄，西至腊山，北起黄河，南至二环南路。山丘采用1993年所摄黑白航片影像，比例尺1：1.6万。该图详细标注了济南市地名委员会正式向社会公布的道路、街巷名称，老城区街巷密集处以数字编号简注，在图右下角注记说明(31条)。该地名图为此后编制其他地图、测绘地形图及社会各界提供了可靠的地名依据。

（三）济南市交通旅游图 2000年8月，市勘测研究院编制《济南市交通旅游图》，山东省地图出版社出版。对开幅面，双面彩色印刷，正面为济南城区图，范围东起北胡村，西至腊山，北起泺口，南至二环南路；背面为济南市全图及大明湖、趵突泉、泉城广场、动物园导游图。

（四）济南市区图 2002年3月，市勘测研究院编制《济南市区图》，中国地图出版社出版。为双全开幅面，无缝彩色印刷，城区图范围为绕城高速以内，东起邢村立交，西至玉清湖水库，北起鹊山水库，南至大涧沟立交，比例尺约1：2.7万，山体采用2001年航拍影像图做叠加勾绘虚边处理。附有东部和西部区域图。

（五）济南市城区地名图 2002年12月，济南市民政局委托市勘测研究院编制《济南市城区地名图》，该图参照1996年版《济南市区地名图》的基本版式重新编制而成，范围为东起义和庄，西至腊山，北起零点立交桥，南至二环南路。尺寸为双全开，无缝彩色印刷，正反覆膜。

（六）济南名泉游（图册） 2004年6月，市勘测研究院与济南市人民政府新闻办公室、济南市名泉保护管理办公室合作，编制《济南市名泉游》（图册），山东省地图出版社出版。24开130页、彩色印刷。利用山东省国土测绘院于1998～2000年成图的1：1万比例尺地形图、市勘测院2001年航摄所成正射影像图、2004年4月2日济南市七十二名泉评审委员会正式向社会公布的济南新七十二名泉及十大泉群评审结果，市勘测研究院派专人到现场调查泉位。共标注分布于济南城区、历城区、长清区、平阴县、章丘市境内的十大泉群(分别是趵突泉、珍珠泉、黑虎泉、五龙潭、白泉、涌泉、玉河泉、百脉泉、袈裟泉、洪范池)381处泉位。

（七）新济南城区图 2005年1月，市勘测研究院编制《新济南城区图》，山东省地图出版社出版。双全开幅面，无缝彩色印刷，范围为东起邢村立交，西至殷家林枢纽立交，北起鹊山，南至大涧沟立交。比例尺约1：2.3万，附有东部和西部区域图。

（八）济南市旅游交通商务图 2005年6月，济南市人民政府新闻办公室委托市勘测研究院编制《济南市旅游交通商务图》。公开展示，免费发放，分中英、中日、中韩三版，对开正反幅面，正面范围为济南市城区区域，东起铁骑路，西至腊山，北起零点立交桥，南至二环南路。背面为济南市郊景点图，范围是孙耿镇以南、杏林水库以西的济南市域。

（九）济南市城郊交通旅游图 2005年9月，市勘测研究院编制《济南市城郊交通旅游图》，地质出版社出版。对开幅面，彩色印刷，城区图范围东起北胡村，西至腊山；北起泺口，南至二环南路，比例尺约1：2.6万。市郊图范围为六区范围，比例尺约1：14万。

（十）济南房车图 2006年4月，市勘测研究院为了满足公众对购房、购车信息的需求，编制《济南房车图》。公开展示，免费发放，对开幅面，彩色印刷。正面城区图范围东起大山坡，西至腊山，北起鹊山水库，南至凤凰山。标注在售楼盘、即将开盘楼盘等信息内容，背面为济南楼盘一览表。

（十一）济南市正射真彩影像图 2006年5月，市勘测研究院利用2005年5月数码航摄数据为基础，叠加居民地、道路、水系、山丘等地名要素编制《济南市正射真彩影像图》。该图幅面为全开4拼，比例尺约1：1.1万。为济南市历史上第一幅正射影像图。

（十二）济南市就医指南地图 2007年3月，为了给大众求医问路提供方便，市勘测研究院与山东省医学会合作，编制《济南市就医指南地图》。主要标载市区、郊区的医疗管理机构、医院、医(药)学会独立设置的研究所(室)、药房的位置，以及公交路线信息。山东省地图出版社出版。

（十三）济南市东部新城区图 2007年1月，市勘测研究院编制《济南市东部新城区图》。为双全开尺寸，无缝彩色印刷，正反覆膜。范围为东起巨野河，西至历山路；北起华山，南至绕城高速，比例尺约1：2.2万。山东省地图出版社出版。

（十四）泉城地图 2008年9月，市勘测研究院创立《泉城地图》品牌，并以此为起点，打造精品图品。是面向大众推出的一版突出交通、旅游、美食、购物等综合信息的地图，对开双面，彩色印刷。山东省地图出版社出版。

（十五）济南市东部新区地名图 2009年1月，市民政局委托市勘测研究院编制《济南市东部新区地名图》。范围东起巨野河街道，西至燕子山路，北起东风新村，南至上黄歇。尺寸为双全开，彩色印刷，正反覆膜，星球地图出版社出版。

（十六）济南市城区地名图　2009年1月，济南市民政局委托市勘测研究院再版《济南市城区地名图》，范围东起义和庄，西至槐荫区政务中心，北起零点立交桥，南至二环南路。包括道路、水系、政府驻地、企事业单位和居住小区等信息，尺寸为双全开。

（十七）中华人民共和国第十一届运动会系列地图　2009年9月，为迎接第十一届全运会在济南召开，市勘测研究院编制以介绍全运场馆为主，包括吃、住、行、游、购、娱六个专题板块信息的《中国济南全运地图》。该图是全运会组委会指定的唯一地图产品，山东省地图出版社出版，对开双面，彩色印刷。为更好地发挥地理信息在服务重大赛事中的作用，记载历史，提升服务水平，市勘测研究院为全运会组委会编制《中华人民共和国第十一届运动会地图集》。是一部宣传山东、介绍济南、服务全运的专题地图集，以城市基础地理信息数据为主要依据，以丰富翔实的信息资料，简洁明快的设计风格，直观形象的地图语言，展示全运会的发展历程和火炬传递路线，介绍齐鲁大地十七个城市的竞赛场馆、训练场馆、城市交通和城市风貌。图集尺寸210毫米×285毫米，页码236页，山东省地图出版社出版。为给第十一届全运会官员、裁判员、运动员提供服务手册，为广大观众提供观赛指南，遵照组委会要求，市勘测研究院编制《2009全运地图册》。介绍山东十七赛会城市的竞赛场馆、训练场馆、应急交通及城市风貌，登载大量吃、住、行、游、购、娱等方面信息，为广大与会者提供生活和观赛参考。尺寸185毫米×260毫米，山东省地图出版社出版。

（十八）济南名泉游览图　2009年11月，济南市名泉保护管理办公室委托市勘测研究院编制《济南名泉游览图》，以七十二名泉为重点，反映十大泉群分布特点，详细介绍济南泉水的名称、位置、图片和游览线路。对开双面，彩色印刷，地质出版社出版。

（十九）搜房地图　2010年7月，市勘测研究院与搜房媒体技术(北京)有限公司济南分公司合作编制《搜房地图》。公开展示，免费发放，尺寸为对开双面，正面设有城区搜房地图和近郊楼盘位置图；背面设有章丘城区和长清城区搜房图以及楼盘详细信息。

（二十）泉城地图　2010年10月，市勘测研究院将2008年版《泉城地图》做了全面改版，新版《泉城地图》以代表济南特色的"山、泉、湖、河、城"为基本元素，以水墨画的艺术手法为表现形式。对开双面，彩色印刷，并附有公交线路手册，武汉大学出版社出版。

（二十一）济南市地名图集　2010年8月，济南市民政局委托市勘测研究院编制《济南市地名图集》。该图集是一部反映济南市行政区划和地名现状的大型专题地图，由序图、历下区、市中区、槐荫区、天桥区、历城区、长清区、章丘市、平阴县、济阳县、商河县和索引12

个部分组成，以济南市所辖的行政区划为制图范围，涵盖六区、一市和三县，分幅地图按街道、乡镇行政区划分幅。开本16开，页码232页。

（二十二）济南红色地图 2011年6月，为庆祝中国共产党建党九十周年，由济南市规划局主办，中共济南市委党史研究室提供资料，市勘测研究院编制《济南红色地图》。尺寸4开，双面彩色印刷，正面地图范围东起化纤厂路，西至吴家堡镇，北起南卧牛山，南至青龙山。背面为济南市域地图。内容包括纪念碑、烈士陵园、雕像纪念广场、纪念馆、纪念地、陈列馆、旧居、旧址、遗址等。

（二十三）济南市西部新区地名图 2011年3月，济南市民政局委托市勘测研究院编制《济南市西部新区地名图》。为双全开，无缝彩色印刷，正反覆膜，范围是东起千佛山，西至石门张，北起吴家堡镇政府，南至西渴马东村。

（二十四）济南市西部新城区图 2011年8月，市勘测研究院院编制《济南市西部新城区图》。该图为双全开，无缝彩色印刷，正反覆膜，范围为东起千佛山，西至石门张，北起吴家堡镇政府，南至西渴马东村。武汉大学出版社出版。

第七章 机 构

第一节 行政机构

1985年3月1日，济南市规划局成立，内设秘书科、政工科、综合科、管理科，不占市政府部门序列，日常工作由市政府建设委员会管理。1993年3月17日，增设城市规划研究室。1996年，内设处室相应调整为办公室(挂信访处牌子)、组织人事处、综合处、法规处、规划设计管理处(挂城市规划研究室牌子)、建设规划管理处、市政规划管理处、城市规划监察处共8个职能处室。2001年8月9日，内设处室调整为办公室(挂信访处牌子)、组织人事处、城市规划研究室(挂测绘管理处牌子)、城市规划监察处(挂法规处牌子)、规划设计管理处、建设规划管理处、市政规划管理处共7个职能处室。

2003年5月20日，成立济南市城市规划委员会(简称市规委)，是市政府授权的城市规划审议审查机构，由公务员、专家学者和群众代表共27人组成。2004年12月30日，济南市规划局挂济南市城市规划委员会牌子，内设职能处室调整为办公室、政策法规处(信访处)、综合管理处(大项目规划办公室)、选址用地处、城市规划处(村镇规划处)、市政规划处、信息和测绘管理处、组织人事处共8个职能处室。

2010年，市规划局内设办公室、政策法规处(挂信访处牌子)、组织人事处、综合管理处(挂建筑工程规划管理处牌子)、城乡规划处、选址用地处、市政规划处、信息和测绘管理处共8个职能处室。

第二节 事业机构

2002年1月24日，市规划局在历下区、市中区、天桥区、槐荫区、历城区和长清区设立济南市规划局分局，为全额预算管理处级事业单位，实行双重管理、以市规划局管理为主的管理体制；高新技术产业开发区挂市规划局高新技术产业开发分局牌子。2004年12月30日，市规划局历下、市中、天桥、槐荫、历城、长清和高新技术产业开发区分局由原实行的双重管理体制调整为市规划局实行人、财、物和业务垂直管理的直属分局。2005年10月15日，市规划局历下、市中、天桥、槐荫、历城、长清和高新技术产业开发区分局取消，市规划局派出规划管理一处、二处、三处、四处、五处成立，5个派出规划管理处均为全额预算管理正处级事业单位。2007年6月25日，撤销派出五处，成立济南市规划局高新技术产业开发区分局，为全额预算管理副局级事业单位，由市规划局和济南高新技术产业开发区管理委员会双重管理，以市规划局为主。市规划局对高新技术产业开发区分局实行人事和业务垂直管理，分局日常工作接受济南高新技术产业开发区管理委员会的领导。内部机构设综合管理处、用地规划处、建筑工程管理处。2010年，派出规划管理一处、二处、三处、四处，分别更名为市规划局直属第一分局、直属第二分局、直属第三分局、直属第四分局，原管辖范围、建制级别、人员编制维持不变。

2004年12月20日，济南市城乡规划编制研究中心成立，为市规划局所属的全额预算管理副局级事业单位。内部机构设综合处、规划编制所、战略研究所、市政交通所、用地规划所。

1994年5月20日，济南市城市规划信息中心成立，为规划局所属县级事业单位，经费由财政列入事业经费；7月30日，济南市城市规划信息中心内设机构确定为信息部、技术开发部、综合部三个职能科室；2001年8月9日，济南市城市规划信息中心更名为济南市城市规划咨询服务中心，经费类型由全额预算管理改为自收自支。2007年4月18日，济南市城市规划咨询服务中心加挂济南市城乡规划信息中心牌子，内部机构设综合部、设施管理部、咨询服务部、规划信息部、地理信息部、管理信息部和社会信息部。

1985年，原济南市规划管理处改为济南市规划设计室，为规划局所属副局级事业单位。1986年12月29日，济南市规划设计室更名为市规划设计院。1991年1月11日，济南市规划设计院调整为县级事业单位。8月12日，济南市规划设计院内设机构调整，下设办公室、政工科、计划财务科、技术科、规划设计一室、规划设计二室、工程规划设计室、建筑与环境设计室共8个职能科室。1993年7月28日，济南市规划设计院更名为济南市规划设计研究院。

1988年9月27日，济南市勘察测量大队更名为济南市勘察测绘院，同时挂济南市测绘管理处牌子。1991年1月11日，济南市勘察测绘院调整为县级事业单位。8月14日，济南市勘察测绘院内部机构调整，下设办公室、政工科、勘测管理科、测绘管理科、质量管理科、综合科、财务科、材料设备科、勘察一队、勘察二队、测绘一队、测绘二队、测绘三队共13个职能科室。1993年7月28日，济南市勘察测绘院更名为济南市勘察测绘研究院。2003年2月9日，济南市勘察测绘研究院增挂济南市基础地理信息牌子。

1990年8月25日，济南市城市规划监察处成立，为处级事业单位。1996年，城市规划监察处为市规划局内设机构，取消市城市规划监察处的10名事业编制。

至2010年，市规划局下属事业机构有市规划局直属第一分局、市规划局直属第二分局、市规划局直属第三分局、市规划局直属第四分局、市规划局高新技术产业开发区分局、市城乡规划编制研究中心，市城市规划信息中心、市规划设计研究院、市勘察测绘研究院。

第三篇　城乡建设

1986～2010年，济南市行政区划扩大，经济高速增长，人口数量骤增，城市化进程进入加速期。至2010年，济南市面积3257平方千米，其中市区面积347平方千米；全市总人口604.08万人，其中市区人口348.05万人，人口城镇比率71.35%。

2002年，编制完成《济南市城市空间发展战略及新区发展研究》。2003年始，按照“东拓、西进、南控、北跨、中疏”的空间战略和“新区开发、老城提升、两翼展开、整体推进”的思路，济南市城市建设“旧城改造”与“新城扩建”齐头并进，先后完成“旧城改造”集中片区36个、零星片区31个、拆迁面积360万平方米，动迁居民15.3万人，开工建设安置房210万平方米；建成泉城广场、济南奥林匹克体育中心、济南国际机场航站楼、经十路、济南绕城高速公路、高架路、第七届中国(济南)国际园林花卉博览园等一大批重点工程；建设完成不同规模的党家庄、王舍人镇等区域级和地块级城市综合体及大学科技园、西部高铁新城、小清河滨河新区、东部济南高新技术开发区、唐冶新区。一座现代化“山水园林城市”初步建成。

第一章　城市拓展

第一节 发展战略

2000年后，济南市经济发展年均增长速度14.2%，比全国平均水平高出5.4个百分点；人均GDP水平达到重点发达经济水平阶段。伴随着经济与城市化的飞速发展，城市人口不断增加，用地规模迅速扩大。与此同时，中心城区高度集聚，多种城市功能高度集中于旧城中心，城区人口密度过大，发展不堪重负，发展空间明显不足。济南名城保护与发展的矛盾越来越尖锐，城市特色面临危机。

2001年，长清县撤县设区，市区范围由2000年的2119平方千米扩大到3257平方千米。这一调整促进了城市资源重组、整合和优化，为城市发展拓展空间提供了载体。

2002年，济南市启动城市空间发展战略研究，编制完成《济南市城市空间发展战略及新区发展研究》，是济南规划建设史上第一部空间战略规划。

空间发展战略研究从分析宏观区域经济发展趋势、城市化进程入手，经过大量调查研究和资料分析，对城市发展现状、内部和外部发展条件的变化进行深入分析研究。“跳出济南看济南，站在全国看济南”，站在更高的层面审视城市发展，在更大的区域范围内、以更开放的视野系统研究省会城市的功能定位、空间格局和发展策略问题，提出了“东拓、西进、南控、北跨、中疏”的城市空间发展战略。

“东拓”，指城市向主城区东部大辛河以东地区，包括贤文、王舍人、董家、郭店、孙村等发展，沿着“胶济产业带”向东，形成未来城市的主要产业发展带。“西进”，指城市向二环西路以西、京福高速公路以东地区发展，重点发展区域性的商务、金融、文化、会展、信息服务、物流等功能，使其成为展示新济南城市形象的重要窗口，并对旧城功能起到疏解作用。“南控”，指严格控制城市向南发展，将南部山区作为城市重点生态保护区。“北跨”，指积极研究黄河以北城市空间发展条件，抓住机遇，实现跨黄河发展。“中疏”，指通过城市新区建设，疏解主城区的中心职能，降低其人口、就业、交通压力，在老城区保留商业零售中心职能，增加开敞空间和公共绿地，改善居住环境质量，恢复泉城历史风貌。

2003年6月26日，省委常委扩大会议专题研究济南城市规划建设和今后发展问题，充分肯定济南市委、市政府关于省城规划建设的一系列宏观构想，确立“东拓、西进、南控、北跨、中疏”的城市发展战略和“新区开发，老城提升，两翼展开，整体推进”的发展思路，规划城市发展“六大项目”“十大工程”和城市经营“六大体系”。

“六大项目”指为完成济南城市发展战略而要做的六项规划、即东部工业带总体规划、东部新城总体规划、西部新城总体规划、西部片区总体规划、泉城风貌带总体规划、城市生态建设规划和专项规划。

“十大工程”：一是交通建设工程，构筑包括济南空港、铁路枢纽、公路路网、城市快速路和主干道的现代化交通体系，未来五年新建和改造城市道路1000千米，人均道路面积由13平方米提高到16平方米，以使交通达到四通八达快速便捷。二是管网建设工程，新建和综合整治道路、供水、供电、供气、供暖、通信、中水、排水等14类管线配套完备，一次下地，避免城市道路反复刨掘。三是绿化建设工程，以构建区域绿色生态体系为目标，对城区及周边的道路、荒山、平原、河渠等进行全面绿化，建设各类绿色隔离带，实现生态系统的良性发展，五年后全市森林覆盖率由20.3%提高到25.8%，城市绿化覆盖率由37.6%提高到40%，绿地率由32.2%提高到34%，人均公共绿地由7.8平方米提高到11平方米，以实现人与自然的和谐共存。四是供水建设工程，2007年日供水能力由150万立方米提高到240万立方米，实施分质供水，加快污水处理和中水回用的实施，2005年污水处理率70%以上，2007年污水回用率20%。五是设施建设工程，精心实施大学园区、体育公园、山东书城、博物馆、科技馆、广播电视中心等一批重点项目，规划建设大型会展中心，加快整合仓储、运输、商业网络等物流资源，规划建设一批现代物流园区和综合流通中心，形成全国重要的物流中心。六是康居建设工程，五年共建住房约3000万平方米，计划每年在东部产业带和东部新城、西部新城和西部片区分别连片建设，同时对市区一环路内的众多旧房、棚户进行改造，争取五年内基本完成，使市民拥有一个美丽的家园。七是名城保护工程，重点是按照泉城特色风貌带规划，搞好千佛山风景名胜区、泉城特色标志区和北湖市民文化区的建设，实现“山泉湖河城”有机融合。八是蓝天保护工程，以创建国家环保模范城和建设生态城市为目标，加大空气污染整治力度，力争经过3年艰苦努力，使城区空气质量良好以上天数达到80%以上，实现碧水蓝天的梦想。九是河道整治工程，按照清淤、截污、蓄水、造绿、整治沿线的要求，全面整治小清河、护城河、工商河、兴济河、东泺河、西泺河六条河，形成优美的沿河景观带，完善防洪体系建设，使城市防洪标准由20年一遇提高到100年一遇，以构筑翠带绕城优美水系。十是容貌整治工程，按照统一规划、综合整治、配套建设、规范管理的要求，实行三拆、三改、两建。“三拆”即拆除违章建筑，拆除占压红线建筑，拆除影响城市容貌的破旧建筑，实现“显山露水，让路透绿”；“三改”即道路改造、管线改造、保留建筑的面貌改造，实施管线下地、道路畅通和保留建筑立面美化装饰；“两建”即绿地建设、沿街开发建设，对沿街两侧进行高水平绿化美化、高水平规划建设，建设高质量生态环境、高标准投资环境、高品位生活环境。

“六大体系”即城市规划调控体系、城市建设投融资体系、城市建设高效运行体系、城市综合执法体系、城市公共服务体系、文明城市创建工作体系。

第二节 东 拓

东拓主要包括“一心、三带、四轴、九区”。一心：东部新城CBD；三带：世纪大道产业发展带、经十路综合发展带、旅游路生活休闲发展带；四轴：奥体中路发展轴线、刘智远路发展轴线、港西路发展轴线、春晖路发展轴线；九区：文博商住综合区、奥体商住综合区、雪山商贸综合区、旅游路西商贸服务区、旅游路东科教生活区、贤文产业研发区、汉峪商住综合区、唐冶综合发展区、孙村制造产业区。

一、基础设施体系建设

(一)经十东路拓宽改造工程 2002年建成通车，全长12.74千米，总投资5.2亿元。建成后的经十东路是串联济南东部新区和主城区的重要城市交通走廊。

(二)旅游路建设 2006年9月建成通车，全长28.4千米，总投资约28亿元。建成后的旅游路，改善市区通向东部地区的交通条件，促进东南部郊区风景旅游、农业旅游、假日旅游的发展和繁荣，使旅游业逐渐成为推动济南经济发展的重要增长点。

(三)奥体文博片区市政设施 自2006年起，陆续建成奥体文博片区城市主次干道44条，总长度51千米；建成综合管沟10.4千米；配建水、电、热、气、通信等专业管线，同步规划新建水、电、暖、气、消防、中水等场站12个，为第十一届全运会的顺利召开和东部新区的建设提供保障。

二、环境整治和安居工程

(一)环境整治 完成奥体中心周边破损山体整治与绿化治理，有效预防山体滑坡、崩塌、泥石流等地质灾害；完成大辛河整治与龙泉湖水库清淤工程。

(二)安居工程 先后建设奥体中心安置房、西蒋峪公租房等4处保障性住房，总建筑面积146万平方米，安置居民12492户。

(三)综合开发 至2012年，已开工建设项目82个(其中竣工5个)，包括重点片区开发、保障性住房建设、城中村改造、交通设施建设整治、供电、供热、供水、燃气、排水排污、综合体和地产开发、高新区产业平台等项目。共完成投资252亿元。

第三节 西 进

2003～2013年，西进主要完成长清大学园区、济南西客站片区、园博园及第十届中国艺术节主要场馆工程。

一、长清大学园区建设

2003年2月13日，济南市人民政府批复同意建设长清大学园区。长清大学园区东起京福、京沪高速公路，西、北至济菏高速公路，南至崮山镇以南一带山体，总规划面积43.11平方千米，其中，建设用地30平方千米，可入驻高校12所、容纳在校生24万人。建成后将是一个拥有40万人口，具有生态、旅游、高教、科研、新城“五区合一”功能的城市新区。同年4月，成立济南市西区工程建设指挥部，大学科技园正式破土动工。

2003年6月30日，山东省人民政府批复同意建设长清大学园区。7月1日，一期道路开工。7月15日，一期安置房开工。8月14日，长清大学园区中心区规划方案国际招标发布会在舜耕山庄举行。12月，山东师范大学率先举行新校区建设奠基仪式，标志着大学科技园建设正式启动。2004年8月，占地33.58公顷的长清大学园区二期安置小区开工建设。10月31日，济南市西区道路工程建设任务全面完成。

2005年5月，长清大学园区首批拆迁村民回迁安置。6月，高校环山路工程开工建设。7月，全长12.5千米的7号路工程开工建设；三期安置小区工程开工建设。8月，70千米高标准道路建成通车。9月，山东轻工业大学首批师生入住长清新校区，山东师范大学、交通学院、中医药大学等共计9所高校先后入住大学科技园，标志着济南市大学科技园正式投入使用。至2008年，大学园区累计投资50亿元，有9所高校16万师生入驻，建成各类教育辅助设施240万平方米，农民安置区110万平方米，产业发展基地8万平方米，大学城商业街12万平方米，高标准道路70千米，一个水、电、气、公交等配套设施齐备的“宜学、宜居、宜业”的城市新区初具规模。

二、景观湖综合整治工程

2006年1月13日，景观湖综合整治工程开工建设。3月，长清大学园区团山公园工程开工建设。5月23日，大学科技园“乐业工程”建设领导小组成立，组织、协调大学科技园失地农民的就业安置工作。5月，长清大学园区最长的景观大桥——2号桥建成通车。6月15日，景观湖整治工程主体竣工，形成了96公顷的水面，成为省城西部的一大人文景观。9月，大学城商业街建成，成为10万大学生和高校教职工购物、休闲之地。

三、西客站片区建设

2007年9月6日，济南市人民政府批复同意西客站片区建设。西客站片区位于主城区西部，东至二环西路，西至京福高速，北至小清河，南至腊山分洪河，规划面积约26平方千米，是总体规划确定的腊山新区的中心区，距主城区中心约10千米。规划确定“一站、两轴、两心、多组团”的用地布局方案，规划居住人口30万人。10月31日，济南市西客站片区工程建设指挥部成立。2007年，西客站片区2号桥获国家“市政金杯示范工程”奖。2009年4月，西客站片区腊山河综合整治工程开工。6月6日，济南西区数字创意产业园开园。7月12日，济南西客站站房及轨道交通1号、6号线预埋工程开工，标志着场站一体化工程正式启动。7月31日，与上海绿地集团签订战略合作协议，双方将在京沪高铁济南西客站核心枢纽片区、济南市西部新城区和大学科技园片区进行土地整理、新城开发规划建设以及现代服务业建设等三方面开展战略合作。9月30日，济南市全民健身中心和新体校工程全部竣工。10月20日，西客站安置一区举行封顶仪式。2010年7月12日，京沪高速铁路济南西客站工程开工建设。2012年1月11日，济南长途汽车西站枢纽工程封顶。2013年1月，济南西站场站一体化公交枢纽、东广场及地下空间建成使用。

四、园博园项目建设

2008年6月3日，济南市政府确定在大学科技园中心区建设园博园项目。10月19日，济南园博园项目开工建设。园区占地面积345.07公顷，其中水面面积96公顷，陆地面积249.07公顷，园区内主要包括公共展区、中央湖区、国内园展区、国际未来园展区、专类园展区、休闲娱乐区、室内展区等景观区域，是国内最大的陆地园博园。

济南国际园博园

五、刘长山路西延长线工程

2010年2月27日，刘长山路西延长线工程开工。西起长清大学科技园海棠路，东至二环西路，途经长清、市中、槐荫3个行政区，4个街道(镇)，17个行政村，道路总长12.65千米。2014年1月6日，建成通车。

六、济西国家湿地公园一期工程

2010年8月15日，济西国家湿地公园工程一期工程开工建设。济西国家湿地公园位于济南市中心城区的西部，东临玉清湖水库、南临济平干渠、西临高怀路、北接黄河沉沙池，总面积11.3平方千米。是济南市生态系统的重要组成部分，对保护与恢复该区域生态环境的平衡、生物多样性、缓解西部城区防洪泄洪压力具有现实意义。2010年12月，在北京召开的专家评审会，确定济西国家湿地公园为国家级湿地公园(试点)。

七、第十届中国艺术节核心场馆工程

2010年8月24日，省会文化艺术中心建设指挥部成立。省会文化艺术中心大剧院是举办第十届中国艺术节的主要场馆，位于西客站片区核心区，规划建筑面积13.8万平方米，总投资24.75亿元，主要包括1500座的音乐厅、1800座的歌剧厅、500座的多功能厅、中心广场、地下车库及配套设施。10月22日，省会文化艺术中心大剧院开工，大剧院由法国著名建筑师保罗·安德鲁设计，采用“岱青海蓝”的设计理念，明确地勾勒出山东省靠山近水的地理景观及孔孟之乡的文化环境。2013年10月9日，省会文化艺术中心大剧院建成。

第四节 南 控

济南市南部山区属泰山山脉，是市区南部的绿色屏障，自然景观和历史文化景观丰富。由于其特殊的地质构造而形成丰富的地下水资源，是济南地下水的直接补给区，城市地下水的命脉，也是城市地表水水源地，生态环境十分脆弱。因此，严格控制城市向南发展，将南部山区作为城市重点生态保护区进行严格的控制和保护。

2006年8月，济南市规划局会同相关单位，启动《济南市南部山区保护与发展规划》编制工作，清华大学城市规划设计研究院和上海同济城市规划设计院分别承担《济南市南部山区保护与发展规划》东、西片区规划编制任务。在此基础上，由济南市规划设计研究院、北京清华城市规划设计研究院对两片区规划研究进行了深化、整合、规范、提升，突出对南部山区东片区的规划深化，编制完成《济南市南部山区保护与发展规划》方案。2007年6月，组织召开专家论证会，邀请中国科学院、中国工

程院、建设部、省建设厅的专家对方案进行论证。2008年10月，《济南市南部山区保护与发展规划》正式纳入《济南市城乡规划条例》。2010年2月，经市政府批准实施。同年3月，报济南市人大常委会备案。

附：《济南市南部山区保护与发展规划》编制原则、范围及主要内容

《济南市南部山区保护与发展规划》遵循“在保护中发展，在发展中保护”的原则，高起点、创新性地开展规划编制。规划范围北至济南市中心城南边界，南至泰安界，西至历城、长清区界，东至章丘界，包括历城区仲宫镇、柳埠镇、西营镇及港沟镇、彩石镇的部分用地和市中区十六里河街道、党家街道的部分用地，规划总面积约839平方千米。

本次规划分别从片区、镇域和镇驻地三个层面对南部山区进行深入研究，对南部山区的功能定位、生态环境保护、城乡用地布局、历史文化保护、旅游发展、道路交通、公共服务设施及市政基础设施等方面进行统筹规划。南部山区规划总体定位为以水源补给、资源保育、都市农业、旅游休闲为主导功能的重要生态保护区、绿色产业发展区、风景名胜和特色文化旅游区。南部山区2020年总人口规模控制在34.3万人以内，其中城镇人口约12万人，村庄人口约22.3万人，规划城镇建设用地规模约13.7平方千米，村庄建设用地规模约36.6平方千米。

第五节 北 跨

2003年6月26日，省委常委扩大会议确定“北跨”为济南城市空间发展战略之一，济南市新一轮城市总体规划提出“实现跨黄河发展，在黄河北建设新城”的远景目标。2008年12月编制完成《济南市大桥－桑梓店片区控制性规划》。2012年7月至年底，济南市规划局组织设计单位到济阳县、商河县、天桥区进行座谈调研，与北跨发展指挥部各成员单位进行工作衔接。2013年2月，市政府通过产业带动、产城融合、综合发展在黄河北地区建设济南市北部新城区；4月28日，市规划委员会审议通过《济南市北跨与济北新城发展战略研究》方案。2014年，组织开展《济北新城总体规划》编制工作。

一、济北新城规划主要内容

（一）发展定位 济北新城发展定位为产业转型升级先导区、交通枢纽经济示范区、泉城跨越发展引擎区、济北优质生活引领区。以新材料研发和生产、旅游康体休闲产业为龙头，以综合交通枢纽经济为支撑，建设发展集公共服务、生活居住、商业文娱为一体的现代化新城。

（二）济北新城规模 根据对自然承载力、用地适宜性、用地制约因素、新城吸引能力的综合分析，确定规划期末人口规模约为100万人，建设用地面积约110平方千米。

（三）空间结构 规划形成“三心四片”的空间结构。“三心”即综合服务主中心，位于104国道两侧，重点发展生活、居住、商服等综合服务功能；产业发展副中心，位于308国道以北，主中心西侧，重点发展新材料产业的研发与生产，引领新城产业升级；综合交通枢纽经济区副中心，位于主中心东侧，毗邻济南遥墙机场，重点发展枢纽经济和临空经济。“四片”即济北新城休闲娱乐片区、济北新城综合服务片区、济北新城产业引导片区和综合交通枢纽经济片区。

二、建设

（一）济南化工产业园 2003年，天桥区委、区政府在充分论证研究的基础上，提出“以工业园区建设为突破口和切入点，加快建设北部新城区”的工作思路，确定在黄河北部地区开发建设占地2180公顷的工业园区，重点承接城区需搬迁的传统工业企业，功能定位是以一、

二类工业为主，兼顾新材料和高新技术产业。2003年6月，济南市人民政府办公厅在原天桥工业园基础上批准成立济南化工工业园。2005年11月，济南化工工业园通过国家发改委审核，更名为济南化工产业园区。2006年3月6日，被山东省人民政府批准为省级工业园区。2010年6月，济南市政府决定在济南化工产业园区的基础上加挂“济南新材料产业基地”牌子。相继投入3亿元，高标准建设铁路专用线、供热、供电、排水、天然气、建邦黄河大桥北岸接线工程，达到“十四通一平”，成为济南市基础设施最完善的省级开发区之一。至2010年年底，共引进项目35个，建设用地470公顷。

(二)龙湖湿地 2005年12月22日，项目一期工程开工，总占地面积433.33公顷，总投资2.4亿元，填筑建设用地200公顷，建成生态湿地100公顷，完成绿化30公顷。2010年6月26日，鹊山龙湖开发建设按照“政府主导、企业运作”的路子，天桥区与黄金集团合作开发鹊山龙湖项目。合作范围以建邦黄河大桥北延长线为界，建邦大桥以西为基本农田区，以东为合作开发区，面积1600公顷。

(三)济阳黄河公路大桥 2008年，济阳正安路南延拓宽工程开工建设，南延至济阳黄河公路大桥，南延路段2133米，拓宽40米，形成双向6车道的标准道路，与济阳黄河公路大桥相连接。11月，济阳黄河公路大桥建成通车，济阳与济南市区实现零距离对接。

第六节 中 疏

一、拆迁

(一)拆迁政策法规 1988年3月10日，济南市公布《济南市房屋拆迁安置补偿试行办法》。1989年10月23日，市政府下发《关于加强城市建设拆迁管理工作的通知》。1991年7月15日，市政府颁发《关于印发〈济南市城市建设拆迁管理办法〉的通知》。7月24日，市政府颁发《关于贯彻执行〈济南市城市建设拆迁管理办法〉若干的通知》。

1993年5月24日，市政府颁发《关于调整济南市城市建设拆迁有关标准的通知》。1994年4月11日，市政府颁发《济南市城市建设拆迁纠纷裁决规定》。

1995年6月14日，市人大常委会颁发《关于印发济南市人民代表大会常务委员会关于修改〈济南市城乡建设拆迁管理办法〉的决定》。10月24日，市政府颁发《济南市城市建设拆迁管理实施细则》。

2000年6月30日，济南市公布第一部拆迁地方法规《济南市城市房屋拆迁管理条例》，首次提出货币化安置的方式。对住宅房屋实行货币补偿的，按照所在区位和原建筑面积的重置价格结合成新确定，对非住宅房屋实行货币补偿的，按照被拆除房屋的市场评估价格确定。

2002年4月1日，市政府公布实行《济南市城市房屋拆迁管理办法》，规定被拆房屋价值由区位价和房屋重置重新价值两部分组成。

2003年8月12日，市政府公布施行新修订的《济南市城市房屋拆迁管理办法》，规定住宅房屋货币补偿金额由房地产评估机构根据被拆迁住宅房屋区位、建筑结构、房屋类型等因素评估确定。

2007年4月19日，济南市公布施行新修订的《济南市城市房屋拆迁管理办法》。规定拆迁最低套型面积保障，补偿标准基本做到“拆一还一”，并对无证房屋如何补偿进行有益的探索。制定《〈济南市城市房屋拆迁管理办法〉实施细则》。

(二)拆迁工程 1990～1999年，共完成拆迁工程584个，搬迁居民、单位87784户，拆除各类房屋和建筑物、构筑物面积400多万平方米。

2000～2010年，共完成拆迁工程301个，搬迁居民、单位114596户，拆除各类建筑面积1121.88万平方米。

1990～2010年济南市拆迁工程情况表

表2—3—1

年　份	拆迁项目（个）	户　数（户）	拆迁面积（万平方米）	年　份	拆迁项目（个）	户　数（户）	拆迁面积（万平方米）
1990	52	6709	30.66	2001	29	8234	61.90
1991	47	10500	52.50	2002	32	5889	102.60
1992	77	17100	85.50	2003	27	7485	157.00
1993	93	16240	85.57	2004	34	8765	111.48
1994	96	11824	68.43	2005	30	6509	80.26
1995	69	4507	20.35	2006	26	6434	79.00
1996	42	5763	28.20	2007	21	17096	98.56
1997	28	4016	45.55	2008	28	20090	113.00
1998	43	5125	31.57	2009	20	11812	91.15
1999	37	6000	37.50	2010	27	16202	91.10
2000	27	6080	50.00	合计	885	202380	1521.88

说明：2003～2010年数据不含国有土地上的公有非住宅

二、棚户区改造

2006年，对二环路以内全市旧城片区现状情况进行调查摸底，拟定《济南市经营性用地规划策划工作实施方案》《济南市旧城区经营性用地规划设计方案征集试点意见》《关于拆迁调节基金的设立和使用暂行规定》等工作规范和意见。至年底，对振兴街等28个地块进行前期调查摸底、规划策划工作；有10个项目确定土地意向人，其中6个项目签订意向书。

2007年4月30日，济南市委、市政府召开全市棚户区改造动员大会，确定“用三年时间基本完成全市旧城棚户区改造”的任务和目标。坚持“政府主导、市场运作、政策扶持、阳光操作”的原则，完善“市区联动、以区为主、部门协作、合力推进”的机制，编制《全市旧城棚户区改造三年规划和年度计划》，印发《关于旧城零星棚户区改造的实施意见》，制定《棚户区改造工作考核办法》。从棚户区居民的愿望和诉求出发，根据调查摸底、经济测算等情况，市政府下发《关于加快实施旧城棚户区改造的通知》，明确“就地安置为主，货币补偿、异地安置为辅”“参照经济适用房有关政策、居民享有完全产权”“对符合有关规定的拆迁户，按照最低套型面积标准进行安置或换算成建筑面积43平方米进行货币补偿”等惠民政策。12月17日，济南市政府下发《关于解决城市低收入家庭住房困难的实施意见》，确定棚户区改造一律免收城市基础设施配套费等各种行政事业性收费和政府性基金。2007年全年启动动迁棚改项目12个；完成立项手续审批项目34个，其中21个项目取得“建设用地规划许可证”，发布国有土地冻结通知；14个项目确定规划策划方案并取得“拆迁临时用地许可证”。

2008年，济南市委、市政府确定“动迁经八纬一西等20个棚户片区，开工建设100万平方米安置房”工作目标任务。全年动迁项目21个，完成拆迁项目12个，开工建设安置房110万平方米。为规范安置房工程招(投)标、材料(设备)采购、安全生产、质量管理、工程结算等工作，编制《济南市旧城改造安置房建设工程管理制度及流程汇编》。同年，棚户区改造被评为“改革开放三十年济南十件大事之一”。9月

14日，《人民日报》头版刊登《让泉城群众告别棚户区》，对“政府主导”造就棚改“济南速度”进行专题报道。11月4日，中央政治局常委、国务院副总理李克强到济南市视察棚改安置房建设现场，深入走访棚户区居民。

2009年，完成迎全运18项棚改重点工程建设和环境综合整治任务。顺河片区等自建安置房工程竣工验收合格率100%，部分工程达到优良标准并获省、市安全文明示范工地称号。为妥善解决棚改安置房项目后期管理问题，确保被拆迁居民住得上、住得好、住得起，11月，市政府制定《棚户区改造安置房物业管理暂行规定》。4月21日，中共中央总书记胡锦涛视察济南市顺河集中安置片区项目建设现场。5月5日，《人民日报》9版刊登专题报道《政府投资充分带动社会投资——济南棚改：“四两如何拨千斤”》。5月23日，中央电视台《新闻联播》以“开发‘肥瘦搭配’、政府‘巧劲’破题”为题报道济南市的棚改工作经验。9月28日，《济南日报》在“辉煌60年、济南成就展”专栏，以“加快棚改保民生、促进发展迎全运”为题，对棚户区改造工作进行纪实报道。

2010年，棚户区改造工作目标任务是“完成全市二环路以内集中连片棚户区拆迁，加快零星片区改造步伐。全年完成拆迁建筑面积80万平方米，安置房建设竣工70万平方米、新开工80万平方米”。中山公园东、山师东路、后屯等15个项目全面动迁，拆迁建筑面积约86万平方米；中大槐树、经八纬一、北刘等9个项目、约83万平方米安置房开工建设；经一纬九、汽车厂东路、经七纬十二东南等8个项目、约79万平方米安置房竣工。制定《关于解决棚户区改造低收入家庭差价款缴纳问题的意见》，提出分期缴纳和租住房屋方式，解决困难群众先行回迁入住问题。2010年，普利门、中大槐树等12个项目实现挂牌出让，土地出让总价款64.9亿元。振兴街银座商贸、魏家庄金融商务、普利门现代服务业等一批城市综合体的规划建设，使区域结构得到优化提升，功能特色更加突出。聚贤、茂新项目部分单位工程获“省级安全文明示范工地”和济南市“泉城杯”称号。

三、部分棚改项目

2006～2010年，市区改造36个集中片区和31个零星片区，动迁居民约5.1万户、15.3万人，拆迁建筑面积360万平方米，安置房开工建设210万平方米。顺河等6个项目、60余万平方米安置房陆续竣工，约8000户居民陆续回迁入住，竣工130万平方米。

（一）顺河项目　东至顺河街，南至馆驿街，西至居仁街，北至聚贤街，占地约3.68公顷，动迁居民572户，拆迁建筑面积约1.96万平方米，2007年9月底动迁，2009年6月回迁。

（二）馆南项目　东至顺河街，南至凤翔

顺河项目旧貌

顺河项目新貌

街，西至馆驿小区17号楼、20号楼、22号楼东胡同，北至馆驿街，占地约6.29公顷，动迁居民1256户，拆迁建筑面积约46359.17平方米，2007年9月底开始动迁，2009年11月回迁。

（三）聚贤项目 东至顺河街，南至聚贤街，西至聚贤街，北至北坦南街，占地约6.68公顷，动迁居民729户，拆迁建筑面积约2.8万平方米，2007年9月底开始动迁，2010年7月回迁。

（四）茂新项目 东至广播电视大学外墙，南至明湖西路北侧，西至卫生局外墙，北至华东自动化仪表厂及铁路宿舍，占地约7.06公顷，动迁居民928户，2007年9月30日开始动迁，2010年7月回迁。

附：小清河区域开发

一、背景

小清河开凿于南宋初年(1130～1137年)，因傍邻大清河(古称济水)而得名。小清河发源于济南市区四大泉群，1905年，在济南西郊睦里庄玉符河东堤建闸，引玉符河水东流入小清河，自此小清河上源向西延至睦里闸。自西向东流经济南、淄博、滨州、东营和潍坊，于寿光的羊角沟注入渤海，全长237千米，流域面积10336平方千米，约占全省总面积的十五分之一。

小清河是山东境内的一条重要河流，在济南的历史上曾发挥过重要作用，并且在长期的历史进程中形成自身独特的文化。小清河济南段位于北部城区，流经槐荫、天桥、历城和章丘四区(市)，长70.5千米，是济南市主城区唯一的防洪除涝和排污河道。小清河以其清澈的河水、丰富的物产、畅通的航运，使两岸人民广得湖田之惠、舟楫之便、鱼盐之利。小清河作为济南市重要的生态走廊、经济走廊和文化走廊，在航运、排涝、泄洪及灌溉等方面，对促进济南乃至山东省的经济社会发展发挥了重要作用，是中国“五大战备航道”之一。

随着时间的推移，小清河失去了昔日的风采，面临着污染严重、水资源不足、河道狭窄等问题。再加上沿岸及周边地区城市基础设施薄弱、城市化水平低等问题，严重影响了当地居民的生产生活，影响了北部城区乃至城市的发展。

二、决策

为再现小清河“小河萦九曲，茂木郁千章”的风姿，改善沿岸居民生活环境，优化城市北部发展空间，1978年，山东省委确定小清河流域为山东省重点农田基本建设会战区，编制《小清河综合治理规划》。1988年，再次对小清河实施清障疏浚。但小清河均未在根本上得到治理。2002年，《济南市小清河管理办法》下发后，小清河全面实施统一管理和分级管理，完善省市县三级管理体系。2007年9月29日，山东省委常委扩大会议做出综合治理小清河的重要决定，并列为2009年第十一届全运会的重点配套工程。

三、规划

2007年9月21日～23日，四套小清河沿线景观与城市设计方案在泉城广场向社会公布并接受公众评议。四套方案以将小清河建设成为集防洪除涝、旅游观光、娱乐休闲、商贸服务及现代化居住于一体的绿色景观长廊为目标，向市民展现济南21世纪小清河城市新形象。10月12日，济南市小清河综合治理规划方案正式下发。方案将突出“以人为本、人水和谐”的建设理念，立足于实现“整合资源、改造环境、完善功能、提升形象、发展经济”总体目标，将小清河沿线打造成为济南市新的经济发展带、靓丽的景观旅游带、宜人的生活休闲带。2008年9月20日～21日，小清河两侧开发带修建性详细规划竞争性谈判会议在吉华大厦召开，会议最后确定广州市城市规划勘测设计研究院与山东省城乡建设勘察院设计联合体、北京中社科城市与环境规划设计研究院与德国BSP建筑设计事务所设计联合体、山东省城乡规划设计研究院三家中标单位编制小清河两侧开发带修建性详细规划。9月24日，小清河综合治理工程一期南岸园林景观设计方案公布，将建设集旅游观光、体育健身、娱乐休闲、商贸服务等功能于一身的景观河道走廊。景观设计本着点线结合设计原则，利用景观河道走廊串起不同空间的主体功能区，使水之灵韵与周边景观相生相融，突出“文化清河、运动清河、绿色清河”理念。12月29日，小清河北岸园林景观工程设计方案公布。北岸在遵循南岸设计原则的基础上，力求使两岸景观相互依存，形成风格统一、张弛有度、完整有序的有机整体。2009年5月23日，小清河综合治理展览馆开工建设。12月，在济南市经济工作会议上，济南市委书记焉荣竹第一次提出打造小清河“滨河新区”概念。“滨河新区”的提出，意味着小清河未来发展将大大超越“景观带”和“发展带”的概念。2010年2月，济南市委、市政府修改济南城市发展总体规划，由原先的“一城两区”改为“一城三区”的城市空间发展战略格局，提出依托小清河建设滨河新区的总体要求，使滨河新区开发建设与东部新区、西部新区建设比翼齐飞，建设一个环境优美、交通便捷、产业聚集、功能完善、特色鲜明的现代化新城区。这意味着滨河新区成为济南市“一城三区”空间战略的重要发展地区之一。

四、建设

2007年9月12日，济南市小清河开发建设投资有限公司、天桥区小清河综合治理工程指挥部与香港世茂房地产控股有限公司签订泺口地区改造项目用地意向协议。2007年11月6日，小清河综合治理工程正式开工。工程西起槐荫区睦里庄闸、东至济青高速公路桥，全长31千米，占地面积5.6平方千米，包含河道扩挖、堤岸改造、城市排水、截污治污、道路桥梁、管线复建、河道补水、景观营造、土地开发等多项工程。工程总投资约86亿元。

2008年5月13日，济南市小清河综合治理工程一期城市居民拆迁户开始领取安置房钥匙，入住新居。2009年5月21日，五柳岛党史纪念地雕塑——“1934”进场安装，成为小清河沿线第一个安装的雕塑。2009年8月30日，位于济南市小清河五柳岛的主题雕塑“五柳风帆”建成，该雕塑是济南市继泉标之后的第二大城市雕塑，同时也是济南市首例典型的现代大型城市雕塑。9月10日，济南市小清河综合治理一期工程所建设的第一座综合性城市园林景观广场——板桥广场正式建成并向社会开放。9

综合治理后的小清河 (2009年摄)

月28日，小清河第一艘画舫游船运抵河道，开始下水试航。10月29日，济南市土地储备交易中心的梁府片区土地拍卖会上，由鑫苑置业成功拍得。11月12日，位于小清河北路以北、历城区将军路以西的华光日化厂地块被重汽地产中标。12月11日，由北大资源集团投资开发的尚品清河项目奠基开工，这是小清河实施综合治理改造以来第一个进入实质开发的招拍挂项目。2010年3月5日，济南市小清河开发建设投融资管理中心、济南市天桥区政府与北大资源集团举行《济南市小清河滨河新区—徐李片区改造项目用地意向协议》签约仪式。此次签约的徐李片区位于滨河新区的核心区域，济南市中轴线北部。

至2010年，小清河旧有面貌彻底改观，周边环境明显改善，城市发展潜力逐步显现，居民群众民生得以惠及。工程实施河道扩挖清淤，河道明显变宽，防洪能力大幅提升，在洪园修建节制闸调控水位，可形成百万平方米的景观水面，满足人们的亲水需求和通航要求。工程全部完工后，从京福高速至洪园闸20多千米河道将实现通航；在小清河两岸敷设污水主干管，建设污水提升泵站，完善污水管网系统，一期工程共截流160余个污水直排口，实施应急补源试验并取得良效，水质明显改善，水系生态开始恢复；济南市委重建地遗址、盐仓码头遗址、五柳岛等重要景观节点修建完善，一期工程建设跨河桥梁13座，节制闸1座，配合桥梁装饰和夜景亮化，形成小清河独特的新城河道景观和历史人文景观，景观明显提升，文化内涵充分展示；清河北路、滨河南路改造升级，道桥建设标准、通行能力大幅提升，居民出行更加方便；仅一期工程综合管线工程完成污水、雨水、电力、自来水、燃气等7类管线的新建(135.32千米)、迁建(35.90千米)，总长度约171千米，城市承载能力大幅提升，有效解决了部分区域地势低洼、排水不畅以及集中供暖、供气不到位的问题，为城市发展集聚了潜力；坚持“以人为本”理念，把居民群众的实际需求最大限度地落实到工程中，在小清河沿河两岸绿化带内，全部建设游步路，间隔建设小广场，并布设各类健身器材；堤岸降低，水位抬高，建设亲水驳岸、亲水平台等；建设板桥广场、五柳岛两大花园式广场，完善各类休闲健身设施，免费向居民开放，极大地方便了周边居民。

第二章 村镇规划与建设

第一节 规 划

一、小城镇规划

1988年，全市有11个乡镇、56个村庄完善调整建设规划。1989年，全市有4个乡镇编制完成总体规划，154个村庄对原有规划进行调整和完善。至1996年，全市所有乡镇完成新一轮规划编制任务，编制村庄规划300个，编制建设详细规划60余个片(区)。

2000年，《济南市小城镇发展布局规划》编制完成。2003年，完善市域城镇体系规划和远郊小城镇发展布局规划；调整续编10个中心镇总体规划。2005年，新一轮中心镇域总体规划和镇、驻地总体规划修编率100%，一般建制镇70%。完成章丘市曹范镇等19个乡镇的总体规划和圣井镇南栗园6个村合村并点等36个详细规划。

2006年，《济南市“十一五”城镇体系发展及2020年远景目标规划》编制完成。完成100个试点村村庄规划编制任务。

至2010年，全市小城镇总体规划修编率为80%。

二、社会主义新农村规划

(一)规划方案 2006年，市规划局在对县(市)区新农村规划的基本情况、村庄规划编制工作的做法及经验、村庄规划编制的组织及审批管理程序、村庄规划建设管理存在的问题、村庄规划编制的资金来源及资金投入等方面进行广泛调研的基础上，征求专家和有关部门意见，研究制定《济南市社会主义新农村建设规划试点工作实施方案》，并确定100个试点村庄。为统一技术标准，规范规划编制成果，研究制定《济南市新农村建设规划编制技术规定》和《济南市新农村建设规划测绘技术规定》，用以指导100个试点村的规划编制和基础测绘技术工作。

签订责任书后，各测绘单位和规划编制单位立即开展工作。各测绘单位抽调骨干力量，先后派出工作组196个，测绘技术人员588名，于2006年12月8日前基本完成测绘任务，总测图面积189平方千米。各规划编制单位累计投入创作组22个、规划技术人员107名，深入乡镇和村庄进行现状调研，与各县(市)区、镇政府领导座谈交流，采取入户调研、发放农民改造意愿调查表等多种方式充分了解和听取农民群众的愿望和需求，于2006年12月10日编制完成19个镇(乡、街道)村庄布点规划方案，2007年1月15日编制完成97个试点村村庄建设规划方案，规划面积2286.7平方千米。

各规划编制单位按照专家咨询论证意见、县(市)区、镇、村三级审查意见及市规划局技术审查意见，对规划方案进行修改完善。2007年6月13日～20日，市规划局会同各区政府，对首批市区55个试点村建设规划进行公示。6月23日～7月9日，对各县(市)42个试点村庄建设规划方案进行公示。8月13日～19日，市规划局在《济南日报》对97个试点村庄建设规划方案进行公示。

(二)试点镇与试点村选择方案 济南市新农村规划试点镇、试点村的选择，根据各镇、村的区位、自然环境、历史发展过程、现状建设基础、社会经济发展水平、农民意愿等多种因素，首先确定试点镇，并在试点镇内选择试点村，人口规模宜在500人以上。

济南市新农村规划试点镇与试点村一览表

表2—3—2

区　县	试点镇与试点村
市中区	党家庄镇的邵西村、展东村、红卫村、殷家林村、丰齐村，十六里河镇的斗母泉村、鑛村、侯家村、瓦峪村、石崮村
槐荫区	段店镇的河王村、古城村、小李村、大李村、麻沟村
天桥区	大桥镇的马店村、后吴村、范家村、杨家新村、东车村，桑梓店镇的高王村、三官庙村、怀庄村、老寨子村、小寨子村
历城区	仲宫镇的杨而村、韩家村、刘家峪村、小佛村、邢家村，西营镇的西营村、藕池村、葫芦峪、黑峪村、汪家场，柳埠镇的红旗村、南山村、投石峪村、里石村、田褚村
长清区	万德镇的界首、店台、皮家店、拔山、武庄，归德镇的薛庄、前刘官、后刘官、翟庄、万庄，孝里镇的广里、赵庄、岚峪、广里店、常庄
章丘市	圣井办事处的杜家、蒋家、陈家、小冶、周家，枣园办事处的上河洽、下河洽、干桥、马芦、洛庄、张辛、朱各务

续表2-3-2

区 县	试点镇与试点村
平阴县	孔村镇的王庄村、太平村、南官庄村、王楼村、胡坡村，孝直镇的白庄村、付庄村、丁屯村、盛屯村、商庄村
济阳县	崔寨镇的青宁村、崔寨村、太平村、解营村、南赵村，曲堤镇的直河村、柳家村、董家村、霍家村、刘京文村
商河县	怀仁镇的古城村、杨家村、付庙村、杨武镇村、周集村，殷巷镇的王楼村、赵家村、王木匠村、马安村、吴新村

附一：长清区万德镇村庄布点规划

一、村庄整合原则与标准

中心村选择标准 中心村须符合如下条件：发展条件好，交通便利，能为其他村庄提供基本的公共服务产品；与镇区和其他中心村有合理的间距，服务半径适宜；具有发展潜力和优势；有适宜的人口规模和经济规模。

基层村确定标准 a.具有一定的人口规模(大于500人)和经济基础，交通条件尚可；b.两个或以上小型村(小于500人)距离较近，按照就近集中原则有条件组建一个新村；c.具有特定意义的村庄，如历史文化名村。

村庄撤销原则 a.小于500人的村庄；b.没有农业产业支撑，非农产业不发达的村庄；c.偏远山区、交通不便，缺乏基本的基础设施和社会服务设施的村庄；d.位于水源地一级保护区、文物古迹、生态和自然保护区、风景名胜区、滞洪区、交通和工程管线保护区、地质灾害或自然灾害易侵袭地区及其他法律法规规定的保护范围内，村庄发展受到制约的村庄。

村庄合并原则 a.现状处于镇区内和位于规划区内的村庄，按照城镇总体规划，按规划纳入镇区；b.其余合并村庄在集中发展，节约用地，村民自愿，不搞“拉郎配”原则下，还应遵循以下原则：就近合并；大村合小村，强村合弱村，区位好的村合并区位较差的村，促进村庄布局优化和人口集中；小村相互靠近，拆除旧村组建新村。

二、村庄布点规划

总体情况 万德镇现状有75个居民点，其中规划保留村27个，规划合并村29个，规划撤销村19个。经规划整理后，村庄居民点为39个，其中中心村7个、基层村32个。

村庄布点规划情况表

表2-3-3

规划类型	村 名
规划保留村	石都庄、新村、官庄、史庄、上营、石胡同、界首、店台、坡里庄、皮家店、长城、金山铺、武庄、小刘、六律、灵岩、南山、小王、北马套、孙家峪、辛庄、刁庄、房庄、玉皇庙、拔山、马场、郚庄
规划合并村	小万德、义灵关、万南、万北、大侯集、小侯集、东夏、西夏、郭庄、孙圈村、胡家崖、田庄、朱泉、程庄、大马、小马、大王、孙东、孙西、孙家庙、徐庄、九曲、侯庄、南纸、北纸、陈庄、大韩、贾庄、大刘
规划撤销村	裴家园、石家屋、北山、杨岭、桃花、三合、代家河、杨庄、王先庄、下营、西侯、曹庄、西山、西房、西石、黄豆峪、杏园、卞庄、张庄

村庄体系规划 中心村：界首、长城、徐庄、大刘、史庄、马场、石胡同。

基层村：六律、灵岩、石都庄、新村、侯集、官庄、夏庄、田庄、南山、孙庄、武庄、小刘、北马套、马庄、刁庄、房庄、店台、坡里庄、胡家崖、玉皇庙、皮家店、拔山、小王、金山铺、孙家峪、纸庄、陈庄、程庄、邵庄、上营、辛庄、侯庄。

附二：市中区十六里河镇斗母泉村规划

试点村建设规划指导思想：贯彻落实科学发展观，统筹城乡协调发展，以构建和谐社会、建设社会主义新农村为目标，按照“生产发展、生活宽裕、乡风文明、村容整洁、管理民主”的要求，坚持从实际出发，尊重农民意愿，立足当前、着眼长远、科学规划、分步实施、统筹兼顾、分类指导，有计划、有步骤、有重点地稳步推进新农村建设发展，努力把传统农村建设成为社会和谐、经济繁荣、生态协调的社会主义新农村。

斗母泉村位于市中区十六里河镇东南部，地处远郊，交通十分不便。规划以整治为主，新建为辅；对村庄原有结构进行梳理，在保持村庄原有形态的基础上，力图节约利用土地；进行基础设施和公共服务设施的配套建设，提高村民的生活品质；创造一个环境优美、功能配套完善、生活便利的新农村。

村庄的整体格局可简要概括为：“一带一心两轴四片”。一带，村庄南侧的绿化景观带；一心，位于村庄中心位置的规划公共服务中心，包含有村民活动游园、敬老院、学校、商业等设施；两轴，一条是村委会北侧的步行景观轴，另一条是南北联系保留整治区和新建住宅区的绿化景观轴；四片，规划后的保留整治区、新建低层住宅区、民俗观光区及文物古建区。

第二节 建 设

1986年3月，在全市推广章丘县村镇建设工作经验，集镇建设成为村镇建设工作的重点。4月，济南市村镇建设服务中心在历城县仲宫镇试点，迈出集镇建设综合开发第一步，开创了全省地市级建委科学组织集镇、推行综合开发建设集镇的先例。服务中心与历城县建委联合利用农民投资250多万元，先后建成1万平方米的“下店上宅”式商品楼和水、电、路、绿化等配套工程，为100余户农民进镇经商提供店铺和住房。10月，市建委组织67个乡(镇)负责人赴浙江温州，学习村镇建设先进经验。11月，市建委印发《农村住宅图选》，指导农房建设。1987年，在广州召开的全国集镇建设经验交流会上，济南市介绍历城区仲宫镇开发建设经验。

1988年年初，市建委印发《关于对十座小城镇建设进行综合开发的通知》，决定对仲宫、万德、孝直、东阿、绣惠、郭店、党家庄、十六里河、段店、平阴镇等进行综合开发。聚集农民资金约3000万元，建筑面积10万平方米，当年建成基础设施齐全、环境优美的“下店上宅”式商品楼4万余平方米，为近1000户农民提供经商、办店的理想场所。全年全市村镇建设总面积300多万平方米，总投资3亿元，其中，农民住房建设投资2亿元；新修乡村公路632千米；新增自来水村庄109个。全市各乡、镇都建立村镇建设办公室。平阴、长清县制定规划管理和建筑管理审批手续。长清县、历城区建立村镇建设档案制度，其中历城区15个乡、镇成立村镇建设档案室。1989年，长清县万德镇被列为省级村镇建设试点镇。全市在12个乡(镇)新建各类建筑面积10万余平方米，全年完成投资2.2亿元，竣工面积25万平方米，建房2.05万户。新修乡村道路532千米，其中铺装路面236千米；新增自来水村庄99个，受益人口12.3万人；新增通电村庄17个，受益人口2.5万人。年末，全市乡村道路总长9693千米，通自来水村庄1149个，通电村庄2965个。

1990年，全市村镇完成农房建设投资2.5亿元，竣工面积253万平方米。建房2.9万户，占村镇住户的3.13%；投资7000万元完成公共建筑34万平方米；投资3700万元完成生产性建筑23万平方米；投资5000万元新建乡村道路1000多千米，其中铺装路面500多千米；投资1000万元，完成143个村庄自来水工程，受益人口14.3万人。市内5区和章丘、长清、平阴3县发放统一的村镇建设许可证。仲宫、万德、仁风、郭店、东阿、绣惠6镇被列为全市村镇建设综合试点镇。1991年，济南市村镇建设重点是加强集镇、城乡接合部和公路沿线的建设，注重村镇各项基础设施的配套建设和提高农民住房建设的质量。集镇新建住宅面积10.48万平方米，新增公共建筑面积6.88万平方米；投资1200万元，新修自来水、道路等集镇配套基础设施。年内，新建设开发集镇4个，全市实行综合开发、配套建设的集镇累计20个。为农民提供优秀住宅设计20余种。国家级建设试点镇——仲宫镇完成电信大楼、变电室等10项基础设施的配套建设，并试行镇带村建设体制。1992年，济南市列入村镇建设范围的有41个建制镇，57个集镇，5014个村庄；村镇住户93.23万户，其中，建制镇4.99万户，集镇3.38万户，村庄84.86万户；村镇人口373.2万人。形成以市村镇建设服务中心为纽带，各县(市)区为主干，乡镇为支点的服务体系。村镇建设质量监督站成立，成为全省第一家专门为村镇建设工程进行质量监督的机构。在全省村镇建设“十、百、千”(10个先进县区、100个新型乡镇、1000个明星村)活动评选中，章丘市被评为村镇建设先进县；历城区仲宫镇等8个乡镇被评为新型乡镇；76个村庄被评为村镇建设明星村。在全市10个县(市)区和仲宫镇开始兴建“小康屋”农居示范区。

20世纪90年代中期后，随着市场经济的发展和经济体制改革的不断深入，城镇化发展速度逐年加快，经济社会发展进入到经济持续增长和城市快速发展为主导的城镇化阶段。这一时期农村建设的基本特点表现为在城市带动下的跟进式发展，进入小城镇重点建设和城市主导下的农村建设时期。农村建设的主要特点是，从国家和农村发展的战略高度，以推进农村工业化、农业现代化、农村城镇化为目标，重点加强小城镇规划建设与管理。

1995年，继续开展全省村镇建设“十百千”活动。长清县、历城区被评为村镇建设先进县(区)；长清县归德镇、章丘市绣惠镇、历城区大桥镇、平阴县孝直镇、济阳县孙耿镇、商河县玉皇庙镇被评为村镇建设新型乡镇；章丘市明水镇杨胡庄村等62个村庄被评为村镇建设明星村。积极探索小城镇建设新思路。省政府确定1995～2000年在全省重点抓好5个小城镇建设试点县和100个新型小城镇建设试点镇，对试点县及其所属建制镇和100个试点镇的建设，统称小城镇建设“百新工程”。章丘市被省政府确定为小城镇建设试点县，章丘市所有建制镇、历城区仲宫镇、长清县万德镇和归德镇、济阳县孙耿镇、商河县玉皇庙镇、平阴县东阿镇等17个乡镇被省政府确定为省级小城镇建设“百新工程”试点镇，试点期限为5年。同时，着手新一轮市级试点镇选定工作。为加强乡路沿线建设管理工作，加快道路两侧改造治理，遏制滥占乱建现象，改善济南整体环境，确定308国道章丘市龙山镇段和历城区董家镇段，104国道济阳县孙耿镇段和长清县崮山镇段，220国道长清县孝里镇段和平阴县东阿镇段，作为公路两侧建设改造试点地段。1996年，试点镇驻地吸纳农村剩余劳力近2万人，乡镇驻地建设投资11.05亿元。试点镇驻地道路硬化率90%。新成立乡镇房地产综合开发公司5个，全市总计18个。全年累计开发建设各类商品房6.2万平方米。全市村镇建设总投资34.58亿元；新修铺装道路1585千米；新建水厂11个，自来水受益人口192.9万人；新建公园3个，增加绿化面积32.7公顷；新增各类公共建筑面积119.39万平方米，生产性建筑面积63万平方米。“项目选址意见书”“建设用地规划许可证”“建设工程规划许可证”和“村镇规划选址意见书”发证率40%以上，章丘市70%以上，个别乡镇90%，全年发放“两证一书”及“村镇规划选址意见书”5000余份。黄河滩区村庄搬迁工作进展顺利，搬迁村庄79个，调整土地467公顷。1997年，村镇建设把市场、商业街、居住区建设作为优先发展项目，实行综合开发配套建设，全市小城镇建设试点为总量的20%。在村庄开展分离式住房、区园式住房试点。1998年，黄河滩区村庄搬迁完成9642户、筑台加固14689户，已累计完成全部任务的95%。1999年，济南市按照省委、省政府关于进一步加快小城镇建设的决定，制定《济南市村镇建设管理办法》，加快农村城镇化进程。至1999年年末，全市村镇道路总长度16457千米，硬化率51.1%；自来水受益人口240万人，普及率62%；全市村镇实有公共建筑面积1190.8万平方米，生产性建筑面积993.3万平方米；住宅面积累计1.04亿平方米，人均使用面积由1979年的7.7平方米增加到20.1平方米。全市乡镇驻地人均绿地面积2.65平方米；村村通电、通电话，生产、生活环境得到较大改善。在全省村镇建设“十百千”活动中，全市有4个县(市)区被评为村镇建设先进县，20个镇被评为新型乡镇，200个村被评为文明村。

21世纪后，村镇建设进入社会主义农村建设、改善农村人居生态环境新阶段。

2000年，济南市制定扶持小城镇发展的政策措施。2001年，推进农村城市化进程。市委、市政府制定《关于加快城市化进程的意见》，确立城市化发展阶段性目标。2002年，全市村镇建设完成投资20.8亿元。其中小城镇建设完成投资7.3亿元；新建住宅面积319.9万平方米，公共建筑面积89.6万平方米，生产建筑77.6万平方米；村镇自来水普及率、道路硬化率分别为75%、50%，其中小城镇100%。为贯彻省政府促进二、三产业向中心镇以上城市集中的政策，各地集中力量抓好中心镇工业园建设。市建委下拨500万元资金用于奖励市域小城镇工业园建设前十名。2003年，全市村镇建设完成投资25.3亿元。其中小城镇建设完成投资10.3亿元；新建住宅425万平方米，公共建筑79.5万平方米，生产建筑55.6万平方米；村镇自来水普及率、道路硬化率分别为76%、55%。加强远郊区三县一市城镇化建设。主要是处理好中心城镇的发展问题。加大对中心镇镇区详细规划的编制力度，中心镇的所有项目，必须在详细规划指导下建设精品工程。基础设施和公共建筑要有长远目标，创建百年特色镇。发展工业园区建设，鼓励二、三产业向中心镇集中，加强中心镇的集聚和辐射能力。规范中心镇城镇管理，形成良好的镇容镇貌和生存居住环境。加快近郊区的城市化转变。主要研究和解决农民转为市民后的就业和社会保障问题，以及相关基础设施的配套建设与管理。重点解决“城中村”的改造政策与配套问题。

2004年，加大对全市村镇建设投资，全年完成总投资28.9亿元，其中小城镇建设完成投资15.3亿元；全年新建住宅面积220.9万平方米，其中楼房面积114.2万平方米，新建公共建筑面积62.1万平方米，新建生产性建筑面积91.3万平方米；村镇自来水普及率79.9%；小城镇绿化覆盖面积1618公顷，人均公共绿地面积4.18平方米。实施“村村通”工程，新铺设地下排水管(沟)道300余千米，新铺柏油路1500多千米，水泥硬化路面136万平方米，架设路灯1.1万余盏。村镇建设纳入全方位目标责任制考核，制定《村镇建设考核办法及评分标准》。加强村镇环境综合整治，村容镇貌得到较大改观。新建污水处理和垃圾处理设施，建设水冲式厕所和沼气发酵池，成立环卫保洁队，购置环卫保洁车辆，实行单位“门前三包”，分片包干，责任到人，定期检查，改变农村“三大堆”和脏乱差现象。选择章丘市圣井镇、刁镇，历城区遥墙镇，商河县怀仁镇，济阳县崔寨镇、孙耿镇，平阴县东阿镇，长清区万德镇、归德镇为第一批小城镇建设试点镇。起草《济南市小城镇建设试点工作的意见(草案)》。研究制定“城中村”改造和城镇旧村改造的相关配套政策，规范审批及建设程序，探索解决“空心村”问题的路子，开展旧村改造，引导零散自然村农民向中心村和小城镇集中居住，搞好新型小康村建设。

2005年，“村村通公路”共投资10亿元，新增道路1000余千米，有4461个行政村开通沥青(水泥)公路，占行政村总数的95.8%。年底，全市建制镇镇区人均公共绿地面积4.01平方米，有公园31个，公共厕所262座；集镇镇区人均公共绿地面积4.36平方米，有园林绿地133公顷，公共厕所37座。历城区遥墙镇、长清区万德镇、章丘市普集镇、平阴县东阿镇、济阳县孙耿镇、商河县玉皇庙镇等被评为省级小城镇建设示范镇，历城区锦绣川乡艾家村、章丘市宁家埠镇向高村等62个村庄被评为省级村庄建设示范村。章丘市朱家峪村被批准为国家级历史文化名村。全市城镇化水平56%。

2006年，全市建制镇(乡)实有房屋建筑面积3594.13万平方米。其中住宅建筑面积1751.63万平方米，人均住宅建筑面积25.53平方米。公共建筑实有建筑面积707.47万平方米。生产性建筑面积1135.03万平方米。道路长度1204.18千米，其中水泥、沥青路1068.68千米，其他铺装道路124千米，人均道路面积16平方米；道路照明灯17044盏；桥梁409座，防洪堤187.09千米；排水管道建成616千米，排水管道密度3.76千米/平方千米；污水处理厂14个，年污水处理总量211.71万吨，建制镇、乡污水处理率分别为9.93%、0.64%；绿化覆盖面积3780.84万平方米，绿化覆盖率23.1%，绿地面积1782.21万平方米，绿地率10.89%，人均公园绿地面积4.92平方米；生活垃圾年处理量1150.1万吨，无害化处理量756.53万吨，镇、乡生活垃圾处理率分别为87.39%、97.15%，环卫专用车辆设备239辆，公共厕所368座。总投资32.1亿元，其中住宅建设投资16亿元，公共建筑投资5亿元，生产性建筑投资4.8亿元，市政公用设施投资6.3亿元。

2007年，将“城镇建设行动”列入市委、市政府 1 号文件，市财政每年拨付5000万元专项资金扶持10个小城镇建设，连续四年对城市总体规划和县城规划区以外的38个镇进行重点建设改造。商河县怀仁镇，历城区仲宫镇，长清区万德镇、归德镇，章丘市普集镇、文祖镇，济阳县曲堤镇、仁凤镇，平阴县孔村镇和商河县龙桑寺镇等10个镇成为首批试点镇。至年底，首批试点镇市财政投资5000万元，拉动县、镇投资近6000余万元，共新建和改造道路49条，硬化道路面积40万平方米，安装路灯2000余盏，新建改建排水管道37.73千米，新增绿地面积15万平方米。2008年，完成首批10个试点镇建设任务，实现投资8200余万元。第二批10个小城镇建设投资1亿元。召开全市“城镇建设行动”工作现场会，推广历城区西营镇示范工程建设经验。第三批镇建设遴选工作完成。规范旧村改造工作，确定7个不同类型的村

济阳县仁凤镇文化广场 (2009年摄)

庄作为市级村庄整治试点。

2009年，省委、省政府启动农村住房建设和危房改造工作，用3年时间实施农村新居建设工程，每年确保新建农房75万户，力争达到100万户，3年直接拉动投资3000亿元左右。济南市三年农房建设任务共计18.44万户，其中2009年6.23万户，2010年6.71万户，2011年5.5万户。2009年，新建农房68870户，占计划任务的108%；启动整村迁建改造项目141个，涉及村庄196个，迁建改造58673户，分散建房10197户；改造危房10995户，占计划任务的111%。

2010年，全市全年镇(乡)建设总投资71.4亿元，其中住宅33亿元，公共建筑5.4亿元，生产性建筑10亿元，市政公用设施23亿元。全市乡镇实有住宅建筑面积12975.88万平方米，人均住宅建筑面积35.18平方米。公共建筑面积1627.64万平方米，生产性建筑面积1726.53万平方米。乡镇道路总长度7809.85千米，新增道路长度559.68千米；道路照明灯17522盏，桥梁983座，防洪堤299.12千米；供水管道11061.45千米，新增1028.66千米，公共供水设施152个，年供水总量12613.7万立方米，人均日生活用水量80.52升，用水普及率85.06%；排水管道3812.21千米，新增排水管道246.23千米；年污水处理总量168.1万吨；绿化覆盖面积3011万平方米，绿化覆盖率22.93%，绿地面积1574万平方米，绿地率11.64%，公园绿地面积527.9万平方米，人均公园绿地面积7.6平方米；生活垃圾年处理量2.863万吨，生活垃圾处理率79.63%，环卫专用车辆设备248辆，公共厕所273座。

第三章　城市广场与雕塑

第一节 城市广场

1986年前，济南市区先后辟建人民广场和八一广场，用于群众集会活动，但没有实行绿化。1997年，学习大连市城市绿化建设经验，推动实施城市“造绿工程”，济南城区大规模建设广场绿地由此开始。当年10月，市中区绿荫休闲广场率先建成。之后，济南火车东站广场、槐荫广场、将军广场、历下园林广场、泉城广场等相继建成开放。至2010年，市区共建成绿地广场42处，总面积169.05万平方米。章丘、平阴、济阳、商河等县(市)也先后建成广场绿地。

一、市区主要广场

(一)市中绿荫休闲广场　位于市中区英雄山北麓，北临经十路，南至英雄山烈士陵园北门，东临邮电新村、百旺商城，西至济南军区第五招待所、市政府宿舍，马鞍山路、经十一路穿插其中，占地总面积5.3万平方米，1997年10月建成。为全市首期“造绿工程”率先开放的广场。

该广场利用20世纪60年代栽植的毛白杨、悬铃木树林，铺装林下地面1.87万平方米，植雪松、樱花、紫叶李、合欢等花灌木2万余株，铺种草坪2.6万平方米，安装高档蘑菇路沿石1.3万余米，设置草坪灯30盏，建设音控喷泉2座、门球场3个、公厕1座，并增设果皮箱、健身器材等，放养200余只广场鸽。1998年2月16

日，被共青团中央、建设部、全国少工委评为“全国青少年绿色文明园”。2004年，配合经十路、经十一路拓宽工程，对广场进行改造，进一步扩大绿地，增设健身器材，形成以片林为主，点缀花坛花境的新型休闲广场。

（二）火车东站广场　位于天桥区济南火车东站前，经一路北，东西长162米，南北长174米，占地3.3万平方米，其中绿地面积1.8万平方米。1997年9月24日动工兴建，1998年1月23日竣工开放。广场铺设冷季型草草坪，广场中心建有直径19米的圆形平台，平台中心设置一座大型叠水喷泉及六组民族风格雕塑。平台外围辐射园路用红色六棱花砖铺设，将广场草坪分隔成8大块，其中南侧两块呈半圆形。每块草坪内还栽植雪松、银杏、白皮松等景观树种和花灌木。草坪的边缘全部用柳埠红蘑菇石砌围。在草坪内共安装70个自动喷灌器。广场内还设有庭院灯36盏，草坪灯37盏，叠水彩色射灯24盏。

（三）泉城广场　位于趵突泉公园及解放阁之间的护城河南岸，是省会济南的中心广场。1998年7月10日正式开工建设，1999年9月25日竣工开放。总面积16.7万平方米，其中绿地面积8.26万平方米，占52.8%；铺装面积5万平方米，占32%；建筑面积0.14万平方米，占0.9%；水面面积2.24万平方米，占14.3%。广场绿地内乔木约850株，灌木约1.36万株，草坪约6.2万平方米，摆设季节性草花1.2万平方米。安装草坪灯78盏，庭院灯50盏。泉城广场以贯通趵突泉、解放阁的连线为主轴形成东西长780米，南北宽230米的开阔空间。广场内的绿化以草坪等矮生地被植物为主，主要体现在自西向东的入口区、名士林、颐天园、童乐园及广场四周。入口区由趵突泉公园东门向东延伸入广场西端形成。该区用草坪、花卉、箬竹等矮生植物组成植物造型花带。草坪上设置大型卧式“泉城广场”题名石碑，石碑两侧立广场平面图和广场建设碑记。穿过入口广场后，进入泉标广场。高38米的钢制雕塑“泉标”矗立在泉标广场中心，围绕泉标设置4块1200平方米的扇形模纹花坛。泉标南北两侧对称布置面积为81平方米的方形观赏草坪，坪内植有整形金叶女贞、小龙柏和红叶小檗等。观赏草坪外侧为占地2560平方米的名士林，行列式栽植银杏、水杉、雪松、白皮松等。林下采用透空耐火砖嵌草铺装，树穴设有护树铁箅，林内建名士亭，设石桌石凳。名士林向东分别是颐天园和童乐园，园内自然式栽植雪松、油松、铺地柏、合欢、玉兰、水杉及整形桧柏、龙柏、黄杨和金叶女贞等，设置石桌石凳，点置山石、雕塑小品等。向东越过下沉广场，为由不锈钢雕塑“荷花”组成的大型荷花音乐喷泉。在其周边设花坛座椅，花坛内栽植整形黄杨和金叶女贞。广场东侧为齐鲁文化长廊，设置有“圣贤史迹图”浮雕和大舜、孔子等12位齐鲁历史名人铜像。广场周边绿化因地制宜。沿泺源大街一侧行列式栽植国槐，与泺源大街的行道树一同形成绿色走廊，透过绿色走廊是依街而建的四季花园，其中有片植的观赏草坪和黄杨，有

泉城广场　(2005年摄)

模纹式篱植的丰花月季，有大片的紫薇等；护城河滨河绿化利用原有的河岸垂柳，植迎春、常春蔓等蔓性植物，增添花坛、花钵、座椅，形成岸边垂柳，波光倒影的景观。

(四)洪楼广场　位于历城区花园路北侧，北依百年天主教堂和山东大学老校园，东西长233米，南北宽96米，占地面积2.24万平方米。前身为1988年建成的九鹤泉街心公园，1999年进行扩建，改名洪楼广场。是济南唯一的欧式广场。广场栽植各种花木3万余株，铺设草坪逾1.3万平方米。嵌草花岗石铺装1268平方米。彩色花砖铺装园路4500平方米，花岗石铺装活动平台3600平方米。设置“天使沐浴”花岗石喷泉雕塑一组，安装草坪灯78盏、庭院灯50盏、音箱22个。为进一步体现欧式风格，广场周围的洪楼百货大楼、历城邮电局等建筑群进行欧式风格外观装修，按欧式风格改造洪家楼南路一条街。形成以洪家楼天主教堂为特色，欧式建筑及街景环抱广场的整体景观。1999年，《济南日报》、市华联商厦和市青年摄影家协会联合发起的评选20世纪90年代泉城十大景观活动中，洪楼广场被评为90年代十大城市景观之一，并在2001年获“全省十佳文化广场”“济南市优秀文化广场”称号。

(五)将军广场　位于历城区济青高速公路零点立交桥以南，占地面积9.37万平方米，是济南第二大广场绿地。共栽植各类花木6.5万株，铺设草坪5.5万平方米，设置广场灯58组，草坪灯40盏。广场分东、西两部分，亦称“姊妹广场”。其中东广场占地5万平方米，1998年5月1日建成，用毛白杨、白皮松等乔木构成长450米，宽25～30米的背景长廊，中景选用丰花月季、瓜子黄杨等花灌木构成不规则模纹造型，近景为长近300米、宽约50米的大草坪，草坪中间设“鸳鸯亭”；西广场占地4.37万平方米，1998年10月2日建成，用雪松、毛白杨等大型乔木构成长430米、宽25～30米的绿色屏障，与东广场的绿色长廊形成对景；西广场中部是花岗石铺就的1750平方米的游乐平台，近景为“济南历城将军广场”碑刻，碑侧有“绿化泉城，造福人民”绿植模纹造型。

(六)幸福柳广场　位于历城区王舍人街道大辛庄，工业北路北侧。2001年10月建成，占地面积8万平方米。1959年4月和9月，毛泽东主席两次来到大辛庄，在稻田边的柳树下接见群众，后该柳树被称为“幸福柳”。在幸福柳东南方，有大辛庄商代文化遗址，属省级文物保护单位。广场以幸福柳为中心，分幸福柳雕塑群、世纪鼎殷商文化、柳荷园三大园区，集中体现纪念性、人文性、自然性、开放性大众文化广场特色。

(七)燕山健身广场　位于历下区二环东路与经十路的交界处，燕山立交桥下。2003年10月9日开工建设，2004年5月1日建成开放，占地21.6万平方米。广场景观从空间布局上分为瀑布水景区、活动健身区、景观观赏区、园林景观停车区四部分。瀑布水景区位于整个广场中部，以瀑布水景为主，植物配置为辅。在占地面积2100平方米的区域内，设有叠水、木质曲桥、汉白玉拱桥、石质平桥、小溪、瀑布、健身园路等，配以云杉、油松、竹、法国冬青等常绿树种和垂柳、紫薇、小叶女贞球等花灌木，置身其中，妙趣横生。瀑布水景区四周是活动健身区及景观观赏区。景观观赏区以植物造景为主，注重花色、花期、叶形、树形的搭配，选择早春开花的迎春、碧桃、榆叶梅、连翘、紫叶李等，晚春开花的棣棠、丁香等，初夏开花的木槿、紫薇等，秋天观叶的枫树、银杏和观果的苹果树、海棠等，冬季翠绿的雪松、云杉、龙柏等，配以观叶树种金叶女贞、红叶小檗和地被及时令花卉美人蕉、万寿菊、矮牵牛、一串红等，构成春季繁花似锦，夏季绿树成荫，秋季叶色多变，冬季苍翠素裹的佳景。“春意早临花争艳，秋末浓翠不萧条”，三季有花，四季常青。活动健身区包括健身广场和活动娱乐区，配植悬铃木、国槐、垂柳、梓树、朴树等大型落叶乔木及黄金槐、五角枫、银杏和连翘、榆叶梅、木槿、紫薇等花灌木。位于南北桥下中间段的园林景观停车区，四周采用女贞、蜀桧、毛白杨、垂柳作为骨干树种，配以珍珠梅、丁香等耐阴花木和白三叶地被，夏有浓荫，冬有阳光。

2010年济南市区广场绿地一览表

表2—3—4

隶属	广场名称	位置	广场总面积（万平方米）	建成时间
市直属	泉城广场	趵突泉公园东	16.70	1999年9月
	赤霞广场	英雄山风景区内	6	1998年9月
	小清河纪念碑广场	济南动物园北	5	1998年3月
	潘庄广场	经十东路	6.50	2002年10月
	燕山健身广场	燕山立交桥下	21.60	2004年5月
历下区	千佛山广场	千佛山风景区北门西北侧	0.91	1999年7月
	舜耕园林广场	深耕路中水站北	1.64	1999年7月
	龙洞广场	济王路南龙洞路口	3.20	2002年10月
	历下园林广场	经十东路工业园入口处	2.20	1998年4月
	甸柳广场	甸柳小区	0.29	2000年4月
市中区	市中绿荫休闲广场	马鞍山路西首	5.30	1997年10月
	七贤广场	济微路、二环南路路口东南	3.50	1998年11月
	七彩花园广场	济微路、二环南路路口东北	1.08	1999年7月
	大众广场	济微路、建辛路路口东南	4.08	1999年5月
	枣林广场	党家庄	1.72	1998年12月
	六里山广场	六里山南路东段	0.18	2000年4月
槐荫区	博远广场(槐荫广场)	经七路纬八	3.20	1998年5月
	槐苑广场(华联广场)	经十路市立五院东邻	1.24	1999年9月
	美里湖广场	美里湖小区	1	1999年5月
	匡山绿苑广场	匡山东路东侧	1.80	2000年4月
	腊山文化休闲广场	腊山立交桥下	22	2006年10月
天桥区	火车东站广场	经一路北侧	3.30	1998年1月
	泉之珠广场(金牛广场)	济南动物园东门外	1.20	1999年1月
	金水广场	小清河北岸，无影山路北端，	1	1999年4月
	黄岗广场	小清河南岸，黄岗桥头	1	1999年8月
	天福苑广场	无影山中路天福苑小区	1.60	2000年8月
	成丰花园广场	成丰桥头工商河畔	1.70	2000年9月
	药山广场	二环北路路南	10	2001年10月
	雅园绿地广场	无影山中路	4.50	2002年5月
	王炉广场	王炉工业园	1	2002年5月
	历山北路绿地广场	历山北路	0.35	2002年5月
	崔庙广场	田黄路西首	0.57	2003年6月

续表2—3—4

隶属	广场名称		位置	广场总面积（万平方米）	建成时间
历城区	洪楼广场		花园路东段北侧	2.24	1999年9月
	将军广场	东广场	济青高速公路零点立交桥南	5	1998年5月
		西广场		4.37	1998年10月
	终军园广场		历城区仲宫镇政府驻地	4.20	2000年10月
	花园广场		花园路口	0.75	1999年8月
	七里堡小区广场		七里堡小区	0.5	2000年4月
	花园小区广场		花园小区	0.21	2000年4月
	港沟广场		经十东路与绕城高速公路交界处	2.33	2000年10月
	幸福柳广场		历城王舍人街道大辛庄	8	2001年10月
	小清河板桥广场		原黄台板桥东北	2	2009年9月
高新区	高新区广场		工业南路	3.30	2002年10月
长清区	石麟广场		龙泉街西段	0.80	2002年10月
合计				169.05	

二、县(市)城区广场

至2010年，章丘市新建绿地广场5处，其中有2处面积近10万平方米；平阴县和济阳县结合原有场地或城区外展各改建扩建广场2处；商河县建成绿地广场6处，总面积17.24万平方米。

2010年济南市县(市)城区广场绿地一览表

表2—3—5

隶属	名称	位置	面积（万平方米）	建成时间
章丘市	荷花广场绿地	车站大街	1.59	1999年10月
	百脉泉广场绿地	汇泉路中段	10	2001年11月
	开发区广场绿地	世纪西路	9.30	2002年5月
	政府小游园	汇泉路中段	0.85	2004年12月
	火车站广场	汇泉路	3.60	2009年1月
平阴县	环秀广场	五岭路与府前街路口	0.51	1995年
	玫瑰广场	翠屏街北侧黄河路与五岭路之间	2.61	1997年
济阳县	新世纪广场	老城区与开发区交界处	2.90	2000年
	济北广场	开元大街北，安康街南；正安路西，永安路东	7.60	2001年
商河县	明辉广场	明辉路中段路南	1.20	1997年10月
	鼓子秧歌广场	人民公园	4.33	2005年10月
	太极广场	滨河公园	2.50	2009年12月
	滨河林荫广场	滨河公园	2.30	2009年12月
	文昌绿地	田园路与文昌河交叉口	4	2009年12月
	全民健身广场	商中路西侧，富民路与鑫源路之间	2.91	2010年8月

第二节 雕 塑

1985年3月20日，济南市城市雕塑规划领导小组办公室成立。1986年，济南市雕塑创作室成立。20世纪90年代中期，济南城市雕塑保有量近200座(组)。其中，“革命烈士纪念塔”“解放济南”“王尽美与邓恩铭”等雕塑在全国产生很大影响。90年代中期后，济南城市雕塑发展相对迟缓，至2008年的10余年间，虽有“济南交警”“泉标”等雕塑落成，但城区雕塑总量有减无增。2009年起，城市雕塑进入迅速发展阶段。随着济南园博园建设、护城河通航工程、大明湖风景名胜区扩建及济南森林公园建设等，针对不同环境落成若干不同风格的雕塑或雕塑群。至2010年年底，济南市区雕塑增加到300余座(组)。

一、革命烈士纪念塔

位于英雄山山顶，乳白花岗石雕，塔高34.64米。塔顶上的五角星直径2米，由红色花岗石镌刻而成。塔身南、北两立面镌有毛泽东主席1951年专门为该塔题写的“革命烈士纪念塔”7个阴文贴金巨字，气势宏伟。塔基为双层，南北两面镌有旗帜和花圈图案的“红旗颂”浮雕。该浮雕造型采用红旗串起荷花、菊花、牡丹花环，配以万年青，寓意社会主义革命的圣洁、烈士们坚韧勇敢的革命精神和祖国的美好未来，歌颂先烈万古长青，歌唱祖国繁荣昌盛。塔身南面到山下有白色花岗石铺筑的202级石阶，像一挂巨型瀑布，由天倾注，象征着革命烈士的冲天浩气。北侧有东西两条林荫石阶梯路，东路296级，西路311级。游人可通过南北3条石阶梯路，攀到纪念塔广场，瞻仰纪念塔雄姿。

二、毛泽东雕像

全市有毛泽东汉白玉石雕2尊。其中一尊位于山东师范大学校园内，身高11米，底座高5米，总高度16米，落成于1967年10月11日。2009年，入选济南市三级文物普查“不可移动文物”名录。另一尊位于英雄山赤霞广场，塑像高12.26米(取毛泽东生日)，其中底座高4米，像身高8.26米，是济南市最大的一尊毛泽东塑像，在全国也较为知名。雕像原位于趵突泉北路的山东省工业展览馆院内，1999年8月趵突泉北路拓宽改造时迁落至此。

三、王尽美、邓恩铭纪念雕像

红花岗石雕，位于五龙潭公园内，1988年落成。雕像高4.3米，底座高0.8米。塑像正面镌有董必武《忆王尽美同志》诗：“四十年前会上逢，南湖舟泛语从容。济南名士知多少，君与恩铭不老松。”

王尽美、邓恩铭纪念雕像

四、“五三”惨案纪念碑

1995年9月1日落成。纪念碑由卧碑和浮雕墙两部分组成，高4.25米，长17米，黑色花岗石砌就。卧碑碑体上镌“济南惨案遗址”“济南惨案纪略”，为书法家武中奇书。碑西侧为采用汉画像石刻技法镌刻的“国耻”浮雕墙，面西，墙上雕有“蔡公时遇害”“炮轰泉城”“泉城怒火”“疯狂屠杀”“尸骨如山”“血流成河”等惨案场景，墙两端雕刻洪钟，钟上镌“勿忘国耻，警钟长鸣”8个大字。

五、山东少年儿童运动雕塑

位于英雄山北侧山脚下，汉白玉浮雕，面积96平方米。1995年10月落成。是由山东省红领巾理事会倡议，全省900多万少先队员通过开展“小种植、小饲养、小秋收、小节约”活动筹资捐款建立，主旨是激励广大少年儿童继承革命传统，争做社会主义事业合格接班人。画面内容自左向右主要反映革命战争年代、社会主义革命和建设时期的少年儿童运动及新时期少先队员按照“面向现代化、面向世界、面向未来”的要求，争做有理想、有道德、有文化、有纪律一代新人的情景。

六、济南交警雕像

1996年10月15日，在南门广场落成，铜制。整个雕塑高9米，基座长3米，宽3米，坐北朝南。基座正面刻有江泽民总书记“严格执法，热情服务”的题词，两侧是反映交警执勤的浮雕，背面刻有碑文。雕塑主体是一名青年交警在风雨中昂首挺胸、挥臂敬礼的英姿，艺术地再现了济南交警先进群体的精神风采。

七、泉城广场雕塑群

包括“泉标”“泉城览胜”“荷花”和“圣贤史迹图”浮雕，1999年落成。“泉标”，不锈钢制，高38米，重170吨，主体呈蓝色，底部配有4组72个小涌泉，寓意济南的“四大泉群”和“七十二名泉”。“泉城览胜”，位于主体雕塑以东，是一组反映泉城“山、泉、湖、城、河”特色的石材浮雕；“荷花”位于广场主轴与泺文路副轴相交处，为不锈钢雕塑，是激光音乐喷泉的主景。音乐声起，4000多个喷泉演绎出数千种水景变化，静动相映，缤纷夺目，蔚为壮观；“圣贤史迹图”位于广场东部文化长廊两端及柱杵处，为石材浮雕。共有舜耕历山等14幅展示齐鲁文化渊源的画面组成。长廊内东侧依次排列大舜、管仲、孔丘、孙武、墨翟、孟轲、诸葛亮、王羲之、贾思勰、李清照、戚继光、蒲松龄等12位齐鲁历史名人铜制圆雕塑像，与廊壁上的浮雕，形成一幅浓缩的圣贤史迹图。

八、山东大学星雕塑

2004年年底，在山东大学兴隆校区落成。山东大学星是中国国家天文台获权命名的。因国际永久正式编号29467的小行星被发现的日子恰好是山东大学建校96周年校庆日，国家天文台遂决定将它命名为“山东大学星”。这是继“北京大学星”“南京大学星”“北京师范大学星”之后，第四颗由中国高校名称命名的小行星。雕塑主题以9和6相扣、行星飞天的造型，镶嵌在红色大理石基座上，寓意山东大学像一颗冉冉升起的新星，在培养民族精英的舞台上，绽放璀璨华丽的光芒。

九、泺口九烈士纪念碑

位于黄河公园内，2005年4月3日落成。碑高6米、宽8米、厚2米。碑雕有三个部分组成，第一部分表现高昂的革命精神；第二部分表现气吞山河、慷慨就义的英雄气概；第三部分表现追忆和缅怀。

十、五柳风帆雕塑

2009年8月30日，在小清河五柳岛落成的“五柳风帆”是继泉标之后济南的第二大城市雕塑，同时还是济南首例典型的现代大型城市雕塑。雕塑由抽象的五片柳叶及一面鼓起的风帆组成。柳叶造型代表市树柳树，风帆造型代表小清河曾经繁荣的航运景象，同时象征济南社会经济扬帆破浪的美好前景。整座雕塑高23米，重约38吨，为全不锈钢网架镂空结构，全部人工锻造，现场焊接。

五柳风帆雕塑 (2009年摄)

十一、济南森林公园雕塑群

森林公园内设有雕塑主题园区，至2010年年底，“玫瑰花语”“普罗米修斯”“生命”“林中胴体”“润”“故乡的雨”“编花篮”等一系列雕塑作品相继落成。这些雕塑作品是通过由市政府主办，市园林局、市雕塑办承办的“人与自然，绿色泉城——森林里的和谐乐章”为主题的雕塑大奖赛向全国征集到的，还有特意邀请国际雕塑名家为森林公园量身定做的，所有作品体现了人类与自然之间、植物群落之间、动植物之间相互依存、和谐共生的关系，体现济南历史文化、民俗文化、地域文化，展现济南城市新貌。

十二、百花公园雕塑群

2010年百花公园环境提升改造中，结合园区自然环境及人文环境，按照百花、孝道和绿色的园林内涵，在东门区域、儿童休闲娱乐区域、美德园、叠水喷泉及西门区域等处安放6组雕塑。分别是“花神”“稚子问孝”“荷韵”“嘘！听……”“堆城堡”和“跳舞兰”。

第四章 名优工程

第一节 济南奥林匹克体育中心

济南奥林匹克体育中心工程位于济南市经十东路龙洞地区，占地面积81公顷，总建筑面积32.64万平方米，设计安全等级为二级，抗震设防烈度6度，二级抗震，耐火等级为一级。2006年5月28日开工，2009年4月20日竣工，总投资21.6亿元。整体布局结合建筑场地特点及济南文化特色，西置体育场，东设体育馆、游泳馆、网球馆，四者通过中心平台有机相连，形成“东荷西柳”的建筑景观，使之成为集体育比赛、公共健身、文艺表演、休闲娱乐、商务展销于一体的大型活动场所。是济南市最具标志性的建筑之一。

第二节 泉城广场

济南泉城广场是市政府投资建设的集文化、娱乐、休闲和购物为一体的大型综合现代化广场，位于济南市最繁华的中心地区。东西长780米，南北宽210米，占地面积16.7万平方米。自西向东主要由趵突泉广场、名士林、泉标及泉标广场、下沉广场、颐天园与童乐园、滨河广场、荷花音乐喷泉、四季花园、购物广场、文化长廊及南门桥等十余部分组成。其设计构思突出“山、泉、湖、城、河”的泉城特色。广场地上主要为游人提供游览景点和休闲空间，地下主要安排商业、停车及管理、设备用房。地上与地下空间通过下沉广场出入口、滨河广场出入口及8处楼梯相连通，交通便捷。工程由济南市建筑设计研究院设计，济南建设工程监理总公司监理，山东三箭置业集团有限公司总承包施工。1998年7月10日动工，1999年9月25日竣工并投入使用。

第三节 济南国际机场航站楼

济南国际机场航站楼位于济南市历城区遥墙镇，2002年11月30日开工，2004年12月30日竣工。呈飞鸟造型，长465米，宽度由中段105米向两翼渐变至40米。总建筑面积8万平方米，建筑高度32.7米。地上二层、局部三层，设有到达大厅、出发大厅、办公室以及设备用房等。楼内设有给排水、通风空调、变配电、消防及火灾报警、智能化等系统，电梯及扶梯22部。先后获山东省新技术应用示范工程、山东省“安全文明示范工地”、山东省建筑工程质量“泰山杯”及中国建筑业协会“鲁班奖”等称号。

第四节 济南市经十路

济南市经十路道路及环境建设工程西起腊山立交，东至邢村立交桥，是贯穿东西的城市一级主干道。总长24.6千米，规模用地270万平方米。包括道路、桥梁、管线、环境、智能管理五大部分。2002年2月开工，2004年9月竣工，总投资11.65亿元。道路红线宽度60米，快车道33米，慢车道每侧6米，绿化隔离带每侧3.5米，人行道每侧4米；东段红线宽度84米，快车道40米，慢车道每侧9米，绿化隔离带每侧8米，人行道每侧5米。管线总长度720千米，大桥4座，燕山立交总长度7812米，段店铁路立交60米，浆水泉立交440米，潘庄大桥60米。2005年，获山东省优秀设计一等奖，省“市政金杯示范工程奖”、省建设工程质量“泰山杯奖”等称号。2006年，获“鲁班奖”。

第五节 济南国际园博园

第七届中国(济南)国际园林花卉博览园工程位于济南市大学科技园内，2008年11月1日开工，2009年8月31日竣工，占地345万平方米，其中陆地面积249万平方米，水面面积96万平方米，总投资12.6亿元，是一座集休闲、旅游、会展等于一体的园林综合性工程。该工程由济南园林开发建设集团有限公司、济南四建(集团)有限责任公司和山东平安建设集团有限公司联合承建。园区由一条中央轴线，两条景观观赏轴，划分为八个功能分区，主要工程项目有园林绿化、园区道路、园博大道、中心广场、室外展园及主展馆等配套设施。2009年，成功举办由住建部和济南市政府主办的“第七届中国(济南)国际园林花卉博览会”，本届展会以“文化传承、科学发展”为主题，在历届园博会中规模最大，参展城市、室外展园最多，植物种类最丰富，创“展园全国覆盖，五洲都有参展”的新纪录。

第四篇　建筑业

1986年，全市有建筑企业50家，从业人员13万人，房屋竣工面积170.9万平方米，建筑业总产值83006万元。1989年，国家大幅度压缩基本建设投资规模，济南市建筑市场出现队伍大于任务的状况。

2000年后，济南市城市建设进程加快。

2010年，济南市加大建筑业结构调整，建立市场准入清出机制。全市建筑施工企业739家，从业人员51.9万人(含外地驻济南企业人员)，房屋竣工面积1306万平方米，建筑业总产值894.3亿元。

1986～2010年济南市建筑业主要年份情况表

表2—4—1

指标＼年份	1986	1990	1995	2000	2005	2010
汇总单位数(家)	50	46	141	945	737	739
建筑业增加值(万元)	—	—	187080	391700	1046082	2151997
建筑业总产值(万元)	83006	145742	587769	1419160	4626493	8943039
按隶属关系分						
中央属(万元)	—	—	276126	577054	1902956	4111266
省　属(万元)	—	—	61679	192272	514123	1089652
市　属(万元)	—	—	122898	371596	1107748	1467098
县区属(万元)	—	—	127066	231787	402738	791904
其　他(万元)	—	—	—	46451	698928	1483119
按工程性质分						
建筑工程(万元)	—	—	522197	1199567	3774209	7040234
安装工程(万元)	—	—	56856	204051	616229	1447613
其他产值(万元)	—	—	8716	15542	236055	455192
竣工产值(万元)	—	—	324860	1063897	2633733	3994976
房屋施工面积(万平方米)	—	268.83	1030	1611	3298	4655
#本年新开工(万平方米)	—	148.51	449	848	1586	1943
房屋竣工面积(万平方米)	170.90	169.99	306	701	1400	1306
#住　宅(万平方米)	—	76.95	141	396	884	773
职工平均人数(万人)	9.55	9.30	13.85	23.48	33.76	51.90
建筑业劳动生产率(元/人)	8693	16239	42423	60449	137051	180800
自有机械设备总台数(台)	—	—	22721	34904	66031	56478

续表2—4—1

指标 \ 年份	1986	1990	1995	2000	2005	2010
自有机械设备总功率(万千瓦)	—	—	45.34	68.56	117	129.85
自有机械设备净值(万元)	—	—	53452	114163	242884	238903
所有者权益(万元)	—	—	129208	347510	1197714	1963818
利润总额(万元)	6244	5760	4871	19775	107304	414811
上缴税金(万元)	—	—	15621	46904	150025	381884
工资总额(万元)	—	23248	88009	190928	615148	1109175

第一章　建筑企业与队伍

第一节 建筑企业

1987年，建筑业单位总计50家，其中全民企业33家，城镇集体企业17家；年末人数98716人。全民建筑业自有机械设备14829台，自有机械设备总功率31.2万千瓦，自有机械设备净值17868万元，技术装备率2628元/人，动力装备率4.6千瓦/人。房屋建筑施工面积3614153平方米，房屋建筑竣工面积1564911平方米。

1990年，建筑业单位合计46家，其中全民企业31家，城镇集体企业15家；年末从业人数92921人；自有机械设备14404台，自有机械设备总功率384431千瓦，自有机械设备净值22638万元；技术装备率3283元/人，动力装备率5.6千瓦/人。房屋建筑施工面积3688337平方米，房屋建筑竣工面积1699851平方米。

1995年，建筑施工企业总计141家，其中国有66家，集体57家，联营1家，股份制4家，外商投资2家，港、澳、台商投资11家；职工平均人数13.85万人；增加值187080万元；自有机械设备22721台，自有机械设备总功率453439千瓦，自有机械设备净值53452万元；技术装备率3858.04元/人，动力装备率3272.79瓦/人；房屋建筑面积竣工率29.75%；产值利润率0.83%，产值利税率0.35%；全员劳动生产率13502.9元/人。建筑企业工程结算收入总计511542万元、营业利润12282万元、利润总额4871万元、利税总额20492万元；房屋建筑施工面积1425795平方米，房屋建筑竣工面积305329平方米。

2000年，建筑施工企业总计569家，其中内资企业534家，港、澳、台商投资企业19家，外商投资企业16家；职工平均人数23.48万人；增加值391700万元；自有机械设备34904台，自有机械设备总功率685664千瓦，自有机械设备净值114163万元；技术装备率4862元/人，动力装备率2920瓦/人；房屋建筑面积竣工率43.53%；产值利润率1.39%，产值利税率4.26%；全员劳动生产率16682元/人。建筑企业工程结算收入总计1247982万元、营业利润24452万元、利润总额19775万元、利税总额60434万元；房屋建筑施工面积1610.99万平方米，房屋建筑竣工面积701.23万平方米。

2005年，建筑施工企业总计737家，其中内资企业715家，港、澳、台商投资企业13家，外商投资企业9家；职工平均人数33.76万人；增加值1046082万元；自有机械设备66031台，自有机械设备总功率1170038千瓦，自有机械设备净值242884万元；技术装备率7195元/人，动力装备率3.5千瓦/人；房屋建筑面积竣工率42.4%；产值利润率2.3%，产值利税率5.5%；全员劳动生产率137051元/人。建筑企业工程结算收入总计3978116万元、营业利润103322万元、利润总额107304万元、利税总额254163万元；房屋建筑施工面积3298万平方米，房屋建筑竣工面积1400万平方米。

2010年，建筑施工企业总计739家，其中内资企业725家，港、澳、台商投资企业5家，外商投资企业9家；年末从业人员共计47.3万人；增加值2151997万元；自有机械设备56478台，自有机械设备总功率1298543千瓦，自有机械设备净值238903万元；技术装备率5051元/人，动力装备率2.7千瓦/人；房屋建筑面积竣工率28.1%；产值利润率4.64%，产值利税率8.91%；全员劳动生产率180800元/人。建筑企业工程结算收入总计9007839万元、营业利润477329万元、利润总额414811万元、利税总额796695万元；房屋建筑施工面积4654.37万平方米，房屋建筑竣工面积1305.62万平方米。

附：建筑企业选介

一、山东省建设建工(集团)有限责任公司

山东省建设建工(集团)有限责任公司成立于1979年7月，为中国工程建设社会信用AAA级企业。作为山东省最早推行项目管理的企业，集团拥有国家房屋建筑工程施工总承包特级资质和对外经营签约权，具有机电安装、园林古建、装饰装潢、钢结构、地基与基础工程五项专业一级资质以及市政公用、智能化、预应力等多项二级资质。主营业务为房屋建筑工程施工，集建筑设计、机电安装、园林古建、装饰装潢、钢结构、路桥、市政公用工程、消防设计与施工、房地产开发及海外工程业务于一体，具备承建城市综合体工程、大型公用设施、超高层建筑、大型工业厂房等多种工程的总承包能力。至2010年，集团有员工2000余人，各类专业技术人员1000余人，其中中高级职称500余人。资产总额45亿元，固定资产4亿元。集团下设8个房屋建筑施工总承包公司和11个专业公司。

先后有国家鲁班奖工程5项，国家优质工程2项，国家装饰金奖工程2项，山东省泰山杯工程31项，山东省优良工程40余项，山东省优质结构杯工程12项。先后获全国先进建筑施工企业，全国质量效益型先进企业，中国质量无投诉、产品无缺陷企业，全国推广鲁布革经验典型企业，中国企业形象最佳单位，中国质量服务信誉AAA名牌企业，全国诚信经营、信誉十佳企业，中国工程施工放心企业，全国建筑业企业工程总承包先进企业，中国质量信誉保证企业，全国优秀施工企业，全国用户满意施工企业和全国建设系统企业文化建设优秀单位等称号，并分别通过ISO 9001质量管理体系认证、ISO 14001环境管理体系认证和GB/T28001职业健康安全管理体系认证。地址：市中区经一路88号。

二、济南一建集团总公司

1952年成立，是国有一类建筑施工企业，具有房屋建筑工程施工总承包一级企业和国际工程总承包、材料出口和劳务人员派遣等资质。是中国建设系统企业信用信誉AAA级单位、银行资信AAA级信用资信企业、国家级守合同重信用企业、全国用户满意施工企业和全国优秀施工企业。

先后获国家优质工程奖、鲁班奖、詹天佑奖、泰山杯、泉城杯、省结构杯、市结构杯奖，被评为60周年山东省精品建设工程、第六批全国建筑业新技术应用示范工程、安全文明工地、省级安全文明示范工地、国家AAA级安全文明标准化诚信工地。地址：历城区工业北路295号。

三、济南二建集团工程有限公司

济南二建集团始创于1949年，逐渐发展成为集建筑施工、房地产开发、建材工业等于一体的综合性企业集团。经营范围涉及建筑装饰装修工程施工、钢结构工程施工、建筑防水工程、消防设施工程、清洗工程施工、工业性设备安装施工，起重设备安装，房地产开发与经营，建筑设计，承包境外工业与民用建筑工程和境内国际招标工程；境外工程所需的设备、材料出口，对外派遣实施境外工程所需的劳务人员，建筑机械加工、生产，销售建筑材料。集团公司年综合产值20亿元，年承揽施工工程200万平方米，年开发房地产项目20万平方米，下设土建施工公司、房地产开发公司、建材公司、装饰装修公司、钢结构施工公司、防水施工公司、消防施工公司、清洗工程公司、外架施工公司、智能化施工公司、劳务中心、软件公司、广告传播中心、材料公司、物业管理公司等专业化公司。

先后获国家鲁班奖、国家优质工程奖、国家市政金杯奖、省泰山杯奖、市泉城杯奖等各种奖项，获全国优秀施工企业、全国建筑业优秀企业、全国重合同守信用企业、全国工程质量管理先进企业、全国建筑业新技术应用金牌示范工程等称号，通过ISO 9001国际标准质量管理标准体系、ISO 14001国际标准环境管理体系、GB/T28001-2001职业健康安全管理体系认证，被授予全国建设系统信用信誉AAA级单位等称号。地址：槐荫区西光明街10号。

四、山东三箭置业集团有限公司

是以国有资产授权经营管理为基础的国有独资企业，具有30多年的发展历史，集团产业主要以建筑施工、房地产开发、项目管理咨询、资产投资管理、国际贸易、教育为主，下设山东三箭建设工程股份有限公司(建筑施工一级企业)、山东三箭房地产开发有限公司(房地产开发一级企业)、山东三箭建设工程管理有限公司(建筑施工一级企业)、山东三箭资产投资管理有限公司、山东三箭劳务管理有限公司、山东三箭工程检测有限公司、山东三箭物业管理有限公司、济南外国语学校三箭分校、山东七星置业有限公司等控股或参股子公司。

先后获全国五一劳动奖状，被评为全国模范劳动关系和谐企业、全国先进施工企业、全国守合同重信用企业、全国质量信得过单位、全国安全生产优秀施工企业、山东省文明单位。“三箭”商标为山东省著名商标。地址：历城区七里河路36号。

五、济南四建(集团)有限责任公司

1993年成立，以建筑施工为主业，兼营房地产开发、国际工程、安装工程、装饰工程、钢结构工程等建筑相关产业，年产值50余亿元，年施工能力800万平方米的大型建筑企业集团。公司注册资本3亿元，固定资产3.8亿元，拥有9个控股子公司，一个省级技术研发中心，一个建筑设计研究中心，7个项目公司，20多个直属项目部、20多个专业分公司，拥有员工3000多人，其中全国优秀项目经理(建造师)21人，国家一级建造师310人，二级建造师136人，高级职称人员67人，中级职称人员276人，拥有1100多台(套)大型施工设备，具备从建筑工程设计、房地产开发、建筑施工直至装饰装修、交付使用的全方位总承包能力，具有房屋建筑施工总承包一级、地基与基础工程专业承包一级、建筑装修装饰设计与施工一级资质、房地产开发一级资质、钢结构工程专业承包一级，机电设备安装专业承包一级资质，消防设施工程专业承包一级资质、建筑幕墙工程设计与施工一级资质等多项企业资质。公司具有外经贸部批准的对外经济技术合作和工程承包权、劳务合作经营权。

先后参与4000多项国家和省市重点工程建设，并远赴波兰、佛得角、孟加拉、蒙古、巴基斯坦、塞尔维亚、东帝汶等国承建大使馆工程。公司工程优良率连年保持在70%以上，先后获鲁班奖10项(其中1999～2003年连续5年获得该奖)、国家优质工程银质奖2项、中国土木工程詹天佑奖1项、中国市政金杯示范工程奖1项、泰山杯工程奖40项、泉城杯工程奖152项。集团公司先后获中华质量信誉宝鼎、创鲁班奖工程特别荣誉企业、中国建筑业最具成长性百强企业、全国工程建设质量管理优秀企业、中国企业品牌文化建设先进单位、全国建筑业新技术应用先进单位、全国用户满意企业、全国五一劳动奖状、全国优秀施工企业、全国守合同重信用企业、山东省文明单位等多项荣誉。地址：天桥区济泺路163号。

六、中建八局第二建设有限公司

1983年9月19日成立，是集房建施工总承包、机电设备安装、装饰设计与施工、钢结构和市政施工于一体的建筑施工企业，具有房屋建筑工程施工总承包壹级资质。公司发扬“铁军”精神，获鲁班奖18次，詹天佑奖5次，被誉为“南征北战的铁军，重点建设的先锋”。地址：槐荫区南辛庄西路191号。

七、山东平安建设集团

1993年成立，是国家房屋建筑工程施工总承包一级资质企业，以房地产开发、机械制造、新型建材生产销售为主导产业，集PHC管桩、预拌混凝土、干混砂浆、市政、装饰、园林、钢构、幕墙、劳务、起重设备安装、租用、防火系列门窗生产、电气设备生产、餐饮服务等于一体的企业集团。集团注册资金1.56亿元，年生产总值26亿元。2010年年底，有员工8600余人，各类专业技术人员2600余人，其中高中级工程技术人员800余人。

先后获省市安全文明示范工程、泉城杯奖、泰山杯奖、天府杯奖、鲁班奖等各类工程单项奖300余项。被评为全国守合同重信用企业、全国优秀施工企业、全国建筑业先进企业、全国工程建设质量管理优秀企业、中国工程建设社会信用AAA级企业、中国企业信用评价AAA级信用企业等。地址：经十西路7888号。

八、济南城建集团有限公司

为国有独资大型企业，注册资金26亿元。拥有市政公用工程施工总承包壹级、公路工程施工总承包壹级、城市园林绿化壹级、桥梁工程专业承包壹级、公路路面工程专业承包壹级、公路路基工程专业承包壹级、城市轨道交通工程、爆破与拆除工程、水利水电以及项目管理、工程监理、市政工程设计、工程检测、环保等全产业链资质。具有对外经济技术合作及工程承包、劳务合作经营权。设有省级市政工程技术研究中心、哈尔滨工业大学博士后流动工作站以及大成美术馆，辖5个全国性区域公司、10个子公司、14个施工分公司。2010年年底，有职工2000余人，其中各类专业技术人员占70%以上。企业年施工产值100亿元以上。集团获国家发明专利及实用新型专利80余项，拥有国家级工法6项，省级工法200余项，主编工程建设国家标准、山东省地方标准及参编行业标准20项，拥有国际领先水平科技成果及国内领先水平科技成果20余项，获全国市政行业市政工程科学技术奖、山东省建筑业技术创新奖、济南市科学技术进步奖等100余项。地址：天桥区汽车厂东路29号。

2010年济南市建筑业一级资质企业一览表

表2—4—2

企业名称	经济类型	隶属关系	所属行业
中国建筑第八工程局第一建筑公司	国有	中央	房屋工程建筑
中铁十四局集团第四工程有限公司	国有	中央	铁路、道路、隧道和桥梁工程建筑
济南市黄河工程局	国有	中央	水利和港口工程建筑
山东黄河工程局	国有	中央	水利和港口工程建筑
山东送变电工程公司	国有	中央	架线和管道工程建筑
山东电力建设第一工程公司	国有	中央	建筑安装业
山东电力建设第二工程公司	国有	中央	建筑安装业
山东移动通信工程处	国有	中央	建筑安装业
济南宏铁建筑装饰工程有限公司	国有	中央	建筑装饰业
山东正元建设工程有限责任公司	国有	中央	工程准备
山东高速齐鲁建设集团公司	国有	省	房屋工程建筑
山东省水利工程局	国有	省	水利和港口工程建筑
山东水利工程总公司	国有	省	水利和港口工程建筑
济钢集团山东建设工程有限公司	国有	省	工矿工程建筑
山东省路桥集团有限公司	国有	省	架线和管道工程建筑
山东省华泰消防安全工程中心	国有	省	建筑安装业
山东省工业设备安装总公司	国有	省	建筑安装业
山东省装饰集团总公司	国有	省	建筑装饰业
山东省城乡建设勘察院	国有	省	工程准备
济南一建集团总公司	国有	市	房屋工程建筑
济南城建工程公司	国有	市	铁路、道路、隧道和桥梁工程建筑
山东省齐鲁装饰设计院	其他联营	省	建筑装饰业
山东三箭建设工程股份有限公司	国有独资公司	市	房屋工程建筑
中铁十局集团建筑工程有限公司	其他有限责任公司	国有	房屋工程建筑
中建八局第二建设有限公司	其他有限责任公司	国有	房屋工程建筑
中铁十局集团有限公司	其他有限责任公司	国有	铁路、道路、隧道和桥梁工程建筑
中铁十四局集团有限公司	其他有限责任公司	国有	铁路、道路、隧道和桥梁工程建筑
中铁十局济南铁路工程有限公司	其他有限责任公司	国有	铁路、道路、隧道和桥梁工程建筑
济南汇通联合市政工程有限责任公司	其他有限责任公司	国有	铁路、道路、隧道和桥梁工程建筑
中铁十局集团电务工程有限公司	其他有限责任公司	国有	架线和管道工程建筑

续表2—4—2—1

企业名称	经济类型	隶属关系	所属行业
中铁十四局集团电务工程有限公司	其他有限责任公司	国有	建筑安装业
山东普利建筑工程有限公司	其他有限责任公司	省	房屋工程建筑
山东电建建设集团有限公司	其他有限责任公司	省	建筑安装业
山东省邮电工程有限公司济南分公司	其他有限责任公司	省	建筑安装业
山东省建设建工集团有限责任公司	其他有限责任公司	市	房屋工程建筑
济南二建集团工程有限公司	其他有限责任公司	市	房屋工程建筑
济南建工总承包集团公司	其他有限责任公司	市	房屋工程建筑
济南长兴建设集团有限公司	其他有限责任公司	市	房屋工程建筑
济南四建集团有限责任公司	其他有限责任公司	市	房屋工程建筑
济南金日公路工程有限公司	其他有限责任公司	市	铁路、道路、隧道和桥梁工程建筑
山东琴通路桥集团有限公司	其他有限责任公司	市	铁路、道路、隧道和桥梁工程建筑
济南消防工程有限公司	其他有限责任公司	市	建筑安装业
济南建设设备安装有限责任公司	其他有限责任公司	市	建筑安装业
山东省机械施工公司	其他有限责任公司	市	工程准备
章丘市第二建筑安装（集团）有限责任公司	其他有限责任公司	县	房屋工程建筑
山东港基建设集团有限公司	其他有限责任公司	县	房屋工程建筑
山东平安建设集团有限公司	其他有限责任公司	县	房屋工程建筑
济南金鼎电力安装有限公司	其他有限责任公司	县	架线和管道工程建筑
山东国舜建设集团有限公司	其他有限责任公司	县	建筑安装业
福建省永泰建筑工程公司济南分公司	其他有限责任公司	其他	房屋工程建筑
山东省公路建设（集团）有限公司	其他有限责任公司	其他	铁路、道路、隧道和桥梁工程建筑
山东省邮电工程有限公司	其他有限责任公司	其他	架线和管道工程建筑
山东万得福装饰工程有限公司	其他有限责任公司	省	建筑装饰业
山东城建工程有限公司	股份有限公司	县	房屋工程建筑
济南长箭建设集团有限公司	股份有限公司	其他	房屋工程建筑
济南长泰建设集团有限公司	股份有限公司	其他	房屋工程建筑
山东中恒建设集团有限公司	私营有限责任公司	其他	房屋工程建筑
济南舜联建设集团有限公司	私营有限责任公司	其他	房屋工程建筑
山东众海公共安全器材有限公司	私营有限责任公司	其他	建筑安装业
济南盛顺装饰有限责任公司	私营有限责任公司	其他	建筑安装业
山东万斯达集团有限公司	私营有限责任公司	其他	建筑安装业

续表2-4-2-2

企业名称	经济类型	隶属关系	所属行业
山东华森建筑消防项目咨询管理有限公司	私营有限责任公司	其他	建筑安装业
山东宏雁电子系统工程有限公司	私营有限责任公司	其他	建筑安装业
山东优士科技发展有限公司	私营有限责任公司	其他	建筑安装业
山东省鲁美建材装饰有限公司	私营有限责任公司	其他	建筑装饰业
山东福斯特建筑装饰有限公司	私营有限责任公司	其他	建筑装饰业
山东省鸿鑫工程有限公司	私营有限责任公司	其他	建筑装饰业
山东省永隆装饰工程有限公司	私营有限责任公司	其他	建筑装饰业
山东福缘来装饰有限公司	私营有限责任公司	其他	建筑装饰业
山东德泰装饰有限公司	私营有限责任公司	其他	建筑装饰业
济南一家人装饰工程有限公司	私营有限责任公司	其他	建筑装饰业
山东津单幕墙有限公司	私营有限责任公司	其他	建筑装饰业
山东海威装饰工程有限公司	私营有限责任公司	其他	建筑装饰业
山东剑桥装饰工程有限公司	与港澳台商合资经营	省	建筑装饰业
山东省宏原消防工程有限公司	中外合资经营	其他	建筑装饰业

第二节 建筑队伍

1986年，全市建筑施工队伍13万人。1988年，全市建筑队伍总人数为175500人。其中市属企业20052人，县、区属企业17856人，乡镇以下企业24338人，外系统企业44458人，部、省属在济南施工企业7473人，外地进济南施工企业61323人。在市属企业职工中，固定工12644人，合同工4533人，临时工2875人；在县、区属企业中，管理人员1400人，工人16456人；在乡镇以下企业中，管理人员1733人，工人22605人。

1990年，驻济南施工企业总人数为139937人。其中，部、省属企业19539人，外地进济南施工企业41015人，本市企业79383人。在本市企业人数中，市属企业19791人，区、县属企业24594人，乡镇以下企业34998人。

1995年，全市建筑施工队伍21.06万人。其中，济南市建筑企业15.8万人，外地进济南施工企业4.6万人，混凝土构件企业0.98万人。

2000年，全市建筑施工队伍24万人。其中，市属及部、省属企业4万人，区(县)属企业10万人，外地进济南施工企业10万人。

2005年，全市施工队伍26万人。其中，22万人来自农村，占全市转移农村劳动力总数的1/4。

至2010年，全市建筑施工队伍28万人。其中，23万人来自农村。

第二章　建筑设计

第一节 设计企业

1988年，济南地区共有市属勘察设计单位37家，其中土建专业17家，机械专业3家，化工专业2家，铁路专业2家，勘察、市政、规划、水利、供水、纺织、公交、冶金、公路、煤气、造纸、轻工、人防专业各1家。从业1324人，其中高级工程师51人，工程师322人。

1992年，济南市管理设计单位79家(甲级2家，乙级10家，丙级51家，丁级16家)。其中省属丙、丁级单位23家，部属丙、丁级单位15家，市属单位41家(省、部属甲、乙级单位不由济南市管理)。外地设计单位到济南参加工程设计投标，推动了全市勘察设计行业的发展。

1995年，对所有驻济工程勘察设计单位进行登记建档工作，185家单位(甲级25家，乙级58家，丙级77家，丁级25家)准许在济南市承揽工程勘察设计任务。至年底，在济南市从事工程勘察设计的单位203家(省、部属单位120家，市属单位83家)，涉及建筑、建材、机械、电力、铁路、水利、化工、医药等32个行业。市属83家单位(甲级6家，乙级13家，丙级37家，丁级27家)，从业人员2482人。

1996年，实行注册建筑师制度。全市有全国一级注册建筑师6人，二级51人。

2000年，开展工程勘察设计单位资质年检和换证工作，取缔13家，吊销4家设计单位的部分资质，调整8家设计单位的资质等级。至年底，驻济南工程勘察设计单位共有268家，其中，甲级36家，乙级110家，丙级94家，丁级2家，集成26家，废水治理、建筑智能化系统工程设计和系统集成等工程专项设计和技术咨询单位数量有所增加。

2002年，国务院颁布《建设工程勘察设计企业资质管理规定》，济南市对非建筑类工程勘察设计单位进行换证，规范为工程勘察资质和工程设计资质。工程设计资质按21个行业分为工程设计综合资质、工程设计行业资质及专项资质。对不符合规定条件的勘察设计单位予以取缔，对部分设计单位资质进行调整，取消丁级设计单位，压缩设计单位总量约10%。至年底，驻济南工程勘察设计单位共有236家。2003年，济南市完成全行业工程勘察设计单位资质换证。全年审批民营企业性质勘察设计资质12家，其中新增10家。至年底，驻济南工程勘察设计单位249家，从业人员3017人。

2005年，根据济南市公开办事程序、提高工作效率原则，重新制定资质申报、审批工作程序、办理须知等，将勘察设计资质申报纳入市政务审批服务大厅。全年新批准勘察设计资质15家，升级3家，转正18家，变更4家，注销1家。

2007年，济南市有市属勘察设计企业93家，职工4318人。

2010年，受理各行业设计资质申报58项，办理勘察设计备案手续400余件。

2010年驻济南建筑设计企业情况表

表2—4—3

企业名称	所在城市	通讯地址	证书类别	勘察设计行业类别	资质等级	期末从业人员合计（人）
山东省地矿工程集团有限公司	地矿	济南市历下区历山路 74 号	工程勘察	勘察专业类	乙级	30
山东省深基础工程勘察院	地矿	山东省济南市历山路 56 号	工程勘察	勘察专业类	甲级	115
山东省地矿测绘院	地矿	山东省济南市二环东路 11101 号	工程勘察	勘察专业类	甲级	23
山东岩土工程公司	地矿	山东省济南市历下区甸新东路 18 号	工程勘察	勘察专业类	乙级	99
山东省地矿工程勘察院	地矿	济南市经十东路 294 号	工程勘察	勘察综合类	甲级	314
山东省水利勘测设计院	地矿	山东省济南市历山路 121 号	工程设计	水利	甲级	601
济南电力设计院	电力	山东省济南市泺源大街 238 号	工程设计	电力	乙级	57
济南鲁源电力设计咨询院有限公司	电力	济南市泺源大街 238 号	工程设计	电力	丙级	42
山东圣杰能源环境工程有限公司	济南市	济南市经十路 15982 号海兰德大厦 7 层	工程设计	电力	乙级	115
山东广大工程咨询有限公司	济南市	济南市解放东路 56 号	工程设计	电力	丙级	7
济南章源电力有限公司	济南市	章丘唐王山路中段	工程设计	电力	丙级	12
山东拓能工程咨询有限公司	济南市	济南市市中区顺河东街 66 号银座晶都国际 1 号楼 2109 室	工程设计	电力	乙级	58
济南历源实业有限责任公司	济南市	济南市将军路 88 号	工程设计	电力	丙级	43
济南百合园林集团有限公司	济南市	济南市市中区马鞍山路 52 号	工程设计	风景园林工程设计	乙级	16
济南园林集团景观设计有限公司	济南市	济南市马鞍山路 34 号	工程设计	风景园林工程设计	乙级	38
山东三川环境艺术开发有限公司	济南市	和平路 36—2 号院内南楼 409 室	工程设计	风景园林工程设计	乙级	19
山东赛维景观艺术有限公司	济南市	济南市槐荫区腊山北路西南角实力综合楼 5 层	工程设计	风景园林工程设计	乙级	23
山东新大地景观设计有限公司	济南市	山东省济南市市中区马鞍山路 50 号	工程设计	风景园林工程设计	乙级	12
济南思锐空间设计有限公司	济南市	济南市历下区环山路 139 号开元圣华山庄 1—3—501	工程设计	风景园林工程设计	乙级	10
济南金衢公路勘察设计研究有限公司	济南市	济南市高新区天辰大街 1188 号	工程设计	公路	甲级	63
济南石油化工设计院	济南市	济南市历下区益寿路 1 号	工程设计	化工石化医药	乙级	98
济南春旭化工设计有限公司	济南市	济南市历下区文化东路 80 号	工程设计	化工石化医药	乙级	21
国电科技环保集团山东龙源环保有限公司	济南市	济南高新区舜华路 2000 号舜泰广场 9 号楼 1002 室	工程设计	环境工程设计	乙级	32
济南图天科技有限公司	济南市	济南市华龙路 1110 号三威大厦 3002 室	工程设计	环境工程设计	乙级	7
山东瀚昌环境科技有限公司	济南市	济南市槐荫区道德中街 80 号阳光商务中心 6002 室	工程设计	环境工程设计	乙级	32

续表2-4-3-1

企业名称	所在城市	通讯地址	证书类别	勘察设计行业类别	资质等级	期末从业人员合计（人）
山东绿泉环保工程有限公司	济南市	济南市二环东路 3966 号东环国际广场 B 座 1101 室	工程设计	环境工程设计	乙级	36
济南凯达环保有限公司	济南市	济南市华信路 15 号	工程设计	环境工程设计	乙级	41
济南旭日环保设备有限公司	济南市	济南市历城区花园路 101 号海蔚广场办公写字楼 5-2106	工程设计	环境工程设计	乙级	30
济南杨帆节水设备工程有限公司	济南市	济南市市中区民生大街 22 号三箭银苑 A 座 2503	工程设计	环境工程设计	乙级	16
山东绿盾环保工程有限公司	济南市	济南二环东路 3966 号 A-1701 室	工程设计	环境工程设计	乙级	21
山东国舜建设集团有限公司	济南市	济南市长清区龙泉街中段路北	工程设计	环境工程设计	乙级	23
山东鲁润水务科技有限公司	济南市	济南高新区齐鲁软件园 E 座 A402 室／A406 室	工程设计	环境工程设计	乙级	46
山东利源海达环境工程有限公司	济南市	济南市历城区华信路 15 号 A 座 702 室	工程设计	环境工程设计	乙级	86
济南齐源环保工程有限公司	济南市	济南历下区高新环保科技园国际商务中心 B 座南楼 6018 室	工程设计	环境工程设计	乙级	25
山东中新环境工程有限公司	济南市	济南市高新区环保科技园正丰大厦 436 室	工程设计	环境工程设计	乙级	19
济南志合技术开发有限公司	济南市	济南市天桥区粟山路 7 号	工程设计	环境工程设计	乙级	41
济南汇远环境工程设计有限公司	济南市	济南市历下区燕子山西路中联花园 B 区三号办公楼四楼	工程设计	环境工程设计	乙级	20
山东宏达环保工程有限公司	济南市	济南市长清区湄湖路宏达科技园	工程设计	环境工程设计	甲级	62
山东美泉环保科技有限公司	济南市	济南市市中区腊山路 18 号留学人员创业园腊山创业区二楼	工程设计	环境工程设计	乙级	16
山东太平洋环保有限公司	济南市	济南市高新区正丰路 554 号环保科技园 8 号楼正丰大厦 532	工程设计	环境工程设计	乙级	50
山东十方圆通环保有限公司	济南市	济南市高新开发区新区天辰大街东段	工程设计	环境工程设计	甲级	57
济南三达环保科技有限公司	济南市	济南市高新区经十东路草山岭西路 1 号楼	工程设计	环境工程设计	乙级	34
济南本源环保工程有限公司	济南市	济南市历城区七里河路北段 2 号 12 号楼 1-03 室	工程设计	环境工程设计	乙级	13
济南市环境保护规划设计研究院	济南市	济南市经九路 66 号	工程设计	环境工程设计	乙级	57
济南市机械工业设计研究院	济南市	纬九路 238 号	工程设计	机械	丙级	2
山东亿德建设项目管理有限公司	济南市	济南市高新区新宇路 750 号	工程设计	建筑	丙级	12
山东典雅建筑设计有限公司	济南市	济南市天桥区无影山中路 50 号	工程设计	建筑	乙级	33
平阴建筑设计院有限责任公司	济南市	山东省平阴县五岭路 7 号	工程设计	建筑	丙级	23
山东意匠建筑设计有限公司	济南市	山东省济南市槐荫区经七路 843 号泰山大厦九层	工程设计	建筑	甲级	54

续表2-4-3-2

企业名称	所在城市	通讯地址	证书类别	勘察设计行业类别	资质等级	期末从业人员合计（人）
济南嘉师工程咨询有限公司	济南市	济南市历城区华龙路1110号大地华园1幢10-1003室	工程设计	建筑	丙级	10
济南华兴建筑设计有限责任公司	济南市	山东省济南市槐荫区经七路843号泰山国际大厦14层B区07	工程设计	建筑	乙级	12
济南市人防建筑设计研究院有限责任公司	济南市	济南市经十路17110号	工程设计	建筑	乙级	64
山东华盛建筑设计研究院	济南市	山东省济南市章丘市明水镇山泉路东首	工程设计	建筑	乙级	63
山东同圆设计集团有限公司	济南市	济南市高新区舜华路2000号舜泰广场11号楼	工程设计	建筑	甲级	512
山东恒信建筑设计有限公司	济南市	花园路洪楼广场东侧历城区政务中心五、六层	工程设计	建筑	甲级	93
济南泰成建筑设计有限公司	济南市	济南市二环东路百花公园东门北邻	工程设计	建筑	乙级	19
济南正浩建筑设计有限公司	济南市	济南市历城区花园路168号融基大厦1805室	工程设计	建筑	丙级	18
山东京联工程设计有限公司	济南市	济南市市中区纬二路64-1号三楼	工程设计	建筑	乙级	35
济南诚信建业工程设计咨询有限公司	济南市	济南市历下区解放路41号	工程设计	建筑	丙级	13
山东高新工程设计有限公司	济南市	济南市历城区华信路13-1号	工程设计	建筑	乙级	107
山东省建设建工集团工程设计有限公司	济南市	济南市经一路88号明珠商务港46F南区	工程设计	建筑	乙级	11
济南方圆经纬建筑设计有限公司	济南市	济南市历城区花园路101号海蔚商务大厦908室	工程设计	建筑	丙级	11
济阳县工程咨询设计有限公司	济南市	济阳县纬一路321号	工程设计	建筑	丙级	34
济南海斯特钢结构建筑设计有限公司	济南市	济南市解放路37号礼堂西厅	工程设计	建筑	乙级	14
济南市长清建筑设计研究院	济南市	济南市长清区文昌街道办事处宾谷街17号	工程设计	建筑	乙级	49
济南阳光幕墙装饰有限公司	济南市	济南市天桥区北园镇北外环路东段	工程设计	建筑幕墙工程设计	甲级	85
山东瑞鑫幕墙装饰有限公司	济南市	济南市新徐工业园1号	设计施工一体化	建筑幕墙工程设计与施工	二级	45
济南明视科技有限公司	济南市	济南市民生大街22号二号楼501室	设计施工一体化	建筑智能化工程设计与施工	二级	12
山东正晨科技有限公司	济南市	济南市高新区正丰路554号	设计施工一体化	建筑智能化工程设计与施工	二级	53
济南铁路新科实业发展总公司	济南市	济南市历下区千佛山南路9号	工程设计	建筑智能化系统设计	乙级	46
济南科瑞智能机房工程有限责任公司	济南市	济南市市中区阳光舜城中十三区9-1号1-101室	工程设计	建筑智能化系统设计	乙级	28
济南科林智能化系统工程有限公司	济南市	济南市市中区六里山路11号万汇宾舍4层	工程设计	建筑智能化系统设计	乙级	13
济南宏铁建筑装饰工程有限公司	济南市	济南市车站街107号	工程设计	建筑装饰工程设计	乙级	44

续表2-4-3-3

企业名称	所在城市	通讯地址	证书类别	勘察设计行业类别	资质等级	期末从业人员合计（人）
山东华硕工程有限公司	济南市	济南市二环东路 3218 号	工程设计	建筑装饰工程设计	乙级	220
济南林海装饰工程有限公司	济南市	济南市历下区环山路 45 号裕华园公建楼 5 号楼四层南区	工程设计	建筑装饰工程设计	乙级	36
山东千合建筑设计有限公司	济南市	山东省济南市历下区山大路 201 号天业科技商务大厦 812 室	工程设计	建筑装饰工程设计	乙级	13
济南大木竞涌装饰设计有限公司	济南市	济南市历下区山大路 47 号数码港大厦 1 号楼 1–910 室	工程设计	建筑装饰工程设计	丙级	7
济南美集环境艺术工程有限公司	济南市	济南市燕子山西路中联花园 C 区 12–1–201 室	工程设计	建筑装饰工程设计	乙级	80
山东福润装饰有限公司	济南市	章丘双山办事处羊步岭路西首路北	设计施工一体化	建筑装饰装修工程设计与施工	二级	21
山东宇青建筑发展有限公司	济南市	济南市市中区马鞍山路 14 号 3 楼	设计施工一体化	建筑装饰装修工程设计与施工	二级	18
山东正龙设计工程顾问有限公司	济南市	济南市历下区燕子山西路环山小区中联花园 15 号楼 2–102 室	设计施工一体化	建筑装饰装修工程设计与施工	三级	42
济南四建（集团）有限责任公司	济南市	济南市天桥区济泺路 163 号	设计施工一体化	建筑装饰装修工程设计与施工	一级	324
济南万泰建筑装饰工程有限公司	济南市	济南市市中区经六小纬四路 46–1 号	设计施工一体化	建筑装饰装修工程设计与施工	一级	24
山东国宸装饰工程有限公司	济南市	济阳县纬三路 39 号（原济阳镇政府办公楼 419 室）	设计施工一体化	建筑装饰装修工程设计与施工	一级	58
济南雅佳林装饰有限公司	济南市	济南市市中区 88 号	设计施工一体化	建筑装饰装修工程设计与施工	三级	17
济南百士岩土工程有限公司	济南市	济南市历下区山大路 204 号 1–404 室	工程勘察	勘察专业类	丙级	55
济南鲁岩工程技术有限公司	济南市	历下区花园庄东路 16 号数码港 4 号楼 2–1001	工程勘察	勘察专业类	乙级	25
济南鼎汇土木工程技术有限公司	济南市	济南市市中区济大路 17 号	工程勘察	勘察专业类	乙级	27
济南泰盛岩土工程有限公司	济南市	历山路 52 号	工程勘察	勘察专业类	乙级	10
济南海石工程勘察有限公司	济南市	济南市长清区宾谷街 17 号	工程勘察	勘察专业类	乙级	12
济南华北易通通信设计有限公司	济南市	济南历下区青年东路 1 号 414 室	工程勘察	勘察综合类	甲级	50
济南市勘察测绘研究院	济南市	济南市历山路 59 号	工程勘察	勘察综合类	甲级	212
济南金大地农业工程有限公司	济南市	济南市高新区盛世花城 6 号楼 2 单元 202 室	工程设计	农林	乙级	18
山东天润热电设计有限公司	济南市	济南市历下区解放路 112 号历东大厦 509 室	工程设计	市政	乙级	10

续表2—4—3—4

企业名称	所在城市	通讯地址	证书类别	勘察设计行业类别	资质等级	期末从业人员合计（人）
济南市市政工程设计研究院有限责任公司	济南市	济南市高新区舜华路 2000 号舜泰广场 11 号楼 701 室	工程设计	市政	甲级	285
济南市园林规划设计研究院	济南市	济南市市中区六里山路 10 号	工程设计	市政	甲级	80
济南市规划设计研究院	济南市	济南市高新区舜华路 2000 号舜泰广场 9 号楼 1202、1302 室	工程设计	市政	乙级	126
济南市安信泰燃气工程设计有限公司	济南市	山东省济南市天桥区黄岗路 27 号	工程设计	市政	乙级	20
济南市热力设计研究院	济南市	济南市天桥区东工商河路 36 号	工程设计	市政	甲级	43
济南港华万通燃气工程设计有限公司	济南市	山东省济南市历下区甸柳一区四号	工程设计	市政	乙级	24
济南城建设计研究院有限责任公司	济南市	济南市天桥区汽车厂东路 29 号	工程设计	市政	丙级	47
济南市建设监理有限公司	济南市	济南市天桥区影壁后街 19 号	工程设计	市政	丙级	16
济南普利给水工程设计院有限公司	济南市	济南市市中区普利街 107 号办公楼 8 层	工程设计	市政	乙级	33
济南冠宇城建工程设计有限公司	济南市	济南市高新区工业南路 61 号	工程设计	市政	丙级	28
济南市水利建筑勘测设计研究院	济南市	山东省济南市历下区文化东路 43 号	工程设计	水利	乙级	52
山东济铁工程建设监理有限责任公司	济南市	青岛市泰安路 30 号 6 层	工程设计	铁道	乙级	70
济南消防工程有限公司	济南市	生产路东街 7 号	工程设计	消防设施工程设计	甲级	138
山东涌泉消防工程有限公司	济南市	济南市市中区二环南路 6666 号京鲁山庄 2 号楼 1 单元 302 室	设计施工一体化	消防设施工程设计与施工	二级	35
济南信高工程技术有限公司	济南市	济南市高新开发区大学科技园北区 D 座中单元 4 层	设计施工一体化	消防设施工程设计与施工	一级	19
济南匠鑫工程设计咨询有限公司	济南市	济南市历城区花园路 84 号火炬大厦 1701、1704 室	工程设计	冶金	乙级	19
山东金世博光电工程有限公司	济南市	济南市高新开发区百花小区 1 号楼（东方丽景）1 单元 A 座 1	工程设计	照明工程设计	乙级	11
山东清华康利城市照明研究设计院有限公司	济南市	济南市二环东路 3966 号东环国际广场 B 座 25 层	工程设计	照明工程设计	乙级	22
山东省热电设计院	省直	二环东路 3966 号东环国际广场 B 座 17 层	工程设计	电力	乙级	88
山东省能源建筑设计院	省直	济南市千佛山西路 26 号	工程设计	电力	乙级	50
山东电力工程咨询院有限公司	省直	山东省济南市闵子骞路 106 号	工程设计	电力	甲级	1548
山东奥翔电力工程设计咨询有限公司	省直	济南市大纬二路 59 号海联大厦	工程设计	电力	乙级	25
山东省环能设计咨询院有限公司	省直	济南市花园路 101 号海蔚广场五座 6 层	工程设计	电力	乙级	53
山东恒力热电设计有限公司	省直	济南市二环东路 3966 号东环国际广场 D2004 室	工程设计	电力	乙级	50

续表2—4—3—5

企业名称	所在城市	通讯地址	证书类别	勘察设计行业类别	资质等级	期末从业人员合计（人）
山东省阳光工程设计院有限公司	省直	济南市高新区华阳路 69 号留学创业园	工程设计	电力	乙级	79
山东省工业设计院有限责任公司	省直	济南市华信路 15 号（办公地）济南市正丰路 7 号（注册地）	工程设计	电力	乙级	65
山东中天能源工程咨询有限公司	省直	济南市华龙路 1110 号三威大厦 19 楼	工程设计	电力	乙级	49
山东省邮电规划设计院有限公司	省直	济南市高新区新泺大街 3077 号	工程设计	电子通信广电	甲级	546
山东联友通信科技发展有限公司	省直	济南历城区七里河路 2 号 11 号楼中单元 1 楼	工程设计	电子通信广电	乙级	69
山东集通信息发展有限公司	省直	山东省济南市高新开发区齐鲁软件园 103 室	工程设计	电子通信广电	甲级	32
山东远景绿化有限公司	省直	济南市历下区环山路 137 号 2 号楼 4—201 室	工程设计	风景园林工程设计	乙级	12
山东光合园林设计事务所有限公司	省直	济南市东外环路 4000 号	工程设计	风景园林工程设计	甲级	39
山东华泰庄园园林有限公司	省直	济南市舜华路 2000 号舜泰广场 9 号楼 503	工程设计	风景园林工程设计	乙级	21
山东省公路设计咨询有限公司	省直	济南市历下区经十路 3366 号（林家庄）	工程设计	公路	甲级	107
山东省交通规划设计院	省直	山东省济南市天桥区黄岗东路 5 号	工程设计	公路	甲级	301
山东省路桥集团工程设计咨询有限公司	省直	济南市经三路 289 号	工程设计	公路	甲级	70
山东润昌工程设计有限公司	省直	济南市历城区二环东路东环国际广场 D 座 20 单 1—2005 室	工程设计	化工石化医药	乙级	56
山东省医药工业设计院	省直	济南市解放路 11 号	工程设计	化工石化医药	甲级	141
中海油山东化学工程有限责任公司	省直	山东省济南市历山路 80 号	工程设计	化工石化医药	甲级	543
山东科院天力节能工程有限公司	省直	山东省济南市章丘市明水经济开发区明埠东路中段西侧	工程设计	化工石化医药	乙级	49
山东鲁电环保有限公司	省直	济南市闵子骞路 106 号	工程设计	环境工程设计	乙级	51
山东飞洋环境工程有限公司	省直	济南市历城区临港经济开发区南区凤岐路 3811 号	工程设计	环境工程设计	乙级	50
山东国瑞环保产业有限公司	省直	济南市工业北路东段开源路 8 号	工程设计	环境工程设计	乙级	25
山东省环境保护科学研究设计院	省直	济南市历山路 50 号	工程设计	环境工程设计	甲级	205
山东嘉豪集团有限公司	省直	济南市高新区舜华路 1 号	工程设计	环境工程设计	乙级	40
山东省金华夏环境工程有限公司	省直	文化东路 51 号 4 层	工程设计	环境工程设计	乙级	32
山东新能环境工程有限公司	省直	济南高新开发区舜华路 2000 号舜泰广场 8 号楼 B 座 5 楼	工程设计	环境工程设计	乙级	21
山东省环保产业股份有限公司	省直	济南市文化东路 29 号七星吉祥大厦 A 座 3 楼	工程设计	环境工程设计	乙级	30
山东汇盛天泽环境工程有限公司	省直	济南市正丰路 7 号环保科技园 1 号楼 416	工程设计	环境工程设计	乙级	43

续表2—4—3—6

企业名称	所在城市	通讯地址	证书类别	勘察设计行业类别	资质等级	期末从业人员合计（人）
山东思源水业工程有限公司	省直	济南市洪楼南路8号B座2楼	工程设计	环境工程设计	甲级	78
山东山大能源环境有限公司	省直	济南市历山路173号历山名郡B座南4层	工程设计	环境工程设计	甲级	60
山东山大华特环保工程有限公司	省直	济南市经十路17703号华特广场B—308	工程设计	环境工程设计	乙级	38
中国重汽集团设计研究院有限公司	省直	山东省济南市历城区华龙路1110号1号楼	工程设计	机械	甲级	129
山东省机械设计研究院	省直	山东省济南市天桥区济泺路129号	工程设计	机械	甲级	146
山东省建筑材料工业设计研究院	省直	济南市济微路72号	工程设计	建材	甲级	101
山东建科建筑设计有限责任公司	省直	山东省济南市无影山路29号	工程设计	建筑	甲级	34
山东省鲁源建筑设计有限公司	省直	济南市槐荫区北小辛庄西街55号3号楼槐荫大厦203	工程设计	建筑	乙级	32
山东建大建筑规划设计研究院	省直	山东省济南市历下区历山路96号	工程设计	建筑	甲级	161
山东省华都建筑设计院有限公司	省直	山东省济南市历山路173号历山名郡B座505室	工程设计	建筑	甲级	20
山东省城乡规划设计研究院	省直	济南市解放路9号	工程设计	建筑	甲级	225
山东联创建筑设计有限公司	省直	济南市市中区经四路288号恒昌大厦	工程设计	建筑	甲级	53
山东省新宇建筑工程设计有限公司	省直	山东省济南市槐荫区经二路523号房产大厦	工程设计	建筑	乙级	16
山东中大建筑设计院有限公司	省直	济南市山大路204号	工程设计	建筑	甲级	87
山东铁正义和工程勘察设计有限公司	省直	山东省济南市二环南路兴隆村二区20号	工程设计	建筑	乙级	39
山东军之星建筑设计有限公司	省直	济南市经七路843号泰山国际大厦21层	工程设计	建筑	乙级	33
山东太航建筑设计有限公司	省直	济南市旅游路6号（千佛山东路南首）	工程设计	建筑	乙级	33
山东凯瑞规划建筑设计有限公司	省直	济南市天桥区水屯路白鹤装材市场11区61号	工程设计	建筑	丙级	18
山东大卫国际建筑设计有限公司	省直	山东省济南市英雄山路166号	工程设计	建筑	甲级	137
山东文孚建筑设计有限公司	省直	济南市天桥区无影山路6号	工程设计	建筑	甲级	43
山东志合建筑设计院有限公司	省直	济南市高新开发区舜华路1号齐鲁软件园创业广场E—B220	工程设计	建筑	乙级	21
山东省建筑设计研究院	省直	山东省济南市经四路小纬四路四号	工程设计	建筑	甲级	440
山东九原建筑设计有限公司	省直	济南市二环东路3966号东环国际广场A座2504室	工程设计	建筑	乙级	20
济南中建建筑设计院有限公司	省直	济南市高新技术开发区崇华路世纪财富中心C座5楼	工程设计	建筑	甲级	151

续表2-4-3-7

企业名称	所在城市	通讯地址	证书类别	勘察设计行业类别	资质等级	期末从业人员合计（人）
山东同创建筑设计有限公司	省直	山大路 201 号创展中心 327 室	工程设计	建筑	乙级	39
山东国泰建筑工程设计咨询有限公司	省直	山东省济南市市中区经五小纬四路 46 号	工程设计	建筑	乙级	33
山东海曼建筑设计有限公司	省直	济南市天桥区红桥商业街 44 号	工程设计	建筑	乙级	27
山东正阳建筑设计有限公司	省直	济南市历下区工业南路 100 号三庆枫润大厦 1010 室	工程设计	建筑	乙级	39
山东凯佳工程设计咨询有限公司	省直	济南市槐荫区经三小纬六路公祥街 5 号楼	工程设计	建筑	乙级	21
山东三力建筑设计有限公司	省直	济南市华信路 389 号	工程设计	建筑	甲级	79
山东省城镇建筑设计院	省直	济南市历下区山大南路建筑新村 4 号	工程设计	建筑	甲级	39
山东万方建筑工程设计有限公司	省直	济南市历下区花园庄东路 16 号数码港 5F—7	工程设计	建筑	乙级	19
山东省城镇规划建筑设计院	省直	济南市舜耕路 9—1 号	工程设计	建筑	乙级	64
山东省人民防空建筑设计院	省直	济南市解放路 13 号	工程设计	建筑	甲级	58
山东基业工程设计咨询有限公司	省直	济南市历山路 122 号	工程设计	建筑	丙级	12
山东津单幕墙有限公司	省直	济南市高新区舜华路 881 号	工程设计	建筑幕墙工程设计	甲级	950
山东沈飞建筑幕墙工程有限公司	省直	济南市历下区趵突泉北路 6 号 501 室	设计施工一体化	建筑幕墙工程设计与施工	二级	38
山东永隆集团有限公司	省直	济南市历城区遥墙镇商业街东首 8 号	设计施工一体化	建筑智能化工程设计与施工	二级	67
山东天启科贸有限公司	省直	济南市高新区舜华路 2000 号舜泰广场 8 号楼东 1703 室	设计施工一体化	建筑智能化工程设计与施工	二级	14
山东省九通消防工程有限公司	省直	济南市二环东路 3690 号	设计施工一体化	建筑智能化工程设计与施工	二级	40
山东安泰智能工程有限公司	省直	山东济南高新区舜华路 1 号齐鲁软件园创业广场 E 段 5 层	设计施工一体化	建筑智能化工程设计与施工	一级	66
山东政通科技发展有限公司	省直	济南市花园路 189 号 -2 甲	设计施工一体化	建筑智能化工程设计与施工	二级	160
山东广翰电子科技有限公司	省直	济南市历城区花园路 168 号融基大厦 2408 室	设计施工一体化	建筑智能化工程设计与施工	二级	38
山东华埠特克智能机电工程有限公司	省直	济南市二环东路 7151 号港澳花园综合楼	设计施工一体化	建筑智能化工程设计与施工	一级	57
山东信科亚卫通科技有限公司	省直	济南市高新区舜华路 109 号科汇大厦三层中区	设计施工一体化	建筑智能化工程设计与施工	二级	56
山东中安科技有限公司	省直	济南高新区齐鲁软件园大厦 1012	设计施工一体化	建筑智能化工程设计与施工	二级	45
山东鸿图科技有限公司	省直	济南市历下区环山路 48 号金汇通大厦 509	设计施工一体化	建筑智能化工程设计与施工	一级	44
山东鲁光信息工程有限公司	省直	高新开发区伯乐路 117 号	设计施工一体化	建筑智能化工程设计与施工	一级	157

续表2—4—3—8

企业名称	所在城市	通讯地址	证书类别	勘察设计行业类别	资质等级	期末从业人员合计（人）
山东山大新元易达科技有限公司	省直	济南山大南路 29—1 号	设计施工一体化	建筑智能化工程设计与施工	二级	45
山东广播技术公司	省直	朝山街 59 号	工程设计	建筑智能化系统设计	乙级	65
山东山大华天软件有限公司	省直	济南高新开发区颖秀路山大科技园	工程设计	建筑智能化系统设计	乙级	257
山东华迪智能技术有限公司	省直	济南市科院路 19 号	工程设计	建筑智能化系统设计	甲级	39
山东鲁能慧通科技有限责任公司	省直	济南市历城区华龙路 1665 号	工程设计	建筑智能化系统设计	乙级	124
山东优士科技发展有限公司	省直	山东省济南市历下区经十东路 1 号中润世纪城 5 座 802 室	工程设计	建筑智能化系统设计	甲级	102
浪潮集团有限公司	省直	济南市山大路 224 号	工程设计	建筑智能化系统设计	乙级	65
山东省金舜通系统工程有限公司	省直	济南市山大路 47 号数码港大厦 C 座 901 室	工程设计	建筑智能化系统设计	乙级	34
山东省永隆装饰工程有限公司	省直	济南市文化东路 24 号	工程设计	建筑装饰工程设计	甲级	586
山东省装饰集团总公司	省直	济南市舜华路 2000 号怡科产业基地 C 座 202	工程设计	建筑装饰工程设计	甲级	111
山东省齐鲁装饰设计院	省直	济南市历下区佛山街 35 号	工程设计	建筑装饰工程设计	甲级	51
中建八局第二建设有限公司	省直	济南市中区济微路 91 号	工程设计	建筑装饰工程设计	甲级	67
山东剑桥装饰工程有限公司	省直	济南市经十路 46 号大众日报社综合楼一层	工程设计	建筑装饰工程设计	乙级	118
山东省展览工程公司	省直	济南市历下区趵突泉北路 6 号	工程设计	建筑装饰工程设计	乙级	26
山东万得福装饰工程有限公司	省直	济南市历下区二环东路 7151 号港澳花园综合楼	工程设计	建筑装饰工程设计	甲级	240
山东德泰装饰有限公司	省直	济南市环山路 55 号	工程设计	建筑装饰工程设计	甲级	87
山东省鸿鑫工程有限公司	省直	济南市历下区山师东路 4 号	工程设计	建筑装饰工程设计	甲级	45
山东创艺装饰工程有限公司	省直	济南市二环东路 3966 号东环国际广场 2102 室	工程设计	建筑装饰工程设计	甲级	120
山东联和装饰有限公司	省直	环山路 55 号（裕华园公建 2 号北楼）	工程设计	建筑装饰工程设计	乙级	22
山东同大装饰有限公司	省直	山东省济南市高新区二环东路东环国际广场 2(B) 座 2305 室	工程设计	建筑装饰工程设计	乙级	12
山东福思特建筑装饰有限公司	省直	济南市天桥区无影山北路 1 号	工程设计	建筑装饰工程设计	甲级	57
山东三润置业有限公司	省直	山东省济南市历下区东关大街 3 号	工程设计	建筑装饰工程设计	乙级	46
山东展鸿华商装饰工程有限公司	省直	山东省济南市历下区山师东路 4 号	工程设计	建筑装饰工程设计	甲级	28
山东天颐装饰工程有限公司	省直	济南市二环东路 3966 号东环国际广场 C 座 1301 室	工程设计	建筑装饰工程设计	甲级	43

续表2-4-3-9

企业名称	所在城市	通讯地址	证书类别	勘察设计行业类别	资质等级	期末从业人员合计（人）
山东福缘来装饰有限公司	省直	山东省济南市经十路18877号15层	工程设计	建筑装饰工程设计	甲级	88
山东富达装饰工程有限公司	省直	山东省济南市历下区环山路71号	设计施工一体化	建筑装饰装修工程设计与施工	一级	109
中建八局第一建设有限公司	省直	济南市工业南路89号	设计施工一体化	建筑装饰装修工程设计与施工	一级	1666
山东中直建筑装饰有限公司	省直	山东省济南市舜华路359号财富中心A座10楼	设计施工一体化	建筑装饰装修工程设计与施工	一级	386
山东德铭装饰工程有限公司	省直	济南市历下区解放东路56号金泉大厦B座603室	设计施工一体化	建筑装饰装修工程设计与施工	二级	17
山东海威装饰工程有限公司	省直	和平路50号	设计施工一体化	建筑装饰装修工程设计与施工	二级	90
山东省振华建筑基础工程有限公司	省直	济南市经五路小纬四路46号	工程勘察	勘察专业类	乙级	50
山东建材勘察测绘研究院	省直	山东省济南市山大北路32号	工程勘察	勘察专业类	甲级	114
山东乾泰工程设计咨询有限公司	省直	济南市无影山路58号	工程勘察	勘察专业类	乙级	10
山东省地震工程研究院	省直	济南市纬七路5号	工程勘察	勘察专业类	甲级	19
山东正元地球物理勘测有限公司	省直	济南市高新技术开发区颖秀路3366号	工程勘察	勘察专业类	乙级	63
山东省岩土基础工程公司	省直	济南市历下区解放东路18号	工程勘察	勘察专业类	丙级	10
山东建科特种建筑工程技术中心	省直	济南市天桥区无影山路29号	工程勘察	勘察专业类	乙级	7
山东惠裕土木工程有限公司	省直	华龙路792号	工程勘察	勘察专业类	甲级	6
山东省冶金地质水文勘察公司	省直	济南市历城区烈士山北路6号	工程勘察	勘察专业类	甲级	367
山东中有勘察设计咨询有限公司	省直	无影山中路45号五环花苑7-1-602室	工程勘察	勘察专业类	乙级	18
山东省城乡建设勘察院	省直	山东省济南市无影山中路85号	工程勘察	勘察综合类	甲级	347
山东正元建设工程有限责任公司	省直	济南市山师东路14号	工程勘察	勘察综合类	甲级	773
煤炭工业济南设计研究院有限公司	省直	山东省济南市天桥区堤口路141号	工程设计	煤炭	甲级	598
山东省林业监测规划院	省直	济南市文化东路42号	工程设计	农林	甲级	66
山东省水产设计院	省直	济南市解放路162号	工程设计	农林	乙级	26
山东省农业规划设计院	省直	济南市解放桥十亩园东街7号	工程设计	农林	乙级	24
山东省第二轻工业设计院	省直	山东省济南市青年东路16号	工程设计	轻纺	乙级	50

续表2—4—3—10

企业名称	所在城市	通讯地址	证书类别	勘察设计行业类别	资质等级	期末从业人员合计（人）
山东省轻工业设计院	省直	济南市和平路3号	工程设计	轻纺	甲级	148
山东省造纸工业研究设计院	省直	山东省济南市工业南路101号	工程设计	轻纺	甲级	99
山东纬剑工程设计有限公司	省直	山东省济南市经十东路1号中润世纪城4号楼201—202室	工程设计	轻纺	甲级	51
山东省食品发酵工业研究设计院	省直	济南市解放路41号	工程设计	轻纺	甲级	86
山东省纺织设计院	省直	济南市历山路48号	工程设计	轻纺	甲级	97
山东建大建筑技术有限公司	省直	山东省济南市历下区和平路47号	工程设计	轻型钢结构工程设计	乙级	41
山东飞越钢结构工程有限公司	省直	济南市经六小纬四路46—1号418室	工程设计	轻型钢结构工程设计	乙级	20
山东万斯达集团有限公司	省直	济南市历下区解放东路27号	工程设计	轻型钢结构工程设计	甲级	18
山东济大钢结构建筑工程有限公司	省直	济南市市中区济微路106号济南大学松竹园	工程设计	轻型钢结构工程设计	乙级	12
山东省粮油工程设计院	省直	山东省济南市泺源大街3号	工程设计	商物粮	乙级	45
山东省鲁商冰轮建筑设计有限公司	省直	济南市高新区新宇路750号14号楼5单元	工程设计	商物粮	甲级	54
山东万豪华宇工程设计有限公司	省直	济南市解放路41号	工程设计	市政	乙级	32
山东省城建设计院	省直	山东省济南市经五小纬四路46号	工程设计	市政	甲级	118
山东鼎超热电设计有限公司	省直	济南市高新区颖秀路山大科技园主楼一层106	工程设计	市政	乙级	41
山东一通工程技术服务有限公司	省直	济南市高新区舜华东路666号	工程设计	市政	乙级	27
山东省淮河流域水利管理局规划设计院	省直	济南市历下区华阳路30号1幢	工程设计	水利	乙级	93
山东省科苑水利勘察设计咨询中心	省直	山东省济南市历下区历山路125号	工程设计	水利	乙级	64
山东水文水环境科技有限公司	省直	济南市历下区山师北街2号	工程设计	水利	乙级	21
山东黄河勘测设计研究院	省直	山东省济南市历下区小园庄47号	工程设计	水利	甲级	189
山东宏原消防工程有限公司	省直	济南市东关大街5号中泰发展大厦310房	工程设计	消防设施工程设计	乙级	62
山东宏雁电子系统工程有限公司	省直	济南市高新开发区舜华路2000号舜泰广场10号楼0301室	工程设计	消防设施工程设计	甲级	102
山东恒基消防安全工程有限公司	省直	济南市华信路15号B806室	设计施工一体化	消防设施工程设计与施工	一级	30
山东众海公共安全器材有限公司	省直	济南市工业北路71号	设计施工一体化	消防设施工程设计与施工	一级	23
山东省建设建工集团消防工程有限公司	省直	济南市环保科技园E座南楼4F	设计施工一体化	消防设施工程设计与施工	一级	6
山东兴圣建安工程有限公司	省直	济南市工业南路100号三庆枫润商务大厦A—612室	设计施工一体化	消防设施工程设计与施工	二级	10

续表2—4—3—11

企业名称	所在城市	通讯地址	证书类别	勘察设计行业类别	资质等级	期末从业人员合计（人）
山东华盛特克科技有限公司	省直	济南市市中区玉函北区35号	设计施工一体化	消防设施工程设计与施工	一级	120
济钢集团国际工程技术有限公司	省直	济南高新区舜华东路666号金智源IT工业园A1号楼201—1室	工程设计	冶金	甲级	263
山东省冶金设计院股份有限公司	省直	济南市高新开发区舜华路1969号	工程设计	冶金	甲级	752
山东乾舜矿冶科技股份有限公司	省直	济南市高新区正丰路554号3号科研楼106室	工程设计	冶金	乙级	50

第二节　设计项目

1989年，济南市37家市属勘察设计单位共完成初步设计103项，施工图设计923项，完成投资5.18亿元，建筑面积136.14万平方米。1990年，市属38家勘察设计单位共完成初步设计64项，施工图设计702项，完成投资2.8亿元，建筑面积135.8万平方米。1991年，济南市37个市属勘察设计单位共完成初步设计183项，施工图设计1294项，完成项总投资逾11亿元，建筑面积352.41万平方米。1993年，完成设计项目总投资额21.05亿元，设计建筑面积323.24万平方米，工程测量392.61平方千米，工程地质勘察88124标准米，勘察设计总收入3495.37万元。1994年，完成设计项目总投资24.53亿元，设计建筑面积28.1万平方米，工程测量271平方千米，工程地质勘察93358标准米，勘察设计总收入2733.51万元。

1995年，完成勘察设计工程总投资额18.27亿元，以勘察设计为主的工程总承包完成工程总投资额1594万元，设计建筑面积162.02万平方米，工程测量387平方千米，工程地质勘察46449标准米，勘察设计总收入3034万元。1996年，全年完成工程设计项目1552项，建筑面积206.16万平方米，项目总投资额20.47亿元。完成工程测量291平方千米，工程地质24736标准米，勘察设计总收入3139.7万元。完成技术咨询92项，收入100万元。完成工程初步设计审查4项。1997年，全市设计总建筑面积113.8万平方米，工程总投资额15.55亿元，完成工程勘察945项，工程总承包139项，工程监理142项，技术咨询78项，实现勘察设计总收入3385万元，其他收入554万元，业内人均收入1.7万元。1998年，济南市设计总建筑面积280多万平方米，工程总投资额29.9亿元；工程勘察900余项，工程总承包170余项，工程监理200余项，技术咨询80余项，实现勘察设计总收入4930万元，其他收入550万元，业内人均最高收入11.1万元。

2000年，共完成建设工程勘察设计监审项目293项，总建筑面积335万平方米。2001年，全市完成施工图设计总建筑面积608.4万平方米，工程总投资额65亿元，工程总承包25项，工程监理51项。全年完成勘察设计总收入1.32亿元，人均产值5.4万元。2003年，全市完成施工图投资额65亿元，实现勘察设计收入1.5亿元，人均产值5万元。2004年，济南市完成施工图投资额94亿元，实现勘察设计收入1.85亿元，人均产值5.1万元。

2007年，全市勘察设计行业发展迅速。市属勘察设计企业全年完成工程设计投资额145.4亿元，其中施工图完成投资额136.9亿元，初步设计完成投资额8.5亿元。全行业营业收入合计15.43亿元，其中工程设计收入3.83亿元，工程勘察收入3447万元，工程技术管理服务收入564万元，工程承包收入9.31亿元，其他收入1.89亿元；人均营业收入35.7万元；实现利税5977

万元。全年共完成施工图设计1098万平方米。至年底，勘察设计企业资产合计14.69亿元，负债10.03亿元，净资产4.47亿元。

2010年，市属勘察设计企业全年办理施工图审查备案294项，审查建筑面积1804万平方米；全年施工图联审共受理各类建筑工程201项，总建筑面积1310.6万平方米。

第三节 抗震设计监管

1995年，根据建设部、省建委要求，济南市开展工程抗震设计专项监督审查工作。1996年，审查各类建设项目272项，总建筑面积154万平方米。1997年，对全市原工程抗震设防烈度进行调整，工程抗震设防按《建筑抗震设防分类标准》(GB50223-95)执行。全年完成工程抗震设计审查290项，总建筑面积222万平方米。

2000年，济南市开展市辖五县(市)的工程抗震防灾规划编制工作，平阴县完成编制和报批工作。2003年，济南市制定《济南市建委地震应急预案》。2005年，市建委加强工程抗震设防管理，强化对工程抗震设防的监督与管理。

2006年，济南市将工程抗震设防审查纳入基本建设审批程序，在施工图审查监管中严格把关。修订《济南市建设系统地震应急预案》。参加全市军地地震应急演练。年内对各县(市)政府开展抗震规划编制及实施情况进行检查。2007年，结合“济南新农村”住宅设计推广活动，推进农村建筑抗震工作。

2008年，对全市教育系统房屋、校舍等工程抗震进行普查。加强抗震设防管理，正式启用《建设工程抗震设防审核意见书》。参与援川过渡安置房建设工作。

2009年，济南市建委负责牵头全市施工图联审工作，集中统一全市抗震设防管理和防雷设计审查等审批管理。全年联审189项，总面积1059.5万平方米。施工图审后监管共查处违章项目34项，建筑面积53.9万平方米。对人员密集场所工程等重点设防类项目加强抗震措施，开展对超限高层建筑的专项审查。

2010年，济南市按照《山东建设工程勘察设计管理条例》规定，对建筑过程中的设计、审查、施工、验收四个步骤严格把关，切实保证建筑工程抗震质量。

第三章 招投标及工程管理

第一节 招投标管理

1988年6月6日，济南市建筑工程招标投标办公室成立。1989年10月15日，更名为济南市建设工程招标投标办公室。招标方式基本以议标为主，在纳入招标管理项目中约90%是采用议标方式发包的，工程交易活动比较分散，没有固定场所，招标方式与招标投标的宗旨还相差很远，不能充分体现竞争机制。

1992年，建设部《工程建设施工招标投标管理办法》实施，对招标投标活动进行规范。市建委开始制定与之配套的规章和规范性文件，包括报建、招标代理、招标申报、招标文件及标底管理审查，开标、评标、定标、百分制评标等，规范招标投标管理。

1995年11月10日，市建管局成立具备独立法人资格的“济南市建设工程招标中心”，代理建设工程招标业务，对建设单位按有关规定实行有偿服务。同年，济南市人大常委会通过

《济南市建筑市场管理办法》。

1996年，济南市建设工程交易中心成立，把管理和服务有机结合起来，初步形成以招标投标为龙头，相关职能部门相互协作，具有“一站式”管理和“一条龙”服务特点的建筑市场监督管理新模式。

1998年，针对建筑市场招标投标中违法违规行为，市建管局组建城建监察监管支队，与建筑工程项目执法监察办公室联手对违反建筑活动法定程序的行为实施稽查。

2000年1月1日，《中华人民共和国招标投标法》实施。2001年10月1日，《济南市招标投标办法》施行。《济南市招标投标办法》规定市发展计划部门是指导和协调本市招标投标工作的综合管理部门，并负责组织重大项目稽查特派员，对市重点建设项目的招标投标活动进行行政监督；各县(市)发展计划部门负责本辖区招标投标活动的综合管理工作。明确对招标投标活动进行行政监督部门的主要职责，具体包括：监督项目招标总体方案是否经项目审批部门核准；是否按核准的招标总体方案进行招标；核准招标项目是否具备招标条件；并对招标投标活动实施全过程监督。

2004年，市政府机构体制改革，市建筑管理局并入济南市建委，市招标办并入建委建筑市场处。

2005年5月17日，市建委下发《关于进一步加强建筑工程设计招标投标管理的通知》，加强全市建筑工程设计的招标投标管理。

2006年6月1日，《济南市建设工程施工工程量清单招标投标暂行规定》实施。确定济南市行政辖区内，全部使用国有投资或国有投资占主导地位的房屋建筑和市政基础设施工程施工，应实行工程量清单计价的形式进行公开招标投标。在建设工程施工招标投标活动中，充分体现政府宏观调控、企业自主报价、市场竞争形成价格的原则，促进建筑市场有序竞争和建筑业企业健康发展。

2009年7月1日，市建委印发《济南市建筑工程招标控制价管理办法》。同年，下发《关于进一步规范建设工程招标代理市场秩序的通知》《关于进一步加强房屋建筑和市政基础设施工程招标投标管理的通知》，规范招标代理机构市场行为，加强济南市建设工程招标投标活动的监督管理，维护招标人、投标人和招标代理机构的合法权益，强化市场准入和清出机制，并健全投诉举报受理机制。

2010年，市招标办依据建设部颁发的行业标准文本修订并制定《建设工程施工招标文件范本》《建设工程监理招标文件范本》，招标文件更加严谨规范；在服务类项目的公开招标中实施“暗标”，使评标更加公平、公正；在专家抽取中实施电脑随机抽取、电话语音通知、专用双层密码纸打印，专家到达评标厅封闭、通信工具封存后才开封等措施。同年10月，济南市公共资源交易中心成立。在建设工程施工招标中，全面实施商务标计算机辅助评标。

第二节 建筑工程管理

一、工程造价管理

1986年，济南搅拌混凝土推广应用，制定“混凝土出厂价格和工程增价标准”。1988年始，对济南市市属以上11家施工企业使用的黄砂，分施工现场在大纬二路东、大纬二路西，以调整系数给予找补差价。

1996年，山东省城乡建设委员会颁发《山东省建筑工程综合定额》。预算定额的组价以省会城市的材料预算价格为取定价，济南市作为省会城市，分别于1986年、1991年、1996年、1999年编制《济南市建筑安装材料预算价格》和相应的《山东省建筑工程预算定额(济南单位估价表)》《山东省建筑工程预算定额(济南地区价目表)》。同年，根据《山东省施工企业工程取费许可证管理办法(试行)》，施工企业间接费和计划利润按取费等级计取，济南市施工企业工程取费证分为甲、乙、丙、丁四级，1996年批准丙级138家，丁级66家；1997年批准甲级16家、乙级56家，此办法实施至2003年《山东省建筑工程消耗量定额》颁发。

1999年12月，《济南市建设工程类别鉴定书管理办法》规定，凡在济南市行政区域内的各类房屋建筑、安装、装饰、二次装修等工程项目必须办理建设工程类别鉴定书，并根据鉴定的工程类别编审工程预(结)算、工程标底和投标报价。至2002年，对建筑工程使用的黄砂、红砖、碎石、乱石(地瓜石)、石灰等地方材料进行统一管理。济南市市属以上施工企业以调整系数结算，其他施工企业凭“地材证明”进行找补差价。

工程定额测定费也称定额管理费，自1986年开始收取。2003年之前为行政事业性收费，之后连同“工程排污费、社会保障费、住房公积金、危险作业意外伤害保险、安全施工费”作为工程规费。按照《财政部国家发改委关于公布取消和停止征收100项行政事业性收费项目的通知》，2009年工程定额测定费停止收取。

2003年，贯彻《山东省建筑工程消耗量定额》，量价分离定额开始施行。2004年9月，定额人工费每综合工日由22元调为28元。2006年10月，定额人工费每综合工日由28元调为36元；济南市建筑安装等工程综合工日为32元，装饰工程为38元。

2007年11月，济南市制定建筑工程安全施工费提取及使用管理规定，要求总、分包施工单位建立安全生产费用管理制定，设立专项账户，确保专款专用。2008年1月，定额人工费综合工日由36元调为44元；济南市建筑安装等工程综合工日为42元，装饰工程为48元。济南市下发《关于妥善处理建设工程材料价格风险的通知》，明确在承包工程范围以内，钢材等主要建设材料上涨或下降幅度在5%以内，以及涨幅超过5%的价差处理办法。

2008年12月1日，国家标准《建设工程工程量清单计价规范》(GB50500-2008)开始施行。2009年5月～6月，先后制定《济南市建筑工程竣工结算备案管理办法》《济南市建筑工程招标控制价管理办法》。规定国有资金投资的工程建设项目应实行工程量清单招标，并应编制招标控制价，其作用是对招标工程限定最高工程造价。招标控制价应在招标时公布，不应上调或下浮，招标人应将招标控制价及有关资料报送工程所在地工程造价管理机构备查。建筑工程竣工结算是承包人完成施工合同约定的全部内容，发包人依法组织竣工验收合格后，由发承包双方按照合同约定的工程造价条款，是最终工程造价的结算文件。竣工结算办理完毕，发包人应将竣工结算书报送工程所在地工程造价管理机构备案。具体工作由济南市建设行政主管部门委托济南市工程建设标准造价管理机构组织实施。未办理竣工结算的，竣工验收管理部门不予办理竣工验收备案，有关部门不予办理权属登记。2009年4月，济南市制定建筑渣土处置费最低限价，每立方米23元(10千米以内)。

2010年1月，为提高建筑工程质量，鼓励全市范围内的房屋建筑和市政基础设施工程实行优质优价，确定实施建筑工程根据优质工程等级优质优价计取的标准。8月，定额人工费综合工日由44元调为53元；济南市建筑安装等工程综合工日为55元，装饰工程为62元。

二、工程造价咨询单位资质管理

1999年12月，《济南市工程造价咨询管理办法》实施，工程造价咨询单位年检：甲、乙级工程造价咨询单位的资质由济南市工程造价管理机构初检后，经济南市建设行政主管部门批准，报省建委标准定额站审查；丙级工程造价咨询单位的资质由济南市工程造价管理机构审查，报省建委标准定额站备案。

2000～2002年，工程造价咨询机构与政府部门实行脱钩改制，凡政府部门及受政府委托行使行政管理职能的事业单位、社会团体和集团公司兴办或管理的工程造价咨询机构，均实行脱钩改制。2001年10月，济南市第一批43家工程造价咨询机构完成脱钩改制工作。

2010年8月，对外地工程造价咨询企业进入济南市场加强管理，下发相关文件，明确备案手续。

三、工程建设标准实施管理

1997年9月，济南市建设工业产品准用证领导小组成立，办公室设在济南市工程建设标准定额站。

1998年5月，《济南市建设工程材料准用管理办法》颁布，1999年1月1日起施行。

2000年8月，建设部《实施工程建设强制性标准监督规定》实施。2001年3月，《山东省实施工程建设强制性标准监督管理办法》实施。2002～2003年，济南市举办10余期培训班。

2003年，《山东省无障碍设施建设示范城标准(试行)》实施。2004年12月，济南市被命名为“山东省无障碍设施建设示范城”。

2005年2月，将石材制品、塔机配件纳入登记备案管理。2008～2010年，《山东省工程建设标准化管理办法》实施，济南市依照执行。

第三节 建筑监理

1991年7月1日，济南工程建设监理公司成立，是山东省首家监理企业。1992年，济南长城建设监理公司，济南市建设监理总公司先后成立。

1997年，济南市建设监理总公司承接顺河高架桥工程监理任务，开创济南市市政工程监理先河。1998年4月4日，济南市人民政府颁布《济南市建设工程监理管理规定》。1999年，济南市建委印发《关于济南市建设工程实行监理招标投标制度的通知》，规范监理市场交易活动。同年10月27日，济南市建委印发《关于济南市建设工程实行项目总监岗位证书的通知》，在全市监理从业人员实行持证上岗制度。先后参与明珠国际大厦、顺河高架工程、泉城广场、经十路、纬六路高架桥等一大批重点工程监理。

2007年3月15日，济南市建委印发《济南市建筑工程安全监理实施办法》。为了缓解济南监理市场注册监理工程师不足的矛盾，规范从业人员行为，提高监理企业服务水平，2010年8月15日，《济南市地方监理工程师管理办法》实施。2010年，全市建设工程监理企业承揽合同额145341万元，工程监理合同额117092万元，其中，境内完成工程监理项目1323个，建设工程监理企业营业收入129011万元；先后完成济南奥体中心、济南龙奥大厦、济南西客站、北园高架桥、东外环高架桥、西外环高架桥、大明湖扩建等一批重点工程监理。

至2010年年底，全市属地管理监理企业共计63家，其中综合资质2家、甲级资质26家；全市监理行业从业人员10197人，其中专业技术人员8979人，高级职称人员1694人，注册监理师1410人。

2010年济南市甲级资质以上监理公司情况表

表2—4—4　　　　单位：万元、人

公司名称	成立时间	资质等级	注册资本	注册监理师	办公地址
济南市建设监理有限公司	1992年12月	综合资质	601	76	济南市天桥区影壁后街19号
山东省建设监理咨询有限公司	1992年5月	综合资质	600	141	济南市经二路131号
山东省工程监理咨询有限公司	1992年10月	房屋建筑甲级 机电安装甲级 市政公用甲级	400	47	济南市市中区经五路256号
山东三强建设咨询有限公司	1991年9月	甲级	500	51	高新区舜华路2000号舜泰广场9号楼11层
山东济铁工程建设监理有限责任公司	1998年3月	甲级	320	87	济南市车站街30号
山东金钥匙工程监理有限公司	1998年8月	甲级	500	32	山东省济南市工业南路26号
山东诚信工程建设监理有限公司	1996年8月	甲级	5000	87	山东省济南市高新区舜华路2000号舜泰广场6号楼1—101室
济南中建建筑设计院有限公司	1989年12月	甲级	510	72	济南市高新区崇华路东世纪财富中心C座5楼
煤炭工业济南设计研究院有限公司	1992年11月	房屋建筑工程、市政公用工程、电力工程、机电安装工程、矿山工程甲级	2584	45	济南市堤口路141号
山东恒信建设监理有限公司	1992年8月	甲级	470	43	济南市历下区和平路3号
中铁济南工程建设监理有限公司	1995年1月	房屋建筑甲级 市政公用甲级 铁路工程甲级	1000	50	济南市槐荫区经十路25666号
山东普华项目管理有限公司	2003年7月	房屋建筑甲级	800	16	济南市市中区七里山南三区12号楼2—501
山东省交通工程监理咨询公司	1994年8月	公路工程甲级 港口与航道甲级 房屋建筑甲级	1506	40	济南市历下区文化东路24号A栋2—2601
山东众成建设项目管理有限公司	2001年1月	房屋建筑甲级 市政公用甲级 电力工程甲级 机电安装甲级 水利水电乙级	600	103	济南市槐荫区北小辛庄西街57号
山东省三益工程建设监理有限公司	1995年10月	房建甲级	300	23	济南市历下区解放路13号
山东省正大建设监理有限公司	1997年12月	化工石油甲级 房屋建筑甲级 电力工程甲级	600	30	济南市历山路80号

续表2—4—4

公司名称	成立时间	资质等级	注册资本	注册监理师	办公地址
山东鲁咨工程咨询有限公司	2002 年 4 月	房屋建筑甲级 市政公用甲级	600	23	济南市历下区解放路 30 号（国华大厦）
济南城建监理有限责任公司	1998 年 12 月	市政公用甲级	300	30	济南市市中区七里山路 53 号
山东高新工程设计有限公司	1997 年 11 月	甲级	300	20	济南市历城区华信路中段 13-1 号
山东鲁冶项目管理有限公司	1997 年 7 月	房建甲级 冶炼甲级 矿山乙级	600	房建专业 20；冶炼专业 18；矿山专业 14	济南市高新开发区颖秀路 1508 号
山东建院工程监理咨询有限公司	1994 年 3 月	甲级	500	35	济南市经四路小纬四路 2 号
山东泰山工程项目管理有限公司	2006 年 6 月	甲级	600	52	济南市华能路 9 号新龙科技大厦 701 室
山东贝特建筑项目管理咨询有限公司	2003 年 6 月	房建甲级 市政甲级	407	32	济南市高新区大学科技园北区 B 座 5 单元
山东广大工程咨询有限公司	2003 年 11 月	电力工程甲级 房屋建筑乙级	310	16	济南市高新区新洛大街 2008 号银荷大厦 C 座
山东鲁淼项目管理有限公司	2006 年 2 月	房屋建筑工程甲级；市政公用工程甲级	300	16	济南市市中区经五路 256 号 620 室
山东华能建设项目管理有限公司	1995 年 5 月	房建监理甲级 电力监理甲级	300	25	济南市泉城路 17 号
山东倍德工程咨询有限公司	2001 年 11 月	房屋建筑甲级	600	35	济南市高新区舜华路 2000 号舜泰广场 8 号楼西 405
山东联诚工程建设监理有限公司	1999 年 12 月	电力工程甲级	300	18	济南市德兴东街 29 号

第四章　安全施工与质量管理

第一节 安全施工管理

1995年，对全市建筑企业和工程项目进行安全认证和检查整顿。1996年，市安监站联合市工商局、市卫生局、市公安局、市劳动局对全市在建工程进行联合大检查，规范安全文明生产，落实农民工持证上岗制度。

1997年，开展塔机专项治理工作，淘汰陈旧不合格塔机300余台；在全国首次推广工地环保活动板房，统一沿街工程围挡样式，创建济南市安全文明工地红牌、黄牌、黑牌制度，全市建筑工程安全文明生产工作取得较大进步。

2001年，依据《济南市建筑企业安全生产管理评价制度》和《济南市建筑工程安全生产评估办法》，建立建筑企业、项目经理及在建工程安全情况记录。组织开展建筑施工起重机械安全使用专项治理检查。治理检查对象：塔式起重机、物料提升机(井架式和龙门架式)、施工升降机。治理检查内容：起重机械拆装队伍执行国家关于塔式起重机拆装管理规定的情况；起重机械装拆、使用、维修等环节执行国家有关安全技术标准的情况；起重机械装拆方案和工艺规程编制及执行情况；起重机械安全限位装置，安装和使用情况；起重机质量是否符合国家现行技术安全标准及完好情况；起重机械购置、使用、维修、更新等管理制度的建立和执行情况等。

2003年，贯彻落实《中华人民共和国安全生产法》《山东省安全生产监督管理规定》等法律法规，建立健全安全管理机构网络，定期召开安全生产工作会议，研究、部署、督促、检查本地区部门、企业的安全生产工作，组织制定和实施本地区、本部门和建筑施工企业重特大安全事故应急预案。根据市政府安全管理目标要求，市建管局分别与各县(市)区建设局、部属企业、市属企业、外地驻济南办事处40余家单位负责人签订安全目标责任书，建立“管理部门宏观抓，企业法人重点抓，项目经理直接抓，安管人员具体抓”责任网络，严格执行安全生产一票否决制和一岗双责制度，对达不到目标责任指标的适时给予通报批评和处罚，同时把监管结果记入企业信用档案，作为企业参与市场竞争和资质年检时的参考。市建管局下发《济南市建筑管理局建筑安全专项整治活动方案》，对各项整治内容要求、目标等做了明确规定。全市建筑施工企业开展以杜绝管理性违章、防护性违章、操作性违章为主要内容的“零违章”活动。建立安全事故预防机制，实现安全管理的“关口前移”。根据市政府“建设生态城市”要求，结合创建省级安全文明示范、优良工地活动和建设部两年一度的安全生产大检查，创建1个省级安全文明优良小区和42个省级安全文明示范优良工地，评出市级安全文明工地82个。同年，按照建设部和省《关于开展“创建安全生产月”活动的工作部署》，各施工企业成立领导小组，利用冬期施工淡季，以机械、施工用电、临时设施、高处坠落、施工坍塌、防火、放冻、防滑、防中毒为重点，组织了冬期建筑施工安全生产检查，落实各项安全防范措施，坚持以防为主，防治结合。加强高边坡、深开挖、塔吊拆装、模板工程、脚手架搭设等重大危险源的监控。通过多种形式，多渠道、多层次开展从业人员安全技能培训，切实提高施工人员安全操作技能。

2004年，市建管局召开“服务大局、服务基层、服务群众”集中教育整顿活动动员大会，完善企业安全机构、健全安全生产保证体系、加大安全监督检查力度、普及安全知识，做好服务工作等一系列活动，增强施工人员安全意识。督促落实企业建立和完善安全生产管理机构，使安全生产管理机构充实配备土建、电气、机械等专业技术人员；县(市)均成立安监站，配备充实安监人员；外地驻济南办事处主要负责人具体负责本地区进济南队伍的安全管理工作，初步形成全市建筑业安全管理网络。按照《中华人民共和国安全生产法》规定，依据“一岗双责”和“一把手负总责”要求，分别与区县建设局、市属企业、外系统企业、外地驻济南办事处以及中央驻鲁建筑企业签订“安全生产文明施工管理目标责任书”，同时督促企业与项目经理层层签订“安全目标责任状”，形成安全生产管理体系。

2008年，市质监站下发《建筑施工防火安全管理规定》《建筑起重机械安全监督管理规定》《济南市建筑工程质量安全监督工作考核办法》。

2009年，全市事故起数和死亡人数分别

比2008年下降16.7%和28.6%。开展春季质量安全大检查，检查在建工程1450个，建筑面积1170.25万平方米；查处违章工程142个；排查安全隐患34562条，对存在严重安全隐患的441个工程，采取强制性停工或责令局部停工措施。组织开展全市建筑工程质量大检查暨冬期施工质量安全专项检查，共检查工程456个，对参建各方责任主体市场行为存在问题的29个工程移送建筑市场稽查办；对因存在严重违法违规行为、严重安全生产隐患的208个工程和质量存在问题的105个工程，采取强制性停工或责令局部停工措施。针对基坑塌陷事故，11月7日起，对全市107个建筑基坑工程进行专项检查，其中采取强制停工整改措施的33个、未按要求组织专家论证的15个、委托鉴定检测的13个。制定《济南市建筑起重机械安全监督管理规定》《济南市建筑工程安全生产及文明施工评估管理办法》。组织专家论证安全专项方案166个；组织新开工工程集中监督交底10次，参加人员1500余人次；组织安全文明施工示范工地现场观摩活动，80余个单位2000余人参加；对13家发生生产安全事故及存在违法违规行为的单位进行处理通报；围绕汛期、暴风雨等恶劣天气，发布短信预警20余次，累计发送信息10万余条。加强对建筑起重机械的监督管理，严格执行建筑起重机械备案、安装(拆卸)告知、使用登记等制度，全年共检查起重机械2034台，责令拆除32台。

2010年，48个工程被评为省级安全文明工地，127个工程达到市级安全文明工地标准。全年共发生建筑生产安全事故5起，死亡7人。春季质量安全大检查共检查在建工程1555个，发出安全隐患通知书767份，责令停止施工工程678个；中秋、国庆期间，开展为期三个月的建筑工程安全生产大检查。继续完善并执行集中交底培训、专家论证、过程约谈、行为审查、动静态评价、惩防约束、责任追究等各项制度。工程安全专项方案组织专家论证169个。加强对深基坑、高大模板危险性较大的分部分项工程的安全监督。严格安全专项方案专家论证工作的检查把关，对不按规定进行论证擅自施工的一律停工并责令鉴定检测。下发《关于进一步加强塔式起重机安全管理的通知》，开展全市建筑起重机械专项检查。全年共受理建筑起重机械使用登记1990台，责令拆除5台。下发《关于进一步强化建筑安全生产事故责任追究的意见》，施工单位一年内同一工程被2次下达停止违法行为通知书或一年内承建的所有工程累计3次被下达停止违法行为通知书的，责令全面停工整改30天，同时报请省行政主管部门暂扣安全生产许可证，停工整改期间停止其招投标活动。外地进济南企业发生生产安全事故的，建议相关部门将其清出济南市场。对发生事故和检查中安全管理问题突出的济南二建集团工程有限公司等12家施工单位，给予暂扣安全生产许可证并停止招投标资格30天或60天的处罚；对发生事故的山东新昌隆建设咨询有限公司等9家监理单位和山东省博物馆新馆等13个项目的施工单位停止招投标资格并进行了通报批评，记入不良行为档案；对安全管理存在严重问题的11家外地施工企业、1家外地监理企业给予清理出济南建筑市场的处理；对发生事故的4家起重机械租赁企业给予停业整顿，暂停租赁业务等处理。

第二节 工程质量管理

1986年，实行工程质量优质优价政策，提高建筑企业创优积极性。实施建筑企业综合考评办法，根据工程质量等考核标准对企业资质、承包资格以及投标评标实行动态管理，引导企业抓好工程质量。在强化政府对工程质量宏观调控的同时，建筑企业开展强制性技术标准规范ISO 9000系列质量认证活动。1989年，济南市设立全市“十佳”建筑工程质量奖；1990年，改为“双十佳”工程奖(十佳高层工业、公共建筑及其他民用建筑工程和十佳住宅建筑工程)，此后每年评选一次。

1991年，济南市建筑业开展“质量、品种、效益年”活动。在建设部组织的工程质量大检查中，济南市取得3项并列第一、3项并列第二、合格率92.3%、优良率38.4%。同年，实施项目管理改革，将管理层与劳务层分离。1994年，实行装饰许可证制度，制定装饰工程质量检验标准和规范。

1999年，确定为“工程质量年”。完善落实工程质量责任制，制定强化工程质量监督的措施，并以济建质监字〔1999〕4号文件下发执行。按照国务院办公厅《加强基础设施建设工程质量管理》的通知，对长期使用的“建筑工程质量监督申报书”进行修改，增加勘察设计、建设、施工、监理等工程参建各方应尽的义务和承担相应责任的内容。监督工作模式由传统的只对工程实体质量进行监督，转变为对实体质量监督同时也对参建各方的质量行为进行监督。全年严格按国家强制性标准、规范、监督、核查结构质量，对容易出现的质量问题，事先做好细致的监督工作，对发现的质量问题及时下达质量整改通知书，限期整改。对影响结构安全的建筑构配件尤其是承重构件的监督，开展专项检查。针对混凝土预制构件企业设备简陋、人员素质差、管理不健全等问题，强化对混凝土预制构件企业的监管力度。对装饰工程和进入施工现场的预制构配件、建筑材料一并进行检查。对检查出的质量问题及时下达整改通知书，责令有关单位进行处理，并查处部分违规、违章建设施工单位以及混凝土预制配件企业。加大对装饰装修市场执法检查力度。制定《关于保证装饰工程质量的若干规定》。在日常监督和核查中，突出对安全、使用功能、装饰效果的监督与检查；实行装饰工程竣工检查询问制度及电气系统24小时同时满负荷运转制度。印发《济南市建设工程材料准用证管理办法》。市质监站受市建委指派，负责外加剂、钢筋、水泥、涂料、铝塑门窗、预制构件等14种建筑材料准用证的初审工作，对申报领取准用证的800多个单位依据有关标准进行实地现场审核和产品抽样检测工作，对符合规定的单位，及时向市建委出具评审报告。济南市全年竣工工程531个，面积258.1万平方米，其中优良工程170个，面积105万平方米，优良率40.68%。

2000年，贯彻实施国务院《建设工程质量管理条例》，把地基基础、主体结构及装饰工程质量作为监督重点。制定《创建无质量通病住宅工程检查验收及审查办法》；完善对质检员、资料员、监理工程师等持证上岗与考核制度。工程材料方面，加强对现场原材料的抽样力度，完成由委托检测向抽样检测转变，加强对企业试验室的业务管理。全年济南市共获鲁班奖(国家优质工程)3项，山东省建筑工程质量泰山杯奖(省优质工程)16项。

2001年是工程质量监督机制改革的重要一年。全市加大对结构质量的监督力度。严格按照国家强制性标准、规范、规程监督抽查工程实体质量，对发现的质量问题或存在的质量隐患及时责令整改并进行跟踪抽检，对弄虚作假、偷工减料、质量低劣的责任单位严肃处罚。采用先进检测仪器对结构内在质量进行监督抽查，包括混凝土力度、保护层厚度、钢筋直径和数量。制定实施《工程质量监督机构对施工现场建筑材料、构配件抽样检测实施办法》，加大对施工现场建筑材料的随机抽检力度并实行见证封样送检制度，杜绝劣质建筑材料进入施工现场和应用到工程上。全年共抽检混凝土试块680组，砂浆试块232组，钢筋1538组，水泥225组，外加剂107组，门窗621组。工程质量合格率100%，创建无质量通病住宅活动。推广应用新材料、新技术、新产品，推广应用建设部推荐的十大科技成果。采取一票否决制，对通病治理达不到要求的工程不予备案。强化检测管理。购置新检测仪器，组织开展了两次水泥比较对比试验，两次专项检查。将预拌混凝土质量纳入政府监督范畴，对商品混凝土生产企业进行专项检查，制定并实施《预拌商品混凝土质量管理办法》。全市全年建筑工程获鲁班奖1项，泰山杯16项。

2002年，共监督在建工程1262个，面积887万平方米。其中新受理监督工程747个，面积650万平方米；竣工备案700个，面积350万平方米。监督覆盖率96%，竣工工程合格率100%。工程质量在全国、全省同行业中保持领先水平。房管大厦工程通过鲁班奖预审，舜玉花园Y9号楼通过国家优质工程奖预审，山东医科大学综合楼等10项工程获泰山杯，省医药公司住宅楼等39项工程获省优良工程，获奖数量居全省首位。

2004年，先后制定实施《结构实体检验监督管理规定》《地基基础、主体结构监督检测有关问题的暂行规定》《建筑工程质量监督程序暂行规定》《房屋建筑工程质量投诉处理实施细则》等有关技术性、程序性规定。组织编写完成《济南市优良工程评定标准》征求意见稿。全年共监督在建工程1206个、面积1080.7万平方米，竣工备案工程407个、340.7万平方米，受监工程结构优良率85%，竣工备案工程合格率100%，优良率47%。全市获鲁班奖4项，获国家建筑工程装饰奖3项，获山东省泰山杯21项，获泉城杯30项。其中省、部级以上获奖工程数量，创全国省会城市、计划单列城市之最。

2007年，奥体中心、文博中心、体育场馆、棚户区改造、西客站、经济适用房、拆迁安置房等省、市重点工程相继开工建设。全年累计监督在建工程2291项，建筑面积1850.34万平方米。组织开展对在建工程结构实体质量、施工图审查与建筑节能标准落实、预拌混凝土质量、检测机构资质等专项大检查活动。在普遍采取低价中标情况下，培育和创建出一批高质量建筑工程。龙奥大厦(政务中心)、济南市广电中心工程、山东省农业厅扩建工程以及中医药大学图书楼等28个工程为精品工程，中房大厦工程获鲁班奖。

2008年，共受理新报监工程876个，建筑面积731.72万平方米；累计监督工程2611个，建筑面积2144.44万平方米；竣工工程843个，建筑面积677.8万平方米；办理竣工备案手续工程211个，建筑面积197.2万平方米。竣工备案工程抽检合格率100%，优良率40.11%。完成混凝土、砂浆、钢筋等各类建材检测83866组，钻芯、钢筋探测、回弹等各类现场检测1252组，桩基检测9912组，完成塔机等垂直运输机械检测903台次，检测合格率66.5%。

2009年，共受理新报监工程939个，建筑面积883万平方米，同比分别增加7.19%和20.67%；累计监督工程2529个，建筑面积2229.89万平方米；累计竣工工程578个，建筑面积493.39万平方米，工程合格率100%，合同优良率41.17%。406个工程申报优质结构工程，共完成混凝土试块、钢筋、桩基等各类检测11.8万组，比2008年增加5347组，同比增长4.72%。受理质量安全投诉60起，处理57起，办结率95%。

2010年，市政府办公厅下发《关于转发市城乡建设委〈关于进一步整顿和规范建筑市场秩序的意见〉的通知》，明确加强质量安全具体的监督措施和要求。全年共受理新报监工程1971个(包含县市区)，建筑面积1602.44万平方米，同比分别增加20.77%和18.42%；累计监督工程5239个，建筑面积4313.37万平方米，同比分别增加19.01%和20.85%；累计竣工工程1191个，建筑面积994.62万平方米，同比分别增加8.56%和15.34%；其中竣工合同优良率40.67%，合格率100%。全年共有济南奥林匹克体育中心、山东广电、国际园林花卉博览园等8项工程获鲁班奖。全年共完成混凝土试块类、砂浆、钢筋类、桩基、现场等各类检测13万组，比2009年同期增加1.95万组，同比增长17.75%；其中见证取样检测104146组，不合格5203组。

1989～2010年济南市建筑业企业获鲁班奖工程一览表

表2—4—5

年份	工程名称	承建单位
1989	济南军区“八一”礼堂	济南四建（集团）有限责任公司
1999	中国轻骑集团发动机联合厂房	济南四建（集团）有限责任公司
2000	山东省广播电视厅高层住宅楼B座	济南四建（集团）有限责任公司
2001	中信广场	济南四建（集团）有限责任公司
2002	济南房产大厦	济南四建（集团）有限责任公司
2003	中国人民银行济南分行金库营业楼	济南四建（集团）有限责任公司
2003	济南黄河供水工程玉清水厂	济南四建（集团）有限责任公司
2010	济南奥林匹克体育中心网球馆	济南四建（集团）有限责任公司
2010	第七届中国（济南）国际园林花卉博览园	济南四建（集团）有限责任公司
1998	济南电力调度中心大楼	山东省建设建工（集团）有限责任公司
2000	舜玉花园Y9号楼	山东省建设建工（集团）有限责任公司
2004	泰山医学院信息中心	山东省建设建工（集团）有限责任公司
2008	中国移动通讯枢纽	山东省建设建工（集团）有限责任公司
1999	西藏日喀则山东大厦	山东三箭置业集团有限公司
2000	泉城广场	山东三箭置业集团有限公司
2003	山东邮政枢纽办公楼	山东三箭置业集团有限公司
2005	舜风世纪花园1号楼	济南二建集团工程有限公司
2007	中房大厦（济南商业银行）	济南二建集团工程有限公司
2006	济南国际机场航站楼	中建八局
1997	山东省交通厅监控中心	中建八局一公司
1999	山东银工大厦	中建八局一公司
2003	中国农业银行山东分行综合楼	中建八局二公司
2005	济南军区总医院病房楼	中建八局二公司
2010	济南奥林匹克体育中心体育场	中建八局二公司
2010	山东广播电视中心综合业务楼	中建八局二公司
2004	济南军区“221”工程	中铁十四局
2004	济南市经十路道路及环境建设工程	济南城建工程公司
1995	宁波联丰小区	济南建工总承包集团有限公司
1995	济南市佛山苑小区	济南市佛山苑试点小区工程指挥部
2009	济南卷烟厂易地技术改造项目联合工房	济南一建集团总公司
2010	第七届中国（济南）国际园林花卉博览园	山东平安建设集团有限公司
2010	济南奥林匹克体育中心体育馆	北京城建集团有限责任公司
2010	济南奥林匹克体育中心游泳馆	中国建筑第五工程局有限公司
2010	第七届中国（济南）国际园林花卉博览园	济南园林开发建设集团有限公司

第五章　建筑装饰与科技节能

第一节 建筑装饰管理

20世纪80年代末，装饰装修业从相关产业中独立出来，以每年20%的递增速度成为市场经济中的朝阳产业。1990年，中共十三届七中全会提出中共中央关于制定国民经济和社会发展十年规划和“八五”计划的建议，明确提出动员各方面力量，发展室内装饰行业势在必行。

20世纪90年代前，济南市装饰企业仅几十家，职工几千余人，济南装饰行业没有明确的归口管理部门，没有专门机构，有关装饰行业的文件、法规不能很好地贯彻执行，多数队伍没有进行工商注册，无资质等级证书，整个市场处于一盘散沙局面，不利于装饰行业的健康发展。

1991年，经济南市政府批准，建立济南市室内装饰管理办公室，下设资质等级审查处、预算定额管理站、质量监督检验站，隶属济南市第二轻工业局，为县级事业单位。

1992年，经济南市计划委员会同意，成立济南装饰商场，性质为独立核算、自负盈亏的县级以上集体所有制企业，行政上隶属于济南市第二轻工业局。

1994年，制定《济南市室内装饰行业管理办法》，成为全国第一部室内装饰产业管理方面的政府规章。市室内装饰管理办公室与市公安消防分局、齐鲁音像出版社联合录制中国第一部“现代装饰与防火”教学片，与济南市二轻工业职工中等专业学校、济南市第五职业高中联合举办室内装饰专业中专班、职业高中班，共培训1500余人。同年，在全国第三次室内装饰工作会议上被誉为“济南模式，独具特色”，作为典型在全国推广，并被全国室内装饰管理办公室授予开拓奖。至1994年12月，全市装饰企业382家，职工17908人，年工程造价突破3亿元。

1995年，济南市室内装饰协会成立。至1997年，济南市装饰设计企业500家，从业人员2.6万人。市室内装饰管理办公室划归济南市经委管理，外部装饰仍归济南市建设委员会管理。

1998年，济南市室内装饰行业工程总造价4.9亿元，实现利税9460万元。同年8月，济南市组团赴北京参加全国第二届室内装饰展览会和全国室内设计大展赛。市室内装饰协会由市二轻工业总公司划转到济南市经济委员会。

2003年，济南市室内装饰管理办公室由市经济委员会管理整建制划归市建筑管理局管理，名称变更为济南市装饰管理办公室。同年，济南室内装饰办公室按照建设部标准，开展资质就位换证工作。10月，在济南电视台《泉城夜话》栏目，举办“金秋时节话家装”节目，并建立家装热线和廉政投诉热线。

2004年，全市装饰行业从业人员4500余人，行业发展势头迅猛，装饰工程总产值40亿元(含家装)，利税总额4.7亿元。

2009年，济南市装修企业402家，从业人员12万人，年均产值150亿元，成为全市成长性最好的新兴行业之一。同年，开展“全市建筑装饰装修市场集中整治”活动，逐步扭转较为混乱的市场秩序。实行企业资质资格精细化管理，清退、撤销一批资质不合格企业，推进装饰装修资质资格标准化建设。首创国内较为完整的装饰装修市场管理制度体系，逐步形成

“政府监管、企业自律、社会监督”的建筑装饰装修市场运行模式。先后制定《关于加强改建扩建及二次装修工程监督管理的通知》《关于进一步规范改扩建及二次装饰装修工程资料申报的通知》《济南市建筑装饰装修市场有关责任主体关键岗位人员配备数量最低标准》《关于进一步规范改建、扩建及二次装饰装修工程施工许可的通知》等规范性文件，并结合市场准入清出制度、资质资格动态监管制度、证件代管制度、诚信管理体系等，形成“程序完整、制度完善、全程监管”的市场管理制度体系。经过对装修企业资质资格的严格管理和考核，2009年，济南市装饰企业精简至377家，其中本地企业353家，外地进济南备案企业24家。至2010年，全市装饰行业总产值200亿元。

2010年济南市装饰一级企业一览表

表2—4—6

企业名称	企业性质	资质持证情况	
		主项及审批时间	增项及审批时间
山东富达装饰工程有限公司	有限责任	建筑装饰工程设计与施工一级　2008-03-24	幕墙工程设计与施工一级　2008-03-24 建筑智能化二级　2006-08-20
山东德泰装饰有限公司	有限责任	装饰一级　2002-06-28	机电设备二级　2003-11-04 建筑幕墙一级　2008-06-16 防腐保温三级　2010-06-08
山东万得福装饰工程有限公司	有限责任	装饰一级　2002-01-16	建筑幕墙一级　2009-02-25 城市及道路照明一级　2010-07-05 消防设施二级　2002-06-16 金属门窗三级　2010-06-08 机电设备三级　2010-09-28
山东省永隆装饰工程有限公司	有限责任	装饰一级　2002-06-28	建筑幕墙一级　2004-12-30 机电设备三级　2006-04-27 钢结构三级　2009-01-21 智能化二级　2010-07-05 特种专业（结构补强）无级别　2010-10-20
山东福缘来装饰有限公司	有限责任	装饰一级　2002-07-15	建筑幕墙一级　2006-03-10
山东省装饰集团总公司	全民所有制	装饰一级　2002-06-28	建筑幕墙一级　2010-10-20
山东省建设建工集团装饰装潢公司	有限责任	无	建筑防水二级　2002-07-18
山东展鸿华商装饰工程有限公司	有限责任	装饰一级　2002-06-28	建筑幕墙二级　2002-12-30 建筑智能化三级　2007-01-19
山东剑桥装饰工程有限公司	有限责任	装饰一级　2002-06-28	无
山东深装总装饰工程工业有限公司	有限责任	装饰一级　2009-07-02	无

续表2—4—6—1

企业名称	企业性质	资质持证情况	
		主项及审批时间	增项及审批时间
山东国福装饰工程有限公司	有限责任	建筑装修装饰工程设计与施工一级　2010-10-14	建筑幕墙三级　2008-07-25 建筑智能化三级　2007-11-09 钢结构三级　2008-07-25 机电设备安装三级　2008-07-25 消防设施三级　2008-09-17
山东省齐鲁装饰设计院	联营企业	装饰一级　2002-06-28	建筑幕墙二级　2004-05-21 建筑智能化二级　2004-05-21
济南宏铁建筑装饰工程有限公司	有限责任	装饰一级　2002-07-15	无
山东海瑞林装饰工程有限公司	有限责任	装饰一级　2010-03-26	钢结构二级　2010-10-20
山东国宸装饰工程有限公司	有限责任	建筑装饰装修工程设计与施工一级　2010-04-23	幕墙工程设计与施工一级　2010-04-23
山东盛邦实业发展有限公司	有限责任	无	消防设施二级　2006-05-11
山东省鲁美建材装饰有限公司	有限责任	无	建筑幕墙二级　2007-07-02 园林古建筑三　2008-01-18 金属门窗三级　2008-01-18 建筑智能化三级　2008-01-18 机电设备三级　2008-01-18
山东省万平建设工程有限公司	有限责任	装饰一级　2005-11-21	无
山东省华信装饰工程有限公司	有限责任	装饰一级　2009-01-06	园林古建筑三级　2009-01-16 建筑智能化三级　2009-01-16
济南鸿腾实业有限公司	有限责任	装饰一级　2009-07-02	建筑幕墙三级　2010-08-30
山东同大装饰有限公司	有限责任	装饰一级　2009-10-20	建筑幕墙三级　2008-01-18
济南万泰建筑装饰工程有限公司	有限责任	建筑装饰工程设计与施工一级　2008-10-08	幕墙工程设计与施工二级　2010-02-04 园林古建筑二级　2009-08-14 钢结构三级　2009-08-14 机电设备安装三级　2009-08-14 建筑智能化三级　2009-08-14
山东省鸿鑫工程有限公司	有限责任	装饰一级　2002-06-28	建筑幕墙一级　2004-12-30 钢结构二级　2005-01-24
山东盛顺装饰有限公司	有限责任	装饰一级　2002-06-28	建筑幕墙二级　2004-04-26
山东福思特建筑装饰有限公司	有限责任	装饰一级　2004-03-01	无
山东天颐装饰工程有限公司	有限责任	装饰一级　2007-02-07	机电设备三级　2007-07-02 建筑幕墙二级　2008-05-27

续表2—4—6—2

企业名称	企业性质	资质持证情况	
		主项及审批时间	增项及审批时间
山东川宏装饰工程有限公司	有限责任	无	钢结构三级 2010-10-12 建筑幕墙三级 2010-10-12
山东通海装饰工程有限公司	有限责任	无	金属门窗三级 2009-09-08 机电设备安装三级 2009-09-08
济南四建（集团）有限责任公司	国有控股	设计与施工一级 2008-03-24	无

第二节 建筑科技节能

1991年，济南市在全省率先成立墙材革新与建筑节能工作领导小组。1996年10月，市政府制定《济南市发展应用新型墙体材料管理规定》；1997年，市政府印发《济南市发展应用新型墙体材料专项用费管理细则》，明确对发展新型墙体材料实行优惠政策，新建工程必须缴纳发展新型墙体材料专项费用。2000年，市墙材革新与建筑节能工作领导小组印发《关于在全市建筑工程中禁止使用实心黏土砖的通知》，要求市辖五区各类建筑工程自2001年7月1日起，禁止使用实心黏土砖，市辖五县最迟在2003年6月30日禁止使用实心黏土砖。2004年11月，市政府发布《济南市新型墙体材料发展应用与建筑节能管理条例》，明确新型墙体材料发展应用类型、有关优惠政策和建筑节能管理相关要求。2005年，市建委印发《济南市关于开展墙材革新与建筑节能试点示范小区(工程)活动的实施办法》，鼓励有关建设、施工单位推广应用新型墙体材料及建筑节能产品与技术。

2006年，市建委下发《关于进一步加强建筑节能审查监督管理的意见》，从设计、施工图审查、监理、施工、竣工验收、执法检查等各个环节对建筑节能标准执行情况进行全过程监督管理，要求把建筑节能纳入建设全过程闭合管理中，使建筑节能设计标准落实到每一个新建工程。2008年，市建委下发《济南市关于在民用建筑中加快推广应用太阳能热水系统及成套技术的实施意见》，要求在新建建筑中低层、多层住宅强制推广应用太阳能热水系统建筑一体化。2010年，市政府办公厅转发《关于加快太阳能光热系统推广应用的实施意见》，要求12层以下新建住宅建筑和集中供应热水的公共建筑，必须统一安装太阳能热水系统，并与建筑工程同步规划、同步设计、同步施工、同步验收。“十一五”期间全市共完成既有居住建筑供热计量及节能改造项目46个，总建筑面积240.07万平方米。至2010年年底，济南市城镇新建建筑中新型墙体材料应用率、节能标准执行率均100%。

山东瑞鑫节能系列产品

第六章　机　构

第一节 济南市城乡建设委员会

1986年，济南市城乡建设委员会辖建筑材料工业公司、建筑工程总公司和公用事业总公司。1996年5月，济南市城乡建设委员会更名为济南市建设委员会，内设人事处、法规处、综合计划处、对外经济工作处、城市建设管理处、审计处、科技教育处、勘察设计管理处、基本建设管理处、村镇建设处、省会规划建设委员会办公室。

2001年5月，市政府机构改革确定保留济南市建设委员会，为市政府工作部门；市建设委员会职能进行调整，人防工程移交市人民防空办公室；市城市建设管理局更名为市城市管理局，与市建设委员会合署办公；撤销市重点工程建设领导小组办公室，职能及人员并入市建设委员会；市建筑管理局改为事业编制，由市建设委员会管理；市房产管理局内设6个职能处室和离退休干部工作处，由市建设委员会管理；市建设委员会内设办公室、组织人事处(挂离退休干部工作处牌子)、法规处、计划财务处、工程建设管理处(挂市重点工程办公室牌子)、城市建设管理处(挂信访处牌子)、规划设计处(挂抗震办公室牌子)、经济工作处、科技教育处、审计处、城市化工作办公室、省会规划建设委员会办公室共12个业务处室。

2004年8月，市政府机构改革确定保留济南市建设委员会，为市政府工作部门；市建设委员会内设办公室、政策法规处(信访处)、发展规划处(外经处)、财务审计处、科技与建筑节能管理处、城市化与村镇建设处、勘察设计管理处(抗震办公室)、重点工程建设办公室、建筑业管理处(装饰管理办公室)、建筑市场处(招投标管理办公室)、质量安全管理处、建筑队伍管理处、房地产开发管理处、拆迁管理处、城市建设处、城市管理处(城市环境综合整治办公室)、组织人事处、离退休干部处共18个业务处室；根据市政府机构改革方案，撤销济南市建筑管理局、济南市房地产开发拆迁管理办公室，职能并入市建设委员会；市市政公用事业局、市市容环境卫生管理局、市园林管理局，均由市政府直属事业单位改为由市建设委员会管理的全额预算正局级事业单位；保留市房产管理局，由市建设委员会管理。所属事业单位在此次机构改革中作出调整。

2009年12月，调整市城乡建设委员会职责，城市管理划给市城市管理局；市城乡建设委员会内设办公室(挂信访处牌子)、政策法规处、组织人事处、发展规划处、财务审计处、城镇化办公室、建筑节能与科技处(挂建筑节能与墙材革新办公室牌子)、勘察设计处、城市建设处(挂重点工程建设办公室牌子)、村镇建设处、建筑业管理处、建筑市场处(挂招投标管理办公室牌子)、质量安全管理处、建筑业资质与资格管理处、房地产开发管理处、房地产市场监管处、征收拆迁管理处、离退休干部处共18个业务处室；原市建设委员会所属事业单位整建制移交市城乡建设委员会管理，其职责和编制事项另行规定。

济南市房地产开发拆迁管理办公室 1990年3月，济南市拆迁办公室改为济南市拆迁管理办公室。1992年7月，济南市开发管理办公室成立，与济南市拆迁管理办公室合署办公。1996

年9月，改为济南市房地产开发拆迁管理办公室。内设秘书处、综合处、法规处、财务处、计划项目处、建设经营管理处、拆迁管理处、小区管理处。2004年8月，撤销济南市房地产开发拆迁管理办公室，原所属的市房地产开发服务中心、市住宅产业化发展中心，划归市建设委员会管理。

济南机场建设办公室　1988年5月，济南遥墙机场工程总指挥部建立。1993年11月，改为济南机场建设指挥部，内设办公室、工程营理处、设备材料处、综合处。2001年9月，机场项目移交山东省后，济南机场建设部的牌子继续保留，挂在市建委，为全额预算管理副局级事业单位。2002年4月，济南机场建设指挥部更名为济南机场建设办公室。

济南市城建监察总队　1998年5月，济南市城建监察总队成立，为副局级事业单位。2003年5月，济南市城建监察总队撤销。

济南市建筑管理局　1987年，济南市建筑管理局内设办公室、建筑市场管理处、计划施工处、行业管理处、法规处、财务处、科技处、组织人事处、宣传处。2001年市政府机构改革，市建筑管理局改为事业编制，由市建设委员会管理。2004年8月，撤销济南市建筑管理局，原市建筑管理局所属的市工程质量与安全生产监督站、市工程建设标准定额站、市建筑企业养老保障金管理办公室，划归市建设委员会管理；原市建筑管理局所属市建设工程交易中心的转企改制工作由市建设委员会组织实施。

济南市城市建设管理局　1987年，济南市城市建设管理局内设办公室、组织人事处、生产计划处、养护管理处、城市管理处、劳动工资财务处、科技教育处、法规处、离退休干部工作处。2001年政府机构改革，市城市建设管理局更名为市城市管理局，与市建设委员会合署。

第二节　城市建设平台

济南市城市建设投融资管理中心　2005年，在济南市城市建设投资有限公司基础上成立济南市城市建设投融资管理中心，是市政府直属全额预算管理正局级事业单位，内设办公室、财务处、综合管理处、工程一处、工程二处、资产处和经营处7个处室。2011年9月，中心与济南市国有资产运营有限公司合并，成立济南城投集团。内设办公室、党群人事部、计划财务部、审计法务部、合同造价部、土地规划与开发部、工程管理部、资产运营实业部。

济南市旧城改造投融资管理中心　2006年7月，济南市旧城改造投融资管理中心成立，并组建济南市旧城改造投资运营有限公司，中心与公司一套机构、两个牌子；中心为市政府直属全额预算管理正局级事业单位，中心内设综合处、财务处、项目一处、项目二处、项目三处、项目四处、项目五处、项目六处共8个职能处室。2010年4月，增设总会计师1人(副局级)，内设处室无变化。

济南市西区投融资管理中心　2005年，济南市西区投融资管理中心成立，为市政府直属全额预算管理正局级事业单位，资金业务接受市政府投融资管理中心指导；同时组建济南市西区建设投资有限公司，与中心一套机构、两个牌子；市西区投融资管理中心内设综合处、财务处、工程处、经营开发处、资产管理处、土地整理开发处共6个职能处室。2010年，市西区投融资管理中心内设处室无变化。

济南市小清河开发建设投融资管理中心　2007年6月，济南市小清河开发建设投融资管理中心成立，与济南市小清河开发建设投资有限公司一套机构、两个牌子。中心内设办公室、财务处、综合管理处、建设工程处、经营开发处、资产管理经营处共6个处室。2010年，市小清河开发建设投融资管理中心内设处室无变化。

第五篇　城市绿化

1986～2010年，济南园林事业得到长足发展。先后获得“全国造林绿化十佳城市”“山东省园林城市”“国家园林城市”等称号。

公园、风景区建设取得显著成绩。先后建成环城公园、五龙潭公园、济南市植物园(今泉城公园)、百花公园、跑马岭野生动物世界、济南森林公园、神州生态乐园(济南植物园)、济南国际园博园等8个市级公园和华山、药山、匡山、浆水泉等34个区、县(市)级公园，对趵突泉公园、五龙潭公园实施扩建改造，公园绿地面积2820公顷。建成千佛山风景名胜区、英雄山风景区、红叶谷生态文化旅游区和大明湖风景名胜区，总面积562.6公顷。对公园景区进行提升改造，使公园、景区的造园、造景艺术和管理水平迈入全国先进行列。济南动物园被建设部和中国动物协会评为“全国十佳动物园”，趵突泉公园被建设部评为“全国重点公园”，趵突泉公园、大明湖风景名胜区、红叶谷生态文化旅游区、千佛山风景名胜区先后被国家旅游局评为国家AAAA级景区。

城市绿量增长迅速，绿化水平大幅提升。1986～1998年，先后实施两期绿化近郊荒山工程、两期绿化保泉工程。根据《济南大环境绿化建设方案》，组织发动全市实施为期十年、分两期进行的“大环境绿化工程”。1997～2002年，以创建国家园林城市、实现济南五年大变样、改变城市绿化面貌为目标，连续组织实施五期“造绿工程”。2002年12月，创建国家园林城市目标实现后，相继实施“玉绣河综合治理工程”“背街小巷整治工程”“城市道路绿化提升工程”“护城河通航工程”“迎全运城市环境综合整治绿化美化工程”“大明湖扩建工程”“生态园林建设工程”等。建设黄河济南市区段、玉符河、小清河、济南钢铁厂、黄台电厂等多条防护林带；完成经十路、经一路、工业南路、济泺路、二环路等52条市区重点道路绿化建设改造提升任务、玉绣河综合整治任务、578条背街小巷绿化美化任务。新建43处总面积133.3公顷绿地广场，建设街头、社区绿地、游园326处，总面积200公顷；发展单位附属绿地219.7公顷；新建百合花卉和北国卉园两处市级园林苗圃，5处区级苗圃，增加生产绿地81.6公顷。至2010年，城市公园、生产、附属、防护、风景林等各类绿地面积比1985年增长9.47倍，为10953公顷；城市绿化覆盖率、绿地率、人均公共绿地面积分别为37%、33.6%和10.2平方米。城市绿化跨入全国先进城市行列。

1986～2010年济南市城市绿化情况表

表2-5-1

年 份	新建绿地(平方千米)	栽植乔灌木(万株)	垂直绿化(万株)	铺种草坪(平方千米)	养植草花(万盆)	建成区绿地总面积(平方千米)	城市绿化覆盖率(%)	绿地率(%)	人均公共绿地(平方米)
1986	—	—	—	—	—	—	24.50	—	3.32
1987	—	—	—	—	—	—	26	—	3.47
1988	10.10	65.40	10.40	20.20	634	25.30	27.50	—	3.62
1989	—	80	11.16	15.56	219.60	—	29	—	3.92
1990	11.80	85.30	11	16	98.70	26.93	30	26	4.07
1991	—	44.80	15.50	16	96	—	30.12	26.60	4.16
1992	3.50	36.30	11.70	12.34	74.20	—	—	26.60	4.24
1993	1.40	25.70	12	3.10	45.70	—	—	26.77	—
1994	5.80	38	8.40	—	75	—	—	—	—
1995	0.60	19.50	10.90	—	30	30.64	30.50	26.96	5.01
1996	1.80	47.50	17	—	—	30.80	30.50	26.97	5.02
1997	44.10	81.53	4.50	52.90	—	31.57	31.07	27.55	5.20
1998	167.42	132.30	4.90	115.75	—	32.27	32.80	28.06	5.68
1999	96.40	105.60	—	—	—	36.01	35.56	30.82	7.05
2000	47.90	70.10	15.50	—	—	37.07	36	31	7.10
2001	333.55	653.80	16.50	—	—	53.58	36.80	31.52	7.30
2002	211.42	513.45	12.70	—	—	61.18	37.68	32.20	7.80
2003	161	70.40	12.40	—	—	68.67	38.20	32.70	8.20
2004	207.20	164.70	18.70	—	—	71.39	39.10	32.90	8.60
2005	420	375.70	—	—	—	80.56	39.60	33.80	9
2006	396.50	480	19.80	—	—	—	40.50	34.70	9.50
2007	426	484	17.95	—	—	—	36.80	31.50	9.50
2008	350	90	—	—	—	—	36.41	31.50	9.80
2009	112	65	526	—	1200	336	36.40	32.60	10
2010	330.50	—	—	—	1560	—	37	33.60	10.20

第一章　公园绿化

1986年，济南市有大明湖公园、趵突泉公园、千佛山公园、金牛动物园、环城公园。1987年，建成五龙潭公园。1989年，建成济南市植物园(今泉城公园)和百花公园。1999年，建成济南市西郊森林公园。进入21世纪后，结合济南市“东拓、西进、南控、北跨、中疏”

的城市发展战略，先后规划建设济南植物园、济南国际园博园，扩建大明湖景区和济南市西郊森林公园(扩建后称“济南森林公园”)。

区、县(市)属公园绿地建设起步虽晚，但发展迅速。1986年，百脉泉公园在章丘县建成，成为济南市第一个县属公园。1998年，济南市园林管理局首次提出每区、县(市)建一处公园绿地的目标要求，将建设区属公园纳入园林发展重点规划。至2010年，每个区均建公园2处以上，其中章丘市7处，居各区、县之首。

第一节 市级综合公园绿化

一、趵突泉公园

建成于1956年。是国家AAAA级旅游景区，南依千佛山，北靠大明湖，东与泉城广场相连，是以泉水、人文景观为主的文化名园。

1999年，实施公园北区扩建工程，把趵突泉、万竹园、白龙湾连为一体，新建通乐园、白龙湾、北大门、“齐风”、“泻玉”、东门石牌坊和盆景园等景区、景点10余处，公园面积扩大至10.5公顷。2007年，被评为国家重点公园。

至2010年，全园植树136种1万余株，绿地面积5.477公顷，占公园总面积的52%。在植物配置、树种选择上，突出园内泉水丰富、水位较高的特点，以柳树为基调，以松、竹、女贞、大叶黄杨为骨干树种，并利用青松配怪石、芭蕉配湖石、修竹配剑石的造景手法，使自然山石与植物巧妙组合，组成不同画面。在绿化布局上，突出植物多样性和色彩搭配，局部或乔木或灌木，或群植或散点，多层次布局花灌木、宿根花卉和攀缘植物。

趵突泉周围，岸边建筑格局严整，泉池为整齐池岸，并护以雕石栏杆，植物配置采用规则式为主，三大殿前对植青桐，周围为整型绿篱，并配以翠竹、芭蕉、青松、西府海棠、丁香，丛林成为远景，相辅相成。马跑泉周围，山势起伏，流水叮咚，植物配置采用自然式配置，以油松、白皮松、黄杨、酸枣、玫瑰混植，山石嶙峋，悬藤垂蔓，野趣盎然，形成浓郁的山林。人们穿花渡溪，抚石依泉，别具情趣，具有“明月松间照，清泉石上流”的诗情画意。玉兰院，以不同品种的玉兰进行艺术布置，每年3月、4月，红白花儿开放，大如雪莲，分外妖娆，清香四溢，形成早春效果。枫溪区，以红枫、柿树、银杏、山楂、秋菊等与常绿树相配置，突出秋季景色。沧园内以松、竹、梅为主，突出冬季景观。李清照纪念堂院内植有海棠、青桐、菊花、芭蕉、荷花等女词人诗词中描述的观赏植物，再现诗词中的

趵突泉公园 (2010年摄)

意境。公园结合时令和环境配置花木，达到终年青翠，四季有花。园内春花有玉兰、海棠、丁香、月季、樱花等；夏花有紫薇、石榴、木槿、蜀葵、美人蕉等；秋花有桂花、菊花、秋葵等；冬花有梅花、蜡梅、耐冬等。同时利用宿根花卉、应时花木和观叶观果植物进行组合，形成独特的植物景观。

公园1999年扩建改造工程修建的群芳圃景区，绿草茵茵，黄杨、月季、冬青、樱花等各种花木吐花喷绿，层次分明。香椿、无花果、杨柳树苍翠挺拔，柔条摇曳。草坪园四周由半米高、直径20厘米的木桩圈围，豆青色石板铺设在坪园中间，顺势而上，直插坪顶。草坪顶部10米见方的平坦地面上，古树高耸，巧石点缀，中国田园与异国风格相结合的园林小品使景区更显古朴且富有诗意。2006年年初，为配合公园北区茶文化街建设，对群芳圃景区重新规划，在此基础上新建百花园景区，当年国庆节建成开放。

二、环城公园

1986年建成。为提升公园景观，完善护城河观光游览等功能，2002～2003年，实施首次规模整治改造；2004年，对黑虎泉至五龙潭公园河段进行疏浚整治，实现西护城河、趵突泉公园和五龙潭公园段水上连线通航；2007～2010年，实施环城公园景观提升改造和护城河全线通航工程，打通东西护城河航道，实现真正意义上的环河通航。经过几次整治改造，河岸绿化面积增加5.4公顷，公园绿化面积17.9公顷。环城公园以绿地、水系把黑虎泉、趵突泉、五龙潭、大明湖、珍珠泉联系起来，成为泉城标志区的风光游览带。

三、泉城公园

原名济南植物园，始建于1986年，1989年9月建成。1991年，《济南日报》等新闻媒体组织评选，市民以无记名投票方式推选植物园为"最受市民喜爱的城市公共绿地"。1992年，自筹资金建成济南市第一个水上游乐项目——水上世界。1996年，对观赏温室进行改造，辟建蔷薇园。1997年8月，为适应当年国庆节前免费向社会开放要求，对公园布局进行建园后初次较大规模的调整改造，辟建3个总面积约为2.6公顷的绿化休闲广场，增开东北角和南门东西两侧3处出入口，增设一大批游览服务设施。1998年，对日本园、观赏温室及音乐广场等景观进行提升改造。1999年，完成碧桃园改造。2004年3月～9月，为迎接亚足赛，进行建园以来最大规模综合改造。拆除园内零星杂乱的服务和经营用房8000余平方米，分别在东门、新南门和中心湖面建设一组钢结构用房。重建北、东、东南三大门。增设小型铺装广场20余处；改造映日湖、蔷薇池、荷花池，扩大水面

环城公园

积4500平方米。新建一座贯穿公园全长820米的生态栈桥和生态文化广场。2006年9月26日，位于章丘境内的济南新植物园建成开放，济南植物园改为现名。2007年，公园玉绣河景区获建设部颁发的“中国人居环境范例奖”。

公园初建时，按照植物科研、科普、观赏、游览功能定位。规划建设裸子植物亚纲、单子叶植物亚纲、金缕梅亚纲、五桠果亚纲、蔷薇亚纲、木兰亚纲、菊亚纲等七个观展区及观赏温室区、植物资源展览馆等，共栽培植物935种15万株，其中200余种是济南首次引种，近20种属国家珍稀濒危保护植物。1989年后，经过多次绿化改造提升，植物配置发生很大变化，仅2004年的大规模改造，就引进各类苗木83种(品种)2.67万株。至2010年，园内植有植物1000余种近20万株，原来规划建设的八个不同植物区，经改造形成松柏园、牡丹园、月季园等14个专类园，绿地面积42.3公顷，绿化覆盖率为90%。

四、五龙潭公园

1987年建成。2004年，修建与趵突泉公园连接的水上游览线路，同年6月1日实现两园游船水路连接。航道位于两个公园之间的护城河内，全长300米。2008～2009年进行扩建改造，扩大公园面积约2公顷，新建贤清榭、秦琼祠、东门、西大门等景观建筑，重建北门、五龙潭桥，铺装园路4800平方米，增加绿地面积6000平方米，增植乔灌木3万余株。在西护城河景观改造工程中，将周公祠桥至大明湖段东岸景观进行改造，全线长约400米，栽植乔灌木和水生植物6万余株，安装假山石8000余吨。经改造，原公园外的铜元局前街南段变成水域，设置船闸，解决西护城河南北水面落差大的问题，便于游船通航。2009年7月19日与大明湖通航。

1985年，规划建设五龙潭公园时，围绕潭、池、溪、港广植花木。1987年开园，植有树木81种3477株。其中，常绿乔木占20.3%，落叶乔木占14.4%，灌木占59.5%，藤本植物占5.8%。种植草坪22827平方米，绿篱110米，竹子15395株，花坛50多平方米，宿根花卉1704墩，水池植荷花644平方米，绿地面积3.3公顷，绿地率为71.1%。2007～2010年，配合护城河通航工程，补植花木，提升绿地景观。2011年，园内乔灌木120余种5万余株，水生植物3万余株。

公园绿化采取自然式配置手法，利用水体、地形、植物划分园林空间。园内以林、竹为主，以垂柳为基调，适当配植常绿树种，溪岸、池畔植有蔷薇、迎春等垂枝花灌木，山冈、阜地以秋色树、花木、常绿树丛植成林；林缘、路边广植草皮，并利用丰花月季、樱花等植物布置成花坛、花丛花境，并以植物与假山、泉水，构成花港、绿屿、竹径、树林、草坪等自然景色。

水杉、银杏、翠柏、刺楸是园内最有特色的植物。20株国家一级保护植物水杉，是1989年从园林苗圃移植而来，集栽于大草坪西端；8株国家二级保护植物银杏，其中1株植于武中奇书法篆刻展览馆前，是1971年由一单位庭院移植过来，1988年开始结果；大草坪东端的翠蓝柏及中心区域的刺楸，是1987年分别从花卉苗圃和段店苗圃移植，其中翠柏为济南市露地栽培最大的同种树株。

五、中山公园

位于市中区经三路132号，是山东省修建最早的以公园命名的公共游览场所。1986年11月12日，孙中山先生诞辰120周年之际恢复“中山公园”名称。

园内有百年以上古树名木10余种近百株，有“松柏深秀而满园”之说。为保护园内古树名木，1998年始，对部分生长差的古树采取复壮措施。2006年10月至2007年5月，对中区及西区进行绿化改造，使古树得以更好保护。2009～2010年，进行植物景观提升改造，公园绿化覆盖率95%以上。

六、青年公园(博远广场)

1998年5月，公园被改建成开放型绿地广场，称槐荫广场。总面积3.2公顷，其中绿地面积和硬铺装面积各占1.6公顷。广场呈外方内圆形，中心为大理石铺装的圆形音乐舞台，设有音响、灯光。舞台周围为放射状布局的草坪，草坪中植有大规格乔木。2004年山东博远物流发展有限公司获冠名权，改称博远广场。2009年，投资2.2亿元对广场实施改造。广场北部有“四五”烈士纪念碑，1989年4月落成，为纪念1931年4月5日被军阀韩复榘枪杀于纬八路刑场的邓恩铭、刘谦初(时任中共山东省委书记)等22名共产党员而立，由雕塑家仇志海设计。碑高5米，由3块长方体大理石组成，镶嵌反映烈士当年英勇就义的铜雕，并刻有王震、梁步庭的题词和22位烈士的主要生平事迹。1995年5月，被中共济南市委宣传部公布为第一批市级青少年爱国主义教育基地。2002年4月，被共青团山东省委公布为山东省青少年道德教育实践基地。2009年，结合广场改建项目，对纪念碑进行碑体提高、清洁、描金等修缮处理，碑体下方设置汉白玉栏杆，纪念碑周边增加空地面积，方便中小学生和广大市民开展爱国主义教育活动。

七、百花公园

1989年，规划建园时突出“百花”特色，在总面积17.87公顷的区域内，种植花木120种3万余株，草坪地被2公顷，以群植、片植为主要栽植形式，形成牡丹园、玉兰园、碧桃园、竹林园、月季园、石榴园、山楂园等专类园。春天至初夏，2000余株牡丹，2000余株芍药，450余株白玉兰，150余株碧桃，竞相开放，成为市民春游踏青的好去处。公园内还植有大片的雪松、大叶女贞、石楠、海棠、紫薇等名贵树木；点植黄栌、月季、丁香、木槿、蔷薇、迎春、蜡梅等花灌木；主环园路栽植毛白杨；山水园及曲池岸边栽植垂柳；西北部的芦湾区，广植荷花、芦苇等水生植物。整个园区达到四季常青、三季有花。

2010年，实施公园环境改造提升工程。改造西大门和儿童乐园，新建音乐喷泉、片林及湿地等景观，整修园路与广场，改造和提升服务设施及绿地维护系统，公园总面积由17.87公顷增至18.38公顷，当年国庆节向社会免费开放。2011年年底，公园绿地面积13公顷，植物种类140余种4.2万株，绿地率70.7%。

八、济南国际园博园

济南国际园博园位于长清区大学科技园内，距济南城区25千米。由举办第七届中国(济南)国际花卉博览会建园得名。园区占地总面积345.06公顷，其中水面积96公顷，陆地面积249.06公顷。2008年10月19日正式开工建设，2009年9月22日建成开园。园内分为公共区、中央湖区、国内园展区、国际未来人居园展区、齐鲁园展区、趣味园展区、休闲娱乐区和苗木储备区八个功能区，是集园林景区、生态旅游、植物科普、文化博览、休闲度假、水上游览为一体的大型综合性国际园林花卉博览园。第七届园博会于2009年9月22日至2010年5月在该园举办，共有国内外106个城市、单位参展。

园博园建设以“文化传承，科学发展”为主题，建成一条中央主轴、两条景观观赏轴、八个功能分区、三大主题建筑，突出展现“文、水、花、新、广、和”六大特色。中央主轴及景观观赏轴两侧除展现“泉水”的景观元素外，多为季节性花卉组成的“花海”、花坛和乡土树种构成的“树阵”，国内外108个展园掩映在突出地域特点的植物之中。为体现园林景观独特的风光及植物特色，园内还规划建设落霞园、台地园、湿地园、愿学书院4处专类园。

落霞园位于园内西北部的山体区域，以常绿、秋季色叶植物为主，形成山地植物群落，体现园林植物的丰富性和多样性特色；台地园位于国际展区东侧，充分利用原有地形，设计成为以花卉及花灌木为主的自然坡地谷地，形成五彩缤纷、花团锦簇的特色花谷；湿地园建在齐鲁园东侧，靠近湖区，以湿地植物和水生植物为特色，以大树草坪为骨架，配以简洁的园路、小桥，形成水溪蜿蜒、植物葱郁的自然湿地景观；愿学书院位于国际展区滨湖大道南侧，利用植物、建筑、雕塑等造园元素，集优美园林景观和浓厚的文化内涵于一体，充分展示园区的文化内涵。

第二节 区(县)级公园绿化

一、历下区

(一)浆水泉公园 位于历下区姚家街道回龙山下，因园内有济南七十二名泉之一的浆水泉而得名。总面积33.3公顷。园外青山环抱，园内山泉喷涌，溪流纵横，库水清清，林木繁茂。

(二)洪山公园 位于旅游路以北，经十东路以南，浆水泉路以东，转山西路以西的洪山，原为垃圾山，石质坚硬，垃圾满地，寸草不生。2008年，历下区政府决定将其建成公园。同年9月28日开工，2010年年底建成，栽植各类苗木22.3万余株。公园入口两侧及广场北侧用假山石进行砌垒，栽植油松、樱花、连翘等植物。设置上山游步道，植有火炬树、白蜡、银杏、桃树、杏树、柿树、松树等，部分精品节点栽植五针松、山茶等。山顶观景阁配园林水景，栽植市树——柳树。洪山由过去的垃圾山变成四季常青、三季有花、两季见果的“花果山”。

二、市中区

(一)舜玉公园 始建于1991年，因地处舜玉路而得名，占地2.2公顷，是济南市唯一开放式社区公园。2006年，补植草坪1.1公顷，栽植各类观赏花木7000余株。

(二)郎茂山公园 位于市中区南部，南临二环南路，由大小七个山头组成，海拔在111.2～232.6米之间，总面积约82.5公顷。1997年，定为市中区区属公园。栽植侧柏、火炬、黄栌、贴梗海棠、平枝栒子、蔷薇、紫叶李、迎春、大叶黄杨等观赏性高、易成活的苗木。至2011年年底，几个主要山头初现片林景观。

三、天桥区

(一)张养浩公园 位于天桥区柳云社区内，西泺河路以西，占地面积1.3公顷，20世纪90年代为纪念元代著名散曲家张养浩而辟建。

2001年，将顺河高架桥以东区域划入绿化范围，植有杨树100株、柏树150株、雪松13株、法桐15株，还有垂柳、紫薇、红槐、紫荆等树种。公园前铺设青石，设立风景石、龟碑等。2006年，社区投资200万元对墓地进行绿化改造，扩种柳树200株，对两处藕池进行砌垒保护，在其北面新建3000平方米绿地。

(二)凤凰山社区公园 位于济南城区北部。凤凰山为济南“齐烟九点”之一，山体绿化植被较好，共植有各类乔木371株、花灌木9786株、草坪3公顷。2006年，社区居委会对3公顷的绿地草坪进行更换改造，补栽乔木17株、花灌木124株。2010年，提升改造山体东侧植被。

(三)药山公园 依“齐烟九点”之一的药山而建，北靠二环北路，规划面积3公顷。公园由天桥区园林绿化管理局设计并组织施工，2001年7月动工建设，2002年1月建成。园区由绿地、硬化道路和铺装广场、人工湖及建筑组成，其中绿化面积1.7万余平方米，种植各类花灌木1万余株，大型乔木240株，有园林小品1处。整个公园绿树成林，花开似海。

(四)西苑小区水景公园 位于天桥区无影山中路西北部。园内有济南新七十二名泉之一的无影潭，依此形成一处6000平方米的水潭绿地，2002年扩建为2公顷的水景公园。公园草地、灌木、绿树层次分明，种植雪松、龙柏、大叶黄杨球、五角枫、白蜡、垂柳、国槐、红叶李、碧桃、丁香、榆叶梅、百日红、连翘、迎春、蔓月季等花卉苗木1.5万株，竹子750墩，草坪1500平方米。潭周边砌垒了内外两层护岸，四周绿树夹岸，潭边芦苇丛生。

四、槐荫区

（一）匡山公园 2001年，依“齐烟九点”之一的匡山而建，占地面积5.67公顷，通过栽植大量绿叶乔木，山体植被覆盖率80%以上。

（二）腊山公园 始建于2008年，至2011年，公园主体框架基本形成。园区面积约160公顷，苗木保有量70余万株。植物配置以松柏常绿树为基础，以黄金槐、黄栌等色叶树为烘托，20余个树种形成季相明显、色彩斑斓的绿化效果。

（三）腊山湖公园 2010年初步建成。公园面积18公顷，植物配置以银杏、柳树、淡竹等观赏苗木为支撑，以香蒲、千屈菜、荷花等水生植物为重点，以地被花卉、优良草坪为铺垫，体现出人、水、绿和谐共存，山水相依的湿地绿化主题。

五、历城区

（一）鲍山公园 位于济南城东约15千米处，王舍人庄东南。1992年，济南钢铁厂以鲍山为主体投资建设鲍山公园。至1995年，共栽植各类树木35万株，鲍山被各种植物覆盖，昔日的青石山变成郁郁葱葱、景色优美的风景山。

（二）华山公园 位于济南市郊东北部，北邻黄河，南靠小清河，1996年依“齐烟九点”之一的华山而建。经过几年的建设，完成上山游路和上山引水管道等基础设施以及吕祖庙、华泉、华山瀑布等景点的修建，山体得到绿化。至2001年5月，公园初步建成，总面积50.69公顷。

（三）凤凰山公园 位于历城区港沟街道，东临唐冶新区和济南市出口加工区，占地面积25公顷。2007年，依山开工建设公园，修复破损山体并进行绿化。至2011年，栽植侧柏等苗木24万余株。

六、长清区

（一）清怡园 位于长清区政府大院东，灵岩路西侧，始建于1992年，占地面积1.33公顷。园内有绿化苗木40余种，主要树种为白皮松、雪松、龙柏、玉兰等。

（二）长清乐园 位于长清城区清河街南侧，长清宾馆以西。1993年12月建成，是全区最早建设的城市公园之一。初建面积2.67公顷，园内主要树种有黑松、油松、华山松、雪松、水衫、广玉兰、白玉兰、杨树、柳树、楝树、竹子、木槿、丁香、紫薇、芍药、牡丹、海棠、月季等，特色植被有爬行卫矛。后增加绿地面积1.2公顷。

（三）清心园 位于长清城区马山路南首路西。始建于1994年，占地面积4200平方米，绿化面积2880平方米。2010年，实施景观改造提升，对原有植物进行调整，增加植物种类及数量，丰富植物群落，提升植物景观效果。

（四）清悦园 位于长清城区清河街南侧，与清怡园隔街南北相对，属文化集散广场。建于2002年，占地面积1.33公顷。广场以铺装为主，绿化面积4990平方米，绿化树种20余种。

七、章丘市

（一）百脉泉公园 位于章丘市城区明水，因有颇负盛誉的百脉泉而得名。始建于1986年，由著名园林专家孙筱祥总体设计，规划面积35.91公顷，其中水面占公园总面积的35%。2004年，为与新建成的百脉泉广场景观融合，对公园进行提升改造，修建风雨长廊、北门新景观区，增加公园面积3.3公顷，成为中国北方独具特色的泉景公园。2003年获国家AAAA级旅游景区。2005年9月，与四川峨眉山、浙江普陀山同获“全球优秀生态旅游景区”称号。

公园从南而北，再而西北，沿水之滨依序布置景点，展开园林画面。植物配置上以亲水植物垂柳为主调，间植春花秋色树种和常绿松柏。造景上，采取对比和对景、借景的艺术手法，使整个公园形成自然风光区、龙泉寺、清照园三大各具特色的游览区。

（二）眼明泉公园　位于章丘城区世纪西路以东，胶济铁路以北，明塘街以西，龙泉路以南，是章丘市继百脉泉公园之后建设的一处以泉水景观为特点的公园。公园建设分二期完成，一期工程于2004年4月15日动工，10月完工；二期工程于2005年2月5日动工，6月30日完工。规划占地面积39.33公顷，绿地面积占总面积的79.43%。公园建成后，与荷花广场、荷花公园、清照词园等已经建成的城市开放空间相连通，共同构成明水城区的泉水系统、绿地系统、生态基础设施系统和旅游休闲系统。11万株乔、灌木植物整齐地蔓立于河道两侧，7公顷的水生植物把公园装点得绿意盎然、生机勃勃。

（三）荷花公园　1996年建成。位于章丘城区北部，北靠龙泉路。占地面积8.7公顷，绿地面积7.53公顷，绿地率86.5%，水面积占55%以上。公园以荷花胜景为主题，以取原低洼地势引绣江河水形成的大水面为中心，环绕水面建设游步道，同时借助通往湖心小岛的景观桥和九曲连环的栈道，向开阔的水面内纵横延伸，最大限度地营造亲水空间和观赏荷花的界面。岛上垂柳绿树成荫，枝条婀娜，轻拂水面，激起层层涟漪，与迎风飘摆的荷花相映衬，共同构成一幅精美的水墨丹青画卷。水面外围配置大色块绿化，主栽树种为垂柳，合理搭配迎春、连翘等花灌木，与园外遮阴蔽日的行道树相融合，形成一个安静、清爽的休闲娱乐场所。

（四）桃花山公园　始建于1992年，重建于2013年4月。位于章丘市老城区中部，北起汇泉路，南抵山泉路，东临桃花山街，西至人民医院，占地面积15.12公顷，绿地率82.3%。公园内最高点海拔80.5米，最低点高程约65米，地势中间高，四周低，坡降舒缓。公园以桃文化为代表的地域文化作为景观题材，以山水为景观载体，以“桃文化、山水园”为主题，形成“一轴、一环、一带(山水为主的景观主轴、环山主游路、带状水系)”的总体布局，创造出爽目、清音、沁馨、触乐、快味的景观特色，成为集休闲娱乐和人文理念于一体、富有地方性特色的公园。

公园由北入口及管理服务区、东入口及儿童游戏区、水系景观区、文化休闲区、安静休息区和运动休闲区六大区域构成，有山堤云水、独木成林、泉声驿站、诗径书趣、雀影林幽、桃园小筑、八重叠溪、七彩飞瀑、碧潭森森、蒲泽荷香、芳林叠水、花溪樱落等景区。中国园林的山、水、植物、建筑四大造园要素在园内均有体现。建筑与山水植物相互映衬，可赏、可游、可憩。

（五）洼山公园　位于章丘城区以南，北临唐王山路，西靠世纪西路，占地面积55.79公顷，绿地面积51.05公顷，绿地率91.5%，是章丘市第一座开放式生态型森林公园。洼山为海拔134米的低缓小丘。公园规划建设结合原有地貌进行，经过几年绿化美化改造，园内喷泉、景石、假山等园林景观设施，以及水、电、道路交通基础设施基本完善。绿化植物配置以林果、色叶植物、花灌木为主。

（六）东山公园　位于章丘市双山大街以东，经十东路以北，由老东山、小东山两个山体组成，海拔高度分别为176米、161.4米。公园面积66.67公顷，绿地率94.05%，为城市森林公园。园内栽植黄栌、苦楝、黄金槐、紫叶李、紫薇、红瑞木等各类苗木50余个品种近30万株，为城市“绿肺”和天然氧吧。

八、平阴县

（一）玫城公园　1995年建成。又名“水上公园”，位于平阴县城西北角。园区绿化面积3.6公顷，草皮0.2公顷。绿化树种以雪松、云杉等常绿树种为主，辅以五角枫、银杏等具有季节色相变换的落叶树种。灌木主要以莫海姆玫瑰、月季为主，配以红叶小檗、瓜子黄杨等色块带。石榴园、玫瑰园、牡丹园等特色绿化具有浓郁的乡土风味。

（二）玫瑰园　始建于1959年。位于平阴县城西南11千米处，玫瑰镇陶庄村南，又名平阴县玫瑰花研究所实验园，占地面积4.67公顷。平阴玫瑰是中国传统玫瑰的代表，以花大色艳，香味浓郁著称于世。栽培历史悠久，早在唐朝就有翠屏山僧人慈净种植玫瑰的传说。到明朝已有利用玫瑰酿酒的佳话，民间传有“隙地生来千万枝，恰如红豆寄相思。玫瑰花放香如海，正是家家酒熟时”的诗句。20世纪初，平阴县年收购玫瑰花30万千克，享有“玫瑰之乡”的盛誉。每年5月中旬为玫瑰盛花期，花期3～10天。花开时节，红、白、紫、黄等各色玫瑰竞相开放，争奇斗妍，芳香醉人，形成玫瑰花的“王国”。

九、济阳县

（一）济北公园　位于济阳县城开元大街以南，正安路以西，广场西路以东，富阳路以北，占地面积9公顷，2005年10月建成。植物群落丰富，疏密有致，绿化覆盖率70%。植物配置注重遵循“以生态效益为主，提高单位面积绿化量”的原则，配植黄山栾、白蜡、垂柳等大型乔木，既提高公园的绿化覆盖率，也提高单位面积绿量；适地适树科学布局，大量选用适应性强、抗性好、特色明显的乡土树种，使乡土树种占植物品种的85%，同时引进优良树种丰富植物群落；注重生物多样性，合理配植，使植物种类的高低、色彩、层次搭配，植物群落层次分明、主体突出，形成丰富的季节变化，突出植物造景。

（二）澄波湖公园　位于济阳县开元大街与220国道交汇处。2008年开工建设，至2011年年底，园内绿化面积66.7公顷，植物配置注重形态和色彩，常绿与落叶，乔木、灌木、草本、地被植物合理搭配。栽植苗木80余种，120余万株。澄波湖平地开源，引黄河水经沉沙后汇聚于湖内，湖水澄净扬波，湖畔垂柳依依。2010年，被命名为省级湿地公园和省级水利风景区。

十、商河县

（一）人民公园　位于商河县城中部，西邻商中路，北至明辉路，南靠长青路，东临振业街。规划用地面积17.98公顷，分二期建设。一期自2000年至2005年10月，建成面积4.33公顷；二期自2007年9月至2008年8月，规划面积全部建成。其中绿化用地10公顷，水面4.47公顷，绿地率80%。

（二）滨河公园　始建于2009年。位于商河县城南部滨河路、彩虹路、商中河、文昌河合围区域，占地面积15.2公顷，其中水面积4公顷。种植各类乔木1.5万株，铺设绿地灌溉管线4000余米。

第三节　专类公园绿化

一、济南动物园

原名金牛公园，1960年建成，选址基于济南市苗圃。1989年9月8日，改称为济南动物园。建园后，公园绿化不断改造提升，至2011年，园内绿化总面积约为47.3公顷，绿化覆盖率达95%以上。生存树木131种89154株(不包括竹林苗圃)，其中常绿乔木54.28%，落叶乔木23.48%，水生植物23.24%。另有竹类30余万株，草坪16公顷。

在植物配置上，突出森林式动物园的特

色，创造适合动物生长的环境。狮虎山、猛兽馆周围松柏苍郁，灌木丛生，使动物隐于山林之中；熊猫馆附近疏林青碧；鸣禽馆植毛白杨、法桐、五角枫等，使群鸟栖息于密林；笼舍间花坛内花开不断，构成鸟语花香的意境。

园内林木多成片栽植，形成多种片林。侧柏林位于金牛山及山南地段，主要有新中国成立前栽植的侧柏、千头柏。林中杂有数百株20世纪30年代初期栽种的大树，其中山顶金牛阁西平台上一株，底部干径31厘米，呈衰老状，传为清代遗物。熊猫馆周围的侧柏1963年栽植，柏树构成金牛山绿化的基本特色。刺槐林栽植于狮虎山以西，占地面积3公顷，其中3000多株为建园前所植。暮春白花锦簇，槐香四溢，花谢后一片青翠，荫郁清幽。杨树林分布于鸣禽馆西，森林乐园、工商河西岸路旁。鸣禽馆西的290余株是1960～1962年栽植，森林乐园的700余株和工商河西岸的124株及路南端的毛白杨片林是1972年栽植，在园中形成一道绿色屏障。五角枫林位于嘤鸣馆南，现存90余株，建园初期栽植，占地面积2500平方米，林间置石桌石凳，是游人憩荫佳处。竹林在金牛山北至小清河地段上，占地面积3.4公顷，现有竹子30.6万株。1975～1976年由临清县引种500株竹苗，至1989年形成占地约1.33公顷的竹林。1998年开始沿小清河南岸逐年繁殖扩展至现有规模。桃林在金牛山西南坡环山路两侧，占地约2.45公顷。20世纪80年代末期，种植山桃百余株，经多年修剪疏伐，现存40余株，株高大多在3米左右。90年代中后期树势开始衰弱，1999年开始更新复壮，至2005年年底基本更新完成。每年早春，红白相间，繁花似锦，呈现一片勃勃生机。梨树林在园区东部，栽植于20世纪50年代初，占地5公顷。原是一片栽有上千株苹果、葡萄、梨树的果园，因树势衰老被砍伐，现存梨树290多株，构成春华秋实的园林景观。园内存有63株白皮松，零星分布于各景区，平均胸径18～20厘米；金牛山顶阁东侧4株胸径都在30厘米以上，其中最大1株胸径40厘米。冠呈伞形，树皮灰绿，老化后表皮鳞片剥落，留下大块黄白色斑块，极具观赏性。

园内道路多以行道树命名。有东门门坊内40余株柳树形成的柳荫路，柳荫路至工商河桥段的法桐路，环山路、工商河至办公区的国槐路，环山路至猩猩馆的丁香路等。行道树有建园初期栽植的，也有为营造景观逐年栽植。或早春柔枝吐翠，垂丝飘荡；或盛夏绿荫如盖，遮天蔽日；或花香四溢，沁人心脾，景象十分壮观。

二、济南植物园

济南植物园位于章丘市埠村街道，距济南市区35千米，东邻省道244线，北距经十东路4千米，南与济青高速公路南线毗邻，规划建设总面积400公顷。

建园前，园区东西大沟北侧为毛白杨林地，东西大沟以西的西山有两处果园，南北大沟与东西大沟交界处以南的南岭栽植一片刺槐林，其余多为撂荒地。至2006年9月建成开放时，已形成水系、植物展览区和游览区三大区域。植物展览区收集栽培植物以中国东北、西北、华北、中南地区的温带树种为主。引种栽培109科936种植物，其中木本植物670种。根据植物不同的生态要求，以科、属为基本单元，以植物专类园的形式展示植物造景艺术，形成各具特色的园林景观。园区建有彩色植物园、紫薇石榴园、木樨园、樱花园、蔷薇园、牡丹园、海棠园、菊园、药用芳香园、木兰园、竹园、松柏银杏园等12个植物专类园和盲人植物园等6个特色园，成为集植物科学研究、种质资源保存、植物知识普及、新优植物推广、游览观赏休憩、生态示范展示等为一体的植物园。

（一）紫薇石榴园　位于园区主干道知春路西侧，南邻彩色植物区。主要栽种各类品种的石榴、紫薇。有翠薇、银薇、白石榴、玛瑙石榴、月季石榴等品种。紫薇映日，榴花似火，

济南植物园　(2010年摄)

在炎炎夏日争奇斗艳、繁花似锦。

(二)彩色植物园　位于紫薇石榴园南。园内栽植叶、干、果常年或季节性呈彩色的植物，主要有：青桐、龙柏、红瑞木、红枫、朴树、黄山栾、栾树、蜡梅、黄金槐、银杏、大叶黄杨球、紫薇、紫叶李、红叶臭椿、白皮松、黄栌、紫叶矮樱、白蜡、五角枫、鸡爪槭、柿树、乌桕、复叶槭、水杉、小蜡、金叶女贞、迎春、玉兰、翠柏、梓树、三角枫、雪松、法桐、侧柏球、大叶女贞、云杉、加杨、樱花、枫香、红叶小檗、丁香、垂柳、金枝柳、扶芳藤、七叶树、金山绣线菊、国槐、楸树、旱柳、油松、白扦、千头椿等。

(三)蔷薇园　在园区东北部知春路南侧，栽种丰花月季、微型月季、茶香月季、藤蔓月季等品种。园内利用蔷薇和藤蔓月季构筑成花廊、花架、花棚、花门、花篱等围合空间。丰花月季、茶香月季等组成花阵。蔷薇月季色泽丰富，蓓蕾四时不绝，颇能感受到“曾配桃李开时雨，仍伴梧桐落后风”的意境。

(四)松柏银杏园　位于园内最高处圣地山西坡，迎夏路东侧。主要引种栽培雪松、云杉、龙柏、桧柏、黑松、白皮松、油松、刚果油松、侧柏、青扦、龙柏球、小龙柏、侧柏球、水杉等，配以银杏、五角枫，火炬树、黄栌，创造出冬季绿色不衰，春夏松荫匝地，秋季叶红果黄的圣地景观。

(五)菊园　位于园区南半部，是菊科植物及宿根花卉的展示区，种植菊科、百合科、景天科、石蒜科、鸢尾科等近百种宿根花卉。这里常年花开不绝，每年举办一次大型菊展。园内还配植竹林，点植柿树、银杏等，构成四季景观。

(六)药用芳香园　位于海棠园、樱花园南面，西与盲人植物园相连。园内汇集华东、华北中草药资源，有木本、草本、荫生、芳香等，复层配植物，每种都标有学名、药用价值、经济价值，向游客展示中草药的特点和效用，带给游客清新、静谧的幽香环境。

(七)盲人植物园　栽植蜡梅、海棠、丁香、银杏、马褂木、七叶树、柿树、龙爪槐、紫薇、紫荆、金银木、五角枫等易于为盲人感知的植物。园内设置有供盲人“手读”的文字介绍牌和语音提示系统及无障碍服务设施，方便盲人游赏。

三、森林公园

(一)济南森林公园　位于槐荫区张庄路西首路北，东邻兴济河，西至二环西路，北抵济西路，由济南市园林苗圃改建而成，占地面积69.5公顷。2010年，公园扩建改造，园林苗圃全部改建成公园，并更名为济南森林公园。改建公园一期工程共栽植雪松、白玉兰、翠柏、垂槐、黄金槐、百日红、水杉、雪松、海棠、龙爪槐、龙柏、红花刺槐等100多个品种1.5万余株，铺种草坪3公顷，形成苗木生产与游览相结合的圃地森林公园。公园扩建时，利用圃地原有苗木进行绿化建设。共栽植各类植物169种44万余株，铺植草坪地被40余公顷，公园绿化面积60.1公顷，绿地率为86.4%，形成不同的专类园。

春花园　位于花雨湾周边，因栽植大量春花植物，故名。园内以花雨湾为主景，植有海棠、樱花、白玉兰、梨树、碧桃、榆叶梅、紫荆、二月兰、紫花地丁等植物，与花雨湾水景相映成趣，极具春花烂漫的特色。园内西侧有一株九头柳，9根巨大枝杈围合成伞状，造型别致，长势茂密，自成一景。

台地园　位于公园南门主入口处，由月季台、台地广场、彩色喷泉、雕塑、六角亭等主要景点组成。景观空间以树形优美的大型乔木和常绿乔木为主要背景，台地花坛围合的广场空间，通透广阔。月季台周围，青石砌成的五道圆形花池，植千株绿篱，栽万株月季，环形土山，花草相拥，奇石卧坡，景致优美。站在月季台回首环眺，远山近景，尽收眼底。台上建有6米高的4层叠水池，水从池台倾流而下，水花飞溅，状如瀑布。池内置多组音乐喷泉并配有玫瑰花语雕塑，营造出温馨浪漫的场景。

夏木园　位于公园东南处，因多植夏季观赏植物，故名。园内浓荫蔽日，有合欢、紫薇、木槿、泡桐、槐树、栾树、梓树等大型花木。30余组体育健身器械全部隐身在树丛绿荫中。有成年人健身的单双杠、吊环、秋千，及儿童游乐玩耍的旋转椅、吊吊床等，可同时容纳100～150人健身活动。

杉林园　位于公园北侧，是全园地势最低处。园中有林间小木屋、木栈道等设施，栽植大量水杉、垂柳以及浮水、浅水、沉水和挺水等水生植物，形成水生植物景观。

水体景观绿化　园区有花雨湾、揽翠湖、涌翠湖、映翠湖、积翠湖等五处水体，水体之间通过溪流连通，形成完整水系，总面积4.8公顷。湖、溪全部采用软驳岸，沿岸和湖内种植再力花、香蒲、芦苇、水芹菜、千屈菜、水葱、花叶芦苇、荷花、睡莲、黄花鸢尾、水生美人蕉等水生植物，形成人造湿地景观。

（二）九如山国家森林公园　位于历城区西营镇，东临章丘，南接莱芜和泰安，距离济南城区48千米。公园面积36平方千米，游览面积12平方千米。园区内群山连绵，峰峦叠嶂，峡谷纵横，森林茂密，山泉遍布，溪流交错，瀑布成群。整个景区分为九如峡谷游览区、天篷瀑布游览区、深潭飞瀑游览区、长城古道游览区和生态休闲避暑区五大景观功能区。

九如峡谷游览区，数千亩原始森林，各种古藤在空中交错缠绕又悠然垂下，纠结成一个个绿色的藤网，多处泉水从山涧喷涌而出，悬挂在绝崖峭壁间，形成北方罕见的丛林峡谷奇观，呈现出恍如隔世的原始胜境；天篷瀑布游览区，繁花似锦，山峦险峰，栈道险峻，溪流潺潺，丛林蔽日，山径通幽，宛如远离尘世的世外桃源；深潭飞瀑游览区，群山环绕，峰峦连绵，深潭含翠，碧水荡波，恰似一幅山水交融的美丽画卷；长城古道游览区，有明末清初的石板古道和距今2500年的齐长城遗址，身临其境，可领略长城残垣，古道沧桑，松随风啸的历史变迁。

（三）卧龙峪省级森林公园　2010年6月批建。又称济南长清卧龙峪生态旅游区。位于长清区境内，南临泰山桃花峪，北临海内四大古刹之一的灵岩寺，西临104国道、京福高速公路，北距济南城区49千米，南距泰安城区16千米。公园四周青山环绕，自然风光优美。沟长谷狭，松怪石奇，游人可享受到世外桃源的意境。峪内泉水长年不断，山谷通道，曲径通幽，花木繁茂。步入山林，仿佛进入原始森林。森林深处生长着人参、何首乌、黄芩、灵芝等名贵中草药。

（四）胡山省级森林公园　位于经十东路东首，距章丘城区6千米，距济南城区46千米。1917年在此处辟建私营林场，1949年后，改为国营胡山林场，1995年，山东省林业厅公布为省级森林公园。公园总面积140公顷，林木覆盖率95.6%。

公园由一条大谷内含的五条峪沟组成，植

被以侧柏为主。五条峪沟内的植物景观各不相同，其中二峪沟多杏树，名谓“杏峪”；三峪沟松柏常青，春季金钟花盛开，万绿丛中一片黄；四峪沟柿树较多，秋季红叶满谷；五峪沟深长，树种混杂，色调四季多变。五峪泉位于憩园内，泉边有株古松，高约12米，树径约0.6米，树龄约200年。

（五）大寨山省级森林公园 位于平阴县洪范池镇东南部大寨村西，海拔494.8米，又称监山，为平阴境内最高峰。2000年1月在原国有大寨山林场的基础上建成省级森林公园，面积939公顷。

（六）蟠龙山省级森林公园 原名黑峪林场。2002年，由济南天建世纪集团开发建设。位于历城区中南部山区，地跨彩石、港沟两镇街道，公园总规划面积3166公顷，集中开发建设面积537公顷。园内泉水涓涓，森林茂密，植被丰富，森林覆盖率98.5%。有34科62属88种木本植物。

（七）济南唐王平原森林公园 位于历城区唐王镇，距济南城区30千米。2001年建设，属市级森林公园。该园东接白云湖风景区，西邻济南国际机场，公园总占地面积260公顷，林木花卉面积106公顷，绿化覆盖率70%，素有“天然氧吧”之称。公园分东西两片。东片为垂钓区，有大小鱼塘173个，塘内波光粼粼，蛙鸣鱼跃。鱼塘之间为方正的林地，参天绿树倒影水中，婆娑摇曳，野趣盎然。西片为赏花区，内有花木80公顷，密植着100余种珍稀苗木和常规绿化树，有花卉温室800平方米。

（八）济南黄河森林公园 位于济南市黄河泺口浮桥北岸，占地面积100公顷。公园内各种树木30万株，花草绿树郁郁葱葱，森林气息自然清新，设有浪漫林荫道，名贵美国茶花基地。

（九）济南北郊温泉森林公园 位于黄河北岸，黄河公路大桥西14千米处，面积866公顷，始建于1993年。包括森林浴场、温泉疗养、鱼池垂钓、动植物观赏四大景区。公园景观秀美，四季花香。

四、湿地公园

2001年济南市湿地资源调查统计，全市湿地面积3.25万公顷，主要有河流湿地、湖泊湿地、沼泽湿地和人工湿地4种类型。2005年，山东黄河玫瑰湖湿地建设国家级湿地公园工程动工。至2011年年底，全市湿地保护面积约1万公顷。在建湿地公园10处，其中国家级2处，分别是济西湿地公园、山东黄河玫瑰湖湿地公园；省级5处，分别是济阳澄波湖湿地公园、济阳土马河湿地公园、商河清源湖湿地公园、商河大沙河湿地公园、济南遥墙清河湿地公园；市级3处，分别是济南燕子湾湿地公园、天桥鹊山龙湖湿地公园、章丘白云湖湿地公园。湿地面积约3.3万公顷。

第四节 小游园绿化

1986年后，济南市街头绿地建设不断发展。绿地形式从最初的单纯栽植树木花草，发展到改造地形、整形栽植景观植物、规划布置花架、亭榭、坐凳、雕塑、景石、立体花坛等园林小品，形成街头（小区）游园式绿地。至2010年，市区街头游园绿地发展到326处，总面积近200公顷。

1989年，平阴县建成儿童乐园，是济南市县（市）城区第一个开放的街头小游园。章丘市在20世纪90年代中期建成明珠、桃花山等游园绿地面积较小，植物种类少。2000年县（市）开始大规模建设游园绿地。至2010年，平阴县共建成街头游园绿地10余处，总面积4.5公顷。章丘市先后建成游园绿地30余处，总面积96公顷。济阳县和商河县分别建成13处和35处街头游园绿地。

第二章　风景名胜区绿化

自20世纪90年代末，济南先后建成英雄山、红叶谷等风景区，大明湖公园和千佛山公园升格为省级风景名胜区。至2010年，全市共建有著名风景区9处。

第一节 大明湖风景名胜区绿化

历史上，大明湖一湖荷花，夹岸垂柳，形成独特的自然景观。新中国成立初期，湖内仍分布着以荷花为主的水生植物38.7公顷，湖岸、湖心岛、历下亭等处植有少量垂柳。1955年建园时，铲除田埂，以石砌岸，建成水面46公顷的湖体，并在湖岸补植柳树。20世纪60年代初，公园进行规划改建，并调整绿化布局，沿湖以枝条柔和的垂柳为主，点植树姿不同的法桐、白蜡、国槐等，丰富湖岸景色，与湖中荷花相映衬，构成红荷绿柳的特色。在绿化布局上，以自然式为主，局部采取规整式造型和弧植、丛植、群植等多种手法，体现个性美与群体美的统一。1989年，公园内共有以柳树为基调树种的乔、灌木44科113种12627株，花坛、花境500多平方米以及草坪、竹林、绿篱等，绿化覆盖率77%。20世纪90年代起，公园陆续对铁公祠、藕神祠、西南门、“过山车”场地等处进行绿化改造。2004～2009年，景区进行史上最大规模的扩建工程，保留柳树、国槐、白蜡、椿树、毛白杨、榆树、泡桐、法桐等原有树木400多株；新植乔木8277株，栽植灌木12万株，种植芦苇、蒲草、荷花、千屈菜等水生植物20多种。扩建新区的植物布局充分体现植物与地形、水体、山石、庭院的组合配置关系，利用色叶植物、开花植物、地被植物、水生植物等丰富的植物景观，增强沿湖植物的观赏性。至2010年，景区存有乔木13790株，灌木210余万株，绿地面积25.46公顷，绿化覆盖率约为80%。

大明湖景区绿化植物配置坚持因地制宜、以环境选择植物种类的原则，形成不同的植物景观。

北部山丘地带，以常绿乔木为骨干，形成绿色“屏风”，配以落叶乔木，山色苍翠，秀丽多姿；湖北岸1.4万多平方米的草坪周围，以五角枫、黄栌、火炬树等色叶树种作背景，外缘以常绿灌木、落叶灌木相围绕，体现出个性和季相变化；南丰祠种植桧柏、水杉、竹、国槐等，庄严肃穆；花卉展室东北有刺槐林，开花季节，白花满冠，清香醉人；明湖楼东侧雪松林，面积3000多平方米，树冠呈塔形，挺拔苍翠，阵风吹过，松涛起伏，蔚为壮观；明湖楼西侧土山，植有桧柏、千头柏、火炬树、黄栌、五角枫等混交林，形成“北山秋色”景观，深秋季节，绿的碧绿，红的火红，颇具山林野趣；铁公祠内，植有松、竹、梅，体现追香寻梅的意境；沧浪亭三面荷池环绕，夏日柳荫覆盖湖岸，满池荷花飘香，微风摇曳，红绿相间，“沧浪荷香”，景色绝佳；铁公祠西侧疏林草地，利用原地形及雪松作背景，植水杉、侧柏、银杏、白玉兰、白杨、桧柏、水杉、淡竹、南天竹、蜡梅等，环境氛围清雅幽静；铁公祠北侧的“天香园”，1993年10月1日建成开放，占地1500平方米，分仿竹园、仿木园及园林小品三个景区。建成初期，是济南著名的兰花养植、展览场所，后主要展出盆景。园内有株紫藤，树龄逾百年，春天开花时节，串串紫色花絮挂满枝头，花香四溢，引得蜂飞蝶舞。

西岸龙泉池周围，植有黑松、雪松、白皮松、圆柏，四季常青；池畔石峰配植榆叶梅、丁香、连翘、海棠、百日红、珍珠梅等，三季有花，或聚或散，取其自然，与山石巧妙组合，流水潺潺，野趣盎然；南岸稼轩祠正厅两侧，冬青环绕，形成长方形绿地，南北两端，各对植两株银杏和白皮松，配置月季，姿秀而古雅；遐园内既有参天的白杨、法桐等高大树种，又植有迎春、山杏、丁香、紫荆、连翘、郁李等春花植物，构成春花满园的景色；秋柳园植杨柳近百株，配植松柏、大叶女贞、银杏、南天竹等秋色树种，枝繁叶茂，环境幽静，蝉鸣高树，其声悠远，“秋柳鸣蝉”“秋柳含烟”景观别有情趣。

散布湖中的历下亭、汇泉堂、湖心亭、小南岛、北洋洲、翠柳屏，总面积1万多平方米，遍植杨、柳、桐、槐、云杉、冬青、海棠、石榴等，岛内花坛种花植草，形成杨柳起舞、群花争艳、芳草如茵、四季青翠的植物群落。

第二节　千佛山风景名胜区绿化

1959年辟建公园后，市人民政府重视风景山建设，多次大规模组织市民上山植树造林，保护植被资源，山体迅速得到绿化。至1989年，公园辖区内，山场存有木本植物95种，成林树34科40多万株，植被覆盖率80%。后经多次绿化改造提升，至2010年，景区植物种类45科160多种，成林树木70多万株，植被覆盖率96%以上。园区内有以侧柏、桧柏、千头柏为主体的常青林；以黄栌、黄连木、五角枫为主体的红叶林；以山杏、山桃、流苏为主体的观花林；以山榆、荆条、酸枣为主体的野生灌木林；有以各种观赏花木构建的桃花园、樱花园、蜡梅园、梨花园、竹径、丁香路、连翘路、紫薇路、金银路以及林荫夹道的绿色长廊；有散布在山崖、路旁享有活化石誉称的古树300多株。

绿色长廊　唐槐亭向上，有东西两条盘路。盘路两侧，年年绿化，现已成荫，将盘路密蔽，被誉为“绿色长廊”。春天，鲜花怒放；夏天，万木映绿；秋天，红枫流丹；冬天，桧柏叠翠，景色奇丽。

危岩悬翠　兴国禅寺西门南侧，有天然石崖，高约30米，长70米，危然耸立，如削如劈。上面有上百株侧柏、山榆、荆条、叶底珠等野生植物，形姿各异，典雅壮观。尤其生在岩巅石缝中的侧柏，枝干虬曲，垂青悬碧，展示不畏艰险，顽强拼搏的高贵品格。

寒秋红叶　千佛山南麓，半山坡上有数以万计的色叶树。有形如元宝，翅果悬挂的五角枫；有叶形洒脱，花艳若彤云的黄栌、黄连木。2001～2004年，种植各类植被，景观更美。深秋季节，叶色渐红，层林尽染，灿如彩霞，娇娆夺目。清晨，在朝阳甘露的衬托下，像红色的锦缎上，缀满了粒粒珍珠，蔚为壮观。

秋景林　位于千佛山下人防洞口处，原是人防工程凿山堆积的石渣。1995年12月至1996年2月，公园将石渣进行平整，上面覆盖千余立方米沃土，栽植白蜡、火炬、黄栌、五角枫等秋景树1400余株，间植少量侧柏、女贞、山桃、山杏、木槿、紫叶李等常绿树、花灌木，建成秋景林，面积约1.4公顷。形成秋天一片火红，春夏冬三季有花木的景观。

竹径　北起紫薇路，南至景区水电房，由土坡推平建成，占地3300平方米。2002年8月开工，2003年8月竣工。沿路两旁带状坡地内，栽植淡竹5000余墩，经几年生长，幼竹已成林成荫，炎热夏天，漫步竹径，倍感凉意。

樱花林　位于千佛山主盘路中段路东，占地2600多平方米。1993年春，为纪念济南市与日本和歌山市缔结友好城市10周年，和歌山市向济南市赠送樱花树苗百余株，种植于此处，形成樱花林。林间还植有松柏、黄栌、迎春等花木。1995年5月，在樱花林西隅，辟建瀛芳园。

梨园　位于秋景林南，文昌阁东，观音堂西，1998年3月始建，1999年5月建成，占地6800平方米。园内种植白梨、核桃、桃、丁香、臭椿、冬青球、雪柳等乔、灌木15种2000余株。其中，梨树100余株，以白梨为主。每年4月梨花开时，花白似雪，市民争相来此赏花。

桃花园　位于万佛洞北侧，占地6.6公顷。园内栽植各种桃树2400余株，间有红杏、榆叶梅等。该园融自然、人工于一体，专供游人踏青、游春而建。林间铺有冰纹石样小径，蜿蜒曲徊；路边树下点缀秀石，千姿百态。每逢阳春三月，桃花争相开放，如红雨，似彩云，为千佛山平添几分春色。

第三节　红叶谷生态文化旅游区

黄栌是红叶谷景区主要的野生色叶植物，十几条蜿蜒陡峭的山谷中布满黄栌。每逢深秋，红叶漫山，层林尽染，形成景区特有的自然景观。景区除漫山黄栌等色叶植物外，在建设过程中和建成开放后，因地制宜，植树种草栽花，植物种类不断丰富，山体绿化、美化面积不断增加。至2011年，景区植被覆盖率为98%，成为名副其实的生态旅游景区。主要植物景观除红叶外，还有欧洲风情谷、蔷薇园、群芳园、蔓园、百合园、梅园等各具特色的植物景观区。

欧洲风情谷　为景区开放后新建，全长1.6千米，是景区春季举办郁金香节主展区。每年4月8日到5月12日的郁金香节期间，50余个品种、100万株荷兰郁金香姹紫嫣红，争相怒放，整个山谷变成花的海洋。山谷北半部以红柳、刺槐、荆柯等乡土树种为主，山谷南端有树龄50年左右的核桃树10余株，黄栌数十株，柿子树、软枣树等大规格乔木若干株。

百合园　占地面积1公顷，是景区百合花节的主展园。园区分为莺歌欢谷、誓言广场、爱丽丝乐园、竹径幽幽、浪漫之约五个部分，每年7～8月，50多个品种、100余万株百合花在这里展出，盛开的百合花构成一幅绚烂多姿的彩色图画，引得游人争相观赏。

红叶谷　(2009年摄)

梅园　北临绚秋湖，南倚环山翠屏。园内种植蜡梅、红梅、绿梅、美人梅、杏梅、榆叶梅等30余万株。每年2～3月，在此举办梅花节，满园梅花傲雪怒放，为冬季的景区带来勃勃生机。

第四节　英雄山风景区

英雄山原名四里山。古时，这里遍植黄栌，每到秋天绿叶变红，远远望去似红霞满山，故又名“赤霞岭”。1968年5月，革命烈士纪念塔在四里山建成后，遂改名英雄山。

景区植物资源十分丰富，有侧柏、桧柏、

槐树、杨树、柳树、榆树、桐树、椿树、银杏、雪松等乔木12科20余种；有苹果、梨、柿子、杏、枣等果树12属30多个品种；有白羊草、羊胡子草等草类30余种；有柴胡、何首乌等药材植物60科200多个品种，绿化覆盖率达95%以上，被称作“济南城市之肺”。

景区风光秀丽，山上山下松柏竞盛，间以五角枫、银杏、黄栌、白杨、法桐等，漫山呈葱绿青翠嫩黄之色，环境清幽深秀，赤霞广场、留春园美如花园。

赤霞广场　位于英雄山风景区西部，东倚五里山，西临英雄山路，广场占地1.63公顷。广场内植雪松、银杏、五角枫、龙爪槐、水杉等花木70多种，地势平坦，视野宽阔，绿草茵茵，花木众多，是休闲锻炼的理想之地，观赏花木的好去处。

留春园　位于赤霞广场北邻，占地面积1.1公顷，内建2000平方米的荷花池。园内花木丰富，三季有花，四季常青，伴以弯弯石路，曲径通幽，给人以春色长驻之感，故谓之留春园。

第三章　城区绿化

第一节　道路绿化

20世纪80年代，道路绿化打破“一条路，两行树”的传统模式，开始建设道路绿化带和花坛。1986年，山大路、纬三路等30多条道路绿化覆盖率80%以上，马鞍山路、小纬五路、车站东街等绿化覆盖率100%。1988年，为庆祝济南解放40周年和全国首届城市运动会在济南举办，开始对市区道路绿化层次进行改造提升，当年完成新建的洪楼南路、玉函路北段、堤口路等道路绿地外，对英雄山南路和北路、济泺路、纬二路、经十路、经八路、舜耕路、明湖路、青年东路等9条道路的绿化层次进行改造提升，从植物配置、季相变化上统一规划，每条道路突出一种花灌木，形成一路一景。英雄山南路绿化，以雪松为行道树，绿化隔离带内精心配植红叶李、连翘、榆叶梅、丰花月季等，实现“城市主干道绿化面积占道路总用地比率不低于20%”的绿化目标。9月，在全市26条主要交通道路两侧和车站、广场、交叉道口等处，摆放草花20多种(品种)100万余盆(株)，使市区街道成为鲜花大道。1989年，在经十路、纬二路、济泺路等市区主干道绿化隔离带内增置花带，主要交通路口增置造型优美、形象逼真、制作精致的立体花坛，引领市区道路绿化向空中发展。

20世纪90年代后，道路绿化实行统一规划，统一植物配置。新建道路按规划实施绿化，对原有道路绿化改造提升，在保证道路平面绿化前提下，向竖向立体绿化延伸。1990年9月，在市区主要交通路口，用五色草、早菊等花材制成亚运会会徽、吉祥物等40余件大型立体花坛，在车站广场用15万盆鲜花组成花坛分车带。1991年，建成历山路(海棠)、经十路(月季)等多条植物配置特色路。1992年，结合市政道路建设完成泺源大街、舜耕路南段、经七路西段、宾馆路等道路绿化，组织实施道路两侧垂直绿化，在市区18条道路栽植爬山虎、五叶地锦等攀缘植物，尤以用爬山虎覆盖舜耕路段电线杆，成为道路绿化的一大景观。1994年，绿化东、南外环路和北园路，充实调整经十路、经七路等7条道路的花灌木，在市区主要交通路口建造13座人工喷泉，彰显用绿树、鲜花、喷泉装扮市区道路的道路绿化理念。1996年，绿化西北外环路分车带，补植和更新无影山中路、济王路、经十路、泺源大街、英雄山南路等路段苗木。1997年，外环路沿线两侧绿化带各拓宽至15米左右；纵横市区的18条主干道，其绿化隔离带和绿化带均铺种高羊茅、黑麦草等冷季型草坪，实现道路绿地黄土不见天。1998年，提升改造泺源大街、经七路绿化隔离带，用小叶女贞做绿化隔离带的绿篱，绿篱外沿植书带草，绿篱内，栽植红叶李、紫薇、丰花月季、龙柏球、黄杨球等，安置花钵，花钵内栽植时令花卉，形成一条贯通市区的“三季有花，四季常绿”东西景观绿廊。1999年，绿化改造提升清河北路、趵突泉北路等20条道路，鲜花摆放增加到158万盆(株)，制作立体花坛超过100组。

2000年后，道路绿化坚持“适地适树、生态优先、以人为本、节约效能”理念，在道路绿地植物配置上，充分考虑林分结构、色彩布局、有效绿量等，使改建、新建道路成为各具特色的景观大道。2000年，全长174.9千米的“一环九射”道路绿化建设，加大了分车带绿化、人行道绿带建设，实施道路节点绿化，增加绿地面积315公顷。2002年，建成经十东路绿化带，形成8米宽分车绿化带和30米宽外侧绿化带，绿化面积占道路建设总面积的52%，成为名副其实的景观大道。2004年前后，改建经十路、历山北路、经一路、兴业路、交校路等上百条城区主要道路和背街小巷，新增绿地面积60余公顷。2006年，“因地制宜、随坡就势”打造的旅游路绿化，成为“山在城中、车在林中、人在园中”的生态道路绿化精品；同年，对经十路、工业南路、济泺路、二环路、长清大学科技园主要道路等市区主次干道以及部分背街小巷，展开“重要节点改造提升，一般地段充实提高，大部地段调整梳理”，广泛采用苦楝、大叶女贞、黄山栾、马褂木、红花刺槐、美国红栌、银杏、雪松等做行道树，实现街道绿地植物配植“高低错落，疏密有致，搭配自然，季相丰富”的道路绿地植物配置目标。纵横市区的主干道及近千条街巷，普遍实现“三季有花，四季常绿”。2009年“全运会”“园博会”前，绿化102、103省道和220、104国道及世纪大道等“五廊”；绿化建设通往园博园、全运会及其场馆的32条主次干道；建设完成“一环九射”、京福高速济南段、济青高速济南段、绕城高速公路及城区铁路两侧30～100米宽的景观绿化带。

2010年起，市区道路绿化实现绿化景观化、管理精细化。6月，市园林绿化局制定《关于创建精品示范道路绿地的实施意见》和《济南市公共绿地精细化管理示范路质量标准》，开展建设“公共绿地精细化管理示范路”活动。10月9日，阳光新路(经十路－卧龙路)、经一路(纬二路－历黄路)、经十东路(燕山立交－邢村立交)、旅游路(千佛山南路东端－开元隧道段)、马鞍山路(玉函路－舜耕路段)、三孔桥街(北园大街－北坦街)、舜耕路(经十路－千佛山南路)、英雄山路(经十一路－东方红桥)等8条道路被评为“济南市首批公共绿地精细化管理示范路”。2010年11月至2011年4月，市园林局组织实施济南建市以来规模最大的行道树栽植工程，在城区67条道路上，栽植大规格银杏、红花刺槐、白蜡、悬铃木等2.3万余株，形成一批特色林荫路，有效地缓解市区的热岛效应。

1986～2010年，市区主要道路绿化工程：

纬二路 1992年，拆除绿化隔离带，快车道由原4车道增至6车道。2006年取消人行道绿化，非机动车道与人行道并用，使快车道增至宽40米8车道，行道树仍为悬铃木，沿行道树根基设置1.5米宽绿化带，带内栽植小叶黄杨绿篱。

英雄山路 北起八一立交桥，南至二环南路，全长5.6千米。1988年，拓宽为50米，快、慢车道间设5.5米宽绿化隔离带，带内栽植雪

英雄山路道路绿化 (2010年摄)

松，搭配红叶李、连翘、榆叶梅、丰花月季等。行道树为悬铃木，人行道外侧设2.5米宽绿化带，道路绿地率31.7%，成为当时市区少有的城市主干道绿化面积占道路总用地比率不低于20%的道路之一。2001年，在原有绿化基础上，进行绿化改造提升，补植雪松，剔除部分长势差的花木，铺设观赏草坪。保持整条道路绿树成荫、景色怡人的效果。2006年，将该路北段(八一立交桥－二七新村南路)绿化改造成与纬二路一致。南段(二七新村南路－二环南路)仍保持原有风貌，成为全市仅有的高规格雪松一条街。

解放路 西起青龙桥，东至二环东路，长3.54千米。栽植悬铃木为行道树。1979年，历山路至工业南路交叉口路段拓宽为50米，快车道两侧设置2米宽绿化隔离带，绿化隔离带内栽植大叶黄杨绿篱，工业南路交叉口至甸柳庄桥路段18米，行道树为悬铃木。1980年将工业南路与历山路交叉口改建成直径45米的环岛，岛内布置花坛。1995年重新调整绿化格局，栽植国槐为行道树，形成国槐一条路。2000年后，进行绿化改造提升，人行道绿化实行沿路单位“门前三包”。

经十路 东起二环东路燕山立交桥，西至担山屯立交桥，全长16.9千米。1984年，段店桥至营市街段，路宽35米，绿化隔离带宽2米，两侧人行道各2.5～6米，铺装2.5～3米，绿化3米；营市街至济王公路段，路宽50米，其中快车道两侧绿化隔离带各2米，慢车道各7.5米，人行道各8米，绿化带宽3～5米不等。行道树为悬铃木、毛白杨。1998年，对西起玉函立交桥，东至燕山立交桥，全长5600米的历下区段进行改造，行道树为悬铃木、栾树，分车带内植小龙柏、金叶女贞、红叶小檗、瓜子黄杨、女贞、美人梅、大龙柏等，两侧绿化带种植雪松、银杏、国槐等作背景树，近景穿插种植樱花、百日红、石楠、连翘等花灌木，绿化面积增加到4.78余公顷。2000年，改造营市街口至大众日报社全长7.9千米段。保持道路红线宽不变，拆除两侧绿化分隔带，拓宽快车道。2004年，对经十路进行延伸并全线改造，形成东起燕山立交桥，西至担山屯立交桥，贯通市区东西的大经十路。此次延伸改造，统一调整绿化布局：燕山立交桥至二环西路段，快车道两侧是3.5米的分车绿化带；二环西路至担山屯立交桥段，快车道两侧是各10米的绿化分车带。在3.5～10米的分车绿化带内分段栽植龙柏、雪松、女贞、玉兰、紫薇、美人梅等花灌木，用整形金叶女贞、小叶黄杨、小龙柏、红叶小檗等与时令花卉、白三叶、草坪草覆盖地面。慢车道与人行道之间分段栽植黄山栾、馒头柳、五角枫、银杏等落叶乔木。人行道外侧的绿化带则选用落叶乔木与常绿乔木作背景，用花灌木、地被植物及时令花卉组合，营造出层次分明、色彩艳丽花境。沿途与纵向主干道交叉处分别建设八一立交桥、科学院路口、龙洞路口等既能突出地域文化又能提升周围景观的绿化节点，与道路两端的燕山健身广场和腊山休闲文化广场遥相呼应，突出整条道路节点绿化的统一风格。

经十东路 位于市区东部，西起二环东路，东至绕城高速公路邢村立交桥，全长13千米。行道树为悬铃木。该道路原为济王公路历城段，宽40米。2002年拓宽为144米，其中双向快车道宽40米，快车道两侧分车绿化带宽各8米，人行道外侧绿化带宽30米。分车绿化带用金叶女贞、红叶小檗、时令花卉、冷季型草坪构成简洁的模纹色块。道路两侧绿化与地形、建筑等自然风貌相结合，背景林混合式种植毛白杨、刺槐、旱柳、国槐、白蜡、雪松等乔木，林下成片种植白三叶和大花金鸡菊；中景则按每200～300米为一个色相变化，配植雪松、龙柏、女贞、大叶黄杨等常绿树种和紫薇、珍珠梅、百日红、棣棠、紫荆、木槿、连翘、锦带花、红瑞木等花灌木，以及红叶李、紫叶矮樱、金叶女贞、红叶小檗等色叶树种；近景以冷季型草坪为主，瓜子黄杨、金叶女贞、红叶小檗等模纹花坛穿插其中，形成林冠线起伏变化，林缘线进退有致，每200～300米为一个色块变化，每800～1000米为一变化节奏的道路绿化景观。沿途设置历下园林广场、龙洞路、迎宾路、潘庄、燕山立交桥和邢村立交桥6处形式各异的绿地节点，7组近30块玲珑剔透的北太湖石和纹理清晰的泰山石石景。整条道路绿化总面积100公顷，占整条道路面积的52%。其中栽种树种58种(品种)、260.1万株，布置花卉99.5万余盆，撒播冷季型草坪49.8公顷。2004年被评为济南“五年大变样”十佳景观之一，获山东人居环境范例奖。

旅游路　绿化路段西起千佛山南路，东至龙洞隧道西口，途经千佛山、开元寺、浆水泉、龙洞风景区等，全长8.5千米。2005年10月绿化建设开工，2006年5月底完成，绿化总面积约106公顷。该路分段植有悬铃木、国槐、白蜡等行道树，沿路两侧设宽15～90米不等的绿化带。绿化带内植物配置依山借景，巧配雪松、油松、桧柏等常绿树和银杏、五角枫、火炬树、紫叶李等色叶树及紫薇、连翘等花灌木，与山体景观融为一体。整条道路绿化栽植苗木101.72万株，铺种草坪和地被植物38.36公顷，砌垒自然山石1.27万吨。在主要路口节点处，摆放泰山石、种植景观树，是济南独具特色的生态旅游景观带。

马鞍山路　东起舜耕路，西至纬一路，全长1.75千米。绿化占道路用地总面积的65%，路两侧复行种植毛白杨与悬铃木，树茂蔽日，是济南最早的林荫大道。其中舜耕路至玉函路段，1992年4月，结合植物园(今泉城公园)建设做自然式种植，以刺槐、毛白杨、白皮松等高大苗木作为背景树，点缀丁香、石榴、红叶李等花灌木，建成开放式绿地；1994年，改造成半封闭绿地；1998年，动用土石方3万立方米，铺种草坪27公顷，改造成观赏绿地；1999年，增植草坪1000余平方米，铺设广场花砖10000余块；2004年，结合玉绣河综合治理，将该路段西端改建成玉函路口开放式绿地，与植物园融为一体。在马鞍山路西端，利用原有毛白杨林，于1997年建成绿荫休闲广场。2011年，对东起舜耕路、西至玉函路段进行绿化提升，成为济南市首条实现绿化浇水自动喷灌的道路。该路2012年被市民评选为“我最喜爱的绿化美化道路”。

舜耕路　北起经十路，南至二环南路，经十路至舜耕山庄段1988年建成，全长1600米，路宽35米，车行道为两块板式，中间绿化隔离带宽2米，带内相间栽植桧柏、红叶李、木槿、紫薇等，带内电线杆用五叶地锦作垂直绿化处理。行道树为国槐。人行道宽6.5米，其中铺装2.5米，绿化带宽4米。道路北端东侧广场东沟旁栽植五角枫片林。1997年，道路南延至八里洼，绿化格局不变，并将道路两侧宽阔地段建成街头绿地，同时围绕电线杆种植爬山虎，形成垂直绿化新特色。2006年，南延至二环南路，绿化延续北段风格。

泉城路　东起青龙桥，西至泺源桥，全长1.56千米。2002年泉城路拓宽，从着眼于保护老街风貌景观和历史遗存出发，保留悬铃木为行道树。对原有悬铃木进行抹头处理，并选择大规格苗木进行补植。主道两侧用小叶黄杨、小龙柏等常绿植物构成1.5～2.5米宽不等的绿化隔离带，并结合休憩座椅设置绿化小广场、园林小品等，灯柱、广告牌立杆、候车亭等处悬挂垂吊式花篮。2005年后，部分悬铃木出现生长衰弱、叶片枯黄、树干枯朽等现象。

工业南路 西起二环东路，东与工业北路相接，全长11.27千米，是市区东部重要交通干道。1994年，在原宽10米基础上拓宽为35米，三块板式。快车道两侧绿化隔离带宽各1.5米。其中二环东路至凤凰路段全长4000米，绿化面积7.2公顷。行道树为悬铃木，绿化隔离带内以小龙柏、金叶女贞、红叶小檗、瓜子黄杨等绿篱植物模纹式种植，同时种植女贞、桧柏等植物；路两侧绿化带为自然式种植，栽种雪松、百日红、红叶李、冬青球等植物。

北园大街 位于市区北部，东起二环东路，西至济泺路。1993年，拓宽为50米。快车道两侧绿化分隔带宽各3米。北园大街天桥段路口节点及车站外直线段绿化长度约6000米，绿化面积约计21公顷。该路段绿化时共清渣2.7万立方米，回填土7万立方米，栽植乔木3372株，花灌木11116株，绿篱109.7万株，白三叶草皮3.1公顷，宿根花卉8000株，地被植物1公顷。主要选用速生的白蜡、银杏、玉兰、刺槐等乔木及耐阴的地被植物。

历山路 绿化路段南起经十路，北至铁路桥，以悬铃木、雪松为行道树，绿化面积2.38公顷。1988年，对南段(经十路－解放路)3米宽的绿化隔离带和人行道外侧绿地进行绿化提升。1991年，在绿化隔离带内栽植月季，形成“月季路”。之后，沿路两侧实施垂直绿化。1999年，再次进行绿化提升改造，补植玉兰、女贞、木槿等花灌木，铺种草坪、麦冬等地被。炎炎夏日，历山路上绿荫浓浓，花香四溢。

经一路 西起纬十二路，东至化纤厂路，全长13.2千米。该路2003年前并未贯通。2003～2004年，贯通经一路、明湖西路、明湖北路、明湖东路、东关大街、花园路并延长至化纤厂路，统一改建拓宽为50米。该路绿化隔离带以胶东卫矛、金叶女贞、草坪和时令花卉组成绿化基调，内植樱花，形成“樱花一条路”景观。绿化隔离带中间设置防护网，供藤本月季攀缘。道路两侧绿化带用银杏、五角枫、合欢、栾树、女贞等构成林冠线，雪松、桧柏、大叶黄杨等常绿植物和紫薇、木槿、红叶李、连翘等花灌木形成中景，近景是修剪整齐的金叶女贞、红叶小檗、小龙柏等组成的模纹图案。绿化带内设置游步道、石桌凳、花架，路两侧分别打造经六路、纬十二路、纬六路、纬二路与纬一路、顺河高架桥、火车东站广场、历山路、洪楼广场与二环东路、辛祝路九个绿化景观节点。其中历下区投资300多万元，在西起历黄路，东至山大路3000米长的路段上栽植女贞、银杏、红叶李以及各类果树，绿化隔离带内块状栽植小龙柏、瓜子黄杨等，间植石榴、柿子、杏、山楂、冬枣等耐瘠薄、耐干旱的乡土树种120余株，打造“果树一条路”景观。花木间隙，置有十二生肖石雕和五色景石。天桥区重点在明湖西路和明湖北路段用大叶黄杨和紫薇建造“绿色祝福”和“紫薇如画”景观节点。

二环路 环绕济南市城区，总长度51.4千米，路面宽50米，分东、南、西、北四段。1990年5月始建，1993年12月全线贯通。初称外环路，后定名为二环路。1990～1992年，路面宽多为20～25米，一板式，人行道外侧绿化带宽2.5米，仅二环南路西段宽32米；两板式，路中间设3米宽花坛式绿化隔离带，二环西路段店以北路宽50米；三板式，快、慢车道间设2米宽花坛式绿化隔离带，人行道外侧绿地宽3米。1994年后，分段逐渐改造，拓宽为35～50米，二块和三块板式，分车绿化带宽2～7米。2001年，为提升省会城市形象，对二环路实施大规模维修改建，除二环东路南段(窑头至兴隆)二块板式外，其余为三块板式，分车带内栽植紫叶李、紫薇等花灌木及模纹式种植红叶小檗、金叶女贞、大叶黄杨等绿篱植物，行道树统一为悬铃木、毛白杨。2008年，对全长10千米的天桥区段进行改造提升，背景树充实大乔木和景观树种，增建绿地，着力打造顺河高架李庄立交、济泺路与北绕城高速、二环北路赵庄、二环北路小鲁庄和大魏立交等节点。共整理地形43公顷，清运渣土6.7万立方米，回填种植土7.8万立方米，铺装地面4980平方米，建挡土墙720米，栽植乔木2.6万株，常绿树3.4万株，各类花灌木78万余株，绿地面积48公顷。提升改造中根据不同地段的地势地貌，因地制宜，建设休憩活动场所，布置园林小品和标志性雕塑，配置山石和大规格景观树种，使二环路天桥区段成为靓丽的绿色景观路。2008～2009年因建高架路，二环东路北段(济青高速公路零点立交－燕山立交桥)分车绿化带拆除。

济泺路　南起成丰桥，北至二环北路，全长约计6千米。道路绿线宽度70米，分车绿隔带6米，道路两侧为3～10米不等的绿地，绿地率近30%。2008年，绿化提升改造时共整理地形5.3公顷，清运渣土3.6万立方米，回填种植土2.6万立方米，调整路沿石220米，铺设花砖430平方米，砌垒挡土墙260米，安装防护网7500米，种植各类苗木41万余株。绿化带内保留该路段原有的行道树悬铃木和白蜡，树下满植修剪整齐的小灌木，并配以较大规格的大叶黄杨球和时令花卉及花灌木。道路两侧绿地栽植雪松、桧柏、女贞等常绿树，节点处配置景石、黑松、花架等小品。沿路两侧开辟多处市民休憩小广场，设置石桌凳和健身器材。

阳光新路　北起经十路，南至郎茂山路。在原水泥厂路基础上拓建并南延，2008年建成。绿化结合周围居民区特点，采用自然式栽植手法，以雪松、银杏、榆叶梅为主，形成春花烂漫，秋叶金黄，冬景常绿的景观效果。为体现居民与绿地和谐相处理念，绿化带内铺设耐践踏、节水、修剪少的暖季型草坪，达到生态与景观的协调共处。

1986～2010年县(市)城区道路绿化工程：

章丘市　新城区道路绿化坚持“修一路、绿一线、成一景”。市区“三纵六横”主干道路两侧各建有30～50米宽的绿地，使经十东路、龙泉路、世纪大道、潘王路、绣江路等道路，通过平面林缘线、立面林冠线和中间分车绿化带的丰富变化，构建层次分明的绿色长廊。老城区道路两侧沿街实施单位拆墙透绿、规划造绿、见缝插绿、腾园让绿和新建补绿，新增绿地100公顷。并在框架道路节点处先后建成中心花园、学苑绿地、圣井节点、世纪大道等30余处道路节点绿地，绿地内配置标志性小品，搭配栽植乔灌木和花草。

平阴县　至2010年，城区道路绿化普及率100%，每条道路均按道路红线宽度设置快慢车道绿化隔离带或人行道绿化带，突出选用乡土树种做行道树，与紫叶李、金叶女贞、紫薇、瓜子黄杨、小龙柏等花灌木及地被植物复层配置，使纵横城区的20条主次干道成为各具特色、宽窄不一的绿化景观道路。

济阳县　城区道路绿化分为老城区和新城区。老城区道路绿化，采取在较宽的道路两侧栽植行道树，其他则通过拆墙透绿、见缝插绿、新建补绿、拆房建绿等方式，逐步绿化提升健康街、纬一路、纬二路、纬三路等8条道路。新城区道路绿化与道路建设同步进行，除普遍栽植行道树，还通过设置绿化隔离带、人行道外侧绿地增加绿化量，提升道路绿化景观。至2010年，县城建城区形成“五纵三横(经二路、经三路、华阳路、正安路、银河路和新元大街、纬二路－开元大街、纬四路－泰兴街)”绿色走廊。全城48条道路，绿地率均在25%以上。

商河县　2007年，组织实施“三年绿化商河”工程，将建设“绿色生态商河”作为优化发展环境、提升区域竞争力的战略举措，至2010年，全面实现城区绿色通道工程，建成纵横交错、景色秀美的“绿色生态商河”。2012年，商河县成为济南市首个“全国绿化模范县”。

第二节 住宅区绿化

一、济南市城区

1985年以前，济南市城区住宅区绿化没有统一规划，延续市民房前屋后植树种花的习俗。1988年，作为“全国住宅建设示范小区”的燕子山小区，将绿化建设纳入小区建设的统一规划中，成为济南市住宅区绿化建设统一规划的先例。1996年6月15日，《济南市城市绿化管理办法》颁布实施。同年颁布《济南市住宅建设规划》，对住宅区绿地比例做出明确规定：新建住宅区绿化用地面积占建设用地总面积的比例不低于30%，旧城改造居住区不低于25%，为住宅区绿化建设提供法律依据。之后，住宅区绿化水平明显提高，建设花园式小区。1998年建成的泉景四季花园，2000年建成的雅居园，2002年建成的卧龙花园等小区，绿化率都超过40%。至2010年，全市有花园式小区138个，262个小区建有小区游园。

(一)燕子山小区 位于济南市燕子山北侧，占地面积17.9公顷，绿化面积6.28公顷，绿地率35%。栽有树木66种(品种)、1.5万余株。小区绿树成荫，环境幽雅，景色宜人，1988年被评为泉城“十大景观”之一。1992年被建设部作为中国向联合国推荐的本年度人类住区发展杰出贡献奖住宅小区。燕子山小区由19个庭院及小区中心花园组成。小区内的和平路是城市干道，以原有的国槐为行道树。其他道路则以突出植物景观为主，并以小区骨干绿化树种命名道路，有“垂柳路”“白杨路”“枫树路”和“碧桃路”等。园内建有体现燕雀相贺的“燕居”“燕展”等大型雕塑及水景喷泉。19个庭院中，阳面栽种植物，设置座椅和儿童游戏设施，阴面为交通和休憩空间。小区中心绿地占地面积0.92公顷，周边乔灌混交林带环绕。整个中心绿地南北狭长，从北向南分成北、中、南三个景区。北区由门廊、“S”形花架和水池、山石等，构成水景区；中区植毛白杨、栾树、黄栌、五角枫、银杏混交密林，形成休闲区；南区是以中区混交密林为背景的树林草地，边缘植樱花、海棠、连翘、雪松、桧柏等，构成小区最大的开敞游戏空间。

燕子山小区绿化 (2010年摄)

(二)佛山苑小区 北依泺源大街，南邻文化西路，占地面积12.5公顷。绿化主要选用银杏、五角枫、火炬树、垂柳、国槐、合欢、苦楝、紫薇、红叶李、连翘、蔷薇等乡土树种及雪松、云杉、桧柏、卫矛等常绿树种，形成春季花繁，夏季浓荫，秋季叶美，冬季泼绿的景观。小区建有占小区绿地面积25%的中心绿地，面积为6.3公顷。中心绿地以“泉”和“佛”为景观特色，造景突出自然浑厚的特点。设在主入口处寓意“安乐”“祥和”的白色大理石“五子戏佛”，是小区的点题雕塑。雕像的轮廓线呈一个“山”字，与“佛山”贴意。雕像基座采用济南本地山区的大块自然石，横纹迭起，粗犷敦实，与周围相对密植的绿色植物一起，创造出浓浓的“佛山苑”之感。中心绿地内的泉溪水景，突出济南的“泉”之特色。位于中心绿地东北角的小区管理用房，白装饰面砖墙体、红鱼鳞瓦坡屋顶，成为绿地中的一景。整个绿地植物栽植集中成片，小中见大，既起到与小区道路分隔作用，又美化了街景。

(三)鲁能康桥小区 位于天桥区三孔桥街，

绿地率42.5%。小区主入口是弧形欧式大门景观。门外两侧设置弧形种植池，池内设小花坛及涌泉，花坛内置一雕有小区平面图的“风帆”雕塑。入口内是一组“一家人”写实雕塑。越过写实雕塑向前，是一条有两组直射交叉喷泉及一组细雾喷泉组成的水景走廊，与东南入口的一组“海佑明珠”小水景组成对景，寓意鲁能康桥是济南居住小区的一颗明珠。小区内有“康湖印月”“康桥飞翼”“彩虹积翠”三个主要绿地空间。“康湖印月”是对小区主入口一侧半圆拱桥的倒影与桥体形成的“圆”的点题。“康桥飞翼”是设在月岛广场上的飞翼形模材构筑物。“彩虹积翠”景观由水系源头的祈福潭与背景竹林构成。长约7米的石拱“康桥”对景处，以架上凌霄为背景，设置一组情侣雕塑。儿童活动区设置水车、大脚印沙坑、声感卧牛等适合儿童活动的设施。用卵石、自然石建成的驳岸与水边植物形成蔷薇、海棠花溪。楼宇庭院分别以栽种的骨干树种命名，有“幽竹苑”“芙蓉苑”“银杏苑”“海棠苑”等。各苑内乔木、灌木、地被等，与水生、湿生、林下耐阴植物形成相对稳定的生态群落。墙体、围栏普遍用爬山虎、凌霄等进行垂直绿化。

(四)卧龙花园　位于市中区郎茂山路西侧，依青龙山东坡地势错落而建。绿化布局以“龙文化”为主题，设置“龙和苑、龙昌苑、龙盛苑、龙泰苑”4个主题花园，突出不同形式的龙文化景观。

龙泰苑位于卧龙花园东入口两侧，住宅属小高层建筑，楼宇间绿地，白三叶或草坪草覆盖地面，散植玉兰、垂丝海棠、女贞、紫薇等花灌木，楼顶建有屋顶花园。龙和苑位于龙泰苑内侧，是小区内较平缓地带。楼宇间绿地，植有流畅的色叶植物矮篱及整形花灌木，中心建有面积1000平方米的休闲健身绿地广场。龙昌苑位于高差较大的坡地，利用位差建成轴线对称布局，中心处建有弧形水池喷泉，池中置有“九龙浴子”石雕，坡形绿地上栽植曲线形植物色带和草坪。龙盛苑绿化突出林荫场地和景观墙体，楼间绿地大量种植迎春、连翘、蔷薇、爬行卫矛、五叶地锦等，适当点缀紫薇、木槿、丁香、榆叶梅、樱花、红叶李及常绿树女贞、柏类、黄杨等花灌木，并适当布置小空间健身场地、儿童活动场地等和林下停车位。楼间转角处绿地布置有龙形绿带、龙形石刻等景观。小区道路绿化以悬铃木、白蜡、五角枫、女贞等为骨干树种。各楼宇周围绿化以国槐、旱柳、柿树等乔木，配以木槿、紫薇、玉兰、连翘等花灌木，用小叶黄杨、小龙柏、水蜡等绿篱围边。

(五)绿景嘉园　位于历山路中段东侧，绿地率40.6%。小区内建有1公顷的中心绿地。依照景观配景不同，分为区标景观区、花卉观赏区、绿荫广场区及湖区四部分。区标景观区在中心绿地主入口处，设立色泽明快、造型现代的区标。区标背景为半圆形花架，将规则空间与自然空间隔离。花卉观赏区环绕在绿荫广场外围，做微地形处理，种植宿根花卉及各种时令草花，形成色彩绚丽的小花园。绿荫广场区大面积的悬铃木，将花卉观赏区及东部湖区分成两块相对独立的游览空间。湖区水面分为东西、大小不一的两部分。东部大水面上置一雕塑，南侧亭廊组合使水面与入口、道路有机地融为一体；西部小水面种植水生植物，两水面的结合部用汉白玉石桥连接。湖东北部是“高山密林”防护带，北部是缓坡草坪，供居民休憩。绿地内共栽植雪松、银杏、白蜡、五角枫、垂柳、白皮松、云杉、广玉兰等乔灌木5.65万株，草坪5600平方米。

二、县(市)城区

2005年前，济南市各县(市)城区住宅区绿化没有纳入城区建设工程附属绿化项目规划，住宅区的绿化仅限于零星栽种乔木和花灌木。2005年，章丘市、济阳县率先将住宅区绿化纳入住宅区建设规划。章丘市对新建住宅小区均规划配植自然开阔的中心绿地。绿地多以疏林草地和色叶树丛草坪为主，边缘群植乔灌木。楼宇间则按季相配植花木，创造出四季鲜明的绿色空间。小区出入口及区域内道路两侧，除植行道树，还配置花池、雕塑等小品，形成通往各楼宇间的绿色廊道。至2011年，共建成花园式小区15个，其中省级5个，济南市级9个，章丘市级3个。济阳县对老居住区实行绿化提升改造，见缝插绿。在新建小区实行规划建绿，新老小区基本实现四季有景，鸟语花香。平阴县住宅小区绿化虽起步稍晚，但绿化普及率较高。至2011年，县城区共有住宅小区17个，绿地率达30%以上的有8个。至2011年，商河县城13个生活小区绿地率均达30%以上。

第三节 单位庭院绿化

1985年，全市单位庭院绿地面积445公顷，花园式庭院39个，绿化先进单位144个。1997年，花园式庭院97个，绿化先进单位上升到240个。1997年后，随着建设国家级园林城市和绿化进庭院、进机关、进学校、进企业、进街道的“五进”工程的推进，单位庭院绿化快速发展。至2010年，全市有花园式单位366个，绿化工作先进单位620个。

中共济南市委机关大院 位于市中区建国小经三路，占地面积5.07公顷，绿化面积3公顷，绿化覆盖率90%。1997年前，院内在办公楼前通向大门的两侧栽植行道树，树侧对称栽植大叶黄杨绿篱。1997年，配合创建国家园林城市活动，机关大院拆墙透绿，实行沿街绿化。2002年，结合绿化“五进”工程开展，对院内绿化进行改造。至2010年，累计投资200多万元，新增绿化面积1.75公顷。院内绿地做成微地形，植有乔灌木1596株，草坪2.89公顷。形成以大树为主体，按层次配植花灌木，自由式设置绿化带的绿化格局。

山东电力高等专科学校 南依群山，北临二环南路。校园主体建筑呈仿西洋古典式。与校园主体建筑相匹配的校园绿化，在省城大专院校绿化中独树一帜。校园整体绿化布局分为中心花园、樱花广场、修读绿地和位于校园北侧的防护林带。中心花园位于教学楼东侧，占地面积6350平方米，设有四个出入口，连接校园内主要道路。花园东、西、南侧以五角枫、合欢、核桃等乔木围合成疏林草坪空间；花园北部以雪松、白皮松、云杉及各种花灌木，组成优美、自然、惬意的休憩绿地。花园东北角为起伏地形，在起伏地形南部有一自然式水池，水池近东南端设有园桥，水池北侧建一欧式方亭。樱花广场位于教学楼西南侧与学生服务楼之间，是教师学生活动的主要空间。广场中间设置喷泉，两侧相间布置花坛、座凳、园灯。花坛内主要栽植樱花、白玉兰、大叶黄杨球等花灌木，小叶黄杨绿篱结合草坪与花木的进退呈自由曲线式，形成疏朗、明快的绿化景观。喷泉为直线式喷头，有高低变化并配以水下彩灯。广场西侧高大的雪松与银杏相间栽植，使整个广场形成凝重的学习气氛。修读绿地贯穿全校园，其中“知渊林”位于教学区西侧。林中主要栽植银杏、悬铃木、白蜡等落叶乔木，在林缘铺设3000平方米的草坪，林内设名曰“知渊亭”的休息亭，亭下置石凳。学生公寓西侧设有两处读书园，园内绿地中建有名曰“初阳亭”的读书亭，读书园内林下为硬铺装，周边植有花灌木，与读书园绿地道路相通处设置多处名言、警句碑刻，构成独具文化氛围的园林景观。校园内道路多以骨干植物命名，有“槐荫路”“枫林路”“银杏路”“青杨路”等。校园北侧沿二环南路栽植两排高大的毛白杨作背景，向南依次自然式栽植雪松、桧柏、龙柏、红叶李、碧桃、榆叶梅、金银木、连翘、蔷薇及黄杨球等，形成一条壮观、富有韵律的校园防护林带。

山东省千佛山医院 位于经十路南侧，占地73公顷，绿地率30%。自1988年，医院连年被评为市级花园式庭院；1999年后连年被评为省级绿化先进单位。院内建有花室1处，花园1处，喷水池2处，紫藤架1处。有树木花草60多种(品种)，其中乔木500余株，灌木3万余株，草坪1.3万余平方米，摆放时令草花5000余盆。整个院内林果结合，疏密相间，花有四季，绿树成荫。1994年，投资400余万元，建造月季园1处，紫藤架1处，在北门内修喷水池1处，建"生命之恋"雕塑1座。并将全院大叶黄杨绿篱更换为金叶女贞、卫矛、红叶小檗，构成彩色绿篱，将1万多平方米的草坪改种燕麦草和三叶草。2007年绿化新建门诊楼周围，成功移栽1株60余年的雪松和12株40余年的大型悬铃木及2株水杉。在急诊楼北侧安置大型泰山石1尊。2009年，在北门沿经十路新建长300余米绿化带1612平方米，成为经十路一道美丽的风景线。

舜耕山庄　位于千佛山西南，舜耕路东侧，占地面积1.7公顷。建于1986年，是济南市引进外资兴办的第一家具有国际三星级标准的旅游饭店。主入口绿地面向舜耕路，为2004年改建，分为西、中、东三个区域，着力打造"突出大舜雕像，体现山庄文化氛围"的格局。西区入口处是以牌坊为主体的小广场，在牌坊周围有一模纹花坛，以简洁的线型、明快的色彩配合汉白玉的石雕牌坊，使入口处十分豁然醒目。同时在花坛内放置两个石制凤雕(舜耕山庄标志)。穿过牌坊，路旁配植绿篱，点植油松、银杏，刻有甲骨文"舜"字的自然卧石周围配以迎春及时令草花，形成既古朴典雅，又具有现代气息的绿地景观。中区入口道路两侧为10米宽绿化带。其南侧绿化带近景为草坪，其上用金叶女贞、红叶小檗等色叶矮灌木组成简洁流畅的图案，后排用五角枫和白蜡作为背景，形成大树掩映的林荫道，削减舜华园与舜耕山庄建筑风格的视觉差异，透视出道路尽端的大舜塑像。其北侧绿化带是微起伏状绿地，结合溪流布置卵石小路，水边设置汀步、坐凳等，创造出一个惬意的休憩空间。溪旁草坪内群植宿根花卉，点植银杏、云杉、玉兰等花灌木。背景林是成片栽植的国槐，简洁大方、层次分明，给人以一种置身于大自然的感觉。东区大舜塑像前为取名"雷泽"的水池，以自然山石驳岸。水池后面及两侧堆土成"山"，"山"上植海棠、丁香等花灌木，点缀垂柳、油松，稍远用国槐作背景。池边配以迎春、连翘，使植物和水融为一体，增添"水流叮咚"的幽静感。舜像后背景大树与远处千佛山融为一体。

舜耕山庄　(2010年摄)

济南钢铁集团　位于历城区工业北路21号。济钢绿化起步于20世纪80年代。1985年2月，成立绿化公司，专责厂区绿化。1986年，建成占地6000平方米的"厂前公园"和宿舍区的26组124个花坛；1989年，建成面积8500平方米的"百花园"；1991年，建成占地2.2公顷的"新村公园"；1992年，承包绿化鲍山，当年栽植侧柏、火炬树4.5万株；1994年开始规划建设鲍山公园，先后爆破开穴填土栽植各类树木35万株；建成叔牙广场、新村文化广场和表现唐、宋、元、明、清五个朝代不同建筑风格的"同心亭""憩馨亭""荐贤亭""创业亭"和"奉献亭""公仆亭"等五组六亭一廊；建成2400平方米的人工湖和落差38米的瀑布，配置健身器材及园林座椅，使昔日岩石裸露的荒山成为集休憩、娱乐、健身、教育一体的综合性生态公园，增添一处市级旅游景点。2001

年，绿化“小鲍山”，使昔日钢渣堆变成一片绿洲。2002年，为进一步提高绿化层次，对厂区绿地全面进行微地形处理，回填土方3.8万立方米，播种草坪6.5公顷，复层栽植20多种(品种)约45万余株乔灌木。至2010年，济钢共投入资金1.5亿元用于绿化。绿地面积447.13公顷，绿地率36.31%，绿化覆盖率39.59%。有乔木44科151种(品种)16.69万株，其中胸径超过10厘米的各种乔木5.1万株；有各类灌木703.92万株，草坪91.12公顷；有公园11处，小游园42处，组团绿地222处。集团所属二级单位有49个达到高标准花园式单位，占二级单位总数的96%以上。集团连年获得国家、省、市级绿化先进单位和花园式单位。

第四节　居民庭院绿化

20世纪80年代前，居民庭院绿化延续老济南的习俗，凡有院落的，皆在院内“影壁墙上爬山虎，北屋窗前种石榴”，院落大些的还栽种海棠、木瓜、丁香等。门外常见国槐、泡桐等。80年代起，城市发展加速，老街巷、老房子不断被拆除，高楼大厦拔地而起，市民陆续搬进统一规划建设的小区楼房，绿化从传统的平面区域向立体区域拓展，室内、阳台、墙面都进入绿化的行列。市园林部门重视居民阳台绿化，积极引进适合立体绿化的材料，向群众传授利用阳台栽植盆花、充分利用空间美化环境的技巧，人们利用阳台美化环境的意识逐渐增强。走在街上抬头望去，米兰、吊兰、天门冬、秋海棠、君子兰、一叶兰、蟹爪莲、旱金莲、天竺葵、月季、仙客来、文竹、苏铁、棕竹、蜡梅、彩叶草等适合阳台养植的花卉应有尽有。绿化风格多种多样，有悬挂于阳台顶板上，用小巧的容器栽种吊兰、蟹爪莲、彩叶草等美化立体空间的；有在较小的阳台上，利用阶梯式的盆架，进行立体盆花布置的或将各种盆栽花卉按大小高低顺序排放的；许多安装防盗网的住户，充分利用扩大的空间，在春夏秋季将所养盆花置于阳台护栏上使其枝叶悬于阳台之外，美化护栏和街景。室内空间比较大的家庭，在客厅布置一些大型观叶观花植物，如巴西木、散尾葵、国王椰子、绿萝、喜林芋、棕竹、龟背竹、苏铁、兰花、杜鹃、一品红、凤梨等。有条件的家庭经常选购玫瑰、百合、香石竹等名贵鲜花插摆在室内。一楼有小院的，常在小院里设置棚架栽种葡萄、凌霄或观赏瓜果。拥有单栋别墅建筑的人家，在庭院里铺种草坪、绿篱，栽植石榴、海棠、冬枣、月季、玉兰等。

为推进市民家居绿化美化热潮，市园林部门2002年起，在市政大厅专门开设“市民养花热线”。2007年，在泉城广场设立专场，宣讲养花知识和绿化法规政策，园林专家现场为市民解惑答疑，推动市民绿化美化的积极性，同时对有特殊要求的单位或居民家庭开展庭院绿化养护、花卉租摆、病虫害防治等有偿或无偿上门服务。

第五节　近郊风景山绿化

20世纪80年代，近郊风景山绿化通过贯彻全国人大五届四次会议《关于开展全民义务植树运动的决议》，采取按系统或行政区分片包山头栽种、专业队伍管理的办法，取得新成效。到年代末，近郊风景山大部分成林，市林场由造林为主转向营林为主，间或开展义务植树，组织有纪念意义的植树活动。1995年，市林场在郎茂山开辟同心树、同龄树义务植树点，先后有大专院校、企事业单位、个人等600余人次到场义务栽植银杏、侧柏、黄栌等苗木1800余株。2000年始，市园林绿化局属各单位在每年的植树节都组织上山义务植树，团市委、市建委、市妇联有时参加。先后义务植树人次达3200余人次，栽植侧柏、黄栌等苗木16000余株。植树标准也逐渐提高。1999年前的鱼鳞坑为小规格，1米×0.6米×0.3米，株间距1.5米，行间距1～1.5米，每亩平均200穴。所用苗木为小规格裸根苗，侧柏苗高在60厘米左右，黄栌地径0.5～0.8厘米，每穴1株，成活率较低，特别是栽后3～5天之内无降雨，成活率不足40%。2000年始，鱼鳞坑为大规格，1.5米×1米×0.4米，株间距2～2.5米，行间距1.5～2米，每亩平均150穴。整地全部雇用临时工，由场部专业人员进行技工指导、培训，由林区人员现场带队、监工。侧柏采用小营养袋苗，每穴栽2株，成活率达到70%以上；采用大营养袋苗(高1.2～1.5米)，栽后浇一次水，成活率90%以上，生长量大，成林快。2007年，林场进行首次工程造林，对地势较平缓，石质坚硬的地段采用油锤破石，全部坑堰用石块、砂灰砌垒，部分土层较薄的地方回填土，栽植大营养袋苗，成活率95%以上。

同期，因开发建设或擅自侵占等因素，林场面积有所减少，1986～2010年，共减少山场面积119公顷。至2011年，实有山林绿地4324.7公顷，其中由市林场管理4110.9公顷，英雄山风景区管理处管理103.8公顷，千佛山风景名胜区管理处管理110公顷。

第六节 河岸绿化

20世纪90年代前，城区河岸绿化多栽种一行或几行柳树、刺槐、泡桐等乔木，树种配置单一，形不成景观。90年代始，河岸绿化紧密结合河道整治，高起点规划，高标准栽植，改变以往仅在岸边栽行树的做法。植物配置乔灌草结合，层次、色彩搭配，增设绿化节点，使治理绿化过的河道成为水清岸绿的生态河道，适宜游览的景观带。

一、黄河济南段绿化

1984年10月，长清县率先在黄河滩区开展防护林和速生丰产林建设。同年11月29日至12月1日的“济南市山区工作会议”上，市长与各区县政府主要负责人签订责任状，推广长清县黄河滩区绿化先进经验，规定用3年时间全面完成宜林荒滩绿化任务。会后，沿黄各区县发动民众，连年植树造林绿化荒滩，在黄河大堤临河堤坡脚形成30米宽的柳树防浪林和护堤林，其中15米宽是株行距为2米的旱柳，15米宽是株行距为1米的灌木柳，汛期防浪护堤、非汛期防风固沙。1991～1995年，在省会城乡大环境绿化一期工程中，共青团山东省委和济南市委组织城乡团员青年建成黄河北岸防护林带。2002～2004年，黄河大堤实施“标准化”绿化，堤顶栽植垂柳做行道树，配以红叶李、大叶女贞、蜀桧等花灌木，堤肩铺以草坪，配植小龙柏及宿根花卉，形成一条树茂草密、花草相间的林荫大道；背河堤坡脚栽植7～10行宽的柳树、刺槐、加杨林带；在平均宽度100米的黄河淤背区内，种植银杏、冬枣、黄金梨等经济林，林间加种花草，营造“野芳发而幽香，佳木秀而繁荫”的意境，形成“两季有果、三季有花、四季常绿、全年有效益”的生态农业观光带；沿绕城高速路段种植五角枫、火炬树、竹、大叶黄杨等，形成秋叶争艳，冬竹泼绿景观。使跨越市区66.55千米的黄河大堤建成集“防洪保障线、抢险交通线、生态景观线”于一体的标准化大堤。

护城河　(2010年摄)

二、护城河绿化

环绕济南古城区的护城河全长6.26千米。1984年3月动工进行综合治理，兴建环城公园，至1986年10月15日竣工。栽植各种乔灌木100多种(品种)计6万多株，栽植草坪6万多平方米。使昔日河里污水、河边破屋的护城河变成翠带绕古城、景色醉丽人的济南首个开放式公园。2002～2003年，市政府投资2000余万元，对护城河全面进行绿化景观提升改造。2002年3月至9月底，完成护城河西段和南段的提升改造，2003年年底完成东段和北段的提升改造。整个提升改造工程共清挖河道淤泥8.4万立方米，开挖回填土方5.4万立方米，砌筑河岸及挡土墙9000余米，新设石护栏7330米，安装假山石1200吨，铺装园路地面5.1公顷，新建花架50多组，辟建游览小广场19处，安装电力管线1.27万米、供水管道9300多米，沿河增设园灯1187盏，整理绿化用地5.1公顷，栽植乔灌木50.4万株，草坪5.6公顷。2007～2010年，连续实施三期环城公园景观提升改造工程，护城河绿化面貌发生全新变化，两岸绿化形成的绿化带成为深受市民喜爱的休闲游憩之地。

三、小清河济南段绿化

清河济南段是济南主城区泉水的唯一排出口，穿越济南市约有20千米。历史上对小清河曾有“风景秀丽，绿荫笼波，藕池甚多”的描述。1996～1998年，小清河济南段干流进行综合整治，将西起外环桥，东至历城区洪家园桥，全长18.5千米的绿化纳入《小清河干流综合治理一期工程建设实施方案》中，开始小清河干流济南段的绿化美化。治理后的小清河干流济南段绿化总面积185.4公顷(不包括风景山及风景区面积)，其中滨河绿地48.5公顷，13处桥头绿地和36.9公顷公园绿地及100公顷防护林带。在济泺桥西侧，建成占地6.7公顷的小清河纪念碑广场，周围栽植大量乔木和花灌木，高大雄伟的小清河纪念碑掩映于绿树繁花丛中；在河北岸、五柳闸河心岛、黄岗桥西南侧等处，建起不同类型的公共绿地；在河东段长4.9千米的复式河床及沿河两岸，复行栽植的水杉和垂柳，形成18米宽整齐壮观的水杉、垂柳林带；前进桥向东至洪园桥、西外环桥向西至北辛桥河段，建成100～120米宽的防护林带。与市区北部黄河绿化带、“齐烟九点”绿化一体，形成一条点、线、面相结合的绿色长廊。

2006年年底，济南市制定“引黄河水，护清河脉”的小清河综合整治方案，确定把小清河干流建成集休闲、旅游、商业、居住为一体的综合性区域。2007年9月29日，山东省委常委扩大会议确定小清河综合治理工程为省、市重点工程和迎全运配套工程。

工程分两期实施。一期工程为林家桥至济青高速公路桥下，全长13.1千米，主要包括南、北两岸园林景观、板桥广场、清河北路分车带绿化、滨河南路绿化带、华山桥亭廊及五柳岛等项目。2011年10月，一期工程完工后，沿河两岸新建游船码头7处，形成20～40米宽景观绿化带和“水韵溢彩”“青桐伴雨”“杉风楝影”“朴榆寻幽”等5处特色植物景观区。绿地中建成众多景观小品，安装“五柳风帆”“清河恋”“1934”“舞”等雕塑，沿岸挡土墙雕有“老工业文化”“盐运文化”。岸边栽植垂柳，布置坐凳、垃圾箱、标识图、花钵、沿河护栏及98组体育器材等服务设施。施工中将东西绵延1000米多的五柳岛断成3个岛，东部两岛整成风景如画的开放式休闲公园，与主岛分离的西部小岛位于河道中央，岛上除知名的5株柳树，还栽植山楂、柿子等果树以及大花金鸡菊等野生花卉，植被覆盖率100%。形成以五柳岛、板桥广场为中心的园林景观带和“十里柳荫”长廊。二期工程除沿河两岸绿化带，在济泺路桥至二环西路桥之间形成长达6000米、宽2.2米的景观木栈道，设置临时停靠码头6处，上下栈道出入口9处，弧形观景平台

11组、重檐亭4个、廊架组合5组，成为在国内独一无二的河道景观。

四、玉绣河综合治理绿化

玉绣河南起分水岭，北至大明湖，全长10.5千米。该河原本是一条山水泄洪沟，没有统一绿化，仅零星生长着杨树、柳树、泡桐、臭椿、构树等。2004年，市政府决定将玉绣河作为市区“六河”综合治理的示范工程率先实施治理。

玉绣河综合治理突出“清淤、截污、蓄水、增绿、造景”和“做足、做大、做活水文章，改善生态环境，造福济南市民”，突出河床绿化与节点景观建设。在宽为8米的复式河床上，主要栽植垂柳、大叶女贞、桧柏、大叶黄杨球、连翘、蔷薇、凌霄等乡土树种。通过灵活的植物配植，巧妙地遮挡复式河床上高大的挡土墙和热力管线，丰富绿化层次，扩大景观空间；在济大路节点和泉城公园节点等重要地段，改造河道，设置园林小品，扩大绿地面积，使之成为景观亮点。位于舜玉小区内的济大路节点，沿河两侧建有“水天一色”“坐享临流”和“又见新绿”三个景观分区。将中水站管理房建成园林景观房，与地上绿化空间融为一体。置身设有座椅、花架、小品和健身器材等的景区内，观水听瀑，别有情趣。位于玉函路和马鞍山路交汇处的泉城公园节点，建成多层跌水和自然流畅的水体。水体岸边配置黄金树、红叶李、紫薇、大叶黄杨、海桐、南天竹、草坪及园林小品等，形成不同绿化层面的林荫广场及景观平台，使泉城公园和体育中心景观融为一体，游人可从不同角度观景听涛。

五、工商河绿化

工商河是以成丰桥为界，呈“U”字形的人工河，全长6.2千米。历史上沿河两岸曾经垂柳成荫，水草丰腴，蝉鸟争鸣。随着两岸工商企业及居民的增多，河道污染逐年加重，柳绿鱼跃景观不复。

2004年，天桥区园林处对工商河沿线的成丰桥节点进行绿化整治，扩大绿地，设置长廊、座椅等设施，工商河绿化面貌大为改观。2007年10月，工商河综合治理作为济南市迎接十一届全运会重点工程之一，天桥区“一号工程”付诸实施，共拆除沿河违建2.1公顷，清淤13.4万立方米，截污111个污水口，置换河床种植土，按照“四季常青，三季有花，一季有果”的绿化规划要求，保留并补植沿岸垂柳，并在河道两侧各宽5米的复式河床上配植紫叶李、大叶女贞、木槿、金银木等花灌木上万株，在成丰桥、一印桥、师范桥三处绿化节点置景石，建回廊，布小品，设雕塑，栽植水杉、银杏、油松、紫叶李、大叶女贞、紫薇、木槿、竹、金叶女贞等亲水植物，引五龙潭泉水入河，形成具有江南水乡风韵的沿河公园。

第七节　园林植物

济南地区1984年园林植物资源普查时仅有392种(变种)。其中常绿类51种，落叶类311种，藤本29种，竹类1种。20世纪90年代后，城市绿化速度加快，推动了园林植物引种育种研究，植物种类和数量迅速增加，一些原来在济南地区难得一见的大叶女贞、广玉兰、海桐、石楠、七叶树、马褂木、黄山栾、美国红栌、黄金槐、金叶女贞、红枫等成为市区公共绿地中的寻常树种；水生美人蕉、花菖蒲、再力花、花叶香蒲等观赏价值较高的水生植物登录济南湿地，丰富了景观水系中的植物种类；小叶扶芳藤、地被竹、高羊茅、白三叶等地被植物的应用，一改昔日济南冬季百草枯黄，黄土露天为终年常绿，繁花似锦。据不完全统计，至2010年，风景区、公园、街道、广场等有园林植物664种(包括部分品种，下同)，其中常绿树77种，落叶树378种，竹类35种，攀缘植物类41种，湿生植物类34种，草花类74种，地被植物25种。

第八节 绿化管理

济南市委、市政府决定，从1984年起市区绿化实行市区两级管理，以区为主，人财物由区管理。2004年，历下区率先在各办事处设立绿化管理所，全面负责办事处辖区内社会绿化组织发动和监督检查工作，后在全市推广历下区做法。同年，在经十东路试行绿地养护体制改革，将绿地养护由原来按属地、按人员编制拨给经费改为按绿地面积核拨管理费和绿地养护美化费，绿地养护队伍通过招投标竞争择优确定。绿地养护管理自此走上市场化之路。2006年，城市绿化养护管理体制改革继续深化，“以事企分开，管养分开，建立城市绿化作业社会化、市场化运作机制”为目标的改革，取得突破性进展。市区重点道路绿地的养护全部实行招标承包，城市绿化管理重心下移到区街道办。至2010年，建立起“两级政府(市、区)、三级管理(市、区、街道)、四级网络(市、区、街道、社区单位)”全新的城市绿化管理体制。

第四章 古树名木

2011年，市城市园林绿化局对济南市境内古树名木进行第四次大规模普查。普查结果表明，全市共有古树名木27科58种2586株，其中，100～300年1535株，300～1000年648株，1000年以上7株。另有名木396株。这次普查采用GPS定位等新技术，把树种、树龄、树高、属地以及海拔高度、长势等数据一一录入数据库，建立济南市古树名木电子档案。

第一节 古树名木分布

一、区域分布

济南市最新普查登记的2586株古树名木，分布于市园林管辖单位和各区县(市)辖区内的街道、庭院、山峦等处。其中，分布在市园林管辖单位866株，历下区33株，市中区67株，槐荫区52株，天桥区13株，历城区507株，长清区674株，章丘市138株，平阴县167株，济阳县18株，商河县51株。

二、古树群分布

千佛山风景名胜区古树群　位于千佛山北麓，有百年以上侧柏338株，或挺立盘山路两侧，或聚生寺院广场，更多处于山林中。其中树龄300年以上的有12株。最大1株位于茶社广场，胸径60.5厘米，树龄400年。山上有古槐3株，分别位于主上山路旁、茶社广场石阶旁及兴国禅寺东门外，以唐槐最古。

历山院西门北侧的小叶朴，人防宿舍南侧的乌桕，石图园西北侧的车梁木，龙泉洞西侧的君迁子，形体之大，亦为市区少见。

中山公园古树群　曾以“松柏青翠而满园，花卉争艳以溢香”著称的中山公园内，有建园之前或建园之初栽植的34株侧柏、43株千头柏和22株桧柏。其中最大1株侧柏在云洞岭西侧。园内有1株高10米、胸径51.6厘米的皂荚和1株高13米、胸径61.1厘米的苦楝。尤以高9米、胸径63厘米的杜梨和高14米、胸径48.3厘米的珊瑚朴为市区同树种之最。

济南饭店银杏群 在经三路济南饭店院内及周边，有40株百年以上的银杏，其胸径都在30厘米以上。其中，最大1株位于省立医院院内，树高21.05米，胸径67厘米。

华阳宫古树群 在历城区华山脚下的华阳宫，有55株树龄300年以上的古柏，其中有根据传说起名的“落凤柏”“茶柏”“赐福柏”等。有3株150～200年的石榴。华阳宫门口有1株树龄百年以上、胸径119厘米的加杨，冠大荫浓，长势良好，为济南现存加杨中树龄最老、胸径最大的。

柳埠国家森林公园古树群 柳埠国家森林公园是济南市古树名木积聚的地方，方圆2465公顷的范围内分布着众多古树名木。其中柏树最多。园内灵鹫山上有30余株树龄200～300年的侧柏，平均胸径超过40厘米。景区内有树龄200余年的紫藤、核桃，逾百年的丁香、石楠，以及长江以北最大面积的竹林。景区周围村落中，以国槐为主，以柳埠镇亓城村王文良宅内的1株国槐最大，胸径150厘米，树龄500年。

孤山古柏群 位于历城区仲宫镇境内。孤山，又名会仙山，为古时历城“三川”(锦绣川、锦云川、锦阳川)祈福之地。山上树龄在300～500年以上的侧柏有30株。其中，山南侧盘山路旁的10余株侧柏，巨根盘露地面，有的长达3米，树干似生在树根虬聚的支架上，形态奇特。山顶有3株，挺拔耸立。山腰有1株，冠似引颈啼鸣的雄鸡，人称“鸡鸣柏”，颇为壮观。2011年普查未收录。

丁家峪古柏群 历城区西营镇政府驻地北3千米处的丁家峪密林中，古柏众多，300～1000年树龄的有38株。生长于白云洞前石崖上的1株古柏最大，树高约18米，胸径150厘米，底部附着在2米高的巨石上，根扎石缝中，长势旺盛，奇伟壮观。2011年普查未收录。

西营板栗群 在历城区西营镇藕池村，102株树龄300年以上的板栗枝叶茂盛，硕果累累，老而不衰。村民相传其中有七八株树龄在千年以上。

灵岩古树群 被誉为唐代寺院四绝之一的灵岩寺所在山上，侧柏遍布，苍郁葱茏，树龄300年以上的超过千株。寺中有平均胸径超过100厘米的银杏14株。其中，大雄宝殿前有3株相传逾千载，最大的1株胸径120厘米，主干周围簇拥着10余株不同年代分生的幼树，犹如一个共享天伦之乐的银杏大家族，妙趣横生。2011年普查未收录。

五峰山古树群 长清区五峰山山崖及古庙内外生有245株树龄300年以上的侧柏。其中，通往洞真观入口处道路两侧民称“十三太保”的10余株侧柏，是当地村民在解放前集资联保才得以保留下来。与玉皇殿东雌雄同株的古银杏及“五股同心柏”一起，组成五峰山古树群奇观。

崮山古柏群 位于长清区崮山的山西、山南两侧，遗存80株树龄300年以上的侧柏，树干多有斧劈、刀砍之痕，但仍枝繁叶茂。1株自干基半米处分为两股的“双干”侧柏，树高约8米，干基直径1.1米，格外引人注目。2011年普查未收录。

锦屏山古柏群 位于章丘市文祖镇南约3千米处的锦屏山密林中，有100株树龄150～300年的侧柏。尤其是耸立山顶的28株侧柏，树根盘露地面，举手可攀分枝，形姿奇异，取名“锦屏翠柏”，是章丘市境内的著名景观。2011年普查收录29株。

翠屏山古柏群 位于平阴县玫瑰镇翠屏山，有56株树龄500年以上的侧柏，树根附着石上，树干虬曲瘤突，枝柯斜伸横展，形状千姿百态。盘山路中段路旁，生长在陡峭岩缝里的1株侧柏，虽只有10厘米宽的树皮连接，仍叶茂枝荣。2011年普查收录29株。

云翠山古树群 位于平阴县云翠山的名胜古迹周围，生有120株树龄200年以上的侧柏和10余株平均胸径43.5厘米的榆树，以及1株胸径63厘米的杏树。2011年普查收录45株。

洪范池白皮松群 位于平阴县洪范池镇浪

溪河畔的供销社周围，有聚生成林的白皮松36株，最大胸径74厘米，最小36厘米。是省内唯一的白皮松古树林。因明代文学家于慎行茔地位于此处，故称“于林”。此外，有10余株百年以上的侧柏。

其他古树名木群有泉城公园樱花，龙洞风景区青檀，长清区双泉镇书堂峪樱桃，以及历城区四门塔、长清区文昌山、长清区玉皇山的古柏等古树名木集中的群落。

第二节 著名古树名木

九顶松 在国家重点文物保护单位四门塔北侧，紧邻四门塔。树高约15米，有“齐鲁第一树”美誉，与“齐鲁第一塔”四门塔相依相伴，相互辉映。九顶松实为柏树，因主干顶端生长9股粗壮的分枝，故称九顶松。此树因落凤的传说和苍郁垂荫，成为柳埠国家森林公园的一大景观。1984年，文物部门在树周围筑起长11.2米，宽8.7米，高1.3米，139根直径11厘米

九顶松

的方形“柳埠红”花岗石护栏，加以保护。

汉柏 在灵岩寺内千佛殿和“五步三泉”之间。树高16米，胸径133.7厘米，挺拔耸立。树下有明万历三十六年(1608年)立《汉柏记》石碑，碑文曰：“此柏方萌芽，汉文帝梦灵岩庙左右有千柏，命通往观之。至，惟见一萌芽，回以实报。文帝祭而祝之，曰：当与此山并传不朽。”2011年普查未收录。

千岁檀 在灵岩寺大灵岩寺石碑左前方的高崖上，有两株树龄千年檀树，故称千岁檀，两树南北并列，相依相伴，也名“千岁鸳鸯檀”。其中，北株高7.5米、胸围1.84米，南株高6.5米、胸围2.2米。2011年普查未收录。

摩顶松(侧柏) 在灵岩寺千佛殿之南。四周砌以石栏，旁嵌明代嘉靖年间山东巡按监察御史张鹏所题“珠树莲台”“名山胜水”大字石刻，以及清乾隆皇帝御书“摩顶松”字碑和御制图诗碑。清康熙《灵岩志》载：此松“大可数围，内空外窍，老杆尽枯，孙枝独茂，翠色欲滴，苍古可爱，真不老物也”。摩顶松这个名字，来自一个与唐僧有关的传说故事。相传大唐玄奘去西天取经，临行时，手摩此松顶曰：“吾西去求佛，汝枝西长；归时，东向，使吾门弟子知之。”玄奘走后，树枝年年西指，一年忽东指，弟子西迎，玄奘果然归来，得佛经六百部。“摩顶松”由此得名。谓之松，实为柏，因“柏”“悲”同音，其意不祥故改之。柏树树枝都偏向一侧，就像一支如意。后来寺内僧人为图吉利，便在柏树两侧各栽柿树一株，一株大柿树，一株小柿树，取“大事小事，事事如意”之意。柿树一株叶大，一株叶小，十分秀丽，与苍劲古柏相映成趣，被列为“灵岩八景”之一。2011年普查未收录。

五峰山银杏王 在长清区五峰山玉皇殿东。树龄700余年，树高35米，胸径2米有余，树冠覆盖面积2500余平方米，是山东第二古树王，需6人合围。此树雌雄同株，金秋时节每每果

五峰山银杏王

实累累。民国《长清县志·五峰山志略》载其“雄花有精子，在植物中为特异”。

五叶松　在长清区五峰山洞真观东大殿仙人阁前，因集侧柏、桧柏、圆柏、刺柏、松5种松柏枝叶于一身而得名。树冠直径达10米，虬枝高耸，枝繁叶茂，浓阴蔽日。相传北魏年间，五峰山的道士石童子偷看师傅赵天雷的“天书”，识得调遣天兵、天将的密令，便令四大天王将南观的柏树挪到洞真观。不知是出于爱护每一片绿叶，还是为了消踪灭迹，竟将散落于地上的枝叶统统捡来嫁接到东大殿前的一株小松树上。后来，小树渐渐长大，便成了这株“嫁接”得天衣无缝的五叶松。

秦柏　在长清区五峰山玉皇殿西侧，迎仙桥上方。据传，此柏植于秦代，故称为“秦柏”。秦柏还有一个颇有味道的名字——“天津客”。据《五峰山志》记载，五峰山的柏树木质柔韧且坚硬，木纹特美而赤心，为木中之珍品。八国联军侵略中国时期，清廷一重臣把五峰山上1万多株成材的柏树“卖”给法国驻天津的客商。天津是法国人的租界地，法国客商把掠来的珍贵木材锯成木板，发运到天津火车站，再待机装船运回国。不久，曹福田率领义和团并联合一部分爱国清军，猛攻火车站和法租界，把存放在天津火车站的五峰山木材焚毁殆尽，破灭了侵略者的掠财美梦。后来发现，在砍伐五峰山的柏树时，玉皇殿前墙角处这株已被圈点在内的古柏竟然漏伐，奇迹般保留下来。因为它已被“卖”到天津，所以便成为“身在故乡为异客”的“天津客”。2011年普查未收录。

十三太保　在长清区五峰山皇宫门与迎仙桥间，有13株古朴壮观的古柏傲然挺立于主路两侧。这些古柏树干胸围平均在1.85米以上，枝繁叶茂，挺拔苍劲，给洞真观陡添肃穆庄严和森郁幽阴。相传元代五峰山道观一位主持系半路出家。出家后忽有一子夭亡，深怀伤子之痛的道人不能像俗人、百姓那样涕泪号啕，便每在亡儿忌日于此植柏1株，以排解白发人悼黑发人之悲情。老道人栽到第13株便羽化升天。后来，清顺治皇帝驾临五峰山闻知此事，感动非常，将这些柏树封为“十三太保”。2011年普查未收录。

五股穿心柏　位于五峰山过更鸡桥往东的路边。五股苍劲而匀称的树干像巨人的手指同生于一个古老的树桩之上，树桩中心有洞，故名。相传古时土山村有一给长工送饭的小伙计用翻地挖出来的小盆盛饭吃，盆中的饭尽吃尽有。他把宝盆带回去珍藏，用其放工钱，少得可怜的工钱竟取之不尽，用之不竭。一天，小伙计怀揣宝盆去赶五峰山庙会，他怕人太多挤坏了宝盆，就将其埋在了路边的山坡上，并插上一个生有5个枝杈的柏树枝作记。但等回头寻找时，满山遍野都插满了柏树枝，已难以分辨。五股穿心柏就是插在宝盆中的树枝所长成，宝盆就在树墩中。2011年普查未收录。

灵柏　在历城区柳埠镇灵鹫山山麓九塔寺前

的平台边。为2株古柏，东西对列。西边1株胸径140厘米，东边1株胸径132厘米。两树树冠相连，东西长40米，南北宽20米，古朴苍劲，雄伟壮观。寺庙前墙嵌有关于此柏为唐尉迟敬德所植的记载。在当地还流传有古柏显灵，豪绅毙命的传说：当地有个豪绅看中了这两株树，想用它做寿器。派人伐树时，锯进处流血不止，锯者欲罢，豪绅不肯。此时，忽然电闪雷鸣，一声霹雳，豪绅倒地毙命。故人们称这两株古柏为“灵柏”，倍加保护。

宋海棠　在珍珠泉池北侧海棠园内，树高7米，冠幅8米，树龄近千年，据传是宋代曾巩任齐州知州时所栽，被誉为“北方海棠之冠”。此树原在珍珠泉大院内的石桥北侧，1954年整修园容时移植于现址，并将此处命名为海棠园。海棠树四周围以树池，池南壁嵌碑记。这株海棠主干枯残，又从树墩处萌生幼芽数丛。冠径达8米，新生的树干最大长至直径35厘米。老树新干，枝繁叶茂，盛花时节，芳香四溢。

桂香柳　在珍珠泉泉池北侧假山前。东西各植2株，桠杈虬结，相互顾盼。每届初夏，枝条

宋海棠

上密生白色小花，香飘醉人。1960年5月，毛泽东主席视察济南，正值此树开花时节。一日，毛泽东主席于珍珠泉礼堂开会休息时，缓步走到珍珠泉边，凭栏赏景，忽有微风吹来，杂有馨香，便向溢香处走去。不远，见有幼树，开有小花，乃以手拈枝嗅香，继而向他人询问：“树叫何名？”随者请老花工向主席作答：“这树名叫桂香柳，是济南地区稀有品种，于1954年栽植。”毛泽东主席听后，面带笑容，亲切叮嘱：“要好好保护。”现存2株胸径均超过40厘米。

寿星柳　位于大明湖历下亭，树龄达100余年，胸径127.8厘米，是济南市胸径最大的旱柳，誉名“寿星柳”。

唐槐　在千佛山腰西盘山路旁，今主干朽残，残干顶部侧枝盛长。传说唐将秦琼曾在此拴马，故称“唐槐”，也称“秦琼拴马槐”。1960年，在古槐树下植幼树1株，从枯干中穿身而生。老干新株，如慈母怀抱着婴儿，故又称“母抱子槐”。1957年，在树旁建方形彩亭一座，因树取名“唐槐亭”。亭檐下悬挂着当代著名书法家舒同题写“唐槐亭”金字横匾。亭、槐、书法艺术融为一体，是千佛山独具特色的一大景观。

百年黄连木　在济南动物园“天下第一牛”雕塑西侧。树高11.1米，胸径54厘米，是济南市区唯一一株百年老黄连。

酸枣王　原在市中区共青团路147号院内。树龄约200年，树高11.7米，胸径120厘米。2010年9月，共青团路拆迁改造，将该树移址七贤广场。

刺槐王　在市中区仁爱街48号院内。树龄愈200年，树高15米，胸径120厘米。

平顶柏　在市中区陡沟街道凤凰山南，明代文渊阁大学士殷士儋墓地上。相传明万历皇帝派专员为恩师庐基修坟，周植松柏，祝愿老师如松柏常青，流芳千古。现仅存1株，树高7米，胸径65厘米。树干挺拔，侧枝平展，状

如巨伞。殷士儋(1522～1582年)，字正甫，又字棠川，济南历城人。因官至内阁大学士，人称“殷阁老”。明隆庆五年(1571年)，辞官还乡。死后葬于今墓址处。朝廷追封太保，谥号“文通”，后改谥“文庄”。

怀孝子柏　在市中区兴隆街道钓村东南1000米许的拉塌岭下怀晋墓顶上，聚生6株高13.2米，胸径77.5厘米左右的侧柏，挺拔高耸，形姿壮观。因是怀晋后人为怀念先祖所植，人称“怀孝子柏”。怀晋(1597～1676年)，号丽明，济南历城人，博雅有名，著有《周易训蒙辑要》。明亡后，焚衣毁冠，隐居山中授徒，死后葬于今怀孝子柏处。其子怀世昌笃孝，父逝后，在墓前结庐3年，日日负土筑冢，后痛母死节，又居3年，人称孝义。历城士绅韩道隆立卧碑一通，题“一门节孝”，布政司赐卧碑“攀柏永怀”都存于墓前。

白丁香　在市中区兴隆街道义和庄。树龄逾300年，2米高的主干已枯朽，干基分生10余株次株，其中，最大的1株高5.8米，胸径40厘米，老干新枝，相映成趣，属济南丁香之冠。

小叶朴　在市中区党家街道东渴马村古井旁。树高约10米，胸径91厘米。树根盘聚裸露地面高近1米，树干虬曲瘤突，枝繁叶茂，扁圆形的树冠凌空悬在农房上空，奇古壮观。

公孙树　在市中区兴隆街道钓村小学有(旧为白云观)一株银杏。树龄1300多年，高33.3米，胸径185厘米，与其根部连为一体的次株共同呈现“公孙树”景观。2011年，举行立牌仪式，黑色大理石碑上镌金色文字。普及银杏史话，唤起人们保护古树名木的意识。

同生树　在市中区十六里河镇斗母泉上方的山坡上，有济南市最大的连根同生的车梁木和刺楸。其中，车梁木树龄500余年，胸径120厘米，树高13.6米，根若盘龙，枝干四展；刺楸树龄400余年，胸径72厘米，树高11.3米，曲干卧壁，状若巨龙，堪称济南刺楸之冠。2011年调查，车梁木已枯死，刺楸仍枝繁叶茂。

红花槐　在市中区白马山街道山凹庄。老株主干已枯朽，在干基处复生新株。新株高2米，胸径55厘米。花开时节，树上鲜艳夺目，树下落红满地，为济南所少见。2011年普查未收录。

枣树王　位于市中区回民小区67号。树龄逾500年，树高17米，胸径55厘米，枝繁叶茂。中秋时节，红果累累，为一大景观。

和尚槐　位于天桥区北园街道黄台板桥南侧东泺河西岸，传说为僧人所植，故此得名。该树高12米，胸径57厘米，树冠广阔，形如鹏展。之前由于河道污染，树势较弱。近年来加强养护管理，树势增强，旧貌换新颜。

幸福槐　在天桥区北园街道水屯村东。1958年8月9日，毛泽东主席视察北园农业合作社，在水屯村东首的国槐树下与农民代表亲切交谈。事后，农民高兴地将此树称为“幸福槐”，并在树基边砌有边长4.5米的水泥方池，池北面立有高76厘米、宽107厘米黑色花岗石碑，上镌“幸福槐，毛主席1958年8月9日视察北园时，在此树下同贫下中农亲切交谈”。

石楠王　位于四门塔景区的四季村，树龄达100年，平均冠幅8米．被誉为“江北石楠王”。

皂荚王　在历城区唐王镇唐五道口西村。树龄逾300年，树高13米，胸径112厘米。

幸福柳　在历城区王舍人街道大辛庄幸福柳广场内。树高17米，胸径82.8米，原本为田埂上1株普通的旱柳，因毛泽东主席1959年4月13日和9月21日先后两次视察大辛庄村，深入田间，曾在树下同农民亲切交谈，故被村民称“幸福柳”。2001年10月，此处建成面积为8公顷的绿地广场，取名“幸福柳广场”。树基周围砌边长5米的水泥方池保护。2009年10月调查时，精冠外围现已枯衰，内堂枝叶尚茂。

油松之王　在历城区彩石镇捎近村。树龄约400年，树高10米，胸径85厘米。

五角枫王　在历城区西营镇上阁老村玉泉寺旁。树龄逾800年，树高20米，胸径71.6厘米。

槐抱楸　在历城区唐王镇司家村。国槐高约7米，胸径145厘米，树龄200余年。被抱着的楸树从古槐腹腔中长出，高约15米，胸径70厘米，树龄亦逾百年。古槐与楸树浑然一体，“楸在槐中生，槐抱楸身长，相依为命度时光”。伞冠平展的槐树在下，卵形的楸树巨冠在上，暮春时节，繁密的枝头上，花团锦簇，艳丽多彩。

槐抱榆　在历城区港沟镇小田村水湾旁，俗称“唐槐”。国槐虬曲瘤突，老态龙钟，主干上生两股分枝，枝叶葱茏，生机盎然。穿膛而生的榆树耸立高悬，枝繁叶茂，引人注目。据考证，1938年3月5日，此槐也遭日本侵略者血洗，只剩2米高的主干。后有榆钱飘落至此，生根发芽，长成大树，构成古槐抱新榆的奇观。2011年普查未收录。

垂槐王　在历城区锦绣川乡白云村。主干虬曲瘤突，分枝下垂，树旁有清道光二年(1822年)立的石碑，碑上有此树由葛店移于此的记载，距今170余年。树高约7.2米，胸径42厘米，分生3股主枝，蜿蜒横展，侧枝繁密，虬曲交错，有的伸手可攀，有的垂及地面。冬至叶落后，一条条略带斑纹的枝柯，交织在一起，像一条盘踞的巨龙，妙趣横生。

板栗王　位于历城区西营镇藕池村南，树高约15米，胸径5米，虽历经风雨，长势仍然旺盛，每年结果近百斤。相传此树已有千年，是名副其实的板栗王。

柘树王　位于高新区红帆能源科技有限公司研发楼前。树高7米，胸径48.8厘米，虬曲苍劲，枝茂叶盛。

槐抱椿　在长清区归德镇坟台村有1株国槐。在其主干2米高处穿生出1株高15米，胸径50余厘米的臭椿。国槐树冠居下，臭椿树冠在上，高低错落，蔚为壮观。

巨龙柏　位于长清区马山镇关王庙村北石岗上。此柏同根双干，两干自盘附巨石上的根茎处分别向东西斜伸上长，西向的分枝虬聚，状如翘首龙头，东向的分枝稀疏，虬曲向下，似摆动的龙尾。整株造型如巨龙欲飞。

国槐王　在长清区孝里镇胡林坡村。此树胸径167厘米、平均冠幅15米，是济南市胸径最大的国槐，被称作“鲁西第一槐”。

抱泉青檀　在长清区万德镇灵岩村，胸径126厘米，树高12米，平均冠幅24米。此树长在洞穴式泉池上，其下方泉池被称为“檀抱泉”。

朱家峪古柏　位于章丘市官庄镇朱家峪住宅区内。树高12米，胸径93.9厘米，树龄逾500年。树冠状如巨伞，庇荫80多平方米，远望枝繁叶茂，突兀挺立，成为方圆几十千米内一大景观。据朱氏后人讲，此树为朱氏先祖定居时所植。1982年，被济南市政府列为重点保护古树名木。2003年住宅区辟建时得以保留，并将此树所在的街命名为“古柏街”。

卧龙槐　章丘市绣惠镇茂李村学校院内有2株胸径40厘米左右的垂槐，其中西侧一株虬枝长8米余，沿墙伸长，蜿蜒若龙。传李氏祖谱中有明太祖朱元璋幼时常在此树下石板上仰卧乘凉，后人便称此树为“卧龙槐”，树下石板被称为“卧龙榻”。2010年，古槐和镌有“卧龙榻”的长2米的石板俱在，两物相映成趣，是校园奇景。

辉柳唐槐　在章丘市龙山街道辉柳村南首，树龄约1300年，树高15米，胸径210.2厘米。伟干挺立，巨冠凌空高悬，庇荫路面10余米，堪称济南槐树王。民间传说此树植于唐代，俗称“唐槐”。古干虬曲瘤突，腹腔枯朽，内生一干径近20厘米的楸树，也称“槐抱楸”。古槐树两大分支东西斜长，西长枝长达11米，侧枝繁密，虬曲交错。东长枝1995年遭风折。

甘泉流苏　在章丘市文祖镇甘泉村，村民称作“茶叶树”。树龄约300年，是济南最老的流苏。树高14米，胸径105厘米，地上裸露根2米高，干枝虬曲四展，茂盛葱茏。春夏之交，花开如覆雪，为山村独有景观。

2011年济南市300年以上古树名木表

表2—5—2

编 号	树 种	属 地	位 置	树 高（米）	胸 径（厘米）
A0-0001	国槐	市属公园	千佛山唐槐亭	12.1	80.6
A0-0002	国槐	市属公园	大明湖历下亭	8.7	63.2
A0-0003	国槐	市属公园	趵突泉公园三大殿东侧	16	–
A0-0004	侧柏	市属公园	千佛山茶社广场	8.6	60.5
A0-0005	侧柏	市属公园	千佛山茶社广场路西	11.2	52.5
A0-0006	侧柏	市属公园	千佛山茶社广场北石狮西侧	9.34	52.86
A0-0007	侧柏	市属公园	千佛山观音园东北侧	11.1	53.2
A0-0008	侧柏	市属公园	千佛山观音园东门路东侧	12.5	57.3
A0-0009	侧柏	市属公园	千佛山观音园南侧	10.5	51.3
A0-0010	侧柏	市属公园	千佛山唐槐亭东南侧	10.2	52.6
A0-0011	侧柏	市属公园	千佛山兴国禅寺西北侧	8.5	57.3
A0-0012	侧柏	市属公园	千佛山兴国禅寺西北侧	9.4	52.5
A0-0013	侧柏	市属公园	千佛山兴国禅寺西北侧	8.8	56.4
A0-0014	侧柏	市属公园	千佛山东盘路东侧	7.5	57.3
A0-0015	侧柏	市属公园	千佛山兴国禅寺北侧	8.5	54.8
A1-0001	国槐	历下区	省政府西花园内	14	89
A1-0002	国槐	历下区	省人大办公楼前东侧	14	105
A1-0004	国槐	历下区	黑虎泉北路	11	87
A1-0005	国槐	历下区	牛头巷3号	12	85
A1-0006	国槐	历下区	青龙街省计委联营公司宿舍	10	86
A1-0007	国槐	历下区	仁智街	9	48
A1-0010	国槐	历下区	姚家街道姚家庄263号门前	11	96
A1-0011	国槐	历下区	姚家街道浆水泉村	15	102
A1-0012	国槐	历下区	姚家街道下井村	12	145
A1-0014	国槐	历下区	龙洞街道西蒋峪村	9	105
A1-0017	海棠	历下区	省政府西院路西	9	15
A1-0018	海棠	历下区	珍珠泉海棠园内	7	35
A1-0101	国槐	历下区	历山顶街	5	87
A1-0103	荚英	历下区	龙洞景区门口东侧	15	78
A1-0104	荚英	历下区	龙洞景区门口东侧	4	97
A1-0105	荚英	历下区	龙洞景区门口西侧	15	94
A1-0106	荚英	历下区	原龙洞村	15	76
A2-0001	国槐	市中区	原财政厅宿舍院内(永长街1号)	15	115
A2-0002	银杏	市中区	兴隆街道矿村白云观西侧学校院内	33.3	185
A2-0003	国槐	市中区	陡沟街道陡沟村	14.5	345

续表2—5—2—1

编号	树种	属地	位置	树高（米）	胸径（厘米）
A2-0004	国槐	市中区	陡沟街道马家庄	9.6	150
A2-0005	国槐	市中区	兴隆街道郑家窝坡村	8.9	136
A2-0006	国槐	市中区	党家街道赵庄村	13.6	103
A2-0011	国槐	市中区	十六里河街道大涧沟1区175号	9.6	340
A2-0012	国槐	市中区	党家街道西渴马村北(井旁)	12	120
A2-0013	国槐	市中区	七贤街道九曲村	14.6	110
A2-0014	国槐	市中区	王官庄363号	7.8	110
A2-0015	侧柏	市中区	白马山街道后魏华村	11.6	15
A2-0016	侧柏	市中区	兴隆街道涝坡村	10.6	70
A2-0017	侧柏	市中区	十六里河村东南	13.2	77.5
A2-0018	侧柏	市中区	十六里河村东南	13.2	77.5
A2-0019	侧柏	市中区	十六里河村东南	13.2	77.5
A2-0020	侧柏	市中区	十六里河村东南	13.2	77.5
A2-0021	侧柏	市中区	十六里河村东南	13.2	77.5
A2-0022	侧柏	市中区	十六里河村东南	13.2	77.5
A2-0023	侧柏	市中区	党家街道殷家林村	7	65
A2-0025	侧柏	市中区	党家街道相家庄	12.6	110
A2-0026	侧柏	市中区	回民小区清真北大寺	11.5	50
A2-0027	侧柏	市中区	回民小区清真北大寺	12	45
A2-0028	侧柏	市中区	回民小区清真北大寺	11.2	55
A2-0029	侧柏	市中区	回民小区清真南大寺	12.4	65
A2-0030	枣树	市中区	回民小区67号	17	55
A2-0031	枣树	市中区	西青龙街107号	10.2	—
A2-0034	刺楸	市中区	兴隆街道斗母村斗母泉旁	11.3	72
A2-0035	丁香	市中区	兴隆街道义和庄	5.8	40
A3-0001	侧柏	槐荫区	段店镇兴福寺	11.5	97.1
A3-0002	侧柏	槐荫区	段店镇兴福寺大殿前	12.9	81.2
A4-0001	侧柏	天桥区	桑梓店镇小寨村清真寺内	15	40
A4-0002	侧柏	天桥区	桑梓店镇小寨村清真寺内	16	40
A4-0003	侧柏	天桥区	桑梓店镇小寨村清真寺内	17	40
A4-0004	侧柏	天桥区	桑梓店镇小寨村清真寺内	17	40
A4-0005	侧柏	天桥区	桑梓店镇小寨村清真寺内	16	40
A4-0006	侧柏	天桥区	桑梓店镇小寨村清真寺内	9	31
A4-0007	侧柏	天桥区	黄岗小学院内	17	40
A5-0001	国槐	历城区	仲宫镇王家庄	23.6	173
A5-0002	国槐	历城区	仲宫镇刘家峪村	5	80

续表2-5-2-2

编 号	树 种	属 地	位 置	树 高（米）	胸 径（厘米）
A5-0003	国槐	历城区	仲宫镇杨而庄	20	90
A5-0004	国槐	历城区	彩石镇虎门村	20	118
A5-0005	国槐	历城区	仲宫镇支家岭村	10.5	96
A5-0006	国槐	历城区	唐王镇小徐家庄	6	95
A5-0007	国槐	历城区	唐王镇颜家村	15	120
A5-0008	国槐	历城区	唐王镇司家庄	4	145
A5-0009	国槐	历城区	唐王镇韩家庄西村	16	122
A5-0010	国槐	历城区	唐王镇周家村81号门外	14	118
A5-0011	国槐	历城区	唐王镇南殷村学校内	9	100.3
A5-0012	国槐	历城区	唐王镇周家村	15	38
A5-0013	国槐	历城区	唐王镇于家村	9	100
A5-0014	国槐	历城区	彩石镇石瓮峪村	15	110
A5-0015	国槐	历城区	彩石镇石瓮峪村	10	86
A5-0016	国槐	历城区	彩石镇东泉村	16	110
A5-0017	国槐	历城区	彩石镇虎门村	15	114.5
A5-0018	国槐	历城区	柳埠镇南田庄	9	110
A5-0019	国槐	历城区	柳埠镇南田庄	9	104
A5-0020	国槐	历城区	港沟街道芦芽岭村	17	79
A5-0021	国槐	历城区	港沟街道章锦村	13	98
A5-0022	国槐	历城区	港沟街道黑龙峪村	12	96
A5-0023	国槐	历城区	仲宫镇高而办事处邢家庄	14	106
A5-0024	国槐	历城区	仲宫镇高而办事处邢家庄	7	105
A5-0025	国槐	历城区	仲宫镇高而办事处北高而	13	144
A5-0026	国槐	历城区	仲宫镇高而办事处北邱村	13	101
A5-0027	国槐	历城区	柳埠镇大刘家峪村	25	120
A5-0028	国槐	历城区	柳埠镇大刘家峪村	25	120
A5-0029	国槐	历城区	柳埠镇桃科村	19	140
A5-0030	国槐	历城区	柳埠镇南田庄	11	110
A5-0031	国槐	历城区	港沟街道伙路村	9	145
A5-0032	国槐	历城区	柳埠镇红旗村	15	70
A5-0033	国槐	历城区	港沟街道小田庄	11	120
A5-0034	国槐	历城区	柳埠镇柳埠村	14	90
A5-0035	国槐	历城区	柳埠镇车子峪村	9	60
A5-0036	国槐	历城区	柳埠镇亓城村	13	150
A5-0037	国槐	历城区	柳埠镇亓城村	15	120
A5-0038	国槐	历城区	柳埠镇亓城村	6	130

续表2—5—2—3

编　号	树 种	属 地	位　置	树 高（米）	胸 径（厘米）
A5-0039	国槐	历城区	郭店街道相公庄70号	13	83
A5-0040	侧柏	历城区	柳埠镇亓城村柏树山	6	95
A5-0041	国槐	历城区	西营镇东峪村	22	102
A5-0042	国槐	历城区	西营镇东峪村	15	75
A5-0043	国槐	历城区	仲宫镇锦绣川办事处大水井村	13	98
A5-0044	国槐	历城区	仲宫镇锦绣川办事处大水井村	12	140
A5-0045	国槐	历城区	仲宫镇锦绣川办事处金刚纂村	13	102
A5-0046	国槐	历城区	仲宫镇锦绣川办事处金刚纂村	30	118
A5-0047	侧柏	历城区	西营镇丁家峪	5	75
A5-0048	侧柏	历城区	华山街道华阳宫内	11	90
A5-0049	侧柏	历城区	华山街道华阳宫内	13	60
A5-0050	侧柏	历城区	华山街道华阳宫内	18	65
A5-0051	侧柏	历城区	华山街道华阳宫内	8.5	60
A5-0052	侧柏	历城区	华山街道华阳宫内	14	65
A5-0053	侧柏	历城区	华山街道华阳宫内	13	86
A5-0054	侧柏	历城区	华山街道华阳宫内	15	85
A5-0055	侧柏	历城区	华山街道华阳宫内	10	80
A5-0056	侧柏	历城区	华山街道华阳宫内	12	80
A5-0057	侧柏	历城区	华山街道华阳宫内	12	80
A5-0058	侧柏	历城区	西营镇丁家峪	12	105
A5-0059	侧柏	历城区	华山街道华阳宫内	13	85
A5-0060	侧柏	历城区	华山街道华阳宫内	14	90
A5-0061	侧柏	历城区	华山街道华阳宫内	13	95
A5-0062	侧柏	历城区	华山街道华阳宫四季殿前	15	100
A5-0063	侧柏	历城区	华山街道华阳宫四季殿前	10	90
A5-0064	侧柏	历城区	华山街道华阳宫四季殿前	11	45
A5-0065	侧柏	历城区	华山街道华阳宫外西北侧	8	35
A5-0066	侧柏	历城区	华山街道华阳宫外西北侧	9	35
A5-0067	侧柏	历城区	华山街道华阳宫院内	13	65
A5-0068	侧柏	历城区	华山街道华阳宫元君殿院内	10	60
A5-0069	侧柏	历城区	华山街道华阳宫元君殿院内	12	65
A5-0070	侧柏	历城区	华山街道华阳宫元君殿院内	7	70
A5-0071	侧柏	历城区	华山街道华阳宫元君殿院内	8	67
A5-0072	侧柏	历城区	华山街道华阳宫元君殿院内	11	60
A5-0073	侧柏	历城区	华山街道华阳宫元君殿院内	14	85
A5-0074	侧柏	历城区	华山街道华阳宫元君殿院内	13	80

续表2-5-2-4

编号	树种	属地	位置	树高（米）	胸径（厘米）
A5-0075	国槐	历城区	西营镇下罗伽村	9	97
A5-0076	侧柏	历城区	华山街道华阳宫关帝庙东	10	45
A5-0077	侧柏	历城区	西营镇丁家峪	15	65
A5-0078	侧柏	历城区	华山街道华阳宫关帝庙前	9	30
A5-0079	侧柏	历城区	陡沟街道董庄	13.5	121
A5-0080	侧柏	历城区	华山街道华阳宫观音殿前	10	55
A5-0081	侧柏	历城区	华山镇华阳宫内	12	40
A5-0082	侧柏	历城区	仲宫镇东罗园村	16	83
A5-0083	侧柏	历城区	仲宫镇北道沟村普门寺	12.5	71
A5-0084	侧柏	历城区	仲宫镇上坡村	10	105
A5-0085	侧柏	历城区	仲宫镇高而办事处邢家庄	8.2	95.8
A5-0086	侧柏	历城区	华山街道华阳宫内	6	55
A5-0087	侧柏	历城区	华山街道华阳宫内	5	45
A5-0088	侧柏	历城区	华山街道华阳宫内	7	32
A5-0089	侧柏	历城区	华山街道华阳宫东侧	7	35
A5-0090	侧柏	历城区	柳埠镇上海村土地庙	12	55
A5-0091	侧柏	历城区	华山街道华阳宫东侧	7	31
A5-0092	侧柏	历城区	华山街道华阳宫东侧	8	35
A5-0093	侧柏	历城区	柳埠镇四门塔	15	197
A5-0094	侧柏	历城区	华山街道华阳宫东侧	10	50
A5-0095	侧柏	历城区	华山街道华阳宫东侧	9	30
A5-0096	侧柏	历城区	华山街道华阳宫内	8	30
A5-0097	侧柏	历城区	华山街道华阳宫棉花殿东	13	45
A5-0098	侧柏	历城区	孙村街道灯泡厂内	9	65
A5-0099	侧柏	历城区	仲宫镇锦绣川办事处西商家庄	8	62
A5-0100	侧柏	历城区	华山街道华阳宫棉花殿东北	13	40
A5-0101	侧柏	历城区	华山街道华阳宫棉花殿西北	10	41
A5-0102	侧柏	历城区	彩石镇南泉村	9	66
A5-0103	侧柏	历城区	华山街道华阳宫棉花殿前	12	45
A5-0104	加杨	历城区	华山街道华阳宫门口	12	119
A5-0105	油松	历城区	彩石镇捎近村	10	85
A5-0106	油松	历城区	西营镇赵家庄山坡上	25	65.5
A5-0107	油松	历城区	西营镇藕池村	8	60
A5-0108	千头柏	历城区	西营镇石门沟村	15	73.5
A5-0109	千头柏	历城区	西营镇石门沟村	15	73.5
A5-0110	银杏	历城区	仲宫镇北道沟村普门寺	25	115

续表2—5—2—5

编号	树种	属地	位置	树高（米）	胸径（厘米）
A5-0111	银杏	历城区	仲宫镇北道沟村普门寺	30	115
A5-0112	侧柏	历城区	华山街道华阳宫内	8	35
A5-0113	银杏	历城区	港沟街道伙路村淌豆寺	25	176
A5-0114	核桃	历城区	柳埠镇蔡家庄	11	95
A5-0115	核桃	历城区	柳埠镇蔡家庄南	13	95
A5-0116	五角枫	历城区	西营镇上阁老村玉泉寺旁	20	71.6
A5-0117	五角枫	历城区	港沟街道郭家庄乡义寺东南侧	16	70
A5-0118	皂荚	历城区	郭店街道曹家馆村 205号	10	37
A5-0119	皂荚	历城区	柳埠镇王家峪村	11	55
A5-0120	皂荚	历城区	柳埠镇长岭村	11	55
A5-0121	皂荚	历城区	唐王镇唐西村	13	112
A5-0122	侧柏	历城区	华山镇华阳宫内	8	35
A5-0123	侧柏	历城区	华山街道华阳宫四季殿北	9	35
A5-0124	侧柏	历城区	华山街道华阳宫四季殿北	8	75
A5-0125	板栗	历城区	西营镇藕池村	13	65
A5-0126	侧柏	历城区	华山街道华阳宫内	6	35
A5-0127	黄连木	历城区	仲宫镇高而办事处东沟村	23	110
A5-0128	流苏	历城区	柳埠镇槲疃村	20	60
A5-0129	侧柏	历城区	华山街道华阳宫内	8	50
A5-0130	国槐	历城区	鲍山街道东梁王庄一村	15	80
A5-0131	银杏	历城区	唐王镇韩家庄西村小学内	17	71
A5-0132	银杏	历城区	唐王镇韩家庄西村小学内	18	80
A5-0133	侧柏	历城区	柳埠镇南灵鹫山麓九塔寺前	17	140
A5-0134	侧柏	历城区	柳埠镇南灵鹫山麓九塔寺前	17	132
A5-0135	侧柏	历城区	华阳宫四季殿西侧	8	45
A5-0136	侧柏	历城区	华阳宫元君殿院内	14	85
A5-0137	侧柏	历城区	华阳宫四季殿后西	12	50
A5-0138	侧柏	历城区	华阳宫内三官殿	10	60
A5-0139	侧柏	历城区	华阳宫三皇殿东南侧	7	49
A5-0140	国槐	历城区	港沟街道芦芽岭63号院北侧	16	130
A5-0146	板栗	历城区	西营镇藕池村	8	75
A5-0147	板栗	历城区	西营镇藕池村	8	75
A5-0148	板栗	历城区	西营镇藕池村	8	75
A5-0149	板栗	历城区	西营镇藕池村	8	75
A5-0150	板栗	历城区	西营镇藕池村	8	75
A5-0151	板栗	历城区	西营镇藕池村	8	75

续表2—5—2—6

编号	树种	属地	位置	树高（米）	胸径（厘米）
A5-0152	板栗	历城区	西营镇藕池村	8	75
A5-0153	板栗	历城区	西营镇藕池村	8	75
A5-0154	板栗	历城区	西营镇藕池村	8	75
A5-0155	板栗	历城区	西营镇藕池村	8	75
A5-0156	板栗	历城区	西营镇藕池村	8	75
A5-0157	板栗	历城区	西营镇藕池村	8	75
A5-0158	板栗	历城区	西营镇藕池村	8	75
A5-0159	板栗	历城区	西营镇藕池村	8	75
A5-0160	板栗	历城区	西营镇藕池村	8	75
A5-0161	板栗	历城区	西营镇藕池村	8	75
A5-0162	板栗	历城区	西营镇藕池村	8	75
A5-0163	板栗	历城区	西营镇藕池村	8	75
A5-0164	板栗	历城区	西营镇藕池村	8	75
A5-0165	板栗	历城区	西营镇藕池村	8	75
A5-0166	板栗	历城区	西营镇藕池村	8	75
A5-0167	板栗	历城区	西营镇藕池村	8	75
A5-0168	板栗	历城区	西营镇藕池村	8	75
A5-0169	板栗	历城区	西营镇藕池村	8	75
A5-0170	板栗	历城区	西营镇藕池村	8	75
A5-0171	板栗	历城区	西营镇藕池村	8	75
A5-0172	板栗	历城区	西营镇藕池村	8	75
A5-0173	板栗	历城区	商营镇藕池村	8	75
A5-0174	板栗	历城区	西营镇藕池村	8	75
A5-0175	板栗	历城区	西营镇藕池村	8	75
A5-0176	板栗	历城区	西营镇藕池村	8	75
A5-0177	板栗	历城区	西营镇藕池村	8	75
A5-0178	板栗	历城区	西营镇藕池村	8	75
A5-0179	板栗	历城区	西营镇藕池村	8	75
A5-0180	板栗	历城区	西营镇藕池村	8	75
A5-0181	板栗	历城区	西营镇藕池村	8	75
A5-0182	板栗	历城区	西营镇藕池村	8	75
A5-0183	板栗	历城区	西营镇藕池村	8	75
A5-0184	板栗	历城区	西营镇藕池村	8	75
A5-0185	板栗	历城区	西营镇藕池村	8	75
A5-0186	板栗	历城区	西营镇藕池村	8	75
A5-0187	板栗	历城区	西营镇藕池村	8	75

续表2-5-2-7

编号	树种	属地	位置	树高（米）	胸径（厘米）
A5-0188	板栗	历城区	西营镇藕池村	8	75
A5-0189	板栗	历城区	西营镇藕池村	8	75
A5-0190	板栗	历城区	西营镇藕池村	8	75
A5-0191	板栗	历城区	西营镇藕池村	8	75
A5-0192	板栗	历城区	西营镇藕池村	8	75
A5-0193	板栗	历城区	西营镇藕池村	8	75
A5-0194	板栗	历城区	西营镇藕池村	8	75
A5-0195	板栗	历城区	西营镇藕池村	8	75
A5-0196	板栗	历城区	西营镇藕池村	8	75
A5-0197	板栗	历城区	西营镇藕池村	8	75
A5-0198	板栗	历城区	西营镇藕池村	8	75
A5-0199	板栗	历城区	西营镇藕池村	8	75
A5-0200	板栗	历城区	西营镇藕池村	8	75
A5-0201	板栗	历城区	西营镇藕池村	8	75
A5-0202	板栗	历城区	西营镇藕池村	8	75
A5-0203	板栗	历城区	西营镇藕池村	8	75
A5-0204	板栗	历城区	西营镇藕池村	8	75
A5-0205	板栗	历城区	西营镇藕池村	8	75
A5-0206	板栗	历城区	西营镇藕池村	8	75
A5-0207	板栗	历城区	西营镇藕池村	8	75
A5-0208	板栗	历城区	西营镇藕池村	8	75
A5-0209	板栗	历城区	西营镇藕池村	8	75
A5-0210	板栗	历城区	西营镇藕池村	8	75
A5-0211	板栗	历城区	西营镇藕池村	8	75
A5-0212	板栗	历城区	西营镇藕池村	8	75
A5-0213	板栗	历城区	西营镇藕池村	8	75
A5-0214	板栗	历城区	西营镇藕池村	8	75
A5-0215	板栗	历城区	西营镇藕池村	8	75
A5-0216	板栗	历城区	西营镇藕池村	8	75
A5-0217	板栗	历城区	西营镇藕池村	8	75
A5-0218	板栗	历城区	西营镇藕池村	8	75
A5-0219	板栗	历城区	西营镇藕池村	8	75
A5-0220	板栗	历城区	西营镇藕池村	8	75
A5-0221	板栗	历城区	西营镇藕池村	8	75
A5-0222	板栗	历城区	西营镇藕池村	8	75
A5-0223	板栗	历城区	西营镇藕池村	8	75

续表2—5—2—8

编 号	树 种	属 地	位 置	树高（米）	胸径（厘米）
A5-0224	板栗	历城区	西营镇藕池村	8	75
A5-0225	板栗	历城区	西营镇藕池村	8	75
A5-0226	板栗	历城区	西营镇藕池村	8	75
A5-0227	板栗	历城区	西营镇藕池村	8	75
A5-0228	板栗	历城区	西营镇藕池村	8	75
A5-0229	板栗	历城区	西营镇藕池村	8	75
A5-0230	板栗	历城区	西营镇藕池村	8	75
A5-0231	板栗	历城区	西营镇藕池村	8	75
A5-0232	板栗	历城区	西营镇藕池村	8	75
A5-0233	板栗	历城区	西营镇藕池村	8	75
A5-0234	板栗	历城区	西营镇藕池村	8	75
A5-0235	板栗	历城区	西营镇藕池村	8	75
A5-0236	板栗	历城区	西营镇藕池村	8	75
A5-0237	板栗	历城区	西营镇藕池村	8	75
A5-0238	板栗	历城区	西营镇藕池村	8	75
A5-0239	板栗	历城区	西营镇藕池村	8	75
A5-0240	板栗	历城区	西营镇藕池村	8	75
A5-0241	板栗	历城区	西营镇藕池村	8	75
A5-0242	板栗	历城区	西营镇藕池村	8	75
A5-0243	板栗	历城区	西营镇藕池村	8	75
A5-0244	板栗	历城区	西营镇藕池村	8	75
A5-0245	板栗	历城区	西营镇藕池村	8	75
A5-0246	国槐	历城区	港沟街道黑龙峪村	20	160
A6-0001	国槐	长清区	崮云湖街道皇姑井村	12	75
A6-0002	国槐	长清区	归德镇双乳村	8	80
A6-0003	国槐	长清区	归德镇前封庄	11	83
A6-0004	国槐	长清区	双泉镇五眼井村	12.5	92
A6-0005	国槐	长清区	双泉镇五眼井村	16	110
A6-0006	国槐	长清区	文昌街道老徐家洼村	5.5	97
A6-0007	侧柏	长清区	张夏镇高家庄	8	73
A6-0008	侧柏	长清区	张夏镇积家峪村晓露泉	13	—
A6-0009	白丁香	长清区	张夏镇周家庵村	13	66.5
A6-0010	皂荚	长清区	张夏镇宋家庄	11	115
A6-0011	侧柏	长清区	张夏镇义净寺大雄宝殿前	15	79.5
A6-0012	核桃	长清区	张夏镇义净寺课堂南	12	92
A6-0013	侧柏	长清区	张夏镇义净寺后山坡	6.5	61

续表2-5-2-9

编号	树种	属地	位置	树高（米）	胸径（厘米）
A6-0014	国槐	长清区	文昌街道东王庄	5.5	101
A6-0015	侧柏	长清区	文昌街道文昌山文昌庙门前	7	–
A6-0016	侧柏	长清区	文昌街道文昌山文昌庙西南方	6	–
A6-0017	侧柏	长清区	文昌街道文昌山文昌庙西南方	6	39
A6-0018	侧柏	长清区	文昌街道文昌山文昌庙西南方	7	38
A6-0019	侧柏	长清区	文昌街道文昌山文昌庙西南方	6.5	42
A6-0020	国槐	长清区	归德镇阎楼村老碾旁	7	90
A6-0021	侧柏	长清区	文昌街道文昌山文昌庙西南方	7.5	–
A6-0022	侧柏	长清区	文昌街道文昌山文昌庙西南方	6.5	–
A6-0023	侧柏	长清区	文昌街道文昌山文昌庙西南方	7	–
A6-0024	青檀	长清区	万德镇灵岩村檀抱泉	12	126
A6-0025	侧柏	长清区	文昌街道石麟山烈士陵园北侧	13	59.5
A6-0026	侧柏	长清区	文昌山文昌庙西	5.6	–
A6-0027	侧柏	长清区	文昌街道石麟山烈士陵园北侧	11	47.7
A6-0028	侧柏	长清区	文昌街道石麟山烈士陵园北侧	11	55
A6-0029	侧柏	长清区	文昌街道文昌山文昌庙西南方	4.3	–
A6-0030	侧柏	长清区	文昌街道文昌山文昌庙西南山坡	11	61
A6-0031	侧柏	长清区	文昌街道文昌山文昌庙西南方	7.5	39
A6-0032	侧柏	长清区	文昌街道文昌山文昌庙西	7.5	61
A6-0033	国槐	长清区	归德镇李官庄	7	91
A6-0034	国槐	长清区	万德镇坡里庄	8.5	95
A6-0035	国槐	长清区	文昌街道东王庄	8.5	56
A6-0036	国槐	长清区	张夏镇红石岭村	12	87
A6-0037	侧柏	长清区	孝里镇大峰山林场峰云观	9	26.5
A6-0038	国槐	长清区	归德镇前刘官庄	10	90
A6-0039	侧柏	长清区	归德镇玉皇山下西侧	3.5	–
A6-0040	侧柏	长清区	孝里镇大峰山林场	16	59.5
A6-0041	侧柏	长清区	孝里镇太峰山林场峰云观	13	52.5
A6-0042	侧柏	长清区	归德镇玉皇山下西侧	4.5	–
A6-0043	侧柏	长清区	归德镇玉皇山下西侧	4	50
A6-0044	侧柏	长清区	归德镇玉皇山下西侧	4.5	–
A6-0045	侧柏	长清区	归德镇玉皇山下西侧	4.5	55
A6-0046	国槐	长清区	孝里镇胡林坡村	18	167
A6-0047	国槐	长清区	孝里镇南黄崖村	20	120
A6-0048	侧柏	长清区	归德镇玉皇山下东侧	7.5	–
A6-0049	侧柏	长清区	五峰街道五峰山两个亭子之间北坡	5.8	–

续表2—5—2—10

编 号	树 种	属 地	位 置	树 高（米）	胸 径（厘米）
A6-0050	侧柏	长清区	五峰街道五峰山两个亭子之间北坡	5.5	—
A6-0051	侧柏	长清区	五峰街道五峰山第一个亭子北150米	4	—
A6-0052	侧柏	长清区	五峰街道五峰山三元殿与吊桥路北侧	7.5	—
A6-0053	国槐	长清区	孝里镇孝里一村通往燕李浮桥路北	7	127
A6-0054	侧柏	长清区	五峰街道五峰山吊桥东北山水沟	8.5	82
A6-0055	侧柏	长清区	五峰街道五峰山吊桥东北山水沟	8.5	—
A6-0056	侧柏	长清区	五峰街道五峰山吊桥东北山水沟	6	65
A6-0057	侧柏	长清区	五峰街道五峰山三元殿与吊桥路附近	7.3	—
A6-0058	侧柏	长清区	五峰街道五峰山迎仙峰西南	7.5	58
A6-0059	国槐	长清区	张夏镇徐毛庄七圣堂庙旁边	14.2	105
A6-0060	国槐	长清区	张夏镇徐毛庄东过小桥	9.8	86
A6-0062	侧柏	长清区	张夏镇大娄峪村路边	12.3	82
A6-0063	侧柏	长清区	张夏镇大娄峪村玉皇庙内	10	87
A6-0067	侧柏	长清区	张夏镇焦家台村	12	45.5
A6-0070	侧柏	长清区	万德镇义灵关村幼儿园内	12.5	72
A6-0071	侧柏	长清区	万德镇石都庄村高速路边	11	105
A6-0072	侧柏	长清区	张夏镇宋家庄石桥南侧	11	95
A6-0073	国槐	长清区	张夏镇宋家庄石桥南侧	14.5	97
A6-0088	侧柏	长清区	张夏镇土屋村四禅寺小学南50米	15	79.5
A6-0094	侧柏	长清区	平安街道石马村东山	7.5	59
A6-0102	国槐	长清区	平安街道大范庄西北	9	126
A6-0104	圆柏	长清区	张夏镇土屋村四禅寺小学内	13.6	76
A6-0105	侧柏	长清区	张夏镇王家泉村南山坡	12	75
A6-0106	侧柏	长清区	五峰街道五峰山木牌坊周围庭院	10	62.5
A6-0107	侧柏	长清区	五蜂街道王峰山木牌坊处庭院内	11	58.5
A6-0108	侧柏	长清区	五峰街道五峰山水牌坊处庭院内	15	60
A6-0109	侧柏	长清区	五峰街道五峰山木牌坊处庭院内	9	37
A6-0110	侧柏	长清区	五峰街道五峰山木牌坊处庭院内	15	71
A6-0111	侧柏	长清区	五峰街道五峰山木牌坊处庭院内	11	49
A6-0112	侧柏	长清区	五峰街道五峰山木牌坊处庭院内	10	42
A6-0113	侧柏	长清区	五峰街道五峰山木牌坊处庭院内	13	51.5
A6-0114	侧柏	长清区	五峰街道五峰山木牌坊处庭院内	16	57
A6-0115	侧柏	长清区	五峰街道王峰山木牌坊处庭院内	17.8	65
A6-0116	侧柏	长清区	五峰街道主峰山木牌坊处庭院内	14	52
A6-0117	侧柏	长清区	五峰街道五峰山木牌坊处庭院内	13	69
A6-0118	侧柏	长清区	五峰街道五峰山玉皇殿前	16.5	68

续表2-5-2-11

编号	树种	属地	位置	树高(米)	胸径(厘米)
A6-0119	侧柏	长清区	五峰街道五峰山玉皇殿前	12.8	80
A6-0120	侧柏	长清区	五峰街道五峰山玉皇殿前	10.9	83
A6-0121	侧柏	长清区	五峰街道五峰山玉皇殿前	10	41
A6-0122	侧柏	长清区	五峰街道五峰山玉皇殿前	11	40.5
A6-0123	侧柏	长清区	五蜂街道五峰山玉皇殿前	7	33
A6-0124	侧柏	长清区	五峰街道五峰山玉皇殿前	8	42
A6-0125	侧柏	长清区	五峰街道五峰山玉皇殿前	9.5	116
A6-0126	银杏	长清区	五峰街道五峰山玉皇殿东	26	216
A6-0128	侧柏	长清区	五峰街道五峰山玉皇殿旁山坡上	11.5	39
A6-0129	侧柏	长清区	五峰街道五峰山玉皇殿旁山坡上	9	45
A6-0130	侧柏	长清区	五峰街道五峰山玉皇殿旁山坡上	10	38
A6-0131	侧柏	长清区	五峰街道五峰山玉皇殿旁山坡上	14	35
A6-0132	侧柏	长清区	五峰街道五峰山九莲圣母殿	10	37
A6-0135	侧柏	长清区	五峰街道五峰山碧霄殿前	11	–
A6-0137	侧柏	长清区	五峰街道五峰山碧霄殿前	10	50
A6-0138	侧柏	长清区	五峰街道五峰山玉皇殿旁山坡上	11	55
A6-0139	侧柏	长清区	五峰街道五峰山玉皇殿旁山坡上	7	30
A6-0140	侧柏	长清区	五峰街道五峰山玉皇殿真武殿西	11	34
A6-0141	侧柏	长清区	五峰街道五峰山玉皇殿真武殿前	10	45
A6-0142	侧柏	长清区	五峰街道五峰山玉皇殿真武殿前	11	38
A6-0143	侧柏	长清区	五峰街道五峰山九十一级台阶处	10.7	48
A6-0144	侧柏	长清区	五峰街道五峰山九十一级台阶处	11.8	43
A6-0145	侧柏	长清区	五峰街道五峰山九十一级台阶处	10	46
A6-0146	侧柏	长清区	五峰街道五峰山九十一级台阶处	8.6	36
A6-0147	侧柏	长清区	五峰街道五峰山九十一级台阶处	9.4	32
A6-0148	侧柏	长清区	五峰街道五峰山九十一级台阶处	7	–
A6-0149	侧柏	长清区	五峰街道五峰山九十一级台阶处	10.7	80
A6-0150	侧柏	长清区	五峰街道五峰山三元殿门前	8	62
A6-0151	侧柏	长清区	五峰街道五峰山三元殿门前	9	48
A6-0153	侧柏	长清区	五峰街道五峰山九十一级台阶处	7.5	45
A6-0154	侧柏	长清区	五峰街道五峰山九十一级台阶处	8.7	53.6
A6-0155	侧柏	长清区	五峰街道五峰山九十一级台阶处	5.5	32
A6-0156	侧柏	长清区	五峰街道五峰山九十一级台阶处	6	31
A6-0158	侧柏	长清区	五峰街道五峰山三元殿	10	38
A6-0159	侧柏	长清区	五峰街道五峰山三元殿	9.5	–
A6-0160	侧柏	长清区	五峰街道五峰山三元殿	11	38

续表2—5—2—12

编号	树种	属地	位置	树高（米）	胸径（厘米）
A6-0161	侧柏	长清区	五峰街道五峰山三元殿	8	33
A6-0167	侧柏	长清区	五峰街道五峰山三元殿后	6.5	45
A6-0171	侧柏	长清区	五峰街道五峰山三元殿西北侧	7	63
A6-0181	侧柏	长清区	五峰街道五峰山更鸡桥东南侧	9.5	—
A6-0187	侧柏	长清区	五峰街道五峰山青帝宫西墙外	6.5	58
A6-0188	侧柏	长清区	五峰街道五峰山青帝宫西墙外	5	—
A6-0195	侧柏	长清区	五峰街道五峰山一天门石屋西	6.2	—
A6-0199	侧柏	长清区	五峰街道五峰山百鸟林	7.5	41
A6-0202	侧柏	长清区	五峰街道五峰山百鸟林	6	56
A6-0203	侧柏	长清区	五峰街道五峰山百鸟林	5.5	56
A6-0206	侧柏	长清区	五峰街道五峰山百鸟林	6	39
A6-0207	侧柏	长清区	五峰街道五峰山百鸟林	7.5	—
A6-0221	侧柏	长清区	五峰街道五峰山三元殿上方	7	36
A6-0222	侧柏	长清区	五峰街道五峰山三元殿上方	4.5	31
A6-0234	侧柏	长清区	五峰街道五峰山三元殿上方	6	41
A6-0235	侧柏	长清区	五峰街道五峰山三元殿上方	4	46
A6-0236	侧柏	长清区	五峰街道五峰山三元殿上方	5	64
A6-0237	侧柏	长清区	五峰街道五峰山三元殿上方	4.8	—
A6-0240	侧柏	长清区	五峰街道五峰山三元殿上方	4.2	—
A6-0247	侧柏	长清区	五峰山迎仙峰与望仙峰之间	9.5	51
A6-0242	侧柏	长清区	五峰街道五峰山三元殿上方	7	—
A6-0251	侧柏	长清区	五峰山迎仙峰与望仙峰之间	9.5	—
A6-0331	侧柏	长清区	五峰街道五峰山三元殿东北	5.5	25
A6-0369	侧柏	长清区	五峰街道五峰山龙柏石阶路旁	7	39
A6-0380	侧柏	长清区	五峰街道五峰山三元殿东北方	8.5	—
A6-0385	侧柏	长清区	五峰街道五峰山三元殿东北方	7.5	—
A6-0402	侧柏	长清区	五峰街道五峰山会仙峰向东	4.2	—
A6-0404	侧柏	长清区	五峰街道五峰山会仙峰向东	6	—
A6-0405	侧柏	长清区	五峰街道五峰山会仙峰向东	5.5	—
A6-0410	侧柏	长清区	五峰街道五峰山会仙峰向东	6.5	43
A6-0411	侧柏	长清区	五峰街道五峰山会仙峰向东	7.5	—
A6-0413	侧柏	长清区	五峰街道五峰山会仙峰向东	8.5	—
A6-0414	侧柏	长清区	五峰街道五峰山会仙峰向东	5.5	30
A6-0418	侧柏	长清区	五峰街道五峰山会仙峰向东	7	41
A6-0424	侧柏	长清区	五峰街道五峰山会仙峰向东	5.5	—
A6-0427	侧柏	长清区	五峰街道五峰山会仙峰向东	6.5	30

续表2—5—2—13

编号	树种	属地	位置	树高（米）	胸径（厘米）
A6-0434	侧柏	长清区	五峰街道五峰山会仙峰向东	5.2	31
A6-0438	侧柏	长清区	五峰街道五峰山会仙峰向东	5.5	—
A6-0466	侧柏	长清区	归德镇坟台村口	9.8	85
A6-0476	国槐	长清区	归德镇前刘官庄	7.8	93
A6-0478	国槐	长清区	归德镇前刘官庄	7.5	87
A6-0480	国槐	长清区	归德镇程官庄西村	6.5	155
A6-0487	国槐	长清区	马山镇郭家峪村	10	92
A6-0488	国槐	长清区	马山镇郭家峪村	10.8	123
A6-0489	国槐	长清区	马山镇郭家峪村	7.8	—
A6-0490	侧柏	长清区	马山镇关王庙小学门口	8	—
A6-0491	侧柏	长清区	马山镇关王庙小学门口	8.5	39
A6-0492	国槐	长清区	马山镇南李庄	12	95
A6-0493	国槐	长清区	马山镇张家老庄	13	104
A6-0494	国槐	长清区	马山镇张家老庄94号院	16	115
A6-0495	国槐	长清区	马山镇潘庄	9.6	—
A6-0496	国槐	长清区	马山镇潘庄	9.7	110
A6-0497	侧柏	长清区	双泉镇尹庄公路中间	10.7	70
A6-0499	国槐	长清区	双泉镇沈家庄	12	97
A6-0500	侧柏	长清区	双泉镇郝家庄	11.8	62
A6-0501	国槐	长清区	双泉镇郝家庄	8	86
A6-0504	国槐	长清区	双泉镇东龙湾村	10.7	122
A6-0508	国槐	长清区	双泉镇王庄	11.5	136
A6-0509	侧柏	长清区	双泉镇王庄	12.7	—
A6-0510	侧柏	长清区	五峰街道北宋庄	5.5	74
A6-0511	侧柏	长清区	五峰街道北宋庄	9.8	45
A6-0516	国槐	长清区	崮云湖街道坡庄村	8	79
A6-0517	侧柏	长清区	崮云湖街道玉皇山顶庙门口175号	8	—
A6-0518	侧柏	长清区	崮云湖街道玉皇山	4.5	—
A6-0527	侧柏	长清区	崮云湖街道玉皇山	6.2	55
A6-0532	国槐	长清区	崮云湖街道太崮山村	11	80
A6-0535	国槐	长清区	万德镇孙家庙村	10.7	98
A6-0536	国槐	长清区	万德镇五家窑村	10.3	140
A6-0538	国槐	长清区	万德镇界首村	9.5	76
A6-0544	银杏	长清区	万德镇坡里庄龙居寺	25.5	146
A6-0546	侧柏	长清区	万德镇万南村北侧	9	107
A6-0547	侧柏	长清区	张夏镇土门村	8	49

续表2—5—2—14

编　号	树　种	属　地	位　置	树高（米）	胸径（厘米）
A6-0549	国槐	长清区	张夏镇土门村	10	90
A7-0001	国槐	章丘市	龙山街道辉柳村	15	210.2
A7-0002	国槐	章丘市	绣惠镇大张家村	7	127.4
A7-0003	国槐	章丘市	官庄镇阎家峪村	11	139.2
A7-0004	国槐	章丘市	宁家埠镇徐家村	8	98.7
A7-0005	国槐	章丘市	双山街道西鸠坞村	18	86.5
A7-0006	国槐	章丘市	圣井街道丁李福庄	12	107.3
A7-0007	国槐	章丘市	圣井街道南罗村	12	95.5
A7-0008	国槐	章丘市	圣井街道官庄	6.5	58.9
A7-0009	国槐	章丘市	圣井街道官庄	10	89.2
A7-0010	国槐	章丘市	明水街道南涧溪村	12	76.4
A7-0011	国槐	章丘市	辛寨镇柳塘口村中心大街	10	143
A7-0012	国槐	章丘市	双山街道南涧溪村	10	90
A7-0013	国槐	章丘市	明水街道官道店村	7	99
A7-0014	国槐	章丘市	枣园街道大义田村	7	81.2
A7-0015	侧柏	章丘市	文祖镇锦屏山	5	72.5
A7-0016	国槐	章丘市	龙山街道党家村	12	94.1
A7-0017	国槐	章丘市	龙山街道党家村	15	88.5
A7-0018	国槐	章丘市	龙山街道苏官庄	16	115. 3
A7-0019	国槐	章丘市	刁镇旧军村	9	101.9
A7-0020	国槐	章丘市	刁镇旧军村	11	98
A7-0021	国槐	章丘市	刁镇仁和街	13	107.3
A7-0022	国槐	章丘市	绣惠镇康陈村	16	143.9
A7-0023	国槐	章丘市	绣惠镇大张家村	10	108.9
A7-0024	国槐	章丘市	相公庄镇袁庄	12	91.4
A7-0025	国槐	章丘市	相公庄镇桑园村	14	124.8
A7-0026	侧柏	章丘市	文祖镇东张庄	15	88.5
A7-0027	侧柏	章丘市	文祖镇东张庄	15	105.1
A7-0028	侧柏	章丘市	官庄镇朱家峪村	12	93.9
A7-0029	侧柏	章丘市	曹范镇宋家庙村	14	68.5
A7-0030	侧柏	章丘市	曹范镇宋家庙村	11	62.1
A7-0031	侧柏	章丘市	曹范镇宋家庙村	11	49
A7-0032	侧柏	章丘市	曹范镇宋家庙村	11	55.7
A7-0033	侧柏	章丘市	曹范镇宋家庙村	11	68.5
A7-0034	侧柏	章丘市	埠村街道大冶村祠堂内	11	57.3
A7-0035	侧柏	章丘市	埠村街道大冶村祠堂内	11	41.1

续表2-5-2-15

编　号	树　种	属　地	位　置	树　高（米）	胸　径（厘米）
A7-0036	侧柏	章丘市	双山街道横沟村	7	54.78
A7-0037	侧柏	章丘市	官庄镇张家庄	9	79.6
A7-0038	侧柏	章丘市	官庄镇张家庄	8	63.1
A7-0039	油松	章丘市	官庄镇石匣村兴隆寺	16	58.9
A7-0040	流苏	章丘市	文祖镇甘泉庄	14	105
A7-0041	国槐	章丘市	相公庄镇道流庄	10	97
A7-0042	赤松	章丘市	垛庄镇南麦腰村	13	60
A7-0043	板栗	章丘市	垛庄镇岳滋村	11	148
A7-0044	侧柏	章丘市	官庄镇常三行村	11	63
A7-0045	侧柏	章丘市	官庄镇西周峪村	8	44.5
A7-0046	侧柏	章丘市	官庄镇田家柳村	7.5	72.5
A7-0047	国槐	章丘市	官庄镇朱家峪景区内	8	87.5
A7-0048	国槐	章丘市	官庄镇三赵村	8.5	95.5
A7-0049	国槐	章丘市	普集镇普集西村	9	75.5
A7-0050	侧柏	章丘市	曹范镇没口村	11	77.1
A7-0051	国槐	章丘市	龙山街道魏李庄	8	90.5
A7-0052	侧柏	章丘市	曹范镇没口村	18	138
A7-0053	侧柏	章丘市	曹范镇黄石梁村	13	82
A7-0054	核桃	章丘市	曹范镇三王峪景区	11	—
A7-0056	厚壳树	章丘市	相公庄镇梭庄李氏宗祠	9.2	70
A7-0058	国槐	章丘市	辛寨镇巷道村	13	84
A7-0059	国槐	章丘市	绣惠镇西皋村	10	70.5
A7-0060	侧柏	章丘市	相公庄镇七郎院村李氏宗祠	10	39.2
A7-0061	国槐	章丘市	白云湖镇石珩村	8	85.4
A7-0062	国槐	章丘市	白云湖镇黄家塘村	10.5	60.5
A8-0001	侧柏	平阴县	洪范池镇粮食所北侧	10	—
A8-0002	白皮松	平阴县	洪范池镇供销社	13	60
A8-0003	侧柏	平阴县	洪范池镇供销社	15	70
A8-0004	侧柏	平阴县	洪范池镇粮食所北侧	6	30
A8-0005	国槐	平阴县	玫瑰镇南台村	8	105
A8-0006	侧柏	平阴县	孝直镇龙洼村	11.3	118
A8-0007	国槐	平阴县	孝直镇龙洼村	7	125
A8-0008	圆柏	平阴县	洪范池镇龙池旁	12	71.7
A8-0009	圆柏	平阴县	洪范池镇龙池旁	14	103
A8-0010	黄连木	平阴县	孔村镇高路桥村	8.8	111.46
A8-0011	白皮松	平阴县	洪范池镇供销社	15	50

续表2—5—2—16

编 号	树 种	属 地	位 置	树 高（米）	胸 径（厘米）
A8-0012	国槐	平阴县	东阿镇衙前村	9	100
A8-0013	白皮松	平阴县	洪范池镇供销社	15	45
A8-0014	白皮松	平阴县	洪范池镇供销社	15	32
A8-0016	白皮松	平阴县	洪范池镇供销社	15	70
A8-0017	白皮松	平阴县	洪范池镇供销社	15	40
A8-0018	白皮松	平阴县	洪范池镇供销社	15	35
A8-0019	白皮松	平阴县	洪范池镇供销社	15.5	74
A8-0020	白皮松	平阴县	洪范池镇供销社	15	35
A8-0021	国槐	平阴县	东阿镇南坛村	10	105
A8-0022	白皮松	平阴县	洪范池镇供销社	15	40
A8-0023	白皮松	平阴县	洪范池镇供销社	15	35
A8-0024	白皮松	平阴县	洪范池镇供销社	15	50
A8-0025	白皮松	平阴县	洪范池镇供销社	16	60
A8-0026	白皮松	平阴县	洪范池镇供销社	15	45
A8-0027	皂荚	平阴县	东阿镇东直沟村	15	76
A8-0028	白皮松	平阴县	洪范池镇供销社	15	60
A8-0029	白皮松	平阴县	洪范池镇供销社	15	60
A8-0030	白皮松	平阴县	洪范池镇供销社	15	45
A8-0031	白皮松	平阴县	洪范池镇供销社	15	46
A8-0032	白皮松	平阴县	洪范池镇供销社	15	42
A8-0033	白皮松	平阴县	洪范池镇供销社	15	55
A8-0034	白皮松	平阴县	洪范池镇供销社	15	50
A8-0035	白皮松	平阴县	洪范池镇供销社	14.5	50
A8-0036	白皮松	平阴县	洪范池镇供销社	15	54.7
A8-0037	白皮松	平阴县	洪范池镇供销社	13	44.7
A8-0038	白皮松	平阴县	洪范池镇供销社	15	45
A8-0039	白皮松	平阴县	洪范池镇供销社	15	42
A8-0040	白皮松	平阴县	洪范池镇供销社	16	60
A8-0041	白皮松	平阴县	洪范池镇供销社	15	56
A8-0042	侧柏	平阴县	玫瑰镇翠屏山	4.5	—
A8-0043	白皮松	平阴县	洪范池镇供销社	15	52.5
A8-0044	白皮松	平阴县	洪范池镇供销社	15	55
A8-0045	白皮松	平阴县	洪范池镇供销社	15	50
A8-0046	白皮松	平阴县	洪范池镇供销社	15.2	38
A8-0047	白皮松	平阴县	洪范池镇供销社	16.3	59
A8-0048	侧柏	平阴县	玫瑰镇彭庄	16	40

续表2—5—2—17

编　号	树　种	属　地	位　置	树　高（米）	胸　径（厘米）
A8-0049	白皮松	平阴县	洪范池镇供销社	12	45
A8-0050	白皮松	平阴县	洪范池镇供销社	15	30
A8-0051	白皮松	平阴县	洪范池镇供销社	15	33
A8-0053	侧柏	平阴县	玫瑰镇翠屏山	4.5	20
A8-0054	侧柏	平阴县	玫瑰镇翠屏山	4.5	30
A8-0055	侧柏	平阴县	玫瑰镇翠屏山	4.5	—
A8-0057	侧柏	平阴县	玫瑰镇翠屏山	5	20
A8-0058	侧柏	平阴县	玫瑰镇翠屏山	6	34
A8-0059	侧柏	平阴县	玫瑰镇翠屏山	4.5	18
A8-0064	侧柏	平阴县	玫瑰镇翠屏山	6.5	35
A8-0065	侧柏	平阴县	玫瑰镇翠屏山	10	19
A8-0066	侧柏	平阴县	玫瑰镇翠屏山	5	33
A8-0069	侧柏	平阴县	玫瑰镇翠屏山	3.5	28
A8-0073	侧柏	平阴县	玫瑰镇翠屏山	2.5	28
A8-0074	侧柏	平阴县	玫瑰镇翠屏山	5	35
A8-0078	侧柏	平阴县	玫瑰镇翠屏山	5.5	15
A8-0081	侧柏	平阴县	玫瑰镇翠屏山	4	30
A8-0082	侧柏	平阴县	玫瑰镇翠屏山	4	28
A8-0084	侧柏	平阴县	玫瑰镇翠屏山	5	35
A8-0085	侧柏	平阴县	玫瑰镇翠屏山	5	21
A8-0086	侧柏	平阴县	玫瑰镇翠屏山	10	40
A8-0089	侧柏	平阴县	玫瑰镇翠屏山	5	20
A8-0090	侧柏	平阴县	玫瑰镇翠屏山	5.5	20
A8-0094	侧柏	平阴县	玫瑰镇翠屏山	4	28
A8-0095	侧柏	平阴县	玫瑰镇翠屏山	3.9	25
A8-0096	侧柏	平阴县	玫瑰镇翠屏山	9	35
A8-0097	侧柏	平阴县	玫瑰镇翠屏山	7	40
A8-0098	侧柏	平阴县	玫瑰镇翠屏山	6	25
A8-0100	侧柏	平阴县	玫瑰镇翠屏山	2	24
A8-0101	侧柏	平阴县	玫瑰镇翠屏山	4	28
A8-0106	侧柏	平阴县	玫瑰镇翠屏山	8	30
A8-0109	国槐	平阴县	孝直镇盛屯村	9	100
A8-0110	国槐	平阴县	孝直镇前店子村	8	150
A8-0111	国槐	平阴县	孝直镇前店子村	8	150
A8-0112	国槐	平阴县	孝直镇东湿口山村	12	180
A8-0113	国槐	平阴县	孔村镇前转湾村	6.5	60

续表2—5—2—18

编 号	树 种	属 地	位 置	树 高（米）	胸 径（厘米）
A8-0114	核桃	平阴县	孔村镇前转湾村廉家围子后花园	18	80
A8-0115	国槐	平阴县	安城镇宋庄	12	110
A8-0118	国槐	平阴县	玫瑰镇彭庄	16	60
A8-0119	国槐	平阴县	榆山街道东南沟村	8	102
A9-0001	国槐	济阳县	县城学前巷28号	9	117
A9-0002	国槐	济阳县	曲堤镇曲堤西街村	5.1	71
A9-0003	国槐	济阳县	新市镇李家坊村	8.5	68
A10-0001	国槐	商河县	县城南关	8.2	86
A10-0002	国槐	商河县	韩庙乡黄家屯村	6.5	87

说明：1. 此表为2011年建档并定位的古树名录。

2. 字母A表示树龄300年以上。字母A后的数字分别代表属地，0为市属单位，1～10分别代表历下区、市中区、槐荫区、天桥区、历城区、长清区、章丘市、平阴县、济阳县、商河县。

3. 表中A5-0146至A5-0245古树高、胸径数值为平均值

2011年济南市古树名木分布统计表

表2—5—3　　　　单位：株

区 属	树 龄			名 木	合 计
	1000年以上	300～1000年	100～300年		
趵突泉公园	—	1	16	—	17
千佛山风景名胜区	1	12	328	4	345
大明湖风景名胜区	—	1	10	5	16
泉城公园	—	—	2	167	169
中山公园	—	—	99	4	103
济南动物园	—	—	—	1	1
济南林场	—	—	7	208	215
历下区	1	16	16	—	33
市中区	1	27	39	—	67
槐荫区	—	2	50	—	52
天桥区	—	7	5	1	13
历城区	3	238	265	1	507
长清区	—	194	480	—	674
章丘市	1	59	78	—	138
平阴县	—	87	76	4	167
济阳县	—	2	16	—	18
商河县	—	2	48	1	51
总 计	7	648	1535	396	2586

2011年济南市古树名木科别统计表

表2—5—4　　　　单位：株

科 别	树 种	1000 年以上	300 ~ 1000 年	300 年以下	名 木	合 计
柏科	侧柏	3	304	1050	—	1357
	千头柏	—	2	53	—	55
	桧柏	—	3	22	—	25
	圆柏	—	3	8	—	11
大戟科	乌桕	—	—	—	2	2
豆科	国槐	2	159	242	1	404
	皂荚	—	10	10	2	22
	刺槐	—	—	7	—	7
	紫藤	—	—	2	—	2
	龙爪槐	—	—	2	—	2
胡桃科	核桃	—	4	1	—	5
	枫杨	—	—	1	—	1
楝科	苦楝	—	—	—	1	1
木犀科	丁香	—	1	1	—	2
	白丁香	—	1	—	—	1
	流苏	—	3	2	—	5
	大叶女贞	—	—	1	—	1
七叶树科	七叶树	—	—	—	3	3
槭树科	五角枫	—	2	—	—	2
漆树科	黄连木	—	3	6	—	9
蔷薇科	樱花	—	—	—	167	167
	杜梨	—	—	1	2	3
	海棠	1	1	—	—	2
	石楠	—	—	1	—	1
	杏树	—	—	1	—	1
	樱桃	—	—	19	—	19
	鸭梨	—	—	1	—	1
山毛榉科	板栗	—	102	1	—	103
山茱萸科	车梁木	—	—	—	1	1
杉科	水杉	—	—	4	1	5
石榴科	石榴	—	—	4	—	4
柿树科	柿树	—	—	2	—	2
	君迁子	—	—	2	—	2
鼠李科	枣树	—	2	4	—	6
	酸枣	—	—	2	—	2
	龙爪枣	—	—	1	—	1

续表2—5—4

科 别	树 种	1000年以上	300～1000年	300年以下	名 木	合 计
松科	白皮松	—	36	4	—	40
	油松	—	4	5	—	9
	赤松	—	1	3	—	4
卫矛科	扶芳藤	—	—	1	—	1
	丝棉木	—	—	1	—	1
无患子科	栾树	—	—	1	—	1
五加科	刺楸	—	1	—	—	1
杨柳科	旱柳	—	—	1	1	2
	加杨	—	1	—	—	1
银杏科	银杏	1	7	50	—	58
榆科	青檀	—	1	1	208	210
	白榆	—	—	3	—	3
	大果榆	—	—	1	—	1
	榔榆	—	—	2	—	2
	珊瑚朴	—	—	—	1	1
	小叶朴	—	—	5	1	6
紫葳科	楸树	—	—	2	—	2
胡颓子科	沙枣（桂香柳）	—	—	2	—	2
桑科	柘树	—	—	1	—	1
	龙桑	—	—	—	1	1
紫草科	厚壳树	—	1	—	—	1
忍冬科	接骨木	—	—	1	—	1
总　　计						2586

第五章　园林花木生产与销售

第一节 花木生产

20世纪90年代前，济南市绿化所用花木主要由市西郊苗圃、段店苗圃、幸福寺苗圃、匡山苗圃、马鞍山苗圃、花卉苗圃等提供，苗圃占地总面积约133.33公顷，培育花木100多个品种200余万株，不仅满足济南城市绿化需要，还销往北京、天津等地。1987年，市园林苗圃与匡山苗圃合并后，一度成为山东省最大的综合性园林苗木生产基地，不仅苗木生产继续扩大，还增加时令草花及草坪养殖。至1992年，可供销售的苗木增加到70余种(品种)，年生产草花12.8万余盆，五色草100余万株。所生产的雪松、白皮松、银杏等大规格苗木不仅满足本地绿化需求，还先后销往省内外29个市县，创下园林苗圃自建圃以来年收入135万元的最高纪录。进入20世纪90年代，城市绿化建设加速，苗木需求量迅速增加，国营园林部门花木生产垄断局面被打破，很多企事业单位、乡镇或近郊农民纷纷建起苗圃、花圃，成立花木公司或组建花卉市场，形成花木生产多种经济成分并存，跨行业生产经营的格局，国营苗木生产失去行业优势。1995年始，江苏等南方苗木经销商进军济南，并以价格优势占领绿化市场，对原有市属苗圃的花木生产造成很大冲击。其间，一些苗圃地因城市建设和园林系统改革需要，先后被改作建设等用地。1990年，马鞍山苗圃归并到济南动物园，改为公园用地；1988～1994年，花卉苗圃先后改为新世界商城、省老干部活动中心和住宅小区用地；1999年，市园林苗圃按市属城市公园建设规划改建为市森林公园。济南市园林苗圃的花木生产一度缩减。

为缓解圃地面积减少造成的自产花木短缺、不能满足城市绿化需求的问题，自20世纪90年代中期至2010年，各区、县(市)园林部门先后建起自属苗圃54处，总面积844.48平方米，形成自育花木80余种(品种)，年供花木900余万株(盆)的生产能力，基本保证各自城区绿化对花木的需求。市园林局加大措施，发展花木生产，2000年，组建花木开发中心，租用济南市东郊孙村40公顷土地，建成花卉苗木生产基地。至2010年，形成年提供40余万株的花木生产能力。2002年，在黄河北开发建设占地20公顷的北国卉苑苗木基地，至2010年基地常年存有可出圃抗性树种近50种(品种)20余万株，水生植物40余种。

第二节 花木销售

1985年后，花木销售逐渐走出按需划拨的计划经济模式，通过市场平衡需求。

城市公共绿地绿化及单位庭院绿化所用苗木起初从市属花木生产单位解决，不足部分通过市场补充。由于城市建设提速，绿化面积迅速扩大，市属花木生产单位生产的苗木供不应求，包括市园林绿化部门直接负责的绿化工程所需花木需大量从外地或本地花木经销商手中获得，从南方花木经销商手中获得的低成本花木，迅速主导济南绿化苗木市场。这种状况一直持续到21世纪初。进入21世纪后，济南周边农民种植的大量园林花木逐渐供应市场，这些花木因出自本地，成活率明显提高。

盆花普及兴起于20世纪80年代。其间，市属园林花木生产单位大田生产的盆花主要用于装点城市，增加节日气氛；市花卉苗圃温室生产的盆花除供应相关单位，仅少量对外销售；个人所需花木多来自英雄山露天集贸市场内的花市，花市中花卉主要来自南方和莱州、青州的花商及近郊农民种植，品种虽多但名贵的鲜见。1985年5月，市花卉花圃在自有土地上建起济南市花卉展销门市部，成为济南市第一家国营花卉销售机构，展销茶花、桂花、君子兰、杜鹃、含笑、月季等自养花卉，兼营宜兴花盆和盆景配件，带动了英雄山花市的繁荣。

90年代后，鲜切花逐步进入济南。1993年年底，济南市第一家私营鲜花店——太阳雨鲜花店在泉城路开张营业。1994年，市园林科研所在经二纬二路开设鲜花店。1995年，三联集团公司成立花卉公司，开设多处鲜花专营店，招聘大批女大学生从事花卉销售，各大商场、超市纷纷开辟鲜花专柜，并逐渐引进情人节、母亲节、感恩节、圣诞节花事，鲜花销售异常红火，一枝玫瑰甚至超过百元。

盆花和鲜切花市场的繁荣，推动济南花卉业的发展。1996年，济南市东郊苗圃率先进行花卉生产与销售融为一体的尝试，效益很好。1998年，山东省花卉协会在历山路建起济南市第一个大型鲜花批发市场，以经营鲜切花为主。2002年，济南百合园林集团花卉批发市场在经十东路隆重开业，融花卉科研、生产与销售为一体，成为山东花卉业的龙头企业。2003年，美籍华人投资兴建富莱花卉批发市场，以其一流的设施与管理一跃成为济南最大的花卉交易市场。至2010年，全市大型花卉市场(占地1500平方米以上)10余个，鲜花销售网点突破300家，年销售盆花400余万盆，年销售鲜切花500余万支，花卉从业人员近2000人。

第六章　设计与施工

第一节 设 计

一、机构

1986年，济南市园林局设计室获建设部颁发的“市政专业乙级(园林)设计证书”。

1993年8月，济南市园林局设计室更名为济南市园林规划设计研究院。承担全市公共绿地和专用绿地的规划设计，负责制定全市园林绿化发展规划，拥有园林规划设计甲级、建筑设计乙级和园林工程总承包资质。承担国内外园林规划、风景区规划、庭院规划、园林建筑、民用建筑、古建筑及公共建筑等各种项目的设计及园林工程的项目管理、工程监理、工程施工任务。

2004年，成立景观设计(研究院)有限公司，与市园林规划设计研究院联合，形成一支融园林、建筑、暖通、给排水、概预算等专业一体的景观规划设计队伍。

园林内部设计单位有2家，均有独立法人和资质，设计人员150人。

二、主要设计项目

(一)环城公园总体规划设计　1984年完成。设计以护城河为纽带，将沿岸绿地及大明湖公园、趵突泉公园和五龙潭公园等城区主要园林名胜连接起来，形成以湖、泉为特征的城区环状风貌带。具体分为近期与远期两部分。

近期规划：南护城河东段以黑虎泉泉群为主，建泉石园；在西护城河南段建“五三”花卉纪念园；在西护城河北段借“东流水”之名，利用原有月牙池条件建泉溪水景园，再用假山石砌一条新溪，溪流北面处理成略有起伏的地形，并种植油松、垂柳、碧桃、榆叶梅等作为水景园屏障；在长约1.7千米的东护城河建以植物景观为主的春、夏、秋、冬四季花园。

远期规划：将珍珠泉辟为公园，并改建曲水亭街和百花洲，使之与大明湖联系起来；完成趵突泉公园扩建规划，在五龙潭泉群内建五龙潭公园；大明湖公园向北扩建50～100米，将北护城河改为大明湖公园的一条内河，最终形成完整的城区园林绿化中心和风景旅游系统。

环城公园总体规划设计先后多次获奖，其中1986年获市勘察设计二等奖，1987年获省勘察设计一等奖，1988年获建设部勘察设计二等奖，1989年获国家级铜奖。

(二)五龙潭公园总体规划设计　1986年完成。设计规模6.2公顷，其中水面0.78公顷。该设计利用五龙潭周围名泉多，水面宽阔，水系完整的自然条件，规划建设以五龙潭为中心的泉水景观；利用建设时所挖土方，在五龙潭东部、北部堆成平缓的自然起伏地形，配置不同的园林植物群落，形成绿树成荫的植物景观；

园林建筑结合水体布置，或“流水当门”或“廊浮水上”或“阶上听泉”。

五龙潭公园规划设计先后获济南市勘察设计一等奖、山东省优秀工程勘察设计二等奖。

（三）济南市植物园（泉城公园）总体规划设计 1986年完成。该设计立足科研、科普、游憩的功能要求，将植物园分为展览和非展览两大区域。

展览区占地面积45.1公顷，包括入口区(北门、东南门、西南门)，裸子植物区(松柏园)，单子叶植物区(竹园)，蔷薇亚纲植物区，木兰亚纲植物区，菊亚纲植物区，五桠果亚纲植物区，金缕梅亚纲植物区，石竹亚纲植物区，观赏温室区，植物资源展览馆(植物楼)。

非展览区占地面积3.2公顷，主要包括园西部的生产温室和园南部的生产实验区，以及办公、试验研究室等。

（四）经十路改造道路绿化景观设计 该设计是中共济南市委、市政府确定的“实现新跨越，建设新泉城”目标的十大工程之一——经十路道路和环境建设工程的配套项目，由市园林开发建设集团风景园林设计院中标取得，2002年完成设计。

燕山立交至二环西路段行道树为黄山栾和悬铃木，二环西路至担山屯立交段行道树为银杏、白蜡、马褂木。整条道路绿化隔离带宽3.5～5米，内植雪松、大叶女贞、樱花、紫薇等花灌木，花灌木下铺种小龙柏、金叶女贞、红叶小檗等模纹植物。燕山立交至二环西路段道路两侧组团式配植花木。二环西路至担山屯立交段道路两侧则设计为800～1000米为一变化节奏的植物景观带。在经十路与市区主干道交汇处，设计建设千佛山路、玉函立交桥、八一立交桥、经七路、纬十二路等绿化节点。

（五）山东神州生态乐园及济南植物园总体规划设计 2004年3月完成。设计规模400公顷。

山东神州生态乐园及济南植物园规划定位于以优美的生态环境为依托，融汇亚洲文化、欧洲风情、休闲娱乐、植物花卉观赏、现代农业观光和历史文化古迹为一体的大型综合园区，规划设计植物园、世界城、娱乐园、名士园、度假园、游乐园等六大主题园区。其中植物园主题园区规划建设紫薇石榴园、木樨园、樱花园、蔷薇园、牡丹园、海棠园、菊园、药用芳香园、木兰园、竹园、松柏银杏园、彩色植物区等12个植物观赏园区和盲人植物园、童乐园、婚庆园、精品园、养生园等5个特色园区。为体现大型综合园区特色，根据整个园区西高东低的地形地貌，规划设计春华湖、秋实湖、夏香湖、冬韵湖、望云湖、云影湖等6个水景湖和半山堂、科普馆、岭南会馆、韩国馆、撷香轩等风格迥异的建筑。

（六）经十东路绿化设计 2002年完成。设计规模100公顷，占道路总规划面积的52%，形成以杨、柳、槐等乡土树种为基调的不同植物景观。邢村立交至泉港路(长1700米)旱柳为背景树，配植大叶女贞、雪松，合欢、紫叶李，紫薇、木槿、花石榴、大叶黄杨球、小叶女贞等花灌木，形成夏秋景观；泉港路至刘智远路(长3800米)，毛白杨、旱柳、白蜡作背景，配植雪松、大叶女贞、龙柏，紫叶李、五角枫，紫薇、紫荆、连翘、棣棠、红瑞木等花灌木，组成春秋景观；刘智远路至石河岭桥(3100米)，毛白杨为背景树，配植桧柏、龙柏、雪松，合欢、西府海棠、榆叶梅、紫荆、花石榴等组成春夏景观；石河岭桥至燕山立交(长4400米)，国槐、刺槐为背景林，配植大叶女贞、雪松，合欢、连翘、丁香、珍珠梅、海棠、木槿、紫薇等花灌木，组成春夏花景观。该设计将整条道路绿化确定为变频1000米左右的植物景观带。2005年，获山东省优秀工程勘察设计一等奖。

（七）大明湖风景名胜区扩建改造规划设计 该规划设计在吴良镛院士和孟兆贞院士指导下，由市园林规划设计研究院和市规划设计院共同完成。

设计包括南北历山街改建及周边综合服务体建设和环湖游览道路建设；改造地形，适度扩大水面，创造以植物和水景为主要特色的驳岸、岛屿、湿地、禽鸟等园林自然景观；恢复、整修、充实名胜古迹，形成各具特色的园、岛、路、街等，使大明湖由过去的“园中湖”成为“城中湖”。具体规划设计为“一路、二湖、六园、九岛、十八景”，形成八大景区。该设计2011年获山东省第二届城市设计精品工程二等奖。

（八）燕山立交桥绿地健身广场规划设计 2003年完成。设计规模21.6公顷。

设计基于“以人为本，回归自然”，对称布局四个匝道绿地结构。围绕立交桥的四个匝道外侧30米向心整成外高内低的盆状地形，借助植物“俗者屏之，雅者收之”，建设一个与外隔绝的健身大广场。每个匝道绿地设置1座服务用房，1～2个地掷球场，2个门球场，4～5个健身器材场地。各场地间通过植物分割形成小广场，实现既相互联系又互不干扰的多功能空间。园路在桥柱间自然穿行，铺装广场面积灵活多变，主桥桥下绿地呈带状分布，桥体交叉重合处下方布置绿地小品。植物种植突出乡土树种的围合效果，做到“人行桥下不见桥”“三季有花，四季常青”。健身广场中心位置堆假山，设小桥，形成小桥流水景观，为市民建造一个健身、游赏、休憩的生态绿地。该设计2005年获山东省优秀工程勘察设计二等奖。

（九）第七届中国（济南）国际园林花卉博览会园博园总体规划及景观设计 2008年完成。设计规模345公顷。

济南国际园博园以“文化传承科学发展”为主题，规划设计“一条中央主轴、两条景观观赏轴、八个功能分区、三大主题建筑”。一条中央轴线（园博大道）由泉韵广场、花博大道、天地人广场及和谐广场四部分组成，形成全园景观主轴。两条景观观赏轴即“特色展园观光轴”和“自然文化体验轴”。三大主题建筑即水之门，主展馆、科学技术馆。八个功能分区为公共区、中央湖区、国内展区、国际未来展区、齐鲁展区、休闲娱乐区、趣味园展区、苗木储备区。

（十）济南森林公园规划设计 2010年完成。设计规模69.5公顷。

设计立足“生态建园、科技建园、文化建园”，结合公园总体地势，布局起伏地形，实现高处坡地植树，低处湿地植草，滩涂挖湖蓄水，构成“一环、一轴、四片、五湖、九园”的景观布局。一环即环绕公园的林荫景观路；一轴即由南门入口至月季台、雕塑园、揽翠湖、园林科普展览馆、最后至公园最北侧的湿地景观。整条轴线随地形起伏高低变化，是贯穿全园的自然景观轴线；四片即公园东南角、揽翠湖南侧、西门和北门入口处的草坪开阔场地。五湖即积翠潭、揽翠湖、涌翠湖、映翠湖、花雨湾，组成公园水体景观；九园即月季园、雕塑园、科普园、春花园、夏木园、秋景园、杉林园、万竹园、儿童游乐园，组成公园景观片区。

（十一）趵突泉公园北区改造——茶文化街设计 市园林规划设计研究院2005年完成。该街位于趵突泉公园西北区，长约100米，以观泉、嬉水、品茶为特色。设计基于历史上此处大、小板桥街等老街巷泉源充沛，一年四季流水潺潺的“胜似江南”特色，沿循明清济南民居风格，以廊、榭、阁等敞开性建筑为主，立面高低错落，虚实相间，透窗、白墙、砖（石）雕、壁刻、茶神佛龛、异形景门、木制花窗等，体现园林建筑的风格特点及儒茶文化内涵，平面曲曲折折，出泉入溪，加以杨柳、国槐、皂角等古树映衬，彰显老济南风情。布局上前街后河，不对外直接敞开，仅以几座不同风格的小桥对外连接，形成令人心驰神往的世外桃源。街宽3.5～4.0米，青石板铺面。街南首设板桥泉，泉水出流过街，形成“清泉石上流”“水上汀步”等景观，并适当配以楹联匾额，增加文化气息。

（十二）红叶谷生态文化旅游区规划设计 2000年完成，总规划面积520公顷，核心景区266.6公顷。

景区设计定位以“生态文化”为主题，以“加强环境保护，提升生态质量，合理开发利用”为指导，以“促进可持续发展”为前提，基于十几条蜿蜒陡峭的山谷中布满黄栌这一独特景观，充分利用山势与峡谷的结合，通过在山谷上覆盖鸟网，放养鸟类，依据起伏的地势，筑石为山，引水为瀑，筑造出流水飞瀑、莺歌燕舞的飞鸟天堂。选最佳位置建造六角飞檐尖顶风格万叶石塔，为游人提供登塔览红叶谷最佳点。在全长800余米、遍布野葡萄、葛藤等藤蔓植物的最深山谷中设蔓园，打造年轻伴侣最爱的“情人谷”。在景区开阔地带设立演艺活动广场，广场周围密林中建造设施完善的空中别墅——“树屋”，供游客住宿休憩。拦水筑坝打造绚秋湖，湖中筑小岛设陶亭，湖周建明清风格的亭台楼阁，经曲桥与湖岸的水榭相连，方便游客远览山色，近观水光。修复朱老庵，将湖光山色、宗教文化和天然氧吧融为一体。该设计2009年获山东省优秀工程勘察设计一等奖及全国勘察设计行业优秀工程勘察设计三等奖。

（十三）济南龙奥大厦综合服务楼景观规划设计 2007年2月完成。包括河道两侧、服务楼周边及南侧景观湖绿化设计，总规模23.36公顷，其中绿化面积约为20.26公顷，湖区水面面积约为3.1公顷。

该设计主打涵养水源的生态景观。服务楼周边规则式栽种乔灌木，绿树掩映，庄重大气，外围水系环绕，山石驳岸，沿岸绿地植物错落有致。楼内天井小桥流水，奇花异树，为办公人员提供安逸舒适、生态盎然的休憩空间。该设计2009年获山东省优秀工程勘察设计三等奖。

第二节 施 工

一、队伍

1986年前，济南市公园建设和绿化施工由市建设局所属的园林基建队负责。1986年11月，济南市园林开发建设中心成立。该中心主要开展公共绿地、机关、厂矿企业庭院及居民区的园林绿化建设施工服务，先后完成环城公园、五龙潭公园、济南市植物园、百花公园等大型公园建设和市区重点地段及大型庭院绿化等建设任务。1995年后，公共绿地、大型庭院等园林施工项目骤增，小型绿地建设逐渐由园林相关单位及非园林施工单位承接。1997年，济南市园林施工单位超过100家，其中许多单位没有施工资质，也缺乏专业技术人才，施工质量参差不齐。1998年，市园林局以“济南市园林建设开发服务中心”为主体，联合9家具有独立法人资格的园林单位，注入资金1942万元，组建济南园林开发建设集团。1999年5月，集团被建设部核定为城市园林绿化一级资质企业，2000年，获国家对外承包经营资质。2002年，获批山东省建筑业市政二级资质。2006年，获批中国风景园林工程设计专项乙级资质；通过ISO 9001(质量管理体系)、ISO 14001(环境管理体系)、ISO 18000(职业健康安全)三项国际认证。同年，“济南百合园林集团”成立，并取得国家园林绿化施工一级资质。市园林局属单位和区县(市)园林部门先后成立绿化公司，并获批不同等级资质，具有一定资质的私营绿化公司相继出现，园林绿化施工队伍不断壮大。至2010年，全市园林施工企业共有98家，其中一级资质5家、二级资质35家、三级资质58家。

二、主要施工项目

(一)环城公园 1986年10月15日竣工，总投资2800万元。

环城公园全面建设工程，由驻济南部队、省级机关、济南市五个区、团市委、济南铁路分局和中国建筑第八工程局分段包干义务劳动建设。共出义务工57万个，拆迁817户，搬迁33个单位，拆除房屋4万多平方米；完成清淤10万立方米，挖运土22万立方米，砌石3.26万立方米，掇叠山石5000立方米，铺装园路4公顷，改造泉池10个，埋设排污和喷灌管道1.5万米，埋设园灯电缆2千米，建水闸4座，沉淀池2个，拱桥1座，涵桥2座；完成园林建筑13组，儿童乐园1处，安装雕塑10组，栽植各种乔灌花木100余种(品种)计6万余株，栽草皮、草花6万余平方米。经过对园林、护城河、泉池、排污的综合治理建设，护城河和沿岸的破旧面貌彻底改观，城河湖面与四大泉群连成一体，以湖山水为特色的园林绿化中心初步形成。

(二)济南市植物园(泉城公园)改造　植物园建成开放后，经过几次较大规模改造，园容景观不断提升。1992年，自筹资金建成济南市第一个水上游乐项目——水上世界。1996年，对观赏温室进行改造，辟建蔷薇园。1997年8月，为适应免费向社会开放需求，市政府拨款1000万元，对公园布局进行初次较大规模的调整改造，辟建3个分别位于映日湖南岸、北门内和园区东部总面积约2.6公顷的绿化休闲广场；增开东北角和南门东西两侧三处出入口；安装各种灯具160多盏；增设石凳、卫生箱警示牌等一大批服务引导设施。1998年，投资85万元对日本园、观赏温室及音乐广场等景点进行提升改造。1999年，完成碧桃园改造。

2004年3月～9月，为迎接亚洲杯足球赛，济南市投资7000万元，对植物园进行建园以来最大规模综合改造。上海华东建筑设计研究院负责总体规划，市建筑设计院、园林设计研究院配合完成建筑设计和园林设计。济南园林开发建设集团承担改造施工。3月开工，9月底竣工。完成的改造项目主要有：拆除园内零星杂乱的服务和经营用房8000余平方米，分别在东门、新南门和中心湖面建设一组钢结构科研和经营用房，总计5600平方米。拆除原有北门、东门、东南门，采用钢结构、飘板式、无隔断的设计手法，新建北、东、东南三大门，改造大门广场，设置大型景观灯柱，以较大的广场空间和色彩绚丽的景观灯饰，展现现代化城市景观；新建东门、映日湖、西南门三组服务建筑，主体均为钢结构，外观装饰是玻璃幕墙。东门服务建筑位于植物园东侧，地下一层地上局部二层，建筑面积约2200平方米；映日湖服务建筑是园内映日湖的滨水建筑，面积近2500平方米，生态栈桥自建筑二层穿过，既是景观地又是观景地；西南角服务建筑是三层钢结构，面积约1200平方米，西临玉绣河，通过六顺门到玉函路，把植物园景观与玉绣河广场融为一个统一的整体。道路、广场及环境改造。增设小型铺装广场二十多处，总面积16420平方米。改造道路35430平方米，其中新增7300平方米。改造映日湖、蔷薇池、荷花池，扩大水面4500平方米。引进各类苗木83种(品种)2.76万株，种植草坪地被植物6.7公顷。增设木座椅200余套、石坐凳1200余米，安装绿地护栏7200米，增设垃圾箱300套，垃圾清扫车、密闭式集运箱各1台。新建生态栈桥820米。生态栈桥西起玉绣河植物园段东岸广场，经盆景园、丁香园、映日湖、蔷薇园等景区，止于东南部生态文化广场。钢结构桥架、S形曲线布局木胶板，桥面平均宽2.7米，其中映日湖段宽3.5米。沿栈桥护栏上端设线型流畅，造型美观大方的LED灯饰，夜间恰似一道穿越在绿树丛中斑斓多姿的空中彩虹。新建生态文化广场。1997年，植物改造时将位于东南部位的草坪地加以铺装，改造为游客晨练和小型聚会的场所。此次改造充分考虑济南市的文化广场需求，提升为以生态环境为特色、能够满足各类文艺演出需要的大型露天文艺广场。设定可同时容纳5000人的座椅(若特殊演出站立观摩可容纳8000～10000人)，看台腹腔设1200平方米商铺并附设公共厕所。舞台台口宽28米，纵深18米，采用塑树结合真实植物种植将灯光、音响等设施隐藏在塑树之中。灯饰照明工程。以三组大门、经十路等周边环境、生态校桥、生态文化广场、映日湖水面等区段为主设置“千步青云”“傲立八方”“流光溢彩”“音乐之声”等大型景观灯41组、LED光带1400米，设“海鸥灯”“海马灯”和装饰灯232盏(套)。使用装饰灯照明，在全市的造园工程中属首例。周边环境改造工程。主要包括经十路景观带和舜耕路景观带。将原植物园沿经十路、舜耕路周边的护栏后退10～15米，结合道路绿化改造为平均宽25米景观步行道，并设置花架等园林小品。经此次综合改造后的市植物园，由原来以科研、科普与游览为重点的专类园(植物园)，转变为市民游憩、健身的公共开放绿地。

(三)济南森林公园建设及改造扩建 1994年10月，市园林局根据济南市“九五”城市发展规划，邀请有关专家就园林苗圃改建公园进行座谈，形成《园林苗圃改建公园座谈纪要》，提出将园林苗圃东南区约33公顷圃地辟做专类公园以解决济南市区西部无市级公园问题的初步设想，并责成市园林设计研究院组织设计人员作出规划方案。1996年6月14日，规划方案经市规划局审查批准实施。9月，苗圃部分改建公园工程开工，年底，公园建设工程完成，定名济南市西郊森林公园，2000年元旦对外开放。

2010年3月11日，济南园林苗圃改建为公园工程开工。此项建设与百花公园环境提升改造同为市政府承诺的当年为市民办的12件实事之一，建设内容主要包括改造、扩建两个方面：改造方面主要是对已建成的公园进行改造；扩建方面将剩余圃地全部改建成公园，将园林苗圃东邻的老屯汽车配件城和老屯农贸市场拆除，作为公园用地，扩大公园面积。在实施改造扩建工程中，3月25日至4月24日，组织为期1个月的绿化会战，市园林系统21个单位7400余人次参加会战，共移栽大规格苗木51个品种1.6万株。会战期间，市政府办公厅组织机关干部到公园建设工地参加义务植树活动。8月，工程进入攻坚阶段，工程建设者“5+2”“白加黑”大干60天，至10月底，除老屯汽车城和农贸市场因拆迁未实现规划外，其他改、扩建任务均按期完成。2010年12月26日，免费向社会开放，定名为济南森林公园。

公园改造扩建工程累计投资1.3亿元，拆除建筑面积约1.8公顷，栽、移植各类植物169种44万余株；铺植草坪、地被40余公顷；园路、广场铺装约7.3公顷。建成一环(林荫景观路)、一轴(膜纹大花坛)、三片(绿地)、五湖(西里湖、天鹅湖、木樨湖、中央湖、花雨湖)和九园(杉林园、春花园、夏木园、秋景园、雾森园、万竹园、台地园、科普园、儿童游乐园)的景观布局和林荫公园的景观特色，成为西部新城最大的综合性公园。

(四)英雄山风景区建设 1998年9月建成。规划建设总面积100公顷。北起马鞍山、英雄山(四里山)，南到七里山，包括马鞍山、英雄山、五里山、六里山、七里山5个山头和英雄山烈士陵园。一期工程1998年3月开工，8月底，赤霞广场和留春园两个总面积6公顷的主景区建成对外开放。2001年，马鞍山长廊阁、会仙阁建成。2006年，建成占地面积3000平方米赤霞花卉展销中心，中心配有智能温室、大型停车场，成为市区集绿色植物、景石、盆景根雕、水族渔具、园林工具、春节花卉等为一体的综合花卉市场。2007年，拆除赤霞广场泄洪沟东侧原有儿童乐园等违章建筑建成绿地。2008年，提升改造赤霞广场西门两侧花坛及绿地，动工建设七里山景区。至2009年，建成六里山入口及花雕牌坊、1700米长防火通道、七里亭、1600米长上山台阶、连接七里山南北的花岗石拱桥、七里山南山休闲亭廊、改造赤霞广场道路等。2009年后，相继建成健身场地30余处，安装健身器材365件，成为市区重要的开放型居民游憩、娱乐的胜地。

（五）趵突泉公园北区扩建工程　1999年3月5日开工，9月23日竣工。拆迁360户居民房屋、单位32个，新建通乐园、白龙湾、北大门、“齐风”、“泻玉”、东门石牌坊和盆景园等景区、景点10余处，将万竹园与趵突泉公园连为一体，公园面积扩大至10.5公顷。

（六）红叶谷生态文化旅游区建设　2000年10月开工。一期工程建成唐式大门建筑群、天趣园、朱老庵遗址、蔓园、神秘香巴拉等景点；百亩蔷薇园、杜鹃园、梅园等十大专类园；栽植120余个树种40万株，铺植草坪10万余平方米；建设总库容45万立方米的三个水坝；驯养孔雀、火烈鸟、天鹅等鸟禽40余种（品种）上万只。2001年8月18日试营业，9月19日建成对外开放。2008年，景区增建了百合园、梅园。2009年，拓宽下山路，增修停车位70个，引进资金建设垂钓基地和游乐场，成为济南南部山区重要的生态文化旅游区。

（七）经十东路绿化工程　经十东路西起二环东路，东至绕城高速邢村立交桥，全长13千米。该路绿化工程于2002年2月开工，10月底完工。经十东路绿化是市园林局有史以来承担的工作任务最重、时间最为紧迫、质量要求最高、施工难度最大、上阵人数最多的园林绿化工程。施工中，克服了工期紧、任务重、标准高、地形错综复杂、交叉施工相互影响、苗木反季节栽植难成活、持续干旱、高温及雾雪天气等诸多困难和不利因素。10月20日前，完成道路两侧各30米绿化带和内侧各8米分车绿化带，总绿化面积约100公顷，占经十东路规划总面积52%的绿化施工任务。整个工程共使用劳动力49.6万人次，使用机械10879台次，清运渣土78.6万立方米，整理地形87.6公顷，回填种植土105.3万立方米，垒挡土墙4000多米，吊装假山石8200多吨，栽植乔灌木260.1万株、花卉99.5万株、草坪49.8公顷，铺设管道22千米。被评为济南“五年大变样”十佳建设工程(景观)之一。

（八）玉绣河综合治理引水工程　玉绣河综合治理引水工程的任务是将锦绣川水库的水引入城中，通过对河道清淤、污水治理、中水回用以及河道两侧环境的绿化美化，达到综合治理的目的。工程分两期实施：一期工程是绿化自南郊水厂至经十路长约4.5千米的河床及营造沿岸景观；二期工程治理泉城公园至大明湖间“污水沟”，使其变成给大明湖注水的生态走廊。

一期工程2003年11月15日开工，2004年7月上旬完工。共清淤17.4万立方米，清理渣土3.7万立方米，拆迁建筑物1万余平方米，铺设截污管线3900米，截污水口105处。调运土石方42万立方米，砌垒挡土墙2.7万立方米，建小滚水坝13座，橡皮坝2座，钢架步行桥1座，马鞍山路公路桥1座，中水处理站4座及亭廊3处。预埋地下水电管线6230米，安装沿河护栏1747米，铺装网路18377平方米，安装花架350米。种植植物60种(品种)共18.9万余株，播种草坪2.6万余平方米。在宽为8米的复式河床上，栽植垂柳、

滨河绿化——玉绣河　(2014年摄)

大叶女贞、桧柏、大叶黄杨球、连翘、蔷薇、凌霄等树种。二期工程2007年年底竣工。通过此项工程建设，昔日玉绣河两侧杂草丛生、河道淤塞、污水长流、蚊虫滋生、恶气熏天、河道上热力燃气管线纵横交错等问题得到根本解决，实现治污、蓄水、防洪、增绿与造景的治理目标。其中泉城公园节点景区，被建设部评为“中国人居环境范例奖”。

（九）山东神州生态乐园暨济南植物园建设 2003年，经市园林局选址考察，市政府决定在章丘市埠村镇埠西村以南地域建设集植物科普、旅游观光、休闲娱乐、别墅度假于一体的大型生态旅游景区。7月30日，济南园林开发建设集团有限公司与章丘市埠村镇人民政府、埠村镇埠西村村民委员会签订《山地租用合同》，租赁埠村镇埠西村土地312.8公顷，其中一类荒地251.67公顷。2004年3月17日，签订补充协议，约定合同地周围荒坡荒山无偿使用，合同期限50年。3月19日，完成土地交接。4月，山东神州园林有限公司在章丘市注册成立。山东神州生态乐园暨济南植物园，规划建设总面积400公顷，初次规划建设含植物园、欧洲风情园、娱乐园、历史文化园、齐鲁名人园、休闲度假区等六大主题景区。2005年10月，通过专家论证，规划的六大园区为植物园、世界城、娱乐园、名仕园、度假园和游乐园，其中植物园占地100公顷。

建设之初，填埋、迁出、拆除石灰窑6处、黏土矿5处、采石场3处、煤厂6处、坟墓2000余座、破旧厂房400余间。雇佣当地农民工以西山方塘、万亩柿园为中心展开园区基础绿化和管网铺设。至2004年12月底，园区基础整治基本完成，园内绿化格局初步形成。2005年2月，园内“世界城”建设项目立项。韩国馆作为“世界城”推介会主会场率先开建。2005年11月至2006年9月，市园林局组织全局职工先后实施四次绿化大会战。2006年8月，完成12个植物专类园，二、三级环路，大门景区、春华湖、夏香湖、秋实湖、冬韵湖及水系建设。9月26日，济南植物园、娱乐园等景区建成开放。

（十）城区道路绿化综合治理 2005年7月开工，对经十路、经一路、工业南路、济泺路、二环路等市区52条重点道路，按照“重要节点改造提升，一般地段充实提高，大部地段调整梳理”原则，进行绿化改造提升工程。2007年完工，总投资5亿元，是济南城市道路绿化提升改造一次投资最多的工程项目。

此次道路绿化整治注重绿地植物配植比例关系的合理性，确定树木与草坪的面积比为4：1，乔木与灌木面积比为1：2，落叶树与常绿树面积比为3：2，行道树、分车带、路侧绿化带选用2～3种大乔木作为骨干树种，节点绿地沿边线满铺低矮灌木，不同色叶品种相间搭配，部分球类、花灌木等穿插其间，以减少草坪占地面积过多、维护费用过大的弊端。具体标准是每500平方米绿地栽植10～15株大树、80～90株花灌木。花坛则选择喜阳的半支莲、费菜、黑心菊，耐荫的二月兰、玉簪等地被植物。针对道路绿化改造中的建筑物密度大、房屋陈旧、绿化带狭窄，可用于绿化的面积较少等问题，因地制宜，在单块面积较大的绿地中增加园林小品，在面积较小的绿地中选用色叶植物构成丰富的色彩图案，以增添美感。通过个性化设计和不同的植物搭配，构成以雪松、球类、花灌木为主的开阔疏朗型，以竹丛、色叶灌木、置石为主的文雅屏蔽型，以柏类高篱整形修剪、色叶灌木、球类为主的规则装饰型，以大树、花灌木、常绿灌木为主的自然疏木型等不同风格的景观。同时坚持“以人为本”理念，在道路两侧绿地内，根据地理条件和市民休闲需要，设置花砖铺地、游路、花架、景亭、景墙、桌凳、果皮箱和雕塑等园林小品。路侧为单位的路段，实行拆墙透绿，采用密植绿篱、花篱等与单位院落分隔，并与单位园内绿化融为一体。此外，把点缀山石等中国传统园林艺术手法用于道路绿化改造之中，在道路绿地内设置孤立景石与散点石，起到点景和配景的作用。

整个工程共提升道路绿地322公顷，完成清渣72.4万立方米，回填种植土35万立方米，栽植各类乔木7.4万株、灌木60.62万株、模纹植物553.59万株、攀援植物3.99万株、花卉70.2万株、草坪111.73公顷，安装护栏4.7万米。城区道路绿化整体水平实现较大提升。

（十一）济南奥体中心园林绿化工程 2006年10月20日开工，2008年3月20日竣工。工程造价1529万元。主要包括地形整理、苗木栽植、园路及广场铺装、假山石砌垒、水电管线安装等项目。工程总面积12万余平方米。共挖除渣土4900余立方米，回填土方2.1万余立方米，砌垒景石4200余吨，安装驳岸假山石1.5万余吨，敷设各类管线4.9万余米，安装喷头289个，园路及广场铺装1.2万余平方米，栽植苗木73个品种100万余株，铺种草坪10公顷。该工程2009年获中国优秀园林绿化工程金奖。

（十二）环城公园护城河通航景观提升工程 2007年3月19日开工。工程主要包括：通航，完善滨河步行游览系统，提升整个公园景观，主要是绿化改造提升，增设夜景设施和文化墙，沿河做观赏小品等。整个工程新建3座桥，重建5座桥，改造装饰10座桥。新建3座桥是五龙潭北门桥、周公祠桥(大致在周公祠街对着护城河位置)和黑虎泉北路桥(位于规划建设中的小东湖东南角，游船由此进出大明湖)。重建5座桥是：少年路桥、兴华桥、玛瑙泉东石板桥、解放阁东桥和东护城河儿童乐园附近曲桥。改造装饰10座桥：琵琶桥、九女桥、玛瑙桥、西门桥、坤顺门桥、南门桥、对波桥、寿康桥、青龙桥、东门桥。新建桥下要确保能通过游船，同时满足市政和防洪需求。工程总投资4.4亿元，分三期进行。

一期工程2007年3月开工，5月竣工。主要是疏浚南护城河河道，改造提升两岸绿化景观，实现黑虎泉向西经趵突泉公园至五龙潭公园全长2700米的通航。“五一”期间，“船游泉城”成为济南旅游的新亮点。

二期工程2007年年底开工，2009年7月18日竣工。工程主要是结合迎“两会”(全运会、园博会)，按照泉城特色标志区总体规划，通过建设船闸、桥梁、改造美化河岸、河道清淤、管线迁移、灯光亮化和五龙潭公园扩建等打通西护城河五龙潭公园至大明湖段，实现南、西护城河至大明湖的通航。为保证工程建设任务在“两会”前完成，市园林局成立通航工程指挥部，在全局范围内抽调精兵强将，组成施工队伍，精心施工，确保各项建设任务圆满完成。2009年7月18日，实现西护城河与大明湖全长5500米的通航。

三期工程2009年12月16日开工，2010年12月29日竣工。工程是中共济南市委、市政府作为为民办的12件实事之一列入2010年市级重点工程。工程任务是南自坤顺门桥，东至白石泉，北到小东湖，新建船闸、节制闸、防洪闸各1座；新建黑虎泉北路桥，小东湖桥；重建兴华门桥，白石泉桥；加固老东门桥；迁移改造供电、供水、燃气、热力、污水、通信、交通、路灯等8大类13种40余条管线；加固山大南路桥至坦桥两岸河岸1500米，清除河道淤泥4万余立方米；拆除环城公园红喜玛蛋糕房、藏汉堂、金州房地产等12处建筑及历下区体育局、泉城广场办公楼、历下区燃料公司等建(构)筑物的建筑面积约1.7万余平方米；完成园路铺装5000平方米、广场铺装8000余平方米，假山石安装9000余吨；栽植乔灌木及水生植物16万余株，地被植物约62万株。修缮改造原有建筑7处、翻新园林小品20余处，安装木栈道300余米，实施灯光亮化和建设泉水浴场等。

（十三）大明湖风景名胜区扩建改造工程 2007年5月开工，2009年9月21日竣工，扩建区免费向社会开放。此次扩建改造工程，恢复重建超然楼、唐和尚院、明湖居、闻韶驿、闻韶台(戏台)、司家码头、枕湖草堂，保护性修缮秋柳园、东玉宾府等历史古迹；增辟老舍与济南、秋柳人家等文化展馆；新建“七桥风月”“秋柳闻风”“湖山天地”“萦堤远水”“鸟啼千步”“超然致远”“方圆天地”“明湖晨钟”等8处景点。湖内建设3个小岛，小岛不设与陆地相连通道，营造与世隔绝的环境；新增游览河道2000余米，砌垒湖岸8000余米，其中三分之二以上是软质湖岸，不用生硬的压顶石直接压顶，而是种植植物，点缀山石，丰富水际线变化，为鸟类、鱼类提供栖息场所；建成桥梁28座、仿古建筑8组；挖湖65.1万立方米，清淤21.53万立方米，假山石砌叠2.79万吨，驳岸砌垒7052米，道路广场铺装7.48公顷，绿化15公顷，铺设管线11.5万米。完成工程总投资22亿元。扩建改造后，大明湖风景名胜区总面积扩大到103.4公顷，其中湖水面积达到57.4公顷，滨湖游览面积达到46公顷。大明湖由园中湖变成城中湖。2010年2月，该工程获“山东省建国60周年60项山东精品工程奖”。

（十四）济南国际园博园建设 济南园博园是中国第七届国际园林花卉博览会的核心工程。2008年5月13日，经住房和城乡建设部专家组现场考察论证，济南市人民政府决定，济南国际园博园定址于大学科技园核心区长清湖及其周边区域。规划控制面积345.07公顷，包括水面96公顷。10月19日，园博园建设正式开工。2009年7月底，65个国内参展城市和21个国外参展城市(机构)的展园建设任务首先完成，9月22日，园博园建设工程全面竣工，第七届园博会在新建成的济南国际园博园泉韵广场开幕。

济南国际园博园从开工建设到高标准、高质量建成开放，用时1年。建成园区有一条长476米，宽260米的花博大道和一座体现“水与环境”主题的水之门；主展馆和科学技术展馆两大展馆；苗木储备、休闲娱乐、趣味展园三大区；泉韵、天圆、地方、和谐四个广场；108个展园：传统园林展园20个，都市·现代园林展园28个，国际展园21个，设计师展园9个，齐鲁展园17个，专类园13个，新科技、新产品、新能源企业展园8个，形成国际·未来展园和国内传统与现代展园两条景观游览线；中央湖(长清湖)景观区建成游船码头2个，跨湖桥1座。创造济南公园建设的新纪录。

2011年6月10日，上海世博山东馆迁建济南园博园，园博园展馆增加到109个。

（十五）五龙潭公园北区扩建工程 为护城河通航二期工程的重要部分，2008年5月开工，2009年5月竣工。投资3000万元，拆迁290户居民房屋、单位3个，总面积1.8公顷，公园用地西扩至筐市街、朝阳街，北扩至周公祠街，东扩至西护城河，使五龙潭公园与环城公园融为一体。在扩建范围内，建设秦琼府、秦府堂和北大门，公园面积扩大20646平方米，其中增加绿地6000平方米。

（十六）百花公园环境提升改造 2010年1月18日动工，10月1日建成向市民免费开放。改造内容包括将闵子骞墓一并纳入统一规划，对道路、广场、休憩设施进行梳理，完善提升公厕、管线、照明、景观、基础设施等，为市民提供一个更加舒适、优美的生态休憩场所。2010年1月，完成工程立项申报、规划设计方案报批，绿化种植、管线设计、园路、广场铺装方案等一同完成。3月16日开始拆迁，3月19日发布绿化施工招标公告，4月14日绿化工程开标，施工队伍陆续进场。4月17日正式开工。经过5个多月的紧张施工，按规划完成西大门改造和音乐喷泉、儿童乐园、片林及湿地景观建设，整修破损园路与广场，辟建新的广场与景点，完善基础设施，改造提升服务设施和绿地维护系统。整个提升改造工程共栽植花木4.5万株，新增绿地1公顷，安装健身器材50余套、太阳能路灯150盏，铺装生态广场及道路3.2公顷，建设沙石广场6600平方米，完成投资3000万元。公园总面积由原来的17.87公顷增至18.38公顷。此次环境提升改造规划的美德园因拆迁延迟等原因缓建，共完成投资7028万元。

第三节 设计施工管理

一、资质管理

1994年4月11日，济南市人民政府印发《济南市园林绿化工程施工管理办法》，规定市园林管理局是本市园林绿化工程施工的主管部门，各县(市)区园林绿化主管部门按照职责分工负责济南市园林绿化工程施工管理，济南市园林绿化工程，必须由持有相应园林绿化工程施工资质等级证书的施工单位承担，建设工程的绿化设计应与主体工程设计同时进行，并由持有相应资格证书的设计单位承担。园林设计施工资质管理开始走上法制化轨道。市园林管理局每年依法对济南市或进入济南市从事园林工程设计施工的单位进行审核，符合三级(含三级)以上资质的，报送市建委按资质审批权限，逐级审批。至2010年，全市共有三级以上资质园林企业77家，其中具有一级资质4家、二级资质21家、三级资质52家。

二、招投标管理

2006年，《济南市园林管理局基建管理办法》实施。规定属于政府投资建设的园林绿化工程开始实行招标投标，预算投资在100万元以内的，实行邀请招标，投资超过100万元以上的，公开招标。2011年，制定《建设与维护工程招标投标管理办法(试行)》，将设计、施工(含与工程有关的材料、设备采购、卫生保洁、绿地养护、施工监理)全部纳入招投标管理。该办法对设计和建设与维护工程施工招投标分别作出规定。设计招标规定：全部使用国有资金的建设工程设计项目(包括单位自筹资金)，以及省、市相关部门确定的省、市重点项目，且设计费估算价在100万元(含100万元)或投资规模5000万元(含5000万元)以上的项目，应当公开招标，并按照国家、省、市相关规定和程序进行。对于项目技术性、专业性强或者环境资源条件特殊，符合条件的潜在投标人数量有限或设计费估算价在100万元以下30万元(含30万元)以上的工程项目及受其他因素影响较大的项目可以进行邀请招标。但属于涉及国家安全、国家秘密的，涉及抢险救灾的，主要工艺、技术采用特定专利、专有技术或者建筑艺术造型有特殊要求的，不能形成有效竞争的，改、扩建项目或技术改造项目及设计费估算价在30万元以下的工程项目等不实行招投标。建设与维护工程施工招标规定：施工招标实行招标控制价。200万元以上(含200万元)的工程施工、卫生保洁、绿化管理、施工监理等项目和100万元以上(含100万元)的材料、设备采购，必须委托招标代理机构向社会公开招标，并按照国家、省、市相关规定和程序进行；200万元以下30万元(含30万元)以上工程施工、卫生保洁、绿化管理、施工监理等项目和100万元以下30万元(含30万元)以上的材料、设备的采购，须委托招标代理机构以邀请招标的方式组织招标活动；30万元以下10万元(含10万元)以上工程施工、卫生保洁、绿化管理、施工监理等项目和材料、设备采购项目，由建设单位报局招标审查委员同意后，可以采取邀请招标或竞争性谈判的方式，由建设单位或委托招标代理机构组织招标活动；10万元以下的小型建设维护工程施工、卫生保洁、绿化管理、施工监理等项目和材料、设备采购，由建设单位通过邀请招标或竞争性谈判、询价等方式，自主确定施工或供货单位。投标应当具备承担招标项目的能力及规定的资格条件，经招标人认可的两个以上法人或者其他组织，可以组成一个联合体，以一个投标人的身份共同投标，但联合体内必须明确约定各方拟承担的工作和责任，并将共同投标协议连同投标文件一并提交招标人。联合体中标的，联合体各方应当共同与招标人签订合同，就中标项目向招标人承担连带责任。严禁投标人相互串通投标报价、排挤其他投标、损害国家利益、社会公共利益或者他人的合法权益，严禁投标人以低于成本的报价竞标或弄虚作假，骗取中标。办法还强调公开开标、评标和中标，国有资金投资项目(包括单位自筹资金)评标委员会的所有成员，必须全部从山东省工程建设评标专家库或济南市城市园林绿化局专家库中抽取。中标人应当按照合同约定履行义务，完成中标项目。中标人不得向他人转让中标项目，也不得将中标项目肢解后分别向他人转让。办法中还明确了责任追究和处罚措施。

三、质量管理

2000年10月，济南市园林绿化工程质量监督站成立，先后制定《济南市园林绿化工程申报质量监督程序》《济南市园林绿化工程质量监督工作程序》《济南市园林绿化工程质量检验评定标准》等规范性文件，细化园林绿化质量监管标准，使园林绿化工程质量监督有规可依。

《济南市园林绿化工程申报质量监督程序》规定：建设单位或施工单位应在工程开工前到市园林质监站领取并填报“园林绿化工程质量监督申报表”；提供项目立项批文、规划许可证、施工中标通知书、施工设计文件及审查批准书等证件资料，经市园林质监站审核，确认符合申报要求的，给予办理质量监督手续。

《济南市园林绿化工程质量监督工作程序》规定：建设单位或施工单位在开工前，向市园林工程质监部门提交绿化施工图、施工合同副本、施工计划等有关文件，市质监站据此制定质检计划，确定质检内容，并告知建设单位；市质监站一周内指派质检员按质检计划跟踪实施工程质检。质检过程中发现质量问题，下达工程整改通知单，问题严重的，下达工程停工整改通知单，对相应的项目经理或监理人员采取警告、个别谈话等劝勉措施，并及时向建设单位通报；情节严重的，通过网络及媒体进行曝光，并建议建设单位将其清退出园林工程市场。

《济南市园林绿化工程质量检验评定标准》对质检评定的划分、检验评定的等级及评定程序做了规定。规定：绿化工程的质量按分项和单位工程划分进行检验和评定，分项工程的名称为栽植土工程、植物材料工程、和栽植工程，凡新建、扩建或改建的绿化工程，均为一个单位工程；分项、单位工程质量，按“优良”“合格”和“整改合格”三个等级评定，并制定相应的额评定标准；分项工程质量应由单位工程项目经理、质量验评人员评定，单位工程质量应由企业技术负责人组织检验评定，园林绿化质监部门核定，分项和单位工程质量评定采用园林绿化工程质量检验评定表。

2010年，制定《济南市城市绿地养护管理标准》《精品道路绿地管理质量标准》《济南市公共绿地精细化管理示范路管理考核办法》《济南市绿地养护管理检查考核办法》《关于对侵占绿地行为加强报告制度的通知》等规范性文件和管理标准。

附一：大环境绿化

济南大环境绿化建设，是1991～2000年在全市范围内组织发动全党、全民、驻军开展的一项规模宏大的城乡绿化综合工程。

1990年9月19日，济南市十届人大常委会第十八次会议通过市人民政府提请审议的《济南大环境绿化建设方案》。1991年3月1日，山东省、济南市人民政府联合召开“省会城乡大环境绿化建设动员大会”，开始为期10年的济南大环境绿化建设。1991年10月18日，中共济南市委、市人民政府下发《关于奋战十年绿化济南的决定》，对开展济南城乡大环境绿化建设提出明确的指导思想、任务目标和政策、要求，为大环境绿化建设顺利有效实施提供政策保障。

《济南大环境绿化建设方案》确定的建设任务主要是：完成宜林荒山造林5.47万公顷，

补植改造疏残林、次生林1.47万公顷，把全市宜林荒山绿化起来。平原农田实现林网化；在市区北、东、西部，建成黄河、小清河、兴济河、外环路等防护林带，总面积约2.79万公顷，以期与南部山区相连，形成多条环绕城区的绿色屏障；在位于市区西南、东北部的山东水泥厂、济南钢铁厂、黄台发电厂、山东化工厂等重要厂区周围，建设总面积约6.05万公顷工业防护林带，以有效地减轻和防止大气污染。根据济南山区的自然风貌和人文景观情况，辟建和完善龙洞、千佛山、英雄山、五峰山、锦绣川、柳埠等风景游览区和华山、鹊山等风景点。这些任务一次规划，分两期实施完成。第一期即"八五"期间，主要完成全市宜林荒山和平原林网造林绿化任务和部分防护林带的建设任务。第二期即"九五"期间，完成其余建设任务。

济南大环境绿化建设，得到国家有关部门和省委、省政府的高度重视和大力支持。1990年12月1日，建设部专门听取济南市大环境建设工作汇报，对济南开展大环境绿化建设给予很高评价，确定把济南大环境绿化建设工程作为国家的一个点，从物质、技术上给予支持。中共山东省委和省政府把济南大环境绿化建设工程列入全省"八五"荒山造林、绿化国土、改善生态的"三大"骨干工程之一，1991～1993年，每年从省财政拨款500万元，3年共拨款1500万元支持济南大环境绿化建设。省委、省政府对济南大环境绿化建设极为关心和重视，分别于1989年10月18日和1990年2月19日两次对济南大环境绿化建设做出重要批示。市人大常委会对方案实施情况专题考察3次。

济南大环境绿化建设得到全市人民的拥护和支持。各行各业、方方面面都被动员起来，组成浩浩荡荡的义务植树大军，投入到大环境绿化建设之中。市以上驻济南机关团体、企事业单位、部队共划分61个系统52万余人，统一分配到荒山造林任务重的历城区、章丘市和长清县的24个乡镇，按在职职工每人每年植5株树、一次分配5年任务的标准划定责任区，实行包栽、包活、包管、包成林。市属以下机关、团体、企事业单位和农村的适龄公民，由所在区、县(市)人民政府统一安排参加所在地的大环境绿化建设。此外，全市党、团、妇、民兵、少先队等组织还积极组织党员、团员、妇女、民兵和少先队员营建"七一"林、"五四"林、"三八"林、"八一"林、"六一"林。在整个一期工程建设中，全市每年都有上百万人参加大环境绿化建设，全民义务植树运动发动的面之广，参加人员之多，植树热情之高，是济南市前所未有的。

济南大环境绿化共完成荒山造林6.67万公顷，补植疏残林2万公顷，植树2亿余株，其中市以上机关团体企事业单位的61个单位完成植树1100余万株。全市宜林荒山基本实现绿化。新发展平原农田林网10.67万公顷，全市农田林网面积达到25.33万公顷，通过林业部的达标验收，平原绿化一举跨入全国先进行列。黄河北岸、玉符河、小清河沿岸等防护林带基本建成，济南钢铁厂、黄台电厂等工业防护林带

小清河绿化　(2014年摄)

建设初具规模，共造林2万公顷。济王、济微、济兰三条公路济南段干线两侧完成综合治理任务，共植树41万株，新建绿带面积366.67公顷。龙洞、千佛山、英雄山、柳埠、锦绣川、鹊山等风景游览区和华山、药山、鲍山等景点的辟建完善任务圆满完成，市区辟建绿地广场34个，总面积84.8公顷，大纬二路、经七路、历山路等18条城市主干道完成绿化改造提升，市区绿化美化上了新水平。至2000年年底，全市有林地面积达114969公顷。其中，城市绿地面积达3707公顷，比1990年增加1014公顷。城市绿化覆盖率达36%，人均公共绿地面积达7.1平方米，分别比1990年提高6%和3.03平方米。济南生态环境得到明显改善。

在大环境绿化一期工程建设中，有48个单位被评为大环境绿化先进单位，24个乡镇被评为大环境绿化先进乡镇，92人被评为大环境绿化先进工作者。驻济南部队在大环境绿化建设中，承担卧虎山、锦绣川水库两侧和鹊山风景区共2.33万公顷植树造林任务，共投入兵力4.5万人，23.34万个劳动日，出动车辆2500台次，植树69.7万株，超额完成承担的造林绿化任务。为铭记人民子弟兵为济南大环境绿化建设做出的突出贡献，1995年1月5日，市政府在仲官镇政府驻地树立一座“驻济部队绿化纪念碑”。

济南市大环境绿化植树任务分配完成情况表

表2—5—5

系　统	人　次	完成植树（万株）	植树地点
省委、省政府机关及直属单位	19690	81.6	港沟镇、玉皇山、莲花西山
市委机关及直属单位	1000	4.4	
省一轻系统	2200	2.1	党家镇
省纺织系统	770	1.9	
市政法系统	6000	15	
省政法系统	7000	17.5	
市供销系统	5300	11.3	
市建设系统	48500	121.3	
市纺织系统	60000	124	仲官镇、绣川乡
驻济南部队	3000	69.7	
省供销系统	1400	3.5	彩石乡
省石化系统	3300	4.5	
省金融保险系统	1000	2.5	
省邮电系统	9400	7.8	
市一轻系统	36400	82.7	柳埠镇
省建设系统	5400	13.3	西营镇
市金融保险系统	5300	13.25	
市石油化工系统	21200	35	

续表2—5—5—1

系　　统	人　次	完成植树（万株）	植树地点
省交通系统	9900	7.2	十六里河
市交通系统	6200	11.4	
市经贸系统	2200	3.7	
市机械系统	49000	115	章丘市垛庄镇
省冶金系统	22000	55	阎家峪乡
济南钢铁厂	4000	10	历城鲍山
省电力系统	8200	24.255	官庄乡
市物资系统	5800	14.5	
省丝绸公司	107	0.2675	
市民政系统	1950	4.7	明水镇
省民政系统	900	2.25	
省机械系统	2000	4	旭升乡
省物资系统	1100	2.75	
省粮食系统	500	1.12	文祖镇
市粮食系统	7000	14	
中建八局	3150	7.875	
市蔬菜系统	3900	9.75	山后寨乡
市煤炭系统	1600	3.9	
济南铁路系统	37000	18	长清县崮山镇
铁道部机车工厂	6000	1	
市政府机关	5400	13.5	
省二轻系统	1300	2.5	张夏镇
市二轻系统	3800	24	
市教育系统	4500	5	万德镇
市卫生系统	8000	12.5	—
市文化系统	1650	1.1	
市医药局	9000	18.75	
济南大学	570	1.2	
市水产供销公司	450	—	
省教育系统	6500	8.7	归德镇
省卫生系统	7300	7.8	
省文化系统	2600	6.5	
省出版总社	3050	7.625	

续表2-5-5-2

系　统	人　次	完成植树（万株）	植树地点
省医药总公司	640	1.6	归德镇
省医科院	1390	3.475	
省黄河河务局	1700	5.25	
市黄河河务局	400	1	
市烟草公司	8300	5.75	
省商业系统	1200	3	孝里镇
市一商系统	12400	31	
市二商系统	12700	—	
市汽车改装公司	2900	—	城关镇
省汽车总公司	1500	3.75	
市电子系统	13000	16.1	平安店镇
省电子系统	400	1.1	
合　计	520017	1103.2175	

附二：创建国家园林城市

济南市创建国家园林城市始于1997年。整个创建活动历时5年。2002年12月16日，建设部正式命名济南市为“国家园林城市”。

1997年3月7日，以创建国家园林城市为目标，制定印发《济南市城市“造绿工程”实施方案》，方案确定主要任务是：抓好外环路两侧绿化带建设，拆除路侧30米范围内的违章建筑，全部实行植树绿化；完善城市出入口的绿化，对分车绿化带进行全面改造，增加视觉效果，为泉城添彩；改造城区道路绿化带，加大绿量，突出季相变化；结合城市改造，通过多种手段大力扩建公共绿地；加快新建区属公园的绿化建设，满足市民游憩需要；大力发展垂直绿化，用2～3年时间将市区内适宜垂直绿化的墙面全部进行垂直绿化；动员全民参与，大力开展街巷绿化和绿地建设。并提出加强组织领导、依法治绿、“门前三包”及严格奖惩的具体实施措施。成立市政府、市建委、市城建局、市规划局、林业局、土地局、园林局、拆迁开发办及各区组成的市造绿工程指挥部，指挥部办公室设在市园林局。要求各县(市)区人民政府，市政府各部门认真按方案组织实施。3月11日，市委市政府在一年一度的绿化动员大会上，向全市发出“以改善城市生态环境为宗旨，以争创园林化城市为目标，坚持高标准、高起点，面向21世纪，加快绿化美化步伐，提高城市绿化覆盖水平，提高城市园林水平，努力把济南建成一座融山、泉、湖、河为一体的具有泉城特色的现代化园林城市”动员令，与各区区长签订“城市造绿工程责任书”。

为全面完成方案确定的造绿任务，整个工程安排五期进行。1997年3月至2000年6月，以绿化道路、美化门前、辟建街头绿地、建设绿地广场、发展立体绿化为重点建设内容，实施三期工程；建成绿地广场35处，总面积100公顷，栽植各类乔灌木400万株，建设绿地390多公顷。2000年6月至2001年8月，实施以拆除违章建筑，建设绿化长廊为内容的第四期造绿工

卧龙花园绿化

程，即“一环九射”工程，对二环路和出入市区的经十西路、220国道、济微路段、英雄山路南路、省道002线路段、经十东路至济王路段、工业南路、工业北路、大桥路段、济泺路、济齐路段等9条道路，全面进行绿化改造；该期工程创造了短期内建筑拆迁面积最大(196公顷)、绿化建设战线最长(171.9千米)、绿化面积最大(315公顷)的新纪录。至此，全市城市绿化覆盖率、绿地率和人均公共绿地面积分别达到36%、31%和7.1平方米。创建国家园林城市的目标基本实现。2001年5月30日至6月1日，顺利通过省级园林城市考核。5月28日，山东省建设厅正式向建设部推荐济南市参加国家园林城市考核验收。9月26日～27日，创建国家园林城市检查团对济南市进行全面考核，认为各项基本指标达到创建国家园林城市标准，并报建设部审批。为巩固和发展创建成果，2001年8月16日，市政府确定再实施以“绿化进庭院、进机关、进学校、进企业、进街道”为主要内容的第五期造绿工程。2002年年底，工程任务基本完成。共拆除违、旧建筑9.37公顷，栽植各类苗木34.76万株，新建绿地22.3公顷，共评出40个省级花园式单位，132个市级花园式单位，432个市级绿化先进单位。

第七章　机　构

第一节　济南市城市园林绿化局

1983年8月17日，恢复济南市园林管理处，内设秘书科、综合科、绿化科、公园科、科教科、组织人事科、宣传科、老干部科、保卫科、接待科、基建科11个业务科室。1987年2月，改称为济南市园林管理局，为市政府直属事业局。

2004年12月，市园林管理局由市政府直属事业局改为市建设委员会管理的全额预算管理正局级事业单位，内设办公室、政策法规处(保卫处)、发展规划处(后改规划建设处)、绿化处(城市绿化办公室)、风景园林管理处、财务审计处、经营管理处、宣传教育处、组织人事处(老干部处)9个业务处室；下辖济南园林开发建设集团、大明湖风景名胜区管理处、趵突泉公园管理处、千佛山风景名胜区管理处、济南动物园管理处、中山公园管理处、泉城公园管理处、英雄山风景区管理处、花卉苗木开发中心、济南植物园管理处、济南市林场、名泉保护管理办公室、园林绿化工程质量监督站13个处级单位和园林苗圃、花卉苗木中心、园林规划研究设计院、园林职工学校、雕塑创作室5个科级事业单位。

2009年12月31日，改称为市城市园林绿化局，为市政府直属财政全额预算管理正局级事业单位。2010年4月，加挂济南市名泉保护委员会办公室牌子，内设办公室、政策法规处、财务审计处、组织人事处、发展规划处、风景园林管理处、园林工程建设管理处、公共绿地管理处、城市绿化指导处、名泉保护管理处、名泉保护技术处11个职能处室。

第二节 局属单位

1980年11月，组建园林规划设计室。1981年10月，设立市园林科研所。1984年3月组建市马鞍山苗圃。1986年10月，市环城公园建成开放，为科级事业单位；11月，成立市园林建设开发服务中心，撤销园林基建队建制。1987年4月，原隶属市建委的济南市城市雕塑规划领导小组办公室(全额预算科级事业单位)及其实体济南市雕塑创作室划归市园林局管理，与市园林建设开发服务中心一个领导班子，挂三块牌子；10月，建成市五龙潭公园，为科级事业单位，与市环城公园“一套机构，两块牌子”；11月，市匡山苗圃与市西郊苗圃合并，组建成立市园林苗圃。1988年，市雕塑创作室单列为差额拨款科级事业单位，同时履行市城市雕塑规划领导小组办公室管理职能。1989年9月，市植物园(泉城公园)建成开放，为科级事业单位，1992年升格为县级事业单位。1989年9月，市百花公园建成，为科级事业单位。1992年4月，成立市园林职工学校，为科级事业单位。1998年5月，以市园林建设开发服务中心为主体，组建济南园林开发建设集团，为企业化管理县级事业单位；8月，在市园林局绿化监察大队基础上组建市园林监察支队，为正处级事业单位；9月，成立市英雄山风景区管理处，为县级事业单位，撤销市英雄山果园、市英雄山公园。1999年8月，合并市园林科研所和市花卉苗圃，组建市花卉苗木科研中心(后更名市花卉苗木开发中心)，为差额预算管理县级事业单位。2000年12月，市名泉保护管理办公室由市园林管理局机关内设处室，单列为全额预算管理县级事业单位。2002年11月，市环城公园和市五龙潭公园并入市趵突泉公园管理处，保留市环城公园、市五龙潭公园名称；市百花公园(差额拨款科级事业单位)并入千佛山风景名胜区管理处，保留市百花公园名称。2003年8月，市城建局所属的市山岭管理处(县处级事业单位)整建制划归市园林管理局，2004年11月撤销。2006年9月，新济南植物园建成开放，成立济南植物园管理处，为正处级事业单位；原市植物园改称济南泉城公园。2007年2月，济南跑马岭野生动物世界移交市园林局管理。2008年10月，济南国际园博园管理处组建成立，为正处级差额预算事业单位。2010年4月，市名泉保护管理办公室职责整合入市城市园林绿化局，市名泉保护管理办公室撤销。至2011年年底，济南市城市园林绿化局所属事业单位16个，其中，县(处)级单位14个，科级单位2个。14个处级单位：济南园林开发建设集团，济南大明湖风景名胜区管理处，济南市趵突泉公园，济南千佛山风景名胜区管理处，济南动物园管理处，济南泉城公园管理处，济南植物园管理处，济南市中山公园管理处，济南市花卉苗木开发中心，济南市林场，济南市英雄山风景区管理处、济南市园林绿化工程质量监督站，济南国际园博园管理处，济南森林公园管理处。2个科级单位：济南市园林花卉苗木中心，济南市园林规划设计研究院。1个企业单位：济南跑马岭野生动物世界股份有限公司。

第六篇　房产业

住房制度改革。1987年，济南市进行住房制度改革方案的调查、测算、拟定和论证；1988年，在部分企业进行房改试点。1992年4月，济南市人大常委会审议通过《济南市住房制度改革实施方案》，济南市住房制度改革正式启动。1994年，市政府下发《贯彻落实国务院深化城镇住房制度改革决定的实施意见》，济南市住房制度改革由单项改革进入多项政策并行、综合配套、全面推进阶段。至2010年，济南市先后5次调整公有住房租金标准，4次制定和调整公有住房出售政策。市内五区共出售公有住房245234户，占可出售住房的95%，出售面积1602.92万平方米。

培育发展住房市场。1999年11月12日，市政府印发《济南市居民已购公有住房上市交易暂行办法》，通过简化程序、强化服务等措施活跃住房市场。2001年年底，根据建设部《关于简化房地产交易与权属登记程序的指导意见》，市房产登记中心与房产交易所合署办公，实现“产权交易一体化”。2002年4月，市房管局建成设施完善、功能齐全的现代化大型房地产交易市场，建筑面积1万余平方米，设立对外服务窗口30余个，中介机构等40余家，实行交易网络化，信息公开化。2002年始，二手房成交量一直保持较快增长势头，成交套数平均每年增长32%，成交面积平均每年增长22.7%。2005年，在房地产税收新政策制约下，成交套数和面积同比有所下降。2006～2010年，二手房成交量总体保持较快增长势头。受金融危机影响，2008年成交量同比出现下降，但2009年、2010年成交量达到历史高位。

房产中介发展迅猛。20世纪90年代后，随着房地产市场的兴旺发达，从事中介服务的单位和个人逐渐增多。1999～2003年，济南市房地产经纪行业管理实行资质许可管理。2004年，根据《城市房地产中介服务管理规定》，由房地产经纪机构资质许可管理改为资格备案管理，市房管局对备案审查合格的机构颁发济南市房地产经纪机构备案证书。至2010年，在市房管局备案的房地产经纪机构225家。

住房保障体系建设。1998年，全市逐步建立以经济适用住房、廉租住房为重点的多层次住房保障体系。2004年10月，市房产管理局成立住房保障处，将住房保障相关职能由市建委下属事业单位市住宅产业化发展中心划归住房保障处管理，至此济南市真正意义的住房保障工作拉开序幕。2007年后，根据国务院《关于解决低收入家庭住房困难的若干意见》，济南市委、市政府提出“安居泉城”的住房保障目标，围绕“遵循国家政策，借鉴外地经验，结合济南实际，创新工作思路”原则，加快推进保障性安居工程建设，初步构建起“以公共租赁住房为今后主要方向，廉租住房和棚改安置房同步推进，经济适用住房为补充，租金补贴托底”的住房保障工作格局。2008年5月，市政府成立由分管市长任组长，市房管、国土、规划、财政等职能部门及各区政府共18家部门组成的住房保障工作领导小组，主要负责住房保障工作重大事项的决策和协调推进。2009年年底，市房产管理局更名为“市住房保障和房产管理局”，进一步强化住房保障职能。

2005～2010年，全市有6万余户中低收入住房困难家庭通过经济适用住房(含集资建房)、廉租住房、公共租赁住房和城市棚户区改造住房等多种保障方式解决了住房困难。

物业管理逐步规范。1999年6月3日，市政府第22次市长办公会确定市房管局为全市物业管理主管部门。1999～2010年，济南市先后制定《济南市物业管理办法》《济南市物业管理行业规范》《济南市文明小区考核标准》《济南市住宅共用部位、共用设施设备维修基金管理暂行办法》《济南市已售公房维修基金利息使用管理规定》《物业服务收费明码标价规定》《济南市物业服务收费管理实施办法》《济南市业主大会和业主委员会指导规则》《济南市物业管理招标投标管理办法》《济南市棚户区改造安置房物业管理暂行规定》等18个物业管理法规及规范性文件，修订印发《济南市物业管理委托合同》等5个示范文本。至2010年年底，全市共有物业管理企业547家，从业人员3.1万人；物业管理面积6520万平方米，其中住宅面积5200万平方米。管理物业的类型从住宅向写字楼、工业园区、学校、医院等方面拓展，一批具有较大规模和较强竞争能力的物业管理企业已经形成。

泉城辉煌 (王亮朝摄)

2001～2010年济南市房地产开发建设情况表

表2—6—1

指标＼年份	2001	2002	2003	2004	2005	2006	2007	2008	2009	2010
计划总投资(万元)	3073253	3774625	4223797	5368615	7459324	8749506	10869839	15027272	15989894	24194322
本年完成投资(万元)	621984	764599	897967	1101613	1210872	1600507	1932069	2741166	3325576	4845029
#商品房建设投资(万元)	584592	551216	600345	619259	719504	1120665	—	—	—	—
土地开发投资(万元)	33398	16188	104917	37576	62048	164247	207086	186195	29746	57901
按构成分(万元)										
建筑工程(万元)	421437	405181	503015	529097	585648	948593	1115953	1333332	1806020	2502001
安装工程(万元)	33223	102523	58969	61886	68863	55292	103738	109410	152513	171307
设备、工器具购置(万元)	14626	8688	6635	8815	10701	26765	31893	19422	62291	41891
其他费用(万元)	152698	248207	329348	501815	545660	569857	680485	1279002	1304752	2129830
#旧建筑物购置费(万元)	—	—	—	—	35	3468	1004	35016	32370	12984
土地购置(万元)	100587	194781	181844	393669	377129	371919	336552	971399	959182	1598361
按工程用途分										
住　宅(万元)	475038	641988	740877	873664	966733	1260102	1623258	2226497	2555230	3645583
#安居工程(万元)	53454	54175	13247	23904	9939	17326	39570	31919	937	100
办公楼(万元)	61854	61200	53687	40378	40440	46596	52262	82122	137757	199630
商业营业用房(万元)	20315	20003	64109	145987	102019	187185	134728	337394	197079	568475
其　他(万元)	64777	41408	39294	41584	101680	106624	121821	95153	135510	431341
本年新增固定资产(万元)	245730	432721	536815	472234	442148	494580	613264	590688	1508494	887182
本年完成土地开发面积(万平方米)	109.01	126.19	178.43	55.59	146.65	99.15	203.99	194.11	51.22	28.37
待开发土地面积(万平方米)	313.15	55.07	56.39	155.57	133.76	174.36	158.63	184.10	119.34	120.19
本年购置土地面积(万平方米)	157.51	326.53	314.83	225.91	391.76	111.17	217.51	233.56	128.14	531.98
房屋施工面积(万平方米)	712.96	718.80	818.72	897.73	903.54	1071.07	1219.50	1616.94	2131.75	2363.75
房屋竣工面积(万平方米)	190.78	262.57	295.39	271.86	223.89	258.78	249.16	249.90	467.22	245.75
竣工房屋价值(万元)	241628	412295	397323	391302	383676	439174	524477	494899	1478039	749212
竣工住宅(套)	14174	18564	21170	21896	16344	14564	14718	19692	31377	19300
#安居工程(套)	4683	5126	1333	797	100	189	772	1628	184	0
拆还建竣工房屋面积(万平方米)	15.91	14.56	4.04	9.95	—	—	—	—	—	—
统代建竣工房屋面积(万平方米)	19.43	1.60	19.44	10.62	—	—	—	—	—	—
公益性建筑竣工面积(万平方米)	3.38	14.90	2.26	1.50	—	—	—	—	—	—

第一章　住房制度改革

1986年前，济南市公有住房总量604万平方米，人均居住面积5.21平方米。中共十一届三中全会以后，济南市住房建设进入快速发展时期。1992年，公有住房总面积1752万平方米，人均居住面积提高到7.7平方米。但住房总量不足、质量不高、成套率低、使用功能差的状况未能从根本上改变，尚有无房户、拥挤户、不便户等各类住房困难户5.8万余户。1987年始，济南市开始进行调查、测算、拟定、论证房改方案工作，并于1988年对部分企业进行房改试点。1990年12月18日，成立住房制度改革领导小组办公室(简称市房改办公室)。1992年4月28日，市人大常委会审议通过《济南市住房制度改革实施方案》。结合济南市实际情况，坚持总体规划、分步实施、循序渐进、慎重稳妥的原则，确定从调整和提高公房租金入手，改革低租金、无偿分配的住房制度，建立由国家、集体、个人三者合理负担，共同投资解决住房问题的新机制。逐步把住房的生产交换、分配、消费纳入有计划的商品经济轨道，加快住房建设，改善城市居民的住房条件，实现引导住房消费、启动住房市场、促进经济和有关各项事业发展的目标。方案以分步提高公有住房租金、推行住房公积金办法、优惠出售公有住房、分房购买住房建设债券、统筹资金建房解困为基本内容，采取单项制定、分步实施的方式进行。1992年9月15日，市政府召开全市1400余人参加的住房制度改革动员大会，标志着济南市住房制度改革正式启动。《济南市城镇住房制度改革与提租和补贴实施办法》于7月1日开始实施。1994年，《济南市人民政府贯彻落实〈国务院关于深化城镇住房制度改革的决定〉的实施意见》实施，标志着济南市住房制度改革由单项改革进入到多项政策并行、综合配套、全面推进的新阶段。1999年，《济南市人民政府关于印发〈济南市职工住房货币化分配实施细则〉等四个文件的通知》，标志着济南市住房制度改革从取消实物分房改变传统住房制度入手，实行住房货币化分配、建立住房新体制的开始。

城镇居民住房条件明显改善，人均住房面积由1992年房改前的7.7平方米提高到2010年的29.7平方米。

第一节 公有住房出售

1996～2010年，全市五区共出售公有住房245234户，占可出售率的95%，出售面积1602.92万平方米，户均建筑面积65.36平方米。

一、第一期售房(1996～1998年)

1996年，根据《济南市出售公有住房有关规定》和《济南市出售公有住房实施细则》规定，产权单位向职工或居民出售住房，必须具备两个条件：一是建立住房公积金制度；二是所售住房必须是成套住房且已取得房屋所有权证。职工或居民购买住房坚持自愿原则，以户为单位，购买自己所承租的公有住房。各类人员的住房控制标准：一般干部和职工65平方米，科级干部75平方米，县、处级干部90平方米，厅、局级干部120平方米；企业干部按行政级别标准或职代会确定的标准执行；技术职称人员按其不同职称所对应的行政级别执行。

售房价格按照房屋结构、使用功能、建

造质量、配套设施等因素划分七个等级，根据不同情况确定了成本价、标准价、最低限价、市场价四种：成本价：在住房控制标准内所购住房面积执行成本价。每平方米钢混结构一等1168元，二等1022元，砖混结构一等甲级845元，乙级712元，丙级669元，丁级632元，丁外级569元。标准价：按成本价购房有困难的中低收入居民家庭，在住房控制标准内所购住房面积可选择标准价。每平方米钢混结构一等788元，二等690元，砖混结构一等甲级570元，乙级535元，丙级503元，丁级475元，丁外级427元。最低限价：为防止特殊情况带来的房价过低问题，规定售房的最低限价。每平方米钢混结构一等290元，二等250元，砖混结构一等甲级210元，乙级170元，丙级150元，丁级130元。市场价：职工购买住房面积超过控制标准20%以上的执行市场价。各等级、各地段住房的市场价占同等级住房成本价的比例为：每平方米一类地区170%，二类地区160%，三类地区150%，外环路以外独立工矿区140%。

作为政策性购房，在上述价格基础上，还规定各项折扣优惠政策。按成本价、标准价购买的住房可享受工龄折扣、现住房折扣、保险维修基金和一次性付款折扣；按市场价购买的超标准部分只能享受保险维修基金和一次性付款折扣。工龄按承租人夫妇双方工作年限合并计算，每年每平方米折扣3.4元；单职工每年每平方米折扣6.3元；工龄折扣年限到1995年。居民购买已租的公有住房，可享受现住房折扣，其折扣额以成本价购买的为每平方米26元，以标准价购买的为每平方米17.5元。

为保障所出售公有住房的安全，产权单位根据住房的使用年限给购房人留取自用部位的售前维修及购房保险基金，标准为：以每平方米建筑面积10元为起点，按房屋使用年限计算，每一年增加2元；维修及保险基金最高不得超过每平方米建筑面积40元。职工、居民购房一次性付清房价款时给予20%的折扣。同时售房价款还根据住房所在地段、层次、朝向等因素的影响区别计价。地段调剂系数：一类地区102%，二类地区100%，三类地区98%，独立工矿区90%～95%。楼层调剂系数：1层、4层100%，2层、3层105%，5层以上在100%的基础上依次递减5%；3层以上为顶楼层的再减5%；高层底层和顶层为95%，其余各层100%。朝向调剂系数：东西向的98%，全背阴的96%，其他100%。

至2010年年底，按照1996年第一次售房政策购买公有住房的，全市五区共计137561户，占全市总售房户的56.09%。居民以成本价购买的公有住房产权归个人所有，可依法进入市场。以标准价购买的公有住房拥有部分产权，可以继承，其产权份额个人为75%，产权单位为25%；上市交易时，必须补足原购房时成本价与标准价的差价款，并支付差价款的利息后方能进入市场。

二、第二期售房(1999～2000年)

1999年，出售公有住房一律实行成本价，取消标准价。住房控制标准、住房价格各类调剂系数未变。各类住房成本价比1996年第一次售房成本价平均提高20%左右；超标准面积市场价上调为：一类地区成本价的2.5倍，二类地区成本价的2.3倍，三类地区成本价的2倍。工龄折扣额调整为双职工5.71元／平方米／年，单职工10.6元／平方米／年；实行货币化分配的，双职工6.49元／平方米／年，单职工5.18元／平方米／年。现住房折扣下调为每平方米20元，一次性付款折扣下调为10%。至2010年年底，按照1999年第二次售房政策购买公有住房的，全市五区共计75036户，占全市总售房户的30.60%。

三、第三期售房(2000～2001年)

2000年，取消现住房折扣和一次性付款折扣。各类住房成本价比1999年度第二次售房成本价平均提高10%左右；超标准面积市场价的计算在执行第二次售房标准的同时，二套住房合计超20%以上均为2.5倍，无地段标准。工龄折扣调整为双职工家庭6.49元／平方米／年，单职工家庭为12元／平方米／年。至2010年年底，按照2000年度第三次售房政策购买公有住房的，全市五区共计8912户，占全市总售房户的3.63%。

四、第四期售房(2001～2010年)

2001年7月1日，在2000年基本售房政策不变的情况下，做了两项调整：各类住房成本价比2000年度第三次售房成本价平均提高20%左右；超标准面积市场价一律按成本价的2.5倍计算，无地段标准和20%的浮动。至2010年年底，按照2001年度第四次售房政策购买公有住房的，全市五区共计23725户，占全市总售房户的9.67%。

济南市房改售房价格、优惠政策及调剂系数变化一览表

表2—6—2

<table>
<tr><th colspan="3"></th><th>1996年度政策
(一期)</th><th>1999年度政策
(二期)</th><th colspan="2">2000年度政策
(三期)</th><th colspan="2">2001度政策
(四期)</th></tr>
<tr><td rowspan="8">成本价格</td><td rowspan="2">钢混结构</td><td>一等</td><td>1168元
(最低限价290元)</td><td>1425元
(最低限价350元)</td><td colspan="2">1568元
(最低限价420元)</td><td colspan="2">1881元
(最低限价504元)</td></tr>
<tr><td>二等</td><td>1022元
(最低限价250元)</td><td>1247元
(最低限价300元)</td><td colspan="2">1372元
(最低限价360元)</td><td colspan="2">1646元
(最低限价432元)</td></tr>
<tr><td rowspan="5">砖混结构一等</td><td>甲级</td><td>845元
(最低限价210元)</td><td>1035元
(最低限价250元)</td><td colspan="2">1138元
(最低限价300元)</td><td colspan="2">1365元
(最低限价360元)</td></tr>
<tr><td>乙级</td><td>712元
(最低限价170元)</td><td>868元
(最低限价200元)</td><td colspan="2">955元
(最低限价240元)</td><td colspan="2">1146元
(最低限价288元)</td></tr>
<tr><td>丙级</td><td>699元
(最低限价150元)</td><td>816元
(最低限价180元)</td><td colspan="2">898元
(最低限价216元)</td><td colspan="2">1077元
(最低限价259元)</td></tr>
<tr><td>丁级</td><td>632元
(最低限价130元)</td><td>771元
(最低限价155元)</td><td colspan="2">848元
(最低限价186元)</td><td colspan="2">1017元
(最低限价223元)</td></tr>
<tr><td>丁外级</td><td>569元
(最低限价120元)</td><td>694元
(最低限价140元)</td><td colspan="2">763元
(最低限价168元)</td><td colspan="2">915元
(最低限价201元)</td></tr>
<tr><td colspan="2">砖混二等</td><td>—</td><td>617元
(最低限价125元)</td><td colspan="2">679元
(最低限价150元)</td><td colspan="2">814元
(最低限价180元)</td></tr>
<tr><td rowspan="4">超标价格</td><td colspan="2">一类地区
超标20%以上</td><td>成本价的1.7倍</td><td>2.5倍</td><td>2.5倍</td><td colspan="2" rowspan="4">2套合计超20%以上均为2.5倍，无地段标准</td><td rowspan="4">一律成本价的2.5倍，无地段标准和20%的浮动</td></tr>
<tr><td colspan="2">二类地区
超标20%以上</td><td>1.6倍</td><td>2.3倍</td><td>2.3倍</td></tr>
<tr><td colspan="2">三类地区
超标20%以上</td><td>1.5倍</td><td>2倍</td><td>2倍</td></tr>
<tr><td colspan="2">独立工矿区
超标20%以上</td><td>1.4倍</td><td>—</td><td>—</td></tr>
</table>

续表2—6—2

<table>
<tr><th colspan="3"></th><th>1996年度政策
（一期）</th><th>1999年度政策
（二期）</th><th>2000年度政策
（三期）</th><th>2001度政策
（四期）</th></tr>
<tr><td rowspan="7">优惠政策</td><td rowspan="4">工龄折扣（超出住房控制标准的部分均无此折扣）</td><td>双职工</td><td>3.4元／平方米／年</td><td>5.71元／平方米／年
6.49元／平方米／年
（货币化）</td><td>6.49元／平方米／年</td><td>6.49元／平方米／年</td></tr>
<tr><td rowspan="2">单职工</td><td rowspan="2">6.3元／平方米／年</td><td>10.6元／平方米／年</td><td>12元／平方米／年</td><td>12元／平方米／年</td></tr>
<tr><td colspan="3">实行货币化分配的，5.18元／平方米／年</td></tr>
<tr><td>工龄调整额</td><td>1.33</td><td>1.33</td><td>36</td><td>1996年前参加工作36,1997年前参加工作24,1998年前参加工作12</td></tr>
<tr><td colspan="2">现住房折</td><td>26元／平方米</td><td>20元／平方米</td><td>–</td><td>–</td></tr>
<tr><td colspan="2">维修保险费</td><td colspan="4">2×住房使用年限＋10≤40，实行货币化分配的10元／平方米</td></tr>
<tr><td colspan="2">一次性付款折扣</td><td>20%</td><td>10%</td><td>–</td><td>–</td></tr>
<tr><td rowspan="4">调剂系数</td><td>地段</td><td colspan="5">一类102%；二类100%；三类98%；独立工矿区90%～95%</td></tr>
<tr><td rowspan="2">层次</td><td colspan="5">2、3层105%，1、4层100%，5层95%，6层以上依次递减5%；3层(含)以上为顶层的再减5%</td></tr>
<tr><td colspan="5">高层住房底、顶层为95%，其余层次100%</td></tr>
<tr><td>朝向</td><td colspan="5">东西朝向98%，全背阴96%，其他100%</td></tr>
</table>

第二节 住房货币化分配

1999年1月1日起，济南市停止住房实物分配，实行住房货币化分配。通过发放职工住房补贴和购房时给予一次性住房资金补贴的方式，逐步增强职工个人住房消费能力，实现“以货币取代实物，以有偿取代无偿，以市场取代行政”的住房分配新机制，使住房真正成为商品。

单位在按规定建立住房公积金制度的前提下，逐月按照上年职工月平均工资基数25%的比例，对在职职工计发住房补贴。住房补贴不计入职工个人所得税的计税基数，不计入社会养老、失业保险等社会统筹基数。比照住房公积金管理办法进行管理，只能在职工购买、自建和翻建自住住房、偿还购房款时使用。同年7月，根据省有关政策规定，住房补贴政策的发放比例提高到基本工资的35%，离、退休职工按基本工资的10%发放。取消专户存储集中管理的规定，随职工工资按月发放。2001年，离、退休职工的住房补贴比例调整到基本工资的35%。财政负担的机关事业单位住房补贴发放到位率始终保持在100%，企业住房补贴发放到位率据2001年的统计只有35%。

未享受过政策性住房和政策性住房面积未达到控制标准的职工在购房时，单位给予一次性住房资金补偿。具体计算公式：双职工家庭一次性住房资金补偿＝补偿基数(6.49元)×职工(夫妻分别计算)1998年年底前的工龄数×住房控制标准之内的购房计价面积；单职工家庭一次性住房资金补偿＝补偿基数(6.49元)×1998年年底前的工龄数×住房控制标准之内的购房计价面积＋补偿基数(5.18元)×1998年年底前的工龄数×65(购房面积不足65平方米的，按实际购房面积计算)。已实行货币化住房补贴的职工购买单位自管公房或参加单位集资建房时，一次性住房资金补偿可直接冲抵房价款；职工购买商品住房或经济适用住房时，有条件的单位可将一次性住房资金补偿划拨给售房单位。至2010年年底，通过一次性住房资金补偿购买房改住房的8346户，占房改售房的3.40%；通过一次性住房资金补偿购买商品住房的1146户，补偿金额399.63万元。

第三节 售房资金管理

1996年，济南市房改售房资金在市建行设立专户，归属政策性金融业务。资金的管理、使用，遵循“专户存储、专款专用”的原则。根据《济南市出售公有住房有关规定》，“出售公有住房回收资金全部留产权单位。由产权单位按售房回收资金的15%提取售后房屋共用部位、共用设施维修基金，其利息收入用于共用部位、共用设施的维修；其余部分在银行设售房回收资金专户存储，专项用于住房制度改革和建设，由产权单位提出使用计划，经市房改办审核，市房改领导小组批准后方可使用。未经审批的，银行不得办理支付手续。市财政、审计部门对售房款的回收和使用情况进行监督”。在售房资金归集中，市房改办委托市建行房地产信贷部代理银行业务。售房单位到指定的存款网点开设售房回收资金专户，单位收取的购房定金和购房款直接存入专户，不许截留挪用、私设账户。资金使用按国家政策，主要用于售房款结算、提取维修基金、售房测绘和评估。支用资金时，需经房改、财政部门核准后方可办理银行业务。市财政部门设立全市住房资金集中户，对公房出售回收资金的归集、使用进行统一监管。

1997年，市建行为加强政策性金融业务管理，撤销房地产信贷部，成立济南住房基金服务中心，继续履行房改售房资金银行业务代理职能。1999年2月，济南市住房委员会印发《济南市职工集资建房实施意见》，明确规定“单位资助职工的建房资金和职工缴纳的集资建房资金，均属单位和职工的住房资金，应专户存储，专项使用，任何单位和个人不得挪作他用”。遵循这一原则，市房改办委托市建行比照房改售房资金管理模式，开设集资建房资金专户，市财政部门比照房改售房资金管理方式将其纳入集中户内。2001年9月，《济南市住宅共用部位、共用设施设备维修基金管理暂行办法》印发，对房改售房提取共用部位、共用设施设备维修基金做出新的规定：“按房改政策购买的公有住房，多层住宅楼按售房款20%的比例、高层住宅楼按售房款30%的比例，从售房单位收取的房价款中提取维修基金。”至2004年年底，共开设专户96户，募集资金7亿元，已基本投入单位集资建房，余额为0.5亿元。

2005年1月，根据财政部《关于政策性金融业务财务管理有关问题的通知》，市财政局、市房管局、市国资委联合下发《关于加强住房资金管理有关问题的通知》，将房改售房资金由全市统管改为按单位性质分类管理。在将原市财政集中户金融业务并入银行大账即撤销原集中户后，按各个单位行政隶属关系，将直管公房和行政事业单位公有住房出售净收入，由市、区财政部门分级管理，分设市、区两级住房资金财政集中户，其中直管公房售房净收入纳入市财政集中户，企业公有住房出售净收入由市国有资产管理部门设集中户管理。分类管理后的专户资金仍然按照国家政策，用于发放职工一次性住房资金补偿及处理已售公房遗留问题。使用时需先经房管部门审核，再分类报财政、国资部门核准，然后办理银行业务。

至2010年，归集房改售房资金总额24.6亿元，其中提取房屋共用部位共用设施设备维修基金9.4亿元。用于售房测绘评估费、房价款结算、支付职工购买商品房的一次性住房资金补偿及困难企业已售公房共用部位共用设施设备维修费8亿元，余额为7.2亿元。

第二章　产权产籍与交易市场

第一节 产权登记

1986～1988年，全市共核发私房产权证书44206处(户)，占应核发46991处(户)的94.1%；核准颁发单位自管房产证8269处(户)，占应核发10013处(户)的82.6%。1991～1995年，全市共办理房屋登记发证10220处、461.29万平方米；办理房产增减变更登记9996处、236.83万平方米；办理军产验证532万平方米。1998～2002年，采取灵活措施妥善解决居民房改购房和省直机关房改购房发证工作，累计发放房产证35万余件。2010年，全市共办理房屋登记发证317000件，发证面积3363.3万平方米。

1993～2010年房产证发放情况表

表2—6—3　　单位：件、万平方米

年 份	发证件数	发证面积	年 份	发证件数	发证面积
1993	22426	257	2004	90535	2263.6
1998	10883	719.2	2005	99449	2616.9
1999	55048	1368.5	2006	90624	2849.91
2000	77967	2120.2	2007	97655	3119.23
2001	112684	1933.66	2008	85055	3147.16
2002	100633	1969.5	2009	239000	2471.1
2003	82336	1856.8	2010	317000	3363.3

一、房产验证换证

1988年年底，市区累计换发私房产权证为44206户(处)，面积272.7万平方米，分别占应换户数46991户和面积279.3万平方米的94.1%和97.6%。

按照建设部要求，1998年1月1日起，全国统一使用建设部制发的新房屋权属证书。至年底，市区共完成验证换证6.34万个，涉及房产建筑面积1577.47万平方米。2000年，下发《济南市关于房产验证换证工作有关问题的通知》，市区完成房产验证换证22203件，其中，直管公房2025件，单位自管房1062件，私房4832件，房改房14284件，占应验证换证总量的30%；建筑面积728.52万平方米。

2000年济南市房产验证换证情况表

表2—6—4　　单位：件、万平方米

项 目	合 计	直管公房	单位自管房	私 房	房改房
件 数	22203	2025	1062	4832	14284
面 积	728.52	112.96	539.27	81.26	95.05

二、驻军房产发证

1989年3月始，进行济南驻军营房产权登记发证工作。至1989年年底，登记发证驻军营房产1340处，房屋建筑面积405万平方米，分别占应登记发证处所的98.3%和房屋面积总数的97.7%。1993年，完成驻军房产验证421万平方米，占驻军房产总数的90%。1994年，完成驻军房产验证任务，验证面积51万平方米。1992～1994年，累计完成验证面积472万平方米。

三、直管公房发证

1990年始，济南市进行房管部门直管公房的登记发证工作。市辖五区共有直管公房12911处，建筑面积500.59万平方米。至年底，登记发证12208处，建筑面积485.61万平方米，发证率97%。1991年，全市续办直管公房登记发证139处，建筑面积44.39万平方米。因拆迁、产权转移减少9处，年末累计登记发证12338处，建筑面积522.6万平方米。

四、房改售房发证

1996年，房改售房登记发证19476户、107万平方米。1997年，共办理房改购房发证4.6万户(占应发证户数的74%)，建筑面积303万平方米；办理房改售房变更登记850处，建筑面积250万平方米。1998年，全市办理房改售房发证21171件，建筑面积162.8万平方米。其中按市房改方案售房发证15249件，建筑面积10.1万平方米；单批房改方案售房发证5922件，建筑面积52.7万平方米。

1999年，济南市房管局下发《关于加快房改售房发证工作有关问题的通知》，9月9日实施。对按房改政策出售给职工而售房单位因无法完整提供出售楼房确权资料的，依据现有确权资料、房改售房批准文件、房改售房评估报告书、房改售房保证书及市住房资金管理中心开具的售房资金凭证，为房改售房单位办理“房改售房房屋产权登记证明”，并根据证明为职工办理房屋所有权证。全市共办理房改售房发证28498件，建筑面积219.81万平方米。其中，直管公房发证4329件，建筑面积29.28万平方米；单位自管房发证21199件，建筑面积163.02万平方米；省单批方案房改售房发证2970件，建筑面积27.51万平方米。

1996～1999年，全市共颁发房改售房产权证115071件，建筑面积784.67万平方米。其中，直管公房发证25129件，建筑面积141.28万平方米；单位自管房发证81050件，建筑面积563.09万平方米；省单批方案房改售房发证8892件，建筑面积80.3万平方米。在所颁发全部房改售房产权证中，以成本价购房并取得全部产权证的占87.2%，以标准价购房并取得部分产权证的占12.8%。

2000年，通过调整政策，解决房改售房发证问题，房改售房发证率92.8%。市房改售房发证32589件，建筑面积191.32万平方米；省直机关房改售房发证20065件，建筑面积160.5万平方米。

2001年，市房改房发证62519件，建筑面积398.93万平方米；省直房改房发证24842件，建筑面积193.15万平方米。

五、村镇房屋确权发证

1993年，村镇房屋发证19400户、144万平方米。1999年，制定《济南市村镇房屋产权产籍管理暂行规定》。五县(市)共办理村镇房屋确权发证153285户，建筑面积1379.57万平方米。2001年9月，制定《济南市村镇房屋权属登记管理办法》，11月制定《济南市村镇房屋权属登记管理办法实施细则》。至2002年，全市村镇房产发证率85.7%。2002年后，村镇房屋确权发证工作日渐式微。

第二节 产籍管理

一、馆藏档案

1983年，济南市房屋档案馆成立。1989年增加城镇驻军房产档案资料，1990年增加直管公房档案资料。1995年8月1日，实行房屋权属登记统一管理后，在房屋确权发证工作中形成了房屋一级档案(原件)和二级档案(复印件)。一级档案由市房屋档案馆统一保存，二级档案由区房管局保存。至2010年年底，馆藏档案129.34万卷。

二、档案接收利用

1985～1988年，房产档案整理归档101367多卷(册、袋、张)，共接待查档人员13365人次，查阅档案42413卷次，为处理房产纠纷、房产换证、落实私房政策、房产交易、房产仲裁和城市建设利用档案，提供了可靠的依据。1990年，抢救修复长期积存房产历史档案和资料414卷，收集接受征地拆迁档案82卷、基建档案124卷。1991年，整理房屋产权产籍资料立案归档4670卷，接收新进房地产档案1.29万卷，为城建、房产发证、房地产开发、经七路东段拓宽工程以及处理房产纠纷等提供了可靠依据。

1994年，变更充实直管公房档案794卷(册)，调阅各类房产地籍档案2633卷。1995年，接收整理房产档案702卷，调阅各类房产地籍档案2295卷次。1996年，接收新房产档案2860卷次，清理销毁无价值档案48518卷，调阅房产档案1509卷。

2002年，房屋档案主要信息入库率95%以上，被评为省一级档案馆。2004年，晋升为省特级专业档案馆。2005年，新接档案87915卷，整理档案82898卷，调阅档案79838卷，接待查档19103人次，受理挂失补证254件。2006年，档案管理手段由原来的人工调档模式转变为微机自动化模式，对库存档案进行数字化扫描，扫描档案按区、档号排放，每手登记产生一个档号，抵押、产权档案分别存放，查阅档案不再调实物档，只看微机信息；对抵押注销档、退房档整档时从产权档中分离，单独存放，单独编号。当年完成5万余卷的数字化任务。2007年，按照市委市政府关于三年内完成全市棚户区改造的工作部署，充分利用房屋权属登记信息，做好棚户区改造工作中被拆迁房屋权属登记手续的冻结以及相关住房情况的核查工作。对槐荫区振兴街，历下区棋盘街，天桥区顺河街、茂新街等30个棚户区的8514户所涉及的被拆迁人及配偶的房屋权属登记情况进行核查。全年档案数字化31.37万卷。2008年，对历史老档案数字化工作继续进行信息录入，其中“1950年总登记”234册已全部录入完毕，并利用到查档中。当年完成档案数字化34.10万卷。2009年，启用新档案管理系统，完成档案数字化19.37万卷。2010年，为贯彻落实《国务院关于坚决遏制部分城市房价过快上涨的通知》，针对系统中身份证号信息不全的情况，补录15万余条身份证信息，完成档案数字化14.64万卷。

第三节 房产测绘

1987年始，开展房屋所有权登记所需房屋坐落平面图的绘制工作。此时的基础测绘还不成系统，没有形成全市统一的房产平面图。2008年，在全市建成区范围内布设高等级GPS控制网，分期分批购买济南市七区约386平方千米范围内1：500地形图7732幅用于房产管理工作，形成以市区400平方千米1：500基础地形图、500平方千米正射影像图为基础的以图管房、以图管证的格局。2010年12月，完成《关于房产基础测绘平面图成图要求的有关规定》《基础测绘仪器使用管理规定》《基础测绘草图绘制基本要求》等多项工作规程，管理精细化程度走在全国前列。1999年，济南市第一家具有资质的房产测绘机构——济南市房产测绘房屋安全鉴定中心成立。2000年2月，《房产测量规范》(GB/T17986-2000)颁布后，各县(市)区相继成立房产测绘机构。2002年，印发《关于进一步规范房屋权属登记测绘工作有关问题的通知》，委托市房产测绘房屋安全鉴定中心办理商品房、军产和涉外产的测绘，其他房产委托房屋所在区房管局的测绘单位办理。对于正常持证交易的房屋(上市交易的房改房除外)，不得强行要求进行重新测绘。同年，市房产管理局印发《关于房改售房平面图绘制及面积测量有关问题的通知》，规范房改售房平面图绘制及面积测量管理工作。2005年，建立商品房预售预测绘及预测绘成果网上公示制度。2008年，下发《关于规范房产测绘成果管理的通知》，明确产权单位申请房屋初始登记时须提交“房产项目测绘实测成果报告书”和“房产基础测绘成果报告书”。至2010年年底，累计实现预测绘成果入库1423卷，入库面积1059.07万平方米。

第四节 房产市场

一、房产交易

1989年9月13日，济南市房产交易市场建成。1989年，办理买房登记160户；卖房登记143处，1713间，48246平方米；托买户17户；托卖户20户，办理成交52处，1817间，41820.29平方米。1990年，办理房产交易1531户，房屋建筑面积29.53万平方米，征收契税56.7万元。其中市房产交易所办理房产交易114处，成交房屋面积80864平方米；办理房产供求登记547户；接办房产委托买卖17户；为群众互换住房3096户7160间。1991年，为进一步活跃房产交易市场，制定《关于理顺和加强房交易管理的工作意见》，市房产交易市场共办理卖房登记66处，买房登记302户，委托售房5处；介绍成交41处，建筑面积4080.53平方米，成交额230余万元。年内办理互换房屋登记1264户，签订换房协议464件(户)，房屋945间。

2006年，济南市房地产市场快速发展，交易件数和交易金额大幅增长。全年共办理房产交易64562件，交易面积1028.99万平方米，交易金额379.93亿元，同比分别增长13.58%、10.67%和20.46%；其中办理抵押27300件，抵押面积467.09万平方米，抵押金额251.84亿元，同比分别增长40.46%、16.81%和27.16%。同年，济南市房产交易流程作了较大调整，一是变“先证后税”为“先税后证”政策；二是规定房地产开发企业在新建商品房办理预售许可前，应先到房屋登记机关办理预售总档备案，而预售总档备案是开发企业申请商品房办理预售许可证的重要条件。2006年，建立以楼盘表数据为基础的新建商品房预售合同网上联机备案制度。2007年，共办理预售总档备案563件，预售合同备案10914件。2008年，共办理商品房预售总档备案525件，预售合同网上备案21589件。同年，受全球金融危机的影响，共办理房产交易65401件，交易面积1109

济南市房屋产权交易大厅 (2010年摄)

万平方米，交易金额432亿元。同比分别下降11.68%、1.9%、3.1%。2009年2月，济南市制定个人首次购买住房，面积小于90平方米免收房屋登记费，契税按1%征收等购房优惠政策。济南市房地产市场得到迅速恢复并反转为爆发式增长。全年共办理房产交易15.4万件，同比增长136.9%；交易面积1983.6万平方米，同比增长78.9%；交易金额507.8亿元，同比增长17.5%。2009年，共办理商品房预售总档备案639件，预售合同网上备案26066件。2010年，共办理房产交易16.7万件，交易面积1874.3万平方米，交易金额512.2亿元。

1993～2010年济南市房地产交易情况表

表2—6—5

年 份	交易件数（件）	交易面积（万平方米）	交易额（亿元）	其 中		
				抵押件数（件）	抵押面积（万平方米）	抵押金额（亿元）
1993	1150	46.67	4.10	—	—	—
1994	860	21.60	3	—	—	—
1995	272	21.47	4	31	12.60	2.60
1996	1149	349.61	4.08	152	323.11	0.76
1997	2505	103.52	17.20	138	32.57	7.40
1998	—	—	—	315	68.10	33.90
1999	6203	234.84	54.92	504	93.35	36.35
2000	7667	275.10	65.56	731	90.51	34.05
2001	11624	284.85	72.17	2670	126.56	42.20
2002	214431	454.80	133.70	4064	212.44	93.98
2003	33918	608	153.10	9218	234.04	77.05
2004	51235	778.87	250.82	14625	260.65	109.49
2005	56843	929.76	315.39	19436	399.87	198.05
2006	64562	1028.99	379.93	27300	467.09	251.84
2007	74047	1130.50	445.86	33196	611.09	301.80
2008	65401	1109	432	26521	619.40	286.35
2009	154000	1983.60	507.80	47576	658.67	286.82
2010	167000	1874.30	512.20	58539	715.19	313.95

二、房产促销

（一）房产交易大集展销会　1999年5月1日至3日，在槐荫区房管局举办“1999春季房产交易大集”，共有114家房地产开发企业、中介机构以及建材、装饰、保险、银行、公证、律师等相关行业参加。3天内，现场成交购房320户，成交金额6500万元，达成购房意向6256户；进行房产业务咨询15万人次；房屋法律咨询代理业务300多件；发放各种宣传材料20多万份；参加大集居民达10余万人。1999年8月6日～8日，在济南房地产交易市场举办“1999夏季房产交易展销会”，共达成购房意向和成交2600户，总面积4.2万平方米，总价值6300万元。其中现场出售房屋219套，成交租赁房屋314套，市民互换房屋102套。展销会首次进行房地产拍卖交易，共推出10套各式住宅，现场拍卖成交9套，成交金额202万元。

（二）公房上市 1999年11月12日，市政府印发《济南市居民已购公有住房上市交易暂行办法》，12月12日，在市房产交易监理所举行已购公房上市交易仪式。办法规定，凡按照房改政策购买或通过集资建房方式及其他房改政策取得全部产权的房屋，均可上市交易，包括出售、出租、抵押等。以标准价购买的公有住房，必须按规定过渡为成本价，即按购房时成本价与标准价的差额补齐房价款和延付差价款的利息，取得全部产权后方可上市交易。但是机关办公区和学校教学区内、已列入规划改造范围且冻结户籍的以及司法、行政机关裁定限制其房产权利的房屋等不允许上市。为进一步培育、规范、激活住房二级市场，针对已购公房上市以来“温而不火”的问题，市政府于2000年4月下发《关于对〈济南市居民已购公有住房上市交易暂行办法〉进行部分修改的通知》，制定降低入市门槛、简化交易管理程序、强化市场服务等一系列措施：一是凡经过房改售房审批并具备确权条件的已购公房，均可申请上市交易；二是将先办理土地出让手续再办理交易手续，改为先办理上市交易、发证手续，再办理土地手续；三是取消原产权单位优先购买权及需经夫妻双方单位同意的规定；四是取消已购公房上市征收净收益的做法，将职工售房所得价款全部归职工个人。2000年，市区已购公房上市交易1075件，成交面积6.25万平方米，成交金额6254万元。2003年8月，制定《省直机关已购公有住房上市交易管理办法》以及与之配套的办事程序等，取消房改房交易征收净收益的规定，省直房改房于2003年12月1日正式上市。凡取得房屋所有权证、国有土地使用证，并符合上市条件的省直已购公有住房，即可上市交易。在短期内难以完成土地登记的，产权人可持房屋所有权证先行上市。允许上市交易的范围是指省直单位职工按房改成本价购买的公有住房，包括职工购买的省直存量住房、职工全额集资建设的住房。其中，允许职工购买的超标准住房暂缓上市。省直机关房改房交易时没有指导价格，完全由市场决定。交易办法取消已购公房交易收益个人与原产权单位分成的规定，交易收入全部归个人所有。按照已购公房上市交易统一市场的原则，在济南市房地产交易市场设立省直机关住房交易专柜，专门受理省直机关房改房上市交易。

（三）“放心房”推介会 2003年3月22日，济南市放心房推介会在市房地产大厦举行。推介的“放心”楼盘，经过市房屋产权登记中心严格审查后推出，产权清晰、手续齐备，符合办证条件。“放心房”推介会历时15天，推介90余个“放心”楼盘，先后有数万人参加。推介会成交面积1.43万平方米，成交金额4371.4万元。

第五节 房地产中介行业管理

一、经纪机构行业管理

1999～2003年，济南市房地产经纪行业管理实行资质许可管理。其间，由市房管部门进行资质初审，经省建设厅审批，取得“山东省房地产中介机构资格证书”经纪机构共7批165家，协助省建设厅共培训房地产经纪人2000余人。1999年，市物价局、市房管局联合下发《济南市房地产中介服务收费管理的通知》，规范中介服务收费行为。2000年，市房管局下发《关于加强济南市房地产中介服务管理的通知》，进一步规范房地产经纪服务行为。2002年，市房管局推行存量房屋买卖中介协议书及房屋中介信息卡，推行经纪人挂牌上岗制度，建立全市房地产中介机构信用档案制度。2004年，《中华人民共和国行政许可法》实施后，根据《城市房地产中介服务管理规定》，由房地产经纪机构资质许可管理改为资格备案管理，市房管局对备案审查合格的机构颁发“济南市房地产经纪机构备案证书”，当年发放房地产经纪机构备案证书79件。至2010年，在市房管局备案的房地产经纪机构225家。

二、评估机构行业管理

2001年，《济南市人民政府办公厅转发市体改委〈关于清理整顿济南市经济鉴证类社会中介机构的实施意见〉的通知》，对房地产价格评估机构进行脱钩改制工作，济南市共有7家房地产评估机构由事业单位改制为企业。2002年，市房管局印发《关于进一步加强我市房地产评估机构登记备案工作的通知》，开始对房地产评估机构进行备案管理；同年，具备资质在济南市执业的房地产评估机构27家。2005年后，根据建设部《房地产估价机构管理办法》和省建设厅关于加强房地产评估机构管理的有关规章制度，济南市相继完善房地产价格评估机构备案制度、房地产评估机构资质许可和年度检查制度、房地产估价报告评审制度。至2010年年底，全市登记备案的房地产价格评估机构53家；其中，一级资质房地产价格评估机构5家，二级资质房地产价格评估机构17家，三级资质房地产价格评估机构31家；从事房地产评估活动的专职房地产估价师300余人。

第六节　市场分析

一、商品房市场成交量变化

1999～2001年，济南市商品住房销售登记套数分别为2351套、3010套、4279套。2002年商品住房销售登记套数和面积为5940套、81.81万平方米。2005年，为15165套、204.14万平方米，平均每年分别增长36.7%和35.6%。其中2005年为历史最高水平，比2002年分别增长155.3%和149.5%。2005年6月1日实施新一轮宏观调控政策后，济南市为改善商品住房供应结构进行了土地、规划等一系列政策调整。但因受房地产开发周期所限，中低价位、中小户型的商品住房和经济适用住房未大批量投放市场，调整效果不明显。

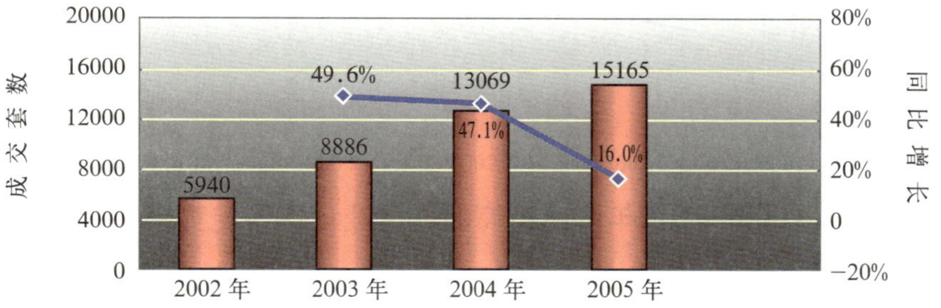

2002～2005年济南市商品住房成交登记总量增长示意图

2006～2010年，济南市商品住房销售登记套数分别为14111套、16516套、14475套、24429套、29328套；销售登记面积分别为191.33万平方米、208.61万平方米、182.47万平方米、209.71万平方米、257.59万平方米，年增长率分别为-6.3%、9.0%、-12.5%、14.9%、22.8%。其中2010年为历史最高水平，比2006年增长34.6%。

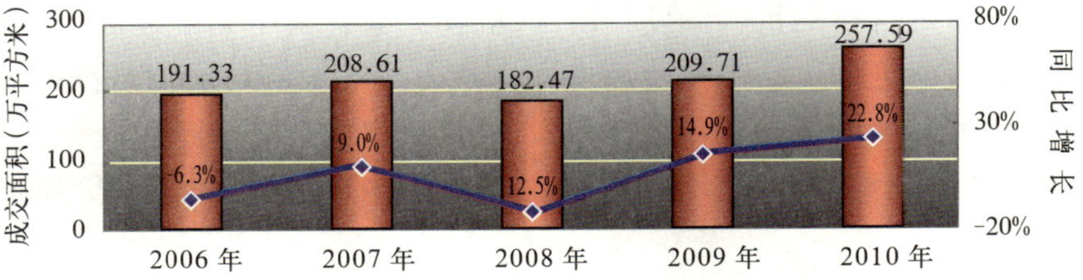

2006～2010年济南市商品住房成交登记总量增长示意图

价格走势 2002年，全市商品住房均价为1934元/平方米，到2005年上升至2819元/平方米，平均每年增长11.4%。其中，2003年同比增长17.0%，2004年同比增长13.7%，平均每年增长15.4%。

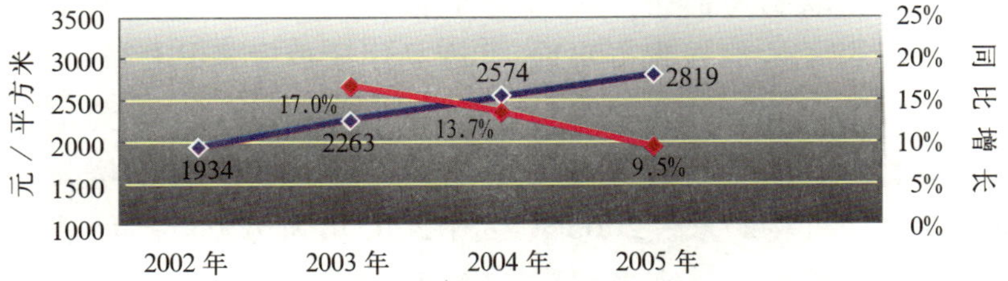

2002～2005年济南市商品住房登记均价走势图

2006～2010年，全市商品住房销售登记均价分别为3106元/平方米、3597元/平方米、3634元/平方米、3844元/平方米、3902元/平方米，年增长率分别为10.2%、15.8%、1.0%、5.8%、1.5%。五年间，全市商品住房销售登记价格呈逐年增长趋势。

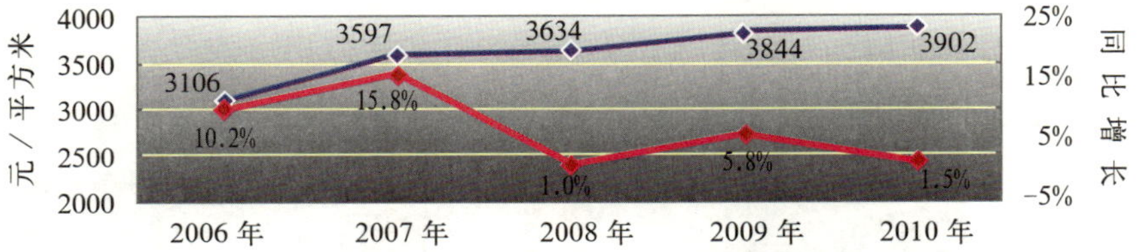

2006～2010年济南市商品住房登记均价走势图

价格结构 由于商品住房价格不断增长，加之中低价位住房供应不够充足，引起商品住房价位结构的相应变化。2003年，3000元/平方米以下的商品住房成交登记7890套，占比为88.8%。此后占比逐年下降。

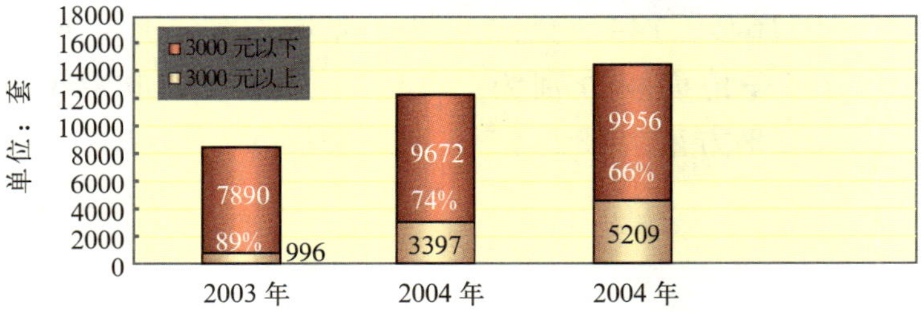

2003～2005年济南市商品住房价位结构变化示意图

2006～2010年，价格在3000元/平方米以下的商品住房销售登记27553套，占比为30.6%；3000～4000元/平方米之间的商品住房销售登记28840套，占比为32.0%；4000元/平方米以上的商品住房销售登记33686套，占比为37.4%。随着商品住房交易的进一步活跃，成交登记价格逐年增高，4000元/平方米以上商品住房占比增大。

户型结构　2005年，济南市90平方米以下的商品住房成交登记2492套，占当年商品住房成交登记总量的16.4%，分别比2004和2003年下降5.9个和11.2个百分点，呈逐年下降态势。

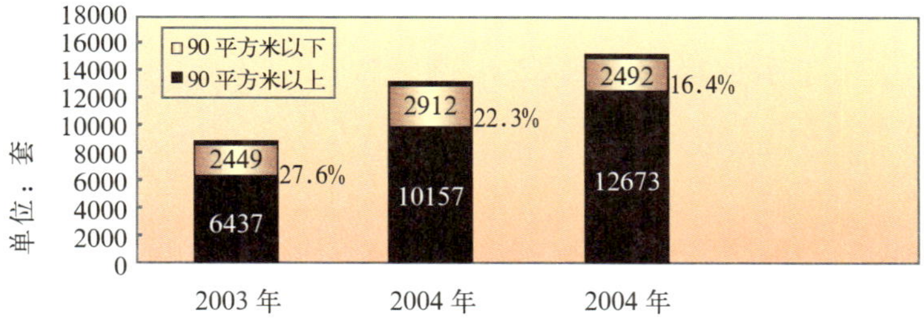

2003～2005年济南市商品住房户型结构变化示意图

2006～2010年，全市90平方米以下的商品住房销售登记41114套，占商品住房销售登记总量的45.7%；90～144平方米的商品住房销售登记35978套，占比为39.9%；144平方米以上的商品住房销售登记12965套，占比为16.4%。90平方米以下户型商品住房仍是销售登记主力，但中大户型商品住房销售量呈不断增长趋势。

二、二手房市场成交量变化

1999～2001年，济南市二手住房销售登记套数分别为1367套、3429套、4000套；2002～2004年，二手住房和商品住房一样，成交量一直保持较快增长势头。其中成交套数平均每年增长32.0%，成交面积平均每年增长22.7%。2005年，在房地产税收调控新政策制约下，成交套数和面积同比分别下降4.3%和4.0%。

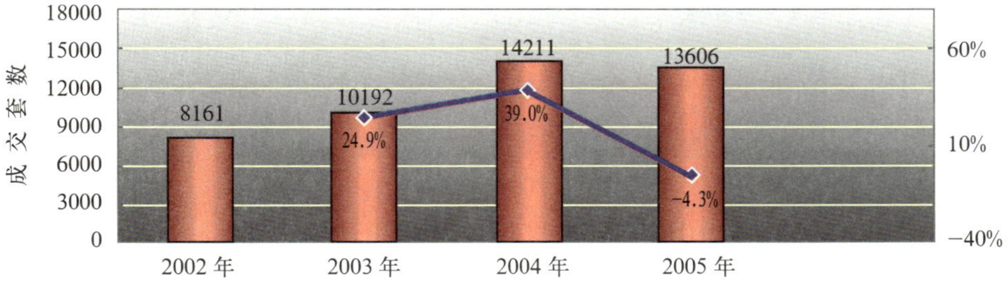

2002～2005年济南市二手住房成交登记总量增长示意图

2006～2010年，济南市二手住房销售登记套数分别为13475套、15684套、13449套、29658套、26480套；登记面积分别为118.09万平方米、133.53万平方米、107.53万平方米、212.42万平方米、191.64万平方米，年均增长率分别为1.6%、13.1%、−19.5%、97.5%、−9.8%。2006～2010年，二手住房成交量总体保持了较快增长势头。受金融危机影响，2008年成交量同比出现下降，但2009年、2010年成交量达到历史高位。

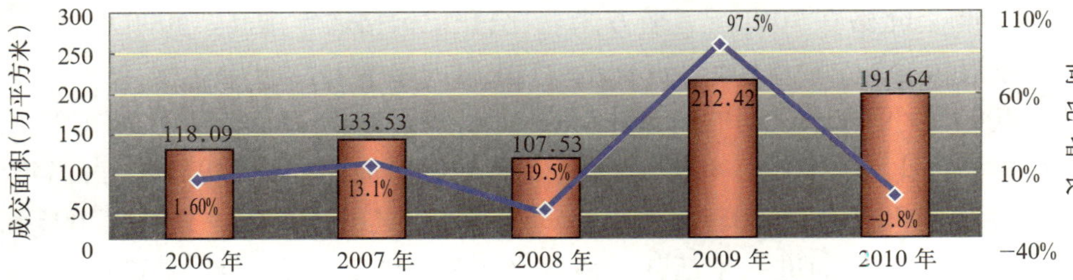

2006～2010年济南市二手住房成交登记总量增长示意图

价格走势 2003年全市二手住房均价1722元/平方米，比2002年增长22.3%，为历史最高增幅。

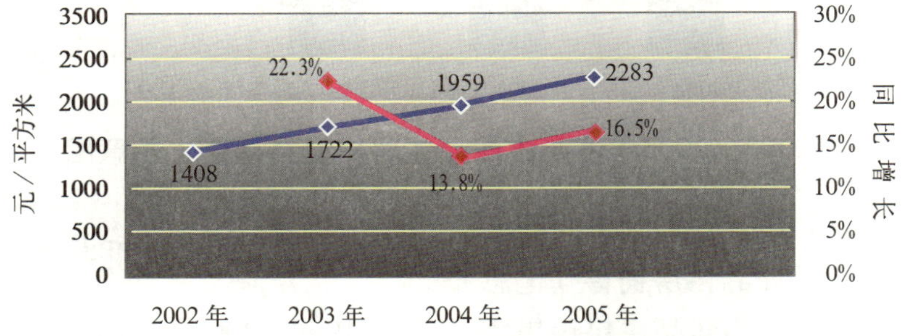

2002～2005年济南市二手住房登记均价走势图

2006～2010年，全市二手住房销售登记均价分别为2381元/平方米、2869元/平方米、3537元/平方米、3973元/平方米、4312元/平方米，年增长率分别为4.3%、20.5%、23.3%、12.3%、8.5%。与商品住房一样，五年间全市二手住房销售登记均价呈现出逐年增长的趋势。

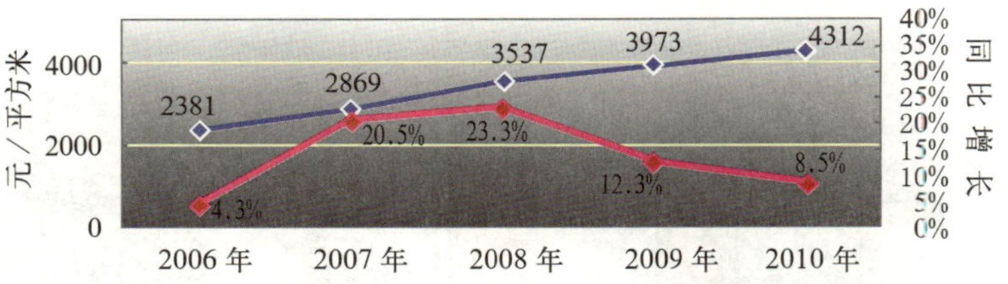

2006～2010年济南市二手住房登记均价走势图

已购公房买卖 2002年全市已购公房买卖成交登记2731套、面积16.21万平方米，分别占同期二手住房买卖总量的33.5%和19.5%。至2005年，全市房改房成交套数和面积的占比都在40%以下。

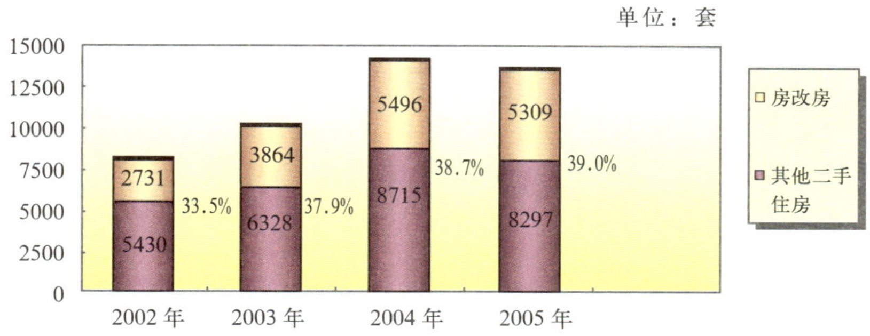

2002～2005年济南市房改房买卖登记总量及比重变化图

2006～2010年，全市已购公房买卖成交登记分别为6798套、6245套、6338套、11260套、9609套，分别占同期二手住房买卖总量50.4%、39.8%、47.1%、38.0%、36.3%。五年间，全市房改房成交套数有明显增长，但占比总体呈下降趋势，2009年、2010年占比降至40%以下。

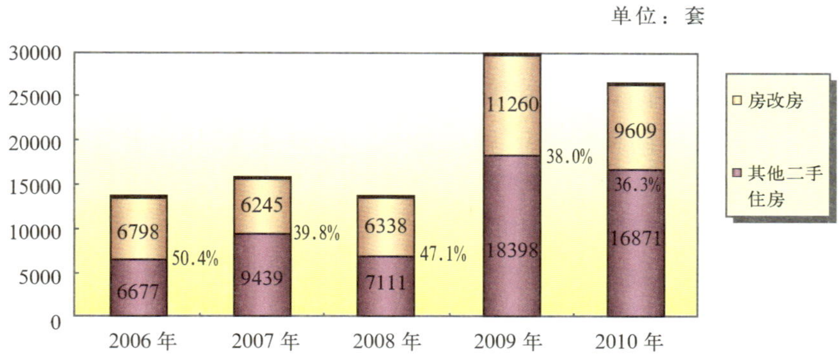

2006～2010年济南市房改房买卖登记总量及比重变化图

第七节 产权产籍管理信息化

1996年，济南市房产管理局购入计算机，开始电脑制证，结束手工填写房屋各类证书的时代。1996～1999年，主要是基于单机的MIS系统开展业务；2000年起，济南市房产管理局先后投入1200多万元建立房地产管理网站。2001年，市房管局信息中心成立。2002年，购入IBM_h85小型机，建立房管专业机房。2005年，济南房地产管理城域网建设完成。

2006年，制订《济南市房地产市场信息系统建设方案》，先后完成多个子系统开发应用，开发商品房预售合同网上备案系统。2007年，统一测绘成果管理软件。2008年，建成二手房网上交易和资金监管系统。2009年，升级改版局政务网站，为百姓提供公开查询、网上服务；开通网上抵押系统，与金融机构联网进行数据共享。2010年，开展个人住房信息系统、预警预报系统建设工作，建成覆盖全市七区四县(市)的个人住房信息系统，实现与各县(市)的网络专线互联和个人住房信息共享及查询。

第三章 住房保障

第一节 经济适用住房

一、政策

济南市经济适用住房政策自2004年年底起草，经多次修改，于2006年和2007年两次提交市政府审议。2007年8月7日，国务院《解决城市低收入家庭住房困难问题的若干意见》下发后，济南市再次调整修改《济南市经济适用住房管理办法(送审稿)》。《济南市经济适用住房管理办法》于9月1日实施。8月30日，市政府公布“济南市2007年享受经济适用住房和廉租住房政策有关标准”，明确将城市家庭年人均可支配收入低于7670元(含)，且家庭人均住房建筑面积低于16平方米(含)的群体纳入保障范畴。根据该标准，经济适用住房面积标准为每户建筑面积不高于65平方米。2008年，市政府调整保障标准，将保障范畴扩大至城市家庭年人均可支配收入低于14404元(含)，且家庭人均住房建筑面积低于17平方米(含)的群体。

济南首批经济适用住房、廉租住房实物配租摇号仪式 (2007年摄)

二、建设

2006年，槐荫区腊山片区(规划总面积42万平方米)，一期工程648套、7万平方米竣工。2008年年初，长清区龙泉居住区一期工程640套、6.1万平方米主体竣工。2008年年底，长清区雅居花苑一期工程604套、约7.3万平方米竣工。

2007年12月，市房管局公开组织全市首批经济适用住房销售活动，将世纪中华城项目中70平方米以下的住房向符合条件的家庭销售，首轮共售出住房136套。2007年12月至2009年5月，全市共组织四批次三个经济适用房项目(世纪中华城、龙泉居和雅居花苑)的销售，共向社会销售住房1259套。其中，世纪中华城共销售248套、龙泉居销售564套、雅居花苑销售447套。

至2010年，济南市共审批经济适用房项目41个，审批面积280万平方米，其中开工16500余套、130万平方米。

第二节 廉租住房

一、政策

2005年始，济南市制定廉租住房保障政策，面向城市最低收入家庭中需要保障的困难群体，提供租金补贴和租金核减的方式，解

2007年9月10日，群众申请廉租住房

决其住房困难。5月1日，《济南市城镇最低收入家庭廉租住房管理办法》实施。根据该办法，廉租住房保障群体必须具备两个基本条件：市内六区范围内取得民政部门核发的“济南市城市居民最低生活保障金领取证”；无房、拥有私有住房或者承租公有住房使用面积低于人均6平方米的“双困”家庭。保障方式有租赁补贴和租金核减两种。租赁补贴资金主要以财政预算安排为主，实行“先租后补，不租不补，一年一补”的原则。保障面积标准为人均使用面积10平方米，租赁住房补贴标准为每月每平方米使用面积9.2元，承租的公有住房租金核减后为每月每平方米使用面积0.8元。

2007年9月1日，根据国务院《解决城市低收入家庭住房困难问题的若干意见》，济南市重新制定《济南市城市低收入家庭廉租住房管理办法》。将廉租住房保障范围扩大至城市低收入住房困难家庭，并严格界定不同层次低收入住房困难家庭的准入、保障标准及方式；新增实物配租保障方式，将城市低收入无房户，且申请人为特殊困难群体的家庭纳入实物配租保障；完善廉租住房资金来源，增加土地出让净收益提取的渠道。

2009年，济南市根据经济社会等各方面发展情况，在全面考虑居民收入、住房价格、廉租房保障资金来源等要素基础上，对廉租住房准入家庭收入标准再次调整。调整后的廉租住房家庭年收入标准约占上年度城市居民人均可支配收入的80%。

2005～2010年济南市廉租住房政策保障标准调整一览表

表 2—6—6

政策依据	年份	准入标准							保障标准	
		租金补贴			租金核减	实物配租			租金补贴的保障标准	实物配租的保障标准
		收入标准	住房标准	其他标准		收入标准	住房标准	其他标准		
济南市城镇最低收入家庭廉租住房管办法(政府令第218号，2005年)	2005	低保家庭	无房或现住房使用面积低于人均6平方米	无	承租公有住房且满足租金补贴条件的家庭	—	—	—	保障面积标准：人均使用面积10平方米 补贴标准：每月每平方米使用面积9.20元	—
	2006									
济南市城市低收入家庭廉租住房管理办法(政府令第226号，2007年)	2007	家庭成员人均年可支配收入低于7670元(含)	家庭人均住房使用面积低于8平方米(含)	无	承租公有住房且满足租金补贴条件的家庭	家庭成员人均年可支配收入低于7670元(含)	无房	申请人为孤寡老人或者一、二级重度残疾人	保障面积标准：人均使用面积12平方米 补贴标准：低收入家庭每人每月每平方米使用面积9元；低保家庭每人每月每平方米使用面积11元	租金标准：低收入家庭每月每平方米使用面积为1.6元；低保家庭每月每平方米使用面积为0.8元
	2008	家庭成员人均年可支配收入低于14404元(含)	家庭人均住房使用面积低于10平方米(含)	无		低保家庭及家庭成员人均年可支配收入低于14404元(含)的低收入家庭	无房	低收入家庭申请人需为孤寡老人或者一、二级重度残疾人	保障面积标准：人均使用面积14平方米 补贴标准：低保家庭每人每月每平方米使用面积13元；非低保家庭且家庭人均年可支配收入低于7670元(含)的，每人每月每平方米使用面积11元；家庭人均年可支配收入在7670元(不含)至10000元(含)之间的，每人每月每平方米使用面积10元；家庭人均年可支配收入在10000元(不含)至14404元(含)之间的，每人每月每平方米使用面积9元	—

续表2-6-6

政策依据	年份	准入标准							保障标准	
		租金补贴			租金核减	实物配租			租金补贴的保障标准	实物配租的保障标准
		收入标准	住房标准	其他标准		收入标准	住房标准	其他标准		
	2009	家庭成员人均年可支配收入低于16642元(含)	家庭人均住房使用面积低于10平方米(含)	单身家庭申请人年龄应年满35周岁		家庭成员人均年可支配收入低于16642元(含)	无房	申请家庭夫妻双方年龄合并计算应满75周岁；单亲家庭申请人年龄应满40周岁；单身家庭申请人年龄应年满45周岁	保障面积标准：家庭人均住房使用面积14平方米 补贴标准：低保家庭每月每平方米使用面积为13元；非低保且人均年可支配收入低于7670元(含)的家庭每月每平方米使用面积为11元；人均年可支配收入在7670元(不含)至10000元(含)之间的家庭每月每平方米使用面积为10元；人均年可支配收入在10000元(不含)至16642元(含)之间的家庭每月每平方米使用面积为9元	1.保障面积标准：每户建筑面积50平方米左右 2.租金标准：低保家庭每月每平方米使用面积为0.8元；非低保家庭且人均年可支配收入低于7670元(含)的家庭每月每平方米使用面积为1.6元；人均年可支配收入在7670元(不含)至16642元(含)之间的家庭每月每平方米使用面积为2.7元

二、租金补贴

2005年5月，随着《济南市城镇最低收入家庭廉租住房管理办法》的实施，租金补贴和租金核减工作开始。7月1日，市房管局组织廉租住房租金补贴首批发放活动，将租金补贴送到廉租家庭中，并实地察看廉租家庭在享受廉租住房租金补贴前后的住房变化。至2010年年底，济南市发放租赁补贴15789户(次)，其中初审家庭7339户，补贴金额6015.71万元，平均每户领取租金补贴约3810元/年，最高每户领取租金补贴10920元/年，最低领取租金补贴543.12元/年，享受租金核减2412户。

2005～2010年济南市租金补贴发放情况表

表2—6—7

年份	发放户数			发放金额(元)
	小计	新增	复审	
2005	1582	1582	0	3748100.24
2006	1466	252	1214	3689966.28
2007	2055	695	1360	6959677.73
2008	2774	1385	1389	12410044.83
2009	3650	1652	1998	15171726.06
2010	4262	1773	2489	18177567.44
合计	15789	7339	8450	60157082.58

三、住房配租

2007年9月，根据《济南市城市低收入家庭廉租住房管理办法》，实物配租工作全面开展。12月，济南市组织首批廉租住房摇号配租活动，参加摇号的156户家庭中有144户选择合适的住房。首批廉租住房房源共计161套，全部为收购或者调剂(从原房改解困房中调整)的住房，分布在怡苑新居、世纪中华城等5个小区，单套面积均在50平方米左右。

2008年5月21日，经市住房保障工作领导小组第一次全体会议同意，确定启动济南市首批三个廉租住房新建项目，即天和新居、天保新居、天成新居。会议还通过八里桥新居经济适用住房项目，该项目在运作过程中调整为廉租住房项目。四个项目总建筑面积约92557平方米，共1754套。与此同时，济南市又通过收购棚改安置房、重点工程拆迁安置房和在经济适用住房小区中配建等多种方式筹集廉租住房房源，共计1085套。

2007～2010年，济南市多渠道筹建廉租住房共计3000套。其中，政府集中建设天和、天保、天成和八里桥新居共计1754套；收购棚户区拆迁安置住房527套；收购世纪中华城小区106套住房；收购怡苑新居和磐苑新居重点工程拆迁安置住房361套；王官庄等小区住房36套；在世纪中华城小区配建廉租住房216套。

至2010年，分四批次向3028户符合条件的家庭进行配租(由于廉租住房腾退后可再次配租，因此配租户数大于房源数量)。其中，2007年配租144户，2008年配租552户，2009年配租839户，2010年配租1493户。至2010年年底，济南市建设廉租住房项目共划拨土地29519平方米，筹建廉租住房和后期管理费用，共投入资金58986.72万元。

2010年济南市廉租住房情况表

表 2—6—8

片区名称		合计（套数）	集中建设				收购														转化			配建
			天和新居	天保新居	天成新居	八里桥新居	顺河片区	茂新片区	顺河三角地	聚贤片区	北刘片区	汽车厂东路片区	经一纬九片区	振兴街片区	中大槐树片区	美里新居三区	汇馨祥和苑	怡苑小区	世纪中华城小区	磐苑	王官庄	柳云	郎茂山	世纪中华城
廉租房情况	套数	3000	348	387	552	467	17	43	37	54	91	69	113	26	57	17	3	202	106	159	23	10	3	216
	其中 一室一厅	1094	232	150	184	172	2	0	0	3	7	69	6	0	0	17	2	0	106	0	0	0	0	144
	其中 两室一厅	1906	116	237	368	295	15	43	37	51	84	0	107	26	57	0	1	202	0	159	23	10	3	72

单位：元

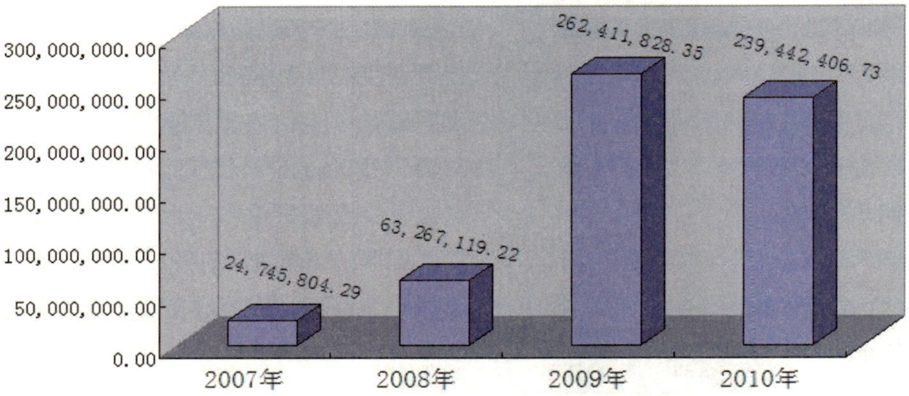

2007～2010年济南市廉租住房实物配租投入资金示意图

2007～2010年济南市廉租住房配租情况表

表 2-6-9

批　次	摇号时间	项　目	推出房源	报名选房	配　租
一批次	2007年12月	怡苑新区	101	156	101
		世纪中华城	31		21
		王官庄	22		17
		柳　云	4		3
		郎茂山	3		2
	小　计		161		144
二批次	2008年11月	天和新居	348	604	348
		怡苑小区	102		102
		世纪中华城	86		86
		柳云小区	7		7
		王官庄小区	7		7
		郎茂山小区	2		2
	小　计		552		552
三批次	2009年11月	顺　河	16	1848	16
		茂　新	17		17
		聚　贤	36		36
		北　刘	91		91
		汽车厂东路	69		69
		经一纬九	113		113
		振兴街	26		26
		汇馨祥和苑	3		3
		美丽新居三区	17		17

续表 2-6-9

批　次	摇号时间	项　目	推出房源	报名选房	配　租
三批次	2009年11月	中大槐树	57	1848	57
		天保新居	387		387
		怡苑小区	4		4
		世纪中华城	3		3
	小　计		839		839
四批次	2010年10月	天和新居	11	2700	11
		天保新居	1		1
		天成新居	552		552
		八里桥新居	467		467
		顺河片区	1		1
		茂新片区	25		25
		顺河三角地	37		37
		聚　贤	18		18
		经一纬九	1		1
		中大槐树	1		1
		世纪中华城(收购)	4		4
		磐　苑	159		159
		世纪中华城(配建)	216		216
	小　计		1493		1493

第三节 公共租赁住房

一、政策

2010年6月，住建部等七部委公布《关于加快发展公共租赁住房的指导意见》，规定公共租赁住房的保障范围、房源筹建渠道、资金渠道和相关优惠政策等。9月，济南市政府《关于开展公共租赁住房试点工作的意见》实施；11月，市政府办公厅公布《政府投资保障性住房建设资金管理暂行办法》；12月，市住房保障管理局公布《济南市公共租赁住房建设技术导则》。

二、建设

2010年8月底，济南市首先启动西蒋峪片区、文庄片区等六个公共租赁住房项目的前期准备工作，并对天桥区磐苑新居和高新区孙村安置房两个项目进行改造，改造为公共租赁住房2989套(间)。至2010年年底，共投入公共租赁住房启动资金14780.8万元。

2005～2010年济南市住房保障制度体系情况表

表 2—6—10

保障类型		政策依据	制度开始时间	保障群体			保障标准	建设模式	主要资金来源渠道	政府优惠政策	租赁／买卖要求	产权与租赁管理
				收入标准（人均年收入）	住房面积（人均住房面积／平方米）	其他						
廉租住房	租金补贴	济南市低收入家庭廉租住房管理办法	2005 年 3 月	16642	使用面积低于 10 平方米	单身有年龄限制	最高发放标准每月每平方米 13 元	政府集中新建、收购、配建、改建等	全部由政府财政承担（主要通过土地收益、公积金、财政预算渠道安排）	划拨土地、行政事业性收费和政府性基金减免、租金收入给予税收优惠	补贴：先租后补、不租不补	年度复审
	实物配租		2007 年 8 月	16642	无房	有年龄限制	每户建筑面积 50 平方米				只租不售	产权归政府。最低租金标准为每月每平方 0.8 元。实行年审，不符合条件强制退出
经适房（含集资房）		济南市经济适用住房管理办法	2007 年 8 月	16642	建筑面积低于 17 平方米	单身有年龄限制	每户建筑面积不高于 65 平方米	政府指导企业运作	企业自筹	划拨土地、行政事业性收费和政府性基金减免	只售不租	5 年后可上市交易，需补交土地收益价款等
公租房		济南市人民政府关于开展公共租赁住房试点工作的意见	2010 年 9 月	具有本市 6 区和高新区常住居民户口的市级以下单位或自主择业的中等偏下收入住房困难家庭，市引进人才，以及经批准其他情形的特殊群体等			成套住房和集体宿舍，套型建筑面积一般控制在 60 平方米以下	新建、配建、改建、收购、合建、其他住房按规定转换、长期租赁	财政安排资金（财政预算资金、土地出让净收益 10% 的廉租住房保障资金部分、住房公积金增值收益用于建设城市廉租住房的资金、直管公房出售资金）；出租公共租赁住房及经营公建设施回收资金；住房公积金项目贷款及商业贷款等	政府投资建设的公租房建设用地采用行政划拨的方式供应；行政事业性收费和政府性基金按照经济适用住房建设的相关政策执行	只租不售。家庭户可租成套住房；单身人员可申请集体宿舍或多人合租	产权按照“谁投资、谁所有”的原则确定。租金标准实行政府指导价，总体不高于市场租金的 70%。每 2 年审查一次，一次租期最长 4 年

第四章　房产管理

第一节 直管公房

一、直管公房总量

直管公房是指由市房产管理部门直接管理的公有房屋。包括国家、地方财政投资购建的房屋；建造成本已进入商品房成本的拆迁安置用房(因产权调换安置的房屋除外)和公共服务配套建筑；依法接收和没收归公的房屋及产权人申请交由房产管理部门管理的房屋。1986～1995年，全市直管公房总量由376万平方米增至577万平方米，平均每年增加20.1万平方米。其中住宅由296万平方米增加至506万平方米，每年平均增加21万平方米。1987年，根据《中共济南市委、济南市人民政府关于调整市区行政区划的通知》，撤销济南市郊区，原郊区和区属机关自管房产14.96万平方米(其中办公用房5.4万平方米，住宅用房5.6万平方米，其他3.95万平方米)及原郊区房管所直管公房7万平方米调整由房管机关统一管理。根据《济南市人民政府办公厅关于郊区撤销后房地产调整分配意见的通知》，原郊区行政事业单位的房地产，凡由市统一分配给历城区使用的，均移交给历城区政府安排管理，共移交房屋2.06万平方米；市房地局接管房产5.38万平方米(其中办公用房2.86万平方米，住宅2.52万平方米)。至1988年4月，办理交接手续房产1.79万平方米(其中办公用房0.18万平方米，住宅1.61万平方米)。按照济南市城乡建设委员会关于转发建设部、省建委《关于加强商品房屋产权产籍登记管理的通知》规定，凡建造成本已打入商品房成本的拆迁安置用房和小区管委会、房管所(站)、公安派出所、中小学、幼儿园等公共服务配套建筑，其产权确定为由市房地产管理局管理的国有房产。各开发公司陆续将上述房产交房产所在区(县)房地产管理局(科)统一经营管理。其中1996年，济南历下区城建综合开发公司将东仓小区、泺河小区安置拆迁户建筑面积9.81万平方米的19幢居民楼和0.3万平方米的非住宅一次性移交市房管部门管理。1996～2010年，全市直管公房总量逐年减少，由509万平方米减少至133万平方米，其中住宅由441平方米减少至88万平方米。直管公房减少的主要原因是房改出售、产权调换、城市建设拆迁、有偿出让和无偿划拨等。

二、直管公房改革

1990年，为支持市粮食系统改革工作，将粮食部门租用的直管公房粮店68处，建筑面积1.59万平方米，以每平方米250元的价格(总计398.59万元)一次性有偿划转给粮食部门。1999年，根据《济南市人民政府关于印发济南市工业企业腾笼换业实施细则的通知》规定，企业实施腾笼换业承租的市直管公房产权应按照有偿划转的方式出售给企业，房屋划转价格为每平方米385元，同时将拖欠的房租一次性付清。至2001年，共有济南医药包装厂等5家企业办理了划转手续，划转房屋建筑面积1.7万平方米。2004年12月2日，市政府下发《关于企业市属国有产权改革若干问题的意见》，对市属国有企业改革改制企业承租的直管公房按照每平方米385元的价格实行一次性有偿划转。至2010年年底，共为企业办理产权划转69户，涉及169处房产、建筑面积7.95万平方米；直管公房房改出售共计409.79万平方米。

2007年，济南市开展棚户区改造工程，至2010年，共计拆除直管公房46.6万平方米，其中住宅37.59万平方米，非住宅9.01万平方米。

2006年，根据市政府市级行政事业单位资产管理体制改革的意见，将市公用房屋管修处管理的市直部门办公用房无偿划转给市级机关事务管理局管理。至2010年，共划转房屋26处，建筑面积13.45万平方米。

1986～2010年济南市直管公房存量变化情况表

表2－6－11　　单位：万平方米

年 份	总 量	其中住宅	年 份	总 量	其中住宅
1986	376	296	1999	382	315
1987	368	292	2000	260	183
1988	383	307	2001	249	178
1989	391	316	2002	235	170
1990	404	329	2003	221	154
1991	505	430	2004	211	147
1992	530	455	2005	193	131
1993	534	463	2006	183	126
1994	548	475	2007	177	121
1995	577	506	2008	172	118
1996	509	441	2009	157	106
1997	499	435	2010	133	88
1998	465	396			

三、直管公房评估

2001年，市房管局委托“正华”“振泉”等5个会计师事务所对249万平方米的直管公房进行价值评估。评估净值为74460.29万元，其中住宅用房评估面积178万平方米，评估净值55850.91万元；办公用房评估面积38.29万平方米，评估净值13680万元；生产用房评估面积5.05万平方米，评估净值990.38万元；工商用房评估面积14.77万平方米，评估净值3938.99万元。2004年，增补委托房产评估面积13.49万平方米，评估净值5539.40万元。2005年，增补委托房产评估面积2.09万平方米，评估净值1239.93万元。2005年，因房改出售、城市建设拆除、企业改制产权划转等原因共计核减房产评估面积27.51万平方米，评估净值13605.28万元，获得各种补偿金额1087.99万元。至2010年年底，实有直管公房委托评估面积133万平方米，评估总净值6293.04万元。

四、直管公有住房租金

济南市公有住房租金标准在1992年7月1日前，一直沿用1977年的标准，即福利补贴性质的低租金制。由于租金低，住房管理部门无法做到“以租养房”，造成大量房屋失修失养。同时，低租金加剧住房供应的矛盾，导致社会分配不公。1992年4月，济南市人大常务会议审议并原则通过《济南市城镇住房制度改革实施方案》，确定分步提高公有住房租金改革的规划目标。至2005年12月，济南市先后5次调整公有住房租金标准，公有住房平均月租金标准由使用面积每平方米0.11元，分五步提高到2.07

元，实行住房货币化分配的平均月租金标准达到使用面积每平方米10.07元。住房的维修费用有了明显增加，房租支出占家庭收入的比重由1990年的0.81%增加到8%～10%。

（一）1992年提租　1992年7月1日，济南市住房制度改革的第一项政策措施《济南市城镇住房制度改革提租和补贴实施方案》下发，简称“提租补贴”。执行范围包括：市区房管部门直管公有住房，驻济南各级机关、团体、企业、事业单位、部队企业化工厂和军办企业的自管公有住房。

租金标准根据1990年维修费水平核定，按墙体、屋顶、地面、门窗、外墙面、内墙面、顶棚、设备等结构装修情况，分为四个类别七个等级：使用面积每平方米月租金标准，钢混结构0.47元；砖混结构一等0.35元；砖混结构二等0.30元；砖木结构一等0.37元；砖木结构二等0.30元；砖木结构三等0.26元；简易结构0.22元。在此标准的基础上，又分别按交通条件、商业服务、文化卫生设施状况和绿化程度等环境差异分为三个等级；按楼房层次、平房朝向和使用功能等因素加减调剂。各类调剂系数：一类地区105%，二类地区100%，三类地区95%；北屋105%，西屋、南屋100%，东屋95%。总楼层七层以下的：一、四层100%，二、三层102%，五层是中间层的98%、顶层的96%，六层是中间层的96%、顶层的94%，七层90%。八层以上的高层建筑，一、二、三层100%，中间层102%，顶层90%。小于8平方米的门厅、卫生间、厨房、厕所、地下室、阳台、壁橱、阁楼等按租金的50%计租，水、厕不到户的简易楼按租金的85%或90%计租。同时还明确规定，对多占住房户超过住房面积标准(一般职工50平方米，县、处级干部或中级职称70平方米，厅、局级干部或高级职称90平方米)，一套房50%以上、两套房30%以上的部分加收月租金使用面积每平方米1.56元；对新中国成立前参加革命工作的职工和社会救济户给予租金减免。据统计，公有住房新租金提租到位率平均达95%以上。

由于过去住房低租金制是与低工资制相联系的，为使这次提租金后职工生活不受影响，根据国家“多提少补”政策，对租住公有住房的职工发给住房补贴，其标准按1990年12月份职工标准工资或离退休费的2%计算，按月随工资发放。

（二）1994年提租　1993年，公有住房的平均租金为使用面积每平方米0.35元。由于物价上涨，维修成本大幅提高，这一租金水平已不到1993年维修费的50%，房屋失修失养的状况依然未得到改善。1994年，《济南市人民政府贯彻〈国务院关于深化城镇住房制度改革的决定〉的实施意见》决定要在职工家庭合理住房支出范围内加大租金改革力度。

提租从1994年12月1日起实施，各类住房使用面积每平方米月租金标准及调剂系数分别调整为：钢混结构0.90元，砖混结构一等0.90元，砖混结构二等0.72元，砖木结构一等0.90元，砖木结构二等0.72元，砖木结构三等0.63元，简易结构0.54元。一类地区102%，二类地区100%，三类地区98%。平房类：北屋100%，西屋、南屋98%，东屋96%；楼房：东西朝向98%，全背阴96%，其他100%。总楼层七层以下的：一、四层100%；二、三层105%；五层以上的在100%的基础上依次递减5%；三层以上平顶楼房顶层再减5%，有电梯的高层住房底层和顶层95%，其他100%。使用功能调剂系数未变。

提租后，取消2%的住房补贴，将住房补贴纳入住房公积金。同时对超标加租和减免政策进行修改。各类人员住房控制标准调整为：一般职工65平方米，科级75平方米，处级90平方米，厅级120平方米。租住1995年6月底前投入使用的现住房，超标20%以内部分每平方米建筑面积在现行租金标准的基础上加收1元，超标20%以上部分、租住两套以上住房超标的、租住1995年7月1日后竣工的新房超标的一律加收2元。新增租金老红军和社会救济户全免；抗日战争、解放战争时期参加革命工作的分别减收65%、50%；退休职工减收20%；特困职工家庭可缓交一年新增租金。

1995年，3500户困难职工办理缓交手续。直管公房和市直机关自管房新租金提租到位率98%，企业自管房提租到位率60%。至1996年，公有住房提租到位率平均95%，其中直管公房98%，市直机关自管房100%。

(三)1999年提租　济南市自1999年1月1日起停止实物分房，实行住房货币化分配。为贯彻落实住房分配新机制，济房委字〔1999〕1号文规定新的租金标准。1999年1月1日至1999年12月31日，各类公有住房使用面积每平方米月租金(基准租金)标准分别为：钢混结构1.69元；砖混结构一等甲级1.69元，乙级1.42元，丙级1.33元，丁级1.26元；丁级外1.13元；砖混二等1.01元；砖木一等1.26元，二等1.01元，三等0.88元。已按住房货币化分配办法领取住房补贴的职工，按成本租金交纳房租。成本租金在基准租金的基础上每平方米使用面积：双职工增加3元，单职工增加1.5元。各项调剂系数未变。

为进一步扼制不合理的住房需求，对超标加租的规定进行修改：超标20%以内部分，每平方米建筑面积在现行租金标准的基础上加收1.5元，超标20%以上部分、租住两套以上住房超标的一律加收3元。继续执行减、免、缓政策。

1999年年底，公有住房新租金提租到位率平均78%，其中直管公房96%，单位自管房70%。

(四)2000年提租　为深化住房制度改革，加快住房商品化、社会化进程，2000年8月1日起，各类公有住房每平方米使用面积月租金标准(基准租金)调整为：钢混结构2.36元；砖混结构一等甲级2.36，乙级2.00元，丙级1.86元，丁级1.75元；丁级外1.46元。已按住房货币化分配办法领取住房补贴的职工，应在基准租金的基础上每平方米使用面积：双职工增加5元，单职工增加2.5元。丁外级的砖混结构二等和砖木结构住房属不具备出售条件的住房，租金标准暂不作调整。其他政策未作调整。

2000年年底，公有住房新租金提租到位率平均85%，其中直管公房97%。

(五)2001年提租　2001年8月1日起，执行新租金标准。各类公有住房每平方米使用面积月租金(基准租金)标准分别为：钢混结构2.90元；砖混结构一等甲级2.90元，乙级2.46元，丙级2.23元，丁级2.07元；丁级外1.72元。已按住房货币化分配方法领取住房补贴的职工，应在其租住的公有住房基准租金的基础上，每平方米使用面积：双职工家庭增加8元，单职工家庭增加4元。其他政策未作调整。

2001年年底，公有住房新租金提租到位率平均80%，其中直管公房93%。

五、直管公用房屋非住宅租金

为改善房屋修缮资金严重不足，非住宅租金标准分别于1986年和1997年先后进行2次调整。1986年，非住宅租金调整时最高租金标准3.54元比原租金标准0.83元上涨3倍多；最低租金标准0.31元比原租金标准0.23元上涨35%。1997年，非住宅租金调整时最高租金标准46.50元，比1986年最高租金标准上涨12倍；最低租金标准1.82元比原租金标准上涨4.87倍。

1986年租金调整。1986年11月17日，济南市人民政府《批转市房地产管理局〈关于调整公用房屋租金标准的报告〉的通知》，制定全市统一的非住宅新租金标准，1987年1月1日起执行。这次租金标准调整按照承租对象不同，分为工商企业生产经营性用房和行政、事业单位用房两类。同时，对工业企业用房分为四个类别，商业用房根据交通条件和繁华程度的不同情况划分为四个等级。新租金标准对工商企业生产经营性用房，按折旧费、管理费、维修费、资金占用费四项因素计租；行政、事业单位用房，按折旧费、管理费、维修费三项因素计租。鉴于工业生产状况对房屋损坏程度差别很大，根据震动、腐蚀、温度和湿度的不同情况划分为四个类别：四类房按标准基数计租，三类房增加15%，二类房增加30%，一类房增加50%。考虑到商业用房所处的地理位置对其使用价值影响较大，根据交通条件和繁华程度的不同情况，将房屋按街区划分为四个等级：四类街区的房屋按标准基数计租，三类街区增加15%，二类街区增加30%，一类街区增加50%。街道兴办的托儿所、幼儿园、敬老院等社会公益事业用房，租金标准暂不调整。

为大力发展第三产业，扶持“六小企业”，对市区饮食、理发、浴池、洗染、零星修理和服装零活加工企业(包括全民集体和个体工业者)的用房，暂按管理费、维修费、折旧费三项因素计租，不附上调系数，按各类建筑结构每平方米建筑面积月租金分别为：钢混一等1.17元；砖混一等0.87元，二等0.54元；砖木一等0.91元，二等0.55元，三等0.48元；简易房0.31元。

1986年济南市商业服务业用房月标准租金

表2—6—12　　单位：元/平方米

房屋结构＼月租	基本租金	地区分类等级标准租金				
		繁华地段	一等地区	二等地区	三等地区	四类地区
钢混结构	15.50	46.50	38.70	31	23.25	15.50
砖混一等	9.58	28.74	23.95	19.16	14.37	9.58
砖混二等	6.86	20.58	17.15	13.72	10.29	6.86
砖木一等	9.80	29.40	24.50	19.60	14.70	9.80
砖木二等	7.45	22.35	18.63	14.90	11.18	7.45
砖木三等	6.30	18.90	15.75	12.60	9.45	6.30
简易房	2.91	8.73	7.28	5.82	4.37	2.91

1987年济南市公用房屋非住宅月租金标准

表2—6—13　　单位：元/平方米

工商企业单位用房					行政事业单位用房	
	一类	二类	三类	四类	房屋结构	单价
钢混一等	3.54	3.07	2.71	2.36	钢混一等	1.17
砖混一等	2.37	2.05	1.82	1.58	砖混一等	0.87
砖混二等	1.53	1.33	1.17	1.02	砖混二等	0.54
砖木一等	2.54	2.20	1.94	1.69	砖木一等	0.91
砖木二等	1.41	1.22	1.08	0.94	砖木二等	0.55
砖木三等	1.22	1.05	0.93	0.81	砖木三等	0.48
简易房	0.62	0.53	0.47	0.41	简易房	0.31

1987年济南市房屋结构分类等级标准

表2—6—14

结构分类	级 别	承重墙	屋 盖	楼地面
钢筋混凝土结构	1	钢结构，框架结构，墙板结构	钢筋混凝土结构平台屋顶	钢筋混凝土楼板，高级面层
混合结构	1	一砖以上砖墙	混凝土结构平顶，混凝土构件支撑坡屋顶	混凝土结构楼板，中级水泥地面或面层
	2	一砖墙、砖砌墙、空斗墙	混凝土结构平顶，混凝土构件支撑坡屋顶	混凝土结构楼板或砖拱，普通水泥地面
砖木结构	1	砖半以上墙砖、细料石墙	木结构支撑坡屋顶	细木业口地板或块料面层
	2	一砖墙，木柱承重的五大檩、斗砖墙	木结构支撑坡屋顶，砖拱顶	普通水泥地，砖铺地较正规的木地板
	3	一砖墙砌块墙，乱转石墙	木结构支撑坡屋顶，苇条、草芭拱顶	简易水泥地、木板地、灰土地
简易结构	1	平砖墙、砖头墙、土坯墙、乱转石墙。苇箔墙，檐高不足2.2米一砖墙	木、竹、苇、条、草、支撑的平顶、单坡顶、双坡顶	简陋水泥地、碎砖地、灰砖地

1989年济南市企业生产性用房月标准租金

表2—6—15 单位：元/平方米

月租 房屋结构	基本租金	用途分类等级标准租金			
		一类	二类	三类	四类
钢混结构	13.60	20.40	17.68	15.64	13.60
砖混一等	8.22	12.31	10.67	9.45	8.22
砖混二等	6.35	9.53	8.23	7.30	6.35
砖木一等	8.40	12.60	10.92	9.66	8.40
砖木二等	6.37	9.56	8.28	7.33	6.37
砖木三等	5.09	8.06	6.98	6.18	5.09
简易房	2.41	3.62	3.13	2.77	2.41

1997年租金调整。1997年11月14日，制定全市统一的非住宅新租金标准，从1998年4月1日起执行，执行4个月后于9月1日停止执行，2001年7月1日起恢复执行。这次租金调整不仅大幅度调整了租金标准，同时根据房屋使用性质的不同，按照机关事业单位办公用房、自收自支事业单位用房、企业生产性用房和商业服务业用房分别制定对应的租金标准。社会办托儿所、幼儿园、敬老院等福利用房租金执行办公用房租金。2001年恢复执行规定政府确认的特困企业生产性用房租金减免60%，商业服务业用房减免40%。

1998年济南市机关事业单位办公用房月标准租金

表2—6—16 单位：元/平方米

房屋结构	钢混结构	砖混一等	砖混二等	砖木一等	砖木二等	砖木三等	简易房
标准租金	3.25	2.32	2.22	2.31	2.19	2.04	1.82

1998年济南市自收自支事业单位用房月标准租金

表2－6－17　　　　单位：元/平方米

房屋结构	钢混结构	砖混一等	砖混二等	砖木一等	砖木二等	砖木三等	简易房
标准租金	13.6	8.22	6.35	8.40	6.37	5.09	2.41

租金收缴。1986～2010年，市管公房租金收入共计52034万元，从房租收入中支付的各项费用主要是维修和翻建房屋支出、税金支出、管理经费支出。直管公房租金收入租金收缴方式一直延续房管员登门收租和单位统收相结合的方法。2005年4月起，山东广安物业管理有限责任公司开始试行银行代收房屋租金业务。至2010年年底，实现银行代收租金6346户，占全区公房总承租户的60%。

1986～2010年济南市直管公房租金收缴情况表

表2－6－18　　　　单位：万元

年 份	租金收入	年 份	租金收入
1986	706	1999	3307
1987	1286	2000	2543
1988	1324	2001	2727
1989	1360	2002	3152
1990	1498	2003	2197
1991	1513	2004	2064
1992	1871	2005	2018
1993	2162	2006	1952
1994	2147	2007	1764
1995	3045	2008	1607
1996	3078	2009	1396
1997	3127	2010	1297
1998	2893		

第二节 私 房

一、政策

1986年，《济南市城镇私有房产管理实施细则》实施，规定：出租城镇私有房产，需由出租人和承租人双方签订租赁合同，明确双方的权利与义务，并到当地房管机关办理租赁契约。1993年，市房产管理局转发建设部、省建委、市建委印发启用“房地产租赁许可证”等三个规范文本的通知，规定从启用新规范文本之日起，房地产租赁实行市区两级管理。1994年，《济南市城市私有房屋管理办法》规定，租赁城市私有房屋，出租人和承租人需到房地产管理部门办理租赁手续，领取租赁契证文本。未办理租赁登记手续而出租私有房屋的，房地产管理部门责令其补办租赁登记手续，并处以罚款。1997年，调整房屋租赁管理工作程序，将原来由区房管局初审、市房管局核准发放租赁许可证的工作程序，调整为区房管局受市房管局委托办理房屋租赁监理中的审核、发证等工作，各区房管局随时将租赁监理工作中形成的档案资料报市房管局备案。1998年，省建委、省工商局《关于培育房地产市场规范市场行为的通知》规定：从事房屋出租经营的单位和个人(不含住宅用房租赁)，必须取得房地产行政主管部门颁发的房屋租赁许可证和工商行政管理机关颁发的营业执照后，方可开展租赁活动。2003年，为改变多年来房屋租赁(直管公房租赁和廉租住房除外)管理缺位、市场秩序混乱的状况，市房管局制定《房屋租赁管理暂行规定》，规定房屋租赁关系设立、变更应当签订书面租赁合同和租赁变更合同，并申请办理租赁登记备案手续，租赁管理部门颁发房屋租赁证。市房屋产权登记中心和各区房管局分别成立房屋租赁管理机构并开展工作。2004年，印发《关于进一步加强和改进出租房屋管理工作有关问题的通知》，要求认真做好出租房屋的管理工作。2009年，下发《济南市房屋登记条例》，《济南市城市私有房屋管理办法》废止。

二、私房总量

随着商品房屋的开发建设和城市公房房改售房工作的开展，全市私房面积总量逐年增加。1992年581万平方米，1996年638万平方米，2000年1678万平方米，2005年5872万平方米，2010年6194万平方米。

三、私房出租管理

1986年，《济南市城镇私有房产管理实施细则》规定，由市房管部门制定统一的租金标准，并监督实施。1989年，济南市物价局、济南市财政局、济南市房地产管理局联合制定《关于整顿私房租金的管理暂行规定》，纠正私房租金较混乱的局面，统一私房租金标准。

1989年济南市出租房屋月租金标准

表2—6—19　　　　单位：元/平方米

房屋结构	住　宅	非住宅	房屋结构	住　宅	非住宅
砖混结构一等	1.6	3.5	砖木结构二等	1.1	2.1
砖混结构二等	1.2	2.6	砖木结构三等	1.0	1.9
砖木结构一等	1.7	3.8	简易结构	0.6	1.0

对超过租金标准部分，出租人应按下列情况向房管部门缴纳“超价租金费”：超过一倍以内的(含一倍)，缴纳20%；超过一倍以上二倍以内的(含二倍)，缴纳30%；超过二倍以上三倍以内的(含三倍)，缴纳40%；超过三倍以上四倍以内的(含四倍)，缴纳50%；超过四倍以上的部分，由房管部门予以没收，并令其纠正。凡出租私房，主客双方必须到当地房管部门办理租赁手续，否则，按照所收租金的20%～40%予以罚款。

1997年，制定《济南市房屋租金管理暂行办法》，规定：房屋租金实行标准租金和协议租金。私有房屋出租实行协议租金。协议租金由物价部门会同房产管理部门根据房屋结构造价制定不同的基本租金，出租人在基本租金的基础上同承租人在规定的幅度内协商确定。基本租金和浮动幅度要随着经济发展和物价指数的变动随时调整。2000年，建设部在全国房地产市场工作会议上要求各地积极培育房屋租赁市场，推行指导租金制。

2002年，山东省物价局、山东省建设厅印发《关于贯彻国家计委建设部计价格〔2002〕

121号文件精神做好规范住房交易手续费工作的通知》，规定：住房租赁手续费按套收取，收费标准为每套100元，由出租人承担。住房以外的其他房地产租赁手续费租赁面积100(含100)平方米以下的，每次120元；100～500(含500)平方米的，每次150元；500～1500(含1500)平方米的，每次200元；1500～3000(含3000)平方米的，每次300元；3000平方米以上的，每次350元，由出租人承担，租赁手续费按次收取。上述租赁手续费含证书工本费。

四、私房政策落实

(一)落实“文化大革命”中无偿接管、占用的私房　“文化大革命”期间仅市区无偿接管、占用私房11199户，计52.36万平方米。落实政策是：对原交公的自住房，现仍为原房主自住，停收房租，退还产权，办理房租和维修费的结算；原房已拆除、翻建，按拆迁规定作价收购；如原房就地翻建的，私房主又愿意要房并能付清结算款项者，进行收支结算，退还产权。对于接管的出租房现仍出租者，停止收租，退还产权，办理房租与维修费用等结算。同时，组织房主与住户订立私房租赁契约，房主不得撵住户搬家，房客应按时交房租；单位和单位职工挤占私房的，本着谁占用谁解决的原则，限期退还原主，按私房标准交清占用期间的房租应退还产权的私房。在房管部门管理期间，按公房租金标准起租的，应扣除房地产税、管理费、维修费等进行结算；挤占华侨、侨眷、统战人物的房屋，首先予以解决。

至1990年年底，累计落实11145户52.1万平方米，分别占应落实户数、间数和面积的99.52%、99.49%。其中按照政策规定应对房主办理经济结算并退还产权的8660户，完成8641户，支付金额778万元(含房主下落不明应付未付的)，占总户数的99.78%。全市应予腾退的挤占房2535户、6282.5间、79412平方米，完成2530户、6188间、78289平方米，占总户数的99.80%。全市“文化大革命”期间华侨房产落实政策全部完成，共办理经济结算退还产权的65户、390间、4680平方米，支付金额10万元。腾退挤占房38户、141间、1551平方米，安置挤占户62户。全市“文化大革命”期间统战对象房产落实政策全部完成，共办理经济结算退还产权351户、18642平方米，腾退挤占房126户。1991～1995年，落实96户，建筑面积4130平方米；1996～2005年，落实20户，建筑面积790平方米；2006～2010年，落实7户，建筑面积370平方米。

(二)处理“私改”房产遗留问题　至1990年，共计落实“私改”房政策3225户，建筑面积25.29万平方米。其中退还产权2186户，建筑面积17.23万平方米；经济补偿628户，建筑面积5.22万平方米；作价收购411户，建筑面积2.92万平方米。退还产权后收增值费97.08万元，支付补偿费及其他费用354.17万元。安排挤占房31户，建筑面积1705平方米。1991～1995年，处理“私改”遗留问题153户，建筑面积1.19万平方米；1996～2005年，处理“私改”遗留问题46户，建筑面积3600平方米；2006～2010年，处理“私改”遗留问题9户，建筑面积1450平方米。

第三节　单位自管房

单位自管房包括单位自筹资金购建的房屋，国家授予企业经营管理的房屋，军队房屋和其他法律、法规规定由单位自行管理的房屋。

1986年，市区单位自管房屋建筑面积2769万平方米，占市区房屋总量的77.56%。1996年，市区单位自管房屋建筑面积4142万平方米，占市区房屋总量的78.31%。2005年，市区单位自管房屋建筑面积5040万平方米，占市区房屋总量的45.38%。2010年，市区单位自管房屋建筑面积4336万平方米，占市区房屋总量的40%。

单位自管房的维修、分配、租赁统一由各

单位负责。市区自管房单位，除极少数单位执行济南市统一房租标准外，大部分单位强调照顾职工福利，自行制定房租标准。1996年，住房制度改革以来，除少量平房、简易楼外，大多数单位自管住宅已房改出售给职工个人。

第五章　住房公积金

第一节 住房公积金归集

2003年是济南住房公积金管理中心运行第一年，重点开展基础数据整理工作。通过对数据及时校对、录入，更新过期数据，对重复账户和空户进行集中清理。补齐49.6万缴存人的身份证号码，占应补齐数据人数的80.1%。开通公积金个人账户自动查询专线电话，有10万多人次进行电话查询。为进一步提高开户率和实缴率，对税源普查的2万余家单位，逐家逐户排查落实，摸清应执行公积金制度单位的底数，并将乡镇以上党政机关、事业单位和各类规模以上企业作为重点进行检查。济南行政区域内实行公积金制度的单位达5040个，缴存职工61.9万人。在乡镇以上党政机关事业单位和规模以上各类企业中，开户率81.7%，比2002年提高5个百分点。共检查510个单位，有178个单位恢复正常缴存公积金，补齐上年度欠缴公积金3700万元。公积金实缴率80%。

2005年，济南行政区域内实行住房公积金制度的缴存职工84.29万人，按市统计局2005年在岗职工90.8万人计算，覆盖率88.55%；已建立住房公积金制度的单位6028家，在开户单位中扣除缓缴、封存和余额为零的单位，全年实缴率97%，比2002年提高6个百分点。对5000家单位进行摸底，明确开户重点，为推行住房公积金制度奠定基础；按照国务院《住房公积金管理条例》规定的范围，结合济南实际情况，确定“先大后小、先易后难”的扩面工作思路。逐步加强在规模以下的各类企业，特别是民营企业中推行公积金制度的力度。《济南市住房公积金行政处罚程序暂行规定(试行)》于2005年3月1日正式实施。4月开始，进行为期2个月的住房公积金制度执法检查，共检查单位657户。

2010年，住房公积金归集额完成57.83亿元，比2009年同期增长22.69%。在广播电视行业、医疗机构及教学机构中进行深入调查，督促20家医疗单位为4000多名职工建立住房公积金，部分乡镇为6300名教师建立公积金制度，实现全市72个乡镇财政统发工资单位公积金制度的全覆盖。拓宽职工对违反公积金制度行为的投诉渠道，完善群众接访制度，加强对投诉件类型及违反制度原因的分析，有效提高执法检查工作的针对性和处理的时效性。全年接待群众来访155人次，受理投诉登记案件109件，济南市“12345”市民服务热线56件。受理18家破产、改制企业住房公积金的清算。住房公积金归集业务按照“整体提升、部分跟进”的原则，对单位公积金缴交业务分类处理，规范住房公积金缴存基数，统一住房公积金缴存比例，自2010年7月1日起住房公积金缴存比例调整为单位和职工各为12%。至2010年年底，已办理864家单位的缴存基数、缴存比例调整和补缴工作。

2003～2010年济南市住房公积金归集情况表

表2－6－20

年 份	归集额（亿元）	新增开户单位（户）	新增缴存职工（万人）	年 份	归集额（亿元）	新增开户单位（户）	新增缴存职工（万人）
2003	11.67	362	2.0	2007	31.61	806	2.7
2004	20.38	348	2.2	2008	38.85	807	3.7
2005	26.49	431	2.5	2009	47.12	753	4.6
2006	27.78	542	3.0	2010	57.83	785	4.0

第二节 住房公积金贷款

2003年，管理中心完成贷款额3.57亿元，为3282户职工解决住房面积36万平方米。向1700多个机关、企事业单位发放4500多封公开信，走访40多家房地产开发商，先后到省高级人民法院、省检察院、省工商局、市法制办、市电信局等27个省、市级单位上门服务，为职工现场讲解如何办理公积金贷款等知识。简化贷款手续；适当缩短借款人缴存公积金的时间限制，并由借款人自主选择是否办理公积金贷款房屋保险；加快贷款办理速度，实现全部审批时间不超过15个工作日的承诺。受委托银行由3家扩大至5家，共有70多个支行。贷款使用率44%，全部贷款使用率高于全省平均水平3个百分点。

2006年，公积金贷款网络审批在所有受委托银行全面展开，审贷时间由15天缩减为10天。全年审批的6000多笔贷款全部在规定时限内完成，其中管理中心审批环节在3个工作日内完成。扩大经办网点，济南开办住房公积金贷款业务的商业银行增加到16家，网点230个，遍布济南市区；先后到17家单位为申请住房公积金贷款的职工进行现场咨询、解答疑难、协调解决有关问题；新增10家评估机构；贷款最高额度由20万元调整为30万元，贷款最长期限由15年提高到20年。减少办理房屋抵押审核环节，办理时间缩短为7个工作日。

2008年，放宽贷款条件，最高贷款额度由30万元提高到40万元；住房公积金贷款最长年限由20年延长至30年；贷款还款最大年龄男性由60周岁延长至65周岁，女性由55周岁延长至60周岁。贷款时连续足额缴存6个月以上的职工可申请使用住房公积金贷款。凡在省内其他城市缴存住房公积金，并在济南购买自住住房的职工可申请使用住房公积金贷款。继续办理商业贷款转住房公积金贷款业务，凡购买经济适用房的职工，可持允许购买经济适用房证明和购房首付款凭证支取一次住房公积金，棚户区改造范围内的可持棚户区拆迁安置协议在安置房差价款范围内支取一次住房公积金。精简申请资料，取消借款人原必须开具的收入资信证明。缩短审批时间，按揭楼盘住房公积金贷款审批时间由原15个工作日缩短为10个工作日。管理中心根据房地产开发商资质及其办理住房公积金贷款业务情况，其贷款保证金一般可由贷款总额的10%调减至5%。

2010年，成功申办利用住房公积金贷款支持保障性住房建设试点城市资格，为全市棚户区改造安置房建设提供贷款资金支持。制定《规范住房公积金贷款的相关政策及实施办法》，购买各区拆迁办承建的棚户区改造回迁安置房的职工可以用其他房产作抵押办理公积金贷款，解决低收入职工家庭筹资难的问题。全年为棚户区改造回迁房的453户职工发放公积金贷款7035万元。11月，为1628户职工家庭审批、发放公积金贷款6.23亿元，创下管理中心成立以来单月发放贷款之最。

2003～2010年济南市住房公积金贷款情况表

表2-6-21

年 份	贷款额（亿元）	贷款职工（户）	贷款增长率(%)	年 份	贷款额（亿元）	贷款职工（户）	贷款增长率(%)
2003	3.57	3282	102	2007	20.64	10304	80.2
2004	7.38	5478	97.5	2008	22.7	11201	9.98
2005	9.49	6840	28.5	2009	44.92	15011	197
2006	11.45	7075	34.7	2010	52.79	15518	22.1

第三节 住房公积金支取

2003年，公积金支取5.4亿元，支取人数7.5万人。其中，管理中心本部支取2.5亿元。建立住房公积金审批服务大厅，实现住房公积金开户、支取等审批业务和公积金贷款咨询一条龙服务，支取审批每天平均260多人次。

2004年，公积金支取6.52亿元。其中，管理中心本部支取3.39亿元，办理个人支取公积金的职工49451人。

2005年，公积金支取9.31亿元。其中，管理中心本部支取4.86亿元。对公积金支取量大的单位集中审批，对位置较远、人数较多的单位主动上门服务。先后为济南大学、省出版总局等单位2000余人上门办理支取审批。共办理35000多笔审批业务，未发生一起投诉事件。

2006年，公积金支取12.3亿元。其中，管理中心本部支取6.65亿元。

2007年，公积金支取17.12亿元。其中，管理中心本部支取10.58亿元。增加住房公积金济危扶困的作用。共有4000多名职工受益于放宽政策提取公积金近7000万元。继续做好查询折发放工作。至2007年年底，已累计向3939家单位，52.74万人发放查询折。

2008年，公积金支取18.02亿元。其中，管理中心本部支取11.11亿元。支取审批大厅职工在严格审批的同时，为省女子劳教所等9家单位上门服务，办理支取审批2900余人，支取金额5800余万元。

2009年，公积金支取22.7亿元。新的住房公积金服务大厅正式启用，引入受委托银行，为职工提供住房公积金支取审批一门式服务。向住房公积金缴存职工发放住房公积金联名卡31888张。

2010年，公积金支取28.70亿元。其中，管理中心本部支取186238.2万元。

第六章 物业管理

济南市物业管理始于1999年。至2010年，先后制定《济南市物业管理办法》《济南市物业管理服务收费暂行办法》《济南市物业管理等级服务收费(试行)标准》《济南市物业管理行业规范》《济南市物业管理优秀住宅小区(大厦)考评暂行办法》《济南市文明小区考核标准》等18个物业管理法规及规范性文件，修订印发《济南市物业管理委托合同》等5个示范文本。2010年，全市共有物业管理企业547家，从业人员3.1万人。物业管理面积6520万平方米，其中住宅面积5200万平方米。物业管理类型从住宅向写字楼、工业园区、学校、医院等方面拓展，一批具有较大规模和较强竞争实力的物业管理企业已经形成。

第一节 管理机制

一、政策法规

1999年7月，《济南市物业管理办法》实施，规定市区范围内的住宅小区必须实行物业管理；住宅小区的物业管理实行业主大会和业主委员会制度；机关、企事业单位及商业大厦、写字楼等单体建筑或专业服务的物业管理实行业主委托制。业主大会由物业管理区域内全体业主组成，代表和维护物业管理区域内全体业主在物业管理活动中的合法权益，每年至少召开一次由半数以上业主出席的大会，执行机构为业主委员会。业主委员会(7～11人组成)作为自治组织，代表全体业主对物业实施管理，由业主大会选举产生，任期两年，主要负责选聘物业管理企业、与物业管理企业签订物业管理聘用合同、监督物业管理企业的物业管理情况、听取业主和非业主使用人的意见和建议、配合物业管理企业落实各项管理措施等。2001年9月，济南市制定《济南市住宅区业主委员会产生办法和议事规则》。2002年起，条件成熟的住宅小区开始建立业主委员会，实行业主自治管理。2003年9月，国家第一部物业管理行政法规《物业管理条例》颁布施行；11月，济南市制定《贯彻落实〈物业管理条例〉的试行意见》，规定一个物业管理区域内房屋出售并交付使用的建筑面积达50%以上或首套房屋出售并交付使用已满两年的可成立一个业主大会。2004年，制定《济南市业主大会备案程序》。2007年，制定《济南市业主大会和业主委员会指导规则》，对业主大会和业主委员会主要职责、业主大会的筹备成立、业主委员会的选举产生、业主大会和业主委员会日常活动以及业主委员会的换届、委员的增补、变更和业主大会的解散进行规范。至2010年，济南市区有217个住宅小区成立业主大会。

二、优秀物业小区评比

1999年起，在全市范围内开展国家、省、市级物业管理优秀(示范)住宅小区(大厦)评比活动。2002年6月，制定《济南市文明小区考核标准》，在小区教育、环境、服务、治安、管理5个方面进行划分考核。考核优秀的被评为济南市文明小区或物业管理先进单位；考核中发现问题拒不整改的，降低或取消物业管理企业资质。2003年4月，济南市房产管理局对原物业管理优秀住宅小区的考评标准进行修改，制定《济南市物业管理优秀住宅小区(大厦)考评暂行办法》，考评标准分基础管理、房屋管理及维修养护、共用设施设备管理、保安、消防、车辆、环境卫生、绿化、精神文明建设、管理效益8个方面59项。市级物业管理优秀示范住宅小区的条件：实施物业管理一年以上、建筑面积5万平方米以上、入住率达60%以上，考评分值不得低于90分，每年进行一次。全国物业管理优秀示范住宅小区的条件：取得省级物业管理优秀示范小区(项目)一年以上、建筑面积8万平方米以上、入住率达85%以上，考评分值不得低于98分，每三年复验一次。至2010年年底，全市有国家级物业管理优秀(示范)住宅小区(大厦)28个、省级物业管理优秀(示范)住宅小区(大厦)100余个、市级物业管理优秀(示范)住宅小区大厦220余个。

第二节 维修基金

一、已售公房维修基金

1996年，《济南市出售公有住房有关规定》要求：由产权单位按售房回收资金的15%

提取售后房屋共用部位、共用设施维修基金，其利息收入用于共用部位、共用设施的维修，并在银行开设单位住房共用部位、共用设施维修基金专户，按栋立账，不得挪作他用。

2001年9月，《济南市住宅共用部位、共用设施设备维修基金管理暂行办法》规定：市财政局、市房管局负责指导、监督、检查维修基金和资金的管理和使用，区房管局具体负责维修基金和资金的归集和维修资金的使用审批，市住房资金管理中心具体负责维修基金和资金的存储核算及保值增值。提取维修基金的比例调整为：多层住宅楼按售房款的20%的比例，高层住宅楼按售房款的30%的比例。共用部位、共用设施设备需中修、大修、更新、改造时，售房单位或受托的物业公司应编制维修工程预算，经业主委员会审议、房屋所在区房管局核准后，到市住房资金管理中心按工程预算的50%办理预付资金划转手续。业主委员会验收维修工程质量、审议维修工程决算后，经区房管局批准，到市住房资金管理中心办理资金划转手续。

2003～2006年，市房管局先后制定《济南市已售公房维修基金利息使用管理规定》《关于已售公房维修基金建账工作的意见》《关于已售公房维修基金利息使用管理等有关问题的通知》《关于进一步加快已售公房维修基金建账工作的通知》。

二、商品住宅维修基金

2001年9月，《济南市住宅共用部位、共用设施设备维修基金管理暂行办法》规定：商品住房在销售时，购房人与售房单位应签订有关维修基金缴交约定，由购房人按购房款的3%的比例缴纳。售房单位代为收取，在办理房屋权属证书前，存入银行开设的专户，专款专用。维修时，只能使用其利息，不得动用本金。其他规定与已售公房的维修基金的管理相同。2003年10月，市房管局与财政局联合制定《济南市商品住宅维修基金缴存使用管理规定》，进一步规范和细化维修基金缴存使用管理。2010年5月，《济南市住宅专项维修资金管理办法》对维修资金的交存、管理、使用进行规范。

至2010年年底，住宅专项维修资金归集总额达26.3亿元。

第三节 房屋修缮

1996年，公有住房出售前，单位自管房的修缮由单位自管自修，直管公房修缮由房管部门负责。公有住房出售后，成立物业公司的由物业公司负责；未成立物业公司的由购房人和管委会解决；未出售的直管公房仍由房管部门负责。新建商品房住宅小区的房屋修缮由业主大会委托的物业管理公司负责。房屋修缮实行报修制度、查勘鉴定制度、修缮责任制度、质量保证制度、考核奖惩制度。中修以上的房屋修缮工程，房屋所有人或修缮责任人必须办理质量监督手续，否则不得施工；竣工后，由房屋管理部门依照《房屋修缮工程质量检验评定标准》进行质量检验评定，评定不合格的不得交付使用。

一、直管公房修缮

直管公房的维护遵循国家“以租养房”的规定：公有房屋修缮的费用不得高于租金的60%。由于1977～1992年期间，济南市公有住房的租金标准一直未变：最高每平方米0.83元，最低每平方米0.23元，房屋失修失养现象非常普遍。1988年，直管住房危房31万平方米，占各类危房的44.3%，房屋完好率只有55%。1989～1992年，市、区两级房管部门共投资5399.87万元，完成维修工程量98.76万平方米，房屋完好率提高到60.12%。1992年后，虽经五次租金调整，由于维修材料和人工费增长过快，仍然无法做到“以租养房”，未能从根本上改变失修失养的局面。1995年，全市五区仍需完成的维修工程量25.4万平方米，其中危险房屋9.3万平方米。1996年，公有住房出售后，完好成套的住房陆续出售，公有住房只剩下平房和简易楼房，而这两类住房绝大多数年久失修，维修任务较重，而租金始终维持在每平方米0.88～1.01元之间。同时这两类住房的住户相当一部分属于享受减免租金的人群，租金的收缴率较低，维修难度严重。为保证房屋的安全，市、区两级房管部门一方面通过多渠道筹集维修资金；另一方面开设房管维修热线(如以劳模名字命名的“长河热线”)，推行政务公开和承诺房屋服务制度，实行“一条龙”“一门式”服务，危房数量和日常维修量逐年减少。

1990～2010年济南市直管公房维修情况表

表2—6—22

年 份	工程量		投资额（万元）		完好率(%)	合格率(%)	优良品率(%)
	建筑面积（万平方米）	占年计划(%)	金额（万元）	占年计划(%)			
1990	24.85	124	1335.28	113	51.99	100	45
1991	24.87	113	1083.90	108	63.30	100	52
1992	23.76	110	1365.72	116	60.12	100	43
1993	27.05	136	1653.30	117	62	99	48
1994	26.40	127	1551	115	62	100	53
1995	25.40	113	1642	110	65	100	51
1996	26.50	118	1965	112	67	100	52
1997	27.40	112	2342	105	—	100	50
1998	26.50	99	2300	113	—	100	40
1999	27.70	105	2205	104	—	100	40
2000	19	152	1500	116	—	100	45
2001	20.50	108	1530	105	—	100	47
2002	16.21	108	1600	103	—	100	42
2003	14.60	105	1430	102	—	100	40
2004	19.50	109	1560	110	—	100	45
2005	13.76	106	1460	106	—	100	46
2006	12.58	103	1132	102	—	100	48
2007	15.60	105	1326	104	—	100	50
2008	13.10	106	1179	105	—	100	49
2009	12.20	102	1108	103	—	100	52
2010	11.90	103	1071	102	—	100	53

二、公有住房售后修缮

1996年，济南市住房制度改革领导小组印发《济南市城市公有住房售后维修管理暂行规定》，确定济南市房产行政主管部门是公有住房售后维修管理的行政主管部门，对公有住房售后维修进行指导监督。

公有住房售后的维修管理采取业主自治

管理与物业管理单位专业管理相结合的管理形式。自用部位和自用设备的维修养护由业主自行负责；共用部位和共用设施设备的维修养护由售房单位和业主组成的房屋管理委员会(管委会)负责，管委会可委托有资格的物业管理公司承担维修养护责任，并以合同的形式确立。共用部位维修基金的利息作为共用部位和共用设施设备的维修养护费用。售房单位破产的，其共用部位维修基金和维修养护责任移交房产管理部门代管。

三、危房鉴定

1994年7月，济南市人民政府印发《济南市城市危险房屋管理办法》，确定济南市房产管理局为危险房屋管理的行政主管部门，济南市危险房屋安全鉴定办公室成立。经鉴定确认为危险房屋的，由市房管部门在签发的鉴定书上加盖“济南市房屋安全鉴定专用章”，作为仲裁和审判机关处理房屋纠纷和判决房产案件的依据。经修缮解除危险的房屋，按房管部门规定的期限使用；修缮后尚能短期维持使用的房屋，在观察监督下限期使用；无修缮价值的房屋，限期拆除或责令停止使用。修缮私有危险住房确有困难的，其所在单位给予借贷；属出租房屋的，由出租人和承租人共同修缮，承租人垫付的修缮费可抵交租金；拆除重建的，其原拆原建及增建用于安置解困户的部分，免交市政公共设施配套费。房屋所有人或使用人对危险住房不申请鉴定或不按要求采取修缮措施，导致他人经济损失的，由责任人负责赔偿。

1995～2010年济南市房屋安全鉴定统计表

表2-6-23

年　份	数量（件）	面积（万平方米）	年　份	数量（件）	面积（万平方米）
1995	8	2.40	2006	276	92.50
1997	50	5	2007	190	29.78
1999	151	8.47	2008	210	35.10
2000	285	64.80	2009	112	14.12
2003	320	18.50	2010	188	18
2005	452	23.70			

第四节　房屋“平改坡”

2000年，市政府下发《济南市多层房屋平屋顶改坡屋顶的试点意见》，确定对市区内多层房屋的平屋面改成坡屋顶(简称“平改坡”)。按照“谁的产权谁改造，谁受益谁出资”的原则，以区为单位组织实施“平改坡”试点。2004年后，开始大规模实施“平改坡”改造工程，主要集中在经十路、经七路、顺河高架路、北园高架路等市区15条重点道路两侧的多层住宅楼，涉及直管公房、单位自管房、企业房、商品房等，该项工作于2010年停止。全市实施“平改坡”工程的楼房1200余幢。

2000～2010年济南市楼房“平改坡”统计表

表2-6-24

内容 / 年份	改造楼数（幢）			改造建筑面积（万平方米）	筹集资金（万元）
	直管房	自管房	小　计		
2000	14	—	14	1.16	500
2001	61	61	122	4.23	1818.91
2002	—	48	48	2.40	888

续表2—6—24

内容 年份	改选楼数（幢）			改造建筑面积（万平方米）	筹集资金（万元）
	直管房	自管房	小 计		
2003	—	54	54	2.97	1098.90
2004	18	61	79	3.58	942.08
2005	24	36	60	3.14	831.57
2006	32	45	77	3.46	910.56
2007	21	51	72	3.81	980.27
2008	63	203	266	13.35	3434.81
2009	76	51	127	6.72	1615.26
2010	—	—	—	—	—

第五节 物业管理

根据《济南市物业管理办法》规定，成立物业管理企业必须具有管理建筑面积1万平方米以上物业的能力、30万元以上注册资金、取得“物业管理企业资质证书”等条件。选聘物业管理企业采取公开招标或邀请招标的方法，接受委托的物业管理企业与业主委员会或业主签订物业管理聘用合同，报物业管理行政主管部门备案。物业管理服务主要内容包括：房屋共用部位和设备的使用、管理、维修及更新，物业管理区域内的卫生、安全、车辆、绿化及供水、供电、供气、供热、通信、有线电视等市政公用设施单位委托的事项。物业管理企业与业主委员会或业主一方违反物业管理聘用合同发生纠纷，由市物业管理行政管理部门进行调解。调解不成的，可依法申请仲裁或起诉。物业管理企业不依法履行物业管理聘用合同义务的，市物业管理行政管理部门可依照有关规定降低资质等级或取消资质。

2002年9月起，物业管理企业资质实行分级申报制度。建设部负责一级物业管理企业资质证书的颁发和管理，省建设厅负责二级物业管理企业资质证书的颁发和管理，市房管局负责三级物业管理企业资质证书的颁发和管理。物业企业资质实行年检制度，资质等级动态管理，每两年核定一次。

2003年3月，济南市房管局制定《济南市物业管理行业服务规范》。

2010年，全市共有物业管理企业547家。

2003年济南市物业管理企业资质等级标准

表2—6—25

项目	级别	一级	二级	三级
注册资本（万）		500	300	50
具有中级以上职称的管理人员不少于（人）		20	10	5
管理物业		两种类型以上	两种类型以上	—
管理各类物业建筑面积	多层住宅（万平方米）	200	100	—
	高层住宅（万平方米）	100	50	—
	别　墅（万平方米）	15	8	—
	办公楼、工业区及其他（万平方米）	50	20	—

1999～2010年济南市物业管理企业资质等级表

表2-6-26　　单位：个

年 份	合 计	一 级	二 级	三 级	三级暂定
1999	78	4	8	46	20
2000	107	4	10	50	43
2002	248	4	19	110	115
2005	307	4	28	201	74
2006	341	4	32	223	82
2007	384	4	37	258	85
2008	413	8	39	276	90
2009	454	8	39	305	102
2010	547	9	38	375	125

第七章　机　构

第一节 济南市住房保障和房产管理局

一、行政机构

1987年2月，济南市房地产管理局原有科室改为处室，设办公室、房管处、生产计划处、财务处、组织人事处、宣传教育处。1989～1991年，相继成立监察室、住房解困办公室、信访处、住房改革工作处、离休退休干部工作处、法制处。

1996年9月，市房地产管理局改称为市房产管理局，内设机构调整为办公室(挂信访处牌子)、房政处、产权产籍管理处(挂市场管理处牌子)、生产科技处(挂审计处牌子)、财务处、组织人事处(挂离退休干部工作处牌子)、宣传教育处、物业管理处。

2001年8月，市房产管理局改由市建设委员会管理，内设为办公室(挂信访处牌子)、房政处、产权市场管理处、物业管理处、计划财务处(挂审计处牌子)、组织人事处、离退休干部工作处。2004年12月，增设住房改革处、住房保障处。

2010年4月，改称市住房保障和房产管理局，为市政府工作部门，内设机构办公室(挂信访处牌子)、组织人事处、财务审计处、房政处、住房保障处、住房改革处、物业管理处、产权市场管理处、离退休干部处。

二、事业机构

1987～1996年，济南市房地产管理局局属单位有济南市房屋档案馆、济南市房管材料供应站、济南市东风钢窗厂(金属构件厂)、济南市房产住宅职工中等专业学校(1989年8月23日建制级别改为副县级)、济南市公用房屋管修处(1990年3月23日明确为县级事业单位)、济南市住宅建筑设计科研所(1992年10月28日更名为济南市民用建筑设计研究院)、济南市地政管理处(1986年3月15日成立，科级事业单位；1996年9月6日并入市土地局)、济南市房屋开发建设公司(1987年7月27日由市房屋建设经营公司改名，为处级事业单位，实行企业化管理。1987年8月改名为济南市房屋建设综合开发公司)、济南市房产交易监理所(1988年1月30日成立，科级事业单位；1991年3月28日，改为处级事业单位)、济南市房地产管理局招待所(1988年3月8日成立，科级事业单位，实行企业化管理)、济南市东泉实业开发公司(1988年4月26日成立，独立核算、自负盈亏的集体所有制企业，同年12月20日并入市房管局材料站)、济南市房地产评估事务所(1993年8月25日成立，与市房地产交易监理所合署办公)、济南房地产物业公司(1992年6月28日成立，独立核算、自负盈亏的县级以上集体所有制企业)、济南市房地产管理局拆迁办公室(1992年10月6日成立，处级事业单位)、济南对外房地产综合技术开发公司(1992年12月15日成立，独立核算、自负盈亏的全民所有制企业)、济南市房地产业协会(1992年11月16日成立)、济南住房制度改革领导小组办公室(1992年11月28日成立，副局级事业单位)。

1997年11月21日，济南市民用建筑设计研究院与建设部建设规划设计研究所山东分院合并，为自收自支的县级事业单位。1998年2月10日，济南市住房制度改革领导小组办公室改名为济南市住房委员会办公室(挂济南市住房制度改革办公室牌子，仍为副局级事业单位)。4月28日，增设城建监察总队房管监察支队(处级事业单位)；6月2日，增设济南市房屋产权登记中心(自收自支县级事业单位)。1999年6月25日，房地产评估事务所从市房产交易监理所分离，不再作为事业性质单位，与房管局脱钩。8月24日，由市房屋建设综合开发公司、市房管材料供应站为主体，联合济南市房地产实业开发中心、济南市对外房地产综合技术开发公司、济南市联发房地产公司、济南市东风钢窗厂(金属构件厂)组建成立济南市房屋建设综合开发集团，为自收自支县级事业单位，实行企业化管理。

2001年8月9日，济南市房屋档案馆调整为自收自支县级事业单位。2003年7月14日，城建监察总队房管监察支队撤销。2004年12月30日，济南市住房制度改革办公室撤销，增设济南市经济适用房开发服务中心(全额预算管理，处级事业单位)。2008年10月10日，济南市民用建筑设计研究院更名为济南市房产测绘研究院。

至2010年，济南市住房保障和房产管理局局属单位有济南市公用房屋管修处、济南市房屋产权登记中心、济南市第二房屋建设综合开发公司、济南市房产住宅职工中等专业学校、济南市房屋档案馆、济南市房产交易监理所、济南房地产物业公司、济南市房产管理局拆迁办公室、济南市房屋建设综合开发集团、济南市房产测绘研究院、济南市经济适用房开发服务中心、济南市住房维修资金管理中心(2010年10月13日成立，财政拨款正处级事业单位)。

第二节 济南住房公积金管理中心

2002年10月16日，济南市住房公积金管理中心成立，为市政府直属全额预算管理局级事业单位，下设秘书处、审贷处、计财处、业务一处、业务二处、业务三处。2003年1月，组建济南市住房公积金管理委员会；分管副市长担任济南市住房公积金管理委员会主任委员，市政府副秘书长、市建委副主任、市房管局局长、市财政局局长担任副主任委员。委员会成员实行任期制，每届任期5年，可以连任。委员会的日常工作由市房改办具体承担。7月，济南市住房公积金管理中心更名为济南住房公积金管理中心。2010年，济南住房公积金管理中心，下设秘书处、计划财务处、归集管理处、信贷管理处、执法督察处、服务管理处6个处室。

第七篇　环卫与市容管理

1986年，全市有公厕448处，绝大多数为旱厕。垃圾站多为砖混结构，管理松散。垃圾处理一般选择简易填埋，严重危害济南地下水资源。1991年，济南市生活垃圾无害化处理厂建成。2005年，在济南垃圾卫生填埋厂新上填埋气(沼气)项目，减少有害气体的排放。2010年，大规模实施环卫城乡一体化，全市有水冲式厕所500余处，移动厕所70余处；垃圾无害化处理率98%。

1986年，市区道路保洁面积285万平方米，以人工保洁为主。年清运生活垃圾34万吨。1988年，生活垃圾实行统一管理，由各区环境卫生汽车队统一清运。1996年，建筑垃圾纳入全市环境卫生管理范围。2010年，全市城区道路保洁面积4321万平方米，全部实现机械化洒扫。生活垃圾年清运量78万吨，达到日产日清。粪便处理率100%。建筑垃圾(渣土)管理实现由“乱”到“治”再到“秩”的重要转变。

1986年，户外广告实行审批制度，但乱贴乱画及占道经营现象十分普遍。建筑物外部装修没有专门管理法规，处于粗放管理状态。1999年，《济南市城市市容管理条例》实施。2003年，济南市城市管理执法局成立。至2010年，先后开展治理“小广告”、占道经营、拆除非法建筑物等一系列活动，实施夜景亮化工程，城市面貌焕然一新。

第一章　环卫设施

第一节 公 厕

1986年，全市环卫部门管理的公厕448处，其中水冲式厕所78处，其余大部分为旱厕。1985～1990年，新建改造水冲式厕所300余处，总数480处，其中国家二类公厕76处。

1990～1998年，为配合全国卫生大检查，市政府投资建设一批标准高、造型新颖的水冲式厕所，每年新建改造公厕15处左右。1999年，济南市水冲式厕所480余处。建设布局趋于合理，繁华地段公厕普遍实行收费管理。

2004～2005年，投资400万元，新建移动厕所70余处，多数建在繁华路段和交通枢纽周边等不宜建设固定公厕的地段，由环卫部门选址并批准，公厕生产厂家负责建设，并通过拍卖经营权的方式由个人获得公厕十年经营权，收取每人次0.5元的如厕费用；新建二类水冲式厕所40处。至2010年年底，全市382处老旧公厕完成改造升级，基本达到二类以上标准。

第二节 垃圾收集设施

1986年始，陆续建设一批砖混结构自卸式垃圾收集站台和钢制垃圾收集台，方便垃圾清运。1998年，济南市生活垃圾无害化处理厂及卫生填埋改扩建工程建成。项目位于济阳县孙耿镇，距离市区平均距离35千米。由于小吨位垃圾运输车清运成本太高，全市各区开始探索新的垃圾收运模式。历下区率先使用压缩式垃圾收集箱，使用效果良好。但由于箱体较小，加之运行费用太高，并未得到大面积推广。于是扩大箱体容积，降低运行成本成为垃圾收集设施的发展趋势。随后各区陆续投入使用容积较大的垃圾大箱，垃圾大箱不经压缩、密闭性好、作业效率高、清运方便、运行费用低、使用效果好，逐步替代旧的收集箱。与此同时，济南市逐步改变垃圾收集模式，对居民家中产生的垃圾，环卫部门采取保洁员上门收集，采用小袋装入大袋进行袋装化收集的方式，并收取相应的垃圾代运费，随后用小型车辆运到垃圾转运站，再由大型车辆转运到垃圾处理厂对垃圾进行无害化处理。至2000年，济南市区规范性袋装化收集率达90%以上，全市共建设砖混结构自卸式垃圾收集站台280处，钢制垃圾台130处。

2009年，济南垃圾收集转运站建设进入多样化阶段。槐荫区建成济南市第一处压缩式垃圾转运站，采用海沃集团装备。2010年，天桥区建成全封闭、具有除臭功能的水平压缩式垃圾转运站。

天桥区新改造厕所和垃圾转运站　　(2006年摄)

第三节　垃圾处理场

1986年，济南市垃圾处理都是由各区自行择地倾倒，垃圾处理一般选择简易填埋，严重危害了济南市地下水资源。并且随着垃圾的填埋而趋于饱和，济南市将有陷入垃圾围城之虑。为解决这一问题，1991年，济南市无害化处理厂建成，该厂首先从垃圾堆肥过程中开始，先期投资200万元，建设10个垃圾发酵仓以及垃圾和粪便混合堆置。通过厌氧发酵，控制仓温度能够达到70℃，达到降解无机物，杀害有害虫卵的无害化目的，日处理垃圾300吨，处理粪便200吨，然后经过筛选分解将含氮量较高的垃圾肥销售给附近的果农、菜农。1992年，扩建垃圾仓3.6万立方米，进行高温堆肥，新建3000立方米地下储粪池3个。

1994年，新增2.2万立方米的垃圾发酵仓，提高垃圾无害化处理量，全市垃圾无害化处理量达900吨/日。

1998年，利用7200万元国债投资，改扩建济南市垃圾卫生填埋场。至1999年，全市关闭各区自设的所有垃圾填埋场，全市垃圾无害化率提高到98%。

2001年，新上200吨/日的垃圾焚烧发电厂(发电未上网)项目及100吨/日的垃圾焚烧项目(2004年后停产)，开始探索济南市垃圾处理新模式。2005年，引进社会资金2500万元，采取BOT[①]方式，由十方科技有限公司在济南垃圾卫生填埋场投资建设填埋气(沼气)发电项目，当年投资，当年见效，减少有害气体的无序排放。项目由填埋气收集系统、气体处理系统和沼气发电系统组成。2006年，投资300万对300

① BOT(build—operate—transfer)，即建设—经营—转让，是私营企业参与基础设计建设，向社会提供公共服务的一种方式。

立方米/日的渗淋液系统进行升级改造，增加膜处理工艺，提高处理后的污水排放标准。2007年开始筹建，济南市投资建设第二生活垃圾综合处理厂。主要包括生活垃圾焚烧发电厂及填埋场等配套项目两大部分。焚烧发电厂由光大环保能源(济南)有限公司按照BOT方式投资建设运营，总投资约8.9亿元，占地8公顷，是国内设计处理每吨垃圾占地面积最小、建设速度最快的项目，是山东省首个实现规模发电的垃圾焚烧发电项目，也是国内一次性设计、一次性投资、一次性建设、一次性投产成功规模最大的焚烧发电项目。济南市生活垃圾处理形成以焚烧为主、填埋为辅的格局，实现生活垃圾处理的资源化、减量化、无害化目标。填埋场占地面积31.6公顷，项目设计服务年限20年，总库容507万立方米，总投资约2.6亿元。项目采用厌氧卫生填埋工艺，按照国家标准设计、施工，采用双层HDPE膜水平防渗和垂直防渗措施，可以有效防止渗滤液渗漏，同时还采取雨污分流、地下水导排、渗滤液收集处理、填埋气体收集处理、及时覆盖、种植绿化隔离带等措施，满足各项环保要求。

第二章　卫生保洁

第一节 道路保洁

1986年，市区道路保洁面积285万平方米，以人工保洁为主。

1991年，颁布《济南市城市环境卫生管理办法》《济南市城市环境卫生监察处罚规定》《济南市城市环境卫生有偿服务管理规定》。1992年，道路保洁作业由经常化发展至标准化。道路清扫承包到人，根据道路地理位置、人车流量和清扫难度分成3个等级，确定承包数量、质量标准和工资待遇，由保洁员分段承包，各负其责。洒水车实行单车承包，每车承包20万平方米路面。道路卫生实行尘土计量考核，主要道路每10平方米扫起的尘土污物不得超过25克，次要道路不得超过35克。1998年，道路保洁实现机械化。全市共有大型道路保洁作业车辆288辆；道路保洁采取人工＋机扫+洒水+冲刷，并辅以清洗的作业方式；由人工为主、机械为辅的作业方式，逐步改为以机械为主、人工为辅的作业方式，降低环卫工人劳动强度，城区主次道路机扫率60%，洒水冲刷率96%。

2010年，全市城区道路保洁面积4321万平方米。推行惠民城管保洁法，实行夜间洒水冲刷、白天保洁捡拾的作业方式。建立健全道路日常考核机制，实行环卫所“一日两普查、一日再抽查”，区城管局“一日一抽查，一周一普查”，市城管局“一周一抽查，一月一普查”“周考评、月通报”考核制度；实施“六定”(定人、定时、定岗、定责、定标准、定奖惩)管理考评体系，实现区城管局、街道办事处及环卫所网格管理员的三级联动道路监管模式。

第二节 垃圾清运处理

1986年，全市生活垃圾年清运量34万吨。1988年，实行生活垃圾统一管理模式，垃圾清运由各区环境卫生汽车队承担。全市有垃圾运输车98辆，清运工392人。实行垃圾统一管理的单位占驻市单位总数的70%以上，每天组织单位自运垃圾近千吨，环卫部门为单位代运垃圾460多吨。全年共清运垃圾50万吨。对驻市单位内部垃圾清运办法进行改革，对无自运能力单位，环卫部门为其有偿代运垃圾近15万吨，全年收取代运费、处理费170万元，乱倒垃圾现象得到有效控制。同年，济南市历下区在全省第一个实现垃圾收集容器化，提高工效2倍以上，减轻环卫工人劳动强度，结束环卫工人清运垃圾靠人工装卸的历史，在全省率先对垃圾实行统一管理。通过督促单位自运、环卫所代运等形式，将垃圾统一运往指定地点，集中进行无害化处理，生活垃圾达到日产日清。

1990年，济南市日产生活垃圾1775吨，主要采取厌氧发酵、高温堆肥法处理方式，垃圾处理率100%，改变垃圾搬家、鲜粪出城的落后状态，使污染危害降到最低限度。

1991年，住宅小区垃圾收运实现经常化。在小区建立专职垃圾收集员队伍，先后在32个住宅小区新增垃圾楼台103座。小区居民每户每月交纳2元钱的服务费，由保洁员每天为居民清运垃圾。

1992年，市环卫局投资600万元用于垃圾无害化处理，新建3.6万立方米的垃圾发酵仓和3000立方米的粪便发酵池，购置5套电动垃圾分选筛及装载机、运料车、喷药车等配套机械，无害化处理厂达到日处理垃圾900吨、粪便100吨的能力。区属垃圾场采取卫生填埋与高温堆肥相结合的方法，日处理垃圾600余吨，全年共清运生活垃圾55.53万吨，做到日产日清，清运率100%。

逐步淘汰高位垃圾楼台，改用全封闭集装箱式垃圾转运站。1995年6月，市环卫局投资40万元，在历下区佛山街南段东侧开工新建全市第一座垃圾转运站，1996年1月20日竣工并投入运行。该转运站位于佛山苑和棋盘街两个居民住宅小区之间，占地面积120平方米，收集半径500米，服务人口1.2万人，日转运垃圾16吨以上。解决垃圾暴露和清运过程中洒漏的问题，为全市垃圾容器的更新换代提供了范例。

1996年，济南无害化处理厂建成6万立方米垃圾发酵仓，配置电动分选筛、装载机、喷药车等机械设备，具备日处理垃圾1500吨的能力。关闭各区小型垃圾场，全市所有垃圾全部运往市无害化处理厂，进行集中无害化处理。

1997年，实行生活垃圾袋装化收集。市区实行由环卫专业队伍对居民家庭和沿街经营门头垃圾统一袋装化收集，解决部分区域袋装垃圾不规范的问题。至2001年，全面推行袋装收集，保证一天两次登门、小袋装大袋收集，垃圾袋装普及率90%，生活垃圾袋装收集规范率80.1%。

1998年，《济南市城市生活垃圾处置管理办法》颁布。8月，济南市第一座规范的垃圾卫生填埋场投入使用。位于原市无害化处理厂内，占地面积11万平方米，设计能力日处理垃圾1200吨，投资2000万元。工程严格按照国家标准，在国内率先采用高喷灌浆垂直防渗工艺，填埋场渗透系数小于每秒千万分之一的国际标准，设置导沼、雨污分流、排污等设施，配置压实机、推土机等机械设备，对生活垃圾实行“单元式”填埋作业，及时覆土、压实。该工程解决了用单一堆肥方式处理垃圾存在的弊端，提高了垃圾处理质量，减少了环境污染。

2002年，贷款970万元，配备10套考格尔ZYJY9050系列密闭压缩车。该型号密闭压缩车1辆可携带4个压缩箱，每个压缩箱可独立配置在主次干道、广场和居民小区等地，既可方便垃圾收集，又可作为垃圾中转站，与垃圾压缩车相比，可节省投入投资50%以上。该压缩车占地小、容量大，每个压缩箱可压缩生活垃圾12.5吨。每天可使700吨的生活垃圾达到密闭化收集、中转和运输，占济南市日产垃圾的35%。

2006年12月6日，山东省第一家垃圾填埋气体收集发电项目在济南市无害化处理厂举行投产仪式。每年可收集填埋气约2000万立方米，日发电约9万千瓦时。既有效控制沼气污染和沼气爆炸隐患，又减少温室气体排放，实现垃圾资源的回收利用。

沼气发电设备 (2006年摄)

2010年，全年清运垃圾78万吨。建立与垃圾分类、资源化利用以及无害化处理相衔接的生活垃圾收运网络，配有垃圾收集车1399辆，设有356处中转站(箱)，其中中转站145处(8处压缩式中转站)，设置7000余个生活垃圾收集桶，垃圾运输车辆为202辆(含压缩车5辆)，通过购置电动垃圾收集车，采取定点投放、定点收集方式，完善密闭化收集模式。6月，济南高新技术开发区建成山东省最大的垃圾转运站，占地面积1.02万平方米，投资900多万元，日处理垃圾400吨。

第三节 粪便清运处理

1986年，济南市粪便清除工作实行“市级管理、分区服务、层层分解、逐级承包”管理形式。市环境卫生管理局直属的两个肥料厂(共4个清除队)，负责市区四个区的粪便清除。全市有粪便清除车64辆，工人388人。

1988年，实行“定岗包门”和“亮牌服务”责任制。全年共清除粪便16.5万吨。居民庭院厕所达到“隔双日一清、不漏门、不过坑、挖净、扫净、车走地净”的标准。对单位内部厕所、楼房化粪池的粪便清除实行有偿服务，全年为各单位有偿清除粪便3万多吨，收取清除服务费50万元。

1991年，实现无害化处理。市政府拨专款200万元在处理厂修建10个发酵仓，采取厌氧发酵、垃圾与粪便混合高温堆肥的方式，日处理垃圾300吨，粪便200吨。同年对两个垃圾填埋场进行了加工建设，采取推平、打药、盖土、压实的方法，对其余垃圾全部进行简易卫生填埋，全市垃圾粪便处理率达100%。

1992年，济南市政府投资110万元新建容积3000立方米的地下式粪便无害化处理池，为山东省最大处理池，位于济阳县市无害化处理厂内。采用密闭化常温发酵法，经四级沉降发酵，30天达到无害化标准，日处理100吨粪便。经山东省卫生防疫站化验，处理后的粪便含大肠杆菌10^{-1}以下，符合国家有关规定。粪水可直接用于农田，也可掺入发酵后的垃圾制成高效混合肥。该池还配置容积为50立方米的沼气储气柜，可将粪便发酵过程中产生的沼气引入储气柜，作燃气使用。

1993年，市环卫局接管全市建成区内由行政村改为居委会地区的各种厕所，共有家庭旱厕10373个，共用厕所102个，公厕25个，单位厕所304个。对设置在主次干道两侧，主要为流动人员服务的公厕与家庭旱厕，由市城肥清运管理处按照分区服务的规定实行无偿服务，占60%；对胡同长、道路窄，不便机械作业地区的厕所，采取委托服务的办法，环卫部门分别与被委托人签订合同，由被委托人按规定的卫生标准，分段、分片承包清运，占40%。

2006年10月30日，济南市城肥处理中心一期工程建成投入试运行。位于天桥区粟山路54号，是山东省第一家规范处理粪水的处理中心。利用天桥区王炉居民委员会和黄岗居民委员会的坑洼地建设，共计1.814公顷，总投资1320万元，设计处理粪水能力为400吨/日。一期工程占地面积0.533公顷，主要有城肥处理分离车间707平方米、调节池400立方米、办公楼850平方米和其他附属工程。建成一条城肥处理生产线，具备日处理粪水200吨的能力。城肥处理中心采用的工艺技术主要通过固液分离和絮凝脱水，分离出的大块固体物送往济南市生活垃圾无害化处理厂填埋，脱水后的干物质用以制造有机生物肥料。同时经过设备处理后的粪水COD(化学需氧量)、BOD(生化需氧量)去除率为60%～80%，作为污水处理的营养剂，就近排入济南市水质净化二厂进行深化处理，不但实现城市粪水消纳的减量化、无害化和资源化，还可以有效控制粪水对自然环境的污染。

2008年，二期工程建成运行。至年底，共进场粪水29344.5吨。采取处理后粪便与粉碎后落叶混合制肥技术，产出细粪渣1966.08吨，出细粪渣率6.7%；产出粗渣垃圾571.9吨，出粗渣率1.95%。该项技术解决了落叶最终出路和落叶焚烧问题，实现了变废为宝。

2010年，实行免费清疏开放式小区楼房化粪池。对辖区各居委会所属居民家厕、旱厕进行摸查，精确掌握辖区内化粪池的分布、数量、使用情况等具体信息；建立简便易行的“化粪池管理档案”，实行责任人巡查制度，实现冒溢前进行疏通的目标。对已纳入服务范围的居民宅院，实行预约服务，对孤寡老人实行定期帮助服务，并重点落实棚户改造区内家庭厕所免费清疏工作。逐步将条件成熟的城乡接合部、城中村的家庭厕所、公共厕所纳入规范管理服务范围，年内接管白马山、刘庄、红庙、张庄、柳云地段。制定“便民服务十点规范”等工作标准，向市民发放粪便清除服务监督卡、便民联系告知卡等，将便民服务热线向社会公布，24小时内解决市民来电。年内共完成280个开放式小区的3.7万处楼房化粪池免费清疏工作，出动车辆2.6万车次，无偿清运粪水约3万吨。

第四节 渣土清运

1986～1994年，全市渣土清运管理较为松散。1995年8月，《济南市城市生活垃圾处置管理办法》实施。1996年6月，市建委制定《关于贯彻落实建设部〈城市建筑垃圾管理规定〉有关问题的通知》，对城市建筑垃圾及建筑垃圾的管理部门、管理程序、收费等作了规定要求。自1996年7月1日起，建筑垃圾管理工作由市城建局移交市环卫局负责管理。1996年8月初，市环卫局根据《济南市城市生活垃圾处置管理办法》实施城市建筑垃圾处置统一管理，具体负责历下、市中、槐荫、天桥、历城五区内的建筑垃圾处置管理工作。1996～1999年，共接受渣土申报单位16511个，处置渣土978万立方米，发放准运证79818张。

2000～2002年，共处置建筑渣土1425万立方米，办理准运证87454张，清理乱倒渣土5.29万立方米。

2003年始，开展建筑渣土集中整治行动。市建委等五部门联合制定《关于加强渣土和建筑散体物料运输车辆管理的通告》，市环卫局制定《关于渣土建筑散体物料运输密封装置及配备GPS卫星定位车载终端技术标准的公告》。规定绕城高速内渣土运输和散体物料运输车辆必须加装每辆密封式机械装置，加配具有定时定位、车辆调度、防盗报警等功能的GPS卫星定位车载终端，并与环卫部门GPS监控中心相连接。至年底，检验审查散体物料运输车辆500台(次)，动员业主安装密闭装置和GPS卫星定位系统158台(次)。

2004年3月2日，为进一步规范渣土和散体物料运输管理，有效遏制乱倒渣土和运输撒漏现象的发生，制订《济南市集中整治乱倒渣土和运输撒漏工作方案》，采取“市区联运、部门协作、统一指挥、分工负责”的方式，源头管理与途中堵截相结合以源头管理为主，夜间检查与白天整治相结合以夜间检查为主，流动检查与定点堵截相结合以流动检查为主，行政处罚与宣传教育相结合以行政处罚为主，最大限度遏制乱倒渣土和运输撒漏现象的发生。自此市渣土管理处开始渣土处置双向签单制度。为强化建设拆迁单位对渣土和建筑散体物料运输的管理责任，改变过去渣土排放审报办法，全市渣土管理工作实行渣土排放源头审报制。

2005年8月11日，济南市城乡环境综合整治"乱倒垃圾渣土专项整治"领导小组成立，制订三年专项整治工作方案。制定建筑工地文明作业"四规范、五不准"的标准，建筑渣土源头管理工作初步走上正轨，渣土运输途中的撒漏、乱倒现象得到初步遏制。主要做法是抓源头、渣土运输过程、处置场地的管理。2006年6月，制定《济南市建筑垃圾运输管理考核细则(试行)》，对已核准的建筑垃圾运输单位及所属车辆，实行积分考核制。落实相关制度，强化运输单位对驾驶员的培训管理。强化部门之间的联动机制。2007年5月1日，《济南市环境卫生管理条例》实施。

2008年6月5日，济南市开展新一轮建筑渣土专项整治行动。确定"抓两头、控途中"的总体思路，按照"市区联动、综合整治、属地管理、区负总责"的总体思路，通过制定新政策，推进管理中心下移，强化属地管理责任落实，开展密集联合执法行动等措施，全市建筑渣土管理水平得到提升。9月1日，制定《关于印发〈济南市建筑垃圾倾倒场(点)建设运行管理办法(试行)〉的通知》《关于印发〈济南市建筑垃圾处置保证金管理暂行办法〉的通知》。

2009年2月7日，市委、市政府印发《迎全运城市环境综合整治总体方案》，建筑渣土整治由市建委牵头成立建筑渣土整治指挥部。通过健全机构，理顺管理体制，推进管理重心下移，推行建筑渣土运输车辆密闭改装，推进建筑渣土运输管理系统等科技监管措施的应用，开展多部门参与的联合执法行动等措施，全市建筑渣土管理实现由"乱"到"治"再到"秩"的重要转变。

2010年3月30日，济南市建筑渣土整治指挥部改为济南市建筑渣土综合整治办公室，负责日常工作，建筑渣土专项整治工作由集中整治阶段转为巩固提高阶段。

第五节 机动车清洗

1994年，按照建设部及省建委要求，市环卫局对各洗车站进行停业整顿。1996年10月，北外环站和济兖路冲洗站撤销、移交，济微路、大桥路冲洗站进行转产。进城车辆清洗站每天清洗车辆5000辆次，洗掉泥沙15～25吨。1997年5月，根据国务院《城市市容和环境卫生管理条例》、建设部《城市车辆清洗管理办法》等法规，制定《关于济南市城市车辆清洗管理通告》。1998年9月3日，《济南市城市机动车辆清洗保洁管理规定》实施。对车辆清洗业主管部门，清洗站点设置、设备造型，及需要达到的清洗标准做出具体规定，并对占道清洗等违规作业行为做出相应的处罚。至12月底，共为18家符合政策规定的清洗站颁发运营证，为97家站点建立登记档案，初步建立起济南市车辆清洗行业的管理系统。

2003年9月28日，制定《机动车辆清洗站点设置技术标准》。至2003年年底，市车辆清洗管理处下达整改通知132份，暂扣清洗机具70余

现代化的冲洗车设备 (1994年摄)

套，关停取缔黑站点20余家，协助指导89家清洗站安装符合技术标准的循环水处理设备，整治达标率85%以上。

2004～2010年，车辆清洗管理工作克服没有收费标准，管理法规相对滞后的困难，坚持对全市清洗站的巡查、整治工作，为变更、新建站点及时办理规范站点登记证，确保车辆清洗站点污泥的及时清运和周边环境卫生的保洁。

第三章　环卫管理

第一节 门前卫生承包责任制

1986年，改革“门前三包”(包秩序、包绿化、包卫生)责任制，对市区道路两侧单位的门前卫生实行专业保洁、有偿服务。1988年，环卫部门与驻济南市4000多个单位签订门前卫生有偿服务合同，保洁面积126万平方米，收取有偿服务费80多万元。实行有偿服务后，有专业队伍保洁，统一质量标准，统一检查评比，统一承包、奖惩，门前卫生责任制真正落到实处。在不增加政府财力负担的情况下，实现单位门前保洁与道路保洁的同步发展。

2003年11月20日，市政府下发《济南市人民政府关于实行门前市容环境责任制的通知》，明确市区范围内道路两侧的党政群机关、企事业单位、经营业户、居民小区管理委员会、居(村)委会为各自门前市容环境责任制的责任单位。其中，居民小区由物业公司管理的，责任单位为物业公司；由住户工作单位管理的，责任单位为该单位。各责任单位具体负责其生产经营、办公场所及住所从沿街建筑物外到路沿石范围内的净化、美化、亮化和绿化任务。

2003～2006年，沿街单位和沿街业户的“门前五包”(包卫生、包绿化、包市政公用设施、包建筑容貌、包秩序)责任书签订率逐年增加。至2006年，全市共签订“门前五包”责任书19557份，主次道路和支路签约率超过96%。

2010年，全市“门前五包”责任书、主次道路和支路签约率99%。

第二节 环境卫生费征收

1986～1992年，全市城区居民和单位产生的生活垃圾数量不大，以分散的简易填埋处理为主，垃圾的收集、中转运输和处理所需资金基本由市级和区级财政拨款支付。

1992年7月，市物价局、市财政局制定《关于确定环卫收费标准的通知》，规定5类14项环境卫生收费标准。1996年7月，市物价局、财政局制定《关于核定建筑垃圾处置管理收费标准(试行)的通知》，核定了建筑垃圾处置管理3类收费标准，并规定这3类收费试行期1年。

1996年济南市环境卫生有偿服务项目及收费标准

表2—7—1

项 目	单 位	收费标准	备 注
一、对马路人行道、门前卫生责任区			
1. 居民公共卫生费	元／户·月	0.30	
2. 单位门前卫生费	元／月·平方米	0.12	主要街道两旁的单位只能收到马路牙石至墙根处。一般单位每月最低3元，饭店、酒店最低10元。500元以上由区物价、环卫共同核定
3. 零星商摊点卫生费	元／月·平方米	1.00	不足5平方米的按5平方米计算
4. 建筑卫生费	元／月·平方米	0.30	只收小街小巷内私房建筑。不足一月按一个月计算
二、垃圾清除			
1. 代运垃圾费	元／立方米	14.80	双方准确核算日产垃圾量
2. 自运垃圾处理费	元／立方米	3.00	有车辆等自运条件
三、粪便清除			
1. 人工清挖粪便	元／吨	30.00	粪便洁除费分为，消除化粪池每吨元，每米15元
2. 吸粪车抽除	元／吨	15.00	
3. 清挖化粪池	元／吨	35.00	
4. 机械疏通下水道	元／米	15.00	
5. 人工疏通下水道	元／米	15.00	
四、水冲公厕			设在旅游景点、车站。繁华商业区的公共场所独立设置较高档次。经市物价、环卫部门验收批准统一标价的公厕
1. 一类	元／人·次	0.20	含足量手纸、擦手纸、皂液。小便不许收费
2. 二类	元／人·次	0.10	
五、楼群环卫服务费	元／户·月	3.00	楼群内60%的居民自愿时才能设此项目
六、建筑垃圾处置管理费	元／立方米	2.00	含处置证件费
七、建筑垃圾治污费	元／月·平方米	0.30	围挡内占用面积
八、建筑垃圾处置管理证照工本费	元／证	5.00	指居民建筑垃圾在50立方米以下或单位就地回填

1997年4月，市物价局、市财政局、市环卫局联合制定《关于确定济南市城市环境卫生收费标准的通知》。自1997年5月1日起，济南市开始征收16项环境卫生收费。相继制定《关于确定济南市城市生活垃圾袋装化收集收费标准的通知》，规定居民(沿街经营性门头)每户每月交纳垃圾倾倒服务费4元(15元)；《转发〈关于城市环境卫生收费有关问题的补充通知〉的通知》，确定建筑垃圾处理费为每立方米2元；《关于确定移动公厕收费标准的批复》，确定移动公厕的收费标准为每人次0.50元；《关于对物业管理小区垃圾中转代运服务

收费标准的通知》，规定不具备自运条件的物业管理企业，每月每户2.5元(自运的1元)。至此，济南市建立了比较完备的城区环境卫生收费制度。

1997年济南市城市环境卫生收费标准

表2—7—2

收费项目名称	收费对象	计量单位	收费标准	执行部门	备　注
综合清挖化粪池服务费	单位、个人	元／吨	35	市城肥清运管理部门	清挖彻底；楼房化粪池由产权所有者交
粪便管道清疏服务费	单位、个人	元／米	20		委托服务者
一类水冲公厕	个人	元／人·次	0.3	公厕管理部门、单位	市区经批准收费水冲公厕
二类水冲公厕	个人	元／人·次	0.2		
楼房公共卫生清扫服务费	住户	元／户·月	4	组织服务的部门、单位	六成住户同意接收服务楼寓
建筑垃圾工程渣土处置费	施工单位	元／立方米	4	各区由市渣管处收取县（市）由环卫部门收	
异地填垫调度费	单位	元／立方米	2		用上单位
准运证照工本费	单位	元／证	5		已办处置手续的施工车辆
城市居民垃圾处理费	含市区临时户城市居民	元／户·月	2	市环卫局委托街道办事处按行政区收取	
责任区清扫委托服务费	单位	元／户·平方米·月	0.2		
零星商摊卫生费	单位、个人	元／户·平方米·月	2	市环卫局授权部门、单位巡查收取	
建筑卫生费	市区内施工单位	元／月·平方米	0.3	县（市）区环卫管理部门	按围占面积计收
生活废弃物委托代运服务费	单位、个人	元／立方米	15	县（市）区环卫管理部门	法规规定免收的除外
生活废弃物处理费	单位、个体	元／立方米	6	无害化处理部门	自运生活垃圾单位、个人
人工清挖厕所粪便服务费	单位、个人	元／吨	40	市城肥清运管理部门	法规规定免收的除外
吸粪车抽除厕所储粪池粪便服务费	单位、个人	元／吨	20		

2005年9月30日，《关于公布2005年济南市行政事业性收费项目标准目录和取消项目的通知》，将环境卫生类收费项目削减为14项。2009年11月26日，编制《2009年济南市行政事业性收费项目目录及标准》，济南市环境卫生收费项目固定为14项。

2009年济南市行政事业性收费项目标准表

表2—7—3

收费项目	计费单位	收费标准	收费及资金管理文件依据
城市环境卫生费			省物价局、省财政厅、省建委鲁价费发〔1998〕383号 省建委、省物价局、省财政厅鲁建城〔1996〕350号 鲁价费发〔2002〕264号
粪便清运费	元/吨	30	鲁建城发〔1996〕350号
粪便管道清疏服务费	元/工时	20	
楼房公共卫生清扫服务费	元/户·月	4	济价费字〔1997〕103号
城市居民垃圾处理费	元/户·月	2	
建筑卫生费	元/月·平方米	0.3	
单位生活垃圾废弃物处理费	元/立方米	6	
生活废弃物代运服务费	元/立方米	15	
责任区清扫委托服务费	元/户·月·平方米	0.2	
二类水冲公厕	元/人·次	0.2	
一类水冲公厕	元/人·次	0.3	
建筑垃圾工程渣土处置费	元/立方米	2	鲁价费发〔1998〕383号
袋装垃圾服务费	元/月·户 元/月	居民4 单位15	济价费字〔1998〕129号
移动公厕收费	元/人·次	0.5	济价费字〔1999〕186号
管理小区垃圾中转代运服务费	元/月·户	2.5	济价房字〔2000〕67号

第三节 环卫监察

1984年11月19日，市容环境卫生监察队成立。1990年3月15日，改称市容环境卫生监察大队。1998年4月28日，改称市城建监察总队环境卫生监察支队。2003年，撤销济南市城建监察总队环卫监察支队，人员分流到济南市城市管理行政执法局和五区城市管理行政执法局。

1999年11月12日，市环卫局在市容环卫监察大队成立“环卫系统110监察服务热线”，主要接听登记市民群众热线电话，根据需要解决问题的性质和难易程度，填制环卫110联动热线急办件并填写处理意见及要求解决的期限。2001年2月28日，市环卫局制定环卫110联动工作考核标准及考核办法，考核实行计分制，满分100分，凡达到要求的项目得分，达不到要求的减分或不得分，具体的项目涉及组织、制度落实，联动单位有专人值班、值班人员热情主动，使用文明语言、急办件填写认真规范、限时处理解决群众问题等三大项十六小项。2002年，全市环卫系统组织开展争创示范环卫路、示范环卫所和示范环卫社区活动。2006年，进一步强化对重点工地、重点路段、重点区域、重点时段的管理，坚持“一盯、二巡、三清”制度，联合城管执法、公安、交警、巡警等部门，实行联合执法、部门联动，有效遏制了渣土运输的违规行为。2009年，按照“全面排查、落实责任、及时清理、动态把握、建立长效”的原则，各区、各责任单位组织开展各类垃圾死角的排查清理行动。2010年，推进环境卫生网格化管理，把全市89个办事处环卫所划分为402个网格，实行全方位考核，城区内环境卫生管理覆盖率100%。

第四节 保洁队伍与待遇

一、保洁队伍

1988年，城区保洁员2512人。

2009年，开展迎全运环境卫生整治行动，按照道路保洁人员配置标准，先后在重点区域、重点路段增加保洁员1908人，在支路、街巷增加保洁员579人，人员增幅45%。

2010年，全市城区保洁员8230人。

二、待遇

1986年后，济南市为428户符合条件的环卫职工办理家属子女户口“农转非”，共计969人。1988年，市政府拨100万元专款为环卫职工修建住房。1989年，全市有23名环卫职工被评为市级优秀城市美容师。1995年8月16日，山东省八届人大常委会第十七次会议通过《关于设立山东省环卫工人节的决定》，将每年10月26日定为山东省环卫工人节。1995年10月26日，在八一礼堂举行“济南市庆祝首届山东省环卫工人节大会”。2006～2010年，济南市推进保洁员公寓建设。2006年，建设、改造保洁员公寓18处；2007年，新建、改造保洁员公寓14处；2008年，建设、改造保洁员公寓25处；2009年，新建、改建保洁员公寓17处；2010年，新建保洁员公寓5处，改建17处，公寓面积达21792平方米。至2010年，保洁员月平均工资1023元。

2010年，市机械化清扫大队获山东省“富民兴鲁劳动奖状”、保洁员马洪亮被评为“全国劳动模范”，市生活废弃物处理中心被评为省级文明单位，市城肥清运管理一处110联动办公室被评为山东省建设系统“工人先锋号”。

八一立交桥保洁队　(1991年摄)

第四章　城市容貌管理

第一节 户外广告管理

1986年，户外广告管理职能归属市城建局，负责全市户外广告审批和管理等工作。户外广告实行审批制度，日常管理由市区两级负责。1995年5月，山东省人民政府发布《山东省实施〈城市市容和环境卫生管理条例〉办法》。1999年，《济南市城市市容管理条例》实施，规定户外广告管理的有关情况。2003年，户外广告管理职能和人员整建制划归济南市市容环境卫生管理局。2005年3月，济南市建设委员会下发《关于进一步加强城市管理的通知》，商业牌匾广告由各区审批，并下发《牌匾设置技术标准》。2006年10月，市建设委员会制定《济南市户外广告总体规划》《济南市户外广告设置技术规范》。2009年12月，《山东省城镇容貌和环境卫生管理办法》实施。2010年1月，市政府机构改革将户外广告管理职能、人员由市建设委员会划转至市城市管理局。2010年6月，市物价局、市财政局联合印发《关于制定户外广告资源有偿作用费征收标准及有关问题的通知》，明确户外广告资源有偿使用费征收标准、户外广告设置区域分类。

第二节　夜景亮化管理

1986～2007年，济南市景观照明管理均由建设单位和业主自行管理。

2007年，为迎接第十一届全运会，景观照明工作由济南市建委牵头，迎“十一运”夜景亮化指挥部负责全市夜景亮化工程建设的组织协调、督导检查和考核验收等工作。总投资3.5亿元，集中开展以十路、十桥、十园、十场为重点的景观照明整治工作，市区主要道路沿线楼体与节点、桥梁、公园、广场基本完成亮化建设。

本着“节能、环保、高效、安全”的照明理念，济南市在夜景亮化建设过程中，积极引导、推广使用新技术、新工艺、新材料、新光源。至2010年，80%以上的景观照明设施均采用LED新型节能光源，与传统的卤灯、钠灯等传统光源相比，节电60%以上。济南市投资850万元建设集中控制系统，全市共安装856个点，统一控制开关。

2010年1月，市城管局成立，景观照明管理职能由济南市建设委员会划入市城管局。

第三节　建筑物外部装饰管理

1991年前，建筑物外部装修管理没有专门法规，处于粗放管理状态。

1991年3月11日，市政府发布《济南市城市容貌管理办法》，明确规定在市区内城市道路两侧商业设施的外部装修，必须由取得相应资格证书的装修施工单位承担，建设单位须持营业执照、装修设计图纸和施工方案等有关资料，报经市城建管理部门审查批准。建(构)筑物的产权单位须加强对建(构)筑物的维护和管理。建(构)筑物外部污染严重或色彩脱落的，应当及时进行冲刷或粉饰。城市道路两侧建(构)筑物外粉饰需要更新的，产权单位应将更新设计方案报送市城建管理部门审批。并明确规定商店牌匾的造型、色彩应美观大方，充分体现商业特点，牌匾文字应当书写正确、规范，拼音文字不得与外文混用。

1999年9月17日，《济南市城市市容管理条例》实施，对建筑物外部装修实行分级管理，管理重心开始下移。规定在城市道路两侧临街建筑物外部改造装修，产权人和使用人应当持产权证明材料、营业执照、装修位置图、平面图、效果图及其他有关资料，属主要道路的，报市城市市容行政主管部门审批；属非主要道路的，报所在区城市建设管理部门审批，经批准后，方可办理其他有关施工手续。审批部门应当自接到申请之日起七日内予以书面答复。并颁布相关市容标准，如牌匾应当依附墙体设置，前出一般不超过50厘米。横匾宽度不得超过门面高度的三分之一，竖匾长度不得超过门面高度二分之一。牌匾要突出店名和标志，文字要简洁、规范。对临街建筑进行装饰的，应当与原建筑风貌及周边环境相协调。现有的建筑物，应当保持外形完好、整洁。主体建(构)筑物一般每3至5年粉饰一次，粉饰面应当光洁平整、美观大方，主次色调均匀，搭配和谐。

2004年9月1日，市容管理划归济南市市容环境卫生管理局，负责主要道路两侧临街建筑物外部改造装修的审批管理。2004年始，实施环境综合整治，建筑立面整治作为重要整治内容。2009年，第十一届全国运动会在济南市召开，全市开展大规模的市容道路专项整治工作。对全市85条主、次道路进行包括门头牌匾改造、建筑立面装饰为主要内容的建筑物外部统一整治提升。商业门头牌匾按照一户一匾的标准，由区政府出资统一设置底板，相对统一高度、材质，最后由商户根据自身的店面特点设置店名与标志。全市共整治更换牌匾2万余处，建筑容貌焕然一新。

2010年，建筑物外部装修管理下放至各区管理，各区纳入审批服务大厅，方便业户办理。同年，《济南市户外广告设置管理条例》对商业牌匾做出管理规定，要求设置商业牌匾的应当遵守商业牌匾设置技术规范，商业牌匾设置技术规范由市城市管理行政主管部门会同相关部门制定，报市政府批准后公布执行。建筑物外部装修已进入标准化、精细化管理时期。

第五章　城管执法

第一节 乱贴乱画与占道经营整治

1986～2002年，济南市城区乱贴乱画及占道经营现象普遍。2003年8月，济南市城市管理行政执法局成立，负责实施市容环境卫生管理、工商行政管理等11个部门的行政处罚权，以《济南市关于公布城市管理相对集中行政处罚规定的通告》(简称《206号令》)作为执法依据，对占道经营的行政处罚做出明确规定，即对场外(店外)经营的无照商贩，责令停止经营活动，没收非法所得，并处以五十元以上，五百元以下罚款；对乱摆摊担，店外经营、作业者，没收经营工具和物品，并处以一百元以上三千元以下罚款。

2004年11月，全市占道经营集中整治行动现场

2004～2006年，市区两级抽调110名队员组建户外经营整治突击队，对主次干道占道经营情况进行集中治理，逐路逐片取缔占道经营，创造市容整治“五统一”新做法(统一公开曝光、统一编制整治预案、统一建立罚没物资库、统一分组编队、统一处罚标准)，按照“严禁主干道、严控次干道、规范街巷支路”的思想，突出主次干道、繁华场所、学校医院周边和党政机关驻地环境整治。2004年，确定64条城管执法示范路和18处示范场所；2005年，城管执法示范路和示范场所分别扩大到85条、106条路段和20处示范场所。

为加强城市沿街报摊管理，济南市城管执法局与大众日报、济南日报等报业集团共同制定《城市报亭报摊管理办法》，对市区1000多个报摊，实施统一规划定点、统一售报车辆、统一着装管理“三统一”管理新办法，有效弥补城市管理的空白点，定期对报摊点进行普查，按照办法规定，动态调整报摊车定点，2010年将报刊零售点定为1050处。

2003年8月市公安局城市管理警察支队成立，2010年8月改编为市公安局直属分局配合市城管执法局直属支队开展执法工作，并对城管执法领域乱贴乱画小广告违法行为坚持零容忍，开展打击制贩假证(章)、发票犯罪等专项整治行动，从源头上打击非法张贴小广告等不良行为，维护良好的社会治安秩序、城管执法秩序。2003～2010年，先后捣毁1个重大制贩假证窝点和1个制售假发票窝点，逮捕1人，刑事拘留2人，取保候审2人，行政拘留27人，查获制假设备11台、各类假证件1.42万余个，涉及各级国家机关、各大院校的假公章、印章模板5000余枚，缴获各类假发票20余种、1100余本，共计6万余份，涉案可填开金额27.5亿元，打击了制贩假证和发票犯罪活动的嚣张气焰，从源头上遏制喷涂、张贴制作假证件“小广告”的高发势头。

2010年1月15日，济南市城市管理局成立，与济南市城市管理行政执法局合署办公，2月7日，济南市城管局(城管执法局)召开全系统“构建人民满意的城管品牌暨解放思想大讨论”活动动员大会，提出利用三年时间用心构建人民满意的城管品牌。对占道经营的管理，提出关口前移和疏堵并举的举措，不得没收和暂扣违法当事人的经营工具和经营物品，根据《山东省城镇容貌和环境卫生管理办法》的规定，推行“地图式”思维，在全市设置西瓜摊点455处，修车摊点293处。

第二节 违法违章建筑拆除

2007年7月，全市依法整治违法违章建设动员大会召开。市政府制定《关于依法整治违法违章建设的意见》，发布市政府《关于依法整治违法违章建设有关问题的通告》及市中级人民法院、市人民检察院、市公安局、市司法局联合发布的《关于严厉打击非法建设等违法犯罪行为的通告》。至2009年年底，共拆除各类违法违章建筑14351处、437.2万平方米。

2009年4月，天桥区师范小区28号楼强拆现场

2010年，济南市创新违法违章建设整治理论，提出“以控为主”的整治新思路，实行重心下移和绩效考核排名通报制度，逐步建立起一整套新的违法违章建设防控体系。全市共拆除违法违章建筑5731处、面积101.8万余平方米。

第六章 机 构

第一节 济南市城市管理局

1986年，济南市环境卫生管理处隶属市建委领导，辖环卫设备修制厂、匡山、甸柳庄2个肥料厂，内设秘书科、政工科、综合科、环卫科、科教科、保卫科、纪委、工会、团委、审计共10个科室。1987年2月，市环境卫生管理处改为市环境卫生管理局，内设办公室、环卫处、综合处、组织人事处、科教处共5个职能处室。

1996年9月，市环境卫生管理局职能配置、内设机构和人员编制进行调整，为济南市政府直属局级事业单位，内设办公室(挂信访处牌子)、组织人事处、环境卫生管理处、计划财务处、法规处、科技教育处、离退休干部工作处、宣传处8个职能处室。

2001年8月，市环境卫生管理局内设机构调整为办公室、法规处(挂宣传处牌子)、组织人事处、环境卫生管理处、计划财务处、科技教育处6个职能处室和离退休干部工作处。2003年7月，济南市环境卫生管理局更名为济南市市容环境卫生管理局。原济南市城市管理局内设机构市容处移交市市容环境卫生管理局。2004年9月，市市容环境卫生管理局由市政府直属事业单位改为市建设委员会管理的正局级事业单位，内设办公室、政策法规处、市容管理处、规划财务处、环境卫生管理处、设施装备处、组织人事处7个职能处室和离退休干部处；市容环境卫生管理局参照《中华人民共和国公务员法》管理。

2010年1月15日，市城市管理局成立，为市政府工作部门，内设办公室(与城市管理行政执法局办公室合署)、政策法规处、组织人事处(与城市管理行政执法局组织人事处合署)、规划财务处、综合管理处、城市保洁管理处、渣土管理处、广告与夜景亮化管理处、设施建设管理处9个职能处室和离退休干部处。济南市城市管理局事业机构设有：济南市数字化城市管理中心、济南市城肥清运管理一处、济南市城肥清运管理二处、济南市渣土管理处、济南市环境卫生科学研究所、济南市机械化清扫大队、济南市生活废弃物处理中心、济南市环卫设备修制厂。

第二节 济南市城市管理行政执法局

2003年8月，济南市城市管理行政执法局(挂济南市城市管理监察总队牌子)成立，为济南市政府工作部门，内设办公室(挂政策法规处牌子)、组织人事处、执法处、财务装备处共4个职能处室。2004年机构改革，保留济南市城市管理行政执法局，挂济南市城市管理监察总队牌子，为市政府工作部门。

2010年3月3日，市城市管理行政执法局(市城市管理行政执法总队)，为市政府工作部门，与市城市管理局合署办公，内设执法指导处、执法审理处、执法监督处、社会动员处、装备处共5个职能处。济南市城市管理行政执法局(济南市城市管理行政执法总队)事业机构设有：济南市城市管理行政执法局(济南市城市管理行政执法总队)直属支队。

第八篇　环境保护

20世纪80年代，济南市进入工业化和城市化快速发展阶段，城市规模扩大，人口密度加大；经济增长主要依靠高投入、高消耗的传统方式，自然资源开发强度不断加大，污染物排放量不断增加，环境污染逐渐加重，远远超过环境的自然净化能力，市区河道水质降低，大气环境质量呈下降趋势。

1985年12月至1986年10月，完成全市主要工业企业污染数据调查，为全市环境规划、科研、管理提供科学依据。1986年始，先后制定声环境功能区划、噪声控制达标、治理工业噪声和社会生活噪声超标声源、在市区实施机动车禁鸣喇叭和施工噪声等管理措施，市区声环境质量明显改善。80年代中后期，全市集中两年时间整治乡镇企业污染源，有效遏制了乡镇工业污染。

1989年，实施环境保护目标责任制、城市环境综合整治定量考核制、排放污染物许可证制、污染集中控制和限期治理等5项环境管理制度和措施。1991年，济南市环境保护治理计划首次纳入全市国民经济计划。90年代中后期，制定重点污染源企业搬迁计划，分期分批进行搬迁。

1996年，把实施主要污染物排放总量控制作为确保环境安全的重要措施，开展重点流域、区域污染治理。制定关停“十五小”企业具体实施方案，发布《济南市环境保护“九五”计划和2010年规划纲要》，进一步明确全市“九五”期间环境保护目标任务。1997年，制定《济南市人民政府关于进一步加强水污染防治工作的决定》，打响全市水污染防治攻坚战，有效遏止了水污染加重趋势。20世纪80年代中后期加快全市烟尘控制区建设，1999年始，外环路以内不再审批10吨以下燃煤锅炉，城市热网所及区域不允许新建分散锅炉。90年代末，完成东方红水泥厂和济南水泥厂的搬迁工作，彻底解决了处于市区上风口的重要扬尘污染源。2002年始，绕城高速公路以内不再批建10吨以下燃煤锅炉。

进入21世纪，济南市加快环境保护建设步伐。全面实施污染物总量控制，加强建设项目环境管理，促进经济结构调整，依法关闭和淘汰污染重、效益差的小企业，促进城市污水和垃圾处理设施建设；开展排污申报登记，建立动态申报登记数据库；推行排污许可证制度，编制实施《济南市水污染物排放总量分配方案》《济南市大气污染物排放总量分配方案》；开展生态环境调查，对锦绣川、锦云川、锦阳川流域的污染源进行专项调查和区域性水质监测，摸清全市生态环境状况特别是污染源对南部山区饮用水源地的影响，发布《南部山区重要生态功能保护区规划》。2004年，建成济南市医疗废物无害化处置中心，对168家医疗机构和医疗废物集中处置单位进行排污申报登记，实现医疗废物规范处置。推动污染源在线监测工作。建成以空气自动监测系统和重点大气污染源在线监测网络为一体的城市环境空气预警与监控系统及以黄河、小清河水质自动监测系统和重点废水污染源在线监测网络为一体的水环境预警与监控系统。2005年，围绕“一控双达标”，实施“蓝天工程”和创建国家环保模范城工程，加大环境污染治理力度。

2006～2010年，完成省政府下达的COD(化学需氧量)、二氧化硫分别削减18%、10.94%的减排目标任务，建立和完善减排指标、监测、考核体系；完成全市污染源普查及污染源普查数据动态更新；城乡环境不断改善，环境空气质量改善率位居全省前列，小清河、徒骇河等重要河流均达到省控标准；建成全市突发环境污染事件应急预案体系，地方环境立法体系日益完善；环境自动监控能力大大增强，具备全天候环境监控能力。

第一章　环保规划

第一节 综合性规划

1986～2010年，济南市环保局先后组织编制《济南市“七五”环境保护规划》《济南市“八五”环境保护规划》《济南市“九五”环境保护规划》《济南市“十五”环境保护规划》《济南市“十一五”环境保护规划》。

一、济南市环境保护“九五”计划和2010年规划

总体目标：2000年，城市环境污染和生态破坏加剧趋势基本得到控制，部分地区环境质量有所改善。2010年，全市环境污染和生态破坏状况得到有效控制，环境质量有较大改善，基本实现城市生态系统良性循环。

二、济南市“十一五”环境保护规划

总体目标：至2010年，环境污染得到有效控制，城市环境质量得到明显改善，农村环境质量基本保持稳定；生态环境恶化趋势得到遏制，重要生态功能区的生态功能得到有效保护和恢复；环境监督管理能力进一步加强，环境保护政策法规和管理体系进一步完善。

2009年，开展济南市环境保护“十一五”规划中期评估工作。规划共设置36项指标。至2009年，有27项指标已完成阶段性规划指标要求(两项总量控制指标完成较好)，9项指标未完成阶段性规划指标要求。

第二节 专题规划

一、《济南市创建国家环保模范城市规划》

2003年9月，济南提出用五年时间创建国家环保模范城市。2004年6月，《济南市创建国家环保模范城市规划》通过国家环保总局组织的专家评审。

规划对国家环境保护模范城市考核指标的28项内容作了细致分析，找出了差距，提出济南市创建国家环保模范城市的总体目标是：至2005年，通过国家卫生城市验收，城市环境综合整治定量考核达到全省17市前列(环保模范城除外)，环境质量达到全国重点城市中上等水平，省、市长环境目标责任书考核达到优秀等级，基本达到国家环保模范城市各项指标要求。至2007年，确保通过国家环保模范城市的考核验收。提出完成“六大任务”，强化城市管理，促进经济、社会与环境协调发展；实施“六大工程”，开展环境综合整治和生态环境建设，解决创模的重点和难点问题的具体规划措施。

二、《济南生态市建设规划》

2004年11月，《济南生态市建设规划》通过专家论证。

济南生态市建设目的是全面推进可持续发展战略实施，建设生态环境良好、资源利用合理、经济实力增强、社会稳定进步的先进城市，创造良好的创业发展和生活居住环境，提高济南城市的竞争力，以应对经济、社会快速发展所带来的机遇与挑战。

济南生态市建设规划为三个阶段。启动和推进阶段(2003～2007年)，以“创建国家环境保护模范城市”为主要目标，全面改善城市环境质量，实行环境与经济综合决策，提高公众的环境意识；至2007年，确保通过国家环保模范城市的考核验收，使城市环境质量稳定改善；城市和城镇体系步入良性发展状态。发展和提高阶段(2008～2012年)，基本完成区域生态环境体系的基础建设工作；水体和大气环境污染得到有效遏制，城市环境质量在较高水平上保持稳定；具有泉城特色的城市生态格局基本形成，生态城镇体系达到完善，人居环境质量达到良好水平；循环经济体系初步建立。全面发展阶段(2013～2020年)，全面完成区域生态环境体系的建设工作；城市环境质量在高水平上保持稳定；形成具有泉城特色的城市生态格局，完善的生态城镇体系，和谐优美的人居环境；循环经济体系得到完善，经济与生态环境协调发展，资源的利用达到循环水平；支撑可持续发展的生态、环境、资源、生产、防灾减灾和社会安全保障体系得到巩固发展；生态意识全面提高，生态文化在生产和消费过程中得到全面发展，生态文明发展到较高水平。

第三节 环境功能区划

一、环境空气功能区划

(一)一类区 包括八个区域，属于特殊保护区，总面积656.5平方千米，占全市国土面积的8.03%。

一类区内执行国家《环境空气质量标准》(GB3095-1996)一级标准。

(二)二类区 重点保护区域，面积7520.5平方千米。除一类区外，其余均为二类区。

二类区内执行国家《环境空气质量标准》(GB3095-1996)二级标准。

环境空气功能区划表

表2-8-1　　单位：平方千米

类别	位置	面积	总面积	执行标准
一类区	历城柳埠镇	249.2	656.5平方千米，占全市国土面积的8.03%	国家《环境空气质量标准》(GB3095-1996)一级标准
	平阴县大寨山	147.2		
	长清县	171.6		
	长清县	2.4		
	历城龙洞	27		
	章丘翠屏山	15		
	章丘胡山	12.9		
	章丘白云湖	31.2		
二类区	除一类区外，其余均为二类区		7520.5	国家《环境空气质量标准》(GB3095-1996)二级标准

二、水环境功能区划

(一)岩溶地下水生活饮用水源保护区

保护区范围西到马山断裂，东到东梧断裂，北到南外环至经十东路、经十西路延长线，南边界大致在大水井、涝坡、大涧沟、范庄、池子一线。岩溶地下水源保护区面积235.3平方千米。

济南泉域岩溶地下水生活饮用水源保护区水质执行《地下水质量标准》(GB/T 14848-93)Ⅱ类标准，并须符合《生活饮用水卫生标准》(GB5749-85)的要求。

(二)饮用地表水环境功能区

分为一级保护区和二级保护区。

饮用地表水环境功能区表

表2-8-2　　单位：平方千米

类　别	执行标准	名　称	面　积	备　注
一级保护区	国家《地表水环境质量标准》(GB3838-2002)Ⅱ类标准，并须符合《生活饮用水卫生标准》(GB5749-85)的要求	黄河（济南段）	9	田山、大王庙、北店子三引黄闸处上游1000米、下游500米范围的黄河干流水域
		鹊山水库	11.27	引黄条渠、沉沙池、库区水面及截渗沟
		玉清湖水库	8.41	引黄条渠、沉沙池、库区水面及截渗沟
		卧虎山水库	5.26	131米等高线（库区环库公路）范围内3.81平方千米水域和1.45平方千米陆域
		锦绣川水库	3.18	250米等高线（库区环库公路）范围内2.05平方千米水域和1.13平方千米陆域
		狼猫山水库	1.80	192.5米等高线（库区环库公路）范围内0.81平方千米水域和0.99平方千米陆域
		垛庄水库	1.18	305米等高线（库区环库公路）范围内0.82平方千米水域和0.36平方千米陆域
二级保护区	《地表水环境质量标准》(GB3838-2002)Ⅲ类标准	黄河（济南段）	361	一级保护区外的180.5千米河段共361平方千米河道为饮用水源地二级保护区
		卧虎山水库	水库周边小分水岭山脊线向水坡内去除一级保护区外的范围为饮用水源地二级保护区，总面积13.26平方千米	水库上游泉泸河、锦绣川、锦阳川和锦云川河道以及沿岸小分水岭山脊线内全部区域，总面积77.53平方千米
		锦绣川水库	水库周边小分水岭山脊线向水坡内除一级保护区面积外的区域为饮用水源地二级保护区，总面积13.22平方千米	石岭河、锦绣川河道及两岸小分水岭山脚线外水平或垂直50米距离内全部区域，总面积16.37平方千米
		狼猫山水库	周边小分水岭山脊线向水坡内除去一级保护区外的范围为饮用水源地二级保护区，总面积4.06平方千米	水库上游河道及两岸山脚线外水平或垂直50米距离内全部区域，总面积2.51平方千米

续表2-8-2

类 别	执行标准	名 称	面 积	备 注
二级保护区	《地表水环境质量标准》(GB3838-2002) Ⅲ类标准	垛庄水库	库区周边小分水岭山脊线向水坡内除去一级保护区外的全部面积为饮用水源地二级保护区，总面积3.72平方千米	水库上游河道及两岸山脚线外水平或垂直50米距离内全部区域，总面积3.60平方千米。
		济平干渠饮用水源地	—	青龙闸起至睦里庄河段止，总长度89.56千米

(三)非饮用地表水环境功能区

分为渔业用水区、景观用水区、工业用水区、农业用水区和其他用水区。

非饮用地表水环境功能区表

表2-8-3 单位：平方千米

类 别	执行标准	名 称		面 积	备 注
渔业用水区	《渔业水质标准》(GB11607-89)和《地表水环境质量标准》(GB3838-2002) Ⅲ类水质标准	白云湖		17	环湖大坝内水面及周边湿地17平方千米为渔业用水功能区
景观用水区	《地表水环境质量标准》(GB3838-2002) Ⅲ类标准	黄河流域	狼溪河	—	汇泉水库至黄河入河口河段划为人体直接接触的娱乐用水区
	《地表水环境质量标准》(GB3838-2002) Ⅳ类标准		城西洼	8.34	城西洼及周边水域功能为人体非直接接触的娱乐用水区
			北沙河	—	武家水库大坝至黄河入河口河段功能为人体非直接接触的娱乐用水区
			南沙河	—	钓鱼台水库大坝与崮头水库大坝至黄河入河口河段划为人体非直接接触的娱乐用水区
	《地表水环境质量标准》(GB3838-2002) Ⅲ类标准		玉符河	—	卧虎山水库放水闸至北店子入黄口河段功能为人体直接接触的娱乐用水区
	《地表水环境质量标准》(GB3838-2002) Ⅳ类标准		崮头水库	1.13	环库大坝及库区水面
			钓鱼台水库	0.46	环库大坝及库区水面
			武家水库	0.43	环库大坝及库区水面
			石店水库	0.21	环库大坝及库区水面
			崮云湖水库	0.46	环库大坝及库区水面
	《地表水环境质量标准》(GB3838-2002) Ⅴ类水质标准	小清河流域	小清河干流	—	京福高速至济青高速26.1千米河段

续表2—8—3—1

类别	执行标准	名称		面积	备注
景观用水区	《地表水环境质量标准》(GB3838-2002) Ⅴ类水质标准	小清河流域	腊山河	—	腊山至小清河入河口河段
			兴济河	—	东方红桥至小清河入河口河段
			工商河	—	金牛闸经成丰桥到凤凰闸河段
			西泺河	—	大明湖至小清河入河口河段
			玉绣河	—	广场东沟和广场西沟到大明湖河段
	《地表水环境质量标准》(GB3838-2002) Ⅳ类水质标准		护城河	—	环城公园河道
	《地表水环境质量标准》(GB3838-2002) Ⅴ类水质标准		东泺河	—	羊头峪西沟（菜市桥）至小清河入河口河段
			柳行河	—	羊头峪东沟（利农庄）至小清河入河口河段
			全福河	—	浆水泉水库至小清河入河口河段
			大辛河	—	圹村至小清河入河口河段
	《地表水环境质量标准》(GB3838-2002) Ⅳ类水质标准		巨野河	—	狼猫山水库至杜张水库河段
			绣江河	—	垛庄水库大坝至朱各务水库河段
			漯河	—	杏林水库大坝至相公庄河段
			大站水库	1.11	环库大坝及库区水面
			大明湖	0.46	水域总面积
工业用水区	《地表水环境质量标准》(GB3838-2002) Ⅳ类水质标准	徒骇河			夏口桥至展家桥干流河段
		杜张水库		0.58	环库大坝及库区水面
		朱各务水库		0.74	环库大坝及库区水面
农业用水区	《农田灌溉水质标准》(GB5084-92)和《地表水环境质量标准》(GB3838-2002) Ⅴ类标准	汇河		—	济南段陈屯村至展小庄长度河段
		玉带河		—	西南山峪至外山河段
		小清河干流		—	济青高速至辛丰庄 39.6 千米河段
		石河		—	经十东路至小清河入河口河段
		巨野河		—	杜张水库至小清河入河口河段
		绣江河		—	朱各务水库至小清河入河口河段
		漯河		—	相公庄至芽庄湖河段
		杏林水库		0.98	环库大坝及库区水面面积 0.98 平方千米
		齐济河		—	丁杨家至垛石西河段
		牧马河		—	大寺河至垛石镇老杨沟河段
		垛石河		—	盐场村至徒骇河入河口河段
		大寺河		—	大安村至徒骇河入河口河段
		土马河		—	商东河至小吴家河段
		德惠新河		—	济南境内河段

续表2—8—3—2

类　别	执行标准	名　称	面　积	备　注
农业用水区	《农田灌溉水质标准》(GB5084-92)和《地表水环境质量标准》(GB3838-2002)Ⅴ类标准	德惠新河支流临商河	–	牛王店至黄集村河段
		商中河	–	南河头至德惠新河入河口河段
		商东河	–	徒骇河至聂家营河段
		改貌河	–	毛清支沟至德惠新河入河口河段
其他用水区	《地表水环境质量标准》(GB3838-2002) Ⅲ类水质标准	小清河源头	–	干流睦里庄至京福高速河段为源头水质保护区

三、声环境功能区划

(一)一类区　共15个，面积410.61平方千米，执行《城市区域环境噪声标准》(GB3096-93)一级标准。

(二)二类区　共17个，面积455.17平方千米，执行《城市区域环境噪声标准》(GB3096-93)二级标准。

(三)三类区　共6个，面积156.22平方千米，执行《城市区域环境噪声标准》(GB3096-93)三级标准。

(四)四类区　包括8条快速路、31条一级干路、59条二级干路、130条次干线及2条铁路两侧一定区域。执行《城市区域环境噪声标准》(GB3096-93)四级标准。

四、生态环境功能区划

根据济南市的生态环境特点，将济南市域划分为5个生态功能区、20个亚区和乡镇街道办事处范围的若干生态环境单元。

(一)南部山区生态功能区　该区域面积约3600平方千米，生物多样性比较丰富，林木覆盖率相对较高，是市域生态屏障，中心城区的水源涵养地。要贯彻“南控”方针，严格控制城镇建成区面积，以水源涵养和水质保护为首要保护目标，引导和规范驻区居民的生活、生产活动，杜绝城市建设空间南侵。

(二)中心城区生态环境功能区　该区域东面与章丘市接壤，北面跨黄河至天桥区靳家乡、桑梓店和济阳县崔寨乡，南面和西面压缩在南控“红线”和长清区规划建成区边沿。总面积约1000平方千米，是未来的城市发展区。山、泉、湖、河景观层层展开，形成自然与人文交融的城市景观格局，是济南城市建设富有的特色资源。要切实疏散极核区的人口，调整城市结构和功能布局，保证城市生态环境和泉城特色的恢复与健康发展。

(三)山前平原生态环境功能区　该区域面积约900平方千米，是仅次于中心城区的人口密集区域。先期要治理大生态环境，消除污染，进行土地恢复、湿地生态治理、城市基础设施建设和调整产业结构等，将发展循环经济、建设市域未来的城市次中心区作为长远任务。

(四)黄河沿岸生态环境功能区　规划黄河两岸1～10千米宽度范围，面积约580平方千米，区域内东段人口密度较大，西段较小，是保证地表饮用水安全的重点区域，也是城区北部的生态屏障。主要进行湿地自然生态恢复、标准化堤防建设和黄河绿色风景带建设。

(五)北部平原生态环境功能区　该区域为除天桥区靳家乡、桑梓店乡和济阳县崔寨乡以外的市域黄河以北地区。面积约2100平方千米，现有人口约110万人，是全市主要的农作区。要建设城市农副产品供应基地；加强城镇基础设施建设，推进城市化进程，形成承接中心城区产业的能力，形成新的产业发展区和人口聚集区。

第二章　环境质量

1986年后，济南市主要针对大气、水和声等环境质量变化情况进行监测和评价。影响济南市环境质量因素是多方面的，主要原因是工业发展和城市化进程加快，加之粗放式的经济增长方式，排入环境的污染物质明显增加，从而导致环境污染加重。

20世纪90年代至21世纪初，为控制粗放式经济增长方式带来的环境问题，济南市人民政府在全市组织实施以“气清”为重点的防治低空烟尘污染的“三大战役”和“蓝天工程”，并积极创建国家环境保护模范城市，推进主要污染物减排，创建扬尘污染控制区，控制机动车排气污染，加快生态建设与保护，济南市环境质量总体呈改善趋势。水污染问题得到有效控制，水环境质量明显改善；环境空气质量有所改善，但污染仍然较重；声环境质量达到较好等级；土壤环境质量整体良好；生态环境质量持续得到改善、生态建设成效显著。

第一节 水环境质量

济南水环境质量受排入水体的污染物影响最大。20世纪80年代，由于济南的工业化和城市建设速度加快，工业废水、城市综合污水、居民生活污水总量不断增加；特别是工业生产废水，量大，污染成分复杂，含有大量有毒、有害物质，加重了水体污染，并逐渐超过其自身净化能力，使水环境质量呈下降趋势。进入21世纪，随着济南城市化进程的快速发展，生活污水量多于工业废水量，逐渐出现了以生活污水为主的污染特征。

一、污染物排放

全市工业废水排放总量“七五”期间70034万吨，至“十一五”期间降至25296万吨。其中，废水中污染物化学需氧量“七五”期间排放量57274吨，至“十一五”期间降至23228吨；石油类“七五”期间排放量为464吨，至“十一五”期间降至220吨。

1996～2010年济南市工业废水污染物排放量表

表2—8—4

年 份	工业废水排放总量（万吨）	化学需氧量排放量（吨）	悬浮物排放量（吨）	石油类排放量（吨）	挥发酚排放量（吨）
1996	12026.90	77153.60	37025.90	261.55	15.40
1997	10623.50	57696.90	25627.20	251.67	8.32
1998	8359.30	32280.10	11849.50	182.85	8.66
1999	7687.30	21701.60	8107.20	180.94	7.24
2000	6912.60	16241.80	6337.10	146.77	5.87
2001	6750.50	13688.70	—	149.48	3.47
2002	5395.28	8374.47	—	83.81	2.68

续表2—8—4

年 份	工业废水排放总量（万吨）	化学需氧量排放量（吨）	悬浮物排放量（吨）	石油类排放量（吨）	挥发酚排放量（吨）
2003	4865.30	10116.20	–	47.37	1.04
2004	4754.41	9208.87	–	45.91	1.76
2005	5255.46	8850.14	–	69.51	1.02
2006	4949.00	7616.45	–	61.53	2.77
2007	5059.06	6453.75	–	50.94	2.73
2008	4748.95	5854.44	–	42.70	2.09
2009	5013.79	7004.60	–	24.72	1.12
2010	5524.85	8816.40	–	39.96	1.02

二、水环境质量评价体系

(一)评价依据 参照2004年国家环境监测总站编写的《环境质量综合评价技术导则》进行水质评价。

1. 地下水水质评价要求及方法

(1)评价项目：pH、总硬度、高锰酸盐指数、氨氮、硝酸盐氮、亚酸盐氮、挥发酚、氰化物、砷、总汞、六价铬、铅、镉、铁、锰、铜、锌、总硒、氟化物、硫酸盐、氯化物、表面活性剂，共计22项。

(2)评价标准：执行GB/T14848-93《地下水质量标准》Ⅲ类标准。

2. 地表水水质评价要求及方法

(1)评价项目

水环境功能区达标评价指标

表2—8—5

环境功能区类型	评价指标	备注
自然保护区	至少必须包括pH值、溶解氧、高锰酸盐指数(COD_{Mn})、五日生化需氧量、氨氮、汞、铅、挥发酚、石油类9项	其他指标超过Ⅲ类标准限值时应加密监测并参加评价
饮用水源保护区	pH值、溶解氧、氨氮、石油类、高锰酸盐指数、汞、铅、挥发酚	其他指标超过Ⅲ类标准限值时应参加评价
渔业用水区	pH值、溶解氧、氨氮、石油类、高锰酸盐指数、挥发酚、汞、镉	其他重金属浓度超过Ⅴ类标准限值时应参加评价
工业用水区	pH值、氨氮、石油类、化学需氧量	
景观娱乐用水区	pH值、溶解氧、氨氮、石油类、高锰酸盐指数、粪大肠菌群	
农业用水区	pH值、石油类、汞、铅、镉	

(2)评价标准

根据水域功能划分，黄河、卧虎山、锦绣川、鹊山、玉清湖和狼猫山水库水域功能为集中式地表饮用水，执行《地表水环境质量标准》(GB3838-2002)Ⅲ类标准；徒骇河水域功能为工业用水，执行《地表水环境质量标准》(GB3838-2002)Ⅳ类标准；大明湖水域功能为非接触娱乐用水，执行《地表水环境质量标准》(GB3838-

2002)Ⅳ类标准；小清河水域功能为农业用水，执行《农田灌溉水质标准》(GB5084-92)。

(二)评价要求 水体水质评价采用单因子评价法：河流断面水质类别评价，是根据评价时段内该断面的水质评价项目及选择参评的项目中类别最高的一项来确定；单个功能区达标评价，评价单个功能区达标情况时，先评价功能区内每个监测断面是否达标，每次监测项目中有一项不达标则该次不达标。

三、地下水环境质量

1991～1995年，地下水26项监测指标中，浑浊度、总硬度、硝酸盐氮、高锰酸盐指数、大肠菌群出现超标现象，其他指标均达到《地下水质量标准》(GB/T14848-93)Ⅲ类标准。其中：浑浊度超标率在14%～83%，5个年度均出现超标现象；总硬度超标率在6%～19%，1991～1993年出现超标现象；硝酸盐氮超标率在4%～6%，1992年、1995年出现超标现象；高锰酸盐指数超标率4%，出现在1995年；大肠菌群超标率在6%～44%，1991～1993年出现超标现象。

1996～2000年，对地下水监测23项指标，全部达到《地下水质量标准》(GB/T14848-93)Ⅲ类标准。按照综合评价法对地下水质量进行评价。评价结果显示，1997年、1999年符合优良级别，1996年、1998年、2000年达到良好级别。

2001～2005年，对地下水监测23项指标，全部达到《地下水质量标准》(GB/T14848-93)Ⅲ类标准。其中，大多数指标达到《地下水质量标准》(GB/T14848-93)Ⅰ类标准。综合评价结果显示，地下水优良比例为32%，良好比例为68%。采用Spearman秩相关系数法分析地下水环境质量变化趋势，结果显示，“十五”期间，地下水水质保持稳定。

2006～2010年，对地下水监测23项指标，全部达到《地下水质量标准》(GB/T14848-93)Ⅲ类标准。其中，60%以上指标达到《地下水质量标准》(GB/T14848-93)Ⅰ类标准。选取总硬度、高锰酸盐指数、硝酸盐氮、硫酸根、氨氮、氯化物，采用Spearman秩相关系数法评价水质变化趋势。评价结果显示，总硬度、高锰酸盐指数、硝酸盐氮、硫酸根、氨氮、氯化物年均浓度呈上升趋势。其中，高锰酸盐指数上升趋势在0.05的可信度水平上有显著意义。

四、地表水环境质量

20世纪末到21世纪初，水库周围的生产和生活废水大量排入库中，水质逐渐下降。

(一)水库 济南市地表水库主要包括卧虎山水库、锦绣川水库、鹊山水库、玉清湖水库和狼猫山水库，主要为地表饮用水。

卧虎山水库始建于1958年，1960年投入运营，主要用于防洪、灌溉。随着城市发展的需要，1986年，经济南市委、市政府研究批准确立为饮用水源地，改为饮用水功能。锦绣川水库始建于1966年，主要用于防洪、灌溉、城市供水等。狼猫山水库始建于1959年，主要用于防洪、灌溉；“十五”期间，均改为饮用水功能。卧虎山、锦绣川、狼猫山3水库位于南部山区，其主要水源为大气降水。

鹊山水库2000年建成，玉清湖水库2001年建成，两水库相继投入运营。库存水取自黄河干流来水。

卧虎山水库　1986～2010年，pH值范围为7.73～8.39；溶解氧浓度范围为8.44～10.81毫克/升；氨氮浓度范围为0.03～0.43毫克/升；石油类浓度范围为0.02～0.41毫克/升；高锰酸盐指数浓度范围为1.58～4.29毫克/升；汞浓度范围为未检出～0.00003毫克/升；铅浓度范围为未检出～0.0001毫克/升；挥发酚浓度范围为0.001～0.003毫克/升；氰化物浓度范围为未检出～0.004毫克/升；砷浓度范围为未检出～0.013毫克/升；六价铬浓度范围为未检出～0.004毫克/升；镉浓度范围为未检出～0.00004毫克/升；氟化物浓度范围为0.198～0.310毫克/升；总氮浓度范围为

0.515～7.99毫克/升。其中，石油类、总氮超过国家《地表水环境质量标准》(GB3838-2002)Ⅲ类标准，其他项目达标。“七五”到“十一五”期间，总氮浓度平均以80%的速度递增，从“七五”期间的1.23毫克/升增至“十一五”期间的5.19毫克/升，水体富营养化倾向明显。

锦绣川水库 1986～2010年，pH值范围为7.69～8.36；溶解氧浓度范围为8.4～10.31毫克/升；氨氮浓度范围为0.040～0.489毫克/升；石油类浓度范围为未检出～0.102毫克/升；高锰酸盐指数浓度范围为1.29～3.41毫克/升；汞浓度范围为未检出～0.000026毫克/升；铅浓度范围为未检出～0.00276毫克/升；氰化物浓度范围为未检出～0.004毫克/升；砷浓度范围为未检出～0.0042毫克/升；六价铬浓度范围为未检出～0.004毫克/升；镉浓度范围为未检出～0.000057毫克/升；氟化物浓度范围为0.209～0.32毫克/升；总氮浓度范围为0.322～5.21毫克/升。其中，石油类、总氮超过国家《地表水环境质量标准》(GB3838-2002)Ⅲ类标准，其他项目达标。“七五”到“十一五”期间，总氮浓度平均以70%的速度增加，从“七五”期间的1.05毫克/升增至“十一五”期间的3.56毫克/升，水体富营养化倾向明显。

狼猫山水库 2000年～2010年，pH值范围为8.06～8.44；溶解氧浓度范围为8.73～10.4毫克/升；氨氮浓度范围为0.050～0.179毫克/升；石油类浓度范围为未检出～0.39毫克/升；高锰酸盐指数浓度范围为1.23～2.75毫克/升；汞浓度范围为未检出～0.000018毫克/升；铅浓度范围为0.00005～0.0001毫克/升；氰化物浓度范围为0.002～0.004毫克/升；砷浓度范围为0.00008～0.0035毫克/升；六价铬浓度范围为0.002～0.004毫克/升；镉浓度范围为未检出～0.00005毫克/升；氟化物浓度范围为0.21～0.31毫克/升；总氮浓度范围为1.303～4.82毫克/升。其中，石油类、总氮超过国家《地表水环境质量标准》(GB3838-2002)Ⅲ类标准，其他项目达标。

狼猫山水库

黄河两水库库存水主要取自黄河，其水质主要受黄河干流的影响。

鹊山水库 2001～2010年，pH值范围为8.33～8.54；溶解氧浓度范围为8.54～9.83毫克/升；氨氮浓度范围为0.09～0.36毫克/升；石油类浓度范围为0.02～0.04毫克/升；高锰酸盐指数浓度范围为2.11～3.96毫克/升；汞浓度范围为0.000006～0.000045毫克/升；铅浓度范围为0.00005～0.0001毫克/升；氰化物浓度范围为0.002～0.004毫克/升；砷浓度范围为0.0002～0.0038毫克/升；六价铬浓度范围为0.002～0.004毫克/升；镉浓度范围为未检出～0.00002毫克/升；氟化物浓度范围为0.632～0.87毫克/升；总氮浓度范围为2.29～3.05毫克/升。十年间，总氮超过国家《地表水环境质量标准》(GB3838-2002)Ⅲ类标准，其他项目达标。

玉清湖水库 2001～2010年，pH值范围为8.32～8.54；溶解氧浓度范围为6.9～9.61毫克/升；氨氮浓度范围为0.040～0.37毫克/升；石油类浓度范围为0.02～0.04毫克/升；高锰酸盐指数浓度范围为2.22～3.96毫克/升；汞浓度范围为0.000006～0.0001毫克/升；铅浓度范围为0.00005～0.0001毫克/升；氰化物浓度范围为0.002～0.004毫克/升；砷浓度范围为0.00026～0.0024毫克/升；六价铬浓度范围为0.002～0.004毫克/升；镉浓度范围为0.00001～0.00002毫克/升；氟化物浓度范围为0.53～0.83毫克/升；总氮浓度范围为1.92～3.6毫克/升。十年间，总氮超过国家《地表水环境质量标准》(GB3838-2002)Ⅲ类标准，其他项目达标。

(二)大明湖　大明湖位于市中心偏东北处、旧城区北部，是一个由城内众泉汇流而成的天然湖泊，2010年，湖面58.2公顷，湖水容量116.4万立方米。

大明湖为市区景观水体，为景观娱乐用水，水质目标为Ⅳ类。

1986～1990年：pH值均值为8.02，范围为7.73～8.19；溶解氧均值为7.78毫克/升，浓度范围为5.65～9.24毫克/升；氨氮均值为6.21毫克/升，浓度范围为3.14～11.85毫克/升；石油类均值为0.429毫克/升，浓度范围为0.207～0.711毫克/升；高锰酸盐指数均值为13.918毫克/升，浓度范围为8.47～17.54毫克/升，其中，氨氮、高锰酸盐指数均值超过国家《地表水环境质量标准》(GB3838-2002)Ⅳ类标准，水体未达到所属功能区要求。

1991～1995年：pH值均值为8.25，范围为7.81～8.7；溶解氧均值为9.88毫克/升，浓度范围为6.97～16.46毫克/升；化学需氧量均值为53.95毫克/升，浓度范围为39.32～73.91毫克/升；石油类均值为0.239毫克/升，浓度范围为0.091～0.339毫克/升；高锰酸盐指数均值为12.822毫克/升，浓度范围为7.92～17.32毫克/升，其中，氨氮、高锰酸盐指数均值超过国家《地表水环境质量标准》(GB3838-2002)Ⅳ类标准，水体未达到所属功能区要求。

1996～2000年：pH值均值为8.77，范围为8.46～9.22；溶解氧均值为12.39毫克/升，浓度范围为10.45～14.57毫克/升；氨氮均值为2.044毫克/升，浓度范围为1.083～2.884毫克/升；石油类均值为0.246毫克/升，浓度范围为0.134～0.482毫克/升；高锰酸盐指数均值为16.964毫克/升，浓度范围为10.5～25.38毫克/升，其中，氨氮、高锰酸盐指数均值超过国家《地表水环境质量标准》(GB3838-2002)Ⅳ类标准，水体未达到所属功能区要求。

2001～2005年：pH值均值为8.56，范围为8.14～8.95；溶解氧均值为12.49毫克/升，浓度范围为11.15～13.81毫克/升；氨氮均值为0.582毫克/升，浓度范围为0.25～0.95毫克/升；石油类均值为0.0616毫克/升，浓度范围为0.02～0.109毫克/升；高锰酸盐指数均值为8.38毫克/升，浓度范围为3.72～14.88毫克/升，各项监测指标均值达到国家《地表水环境质量标准》(GB3838-2002)Ⅳ类标准，水体达到所属功能区要求。

2006～2010年：pH值均值为8.05，范围为7.99～8.13；溶解氧均值为11.3毫克/升，浓度范围为9.88～12.73毫克/升；氨氮均值为0.289毫克/升，浓度范围为0.167～0.394毫克/升；石油类均为未检出；高锰酸盐指数均值为2.06毫克/升，浓度范围为1.40～2.41毫克/升，各项监测指标均值达到国家《地表水环境质量标准》(GB3838-2002)Ⅳ类标准，水体达到所属功能区要求。

(三)黄河(济南段)　黄河属济南市过境河流，为济南市市区地表饮用水地，属于饮用水功能。

黄河济南段监测始于1990年，当年监测数据：pH值为7.38；溶解氧浓度为8.71毫克/升；氨氮浓度为0.471毫克/升；高锰酸盐指数为8.08毫克/升；汞浓度为0.00004毫克/升；铅浓度为0.00384毫克/升；挥发酚浓度为0.002毫克/升；氰化物浓度为0.003毫克/升；砷浓度为0.004毫克/升；六价铬浓度为0.002毫克/升；镉浓度为0.00022毫克/升；氟化物浓度为0.757毫克/升。其中，高锰酸盐指数超过国家《地表水环境质量标准》(GB3838-2002)Ⅲ类标准，其他项目达标。

1991～1992年黄河部分月份断流，监测数据不完整。1993～1995年：pH值均值为8.06，范围为7.93～8.31；溶解氧均值为8.93毫克/升，浓度范围为8.41～9.91毫克/升；氨氮均值为0.199毫克/升，浓度范围为0.126～0.26毫克/升；高锰酸盐指数均值为3.137毫克/升，浓度范围为3.04～3.3毫克/升；汞均未检出；铅浓度均值为0.00467毫克/升，范围为0.0011～0.010974毫克/升；砷均值为0.005毫克/升，浓度范围为0.004～0.006毫克/升；镉均值为0.000053毫克/升，浓度范围为0.000027～0.000079毫克/升；氟化物浓度范围为0.547～0.689毫克/升。“八五”期间，各项目均值均达到国家《地表水环境质量标准》(GB3838-2002)Ⅲ类标准。

1996～2000年：pH均值为8.23，范围为8.16～8.29；溶解氧均值为8.656毫克/升，浓度范围为7.67～9.42毫克/升；氨氮均值为0.452毫克/升，浓度范围为0.127～0.627毫克/升；高锰酸盐指数均值为3.856毫克/升，浓度范围为3.21～4.53毫克/升；挥发酚均值为0.00116毫克/升，浓度范围为0.001～0.0018毫克/升；砷均值为0.0071毫克/升，浓度范围为0.004～0.0165毫克/升；氟化物均值为0.764毫克/升，浓度范围为0.713～0.797毫克/升。“九五”期间，各项目均值均达到国家《地表水环境质量标准》(GB3838-2002)Ⅲ类标准。

2001～2005年：pH均值为8.27，范围为8.14～8.37；溶解氧均值为8.69毫克/升，浓度范围为8.16～9.15毫克/升；氨氮均值为0.542毫克/升，浓度范围为0.36～0.82毫克/升；石油类均值为0.0388毫克/升，浓度范围为0.024～0.57毫克/升；高锰酸盐指数均值为4.068毫克/升，浓度范围为3.38～4.7毫克/升；汞均值为0.0000344毫克/升，浓度范围为0.000004～0.000062毫克/升；铅均值为0.00005毫克/升，浓度范围为0.00005～0.00005毫克/升；砷均值为0.0024毫克/升，浓度范围为0.0008～0.0075毫克/升；镉浓度范围为未检出～0.00001毫克/升；氟化物均值为0.75毫克/升，浓度范围为0.70～0.83毫克/升。“十五”期间，各项目均值均达到国家《地表水环境质量标准》(GB3838-2002)Ⅲ类标准。

2006～2010年：pH均值为8.20，范围为8.08～8.34；溶解氧均值为8.97毫克/升，浓度范围为8.85～9.04毫克/升；氨氮均值为0.358毫克/升，浓度范围为0.248～0.487毫克/升；石油类均为未检出；高锰酸盐指数均值为2.494毫克/升，浓度范围为2.24～2.78毫克/升；汞均值为0.000027毫克/升，浓度范围为0.000012～0.000046毫克/升；铅均为未检出；挥发酚均为未检出；氰化物均为未检出；砷均值为0.0016毫克/升，浓度范围为0.00052～0.00201毫克/升；六价铬均为未检出；镉均为未检出；氟化物均值为0.685毫克/升，浓度范围为0.617～0.778毫克/升。“十一五”期间，各项目均值均达到国家《地表水环境质量标准》(GB3838-2002)Ⅲ类标准。

（四）小清河（济南段） 小清河为济南市的纳污河流，接纳市内五区和章丘市的工业和生活污水。小清河(济南段)设置7个监测断面，其中睦里庄断面为源头水功能，鸭旺口、辛丰庄断面为农灌用水功能，马鞍山、五柳闸、还乡店、大码头4个断面为混合区。

源头断面睦里庄 1986～2010年：pH值范围为7.6～8.19；溶解氧浓度范围8.15～9.72毫克/升；高锰酸盐指数浓度范围为1.5～6.39毫克/升；氨氮浓度范围0.057～2.192毫克/升；汞浓度范围未检出～0.0002毫克/升；铅浓度范围未检出～0.0034毫克/升；挥发酚浓度范围未检出～0.0048毫克/升；石油类浓度范围0.02～0.617毫克/升。“七五”至“十一五”

期间，三项主要污染物五年浓度均值为：高锰酸盐指数分别为1.7毫克/升、3.895毫克/升、4.553毫克/升、2.286毫克/升、2.24毫克/升；氨氮分别为0.206毫克/升、0.444毫克/升、1.158毫克/升、0.328毫克/升、0.277毫克/升；石油类分别为0.339毫克/升、0.083毫克/升、0.040毫克/升、0.0706毫克/升、0.0435毫克/升。其中，氨氮“九五”期间浓度均值超过国家《地表水环境质量标准》(GB3838-2002)Ⅲ类标准，其余项目达标。

鸭旺口断面　1986～2010年：pH值范围为7.1～7.86；石油类浓度范围0.294～5.23毫克/升；铅浓度范围0.00005～0.0719毫克/升；镉浓度范围为未检出～0.00072毫克/升。“七五”至“十一五”期间，两项主要污染物五年浓度均值为：石油类分别为2.447毫克/升、3.048毫克/升、1.649毫克/升、1.004毫克/升、0.589毫克/升；汞分别为0.0004毫克/升、0.0005毫克/升、0.0005毫克/升、0.0008毫克/升、0.00007毫克/升。其中，石油类“七五”至“十一五”期间，浓度均值超过国家《地表水环境质量标准》(GB3838-2002)Ⅴ类标准，其余项目达标。

辛丰庄断面　1986～2010年：pH值范围为7.25～8.09；石油类浓度范围0.109～4.782毫克/升；铅浓度范围未检出～0.0009毫克/升；镉浓度范围为未检出～0.0009毫克/升。“七五”至“十一五”期间，两项主要污染物五年浓度均值为：石油类分别为1.873毫克/升、1.745毫克/升、0.993毫克/升、0.471毫克/升、0.487毫克/升；汞分别为0.0004毫克/升、0.0005毫克/升、0.0004毫克/升、0.0008毫克/升、0.00004毫克/升。其中，石油类“七五”“八五”期间，浓度均值超过国家《地表水环境质量标准》(GB3838-2002)Ⅴ类标准，其余项目达标。

（五）徒骇河（济南段）　徒骇河是海河流域的一条重要支流，为济南市过境河流，沿程接纳了河南濮阳、山东聊城、德州的工业和生活废水，水质受到一定影响。徒骇河(济南段)设置3个监测断面，即入口夏口桥、控制断面商桥、出境断面展家桥，三个断面均为工业用水功能。

夏口桥断面　1993～2010年：pH值范围为7.86～8.24；化学需氧量浓度范围42.41～163.12毫克/升；氨氮浓度范围1.727～19.23毫克/升；石油类浓度范围0.032～3.09毫克/升。其中，化学需氧量、氨氮、石油类浓度均未达到国家《地表水环境质量标准》(GB3838-2002)Ⅳ类标准。

商桥断面　1991～2010年：pH值范围为7.75～8.28；化学需氧量浓度范围39.75～235.07毫克/升；氨氮浓度范围1.257～17.8毫克/升；石油类浓度范围0.035～1.438毫克/升。其中，化学需氧量、氨氮、石油类浓度均未达到国家《地表水环境质量标准》(GB3838-2002)Ⅳ类标准。

展家桥断面　1993～2010年：pH值范围为8.13～8.6；化学需氧量浓度范围22.56～136.85毫克/升；氨氮浓度范围0.82～13.0毫克/升；石油类浓度范围0.056～1.412毫克/升。“八五”至“十一五”期间，化学需氧量五年浓度均值分别为：32.88毫克/升、64.18毫克/升、53.98毫克/升、70.43毫克/升；氨氮五年浓度均值分别为：1.139毫克/升、4.01毫克/升、4.688毫克/升、4.938毫克/升；石油类五年浓度均值分别为：0.0983毫克/升、0.524毫克/升、0.180毫克/升、0.181毫克/升。其中，化学需氧量浓度均超过国家《地表水环境质量标准》(GB3838-2002)Ⅳ类标准，氨氮除“八五”期间外均超标，石油类除“九五”期间外均达标。

1991～2010年济南市地表水主要监测断面达标情况表

表2—8—6

监测时段	流 域	监测断面总数	目标水质达标断面数	达标比例	三类及优于三类断面数	三类及优于三类断面比例
1991～1995	黄 河	1	1	100%	1	100%
	小清河	7	1	14.3%	1	14.3%
	徒骇河	3	0	0	0	0
	大明湖	3	0	0	0	0
	卧虎山水库	1	1	100%	1	100%
	锦绣川水库	1	1	100%	1	100%
1996～2000	黄 河	1	1	100%	1	100%
	小清河	7	1	14.3%	0	0
	徒骇河	3	0	0	0	0
	大明湖	3	0	0	0	0
	卧虎山水库	1	1	100%	1	100%
	锦绣川水库	1	1	100%	1	100%
2001～2005	黄 河	1	1	100%	1	100%
	小清河	7	2	28.6%	1	14.3%
	徒骇河	3	0	0	0	0
	大明湖	3	3	100%	0	0
	卧虎山水库	1	1	100%	1	100%
	锦绣川水库	1	1	100%	1	100%
	鹊山水库	1	1	100%	1	100%
	玉清湖水库	1	1	100%	1	100%
	狼猫山水库	1	1	100%	1	100%
2006～2010	黄 河	1	1	100%	1	100%
	小清河	7	1	14.3%	1	14.3%
	徒骇河	3	0	0	0	0
	大明湖	3	3	100%	0	0
	卧虎山水库	1	1	100%	1	100%
	锦绣川水库	1	1	100%	1	100%
	鹊山水库	1	1	100%	1	100%
	玉清湖水库	1	1	100%	1	100%
	狼猫山水库	1	1	100%	1	100%

第二节 大气环境质量

济南市大气环境质量监测和评价范围主要为城市建成区。大气污染类型逐渐由煤烟型转变为复合型。影响济南市大气环境质量的主要污染物有工业废气、机动车尾气中的有害物质以及工业粉尘、建筑施工扬尘。

“七五”期间，大气污染控制方面主要采取狠抓消烟除尘和锅炉更新改造，对污染大户实施限期治理，启动无黑烟区、烟尘控制区创建工作，推广使用型煤等措施，局部空气环境质量得到改善。20世纪90年代，开展烟尘控制区创建工作，发展集中、联片供热，逐步开展淘汰小型锅炉、窑炉行动，加大水泥粉尘污染防治和石灰窑综合整治以及机动车污染防治力度。1997～2010年，济南市进一步加大大气污染防治工作力度，先后实施控制燃煤含硫量，淘汰燃煤低空排烟设施，污染企业的关、停、并、转、迁、对污染源实行“限期治理”，淘汰落后生产工艺、控制机动车排气污染、推动能源替代、控制扬尘污染等多项大气污染防治措施。环境空气质量得到了全面改善，大气中主要污染物浓度总体下降，环境空气质量良好以上天数比率逐年增加。与1986年相比，2010年市区二氧化硫、二氧化氮、可吸入颗粒物年均浓度分别降低75%、51.8%、89.5%。

一、污染物排放

济南市工业能源结构以煤炭为主。二十年间，济南市不断调整能源和产业结构，推广以燃料油和天然气为代表的清洁能源，煤炭消费所占比例逐步降低，废气污染物排放总量呈下降趋势。然而，济南市煤炭消费在各类能源消费中仍旧占据主导地位，煤炭的燃烧和消耗过程产生了大量污染物。

1986年，全市工业用煤量622.93万吨，工业燃煤中排放二氧化硫总量为19.58万吨，烟尘排放总量为14.75万吨；全市由水泥、砖瓦等建材行业排放的工业粉尘总量为9.23万吨；至1990年，济南市工业用煤量总体呈现波动上升趋势。由于采取烟尘控制措施，烟尘呈现明显下降趋势；工业粉尘呈现逐年上升趋势。

1991年，全市用煤量834万吨，工业排放二氧化硫总量为16.60万吨，工业烟尘排放总量为5.50万吨，由建材行业排放的粉尘总量为8.50万吨。至1995年，全市工业用煤量逐年上升，工业二氧化硫排放量整体呈波动上升趋势；工业烟尘排放量相对稳定；工业粉尘排放量呈现缓慢下降趋势。

1996～2010年，随着城市经济的高速发展，全市耗煤量总体呈上升趋势，其中从1996年开始逐年减少，至1999年最低，随后逐年增加，至2010年最高。其间，济南市先后实施多项重大空气污染控制措施，大气污染物排放得到有效控制，并呈现总体下降趋势。至2010年全市二氧化硫排放总量总体上呈逐年降低趋势，其中“九五”期间削减率大于“十一五”期间；全市烟尘排放总量年际变化趋势与二氧化硫类似，整体呈现下降趋势；全市工业粉尘排放量从1996年至2010年总体呈现下降趋势。

2010年，全市排放烟尘2.68万吨，工业粉尘2.86万吨、二氧化硫8.16万吨，分别比1986年减少81.8%、69%、58.3%。然而，济南市煤炭消费在各类能源消费中仍旧占据主导地位，煤炭燃烧和消耗过程产生大量污染物。此外，建筑施工等产生的扬尘、机动车辆运行中产生的扬尘和尾气，也都是济南市重要的大气污染源。扬尘污染已经成为导致济南市颗粒物持续超标的主要原因。由于济南市工业布局和能源结构不尽合理，机动车辆大量增加，污染物大量排放。

1986～2010年济南市煤炭和污染物排放总量变化表

表2—8—7　　　　单位：万吨

年 份	耗煤量	二氧化硫	烟 尘	工业粉尘
1986	622.93	19.58	14.75	9.23
1987	667.37	20.82	12.13	9.37

续表2—8—7

年 份	耗煤量	二氧化硫	烟 尘	工业粉尘
1988	760.73	22.93	10.12	10.37
1989	796.00	21.09	10.36	11.00
1990	780.00	21.00	8.30	11.20
1991	834.00	16.60	5.50	8.50
1992	895.00	16.70	4.80	8.40
1993	951.00	17.80	5.40	7.60
1994	934.00	17.50	5.60	6.00
1995	948.00	17.40	6.50	6.20
1996	929.54	15.10	6.04	6.22
1997	937.98	20.44	7.01	11.67
1998	883.66	17.78	5.27	7.78
1999	871.00	12.80	5.27	6.36
2000	885.79	9.82	4.17	5.07
2001	917.00	8.18	3.02	1.67
2002	990.11	8.08	2.93	2.97
2003	1132.60	8.60	3.13	3.12
2004	1156.87	8.49	3.09	2.58
2005	1400.40	9.72	3.33	2.95
2006	1474.39	9.49	3.01	2.79
2007	1609.15	9.02	2.79	3.04
2008	1654.64	8.40	2.79	3.02
2009	1703.49	8.27	2.77	3.00
2010	1955.35	8.16	2.68	2.86

二、大气环境质量评价体系

（一）评价标准 《环境空气质量标准》(GB3095-1996)二级标准及修订标准

（二）评价参数 二氧化硫、二氧化氮、可吸入颗粒物

（三）评价公式

$$f_i=\frac{P_i}{P} \qquad P=\sum P_i \qquad P_i=\frac{C_i}{S_i}$$

式中：f_i 为污染物i的负荷系数；

P_i为污染物i的分指数；

P为大气污染综合指数；

C_i为i种污染物的年平均浓度；

S_i为i种污染物的标准浓度。

环境空气质量评价结果分级表

表2—8—8

综合污染指数范围	＞6	5～6	4～5	3～4	2～3	＜2
污染分级	严重污染	重污染	中污染	轻污染	较好	良好

三、环境空气质量状况

1986～1996年，大气环境质量监测项目为二氧化硫、氮氧化物、总悬浮颗粒物和降尘。1987年始，增加硫酸盐化速率监测。1997年始，将氮氧化物监测改为二氧化氮监测。2001年始，将总悬浮颗粒物监测改为可吸入颗粒物监测。

1986～2010年济南市空气监测及评价结果表

表2-8-9　　单位：毫克/立方米

年份	年均值			硫酸盐化速率	降尘	综合污染指数	污染程度
	二氧化硫	二氧化氮	可吸入颗粒物				
1986	0.180	0.056	1.113	–	31.18	14.83	严重污染
1987	0.172	0.047	0.777	1.91	36.16	11.23	严重污染
1988	0.176	0.047	0.574	1.84	38.60	9.26	严重污染
1989	0.111	0.029	0.413	1.87	31.64	6.43	严重污染
1990	0.117	0.031	0.35	1.74	26.43	5.84	重度污染
1991	0.134	0.039	0.434	1.94	27.03	7.06	严重污染
1992	0.208	0.051	0.434	2.28	30.26	8.45	严重污染
1993	0.179	0.043	0.385	2.42	37.07	7.37	严重污染
1994	0.178	0.037	0.42	2.67	27.63	7.63	严重污染
1995	0.169	0.041	0.399	2.24	28.99	7.32	严重污染
1996	0.167	0.037	0.322	1.68	21.95	6.46	严重污染
1997	0.177	0.070	0.301	1.49	–	6.84	严重污染
1998	0.144	0.037	0.252	1.54	19.20	5.38	重度污染
1999	0.102	0.035	0.223	1.27	17.02	4.37	中度污染
2000	0.063	0.030	0.128	1.07	17.92	2.71	较好
2001	0.053	0.034	0.133	1.08	17.79	2.64	较好
2002	0.055	0.040	0.129	1.235	15.49	2.71	较好
2003	0.065	0.046	0.149	1.041	15.65	3.15	轻度污染
2004	0.045	0.038	0.149	1.21	15.57	2.72	较好
2005	0.059	0.024	0.127	1.20	16.54	2.55	较好
2006	0.039	0.021	0.114	1.136	15.61	2.05	较好
2007	0.056	0.023	0.118	0.984	14.39	2.40	较好
2008	0.052	0.022	0.126	1.39	15.73	2.41	较好
2009	0.050	0.025	0.123	0.78	15.76	2.37	较好
2010	0.045	0.027	0.117	0.68	14.48	2.26	较好
标准	0.06	0.08	0.10	0.25	清洁对照点测值+7		

说明：1.降尘单位吨/平方千米·月，硫酸盐化速率单位毫克SO_3/100平方厘米碱片·日。

2.济南市1986～1996年监测的是NOx，NO_2为NOx×0.75换算而得，0.75是济南市依据实际监测结果得出的换算系数。

3.济南市1986～2000年监测的是TSP，PM10为TSP×0.7换算而得，0.7是济南市依据实际监测结果得出的换算系数。

4.可吸入颗粒物、二氧化硫、二氧化氮执行《环境空气质量标准》(GB3095-1996)及修改单中二级标准。降尘、硫酸盐化速率执行国家环保总局推荐标准

1986～2010年，济南市环境空气质量总体呈明显改善趋势。大气综合污染指数从1986年的14.83降至2010年的2.26，污染程度从严重污染改善到较好水平。从主要污染物来看，环境空气中可吸入颗粒物年均浓度虽然超标但有所下降；二氧化硫年均浓度“十五”之后基本达到国家环境空气质量二级标准；二氧化氮污染相对较轻，年均浓度均达到国家环境空气质量二级标准。与1986年相比，2010年市区二氧化硫、二氧化氮、可吸入颗粒物年均浓度分别降低了75.0%、51.8%、89.5%。

1986～2010年，济南市在尘污染防治方面相继采取了淘汰中小燃烧设备、产业结构调整、扬尘污染防治等多项控制措施，可吸入颗粒物年均浓度逐年下降，但受生态环境脆弱、开放源强、城市发展迅速等原因，至2010年可吸入颗粒物年均浓度仍然超过环境空气质量二级标准0.2倍。二氧化硫年均浓度1986～1997年一直维持在高污染水平，从1997年实施二氧化硫控制区规划、控制燃煤品质等措施开始，二氧化硫年均浓度逐年下降，至2001年实现达标。

四、大气降水酸度监测状况

1986～1990年，平均降水量661.3毫米。1990年降水最多，年降水量为1046.3毫米；1989年最少，仅为340.3毫米。五年间，降水pH均值为5.98，总体呈下降趋势，但不明显。酸雨出现频率最高的是1988年。

1991～1995年，平均降水量为694.3毫米，略高于常年平均值。五年间，pH值变化趋势均不明显。1993年11月和1994年11月、12月曾在济南市区出现过几次较大范围的酸雨，其酸雨量分别占全年降水量的11.0%、2.3%。

1996～2000年，降水酸度监测结果表明：pH均值为5.93，降水pH范围在3.78～8.44，平均年降水量640毫米，酸雨pH均值4.83，酸雨量占总雨量的5.7%，酸雨出现频率为5.9%。与“八五”时期相比，降水pH均值和酸雨PH均值都有所升高，酸雨出现频率有所下降。1996～2000年，虽有酸雨出现，但除1997年外，酸雨出现频率皆小于10%，降水pH年均值大于5.6，为非酸雨型城市。

2001～2005年，降水pH范围4.25～8.39，五年降水pH均值为6.27，除2005年3月、9月出现酸雨外，其余年份未出现酸雨。2005年出现酸雨主要因为出现了长时间的连续降水过程。

2006～2010年，平均降水量为726.8毫米。2010年降水最多，年降水量为819.4毫米；2006年最少，为652.5毫米。五年期间，降水pH范围4.01～8.16。五年降水pH均值为6.16，酸性降水频率在2.6%～7.0%之间。与“十五”时期相比，降水pH均值有所降低，酸雨出现频率有所升高。2010年济南市降水酸度监测结果显示：降水pH均值6.10，降水pH范围4.82～7.37；酸雨pH值4.92，酸雨量占总雨量的4.3%，酸雨出现频率为5.3%。

1986～2010年济南市大气降水酸度监测结果表

表2—8—10　　　　单位：毫克/立方米

年 份	样品数	降水pH均值	降水pH范围	降水量（毫米）	酸雨pH均值	酸雨量占总雨量(%)	酸雨出现频率(%)
1986	86	6.69	5.50～7.86	395.8	5.50	—	1.16
1987	99	6.09	5.05～7.90	992	5.13	—	5.05
1988	74	5.85	3.94～9.02	532.3	5.20	—	12.16
1989	104	5.93	4.82～9.14	340.3	5.02	—	4.81

续表2—8—10

年份	样品数	降水pH均值	降水pH范围	降水量（毫米）	酸雨pH均值	酸雨量占总雨量(%)	酸雨出现频率(%)
1990	146	5.91	4.66～8.33	1046.3	4.92	—	6.85
1991	—	5.97	—	680.9	4.78	—	—
1992	—	5.80	—	530	4.84	—	—
1993	—	5.52	—	798.4	4.61	11	—
1994	—	5.78	—	865.3	4.27	2.30	—
1995	—	5.93	—	596.8	5.10	5.90	—
1996	80	5.99	4.38～7.79	851	4.93	7.20	2.50
1997	80	5.52	3.78～7.66	618	4.53	9	17.50
1998	87	6.11	4.71～7.93	722	5.30	8.30	6.90
1999	72	6.44	5.32～8.19	458	5.32	0.60	1.40
2000	108	6.42	5.21～8.44	552	5.42	0.40	1.90
2001	103	6.47	5.63～7.92	599.3	—	—	—
2002	65	6.50	6.02～8.33	456.6	—	—	—
2003	125	6.42	5.70～8.19	985.6	—	—	—
2004	110	6.30	5.82～7.68	1090	—	—	—
2005	71	5.66	4.25～8.39	972.2	4.51	3.60	2.80
2006	57	5.73	4.01～7.42	553.1	4.43	3.29	7.02
2007	74	6.18	4.63～8.16	603.1	4.82	1.40	2.70
2008	66	5.76	4.37～7.50	603.4	4.84	8.11	7.58
2009	66	6.18	5.14～8.11	701.8	5.28	3.16	4.55
2010	57	6.10	4.82～7.37	819.4	4.92	4.30	5.30

五、空气质量日报状况

济南市从2000年起开展空气质量日报工作，1～2月为试报，自3月起正式向社会公众发布。2010年，济南市可吸入颗粒物为首要污染物天数达341天，占全年的93.4%；二氧化硫11天，占3%。环境空气质量优13天、良295天、轻度污染52天、中度污染3天，重度污染2天。环境空气质量良好以上天数为308天，占全年的84.4%。

2000～2010年济南市环境空气质量日报级别表

表2—8—11

年份	天数	级别次数					首要污染物		良好率(%)
		Ⅰ	Ⅱ	Ⅲ	Ⅳ	Ⅴ	SO_2	PM_{10}	
2000	365	26	220	110	7	3	—	—	67.2
2001	365	3	220	138	3	1	23	342	61.1
2002	365	12	259	91	2	1	19	334	74

续表2－8－11

年 份	天 数	级别次数					首要污染物		良好率(%)
		I	II	III	IV	V	SO_2	PM_{10}	
2003	365	6	209	148	2	0	22	337	58.9
2004	366	15	195	149	6	1	7	344	57.4
2005	365	7	255	99	4	0	30	328	72
2006	365	12	295	56	2	—	17	348	84.1
2007	365	15	296	46	6	2	25	325	85.2
2008	366	4	291	62	6	3	35	327	80.6
2009	365	7	288	66	2	2	11	347	80.8
2010	365	13	295	52	3	2	11	341	84.4

第三节 声环境质量

济南市声环境质量的监测和评价主要为市区的交通干线、功能区和区域环境等声级。

1986年后，济南市区先后开展了声环境功能区划，开展噪声控制达标区工作，治理工业噪声和社会生活噪声超标声源，在市区实施机动车禁鸣喇叭和施工噪声等管理措施，市区声环境质量有了明显改善。

一、交通噪声

1987年，济南市首次开展市区交通噪声监测，机动车保有量47619辆，道路交通噪声平均等效声级为70.3分贝。

1987～2010年，济南市机动车拥有量以约5万辆/年的速度递增，到2010年增至121.5万辆；而噪声由1987年的70.3分贝降至2010年的69.6分贝。2000年后交通噪声稳定达到国家相应标准(70分贝)。

1987～2010年济南市市区交通干线声级表

表2－8－12

年 份	机动车辆总数（辆）	交通干线		平均等效声级（分贝）
		监测道路长度（千米）	车流量（辆／小时）	
1987	47619	64	804	70.3
1988	82047	58.57	972	70.6
1989	97558	78.54	846	71.5
1990	122098	73.09	884	69.9
1991	151069	77.65	984	70.4
1992	198241	80.25	1157	72.3
1993	226375	80.49	1275	74.0
1994	264598	91.97	1564	72.0
1995	290051	118.30	1578	71.7
1996	337000	122	1903	69.6
1997	394000	127.60	1907	70.3

续表2—8—12

年　份	机动车辆总数（辆）	交通干线		平均等效声级（分贝）
		监测道路长度（千米）	车流量（辆／小时）	
1998	400000	123.20	2198	71.3
1999	465000	126.50	2365	70.6
2000	490000	121.40	2108	69.7
2001	557000	126	2044	67.6
2002	616000	125	2391	68.5
2003	773000	193.30	2101	68.4
2004	796000	161.42	2558	68.8
2005	929000	161.42	2466	69.4
2006	984000	161.42	2415	68.6
2007	995900	159.40	2422	69.7
2008	1031000	152.50	2606	66.9
2009	1126000	159.90	2559	69.1
2010	1215000	159.90	2700	69.6

二、功能区噪声

1986～1990年，市区特殊住宅区(疗养区等特别需要安静的区域)昼、夜间分别为50.6分贝、41.7分贝，居民文教区为53.1分贝、45.2分贝，一类混合区为59.6分贝、47.6分贝，二类混合区为56.2分贝、52.1分贝，商业集中区为59.0分贝、46.7分贝，工业集中区为62.8分贝、56.8分贝，交通干线两侧区为71.9分贝、66.2分贝。

1991～1995年，市区特殊住宅区昼、夜间分别为54.5分贝、48.3分贝，居民文教区为57.0分贝、51.3分贝，一类混合区为58.6分贝、48.7分贝，二类混合区为61.2分贝、53.2分贝，商业中心区为64.1分贝、56.1分贝，工业集中区为61.2分贝、53.1分贝，交通干线两侧区为71.1分贝、68.7分贝。

1996年，市区功能区划分由七个类调整为五个类，执行国家《城市区域环境噪声标准》(GB3096-93)。

环境监察人员在分析声环境功能分布情况　(2010年摄)

城市区域噪声类别评价标准表

表2—8—13

标准适用区域类别	适用区域	评价标准（分贝）	
		昼间	夜间
0类	特殊住宅区	50	40
1类	居住、文教区	55	45
2类	居住、商业、工业混合区	60	50
3类	工业区	65	55
4类	道路交通干线两侧区	70	55

2008年10月1日起，环保部与国家质量监督检验检疫总局联合发布公告，废止《城市区域环境噪声标准》(GB3096-93)，批准执行《声环境质量标准》(GB3096-2008)。

声环境质量标准(GB3096-2008)

表2—8—14

标准适用区域类别		适用区域	评价标准（分贝）	
			昼 间	夜 间
0类		康复疗养区	50	40
1类		以居住、医疗卫生、文化教育、科研设计、行政办公为主要功能区	55	45
2类		以商业金融、集市贸易或居住、商业、工业混杂为主要功能区	60	50
3类		以工业生产、仓储物流为主要功能区	65	55
4类	4类a	公路干线、内河航道两侧区	70	55
	4类b	铁路干线两侧区	70	60

1996～2010年济南市市区功能区噪声状况表

表2—8—15　　单位：dB(A)

标准适用区域类别（测点）	年 份	昼间噪声 Ld	评价标准	超标值	夜间噪声 Ln	评价标准	超标值
1类	1996	64.2	55	9.2	60.4	45	15.4
	1997	56.4		1.4	53.4		8.4
	1998	54.6		-0.4	47.2		2.2
	1999	56.3		1.3	47.7		2.7
	2000	57.4		2.4	50.4		5.4
	2001	56.6		1.6	50.2		5.2
	2002	58.5		3.5	50.4		5.4
	2003	54.1		-0.9	50.0		5.0
	2004	53.6		-1.4	51.0		6.0
	2005	53.3		-1.7	47.9		2.9

续表2-8-15-1

标准适用区域类别（测点）	年 份	昼间噪声 Ld	评价标准	超标值	夜间噪声 Ln	评价标准	超标值
1类	2006	52.6	55	-2.4	45.4	45	0.4
	2007	51.7		-3.3	48.8		3.8
	2008	55.0		0	47.6		2.6
	2009	57.1		2.1	48.4		3.4
	2010	54.4		-0.6	47.9		2.9
2类	1996	61.6	60	1.6	50.6	50	0.6
	1997	59.9		-0.1	53.1		3.1
	1998	60.2		0.2	51.2		1.2
	1999	60.6		0.6	56.0		6.0
	2000	59.3		-0.7	53.2		3.2
	2001	59.4		-0.6	57.6		7.6
	2002	59.1		-0.9	58.6		8.6
	2003	54.3		-5.7	54.9		4.9
	2004	54.9		-5.1	52.8		2.8
	2005	57.1		-2.9	50.1		0.1
	2006	54.5		-5.5	48.5		-1.5
	2007	53.1		-6.9	45.0		-5.0
	2008	56.6		-3.4	52.4		2.4
	2009	57.0		-3.0	51.5		1.5
	2010	55.7		-4.3	48.5		-1.5
3类	1996	61.4	65	-3.6	53.7	55	-1.3
	1997	56.7		-8.3	52.0		-3.0
	1998	58.6		-6.4	58.5		3.5
	1999	58.0		-7.0	57.3		2.3
	2000	57.7		-7.3	55.3		0.3
	2001	57.7		-7.3	57.5		2.5
	2002	56.6		-8.4	57.5		2.5
	2003	57.3		-7.7	58.1		3.1
	2004	59.2		-5.8	59.4		4.4
	2005	56.3		-8.7	57.9		2.9
	2006	57.7		-7.3	56.3		1.3
	2007	56.2		-8.8	56.1		1.1
	2008	57.4		-7.6	54.0		-1.0
	2009	59.8		-5.2	56.3		1.3
	2010	57.8		-7.2	57.1		2.1

续表2—8—15—2

标准适用区域类别（测点）	年 份	昼间噪声 Ld	评价标准	超标值	夜间噪声 Ln	评价标准	超标值
4类	1996	72.1	70	2.1	72.1	55	17.1
	1997	70.8		0.8	69.5		14.5
	1998	71.9		1.9	70.8		15.8
	1999	72.3		2.3	71.0		16.0
	2000	68.9		-1.1	67.2		12.2
	2001	68.8		-1.2	66.3		11.3
	2002	69.0		-1.0	67.8		12.8
	2003	70.2		0.2	68.9		13.9
	2004	70.3		0.3	68.0		13.0
	2005	70.3		0.3	66.4		11.4
	2006	70.3		0.3	67.0		12.0
	2007	69.3		-0.7	66.8		11.8
	2008	70.8		0.8	67.3		12.3
	2009	72.3		2.3	70.0		15.0
	2010	70.6		0.6	68.2		13.2

说明：1996～2007年“评价标准”为GB3096-93标准，2008～2010年“评价标准”为GB3096-2008标准；“超标值”为超过标准的分贝值，“+”“-”分别表示大于或小于

三、区域环境噪声

1989年，按照噪声监测技术规范，将城区划分成500米×500米等距网格，共235个网格，网格覆盖面积58.75平方千米；“九五”初期，将城区按照1000米×1000米等距网格重新划分，共214个网格，网格覆盖面积214平方千米。

1989～2010年，市区区域环境噪声平均值整体呈下降趋势，噪声级基本稳定在一个水平。区域环境噪声的构成依次为：社会生活噪声、交通噪声、工业噪声、建筑施工噪声。

1989～2010年济南市市区区域环境噪声源组成情况表

表2—8—16　　单位：%

年 份	交 通	工 业	施 工	生 活	其 他
1989	46.3	15.3	8.8	21.3	8.3
1990	45.1	16.6	5.1	31.1	2.1
1991	41.7	20.4	4.2	33.2	0.4
1992	39.1	22.1	3	34.9	0.8
1993	37.3	26.3	4.4	32	0
1994	31.9	27.2	2.6	38.3	0
1995	33.6	26.8	1.7	37.9	0
1996	18.7	25.2	1.4	54.7	—

续表2—8—16

年份	交通	工业	施工	生活	其他
1997	30.5	18.8	1.4	49.3	—
1998	24.8	19.6	3.7	51.9	—
1999	23.4	17.3	2.8	56.5	—
2000	28.2	19.2	0.5	52.1	—
2001	22	11.2	1.9	65	—
2002	22.9	14	4.2	58.9	—
2003	25.7	9.8	5.1	59.3	—
2004	25.2	9.3	1.9	63.6	—
2005	23.4	9.3	1.4	65.9	—
2006	24.8	9.3	5.1	60.8	—
2007	22.4	9.3	1.9	66.4	—
2008	25.7	7.9	5.2	61.2	—
2009	20.6	8.4	4.2	66.8	—
2010	21.5	8.9	4.2	65.4	—

说明：本章数据取自1986～2010年《济南市环境质量报告书》

第三章　环境监测与调查

济南市环境监测工作起步于20世纪70年代，至1985年，济南市包括区县站的环境监测系统基本建立。1990年，济阳县、商河县划归济南市，从而建立起包括十个县(市)区在内的环境监测网络。济南市环境保护监测站承担全市水环境、大气环境、声环境、生态环境、无公害农产品产地环境质量监测和全球环境监测系统中国黄河水质监测等国家例行任务；承担环境污染事故应急监测、仲裁监测、污染源监测、治理工程验收监测、“三同时”验收监测、环境影响评价监测任务，为社会各界提供环境保护监测服务；承担环境影响评价、环境规划等为政府环境管理服务的软课题以及与环境监测技术有关的科学研究任务；建成包括环境质量和污染源自动监控体系的济南市环境监控中心，实现对城市空气、水环境质量以及废气污染源、废水污染源、机动车尾气排放的连续自动监测，是济南市环境监测和科研的技术中心、网络中心和信息中心。

至2010年，济南市环境保护监测站拥有各种监测仪器设备600余台(套)，能全面开展13个环境要素、310多个项目的监测业务。

第一节 环境空气质量监测

1986～1991年，环境空气监测设置1个中心站、5个子站，对环境空气中二氧化硫、氮氧化物、飘尘3个指标和温度、湿度、气压、风向、风速5个气象参数进行监测。每月连续14～16天、每日连续24小时采样。1987年始，对硫酸盐化速率、降尘全年连续采样，每月分析一次。

1989～1991年，对空气监测点位进行优化布点，1991年年底通过国家环保总局验收。

1992年1月，环境空气监测全面实现自动化。空气自动监测点位经优化调整为5个，监测项目3个，气象参数5个，每月监测。与此同时，全市布设11个监测点位对硫酸盐化速率、降尘每月监测1次。

2004年11月16日，岛津二氧化硫在线监测仪济南维修站揭牌仪式

1997年，引进美国API公司全套的仪器设备，空气自动监测设备实现更新换代。监测项目4个，增加二氧化氮监测项目。1998年，增加一氧化碳监测项目。

2000年，在城区东部和西部分别增设开发区、农科所空气自动监测子站。2001年，正式报送监测数据。2001年，环境空气监测项目总悬浮颗粒物改为可吸入颗粒物，取消氮氧化物，增加臭氧监测项目。

2005年，建成长清区委党校空气自动监测子站，2006年正式报送监测数据。全市环境空气监测共布设8个点位，监测二氧化硫、二氧化氮、一氧化碳、可吸入颗粒物、臭氧5个指标和温度、湿度、气压、风向、风速5个气象参数。

2008年，新增山东电力专科学校、山东经济学院、泉城广场、蓝翔技校、高新实验第二学校、山东建筑大学、济南宝胜鲁能电缆有限公司7个省控自动监测子站和1个空气清洁对照点位(济南跑马岭野生动物园)，2008年4月起正式报送监测数据。

大气降水监测设市监测站、天桥区监测站、长清区监测站3个点位，均为全国酸雨例行监测点位和二氧化硫控制区点，二氧化硫控制点还有章丘站。逢降水必测降水量、pH、电导率、硫酸根离子、硝酸根离子；每月第一次降水和降水pH≤5.6时，做全分析。监测项目为降水量、pH、铵离子、氯根、硝酸根、硫酸根、氟离子、钾离子、钠离子、钙离子、镁离子、电导率共12项。其他区县监测站为市控点，检测项目为pH、电导率、降水量共3项。

各县(市)相继开展环境空气自动监测。2003年，章丘市环境监测站建成1个环境空气自动监测站，2005年增至2个；自动监测二氧化硫、二氧化氮、可吸入颗粒物3个项目。平阴县、商河县、济阳县环境监测站为连续采样，每月12～16天，每日连续采样不低于18小时，全年12个月。可吸入颗粒物每月5～6天隔日采样，每日不少于12小时。

2010年济南市各县(市)区环境空气监测点位、项目及频率表

表2—8—17

行政辖区	监测点位	监测项目	监测频率
历下区	历下区监测站	降水：pH、电导率、降水量	逢雨雪必测
市中区	市中区监测站	降水：pH、电导率、降水量	逢雨雪必测
槐荫区	槐荫区监测站	降水：pH、电导率、降水量	逢雨雪必测

续表2—8—17

行政辖区	监测点位	监测项目	监测频率
天桥区	●★天桥区监测站	降水：pH、电导率、降水量、SO_4^{2-}、NO_3^-、Cl^-、NH_4^+、K^+、Na^+、Ca^{2+}、F^-、Mg^{2+}	pH、电导率、降水量、SO_4^{2-}、NO_3^-、逢雨雪必测；每月第一次降水和pH ≤ 5.6时，做全分析
历城区	历城区监测站	降水：pH、电导率、降水量	逢雨雪必测
章丘市	章丘市监测站高炮团	二氧化硫、二氧化氮、可吸入颗粒物	连续自动监测
	●章丘市监测站	降水：pH、电导率、降水量、SO_4^{2-}、NO_3^-、Cl^-、NH_4^+、K^+、Na^+、Ca^{2+}、F^-、Mg^{2+}	pH、电导率、降水量、SO_4^{2-}、NO_3^-、逢雨雪必测；每月第一次降水和pH ≤ 5.6时，做全分析
长清区	●★长清区监测站	降水：pH、电导率、降水量、SO_4^{2-}、NO_3^-、Cl^-、NH_4^+、K^+、Na^+、Ca^{2+}、F^-、Mg^{2+}	pH、电导率、降水量、SO_4^{2-}、NO_3^-、逢雨雪必测；每月第一次降水和pH ≤ 5.6时，做全分析
平阴县	县监测站	二氧化硫、二氧化氮、可吸入颗粒物	连续采样：二氧化硫、二氧化氮：每月≥ 15天，全年12个月；可吸入颗粒物 每月≥ 5天
	平阴县监测站	降水：pH、电导率、降水量	逢雨雪必测
商河县	县监测站	二氧化硫、二氧化氮、可吸入颗粒物	连续采样：二氧化硫、二氧化氮：每月≥ 15天，全年12个月；可吸入颗粒物 每月≥ 5天
	商河县监测站	降水：pH、电导率、降水量	逢雨雪必测
济阳县	县监测站	二氧化硫、二氧化氮、可吸入颗粒物	连续采样：二氧化硫、二氧化氮：每月≥ 15天，全年12个月；可吸入颗粒物 每月≥ 5天
	济阳县监测站	降水：pH、电导率、降水量	逢雨雪必测

说明：★为国控点，●为国家酸雨普查点位

2008年，按照济南市创建扬尘污染控制区的要求，10月底正式启动降尘例行监测工作，每月监测一次(原则上每月25～27日采样、放缸)。全市共布设降尘监测点位163个，包括128个区域监测点位(采用网格布点方式并确保每个街道办事处至少有1个监测点位)、19个道路监测点位、16个国控与省控空气子站点位。区域监测点位和道路监测点位由市环境监测站和点位所在辖区的环境监测站共同监测，国控与省控空气子站点位由市站负责。

2008年济南市区域降尘监测点位及频率表

表2—8—18

行政辖区	点位数量(个)	点位名称
历下区	20	省电视大学、大众日报社、济南军区四所、历下区教委(原解放桥点位)、八中、燕山公园、泉城路办事处、市委党校、东关办事处、解放路办事处、市监测站、半导体总厂、甸柳新村办事处、历下环保监测站、智远办事处、省军区通讯仓库、十里河居委会、浆水泉水库、银座花园物业、姚家供电所

续表2—8—18

行政辖区	点位数量（个）	点位名称
市中区	33	白马山卫生中心、卧龙花园物业管理处、西河居委会、玉函小区管委会、阳光舜城物业配电楼、扳倒井村委、杆石桥办事处、泺源办事处、五职专、睦和苑居委会、四里村办事处、六里山办事处、七里山办事处卫生院、市中环保局、舜玉办事处管委会、舜耕办事处、王官庄办事处、七贤办事处、白马山办事处、党家办事处、十六里河办事处、兴隆办事处、陡沟办事处、科干所、小岭村村委、殷家林小学、展庄村村委、南康村委会、兴隆村村委、白土岗村委、白云观、吴家办事处（路桥）、鸿发汽车
槐荫区	18	匡山木材厂、西市场办事处、济南饭店、道德街办事处、绿园物业、青年公园办事处、中大槐树办事处、振兴街办事处、机床二厂、段店北路办事处、东方大酒店、机场小学、喜相逢、南沙王庄村委、司普润公司、吴家堡镇政府、槐荫监测站、市精神病医院
天桥区	20	洋涓村委会、华光电镀厂、山东化工厂、现代职业学院、水质净化二厂、省气象局、沃家村委会、药山办事处、泺口办事处、北园、天桥环保局、纬北路办事处、天桥医院、北坦办事处、良香宾馆、宝华街居委会、北村、机械设计院（代济南化工厂）、堤口、无影山
历城区	20	省种子仓库、百花公园、历城环保局、华滨环联大酒店、旭泰开关公司、水坡村委会、济南超洁纸品厂、朝阳塑业公司、济南广播电大、省农科院畜牧中心、鲁能宝胜电缆、东郊建筑安装六队、聚融选矿厂、山东建筑大学、济南新城酒店、玉燕酒店、坞东村委会、黑龙峪村委会、黄路线村委会、北井村委会
长清区	13	文昌办事处、济南聋哑学校、崮云湖计生站、五峰计生站、南关村居民楼、长清环保局、长清党校、省中医药大学、轻工业学院、山东工艺美院、山东天聚牧业、省畜牧良种中心、长清丹凤小学
高新区	4	德仁济南公司、中大千方、齐鲁软件学院、大汉峪村委会

道路降尘监测点位设置于二环北路、将军路、工业北路、济泺路、张庄路、北园高架西延线、北园路、二环东路、工业南路、经十西路、二环西路、纬十二路、历山路、解放东路、经十路、经十东路、英雄山路、二环南路和旅游路共19条主要交通干线上。

第二节 水环境质量监测

一、地下水水质监测

1986年前，济南市就开展地下水水质监测。

2002年，关闭工业用自备井，济南市地下水监测点位由11个变更为9个，分别为地下饮用水源地东郊水厂、大杨庄水厂、峨嵋山水厂、腊山水厂和兴隆庄自备井以及泉水五龙潭、趵突泉、珍珠泉、黑虎泉。其中国控点2个，每月监测一次，监测指标有pH值、总硬度、硫酸盐、氯化物、高锰酸盐指数、氨氮、氟化物、总大肠菌群8项；所有点位每年1月、7月各监测1次。

2009年6月起，对峨嵋山水厂、腊山水厂、东郊水厂、大杨庄水厂、济西水源地（古城）、东源水厂、武将水厂7个城市集中式饮用水水源地开始实施每年6月份一次的全分析监测工作，监测项目40项，在24项常规项目基础上增加分析项目16项。

二、地表水水质监测

（一）地表水饮用水源地 1985～1988年，卧虎山、锦绣川水库，枯水期、平水期、丰水期各监测2次，监测项目包括pH、悬浮物、总硬度、溶解氧、化学需氧量、五日生化需氧量、挥发酚、氰化物、砷、总汞、六价铬、镉、铅、总铬、铜、氟化物、油、氨氮、硝酸盐氮、亚硝酸盐氮、总磷。1989年，增加钾、钠、总氮、大肠杆菌、透明度等检测项目。1990年增加黄河水厂监测点。1991年，增加检测频次，每双月监测1次；监测项目调整为流量、水温、pH、悬浮物、总硬度、总碱度、电导率、溶解氧、高锰酸盐指数、生化需氧量、氨氮、硝酸盐氮、亚硝酸盐氮、挥发酚、总磷、磷酸盐、砷、汞、铬、铅、镉、铁、锰、铜、锌、硫酸根、氟化物、氯化物、钾、钠、钙、镁、总硒、总大肠菌群、粪大肠菌群。2000年，增加狼猫山水库、鹊山水库监测点，每逢双月监测。2001年，增加玉清湖、鹊山、锦绣川、卧虎山、狼猫山水库。至2010年，常规监测项目达73项，加上《地表水环境质量标准》中特定项目中的前35项，共计监测109项。

（二）黄河　1988年起，济南市环境保护监测站开始对黄河水质进行监测，监测点位设在泺口浮桥。

1988～2001年黄河监测点位、项目情况表

表2—8—19

年　份	监测时间	监测项目	合　计
1988	枯水期、平水期、丰水期各监测2次	化学需氧量、高锰酸盐指数、氰化物、铅、铜、锌、悬浮物	7
1990	枯水期、平水期、丰水期各监测2次	水温、pH、悬浮物、总硬度、溶解氧、高锰酸盐指数、挥发酚、氰化物、六价铬、砷、汞、铅、镉、铜、锌、氨氮、硝酸盐氮、亚硝酸盐氮、氟化物、锰、浊度、总大肠菌群、粪大肠菌群	23
1992	双月1次		
2001	每月1次	流量、水温、pH、溶解氧、高锰酸盐指数、化学需氧量、生化需氧量、氨氮、总氮、总磷、氟化物、氰化物、硫化物、石油类、挥发酚、砷、汞、镉、六价铬、铅，共20项；单月监测项目为流量、水温、pH、溶解氧、高锰酸盐指数、化学需氧量、生化需氧量、氨氮、总氮、总磷、氟化物、氰化物、硫化物、石油类、挥发酚、砷、汞、镉、六价铬、铅、电导率、硫酸盐、氯化物、硝酸盐氮、溶解性铁、总锰、总铜、总锌、硒、阴离子表面活性剂、粪大肠菌群、有机氯、有机磷	33
2001	建自动站，在线测	水温、pH、溶解氧、高锰酸盐指数、氨氮、浊度、电导率、总有机碳（自动监测）	8

（三）小清河　1986年后，对小清河实施监测工作。

小清河监测点位、项目

表2—8—20

年　份	监测时间	监测点位	监测项目	合　计
1986	每2月1次	睦里庄、马鞍山、五柳闸、还乡店、大码头、鸭旺口、辛丰庄	流量、水温、pH、溶解氧、总硬度、高锰酸盐指数、化学需氧量、生化需氧量、氨氮、总氮、总磷、氟化物、氰化物、硫化物、挥发酚、石油类、砷、汞、镉、六价铬、铅、铜、锌、硒、阴离子表面活性剂、粪大肠菌群	26

续表2—8—20

年 份	监测时间	监测点位	监测项目	合 计
2002	每月1次	睦里庄、马鞍山、五柳闸、还乡店、大码头、鸭旺口、辛丰庄	流量、水温、电导率、pH、溶解氧、高锰酸盐指数、化学需氧量、生化需氧量、氨氮、总氮、总磷、氟化物、氰化物、硫化物、挥发酚、石油类、铜、锌、硒、砷、汞、镉、六价铬、铅、阴离子表面活性剂、粪大肠菌群	26

(四)徒骇河 1990年开始对徒骇河水质进行 监测。

徒骇河监测点位、项目

表2—8—21

年 份	监测时间	监测点位	监测项目	合 计
1990	枯水期、平水期、丰水期各监测1次	夏口、展家	流量、水温、pH、溶解氧、总硬度、高锰酸盐指数、化学需氧量、生化需氧量、氨氮、总氮、总磷、氟化物、氰化物、硫化物、挥发酚、石油类、砷、汞、镉、六价铬、铅、铜、锌、硒、阴离子表面活性剂、粪大肠菌群	26
1993	枯水期、平水期、丰水期各监测2次	夏口、展家、商桥	流量、水温、pH、溶解氧、总硬度、高锰酸盐指数、化学需氧量、生化需氧量、氨氮、总氮、总磷、氟化物、氰化物、硫化物、挥发酚、石油类、砷、汞、镉、六价铬、铅、铜、锌、硒、阴离子表面活性剂、粪大肠菌群	26
2002	夏口枯水期、平水期每月2次，其他月份每月1次，展家、商桥每2月1次	夏口、展家、商桥	流量、水温、电导率、pH、溶解氧、高锰酸盐指数、化学需氧量、生化需氧量、氨氮、总氮、总磷、氟化物、氰化物、硫化物、挥发酚、石油类、铜、锌、硒、砷、汞、镉、六价铬、铅、阴离子表面活性剂、粪大肠菌群	26

(五)大明湖 1986年开始对大明湖开展监测。

大明湖监测点位、项目

表2—8—22

年 份	监测时间	监测点位	监测项目	合 计
1986	枯、丰、平三个水期各监测2次	无名亭、历下亭、汇波桥、铁公祠	水温、pH、总硬度、溶解氧、高锰酸盐指数、生化需氧量、挥发酚、氰化物、石油类、总铬、六价铬、汞、总氮、砷、铅、镉、铜、锌、氨氮、硝酸盐氮、亚硝酸盐氮、总磷、透明度	23
2001	每月监测1次	无名亭、历下亭、汇波桥	水位、水温、叶绿素a、pH、电导率、透明度、溶解氧、高锰酸盐指数、化学需氧量、生化需氧量、总氮、总磷、氨氮、氟化物、氰化物、硫化物、挥发酚、石油类、砷、汞、镉、六价铬、铅、粪大肠菌群、阴离子表面活性剂、铜、锌、硒	28

1988年起，各县(市)区环境监测站开始对本区域的地表水水质进行监测，市内五区监测站负责对小清河支流进行监测，设置7个监测断面，分别为绣江河、石河、兴济河、大辛河、

柳行河、沙五干管、济泺干管，枯水期、平水期、丰水期各监测1次，监测项目12项，即：流量、水温、化学需氧量、pH、石油类、挥发酚、高锰酸盐指数、溶解氧、氨氮、汞、镉、全盐量。2003年，小清河支流监测断面增至52个。济阳县海河流域监控断面夏口执行月测月报，必测项目20个。长清区北沙河监控断面茶棚、入河口执行月测月报，监测项目为流量、化学需氧量、氨氮。济阳县商桥断面、商河县展家断面枯、丰、平三个水期各监测2次，监测项目为流量、水温、化学需氧量、pH、石油类、氰化物、溶解氧、氨氮、六价铬、高锰酸盐指数、生化需氧量、氟化物、挥发酚、砷14项。章丘小清河辛丰庄水质自动监测站自2005年1月开始发布水质周报，章丘小清河辛丰庄水质自动监测站自2005年1月开始发布水质周报，绣江河、漯河枯、丰、平三个水期各监测2次，监测项目16项。白云湖设一个监测断面，枯、丰、平三个水期各监测2次，监测项目18项。“十一五”期间，各监测断面监测项目、频率均有所增加。

2010年济南市各县(市)区地表水监测断面、监测项目及频率表

表2—8—23

行政辖区	流域名称	水体名称	断面（测点）	项目个数	监测项目	监测频率
章丘市	小清河	绣江河	明水湖、大站水库、口盲桥、张家林	18	流量、水温、pH、高锰酸盐指数、溶解氧、化学需氧量、生化学需氧量、总氮、总磷、挥发酚、氰化物、石油类、氨氮、氟化物、六价铬、汞、砷、硫化物	每月一次
		漯河	杏林水库、△夏侯桥			
		白云湖	湖心桥	20	水温、pH、溶解氧、透明度、生化学需氧量、高锰酸盐指数、化学需氧量、总氮、总磷、氨氮、氟化物、氰化物、挥发酚、石油类、砷、汞、六价铬、铅、镉、粪大肠菌群	每单月一次
		杜张水库	出口	8	pH、溶解氧、全盐量、汞、镉、高锰酸盐指数、化学需氧量、石油类	
平阴县	黄河及其支流	支流－浪溪河	龙池、东阿水库、大河口	14	流量、水温、pH、高锰酸盐指数、溶解氧、化学需氧量、氰化物、挥发酚、石油类、氨氮、总氮、总磷、氟化物、粪大肠菌群	每月一次
		支流－汇河	陈屯、展小庄			
		支流－城西洼	一级泵站			
		黄河干流	出入境姜沟、近镇	13	水温、pH、高锰酸盐指数、溶解氧、化学需氧量、氰化物、挥发酚、石油类、氨氮、总氮、总磷、氟化物、粪大肠菌群	
	南水北调	济平干渠	入境断面	14	流量、水温、pH、高锰酸盐指数、溶解氧、化学需氧量、氰化物、挥发酚、石油类、氨氮、氟化物、总氮、总磷、粪大肠菌群	

续表2—8—23—1

行政辖区	流域名称	水体名称	断面（测点）	项目个数	监测项目	监测频率
济阳县	海河	徒骇河	夏口、△申桥	14	流量、水温、pH、高锰酸盐指数、溶解氧、化学需氧量、氰化物、挥发酚、石油类、氨氮、总氮、总磷、氟化物、粪大肠菌群	每月1次
		六六河	入河口	14	流量、水温、pH、高锰酸盐指数、溶解氧、化学需氧量、氰化物、挥发酚、石油类、氨氮、总氮、总磷、氟化物、粪大肠菌群	每月1次
		齐济河	垛石			
		牧马河	老杨沟	14	流量、水温、pH、高锰酸盐指数、溶解氧、化学需氧量、氰化物、挥发酚、石油类、氨氮、总氮、总磷、氟化物、粪大肠菌群	每月1次
		垛石河	入河口			
		大寺河	入河口			
商河县	海河	商西河	入河口	14	流量、水温、pH、高锰酸盐指数、溶解氧、化学需氧量、氰化物、挥发酚、石油类、氨氮、总氮、总磷、氟化物、粪大肠菌群	每月1次
		商中河	大岭、贺家、帽张			
		改貌河	苏家桥、吕家桥、秆子行桥			
长清区	黄河及其支流	支流－北沙河	茶棚、崮山、南张、老王府（入河口）	11	流量、水温、pH、溶解氧、高锰酸盐指数、化学需氧量、生化需氧量、氨氮、总氮、总磷、粪大肠菌群	每月1次
		干流	出入境老王府、西魏			
	南水北调	济平干渠	赵庄			
槐荫区	小清河	南太平河	入河口	11	流量、水温、pH、溶解氧、高锰酸盐指数、化学需氧量、生化需氧量、氨氮、总氮、总磷、粪大肠菌群	每月1次
		北太平河	西沙王庄			
		兴济河	刘长山路桥、兴济河桥			
		腊山河	经十路桥、腊山河桥			
	南水北调	济平干渠	睦里庄闸			
天桥区	小清河	北太平河	西沙王庄、北闸子	11	流量、水温、pH、溶解氧、高锰酸盐指数、化学需氧量、生化需氧量、氨氮、总氮、总磷、粪大肠菌群	每月1次
		支流	国棉一厂			
		济泺干管	入河口			
		工商河	金牛公园、成丰桥、凤凰闸			
		西圩子壕	少年桥			
		西泺河	经一路桥、西泺河桥			
		东洛河	菜市庄桥、东泺河桥			
		柳行河	胸科医院、板桥			

续表2-8-23-2

行政辖区	流域名称	水体名称	断面（测点）	项目个数	监测项目	监测频率
市中区	小清河	兴济河	刘长山路	11	流量、水温、pH、溶解氧、高锰酸盐指数、化学需氧量、生化需氧量、氨氮、总氮、总磷、粪大肠菌群	每月1次
		腊山河	经十路桥			
		玉绣河	青年桥			
历下区	小清河	玉绣河	省中医			
		护城河	南门桥、东门桥、大明湖西南门			
		东洛河	菜市庄桥			
		柳行河	胸科医院			
		全福河	历下大厦			
		大辛河	西周			
		浆水泉	库心			
历城区	小清河	小汉峪沟	入高新区断面、殷陈村西、入小清河口	11	流量、水温、pH、溶解氧、高锰酸盐指数、化学需氧量、生化需氧量、氨氮、总氮、总磷、粪大肠菌群	每月1次
		全福河	历下大厦、全福河桥			
		大辛河	小陈家、西周			
		石河	梁王桥			
		巨野河	巨野河桥（入小清河口）			
		华山大沟	入小清河口			
		张马河	张马河桥			

三、其他监测

(一)水生生物监测　1986～2010年，大明湖、锦绣川、卧虎山水库水生生物监测点位与水质监测点位相同，每年枯、丰、平3个水期各监测1次。监测项目4个，即底栖动物、浮游植物、叶绿素a、总大肠菌群。

(二)底质监测　“九五”期间，增加徒骇河、狼猫山水库2个水体3个监测点位。2001年调整为小清河、大明湖、卧虎山水库、徒骇河、锦绣川水库、黄河6个水体12个监测点位(与水质监测相同)。2006年，每年5月份对小清河(睦里庄、还乡店、大码头、辛丰庄)、徒骇河(夏口、展家)、大明湖(历下亭)、卧虎山水库、锦绣川水库、黄河泺口10个监测点位的底质进行一次监测，监测项目7个，即砷、汞、镉、总铬、铅、铜、有机质。2007年，大明湖增加无名亭、汇波桥2个点位，共12个点位，监测项目增加总氰化物，共8个项目。

（三）固体废物和有毒有机物监测　1998～2010年，开展水、气、固体废物中多环芳烃监测方法研究，有机食品中有机氯、有机磷农药以及废水中苯胺类、气态污染物中苯系物、烷烃类监测方法研究，初步建立有毒有机物分析方法体系。

第三节　声环境监测

一、功能区噪声

1986年，开展功能区噪声监测，布设13个点位；1988年调整为9个点位，每季度监测1次，24小时连续监测。监测项目为L10、L50、L90、LAeq、车流量。至2010年，功能区噪声监测点位10个。

二、道路交通噪声

1987年，开始对道路交通噪声进行监测，20条道路，布设56个监测点位。1991年增至72个点位。1994年增至84个监测点位，2000年增至96个监测点位。2004年确定为98个监测点位，每年5月昼间正常工作时间监测1次，每次20分钟。监测项目为L10、L50、L90、LAeq、路长、路宽车流量。至2010年，交通噪声监测点位为109个。

三、区域环境噪声

1989年始，对区域环境噪声进行监测，按500米×500米的网格设置235个监测点位，2001年调整为214个监测点位。1989～1995年，区域环境噪声只监测昼间值；1996年开始进行昼夜监测，每年5月进行1次昼夜连续监测。由县(市)区环境监测站负责，监测项目为L10、L50、L90、LAeq。

1998年，开展电磁辐射调查监测；至2010年，全市设5个辐射监测点位。

第四节　污染源监测

1989年始，每季度对废水重点污染源监测1次，全年4次，监测项目11个。“八五”期间，对占全市污染负荷80%以上的废水、废气重点污染源进行监测。废水重点污染源每月监测1次，非重点源每季度监测1次，监测项目有排水量、化学需氧量、pH、六价铬、氨氮、磷酸盐、悬浮物、生化需氧量；废气重点源每半年监测1次。11家重点燃煤单位、区域和联片供热单位及敏感区单位的煤质每月监测1次；锅炉容量6吨/小时以上的燃煤单位的煤质每2月监测1次。其余燃煤单位的煤质每季度监测1次。自2003年起，每年对市属100多家企事业单位排放的废水、废气、噪声、废渣进行一次总量监测。监测项目为废气排放量、二氧化硫、烟尘、粉尘。

2003年，济南市建成重点废气污染源在线监控系统。2005年，建成机动车排放自动监控系统和重点废水污染源在线监控系统。31家企业安装34套烟气在线监测仪，监控燃煤量约占市区燃煤总量的90%，主要监控项目为烟气中的二氧化硫、氮氧化物、一氧化碳；9家企业安装10套废水污染源在线监测设备，监控全市废水排放总量的60%，主要监控项目为废水中的化学需氧量、氨氮、流量；机动车排放自动监控设3个点位，主要监控项目为机动车尾气中的一氧化碳、碳氢化合物和烟度。

至2010年，济南市在整合原有监控系统的基础上进一步完善污染源在线监控系统。该系统对占全市燃煤总量90%的40家重点废气污染源企业安装了67套自动监测设备，实现对废气污染源中二氧化硫、氮氧化物、一氧化碳、烟(粉)尘、废气流量等项目的连续实时监测；

环保专项行动中在企业抽查水样　(2010年摄)

对占全市废水排放量80%的48家重点废水污染源企业和11家城镇污水处理厂安装69套自动监测设备，实现对废水污染源中化学需氧量、氨氮、pH值、六价铬、流量等项目的连续实时监测。自动监控系统建设已成规模化，建成11个区县级环境监控分中心，实现了省、市、区三级数据联网。

第五节　专项监测

一、土壤监测

2008年，开展全市土壤污染状况调查工作，设置土壤监测点位269个，其中普查点位120个、背景点位7个、重点区域点位142个。普查点位包括耕地111个，林草地9个；背景点每个点位设3个剖面；重点区域分为六大类，即：工业场地、工业园区、固废处置场、污灌区、高速公路影响区、生态农业区和畜禽养殖区。普查点代表土壤污染的平均状况，背景点代表土壤未受污染的状况，重点区域代表各类污染源周围的土壤污染状况。监测项目78项，包括理化指标9项、无机元素26项、持久性有机物42项、稀土元素1项。利用ARCGIS空间分析方法、地统计方法，分析全市土壤环境污染状况。

2009年起，开展全市土壤环境例行监测工作，每年9～10月开展1次监测，共10个监测点位，监测三大类16项监测指标。

2009年济南市土壤监测点位和监测项目表

表2—8—24

土壤类别	监测点位	监测项目
菜地土壤	济南市历城区仲宫郑家蔬菜基地	土壤理化性质：土壤pH、有机质含量、阳离子交换量 无机污染物：砷、镉、钴、铬、铜、汞、镍、铅、硒、锌元素的全量 有机污染物：有机氯农药、多环芳烃类、酞酸酯类
	济南市长清区袁庄蔬菜基地	
	济南市历城唐王韩新村蔬菜基地	
基本农田土壤	济南市市中区兴隆二村	
	济南市商河县殷巷镇菜园村	
	济南市济阳县崔寨乡王河村	
污灌区农田土壤	济南章丘辛丰断面	
长期受工业废气和粉尘影响的土壤	历城董家裴家村（济钢东）	
	济南章丘圣泉集团（东）	
大量堆放工业废渣、生活垃圾点周围的土壤	济南济阳垃圾处理场（济阳孙耿镇小杜家）	

二、农村环境监测

2009年起，开展“以奖促治”村庄(乡、镇)专项监测。农村饮用水源地监测商河县殷巷镇吴老村水厂水井、市中区兴隆二村村委会后水井两个点位，监测项目为《地下水质量标准》中23项。农村地表水监测商中河菜园村和兴隆水库两个点位，监测项目为《地表水环境质量标准》(GB3838-2002)表1的基本项目(23项，COD除外)。2010年，市中区兴隆二村被列为山东省农村环境质量试点监测村庄，设监测点位12个，其中空气质量监测点位1个(山东鲁能)、地下饮用水源地点位1个(兴隆水井)、地表水监测点位1个(兴隆水库)、土壤监测点位9个(基本农田、畜禽养殖场周围、居民聚集区各3个点位)。

第六节 监测质量管理

1986年，济南市环境保护监测站建立质量控制室。1987年，充实技术人员，制定环境监测质量程序，统一原始记录格式，对实验室分析样品采取密码样、平行样、加标样、未知样以及外检样的方法控制分析质量。1988年起，全面试行国家《环境监测技术规范》和山东省《环境监测质量保证技术规定》，从布点到数据上报全过程落实监测质量。1989年，济南市环境监测质量保证责任制被确定为全省典型。

1993年10月，济南市环境保护监测站启动计量认证准备工作。1995年，按照《产品质量检验机构计量认证管理办法》规定的6项50条内容和方法，建立质量保证体系和管理制度，对监测全过程，包括监测点位布设、采样、样品保存运输、实验室分析、数据处理统计、监测报告等实施质量控制。投资800余万元，更新仪器设备，进行人员基本素质培训、考核。同年8月，取得山东省质量技术监督局环境监测机构计量认证合格证。至1995年年底，济南市五区五县环境监测站均取得省级计量认证合格证。至2010年年底，济南市环境保护监测站和五区、五县环境监测站通过历次山东省质量技术监督局计量认证监督和复评审工作。

2002年1月，济南市环境保护监测站通过中国实验室国家认可委员会认可；章丘市环境监测站、天桥区环境监测站分别于2003年10月、2004年12月通过中国实验室国家认可委员会认可。至2010年年底，济南市环境监测中心站通过2次中国实验室国家认可委员会认可复评审和扩项工作，并通过历次认可监督评审工作。

第七节 污染源普查

2006年10月，国务院印发《关于开展第一次全国污染源普查的通知》。2008年，在全市范围内进行第一次全国污染源普查。在全面排查摸底的基础上，对6611家工业污染源、17807家农业污染源、6533家生活污染源和50家集中式污染治理设施进行调查。据此建立完整的普查信息数据库，编制13万字的普查工作总结和技术报告，为普查成果的实际应用奠定坚实基础。2009年、2010年，对污染源普查数据进行动态更新。

普查结果：2007年，全市废水排放总量27993万吨，其中工业源废水排放量6160.4万吨，生活源废水排放量21832.6万吨。化学需氧量排放总量为12.54万吨，其中，工业排放量为1.68万吨，生活排放量为10.86万吨，集中式污染治理设施削减量5.02万吨，化学需氧量实际排放量为7.52万吨。氨氮排放总量1.49万吨，其中工业源排放量1310.99吨，生活源排放量1.36万吨。集中式污染治理设施削减量3306吨，氨氮实际排放量为1.16万吨。

全市煤炭消费总量1678.23万吨，其中工业煤炭消费量1519.14万吨，占全市煤炭消费总量90.5%；生活源煤炭消费量159.09万吨。废气排放总量6574.56亿立方米，其中工业废气排放量6356.4亿立方米，占全市废气排放总量96.7%；生活源废气排放量218.16亿立方米。二氧化硫排放总量11.22万吨，其中工业二氧化硫排放量9.84万吨，占全市二氧化硫排放总量87.7%；生活源二氧化硫排放量1.38万吨。氮氧化物排放总量10.91万吨，其中工业氮氧化物排放量7.35万吨，占全市氮氧化物排放总量67.4%；生活源氮氧化物排放量0.55万吨；机动车氮氧化物排放量3.01万吨，占全市氮氧化物排放总量27.6%。烟尘排放总量7.1万吨，其中工业烟尘排放量5.03万吨，占全市烟尘排放总量70.8%；生活源烟尘排放量1.81万吨；机动车总颗粒物排放总量0.26万吨。

全市固体废物产生量1181.31万吨。其中，工业固体废物产生量1054.17万吨，工业危险废物产生量9.55万吨，生活垃圾产生量100.93万吨，生活源锅炉炉渣和粉煤灰产生量8万吨，医疗废物3348吨，污水处理厂污泥产生量8.31万吨，集中式处理设施焚烧残渣154吨。

全市农业源总氮排放量1.46万吨，总磷排放量1724吨，化学需氧量排放量10.01万吨，氨氮排放量776吨。其中，种植业肥料折纯使用总量22.82万吨，单位用量均值4.99千克/亩；农药使用量1549吨，流失率4.2%；农膜使用量3472吨，残留率20.7%；秸秆产生量413万吨，综合利用率86.4%。畜禽养殖业粪便产生量184万吨，污水产生量67万吨，总氮排放量5523吨，总磷排放量1271吨，化学需氧量排放量10.26万吨。水产养殖总产量2.05万吨，化学需氧量排放量508吨，总氮排放量71吨，总磷排放量14吨，氨氮排放量21吨。

2008年，全市更新调查工业企业155家，关停工业企业39家；新增加工业源1家，生活源5家；更新9家集中式污染治理设施。普查更新主要污染物排放量，化学需氧量排放量12.46万吨，氨氮排放量1.46万吨二氧化硫排放量9.59万吨，氮氧化物排放量7.44万吨，烟尘排放量6.99万吨，工业粉尘排放量3.78万吨；分别比2007年降低0.7%、2.3%、14.5%、5.8%、2.2%、1.6%。

2009年，全市更新调查单位1355家，其中工业源数量870家、农业源数量438家、集中式污染治理设施35家、生活源12家。

全市废水排放总量2.71亿吨，占取水总量75.1%；其中工业废水排放量占19.2%，生活源废水排放量占80.8%。

化学需氧量排放总量20.82万吨，其中工业源化学需氧量排放量占全市4%；生活源化学需氧量排放量占全市28.1%；农业源化学需氧量排放量占全市67.8%。氨氮排放总量1.15万吨，其中工业源氨氮排放量占全市5.6%；生活源氨氮排放量占全市82.1%；农业源氨氮排放量占全市12%。

废气排放量5177.85亿立方米，其中工业源废气排放量占全市96%；生活源废气排放量占全市4%。

二氧化硫排放量9.14万吨，其中工业源二氧化硫排放量占全市79.3%；生活源二氧化硫排放量占全市20.7%。氮氧化物排放量11.11万吨，其中工业源氮氧化物排放量占全市62.1%；生活源氮氧化物排放量占全市4.7%；机动车氮氧化物排放量占全市33.2%。烟尘排放量5.68万吨，其中工业源烟尘排放量占全市58%；生活源烟尘排放量占全市34%；机动车烟尘排放量占全市8%。工业粉尘排放量2.87万吨。

固体废物产生量1466.2万吨，其中工业源固体废物产生量占全市77.8%；生活源固体废物产生量占全市21.6%。危险废物产生量7.37万吨，其中重点源工业危险废物产生量7.27万吨，占全市产生量98.6%。

农业源COD排放量14.1万吨，氨氮0.14万吨，其中畜禽养殖业分别占99.3%、73%。

种植业污染物氨氮、总氮以及总磷的排放量分别为330.47吨、8671.94吨、315.44吨。

畜禽养殖业主要水污染物排放量：化学需氧量14万吨、氨氮1013吨，总氮9658吨、总磷1789吨、铜13.3吨、锌44.4吨。

水产养殖业污染物排放量化学需氧量为956吨，氨氮为40.4吨。

2010年，《济南市第一次污染源普查技术报告》被评为全国二等奖。

第四章 污染防治

第一节 大气污染防治

一、燃煤污染防治

1988年，济南市有1吨以上锅炉2051台(其中符合达标排放的1261台)，工业窑炉722台(已改造459台)，大量原煤燃烧造成了大气污染严重。1987年，在槐荫区青年公园办事处进行烟尘控制区(以下简称“烟控区”)试点，取得经验后向全市推广。至1988年年底，全市已有16个街道办事处基本达到烟尘控制区标准。其中，历下区4个街道办事处，控制面积为2.45平方千米；市中区5个街道办事处，面积3.18平方千米；槐荫区3个街道办事处，面积为2.18平方千米；天桥区4个街道办事处，面积为2.38平方千米。全市烟控区面积10.19平方千米。对济南精细化工厂、第四机床厂、试验机厂、毛巾总厂、汇泉饭店等单位下达炉、窑烟尘治理改造，总投资63.35万元。对全市93个单位排烟设施，下达限期治理任务。停产搬迁济南机床一厂六分厂等四个烟尘污染严重的单位。全市集中供热面积200万平方米。

1989年，治理各种排烟设施1048台；市区新建成烟控区13个，面积14.68平方千米，全市烟控区覆盖率24.6%。锅炉、窑炉治理项目18个；济钢投资843万元，治理炼钢黄烟，并年获经济效益170.56万元，五年即可收回投资。济南搪瓷厂投资40万元，治理改造窑炉，减轻了黑烟排放，当年获经济效益42.8万元。

1990年，治理各类排烟设施1860台(套)其中锅炉57台，窑炉21座，改用型煤灶1782台(眼)，经过消除烟尘和净化处理的废气745.78亿标立方米。1991年，继续抓好各类排烟设施的治理，全市工业锅炉排放达标率80.3%，工业窑炉排放达标率55.4%，推广商业型煤炉灶2600多台(眼)。市区已建成44个烟尘控制区，总面积70.04平方千米，覆盖率68%。1992年，治理锅炉83台、窑炉27座。全市拥有工业锅炉847台，其中烟尘排放达标695台，达标率82%。共有工业窑炉719座，其中烟尘排放达标的460座，达标率64%。建成烟尘控制区48个，总面积89.78平方千米。1993年，治理锅炉50台、窑炉23座。年末全市有工业锅炉823台，其中烟尘排放达标698台，达标率84.8%，工业窑炉713座，达标率67.2%。当年建成烟控区1个，面积7.5平方千米，烟控区总面积96.2平方千米。全市排放工业废气总量84846.5亿标立方米。其中，排放生产工艺废气305.3亿立方米，净化处理量217.5亿立方米，处理率71.2%，比1992年降低5.8个百分点。年排放二氧化硫17.84万吨，排放烟尘5.38万吨，经过治理年减少烟尘排放90.85万吨，去除率94.4%。

1994年，全市开展以“气清”为重点的三大战役。第一战役(1～3月)，在市区连续发动四次大规模清查取缔低空排放污染严重炉具活动，共取缔花盆炉2622台，二次风、火烧芯茶水炉104台。第二战役(6～9月)，更换茶水炉835台，取缔炊事灶573台，新建北园烟控区面积1.7平方千米。在正觉寺小区、经二路、制锦市小区建立烟控区示范区。第三战役(10～12月)，市政府发出《关于坚决取缔污染严重炉具，强化烟尘污染防治的通告》，更新改造气水两用低压锅炉近600台，改造锅炉、窑炉

41台。全市工业废气排放总量916.5亿标立方米，其中生产工艺废气310.4亿标立方米，净化处理量204.7亿标立方米，处理率65.9%；排放二氧化硫17.46万吨，排放烟尘5.63万吨，去除率94.2%。

1995年，对33个单位40台污染严重锅炉限期治理。创建并验收烟控区4个，面积14.71平方千米，全市烟控区54个，面积108.7平方千米，覆盖率95.85%。全年工业废气排放总量947.2亿标立方米，处理率66.6%；排放工业二氧化硫17.44万吨，工业烟尘6.49万吨，去除率93.5%。1996年，新建黄台烟控区5.3平方千米；对全市33个单位42台锅炉下达限期治理任务。77家大专院校524台炊事灶，整改454台，改造率86.6%。加强司炉工培训，举办培训班12期，910人培训合格，持证上岗。1997年，在加强复查、巩固提高烟尘控制区建设质量的基础上，重点加强影响全市空气质量的重点污染源的治理，督促39个单位完成42台锅炉限期治理任务。黄台发电厂筹资4600万元，改造5台锅炉除尘设施为电除尘；北郊热电厂完成2号炉电除尘改造，除尘效率99%以上，加强司炉工岗前培训，全年举办司炉工培训班7期，748人培训合格，持证上岗。开展“烟尘污染防治突击月”活动，对2121个单位5855个排烟设施进行现场检查。新建烟控区4平方千米，市区烟控区面积117.83平方千米，覆盖率100%。

1998年9月25日，济南市召开大气污染防治会战动员大会，在全市开展以“强化环境管理，优化能源质量”为中心的大气污染防治会战，强化排烟设施监督管理，加强早、午、晚巡查。至年底，全市共出动检查人员5159人次，出动车辆1780车次，检查单位4315个，检查排烟炉具6420台。查处违法现象192起，改造污染严重炉具210台。举办司炉工培训班13期，培训人员1221人。针对济南市煤烟型空气污染特点，市政府办公厅下发《关于限制使用高含硫量燃煤的通知》，要求黄台电厂等12家重点燃煤单位燃煤含硫量控制在1%以下，其他燃煤单位控制在1.5%以下。通知实施后，市环保局对全市899个单位的燃煤含硫量进行检测，对超标单位实行限期整改。经济南市环境监测站检测，市区11月、12月大气中二氧化硫浓度分别比1997年同期下降50.65%和18%。1999年，加大环境污染防治力度，落实市政府实施“容貌工程”空气污染治理突出一个降字的具体要求，制订《实施“容貌工程”综合整治大气环境的方案》，召开会战动员大会，设立“济南市环保系统容貌工程龙虎榜”，营造比、学、赶、超的工作氛围。发布实施关于治理大气污染改善环境空气质量的一、二号通告等四个规章和规范性文件；举办清洁炉具展示会；对低空排放污染严重炉具进行集中取缔整治；市区4500台1吨以下燃煤炉具全部更换为电、气、油清洁燃料，年减少煤炭使用量30万吨。为净化、美化城市环境，在市政府的统一组织调度下，环保、公安、城建、工商卫生、街道办事处等有关部门组成联合执法队伍，对露天烧烤和沿街流动饮食摊点予以强制取缔整治，共取缔露天烧烤炉具6000多个，沿街饮食服务摊点全部更换为电、气等清洁燃料炉具。为减轻燃煤排放二氧化硫对大气的污染，坚持从源头入手，优化能源质量，控制燃煤含硫量，做好煤质检测，采取例行检查和突击检查相结合的办法，进行监控，对超标单位限期整改，通过新媒体进行曝光，对超标煤予以封存，限期将超标煤运出市区。

2000年，在全市范围内开展“治山、治气、治水”为目的“蓝天工程”，计划三年完成。淘汰市区燃煤锅炉264台。明湖、南郊、北郊3个热电厂除尘设施投入运行。全市工业废气排放总量10428.28亿标立方米，净化处理率88.35%；全年排放二氧化硫9.82万吨，烟尘4.17万吨，烟尘去除率96.18%。通过实施蓝天工程，济南市大气环境质量明显改善。2001年，继续强化排烟设施的监督管理。对已取缔的低空排烟设施和沿街饮食摊点燃煤炉具进行不定期检查，遏制“回潮”现象发生。淘汰2吨燃煤锅炉275台。拆除闲置烟筒476根。2002年，完成烟控区创建调查登记，全市新增烟控区面积5.76平方千米，覆盖率100%，顺利通过省环保局验收。淘汰4吨燃煤锅炉119台，直接减少燃煤量9.5万吨，二氧化硫668吨，烟尘476吨。对862家燃煤单位进行检查，含硫量平均值为0.77%，处理燃煤含硫量超标单位33家，强制配煤2300吨。32家大气污染源实施再提高污染治理工程，年减少二氧化硫6200吨。督促黄台电厂加快7号8号机组烟气脱硫工程进度。对饮食服务单位油烟污染进行治理，117家单位完成净化装置安装任务。2003年，淘汰4吨燃煤锅炉131台，取缔沿街饮食摊点燃煤炉具1440台。加大控制燃煤含硫量，市区燃煤含硫量为0.72%。划定高污染燃料禁燃区24.9平方千米，新建烟控区66.59平方千米。黄台电厂8号机组烟气脱硫工程投入试运行。在全国首家开展重点大气污染源在现监测工作。建成重点大气污染源烟气在线监控系统，对占全市燃煤总量80%的12家重点燃煤大户进行24小时监控，该项目被省环保局、国家环保总局确定为示范工程。2004年，淘汰市区烟控区范围内4吨燃煤锅炉124台，直接减少燃煤量11万吨，减排二氧化硫1269吨，烟尘496吨。对重点污染源实施限期治理。创建高污染燃料禁燃区13.59平方千米。进行第二批烟气在线监测安装工作，国家环保总局在济南市召开大气自动在线监测管理现场会，将济南市经验向全国推广。开展大气容量测算工作，大气环境容量核定技术报告通过国家环保总局的专家审查；县(市)环境容量测算技术工作基本完成。

2005年，淘汰6吨燃煤锅炉23台。创建高污染燃料禁燃区11.31平方千米、创建与复查烟控区269.16平方千米。严把煤炭经营资格环保审查关，审批办理申请煤炭经营资格单位68家。对7家重点大气污染源实施限期治理。2006年，新建烟尘控制区面积54.71平方千米、复查30.36平方千米。淘汰市区烟控区内6吨及以下小型燃煤锅炉16台。2007年，新建烟尘控制区面积78.71平方千米、复查270平方千米，全市烟尘控制区达到348.71平方千米，覆盖率达到100%。督促华电章丘发电有限公司2台145兆瓦机组脱硫工程提前半年投入运营，黄台电厂1～4号小机组提前关停，济南钢铁集团总公司焦化厂焦炉煤气脱硫改造工程建成投运，北郊热电厂3台130吨/时煤粉锅炉烟气脱硫工程11月底正式投入运行，济南庚辰钢铁有限公司2台24平方米烧结机完成烟气脱硫治理。2008年，新建烟尘控制区面积23.4平方千米、复查348.71平方千米，全市烟尘控制区达到372.11平方千米，覆盖率100%。

2009年，对各县(市)区2008年烟尘控制区创建和复查工作进行检查验收；下发2009年度烟尘控制区创建和复查工作通知，部署2009年度烟尘控制区的创建和复查工作，并进行调度检查。督促各责任单位完成明湖热电厂、北郊热电厂、南郊热电厂、金鸡岭热源厂、东新热电公司等企业脱硫设施改造任务和济钢2台52平方米烧结机脱硫和炼钢钢渣处理工艺改造等工业废气污染治理工作。指导、督促有关区完成济南轻骑第二装配有限公司、润华集团、山东金宇针织有限公司、山东省邮政机械厂、济南匡山门窗工贸公司和济南重工机械公司等单位锅炉(窑炉)煤改气工程验收工作，完成济南

黄台电厂烟囱拆除 (2009年摄)

医院等10家单位6吨及6吨以下燃煤锅炉淘汰任务。对二氧化硫超标排放企业实施挂牌督办，充分发挥污染源自动监控系统的作用，进一步加强对全市107家重点企业排放污染物的监督管理和调度，依法及时查处超标排污企业，促使重点企业稳定达标排放。

2010年，按照市政府办公厅《关于开展小燃煤锅炉低空排烟设施和小烟囱拆除取缔专项整治行动的通知》要求，在全市组织开展10吨/时以下小燃煤炉具、低空排烟设施和小烟囱拆除取缔专项整治行动。全市应取缔383台，已取缔349台，占应取缔的91.1%。

二、扬尘污染治理

1997年，加强水泥粉尘和石灰窑综合治理力度，全市23家水泥生产企业的26座水泥立窑经治理实现达标排放，13家企业的16座立窑停止生产。依法取缔位于市区和市郊主要交通干线两侧1000米以内区域的小石灰窑50座。

1998年，对全市36家水泥生产企业立窑进行限期治理，有47座立窑实现达标排放，12座立窑停产。9月，组织实施济南水泥厂、东方红水泥厂搬迁工程；至11月，东方红水泥厂、铁路水泥厂停止立窑生产。1999年，加大水泥粉尘污染防治和小石灰窑整治取缔力度。12个水泥生产企业的14条生产线停产。基本完成立窑治理任务，烘干机治理完成65%，破碎机粉尘治理完成60%，生料磨粉尘治理完成83%，熟料磨粉尘治理完成80%。投资5.1亿元完成济南水泥厂、东方红水泥厂迁建工程，每年可减少粉尘排放量7000多吨。铁路水泥厂、白马山水泥厂、鲁泉水泥厂等3个水泥粉尘污染大户实现转产。关停主要交通干线两侧1000米内小石灰窑78座、小石子粉碎点55处。

2000年，清理关停各类采石场、石子加工厂、石灰窑380个，关停燕山水泥厂、济钢水泥厂、峰山水泥厂立窑生产线。加强市区道路和建筑工地扬尘防治。2001年，严格控制粉尘、扬尘污染。各区加大对道路施工、建筑工地、拆迁工地的环境管理。市环保局对市区包括外环路在内的300多个建筑工地和30余条道路施工工地进行检查，处罚84起。市蓝天工程办公室在市中区召开“济南市建筑工地环境管理现场会”，推广建筑工地环境管理经验做法。扬尘污染加剧趋势得以遏制。

2005年，对市区各类施工工地和道路扬尘污染防治进行监督检查，下发督办通知，督促相关部门加大管理力度，积极落实扬尘污染防治措施，同时邀请新闻媒体参与监督，取得良好效果。2006年，落实工地扬尘污染防治措施，从细节入手，采取雨后冲刷马路、清挖污水井、污泥不落地等措施，全面控制扬尘污染。2007年，关停污染严重的小锻造窑炉267台、小淀粉加工点80家、砖瓦窑5家、小化工企业6家，有效减轻了农村环境污染。

2008年，为做好第十一届全运会空气质量保障工作，借鉴上海等城市的成功经验，部署开展扬尘污染控制区创建工作。组织编制完成《济南市扬尘污染控制区创建工作实施方案》《济南市扬尘污染控制区创建工作标准》《济

2007年12月31日，爆破水泥立窑

南市扬尘污染控制区创建工作考核指标》《济南市堆场和露天仓库扬尘污染防治工作方案》。2009年，下大力气解决结构性污染，关停落后和污染严重企业、生产设备，完成长清区4家砖瓦厂、历城区7家石灰窑和市中区九龙、卧虎山水泥厂4条立窑生产线的关停拆除任务。

2010年，按照“市区联动、创新机制、以区为主、区负总责、重心下移、属地管理”的模式，依据《济南市扬尘污染防治分类挂牌和量化考核办法》(2010年5月正式施行)，对绕城高速以内区域和长清中心城区(含大学科技园)的建筑、市政、拆迁、园林施工工地、道路保洁及堆场、露天仓库六类扬尘污染源实行分类挂牌管理。每月对各区政府、高新区管委会和市直有关部门、单位扬尘污染防治工作落实情况进行检查考核并实行百分制量化赋分。考核结果纳入各区“推动科学发展促进社会和谐综合考核评价体系”，同时纳入全市城市管理工作综合考核体系。不断完善长效管理机制，全市扬尘污染防治精细化、常态化长效工作机制初步形成。

三、机动车尾气治理

1988年，市环保局、市公安局联合发出《关于1988年度机动车尾气排放进行年检的通知》，并结合车辆年审，对全市机动车尾气排放进行年检，当年检测机动车14338辆，占全市机动车的17.8%；安装机动车尾气净化器5000多只，机动车尾气污染防治工作开始启动。自1989年始，在加强年检工作的同时，开展新车尾气检测，1989年年检机动车11909辆，尾气排放达标率为59%;检测新车4985辆，尾气排放达标率98.6%。1990年，检测新车8104辆，尾气排放达标率99%。1991年，全市共年检机动车25696辆，尾气达标率55.2%，检测新车5634辆，达标率94.7%。1993年，年检机动车1.03万辆。

1995年，下发《济南市道路交通管理若干规定》，对机动车尾气管理做出相应规定，公安交通管理机关和环境保护部门加大对机动车尾气初次检测和年度检测力度，对经检测不符合标准的，责令采取防污净化措施。1996年，市环保局、市公安局联合发布《关于加强机动车排气污染管理的通告》，并在全市设立机动车尾气监测岗位9处，当年检测机动车138769辆，获得监测数据277538个。1997年，开展筛选、推广和使用尾气净化装置工作，进一步加大机动车尾气治理力度，全市机动车尾气排放合格率62%。

1998年，市政府下发《济南市人民政府关于禁止销售使用含铅汽油的规定》，市环保局专门成立无铅汽油推广办公室，在全市范围内开展加油站和成品油批发销售企业摸底调查，对销售汽油含铅量进行抽样检测，对153个加油站进行突击采样，对违反规定的依法进行查处。当年市区主要交通干道两侧空气中铅含量降低40%。1999年，制定《济南市防治机动车排气污染监督管理办法》，市环保局成立机动车排气污染管理办公室，联合市公安交警支队组成5组流动检测队伍，在市区设立20个流动检测点和1个固定检测站，全面展开机动车路检工作，当年检测机动车18000余辆。市环保局、交通局联合审查认定15家机动车排气污染维修治理定点企业，严格筛选推广15种优质高效的排气净化装置，进行追踪监督考核。同时对1999年度新生产机动车污染物排放进行申报登记，机动车排气污染防治工作取得较大进展。2000年，对机动车年检工作进行了监督检查，开展机动车路(抽)检工作，会同交通局对机动车维护治理定点企业进行了复审，召开机动车排气净化装置生产、经销单位和定点维修企业的联席会议，完成全市淘汰车用含铅汽油的检查工作。

2001年，对机动车年检中的尾气检测工作进行现场监督检查，全市共检测汽车130697辆，合格率83%。完成路检4203辆，合格率65%。配合市交通管理部门对233家汽车维修企业分别进行尾气监测设备配备和复检，全市一、二类汽车维修企业全部配备尾气监测设备。同年，对全市加油站进行整顿，抽查济南炼油厂和40个加油站的油品，对推广使用车用乙醇汽油、汽油清洁剂和柴油车尾气净化器进行可行性研究和实用检测。2002年，全年路检机动车2800辆，合格率60%。市环保局、技术监督局联合对汽油、柴油进行抽查，合格率分别为95%、67%。同时，加快出租车更新步伐，污染严重的4006辆面包车、5612辆夏利出租车退出营运市场。开展柴油公交车双燃料改造工作，改装柴油公交车658辆，建成车用加气站12座。2003年，济南市开展了机动车尾气“简易工况法”检测试点工作，市环保局、市公安局联合发布《关于开展机动车排气“简易工况法”检测的通知》。

2004年，组织建设两条“简易工况法”检测线并投入运行，在市内五区(历下、市中、槐荫、天桥、历城)范围内，对路(抽)检、一次年检超标经治理后须复测车辆、申请延期报废车辆、外地迁入本市车辆使用“简易工况法”检测汽车尾气。

2005年，《济南市机动车排放污染防治办法》实施，成立济南市机动车排放污染防治工作领导小组。制定《关于实施〈济南市机动车排放污染防治办法〉的办法》。对213家单位的4275辆机动车进行抽检，对370辆超标机动车依法进行限期治理，对限期治理后经复测仍不合格的9辆机动车依法下达《禁止上路决定书》并及时移交市公安交通管理部门。加强对机动车社会化年检单位的监督管理，对经年检尾气合格的59972辆机动车发放尾气合格证。对群众反映强烈的公交车冒黑烟问题开展专项整治行动，对120条线路的2180辆公交车在停放地进行抽检，对241辆公交车下达限期治理决定书，并积极督促进行维修治理。市公交总公司加大治理资金投入，筹措资金购置新车341辆，对严重冒黑烟的100辆车发动机进行更新，对1400余辆双燃料公交车进行改造。

2006年，市环保局、公安局联合开展机动车排放污染物路检工作，在18个路检点检测机动车3813辆，对482辆超标机动车下达限期治理决定书，复测超标车367辆，对逾期未复测的13辆机动车依法下达禁止上路决定书并移交公安交通管理部门依法处理，对拒不参加复测或复测不合格的102辆社会车辆由公安交通管理部门录入违章处理系统依法处理。开展公交车尾气污染专项整治，检查公交线路90条，占全市公交线路的73.7%；检查车辆1015辆，占全市公交车总数的31.7%；共在停放地抽检公交线路30条，抽测公交车991辆，对超标公交车下达限期治理决定书25份。同时督促市公交公司制定《公交车辆尾气排放管理规定》，新增欧Ⅱ标准公交车210辆，报废公交车106部，更换发动机177台，整修发动机1221台。开展停放地抽检工作，对25家单位的268辆机动车进行抽检，下达限期治理决定书36份，复检机动车36辆。加强对机动车排放污染物年检社会化单位的日常监督管理，按照国家有关规定对5家机动车尾气年检机构进行限期整改，对77210辆年检合格机动车发放了尾气合格标识。

2007年，在市区14条主要道路，区分不同时段对道路行驶的1168辆公交车进行检查，督促公交总公司对冒黑烟的61辆公交车进行集中整治。开展2007年度公交车排放污染物抽检工作，共抽检公交车2041辆，对26辆超标车辆进行限期治理。集中开展客运班车、货物配送车辆、超市免费购物班车排放污染物专项检查，共抽检车辆243辆，对56辆超标车辆进行限期治理，对3辆车依法禁止上路。协调市公交总公司开展“绿色公交进超市”活动，开通公交班车营运线路118条，其中达到“欧Ⅱ”标准公交车66辆，占全部超市公交班车的44%。加大在用机动车年检管理力度，严把机动车年检尾气关，共检测机动车110920辆。对市区7家年检机构的环保检测委托申请进行严格审核并按要求上报省环保局，同时组织各县(市)开展年检机构摸底调查和环保检测委托申请工作。

2008年，组织开展奥运会期间进京机动车排放污染物检测和标志发放工作，对符合排放标准的1771辆机动车发放进京“环保牌”。组织对市公交总公司运营车辆排放污染物进行抽测，抽测93条线路的公交车2427辆，对经检测达不到标准的18辆，依法下达机动车排放污染物超标限期治理决定书。同时，积极开展机动车环保定期检测场监督管理工作。2009年，按照《济南市机动车排放污染防治办法》，与公安车辆管理部门的车辆安全检测工作同步开展在用汽车排放的年检工作。对有车单位或对市民举报的冒黑烟车辆进行监督抽检，共抽检包括公交公司在内的18家单位，抽检各种机动车732辆，并认真贯彻汽车以旧换新政策。

2010年，贯彻实施《济南市机动车排气污染条例》，联合济南市日报报业集团共同开展“少一楼黑烟，多一分健康”机动车冒黑烟有奖举报百日活动。开展机动车保有大户排气污染入户抽检工作，对39家单位保有的636辆混凝土搅拌车、邮政运输车、长途客车及单位班车机动车冒黑烟情况进行监督检查。做好进京机动车环保标志发放工作，全年发放绿色环保标志711个，黄色环保标志6个。严把源头控制关，加强外地转入济南市的机动车污染物排放的审查力度，不符合排放标准的车辆不予上线检测。

第二节 水污染防治

1988年，完成污水治理项目17个，总投资1428万元。其中投入运营较好的有济南明水化肥厂、济南橡胶厂、济南电筒厂、济南毛巾总厂4个污水治理项目，处理污水能力509万吨，节约用水478万吨，价值达50.72万元。对工商河沿岸的造纸西厂、济南化工厂、济南啤酒厂、第二印染厂等20个污水排放大户的污水处理设施，不间断地检查，使其开机率和运转率达到96%以上。1989年，完成废水治理项目21个，投资3251万元。济南第二染织厂建成日处理废水500吨设施，年处理废水15万吨，削减各种污染物34.74吨，处理后的废水50%可回收利用。

1990年，完成工业废水治理项目30个，新增废水处理能力909万吨。至年底，全市共有污水处理设施226套，年处理工业废水能力1.46亿吨，减少向水体排放污染物70.1万吨。1993年，全市排放工业废水11953万吨，处理率86.5%，比1992年提高3.8个百分点；工业废水排放达标率59.4%，比1992年提高1.1个百分点。工业重复用水量12955万吨，重复用水率88.8%，比1992年增加0.6个百分点。年内新增废水处理设施19套，年末共有废水处理设施235台套。年处理工业废水10339万吨，回收利用量6801万吨，达标排放量2749万吨。

1995年，强化水环境监督管理，对市区76个单位的103台(套)废水处理设施建立调查档案；发放第三批电镀许可证；加强卧虎山水库周围污染源的监督管理，拨款10万元建成历城医院和水上酒家污水处理设施。1996年，关停小造纸厂，对小清河流域重点污染源限期治理。上半年完成省政府明确要求关停的9家生产能力在5000吨以下的小造纸厂，年内19个限期治理企业完成治理任务。年削减化学耗氧量38415吨，超年度计划25个百分点。6月21日关停济南酿酒厂酒精生产线、绣川毛巾厂染色车间。锦绣川水库污染负荷减少80%。完成历城、商河、槐荫等区县电镀生产厂点的摸底调查，为小电镀的关停奠定基础。1997年，完成小清河流域重点污染企业废水限期治理任务，39家企业实现废水达标排放。关停1家万吨以下草浆造纸厂。办理完毕市人大关于《保护卧虎山水库及南部山区环境的议案》，水库有关监测指标达到国家饮用水源地水质标准。1999年，全市1995～1997年废水限期治理任务按期完成。在继续巩固提高基础上，下达1999～2000年度废水达标排放计划。加强对限期治理企业的分类指导，督促23家废水排放企业实现达标排放。实施“零点行动”和“拉网检查”，对违反环保法律、法规的企业给予严肃查处。全年整治排污口35个。

2000年，工业废水排放总量6912.62万吨；工业重复用水率93.7%，比1999年提高0.9%；工业废水处理率98.81%，比1999年提高1.83%；工业废水排放达标率90%，比1999年提高9%；年末共有废水处理设施269套。2001年，完成2000年全市排污申报登记工作，完善变更申报登记档案和数据库。编制完成《南水北调山东西水东调济南段水污染防治规划》，在对全市餐饮和医疗单位排放废水情况进行调查摸底的基础上，对18家日排废水100吨以上的饮食服务单位和45家超标排放废水的医疗单位，提出限期达标的任务。组织完成护城河及其沿岸地区污染状况调查。监督制浆能力2万吨级以下草浆生产线的关停工作，关停平阴子顺造纸厂。2002年，完成37家医疗单位、12家饮食服务单位治理任务。对15家重点废水排污单位安装水质在线监测仪器，并通过验收。平阴县污水处理厂建成并调试运行。2003年，组织开展严查水环境违法行为，遏制污染反弹专项行动，检查单位1700个次。“非典”疫情期间，在定点医院、宾馆昼夜巡查，切断SARS病毒的末端传播途径。

2004年，启动南水北调工程山东西水东调济南段水质保证工作，《南水北调东线工程小清河(济南段)控制单元治污方案》通过国家环保总局等部门的专家论证。强化对点源治理的监督管理，督促9家医疗单位和化工企业完成治理任务，削减化学需氧量排放量835.7吨/年，氨氮排放量445.8吨/年。对14家重点废水污染源实施限期治理。

2005年，关停19家生产能力1万吨以下废纸造纸企业；对全市电镀生产企业进行集中清理整顿，完成电镀生产排污许可证核发准备工作。对10家重点废水污染源实施限期治理，全市废水排放达标率95%以上。初步完成水环境容量测算工作。章丘市、平阴县污水处理厂建成投入试运行，长清区、济阳县、历城区门牙景区污水处理厂建成。天桥区开展工商河整治工作。2006年，实施玉绣河二期、工商河、东泺河、西泺河截污整治工程，共铺设污水管道12130米，新建倒虹吸4座，安装截污设备7台，清除河道淤泥7万余立方，封堵排污口67个，开工建设沿河中水站4座，新增污水分散处理能力4000吨／日；水质净化一厂、二厂完成改制；济阳县污水处理厂、章丘市污水处理厂一期工程正式投入运行，长清区污水处理厂开始试运行，章丘市污水处理厂二期工程全面开工。2007年，编制《济南市小流域污染综合治理实施规划》《济南市饮用水源地保护规划》，开展小清河流域污染源调查试点工作。工商河、东泺河、西泺河、柳行河、全福河等主要市区河道截污取得进展，新增污水管网90千米；高新区中心区污水处理厂、平阴县处理厂、济阳污水处理厂分别新建污水管网3.5千米、3.96千米、2.49千米；长清污水处理厂和章丘污水处理厂二期工程投用并达标排放；中石化济南分公司、济南钢铁集团总公司等重点企业分别建成一批水污染治理项目。2008年，搞好流域污染防治工作，开展饮用水源地基础环境调查及评估工作。推动加快光大一厂、二厂升级改造工程和水质净化三厂等环境基础设施建设步伐。高新区中心区污水处理厂建成使用。

2009年，开展全市污水处理厂达标整改行动；改善小清河水质，解决氨氮、氰化物超标问题；规范济南市生活垃圾处理厂垃圾渗滤液处置；完成典型乡镇饮用水水源地调查评估工作；组织参加并顺利通过国家六部委海河流域考核验收。

2010年，围绕小清河、徒骇河等重点河流达到常见鱼类生长目标，先后对小清河、徒骇河、漯河沿岸所有入河支流及排污口情况进行摸底调查，并根据调查情况和部门职责分工制定治污控污方案。同时，从新建项目环评、已建项目隐患排查、环保执法监察等多方面入手，全方位加强对全市重点河流断面、城市污水处理厂以及重点排污企业的监管；制定进一步加严小清河流域水质排放标准、重点河流水质达标应急措施以及贯彻省财政厅、环保厅关于小清河流域上下游协议生态补偿暂行办法的实施意见；督促全市重点排水企业全部建立生物指示池和事故应急池，加强对生活垃圾处理厂渗滤液处理的监管，严厉查处山东汇丰生物工程有限公司违法向河道倾倒危险废物案、山东绿霸化工股份有限公司济南唐王分公司恶意偷排剧毒废液案，综合运用经济、法律、行政手段，有力推动重点河流水质达标工作进程。高新区孙村污水处理厂建成使用。

第三节 环境噪声污染治理

济南市主要噪声源为交通噪声，其次是商业和工业噪声。

1984年，济南市颁布《关于严格控制城市交通噪声的通告》，对全市80404辆机动车安装低响度喇叭，市区设置禁鸣标志91个，禁鸣道路面积占城市道路面积的9.8%，禁行标志36个。并在市区的西门、大观园两个主要交通路口安装噪声自动显示仪。1988年，查处商业噪声223处，限令拆除高音响设备，治理一批固定噪声源，对市中区医院等4家锅炉房的引风机和鼓风机噪声进行治理。1989年，贯彻《济南市城市环境噪声管理暂行办法》，开展噪声超标准收费工作，治理噪声源30多处，完成《城市区域环境噪声标准适用区域划分》研究，为加强环境区域噪声的监督管理和制定地方法规提供了依据。

1990年，全市开展噪声控制区建设，投资39万元，治理工业噪声源83个，达标率93.3%；建成5个噪声达标区，面积8.59平方千米，建成后的达标区环境噪声等效声级比创建前昼间下降2分贝左右，夜间下降1～3分贝。1991年，新建噪声达标区4个，面积18.97平方千米，累计建成噪声达标区9个，总面积27.55平方千米，覆盖率18.97平方千米。1992年，治理固定噪声源182个，投资144万元，噪声达标区达到14个，总面积39平方千米。

1996年，噪声达标区21个，总面积58.21平方千米，覆盖率51.33%。将道路交通噪声管理纳入《济南市道路交通管理若干规定》中予以实施。投资90.18万元，治理8个固定噪声源。1998年，市区建成噪声达标区83.59平方千米，覆盖率73%。中、高考期间，着重加强对建筑施工噪声和经营性文化娱乐场所的监督管理，市、区两级环保部门分别设立举报电话，对环境噪声实施24小时监控，对违反有关规定造成噪声扰民的施工单位和经营单位依法进行严肃查处。

2002年，完成36平方千米噪声达标区复查任务，达到计划指标120%。平阴、济阳分别完成3平方千米和3.8平方千米的噪声达标区创建并通过验收。全市环境噪声达标区覆盖率72.4%。

2003年，开展创建“安静居住小区”活动，30个居住小区被命名为市级安静居住小区，首家省级安静居住小区在市中区建成。创建噪声达标区7.84平方千米。至2005年，安静居住小区创建工作、噪声污染治理成效显著，市级安静居住小区47个，对重点噪声源实施限期治理，创建噪声达标区127.56平方千米。

2004～2008年，新建噪声达标区面积660平方千米，覆盖率达到70%。2009年，对2008年全市噪声达标区创建和复查工作进行考核验收，下达2009年度噪声达标区创建和复查工作计划；配合做好噪声扰民信访投诉的处理工作。

2010年，重点加强对工业生产、建筑施工、商业经营活动中各类固定噪声源管理，组织完成2010年度全市噪声达标区复查工作，共复查噪声达标区面积309.64平方千米。

第四节 固体废物污染防治

济南市固体废物污染防治工作起步较晚。1992年前，主要是利用各种渠道，建设各类固体废物污染防治设施，开展固体废物综合利用，环境管理相对薄弱。1988年，全市工业固体废物产生量336.16万吨，综合利用量168.36万吨，综合利用率50.08%。1992年，全市工业固体废物产生量406万吨，综合利用量311万吨，综合利用率74.7%，综合利用率逐年增加。

1993年，为查清固体废物的产生及主要去向，济南市制定颁发《济南市固体废物申报登记管理办法》，对181家企业进行固体废物排放申报登记，并建立微机数据库和申报登记档案。1994年，完成国家环保总局固体废物申报登记试点工作，并通过国家环保总局验收。1995年，工业固体废物综合利用率进一步增加，达到79.4%，当年新增固体废物处理能力1000吨，工业固体废活性炭再生300吨，铬渣炼铁综合利用1万吨。

1996年后，济南市积极促进工业固体废物的综合利用，铬渣炼铁、粉煤灰生产新型建材、固堤、筑路等综合利用新途径不断拓展，1996～2000年，工业固体废物综合利用率分别达到78.7%、88.1%、80%、75.32%、84.41%，综合利用率呈上升趋势。按照国家有关要求加强进口废物环境管理工作，对进口废纸、废钢铁、废电线企业的进口资格进行严格初审，有效杜绝“洋垃圾”及有毒有害废物流入济南市。

2001年，济南市进一步加大固体废物污染防治工作力度。开展危险废物申报登记试点工作，完成全市进口废物基本情况调查和城市生活垃圾处置场所环境影响情况调查，在全市范围内首次开展医疗废物申报登记工作，对5家单位的进口固体废物申请进行严格初审，当年工业固体废物综合利用量350.41万吨，比2000年增加20.74万吨，综合利用率91.22%。

2002年，开展危险废物污染防治工作调研和危险废物处置规划项目调查工作。严把进口废物审批关，对6家单位的进口废物申请进行初审。工业固体废物综合利用量450.70万吨，比2001年增加100.29万吨，综合利用率92.75%。

2003年，国内出现“非典”疫情。为有效阻断非典型性肺炎的末端传播渠道，在全市范围内组织开展严查医疗废物污染环境违法行为专项行动。加快组织建设济南市医疗废物集中处置中心，当年集中处置医疗废物428.42吨，占市区医疗废物产生总量的57.7%。2003年，济南市工业固体废物产生总量520.49万吨，综合利用量509.3万吨，工业固体废物综合利用率96.1%，工业固体废物排放量100.4吨，比2002年减少799.6吨。

2004年，日处置能力24吨的医疗废物集中处置设施投入使用，对168家医疗机构和医疗废物集中处置单位进行排污申报登记，全市133家一级以上医院医疗废物暂存场所全部进行规范，其中118家参加医疗废物集中处置，组织开展严查医疗废物环境违法行为专项行动，《济南时报》以“追击，追击，医疗废物打黑战”为题进行跟踪报道，在社会上引起较大反响。全年市区医疗废物产生量1445.39吨，集中处置量1425.69吨，占市区医疗废物产生总量的98.64%。7月，全省医疗废物污染防治工作现场会在济南召开；11月，国家环保总局对济南市医疗废物集中处置工作进行视察，认为济南市医疗废物环境管理工作走在了全国前列。同年，对全市288家单位开展危险废物排污申报登记工作，并对大专院校、科研所开展实验室类危险废物排污申报登记，济南市被列为山东省实验室类危险废物污染防治试点城市。济南市全年工业固体废物产生量716.58万吨，其中危险废物5.91万吨，占0.8%；工业固体废物综合利用量688.88万吨，比2003年增加179.58万吨，增加35.3%，综合利用率92.9%。

2005年，开展小型医疗机构医疗废物集中处置试点，全市医疗废物处置量达2467.95吨，市区医疗废物处置量达2273.56吨，市区医疗废物集中处置率99.54%，全市医疗废物集中处置率91.4%。制定《济南市环保局关于进一步加强危险废物环境管理的通知》，按照危险废物产生量和产生种类，对71家危险废物重点产生单位加大管理力度，督促52家单位制定并报送危险废物管理工作计划和意外事故应急预案，43家单位完成危险废物暂时贮存场所规范，设置危险废物识别标识。市药监局、环保局联合开展社会源废药品的回收及安全处置工作，回收的8万余盒废药品已全部交由有危险废物经营许可资质的单位进行无害化处置。严把进口废物预审关，对4家单位进口废物申请进行预审。至2005年，全市工业固体废物年综合利用量846.39万吨，工业固体废物综合利用率达93%，比1988年增加44.52个百分点，比“九五”期末增加10.2个百分点。

2006年，以危险固体废物处置为重点，健全固体废物环境风险防范机制。2月7日，国家环保总局对裕兴化工总厂堆存铬渣污染进行挂牌督办。4月14日，正式通过济钢烧结炼铁方式对裕兴堆存铬渣进行环保处置，并将铬渣处置任务列入裕兴、济钢“十一五”污染物总

济南瀚洋固废处置有限公司固废处置中心中控室
(2005年摄)

量削减目标责任书，建立处置工作日报、月报制度。同时，开展铬渣污染现状调查及污染防治对策研究工作，形成调查及研究报告，为彻底消除裕兴化工总厂铬渣污染隐患提供科学依据。进一步提高医疗废物集中处置量，全年安全转移处置医疗废物2659.44吨。开展废矿物油环境管理专项行动，对95家工业企业和113家一类汽修企业和2家废矿物油处置利用单位下发相关管理文件，对违法情节严重的山东大友汽车销售有限公司等11家单位依法立案查处。强化对29家重点环境安全隐患单位的危险废物环境监管，对17家单位产生的危险废物进行集中处置，共计8大类1744.47吨。市环保局联合市药监局进一步健全过期失效药品的安全处置监督管理长效机制，共监督转移、处置过期失效药品2吨。2006年，济南市工业固体废物产生总量959.98万吨，综合利用量906.5万吨，工业固体废物综合利用率93.65%，工业固体废物排放量0.06吨。

2007年，首次开展全市感光材料废物专项申报登记，组织全市402家单位对2006年度固体废物情况进行申报，在省环保厅危险废物申报登记试点工作考核中被评为优秀。审批发放转移联单6939份，监督转移危险废物共计12大类127260.78吨，对12个项目提出污染防治意见，督促157家单位制定危险废物应急防范措施和应急预案并备案。加大对裕兴和济钢铬渣污染督办检查工作力度，建立企业、市、省三级铬渣处置信息报送制度。11月7日，济南市在裕兴化工厂召开现场办公会议，要求2009年6月30日前完成整体搬迁工作。督促174家医疗机构参加集中处置，安全处置医疗废物2405.28吨。严把进口废物预审关，对12份进口废物申请书进行审查，经现场审核对超过实际处理能力的单位削减进口1.8万吨，督促4家单位执行进口企业备案登记制度。组织编写《济南市2006年度固体废物污染环境防治状况报告书》，经多方征求意见后首次向社会公布。2007年，济南

市工业固体废物产生总量944.33万吨，综合利用量894.37万吨，工业固体废物综合利用率93.71%，工业固体废物排放量0吨。

2008年，在对管辖单位实行固体废物申报登记的基础上，对全市16家危险废物产生单位实行危险废物季报制度，对4家危险废物处置单位实行危险废物月报制度。完成176家医疗卫生单位的济南市医疗废物转移申请表审批，发放医疗废物转移联单2118份。对5家限制进口类可用作原料的固体废物的单位进行相关资料预审。协调督促济南裕兴化工有限责任公司铬渣处置工作，着手准备后期土壤修复工作。2008年，济南市工业固体废物产生总量1075.69万吨，综合利用量1028.09万吨，工业固体废物综合利用率94.41%，工业固体废物排放量0吨。

2009年，制定《济南市固体废物污染防治监督管理办法》，并针对位于居民集中区、饮用水源保护区周边的危险废物、废弃危险化学品产生、利用单位组织进行拉网式排查，消除隐患。完成济南市危险废物规范化管理考核验收工作。督促济南裕兴化工有限责任公司加快现存铬渣无害化处置工作和限期搬迁关停工作，12月31日，裕兴化工厂按期完成老厂区所有生产装置关停任务。2009年，济南市工业固体废物产生总量967.88万吨，综合利用量909.26万吨，工业固体废物综合利用率93.94%，工业固体废物排放量0吨。

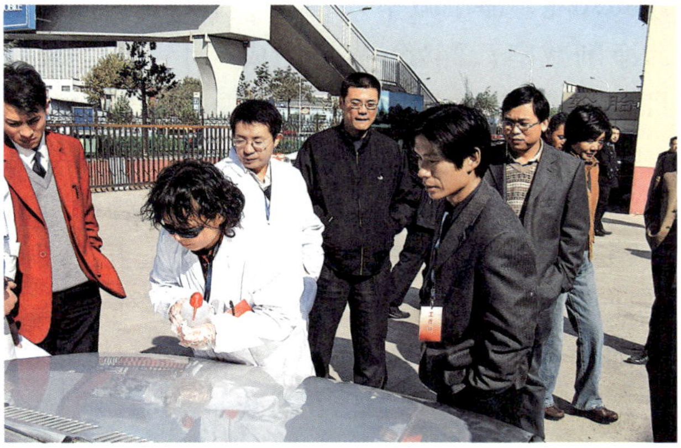
2006年11月，裕兴化工厂对废气腐蚀车漆进行监测

2010年，以危险废物、医疗废物污染防治为重点，制订《济南市危险废物产生和处置利用单位规范化管理工作方案》《济南市危险废物产生、处置和利用企业规范化管理考核验收工作方案》，组织全市161家产生单位和5家危险废物经营单位开展危险废物规范化管理工作。在各县(市)区环保局对68家单位验收的基础上，重点对危险废物经营单位、危险废物年产生量10吨以上单位和含重金属危险废物产生单位共计34家单位进行市级验收并上报省厅进行省级验收。以2009年度为基准，组织全市161家危险废物产生单位开展危险废物申报登记工作。严把危险废物转移审批关，对所有跨市转移申请实行“四审查一征求”，共进行跨市转移审批71件，拒批3件，市内转移审批144件。2010年，济南市工业固体废物产生总量1021.94万吨，综合利用量996.95万吨，工业固体废物综合利用率97.55%，工业固体废物排放量0吨。

第五节　辐射监管

2004年后，济南市认真贯彻国家和省有关法律法规，对全市辐射污染防治工作实施统一监督管理。建立实施以年度申报登记、季度安全检查和及时查处违法行为等为主要内容的辐射环境监察制度；提出“依靠制度实现辐射环境安全”的指导思想，向被管理单位下发规范性文件，明确各项管理要求和办事程序，指导各单位修订内部安全管理、台账登记和事故应急处置等制度。按照全省统一部署，依法开展全市放射性污染物申报登记及全市电磁辐射污染源申报登记工作。对全市放射性废物种类和数量进行摸底调查，并对14家产生单位进行集中检查。拍摄和编辑放射源数码照片800余张，下发整改通知40份，对26家单位持有的199枚废弃放射源提出明确的安全处理要求，摸清全市放射源现状并基本清除各类安全隐患。针对济南市辐射环境保护基础薄弱的现状，多渠道筹集资金，购置全向电磁辐射场强仪和X-γ剂量率仪等必要的监测设备；启动辐射环境监测和放射性环境影响评价等业务工作。

2006年，组织完成全市179家放射性同位素与射线装置单位定期安全现场监督检查及2006年度专项检查；为29家单位办理了辐射安全许可和放射性同位素转让审批的初审。

2007年，组织完成全市187家电离辐射工作单位定期安全现场监督检查，开展涉源单位专项检查。为34家单位办理辐射安全许可证和放射性同位素转让的初审。组织92家电磁辐射工作单位、187家电离辐射工作单位完成2007年度辐射环境管理申报登记工作。对57家辐射工作单位的159名管理人员进行辐射环境管理岗位培训，全部取得省环保局上岗资格证书。

2008年，完成全市127家电离辐射工作单位定期安全现场监督检查，为70余家单位办理辐射安全许可证和放射性同位素转让的初审手续，全部通过上级审批。组织270余家电磁辐射、电离辐射工作单位认真开展辐射环境管理申报登记工作，对30余家辐射工作单位的80余名管理人员进行辐射环境管理岗位培训，全部取得省环保厅上岗资格证书。

2009年，完成“国家网络化辐射安全监管系统数据库”基础信息录入工作。在认真组织放射源安全现场例行检查的基础上，7月中旬至8月初，组织开展全市辐射安全拉网式检查专项行动，全面清查涉及放射源应用的各重点行业单位302家。重点督促山东省医学科学院放射医学研究所清理送贮废源95枚、山东大学齐鲁医院清理送贮废源62枚、山东省肿瘤医院清理送贮废源76枚。

2010年，完成“国家网络化辐射安全监管系统数据库”基础信息录入，建立济南市放射源明细台账。11～12月，对所有放射源使用单位及射线装置使用单位开展申报登记工作，全面掌握济南市的辐射环境现状。加强放射源涉源单位监管。对全市28家放射源涉源单位集中力量开展辐射安全拉网式专项检查，提出具体整改措施120余条，及时解决威胁全市辐射环境安全的隐患问题。组织召开全市医疗卫生单位辐射安全管理工作会议，开展三类射线装置使用单位辐射安全可证颁发工作，至12月底，发放辐射安全许可证155份。协调市公安局、市财政局、市卫生局共同编制、印发《济南市辐射事故应急预案》，全市辐射事故应急处置体制、机制建设得到进一步完善。

第六节　污染减排

按照山东省总量削减目标责任书要求，济南市“十一五”减排目标为化学需氧量、二氧化硫排放量分别削减18%和10.94%，即两项主要污染物绝对排放量均比2005年减少1.06万吨。

2006年，全市化学需氧量排放总量57738吨，比2005年减少1476吨，削减2.49%，完成“十一五”减排目标的13.9%；全市二氧化硫排放总量94861吨，比2005年减少2391吨，削减2.4%，完成“十一五”减排目标的22.6%。

2007年，经省环保厅核定，济南市化学需氧量新增量3296.9吨，削减量11769.1吨，净削减量8472.2吨，净削减率4.26%，“十一五”期间累计净削减率6.64%，累计完成“十一五”减排目标的36.9%；二氧化硫新增量3164.2吨，削减量9052.8吨，净削减量5888.6吨，净削减率4.9%，“十一五”期间累计净削减率7.24%，累计完成“十一五”减排目标的66.2%。

2008年，经省环保厅核定，济南市化学需氧量新增量2464吨，削减量12036吨，净削减量9572吨，净削减率6.04%，“十一五”期间累计净削减率12.29%，累计完成“十一五”减排目标的68.3%；二氧化硫新增量-7173吨，削减量12640吨，净削减量19813吨，净削减率6.89%，“十一五”期间累计净削减率13.63%，累计完成“十一五”减排目标的

124.6%；在全省污染物减排和环境质量改善考核中，获得污染物总量减排奖二等奖。

2009年，经省环保厅核定，济南市化学需氧量新增量2450吨，削减量7298吨，净削减量4848吨，净削减率5.14%，“十一五”期间累计净削减率16.79%，累计完成“十一五”减排目标的93.27%；二氧化硫新增量1710吨，削减量4425吨，净削减量2715吨，净削减率1.59%，“十一五”期间累计净削减率15%，累计完成“十一五”减排目标的137.11%。在全省污染物减排和环境质量改善考核中，获得污染物总量减排奖一等奖。

2010年，经省环保厅核定，济南市化学需氧量新增量3248吨，削减量5347吨，净削减量2099吨，净削减率3.91%，“十一五”期间累计净削减率20.03%，累计完成“十一五”减排目标的111.27%；二氧化硫新增量4364吨，削减量6217吨，净削减量1853吨，净削减率1.29%，“十一五”期间累计净削减率16.09%，累计完成“十一五”减排目标的147.1%。

2006～2010年济南市二氧化硫结构减排项目表

表2—8—25

年 份	项 目
2006	淘汰市区28台6吨以下燃煤锅炉
2007	关停山东黄台火力发电厂1台2.5万千瓦、2台3.5万千瓦和1台5万千瓦小机组
	淘汰13台6吨以下燃煤锅炉
	关停90余台锻造炉
	淘汰济南钢铁集团总公司耐火材料厂耐火材料竖窑8座
	关停山东明泉水泥有限公司、济南鲁建水泥有限责任公司、章丘市大星水泥厂水泥立窑生产线
	关停麦迪森化工有限公司、仁盛化工有限公司生产线
2008	淘汰129户小冶炼业户
	关停7座石灰窑和4家砖瓦厂
	关停济南水利水泥厂机立窑生产线
2009	关停6家砖瓦厂
	关停章丘市裕卓水泥有限公司2条立窑生产线
2010	关停华能济南黄台发电有限公司5号、6号机组，章丘市琅沟热电厂小机组
	关停济南市中卧虎山水泥厂水泥立窑生产线、济南市市中九龙水泥厂水泥立窑生产线、章丘华明水泥有限公司水泥立窑生产线和章丘市明水交通水泥有限公司水泥立窑生产线
	关停商河县4家砖瓦厂

2006～2010年济南市化学需氧量结构减排项目表

表2—8—26

年 份	项 目
2006	关停5家1万吨以下的废纸造纸和淀粉生产企业
	取缔5家小电镀、小化工企业
2007	关停120家小淀粉加工企业
2008	关停10家小淀粉加工企业
2009	关停10家小淀粉加工企业
2010	关停5家小淀粉加工企业

2006～2010年济南市二氧化硫工程减排项目表

表2-8-27

年 份	项 目
2006	济南化肥厂有限责任公司3×35吨／时锅炉烟气脱硫工程
	章丘市琅沟热电厂1～3号机组烟气脱硫治理
	明水热电厂1～3号机组烟气脱硫治理
	埠村煤矿矸石热电厂1～3号机组烟气脱硫治理
	济南钢铁集团总公司焦化厂焦炉煤气脱硫改造工程（提盐改造）
	中石化济南分公司140万吨／年重油催化裂化装置二氧化硫治理
	中国重汽集团3×20吨／时锅炉烟气脱硫除尘治理
	山东塑料试验厂20吨／时锅炉烟气脱硫除尘治理
	济南司普润化工产品有限公司10吨／时锅炉烟气脱硫除尘治理
2007	华电章丘发电有限公司1～4号机组烟气脱硫治理
	济南北郊热电厂1～3号机组烟气脱硫治理
	埠村煤矿矸石热电厂4号机组烟气脱硫治理
	济南庚辰钢铁有限公司2台24平方米烧结机脱硫治理
	济南锅炉集团有限公司2台10吨燃煤锅炉改烧天然气
	章丘市惠能机械厂锻造炉煤改电工程
	山东华民铸锻有限公司12台燃煤窑炉改换电炉
	章丘市桑园荆山锻造有限公司锻造炉煤改电工程
2008	济南市南郊热电厂金鸡岭热源厂1～2号机组脱硫治理
	济南明湖热电厂1～3号机组脱硫治理
	济南东新热电有限公司1号机组脱硫治理
	济阳新华能源实业有限责任公司1～2号机组脱硫治理
	济南圣泉集团股份有限公司机组脱硫治理
	济南匡山门窗工贸有限责任公司6吨燃煤锅炉改天然气工程
2009	王家寨振兴铸造厂煤改电工程
	山东电力设备厂燃煤锅炉脱硫
	山东电力高等专科学校煤改气工程
	济钢第一炼铁厂1号120平方米烧结机烟气脱硫
	济南趵突泉酿酒有限公司燃煤锅炉脱硫改造
	济钢铸管有限公司2×52平方米烧结机烟气脱硫
	山东华氟化工有限公司油改气工程
	埠村煤矿燃煤锅炉改太阳能和水源热泵工程
	济南鲁阳锻造有限公司锻造炉煤改电工程
	章丘市振兴铸造厂燃煤铸造炉煤改电工程
	山东省电力设备厂燃煤锅炉脱硫改造

续表2—8—27

年 份	项　目
2009	章丘重型锻造有限公司锻造炉煤改电工程
	济南圣泉集团有限公司燃煤锅炉脱硫工程
	山东中氟化工有限公司油改气工程
	济南市匡山热力中心燃煤锅炉脱硫改造
	章丘市铸造合金厂煤改电工程
2010	济南圣泉集团股份有限公司 2 号机组烟气脱硫工程
	章丘市炊具机械总厂煤改电工程
	济南隆超石油机械有限公司煤改气工程
	济南绿园供热有限公司锅炉烟气脱硫工程
	济南维维乳业有限公司锅炉烟气脱硫工程
	山东明水化工有限公司锅炉烟气脱硫工程
	山东丰晃铸造有限公司煤改电工程

2006～2010年济南市化学需氧量工程减排项目表

表2—8—28

年 份	项　目
2006	章丘市污水处理厂污水处理工程
	济阳县污水处理厂污水处理工程
	长清污水处理厂污水处理工程
	平阴县污水处理厂污水处理工程
	玉绣河截污整治工程
	工商河、东泺河、西泺河北园路南河道截污整治工程
	山东塑料实验厂污水处理设施改造与污水回用
	山东明水化工有限公司废水限期治理工程
	济南化肥厂有限责任公司造气循环水改造
	中国重汽设备动力厂污水除磷限期整改治理
	中石化济南分公司炼油废水处理及回用工程
	济南佳宝乳业有限公司第二牧场废水治理
	济南钢铁集团废水治理及回用工程
2007	光大水务（济南）有限公司一厂污水处理工程
	光大水务（济南）有限公司二厂污水处理工程
	中国重汽集团卡车公司污水处理工程
	济南钢铁集团有限公司 2 万吨／日中水回用
	中国石油化工股份有限公司济南分公司污水处理工程
	章丘华饰纸业有限公司污水处理工程
	齐鲁制药有限公司污水处理工程

续表2－8－28

年 份	项 目
2008	光大水务（济南）有限公司一厂 8 万吨 / 日扩建及升级改造工程
	光大水务（济南）有限公司二厂升级改造工程
	章丘市污水处理厂二期扩建工程
	高新区水质净化一厂污水处理工程
2009	仲宫镇污水处理厂污水处理工程
	工商河中水处理站污水处理工程
	东泺河中水处理站污水处理工程
	光大水务（济南历城）有限公司污水处理工程
	商河县正元水质净化有限公司
	蓝星石油有限公司济南分公司污水处理工程
	济南钢铁集团总公司耐火材料厂污水处理工程
2010	章丘刁镇污水处理站
	章丘普集污水处理站
	宏全食品包装济南有限公司污水处理工程
	物业管理学院污水处理站
	舜耕路广场东沟污水处理站
	南全福污水处理站
	山东旅游职业学院污水处理工程
	山东技师学院污水处理工程
	山东教育学院污水处理工程
	山东财政学院污水处理工程
	山东传媒职业学院污水处理工程
	商河县开发区污水处理厂

第五章　生态环境保护

“九五”期间，国家提出“污染防治与生态保护并重”的环境保护工作方针，颁布《全国生态环境建设规划》《全国生态环境保护纲要》，济南市开始自然保护区建设和生态环境调查等工作。“十五”“十一五”期间，生态环境保护工作有了飞跃发展。2001年11月，济南市环保局成立专门的生态保护管理机构——自然生态保护处，各县(市)区环保局也相继设立生态科或安排专门生态保护管理人员。之后进行全市生态环境要素现状调查，开展一系列生态示范创建活动，加强自然保护区和生态功能保护区建设，并全面启动生态市建设工作，实施一批生态建设工程。通过这些措施，遏制济南市生态破坏加重的趋势，生态保护意识得到提高，城乡生态环境质量有所改善。

第一节 自然保护区建设

济南市自然保护区建设1990年起步。“十五”和“十一五”期间，济南市加快自然保护区、风景名胜区和森林公园(简称“两区一园”)建设速度。济南市共建成各类保护区73.03平方千米，受保护区面积占国土面积比例为7.68%。其中，自然保护区3个，面积73.03平方千米；风景名胜区3个，面积21.87平方千米；森林公园34个，面积265.33平方千米；地质公园2个，面积162.81平方千米；饮用水源一级保护区42.42平方千米；封山育林62.66平方千米。

2010年济南市受保护地占国土面积比例统计表

表2-8-29　　单位：平方千米

自然保护区	风景名胜区	森林公园	饮用水源一级保护区	地质公园	封山育林	合 计	占国土面积比例(%)
73.03	21.87	265.33	42.42	162.81	62.66	628.12	7.68

说明：合计数字已扣除自然保护区、森林公园、地质公园重叠部分面积

一、自然保护区

济南市建设自然保护区3个，分别为济南张夏-崮山华北寒武系标准剖面省级地质遗迹自然保护区、平阴大寨山省级自然保护区和历城柳埠市级自然保护区。

济南张夏-崮山华北寒武系标准剖面省级地质遗迹自然保护区。位于长清区张夏镇和崮山镇，距离长清县城20千米。其范围北到毛家庄，南到笼山，东到大沙河，西到杜家庄，极点地理坐标为北纬36°25′30″～36°31′45″，东经116°50′40″～116°54′20″。保护区于2001年4月29日经山东省人民政府批准，总面积为262公顷，其中馒头山占1/3。保护区内设定两个区域：缓冲区和实验区，面积分别为19.5公顷和242.5公顷。主要保护对象是寒武系地质遗迹，其标准层型剖面共由4条剖面组成：一是张夏镇南面徐毛庄东馒头山剖面，二是崮山火车站东虎头崖到黄草顶，三是崮山镇东北角唐王寨，四是范庄。该保护区地貌类型属低山丘陵，海

典型的石灰岩方山——长清张夏镇馒头山

拔高度200～400米，地层发育完整，出露齐全，剖面连续，生物化石丰富，沉积构造内容繁多，特征明显，是世界上最完整的寒武纪地质剖面，是生物地层、年代地层、层序地层观察研究的天然博物馆和地学实验室。保护区批准以来已完成道路、绿化、立碑、埋桩等基础工程建设，由张夏镇政府负责具体管理和建设工作，业务主管为国土部门。

大寨山自然保护区。地处济南市西南部平阴县洪范池镇境内，是浪溪河源头和洪范池泉群的水源涵养区，2001年10月市政府批准在大寨山林场基础上建立市级自然保护区，总面积2400公顷。保护区内植被类型较多，结构稳定，古树名木众多，物种多样性丰富。其中国家Ⅱ级重点保护野生植物2种；山东特有植物3种；列入《中国珍稀濒危植物红皮书》植物2种；列入《濒危野生动植物种国际贸易公约》植物3种；山东省稀有濒危植物11种；受国家级保护的野生动物有13种，列入山东省重点保护的野生动物16种，在《国家保护的有益的或者有重要经济、科学研究价值的陆生野生动物名录》之中，有两栖类1目3科6种，爬行类1目3科8种，鸟类10目21科73种，兽类3目4科5种，共计92种，列于《濒危野生动植物种国际贸易公约》中受保护的野生动物有14种。为有效保护森林生态系统，更好地处理生态环境保护与开发的关系，促进当地经济社会与环境的协调发展，2010年9月大寨山市级自然保护区被省政府批准晋升为省级自然保护区，省级自然保护区的总面积调整为1200公顷，其中核心区面积366公顷、缓冲区面积368.4公顷、实验区面积465.6公顷。

柳埠市级自然保护区。位于济南市南部山区，地跨西营、柳埠、仲宫三个镇。东临章丘市垛庄镇，南依泰安市麻塔镇，地理坐标为北纬36°22′～36°30′,东经117°06′～117°19′。保护区于2001年10月经市政府批准建立，以历城区国有柳埠林场为基础，包括柳埠林场及其周边的乡村森林，总面积5840.8公顷，其中核心区1208.9公顷，缓冲区864.3公顷，实验区3034.2公顷。保护区内山峦起伏，沟壑交错。植被属暖温带落叶阔叶林区，植被覆盖率88.6%。广泛分布着泉水资源，有九泉一瀑一潭。主要保护对象是以暖温带落叶阔叶林和油松林为主的沙石山区典型的森林生态系统，区内木本植物47科234种，草本植物500余种，苔藓植物38科127种。其中国家重点保护野生植物有7种。茂密的植被形成不同的森林群落景观，古树名木众多，具有极重要的观赏、科研和保护价值。据初步调查，保护区内高级陆生野生动物共有161种，其中国家Ⅰ级保护动物2种，Ⅱ级保护动物有36种，山东省重点保护动物有41种。

二、森林公园

济南市先后建成森林公园34个，面积265.33平方千米。

三、风景名胜区

济南市先后建成千佛山、龙洞、白云湖、大明湖风景名胜区，面积120.43平方千米。

济南市风景名胜区建设情况表

表2—8—30

名　称	面积（平方千米）	地　址	批准时间	批准文号	批准文件名称
千佛山风景名胜区	7.20	历下区	1995 年 6 月	鲁政发〔1995〕63 号	《山东省人民政府关于公布千佛山等 7 个省级风景名胜区的通知》
龙洞风景名胜区	13.81	历下区	1995 年 6 月	鲁政发〔1995〕63 号	《山东省人民政府关于公布千佛山等 7 个省级风景名胜区的通知》
大明湖风景名胜区	0.86	历下区	2003 年 3 月	鲁政字〔2003〕103 号	《山东省人民政府关于将济南大明湖风景名胜区列为省级风景名胜区的通知》

四、地质公园

地质公园表

表2—8—31

名称	面积（平方千米）	地址	批准时间	批准文号	批准文件名称
长清张夏－崮山省级地质公园	102	长清区	2004 年 1 月	鲁国土资发〔2004〕14 号	《关于批准沂水龙岗等 6 个省级地质公园的通知》
山东济南华山省级地质公园	60.81	历城区	2007 年 4 月	鲁国土资字〔2007〕135 号	《关于批准济南华山等七个省级地质公园的通知》

五、饮用水源保护区

济南市在“九五”期间首次进行地表饮用水水源地保护区划，“十五”时期和“十一五”时期分别进行修改。

锦绣川水库大坝

卧虎山水库

1996～2010年济南市地表饮用水水源地一级保护区历次划分结果

表2—8—32

划分时间	保护区级别	地表水保护区位置	长度（千米）面积（平方千米）	执行标准
“九五”期间	地表水一级保护区	黄河干流田山引黄闸上游1000米、下游500米	1.5	地表水Ⅱ类
		黄河干流北店子引黄闸上游1000米、下游500米	1.5	地表水Ⅱ类
		黄河干流大杨庄引黄闸上游1000米、下游500米	1.5	地表水Ⅱ类
		黄河干流老徐庄引黄闸上游1000米、下游500米	1.5	地表水Ⅱ类
		卧虎山水库	31.8	地表水Ⅱ类
		锦绣川水库	25.25	地表水Ⅱ类
		垛庄水库	10.0	地表水Ⅱ类
“十五”期间	地表水一级保护区	黄河干流田山引黄闸上游1000米、下游500米	1.5	地表水Ⅱ类
		黄河干流大王庙引黄闸上游1000米、下游500米	1.5	地表水Ⅱ类
		鹊山水库	6.15	地表水Ⅱ类
		玉清湖水库	5.8	地表水Ⅱ类
		卧虎山水库	31.8	地表水Ⅱ类
		锦绣川水库	25.25	地表水Ⅱ类
		垛庄水库	10.0	地表水Ⅱ类
“十一五”期间	地表水一级保护区	黄河干流田山引黄闸上游1000米～下游500米	3.0	地表水Ⅱ类
		黄河干流北店子引黄闸上游1000米～下游500米	3.0	地表水Ⅱ类
		黄河干流大王庙引黄闸上游1000米～下游500米	3.0	地表水Ⅱ类
		鹊山水库	11.27	地表水Ⅱ类
		玉清湖水库	8.41	地表水Ⅱ类
		卧虎山水库	5.26	地表水Ⅱ类
		锦绣川水库	3.18	地表水Ⅱ类
		狼猫山水库	4.12	地表水Ⅱ类
		垛庄水库	1.18	地表水Ⅱ类

六、封山育林

2005年后，为防止水土流失、巩固绿化成果、涵养水源，禁止一切人为的损坏行为，济南市实施封山育林。至2010年，封山育林面积62.66平方千米。

2010年济南市森林公园表

表2—8—33

序号	名称	所在地区名称	占地面积（平方千米）	主管部门名称	批准机关名称	批准文号	批准日期
1	柳埠国家森林公园	历城区柳埠	24.67	历城区林业局	林业部	林造批字〔1992〕200号	1992年11月
2	北郊温泉森林公园	天桥桑梓店	8.67	天桥区政府	省林业厅	鲁林场字〔1993〕1号	1993年1月
3	五峰山森林公园	长清五峰山	1.62	长清县林业局	省林业厅	鲁林场字〔1993〕1号	1993年1月
4	胡山森林公园	章丘明水	1.53	章丘市林业局	省林业厅	鲁林场字〔1995〕12号	1995年8月
5	大峰山森林公园	长清孝里	7.91	长清县林业局	省林业厅	鲁林场字〔1998〕8号	1998年6月
6	蟠龙山森林公园	历城彩石	5.40	历城区林业局	省林业厅	鲁林场字〔1999〕12号	1999年10月
7	大寨山县级森林公园	平阴县	10.61	平阴县林业局	平阴县林业局	平林字〔1999〕10号	1999年11月
8	章丘市黄河林场等11处森林公园	章丘市	46.54	章丘市林业局	章丘市林业局	章林字〔1999〕42号	1999年11月
9	卧龙峪森林公园	长清万德	4.00	长清县林业局	省林业厅	省林场字〔2001〕9号	2001年6月
10	大寨山省级森林公园	平阴县	9.39	平阴县林业局	省林业厅	鲁林场字〔2001〕16号	2001年9月
11	历城唐王镇市级森林公园	历城区唐王镇	4.00	历城区林业局	市林业局	济林字〔2001〕32号	2001年12月
12	济南市七星台森林公园	章丘市	23.00	济南市林业局	济南市林业局	济林果字号〔2002〕19号	2002年10月
13	长清马山市级森林公园	长清区马山镇	3.34	长清区林业局	济南市林业局	济林果字〔2003〕11号	2003年6月
14	东张森林公园	文祖镇东张村	3.33	文祖镇政府	章丘市林业局	章林字〔2003〕26号	2003年8月
15	唐王山林场	双山街道办事处	2.01	章丘市林业局	章丘市林业局	章林字〔2003〕26号	2003年8月
16	孟白森林公园	普集镇	6.33	普集镇政府	章丘市林业局	章林字〔2003〕26号	2003年8月
17	东寺森林公园	阎家峪乡石匣	6.67	阎家峪乡政府	章丘市林业局	章林字〔2003〕26号	2003年8月
18	东八井森林公园	阎家峪乡	3.00	阎家峪乡政府	章丘市林业局	章林字〔2003〕26号	2003年8月
19	三王峪森林公园	曹范镇	7.33	曹范镇政府	章丘市林业局	章林字〔2003〕26号	2003年8月
20	白泉森林公园	双山街道办事处	10.00	双山街道办事处	章丘市林业局	章林字〔2003〕26号	2003年8月
21	邓庄森林公园	曹范镇核桃峪	3.00	曹范镇政府	章丘市林业局	章林字〔2003〕26号	2003年8月
22	赵八洞森林公园	阎家峪乡	2.33	阎家峪乡政府	章丘市林业局	章林字〔2003〕26号	2003年8月
23	青野森林公园	文祖镇青野村	3.33	文祖镇政府	章丘市林业局	章林字〔2003〕26号	2003年8月

续表2—8—33

序号	名称	所在地区名称	占地面积（平方千米）	主管部门名称	批准机关名称	批准文号	批准日期
24	清泉森林公园	曹范镇清泉村	3.67	曹范镇政府	章丘市林业局	章林字〔2003〕26号	2003年8月
25	海山湖森林公园	垛庄水库北	3.33	垛庄镇政府	章丘市林业局	章林字〔2003〕26号	2003年8月
26	横山森林公园	相公庄镇	5.33	相公庄镇政府	章丘市林业局	章林字〔2003〕26号	2003年8月
27	宝珠山森林公园	阎家峪乡三角湾	8.00	阎家峪乡政府	章丘市林业局	章林字〔2003〕26号	2003年8月
28	圣母山森林公园	平阴镇	3.33	平阴镇政府	平阴县林业局	平林字〔2003〕25号	2003年12月
29	贤子峪森林公园	平阴镇	1.00	平阴镇政府	平阴县林业局	平林字〔2003〕25号	2003年12月
30	翠屏山森林公园	平阴玫瑰镇	5.33	玫瑰镇政府	平阴县林业局	平林字〔2003〕27号	2003年12月
31	环秀森林公园	平阴镇	1.00	平阴镇政府	平阴县林业局	平林字〔2003〕25号	2003年12月
32	尤寨山森林公园	平阴孝直镇	3.33	孝直镇政府	平阴县林业局	平林字〔2003〕26号	2003年12月
33	章丘市锦屏山森林公园	文祖镇	25.00	章丘市林业局	济南市林业局	济林果字〔2005〕5号	2005年5月
34	凤凰岭森林公园	武装乡	8.00	长清区林业局	济南市林业局	长林字〔2005〕7号	2005年12月

第二节 生态环境现状调查

一、济南市生态环境现状调查

2002年5月，济南市环保局组织各县(市)区环保局对全市生态环境进行为期一个多月的调查。调查内容包括国民经济、人口、水资源、林业资源、土地资源、城市生态和农村面源污染等方面，调查以县(市)区为单位，采取现场勘查、查阅资料以及咨询有关部门的方式进行。依据调查结果，编制《济南市生态环境现状调查报告》，初步掌握全市生态环境现状。调查发现济南市主要存在水生态失衡、山区水土流失较重、化肥农药施用总量不断增加、生态保护机制不健全、生态保护意识不强、生态保护投入严重不足等生态问题。

二、“两区一园”生态环境现状调查

2003年6月～8月，济南市环保局对辖区内自然保护区、风景名胜区和森林公园进行调查。发现济南市自然保护区(包括“两区一园”和饮用水源一级保护区)所占国土面积比例偏低，达不到创建国家环保模范城市的要求，其中一个重要原因是许多具备条件且已形成规模的旅游景区没有进行“两区一园”的申报，无法纳入自然保护区覆盖率的统计范畴。调查还发现“两区一园”普遍存在规划得不到落实、部分建筑与景区不协调、污染防治设施建设滞后等问题。这次调查为“两区一园”建设提供了依据，找出济南市“两区一园”的环境管理切入点。

2003～2005年，济南市加强“两区一园”建设和管理力度，加大资金投入，将具备条件的旅游景区纳入“两区一园”的建设范畴，提升“两区一园”数量和质量。三年中新建风景名胜区1个、森林公园22个(含升级)，自然保护区覆盖率由2002年的3.95%提高到2005年的5.07%。

三、济南市湿地现状调查

2004年5月～7月，济南市环保局采取查找现有和历史资料、实地勘查、走访相关部门和单位等方法，对全市10个县(市)区2003年湿地情况展开调查。

根据联合国《湿地公约》定义，济南市天然湿地有湖泊、河流、低洼地三种类型，人工湿地有水田、水库、取土造成的坑塘等，原来存在的沼泽地、泥炭地已不复存在。济南市湿地面积约136平方千米(不包括河流)，占全市国土面积的1.6%(全省11.4%)，其中天然湿地面积20.8平方千米，占湿地总面积的15.3%；人工湿地面积115.2平方千米，占湿地总面积的84.7%。

济南市湿地保护存在的问题集中表现在湿地面积减少、水质污染严重、保护意识较差、管理力量薄弱等。应建立健全部门分工与协调配合的管理体制，编制湿地保护规划，制定地方性法规；建立一批湿地保护区或生态功能保护区，抓紧实施天然湿地的抢救性保护；人工恢复、扩大湿地，增加湿地面积；治理水污染源，保护湿地水质；发展湿地经济，把湿地保护和发展经济相结合；开展宣传教育活动，提高全社会的湿地保护意识。

四、土壤环境调查

2003年，济南市印发《关于在全市开展农业生态环境调查及无公害农产品产地认证工作的实施方案的通知》。市环保监测站开展农业生态环境调查和监测，至2005年年底，完成62个乡镇、20万公顷无公害农产品基地的监测和普查工作，占全市耕地面积的60%，分别监测基地的大气环境质量、灌溉水环境质量和土壤环境质量。调查与监测结果显示，全市无公害农产品产地的环境质量除小清河流域、徒骇河流域灌溉水部分监测指标超出《农产品安全质

量无公害产地环境要求》(GB/T 18407.1-2001)标准外，土壤环境质量、大气环境质量均达到要求；其他监测区域灌溉水、土壤、大气环境质量良好，适合发展无公害农产品。

2008年，根据环保部《关于开展全国土壤污染状况调查的通知》，启动土壤污染状况调查工作。济南市环保局制订《济南市土壤污染状况调查实施方案》和《济南市土壤污染状况调查监测方案》，组织土壤监测技术人员培训，落实土壤污染调查经费。至2009年年底，完成283个点位的样品采集和信息收集工作；完成国家样品库、山东省样品库、济南市样品库、外包样品、本站测试样品、有机测试原样等六大类样品1600余个样品的制备工作，并全部完成规定的实验分析工作；完成《济南市土壤污染状况调查报告》，并将数据材料和调查报告上报。

第三节 生态功能保护区建设

“十五”期间，济南市开展2处生态功能保护区建设，即济南泉域南部山区水源涵养生态功能保护区和章丘白云湖湿地生态功能保护区，面积分别为1513平方千米和17.4平方千米。

一、济南泉域南部山区水源涵养生态功能保护区

济南泉域南部山区水源涵养生态功能保护区位于济南市区南部山区(以下简称“功能区”)，有着独特的水文地质结构，为泉水的形成、补给、运输、排泄创造了良好的条件，是济南市重要的水源涵养区、市区泉水的补给区和水源地。该功能区给济南泉域地下水每年的补充量在1.88亿～2.25亿立方米，每天在51万～61.6万立方米，是泉城特色的重要保障，同时也是城区的天然生态屏障，在保持区域生态环境平衡、减轻洪涝等自然灾害、确保全市生态环境安全等方面都具有十分重要的作用。

济南市科研机构及相关部门对南部山区进行大量研究，并为区域生态环境保护和增加地下水补给量提出许多可行性建议。济南市委、市政府加强对南部山区的保护和建设，通过实施“蓝天工程”、大环境绿化等工程，以林业建设为重点的荒山绿化、退耕还林还果、封山育林等工作取得了明显成效，森林覆盖率有了很大提高，也带动了山区经济发展；以小流域治理为重点的水土保持工作进展顺利，有效遏制了南部山区水土流失；关停主要交通干线两侧的土小矿业，搞好矿区绿化工作，有效保护了地质地貌景观；以发展无公害农产品、绿色食品，建设林果示范园为重点的生态农业发展初见成效；划定地表水和地下水保护区，更加有效地保护了水资源。

2001年，山东省环保局把济南南部山区列入省级生态功能保护区建设计划，市环保局向市政府提交《关于在济南泉域地下水补给区建设水源涵养生态功能保护区的报告》。组织开展《南部山区水源涵养生态功能保护区规划研究》，于2004年6月通过济南市科技局组织的专家鉴定。在规划研究的基础上编制《济南泉域南部山区水源涵养生态功能保护区建设规划》。2008年，省环保局把南部山区水源涵养生态功能区建设纳入《山东省重点生态功能保护区规划(2008～2020)》。2009～2010年，南部山区管理办公室对规划进行修编，并按照申报程序向省政府进行申报。

二、白云湖湿地生态功能保护区

白云湖生态功能保护区位于章丘市境内，北临小清河，东接绣江河，是济南市唯一接近天然的湿地。该功能区生物多样性丰富，湖内有蓝藻20种、隐藻3种、甲藻门3种、仓藻2种、黄藻1种、绿藻51种；有动物7科17种；水生植物20科44种；鱼类6科11种；鸟类15目27科62种。白云湖同时还具有滞洪、气候调节等功能。2002年

后，章丘市围绕白云湖生态环境建设与保护，编制《白云湖水体建设方案》，制定《白云湖环境保护管理规定》，加强生态环境监察，实施一系列环境综合整治活动，杜绝湖内乱挖鱼池、滥建项目、乱捕滥猎鸟类的现象。

2003年，章丘市编制《章丘白云湖省级湿地生态功能保护区规划》，2004年通过专家论证，经章丘市政府批准实施。2008年，列入《山东省重点生态功能区保护区规划(2008～2020)》。2009年，章丘市政府按申报程序向省政府申报。

第四节 生态示范区建设

一、生态市建设

2003年，济南市编制《生态市建设规划》，确定生态市建设三个阶段：2003～2007年为启动和推进阶段；2008～2012年为发展和提高阶段，初步建立循环经济体系，基本形成具有泉城特色的城市生态格局；2013～2020年为全面发展阶段，将建设成为以“山、泉、湖、河、城”为特色的生态城市。济南市把创建国家环保模范城市作为开展生态市建设第一阶段工作，实施蓝天、碧水、安静、固废治理、绿化建设和“创模”细胞六大工程，开展爱国卫生运动，环境质量明显改善。2008年10月，市政府与各县(市)区、有关部门25家单位签订“2008～2012年度生态市建设目标责任书”，将农村环境保护指标纳入生态市建设责任书。2008年，济南市被评为“生态省建设先进市”。2010年9月，市委、市政府召开全市生态市建设工作会议，印发《中共济南市委、济南市人民政府关于进一步加强生态市建设工作的意见》等一系列生态市建设工作有关文件，加快推进生态市建设。

二、生态示范区建设

2000年4月，济南市环保局根据《山东省生态示范区建设试点申报规范》要求，组织有关部门和单位开展创建活动。章丘市、平阴县分别于2001年和2002年被批准为第六批和第七批国家级生态示范区建设试点，济阳县、商河县于2005年被批准为第九批国家级生态示范区试点。章丘市生态示范区和平阴县生态示范区分别于2004年和2006年通过国家环保总局验收并获命名，济阳县2007年通过国家环保总局验收，商河县2010年通过省级生态示范区的验收。

章丘市地处齐鲁腹地，东连淄博，西靠济南，南依泰山，北临黄河，总面积1855平方千米。章丘泉水资源丰富，素有“小泉城”之称。章丘市被批准为第六批国家级生态示范区试点后，市委、市政府树立生态立市、绿色兴市理念，把生态环境建设作为实施可持续发展战略的重点来抓，突出建设北部以黄河大沙溜整治为主的3万亩生态农业示范工程、中部40万亩国家级生态农业示范项目、南部山区以垛庄射垛为重点的10余个小流域综合治理等生态工程。加大投入，强化环境基础设施建设，规范生活垃圾卫生填埋场、建设生活污水处理厂、实行高标准路网建设改造、实施城市大绿化等工程，初步建成具有生态调控功能的现代化山水园林城市。

平阴县位于山东省西部，距省会济南市60千米，总面积827平方千米，被誉为“中国玫瑰之乡”“中国阿胶之乡”。在生态示范区建设过程中，紧紧围绕产业结构调整和农民增收，以提高资源利用效率和优化生态环境为宗旨，以发展特色农业和创汇工业为核心，实施清洁生产、传统产业升级改造、蓝天碧水建设、无公害农产品生产四大工程。全县资源利用效率及生态环境得到改善。在济南市建成第一个县级污水处理厂。

济阳县隔黄河与济南市区相望，距市区23

千米，总面积1076平方千米。济阳县于2004年被批准为第九批全国生态示范区建设试点后，组织实施了生态城市、生态工业、生态农业、生态林业、环境优美乡镇、生态文明村六大工程，建设了八大生态示范园区，各项指标达到国家级生态示范区标准，环境和经济协调快速发展。

商河县地处山东省西北部，是济南市的北大门。商河县生态示范区建设以“建设生态工程，创立生态品牌，发展生态经济”为总体目标，突出“绿色、温泉”特色，重点建设独具特色的生态农业基地、绿色与有机农产品生产基地、加工制造业基地，组织实施生态城市、生态农业、生态林业、生态水利、生态景观、环境优美乡镇六大建设工程，推进生态产业化、经营管理市场化、城乡环境生态化，初步建成了以“绿色、温泉”为特色的省城温泉森林休闲度假区，省城的绿色农产品供应基地和防风固沙的生态屏障。

三、环境优美乡镇创建

环境优美乡镇创建工作是生态市、生态县建设的细胞工程。2002年始，济南市先后有30余个乡镇编制环境规划。2005年，枣园镇、普集镇、刁镇、济阳镇、平阴镇共5个乡镇被命名为省级环境优美乡镇。2006年，7个乡镇被命名为省级环境优美乡镇，2个乡镇被命名为国家级环境优美乡镇。2008年，10个乡镇被命名为省级环境优美乡镇。通过开展环境优美乡镇创建活动，各乡镇开展环境综合整治，基础设施不断完善，村镇环境明显改善。

济南市环境优美乡镇创建表

表2—8—34

年 份	环境优美乡镇	级 别	批准机关
2005	章丘市：枣园镇、普集镇、刁镇 济阳县：济阳镇 平阴县：平阴镇	省级	省环保局
2006	济阳县：济阳镇 平阴县：平阴镇	国家级	国家环保总局
	历城区：遥墙镇、华山镇、董家镇 章丘市：相公庄镇、文祖镇、绣惠镇、官庄乡	省级	省环保局
2008	历城区：郭店镇、王舍人镇、仲宫镇 长清区：万德镇 章丘市：垛庄镇、曹范镇、高官寨镇、宁家埠镇 济阳县：垛石镇、崔寨镇	省级	省环保局

四、文明生态村创建

2003年始，由济南市文明办牵头，围绕加强农村精神文明建设、改善农村生产生活环境，组织开展文明生态村创建活动。2005年，成立济南市文明生态村创建领导小组，下发《关于在全市农村广泛开展文明生态村创建活动的意见》，各县(市)区制定文明生态村镇创建实施意见和考核验收标准。至2008年，全市已创建县区级文明生态村1200多个。2010年，济南市下发《关于进一步加强文明生态村建设工作的通知》，启动市级文明生态村建设工作。2010年12月，济南市历下区龙洞街道石河岭村等500个村庄获市级文明生态村称号，各奖励1万元，用于村庄环境综合整治。

2007年，按照国家环保总局制定的《国家级生态村验收标准》，历城区艾家村申报国家级生态村。2008年2月被批准为第一批国家级生态村。该村通过实施“三化一建”工程(道路硬化、村庄净化、环境绿化、建设文化大院)，村容村貌焕然一新；通过实施“一建三改”工程(建一个沼气池、改造一个猪圈、改一个厕所、改造一个灶台)，形成“豆－猪－沼－果”循环型生态农业模式；建起了集花卉、林果、畜牧、观光为一体的精品生态示范园区，苹果、梨、花椒、大樱桃、柿子等所有果品全部认证为无公害农产品、绿色食品，开发“农家乐”旅游项目。通过生态村建设，艾家村呈现出生态、文明、卫生、和谐的新农村形象，为全市新农村建设树立了榜样。

第五节 农村生态环境保护

一、实施农村小康环保行动

2008年3月，济南市环保局等六部门制定下发《济南市农村小康环保行动实施方案》，指导各县(市)区从农村环保基础设施建设、饮用水源保护、畜禽养殖污染防治、土壤污染综合治理、环境优美乡镇和文明生态村创建等方面，制定2006～2010年农村小康环保行动计划。章丘市被批准为全国实施农村小康环保行动试点单位，制定《农村小康环保行动实施方案》。章丘市文祖镇、向高村、马安村和历城区仲宫镇、艾家村被省环保厅批准为农村小康环保行动计划示范村镇，开展农村环境综合整治。

二、农村生活污水、生活垃圾处理

2009年，济南市环保局组织各区县开展农村生活污水处理情况调查，摸清济南市农村污水处理、排放等情况和存在的问题。在调研基础上，选择部分乡镇开展农村生活污水处理试点，章丘市普集镇、刁镇2009年率先建设污水处理设施投入运行。2010年10月，全市生态市会议确定在2012年前至少27个乡镇建成生活污水、生活垃圾处理设施。各县(市)区加快乡镇生活污水、生活垃圾处理步伐。至2010年年底，14个乡镇已开展污水处理，7个乡镇污水处理设施正在建设；槐荫区开展环卫服务“大延伸”活动，将全区108个村(居)纳入环境卫生网格化管理片区，实现卫生保洁“全覆盖”。商河县印发《商河县城乡环卫一体化实施意见》，确定2012年年底前全县开展城乡环卫一体化工作的行政村达到总村数的90%以上。

三、中央农村环境保护专项资金项目

为引导各地加快解决农村地区危害群众身体健康的突出环境问题，2008年始，中央财政设立农村环境保护专项资金。专项资金对开展农村环境综合整治的村庄，实行“以奖促治”；对通过生态环境建设达到生态示范建设标准的村镇，实行“以奖代补”。2008年，济南市获批中央农村环境保护专项资金“以奖促治”项目2个，2009年获批“以奖促治”项目2个，“以奖代补”项目2个，2010年获批“以奖促治”项目4个。以上10个项目共获得国家资金支持530万元。项目主要对农村生活垃圾、生活污水、畜禽养殖污染以及村容村貌进行综合整治。

四、秸秆禁烧

焚烧秸秆现象既污染大气环境，又威胁交通安全，影响居民生活。为改善大气环境质量，保障交通安全，1998年始将农作物秸秆禁烧监管纳入环保工作内容，每年夏秋收季节，济南市组织市环保监察人员和各县(市)区环保局开展秸秆禁烧监察工作。2008年，市政府建立作物秸秆综合利用与禁烧工作联席会议制度。5月11日，召开全市秸秆综合利用与禁烧工作会议，市政府与各县(市)区政府签订了秸秆综合利用与禁烧工作责任书。规定夏季一个月和秋季两个月的禁烧期间，市及县(市)区两级

执法监察人员全面出动，24小时不间断巡查，禁烧形势较往年有很大程度好转，未发生影响航班和公路交通安全的大面积焚烧现象。2010年，将秸秆、垃圾、树枝树叶、杂草等全部纳入禁烧范围。

五、规模化畜禽养殖污染防治

1999～2000年，济南市开展规模化畜禽养殖污染调查，第一次将畜禽养殖污染纳入环境保护监管范畴。之后每年对规模化养殖场进行检查，建立动态档案。从检查情况看，济南市规模化养殖场污染防治水平不断提高，大部分畜禽养殖场采取污染治理措施，增强防渗漏、防溢流、防雨水淋失能力。

第六章　环境科研

1986～2010年，济南市环保科研工作主要开展环境空气领域的污染监控与预警、污染扩散模式研究、污染防治规划、脱硫除尘技术开发，水环境领域的监测分析技术方法研究、水体水质评价、污染物总量控制，生态领域的地理信息系统开发、生态规划、区域环境影响评价，声环境领域的噪声和电磁辐射污染防治研究，科技成果为污染防治和环境科学管理提供技术支持。

第一节 软课题研究

一、“七五”时期

“七五”期间，环保科研工作属于起步阶段，主要开展基础性调查研究。依托市环保科研所相继完成“济南市东郊地区地下水污染现状及污染途径划分研究”等10余项软课题研究项目。

1987年，参加山东省和济南市第一次工业污染源调查；7月，通过国家验收组华东一组审查和鉴定，认为“调查范围、监测分析、统计计算、综合评价以及调查结果的归档入库、微机成图制表等，在济南市是空前的”。1988年，“山东省第一次工业污染源调查”项目研究成果获山东省科技进步一等奖。

1989年，完成《济南市东郊地区地下水污染现状及污染途径划分研究》，该成果采用评分法评出该地区地下水中首要有机污染物，这种方法在国内有所创新；区域性的地下深层水中有机污染物现状调查和饮用水安全性研究在国内尚属首次，对开展地下水有机污染研究工作有指导意义，为今后污染防治工作提供科学依据。“济南市大气监测优化布点的研究”项目用网格实测法对济南市空气质量监测点位进行优化，该方法处于同类优化布点的先进水平，获1990年度济南市科技进步三等奖。

1990年，市环保科研所与山东省地矿局801队、济南市水利局共同完成“水资源开发利用对水环境的影响”项目，与山东省水环境水文地质总站共同完成“济南市废水利用研究”项目，并获国家地矿部科技进步三等奖。同年完成的“济南市大气污染状况与综合防治研究”项目对济南市大气污染源进行调查与评价，开展大气功能区划、城市大气污染物扩散规律、大气污染物对人体健康影响、大气污染预测和大气污染综合防治措施及优化方案的研究等，为济南市大气污染防治提出可行的综合措施和科学依据。

二、“八五”时期

“八五”期间，依托市环保科研所开展“小清河(济南段)水污染物总量削减规划分配研究”等8项课题研究。主要针对各类水体进行基础调查、功能区划和一些保护措施研究，在大气污染防治方面开展了颗粒物特征及来源、污染预报方法等特色专项研究。

1991年，完成“小清河(济南段)水污染物总量削减规划分配研究”课题，汇总分析小清河(济南段)10年监测数据，运用系统工程理论，合理划分控制单元，建立小清河(济南段)污染物输入与控制断面水质之间的定量相应关系。该成果在城市区域污染物总量控制研究中居国内领先地位；在科研成果与环境管理制度实施相结合、推行总量控制方面达到国际先进水平。同年完成“卧虎山水库富营养化研究”课题，在国际上首次研究不同典型天气条件下，溶解氧垂向昼夜变化规律，具有独创性，达到国际先进水平。

1992年，完成“济南市大气颗粒物特征及来源的研究”课题，该成果居国内领先水平，其中源解析技术达到国际先进水平，1993年获济南市科技进步二等奖。

1995年，完成“济南市大气污染预报方法的研究”课题，用逐步回归方法建立二氧化硫污染等级的预报方程，取得较好的拟合、试报效果。此项研究成果属省内首创，达到国内同类研究的先进水平。

此外，完成“济南地下水补给区污染状况及保护措施的研究”等课题。

三、“九五”时期

“九五”期间，济南市环保科研所完成“济南市社会经济与环境状况调查分析”等10项课题研究，研究内容得到深化，涉及领域不断拓展，表征手段更加先进。

1997年，完成“济南市社会、经济与环境现状调查分析”课题，获济南市科技进步一等奖，成为济南市科学技术评奖以来软课题研究成果的首项一等奖。

“济南市声环境规划”课题，预测济南市道路交通噪声发展趋势，研究成果达到国内领先水平。“济南市几种主要蔬菜中硝酸盐、亚硝酸盐污染现状与对策研究”课题，提出蔬菜存放中硝酸盐、亚硝酸盐的转化规律，为无公害蔬菜生产，发展绿色食品提供重要的科学依据。

1999年，完成“济南市水体的致突变性研究”课题，以致突变性为指标，评价济南市主要水体及典型工业废水的有机污染现状和有机致突变物对生态系统和人类健康产生的危害，并从遗传毒性角度对饮水的安全性进行评价，项目成果达到国内先进水平。

四、“十五”时期

“十五”期间，课题立项、研究层次、获奖数量和等级都大幅度提高。以济南市环保科研所为主完成“济南市泉域地下水补给区保护对策研究”等15项课题研究。济南市环境信息中心、济南市环保局直属分局等单位结合管理工作需要着手开展软课题的研究，并取得部分研究成果。

2001年，市环保科研所开展“济南市泉域地下水补给区保护对策研究”，对济南泉域地质和生态状况进行深入调查研究，提出泉域地下水保护目标和对策，为济南市保泉供水提供科学依据，研究成果达到国际先进水平。市环保科研所完成的“济南市大气颗粒物源解析及防治对策研究”项目为济南市政府制定“扬尘管理办法”提供了可靠依据。

2003年，市环保科研所完成“济南市流域水污染综合治理研究”课题，采用先进的GIS技术首次绘制水环境电子地图集，填补该领域的研究空白。2005年2月，“济南市流域水污染综合治理规划”通过市政府批复，成为济南市流域水环境综合整治工作的依据。

2004年，市环保科研所开展“济南市南部山区水源涵养重要生态功能区规划研究”，借鉴国内外生态规划的先进技术方法，对南部山区生态现状进行分析和评价，获得市政府和媒体的广泛关注，成果被水利、城建、林业、农业、环保等多个业务部门广泛应用到日常管理和规划、计划工作中。

2005年，市环保科研所完成“济南市大气环境容量核定与总量控制削减研究”，该项目是全国113个城市中第一批通过国家环境保护总局验收的项目，并在首批47个重点城市的验收中被评为6个优秀城市之一，项目成果达到国际先进水平。

“十五”期间，济南市环境信息中心等单位完成“城市暴露材料的遥感调查方法研究工作”“济南市大气环境管理决策支持系统”“济南市环境地理信息系统研究与开发”等项目。

五、“十一五”时期

“十一五”期间，依托济南市环保科研所等单位完成“济南市地表水环境功能区划”等10项软课题研究项目，其中3项研究成果作为地方强制性环境标准发布实施。

2006年，市环保科研所编制完成“济南市地表水环境功能区划”，以济南市水资源条件、水质现状和污染源分布和环境容量为基础，以城市总体发展规划及相关的其他规划为参考，从有利于水资源持续利用的角度出发，对济南市黄河流域、小清河流域、海河流域的全部地表水域进行水环境功能区类型的调整与重新划分，并提出相应的水质管理目标。

针对山东省火电行业大气污染物排放总量超过环境承载能力等问题，以实现全省大气污染物排放浓度与总量相结合的控制措施，完成国家下达的全省二氧化硫总量控制目标，改善大气环境质量，促进全省火力发电行业的可持续发展为目标，市环保科研所承担研究编制山东省《火电厂大气污染物排放标准》。该标准于2007年2月27日由山东省环境保护局与山东省质量技术监督局联合正式发布，于2007年5月1日开始实施，标准编号为DB37/664-2007。标准颁布实施后广泛应用于全省火电厂建设项目的环境影响评价、设计、竣工验收和日常环境监督管理，并成为山东省实现环境减排的重要技术支持文件之一。

2007年，受济南市西区建设投资有限公司和济南市环境保护局委托市环保科研所编制《济南市小清河综合治理工程水质保障方案》，该方案在调查小清河干流、支流水资源、排污系统和排污总量现状水质评价基础上，进行“十一五”期间流域内工业和生活污染物排放量预测，并进行小清河干流、支流水功能区划，确定河流水质目标，提出综合治理工程水质保障方案。

2008年，市环保科研所完成《济南市代用燃料汽车排放监控体系建设及环境效益评价研究》。根据济南市交通能源消费结构，研究代用燃料汽车经济投入所获得的经济、环境和社会效益，建立适合城市发展的代用燃料环境社会效益综合评价方法体系，对济南市代用燃料使用进行综合性评价，为全国评价汽车污染整治所获得的环境社会效益提供重要的技术支持。该项目成果获2009年度山东软科学优秀成果一等奖。

“十一五”期间，市环保局高新区分局完成“山东省固体废物环境管理信息系统”研究、市环保科研所完成“山东省‘十二五’规划前期课题研究——大气污染防治对策研究”“济南市地表水环境功能区划研究”，以及由市环保规划设计研究院起草完成的山东省《医疗污染物排放标准(DB37/596-2006)》《钢铁工业污染物综合排放标准(DB37/990-2008)》。

第二节 科研攻关项目

济南市大气污染严重，一直是影响环境质量改善、困扰全市经济发展的关键性环境问题。在十多年开展环境空气污染防治对策研究的基础上，济南市将实施开展综合治理技术研究的任务列入议事日程。“九五”至“十五”期间，市环保科研所申请承担了山东省确定可持续发展十大科技示范工程——“济南市环境空气污染综合治理技术的研究开发与示范”工程项目。“十一五”期间开展城市空气细粒子、持久性有机污染物污染等研究项目。

1998年，济南市环境空气污染综合治理技术的研究开发与示范工程包含17个子项目。市环保科研所作为主要技术依托单位，承担10个子项目，2003年完成，并通过专家鉴定。分别获得山东省科技进步奖4项次，济南市科技进步奖11项次。

2001年，市环保科研所与中国科学院大气物理研究所合作完成的“济南市空气质量数值预报试验研究”是示范工程的重要子课题。建立济南市第一个基于地理信息系统(GIS)的大气污染源动态数据库；开发完善城市空气质量数值预报模式系统，建立并运行适合济南市特点的空气质量预报体系。该研究成果达到国际领先水平，获山东省科技进步二等奖、济南市科技进步一等奖，列入济南市十大科技成果。

2001年8月，完成“机动车排放污染影响及综合防治措施研究”课题，研究成果在济南市《关于加强城市客运出租汽车管理的通告》《济南市禁止销售使用含铅汽油的规定》《济南市防治机动车排气污染监督管理办法》中得到应用。

2003年，完成《济南市环境空气污染防治总体规划》，提出济南大气环境2007年控制规划方案和2020年远景控制规划方案，课题研究成果达到国际先进水平，为济南市蓝天工程的实施发挥有效的指导作用，在济南市环保模范城创建中得到广泛应用。

2006年，与山东大学联合完成“济南市大气环境中PAHs、PCBs污染来源解析及数值预报技术研究”。研究建立污染源和环境空气中PAHs和PCBs采样和分析方法，确定七类典型污染源排放的特征成分谱，运用与其他研究方法不同的二重源解析技术修正CMB模型，解析得到济南市环境空气中PAHs和PCBs各类源的贡献值和分担率；建立环境空气有机污染数值预报模式；创新性地提出了城市多环芳烃综合污染指数(PPI)的概念，用于评价城市多环芳烃的总体污染水平。

2007年，完成“济南市城市饮用水安全对策研究”。该课题分析研究济南市近二十年的城市饮用水水质现状以及变化趋势，采用自行研制的半挥发有机物现场富集装置，系统分析济南市黄河水、南部山区水库和地下水三种饮用水源中的挥发性、半挥发性有机物和异味物质的污染特征，揭示异味物质及饮用水中消毒副产物的成因。研究城市饮用水水量风险、水质风险，提出合理调配水资源和保证水质安全的对策和建议。同年，完成“济南市点燃式发动机在用汽车简易瞬态工况法排气污染物排放限值的研究”。该课题依照国家环保总局的行业标准要求，根据济南市实际工作特点，充分考虑机动车污染状况等因素，以机动车排放监控系统为平台，建立起这套排放限值体系。为制定济南市点燃式发动机在用汽车简易瞬态工况法排气污染物排放标准，进而为推广实施I/M制度提供重要的数据基础，为济南市环境保护“十一五”大气污染防治规划制定提供重要的数据来源。

2008年，完成“城市大气微粒子(PM2.5)污染特征研究及应用”。该项目根据环境空气中PM2.5及多种有机物主要来源及特点，研究各主要排放源的变化对其污染的影响，为从根本上解决济南市环境空气中PM2.5及多种有机物的污染问题，制定有针对性的环境管理政策和污染防治措施提供科学依据。

2009年，市环保科研所申报的济南市科技发展重大专项“城市大气颗粒物污染防治关键技术研究及典型工程示范”、国家重大水专项子课题“水污染源源解析技术研究”和“水污染源自动监测质量管理等关键技术研究”等项目获得立项，环保科技工作取得新的突破。

2010年，由市环保科研所主持申报的“城市环境空气中PM2.5监测技术与规范研究”项目，通过科技部、环保部和财政部联合审查和立项，是市环保科研所作为项目主持单位在大气污染防治研究领域获得的首个国家级科研项目。该项目针对全国PM2.5污染严重，缺乏国家统一的监测与评估技术，又急需纳入环境空气质量评价体系，进行科学评价等问题，拟通过研究，提出适合全国城市环境空气中PM2.5的手工监测和在线监测技术及规范建议，建立地基遥感激光雷达反演三维PM2.5浓度监测技术方法，并构建将PM2.5纳入现有环境质量评价体系的方法，从而初步建立全国PM2.5监测评价技术体系。

第三节 监测技术和方法研究

1987年后，组织完成20多项有关监测技术和方法的科研课题，优秀科研成果在山东省乃至全国得到推广应用。

1994年，完成“在线树脂富集——流动注射火焰原子吸收测试方法研究”课题，获山东省科技进步三等奖。研究成果被中国环境保护总局采纳，编入《水和废水监测分析方法(第四版)》推广使用。

1998年，完成“环境监测数据质量控制管理系统软件研究”课题，在山东省市(地)级、县(市)区级监测站推广应用。

1999年，完成“大气固定污染源镉的测定——对偶氮苯重氮氨基偶氮苯磺酸分光光度法”课题，纳入《中华人民共和国行业标准(HJ/T64.3-2001)》。完成“水质Cr3+和Cr6+的测定流动注射——在线富集火焰原子吸收分光光度法”课题，通过中国环境监测总站组织的方法验证，已在全国10余家实验室应用。

2001年，完成“空气自动监测系统数据采集与处理软件研制”课题，应用于空气质量日报。

2003～2004年，完成“济南市环境空气质量及空气污染源监控预警技术与监控网络的研究开发”“济南市废水污染源在线监控系统开发”等课题，研究成果达到同类研究国际先进水平，以此为支撑建成济南市环境监控中心，为环境保护监督管理和总量控制等工作提供了更加及时、科学、可靠的依据，实现环境智能化监管的飞跃。

2009年，完成“基于B/S架构的环境监测实验室管理系统(ELIMS)的研究与开发”。该项目面向省、市、县三级环境监(检)测站，结合环境监测工作实际要求，开发基于B/S架构的环境监测实验室管理系统，实现环境监(检)测业务的全过程信息化管理和全流程监控；项目实施对于提高全国环境监测实验室业务管理的信息化水平具有重要的借鉴和示范意义。

第四节 国际合作项目研究

2001年，科技部启动清洁能源示范项目暨联合国开发计划署资助项目，济南市作为科技部和国家环保总局确定的18个试点示范城市之一，启动清洁能源行动计划。由济南市环保科研所完成的《济南市清洁能源行动规划》通过了科技部组织的专家评估。这是济南市首次承接国家级环保科研项目。

2003年，济南市环保科研所完成中国－意大利环境保护合作项目“中国城市可持续环境能源规划”中的“济南市可持续环境能源规划”项目。规划定位在实现环境能源和经济协

2004年3月，济南市环境空气质量管理系统规划、培训与示范研讨暨项目启动会召开

调发展战略的基点上，不仅为地方政府提供城市能源与环境可持续发展的决策依据和技术支持，还为同类城市提供可借鉴的经验。同年，济南市环保科研所通过中标方式承担的“济南市空气质量管理系统”项目启动，该项目为中欧环境管理合作计划地方与城市发展项目(EMCP/LMD)援助的中国第一个试点项目，是欧盟在环境领域对华资助的最重要计划之一。项目的实施为政府宏观决策提供了技术支持。

2005年年底，由欧盟援助的山东省水环境管理项目启动。济南市作为两个项目试点城市之一，参与组织中欧双方专家在济南市和德国、波兰部分城市开展大量的培训、考察、交流和评估活动，学习德国等欧洲国家先进管理经验和技术，增强济南市在水资源管理与水环境保护方面的管理能力。

2005年后，市环保局参加山东省“加速淘汰消耗臭氧层物质，创建臭氧层友好省”项目，组织开展调研、宣传、培训和执法检查等行动，实现济南市全氯氟烃(CFCs)生产、消费和流通领域的全面提前淘汰，2007年4月，通过国家项目验收组的检查验收。济南市泡沫企业多，分布范围广，监管难度大，为防止消耗臭氧层物质(ODS)违法行为，巩固全市前期泡沫行业CFCs淘汰的工作成果，2008年申请承担“济南市淘汰消耗臭氧层物质履约项目”，逐步建立起对泡沫产品生产和施工企业的监督管理体系，实现ODS的持续淘汰。

2010年11月，市环保科研所组织开展“济南市清洁空气行动战略与政策”研究，该项目获美国能源基金会支持。

第五节 科研成果推广转化

1989年4月，市环保科研所完成“烟煤固硫型煤无烟燃烧及配套炉具的研究”课题。研制的SFP-1型烟煤型煤烹调灶，填补了国内空白。1990年11月获第二届国际专利及新技术新产品展览会银牌奖。“使用烟煤型煤的生活用锅炉”和“使用烟煤型煤的烹调及蒸煮灶”课题相继获国家实用新型专利。

1994年年初，配合济南市大气污染防治“三大战役”活动，市环保科研所与生产企业联营合作，开发研制低污染型煤炉具，并筹办济南市低污染炉具展示会。与济南环保锅炉厂、济南东风锅炉厂共同完成低压汽水两用型煤锅炉研制和工业型煤锅炉的研制，填补了国内空白，为大气污染防治提供新技术产品。

1995年，市环保科研所成功研制“二氧化氯高效水处理剂发生器”，为城市污水治理和医疗废水处理提供产品与技术。

1998年，市环保科研所与清华大学环境工程系和济南东风锅炉厂共同建立“济南－清华大气污染防治试验基地”。1999年，开发研制了餐饮业油烟净化器、油水分离器，在济南市餐饮企业推广应用。2000年后，相继完成污水处理、烟气脱硫、油烟净化处理等24项环境工程。

2002年，市环保科研所研制的石灰/石膏抛弃法烟气脱硫技术作为山东省科技示范项目的主要成果之一，被国家环保总局评为2003年度环境保护最佳实用技术，获2项国家专利。至2003年年底，完成脱硫工程5项。

2003年，市环保科研所成立“山东省城市环境工程技术研究中心”，成为济南市四大省级工程技术研究中心之一。在成套污水处理技术和锅炉除尘脱硫技术等应用性研究方面，均初步实现产业化。

2008年，市环境保护规划设计研究院研制出具有高效脱碳、脱氨、除磷和除臭功效的“快装式中水处理高速反应器”，具有处理效率高、投资少、占地面积小、运行成本低，安装维护方便等特点，广泛应用于医院、宾馆、居民小区以及各类工业废水和生活污水的深度净化处理和回用，具有显著的环境效益、社会效益和经济效益。

2010年，市环保科研所与清华大学等单位合作完成的“氧化镁湿法烟气脱硫和回收水合硫酸镁新工艺及工艺示范工程研究”通过专家鉴定，标志着氧化镁新工艺由理论成功转化为实际应用。

1986～2010年济南市环保主要科研成果及获奖励情况表

表2—8—35

时　期	成果名称	完成单位	获奖类别与等级
“七五”期间	济南市工业污染源调查与评价	济南市环保局	1987年济南市科技进步奖二等奖
	山东省工业污染源调查与评价	山东省环保研究所、济南市环保局等	1988年山东省科技进步奖一等奖
	使用烟煤型煤的生活用锅炉	济南市环保研究所	1989年“第二届国际专利及新技术新产品展览会”银奖
	济南市“八五”期间环保科技发展预测	济南市环保局	1989年济南市科技进步奖三等奖
	东郊地区地下水污染现状及污染途径研究	济南市环保科研所	1989年济南市科技进步奖二等奖
	济南市大气监测优化布点的研究	济南市环保科研所	1989年济南市科技进步奖三等奖
	济南市《城区环境噪声标准》适用区域划分的研究	济南市环保局、济南市环境监测站等	1990年山东省科技进步奖三等奖
	小清河（济南段）水污染物总量消减规划分配研究	济南市环保科研所	1991年济南市科技进步奖二等奖
	卧虎山水库富营养化研究	济南市环保科研所	1991年济南市科技进步奖三等奖
	集体生活用烟煤型煤的研制	济南市环保科研所	1991年济南市科技进步奖三等奖
“八五”期间	济南市大气颗粒物特征及来源的研究	济南市环保科研所	1992年济南市科技进步奖二等奖
	济南市地下水补给区污染状况与保护措施研究	济南市环保科研所	1993年济南市科技进步奖二等奖 1994年山东省科技进步奖三等奖
	低压汽水两用型煤锅炉的研究	济南市环保科研所、济南市环保锅炉厂	1994年济南市科技进步奖二等奖
	在线树脂富集——流动注射火焰原子吸收测试方法研究	济南市环保科研所	1994年济南市科技进步奖三等奖 1995年山东省科技进步奖三等奖
	济南市大气污染预报方法的研究	济南市环保科研所、山东省气象局科研所	1995年济南市科技进步奖二等奖
	便携式烟道气SO_2测定仪研究	济南市环保科研所	1995年济南市科技进步奖三等奖
	悬浮液进样石墨炉原子吸收测定底质中砷的研究	济南市环保科研所	1995年济南市科技进步奖三等奖
	小清河流域水污染物排污总量收费研究	济南环境监理总站	1996年济南市科技进步奖三等奖

续表2—8—35—1

时 期	成果名称	完成单位	获奖类别与等级
“九五”期间	济南市社会经济与环境状况调查分析	济南市环保科研所	1997 年济南市科技进步奖一等奖
	济南市大气环境规划研究	济南市环保科研所、北京大学环科中心	1997 年济南市科技进步奖二等奖
	济南市几种主要蔬菜中硝酸盐、亚硝酸盐污染现状与对策研究	济南市环保科研所	1997 年济南市科技进步奖二等奖
	济南市环境监理计算机管理系统	济南市环境监理总站	1997 年济南市科技进步奖三等奖
	济南市声环境规划	济南市环保科研所	1997 年济南市科技进步奖三等奖
	烟气除尘脱硫净化技术——工业型煤锅炉的研制	济南市环保科研所、济南工业锅炉厂	1998 年济南市科技进步奖二等奖
“九五”期间	环境监测数据质量控制管理系统软件研制	济南市环保科研所	1998 年济南市科技进步奖三等奖
	五峰山旅游度假山区环境规划研究	济南市环保科研所	1998 年济南市科技进步奖三等奖
	济南市机动车排气污染对大气环境质量影响的研究	济南市环保科研所	1999 年济南市科技进步奖二等奖
	水质铬（Ⅲ）和铬（Ⅵ）的测定流动注射——在线富集火焰原子吸收分光光度法	济南市环保科研所	1999 年济南市科技进步奖二等奖
	济南市水污染源优化监测方案研究	济南市环保科研所	1999 年济南市科技进步奖三等奖
	济南市水体的致突变性研究	济南市环保科研所	1999 年济南市科技进步奖三等奖
	污染源监测数据质量控制管理系统软件研制	济南市环保科研所	2000 年济南市科技进步奖二等奖
	水质铜、铅、锌、镉的测定流动注射——在线富集火焰原子吸收分光光度法	济南市环保科研所	2000 年济南市科技进步奖二等奖
	污水处理厂曝气系统噪声治理研究	济南污水处理厂、济南市环境工程设计院	2000 年济南市科技进步奖三等奖
	大气固定污染源镉的测定——对偶氮苯重氮氨基偶氮苯磺酸分光光度法	济南市环保科研所	2000 年济南市科技进步奖三等奖
	济南市空气质量数值预报试验研究	济南市环保科研所、中科院大气物理研究所	2001 年济南市科技进步奖一等奖 2002 年山东省科技进步奖二等奖
	济南市大气颗粒物来源解析及污染防治对策研究	济南市环保科研所	2001 年济南市科技进步奖二等奖 2002 年山东省科技进步奖三等奖
	济南泉域地下水补给区保护对策研究	济南市环保科研所	2001 年济南市科技进步奖二等奖 2002 年山东省科技进步奖三等奖
	机动车排放污染影响及综合控制措施研究	济南市环保科研所	2001 年济南市科技进步奖三等奖
	根本解决济南市大气污染对策研究	济南市环保科研所、山东工业大学	2001 年济南市科技进步奖三等奖

续表2—8—35—2

时　期	成果名称	完成单位	获奖类别与等级
“十五”期间	热电锅炉烟气脱硫技术研究与产品开发——济南明湖热电厂 35T/H 烟气脱硫示范项目	济南市环保科研所	2002 年济南市科技进步奖二等奖 2003 年山东省科技进步奖三等奖
	济南市环境污染事故应急监测体系与处置对策研究	济南市环保科研所	2002 年济南市科技进步奖三等奖 2003 年山东省环境科技奖三等奖
	济南市环境地理信息系统研究与开发	济南市环境信息中心	2002 年济南市科技进步奖三等奖
	空气自动监测系统数处理软件研制	济南市环保科研所	2002 年济南市科技进步奖三等奖
	GMS 型脱硫剂	济南市环保科研所	2002 年济南市科技进步奖三等奖
	济南市环境空气污染防治总体规划研究	济南市环保科研所、中国科学院大气物理所	2003 年济南市科技进步奖二等奖 2004 年山东省环境科技奖一等奖 2006 年国家环保科技奖三等奖
“十五”期间	山东省全面小康社会环境保护指标体系研究	山东省环保局、济南市环保科研所等	2004 年山东省科技进步奖二等奖
	控煤技术与配套政策研究	山东科技大学、济南市环境科学研究所	2004 年山东省科技进步奖二等奖
	济南市环境空气质量与空气污染源监控、预警技术与监控网络的研究开发	济南市环保科研所、山东大学	2004 年山东省科技进步奖三等奖 2003 年度山东省环保科技优秀成果
	关于把小清河改造成西水东调主渠道的研究	济南市发展计划委、济南市环保科研所等	2004 年山东省科技进步奖三等奖
	济南市流域水污染综合治理研究	济南市环保科研所	2004 年山东省环境科技奖二等奖
	济南市南部山区水源涵养重要生态功能区规划研究	济南市环保科研所	2005 年济南市科技进步奖三等奖 2005 年山东省环境科技奖二等奖
	城市暴露材料存量的遥感调查方法研究	济南市环境信息中心	2006 年山东省科技进步奖三等奖 2005 年山东省环境科技奖一等奖
	济南市环境监测信息管理系统研究与开发	济南市环保科研所	2005 年山东省环境科技奖二等奖
	济南市污染源烟气在线监控系统研究开发与示范	济南市环保科研所	2006 年国家环保科技奖三等奖
	济南市大气环境容量核定与总量控制削减研究	济南市环保科研所	2006 年山东省科技进步奖二等奖
	济南市废水污染源在线监控系统开发	济南市环保科研所	2006 年山东省科技进步奖三等奖 2007 年国家环保科技奖三等奖
	济南市大气环境容量核定与总量控制削减研究和废水污染源在线监控系统开发	济南市环保科研所	2006 年济南市科技进步奖三等奖

续表2—8—35—3

时　期	成果名称	完成单位	获奖类别与等级
“十一五”期间	济南市大气环境中 PAHs、PCBs 污染来源解析及数值预报技术研究	山东大学、济南市环保科研所	2007 年山东省科技进步奖三等奖 2007 年济南市科技进步奖三等奖
	济南市点燃式发动机在用汽车简易瞬态工况法排气污染物排放限值的研究	济南市环保科研所、济南清源机动车检测有限公司	2008 年济南市科技进步奖三等奖 2008 山东省环境科技奖三等奖
	城市大气微粒子 (PM2.5) 污染特征研究及应用	济南市环保科研所、山东大学等	2009 年山东省科技进步奖三等奖 2008 年济南市科技进步奖三等奖
	济南市城市饮用水安全对策研究	济南市环保科研所	2008 山东省环境科技奖二等奖
	济南市代用燃料汽车排放监控体系建设及环境效益评价研究	济南市环保科研所、山东建筑大学等	2009 年山东软科学优秀成果奖一等奖 2009 年山东省环境科技奖二等奖
	山东省地方标准——火电厂大气污染物排放标准的研究与制定	济南市环保科研所	2009 年山东软科学优秀成果奖一等奖
	济南市小清河综合治理工程水质保障方案研究	济南市环保科研所	2009 年度山东软科学优秀成果奖二等奖
	山东省地方标准《钢铁工业污染物排放标准 (DB37/990-2008)》	济南市环保规划设计研究院	2010 年山东省环境科技奖二等奖
	济南裕兴化工总厂铬污染调查报告	济南市环保监测站	2010 年度山东软科学优秀成果奖三等奖
	基于 B/S 架构的环境监测实验室管理系统 (ELIMS) 的研究与开发	济南市环保科研所、山东大学等	2010 年济南市科技进步奖三等奖 2010 年山东省环境科技奖二等奖

第七章　环境应急管理

第一节 环境应急组织体系

2005年，市环保局印发《济南市环境保护局突发环境污染事件应急预案》，设立环境污染事故应急处理领导小组，负责组织指挥环境污染事故应急处理工作。领导小组下设办公室、专家咨询组、四支应急分队及各县(市)区环保局应急组织机构。

2006年，市环保局印发《济南市环境保护局突发环境事件应急预案》，设立突发环境事件应急领导小组(兼济南市突发环境事件应急办公室)，下设办公室和应急先遣小组、应急监察小组、应急监测小组、应急危险废物管理小组和应急辐射环境小组等各专业应急小组。各县(市)区环保局成立相应的应急组织体系。

2008年，市政府印发《济南市人民政府关于加强环境监管保障环境安全的通知》，强调落实环境安全领导责任制，明确环保、公安、卫生、水利等十部门环境安全监管的职责分工，初步建立市直各部门、各县(市)区政府环境事件防范齐抓共管的工作协调机制。同年4月，市政府印发《济南市突发环境事件应急预案》，设立济南市突发环境事件应急指挥部，负责全市突发环境事件应急处置工作的组织、指挥和协调，济南警备区、市公安局、环保局、卫生局、建委等有关部门和各县(市)区政府为成员单位。各县(市)区和高新区设立相应的指挥机构，负责辖区内突发环境事件的防范和应急处置的组织领导。应急指挥部办公室设在市环保局，负责全市突发环境事件防范与应急的日常工作。

2009年，市环保局修订印发《济南市环境保护局突发环境事件应急预案》，设立突发环境事件应急指挥中心(兼济南市突发环境事件应急办公室)。各县(市)区环保局成立相应的应急组织体系。

2010年，市环保局、市公安局、市卫生局、市财政局联合印发《济南市辐射事故应急预案》，设立济南市辐射事故应急指挥部，负责全市辐射事故应急处置工作的组织、指挥和协调。市公安局、财政局、卫生局、环保局等有关部门和各县(市)区政府为成员单位。各县(市)区和济南高新技术开发区设立相应的指挥机构，负责辖区内辐射事故的防范和应急处置的组织领导。应急指挥部办公室设在市环保局，负责全市辐射事故防范与应急管理的日常工作。

第二节 环境事件预防与应急准备

一、环境事件应急预案编制与演练

2006年6月，市环保局联合济南军区防化团开展全市“六五”突发环境事件应急演练。

2008年，市政府印发《济南市突发环境事件应急预案》后，市环保局制定印发六类突发环境事件专项子预案，包括《济南市环境保护局饮用水源地突发环境事件应急预案》《济南市环境保护局供水系统涉恐事件应急处置预案》《济南市环境保护局防汛应急预案》《济南市环境保护局突发危险化学品(剧毒品)泄漏事件应急预案》《济南市环境保护局辐射事故应急预案》《济南市环境保护局地震应急预案》，环保部门应急预案体系初步形成。

2009年，市环保局先后参加全省“泰山2号反恐演习”，省环保厅辐射应急拉动集结演习，济南市组织的防化、辐射演习等；牵头有关部门，联合济南军区防化团、山东省辐射环境管理站分别于2009年6月、8月、9月成功组织开展卧虎山水库突发环境事件、氨气泄露环境污染事故、四类放射源丢失被盗事故专项应急演练。

2010年，先后参加省环保厅辐射事故应急拉动演习，济南市组织的防化演习等，指导市中区、天桥区环保局，分别于2010年9月、10月成功组织开展市中区十六里河氨气泄漏环境污染事故、历城区王舍人镇水污染事故应急演练。

二、环境应急能力建设

2004～2008年，投资600余万元，购置环境应急监测车、便携式有害气体检测仪、X-γ剂量率仪等监测设备和防毒面具、电离辐射防护服等个人防护用品。成立济南市环保局突发环境事件应急领导小组，根据突发环境事件性质，依托环境监察、监测和环保110等力量，建立应急先遣小组、应急监察小组、应急监测小组、应急危险废物管理小组和应急辐射环境小组等5个专业环境应急队伍。

2009～2010年，投资2000余万元，建成济南市突发环境事件应急指挥中心。市环境监察支队设立25人的环境事件应急监察分队，市环保监测站设立39人的环境事件应急监测分队，配备事故应急指挥车、环境应急监测车、环境应急移动实验室等专用车辆6台，摄像机、数码相机等环境执法取证设备49套，卫星通信电话等通信器材30部，各类环境监测设备仪器66台，各类人员防护装备48套。2010年4月，济南市环保局设立环境安全应急管理处，专门负责全市环境应急管理与协调工作。

三、环境风险源调查与监管

2006年，开展化工及危险化学品企业环境安全大检查。共出动检查人员1800余人次，检查企业270余家次。发现环境安全隐患单位26家，提出限期整改要求，对整改工作情况进行全程督查。

2007年，对90多家化工单位进行详细排查。依法开展放射源、射线装置和电磁环境污染源申报登记及变更登记，将放射源季度安全检查纳入全市污染源现场监理工作范围，使其成为一项常规工作；市环保局会同公安、卫生部门联合确立放射性同位素与射线装置辐射事故分级处理和报告制度，为有效处置突发辐射环境事件提供制度保障。

2008年，开展“隐患治理年”活动。相继开展“城区和人口稠密区预防重大空气污染企业检查”“环境安全隐患排查治理”“危险化学品企业环境安全隐患排查”“环境安全隐患百日督查”等专项工作，排查各重点行业、领域600余家单位。

2009年，结合迎全运环境保护行动，先后组织开展排污入黄河企业环境污染隐患专项检查、危险废物产生利用单位专项检查、辐射环境安全大检查、产生(排放)剧毒物质隐患企业排查、重金属污染企业专项检查等8次环境安全隐患排查。在甲型H1N1流感疫情日趋严峻形势下，高度重视医疗卫生单位环境污染防治监督管理工作，认真做好医疗卫生机构医疗废水污染治理设施运行情况的执法检查和医疗废物收集、运送、贮存、处置的全过程监督检查，从严查处各种环境违法行为，督促落实整改措施；对全市26家环境安全重点防控单位组织开展全面排查整治，责令存有环境安全隐患的单位限期整改。

2010年，先后组织开展产生(排放)剧毒物质隐患企业排查、重点行业企业环境风险及化学品检查、沿河化工石化企业环境污染隐患检查，集中整治威胁群众健康的环境安全隐患问题。全面排查掌握重点行业企业环境风险，积极防范整治隐患问题，推进环境风险源评估制度，逐步构建环境风险源单位规范化和信息化分级监管体制。全市环保系统共出动检查人员4500余人次，检查重点行业企业401家、化工石化类企业500余家，并将涉及饮用水水源地、城市居民集中区、重点流域等环境敏感区域的单位和涉及重金属等有毒有害物质的单位作为环境安全监管的重点。

第三节　环境污染事故应急处置与救援

2006年，全市共发生4起突发环境污染事故：中石化销售有限公司华北分公司鲁皖成品油输送管道柴油泄漏污染事故，河南省黄河柴油泄漏污染事故，济南三爱富氟化工有限责任公司四氟乙烯生产装置爆炸事故，二环北路盐酸运输泄漏事故。均得到妥善处置。

2008年，共发生4起突发环境事件：济南维尔康食品有限公司冷库液氨发生泄漏事故；山东煤炭物资总公司仓库发现放射性物体事件；全运会球类体育馆火灾事故2次。均得到妥善处置。6月26日下午15时25分，济南维尔康食

2006年6月8日，市环保局对鲁皖石油管线泄露进行应急监测

品有限公司冷库液氨发生泄漏，市环保局立即派出环境监测、监察人员于15时40分到达事故现场，立即开展了现场环境调查及监测工作。市公安消防部门到达现场后成功将泄漏阀门关闭。事故未造成人员伤亡。根据市环保监测站现场环境监测结果显示，至16时50分，各环境测点氨浓度均降至小于1毫克/立方米，污染状况解除。7月11日中午12时30分，接槐荫区环保局报告，山东煤炭物资总公司7号仓库发现不明放射性物体，市环保局立即派出环境监测、监察人员到达现场，开展现场环境调查与监测工作。经调查，山东煤炭物资总公司7号仓库发现的不明放射性物体，为应用于核子秤等物料计量装置的CS-137(铯-137)密封放射源，共4枚，属Ⅳ类放射源。17时20分该单位放射源被山东省辐射环境管理站安全收贮。环境监测人员对该单位7号仓库进行全面探查，未发现遗漏放射源，辐射环境安全隐患得到及时消除。

2009年7月9日凌晨，中石化鲁宁输油管线肥城市老城镇大石铺村发生盗油事件，造成原油泄漏并造成长清境内的600米河道和池塘受污染。市环保局及长清区环保局在调查和应急监测基础上，针对后续工作向中石化输油管道长清输油站提出以下要求：对截污水塘进行再处理，将水面油花处置干净，对沾油的池壁进行处理，保证池水不受污染；对上游清洁来水进行截流疏导，使其不流入受污染河道；对受污染河道及水池周边进行彻底清理，不留死角；随时做好应急准备，在截污水塘尚可见油花前，保证池水不下泻。10月28日20时，济南济众生物医药科技有限公司无证经营、违章操作，造成有毒气体硫化氢污染事件，致使邻近十里河恒业汽车修理厂6名修车工中毒，被送往济南市中心医院紧急救治。历下区环保局接到轻骑路派出所、历下区安监局情况通报后，立即派遣环境应急人员赶赴现场，及时开展事故应急处置工作。在上风向位置布设环境空气质量监测点，及时监测空气中硫化氢浓度；现场救援人员立即采取有效的应急处置措施，迅速控制污染源，对污染源罐体进行密封；使用专用稀释剂对受污染现场进行洗消处置，消除现场污染物，把事故危害降低到最低程度。

2010年，共发生4起突发环境事件：济阳县新市镇白家村危化品事故；盖世物流中心发生危险化学品泄漏事故；济南化工厂分厂危险化学品泄漏事故；槐荫区段店汽车配件市场火灾事故。均得到妥善处置。7月12日，济阳县新市镇白家村发生不明危化品丢弃事故。市环保局执法人员接报后立即赶到现场。经市消防支队现场快速测定，确定被丢弃的12桶不明液体不属于易燃易爆危险品。市环保监测站对被污染的土壤进行采样分析，确定强酸性废液，并且内含醇类、烷类等有机物，属危险化学品。经省危管中心同意，将12桶危险化学品交由青岛新天地固体废物处置中心进行安全处置。事故处置完毕后，济阳县公安局立案调查。10月7日14时14分，济南盖世物流中心发生危险化学品泄漏事故，市、区两级环保应急人员立即赶赴现场，经调查事故情况为：有一辆挂临沂牌照(鲁Q80953)运输车辆，在历城区华山镇盖家沟村山东盖世物流国际集团场地转运货物时导致一个200千克左右的塑料桶掉落，桶内液态危险化学品苯甲酰氯泄漏，挥发为毒性、强刺激性气体，引起周边群众明显不适，出现流泪、呕吐等症状。消防部门接警后及时堵塞泄漏点，并用碱水进行初步污染洗消处理。市环保局环境应急人员对事故现场环境污染状况进行勘查取证，并指导历城区政府进一步做好污染洗消废水和遗留苯甲酰氯塑料桶(约70千克)的后续处置工作。历城区政府应急办迅速调集5吨黄沙对事故现场废水进行吸附处理，然后收集被污染黄沙，连同苯甲酰氯塑料桶，均交由具备危险废物处置资质的单位处置。后续事故调查工作由历城区政府相关部门进行。11月6日21时，位于天桥区汽车厂东路的济南化工厂分厂部分车间在拆除过程中引发危险化学品泄漏。市、区两级环保部门接警后立即赶赴现场，随即展开现场污染状况调查及应急处置。经查，该事故为济发集团强行拆除位于该集团开发范围内的济南化工厂分厂生产车间造成的危化品泄漏事件。该事故造成3个精馏罐(每个罐装有380升氢氟酸)及13桶盐酸(每个容量为23千克)泄漏。市环保局及天桥区环保局应急人员到达现场后立即采集水样及土壤样，对空气进行监测。由于事发时风力较大，故空气扩散很好，没有造成现场的严重污染。事发后，天桥区环保局对现场被污染的土壤提出处理意见，并监督有关责任人进行无害化处置，对责任人依法进行了处罚。

第八章　环保管理

第一节 建设项目环保管理

1986年3月26日，国务院环境保护委员会、国家计委、国家经委颁发《建设项目环境保护管理办法》。济南市加强建设项目环境监督管理。

1986～1997年，全市建设项目管理以工业生产、各类锅炉和其他对环境影响较大的建设项目为主。环保部门共审批建设项目1044个，项目总投资89.20亿元，其中环保投资3.52亿元，占项目总投资的3.9%。验收“三同时”项目250个，验收项目总投资42.88亿元，其中环保投资5.96亿元，占项目总投资的13.9%。

1998年，国务院颁布《建设项目环境保护管理条例》，条例规定建设项目环境影响评价文件有环境影响报告书、报告表、登记表三种形式。同年，济南市开始开展区域环境影响评价工作，第一个区域环境影响评价项目——济南市高新技术产业开发区(新区)的区域环境影响报告书于1999年通过省环保局审批。

1999年，国家环保总局颁布《建设项目环境保护分类管理名录》，对不同行业、规模的各类建设项目管理类别进行划分。全市建设项目环境监督管理逐步从以工业项目为主扩展到房地产、学校、医院、宾馆饭店、基础设施建设。

2002年9月，济南市环境评估中心成立，负责对市管建设项目的环境影响报告书、报告表进行技术评估，为主管部门行政审批提供技术依据。

2003年9月1日，《中华人民共和国环境影响评价法》颁布实施。2006年3月1日，山东省颁布实施《山东省实施〈中华人民共和国环境影响评价法〉办法》。至2009年，全市10个开发区全部完成区域环境影响评价工作，并经省环保厅正式批复。

1998～2010年，济南市市、县两级环保部门共审批各类建设项目10281个，其中：环境影响报告书275个，环境影响报告表3979个，环境影响登记表6024个；项目总投资5036.73亿元，其中环保投资114.68亿元，占总投资的2.28%。市、县两级环保部门共验收“三同时”项目2699个；总投资281.63亿元，其中环保投资19.87亿元，占总投资的7.06%。建成项目新增废水处理能力11.55万吨/日，新增废气处理能力1097.08万标立方米/小时。

1998～2010年济南市建设项目环境影响评价执行情况表

表2—8—36

年 份	审批项目数（个）	其中：报告书（个）	报告表（个）	登记表（个）	投资总额（亿元）	其中：环保投资（亿元）
1998	391	9	253	129	20.70	0.40
1999	655	8	149	498	25.00	0.45
2000	685	11	107	567	42.01	0.81
2001	629	9	124	496	45.70	1.96
2002	806	10	182	614	95.96	2.42
2003	730	10	171	549	98.25	3.04
2004	646	14	187	445	153.98	3.39
2005	773	21	292	460	543.86	7.95
2006	882	22	375	485	687.95	11.83
2007	949	22	436	491	594.45	11.56
2008	1081	36	591	454	905.21	23.13
2009	879	38	507	331	463.68	31.79
2010	1175	65	605	505	1359.98	15.95
合 计	10281	275	3979	6024	5036.73	114.68

1998～2010年济南市建成项目“三同时”执行情况表

表2—8—37

年 份	验收项目数（个）	投资总额（亿元）	其中：环保投资（亿元）	新增废水处理能力（吨／日）	新增废气处理能力（万标立方米／时）
1998	140	6.00	0.26	510	81.47
1999	213	11.00	0.25	373	32.34
2000	139	7.28	0.65	2109	37.61
2001	82	5.61	0.29	616	25.83
2002	165	8.57	0.48	2833	12.11
2003	168	14.97	1.38	7805	55.25
2004	93	2.68	0.24	596	52.67
2005	146	15.20	0.73	5565	73.85
2006	144	15.15	1.16	7762	89.18
2007	475	47.59	1.94	9672	118.52
2008	349	48.67	2.67	16175	163.12
2009	256	30.58	4.75	36210	152.15
2010	329	68.33	5.07	25277	202.98
合 计	2699	281.63	19.87	115503	1097.08

第二节 排污费征收管理

一、征收依据

1982年7月1日至1986年5月1日，排污费征收执行山东省财政局、省环保局发《关于下达山东省排污费管理办法的通知》，征收污水、噪声、废气和废渣排污费。

1986年5月1日至2003年7月1日，废气、废渣排污费征收执行济南市人民政府转发山东省人民政府《关于发布〈山东省征收排污费实施办法的通知〉的通知》。1986年5月1日至1992年1月1日，污水排污费和超标排污费重复计征，污水排污费每吨0.03元。1992年1月1日至1995年5月1日，废水、噪声排污费征收执行市环保局、市物价局、市财政局关于贯彻执行《调整超标污水和统一超标噪声排污费征收标准》的通知，污水排污费和超标排污费重复计征。1995年5月1日至2000年1月1日，废水排污费征收执行济南市物价局、济南市财政局、济南市环保局转发《关于污水排污费征收标准等有关问题的通知》的通知，污水排污费和超标排污费按照实际监测数据只征收一项，污水排污费每吨0.04元。2000年1月1日至2003年7月1日，废水排污费征收执行省物价局等部门关于贯彻国家计委、建设部、国家环保总局《关于加大污水处理费的征收建立城市污水排放和集中处理良性运行机制的通知》的通知，只征收超标排污费。

1998年，省环保局等四部门颁发《关于在酸雨控制区和二氧化硫污染控制区开展征收二氧化硫排污费扩大试点的通知》。济南市规定，市内五区及章丘市范围内燃煤、燃油和产生工艺废气以及向环境排放二氧化硫的企业、事业单位和个体经营者，收费标准为排放每千克二氧化硫收取排污费0.2元。其他四县仍按《济南市烟尘污染防治办法》规定，征收二氧化硫超标排污费。

2003年1月2日，国务院颁布《排污费征收使用管理条例》。2003年7月1日至2010年12月，济南市排污费征收开始执行国家发展计划委员会、财政部、国家环保总局、国家经济贸易委员会《排污费征收标准管理办法》。新收费项目包括：污水、废气、固体废物及危险废物的排污费和污水、噪声的超标排污费。自2003年7月至2005年7月按照《排污费征收标准管理办法》逐步将二氧化硫的收费由每当量0.2元提高到每当量0.6元，并按规定新增氮氧化物的收费。

2005年4月1日起，固废不再征收排污费。

2008年7月1日起，废气排污费征收标准由每当量0.6元提高到每当量1.2元；废水排污费征收标准由每当量0.7元提高到每当量0.9元。

二、排污费征收工作稽查

2007年12月1日，《排污费征收工作稽查办法》实施。为贯彻落实该办法，市环保局下发《济南市排污费征收工作稽查实施意见》，开展年度排污费稽查工作。从企业排污申报入手，对纸质申报资料与排污申报数据库一致性、排污量核定依据、排污费征收程序的完备性、排污费征收入库率、入库的及时性等各个环节进行稽查。通过开展年度稽查，全市排污申报排污收费水平进一步提高。

三、排污费征收

1986～2010年，济南市累计征收排污费11.77亿元。

1986～2010年济南市区排污费征收情况表

表2—8—38

年份	收费额（万元）	收费项目	征收户数	年份	收费额（万元）	收费项目	征收户数
1986	858.57	污水、污水超标、噪声超标、废气和废渣排污费	722	1999	3901.95	污水、污水超标、噪声超标、废气和废渣排污费	2711
1987	1209.82		1317	2000	4025.41		2916
1988	1392.21		1654	2001	4643.7		3763
1989	1742.66		1501	2002	4556.46		3868
1990	1847.24		2049	2003	5261.06		3856
1991	2078.25		2042	2004	5882.61		4772
1992	2560.57		2415	2005	6241.58		4321
1993	2738.32		2433	2006	7185.2		3727
1994	2972.74		2139	2007	8325.1		3554
1995	3536.21		2729	2008	9172.4		3389
1996	3955.37		2748	2009	11516.48		2517
1997	3841.53		2849	2010	14426.18		2623
1998	3846.95		2850				

第三节　排污申报登记

济南市排放污染物申报登记工作始于20世纪80年代初。1986～1992年，济南市要求排污单位申报的内容较少，只限于污水、废气污染物的工业企业申报。

1992年，国家环保总局下发《排放污染物申报登记管理规定》。济南市按照国家要求制定了统一的排污申报表，加大排污申报登记工作的力度，排污申报企业户数2400多户。至2003年，全市排污申报户数3002户。

2003年7月后，按照国家有关规定，济南市组织实施《排污申报核定工作制度》和《排污费征收工作报告制度》，明确排污申报的对象为辖区内的所有排放废水、废气、固体废物、噪声的企业、事业、个体工商户、部队、社会团体、党政机关等一切排污者。排污申报的内容包括排污者的基本情况、用水量、排水量、废气排污情况、噪声排放情况、固体废物产生、处置与排放情况等各项信息。推广使用排污费征收使用管理系统，建立起全市排污申报数据库。2009年，排污申报户数4692户。2010年，排污申报户数5326户。

第四节　环境污染监察

1986年后，济南市依法加大环境污染监察力度。1990～1993年，累计出动2815人次，检查排污单位300余家，设施675台(套)。

1994年，重视烟尘排放监督工作，强化早晚巡回检查和节假日检查力度。全年市环保局出动320人次，检查单位341家。同年，200余人次参加市环保局组织的排烟设施调查和取缔严重污染不合格炉具工作。1995年，市环保局出动770余人次，检查单位76家、污水处理设施108台(套)，正常运行75台(套)，正常运转率69.4%，未正常运转33台(套)，占30.6%。

1996年，市环保局出动830余人次，以监督水污染排放为重点，检查污水防治设施80余台(套)，正常运转率80%。1997年，市环保局出动1000余人次，对重点污染源每月检查一次，其他污染源每季度检查一次或不定期巡回检查。对烟尘排放情况坚持每周2次重点检查；在采暖期坚持早、晚、节假日巡查。检查污水处理设施130余台(套)，正常运转率77%。5～9月，在全市开展排污口规范化整治试点工作，对全市排污口状况进行摸底调查并登记造册，查清376个排污口的排污去向，整治废水排污口198个(其中市属以上100个，区县属98个)，废气排污口36个，噪声25个，固体废弃物1个。在整治中新安装废水流量计10台，设施运行监测仪14台，竖立排污口标志牌376块，为186家单位发放排污口登记证(其中市属以上74个，区县属112个)。

1998年，市环保局出动800余人次，检查污水处理设施200台(套)，正常运转率90%。5～7月，针对夜间施工噪声扰民，组织环境监察人员160余人次，出动车辆60余台次，于每晚22时至24时对市区内所有建筑施工工地进行检查。继续开展排污口规范化整治工作，全市共整治废水排污口31个，废气排污口263个，噪声5个；新安装污水流量计31台，设施运行监视仪23台，竖立排污口标志牌280块，发放排污口登记证216个。

1999年，市环保局出动1100余人次，检查污水处理设施160台(套)，正常运转率98%。同年5月，进一步加大排污口规范化整治力度，召开有关企业排污口规范化整治会议，当年共整治排污口35个，安装污水流量计27个，设施运行监视仪4台，发放排污口登记证25个。2000年，市环保局出动800余人次，其中节假日检查20次，出动人员60余人次，早晚检查80余次，出动人员150余人次，30余人次参加秸秆焚烧查处工作。共检查污水处理设施448台(套)，正常运转440台(套)，非正常运转8台(套)，设施正常运转率98%。共整治排污口30个，新装污水流量计26台，新安装监视仪28台，安装标志牌350块。

2001年，市环保局出动1599人次，其中节假日和早晚安排检查241人次，检查污水处理设施994台(套)，有8台(套)设施运转不正常，正常运转率94.62%。6～9月，开展为期三个月的严肃查处环境违法行为专项活动，出动人员185人次、车辆56台次，对市区、章丘市及四县的89个重点污染源进行检查。2002年，市环保局出动1700余人次，其中节假日和早晚安排检查195人次，30余人次参加禁止秸秆焚烧检查。共检查污水处理设施985台(套)次，有7台(套)设施运转不正常，正常运转率98%。6～7月，市环保局组织开展“查处环境违法行为专项行动”，共出动200余人次，对120余家水污染源进行检查。2003年，继续组织开展“查处水环境违法行为”专项行动，市环保局出动735人次，检查污水处理设施349台(套)次，正常运转率98%。检查中增加了早、晚检查的频次，共出动44人次，对40家排污单位的设施进行现场检查；节假日及周末共出动29人次对25家单位的设施进行了现场检查。防治“非典”期间，市环保局及时调整工作重点，重点掌握医疗废水排放去向和固体废物处置情况，严格监督管理医疗机构废水消毒和废物焚烧情况。对市区30余家医疗单位特别是7家“非典”定点医院，重点要求加大对污水的高浓度次氯酸钠投放量，对外运的医疗废物跟踪检查，杜绝医疗废物随意倾倒抛洒。

2004～2005年，市环保局出动1809人次对1237家(次)排污单位的污染处理设施进行检查。

2006年，加大对全市45家重点污染源的现场监督检查力度，全年共出动1400余人次开展现场检查，做到每月至少检查1次。其中，早晚及节假日出动100余人次，对109家(次)排污单位进行现场检查，污染防治设施的正常运转率保持在98%以上。组织开展“整治违法排污企业保障群众健康环保专项行动”等专项检查3次，共出动执法人员173人次，对359家企业进行现场监督检查，查处违法企业89家。

2007年，省环保局制定《全省重点企业监管办法》《全省城镇污水处理厂水质监管办法》《全省主要河流水质监测办法》《全省17个设区城市建成区空气质量监管办法》。市环保局坚持每10天对23家市管重点单位进行检查，每天对污水处理厂进行检查，对各县(市)区管理的38家国、省控重点污染源每10天抽查不少于15%。推进重点污染源自动监控工作，完成全市国控和省控重点污染源、污水处理厂和采用循环流化床脱硫的电厂共40家单位自动监控设备的安装联网工作，当年即实现自动监控数据应用率90%以上。在全省率先开展了小清河摸底调查，对沿岸近百家向小清河排污的重点污染源基本情况以及排污口位置进行详细调查核实和GPS定位，建立小清河干流及其14条支流的污染源基本情况及沿岸排污口分布档案，制作《济南市小清河流域污染源示意图》。全年共出动2911人(次)，检查企业1698家(次)，查处环境违法行为170余起。督办落实关停“十五土小”“新五小”项目10个。

2008年，在加大对重点污染源监管力度的同时，狠抓污染减排项目的监督检查工作，对市管15个减排项目每月至少进行一次现场检查。全年共出动1300余人(次)，现场监督检查企业1600余家(次)。10月，在济南钢铁集团总公司等31家企业开展企业环境监督员制度试点工作。

2009年，贯彻落实《济南市全运会期间空气质量保障强化控制方案》，安排专人负责全市重点区域内重点污染源的监管工作，保障第十一届全运会期间济南市环境质量。对“土小”企业、边远地区和跨界地区的有关环境问题进行集中整治，共出动检查人员1600余人次，对552家企业进行现场检查，查处“土小”企业132家，不符合产业政策、未经审批擅自开工建设的违法企业48家，18件群众反映的重点、难点问题在这次专项行动中得到解决。

2010年，完成对61家(市管23家、县区管39家)国(省)控企业重点污染源现场监督检查的基础上，制定并实施自动在线监控系统24小时值班制度，重点企业污染排放达标率为95.5%。突出减排工作重点，加大监管力度，保证二氧化硫和化学需氧量两项“十一五”污染减排指标全面完成。实行夜间和节假日期间检查制度，严厉打击违法排污企业。制定小清河流域市区河道截污应急措施环境监管实施方案，加大对小清河水质改善的环境监管力度，市、区两级环境监察机构共出动9494人(次)，每天对辖区河道水质变化情况和各类排污企业开展巡查，完成生态市建设任务。

第五节 生态监察

1999年始，济南市开展生态环境监察工作。按照市政府《关于禁止焚烧农作物秸秆的通告》规定，每年组织开展禁烧秸秆专项检查，对机场和全运场馆周边、主要高速公路沿线、城区周边等地区开展重点巡查。

2003～2005年，每年组织开展自然保护区、风景名胜区和森林公园环境执法检查，未发现违法建设和破坏生态环境问题。2003年，章丘市被国家环保总局列为国家级生态环境监察试点单位，开展一系列生态环境监察活动，并于2005年9月25日通过国家环保总局验收。2004～2005年，环保、国土资源部门多次联合开展矿山生态环境保护专项执法检查，对城市规划区、自然保护区、风景名胜区和交通干线禁采区内的小石灰窑、小石子加工场进行分期分批淘汰取缔，对其他区域造成环境污染和生态破坏的矿山企业，督促其实施生态恢复措施。2006～2010年，每年对规模化畜禽养殖场及饮用水水源地保护区组织开展生态专项检查，建立饮用水源地的建设项目环境监察长效机制，对南部山区一级饮用水水源地定期开展巡查，严防饮用水水源地污染隐患。2008年，根据省环保局《关于深入开展生态环境监察试点工作的意见》，确定济阳县、平阴县为市级生态环境监察试点县。

第六节 信访投诉和提(议)案办理

一、信访投诉

(一)环境信访受理 1998～2009年，受理信、电、访62880件，处理率100%。其中，反映大气污染问题占61.05%，噪声污染问题占27.69%，水污染问题占4.53%，固体废物污染问题占0.29%，其他污染占6.24%。2006～2010年，受理信、电、访23417件，处理率100%。其中，反映大气污染8197件，占信访总数的35%；噪声污染12987件，占信访总数的55.46%；水污染1790件，占信访总数的7.64%；固体废物污染142件，占信访总数的0.61%；电子辐射72件，占信访总数的0.31%；其他污染229件，占信访总数的0.97%。

2005～2010济南市环境信访统计表

表2—8—39

年份	总数	水污染		大气污染		固体废物污染		噪声污染		电子辐射污染		其他污染	
		件数	总数(%)	件数	总数(%)	件数	总数(%)	件数	总数(%)	件数	总数(%)	件数	总数(%)
2005	6376	313	4.91	2214	34.72	16	0.25	3529	55.35	—	—	304	4.77
2006	8970	249	2.77	1701	18.96	39	0.43	6935	77.31	4	0.04	42	0.47
2007	4883	284	5.82	1446	29.61	21	0.43	3100	63.49	2	0.04	30	0.61
2008	2722	352	12.93	1397	51.32	16	0.58	920	33.80	6	0.22	31	1.14
2009	3604	440	12.21	1943	53.91	30	0.83	1090	30.24	43	1.20	58	1.61
2010	3238	465	14.36	1710	52.81	36	1.11	942	29.09	17	0.53	68	2.10
总计	29793	2103	7.06	10411	34.94	158	0.53	16516	55.44	72	0.24	533	1.79

(二)环保110和12369投诉热线 1999年3月，市环保局加入济南市110报警服务社会联动系统。2001年10月，市环保局和历下、市中、槐荫、天桥、历城区环保局统一开通12369环保举报热线。2002年5月，长清区、章丘市、济阳县、平阴县、商河县相继开通12369环保举报热线。至2005年年底，共接听群众投诉、咨询和建议电话9.5万余个，受理环境污染投诉1.4万余件，查处环境违法行为1万余起。

环保110处置环境应急事件　　(2003年摄)

2006～2010年，热线共接听群众投诉与业务咨询电话10.5万个，受理环境违法投诉案件8509件，处理率100%。

二、提(议)案办理

1998～2006年，共承办人大代表建议、政协委员提案191件(建议64件，提案127件)。其中涉及大气污染防治81件，占42.40%；水污染防治46件，占24.08%；固体废物污染防治25件，占13.09%；噪声污染防治11件，占5.76%；生态环境保护10件，占5.24%；其他18

件，占9.42%。办得率、落实率100%。

2007～2010年，共承办人大代表建议、政协委员提案163件(建议57件，提案106件)。其中环境管理102件，占62.57%；其他30件，占总数的18.4%；宣传教育15件，占9.2%；生态保护11件，占6.74%；环境经济3件，占1.84%；政策法规和核安全与辐射管理各1件，各占0.61%。

第七节　法制建设

一、地方立法

1986～2010年，济南市结合实际制定7部具有地方特色的地方性法规和政府规章：《济南市水污染物排放许可证管理办法》(1990年10月29日实施)、《济南市烟尘污染防治办法》(1994年8月9日实施)、《济南市污水处理设施监督管理办法》(1995年4月30日实施)、《济南市大气污染防治条例》(2000年9月1日实施)、《济南市机动车排放污染防治办法》(2005年1月1日实施)、《济南市扬尘污染防治管理规定》(2009年1月1日实施)、《济南市机动车排气污染防治条例》(2009年9月25日实施)。

二、行政处罚和诉讼、复议、强制执行

1999～2010年，济南市累计处结环境违法案件7858件。

2000～2010年济南市环境违法案件情况表

表2-8-40　　单位：件

年份	案件总数	行政诉讼案件	行政复议案件	强制执行案件	年份	案件总数	行政诉讼案件	行政复议案件	强制执行案件
2000	414	3	1	17	2006	527	—	—	5
2001	668	2	1	32	2007	689	4	1	6
2002	814	1	1	30	2008	826	—	2	5
2003	827	2	1	4	2009	829	—	1	3
2004	675	—	—	8	2010	876	—	2	6
2005	420	4	—	4					

第八节　环保宣传教育

一、环保宣传

(一)新闻宣传　2002年，《大众日报》重要版面头条刊发题为“塑环保形象，树为民新风”专稿，反映济南市环保局构筑执法体系，推进政务公开。在“严厉查处环境违法行为”行动中，济南电视台、电台等多家媒体连续跟踪报道，为严查行动的顺利开展营造舆论声势；《济南日报》、《济南时报》、济南人民广播电台开设环保专栏——环保曝光台，对各种环境违法行为进行集中曝光，全年发布29期，曝光单位111家。《济南日报》《济南时报》刊发反映济南环境质量“五年大变样”的长篇稿件和照片，集中反映环境保护取得的显著成效。《中国环境报》专版发表济南市环保工作30年在监测、监理、污染控制、建设项目管理、生态建设、宣传教育等方面的辉煌成就。

2003年，围绕扬尘污染、防治“非典”和

创建国家环保模范城市3个工作重点，多次组织驻济南新闻媒体记者座谈会。先后在《大众日报》《济南日报》《山东青年报》等媒体上制作多期环保专版，曝光环境违法单位127个。评选“创模”最佳标语口号30条。

2004年，围绕创建环保模范城，在《中国环境报》制作3期环保专版。制作《为了泉城的蓝天》《绿色社区绿泉城》《播种绿色的希望》《济南医疗废物污染防治》四部专题宣传片。在市区重要街道设置“创模”宣传牌60余块。在开往北京、杭州客运列车上宣传“创模”。

2005～2007年，在《中国环境报》制作4期专版；在《济南日报》《济南时报》以专版形式，对环保工作进行系列宣传报道。

2008年，在济南电视台《新闻频道》济南新闻栏目设立“污染减排在泉城”专题，在济南人民广播电台设立“环保点点听”栏目，在《济南日报》《济南时报》设立“环保知识窗”专栏。在《人民日报》、《光明日报》、新华社、《人民文摘》、《中国环境报》、《中国环境观察》等国家级报刊杂志和各类省、市新闻媒体共发表稿件1200余篇；制作专版8个；设立专栏、专题8个。与济南电视台《政务面对面》栏目共同制作“截污减排，我们责无旁贷”电视访谈节目和《生态泉城》电视专题片。

2009年，中央电视台《新闻联播》对济南市环保移动宣传服务站进行专题报道；山东电视台《新闻联播》栏目播出4期济南市环保工作电视专题片；全年在国家和省、市新闻媒体共发表稿件1600篇；制作专版、专题8个，设立专栏4个。与济南电视台《政务面对面》栏目、济南人民广播电台“政务监督热线”栏目共同制作3期访谈节目。

2010年，在新华社、《中国环境报》、环保部网站、《大众日报》、《济南日报》等国家和省、市新闻媒体共发表稿件1400余篇；制作专版、专题4个，设立专栏4个。制作环保公益广告片2部，在全市公交车电子站牌进行播放。

（二）社会宣传

泉城环保世纪行

泉城环保世纪行始于1997年。至2010年，先后开展的活动有：环境空气污染防治、扬尘污染防治、机动车尾气污染防治、工业水污染防治、小清河污染防治、各种声污染防治、固体废弃物污染防治、南部山区生态保护、农村生态保护、创建国家环保模范城市等。

2003年，以“建设生态城市”为主题，集中采访商河、济阳等地的生态建设和生态保护。2004年，围绕“资源与环境”主题，组织省、市媒体10多名记者，分别对护城河截污工程、资源利用、清洁生产、循环经济等内容进行集中采访。2005年，围绕“让泉城与自然更和谐”主题，以可持续发展和循环经济为重点，宣传济南市在创建国家环保模范城市工作中所取得的显著成果。记者采访团先后采访河道截污整治、封井保泉、背街小巷综合整治、南部山区有关环境保护情况。

2006年，组织德兴街小学、腊山小学在槐荫区绿园社区举行以“捐闲置物品、过绿色生活、建环境友好型社会”为主题的纪念“六五”世界环境日宣传活动。举行绿园社区“济南市环境教育基地”授牌仪式，学校和社区代表向全市发出共建绿色家园的倡议书。

2007年，以“节能减排与环境友好”为主题举办“泉城环保世纪行”记者座谈会；由12家新闻媒体组成的泉城环保世纪行采访团，以节能减排为主要内容进行第一阶段集中采访报道，重点宣传济南市在节能减排方面作出显著成绩的先进典型，同时对市政府挂牌督办的环保问题，进行采访报道，促进了热点、难点问题的解决。2008年，以“建生态泉城，迎和谐全运”为主题，组织记者采访团开展集中采访活动5次。

2009～2010年，泉城环保世纪行活动主题是“环境友好、绿色全运”。由《中国环境报》、《大众日报》、山东电视台、《济南日报》等10余家新闻媒体记者组成的“泉城环保世纪行采访团”，结合扬尘污染防治、小清河综合整治、污水处理厂、园博园场馆绿色节能环保项目、秸秆禁烧等环保重点工作开展集中与分散采访活动，对采访内容进行挂牌宣传报道，共发表稿件200余篇。

“六五”世界环境日宣传纪念活动

2002年，在泉城广场举行“纪念‘六五’世界环境日大型宣传活动”，向广大市民发放环保小册子、环保布袋等，宣传环保知识。

2003年6月3日始，全市各主要街道集中悬挂标语横幅，单位和绿色社区、绿色学校开展丰富多彩的纪念活动。济南电视台一套、二套节目连续10天播出环保公益广告《我们的誓言》，并在重要时段播出环保专题片《泉城之韵》。《济南日报》刊登纪念“六五”环保专版，宣传全市环保取得的成就和面临的形势、任务。请全市各行各业代表，参加“世界环境日-市民情系环保”活动。

2004年，在泉城广场联合开展大型宣传活动。省、市、区三级环保战线干部职工，解放军和高校学生，驻济南新闻媒体记者等共2000余人冒雨参加。在市环保局召开改善环境空气质量座谈会。各区开展环境宣传一条街活动、驻济南高校环保文化月等活动。

2005年，开展环保监控中心开放日、环保座谈会等“六五”宣传活动。2006年，以创建国家环保模范城市为主要内容，开展“捐闲置物品、过绿色生活、建环境友好型社会”等活动。

2007年，开展　“环保电影宣传周”和“环保宣传一条街”等活动。设计制作“污染减排和环境友好型社会”宣传手册3万份，发放各类宣传画3000余套、传单10万张。2008年，在全市范围内组织开展“污染减排，人人参与，共建泉城生态文明”主题宣传。2009年，在济南市妇女儿童活动中心开展山东省暨济南市“中国环境与健康宣传周”主题活动和“六五”世界环境日纪念活动。活动主题是“大气环境与健康”与“生态齐鲁、和谐全运”，倡导绿色消费，弘扬生态文明，动员全社会参与环境保护。

2010年，中华环保基金会、省环保厅、市环保局联合在龙奥大厦西侧广场举办“环保嘉年华”济南站活动。围绕“低碳减排——绿色生活”主题，与省环保厅、历城区环保局联合在历城区洪楼广场举行山东省暨济南市“六五”世界环境日纪念活动；活动期间组织“让江河湖泊休养生息——山东省的选择与实践”摄影图片展、济南市水污染防治成就展、南四湖“湿地之美”摄影展。“六五”期间，组织开展“低碳城市，绿色生活”环保宣传设计大赛、驻济南高校“低碳生活从我做起”宣传周、山东师范大学“我身边的低碳生活”主题演讲、“水污染防治成就图片展”等系列宣传活动。

“环保下乡”活动

2002年，全市“环保下乡”活动启动。按照国家环保总局的部署，结合农村环境保护比较薄弱的情况，在全市广大农村开展“环保下乡”活动。

2004年，在全市开展环保知识下乡和保护母亲河生态监护活动，与团市委联合命名11家市级生态监护站，监护队伍600余人。2006年，在历城区艾家村召开“济南市环境保护下乡”现场会，向全市广大农民发出“创建国家环保模范城市，建设生态文明新农村——致全市农民朋友的倡议书”。2007年，利用农村文化大集、绿色学校、绿色社区和环境教育基地等，通过“手拉手”“结对子”等多种形式，开展丰富多彩的环保下乡活动，提高广大农民的环境意识。

2008年，组织各县(市)区开展“三个一”活动，即召开一次乡镇领导座谈会、举办一次乡镇领导环保讲座、开展一次环保知识送到农民兄弟手中的环保宣传活动。2009～2010年，以秸秆禁烧为主要宣传内容，通过电视专题、大篷车、一封信、悬挂标语等方式，将秸秆禁烧、综合利用相关内容送到田间地头、农民家中。

环保移动宣传服务站

2009年，为普及“绿色全运”理念，提高舆论宣传与公众参与的良好氛围，将两辆公交大巴车改造制作成环境保护移动宣传服务站。其设计制作和功能定位，坚持“以人为本，节能减排”原则，主题是“绿色全运，生态济南”。在设计制作方面，该汽车的动力采用天然气发动机，排放达标，无噪声污染；车顶设置太阳能电池板，车内用电均来自太阳能电池，车体、车上设施所用材料均为环保材料；车体绘制的泉水、荷花、柳树、泉标以及奥体中心的主体外观，处处体现出绿色生态泉城特色。在服务站功能设计方面，围绕全市环保中心工作，充分考虑社会各界的需求，将车内分为咨询服务、环保试验、环保模型展示、环保图书角、多媒体演示、市民互动以及展板七个区域。环境保护移动宣传服务站深入全市广场、社区、学校、企业、农村等地进行环保宣传，提供咨询服务，与市民互动交流，受到广大市民的欢迎。该活动在中央电视台《新闻联播》、省市各大媒体、网站等大篇幅报道，环保部认为济南市的环保移动宣传服务站在全国是一个创新。

环保移动服务站开进学校　　(2009年摄)

2010年，发挥济南市环境保护移动宣传服务站“机关党员先锋号”党员先锋岗的作用，深入全市机关、学校、社区、街道、企业、村镇等场所开展环保宣传教育活动。全年组织活动173场次，受众20万余人，发放环保知识宣传品10余万份。

“环保一条街”创建活动

2009年，在创建“环保宣教一条街”基础上，组织开展市内七区(含高新区)“环保一条街”创建工作。将环保宣传与环境综合整治和扬尘控制区创建结合起来。2010年，组织各(县)市区在总结2009年“环保一条街”(环境文化墙)创建工作经验的基础上，按照标准，在辖区内选择一条街道开展创建工作。槐荫区创新开展“环保一条街”创建活动，在槐荫广场建成环境文化休闲广场；天桥区将“环保一条街”纳入区长考核各办事处的考核目标中，形成长效创建机制；商河县创建160米的环保文化墙。

“绿色宣讲团”巡回宣讲活动

2009～2010年，济南市启动“绿色全运绿色行动”宣讲团巡回宣讲活动。宣讲团由济南市环境科学学会、济南市环保宣教中心共同成立，旨在以迎全运为契机，推进环保宣传“进学校、进社区、进工厂、进工地”，进一步普及“绿色全运”理念，推广保护环境、节约资源的科普知识，带动社会公众参与，推动全市生态文明建设。共开展宣讲活动116场次，受众人数2.95万人。

二、环保教育

(一)青少年环保教育　2002年，在全市范围内开展“环境小卫士在行动”“青少年暑期生态夏令营”“全市中小学环境保护征文比赛”等活动。2003年，举办全市第一次由学校负责人、教师参加的环保培训班；开展中学生环保演讲比赛。2005年，济南市将环境保护编入济南市地方课程，培养中小学生环境保护意识。

2006年，举办环境教育教学骨干培训班2期，全市200余所学校参加。2006～2007年，开展“拜耳青年环境特使生态营”活动，组织济南市中小学参加《中国环境报》“热爱大自然、环境你我他”环境征文活动。2008年，组织全市中小学生开展“节能减排”好点子设计比赛、“污染减排创建环境友好型社会”大型环保宣传展板巡回展出活动、“第三届富士施乐杯”环保社会实践活动征文大赛、驻济南高校节能减排宣传教育活动、招募环保志愿者，分别到全市各社区、学校进行环保知识讲座。

2009年，开展济南市首届“百名环保小卫士”“优秀环保手抄报”评选活动、“绿色全运，绿色行动”宣讲团活动。在市区内聘请迎全运环保行动市民义务监督员。

2010年，开展济南市第二届“百名环保小卫士”评选活动，评选出112名“环保小卫士”。组织全市中小学参加《废弃电器电子产品回收处理管理条例》知识竞赛、“百纳杯”全国环保知识竞赛、“寻找中华绿色小记者”博文大赛。组织指导驻济南高校大学生环保社团开展了环保演讲、环保展板巡展、节能减排调查、节水保泉、进社区进中小学开展大手拉小手等系列校内外环境保护宣传活动。

(二)绿色系列创建

绿色学校 1998年，在全省率先制定《济南市贯彻全国环境教育行动纲要的实施方案》，成立济南市创建“绿色学校”领导小组。1999年，市环保局、教育局成立环境教育课题组，开展全市中小学环境教育优秀教案评选活动，召开“济南市环境教育论文研讨会”。5月，济南市创建“绿色学校”领导小组下发《关于在全市开展“绿色学校”创建活动的通知》，制定济南市创建“绿色学校”评估标准，标准包括组织管理、课内教育、课外教育、校园建设、教育效果等5个方面18项指标。各县(市)区相继成立创建“绿色学校”领导小组，在全市各级中小学掀起创建“绿色学校”热潮。7月，济南舜耕中学等6所学校为济南市首批“绿色学校”。至2010年，全市有国家级绿色学校3所，省级绿色学校102所，市级绿色学校488所，位于全省前列。

绿色社区 2002年3月，市文明委、市民政局、市教育局、市环卫局、市园林局、市环保局联合成立济南市“绿色社区”创建领导小组，下发《关于开展创建绿色社区活动的通知》，从组织领导、宣传教育、行为规范、社区环境、建筑设施5个方面21项指标提出评审标准。5月在济南市绿园社区进行试点，召开济南市绿色社区创建现场会，100余名社区代表参加。11月，命名裕华园等19个社区为济南市首批绿色社区。2003年，省文明办、省环保局联合下发《关于开展“绿色社区”创建活动的通知》。2004年2月，省文明办、省环保局命名济南市高安里社区等8个社区为首批省级绿色社区。至2010年，全市共有国家级绿色社区2个，省级绿色社区39个，市级绿色社区148个。

安静居住小区 2003年7月，济南市创建绿色社区领导小组下发《关于转发山东省开展创建安静居住小区实施方案的通知》。制定济南市创建安静居住小区验收标准，包括创建基本条件、管理技术指标、其他指标、保证措施和居民满意度5个方面15项指标，制定济南市安静居住小区环境噪声测量方法和居民环境公约。10月，命名舜华苑等30个社区为济南市首批安静居住小区。2005年9月，命名山水家园等47个社区为济南市第二批安静居住小区。11月，国华经典6个社区被省环保局命名省级安静居住小区。2007年，命名曲水亭社区等44个小区为“济南市安静居住小区”。2009年，命名银座花园等17个小区为“济南市安静居住小区”。2009年，天桥区的标山社区、市中区的欣欣家园社区和重华苑社区，在安静居住小区复查中发现，已经达不到济南市“安静居住小区”标准。经研究决定，取消这三家社区市级“安静居住小区”称号。至2010年，全市共有省级安

静居住小区6个，市级安静居住小区135个。

环境教育基地　2006年，在全市开展创建“环境教育基地”活动，命名济南市环境监控中心等5处环境教育场所为济南市首批市级环境教育基地。2007年，命名济南市贡院墙根社区等4处环境教育场所为济南市第二批市级环境教育基地。同年，济南市环境监控中心被评为省级环境教育基地。至2010年，全市共有市级环境教育基地9所，省级环境教育基地1所。

第九节　企业环保信用等级

环保信用定级评定始于2003年。开展的形式是，自己申报，统一评定，颁发奖牌和证书，在媒体上对外发布。评定等级为：AAA、AA、A、B、C、D 6个等级。2003年，济南市在全省创新开展并率先启动企业环保信用等级评定工作，制定《企业环境保护信用等级管理活动实施方案》。对首批55家企业进行考核、验收，评出A级企业13家，B级企业20家，C级企业5家，D级企业2家。通过推荐和评选，有9家企业被评为省级环保优秀企业。2004年，加强对企业环保信用等级管理，制定对企业环保信用等级的申报、管理和考核的规定。2005年，共有73家企业被评为环保信用等级企业，其中，AAA级企业3家，AA级企业2家，A级企业25家，B级企业35家，C级企业5家，D级企业3家。2006年，共有72家企业被评为环保信用等级企业，其中，AAA级3家，AA级5家，A级23家，B级33家，C级6家，D级2家。2008年5月，市环保局公布济南市2007年度企业环境保护信用等级评定结果，AAA级3家，AA级7家，A级18家，B级36家，C级5家，D级2家，共71家企业被评为环保信用等级企业。

附：创建国家环保模范城市

2003年4月11日，济南市第八次党代会做出创建国家环境保护模范城市、建设生态城市的决定。9月3日，济南市政府组织召开创建国家环保模范城市动员大会，国家环保模范城市创建工作启动。成立“创模”领导小组，市政府与36个责任单位签订责任书。制定《济南市创建国家环保模范城市规划》，先后组织实施“蓝天保护、碧水、安静、固体废物治理、绿化建设、创模细胞”六项工程，开展“爱国卫生运动”。至2005年，进展顺利并取得阶段性成果。空气质量良好以上天数比率72%，比2003年增加13%；城市水域功能区水质达标率100%；声环境质量达标；市内五区垃圾无害化处理率98%。生态保护、流域治理等各方面也取得显著成绩。

创建工作按照国家环保总局第二次调整后的《国家环境保护模范城市考核指标》进行，共28项指标，包括基本条件3项、考核指标25项。其中，考核指标包括社会经济指标5项、环境质量指标5项、环境建设指标10项、环境管理指标5项。

2006年6月4日，举办“创建国家环保模范城市”宣传活动

第九章 机 构

第一节 行政机构

1987年2月，济南市环境保护局内设科室改为处室，分别是办公室、环境管理处、污染治理处、计划财务处、科技监测处共5个职能处室。1996年12月，市环保局内设办公室、计划财务处、污染管理处、开发监督处(挂大自然保护处牌子)、科研监测处、法规信访处、组织人事处、宣传教育处8个职能处室。

2004年9月，市环保局内设办公室、发展规划处(财务审计处)、政策法规处、污染控制处(辐射环境管理处)、监督管理处、自然生态保护处、科技标准处(国际合作处)、组织人事处共8个职能处室。

2010年，市环保局内设办公室、政策法规处、组织人事处、规划财务处、科技标准处(挂国际合作处牌子)、污染物排放总量控制处、环境影响评价处、污染防治处(挂核与辐射安全管理处牌子)、水环境管理处、自然生态保护处、环境安全应急管理处共11个职能处室。

第二节 事业机构

1993年5月，济南市环境保护监测站、济南市环境保护科学研究所(与环保监测站合署)明确为县级事业单位。2010年10月，更名为济南市环境监测中心站，挂济南市环境保护科学研究院牌子，为正处级财政拨款事业单位。

1997年7月，市环保宣教中心成立，为全额预算管理的处级事业单位，2010年，内设综合科、宣传教育科。

1998年10月，市环境信息中心成立，为全额预算管理的县级事业单位，2010年，内设网络开发管理科、技术推广应用科。

2002年3月，市环保局高新技术产业开发区分局成立，为全额预算管理处级事业单位。2008年7月建制级别由处级调整为副局级，内设综合处、环境管理一处、环境管理二处。2008年10月，被批准参照公务员管理。

1994年4月，市环保投资公司成立。2002年9月，市环保投资公司更名为市环境评估中心，为自收自支管理的副县级事业单位。2009年9月，改为财政拨款正处级事业单位，内设综合科、项目评估科。

1991年7月，市环境保护产业技术开发服务站成立，为自收自支管理的科级事业单位。1998年10月，市环境工程设计院成立，为自收自支管理的县级事业单位。2004年3月，市环保产业技术开发服务站并入市环境工程设计院。2005年12月，市环境工程设计院更名为市环境保护规划设计研究院，为自收自支管理的县级事业单位，内设办公室、环境规划研究中心、环境影响评价咨询中心、污染控制工程技术中心、市场开发中心5个科级部门，保留市环保产业技术开发服务站牌子。

2008年7月，撤销市环境监理总站和市环保110指挥中心，设立济南市环境监察支队，为全额预算管理的副局级事业单位，内设综合处、监察一大队、监察二大队、监察三大队、监察四大队。

第三卷

基础设施建设

JI CHU SHE SHI JIAN SHE

单位审稿、撰稿人员名单

（按姓名笔画为序）

市市政公用事业局

审稿人：沙其兴

撰稿人：于喜洋　池雨津　李　寅　孟　涛　潘书慧

华能济南黄台发电有限公司

审稿人：李　刚　　　　撰稿人：杨　锴

国网山东省电力公司济南供电公司

审稿人：逯怀东

撰稿人：王　芳　孙占功　李太厚　秦　萍　谢广璐

市交通运输局

审稿人：杨　勇

撰稿人：王慧颖　田荟汝　李　伟　李　伟　姜　伟　康学兵

济南铁路局

审稿人：陈召健　　　　撰稿人：蒋汉生

山东机场有限公司

审稿人：王卫中

撰稿人：刘南南　霍　佳

中国邮政集团公司济南市分公司

审稿人：许　波　　　　撰稿人：胡长荣

中国联通济南市分公司

审稿人：李福军　　　　撰稿人：逄永勤

中国移动通信集团山东有限公司济南分公司

审稿人：刘维忠　　　　撰稿人：宁文玉

市经济和信息化委员会

审稿人：赵炳跃

撰稿人：王业农　柴　勇　徐晓茜　徐　磊

第一篇 综 述

1986～2010年，济南市统筹规划、合理布局、科学发展，基础设施建设取得新突破。2002年，获“国家节水型城市”称号。2006年，获“优先发展城市公共交通示范城市”称号。

完善交通设施
畅通城市交通网络

1986年后，济南市城市道路循环系统进一步畅通，对内对外快速环路系统和立体交通走廊不断健全完善，构建由高速路、快速路、主干道和次干道互相交叉，陆路交通、铁路交通、航空运输、水路交通立体层次分明，功能明确、高效便捷、四通八达的城市立体交通网络。

公路。自1986年，济南市对所辖国省道干线进行大规模建设和改造，先后开通济青高速、济南绕城高速等快速道路，经十路等市区主干线，建成黄河公路二桥、三桥、燕山立交桥、段店立交桥等重要桥梁道路工程，搭建黄河浮桥11座，基本形成对外5条国道、14条省道，对内纵横交叉的公路干线网络。2006年，济南市获全国首批“优先发展城市公共交通示范城市”称号。至2010年年底，济南市等级客运站39个，日均旅客发送量12.8万人次，日均货物吞吐量8.76万吨。公路运输完成年客运量1.28亿人次、货运量1.3亿吨，旅客周转量138.5亿人/千米、货运周转量231.5亿吨/千米，年均增长17.9%和32.9%。

铁路。1986年，胶济复线全线贯通。1992年，济南火车站在原址上拆除重建。1997年4月至2007年，京沪、胶济铁路干线列车先后实施5次提速。2006年7月至2010年年底，京沪、胶济铁路电气化改造工程相继完成，济南－青岛、济南－北京间首开一站式动车直达列车，实现动车列车公交化和“一日生活圈”。至2010年，济南市境内铁路完成旅客发送量1480.17万人次，比1986年增加739.13万人次，增长99.74%；货物到发总量3174.19万吨，比1986年增加1570.97万吨，增长97.99%。

航空。1986年，济南遥墙国际机场开始兴建，济南市空中交通迅速发展。当年，完成客运吞吐量14087人次，货邮吞吐量909.3吨。2010年，济南遥墙机场客运吞吐量689.9万人次，货邮吞吐量7万吨，25年间年均递增10%以上。至2010年年底，济南遥墙机场的客货吞吐量位列全国机场第24位，设有山东航空公司、东航山东分公司、深圳航空公司三大飞行基地，执飞航空公司19家，成为全国重要的支线机场之一。

水路。1986年，黄河济南市境内河段全年通航期152天。1988年，小清河航运形成海河联运格局。1990年，济南市境内河段182.7千米，航道达到国家四级航道标准。1992年年底，因黄河枯水，黄河航运停产。1995年，小清河航运首航日本，济南的物资通过海河联运进出国门。1998年，因小清河进行全面治理而全线停航。

加强电网建设
促进各项事业发展

发电。济南黄台电厂自建厂至1985年累计发电近290亿千瓦时、总产值近19亿元，各项技术指标达到全国同类机组较高水平。90年代，逐渐形成与淄博、莱芜、济宁等电厂联网，供电能力不断提高，供电范围不断扩大。2008年，黄台电厂划归华能电力公司山东分公司管理。2010年，黄台电厂全年完成发电量43.89亿千瓦时，累计发电1535.23亿千瓦时，厂用电率5.6%，供电标准煤耗率321.88克/千瓦时，全年供热量478万吉焦。

供电。济南电网位于山东电网中心，是山东电网的核心组成部分，长期为省会济南10个县(市)区提供可靠的电力供应，供电区域8177平方千米。1990年，济南电网基本形成。至2010年年底，济南电网共有35千伏及以上变电站61座，变压器119台，变电容量10243.5兆伏安，2010年，电网统调最高负荷4140兆瓦。

用电。改革开放后，全市工业、农业、第三产业和城乡居民生活用电迅速增长。至2010年，全市工业用电157.32亿千瓦时，农业用电4.29亿千瓦时，第三产业用电40.98亿千瓦时，城乡居民用电40.70亿千瓦时。

加强市政建设
保障居民生活需要

中共十一届三中全会后，路灯建设、城市供水、燃气建设、供热服务、公共交通等市政公用事业均有较大发展。

路灯。1986年起，随着城市建设的发展，路灯数量不断增加，路灯保障范围不断扩大，路灯设施质量不断提高。至2010年年底，全市路灯总数87977盏，路灯电缆总长1972.8千米，变压器576台。完善路灯行业服务标准化体系，建立24小时抢修机制，向社会公布路灯行业服务标准和新的热线电话(87112319)，拓宽同广大市民沟通渠道。

供水。1986年后，济南城市供水规模不断扩大，供水设施逐步完善。1988年，建设南郊水厂等重点工程，进一步畅通供水网络，提高供水质量。2001年，全市计划用水率达100%，节水综合指标列全国15个副省级城市第5位。至2010年，济南市自来水日生产能力200余万立方米，较1986年增加4倍。济南市连续两年被评为全国节约用水先进城市。

燃气。1986年，济南市在建成东郊储气基地的基础上，兴建500千米管道煤气工程。至2010年，济南市燃气供应站由1978年的6个增加到24个，年供气量由6051吨增加到11794吨，用气人口由25.46万人增加到320万人。城市集中供热普及率、燃气气化率分别达46%、97.6%，多种气源并举、多种供气方式并用的城市燃气新格局基本形成。

供热。1986年，济南明湖热电厂建成。1990年热电公司成立后，集中力量抓好北郊热电厂一期工程。1992年11月，济南开发区热力公司汽网北线工程竣工投运。2010年年底，新建城区供热企业15家，蒸汽管网515千米，热水管网737千米，换热站1346个，全市集中供热面积6600万平方米，集中供热普及率50.8%。各供热单位普遍实现12319热线服务全站覆盖，实现24小时受理投诉和意见建议。

公交。1986～1991年，济南市公共汽车公司与电车公司共购置新车420辆，共有营运线路29条，线路总长1025.7千米，线网总长818.2千米。2010年，济南市公交营运车辆3987辆，营运线路188条，其中电车线路4条，线路总长3317.7千米，线网总长1051.5千米，现状公交场站83处。济南公交第一个智能调度分控中心——三公司五队智能调度分控中心投入运行。

通信。1986～2010年，济南邮政事业迅速发展，邮政业务量、业务收入分别由1986年的487.44万元、1013.5万元提高到2010年的39893.34万元、47247.8万元，分别增长80.8倍和45.6倍。至2010年，全市固定电话117.17万户，公用电话17.77万户，移动电话650万户，互联网宽带用户99万户。

第二篇　市政公用事业

1986～2010年，随着城市建设速度的加快，城市市政公用事业得到快速发展，2009年在济南举办第十一届全运会和中国济南园博会等重大活动，为市政建设带来新的发展契机。

1986年，济南市城市道路总长度483千米，面积494万平方米，其中桥梁114座，下水道546千米。2010年年底，济南市主城区(绕城高速以内)道路共有1232条，总长度1175.4千米，面积2550.3万平方米。其中，快速路3条，总长35.3千米，面积67.1万平方米；主干道64条，总长308.22千米，面积1321.76万平方米；次干道110条，总长182.88千米，面积474.71万平方米；支路186条，总长215.63千米，面积330.3万平方米；街巷869条，总长433.4千米，面积356.4万平方米。市区跨越或穿越城市道路、铁路的立交桥梁共10座，市区过河桥梁355座，市区内共有隧道3座。

1986～2010年，路灯设施质量得到很大提升。1986年年底，市区路灯总数11014盏，线路总长度657.1千米，专用变压器39台。2010年年底，全市路灯总数87977盏，路灯电缆总长度1972.8千米，变压器总数576台，基本实现二环路以内照明全覆盖和绕城高速以内主干道亮灯目标；管理维护范围由150平方千米增加到1800平方千米。

20世纪80年代起，为配合城市建设进程，济南市不断扩建和改造城市供、排水管网和防汛设施。1986年年底，济南市有水厂8座，水厂生产能力48.5万吨/日，管线长度894千米，全年供水1.77亿吨。至2010年年底，济南市有水厂10座、加压站23处，供水管线总长2400千米，日供水能力162万立方米，供水服务面积约300平方千米，服务人口约260万人。城市排水和防汛设施建设取得重大进展，供排水基础设施和城市防汛能力得到很大提高。

1986年，济南市开始引进管道煤气，全市管道煤气工程正式开工。1988年，完成管道煤气一期工程收尾工作。6月24日，管道煤气工程点火成功，结束济南没有民用管道煤气的历史。至2010年年底，全市拥有中国石油和中国石化两个集团公司天然气气源，形成中石油西气东输冀宁联络线、沧淄线，中石化禹济线和安济线四路天然气主气源供气格局，燃气管网覆盖主城区、东部城区、西部城区及黄河以北部分地区。有天然气接收门站5座，调压站48座，高中低压燃气管网2692千米。

1986年年底，济南化肥厂热电站建成投运，开始为济南市单位和居民提供供热服务。2010年年底，新建城区供热企业15家，蒸汽管网515千米，热水管网737千米，换热站1346个，其中自管站722个，全市集中供热面积6600万平方米，其中住宅面积4689万平方米，集中供热普及率50.8%。

1986年，济南市有公共汽车、电车559辆，线路36条，客运量2.5亿人次。2010年，济南市公交营运车辆3987辆，营运线路188条，其中电车线路4条，线路总长度3317.7千米，线网总长度1051.5千米。主城区在运客运出租汽车数量8043辆，出租汽车经营企业36家。出租汽车注册驾驶员近1.5万名，年营运行驶里程8.8亿千米，年客运量1.95亿人次。

1986～2010年济南市城市道路情况表

表3—2—1

指标 年份	道路长度（千米）	道路面积（万平方米）	城市桥梁（座）	其中：立交桥	路灯（盏）	人均拥有道路面积（平方米）
1986	483	494	114	—	—	—
1987	846	755	—	—	—	—
1988	924	831	—	1	—	—
1989	934	863	—	—	—	—
1990	1034	945	277	—	12118	—
1991	1082	1231	—	—	—	—
1992	1164	1369	296	—	13770	—
1993	1220	1501	305	—	14264	—
1994	1235	1634	310	—	15210	—
1995	1600	1597	313	—	14919	—
1996	1611	1745	320	—	16012	—
1997	1613	1809	329	—	17118	—
1998	1643	1886	333	—	18532	10.61
1999	1824	2119	447	11	19604	12.22
2000	1829	2123	447	11	18837	12.57
2001	1886	2726	447	11	21493	13.49
2002	1823	2926	580	11	23788	13.07
2003	2180	3555	721	11	21210	14.61
2004	2283	3860	718	18	31980	15.34
2005	2415	4128	725	79	36900	15.15
2006	2886	5207	844	75	75000	15.71
2007	2667	5137	748	72	58000	15.06
2008	3666	5554	855	77	93790	16.33
2009	4627	6461	855	80	122998	18.87
2010	4921	6940	850	80	129033	20.59

第一章　市政道路建设

第一节　主干道

1986年年初，济南市城区有主干道28条，长102千米。至2010年年底，主城区(绕城高速以内)共有主干道64条，长度308.22千米，占道路总长度的26.2%，主干道道路面积1321.76万平方米，占道路总面积的51.8%。

2012年济南市主干道道路设施情况表

表3—2—2

序号	道路名称	起止地点	道路长度（米）	断面宽度（米）	建成时间	面层类型	面积（平方米）			
							车行道	非机动车道	人行道	总面积
1	营市街	经十路－经六路	780	40	2005	沥青砼	20384	8736	4560	33680
2	槐村街	经六路－纬十二路	1134	40	2004	沥青砼	27614	9072	6378	43064
3	经一路	纬十二路－纬一路	2588	40～50	–	沥青砼	61664	18745	18479	98888
	槐荫区段	纬十二路－纬五路	1225	40	2004	沥青砼	27061	9800	8575	45436
	市中区段	纬五路－纬二路	1105	40	2006	沥青砼	26863	8945	7840	43648
	天桥区段	纬二路－纬一路	258	40	2004	沥青砼	7740	–	2064	9804
4	明湖西路	纬一路－北关北街	2080	40	–	沥青砼	62400	–	16640	79040
5	明湖北路	北关北街－历黄路	3600	40	–	沥青砼	108000	–	28800	136800
6	明湖东路	历黄路－东关大街	1168	40	2004	沥青砼	43540	8176	9344	61060
7	花园路	历山路－化纤厂路	4514	21～50	2003	沥青砼	108609	34782	61124	204515
	历下区段	历山路－山大路	632	21	2003	沥青砼	9480	4424	3492	17396
	历城区段	山大路－化纤厂医院	3345	50	2004	沥青	89463	26599	51188	167250
	历下区段	化纤厂医院－化纤厂路	537	30	2003	沥青砼	9666	3759	6444	19869
8	花园东路	化纤厂路－凤凰北路	4024	50	–	沥青	140840	–	60360	201200
	历下区段	化纤厂路－奥体中路	1824	50	–	沥青	63840	–	27360	91200
	高新区段	奥体中路－凤凰北路	2200	50	2008	沥青	77000	–	33000	110000
9	经四路	槐村街－顺河西街	3723	16～58	–	沥青砼	90466	–	27636	118101
	槐荫区段	槐村街－小纬六路	1988	16.9～35.2	1982	沥青砼	41347	–	12712	54059
	市中区段	小纬六路－顺河西街	1735	16～58	1997	沥青砼	49119	–	14924	64042
10	共青团路	顺河西街－林祥桥	1130	35～49	1998	沥青砼	47460	–	10622	58082
11	泉城路	西门桥－青龙桥	1534	50	2000	石板路	36015	15340	1330	52685
12	解放路	青龙桥－二环东路	3655	50	2005	沥青砼	105995	36550	29240	171785

续表3-2-2-1

序号	道路名称	起 止 地 点	道路长度（米）	断面宽度（米）	建成时间	面层类型	面积（平方米）			
							车行道	非机动车道	人行道	总面积
13	工业南路	二环东路－工业北路	11162	50	–	沥青（砼）	180030	80053	69628	329711
	历下区段	二环东路－烈士山东路	8162	50	2005	沥青砼	114030	53053	17128	184211
	历城区段	烈士山东路－工业北路	3000	50	2004	沥青	66000	27000	52500	145500
14	南辛庄街	南辛庄西路－经十路	972	35	1992	沥青砼	15550	9720	7312	32582
15	经七路	经十路－顺河西街	3540	35～51	1992	沥青砼	117201	20435	27202	164838
	槐荫区段	经十路－小纬六路	1778	35～51	1992	沥青砼	43507	20435	12832	76774
	市中区段	小纬六路－顺河西街	1762	51	1992	沥青砼	73694	–	14370	88064
16	泺源大街	顺河西街－历山路	2813	50	1991	沥青砼	68967	50451	19783	139201
	市中区段	顺河西街－上新街北头	713	50	1991	沥青砼	19785	7856	6130	33771
	历下区段	上新街北头－历山路	2100	50	2006	沥青砼	49182	42595	13653	105430
17	和平路	历山路－省高检宿舍	3223	13～26	–	沥青砼	52979	–	21504	74483
	[1]	历山路－二环东路	3023	20～26	1988	沥青砼	51179	–	20704	71883
	[2]	二环东路－省高检宿舍	200	13	2005	沥青砼	1800	–	800	2600
18	经十路	担山屯立交－邢村立交	28317	65～105	–	沥青砼	1042282	446606	214870	1703758
	槐荫区段	担山屯立交－中光明街	8300	80～105	2005	沥青砼	285900	136665	32335	454900
	市中区段	中光明街－玉函立交桥	2483	91	2005	沥青砼	85716	22347	16536	124599
	历下区段	玉函立交桥－舜华路	11024	65～84	2000	沥青砼	410266	170414	100899	681579
	历城区段	舜华路－凤凰路	1445	65～84	2002	沥青砼	57800	26010	14450	98260
	历下区段	凤凰路－凤歧路	1231	84	2000	沥青砼	49240	22158	12310	83708
	历城区段	凤歧路－邢村立交	3834	84	2002	沥青砼	153360	69012	38340	260712
19	无影山中路	黄岗路－济泺路	3331	37～46	1991	沥青砼	133906	19986	28313	182205
20	北园大街	济泺路－二环东路	7833	50～69	2008	沥青（砼）	310513	56892	94859	462264
	天桥区段	济泺路－汽车城西门	5232	50～69	2008	沥青砼	210326	31392	45159	286877
	历城区段	汽车城西门－二环东路	2601	60	2008	沥青	100187	25500	49700	175387

续表3-2-2-2

序号	道路名称	起止地点	道路长度（米）	断面宽度（米）	建成时间	面层类型	面积（平方米）			
							车行道	非机动车道	人行道	总面积
21	工业北路	二环东路－韩仓桥	11074	60	2010	沥青	354368	88592	221480	664440
22	张庄路	二环西路－纬十二路	2800	50	2011	沥青	84188	21130	11376	116694
23	堤口路	济齐路－济泺路	2912	52	1987	沥青砼	99019	17473	14311	130804
24	南辛庄西路	二环南路－经十路	4175	45～48	–	沥青砼	124325	32000	32036	188361
	市中区段	辛西桥－二环南路	3250	48	1991	沥青砼	97500	22750	21450	141700
	槐荫区段	经十路－辛西桥	925	45	2007	沥青砼	26825	9250	10586	46661
25	郎茂山路	建设路大桥－二环南路	1760	12～33	1988	沥青砼	23192	–	–	23192
26	阳光新路	郎茂山路－经十路	2478	50～60	–	沥青砼	74047	23785	23103	120935
	市中区段	郎茂山路－刘长山路	896	50～60	2008	沥青砼	28134	8602	8333	45069
	槐荫区段	刘长山路－经十路	1582	50～60	2002	沥青砼	45913	15183	14770	75866
27	纬十二路	经十路－堤口路	2905	30～35.9	1994	沥青砼	68142	–	18503	86645
28	济齐路	堤口路－二环西路	3730	44～65	–	沥青砼	136064	16776	24303	177143
	天桥区段	孟家桥－黄岗路	558	50	2012	沥青砼	16182	4464	2790	23436
		黄岗路－堤口路	1075	52～66	1996	沥青砼	48157	–	9096	57253
	槐荫区段	二环西路－孟家桥	2097	50	2012	沥青砼	60813	16776	10485	88074
29	黄岗路	济齐路－粟山路	2211	24～50	–	沥青砼	58056	–	11282	69338
	[1]	济齐路－无影山中路	585	50	1996	沥青砼	29257	–	–	29257
	[2]	无影山中路－小清河	593	35	1998	沥青砼	15437	–	2965	18401
	[3]	小清河－粟山路	1033	24	2007	沥青砼	13363	–	8318	21680
30	英雄山路	二环南路－经十一路	5634	60	1998	沥青砼	321138	16902	47443	385483
31	纬二路	经十一路－经一路	2613	54	1983	沥青砼	94874	81809	32262	208945
32	天成路	经一路－成丰桥	1000	50	1975	沥青砼	48883	–	20415	69298
	天桥东	经一路－成丰桥	1000	25	1975	沥青砼	24442	–	10208	34649
	天桥西	经一路－成丰桥		25	1975	沥青砼	24442	–	10208	34649
33	济泺路	成丰桥－二环北路	4982	70	2004	沥青砼	279509	–	29894	309403

续表3-2-2-3

序号	道路名称	起　止　地　点	道路长度（米）	断面宽度（米）	建成时间	面层类型	面积（平方米）			
							车行道	非机动车道	人行道	总面积
34	玉函路	英雄山路－经十路	4662	15～40	2006	沥青砼	172494	13986	19594	206074
35	舜耕路	二环南路－经十路	6770	17～61	－	沥青砼	256275	29030	53580	338885
	市中区段	二环南路（南延段）－八里洼路	2700	61	－	沥青砼	164700	－	29700	194400
		八里洼路－千佛山南路	2700	17～35.8	1991	沥青砼	60750	19440	15660	95850
	历下区段	千佛山南路－经十路	1370	30	2004	沥青砼	30825	9590	8220	48635
36	青年东路	经十路－文化西路	776	32.5	2009	沥青砼	7876	4656	4656	17188
37	泺文路	文化西路－泺源大街	535	28	1991	沥青砼	10700	－	3800	14500
38	历山路	经十一路－北园大街	5120	60	2008	沥青砼	138372	35840	43276	217488
39	历山北路	北园大街－二环北路	3993	50～60	－	沥青砼	184815	9600	19200	213615
	天桥区段	北园大街－西杨庄	2793	50～60	－	沥青砼	153615	－	－	153615
	历城区段	西杨庄－二环北路	1200	50	2009	沥青	31200	9600	19200	60000
40	无影山路	堤口路－师范路	2215	30	1988	沥青砼	55015	－	10207	65222
41	无影山北路	师范路－二环北路	2860	60	2005	沥青砼	136136	－	17160	153296
						沥青砼	40040	－	0	40040
42	滨河北路	济泺路－二环西路	7295	30～50	2009	沥青砼	205001	－	119773	324774
	槐荫区段	二环西路－东宇大街	1600	30	2009	沥青砼	26676	－	11568	38244
	天桥区段	东宇大街－济泺路	5695	50	2009	沥青砼	178325	－	108205	286530
43	清河北路	济泺路－洪家园桥	11865	50～70	－	沥青（砼）	253025	－	119795	372820
	天桥区段	济泺路－二环东路东500米	6305	50	1997	沥青砼	197425	－	119795	317220
	历城区段	齿轮厂宿舍－洪家园桥	5560	50～70	1998	沥青	55600	－	－	55600

续表3—2—2—4

序号	道路名称	起　止　地　点	道路长度（米）	断面宽度（米）	建成时间	面层类型	面积（平方米）			
							车行道	非机动车道	人行道	总面积
44	世纪大道	工业南路－东绕城高速	6871	30～70	—	沥青	251840	—	16000	267840
	历下区段	工业南路－小汉峪沟桥	600	30	—	沥青	18000	—	—	18000
	高新区段	小汉峪沟桥－凤凰路	500	70	2004	沥青	19000	—	16000	35000
	历下区段	凤凰路－凤山路	1600	30	—	沥青	48000	—	—	48000
	历城区段	凤山路－东绕城高速	4171	40	2007	沥青	166840	—	—	166840
45	奥体中路	工业北路－经十路	6420	50～60	—	沥青（砼）	166071	49734	59493	275298
	高新区段	经十路－花园东路	3825	50	2008	沥青	87500	18000	19500	125000
	历下区段	花园东路－黄台南路东延长线	1295	55	2009	沥青砼	34371	21334	16593	72298
	历城区段	黄台南路东延长线－工业北路	1300	60	2009	沥青	44200	10400	23400	78000
46	凤凰路	区界－工业南路	3269	60	2003	沥青	86628	—	109512	196140
47	历阳大街	舜耕路－太和广场转盘	926	44	—	沥青砼	20368	8795	10184	39347
48	旅游路	太和广场转盘－东绕城高速	25296	25～60	—	沥青（砼）	333429	44136	90130	467695
	市中区段	太和广场转盘－千佛山南路	2435	35	—	沥青砼	85225	—	17045	102270
	历下区段	千佛山南路－龙洞隧道东口	9100	25	2006	沥青砼	182000	—	45500	227500
	历城区段	龙洞隧道东口－东绕城高速	5517	25	2009	沥青	66204	44136	27585	137925
49	二环东路	兴隆桥－清河北路	16318	35～60	2009	沥青（砼）	429798	202604	137998	770400
	市中区段	兴隆桥－闲闲山庄门前北侧立沿石	2652	35	2009	沥青砼	68952	—	23868	92820
	历下区段	闲闲山庄门前北侧立沿石－工业南路北侧道路红线北100米	5000	60	2009	沥青砼	112500	155000	55000	322500
	历城区段	工业南路北侧道路红线北100米－清河北路	5913	60	2009	沥青	248346	47604	59130	355080

续表3-2-2-5

序号	道路名称	起 止 地 点	道路长度（米）	断面宽度（米）	建成时间	面层类型	面积（平方米）			
							车行道	非机动车道	人行道	总面积
50	将军路	清河北路－零点立交	2753	60	2009	沥青	115626	22024	27530	165180
51	二环西路	京沪铁路立交桥－二环北路	12699	53	－	沥青砼	673047	－	－	673047
	市中段	京沪铁路立交桥－普照园小区	3508	53	－	沥青砼	185924	－	－	185924
	槐荫段	普照园小区－美里路	7961	53	－	沥青砼	421933	－	－	421933
	天桥段	美里路－二环北路	1230	53	－	沥青砼	65190	－	－	65190
52	二环南路	兴隆桥－京沪铁路立交桥	11725	35	－	沥青砼	304850	－	105525	410375
53	二环北路	二环西路－济青零点立交	10046	40～80	－	－	483665	－	13800	497465
	天桥区段	二环西路－区界	8746	50～80	－	沥青砼	445965	－	－	445965
	历城区段	区界－济青零点立交	1300	40	2009	水泥＋沥青	37700	－	13800	51500
54	凤山路	工业南路－经十东路	2250	18	2009	沥青砼	31500	－	9000	40500
55	龙奥北路	奥体西路－舜华南路	1224	45	2008	沥青砼	28152	8568	7344	44064
56	龙鼎大道	龙奥南路－龙洞景区	5760	83	2008	沥青砼	132480	69120	23040	224640
57	奥体西路	龙奥南路－花园东路	4783	45	2009	沥青砼	55005	33481	28698	117184
58	飞跃大道	韩仓河－工业南路	2234	30	2007	沥青	67025	5400	无	72425
59	凤鸣路	胶济铁路立交－经十东路	4187	24～38	2004	沥青	126269	21000	无	147269
60	凤歧路	经十东路－飞跃大道	4472	23	2003	沥青	126269	－	－	126269
61	舜华路	工业南路－经十路	2100	35	2005	沥青	46200	13500	13800	73500
62	九曲庄路	二环南路－九曲庄路	2425	40	2000	沥青砼	97000	－	－	97000
63	卧龙路	南辛庄西路－建设路	2200	15～29	2010	沥青砼	28950	18650	13120	60720
64	二七新村南路	建设路－英雄山路	1007	22	1984	沥青砼	12605	3524	4432	20561

说明：本表统计口径截至2012年年底绕城高速以内主干道路，个别由济南城市建设投资集团有限公司、济南市西区建设投资有限公司、济南市旧城改造投融资管理中心和小清河投融资公司建设的道路未含其中

1986～2010年，市区主干道主要建设工程：

一、英雄山南路

工程北起二七新村南路东首，南至十六里河桥，是济南市区的南北主干道。拓宽前路面不平，线形不顺，宽7～12米。竣工后道路长2900米，宽50米。车行道横断面为三块板式，中间机动车道宽16米，两侧非机动车道宽各6.5米，其间设花坛分隔带宽各5.5米。车行道两侧人行道宽各5米，其中铺装2.5米，其余为绿地。机动车道结构为35厘米厚2：8灰土基础，12厘米厚沥青稳定碎石层，6厘米厚黑色碎石层，5厘米厚中粒式沥青砼面层。非机动车道结构为30厘米厚2：8灰土基础，8厘米厚沥青稳定碎石层，4厘米厚中粒式沥青砼面层。机动车道和非机动车道面积为9.51万平方米。人行道结构为15厘米厚2：8灰土基础，5厘米厚黄砂垫层，上铺5厘米厚水泥花砖，面积为1.08万平方米。该工程按城市Ⅰ级主干道标准设计。1987年7月20日开工，1988年4月10日竣工，总投资约1012万元，该路后与原英雄山路合称为英雄山路。

二、纬二路

纬二路北段道路工程　工程南起经二路与纬二路相交处，北至车站街。开工前经一路以南路面宽8.5米，以北是济南铁路局大院，市政府将其列为1988年十项城市建设任务之一。此工程是济南市市政工程设计室按城市Ⅰ级道路设计，济南第二市政工程公司施工。1988年4月开工，5月底竣工，总投资约650万元。竣工后道路长582米，宽25米，其中车行道15米，两侧人行道宽各5米。车行道结构为30厘米厚2：8灰土基础，10厘米厚碎石承重层，6厘米厚黑色碎石层，4厘米厚中粒式沥青砼面层，面积为1.01万平方米。人行道结构为15厘米厚2：8灰土基础，2厘米厚黄砂垫层，上铺5厘米厚水泥花砖，面积为5352平方米。

纬二路改造工程　工程北起经一路，南至经十路，全长2207米。北向跨越胶济铁路天桥与济泺路相通，南向跨越八一立交桥，过英雄山路与南外环路相接，是贯穿市区南北的主干道。原路宽50米，其中机动车4车道、14米；隔离带各3米；慢车道各7.5米。由于通行该路的机动车辆迅速增加，交通阻塞严重，市政府决定对该路进行改造，拆除两侧隔离带，将机动车道展宽为21米、6车道，慢车道各7米，道路中心线和快慢车道之间设铁栅栏分隔。1992年4月初开工，5月竣工，总投资400万元。

纬二路、英雄山路改造工程　工程南起六里山路，北至经一路，设计红线50米，纬二路快车道进行公交专用车道改建及原快车道补强，英雄山路快车道全部改建；原人行道改建为慢行一体；快慢车道间为1.5米绿化带；对局部雨(污)水管道改造，更换路灯灯杆、灯具，完善交通管理设施。八一立交桥沿纬二路方向跨线主桥和引道加宽为双向6车道，桥梁下部结构采用挖孔桩，与主桥相连的4座匝道桥按加宽要求拆除后新建，保留原桥与经十路相接的匝道引道部分。工程总投资约2.5亿元，由济南市市政工程设计研究院(集团)有限责任公司设计，济南城建集团有限公司施工。工程于2006年3月开工，9月竣工。

三、历山路

南段道路工程　工程南起经十路，北至解放路。拓宽前，路面宽15米，破损严重。该工程是济南市市政工程设计室按城市主干道Ⅰ级设计，济南第一市政工程公司施工。1988年3月20日开工，9月15日竣工，总投资约560万元。竣工后道路长1925米，宽50米。车行道横断面为三块板式，中间机动车道宽15米，两侧非机动车道宽各7.5米，其间设绿化带宽各3米。车行道两侧人行道宽各7米，其中铺装4.5米，余为绿地。机动车道结构为35厘米厚2：8灰土基础，12厘米厚沥青稳定碎石层，6厘米厚黑色碎石层，4厘米厚中粒式沥青砼面层。非机动车道结构为30厘米厚2：8灰土基础，8厘米厚沥青稳定碎石层，4厘米厚中粒式沥青砼面层。机动车道和非机动车道面积为5.88万平方米。人行道结构为15厘米厚2：8灰土基础，5厘米厚黄砂垫层，上铺5厘米厚水泥花砖，面积为1.7万平方米。

历山路道路及环境建设工程　工程南起经十路，北至北园大街，全长4610米，道路宽70米，机动车道宽40米，配备双向BRT专用车道。此次改造主要包括道路工程、排水工程、BRT公交系统建设、电力工程、路灯亮化工程、完善交通安全管理设施、同步完善市政管线配套等。工程总投资约2.4亿元。工程由济南市市政工程设计研究院(集团)有限责任公司设计，济南城建集团有限公司、黄河路桥工程公司、天津路桥工程公司施工，2007年6月开工，2009年10月竣工。

四、舜耕路北段

工程北起经十路，南至舜耕山庄路，是市区通往新建八里洼居住区和南外环路的主干道。此工程是济南市市政工程设计室按城市主干道Ⅰ级设计，济南第一市政工程公司施工。1988年3月20日开工，9月30日竣工，总投资约585万元。竣工后道路长1350米，宽35米。车行道横断面为两块板式，中间分隔带宽2米，两侧车行道宽各10米，车行道两侧人行道宽各6.5米，其中铺装2.5米，余为绿化带。车行道结构为35厘米厚2：8灰土基础，10厘米厚沥青稳定碎石层，6厘米厚黑色碎石层，4厘米厚中粒式沥青砼面层，面积为2.98万平方米。人行道结构为15厘米厚2：8灰土基础，3厘米厚白灰砂浆垫层，上铺5厘米厚水泥花砖，面积为6726平方米。

五、和平路西段

工程西起历山路，东至山大路，直通燕子山小区。拓宽前，路宽6.5～7米，交通流量大，行人与车辆混行。该工程是济南市市政工程设计室按城市主干道设计，历下区市政工程管理养护所施工，1988年3月15日开工，9月30日竣工。总投资约290万元。竣工后道路长1515米，宽30米。车行道宽18米，两侧人行道宽各6米，铺装4米，余为绿化带。车行道结构为30厘米厚2：8灰土基础，8厘米厚沥青稳定碎石层，6厘米厚黑色碎石层，4厘米厚中粒式沥青砼面层，面积为2.8万平方米。人行道结构为15厘米厚2：8灰土基础，2厘米厚黄砂垫层，上铺5厘米厚水泥花砖，面积为1.2万平方米。

六、二环路

1990年年初，市政府决定按二级公路标准和城市干道要求修建外环路，并列为城市建设重点工程。外环路总长51.42千米，路面宽50米，分东、南、西、北四段，建设总投资8亿多元。东外环路自大桥路(前进桥向北)2.3千米处向南，经黄台北路、下穿胶济铁路，过七里堡、甸柳庄、窑头庄至经十路，长9.32千米。南外环路自经十路向南，经浆水泉、搬倒井折向西，过十六里河、七贤庄北，至津浦铁路立交，长18.7千米。西外环路自津浦铁路立交道向北，沿段店南、北路，经匡山至大魏家庄，长12.82千米。北外环路自大魏家庄沿知青路向东，经药山北、小鲁庄、泺口、赵家庄至大桥路2.3千米处，长10.56千米。

西北路外环工程　根据“一次规划，分期施工”的原则，1990年建设一期工程。工程总长23.38千米。其中，西外环路南起津浦铁路立交道，北至大魏家庄，长12.82千米；北外环路由大魏家庄向东与新建的济青公路立交桥顺接，长10.56千米。全路为沥青砼二级公路标准，路宽20～50米。其中，位于西外环路的原段店北路，长1.30千米，宽50米，为三块板式结构，快车道21米，花坛隔离带各2米，慢车道各6.5米，人行道各6米；北外环东端与济青公路顺接段，长560米，路宽50米；其余各路段宽均为20米。全路共铺装沥青砼路面33.26万平方米，铺装人行道水泥花砖1.53万平方米。新建桥梁6座、排水管沟16.19千米。工程总投资1.27亿元(不包括建成路段投资)。西北外环路二期工程南起外环路津浦铁路立交道，东至济青高速公路零点立交桥，总长20.89千米，路幅由20米拓宽为50米，部分路段拓宽为35米。其中，西外环路拓宽工程长10.59千米，自大涧沟桥至段店路段拓宽为35米；段店至大魏家庄路段(段店北路先期建成)拓宽为50米。外环路拓宽工程长10.3千米，拓宽为50米。工程征地68.67公顷，拆迁房屋8.8万平方米，铺装沥青砼路面62.3万平方米，建桥梁6座，修建涵洞170座，总投资2.7亿元。工程于1994年2月开工，8月竣工。

西南外环路工程 济南市1992年的重点建设工程。工程包括西外环路南段和南外环路西段，总长3063米。西外环路南段，北起山东建筑机械厂与已建成的北段相接，南向穿津浦铁路至铁塔厂止，长1027米；南外环路西段，西起铁塔厂，东至104国道，长1856米。工程按城市主干道标准设计，西外环路南段山东建筑机械厂至津浦铁路，宽25米，一块板，车行道15米，两侧人行道各5米；津浦铁路以南至铁塔厂和南外环路西段，宽32米，两块板，中间花坛隔离带3米，两侧车行道各11.5米，人行道各3米。道路总面积5.7万平方米，沥青混凝土面层。同步建设西外环路南段津浦铁路立交道，车行道水泥混凝土面层面积0.7万平方米。建设跨越大涧沟两座桥：西外环路南段桥，系冷轧螺纹钢预应力钢筋混凝土箱梁结构，桥宽25米；南外环路西段桥，系钢筋混凝土T梁结构，桥宽32米。工程总投资3000万元。由济南市市政工程设计研究院设计，济南第二市政工程公司施工。1992年4月1日开工，11月15日竣工通车。

东南外环路 外环路二期工程，列为1993年济南市“一号重点建设项目”。工程全长18.92千米。其中，东外环路北起黄台北路，穿胶济铁路，经七里堡、甸柳庄、窑头庄至济王公路，长4.5千米；南外环路自济王公路向南，经浆水泉、搬倒井折向西，过土屋至建设路，长14.42千米。设计路宽30～50米。其中，黄台北路至山东经济学院和土屋村至济莱(芜)公路两段共8.1千米，路宽50米，为三块板式，快车道22米、6车道，两侧隔离带各3米，慢车道各6.5米，人行道各4.5米；其余路段共10.82千米，路宽35米，快车道23米、4车道，两侧隔离带各1.5米，人行道各4米。全路面层主要为沥青砼一级公路标准，部分路段为水泥砼路面。道路沿线同步建设全福立交桥和黄台铁路立交道等5座中型桥梁及21处涵洞。工程建设用地113公顷，拆迁房屋10.5万平方米，爆破挖运石方102万立方米，挖运土方163万立方米，回填和砌土方165.6万立方米，铺设各种管道4.5万米，共建沥青砼路面63万平方米，浇注水泥砼路面近2万平方米，安装立沿石11万米。总投资3.4亿元。1993年2月10日开工，12月30日建成通车。

二环路维修工程 二环路于1994年全线建成贯通后，因失修失养，坑洼难行，道路状况亟待维修改造。为提升省会城市形象，实现“五年大变样”，济南市对该路实施大规模维修改建，并于2000年年末动工。该工程全长42千米，总投资2.14亿元，其中二环北路为重建工程，道路改建为水泥路面；西、南二环实施全线大养护、大维修，同步敷设路灯、供电、电信、自来水等10种地下管线设施。至2001年年底，工程全线快车道建成通车，同步建成慢车道基础11.9万平方米，年内完成工程投资1.96亿元。

二环南路道路改造工程 西起津浦铁路，东至山东经济学院，全长18.3千米。车道总宽为32米，每侧快车道宽11.5米，人行道宽3米。其中阳光新路以西路段进行道路翻建改造，同步完善雨水、供电、燃气、通信等市政公用设施。阳光新路以东路段实施补强、罩面整修，同步敷设热力、燃气等部分市政管线设施，工程总投资约1.45亿元。该工程由济南市市政工程设计研究院(集团)有限责任公司设计，济南汇通联合市政工程有限责任公司、济南城建工程公司、济南黄河路桥工程公司、济南四建(集团)有限责任公司、山东正通建设工程有限公司施工。2009年4月7日开工建设，8月31日竣工。

二环东路地面道路及BRT系统改造工程　工程北起济青高速公路零点立交，南至经十路燕山立交，地面道路工程实际改建长度8.2千米，标准段红线宽60米，匝道落地段红线宽75～80米。双向6车道，最内侧两条车道为BRT专用道，其余4条车道为社会机动车道，自行车及行人按慢行一体化设计。改建小清河桥及窑头大沟桥，新建滨河南路桥及钢筋砼过街天桥各1座，新建山大南路东延长线段窑头大沟桥。改造路灯和交通安全设施，完善管网设施，配套建设BRT设施。工程总投资约11亿元。该工程由济南市市政工程设计研究院(集团)有限责任公司设计，中国建筑第八工程局有限公司、济南城建工程公司、济南汇通联合市政工程有限责任公司、济南黄河路桥工程公司、宁波市政工程建设集团股份有限公司进行施工。工程于2008年3月26日开工，2009年8月27日建成通车。

二环高架

七、泺源大街

工程东起历山路，西至纬二路，全长3.714千米。拓宽原东舍坊街、兴隆街、红墙街、仁里街、正觉寺街、趵突泉前街、西青龙街、经七路东段等。沿街搬迁居民3425户、267个单位，拆迁面积14.9万平方米。拓宽后，路面宽50米，机动车6车道、22米，花坛隔离带各2米，慢车道各7.5米，人行道各4.5米。其中，杆石桥至历山路快车道为水泥砼路面，面积6.36万平方米；杆石桥至纬二路快车道及全线慢车道为沥青砼路面，面积7.9万平方米。改建原杆石桥、新建趵突泉南路桥。桥面宽分别为100米和70米，均为钢筋砼结构；改造该路与历山路、趵突泉南路、文化西路和纬二路四个交叉路口；安装新型高压钠灯415盏；埋设雨(污)水、供水、电力、电讯等14种管线，沿街新建8对候车廊(亭)。该路是济南解放以来建设的第一条地上、地下各种设施功能齐全的高标准城市道路。济南市市政工程设计院设计，济南第一、二市政工程公司施工。1991年5月1日开工，11月20日建成，12月20日正式通车，总投资4500万元。

八、经七路西段

工程是济南市1992年的重点建设项目。东起纬二路，西至辛西路，全长3700米。纬二路至纬十二路路段(1855米)，由原12米拓宽为50米，其中机动车6车道、宽22米，水泥混凝土路面；两侧隔离带各3米；慢车道各7米，沥青混凝土路面；人行道各4米，水泥花砖铺装路面。纬十二路至辛西路路段(1845米)，由原7～12米拓宽为35米，其中快慢车道27米，中间设铁栅栏隔离，沥青混凝土路面；人行道各4米，水泥花砖铺装路面。全路地下埋设供水、排水、电力、电讯等13条管线，新装新型高压钠灯453盏，新建新型公交候车廊(亭)16处。道路总面积15.7万平方米。1992年4月1日开工，8月15日竣工，总投资3700万元。

九、北园大街

工程东起全福立交桥，与工业北路相接，西至济泺路，全长6930米。其中历山路至济泺路为市区北内环路的一部分。改造前，工业北路至三孔桥，长3700米，路宽35米；三孔桥至济泺路，长3230米，路宽50米，为三块板式，快、慢车和人行分流。此次改造将原路幅35米路段拓宽为50米。其中车行道22米、6车道，两侧隔离带各3米；慢车道各6.5米；人行道各4.5米。快、慢车道为沥青砼路面，人行道铺装水泥花砖。路两侧分别埋设雨水盖板暗沟和污水管道。工程拆迁房屋23.1万平方米。1993年6月开工，12月竣工通车。总投资3500万元。2008年，北园大街改造工程完成，工程分天桥和历城两个区段，西起济泺路，东至二环东路。全长7833米，断面宽度50～69米，沥青砼路面，总面积462264.4平方米。

十、经十路

经十路，东起章丘市双山街道与普集镇交界处，西经历山路、穿津浦铁路至段店桥再到长清区陈庄路口，全长90千米，中段(历山路至纬十二路)系市区内环路南段。分为经十东路、经十路和经十西路三部分，是济南市主要交通干道，经过多次改造、拓展。

经十路改造工程 工程西起市立五院营市街口，东至大众日报社，全长7900米。改造工程保持道路中心线不变，道路红线宽仍为50米，拆除原两侧绿化分隔带花坛，改建成为机动车道，使快车道拓宽为宽幅22米的双向6车道，两侧非机动车道各宽6米，机动车和非机动车道用不锈钢护栏分隔，路灯设置于两侧护栏分隔线上，重新安装立沿石，铺设新型彩色花砖，新建21个港湾式停车站，同步敷设自来水、供电、煤气等10余种管线，总长10万米。2000年3月开工，8月建成通车。

经十路东拓工程 工程自二环东路至邢村立交，全长13千米，加绿化带全宽144米，由6车道改为双向10车道；该路排水实行雨污分离，电力、电信、广播影视、供水、供气等所有管线全部进入地下管线沟。拓宽后的经十东路有9座立交桥横跨南北，二环东路、贤文快速路、刘志远路等交通干道与济王公路交叉处，均修建现代化立交桥。其中经十东路与二环东路交叉口的燕山立交桥设计最为出色，该立交桥设计共分4层，占地面积约17.3万平方米。东西、南北按照6车道设计，其中引桥长70余米，建筑宏伟，功能齐全，富有现代气息。双向10车道作为快速路使用，公交车和沿街单位短途车辆在辅助车道上行驶，以保证快速车道上的车辆最低时速不低于60千米，一般时速在80千米以上。机动车道与非机动车道之间设置8米绿化分隔带外，该路段两侧各建30米宽的绿化带。工程于2002年2月27日开工建设，2004年9月全线通车。

经十西路 即国道220线担山屯至陈庄路口段。全长22.14千米，双向8车道一级公路，路面宽32.5米，路基宽40.5～58.5米，概算投资4.65亿元。项目于2008年1月开工建设，2009年8月竣工通车。该项目作为经十路西延长线，道路拓宽后通行能力提升一倍以上，明显改善西部的交通状况。同时，连接长清、济南市区、章丘的大经十路的全线贯通极大推动省城经济的发展，沿线区域将形成以经十路近90千米为轴线、以发展工业和服务业为重点，融经济、社会、交通、景观、居住等功能为一体的发展带，成为济南城市发展“东拓西进”战略的轴心。

十一、泉城路步行街

2001年，作为济南“五年大变样”重点工程，济南市对泉城路进行拓宽改造。5月8日开始动迁，6月16日破土动工。2002年4月30日，泉城路商业街开通。此次拓宽改造工程，投资概算约6.1亿元，道路规划宽度50米，其中中央为15米机动车道，两侧各设4.5米宽非机动车道和10米宽人行道，以及各3米宽高标准绿化分车带。在兼顾交通的同时，建成一条具有购物、交通、休闲、旅游、文化五大功能的准步行商业“金街”。2002年，泉城路步行街改造完成并正式开放。

十二、玉函路北段

工程南起舜玉路，北至马鞍山路，全长2300米，道路宽32.5米，机动车道宽21米，双向6车道。改造主要包括道路工程、排水工程、电力工程、路灯亮化工程、完善交通安全管理设施、同步完善市政管线配套等，工程总投资约1.3亿元。该工程由济南市市政工程设计研究院(集团)有限责任公司设计，济南城建集团有限公司施工。2007年6月开工，2009年3月竣工。

十三、二七新村南路

改造工程西起建设路，东至英雄山路，全长1023米，路宽35米，机动车道21米，双向6车道，改造内容包括改建机动车道、新建慢行一体化道路、安装立沿石、铺设人行道花砖，新建雨(污)水排水系统，砌垒挡土墙等。工程总投资约5500万元。该工程由济南市市政工程设计研究院(集团)有限责任公司设计，济南市建城市政工程有限公司施工。2006年3月开工，2009年11月通车。

十四、工业北路

工程西起电建路，东至坝王路，长约8500米，规划红线宽60米，中央分隔带宽8米，快车

泉城路步行街　　(2005年摄)

道为双向8车道，上下行车道各宽20米，BRT车道在中央绿化带两侧；两侧人行道各宽3米，外侧绿化带各宽3米，同步建设BRT配套设施。该工程总投资约2.5亿元。工业北路西段道路改造工程分两期建设实施，一期工程(电建路－奥体中路)2008年5月开工建设，二期为工业北路中段(奥体中路－坝王路)2009年3月开工，整个工程2010年1月通过竣工验收。该工程由济南市市政工程设计研究院(集团)有限责任公司设计，中建八局、黄河路桥、中铁十局、城建公司、汇通联合市政施工。

十五、清源路

工程西起齐鲁大道，东至二环西路，是济南市西客站片区新规划的一条主干道，全长3435米，包括横跨腊山河桥梁1座。道路红线宽50米，两侧车行道各宽11.5米，两侧人行道各宽4.5米，两侧非机动车各宽4.5米，中央绿化带宽3米，两侧机非分隔带各宽3米。桥梁为箱涵结构桥，主跨30米，桥面净宽50米。济南市政设计研究院集团有限公司设计，济南城建集团组织施工。2009开工，2011年8月竣工通车，工程投资1.72亿元。

十六、齐鲁大道

工程位于济南市西客站片区内，是济南市西客站片区南北主干道之一。分为北、南两段工程：

北段工程　北起清源路，南至落客平台北匝道口段，全长2242米；规划红线宽60米，两侧车行道各宽11.5米，两侧人行道各宽4.5米，两侧非机动车道各宽6.5米，中央绿化带宽6米，两侧机非分隔带各宽4.5米。济南市政设计研究院集团有限公司设计，济南城建集团、中国第四冶金集团公司组织施工。2009年开工，2010年8月竣工通车，工程投资1.345亿元。

南段工程　北起落客平台南匝道口段，南至经十西路，全长1790米，道路红线宽60米，两侧车行道各宽11.5米，两侧人行道各宽4.5米，两侧非机动车道各宽6.5米，中央绿化带宽6米，两侧机非分隔带各宽4.5米。济南市政设计研究院集团有限公司设计，济南汇通联合市政、济南黄河路桥工程公司组织施工。2009年开工，2010年8月竣工通车，工程投资1.07亿元。

十七、青岛路

工程位于济南西客站片区内，西起热源厂，东至潍坊路，是济南市西客站片区链接北园高架唯一一条主干道，包括横跨腊山河桥梁1座。全长3842米，道路红线宽70米，两侧车行道各宽15米，两侧人行道各宽6米，两侧非机动车各宽6.5米，中央绿化带宽7米，两侧机非分隔带各宽4米。桥梁为箱涵结构桥，主跨30米，桥面净宽64米。济南市政设计研究院集团有限公司设计，济南城建集团、中国第四冶金集团公司施工。2009年开工，2011年8月竣工通车，工程投资2.68亿元。

第二节　次干道

1986年，济南市区有次干道4条，长56千米。至2010年年底，主城区(绕城高速以内)共有次干道110条，长度182.88千米，占道路总长度的15.6%，次干道道路面积474.71万平方米，占道路总面积18.6%。

2012年济南市城区次干道道路设施情况表

表3—2—3

序号	道路名称	起止地点	道路长度（米）	断面宽度（米）	建成时间	面层类型	面积（平方米）			
							车行道	非机动车道	人行道	总面积
1	黄台南路	历山路－黄台立交泵站	1718	20～25	－	沥青（砼）	20617	－	17535	38152
	历下段	历山路－山大路	758	25	2012	－	9097	0	9855	18952
	历城段	山大路－黄台立交泵站	960	20	2005	沥青	11520	－	7680	19200
2	幸福街	济齐路－二环西路	1205	25～34	－	沥青砼	27953	－	11474	39427
	天桥段	济齐路－老八里桥沟	250	25	2001	沥青砼	5000	－	2208	7208
	槐荫段	老八里桥沟－二环西路	955	27～34	1995	沥青砼	22953	－	9266	32219
3	农干院路	花园路－农干院南	1800	9～60	－	－	17775	－	26325	44100
	历下段	花园路－祝舜路	1000	9	2004	混凝土	9000	－	－	9000
	历城段	祝舜路－农干院南	800	60	2002	水泥	8775	－	26325	35100
4	站前路	经一路－纬二路	520	25～25.6	1988	沥青砼	7665	－	4926	12590
	天桥段	经一路－车站广场	284	25	1988	沥青砼	4260	－	2650	6910
	市中段	车站广场－纬二路	236	25.6	1988	沥青砼	3405	－	2276	5680
5	华阳路	省监狱北墙－花园路	2065	13～18	－	沥青（砼）	20955	－	13470	34425
	历城段	省监狱北墙－华能路	1165	13～15	1994	沥青	11055	－	6990	18045
	历下段	华能路－花园路	900	18	－	沥青砼	9900	－	6480	16380
6	华龙路	二环东路－东新热电厂	3025	15～22	－	沥青砼	23540	17300	17240	58080
	历城段	二环东路－华阳路	2155	20	2008	沥青	14900	11000	17240	43140
	历下段	华阳路－东新热电厂	870	15～22	2009	沥青砼	8640	6300	－	14940
7	华能路	七里河路－化纤厂路	1547	24～25	－	沥青砼	23205	－	14980	38185
	历城段	七里河路－华阳路	1197	25	1993	沥青	17955	－	11970	29925
	历下段	华阳路－化纤厂路	350	24	－	沥青砼	5250	－	3010	8260

续表3—2—3—1

序号	道路名称	起止地点	道路长度（米）	断面宽度（米）	建成时间	面层类型	面积（平方米）			
							车行道	非机动车道	人行道	总面积
8	经二路	顺河西街－机车工厂北门桥	3742	15～35	—	沥青砼	47012	3560	27011	77583
	市中段	顺河西街－纬五路	1725	15～24.6	1988	沥青砼	16645	—	9872	26517
	槐荫段	纬五路－机车工厂北门桥	2017	15～35	1982	沥青砼	30367	3560	17139	51066
9	经三路	纬一路－纬十路	2196	13.4～22.5	—	沥青砼	25579	—	13163	38742
	槐荫段	纬十路－纬五路	1022	16.5～20.8	1982	沥青砼	13100	—	6197	19297
	市中段	纬五路－纬一路	1174	13.4～22.5	1908	沥青砼	12479	—	6966	19445
10	经五路	纬一路－纬十二路	2133	17.1～24.3	—	沥青砼	25617	—	13900	39517
	槐荫段	纬十二路－小纬六路	1126	17.2～19.6	1982	沥青砼	13774	—	5798	19572
	市中段	小纬六路－纬一路	1007	17.1～24.3	1921	沥青砼	11843	—	8102	19945
11	经六路	纬一路－段兴东路	4741	11.6～30	—	沥青砼	71837	5218	24013	101068
	市中段	纬一路－小纬六路	1118	17.1～23.9	1942	沥青砼	12578	5218	3224	21020
	槐荫段	小纬六路－纬十二路	1059	11.6～21.5	—	沥青砼	13990	—	7386	21376
		纬十二路－段兴东路	2564	30	—	沥青砼	45269	—	13403	58672
12	经十一路	（两段）	1763	12～33	—	沥青砼	20325	5494	11863	37683
	市中段	建设路－东方之韵省体店	1003	33	2002	沥青砼	15045	1422	7823	24291
	历下段	千佛山西北门－省博物馆	760	12	2006	沥青砼	5280	4072	4040	13392
13	文化西路	杆石桥－历山路	2750	30	2011	沥青砼	48100	10500	16300	74900
	市中段	杆石桥－青年西路	627	30	2011	沥青砼	10967	2394	3716	17077
	历下段	青年西路－历山路	2123	30	2011	沥青砼	37133	8106	12584	57823
14	马鞍山路	舜耕路－经十路	2507	15～64	—	沥青砼	26183	—	41415	67598
	市中段	经十路－玉函路	1547	34～64	1998	沥青砼	18503	—	35206	53709
	历下段	玉函路－舜耕路	960	15	2009	沥青砼	7680	—	6209	13889
15	闵子骞路	解放路－闵子骞路	943	16.4～20	—	沥青砼	12073	—	3873	15946

续表3-2-3-2

序号	道路名称	起止地点	道路长度（米）	断面宽度（米）	建成时间	面层类型	面积（平方米）			
							车行道	非机动车道	人行道	总面积
15	历下段	解放路－益寿路	297	16.4	2009	沥青砼	3564	–	1272	4836
	历城段	益寿路－闵子骞路	646	20	1988	沥青	8509	–	2601	11110
16	山大南路	黑虎泉北路－工业南路	3705	30	–	沥青（砼）	63587	15416	18487	97490
	历下段	黑虎泉北路－历山路	837	30	2008	沥青砼	12559	5861	4186	22606
	历下段	历山路－山大路	957	19	2009	沥青砼	11484	–	6657	18141
	历城段	山大路－工业南路	1911	30	2010	沥青	39544	9555	7644	56743
17	历黄路	明湖北路－北园大街	765	30～50	1999	沥青砼	28508	–	7231	35739
18	纬五路	（分段）	1344	13～23	–	沥青砼	23455	–	11109	34564
	市中段	经十路－经六路	860	13～23	1998	沥青砼	19780	–	7582	27362
	槐荫段	经三路－经一路	484	13～17	1982	沥青砼	3675	–	3527	7202
19	顺河西街	经七路－经一路	2060	20～44	–	沥青砼	51114	2040	21232	74386
	市中段	经七路－英贤桥	1040	44	2004	沥青砼	27552	–	12052	39604
	天桥段	英贤桥－经一路	1020	20～22	1998	沥青砼	23562	2040	9180	34782
20	千佛山路	文化西路－经十一路	794	48	–	沥青砼	10656	3984	4096	18736
	[1]	文化西路－经十路	564	28	2009	沥青砼	7896	3984	2256	14136
	[2]	经十路－经十一路	230	20	2005	沥青砼	2760	–	1840	4600
21	舜井街	泉城路－黑虎泉路	250	17.6	1987	沥青砼	3400	–	1000	4400
22	趵突泉北路	坤顺门桥－泺源桥	1082	29.8～30	2009	沥青砼	23042	–	8611	31653
23	趵突泉南路	泺源大街－文化西路	1114	25～30	–	沥青砼	17960	9504	3653	31117
	[1]	泺源大街－坤顺门桥	250	30	1988	沥青砼	5000	–	1150	6150
	[2]	坤顺门桥－文化西路	864	25～30	2010	沥青砼	12960	9504	2503	24967
24	浆水泉路	解放东路－旅游路	2245	15～30	2009	沥青砼	41025	–	18575	59600
25	山师东路	和平路－省科学院	1942	20	2008	沥青砼	27188	–	11652	38840
26	化纤厂路	花园路－工业南路	1700	30	1986	沥青砼	30600	–	6072	36672

续表3—2—3—3

序号	道路名称	起止地点	道路长度（米）	断面宽度（米）	建成时间	面层类型	面积（平方米）			
							车行道	非机动车道	人行道	总面积
27	山大路	黄台南路－经十路	6183	6.5～20	2009	沥青砼	78866	13797	34780	127443
28	解放东路	二环东路－奥体中路	4282	30	2009	沥青砼	55994	14559	21410	91963
29	转山西路	经十东路－旅游路	1300	30	2009	沥青砼	20800	9360	7800	37960
30	洪山路	经十东路－旅游路	1150	28	2009	沥青砼	20355	8050	4600	33005
31	燕子山西路	经十路－环山南路	1048	9～26	1997	沥青砼	14679	－	4834	19513
32	中林路	正丰北路－新宇北路	1200	35	2009	沥青砼	18000	9600	9600	37200
33	文化东路	历山路－经十东路	3028	30	－	沥青砼	42392	21196	15140	78728
34	黑虎泉西路	解放阁－坤顺门桥	1324	19	2010	沥青砼	15504	－	4862	20366
35	千佛山南路	舜耕路－旅游路	1306	17.5	2005	沥青砼	22847	－	6528	29375
36	南门大街	泺源大街－黑虎泉西路	374	25～32	1994	沥青砼	3040	－	1390	4430
37	朝山街	泺源大街－文化西路	548	18～20	2004	沥青砼	7376	－	2994	10370
38	大明湖路	黑虎泉北路－趵突泉北路	1834	30	2009	沥青砼	33012	－	18340	51352
39	黑虎泉北路	解放阁－明湖东路	2074	33～65	2009	沥青砼	30207	－	11194	41401
40	天地坛街	泉城路－黑虎泉西路	256	45	2007	沥青砼	3975	－	5260	9235
41	东关大街	黑虎泉北路－历山路	1209	25	2009	沥青砼	18135	－	10120	28255
42	燕子山路	解放路－经十路	1741	23	2006	沥青砼	26125	－	6600	32725
43	窑头路	二环东路－浆水泉路	1262	－	2008	沥青砼	22463	－	7930	30393
44	环山路	经十路－旅游路	1127	12～15	1999	沥青砼	16546	－	5379	21925
45	奥体东路	经十路－规划三路	1341	45	2009	沥青砼	30843	9387	8046	48276
46	龙奥南路	奥体西路－奥体东路	984	45	2008	沥青砼	22632	6888	5904	35424
47	茂陵二号路	解放东路－经十路	700	24	2011	沥青	12600	2800	1400	16800
48	茂陵三号路	解放东路－经十路	494	20	2011	沥青	6915	1976	988	9878
49	八里洼路	舜耕路－玉函路	885	15	2003	沥青砼	26520	5304	6188	38012
50	旅游西路	英雄山路－玉兴路	720	24	2000	沥青砼	11233	3600	3856	18689

续表3-2-3-4

序号	道路名称	起止地点	道路长度（米）	断面宽度（米）	建成时间	面层类型	面积（平方米）			
							车行道	非机动车道	人行道	总面积
51	刘长山路	建设路－卧龙路	770	4～25	—	—	13758	—	3392	17150
	市中段	建设路－阳光新路	550	25	2011	—	11000	—	2750	13750
	槐荫段	阳光新路－卧龙路	220	4～25	—	—	2758	—	642	3400
52	建宁路	建设路－阳光新路	184	12～30.4	—	—	2936	1148	982	5066
53	经八路	青年西路－纬二路	1493	35～40	2008	沥青砼	44790	6569	6168	57527
54	纬一路	经一路－经十路	2166	25	1908	沥青砼	30876	—	16372	47248
		经二路－经四路	476	16	2012	—	6183	0	1427	7609
55	纬三路	经一路－经六路	1263	5.8～26	1924	沥青砼	8798	—	5736	14534
56	纬四路	经一路－建国小经三路	1088	13～39	1908	沥青砼	12930	—	8041	20971
57	舜玉路	玉函路－舜耕路	905	26.9	1992	沥青砼	13576	—	7710	21286
58	舜德路	兴济河－二环南路	320	30	2011	沥青砼	4032	1888	2272	8192
59	济大路	玉函路－舜耕路	1140	25.5	1996	沥青砼	17100	—	10488	27588
60	玉兴路	旅游西路－八里洼路	1635	32	2000	沥青砼	17985	9810	17385	45180
61	六里山南路	英雄山路－六里山路	1428	25	1985	沥青砼	36595	—	5738	42333
62	七里山路	玉函路－兴济河	920	14～24	1994	沥青砼	13800	5888	1840	21528
63	建设路	经十路－建设路大桥	2260	17～29	1989	沥青砼	33900	13786	9040	56726
64	民生大街	经十路－经七路	1055	26～36	1985	沥青砼	19544	—	11102	30645
65	青年西路	经十路－文化西路	730	12～22	1998	沥青砼	13305	1500	6183	20988
66	纬六路	经一路－经七路	1180	12～26.1	1982	沥青砼	7088	—	10759	17847
67	纬七路	经一路－经十路	1586	11～15.9	1982	沥青砼	10184	—	8579	18763
68	纬八路	经一路－经七路	1131	12.3～13.1	1982	沥青砼	6736	—	6110	12846
69	纬九路	经一路－经七路	1137	12.4～14	1982	沥青砼	7288	—	5923	13211
		经七路－经十路	541	13～15	2012	沥青砼	5100	0	2500	7600
70	美里路	二环西路－邱家庄	5500	30～50	—	沥青砼	146000	—	—	146000

续表3-2-3-5

序号	道路名称	起止地点	道路长度（米）	断面宽度（米）	建成时间	面层类型	面积（平方米）			
							车行道	非机动车道	人行道	总面积
71	生产路	经一路－北园路	828	40	2004	沥青砼	33136	–	7647	40783
72	师范路	济泺路－无影山路	1510	24～33	1998	沥青砼	34300	6040	8352	48692
73	标山南路	济泺路－凤凰山路	1106	15～21	1986	沥青砼	22764	4424	6072	33260
74	西工商河南路	堤口路－成丰桥	408	12	1986	沥青砼	4896	–	1632	6528
75	徐李路	小清河北路－二环北路	800	30	1998	沥青砼	24000	–	0	24000
76	车站街	经一路－车站广场	290	31	1968	沥青砼	5800	–	2695	8495
77	顺河东街	英贤桥－经一路	972	12.5～16	1998	沥青砼	9708	–	4126	13834
78	蓝翔路	粟山路－二环北路	2500	12～20	–	沥青砼	40000	–	10000	50000
79	凤凰山路	北园大街－国棉一厂西	1694	7～20	1983	沥青砼	18988	–	11408	30396
80	汽车厂东路	西工商河－东工商河	922	40	2005	沥青砼	21054	–	3688	24742
81	水屯路	北园大街－小清河南路	1910	20	2004	沥青砼	38200	–	11200	49400
82	滨河南路	黄岗桥－历山路	6740	13	1998	沥青砼	71475	–	15924	87399
83	水屯北路	凤凰路－历山路	3158	14	–	砼	37896	–	6316	44212
84	兴港路	凤山路－飞跃大道	1372	23	2007	沥青	315460	–	–	315460
85	洪楼南路	花园路－闵子骞	1061	15～31	2005	沥青	14502	–	4365	18867
86	山大北路	山大路－二环东路	1534	14～16.4	2004	沥青	29146	–	12272	41418
87	七里堡路	二环东路－黄台南路	630	21～23	–	沥青	10350	–	6900	17250
88	辛北路	工业北路－小辛庄	620	11	2005	沥青	5580	–	1240	6820
89	洪家楼北路	经一路－七里堡东路	700	15	2003	沥青	6300	–	4200	10500
90	祝舜路	二环东路－西周南路	3000	20	2002	沥青	45000	–	15000	60000
91	辛祝路	花园路－舜祝路	980	30	2004	沥青	14700	–	14700	29400
92	祝甸路	辛祝路－西周南路	1320	30	2006	沥青	29040	–	10560	39600
93	七里河路	经一路－工业南路	1667	30	2007	沥青	31700	10000	8000	49700
94	华信路	经一路－工业南路	1646	30	2007	沥青	21800	17800	19747	59347

续表3—2—3—6

序　号	道路名称	起　止　地　点	道路长度（米）	断面宽度（米）	建成时间	面层类型	面积（平方米）			
							车行道	非机动车道	人行道	总面积
95	桑园路	二环东路－省农科院	1615	20	2004	沥青	24225	—	8075	32300
96	舜华东路	新泺大街－舜华路	1100	28	2004	沥青	22000	—	8800	30800
97	舜华西路	新泺大街－舜华路	1100	28	2004	沥青	22000	—	8800	30800
98	舜风路	颖秀路－凤凰路	1500	22	2002	沥青	22500	—	10500	33000
99	舜雅路	雅居园－经十路	640	25	2004	沥青	9600	—	6400	16000
100	正丰路	工业南路－花园东路	1100	25	2005	沥青	16500	—	11000	27500
101	沁园路	舜华北路－颖秀路	450	25	2004	沥青	6750	—	4500	11250
102	颖秀路	工业南路－舜华东路	2300	35	2006	沥青	50600	—	29900	80500
103	新泺大街	凤凰路－奥体中路	3300	35	2003	沥青	72600	—	42900	115500
104	天辰大街	凤凰路－奥体中路	3300	30	2010	沥青	59400	—	39600	99000
105	开拓北路	花园东路－工业南路	1200	35	2010	沥青	26400	—	15600	42000
106	开拓路	工业南路－舜丰路	2400	35	2010	沥青	52800	—	31200	84000
107	崇华路	工业南－新泺大街	1900	35	2003	沥青	41800	—	24700	66500
108	舜华北路	会展东西路－花园东路	900	50	2003	沥青	19800	1400	11200	32400
109	康虹大街	正丰路－开拓北路	1700	25	2010	沥青	25500	10000	7000	42500
110	舜华南路	经十路－旅游路	1600	32	2008	沥青	32000	10000	9200	51200
111	颖秀北路	工业南路－花园东路	1200	35	2001	沥青	26400	—	15600	42000

说明：1.本表统计口径截至2012年年底绕城高速以次干道路，个别由济南城市建设投资集团有限公司、济南市西区建设投资有限公司、济南市旧城改造投融资管理中心和小清河投融资公司建设的道路未含其中。

2.槐荫段(阳光新路—卧龙路)属市中区管养。

3.文化东路(历山路—经十东路)不含绿化带面积12112平方米

1986～2010年，市区次干道主要建设工程：

一、建设路南段

工程南起南外环路，北至建设路大桥，长2000米。该路段是连接外环路与市区道路的一条重要道路。原路宽7米，路面结构为沥青砼和土路，道路破损严重。拓宽后路宽25米，一块板式，其中车行道15米，两侧土副道各5米。同步建设污水管道，拆除部分旧管线。1995年3月开工，12月建成南段660米。共铺装沥青砼和水泥路面9900平方米，修建副道6600平方米，铺设污水管道600米，完成投资150万元。

二、趵突泉北路北段

工程南起坤顺门桥，北至大明湖路，是连接趵突泉、大明湖旅游名胜的中心线，交通流量大，车辆行人拥挤。建设红线宽30米，长876米，两侧人行道各宽3米，车行道宽22米，一块板式，设计车速40千米/小时。同步改造敷设雨(污)水、煤气、自来水、电信、热力等多种地下管线设施。1999年6月4日开工建设，9月26日完工通车。

三、转山西路

工程南起旅游路，北至经十路，长约1300米，是奥体中心周边一条重要的分流道路，规划红线宽35米，机动车道宽16米，双向4车道，两侧慢行一体各宽9.5米。改造内容主要包括道路工程、排水工程、路灯亮化工程、完善交通安全管理设施、同步完善市政管线配套等。2008年3月开工建设，12月竣工通车，总投资约2900万元。

四、文化东路东延

文化东路东延工程是济南市迎全运重点建设项目之一，工程西起二环东路，东至浆水泉路，长约1.2千米，规划红线宽30米，机动车道为双向4车道，宽15米，两侧慢行一体各宽7.5米，其中绿化带宽1.5米，慢车道宽4米，人行道宽2米。改造包括道路工程、排水工程、路灯亮化工程、完善交通安全管理设施、同步完善市政管线配套等。工程总投资约3300万元。该工程由济南市市政工程设计研究院(集团)有限责任公司设计，济南城建集团有限公司施工，2008年3月开工建设，2009年8月通过竣工验收。

五、解放东路

工程西起二环东路，东至交警培训中心，长2560米，规划红线宽30米，机动车道为双向4车道，宽15米，两侧慢行一体各宽7.5米。本次改造主要工作内容包括道路工程、排水工程、路灯亮化工程、完善交通安全管理设施、同步完善市政管线配套等。工程总投资约7080万元。该工程由济南市市政工程设计研究院(集团)有限责任公司设计，济南城建集团有限公司、济南黄河路桥工程公司、易通市政工程公司施工。2008年3月底开工建设，2009年12月通过竣工验收。

六、奥体西路北延

奥体西路北延北起涵源大街，南至工业南路，长约1500米，规划红线宽45米，中央分隔带宽6米，两侧机动车道各宽11.5米，两侧慢行一体各宽8米，其中绿化带宽1.5米，慢车道宽3.5米，人行道宽3米。本次改造主要包括道路工程、排水工程、路灯亮化工程、完善交通安全管理设施、同步完善市政管线配套等。工程总投资约6500万元。该工程由济南市市政工程设计研究院(集团)有限责任公司设计，济南汇通联合市政工程公司进行施工。奥体西路北延于2008年9月开工建设，2010年6月通过竣工验收。

七、共青团路

此次道路改造西起顺河西街，东至泉城路，全长1000米，道路宽15～40米，双向4车道。改造主要包括道路工程、排水工程、路灯亮化工程、完善交通安全管理设施等。工程总投资约1100万元。该工程由济南市市政工程设计研究院(集团)有限责任公司设计，济南黄河路桥工程公司施工。2009年4月开工，11月竣工。

八、大明湖路

大明湖路西起趵突泉北路，东至黑虎泉北路，全长1833.81米。该路北邻大明湖风景名胜区，南侧为济南老城区，大明湖路是集交通、景观、休闲、旅游于一体的城市次干道，是济南市迎全运重点建设项目，该工程由济南市市政工程设计研究院(集团)有限责任公司设计，济南汇通联合市政工程有限责任公司施工。2008年10月14日开工，2009年5月13日正式竣工通车，工程总投资逾6000万元。

2009年改造后的大明湖路

九、黑虎泉北路及黑虎泉西路

黑虎泉北路及黑虎泉西路工程是济南市迎全运的重要建设项目，工程南起黑虎泉西路，北至趵突泉北路，全长3250米，道路宽40米，机动车道宽18米，双向4车道。改造主要包括道路工程、排水工程、电力工程、路灯亮化工程、完善交通安全管理设施、同步完善市政管线配套等。工程总投资约3500万元。工程由济南市市政工程设计研究院(集团)有限责任公司设计，济南城建集团有限公司施工。2009年4月开工，11月竣工。

十、浆水泉路南延

浆水泉路南延道路排水工程北起旅游路，西南至浆水泉西路，全长1.18千米，道路规划红线宽为25米，实施段长度为320米和一段长约140米衔接道路。工程内容包括道路工程及雨水、污水、电信、电力、给水、热力、燃气、路灯等多种管线的敷设。工程总投资约1250万元。该工程由济南市市政工程设计研究院(集团)有限责任公司设计，济南城建集团有限公司施工。2009年12月开工建设，2010年6月完工，与奥体西路同步进行竣工验收。

十一、纬一路

工程北起经四路，南至经七路，全长700米，道路宽30米，机动车道宽15米，双向4车道，两侧留有8米人行道。改造主要工作内容包括道路工程、排水工程、电力工程、路灯亮化工程、完善交通安全管理设施、同步完善市政管线配套等。工程总投资约800万元。该工程由济南市市政工程设计研究院(集团)有限责任公司设计，济南城建集团有限公司施工。2007年10月开工，12月竣工。

十二、经十一路及光明中街

工程包含经十一路及光明中街道路排水两段道路工程，经十一路西起阳光新路东至建设路，光明中街南起刘长山路北至经十路，两段道路全长2350米，道路宽30米，机动车道宽15米，双向4车道。改造主要包括道路工程、排水工程、路灯亮化工程、完善交通安全管理设施、同步完善市政管线配套等。工程总投资约

4800万元。工程由济南市市政工程设计研究院(集团)有限责任公司设计，济南城建集团有限公司施工。2007年8月开工，2010年7月竣工。

十三、七里山路

工程西起英雄山路东至舜耕路，全长1300米，道路宽21～25米，双向4车道。本次改造主要包括道路工程、排水工程、电力工程、路灯亮化工程、完善交通安全管理设施、同步完善市政管线配套等。工程总投资约3600万元。该工程由济南市市政工程设计研究院(集团)有限责任公司设计，济南黄河路桥工程公司进行施工。2007年8月开工，2009年12月竣工。

十四、舜德路

工程南起二环南路，北至兴济河桥，全长588米，宽35米，包括快车道、慢车道、绿化带，其中快车道宽14米，两侧绿化带各宽4米，两侧慢车道各宽3米，两侧人行道各宽3.5米，双向4车道，设计等级为城市次干道。施工内容包括道路工程、桥涵工程(兴济河桥、石青崖箱涵、支路二箱涵)、河道工程、排水工程及综合管线等。工程总投资约6200万元。该工程由济南市市政工程设计研究院(集团)有限责任公司设计，济南城建集团有限公司、济南汇通联合市政工程有限责任公司施工。2010年11月8日正式开工建设，2011年6月20日竣工通车。

第三节 支 路

至2010年年底，主城区(绕城高速以内)共有支路186条，支路长度215.63千米，占道路总长度的18.3%，支路道路面积330.30万平方米，占道路总面积的13%。

机械化的道路清洗　　(2012年摄)

2012年济南市城区支路道路设施情况表

表3-2-4

序号	道路名称	起止地点	道路长度（米）	断面宽度（米）	建成时间	面层类型	面积（平方米）			
							车行道	非机动车道	人行道	总面积
1	岔路街	纬七路－纬五路	590	11～24	–	沥青砼	7560	0	2752	10312
	槐荫段	纬七路－前卫街东	172	24	1997	沥青砼	1290	–	2752	4042
	市中段	前卫街东－纬五路	418	11	1983	沥青砼	6270	–	–	6270
2	益寿路	山大路－二环东路	1637	12～16	2005	沥青砼	14085	0	8201	22286
	历下段	山大路－闵子骞路	848	16	2005	沥青砼	9276	–	3467	12743
	历城段	闵子骞路－二环东路	789	12	2005	沥青	4809	–	4734	9543
3	西周南路	（分段）	1485	10～18	–	沥青砼	19415	0	9795	29210
	历下段	经一路－西周南路历城段	235	10	2009	沥青砼	1645	–	705	2350
	历城段	祝舜路－经一路	1250	11～18	2006	沥青	17770	–	9090	26860
4	粟山路	西外环－清河北路	3700	20	–	沥青砼	69000	–	1893	70893
	槐荫段	西外环－东宇大街	1200	20	–	沥青砼	24000	–	–	24000
	天桥段	清河北路－东沙村	2500	20	2002	沥青砼	45000	–	1893	46893
5	小纬六路	经二路－岔路街	1950	12～18	–	沥青砼	17168	–	11932	29100
	槐荫段	经二路－经七路	1137	12～17.5	1982	沥青砼	7412	–	7054	14466
	市中段	经七路－岔路街	813	18	2006	沥青砼	9756	–	4878	14634
6	千佛山西路	经十一路－舜耕路	1275	–	–	沥青砼	14514	–	2030	16544
	历下段	经十一路－千佛山南路	477	9～12	2009	沥青砼	5736	–	2030	7766
	市中段	千佛山南路－舜耕路	798	25	1983	沥青砼	8778	–	–	8778
7	规划1路	贤文路－体育西路	754	15	2009	沥青砼	6033	–	5279	11312
8	规划2路	规划4路－规划1路	544	20	2009	沥青砼	7618	–	1632	9250
9	规划3路	规划4路－规划1路	487	20	2009	沥青砼	6823	–	7798	14621
10	规划4路	规划3路－体育西路	531	15	2009	沥青砼	4249	–	3718	7967
11	规划5路	解放东路－规划4路西延	304	20	2009	沥青砼	4253	–	1823	6076
12	规划6路	茂陵山3号－奥体西路	581	20	2009	沥青砼	8137	–	3487	11624

续表3-2-4-1

序号	道路名称	起止地点	道路长度（米）	断面宽度（米）	建成时间	面层类型	面积（平方米）			
							车行道	非机动车道	人行道	总面积
13	规划7路	规划1路－规划8路	363	20	2009	沥青砼	5084	－	2179	7263
14	规划8路	规划7路－贤文路	266	30	2009	沥青砼	3984	1859	6641	12484
15	历山东路	和平路－山大南路	1208	20	2008	沥青砼	16912	－	7248	24160
16	花园庄东路	花园路－山大路	841	13.6	2007	沥青砼	5887	－	3184	9071
17	千佛山东二路	历下检察院－经十路	1000	10	2006	沥青砼	6000	－	2880	8880
18	省府前街	泉城路－省府	388	30	2006	沥青砼	10476	－	－	10476
19	榜棚街	泉城路－黑虎泉西路	210	21	2007	沥青砼	2520	－	1773	4293
20	院前街	泉城路－珍珠泉	96	29	2005	沥青砼	2160	－	598	2758
21	按察司街	泉城路－明湖路	802	20	2011	沥青砼	10426	－	5614	16040
22	海晏门街	历山路－东圩子门街	150	12	2009	沥青砼	1350	－	450	1800
23	东圩子门外街	海晏门街－东圩根街	961	5～7	2008	沥青砼	5932	－	－	5932
24	山师北街	和平路－文化东路	653	11	2009	沥青砼	4571	－	2612	7183
25	羊头峪路	环山路－科学院宿舍	519	8	2010	沥青砼	3460	－	938	4398
26	利农庄路	花园庄东路－历山路	760	10.5	2007	沥青砼	4940	－	3040	7980
27	环山南路	旅游路－外国语学校	812	13.6	1999	沥青砼	8306	－	2766	11072
28	燕翔路	千佛山东路－燕子山西路	680	15.9	1999	沥青砼	5353	－	3936	9289
29	银座北路	荷兰庄园－洪山路	800	20	2009	沥青砼	12800	－	3200	16000
30	甸柳庄路	燕子山路－二环东路	735	6	2007	沥青砼	4410	－	－	4410
31	文博北路	香港街－解放东路	350	20	2009	沥青砼	4900	－	2100	7000
32	茂陵山北路	济钢二区－轻骑路	700	8	2005	沥青砼	5600	－	600	6200
33	益寿东路	闵子骞路－二环东路	789	14	2006	沥青砼	5523	2367	1578	9468
34	龙奥西路	龙奥北路－龙奥南路	468	36	2008	沥青砼	7020	2808	2808	12636
35	荆山路	浆水泉路－二环东路	1648	15～20	－	－	24720	－	1240	25960

续表3-2-4-2

序号	道路名称	起止地点	道路长度（米）	断面宽度（米）	建成时间	面层类型	面积（平方米）			
							车行道	非机动车道	人行道	总面积
35	[1]	浆水泉－荆山桥	1400	15	–	沥青砼	21000	–	–	21000
	[2]	荆山桥－二环东路	248	20	2012	–	3720	0	1240	4960
36	刘志远路	工业南路－经十东路	3300	10	–	–	33000	–	–	33000
	[1]	工业南路－义和庄西头	475	10	–	混凝土	4750	–	–	4750
	[2]	义和庄西头－世纪大道	475	10	–	沥青砼	4750	–	–	4750
	[3]	世纪大道－经十东路	2350	10	–	沥青砼	23500	–	–	23500
37	佛山街	泺源大街－文化西路	704	15	2005	沥青砼	6336	–	1710	8046
38	茂陵山路	工业南路－解放东路	880	15	2007	沥青砼	10560	–	4400	14960
39	炼油厂路	104 国道－炼油厂路	1350	40	–	沥青砼	54000	–	–	54000
40	杨家庄路	白马山南路－104 国道	2285	30	–	沥青砼	68550	–	–	68550
41	文庄路	南辛庄西路－市胶辊厂	2495	35	–	沥青砼	87325	–	–	87325
42	经九路	胜利大街－青年西路	750	13.5 ~ 15	1971	沥青砼	7500	–	3750	11250
		纬二路－纬一路	443	20	2012	沥青砼	6201	–	2658	8859
43	小纬二路	经三路－建国小经三路	1039	13 ~ 18	1983	沥青砼	6344	–	6992	13337
44	小纬四路	经四路－经六路	356	13 ~ 15	1985	沥青砼	3560	–	1665	5225
45	小纬五路	经四路－经五路	165	12	1992	沥青砼	1320	–	594	1914
46	白马山西路	白马山南路－白马家园南区	3114	15	1986	沥青砼	46704	–	–	46704
47	八里洼南路	玉函小区北区路－土屋路	1207	15 ~ 18	2003	沥青砼	21733	–	5568	27301
48	玉函小区北路	舜耕路－玉函路	1849	21 ~ 22	1988	沥青砼	40685	–	8875	49560
49	土屋路	英雄山路－土屋庄	958	1.1 ~ 17	2000	沥青砼	9877	1784	4526	16187
50	英西路	英雄山路－七里山路	253	12	1993	沥青砼	3036	–	1022	4058
51	英西南路	英雄山路－七里山西路	400	13 ~ 18	1993	沥青砼	7200	–	1045	8245
52	五里山路	英雄山路－六里山路	770	6 ~ 13	1988	沥青砼	4721	–	355	5076
53	六里山北路	六里山路－六里山南路	140	9	1994	沥青砼	840	–	140	980

续表3-2-4-3

序号	道路名称	起止地点	道路长度（米）	断面宽度（米）	建成时间	面层类型	面积（平方米）			
							车行道	非机动车道	人行道	总面积
54	六里山东路	玉函路－舜耕路	1028	25.1	1994	沥青砼	15860	－	1028	16888
55	七里山西路	英雄山路－二环南路	2326	6-11	1993	沥青砼	22764	－	9345	32109
56	八团路	南辛庄西路－工兵八团	431	24.3	1986	沥青砼	5732	－	3362	9094
57	青龙山北路	景泉卧龙花园－南辛庄西路	1513	13.5	－	沥青砼	11345	－	7564	18909
58	二七新村中路	英雄山路－建设路	702	12	1994	沥青砼	8430	－	332	8762
59	建国小经三路	胜利大街－纬五路	820	19～21	1998	沥青砼	11250	－	4100	15350
60	上新街	泺源大街－文化西路	450	5.5～2	1999	沥青砼	2475	－	－	2475
61	林祥南街	纬一路－经四路	817	12～20.2	1976	沥青砼	6867	－	6324	13190
62	馆驿街	英贤桥－纬一路	803	25	2008	沥青砼	25840	－	4387	30227
63	普利街	共青团路－顺河东街	496	8～18.5	1991	沥青砼	4074	－	－	4074
64	永庆街	经四路－林祥南街	310	12.2	1984	沥青砼	2170	－	1574	3744
65	园丁路	建设路－郎茂山桥	1260	7	2001	沥青砼	8988	－	－	8988
66	71中前街	凤翔街－经二路	140	9.5	1983	沥青砼	1330	－	－	1330
67	胜利大街	经七路－经十路	927	9.1～30.4	1972	沥青砼	9828	－	4869	14697
68	信义庄南街	经十一路－英雄山路	529	7	1989	沥青砼	2609	－	－	2609
69	腊山路	二环西路－腊山东麓	1586	17	－	沥青砼	26962	－	－	26962
70	永长街	泺源大街－城顶街	410	7	1992	沥青砼	2980	－	349	3329
71	民族大街	经十路－文化西路	665	10.5～24	2010	沥青砼	8369	2920	1460	12749
72	七里山中路	七里山西路－七里山区中心	547	7～27	1994	沥青砼	14769	－	9720	24489
73	城顶街	共青团路－石棚街	140	10～24	1982	沥青砼	1893	－	837	2729
74	斜马路	小纬二路－经七路	156	4	－	沥青砼	624	－	－	624
75	谷庄路	小额分公司－谷庄桥	364	7～20	1986	沥青砼	3201	－	0	3201
76	六里山路	英雄山路－玉函路	1435	9～26	1985	沥青砼	10799	－	4752	15551

续表3-2-4-4

序号	道路名称	起止地点	道路长度（米）	断面宽度（米）	建成时间	面层类型	面积（平方米）			
							车行道	非机动车道	人行道	总面积
77	六里山南路支路	六里山南路－英雄山路	395	9.5～27	1985	沥青砼	1230	－	786	2016
78	德胜南街	民生大街－胜利大街	216	17	1986	沥青砼	3672	－	－	3672
79	万灵山东路	七里山路－万灵山路	750	20	－	沥青砼	6324	－	0	6324
80	自由大街	经十路－经八路	168	20	2012	－	2357	－	1010	3367
81	万寿路	兴济河小区－二环南路	1299	11	－	沥青砼	14289	－	－	14289
82	北大槐树街	经一路－纬十二路	982	7	1982	沥青砼	6874	－	0	6874
83	北小辛庄西街	经十路－经六路延长线	500	22	1991	沥青砼	7500	－	2287	9787
84	段兴东路	经十路－张庄路	3590	10	1991	沥青砼	35900	－	0	35900
85	段兴西路	经十路－济齐路	3594	15.4～17.6	2001	沥青砼	35473	－	3060	38533
86	机床二厂路	辛西路－铁道	890	21.7	1988	沥青砼	7609	－	3180	10789
87	纬十一路	北大槐树街－纬十二路	702	7.6～24.6	1995	沥青砼	7624	－	3497	11121
88	小经六路	纬九路－纬十二路	223	4	1982	沥青砼	892	－	0	892
89	营市西街	经六路延长线－经十路	538	19.6	1983	沥青砼	5450	－	1680	7130
90	兴西路	张庄路－段兴东路	2014	23.5～30	2003	沥青砼	62582	－	11723	74305
91	机场西路	十二师－济齐路	1400	16～5	1994	沥青砼	14700	－	0	14700
92	济西路	二环西路－济齐路	488	17.7	1995	沥青砼	6257	－	2603	8860
93	桃源小区中心路	经十西路－桃园小区北区	925	28	1997	沥青砼	17498	－	6563	24061
94	西沙路（新沙北路）	西外环－东沙王庄	1400	14.7	－	沥青砼	20580	－	－	20580
95	腊山北路	经十路－腊山	4400	12	－	沥青砼	52800	－	－	52800
96	匡山大街	二环西路－济齐路	994	25	1996	沥青砼	14910	－	9110	24020
97	兴济桥东路	张庄路－济齐路	2278	10	1991	沥青砼	15080	－	7700	22780
98	兴济桥西路	张庄路－济齐路	2296	15.4～17.6	1991	沥青砼	21065	－	1700	22765

续表3-2-4-5

序号	道路名称	起止地点	道路长度（米）	断面宽度（米）	建成时间	面层类型	面积（平方米）			
							车行道	非机动车道	人行道	总面积
99	德育路	经四路－经六路	493	20	2012	－	7395	－	2465	9860
100	纬十路	经二路－纬十二路	772	11～14.5	1982	沥青砼	5050	－	3617	8667
101	大魏庄东路	二环北路－大魏庄	995	25	－	沥青砼	24875	－	－	24875
102	永鼎路	黄岗路－北马鞍山西路	700	12.5	－	沥青砼	8750	－	－	8750
103	北关北路	顺河街－北园大街	768	17～30	1985	沥青砼	8480	－	3200	11680
104	北马鞍山路	无影山路－马鞍山桥	327	28～30	－	沥青砼	6120	－	3456	9576
105	北马鞍山路西路	粟山路－小卢庄	860	14	2005	沥青砼	9880	－	3440	13320
106	标山路	标山南路－济泺路	2585	14.4～28	1998	沥青砼	22928	－	0	22928
107	标山路中段	标山村－清河北路	590	20	2001	沥青砼	10620	－	2360	12980
108	堤口南路	堤口路－铁路桥	1128	20	1988	沥青砼	14613	－	4529	19142
109	东工商河东路	东西丹凤街－标山桥	1983	7～9.4	1986	沥青砼	15493	－	0	15493
110	东工商河西路	济泺路－凤凰闸	2420	4.5～10	1987	沥青砼	16273	－	990	17263
111	东西丹凤街	天成路－义合西街	535	20～32	1987	沥青砼	7733	－	3840	11573
112	工人新村中街	汽车厂东路－工人新村一街	1191	10～20	1988	沥青砼	12972	－	8208	21180
113	后陈家楼街	陈家楼－茂新街	775	6～20	1987	沥青砼	9570	－	－	9570
114	花店街	朝阳街－焦家	192	15	1998	沥青砼	2304	－	730	3034
115	筐市街	共青团路－朝阳街	193	16.9	1998	沥青砼	2316	－	403	2719
116	环城路	二环北路－二环北路西	1600	10～14	1997	沥青砼	12800	－	4800	17600
117	济安街	新菜市街－顺河街	387	6.5	－	沥青砼	6811	－	4838	11649
118	交校路	济齐路－家禽研究所	521	18	－	沥青砼	6755	－	2920	9675
119	马家庄南路	济泺路－油墨厂	617	9.5～10.5	1989	沥青砼	4628	－	0	4628
120	启盛街	铜元局前街－经一路	437	8	1971	沥青砼	3422	－	0	3422
121	三孔桥街	济安街－北园大街	996	14～20	1991	沥青砼	18000	－	6900	24900

续表3—2—4—6

序号	道路名称	起止地点	道路长度（米）	断面宽度（米）	建成时间	面层类型	面积（平方米）			
							车行道	非机动车道	人行道	总面积
122	纱布厂西路	新黄路－国棉厂路	750	6	1989	沥青砼	4500	—	0	4500
123	少年路	大明湖西南门－顺河街	461	22	1969	沥青砼	5532	—	4250	9782
124	无影山东路	堤口路－师范路	2157	12	1988	沥青砼	20846	—	13349	34195
125	西工商河东路	堤口路－金牛公园北门	2897	7	1986	沥青砼	20279	—	0	20279
126	西工商河西路	成丰桥－金牛公园	3021	5.5～20	1986	沥青砼	22497	—	3176	25673
127	新黄路	热电厂－历山北路	4484	8～20	—	沥青砼	34156	—	20130	54286
	[1]	新赵路－顺河高架桥	1250	8	—	—	10000	—	—	10000
	[2]	顺河高架桥－历山北路	2013	22	—	—	24156	—	20130	44286
128	义和北街	东工商河路－铁路立交桥西	375	20	1987	沥青砼	4981	—	2742	7723
129	制革街	济泺路－西工商河东路	342	15.5	1982	沥青砼	3249	—	1980	5229
130	藏石路	清河路－历山路	3231	20	2003	沥青砼	28700	—	6000	34700
131	车站北街	北园大街－历下泵站	750	8	1999	沥青砼	6000	—	0	6000
132	东洛河东路	北园大街－小清河南路	1167	18	1997	沥青砼	20280	—	8619	28899
133	东洛河西路	北园大街－小清河南路	1181	14	1999	沥青砼	10629	—	7398	18027
134	建材市场路	师范路－小清河北路	450	14	1997	沥青砼	6300	—	0	6300
135	联四路	小清河南路－小清河北路	4020	8～20	—	沥青砼	48959	—	2870	51829
	[1]	小清河南路－北园大街	2010	8～20	—	沥青砼	16319	—	2870	19189
	[2]	北园大街－藏石路	1380	8～20	2003	沥青砼	27600	—	—	27600
	[3]	藏石路－小清河北路	630	8	1995	沥青砼	5040	—	—	5040
136	七一路	北园大街－藏石路	890	12	2000	沥青砼	6230	—	2670	8900
137	清河路	北园大街－小清河南路	2030	20	2004	沥青砼	38098	—	0	38098
138	田黄路	东建材市场－黄岗路	1900	20	1992	沥青砼	38000	—	7200	45200
139	扬庄路	北园大街－居委会	210	12	1985	沥青砼	4800	—	0	4800

续表3-2-4-7

序 号	道路名称	起 止 地 点	道路长度（米）	断面宽度（米）	建成时间	面层类型	面 积（平方米）			
							车行道	非机动车道	人行道	总面积
140	影山花园路	无影山中路－影山花园	235	15	－	沥青砼	3525	－	0	3525
141	交院东路	无影山中路－交校路	700	20	2003	沥青砼	8400	－	4984	13384
142	工业大街	药山西路－大魏居	2250	27	－	沥青砼	61090	－	－	61090
	[1]	药山西路－创业路	1700	27.2	－	沥青砼	46240	－	－	46240
	[2]	创业路－大魏居	550	27	－	沥青砼	14850	－	－	14850
143	兴业路	二环北路－粟山路	2450	12～23.2	－	沥青砼	38920	－	－	38920
	[1]	二环北路－洋涓规划路	850	23.2	－	沥青砼	19720	－	－	19720
	[2]	洋涓规划路－粟山路	1600	12	－	沥青砼	19200	－	－	19200
144	东宇大街	二环北路－铁路	3060	12～27.2	－	沥青砼	36752	－	－	36752
	[1]	二环北路－工业大街	1580	12～24	1999	沥青砼	12000	－	－	12000
	[2] 北段	二环北路－工业大街（含隔离带）	460	27.2	－	沥青砼	12512	－	－	12512
	[3] 南段	工业大街－铁路	1020	12	－	沥青砼	12240	－	－	12240
145	创业路	二环北路－魏新路南	1000	25	－	沥青砼	25000	－	－	25000
146	魏新路	东宇路－二环西路	1600	12	－	沥青砼	19200	－	－	19200
147	西泺河路	北园大街－小清河南路	2000	14	－	沥青砼	28000	－	－	28000
148	铁路沿线路	历山路－西泺河路	995	10.5	－	沥青砼	8000	－	2500	10500
149	矿院路	堤口路－胜利庄路	328	17	1981	沥青砼	5581	－	－	5581
150	汽车厂西路	无影山路－无影山东路	606	7.5	1983	沥青砼	4545	－	－	4545
151	蓝翔中路	二环西路－蓝翔路	2617	14	－	沥青砼	31404	－	5234	36638
152	新赵路	小清河北路－济南利源化工厂	1095	9	－	沥青砼	9855	－	－	9855
153	泺口南路	无影山北路－济泺路	1680	9	－	沥青砼	15120	－	－	15120
154	东泺河路	北园大街－小清河南路	1181	14	1999	沥青砼	10629	－	7398	18027
155	标山中路	标山村－清河北路	590	20	2001	沥青砼	10620	－	2360	12980

续表3—2—4—8

序 号	道路名称	起 止 地 点	道路长度（米）	断面宽度（米）	建成时间	面层类型	面 积（平方米）			
							车行道	非机动车道	人行道	总面积
156	标山北路	济泺路－标山路	492	13	—	沥青砼	3444	—	1968	5412
157	紫金山路	标山路－紫金山小区	376	9	—	沥青砼	3384	—	—	3384
158	黄台北路	南全福大街－黄台南路	750	9	—	沥青	6750	—	—	6750
159	学府路	洪楼北路－洪楼西路	300	12	2006	沥青	2493	—	1662	4155
160	洪家楼西路	山大北路－胶济铁路	1406	13	2003	沥青	12718	—	4100	16818
161	历城货场路	工业北路－铁路货场	1300	7	1989	沥青	9100	—	0	9100
162	区劳动局路	花园路－劳动局	338	12	1996	沥青	2366	—	945	3311
163	东兴小区路	闵子骞路－区开发公司宿舍	400	10	1996	沥青	1278	—	533	1811
164	花洪路	山大路－洪楼北路	1200	15	2006	沥青	15432	—	10462	25894
165	海蔚路	经一路－花园小区路	226	13	2006	沥青	1582	—	1356	2938
166	洪兴路	花园路－花园小区路	300	10	2004	沥青	2100	—	900	3000
167	辛甸中路	花园路－祝舜路	1000	25	2002	水泥	15000	—	10000	25000
168	辛甸西路	花园路－祝舜路	825	20	2002	水泥	9900	—	6600	16500
169	南全福庄路	二环东路－北园路	1180	20	2000	水泥	14160	—	9440	23600
170	东晨大街	祝舜路－祝甸路	550	26	2001	水泥	9750	—	7150	16900
171	铁骑路	工业北路－赵家庄	1700	20	1998	沥青	20400	—	13600	34000
172	全福河沿线	山大南路－小清河	6360	—	2010	沥青	47300	—	10450	57750
173	电建路	工业北路－电建公司	500	20	2009	沥青	5000	—	5000	10000
174	花仙路	二环东路－七里河路	500	15	2009	沥青	4500	—	3000	7500
175	烈士山东路	烈士山北路－工业南路	2200	15	1998	沥青	22000	—	500	22500
176	烈士山北路	铁骑路－工业南路	1450	5～7	1998	沥青砼	10150	—	5800	15950
177	华山西路	华山－历山北路	3600	6～12	2002	沥青砼	48450	—	1050	49500
178	坝王路	小清河－工业北路	7300	12～30	2000	沥青砼	168000	—	—	168000

续表3-2-4-9

序号	道路名称	起止地点	道路长度（米）	断面宽度（米）	建成时间	面层类型	面积（平方米）			
							车行道	非机动车道	人行道	总面积
179	港西立交环线	港西立交环线	4830	9	2007	沥青	43470	–	–	43470
180	还乡店路	工业北路－荷花路	1200	31	2002	沥青	2100	–	1320	3420
181	辛甸中街	祝舜路－花园路	896	25	2012	–	13445	0	8964	22409
182	洪楼北路	花园路－七里堡西路	700	15	2003	沥青	6300	–	4200	10500
183	伯乐路	舜华路－舜雅路	800	15	2001	沥青	8000	–	4000	12000
184	天泺路	天辰大街－新泺大街	450	18	2010	沥青	6000	–	2100	8100
185	舜颂路	舜华东路－凤凰路	1200	18	2006	沥青	14400	–	7200	21600
186	会展东路	工业南路－舜华北路	500	25	2003	沥青	7500	–	5000	12500
187	会展西路	工业南路－舜华北路	500	25	2003	沥青	7500	–	5000	12500
188	会展路	会展环路－崇华北路	200	25	2003	沥青	3000	–	2000	5000

说明：1.本表统计口径截至2012年年底绕城高速以内主要支路，个别由济南城市建设投资集团有限公司、济南市西区建设投资有限公司、济南市旧城改造投融资管理中心和小清河投融资公司建设的道路未含其中。

2.德育路(经四路–经六路)又称南大槐树西街

1986～2010年，市区支路主要建设工程：

黄台南路　工程西起历山路，东至洪楼西路北端，全长1691米。开工前为6米宽的简易沥青路，损坏严重。竣工后路幅宽15.5～18.5米，其中车行道12米(东段291米长的路段宽9米)，两侧人行道各平均3.25米。车行道面层为沥青砼，面积2.14万平方米；人行道面层为水泥花砖，面积5496平方米。1988年3月20日开工，1989年2月竣工，总投资约148.4万元(含排水工程)。

建设路　工程南起阳光新路北至经十路，全长2.5千米，道路宽25米，双向4车道。本次改造主要包括道路工程、排水工程、路灯亮化工程、完善交通安全管理设施、同步完善市政管线配套等。工程总投资约2300万元。该工程由济南市市政工程设计研究院(集团)有限责任公司设计，济南城建集团有限公司施工。2006年3月开工，2008年9月竣工。

转山西苑西路　工程南起旅游路，北至经十路，全长1230米，道路宽40米，机动车道宽21米，双向6车道。本次改造主要包括道路工程、排水工程、电力工程、路灯亮化工程、完善交通安全管理设施、同步完善市政管线配套等。工程总投资约4400万元。该工程由济南市市政工程设计研究院(集团)有限责任公司设计，济南城建集团有限公司、济南黄河路桥工程公司施工。2009年3月开工，12月竣工。

顺河片区路网优化　一期工程。工程主要包括顺河西街及馆驿街建设。顺河西街道路全长1390米，路宽30米；馆驿街780米，路宽25米。工程总投资约5300万元。该工程由济南市市政工程设计研究院(集团)有限责任公司设计，济南黄河路桥工程公司、济南汇通联合市政工程有限责任公司施工。2009年5月开工，2010年10月全部通车。

二期工程。工程主要包括聚贤街、聚贤西街、济安街及少年路西延、聚贤南街、北坦南街、茂新街、凤翔街、影壁后街建设。路宽9～25米。工程总投资约4500万元。该工程由济南市市政工程设计研究院(集团)有限责任公司设计，济南黄河路桥工程公司、济南汇通联合市政工程有限责任公司、济南城建集团有限公司施工。2009年8月开工，2010年9月全部通车。

黑虎泉西路　黑虎泉西路道路改造工程为大型综合体配套、完善区域市政功能的“生命线”工程，凸显泉城特色标志区风貌。黑虎泉西路规划标准为城市次干道，西起趵突泉北路，东至青龙桥，全长1738米。改造主要包括破除原有道路结构，重新施工道路结构层，人行道铺设高级花岗岩面砖并设置无障碍通道；优化地下管线，新建电力及热力管线，完善供水、雨水、污水、通信、路灯等管线，并将道路两侧原有架空通信电缆全部落地；将沿线低压钠灯全部更换为荷花柳叶形LED冷光源照明灯。改造后的黑虎泉西路北侧人行道拓宽1米，形成12米快车道、南侧6米人行道、北侧7米人行道的新布局。工程总投资约6100万元。工程由济南市市政工程设计研究院(集团)有限责任公司设计，济南城建工程公司施工。2010年10月14日开工，11月14日竣工。

第四节　道路养护

1986～2003年，由市城市管理局统筹安排各类道路养护项目。2003年7月，市城市管理局合并到市公用事业管理局。2004年起，由市政公用事业局统筹安排各类道路养护项目。济南市区市政道路均由各区市政养护部门进行养护，养护资金按年度从城市维护费中拨付。至2010年，道路养护作业基本实现机械化，养护队伍不断壮大。市政设施维护从业人数：历下区177人、市中区115人、槐荫区263人、天桥区110、历城区296人，共计961人。

1986～2010年济南市市政道路养护情况表

表3—2—5　　单位：万平方米

年 份	养护道路	年份	养护道路	年 份	养护道路	年 份	养护道路
1986	29.74	1993	26.41	2000	26.05	2007	52
1987	47.15	1994	21.68	2001	19.97	2008	59.9
1988	45.24	1995	20.58	2002	15.68	2009	67.3
1989	25.53	1996	27.43	2003	17.82	2010	23.1
1990	24.55	1997	21.56	2004	15.91		
1991	26.54	1998	23.66	2005	12.07		
1992	28.03	1999	26.78	2006	—		

第二章　城市桥涵

第一节 大型立交桥和高架桥

1988年，济南市第一座城市立交桥——八一立交桥落成。因城市发展规划需要，辛庄高架桥于1990年5月开工建设，9月竣工通车，于2003年8月拆除；全福庄立交桥于1993年4月18日开工建设，11月30日竣工通车，于2005年拆除。至2010年，市区新增跨越或穿越城市道路、铁路的立交桥和高架桥梁共13座。

八一立交桥　位于纬二路与经十路两条主干道交叉口处，是横跨经十路、连接纬二路和英雄山路的重要桥梁。该桥为3层苜蓿叶形互通式立交。上层为南北高架桥，南起经十一路北，北至经八路南，跨越经十路，桥长560米，宽18米，由1孔主桥、16孔引桥及引道三部分组成。桥梁上部结构为预制钢筋混凝土⊥梁组合为简支空心箱梁，流线型防撞栏杆，桥墩为预制多边形钢筋混凝土双柱，引道挡墙为花岗岩石镶面。中层为非机动车道及人行道，有两座各为3孔连续板桥跨越经十路地道。下层为东西下穿式地道，穿越纬二路，供经十路干道机动车直行，地道长551米，宽18米，引道挡墙采用大块花岗岩磨石，敞开式边坡。下层地道与高架桥4条匝道互通，供转弯机动车互通行驶。4条匝道由匝道桥及引道组成，每条匝道中心线长160米，宽10.8米，匝道上部结构为喇叭形现浇连续板，墩柱为等六边形钢筋混凝土柱，基础为钻孔灌注桩，引道料石镶面，流线型防撞栏杆，总长640米，宽10.8米。设计荷载汽车20吨，拖挂100吨。1988年1月18日开工，8月1日竣工，总投资3000万元。

顺河高架桥　位于市区顺河街处，南起玉函立交，北至北园立交，横跨经一路、经四路、经七路、经十路。桥梁结构为连续箱梁+预应力简支空心板。该桥为单向双车道，桥长5194.5米，宽18.5米。共有9条匝道，匝道断面为5.5米。玉函立交为南起点，位于经十路和玉函路交叉口，玉函立交为4层梨形立交，自上而下的一层为南北高架桥，跨过经十路后在玉函路落地；经十路高架桥则分成上下行的高低南、北桥，南桥为高桥，构成立交的第二层；北桥为低桥，构成立交的第三层；第四层为地面部分。高架桥和经十路之间设置6条匝道，经十路北桥断面为9米，经十路南桥断面为12.5米。单向匝道断面为6.5米，双向匝道断面为9米。设计主线时速每小时50千米；匝道每小时30千米；荷载汽车20吨，拖挂100吨。1997年8月28日开工，1998年9月30日竣工，总投资6.3亿元。

纬六路斜拉桥　位于纬六路跨铁路处，是一座跨铁路的双塔双索面5跨连续漂浮体系的大跨径预应力混凝土斜拉桥，总长740米，具体跨径为41.5米(边跨)+120.5米(次中跨)+380米(主跨)+120.5米(次中跨)+41.5米(边跨)，边跨设辅助墩。索塔为A型混凝土结构，塔柱采用双室箱型断面，外形尺寸3.2×6.0米，斜拉索交叉锚固定在箱型断面的中肋上，中间肋厚1.8米，塔高124.8米。改进式双柱梁为等截面双室开口预应力混凝土梁，梁高2.1～2.4米，边主梁宽2.8米，距梁顶30厘米挖直径1.25米圆洞，外腹板最小厚度1.15米。主梁对应斜拉索锚固点处设一道宽度为30厘米的横隔板，为增加斜拉桥整体钢度及压重，边跨主梁加宽至8.35米，桥面板厚30厘米。斜拉索采用直径7毫米的低松弛高强度平行钢丝束，冷铸墩头锚，热挤压双层PE防护，由工厂加工成成品索。主桥分为S72-139，S72-163，S72-199，S72-223，S72-253。斜拉桥中跨锚固点间距7.5米，在边跨范围内减至4.4米。为双向4车道，行车速度每小时60千米，荷载汽车20吨，拖挂100吨。2000年9月22日开工，2004年10月28日竣工，总投资1.3亿元。

浆水泉立交桥　位于历下区经十东路燕山立交桥东侧，上跨浆水泉路，全长156.7米，桥宽组合为0.5米护栏+20米行车道+0.5米中央分隔带+20米行车道+0.5米护栏。上部结构为2×18米连续箱梁+5×20米预应力简支空心板；下部结构为桩柱盖梁式桥墩。2002年年底建成通车。

北园立交桥　顺河高架路北延工程全长4.12千米，全线采用高架形式，是顺河高架桥和济南北绕城高速公路的连接线，工程两端是北园和北绕城两座互通高架桥，其中北园立交上下5层，高31米。作为顺河高架路北延工程的重要组成部分，北园立交桥东西、南北和地面都是双向6车道。工程投资5.76亿元，2002年8月16日开工建设，2003年11月竣工通车。北园立交桥为全省设计标准最高、建设规模最大的城市互通立交。顺河高架路北延工程通车后，济南市内交通和高速公路网形成一个整体，在济南市城区第一次实现城市快速路和高速公路的对接。南来北往进出省城的车辆出入时间大大缩短，特别是北京和青岛等方向的车辆可节约半小时以上。

北园立交夜景　(2005年摄)

经六路跨铁路大桥　位于经六路西延长线中部，西起兴济河，横跨铁路编组场和津浦铁路至营市西街，全长836米。其中主桥长164米，宽29.5米，为52+68+44米三孔预应力变高连续箱梁；引桥和引道长672米，宽18米，标准跨径20米，20孔，为先张法预应力混凝土梁；4个非机动车道总长345米，为钢筋混凝土连续箱梁。该工程于2003年5月底开工，年底贯通，2004年6月建成通车。

燕山立交桥　位于济南东部经十路与二环路交叉处，是城市快速路与309国道主干线之间的枢纽。为半苜蓿叶半定向型5层互通立交。由1座经十路跨线桥、1座二环东路跨线桥、8座匝道桥、2座地面辅道桥共12座高架桥组成。地面层净空高度4.5米。主线双向6车道，总宽度26米；匝道单车道7.5米，双车道为10米；地面辅道为双向8米+5米+5米。燕山立交占地约26.73公顷，桥梁总长7812米，桥面面积9万平方米。该桥车速主线桥每小时60千米；匝道桥为每小时40千米；设计荷载BZZ-100标准。2002年8月20日开工，2003年8月30日竣工，总投资2.7亿元。

腊山立交桥　位于220国道240千米660米处、市区经十路与二环西路交叉处，是济南市西部重要交通枢纽。该桥为半苜蓿叶半定向型4层互通式立交，由4座主线桥、8座匝道桥组成，东西长1600米，南北长1200米，最大高度22米，其中经十路方向主线桥为双向8车道，桥梁全宽31.5米，行车道净宽29.5米，设计荷载公路一级，抗震烈度6度；整个工程占地27.13公顷。2003年12月开工，2006年5月竣工，总投资2.69亿元。

荆山高架桥　位于二环东路与旅游路口西侧，全长367米，为分离式双幅桥，单幅桥宽14.05米。采用三联4×30米的预应力混凝土连续箱梁，主梁横断面为两幅分离的单箱三室断面，桥面横坡由箱梁整体倾斜放置形成，箱梁梁高160厘米，下部结构桥墩采用矩形柱式墩，主墩均与主梁刚接，桥台采用柱式或肋式埋置台，基础采用扩大基础或钻孔桩基础。桥面采用上、下行分离式断面，单幅路基桥面净空为0.30米(栏杆)+2.50米(人行道)+净10.75米+0.50米(护栏)，桥面采用单向横坡1.5%。设计荷载为汽车-超20，挂车-120，人群荷载3.5千牛/平方米。2006年建成通车。

北园高架桥　西起济齐路与二环西路高架桥相接处，东至全福立交桥，是济南市东西方向重要的交通干线，全长1.15万米，桥宽24米，桥梁总面积36.5万平方米，主线桥上部结构形式为预应力混凝土连续箱梁和钢–混凝土叠合梁，标准段全宽24米，双向6车道。全线共有接地匝道17条，其中上行匝道8条，下行匝道9条，匝道桥全长2835米，宽8米。2006年5月11日开工，2008年4月20日全面通车，总投资约44亿元。

二环东路高架桥　位于国道104线466千米376米处，地处济南市历城、历下区，北起济青高速公路零点立交，南至燕山立交。桥梁主线全长9500米，全宽25米，行车道净宽23米，设计荷载公路一级，抗震烈度7度，设计速度60千米／小时。主线桥梁采用整体式断面，为连续箱梁桥，双向6车道，断面组成为0.5米(护栏)+0.5米(路缘带)+3.75米(行车道)+2×3.5米(行车道)+0.5米(路缘带)+0.5米(中央分隔带)+0.5米(路缘带)+2×3.5米(行车道)+3.75米(行车道)+0.55米(路缘带)+0.5米(护栏)。全线设荷花路、花园路、山大北路、和平路出入口共4处，共8条上下匝道。2008年4月开工，2009年8月建成通车，总投资约12亿元。

第二节　中小型桥梁

1986年年初，济南市有中小型城市桥梁112座。至2010年年底，市区登记城市中小型桥梁共564座，其中历下区167座，市中区78座，天桥区126座，槐荫区79座，历城区103座，高新区11座。

孟家庄分离式立交桥 是历下区龙洞街道办事处旅游路上一座跨越龙鼎大道的中桥，桥梁全长89米，全宽25.6米，为单幅桥。桥面横向布置为0.6米(护栏)+2.2米(人行道)+9.75米(车行道)+0.5米(中央分隔带)+9.75米(车行道)+2.2米(人行道)+0.6米(护栏)。养护类别：Ⅲ类。上部结构形式为(26+30+26)米的预应力混凝土连续箱梁；下部结构形式为钢筋混凝土多柱式桥墩，钢筋混凝土埋置式桥台，基础类型为桩基础；桥面铺装为沥青混凝土结构，采用毛勒伸缩缝，盆式橡胶支座。设计荷载汽车-20级，挂车-100。2006年6月建成通车。

舜耕路延长线桥 是市中区土屋庄舜耕路上一座跨越兴济河支流的中桥，桥梁全长74.4米，全宽40.8米，桥梁斜交角为60°，桥面横向布置为0.4米(栏杆)+3米(人行道)+5米(非机动车道)+11米(车行道)+2米(中央分隔带)+11米(车行道)+5米(非机动车道)+3米(人行道)+0.4米(栏杆)，上部结构形式为(12+2×18+12)米的装配式钢筋混凝土简支空心板梁，左右幅均横向布设20片梁。2008年12月建成通车。

凤凰路桥 是高新区港沟街道办事处凤凰路上一座跨越小汉峪河的小桥，桥梁全长23.5米，全宽50.4米，桥梁斜交角为80°，桥面横向布置为0.3米(护栏)+4.4米(人行道)+9米(非机动车道)+23米(机动车道)+9米(非机动车道)+4.4米(人行道)+0.3米(护栏)，上部结构形式为2×10米的装配式钢筋混凝土简支板梁，横向布设47片梁(4～44号梁为空心板梁，两侧各布设3片矩形梁)。

奥体西路桥 是历下区丁家庄奥体西路上的一座跨越大辛河的中桥，桥梁全长54米，全宽45.3米，桥面横向布置为0.3米(栏杆)+2.75米(人行道)+5.05米(非机动车道)+11.5米(车行道)+6.1米(中央分隔带)+11.5米(车行道)+5.05米(非机动车道)+2.75米(人行道)+0.3米(栏杆)，上部结构形式为3×18米的装配式预应力混凝土简支空心板梁，横向布设42片梁。2009年建成通车。

世纪大道韩仓河桥 是历城区唐冶街道世纪大道上一座跨越韩仓河的中桥，桥梁全长64米，桥面全宽44米，桥梁斜交角为77°，横向布置为0.4米(栏杆)+2.6米(人行道)+38米(行车道)+2.6米(人行道)+0.4米(栏杆)，上部结构形式为4×16米的装配式预应力混凝土空心板梁，横向布设43片梁。2005年建成通车。

历下区中小型城市桥涵一览表

表3—2—6

单位：米

序号	桥梁名称	所在道路	跨越河流及所在位置	主桥结构	桥梁全长	桥梁全宽
1	鱼翅皇宫涵	旅游路	—	现浇整体式钢筋混凝土板	6.2	30
2	下井庄中桥	旅游路	窑头大沟	预应力混凝土简支空心板	66	25.6
3	转山西桥	旅游路	—	钢筋混凝土连续梁+钢筋混凝土简支板梁	10.7	41.8
4	孟家庄南桥	旅游路	—	预应力混凝土简支空心板	66.2	14
5	孟家庄北桥	旅游路	—	预应力混凝土简支空心板	65.8	14.1
6	孟家庄分离立交桥	旅游路	龙鼎大道	预应力连续箱梁	89	25.6
7	龙洞河中桥	旅游路	龙洞河	预应力混凝土简支空心板	65.8	25.6
8	龙洞河东桥	旅游路	奥体东路	钢筋混凝土简支空心板	44	28.2
9	龙洞匝道桥	旅游路	龙洞河	连续箱梁	79.7	9

续表3-2-6-1

序号	桥梁名称	所在道路	跨越河流及所在位置	主桥结构	桥梁全长	桥梁全宽
10	省电视台桥	经十路	广场东沟	预应力混凝土简支空心板	21.6	60.8
11	羊头峪西沟桥	经十路	羊头峪西沟	钢筋混凝土简支空心板	9.7	54.3
12	经十东路窑头大沟桥	经十东路	窑头大沟	预应力混凝土简支空心板	38.9	96
13	华洋名苑桥	经十东路	窑头大沟支流	钢筋混凝土拱+钢筋混凝土简支空心板	16	95.2
14	石河岭桥	经十东路	大辛河	石拱+预应力混凝土简支空心板	25.5	84.7
15	草山岭西涵	经十东路	草山岭村	钢筋混凝土简支实心板	14	84.6
16	草山岭桥	经十东路	草山岭村	钢筋混凝土简支实心板	16	84.8
17	草山岭东桥	经十东路	草山岭村	钢筋混凝土简支实心板	16	84.8
18	北胡涵洞	经十东路	排水沟	钢筋混凝土简支实心板+石拱	6	90
19	凤山路南口桥	凤山路	排水沟	钢筋混凝土简支空心板	7.2	64
20	凤山桥	凤山路	排水沟	钢筋混凝土简支实心板	10.8	50
21	南义和庄桥	世纪大道	排水沟	钢筋混凝土简支空心板	23	44.4
22	十里河桥	花园东路	大辛河	刚架拱	73.8	31.3
23	历园新村桥	花园路	建新街道	—	7.5	44.7
24	奥体西路桥	奥体西路	大辛河	预应力混凝土简支空心板	54	45.3
25	工业南路大辛河桥	工业南路	大辛河	预应力混凝土简支空心板	77	53.3
26	工业南路窑头大沟桥	工业南路	窑头大沟	预应力混凝土简支空心板	48	135.8
27	工业南路小汉峪桥	工业南路	小汉峪	钢筋混凝土简支空心板	37.2	52.3
28	丁家庄桥	工业南路	排水沟	—	13.2	48.9
29	义和庄桥	工业南路	排水沟	钢筋混凝土简支实心板	36.8	53.1
30	老义和庄桥	工业南路	排水沟	—	6.6	58
31	燕子山小区西路桥	燕子山小区西路	排水沟	—	10.5	9
32	燕子山小区南路涵	燕子山小区南路	燕子山小区南路	钢筋混凝土箱涵	12.8	11.2
33	驿站桥	曲水亭街	河流	石板+钢筋混凝土简支板梁	4.8	7.3
34	小兴隆街涵	曲水亭街	河流	钢筋混凝土拱	6	2.5
35	曲水亭街2号涵	曲水亭街	河流	圆管涵	3.3	9
36	曲水亭街1号涵	曲水亭街	河流	圆管涵	3.3	3
37	百花桥	后宰门街	河流	钢筋混凝土简支实心板	5.4	7.5
38	泮壁街涵	泮壁街	河流	钢筋混凝土拱	7	2.4
39	泮壁街北涵	泮壁街	河流	钢筋混凝土拱	5.7	3.2

续表3-2-6-2

序 号	桥梁名称	所在道路	跨越河流及所在位置	主桥结构	桥梁全长	桥梁全宽
40	大明湖南门西涵	大明湖路	—	石板+钢筋混凝土简支实心板+圆管涵	5.2	33.5
41	大明湖南门东涵	大明湖路	—	钢筋混凝土简支实心板	5.6	29.4
42	鲁商广场南桥	—	广场西沟	预应力混凝土简支空心板	20	14.9
43	鲁商广场桥	—	广场西沟	钢筋混凝土板拱	21	86.2
44	鲁商广场北桥	—	广场西沟	装配式钢筋混凝土简支板	21	11.3
45	泉城公园桥	—	广场西沟	钢筋混凝土拱	22	6.7
46	南郊宾馆桥	马鞍山路	广场西沟	预应力混凝土简支空心板	33.8	26.6
47	舜耕路桥	马鞍山路	广场东沟	钢筋混凝土简支空心板	17.5	25.1
48	舜耕斜桥	舜耕路	广场东沟	预应力混凝土简支空心板	24.5	35
49	经十一路桥	经十一路	广场东沟	钢筋混凝土简支空心板	17.7	20.1
50	青年东路桥	青年东路	广场东沟	圬工拱+钢筋混凝土简支实心板	18.8	33.4
51	燕翔路桥	燕翔路	羊头峪西沟	现浇整体式钢筋混凝土简支实心板石拱	11.5	11
52	羊头峪西沟12号桥	羊头峪西沟街	羊头峪西沟	现浇整体式钢筋混凝土板	7.2	5
53	羊头峪西沟10号桥	羊头峪西沟街	羊头峪西沟	工字钢梁	6.4	1.4
54	西沟文化东路涵	文化东路	羊头峪西沟	钢筋混凝土箱涵	11	29.2
55	山师东路桥	山师东路	羊头峪西沟	钢筋混凝土简支实心板	9.7	23.3
56	文化涵	解放路	羊头峪西沟	钢筋混凝土板拱	20	50.1
57	闸口桥	山大南路	羊头峪西沟	钢筋混凝土简支板	9.5	30.4
58	建筑学院桥	和平路	羊头峪西沟	钢筋混凝土简支空心板	14.3	36
59	霸王涵	和平路	羊头峪东沟	混凝土拱	7.2	31.5
60	东沟文化东路涵	文化东路	羊头峪东沟	钢筋混凝土箱涵+钢筋混凝土简支板梁	7.8	69.7
61	省汽车供销公司宿舍桥	羊头峪东沟街	羊头峪东沟	钢筋混凝土简支实心板	6.5	14.5
62	公安学校供热站南桥	羊头峪东沟街	羊头峪东沟	钢筋混凝土简支实心板	6.5	15.1
63	公安学校供热站北桥	羊头峪东沟街	羊头峪东沟	钢筋混凝土简支实心板	6.5	11.2
64	开元虹桥	羊头峪东沟街	羊头峪东沟	钢筋混凝土拱	6.5	3.9
65	文化东路小学涵	羊头峪东沟街	羊头峪东沟	现浇整体式钢筋混凝土箱涵	6.6	20

续表3-2-6-3

序 号	桥梁名称	所在道路	跨越河流及所在位置	主桥结构	桥梁全长	桥梁全宽
66	羊头峪东沟街1号桥	羊头峪东沟街	羊头峪东沟	钢筋混凝土简支板	6.5	6
67	羊头峪东沟街5号桥	羊头峪东沟街	羊头峪东沟	钢筋混凝土简支板	6.5	6
68	羊头峪东沟街5-2号桥	羊头峪东沟街	羊头峪东沟	钢筋混凝土简支板	6.5	2.2
69	羊头峪东沟街5-3号桥	羊头峪东沟街	羊头峪东沟	钢筋混凝土简支矩形梁	6.5	2.2
70	羊头峪东沟桥	羊头峪东沟街	羊头峪东沟	钢筋混凝土简支板	6	52.4
71	花园第二小学桥	班荆里街	东圩子壕	钢筋混凝土简支实心板	5.8	17
72	东圩子门外街74号涵	东圩子门外街	东圩子壕	钢筋混凝土简支实心板	4	3
73	济南医院门前桥	利农庄路	东圩子壕	—	6.7	6
74	东关大街东头桥	东关大街	东圩子壕	现浇整体式钢筋混凝土实心板	6	29.9
75	保利芙蓉南门桥	明湖东路	东圩子壕	钢筋混凝土简支空心板	6	46.7
76	千佛山路涵	千佛山路	南圩子壕	钢筋混凝土箱涵+圬工拱	6.8	39.6
77	千佛山宾馆涵	—	南圩子壕	钢筋混凝土箱涵	7	12
78	创意广场1号出口涵	—	南圩子壕	钢筋混凝土箱涵	8.3	9.8
79	山工北门涵	厂胜街	南圩子壕	钢筋混凝土箱涵	7	17
80	山工北门西涵	—	南圩子壕	钢筋混凝土箱涵	7.1	4.5
81	朝山街南头涵	南圩子门外街	南圩子壕	钢筋混凝土箱涵	6.6	8.2
82	青年东路北桥	青年东路	南圩子壕	钢筋混凝土简支实心板	6.7	45
83	省中医门前桥	—	南圩子壕	钢筋混凝土简支空心板	9	22
84	黎明坝小桥	—	南圩子壕	现浇整体式钢筋混凝土板	8	2.6
85	山大东村宿舍涵	—	南圩子壕	钢筋混凝土箱涵	11.8	45
86	口腔医院门前桥	—	南圩子壕	钢筋混凝土简支空心板	11	12
87	医科大学桥	—	南圩子壕	现浇整体式钢筋混凝土板+箱涵+圬工拱	10.8	95
88	医科大学西桥	—	南圩子壕	装配式钢筋混凝土简支板	11	12
89	黎明坝桥	文化西路	山水沟	钢筋混凝土连续刚构	43	11.9
90	趵突泉南路桥	泺源大街	护城河	钢筋混凝土简支实心板	14	70

续表3—2—6—4

序 号	桥梁名称	所在道路	跨越河流及所在位置	主桥结构	桥梁全长	桥梁全宽
91	泉城广场西南桥	—	护城河	现浇整体式钢筋混凝土板	15	8.3
92	泉城广场西桥	—	护城河	现浇整体式钢筋混凝土板	22.5	15.7
93	泉城广场西北桥	—	护城河	现浇整体式钢筋混凝土板	13.7	15.7
94	坤顺门桥	趵突泉南路	护城河	钢筋混凝土拱	29.1	32.2
95	西门桥	共青团路	护城河	钢筋混凝土拱	26	41.6
96	对波桥	—	护城河	钢筋混凝土板拱	29.3	7.4
97	寿康桥	—	护城河	刚架拱	33.4	19
98	玛瑙桥	—	护城河	钢筋混凝土板拱	21.2	8.2
99	汇波桥	—	护城河	钢筋混凝土板拱	19.5	5.3
100	南门桥西桥	南门大街	护城河	钢筋混凝土连续刚构	56.9	25.4
101	南门桥东桥	南门大街	护城河	钢筋混凝土简支空心板	36.6	13.7
102	琵琶桥	—	护城河	石拱	30.4	3.8
103	白石桥	—	护城河	钢桁架拱	19.5	3.5
104	青龙桥	解放路	护城河	T型梁+钢筋混凝土简支空心板	30	48.1
105	兴华桥	兴华街	护城河	钢筋混凝土拱	36.5	11.2
106	山大南路西桥	山大南路	护城河	钢筋混凝土拱	75.4	30.5
107	东门桥	东关大街	护城河	钢筋混凝土简支实心板	18.1	25.2
108	坛桥	—	护城河	钢筋混凝土简支实心板	21	10.6
109	黑虎泉北路桥	明湖东路	护城河	钢筋混凝土简支空心板	20	45.5
110	黑虎泉北路涵	黑虎泉北路	护城河	箱涵	9.6	34.3
111	长盛南桥	—	—	现浇整体式钢筋混凝土板	9.3	5.6
112	坦桥	—	东泺河	钢筋混凝土简支实心板	13.5	8.2
113	菜市庄桥	—	东泺河	现浇整体式钢筋混凝土简支实心板	13	2.1
114	菜市新村桥	—	东泺河	预应力混凝土简支空心板	15.8	17.9
115	小柳行头73号桥	—	柳行头河	—	8.6	8.6
116	柳行头河小桥	—	柳行头河	钢筋混凝土简支实心板	13.3	6.1
117	历山路8号桥	—	柳行头河	钢筋混凝土简支实心板	11	10.1
118	商贸学院桥	—	柳行头河	钢筋混凝土简支实心板	11	24
119	历山路人行道涵	历山路	柳行头河	钢筋混凝土简支实心板	5.1	122.5
120	黄台南路桥	黄台南路	柳行头河	钢筋混凝土箱涵	13	22.7

续表3—2—6—5

序号	桥梁名称	所在道路	跨越河流及所在位置	主桥结构	桥梁全长	桥梁全宽
121	黄台南路29号桥	黄台南路	柳行头河	钢筋混凝土简支实心板	7.1	5.1
122	黄台南路33号桥	黄台南路	柳行头河	钢筋混凝土简支实心板	13.3	10.8
123	黄台南路68—1号桥	黄台南路	柳行头河	钢筋混凝土简支实心板	11.8	6.1
124	铁路宿舍桥	黄台南路	柳行头河	现浇整体式钢筋混凝土连续梁	12	9.2
125	仁合庄桥	荆山路	窑头大沟	刚架拱	45	25
126	窑头路桥	窑头路	窑头大沟	钢筋混凝土板拱	30.2	29.8
127	明珠花园桥	燕明路	窑头大沟	钢筋混凝土简支空心板	13	17.2
128	解放东路窑头大沟桥	解放东路	窑头大沟	钢筋混凝土板拱	21	25.9
129	武警医院桥	浆水泉路	窑头大沟	钢筋混凝土简支实心板+钢筋混凝土拱	6	15.3
130	下井庄园桥	—	窑头大沟支流	钢筋混凝土拱	36	16
131	霞景路桥	霞景路	窑头大沟支流	现浇整体式钢筋混凝土板	39.3	20
132	洪山广场桥	—	窑头大沟支流	钢桁架拱	36.6	3.7～5.9
133	义和新生桥	—	排水沟	现浇整体式钢筋混凝土板	11	12
134	义和人和桥	—	排水沟	钢筋混凝土简支实心板	10.6	14.7
135	中林路桥	中林路	排水沟	钢筋混凝土简支板	8.8	35.7
136	盛福北区1号桥	—	排水沟	钢筋混凝土简支板	9.6	7.5
137	盛福北区2号桥	—	排水沟	现浇整体式钢筋混凝土板	9.7	2.6
138	盛福北区3号桥	—	排水沟	现浇整体式钢筋混凝土板	9.7	2.6
139	盛福北区4号桥	—	排水沟	钢筋混凝土简支板	9	25.7
140	盛福北区5号桥	—	排水沟	现浇整体式钢筋混凝土板	9.7	2.6
141	盛福北区6号桥	—	排水沟	钢筋混凝土简支板	9	7.5
142	盛福南区北桥	—	排水沟	钢筋混凝土简支板	9	15.3
143	盛福南区中路桥	—	排水沟	钢筋混凝土简支板	7.1	25
144	盛福南区南路桥	—	排水沟	钢筋混凝土简支板	7	6.8
145	孟家水库涵	—	排水沟	钢筋混凝土箱涵	30.4	47
146	孟家水库桥	—	龙洞河	预应力混凝土简支空心板	83.6	35.3
147	龙鼎大道龙洞河桥	龙鼎大道	龙洞河	钢筋混凝土拱	42.9	50.5
148	老石沟路龙洞河桥	老石沟路	龙洞河	预应力混凝土简支空心板	60.5	30.4

续表3—2—6—6

序　号	桥梁名称	所在道路	跨越河流及所在位置	主桥结构	桥梁全长	桥梁全宽
149	三箭豫林嘉园桥	—	龙洞河	预应力混凝土简支空心板	80	15
150	名士豪庭过街天桥	经十东路	名士豪庭北门	连续钢桁梁	94.6	4.7
151	恒隆广场人行天桥	黑虎泉西路	恒隆广场	连续钢箱梁	89.5	10
152	省博物馆过街天桥	经十东路	山东省博物馆	连续钢箱梁	92	4.5
153	中心医院过街天桥	解放路	济南市中心医院	连续钢箱梁	51.2	4
154	泉城公园北门过街天桥	经十路	泉城公园北门	连续钢箱梁	80	5
155	经十路山东大学过街天桥	经十路	山东大学	连续钢箱梁	104.7	5
156	千佛山医院过街天桥	经十路	千佛山医院	连续钢箱梁	67.8	4
157	农业银行过街天桥	经十路	燕山立交桥西	连续钢箱梁	75.5	3
158	省监狱管理局过街天桥	历山路	省监狱管理局	连续钢箱梁	58.9	4
159	银座商城过街天桥	泺源大街	银座商城	钢箱梁	77.8	15
160	铁职过街天桥	解放路	华强广场	钢箱梁	43.4	4
161	汽车东站南门过街天桥	工业南路	汽车东站南门	连续钢箱梁	69.5	3.5
162	省监狱宿舍过街天桥	工业南路	省监狱宿舍	连续钢箱梁	69.5	3.5
163	华达过街天桥	工业南路	华达汽配城	连续钢箱梁	67.7	3
164	千佛山南门过街天桥（佛慧桥）	旅游路	千佛山南门	钢箱梁	—	—
165	家乐福过街天桥	历山路	家乐福	钢箱梁	53.8	4
166	奥体中心东过街天桥	经十东路	奥体中心	连续钢箱梁	95.4	5
167	奥体中心西过街天桥	经十东路	奥体中心	连续钢箱梁	96	5

说明：据2013年8月普查统计

市中区中小型城市桥涵一览表

表3-2-7　　　　单位：米

序号	桥梁名称	所在道路	跨越河流及所在位置	主桥结构	桥梁全长	桥梁全宽
1	山大过街桥	二环南路	排水沟	钢筋混凝土简支实心板	7.8	32
2	兴隆庄北桥	二环南路	兴济河支流	钢筋混凝土板拱	30	32.1
3	兴隆大沟桥	二环南路	兴济河支流	钢筋混凝土简支空心板	47	48
4	石青崖桥	二环南路	兴济河支流	钢筋混凝土板拱	36.8	50
5	十六里河东桥	二环南路	–	–	22	50
6	十六里河西桥	二环南路	兴济河支流	钢筋混凝土板拱	46.3	50.8
7	蓝天苑涵	二环南路	排水沟(山景园小区南侧)	钢筋混凝土简支实心板	6	35.9
8	漫水桥	二环南路	排水沟(七贤庄)	装配式钢筋混凝土简支板	36	32
9	杨家庄桥	二环南路	大涧沟(杨家庄)	钢筋混凝土T型梁	41.3	32
10	井家沟桥	二环西路	大涧沟	预应力混凝土简支空心板	52.8	25.2
11	国华东方美郡涵	旅游路	排水沟(国华东方美郡旁)	钢筋混凝土板拱	13	49.6
12	财政学院北桥	舜耕路	广场东沟	钢筋混凝土板拱	34.9	35.5
13	虹桥	经十路	广场西沟	钢筋混凝土简支实心板	11	150
14	杆石桥	经七路	西圩子壕	装配式预应力混凝土工字型梁	16	100
15	林祥桥	经四路	西圩子壕	预应力混凝土简支空心板	16	30.6
16	舜耕路延长线桥	舜耕路	兴济河支流	装配式混凝土简支空心板	74.4	40.8
17	东方红桥	英雄山路	兴济河支流	钢筋混凝土刚架拱	60.8	49
18	东方红加宽桥	英雄山路	兴济河支流	装配式预应力混凝土简支板梁	60.8	49
19	阳光新路桥	阳光新路	兴济河	预应力混凝土简支空心板梁	52	50.6
20	刘长山东桥	刘长山路	兴济河	预应力混凝土连续箱梁	58	50.3
21	前龙窝涵	南辛庄西路	龙窝沟	钢筋混凝土箱涵	14	55
22	济大路东桥	济大路	广场东沟	钢筋混凝土板拱	27	25.9
23	舜玉北路桥	舜玉北路	广场东沟	钢筋混凝土板拱	25	12
24	舜玉桥	舜玉路	广场西沟	钢筋混凝土T型梁	20	25
25	济大路桥	济大路	广场西沟	钢筋混凝土简支空心板	20.8	25
26	青年桥	青年西路	南圩子壕	混凝土拱	15.5	30.5
27	普利桥	经二路	西圩子壕	钢筋混凝土简支板梁	16	14.8
28	郎茂山桥	七里山西路	兴济河	装配式钢筋混凝土简支板梁	70	15.5
29	建设路桥	建设路	兴济河	钢筋混凝土双曲拱	57.7	25
30	财政学院游泳馆桥	财政学院	广场东沟	钢筋混凝土矩型梁	25.6	9.7
31	舜玉北区桥	舜玉路	广场西沟	钢筋混凝土T型梁	25	6.9

续表3—2—7—1

序 号	桥梁名称	所在道路	跨越河流及所在位置	主桥结构	桥梁全长	桥梁全宽
32	舜玉便民桥	—	广场西沟	钢结构桁架梁	20.2	2.5
33	科技馆桥	杆南东街	西圩子壕	装配式钢筋混凝土简支实心板	13.5	19
34	火柴厂桥	—	西圩子壕	预应力混凝土简支空心板	16	17
35	自来水厂桥	—	西圩子壕	装配式钢筋混凝土简支板	16	19.9
36	清泉桥	—	西圩子壕	钢筋混凝土简支板	16	19
37	回中东涵	—	排水沟	装配式钢筋混凝土简支板	2	—
38	兴隆庄小桥	—	兴济河支流	石拱	16	6.5
39	兴隆庄通信桥	—	兴济河支流	现浇整体式钢筋混凝土简支板	8.6	7.5
40	土屋桥	土屋路	兴济河支流	石拱	40.9	6.9
41	玉函南区便民桥	—	兴济河支流	现浇整体式钢筋混凝土肋板式梁	31.7	2
42	万灵山桥	万寿路	兴济河支流	装配式钢筋混凝土简支实心板	25.6	20
43	山景园桥	英华西路	兴济河	装配式钢筋混凝土简支板	50	20
44	谷庄桥	—	兴济河	装配式钢筋混凝土简支空心板	32	15.5
45	欣都苑桥	—	兴济河	装配式式钢筋混凝土简支板	30.5	5
46	白马山南路石板桥	白马山南路	井家沟	装配式简支条石板梁	8	6.5
47	井家沟东桥	—	井家沟村	现浇整体式钢筋混凝土简支板	11	6.7
48	武英桥	白马山西路	井家沟村	—	9.6	4.6
49	白马山南路桥	白马山南路	井家沟村	—	10	9.5
50	工务机械段南桥	—	兴济河支流(韩家庄)	现浇整体式钢筋混凝土简支板	7.4	4
51	工务机械段桥	—	兴济河支流(韩家庄)	装配式钢筋混凝土简支实心板	16.5	6.1
52	韩庄(十局)桥	东红庙南路	兴济河支流(韩家庄)	装配式钢筋混凝土简支实心板	13.8	6.5
53	红园小区桥	—	兴济河支流(东红庙村)	装配式钢筋混凝土简支实心板	7.4	3.95
54	东红庙桥	—	兴济河支流(东红庙村)	装配式钢筋混凝土简支板	4.9	6.15
55	东红庙北桥	—	兴济河支流(东红庙村)	现浇整体式钢筋混凝土连续板	9.4	4
56	袁柳庄南涵	—	龙窝沟(袁柳庄)	现浇整体式钢筋混凝土箱涵	10	10.7
57	袁柳桥	—	龙窝沟(袁柳庄)	现浇整体式钢筋混凝土板	5.8	3.9
58	井家沟三孔桥	—	大涧沟	现浇整体式钢筋混凝土简支板	15	6
59	井家沟小桥	—	大涧沟	现浇整体式钢筋混凝土简支板	19.1	5.5

续表3－2－7－2

序 号	桥梁名称	所在道路	跨越河流及所在位置	主桥结构	桥梁全长	桥梁全宽
60	前魏庄桥	魏华西路	腊山河	现浇整体式钢筋混凝土连续板	19	13
61	志友桥	魏华西路	腊山河	现浇整体式钢筋混凝土简支板	18	7.6
62	106医院桥	腊山路	腊山河	现浇整体式钢筋混凝土简支板	21.8	10.1
63	南红庙铁塔桥	－	腊山河	现浇整体式钢筋混凝土板	20	4.6
64	西红庙西区桥	－	腊山河	现浇整体式钢筋混凝土简支板	17.5	7.1
65	西红庙便民桥	－	腊山河	现浇整体式钢筋混凝土简支板	21	6
66	陡沟桥	－	陡沟街道办事处	石拱+钢筋混凝土简支空心板	15	5.4
67	欣都苑便民涵	－	龙窝沟	钢筋混凝土箱涵	19.6	5.6
68	白马山西路涵	白马山西路	龙窝沟	式钢筋混凝土箱涵	12	17.7
69	尹家堂西桥	－	腊山河	预应力混凝土连续箱梁	36.5	10
70	尹家堂人行桥	－	腊山河	钢筋混凝土拱	38	4.7
71	尹家堂桥	－	腊山河	预应力混凝土连续箱梁	41.8	10
72	便民桥	－	兴济河（西十里河庄）	现浇整体式钢筋混凝土肋板梁	25	1.9
73	南郊宾馆桥	马鞍山路	广场西沟	预应力混凝土简支空心板	33.8	26.6
74	纬二路建国小经三路过街天桥	纬二路	建国小经三路	钢箱梁	52.1	3.5
75	省实验中学过街天桥	经七路	省实验中学	连续钢箱梁	47.8	5
76	济南大学过街天桥	二环南路	济南大学南门	钢箱梁	88.2	－
77	建设路北口过街天桥	经十路	建设路北口	钢箱梁	83.1	－
78	英雄山路过街天桥	英雄山路	赤霞广场	钢箱梁	55.1	－

说明：据2013年8月普查统计

天桥区中小型城市桥涵一览表

表3－2－8　　单位：米

序 号	桥梁名称	所在道路	跨越河流及所在位置	主桥结构	桥梁全长	桥梁全宽
1	车站北街小桥	车站北街	柳行头河	装配式钢筋混凝土简支空心板	18.4	10.8
2	车站北街桥	北园大街	柳行头河	钢筋混凝土简支空心板	25	66.6
3	黄台中药厂桥	－	柳行头河	装配式钢筋混凝土简支空心板	22	10.8

续表3-2-8-1

序号	桥梁名称	所在道路	跨越河流及所在位置	主桥结构	桥梁全长	桥梁全宽
4	黄台石桥南桥	—	柳行头河	装配式钢筋混凝土简支空心板	22	10.7
5	黄台石桥	—	柳行头河	—	—	—
6	中正汽修桥	—	柳行头河	装配式钢筋混凝土简支空心板	22	10.7
7	黄台小板桥	—	柳行头河	装配式钢筋混凝土简支空心板	22	15.7
8	柳行头河出口桥	滨河南路	柳行头河	装配式钢筋混凝土简支空心板	24.8	24.6
9	董家桥	—	东泺河	工字钢梁	13.5	2
10	福槐苑桥	—	东泺河	装配式钢筋混凝土简支实心板	13.4	8.2
11	梁府桥	北园大街	东泺河	预应力混凝土简支空心板	18	77.4
12	黄桥居委会桥	—	东泺河	槽钢梁	12.9	1.2
13	黄桥花园桥	—	东泺河	槽钢梁	13	2
14	东泺河桥	—	东泺河	装配式钢筋混凝土简支空心板	12.7	21.1
15	金桥	—	东泺河	槽钢梁	14	1.5
16	梁府小区桥	—	东泺河	槽钢梁	13.7	3
17	东方水岸桥	—	东泺河	工字钢梁	13.4	2
18	水屯北路桥	水屯北路	东泺河	装配式预应力混凝土简支空心板	18.5	40.2
19	五龙潭桥	—	护城河	门式刚架	16.3	12.7
20	周公祠桥	周公祠街	护城河	门式刚架	16	15.4
21	少年桥3	少年路	护城河	门式刚架	15.3	7.7
22	少年桥2	少年路	护城河	门式刚架	15.3	41.3
23	少年桥1	少年路	护城河	门式刚架	15.3	14.2
24	周公祠北涵	周公祠街	生产渠	整体现浇式钢筋混凝土简支实心板	3.7	33.5
25	于家桥(铜元局后街桥)	铜元局后街	生产渠	石拱	5.3	6.7
26	新桥	—	西圩子壕	装配式钢筋混凝土简支实心板	17.3	5
27	少年路西桥	少年路	西圩子壕	装配式钢筋混凝土简支实心板	22.5	17.4
28	金冠花园桥	顺河西街	西圩子壕	装配式钢筋混凝土简支板	27.7	23
29	铜元局前街桥	铜元局前街	西圩子壕	钢筋混凝土简支实心板	20.5	8.5
30	北关桥	启盛街	西圩子壕	装配式钢筋混凝土简支实心板	22	8.7

续表3—2—8—2

序 号	桥梁名称	所在道路	跨越河流及所在位置	主桥结构	桥梁全长	桥梁全宽
31	苇闸桥	明湖北路	西圩子壕	装配式钢筋混凝土简支实心板	27.6	45
32	白鹤桥	—	西圩子壕	钢筋混凝土简支空心板	23.1	6
33	边庄桥	北园大街	西泺河	装配式钢筋混凝土简支板梁	26	34
34	边庄北桥	—	西泺河	—	24	12
35	侯家场小桥	清河西侯家场小区	西泺河	钢筋混凝土简支实心板	24	2.5
36	清河社区桥	—	西泺河	装配式钢筋混凝土简支板	22	10
37	张养浩公园桥	水屯北路	西泺河	钢筋混凝土板梁	42	33.4
38	成丰桥	天成路	西工商河	板拱	39	58.3
39	省交通厅街桥	交通厅街	东工商河	石拱	20.5	7.3
40	中恒桥	北园大街	东工商河	装配式钢筋混凝土简支空心板	27	74.4
41	药圣桥	汽车厂东路	东工商河	刚构	27.4	25
42	宏济桥	—	东工商河	刚架拱	16	1.8
43	凤凰桥	—	东工商河	工字钢梁	23.5	2.9
44	标山桥	标山南路	东工商河	装配式钢筋混凝土简支空心板	23	25.2
45	凤凰山庄桥	—	东工商河	钢桁架梁	12.9	1.9
46	林桥	—	东工商河	石质实心板	16.4	4.8
47	凤凰小区桥	凤凰小区	东工商河	整体现浇槽型梁	17.5	4.4
48	成大桥	纱厂西街	东工商河	装配式钢筋混凝土简支实心板	21.2	6
49	腾飞桥	—	东工商河	现浇整体式钢筋混凝土简支实心板	29.8	9
50	纱厂桥	沙场西街	东工商河	现浇整体式T型梁	20	6.4
51	革命桥（啤酒厂桥）	堤口路	西工商河	斜腿刚构	30	50.1
52	西工商河路桥	西工商河路	—	石拱	20	11.3
53	无影山东路桥	无影山东路	—	—	9.6	19.7
54	红桥（无影山南路桥）	无影山南路	西工商河	石拱	21	6.7
55	汽车总站桥	无影山中路	西工商河	装配式钢筋混凝土简支空心板	27.6	68.3
56	汽车总厂桥	汽车厂东路	西工商河	钢筋混凝土简支空心板	23	13.1
57	师范桥	师范路	西工商河	板拱	25	25.2

续表3-2-8-3

序号	桥梁名称	所在道路	跨越河流及所在位置	主桥结构	桥梁全长	桥梁全宽
58	动物园桥	动物园内	西工商河	石拱	27.5	8.3
59	动物园北桥	动物园内	西工商河	板拱	25	10.3
60	黄岗路54号桥	–	兴济河	装配式预应力混凝土简支空心板梁	42	10
61	滨河南路兴济河桥	滨河南路	兴济河	钢筋混凝土空腹式空心板梁	54	31
62	东宇花园南门桥	–	虹吸干渠	装配式钢筋混凝土简支实心板	11.8	4.1
63	东宇大桥	东宇大街	虹吸干渠	钢筋混凝土简支空心板	9	25
64	重汽配件西2号桥	–	虹吸干渠	现浇整体式钢筋混凝土板	9.5	6.4
65	重汽配件西1号桥	–	虹吸干渠	现浇整体式钢筋混凝土板	8.5	7
66	重汽配件桥	蓝翔路	虹吸干渠	装配式钢筋混凝土简支实心板	8.5	29
67	粟山路殡仪馆桥	粟山路	虹吸干渠	石拱	8.5	15.9
68	粟山路桥	粟山路	虹吸干渠	装配式钢筋混凝土简支T梁	12	15.2
69	东沙王庄1号桥	东宇大街	北太平河	现浇整体式钢筋混凝土简支板梁	13	11
70	东宇花园桥	东宇大街	北太平河	装配式钢筋混凝土简支空心板	11	21.5
71	蓝翔路19号桥	蓝翔路	北太平河	装配式钢筋混凝土简支实心板	14	30
72	北太平闸桥	北马鞍山路	北太平河	石拱	10.5	13
73	卢庄桥	无影山北路	北太平河	预应力混凝土简支空心板	23.1	50
74	北闸桥	–	–	–	–	–
75	东沙王庄2号桥	东宇大街附近	北太平河支流	整体式钢筋混凝土简支板梁	8.5	7
76	鑫众桥	–	北太平河支流	现浇整体式钢筋混凝土简支板	9.4	4.5
77	世代桥	东宇大街附近	北太平河支流	现浇整体式钢筋混凝土简支板梁	6.4	11
78	康桥	东宇大街附近	–	–	7.3	9.3
79	药山环卫桥	东宇大街附近	–	–	7.3	9.5
80	洋涓桥	蓝翔路	–	–	12	12

续表3-2-8-4

序号	桥梁名称	所在道路	跨越河流及所在位置	主桥结构	桥梁全长	桥梁全宽
81	万盛街桥	—	万盛沟	左幅：石拱 右幅：圬工拱	10.6	58
82	造纸厂桥	—	万盛沟	装配式钢筋混凝土简支空心板	8.2	7.8
83	荣泰小区西门桥	—	万盛沟	装配式钢筋混凝土简支板	7.8	10.2
84	万盛园桥	堤口路	万盛沟	装配式钢筋混凝土简支板	6.5	35
85	幼师后门涵	胜利庄东路	—	—	4.3	6
86	东沙公墓涵	东沙王庄	北太平河	现浇整体式钢筋混凝土简支实心板梁	3.5	4
87	世代北1号桥	—	北太平河支流	钢结构	7.7	12
88	世代北2号桥	—	北太平河支流	钢结构	7.7	12
89	济南轻骑电动车路口桥	—	北太平河支流	钢筋混凝土简支板	7.5	7.3
90	大魏庄涵	—	—	现浇整体式钢筋混凝土简支板梁	5.7	14.8
91	二十九中西涵	蓝翔中路	灌溉沟	现浇整体式钢筋混凝土简支板梁	3.5	27
92	五曲西桥	水屯北路	东工商河	钢筋混凝土连续刚构T梁	22.5	1.9
93	五曲东桥	水屯北路	东工商河	钢筋混凝土连续刚构T梁	22.5	1.9
94	英贤桥	馆驿街	西圩子壕	装配式钢筋混凝土简支实心板	17.2	10.5
95	黄台南路68-1号桥	黄台南路	柳行头河	钢筋混凝土简支实心板	11.8	6.1
96	北邻桥	兴济河东路	排水沟	钢筋混凝土简支实心板	14.8	20.5
97	无影山中路桥	无影山中路	兴济河	装配式预应力混凝土简支空心板	55	61.7
98	幸福街东桥	幸福街	兴济河支流	装配式钢筋混凝土简支空心板	13.5	25.2
99	迎济桥	迎济桥庄	东工商河支流	石拱	21.5	5
100	黄岗桥	黄岗路	小清河	桁架拱	—	—
101	北辛桥	北辛路	小清河	预应力混凝土连续梁	68.6	16
102	药山桥	腊山河北路	小清河	钢筋混凝土悬索桥	88	10
103	无影山北路桥	无影山北路	小清河	连续梁桥	—	—
104	动物园桥	东沙王路	小清河	预应力混凝土连续梁	72	13
105	济泺桥	济泺路	小清河	预应力混凝土连续梁拱组合式梁	113	56

续表3—2—8—5

序 号	桥梁名称	所在道路	跨越河流及所在位置	主桥结构	桥梁全长	桥梁全宽
106	标山路桥	标山路	小清河	预应力变截面连续梁	85	32
107	凤凰山路桥	凤凰山路	小清河	钢筋混凝土中承式系杆拱	96	31.5
108	东工商河西河桥	滨河南路	东工商河	钢筋混凝土简支板梁	26	21
109	国棉一厂桥	—	小清河	—	—	—
110	东工商河东河桥	滨河南路	东工商河	钢筋混凝土简支板梁	26	21
111	生产路桥	生产路	小清河	钢筋混凝土变截面连续梁桥	125	47
112	滨河南路西泺河桥	滨河南路	西泺河	钢筋混凝土简支梁桥	26	28
113	水屯路桥	水屯路	小清河	预应力变截面箱梁	112	20
114	历黄路桥	历黄路	小清河	预应力变截面连续梁	95	51
115	滨河南路东泺河桥	滨河南路	东泺河	钢筋混凝土简支梁桥	18	28
116	滨河南路柳行头河桥	滨河南路	柳行头河	钢筋混凝土简支梁	32.4	24.5
117	历山北路桥	历山北路	小清河	预应力混凝土变截面连续梁	95	51
118	滨河南路窑头大沟桥	滨河南路	窑头大沟	预应力混凝土简支梁桥	43.5	22
119	航运路桥	航运路	小清河	预应力混凝土等截面连续箱梁	36	32
120	北太平河箱涵	滨河北路	北太平河	箱涵	19.5	58.5
121	五柳岛人行天桥	五柳岛	小清河	拱桥	—	—
122	黄台码头桥	—	小清河	斜拉桥	120	10
123	制革街过街天桥	济泺路	制革街	钢箱梁	66.5	—
124	动物园过街天桥	济泺路	动物园	钢箱梁	51	—
125	市立四院过街天桥	师范路	市立四院	钢桁架梁	44.2	—
126	蓝翔中路过街天桥	蓝翔中路	蓝翔中路	—	—	—

说明：据2013年8月普查统计

槐荫区中小型城市桥涵一览表

表3—2—9　　单位：米

序 号	桥梁名称	所在道路	跨越河流及所在位置	主桥结构	桥梁全长	桥梁全宽
1	道德涵	经六路	排水沟	钢筋混凝土简支实心板	4.5	35

续表3—2—9—1

序 号	桥梁名称	所在道路	跨越河流及所在位置	主桥结构	桥梁全长	桥梁全宽
2	经二路桥	经二路	排水沟	钢筋混凝土简支空心板	8	51
3	中大槐树南街涵	—	排水沟	石拱	10	4.4
4	燃料公司门前涵	—	排水沟	装配式钢筋混凝土简支实心板	4.6	19
5	八里桥	张庄路	排水沟	装配式钢筋混凝土简支空心板	8	46.8
6	济齐路匡山桥	济齐路(匡山中路)	济齐路雨水沟	装配式钢筋混凝土简支实心板	7	50
7	济齐路东涵	济齐路	济齐路雨水沟	装配式钢筋混凝土简支实心板	6.4	60
8	济齐路中涵	济齐路(匡山西路)	济齐路雨水沟	装配式钢筋混凝土简支实心板	5.4	56
9	济齐路建安桥	济齐路(匡山东路)	济齐路雨水沟	装配式钢筋混凝土简支实心板	13.1	70
10	济齐路西涵	济齐路	吴家堡镇	钢筋混凝土简支实心板	9	22
11	万宝行桥	二环西路	万宝行	—	—	—
12	泉城花园桥	二环西路	泉城花园	—	—	—
13	经六路过街涵	经六路支路	排水沟	装配式钢筋混凝土简支实心板	4.6	9.3
14	匡山小区中路涵	匡山小区中路	排水沟	装配式钢筋混凝土简支实心板	4.5	11
15	老屯东路桥	老屯东路	排水沟	现浇整体式钢筋混凝土简支实心板	11.8	10～13.5
16	刘长山路涵	刘长山路	兴济河	钢筋混凝土简支实心板	7.5	6.1
17	阳光100南桥	阳光路	兴济河	装配式预应力混凝土简支空心板	68	24.7
18	阳光100北桥	阳光路	兴济河	预应力混凝土斜腿刚构	63	24.7
19	阳光100人行桥	—	兴济河	现浇整体式预应力混凝土连续梁	54	3.6
20	石油技术学院桥	丁字山路	兴济河	圬工拱(混凝土砌块)	48	8
21	丁字山路桥	丁字山路	兴济河	现浇整体式钢筋混凝土连续梁	20	8
22	西十里河桥	西十里河街	兴济河	装配式钢筋混凝土简支空心板	30.4	13
23	辛西桥	济微路	兴济河	装配式钢筋混凝土简支空心板	45.2	56
24	经十路兴济河桥	经十路	兴济河	现浇整体式钢筋混凝土连续梁	65	60
25	经六路兴济河桥	经六路	兴济河	装配式钢筋混凝土简支空心板	43	30
26	张庄路兴济河桥	张庄路	兴济河	—	—	—
27	老屯人行桥	—	兴济河	装配式钢筋混凝土简支空心板	27.3	2.6

续表3-2-9-2

序 号	桥梁名称	所在道路	跨越河流及所在位置	主桥结构	桥梁全长	桥梁全宽
28	老屯大桥	—	兴济河	装配式钢筋混凝土简支空心板	35.7	16.5
29	兴西路兴济河桥	幸福街	兴济河	装配式钢筋混凝土简支板	41.3	30
30	孟家桥	济齐路	兴济河	装配式钢筋混凝土简支空心板	43.6	49
31	拥军公路桥	—	—	—	—	—
32	腊山河桥	经十路	腊山河	现浇整体式钢筋混凝土连续梁	61	90
33	鑫城桥	济西东路	腊山河	装配式钢筋混凝土简支板	24.9	16
34	小饮马农贸市场桥	—	腊山河	装配式钢筋混凝土简支空心板	29	15.6
35	演马庄桥	—	—	—	—	—
36	机场西路88号涵	—	排水沟	钢筋混凝土简支实心板	4.4	7.2
37	龙腾小区西桥	—	南太平河	现浇整体式钢筋混凝土连续梁	9.2	6
38	吴家堡西闸桥	西小清河北路	南太平河	—	—	—
39	唐家庄桥	—	唐家庄	装配式钢筋混凝土简支空心板	17.5	9.2
40	治黄路桥	治黄路	唐家庄	装配式钢筋混凝土简支实心板	15	11
41	虹吸干渠桥	二环西路	—	—	—	—
42	美里湖2号街桥	美里湖2号街	虹吸干渠	现浇整体式钢筋混凝土连续肋板式梁	15	7.5
43	美里湖3号街桥	美里湖3号街	虹吸干渠	现浇整体式钢筋混凝土连续肋板式梁	15	7.5
44	创新桥	美里湖4号街	虹吸干渠	现浇整体式钢筋混凝土实心板梁	14.8	9.1
45	美里湖5号街桥	美里湖5号街	虹吸干渠	现浇整体式钢筋混凝土连续肋板式梁	14.2	7.5
46	二环西路北太平河桥	二环西路	北太平河支流	钢筋混凝土简支实心板	17.6	50.1
47	沙王庄桥	二环西路	西沙王庄	—	—	—
48	西沙北桥	—	北太平河	钢筋混凝土简支实心板	13.5	6.3
49	西沙北2号桥	—	北太平河	钢筋混凝土简支实心板	14.7	7
50	防化团中桥	店东街	腊山河	现浇整体式钢筋混凝土连续箱梁	39.5	9.9
51	防化团人行桥	—	腊山河	钢筋混凝土拱	38	4.7
52	兴济河西路桥	兴济河西路	腊山河	装配式钢筋混凝土简支空心板	26.5	11
53	肖家屯北桥	美里湖东路	曹家圈虹吸干渠	装配式钢筋混凝土简支实心板	8.5	5.4~5.6
54	北太平河小桥	美里湖东路	北太平河	装配式钢筋混凝土简支实心板	18.7	7.2
55	东沙王桥	东沙王路	小清河	预应力斜腿刚构桥	64	31

续表3-2-9-3

序号	桥梁名称	所在道路	跨越河流及所在位置	主桥结构	桥梁全长	桥梁全宽
56	二环西路桥	二环西路	小清河	简支板梁	64.6	67
57	机场路桥	机场路	小清河	钢筋混凝土空腹式斜板拱桥	69	40
58	腊山河北路桥	腊山河北路	小清河	预应力等截面连续梁桥	64.5	25
59	腊山河桥	腊山河路	腊山河	钢筋混凝土箱涵桥	26	16
60	腊山河西桥	腊山河西路	小清河	钢筋混凝土空腹式无铰拱桥	69.3	14
61	大金路桥	大金路	小清河	变截面连续梁桥	64.5	14
62	峨眉东沟桥	峨眉片区	–	钢筋混凝土箱涵	26	24
63	油牌赵庄桥	峨眉片区南北三号路	南水北调	空腹式钢筋混凝土无铰拱	39.1	40
64	物流大道桥	物流大道	南水北调	变截面混凝土连续梁	56.5	25
65	铁路编组站西桥	–	南水北调	钢筋混凝土变截面连续梁桥	41.5	15
66	睦里庄二桥	–	南水北调	预应力钢筋混凝土简支梁桥	36	20
67	世购广场过街天桥	经十东路	世购广场	连续钢箱梁	95	4
68	润华集团过街天桥	经十东路	润华集团	连续钢箱梁	81.6	4
69	张庄路过街天桥	张庄路	森林公园	连续钢箱梁	57.8	4
70	儿童医院过街天桥	经十路(儿童医院)	经十路	钢箱梁	78.5	–
71	德兴街过街天桥	经十路(德兴街小学)	经十路	钢箱梁	79.2	–
72	华联商厦过街天桥	经二路(华联商厦)	经二路	钢箱梁	22.5	–
73	嘉华桥	纬十路	纬十路	钢箱梁	35.5	–
74	省立医院东过街天桥	经五路	省立医院	钢箱梁	–	–
75	省立医院西过街天桥	经五路	省立医院	钢箱梁	–	–
76	张庄西路过街天桥	张庄西路	张庄西路	钢箱梁	–	–
77	泉城花园人行天桥	二环西路	泉城花园	–	–	–
78	济南邮局中心局人行天桥	二环西路	济南邮局中心局	–	–	–
79	西沙王庄人行天桥	二环西路	西沙王庄	–	–	–

说明：据2013年8月普查统计

历城区中小型城市桥涵一览表

表3-2-10　　　　单位：米

序 号	桥梁名称	所在道路	跨越河流及所在位置	主桥结构	桥梁全长	桥梁全宽
1	二环东路通道桥	二环东路	清河南路	现浇整体式肋板式梁+简支空心板	17.5	53.4
2	省图书馆桥	二环东路	窑头大沟	钢筋混凝土梁	31	64.8
3	小庄桥	—	窑头大沟	钢筋混凝土拱	17.9	10.3
4	旅游路韩仓河桥	旅游路	韩仓河	预应力混凝土简支空心板	68	25
5	韩仓河支沟桥	旅游路	韩仓河	钢筋混凝土简支板	5.8	29
6	旅游路护理学院桥	旅游路	—	预应力混凝土简支空心板	44.5	25.4
7	旅游路彩石桥	旅游路	—	钢筋混凝土简支空心板	8.9	25.1
8	小峪支沟桥	旅游路	小汉峪支沟	钢筋混凝土简支板	9.2	36.2
9	大汉峪中桥南桥	旅游路	小汉峪	预应力混凝土简支空心板	66	14
10	大汉峪中桥北桥	旅游路	小汉峪	预应力混凝土简支空心板	66	14
11	章锦涵洞	旅游路	排水沟	现浇钢筋混凝土简支板	5.5	40.3
12	田庄桥	经十东路	田庄东	石拱+钢筋混凝土简支板	7	84.6
13	潘庄桥	经十东路	韩仓河	预应力混凝土简支空心板	42.8	84.8
14	北胡桥	经十东路	小汉峪	石拱+预应力混凝土简支空心板	21.3	87.1
15	林家庄涵	经十东路	排水沟	盖板涵	13	84.4
16	林家庄西涵	经十东路	排水沟	钢筋混凝土简支实心板	9.7	86.2
17	世纪大道建筑大学桥	世纪大道	世纪大道与凤鸣路口西	钢筋混凝土简支板	8	61.5
18	世纪大道刘公河桥	世纪大道	刘公河	预应力混凝土简支空心板梁	60	70.2
19	世纪大道韩仓河桥	世纪大道	韩仓河	预应力混凝土空心板	64	44
20	工业北路大辛河桥	工业北路	大辛河	预应力混凝土简支空心板	68	53
21	工业北路小汉峪桥	工业北路	小汉峪	预应力混凝土简支空心板	32	54.4
22	工业北路张马河桥	工业北路	张马河	装配式预应力混凝土简支空心板	16.1	72.2
23	引水桥	工业北路	三道河	钢筋混凝土简支实心板	7.8	53.4
24	工业北路龙脊河桥	工业北路	龙脊河	钢筋混凝土简支实心板	13.6	55.8
25	奥体中路张马河桥	奥体中路	张马河	预应力混凝土简支空心板	22.5	64.7
26	山大北门步行桥	山大北路	山大北路	斜拉桥	46.9	3.3

续表3-2-10-1

序号	桥梁名称	所在道路	跨越河流及所在位置	主桥结构	桥梁全长	桥梁全宽
27	安家庄桥	凤岐路	龙脊河	钢筋混凝土简支板	10.3	54.2
28	殷家小庄桥	花园路	窑头大沟	钢筋混凝土空心板	58.4	45.3
29	北全福桥	北园大街	窑头大沟	钢筋混凝土简支空心板	40	71.4
30	南全福桥	南全福大街	窑头大沟	钢筋混凝土简支空心板	26.8	15
31	七里堡路桥	七里堡路	窑头大沟	预应力混凝土简支空心板+钢筋混凝土简支实心板	28.2	20.7
32	七里堡桥	洪家楼北路	窑头大沟	现浇钢筋混凝土连续板	27	11.1
33	华龙路桥	华龙路	窑头大沟	–	–	–
34	百花小区桥	–	窑头大沟	钢筋混凝土连续实心板	16	15.6
35	兴泉2号桥	–	窑头大沟	钢筋混凝土简支空心板	16	15
36	兴泉桥	–	窑头大沟	钢筋混凝土简支空心板	15.5	8.7
37	南全福铁道北桥	–	窑头大沟	装配式钢筋混凝土简支板	26.2	15
38	南全福铁道北涵	–	–	箱涵	8.6	20～34
39	南全福小学桥	–	窑头大沟	钢筋混凝土板	23.8	15
40	南全福窑头大沟西岸桥	–	窑头大沟	钢筋混凝土板	104	7.6
41	南全福窑头大沟东岸桥	–	窑头大沟	钢筋混凝土板	167.4	7.6
42	德胜桥	–	窑头大沟	钢筋混凝土简支空心板	25.8	15
43	北全福村委桥	–	窑头大沟	钢筋混凝土简支空心板	25	10
44	窑头大沟出口桥	–	窑头大沟	钢筋混凝土简支空心板	43.5	22.2
45	祝舜路涵	祝舜路	排水沟	钢筋混凝土简支实心板	5	22.2
46	九洲鼎金属制造厂桥	西周南路	大辛河	现浇整体式钢筋混凝土肋板式梁	18	12.1
47	济南含章印务公司桥	西周南路	大辛河	现浇整体式钢筋混凝土肋板式梁	8.9	5.9
48	西周家庄桥	–	大辛河	钢筋混凝土简支板+现浇整体式板	13	5.9
49	小辛庄桥	大辛西大街	大辛河	钢筋混凝土简支空心板	16.2	8
50	小辛庄2号桥	大辛西大街	大辛河	工字钢梁	11.5	6.2
51	大辛庄桥	大辛西大街	大辛河	钢筋混凝土连续板	11.3	4.9
52	黄泰集团桥	–	大辛河	工字钢梁	12.8	8.3

续表3-2-10-2

序　号	桥梁名称	所在道路	跨越河流及所在位置	主桥结构	桥梁全长	桥梁全宽
53	郭家庄桥	—	小汉峪	现浇整体式钢筋混凝土简支板	7.9	8
54	郭家庄南桥	—	小汉峪	现浇整体式钢筋混凝土简支板	7.7	8
55	周靳郭小区桥	—	小汉峪	装配式钢筋混凝土简支板	6.7	9.4
56	周靳郭小区北桥	—	小汉峪	装配式钢筋混凝土简支板	6.7	35.1
57	泰圣源小汉峪桥	—	小汉峪	现浇整体式钢筋混凝土简支板	12.9	12.9
58	开源路万瑞制衣桥	开源路	小汉峪	钢筋混凝土简支实心板	5.1	16.1
59	凯莱电气小汉峪桥	—	小汉峪	现浇整体式钢筋混凝土板	14	10
60	宝世达小汉峪桥	—	小汉峪	现浇整体式钢筋混凝土简支肋板梁	12.9	19.2
61	开源路小汉峪桥	开源路	小汉峪	现浇整体式钢筋混凝土板	12.8	14.9
62	开源路小汉峪2号桥	杨家屯北路	小汉峪	现浇整体式钢筋混凝土板	16	11.9
63	杨家屯桥	开源路	小汉峪	现浇整体式钢筋混凝土板	14.8	15
64	开源一路小汉峪桥	开源一路	小汉峪	钢筋混凝土简支实心板	13.1	6.5
65	开源二路小汉峪桥	开源二路	小汉峪	现浇整体式钢筋混凝土板	16	10
66	开源三路小汉峪桥	开源三路	小汉峪	钢筋混凝土简支实心板	13	10.2
67	茂茸桥	开源四路	小汉峪	现浇整体式钢筋混凝土板	13.1	10
68	开源五路小汉峪桥	开源五路	小汉峪	现浇整体式钢筋混凝土板	16	15
69	开源六路小汉峪桥	开源六路	小汉峪	现浇整体式钢筋混凝土板	16	15
70	开源路小汉峪3号桥	开源七路	小汉峪	钢筋混凝土简支实心板	13	7.9
71	白菜路小汉峪桥	白菜路	小汉峪	钢筋混凝土简支实心板	14.4	27.2
72	冷水沟畜牧场桥	—	小汉峪	装配式钢筋混凝土简支板	13.1	7.9
73	驴山桥	荷花路	小清河支流	钢筋混凝土简支实心板	15.5	20.3
74	温梁路梁王河桥	温梁路	梁王河	现浇整体钢筋混凝土连续板梁	14.6	6.2
75	梁王桥	—	梁王河	现浇整体式钢筋混凝土连续梁	34.2	6

续表3—2—10—3

序 号	桥梁名称	所在道路	跨越河流及所在位置	主桥结构	桥梁全长	桥梁全宽
76	瑞宝木业梁王河桥	—	梁王河	现浇整体式钢筋混凝土连续梁	13	4.5
77	农工连心梁王河桥	—	梁王河	钢筋混凝土连续刚构	12.3	7.2
78	梁王河北桥	—	梁王河	钢筋混凝土简支空心板	9.5	7.2
79	潘庄北桥	—	韩仓河	圬工拱	41.4	5.5
80	张马屯西桥	—	张马河	钢筋混凝土连续刚构	16.4	10
81	张马河北桥	—	张马河	预应力混凝土简支空心板梁	16	5.9
82	万科新里程桥	—	张马河	工字钢梁	31.2	6～8.8
83	文苑街刘公河桥	文苑街	刘公河	预应力连续箱梁	72	40
84	鲁商凤凰城北刘公河桥	—	刘公河	预应力连续箱梁	97.4	30.6
85	恒大名都北刘公河桥	—	刘公河	预应力连续箱梁	79.3	25.7
86	敬德街刘公河桥	敬德街	刘公河	预应力连续箱梁	72	60
87	文苑街土河桥	文苑街	土河	预应力混凝土简支空心板	91.1	40
88	银丰唐郡北土河桥	—	土河	预应力混凝土简支空心板	109	30
89	银丰唐郡南土河桥	—	土河	预应力混凝土简支空心板	67.9	25
90	敬德街土河桥	敬德街	土河	梁拱组合体系	43	30
91	前进桥	二环东路	小清河	—	—	—
92	华山路桥	华山路	小清河	预应力变截面连续梁	105	41
93	还乡店桥	还乡店路	小清河	—	—	—
94	菜园桥	菜园路	小清河	钢筋混凝土下承式拱桥	112	17.8
95	化纤厂路桥	化纤厂路	小清河	—	—	—
96	贤文路桥	贤文路	小清河	预应力钢筋混凝土变截面梁	103	26.3
97	驴山沟桥	小清河北路	驴山沟	钢筋混凝土简支板梁	26	21
98	大辛河桥	小清河南路	大辛河	预应力钢筋混凝土简支梁	72	18
99	林家庄过街天桥	经十东路	林家庄	连续钢箱梁	94.6	4.7
100	山大医院过街天桥	山大北路	山大北路	斜拉桥	46.9	—
101	建筑大学南门过街天桥	经十东路	建筑大学南门	等高度钢桁梁	94	4.7
102	邢村立交桥西过街天桥	经十东路	邢村立交桥西	等高度钢桁梁	94	4.7

续表3—2—10—4

序　号	桥梁名称	所在道路	跨越河流及所在位置	主桥结构	桥梁全长	桥梁全宽
103	甸柳庄人行天桥	二环东路	二环东路	预应力混凝土连续箱梁	47.3	5

说明：据2013年8月普查统计

高新区中小型城市桥涵一览表

表3—2—11　　　　单位：米

序　号	桥梁名称	所在道路	跨越河流及所在位置	主桥结构	桥梁全长	桥梁全宽
1	凤凰路桥	凤凰路	小汉峪	钢筋混凝土简支空心板	23.5	50.4
2	国华印象桥(原舜颂路桥)	凤凰路	小汉峪(国华印象门口)	钢筋混凝土简支空心板	20.5	14.6
3	金奥大厦桥	凤凰路	小汉峪	钢筋混凝土简支空心板	19.4	12
4	龙园小区桥	凤凰路	小汉峪(龙园小区门口)	混凝土拱	19	25
5	鲁能北桥	凤凰路	小汉峪	钢筋混凝土简支空心板	26	20.2
6	鲁能南桥	凤凰路	小汉峪	钢筋混凝土简支空心板	21	20.3
7	世纪大道小汉峪桥	世纪大道	小汉峪	钢筋混凝土简支空心板	26	44.2
8	舜风路桥	舜风路	小汉峪	钢筋混凝土简支空心板	19.4	24.2
9	天辰大街小汉峪桥	天晨大街	小汉峪	钢筋混凝土简支空心板	24	30.2
10	新泺大街小汉峪桥	新泺大街	小汉峪	钢筋混凝土简支实心板	22	35
11	智远桥	凤凰路	小汉峪(智远大酒店对过)	预应力混凝土简支空心板	20.4	20.7

说明：据2013年8月普查统计

第三节　隧　道

2006年6月，济南市政第一座隧道——开元隧道正式通车。至2010年，城区内共有隧道3座。旅游路作为连接主城区和东部新城区的交通大动脉，在该路西段(港西路至会展中心)沿线建有开元隧道、转山隧道、龙洞隧道。隧道总长2600米。

开元隧道　长1500米，净高9.64米，宽14.07米。洞内设有人行横洞3

开元隧道

条、车行横洞2条、防火卷帘门、射流风机16台、照明灯794盏、备用发电机2台、报警电话63部、消防箱58处、紧急电话14部、一氧化碳检测仪4套、消防监控摄像机32台。

转山隧道 长330米，净高9.64米，宽14.07米。洞内设有照明灯405盏、报警电话6部、消防箱12处、车辆监测器4台，其洞内结构及设施与开元隧道基本相同。

龙洞隧道 长770米，净高9.64米，宽14.07米。洞内设有人行横洞2条、照明灯554盏、报警电话10部、消防箱30处、监控摄像机12台、车辆监测器4台。

第三章　路灯设施与管理

第一节 路灯设施

1986～1987年，主要对大纬二路、济泺路、北园路、历山路等干线进行灯具更新换代。1988年，济南市第一座城市立交桥——八一立交桥落成，采用当时国际先进的组合照明技术——高杆照明。共设四基，每基灯杆高度为30米，灯杆为流线型、插接式，上端灯盘直径3.6米，安装400瓦高压钠灯4组24盏。安装桥体灯328盏，桥下草坪灯70盏，被评为济南市“十大景观”之一。

1991年，主要对北园路立交桥、生产路立交桥、历山路立交桥等桥上照明和桥头照明进行重点更换维护。对全市各路口吊灯逐步拆除更换。1992年，重点对市内各旅游景区路灯照明进行更新换代，对环城公园各处安装金属杆、桶形庭院灯，更换明湖路中形灯，新安装四火路灯4柱，庭院灯80套。

1996年，市委、市政府将“灯亮工程”列为树立济南形象六大工程之一。1997年，对全市路灯进行大范围整修，重点对背街小巷路灯实施整修。对全市3000余盏背街小巷第一代光源白炽灯进行更新换代。1998年，完成顺河高架路路灯安装任务，该路全长5.6千米，光源全部采用400瓦变压钠灯，选用荷兰飞利浦进口灯具。1999年，先后对英雄山路、无影山路、师范路、建设路、千佛山路、济泺路、经一路东段、山大南路、水屯路、三孔桥街、趵突泉南路、工人新村中街等路段路灯进行改造，新安装路灯1038盏，新立灯杆588棵，完成投资986.13万元。对全市1638盏路灯、500余千米路灯专用线路、145台变压器及257台光控开关等基础设施进行全面养护维修。

2000年，完成张庄路路灯建设任务、工业北路路灯工程及经十路路灯更新任务。工业北路作为全市“一环九射”重点工程之一，布灯方式为道路中心花坛立路灯一排，两侧人行道各设单臂弯灯一排(均为金属杆)，光源全部为高压钠灯。2002年，完成经十东路路灯工程，对泉城路、无影山路、历山路、县西巷、马鞍山路、青年东路等道路路灯进行改造。2003年，完成化纤路、阳光舜城、粟山路、财政路、洛安路、顺河高架路北延等路灯工程。完成机场路、营市东街、曲水亭、洪楼西路、经六路延长线、燕山立交桥等路灯改建工程。新增路灯检查井628个，新立路灯杆1117棵，新安路灯1220盏，新增路灯专用变压器5台。2004年，随着经十路道路改造工程，对经十路路灯进行更新，与经十东路相接，路灯电杆、灯型、光源全部一致。完成燕山立交、北园立交、国道309线、华龙路、舜耕路、闫千户、经六路、兴济河、经一路、济泺路、工业南路、纬六路等道路路灯安装任务。全年完成新改建工程总产值3500余万元，全年新增路灯10000余盏。完成467条背街小巷路灯整治任务。2005年，完成顺河高架路、经七路、泺源大街、解放路等主干道路灯改造及15条次干道路灯改造任务。578条背街小巷路灯整治任务于6月底全面完成。全年共新增路灯12768盏。

2006年，完成纬二路、英雄山路、103国道等20多条道路新建和改建路灯工程。全市新增路灯6196盏。2007年，完成历山路、西外环、北外环、无影山北路、历山北路、北园高架路等45条道路新建和改建路灯工程，新增路灯7921盏。2008年，完成119条道路路灯新改建工程，完成568条背街小巷路灯整治任务，完成6座桥桥体景观亮化工程。全年新增路灯8904盏。2009年，完成迎全运会路灯建设和提升工程136条，完成其他投资主体路灯工程建设和提升165条。3年完成301条主次干道路灯建设和提升，新增路灯37496盏，改造路灯10690盏。完成背街小巷二期路灯整治任务339条。2010年，实施黑虎泉西路、文化东路、文化西路、阳光舜城等34条道路路灯建设任务，新增路灯5442盏，变压器35台。全市路灯总数87977盏，变压器576台，线路总长1972.8千米，基本实现二环路以内照明全覆盖和绕城高速以内主干道亮灯目标。

第二节 管理与维护

1986年，路灯管理工作由济南市城市建设局承担，由分管领导和生产技术部门相关人员组成查灯组，定期开展巡查工作，发现问题及时处理。1990年，市政府颁布《济南市城市道路照明设施管理办法》，规定“路灯照明的设施维护和管理范围，任何单位和个人不准私自拆除和迁移路灯设施，对破坏路灯设施者要依法查处”。

1991年，市路灯管理所更名为济南市路灯管理处。1992年，开始采用路灯微机监控系统，一期工程全市共设置44个监控点，监控市区50余条主要干道，控制路灯4300盏。2000年5月，正式启动使用路灯服务热线。同年，开展集中整治，对全市10423棵路灯电杆进行全面清理，达到“治脏、治乱、治暗”目标要求；维修人员采用机械车辆进行维修，结束了使用脚扣爬杆作业的历史。2003年，路灯管理改由市市政公用局负责。10月，济南市12319热线正式开通，路灯服务热线成为12319热线下属的一个服务平台，热线服务功能更加完善。同年，成立路灯维护抢修队，直接接受12319热线的调度和路灯处领导，负责路灯事故的抢修工作。2005年，重新建立路灯微机监控系统，成立路灯监控调度控制中心。对全市260台变压器、20000余盏路灯进行集中控制，设立视频点28个，安装节能控制器(LCU)9735个，安装远程智能控制设备(TH-RTU)103处，该项路灯控制管理技术达到国内先进水平。

2006年，完善路灯集中控制系统建设，把新建和改造大纬二路、英雄山路、浆水泉路等主干道路灯纳入控制系统，变压器、单灯加入LCU和区域RCU视频监控系统，对部分新改建道路设置半夜灯控制手段，在全市安装27个视频点，可远程控制变压器总数为319台，占全市灯盏总数量的75%以上，安装联网型LCU2226台，非联网型LCU11845台，车载GPS9台。2007年，成立路灯客户服务中心，把养护工区、路灯热线、路灯抢修等纳入客户服务中心管理。依靠路灯监控系统平台，增加电缆被盗报警功能，在108条道路安装防盗设施。完善103国道、大纬二路、经十西路等新改建路灯工程分级、分时和分段节能控制，完善21台变压器RTU调试安装。开展路灯设施安全大普查。针对雨季路灯设施安全运行，对路灯电缆接线头包扎绝缘程度、变压器接地线、架空明线等逐井、逐杆、逐灯进行检查。

2008年，组织开展路灯设施安全大普查。根据全市路灯设施安全大普查结果，开展设施隐患整治。投资499万元，针对全市部分架空裸线、架子式变压器、铝芯电缆及部分路灯箱体式变电站基础较低的现状，制定出路灯设施安全隐患整治方案，抬高箱体式变电站基础12处，抬高或迁移RTU配电柜20处，箱体式变电站护栏整修16处，改造架空裸线19400米。2009年，实施节能新举措。采用新型节能灯具和设备，做好新改建工程节能设计。路灯新改建工程灯具内镇流器采用可调光镇流器。对LED新光源进行试验，在纬一路、公和街、花店街、英贤街、济大路安装35盏LED路灯。实行新建道路分级、分时控制，合理控制电耗。在全市24条偏远道路实行半夜灯控制。2010年，建立24小时抢修机制，向社会公布路灯行业服务标准和新的热线电话(87112319)、8个维护工区主任电话，为社会各界和市民投诉求助提供方便。组织实施路灯设施春季安全普查工作，共检查道路1291条，检查设施22412处，包扎接头、整改隐患124处，提高路灯设施安全运行质量，管理维护范围由150平方千米增加到1800平方千米，路灯维护专用工程车增加到10台。路灯节能推广应用可调式镇流器和新光源，推进LED路灯应用，在美里路、黑虎泉西路等主次干道采用LED路灯照明，加大节能力度，结合数字化路灯系统建设，在新改建路灯工程同步实施单灯控制。

第四章　城市供水

为配合城市建设进程，济南市1984年起不断扩建和改造城市供水管网。至1988年，建设供水管网总长938千米，1.5万个居民院安装自来水管，5.3万户居民用上自来水。1990年后，按照市政府节水保泉的要求，限制地下水开采。1998年起，建设鹊山、玉清湖水库，合资成立鹊华制水、玉清制水、东源供水、雪山供水、官庄供水等有限公司，组建分水岭供水股份有限公司，供水范围不断扩大。至2001年年底，先后关停市区4个水厂33眼水井，每日少采地下水约25万立方米，地表水与地下水供水比例由3：7调整为7：3，对泉水复涌起到决定性的作用。2005年6月，实施城市供水行业改革，济南供水集团一分为三。成立国有独资的济南水业集团有限公司，负责供水管网运营管理；由济南鹊华制水有限公司与(香港)中华水业集团有限公司以中外合资方式成立济南泓泉制水有限公司，负责水厂运行管理；成立国有独资的济南清源水务有限公司，负责水源地运行管理。同时，济南水业集团有限公司、济南泓泉制水有限公司人、财、物交由市国资委管理，济南清源水务有限公司人、财、物交由水利局管理。市市政公用事业局负责城市供水行业监管。济南市城市供水格局变为原水、制水、供水三部分，济南水业集团有限公司、济南泓泉制水有限公司、济南清源水务集团有限公司于2006年12月11日分别挂牌运营。2009年10月12日，济南水业集团有限公司、济南泓泉制水有限公司人、财、物交市市政公用事业局管理。至2010年年底，全市有水厂10座，加压站23处，供水管线总长度2400千米，日供水能力162万立方米，供水服务面积约300平方千米，服务人口约260万人。

1986 ～ 2010 年济南市自来水供应情况表

表3—2—12

指标 年份	水厂数（个）	年末水厂生产能力（万吨／日）	年末管线长度（千米）	全年供水量（万吨）		平均每人每日生活用水（升）	城市人口用水普及率(%)
				生产用	生活用		
1986	8	48.5	894	8788	7431	158	100
1987	8	50	908	8308	7084	154	97.1
1988	8	59.5	938	9525	7963	161.6	96.7
1989	8	59.5	956	9162	8229	164.6	95
1990	8	98.2	983	9103	7448	149	100
1991	8	108.1	1009	9525	7776	153.3	100
1992	8	108.1	1061	10245	8389	163	100
1993	8	109	1086	11099	9005	171	100
1994	8	109	1112	11099	8985	167	100
1995	8	114.2	1126	11475	9123	165	100
1996	8	114	1152	11267	9704	158	100
1997	8	115	1180	17907	12758	167	100
1998	8	115	1180	18034	13252	176	100
1999	9	120	1209	17064	10935	172	100
2000	9	115	1229	15520	10262	167	100
2001	9	156	1426	13746	10367	163	98
2002	9	156	1462	10861	12644	160	100
2003	9	156	1499	10462	13002	171.8	100
2004	9	157	1499	13299	16260	191.3	100
2005	9	160	1528	15000	17100	198	100
2006	9	160	1596	13075	16948	205.39	100
2007	9	157	1520	—	—	160.4	99.2
2008	—	184	2371	—	—	126.8	100
2009	—	190	2797	—	—	131.4	100
2010	—	190	3472	—	—	114.1	100

说明：全年供水量指标在1996年以前年份(包括1996年)为系统内口径，1997年以后为全社会口径。2002年城市人口用水普及率为建设部新口径计算

第一节　水源地

济南市城市供水水源分为地表水和地下水两类。

一、地表水源地

1986年起，开始勘察筹建卧虎山水库。1990年后，为保持泉群正常喷涌，地下水开采逐渐减少，地表水和客水利用逐步增加，黄河水成为饮用水主要水源，南水北调东线建成后，长江水成为第二大客水资源。1995年，南

郊水厂停用卧虎山水源地，启用水质较好的锦绣川水源地。1999年，总投资5.56亿元(国家计委批准使用世界银行贷款2408万美元)的鹊山调蓄水库建成蓄水，库容4600万立方米，占地面积944.5公顷，2000年4月向市区供水。12月，玉清湖水库建成供水，位于槐荫区与长清县交界处，总库容4850万立方米，占地面积613.7公顷，蓄水面积4.9平方千米。2005年，供水集团将玉清湖水库、鹊山水库交由市水利局所属的济南清源水务有限公司运营管理。

至2010年，济南市有地表水源地5处，分别是鹊山水库、玉清湖水库、卧虎山水库、锦绣川水库、狼猫山水库。鹊山水库兴利库容4600万立方米，死库容670万立方米；玉清湖水库兴利库容4850万立方米，死库容1200万立方米；卧虎山水库兴利库容5649万立方米，死库容350万立方米；锦绣川水库兴利库容4150万立方米，死库容108万立方米；狼猫山水库兴利库容1253万立方米，死库容159万立方米。

二、地下水源地

(一)济西水源地　1986年起，开始对长清孝里水源地进行抽水试验。2003年，召开济西水源应急供水及抽水试验咨询会，证实西郊地区地下水蕴涵量丰富，水质优良，地下水以岩溶水为主，地下水补给有保障，是良好优质地下水。在桥子李、冷庄和古城三个水源地新打井26眼。2004年，实施第二次济西水源抽水试验。试验抽取地下水，经净化处理后，直接并入城市供水管网，供水范围北至堤口路、经一路，南至经十一路两侧，东至解放路、甸柳小区，西至纬十二路。

(二)西郊水源地　主要由峨眉山水源地、大杨水源地、腊山水源地组成。峨眉山水源地位于西郊峨眉山，筹建于1974年，总投资1000万元，1980年4月29日建成投产，日供水能力12万吨。大杨水源地、腊山水源地是济南市1981年保泉应急工程项目，日输水能力分别为8万吨、5万吨。

(三)东郊水源地　东郊水源地主要由中李庄水源地、宿家水源地、百泉水源地组成。中李庄水源地位于中李庄东侧，1981年11月开工，1982年5月1日投产，有水源井4眼，日供水能力3.5万吨。宿家张马增压站于1982年5月1日正式投产，日增压供水能力为10万吨。1995年，投资491万元，完成东郊裴家营日供水能力5万吨供水工程和启用锦绣川水源地及引水管道工程。

(四)市区水源地　基本分布于济南市市区，包括解放桥、饮虎池、泉城路、羊头峪、普利门、历南、东八里洼、华能路等8个水源地。共有32眼井，井深一般在100～200米，日供水能力为10万吨。由于保泉原因，部分水源井处于封停状态，解放桥和普利门水源地作为备用水源地应急使用。

(五)牛旺水源地　1997年建设，位于工业南路牛旺庄北首，共有水源井7眼。其配套牛旺水厂负责高新区中心区，北至涵源大街以南、东至开拓路北段以西、西至茂岭山路以东工业南路南侧地区供水，设计日供水规模为5万吨。

第二节　水　厂

一、地表水厂

(一)鹊华水厂　为济南市大型地表水处理水厂，位于槐荫区二环西路美里湖办事处南邻，占地面积11.2公顷，设计供水能力为40万立方米/日，实际供水约为20万立方米/日，约占济南市日供水量的1/4。水厂始建于1984年，原名为济南黄河水厂，1994年建成投产。鹊山水库建成投产前，水厂主要引用黄河水为原水。2000年4月，鹊山水库建成后向黄河水厂供水。2002年9月11日，济南市自来水公司以黄河水厂为主体与海南润达实业公司合资组建济南鹊华制水有限公司，黄河水厂更名为鹊华水厂。2006年，鹊华水厂归属济南泓泉制水有限公司管理。2010年6月，在鹊华水厂内建成国家水专项鹊华水厂中试基地。10月，开始对鹊华水厂一期老工艺进行破拆改造，按照新型工艺“原水(鹊山水库)－高密度沉淀池－臭氧接触池－活性炭滤池－V型滤池－氯气消毒－清水池－二级泵房－城市供水管网”进行建设。

(二)玉清水厂　为济南市大型地表水处理水厂，位于槐荫区王府庄，占地面积11.07公顷，建筑面积约4万平方米，设计日供水能力为40万立方米，实际日供水能力38万立方米，高峰期日供水最高为43万立方米。水厂建于2000年1月15日，总投资1.5亿元。2001年7月9日正式建成并供水，主要水源为经玉清水库沉砂调蓄后的黄河水。2003年6月13日，济南玉清水厂与上海泓源聚实业有限公司、香港成达国际投资有限公司合资组建济南玉清制水有限公司，注册资本2.47亿元。2006年，划归济南泓泉制水有限公司管理。2010年，借助国家“十一五”水专项中试科研成果，对原工艺进行一期改造，改造规模为日供水20万立方米，解决水厂现有工艺不能彻底解决的藻、嗅味、有机物等水质问题。

(三)南郊水厂　位于市中区玉函北区北邻，占地面积3.15公顷，水源取自距市区15千米的卧虎山水库。水厂于1987年开工建设，1988年6月建成供水。1999年投资1400万元建造南康预处理厂，6月1日投入使用。设计能力为日供水5万吨，后经改造，最高日供水量为8.5万吨，超设计能力70%。2006年划归济南泓泉制水有限公司管理。

(四)济南市分水岭供水有限责任公司　前身为济南市自来水公司分水岭水厂，位于市中区十六里河镇分水岭村南，占地3.32公顷，设计日供水能力5万立方米。水厂于1998年10月15日开工建设，1999年12月30日竣工。投资2926万元，以锦绣川水库为水源地，净化处理后供给济南市东南部15平方千米的高地势地区居民和企事业单位用水。2006年划归济南泓泉制水有限公司管理。

(五)雪山水厂　始建于2001年，位于经十东路2397号，设计日供水能力为2万吨，主要承担东部新城区经十东路、解放东路沿线、龙奥片区、临港片区、高新区南部、综合保税区等用户供水服务。管辖雪山、官庄、奥体、龙洞、东片区、刘智远、名士豪庭、旅游路8座加压站，共拥有一级泵3台，二级泵33台。

二、地下水厂

(一)东郊水厂　始建于1959年，是以地下水为水源的净水厂，主要包括白泉分厂、工业北路分厂和宿家分厂。工业北路分厂水源来自白泉水源地、李庄水源地、宿家水源地，白泉分厂水源来自白泉水源地。日供水能力最高可达20万吨；因保泉需要，日供水量控制在3万立方米内。2006年，东郊水厂所辖3个分厂划归济南泓泉制水有限公司管理。

(二)西郊水厂　始建于1980年5月，水源主要取自腊山、峨眉山、大杨水源地。2003年1月25日，济南济西水源应急供水及抽水试验咨询会召开，证实西郊地区地下水蕴涵量丰富，水质优良，地下水以岩溶水为主，地下水补给有保障，是优质地下水。2月8日，济西水源应急供水工程建设及示踪抽水试验领导小组成立。在桥子李、冷庄和古城三个水源地新打井26眼。2004年7月21日，实施第二次济西水源抽水试验。济西二期抽水试验初期，冷庄和桥子李水源地开机，日开采量12万立方米，同时等量减采峨眉山、大杨、腊山等水源地开采量。济西水源地建成供水后，腊山、峨眉山、大杨水源地供水量逐渐减少至停采，作为应急水源备用。2006年12月11日，对原济南市自来水公司6家水厂和2家合资制水公司进行整合，成立中外合资济南泓泉制水有限公司，西郊水厂更名为鹊华水厂八里桥分厂，归属济南泓泉制水有限公司管理。

(三)市区水厂　始建于1936年，是原自来水公司和济南水务集团有限公司加压供水管理部前身，是最早的地下水厂。包括趵突泉水厂、普利门水厂、饮虎池水厂、解放桥水厂、泉城路水厂5个水厂，拥有74台供水机组，日实际加压供水近45万吨。

（四）东源水厂　始建于2002年，位于牛旺庄北首。管辖牛旺、七里河、东源、舜雅路4座加压站。设计日供水能力约为5万吨，主要承担二环东路以东、工业南路两侧、高新中心区、省立医院东院区、省军区、浪潮集团等重点用户供水任务。

第三节 供水管网

一、管网

1986年，新装、改装管道17.64千米，其中直径100毫米以上干管10.9万千米。1987年，安装直径100～300毫米管线长度共计914米，实施北园路至清河村委会、堤口庄东路至二十九中学、工人新村南村、所里街、青龙后街省河务局宿舍、剪子巷改造工程。1988年，安装直径100～700毫米管线长度共计2.04千米。实施北园清河村委会住宅区、历山路经十路至文化东路口直径400毫米管道、顺华巷至宝华街后街3号济南市粮食技工学校、无影山北头金牛山村委会、泺南五街54号、南仓街东仓街、朝山街管道改造工程。1989年，在舜耕路、洪家楼、郎茂山、八里洼等9个经常出现断水的地区安装和改造直径400～800毫米管道13.06千米；撤换维修直径15～800毫米水表1.15万只，更新改造供水管网19.27千米。1990年，铺设和改造直径400～600毫米输水干管5条，共11.6千米。9月，完成投资1440万元的“1440”应急供水工程，更换29台深井泵、新打井8眼、调整5条输配水干管。

1991年，完成市重点工程经七路东段拓宽工程中各种类型供水管道近20千米安装任务，总投资近1000万元。1992年，配合经七路西段拓宽工程，实施全线自来水管道新装、改造和铺设工程，完成主干管3.67千米、配水管6.7千米及闸门、消防等配套设施安装任务。完成北郊热电厂、舜耕路、高新技术开发区、菜市庄地区、明湖东路、明湖北路、经十一路等处直径300毫米以上14.55千米管道安装。1993年，完成济南机场18.35千米直径400毫米管道铺设工程。济齐路安装直径400毫米管道1.78千米；高新技术开发区安装直径400毫米管道218米；省委二宿舍管道工程安装直径300毫米UPVC管和部分钢管735米；王官庄小区加压站及工程安装各种管道1.65千米；顺河街输水管道工程安装380米直径1200毫米球墨铸铁管。1994年，完成纬十二路、无影山路、匡山小区工程，安装镀镍管7.32千米，铸铁管及UPVC管5.08千米。完成大桥路、工业北路、文化东路延伸段、济王公路、西北外环路、104国道、段店南路等供水管道改造工程，完成北大槐树管线改造和省委宿舍管道升级以及六里山、无影山路管道安装，共安装6.6千米。1995年，启用水质较好的锦绣川水源地，完成直径1000毫米，长2.4千米锦绣川引水管道工程。对旧城区管线分步实施管道升级改造方案，先后完成纬八路、同福街、经四路和济齐路部分路段供水管道改造升级。

1996年，完成济齐路、建设路、经四路、历黄路、正觉寺小区及高新技术开发区等总长27.5千米管线新装和改装任务。1997年，配合小清河治理，安装直径100毫米以上供水管道2.16千米；完成开发区东源水厂输水管道18千米及水厂机电设备安装工程；投资626万元对市区部分旧管网升级改造。

1998年，完成高架路、济德高速公路、小清河裕兴路段改管工程和市中、天桥两区消防工程、四季村宾馆供水工程等；投资728.86万元对市区14.6千米旧管网升级改造。1999年，配合“畅通工程”安装经十路西起营市街口东至山大路口近8千米大口径输水干道；完成经十一路直径600毫米管道120米，工业北路管线改造40余处，玉清湖水库直径600毫米钢套筒混凝土管排泥管3.5千米；完成220国道、张庄路、拖机道原设直径1000毫米输水干管的内抹口维修施工3.4千米。

2001年，实施西水东调工程，8月25日并网成功。该工程西起玉清水厂，东至大众日报社，沿经十路铺设供水管线将黄河水送至东部地区。为关停解放桥水厂地下水井，自历山路与经十路口向北铺设700米管线，将玉清水厂水送入市区。2002年，实施西水东调、北水南输五纵五横供水管网建设工程和市区部分应急供水管网改造工程。4月20日，管径直径800～1200毫米建设路加压站应急供水管道工程竣工。2003年，实施千佛山加压站输配水管道、济西水源应急供水抽水试验管道安装工程等，为济南东部产业带、经十路、清河北路东段、轻骑路、二环东路、济南西区大学城铺设直径500～1200毫米管道159.26千米。投资165万元实施玉清水厂跨越管工程，安装钢管231米。10月，投资1250万元的燕山立交供水管道安装工程投入使用，为84家自备井用户通上自来水，减少地下水开采。2004年，完成建设路、板桥加压站工程和经十路管网改造工程，完成工业南路、经一路、309国道、历山北路等供水管道铺设任务，新铺设供水管道68.6千米。10月开始，对市内5区19个背街小巷居民片区水压偏低的管网分批实施升级改造，年内重点解决十亩园、师东、宽厚、药山、联四等五个片区水压低问题。12月，济南市供水保泉主要工程之一的工业南路供水管道工程串水打压成功。2005年，共铺设直径300～800毫米的管道13.84千米，实施南郊水厂出厂管改造、旅游路、解放路、李庄、腊山北路、经一路延长线、赵庄、经十一路、祝甸路供水管道工程。7月，实施济南市城市自来水户表计量工程改造任务，实施范围为历下、市中、槐荫、天桥、历城、长清6区及高新区范围内使用城市公共供水，具备实施条件的居民家庭。至年底，完成户表改造4.3万户。8月23日，济南市西部新城区大学科技园供水工程竣工通水。对七里山南路、山师东路、桑园路、经九路、山师北街、小北门、师东小区7个低压片区进行管网升级改造。

2006年，在西部新城区大学科技园建设加压站、清水池，完成分水岭桥、东方红桥、省府前街、祝甸路、港西立交桥、济微路供水管道建设、改造、迁移任务，完成营市西街、济泺路、南新街、洪家楼北路、联四路等7个低压片区改造工程。至此，19个低压片区改造计划全部按期完成，完成户表改造14.1万户。2007年，投资1.68亿元进行北园路、历山路、山大南路等14项管道工程及七里河加压站扩建改造，铺设供水管道44千米。全面展开供水管网地理信息系统建设工作。完成户表改造14.2万户。2008年，实施北园大街、历山路等供水管道工程建设；配合小清河综合环境整治，实施滨河南路供水管道工程；修建七里山西路应急供水管道。奥体－文博片区铺设各类供水管线20.6千米，完成奥体片区二环东路加压站选址及征地工作，铺设配套供水管线7.1千米。完成天桥、市中、历下(含历城)、槐荫区约2000千米管网普查及管网地理信息系统建设工作，完成全市4368幅电子地形图转换工作。完成户表改造9.41万户。

2009年，新建奥体、龙洞路、二环东路、东片区等7个加压站，新建和升级改造供水管网70余千米；实施板桥大口径管线穿越小清河河底126米顶管施工工程。新建和升级改造二环东路、解放东路等10余条供水管线。完成户表改造任务8.3万户。实施毕家洼小区、泺口环城路、泺口标山路、天成路东片区、泺口马家庄、青后小区、怡园小区、洪楼小区、正觉寺小区、佳宝路、七里堡和洪苑小区等19个低压片区改造工程。2010年，投资5000万元实施全长3.4千米济西应急调水工程，新增10万吨／日供水能力。京沪铁路顶管工程、趵突泉南路、小清河综合治理工程二期、滨河南路工程共完成直径300～1400毫米管道安装17.3千米。对文化东路、文化西路、趵突泉南路等11条城市道路主干线，山大南路等30条城市道路支线进行供水管线升级、改造；进行西客站、腊山片区供水管网及配套设施建设，完成DN200-500管线约15千米。投资8050万元对清河小区、师范小区、小梁庄、闫千户小区1～3区、药山片区等28个片区实施管网升压与片区改造，35万市民告别水压低困扰。全年完成户表改造5.27万户。全市管网总长3000千米，供水服务面积300平方千米，用水人口320万人，市区人口用水普及率100%。

二、管材

济南市自来水建厂开始，使用的主要管材为灰口铸铁管、普通镀锌管、钢管、白铅管等。20世纪70年代中期，开始使用预应力水泥和石棉水泥管。1996年，开始使用UPVC管。1997年后，在分水岭水厂、水屯北路、南康水厂安装玻璃钢管。1998年起，新装管道工程改用球墨铸铁管和UPVC管或PE管。至2010年，全市口径100毫米以上供水管网2299.33千米，其中镀锌管388千米，占总长度的17%；铸铁管762千米，占总长度的33.1%；PE管447千米，占总长度的20%；球墨铸铁管331千米，占总长度的14%，钢管271千米，占总长度的12%；钢套筒水泥管75.24千米，占总长度的3%；水泥管3.2千米，玻璃钢管8.96千米，UPVC管12.93千米。

三、阀门

2000年3月起，市自来水公司对全市阀门进行普查，以保证阀门开关正常，抢修时能找准位置，一旦停水尽可能缩小停水面积。对全市6261个直径100毫米以上阀门进行检修，维修1658个阀门，对低于路面的阀门进行加高，更换部分阀门。至2010年，济南市共有100毫米以上供水阀门1.43万台，最大口径1600毫米。

第四节　加压站

1986年，全市有加压站4座。市自来水公司逐年加强对加压站的新建、改建和扩建工作。同时，加强对二次电源、加氯设备、机电设备的更新改造，确保各个时期的用水需求，设备完好率始终保持在99%以上。至2010年，全市共有加压站23座。

2010年济南市供水加压站一览表

表3—2—13

名　称	建成时间	设计能力（万立方米／日）	水池容积（立方米）	备注
普利门加压站	1975	13	2000×2	
老辛庄加压站	1981	5	1700×2	
马鞍山加压站	1985	0.8	8200(其中高位池1200)	
甸柳庄加压站	1985	2	2700	安装有远传控制设备
历南加压站	1987	5	4000	
七里河加压站	1989	3	1000	
二七加压站	1990	2.5	1700	
王官庄加压站	1997	1	1500	

续表3-2-13

名 称	建成时间	设计能力（万立方米／日）	水池容积（立方米）	备注
新辛庄加压站	2000	15	无	漏氯中和塔
千佛山加压站	2001	5	3000	
刘智远加压站	2002	1	无清水池，管道加压	
东源加压站	2002	2	1000×2	
建设路加压站	2002	10	5000	漏氯中和塔
七贤加压站	2002	15	6000×2	漏氯中和塔
板桥加压站	2004	15	4200×2	
舜雅路加压站	2004	1	管道加压，无负压设备	无人值守
大学城加压站	2005	5	6000	二氧化氯
东片区加压站	2009	1.2	管道加压，无负压设备	
二环东加压站	2009	3	无	
奥体加压站	2009	6	2500 ×2	二氧化氯
龙洞路加压站	2009	2	无清水池，管道加压，无负压设备	
名士豪庭加压站	2010	1	水箱 400×3 与管道加压并存	
旅游路加压站	2010	0.3	管道加压，无负压设备	无人值守

第五节 供水调度

济南水务集团在供水调度自动化技术应用方面起步较早，20世纪70年代后期，以国内城市给水采用两级调度的基本模式为依据，以水源井群、配水泵等供水设备实现远程控制为目标的电子化“三遥”(遥测、遥控、遥信)系统初步形成。包括水厂对水源井、调度对水厂配水泵的远程监控，建立供水调度SCADA系统雏形。20世纪80、90年代，对调度系统进行不断完善。

1986年，济南供水主要以市区、东郊、西郊地下水源地供水为主，水源全部采用地下水，主要采用分时段控制出厂水头来控制管网压力。1987年鹊华水厂建成后，成立中心调度室，形成水厂、公司两级供水调度系统。调度室24小时值班，根据供水生产计划、供水需求及各厂站供水能力进行宏观调度，使供水系统在经济合理情况下安全运行，最大限度满足用户需求。

2000年后，对调度系统进行升级改造，建成供水调度SCADA系统，实现对管网压力及部分厂站数据实时监测。经过不断完善和发展，将所有厂站运行状态和实时参数纳入监测系统，有效提高供水调度安全性。

2005年，供水体制改革，市自来水公司一分为三，成立原水、制水及供水公司，实行供水系统分段负责制。供水公司调度机构负责城市供水系统总体调度，原水公司、制水公司分别成立调度中心，服从供水公司调度机构统一调度。形成原水、制水及供水三级调度模式。

2010年，针对早期给水行业自动化系统应用方面存在可靠性差、规范性差、信息“孤岛”现象较为普遍、总体水平与发达国家比较尚存在较大差距等问题，开展数字供水信息化建设。

第六节 水质管理

一、水质

（一）水源水质 济南市城市供水水源主要由引黄水库水、山区水库水和地下水组成，属典型的多水源切换供水模式，其中引黄水库主要有鹊山水库和玉清湖水库；山区水库主要有锦绣川、卧虎山和狼猫山3座水库；地下水源有白泉、李庄、宿家等东郊地下水源，桥子里、冷庄和古城等济西地下水源和大杨、峨嵋山、腊山等西郊地下水源。引黄水库属浅型平原水库，具有夏季高温高藻、冬季低温低浊特点，水体富营养化水平较高，水中氮磷营养物质常年超出《地表水环境质量标准》(GB3838-2002)Ⅲ类水平，CODMN时有超标现象，其他水质指标基本达到地表水环境质量标准Ⅱ类水平。山区水库水存在富营养化问题，受水深及有机物等因素影响，溶解氧存在季节性不达标问题。同时，两种类型水库腐殖质时有检出，严重时引起出厂水消毒副产物风险。地下水源水质较为稳定良好，基本符合《地下水质量标准》(GB/T14848-93)。

（二）出厂水水质 针对济南水源水质状况，全市加大对水污染的综合治理，不断强化水厂水质管理和处理能力。建立严格水质管理三级监测制度，实行净水工段、水厂化验室、公司中心化验室三级水质检测。2007年始，每月全检《生活饮用水卫生标准》(GB5749-2006)常规项目，每年对出厂水全面检测106项指标。随着“十一五”水专项各项工作开展，鹊华、玉清两大水厂分别进行净水工艺深度处理改造，增加高密滤池、活性炭吸附等先进水处理工艺，出厂水水质合格率保持在99%以上。济南市城市供水净水厂均采用常规处理工艺，水质基本符合《生活饮用水卫生标准》(GB5749-1985)要求。2007年，随着新标准实施和标准提高，以及城市供水水源水质变化，城市供水遇到水质达标压力，出厂水水质问题集中体现在浑浊度、嗅味、消毒副产物及耗氧量等指标上。通过采取加强水质检测、强化水厂运行管理等手段，出厂水水质合格率呈现缓慢升高趋势。

（三）管网水水质 济南市共设置100多个管网水质监测点，水业集团公司负责对全市所有管网点每天进行监测。济南市供排水监测中心每月对13个管网点进行抽检，按照《生活饮用水卫生标准》(GB5749-2006)进行分析监测。数据显示，济南市城市供水管网水水质综合合格率保持99.50%以上，存在的水质问题主要体现在色度、浑浊度、消毒剂余量、耗氧量、菌落总数、总大肠菌群6项指标上。

二、管理

济南市城市供水采取企业自检、行业监测、政府监督和公众参与的水质管理模式。其中，城市公共供水企业负责水源水、出厂水和管网水自检工作；济南市给排水监测站负责行业监测工作；卫生行政主管部门负责生活饮用水卫生许可证的核发及卫生监督工作；城市供水主管部门负责城市供水日常水质管理工作。管理依据主要有《中华人民共和国城市供水条例》《生活饮用水卫生监督管理办法》《城市供水管理规定》《济南市城市自来水供水管理办法》《济南市二次供水管理办法》等。

2005年，国务院办公厅和建设部先后下发《关于加强饮用水安全保障工作的通知》和《关于加强城市供水水质督察工作的通知》，济南市市政公用事业局整合局系统内有关资源，3月正式组建全市给排水监测站，负责全市城市供排水行业监测工作。年底，监测站通过国家认监委组织的计量认证，具备供水、排水共12种产品、119个项目检测能力。城市供水水质检测评价依据主要为《生活饮用水卫生标准》(GB5749-1985)和《城市供水水质标准》(CJ/T206-2005)。

2006年8月29日，济南市成立城市供水安全领导小组，办公室设在市市政公用事业局。11月9日，市政府印发《关于成立济南市城市供水安全领导小组的通知》，组长由分管副市长担任。12月，济南市清源水务有限公司、济南泓泉制水有限公司、济南水业集团同时挂牌成立，实现市政府制定的原水、制水、供水三分离的城市供水体制改革目标。清源水务有限公司归市水利局管理，泓泉制水有限公司和水业集团公司移交市国资委管理，市市政公用事业局负责城市供水行业监管工作。

2007年4月，济南市给排水监测站更名为济南市供排水监测中心。5月1日和7月1日，《城市供水水质管理规定》和新版《生活饮用水卫生标准》(GB5749-2006)分别正式实施，市供排水监测中心按照新规章和标准要求开始对城市供水和生活饮用水水质进行管理与检测评价。

2008年，为做好北京奥运会举办期间城市供水安全保障工作，市供排水监测中心购置首台多功能水质监测车，实现城市供水水质快速流动监测。在玉清水厂、鹊华水厂、南郊水厂、分水岭水厂和雪山水厂安装水质在线生物预警系统，初步构建集实验室检测、在线生物预警监控和流动检测为一体的立体化检测体系。

2010年6月，借助国家“水专项”(水体污染控制与治理科技重大专项)实施，市供排水监测中心检测办公大楼和城市供水水质预警监控中心建成投入使用。建设完成省市两级饮用水水质监测预警应急指挥中心和数字化监控系统，在全市示范建设49个水质自动监测站，可实现对城市供水水质实时监控和预警预报。正式建成集实验室检测、在线监测和流动监测“三位一体”的立体化监测体系。

第七节 供水服务

一、客户服务

1986年，济南市有一个供水服务营业所。供水服务模式随着供水区域的扩大、服务人口增长不断调整。1992年3月，成立营业处，进行分区设所，解决用户交费难问题。至2010年，全市共有供水营业、管网所9个。

2010年济南市供水营业、管网所基本情况表

表3—2—14

名　称	地　　址	建立时间
历下营业所	历下区文化西路 6 号	1992 年 3 月
市中营业所	市中区剪子巷 18 号	
天桥营业所	天桥区工人新村北村西街 4 号	
槐荫营业所	槐荫区南辛中街 89 号	
历城营业所	工业北路 229 号	
历下管网所	历下区文化西路 4 号	
市中管网所	市中区英雄山路 66 号	
槐荫管网所	槐荫区南辛庄 6 号	
天桥管网所	天桥区天桥东街	

1987年，推行抄收人员规范化服务。1991年，推出“优质服务工作法”。为加快水费回收，1999年首次采用抄表与收费岗位互换方法。2004年，实施“抄收分离”“监管分离”制度，形成互相监督，相互制约，保证抄表率、收费率达到要求。

2006年12月，水业集团成立客户服务中心，为客户提供用户申请、查勘设计、安装施工、费用缴纳、用水业务咨询等一条龙服务。采用多种服务方式，与社区开展“一对一”服务，派驻“供水服务员”进社区，对外服务窗口的供水抄收、巡线及维修人员作为“社区供水服务员”派驻社区，划片包干，持证上岗，公开服务标识牌，与居委会建立长效联系机制。2008年，实施“抄收分离”，将抄表、水表、户表“三表”划归管线管理处统一管理。2010年9月1日，《济南市城市供水行业服务标准》发布试行。水务集团率先建立标准化服务体系，成为全国首家实行标准化服务的供水企业，在济南市八大市政公共服务行业中，济南水务集团行风评价满意度连续3年位居第一。

二、供水热线

1996年6月21日，全国首个供水服务热线“小白热线”(即以省级劳模白维营名字命名的“白维营维修服务热线”.)在济南自来水公司正式开通。规定热线服务规范、受理范围及公司内部热线服务责任部门，并向社会推出“业务接待、供水水质、供水压力、管网抢修，抄表收费、设计施工”六项服务承诺制度。下设接听组、抢修队、送水队，共28名工作人员。2006年12月，水务集团将“小白热线”服务升级，整合服务资源，建成客户服务中心，即以“小白热线”为龙头，集呼叫中心、业务报装、用户工程管理与服务督察于一体的专业化、综合性服务部门。至2010年，“小白热线”共接听用户咨询等各类电话近百万人次，解决用户供水问题10万余件。获得“全国五一劳动奖状”“全国文明服务示范窗口”“全国青年文明号”“山东十大服务品牌”等称号。

1986～2009年济南市水价基本情况表

表3—2—15　　　　单位：元/立方米

年 份	居民生活用水	企事业单位用水	生产经营性用水	宾馆饭店用水	特种行业用水	自备井
1986	0.12	0.10	0.30	—	—	—
1990	0.22	0.50	0.50	0.50	—	0.20
1993	0.40	0.60	0.60	0.90	—	0.40
1995	0.60	0.60	0.60	0.90	—	0.40
1996	0.60	1.00	0.60	1.50	—	0.70
1998	1.14	1.70	0.60	2.60	—	0.70
1999	1.55	1.70	0.60	3.00	—	1.20
2000	1.75	2.10	0.60	3.20	纯净 8.00 洗车 4.00	1.20
2003	2.60	2.90	4.30	3.60	16.00	生活工业 1.80，纯净 14.08；已具备自来水水源的加 20%
2005	2.95	3.80	5.40	4.75	16.00	同上
2009	3.15	4.40	5.40	4.75	16.20	同上

说明：未标注年份未进行调整

“小白热线”　(2010摄)

第八节　节约用水

一、节水管理

1986～1987年，市政府多次召开全市节水紧急会议，号召全市人民为节水“三保”(保生产、保生活、保泉涌)做贡献，颁布《济南市节约用水奖惩办法》《济南市地下水资源暂行管理办法》。

1992年始，建设部确定在每年5月开展“全国城市节水宣传周”活动，济南市积极参与。1995年，济南市被评为“全国节水先进城市”。1996年，市人大通过《济南市城市节约用水管理办法》，1997年1月1日起实施，将节水管理纳入依法管理轨道。

1998年，在全市开展创建节水型城市和创建节水型企业(单位)活动，并根据建设部、国家经贸委、国家计委颁布的《节水型城市目标导则》起草《济南市创建节水型城市实施方案》。1999年，编制完成《济南市中水设施建设管理实施细则》《济南市节水型企业(单位)验收和复查办法》和《济南市节水型企业(单位)管理暂行规定》。2000年，《济南市二次供水管理办法》颁布实施。

2001年，开展大规模封闭自备井行动，成立封井保泉领导小组，分管副市长任组长，各相关部门联合行动。公共供水管网覆盖范围内自备井全部实施封闭，公共供水服务范围以外自备井实行计划开采。同时严格自备井审批、验收制度，有效遏止自备井开采无序问题。全市二环路以内老城区封闭自备水井近200眼，地下水日开采量减少30万立方米。2002年，济南市被评为首批“国家节水型城市”；申报的“山东省济南市城市节水及供水保障”项目，被建设部评为2002年“中国人居环境范例奖”。2003年，按照《济南市二次供水管理办法》，对290家二次供水单位进行供水设施验收。

2006年，编制完成《济南市“十一五”城市节水规划》。2010年，将高新区、长清大学科技园纳入用水计划管理，实现节水管理范围覆盖整个主城区。同年，济南市万元GDP取水量降至13.5立方米/万元，工业用水重复利用率提高到94.5%，节水综合指标列全国先进行列。

1986～2010年济南市城市节水情况表

表3—2—16

年 份	节水总量（万立方米）	工业用水重复利用率（%）	万元 GDP 取水量（立方米／万元）
1986	1427	56	258
1987	2305	60	210
1988	1432	65	197
1989	3072	66	170.35
1990	3410	67	329
1991	1800	71	296
1992	1940	72	215
1993	2018	73	185
1994	3000	75	144
1995	2080	75	114
1996	2008	76.5	93
1997	2000	78	72
1998	2181	79.5	59
1999	2398	80	51
2000	4672	80	44
2001	3970	81	37
2002	3160	84	31
2003	4600	89	27
2004	3500	91	27
2005	2592	93	24
2006	2200	92.5	22
2007	2950	94	19
2008	2600	94.5	16.5
2009	2700	94.5	15
2010	2400	94.5	13.5

二、中水管理

1988年，济南市建设第一个中水项目——南郊宾馆中水示范工程，年处理污水36万立方米，节水量36万立方米。1989年始，全市针对污水处理回用和中水设施建设进行科学研究和试点建设工作。

2002年，《济南市城市中水设施建设管理暂行办法》颁布，2003年1月1日起施行。办法规定，凡在城市规划区内新建、扩建、改建建设项目，应配套建设中水设施，并做到与主体同时交付使用；对已建成住宅小区做出规划，逐步配套中水设施。济南市城市节水办作为中水设施建设主管部门，会同规划、环保、城管等部门，编制全市中水设施建设规划。采用中水回用后，全市每天将节约近50%生活用水。

2005年，市政府投资2000余万元对玉绣河进行综合整治，兴建中水站25座，日处理污水规模9500立方米。2006年，济南市将中水工程建设审批纳入施工图联审，实行严格前置管理，确保中水设施与主体工程同时设计，全市中水设施建设呈加速之势。

2010年，制定中水设施管理的规程、标准，包括《施工图审查工作程序》《中水设施督查工作程序》《中水设施验收备案工作程序》《节水设施施工图审查技术规程》《中水设施验收备案规程》，使中水管理工作有章可循、有据可查。

1999～2010年济南市中水设施情况表

表3—2—17

项目＼年份	1999	2000	2001	2002	2003	2004	2005	2006	2007	2008	2009	2010
新增设施数量（座）	1	0	3	5	9	18	25	11	13	13	18	21
新增日处理能力（万立方米）	0.12	0	0.11	1.09	0.39	1.63	3.91	2.03	2.8	1.13	4.67	1.89
新增日均回用量（万立方米）	0.12	0	0.08	0.68	0.27	1.12	1.49	0.8	1.8	1.1	0.93	1.37
累计设施数量（座）	4	4	7	12	21	39	64	75	88	101	119	140
累计日处理能力（万立方米）	0.44	0.44	0.55	1.64	2.03	3.66	7.57	9.6	12.4	13.53	18.2	20.09
累计日均回用量（万立方米）	0.36	0.36	0.44	1.12	1.39	2.51	4	4.8	6.6	7.7	8.63	10

第五章　排水　防汛

第一节 城市排水

1987年6月，济南市排水管理所成立，为市城建局所属科级事业单位，主要负责城市排水设施管理及收费、河道维护治理、市区防汛日常工作和原郊区河道所的全部工作。

1991年3月，济南市排水管理所更名为济南市排水管理处，为处级事业单位。主要负责市区河道管理、泵站运行调度、排水监测以及济洛桥、八里桥、黄台立交道主要泵站和小清河、工商河调节闸的使用与管理。投资3.05亿元开工建设济南市水质净化一厂，其中利用奥地利政府贷款1200万美元，全套引进奥地利先进技术和设备，水处理工艺采用普通活性污泥法，泥处理工艺采用中温消化压滤脱水机脱水，全厂装机容量5110千伏安，拥有一整套现代化自动控制系统。同年，完成段店立交桥积水利用工程。

1994年7月27日，济南市排水管理处增设调度室和黄台立交道排水站。1995年8月，济南市水质净化一厂建成并投入试运行。

1998年4月，济南污水管网工程建设开始，工程东起大辛河，西至小纬六路，南起南外环路，北至北外环路，总服务面积108平方千米。项目总投资2.92亿元，其中利用世行贷款1608万美元，国债资金9000万元。6月，济南市水质净化一厂正式运行。经对处理后出水水质的检测分析，CODcr、BOD5、SS等指标达到国家二级排放水标准。

1999年9月27日，济南市水质净化二厂开工建设。该项目经国家计委批准立项，总投资约4亿元。工程包括两部分：一是20万立方米/日的污水处理厂工程，位于清河北路以北，黄岗路以西，占地约17.33公顷，采用先进的脱氮除磷双氧化沟处理工艺，投资约2.63亿元；二是39千米的配套管网和八里桥泵站改造工程，主要分布在槐荫区和天桥区，在小纬六路以西至外环西路以东区域，汇水面积为80.01平方千米，服务人口86.7万人。工程包括黄岗路污水干管、济齐路污水干管、张庄路污水干管、外环西路污水干管、兴济河东岸截污干管、兴济河西岸截污水干管、辛西路东污水干管和辛西路西污水干管8条污水干管和八里桥泵站的改造。投资约为1.33亿元。同年，遥墙机场中水工程和段店立交桥杂排水利用工程竣工投入使用。

2001年，市政府贯彻落实《实施蓝天工程防治水污染》三号通告精神，重点抓好市区25条(段)主要河道、河渠的清淤、棚盖，清淤39万立方米，棚盖3.6万立方米。2002年12月，济南市水质净化二厂工程全部竣工。2003年1月投产运行。实际进水量约为14万立方米/日。5月23日，市政府批复同意市城市管理局行使城区河道执法权。

2004年9月，济南市排水管理处更名为济南市排水管理服务中心，隶属市市政公用事业局，主要承担市区河道、泵站的建设、维护、管理，指导各区排水泵站工作。12月，济南污水管网工程全部完成，共新建、改建管线50千米(包括31条干管及支管)，新建倒虹吸管8处，新建日排雨水8万吨、污水10万吨泵站1座，将黄台七里河、大明湖、柳行头、济泺路四大污水系统的污水输送到水质净化一厂进行处理，管网工程具备57.9万吨/日的输水能力。成立济南市城区河道截污工程办公室，计划3年内完成城区主要六条河道的截污整治工作。同年，济南市水质净化二厂通过ISO 9000、ISO 14000、OHSAS 18000一体化管理体系认证。

2005年3月，成立济南市市政公用事业局城区河道截污工程办公室(简称截污办)、济南市给排水监测站，开始对护城河沿线排污口进行调查摸底。市给排水监测站通过国家认监委组织的计量认证，为国家城市供水(排水)监测网成员单位，是国内集供水排水监测于一身的首批监测站之一。按照国家相关水质标准和技术规范要求，监测站实际监测项目119项，涵盖城市供水、排水行业六大类九种产品(包括原料水和净水药剂)，达到国家城市供排水行业对水质监测工作的最新要求，检测能力居国内行业前列。监测站同时加挂山东省给水处理工程技术研究中心的牌子。4月1日～25日，截污办结合朝山街道路改造工程，完成南门涵洞排污口截污整治工程。共清淤涵洞55.7米，挖运淤泥48.71立方米。5月8日实施黑虎泉西路污水管道建设工程，20日完工，实现黑虎泉西路雨污分流；同时通过对原有雨水管道进行疏通，彻底解决黑虎泉西路汛期道路积水现象。5月20日实施南门倒虹吸改造工程，在南门桥与新建桥之间打通一条备用的倒虹吸管，6月5日完工，减轻上游污水对南门倒虹吸的压力。实施解放路污水管道东护城河汇流口改造工程，将污水汇流口进行改造，接入东护城河附近市政污水管网，送入水质净化厂净化处理。实施铜元局前街污水管道疏通工程，对铜元局前街污水管道实施清淤和疏通。实施共青团路雨污分流工程，对共青团路各排污单位的污水管道进行改造，实现此路段地下排水管网雨污分流。6月25日，截污办提前完成截污整治一期工程，使护城河明湖路以南河段河水变清。同年，济南市水质净化二厂通过英国UKAS质量管理体系认证；被建设部授予“全国先进城市污水处理厂”称号。

2006年，扩大主城区河道截污整治范围，对东、西泺河经一路至小清河、西圩子壕、工商河北园大街以南段进行截污整治，通过铺设完善污水管网、设置拦水橡皮坝、河道清淤、挡墙修复等措施，改善河道水质，提高河道排洪能力，为后期实施城区河道综合整治奠定基础。同步建设工商河、西圩子壕、东泺河3座污水处理站。其中：东泺河、工商河污水处理站设计日处理污水能力10000立方米，年完成COD污染物减排900吨；西泺河污水处理站设计日处理污水能力2000立方米，年完成COD污染物减排180吨。

2007年，启动兴济河、柳行河、全福河、北太平河、腊山河部分河段综合整治工程，整治内容兼顾河道防洪工程建设、两岸市政配套设施建设和河道周边环境提升。西圩子壕、工商河、东泺河3座污水处理站正式投入运行。2008年，根据《济南市城区河道综合整治工程实施方案》，启动工商河、南大槐树沟(昆仑街北端至纬十二路河段)、全福河(二环东路至工业南路河段)、广场东沟上游河段等河道综合整治工程，全年河道综合整治工程累计完成雨污水管线敷设约28千米，道路整修约10万平方米，苗木栽植约30万株16万平方米，累计整治河道长度约22千米。同年建设舜耕、物业管理学院、全福、羊头峪东沟、聚贤片区5座污水处理站。

2009年，开始对兴济河、工商河等8条河道的综合整治及舜耕等5座污水处理站的建设。9月30日，完成迎全运城区河道综合整治任务，累计完成拆迁拆违约30万平方米，河道清淤约35万立方米，完成雨污水管线敷设约51千米，河道挡墙砌筑约27千米，建设谷坊、闸坝10座，完成护栏安装约23千米，完成道路整修约12万平方米，完成绿化造景17万平方米，累计整治河道约59千米，完成工程投资约10亿元。舜耕、物业管理学院、全福3座污水处理站达到进、出水试运行条件，聚贤片区、柳行河2座中水站完成土建工程施工，进入设备安装程序。城区河道综合整治工程的实施成功打造了历下区南圩子壕河段、市中区兴济河东方红桥河段、槐荫区南大槐树沟河段、天桥区工商河全线及生产渠、历城区全福河等节点及河道景观。兴济河、工商河、西泺河、东泺河、全福河5大河系基本消除劣Ⅴ类水体，全运会期间环保部门实测小清河出境断面辛丰庄COD浓度低于60毫克/升，为有监测数据以来最好水平。河道行洪能力显著提升，昆仑小区、工人新村等低洼地区汛期积水问题得到有效缓解。

2010年，组织实施大明湖、柳行头河两大污水系统调研和方案论证，完成主城区污水全收集一期工程立项和初步设计及主城区范围内300平方千米排水设施普查，研发建设数字市政排水地理信息系统。聚贤片区、柳行头河污水处理站建设完成并投入运行，工商河、东泺河、西圩子壕、舜耕、南全福、物业管理学院污水处理站全面实现进出口水质监测数据与市环保局污染源自动监控系统的联网运行，实时监控COD、氨氮和流量。至年底，工商河等8座中水站累计处理水量1813万吨，完成COD减排4980吨，超量完成节能减排任务。

第二节　城市防汛

济南市区地理环境特殊，南依群山，北临黄河，地势东西狭长，南高北低，南部坡度较大。二环东路从旅游路至小清河段长7.5千米，高差132米；舜耕路从二环南路至经七路长度5.3千米，高差105米；英雄山路从二环南路至北园大街长10千米，高差95米。由于南北落差较大，在极端灾害天气情况下，极易形成洪涝灾害，是全国重点防洪城市之一。

济南市属大陆性气候，夏季酷热多雨，全年降水量主要集中在6～9月。汛期内降水频繁，降水分布不均，局部性暴雨时有发生，且呈现突发性强、来势猛、速度快、降水时间集中、可预报性差等特点，城市建成区易出现较大汛情和险情，防汛难度大。

一、防汛管理

1986年前，每年汛期前都组建由公安、房管、人防等部门人员参加的城市防汛办公室，办公室设在市城建局市容处，汛期后的日常工作由市容处负责。1987年6月，城市防汛工作由济南市排水管理所负责。1989年6月，经市机构编制委员会批准，在市城建局设立市城市防汛办公室，与局机关处室同级。1997年3月，成立济南市人民政府防汛抗旱指挥部城市防汛办公室，为全额拨款处级事业单位，内设防汛调度科和防汛设施管理科。2007年8月，成立市城市防汛指挥部(以下简称“市城防指”)，专门负责城市防汛工作的领导和指挥调度工作。由市委常委、常务副市长担任指挥。主要职责：负责组织、领导、监督、协调城市防汛和抢险救灾工作；贯彻实施有关防汛工作的法律、法规和方针政策，执行市防汛抗旱指挥部的命令；全面负责城市防汛工作；承担市委、市政府交办的其他事项。各区政府(含济南高新区管委会)成立区城市防汛指导部(以下简称“区城防指”)。市城防指各成员单位设立相应的防汛应急指挥机构，作为市城防指的分支机构。

市城市防汛指挥部办公室(以下简称“市城防办”)作为市城防指办事机构，设在市市政公用局，与市防汛抗旱指挥部城市防汛办公室合署办公。主要职责：贯彻国家有关防汛工作的法规和方针、政策，执行市委、市政府、市防汛抗旱指挥部、市城防指下达的各项指令；负责向市防汛抗旱指挥部报告工作；具体负责市城防指日常工作，研究部署城市防汛工作，开展城市防汛宣传，提高全社会的防洪减灾意识；根据市城防指指令，向各成员单位发布汛情预警信息，启动相应等级应急响应，并进行现场指挥处置；组织编制、修订并实施城市防汛应急预案；组织开展防汛检查，建立城市防汛督查组织，督促并协调有关单位和部门全面做好城市防汛工作；负责推广应用城市防汛新技术、新设备和新材料；通过相关媒体向社会发布应急预警信息；做好其他有关城市防汛抗洪工作。

二、防汛指挥调度系统建设

2005年，投资300万元建成城市防汛监控指挥调度系统，对市区各主要河道、铁路立交道、低洼路段和地区实行监测监控。

2006～2010年，每年投入资金，完善城市防汛指挥调度系统，先后建设视频监测系统、无线指挥调度系统、异地视频会商系统、预警决策系统、信息发布系统、气象与图监测系统、降雨量及汛情监测系统等。

2009年，设立城市防汛移动指挥救援中心，配置大型城市防汛指挥车、移动视频监测车、大型救援车、移动排水泵车、大功率排水泵等，以先进的济南市数字市政信息管理系统为支撑，实现信息双向传输，具有一线指挥调度、组织抢险救援、远程和现场视频监控等功能，同时是相对独立的指挥调度信息平台。

三、防汛应急预案编制与演练

2006年，根据国家防总办公室下发的《城市防汛应急预案编制大纲》和相关要求，市城防办委托市市政工程设计研究院(集团)有限公司(原市政设计院)编制《济南市城市防汛应急预案》。2008～2009年，根据市防汛抗旱指挥部要求，市城防办对《济南市城市防汛应急预案》进行重新编制。

2008～2010年，市城防指举行全市城市防汛应急演练，重点检验城市防汛组织指挥调度的程序、方法和步骤，提高各级政府和有关部门应对突发性特大暴雨洪水灾害快速应对能力和协作配合能力；检验各级防汛抢险队伍快速

黄河浮桥防汛演练　(2004年摄)

反应和应急处置能力；检验防汛抢险物资储备和调配能力，检验特种车辆效能和应急保障能力；提高广大人民群众防灾减灾意识和自救互救能力。演练科目有：城市防汛指挥系统应急演练、积水严重铁路立交道的应急处置、积水严重低洼地区的应急处置、道路行洪严重路段的应急处置以及城市防洪排水设施、市政基础设施抢修维护和供水、燃气、供热等各类管线抢修等。

第三节　城市排洪河道管理与整治

1986年3月11日，工商河综合治理工程开工，10月竣工。全市有1.6万人参加治河义务劳动，共清淤泥32万立方米，砌垒护岸土墙长1.6万米(6万立方米)，修建污水处理设施72套，铺砌截污主次管道7285米，沿河20多个污染源单位均建成污水处理系统，初步完成工商河的综合治理。1987年，完成圩子壕等7处清淤、疏浚及河岸砌垒工程，清淤8.5万立方米，清除阻水障碍46处，拆除违章建筑和各类构筑物1500平方米，增强了城市泄洪能力。

1988年，勘测排洪河道和低洼地段，对兴济河、工商河、东泺河、西泺河、柳行头河、窑头大沟、广场东沟、广场西沟、羊头峪东沟、羊头峪西沟、新生大沟11条河渠进行实地勘察，将其长度、宽度、深度、流量、汇水面积及经过地区的资料建立档案，编绘数据表和现状图；查清黄屯、陈家楼、北坦、忠厚街、昆仑街、人民商场、经一路中段、馆驿街、至德院、饮虎池、七里堡、海晏门街、小南湖、东长盛街、汇泉街等15处低洼地区的情况；对柳行头河、菜市庄河、东圩子壕、西圩子壕、羊头峪东沟、羊头峪西沟、南圩子壕、民生大沟、新生大沟、陈家大河、工商河、西泺河、万盛街大沟、全福河、梁王河、南辛大沟、营市街沟等河渠的部分河段进行疏浚清障，总长2.20万米，挖运淤泥4.98万立方米。投资30.53万元对有碍于泄洪的河道进行抢修抢建，共修建12项工程，挖土方6986立方米，砌护河岸2751平方米，铺河底1594平方米，改建排水管道32米，改建预制板桥1座。

1989年，勘测护城河、圩子壕、民生大沟、菜市庄河、四里山沟等10条沟河，编制数据表和现状图并建档。调查17处低洼地段，制定发生险情时的转移地点、车辆、医疗、食宿和抢救队伍方案；疏导排洪河道及积水地段。汛期前，投资30万元疏浚市区32条排洪河段；投资33万元整修菜市庄河、东圩子壕、柳行头河、生产渠、广场西沟、东泺河、全福河、南辛大沟有碍排洪的河段；采取公办民助的办法，投资20万元在段店西路低洼地段新建排水管道280米。

1990年，疏浚河渠30条(段)，总长2.6万米，清运污泥、垃圾等3.8万立方米；清除杂草63.5万平方米，整修砌垒河岸664米，新铺和修复河床1604平方米。拨专款65万元，完成10项河道整修工程。加强市区河道沟渠管理，对河道沟渠实行“双保”(保畅通、保整洁)达标承包责任制。1991年，对市区46处、41千米、

47万平方米的排洪河渠实行“双保”承包责任制。投资60万元完成羊头峪东沟、广场西沟、南辛大沟、柳行河等11处护岸的维修及堤坝加固，排除隐患。疏浚29条(段)河道，长6.9万米。清除污泥杂物5.9万立方米；检修17处排水泵站和闸坝。

1992年，完善河道沟渠“双保”承包责任制，“双保”范围扩大到市区51条河道(段)，长4.68万米，面积52.2万平方米。投资100万元，完成工商河、全福河、黄台南路边沟等11条重点河段护岸的维修改建。疏浚28条河道(段)，长4.5万米，清除污泥杂物2.8万立方米；检修14座排水泵站、4处防洪闸。对城市防汛物资、器材等采取定位、定量、定责的社会储备方式，分布在市区10家商店(供销社)，遇险可就地取材。

1993年，强化排洪河道沟渠管理和检查，落实54.5万平方米排洪河道“双保”达标责任制。投资109万元，完成窑头大沟、菜市庄河、英雄山大沟、兴济河、西泺河、柳行河等20多项河道岁修工程。疏浚排洪河道27条，挖运污泥杂物10万立方米；清挖地下排水管道8.5万米；检修14座排水泵站、3处防洪闸的排水设备。组建专业抢险队伍4500余人，落实低洼地区20个街道1.8万户、6.2万人的安全转移措施。与市经委和市保险公司共同对660家企业防汛准备工作进行检查落实，指导低洼地区117家企业做好抗灾自救准备工作。对防汛物资、器材等采取定位、定量、定责的社会储备方式，落实在12家商店(仓库)。

1994年，对市区61.22万平方米河道实行“双保”管理，疏浚河道27条，清运淤泥杂物1.18万立方米。完成民生大沟、兴济河、生产渠等13项防洪兴修工程。检修14座排水泵站和3处防洪闸。改造加固危房9.54万平方米。组织5000人的抢险队伍。对市区12平方千米低洼地区的企事业单位和居民采取安全度汛措施。抢险物资采用社会储备方式，在市区7家商店(仓库)定位、定量、定责储备大量抢险物资器材。

1995年，投资138万元对市区59.1万平方米河道实行“双保”管理，疏浚河道27条(段)，清运淤泥杂物1.18万立方米。完成兴济河、西泺河、工商河、西圩子壕、万盛大沟等18项防洪岁修和水毁工程。对14座排水泵站和3处防洪闸进行全面检修，全年排水泵站开机6.62万小时，排水1.07亿立方米；清水泵站开机32小时，为工商河补充清水85.6万立方米。全市排水泵站微机遥测、遥信系统安装调试完成，试运行效果良好。对地处市区18处低洼地区的企事业单位和居民落实防汛措施，组织防汛抢险队伍3000人。抢险物资采用社会储备方式，在市区7家商店(仓库)定位、定量、定责储备大量抢险物资。

1996年，投资30万元对市区56处近60万平方米排洪河道实行“双保”管理，使市区主要排洪河道达到河岸平坦整洁，河床无垃圾杂物，排水畅通。投资54.5万元对黄台南路边沟、东圩子壕、南围壕、老八里桥沟、广场西沟、兴济河、柳行河、全福河等进行了全面整治清淤，同时完成9项应急工程。清挖地下排水管道8.28万米，检查井、收水口3.34万个，清运淤泥1.77万立方米，提高排洪泄洪能力。对14座排水泵站的机械、配电设备进行全面检修保养，设施完好率100%，在建设部对全国20个大型城市的检查评比中被评为优良。对市区内30余处7.8平方千米的低洼地区落实安全度汛措施，制定抢险救灾预案。组建近3000人防汛抢险队伍。

1997年，投资61万元完成仁智街沟、东圩子壕、济平干渠、工商河、兴济河、柳行河、全福河等河段整治清淤，投资30万元对近60万平方米排洪河道严格实行“双保”管理，疏浚地下排水管渠约106千米，清挖检查井、收水口1.83万个，清淤泥杂物8.14万立方米(含河道清淤)，提高市区明沟暗渠、排水管道防洪排洪能力；对市区内30余处12.7平方千米低洼地区，落实安全度汛措施，保证低洼地区单位和居民安全；储备防汛抢险物资，共储存铁锨、镐5万把，编织袋、麻袋5.53万余条，麻绳5256千克，油毡802卷，达到遇有险情就近取材、调用及时的要求。

1998年，投资83万元对严重影响排洪和险情较多的菜市庄河、曲水亭、羊头峪西沟、袁柳河、广场西沟、兴济河、济平干渠、万盛大沟、全福河等河段进行整治。对60万平方米的河道实行“双保”管理。加强排水设施检查、维修和保养，确保泵站机械和配电设备在汛期正常运行；全年疏浚地下排水管道177千米，清挖检查井、雨水井3.21万个，清运污泥杂物4605立方米。对因顺河高架路施工临时占用而存在危及安全度汛因素的广场西沟、新生大沟、南圩子壕、西圩子壕、北护城河、西泺河，在清除阻碍的同时，制定应急泄洪措施。汛期河道保持设施完好，排水畅通。

1999年，投资41万元完成广场东沟、广场西沟、兴济河、工商河、全福河、济平干渠等13项防洪岁修工程；投资30万元完善市区近64万平方米的河道“双保”管理；实施西泺河、黄台南路边沟、生产渠、南大明沟等河段整治清淤；完成袁柳庄排洪沟开挖新建工程，开挖河道长650米、宽6米、深2米，有效缓解了该地区汛期排洪压力；全面完成高架路沿线西圩子壕、南圩子壕、北护城河清淤任务，提高排洪泄洪能力。加强排水设施维修管理，同步疏浚地下排水管渠364.07千米，清挖雨水井、检查井9.21万个(次)，修复补齐市区丢失损坏的雨污水井座、井盖、水箅子。

2000年，结合“蓝天工程”，加强城市防洪工程建设。投资130万元对工商河近4000米河道进行清淤治理；投资120万元对全福河南全福庄段进行拓宽改造，打通影响泄洪的黄台公路涵洞；投资46万元对东泺河、柳行河、千佛山边沟、老八里桥沟、广场西沟、曲水亭等河道进行整修和疏浚，共清运淤泥17万立方米。投资32万元对市区67万平方米排洪河道实行“双保”管理，提高城市防洪抗灾能力。严格检修保养排水设施。市、区排水管理部门对14座排水泵站的设备进行检修保养，更换老化、损坏的设备配件，使各泵站机械、配电设施全部处于良好状态，保证了汛期正常运行。

2001年，投资86万元完成河道清淤、拓宽、砌垒、改造、修补工程14条(段)；完成河岸坍塌等抢修5处；市区33条(段)约73.1万平方米的河道全部实行“双保”管理，投资10万元做好城市防汛抢险物资储备，为安全度汛奠定基础。2002年，投资59万元完成广场西沟、兴济河、全福河、东洛河、万盛大沟、袁柳河等11条(段)河道清淤、砌垒、改造、修补工程；投资35.26万元，对市区广场东沟、广场西沟、羊头峪西沟、历山路边沟、千佛山边沟、东洛河、西洛河、窑头大沟、兴济河、南圩子壕、西圩子壕、新生大沟、南大明沟、万盛大沟、全福河等56条(段)约73万平方米的河道实行“双保”管理。

2003年，组织对兴济河、工商河、东泺河、柳行河、全福河等市区主要河道进行清淤治理。工程工期90天，实际完成投资2345.86万元，清淤长度2.1万米，清运淤泥约51万立方米，工程质量全部合格，为城市安全度汛奠定了基础。同年起，市政府专门拨出2700万元，对市区兴济河等5条主干河道实施砌岸维护和河道清淤治理；投资近500万元，对黄台、历山路等14座排水泵站的设备设施进行更新改造。投资300多万元，建设济南市城市防汛指挥调度系统(一期)，对市区低洼地区、铁路立交道的积水情况和市区主要排洪河道的排洪情况实施视频监测和数字监测，对市区降雨情况实行数字遥测。改变过去靠电话指挥调度和现场涉水察看的模式，缩短调度和察看时间，为组织抢险救灾和居民安全转移赢得时间。城市防汛指挥调度系统(一期)共建设视频和数字监测点32个(其中，低洼地区12个，铁路立交道13个，河道7个)，雨量遥测点9个。

2004年，投资35万元对市区内57万平方米的主要排洪河道实行“双保”管理。筹集城市防洪设施改造资金200万元对南门地区、东方红桥、建设路桥、黄台南路边沟、八里桥沟、黑虎泉西路等积水严重地区进行改造。对黄台南路边沟、八里桥沟、济齐路边沟、柳行河西支边沟、东洛河、柳行河等河段进行清淤和砌岸治理，效果显著。

2006年，为迎接第十一届全运会召开，改善人居环境，增强城市防洪能力，根据济南市统一部署，启动城区河道综合整治及污水处理站建设工程，并按照“以实施中心城区河道整治为重点，逐步向外扩展；以实施主河道整治为重点，逐步向支流扩展”的实施步骤分两批组织实施。实施东泺河、西泺河、工商河北园大街以南河段的截污整治。

2007年，先期启动兴济河、柳行河、全福河、北太平河、腊山河部分河段综合整治工程，整治内容在河道截污的基础上充分考虑河道防洪工程建设，兼顾河道两岸市政配套设施建设和河道周边环境提升。“7•18”城市特大水灾过后，本着突出重点，先急后缓，分步实施的原则，市排水中心制定城区河道防洪除涝应急整治实施方案，从河道护栏加装、坍塌河岸修复、河道清淤整治、行洪瓶颈改造、拆除河道占压棚盖五个方面组织实施水毁设施修复。共加装河道护栏6300米、修复坍塌河岸1536米、清淤19万立方米、拆除河道占压棚盖逾10万平方米，城区河道防洪能力得到提升。10月，城区暴雨洪水仿真预警系统项目研究工作正式启动。

2008年，市排水中心对照《济南市城区河道综合整治工程实施方案》，先后启动工商河、南大槐树沟(昆仑街北端至纬十二路河段)、全福河(二环东路至工业南路河段)、广场东沟上游河段等河道综合整治工程，全年河道综合整治工程累计完成拆迁拆违约16万平方米，河道清淤约25万立方米，雨污水管线敷设约28千米，河道挡墙约14千米，护栏安装约17千米，道路整修约10万平方米，苗木栽植约30万株16万平方米，累计整治河道长度约22千米。

2009年，市排水中心全力推进前期兴济河、工商河等8条河道综合整治工程建设任务。至9月30日，顺利完成迎全运城区河道综合整治任务，累计完成拆迁拆违约30万平方米，河道清淤约35万立方米，完成雨污水管线敷设约51千米，河道挡墙砌筑约27千米，建设谷坊、闸坝10座，完成护栏安装约23千米，完成道路整修约12万平方米，完成绿化造景17万平方米，累计整治河道约59千米，完成工程投资约10亿元。同年，市排水中心重点实施白马山南路道路排水改造工程；完成万寿路、南门大街、经六路铁路桥等40余处重要道路积水点“定点消除”工程。经汛期雨中检验评估，排水改造工程取得明显效果，有效缓解道路积水问题，消除了防汛安全隐患。

2010年，按照“先急后缓，分步实施”原则及“先干流，后支流”的整治思路，市排水中心启动龙窝沟、袁柳河、黄台南路边沟、马家庄西沟、柳行头河(胶济铁路至小清河段)、大辛河(工业北路至小清河段)、张马河、南大槐树沟(三期)、十六里河西河、前龙窝沟等干流和支流河道整治工作。

第六章　燃　气

第一节 燃气设施

一、气源、管网及门站建设

济南市管道煤气利用始于1986年，气源为济南钢铁集团的焦炉煤气，在历城区王舍人镇建设一座储配站。3月，管道煤气工程项目正式开工。

1987年6月，5万立方米气柜及中低压管道单项工程竣工。1988年，完成管道煤气一期工程收尾工作，6月24日管道煤气工程点火成功，结束济南市没有民用管道气的历史。1990年，管道二期工程开工建设，1992年年底基本建成。1992年4月，济南市第一条液化石油气输气管线建设正式动工。该管线从济南炼油厂至东郊储灌站，共铺设地下输气管线7千米，11月通气成功，结束全市20多年来靠卧罐槽车运气的历史。1993年年初，管道煤气三期工程开工建设，年底基本竣工。共铺设干支管81.83千米，其中，中压管线19.31千米，低压管线24.55千米，庭院管线37.97千米。新建调压站7座。自行设计、施工、安装济钢至北园路12千米的输气干线，并且全线打压一次成功。通气点火3万户，达到9万户的供气规模。

1995年1月3日历山路发生煤气爆炸事故后，及时完成“1•3”事故区域的煤气管道复检和恢复通气工作，分别对历山东路、和平路、山师北路、泺源大街等路段共计5.04千米的煤气管道逐段进行打压试验和施工验收。先后投入安全资金100万元购置抢修车、抢修指挥车、发电机车等车辆，28只测漏仪、10套防毒面具及若干工具配件等。新增检测双遥设备9台，具备双遥能力的调压站26座，有效提高应付突发事件的能力。

1996年年初，天然气一期工程暨“济南市十大城建重点工程——管道液化气工程”在市煤气公司破土动工。该工程是省内首家采用大区域液化气、空气掺混技术管道供气工程，可实现市中、槐荫、天桥3个区10余万户居民和部分公共福利户的管道供气。1997年9月30日，管道液化气二期工程开工奠基，该工程管道布置于无影山路(包括无影山东路、西路)、工商河路、堤口路、天成路、北园路，最终与一期工程管道联网，形成对置环状供气方式。1998年9月18日，供气规模为6万户的黄岗制气厂正式点火投产，全市管道液化气供气规模12万户，济南市南、北两个大型制气厂及地下管网基本形成对置环状联网供气格局。

1999年10月，中济天然气供气工程破土动工，将中原油田的天然气以管道输送的方式引入济南。中原油田至济南输气门站管线总长261.03千米，其中利用原濮阳—临盘输油管线215.43千米，新建45.6千米。济南末站设在黄河大桥以东，黄河南岸钱张庄附近。工程总供气能力为7.5亿立方米/年，总投资8210万元，由中石化集团公司负责建设。市区配套管网工程，规划新建高压干管31.6千米、中压干管254.5千米、门站1座、储配站2座、高中压站3座，改造现有液化石油气混空气中压管部分设施及煤制气管网71千米，解决二环路以内居民生活、工业、餐饮服务业用气。12月28日，由中石化负责建设的外部管网工程在济南末站成功投产，市区新铺设管网13.6千米，投资2980

万元；同日在黄岗调压站一次点火成功，郎茂山、七里山、八里洼、王官庄、无影山、工人新村等14个居民小区的原管道液化气用户及单位用上天然气。中原油田－济南天然气长输管道，使济南市步入以天然气为主要气源的发展历程。同年12月，由山东济华燃气有限公司投资建设的华山门站投入使用。华山门站是中石化进济天然气进入济南市区的第一站，位于历城区华山镇胜利路中段，占地面积约3440平方米。设计年最大供气能力2.5亿立方米。经门站与城区次高压天然气管网联通，将天然气输配至市区3个高中压调压站内，即裕兴调压站、无影山调压站和黄岗调压站，向市区中压管网供气。该站是一座具有多种数据监控的多功能场站，其中包括燃气过滤、调压、计量、加臭、燃气泄漏报警、安全监视及SCADA数据采集监控系统等，起到接收、处理、计量的作用。

2000年，济南市引进中石化中原油田天然气，经山东省天然气管道有限公司济南分输站(历城区华山镇)向市区供应天然气。1月13日，中济天然气门站通气点火，中石化天然气正式进入济南。7月，山东省第一座压缩天然气汽车加气站——新黄路压缩天然气(CNG)汽车加气站建成投产。该站由中原油田与市煤气公司合作开发建设，设计规模为每天压缩天然气5000立方米，每天可为80辆公交汽车加气。至年底，全市还建设7座液化石油气加气站。

2003年6月，济南市管道煤气公司第一座天然气门站——董家门站投产运行。该站位于济南东郊董家镇谢家屯村，投资400万元，占地面积7000平方米，是济南市东部建设的第一座天然气接入门站。该门站设计年供气能力2.6亿立方米，最大瞬时供气量为每小时3万立方米。该门站供气范围覆盖遥墙、董家、郭店、王舍人等地区，并为规划中的郭店东辅城、济南通用机械工业园区和济南机场扩建提供充足的能源保证。

2004年12月，济南西区天然气工程建设各项准备工作完成，大学城1号路天然气工程开工建设。2005年6月，液化气混气厂项目开工建设。大学城1号、2号、3号、5号路全面开工，大学城工程建设进入全面施工阶段。9月，大学城主要管线工程施工完毕，并正式通气。12月，管网工程、混气厂、门站建设基本完毕。

2006年2月，济南港华燃气有限公司投资建设的济阳－遥墙天然气管线建成投产，该管线包括济阳计量站一座和遥墙门站一座。21日，济阳至历城天然气应急工程全面竣工，实现向市区供气。建设济阳－遥墙天然气专线工程，全长31千米高压天然气应急输气管道是济南市单体工程最长的一条高压天然气输配管线。10月，实现向长清供气。天然气归德门站位于归德镇工业路北侧，老220国道以东约300米处，占地面积约11767平方米。长清归德门站向济南西部片区供应天然气，并承担向济南市区输送天然气的任务。门站建有两个工艺装置区，分别接收中石油和中石化长清分输站输送的天然气，年接收能力5.4亿立方米。11月，位于历城区华山镇的山东省天然气管道有限公司济南分输站北邻的济南港华燃气有限公司华山门站建成投产，该站设计输气能力4.5万立方米/小时。11月16日，与中石化济南天然气分输站实现对接，增加新的气源，解决市区东部天然气管网供应问题，缓解了市区天然气管网供气压力不足的问题。同年，投资1700余万元实施旧管网改造，提升燃气管网安全运行能力。

2007年，配合全市迎十一届全运会重点工作的开展，济南港华燃气有限公司在气源分配、管网布局等方面展开工作。在龙洞路区域新建CNG加气站一处，形成奥体中心第二供气气源，确保火炬用气供应。10月，北园大街燃气管线配合工程基本完工；华山北路CNG加气站投入运行。

2008年，西气东输天然气从长清归德引入济南市区，中石油天然气进入济南，济南市实现经营区域内双气源供气，扭转了全市用气高峰供不应求的局面。完成长清平安店至担山屯中石油天然气入济管线工程；投资8000万元建成全长56.5千米的禹城-济南天然气专线工程(禹济专线)，为济南市黄河以北地区和东部城区天然气供应提供有利条件，为全运会期间天然气供给奠定基础。

2009年8月，济南港华燃气有限公司与山东省石油天然气开发总公司共同投资建设的禹城-济南天然气管线投入运行，由山东鲁港天然气有限公司运行管理。该管线全长56千米，设计输气能力8亿立方米/年，自济阳县崔寨末站与济阳-遥墙管线汇合，经遥墙站向济南市区供气。同时，完成奥体文博片区、全运村、解放东路延长线、茂岭山路等120千米燃气新建管线工程。

2010年，在南郊和重汽建立CNG紧急调峰用气站2座，日调峰能力为10万立方米，进一步提高公司燃气应急保障能力和冬季调峰能力。

二、天然气置换

2001年4月21日起，市管道煤气公司开始对青年东路、顺河街以东，经十一路以北，历山路以西，共青团路、黑虎泉路以南1.1万余户原管道煤气用户、25户公福户进行天然气置换。是济南市首次对管道煤气进行置换。至年底，全市共完成6万户的置换工作。

2007年5月底至9月中旬，济南港华燃气有限公司分4次对窑头片区、省高检-山航片区、经济学院片区及济南卷烟厂、酒精总厂区域焦炉煤气供气区域共1.21万户民用户、28户工商客户进行天然气置换。

2008年5月，对文化东路以北、和平路以南、燕子山路以东、二环东路西以及汽车改装二厂宿舍5500余户焦炉煤气客户进行天然气置换。6月，对甸柳北区3500余户焦炉煤气客户进行天然气置换。

至2010年年底，济南市中心城区管道燃气用户73万余户，液化石油气27万余户，城市燃气气化率和管道燃气气化率分别为98%和73.4%。

三、危旧管网改造

济南市供气区域内燃气管网受当时所供燃气质量、管材制造工艺技术所限，均采用灰口铸铁管，且运行时间已20年左右，管网严重老化，发生多起影响大的燃气泄漏事故。同时，区域内民用室内燃气计量表超期服役(焦炉煤气6年、天然气10年)18万只，存在重大安全隐患。2010年始，济南港华燃气有限公司根据专家评审会议确定的意见和方案，分期对358千米危旧燃气管线和18万只超期服役煤气表进行改造。同年，完成灰口铸铁管改造104.2千米，更换改造煤气表10.07万只。完成液化石油气瓶组站并网42座。

第二节 燃气市场

1986年，济南市引进管道煤气。1988年，管道煤气工程点火成功。

1991年年末，管道煤气总用户数为5万户，全年供应焦炉煤气总量为702万立方米。

1992年，发展用户超过8万户。1993年，达到9万户供气规模。1994年，济南市煤气公司组建管道液化气公司，1995年开始供气，年度通气点火305户。1997年1月，管道液化气输配工程投产运行，供气规模12万户。1998年，完成管道煤气通气点火9803户，管道液化气通气1315户。至年底，拥有管道煤气用户12.57万户，供气管网长度为500千米；全年销气7403.2万立方米(含济钢用气)。1999年，全市瓶装液化气用户突破25万户，销售液化石油气超过3万吨。

2001年，为配合“蓝天工程”的实施，济南市燃气行业大力发展燃气用户，全市城市气化率94%。全年销售天然气10238万立方米，液化石油气4.7万吨，焦炉煤气4267.90万立方米。2002年，全市燃气用户55万户，比1998年年初增加7万户；全市气化率95%，比1998年年初提高11个百分点。2004年，全市通气点火居民用户2.43万户、工业用户4户、公福户60户、锅炉127吨，铺设燃气管线128.3千米，销售天然气1亿立方米，销售焦炉煤气4500万立方米，销售石油液化气5.06万吨。

2007年，发展民用户5万户，全年供应天然气约2亿立方米，气化率97.2%。2008年，新增管道燃气用户4万户，全市城市燃气居民用户85.4万户(其中管道居民用户总数45万户，液化石油气居民用户40.4万户)，城市燃气气化率97.2%。2009年，新增管道燃气用户6万户，城市燃气和管道燃气普及率分别为97.8%和59%，全年供应天然气2.7亿立方米。天然气加气站增至44座，满足公交车和出租车的用气需求。2010年，完成灰口铸铁管改造100千米、超期煤气表更换10万户。新增管道燃气民用户8万户，城市燃气气化率98%，管道燃气气化率63%。全年供应天然气2亿立方米，焦炉煤气4700万立方米。同年，裕兴化工厂搬迁，山东济华燃气有限公司销气量减少近2000万立方米。

1986～2010年济南市液化石油气和管道煤气供应情况

表3-2-18

项目/年份	液化石油气					管道煤气			用气普及率(%)
	供应站（个）	全年供气总量（吨）			用气人口（万人）	供气总量（万立方米）		用气人口（万人）	
			生产用（吨）	生活用（吨）			生活用（万立方米）		
1986	11	9128	639	8489	31.8	—	—	—	—
1987	12	9973	1354	8619	32	—	—	—	—
1988	12	13285	1498	11787	49	28	28	1.7	38.3
1989	12	15637	1888	13749	48	58	58	7	40.7
1990	12	17090	505	16585	55	115	115	7.6	45.7
1991	12	15342	500	14842	58	703	703	13	51.2
1992	12	16529	2279	14250	56.9	2237	1469	24.2	56
1993	12	20299	5312	14987	70.8	3340	2705	26.7	67.9
1994	12	19189	263	18926	74.8	4525.6	3300	29.4	70.8
1995	12	23893	415	23478	77.2	4800	3627	32.6	72.2
1996	12	21245	4249	16996	91.6	5300	4669	35.4	75.5
1997	12	26675	4500	22175	92.2	6318	4908	39.5	77.2
1998	12	36018	1541	34477	106.6	9512	7827	38.4	84.6
1999	12	37553	1625	35928	107.8	7859	5581	42.9	87
2000	12	32849	6521	26328	98.6	8091	3485	33.8	90.7
2001	—	49722	34205	15517	91.5	4268	2589	30.4	93.1
2002	—	71471	55571	15900	127.4	3380	2248	34	93.2
2003	—	105021	72154	32867	146	3926	2288	36.3	97.4
2004	—	54323	—	54323	149.4	4610	2542	37.6	97
2005	—	41000	—	41000	157.1	5000	3900	47	97.2

续表3—2—18

项目 / 年份	液化石油气					管道煤气			用气普及率（%）
	供应站（个）	全年供气总量（吨）			用气人口（万人）	供气总量（万立方米）		用气人口（万人）	
			生产用（吨）	生活用（吨）			生活用（万立方米）		
2006	—	41500	—	41500	141	4369	2321	41.5	97.6
2007	—	47940	—	47940	192	4251	2518	41.6	98
2008	—	57721	—	56641	109.8	4260	2513	40	94.9
2009	—	88769	—	47181	113.6	4765	2587	41.6	94.7
2010	—	38161	—	14044	86.4	5294	2899	42.2	95.5

1992～2010年济南市人工煤气销售单价表

表3—2—19　　单位：元/千克

年 份	1992 ～ 1996	1997 ～ 2004	2005	2006	2007	2008	2009	2010
居民	0.75	1.00	1.00	1.00	1.30	1.30	1.30	1.50
商业	1.60	1.80	1.25	1.25	1.60	1.60	1.60	2.00
工业	0.98	1.25	1.00	1.00	1.60	1.60	1.60	2.00

第三节 燃气安全与服务

一、安全

1996年后，燃气主管部门每年制定安全生产工作意见和目标规划，与各燃气企业签订安全生产管理目标责任书，将安全任务目标合理分解，重点抓安全检查及隐患整改工作，自上而下，逐级签订并严格落实安全考核，同时建立完备的应急救援体系，定期开展应急演练。

燃气企业每年投入大量资金用于安全防护设施设备的改造维护、应急救援器材设备的维护保养、重大危险源和事故隐患的评估检测整改、安全生产宣传教育、安全新技术的应用和研发等，提高全市燃气安全保障能力，有效减少安全事故。通过安全培训和宣传，燃气安全氛围持续改善，燃气安全意识逐步提高。

二、服务

1993年6月起，济南港华燃气有限公司安装SCADA系统(燃气输配管网数据采集与监视控制系统)，实现生产调度系统的信息化管理。1995年，建成一套智能卡液化石油气自动收费系统，与所属各供应站点微机联网，自动完成瓶装液化气销售、用户查询、挂失、补证及统计报表等用户管理工作。1996年，济南市煤气公司在所属各煤气站建立IC智能卡售气服务系统，实现全市各煤气站供应的计算机联网，全面推行智能卡售气。至1997年，全市18万户液化气用户实现“一卡在手，遍游全市”的目标。微机联网科学管理的智能卡售气系统的推行，在全国同行业处于领先地位。1999年8月，市煤气公司推出“服务到家”工程，在市区二环路以内，全部实行电话预约，免费送气、开户上门。

2006年，山东济华燃气有限公司完成SCADA系统的前期准备工作。引进中华煤气

SCADA系统，对设备、技术、软件系统进行更新、改造。从而，全面实施对管网系统、65个场站(区域调压站等重要站点、天然气门站)及重要工商业用户的24小时不间断监测与控制。2007年，建立SCADA系统，设置50个地下管线监控点，对山东济华供气区域地下管网进行实时监控，有效保障燃气输配管网的安全。2008年，济南市燃气企业首次引进的具有国际先进水平的自动化监控调度系统——SCADA系统投入使用，可对供气范围内的燃气量、燃气压力进行实时监控、合理调度。2009年9月，配合政府道路改造工程，陆续增设地下燃气管网泄漏远传报警点370个，进一步实现对铸铁管干线、过路管、阀门井、电缆沟等地下风险较高区域的远传、遥测，充分发挥SCADA系统的控制、调度功能。2010年，加快数字市政建设，初步完成GIS系统硬件选型，完成济南市一环路以内60千米管线物探，增加地下泄漏报警监测点，为确保安全供气提供有力保障。

第四节 燃气公司

1992年3月，济南市管道煤气公司成立，是国有燃气经营单位。

1994年，为推广管道液化气供气新技术，市煤气公司组建管道液化气公司，开始管道液化气的可行性研究和立项工作。1996年年初，济南市10大城建重点工程之一的管道液化气工程开始立项、设计、施工，创造了管道液化气工程当年立项、设计建设、通气点火的国内同类工程的新纪录。1997年1月26日，管道液化气输配工程投产运行。该工程是全省第一家采用大区域液化气、空气混合法管道供气工程，分两期建成。工程的建设投产，使济南市形成瓶装气、管道煤气、管道液化气3种供气方式并举的新格局。

2003年，市管道煤气公司与香港中华煤气(济南)有限公司合资成立济南港华燃气有限公司，是济南市市政公用系统第一家合资公司，经营期限为50年。主要经营济南东部产业带规划区内天然气、焦炉煤气、液化石油气的销售与开发利用，经营范围包括管道燃气供应、燃气汽车加气站业务。

2004年2月27日，济南市煤气公司与百江投资有限公司合资成立济南百江燃气有限公司。2005年2月17日，济南港华燃气有限公司与济南市管道煤气公司实现整体合资，并进行增资扩股，增加股东为广州市恒荣投资有限公司，济南港华燃气有限公司正式挂牌成立。原济南市管道煤气公司全体员工整体进入合资公司，原管道煤气公司经营范围全部移交给合资公司。11月14日，济南百江液化气有限公司注册成立，由市煤气公司和百江液化气投资控股有限公司合资组建，在济南经营期限30年，承担济南市30万瓶装液化气用户的供气任务。后由煤气公司收购百江全部股权，济南市百江液化气有限公司更名为济南蓝光煤气有限公司。11月16日，山东百江燃气有限公司注册成立，由市煤气公司与百江投资有限公司、深圳市华信联投资有限公司合资组建，在济南经营期限30年。主要经营范围为投资建设、开发和经营城市管道燃气、CNG汽车加气站、液化气业务等。

2007年11月12日，由济南港华燃气有限公司与山东泰华电讯有限责任公司、香港名气通(中国)有限公司合资成立的山东泰华名气通有限公司正式签约，济南港华经营业务领域实现新突破。并相继出资成立山东鲁港天然气有限公司、龙口加气站等。2009年，百江投资有限公司将持有的山东百江燃气50%股权转让给港华燃气投资有限公司。9月15日，山东百江燃气有限公司正式更名为山东济华燃气有限公司。10月1日，济南百江燃气有限公司正式更名为济南济华燃气有限公司。

2010年6月，山东济华有限公司和济南港华有限公司分别获得济南市政府授予的经营区域

30年特许经营权，取得在政府特许经营区域范围内30年独家运营权。至2010年12月底，济南市拥有中国石油和中国石化两个集团公司天然气气源，形成中石油西气东输冀宁联络线、沧淄线、中石化禹济线和安济线四路天然气主气源供气格局，燃气管网覆盖主城区、东部城区、西部城区及黄河以北部分地区。拥有天然气接收门站5座，调压站48座，高中低压燃气管网2692千米，具备高压输气、高压储存、中压环网输配供气的整体格局，基本形成环状供气模式。

第七章　供　热

第一节 供热设施

1986年，济南明湖热电厂建厂，一期工程有3台锅炉，加装3台水膜除尘器。12月，济南化肥厂热电站竣工投运。1989年，济南市建成城区3座热电厂(站)和明水热电厂，总投资1.11亿元，锅炉容量420吨/时，供热发电机组4.2万千瓦，年发电量2.18亿千瓦时，外供汽量120万百万大卡，节约标煤10.3万吨。

1990年开工建设北郊热电厂一期工程，1993年9月一期工程完成，共建成3台130吨/时煤粉锅炉和3台12兆瓦抽凝式发电机组，供热能力390吨/时蒸汽，年发电量2.16亿千瓦时，解决了济南北部地区热源问题。

1991年6月，济南开发区热力公司汽网北线工程破土动工，1992年11月，全线竣工投运。管径₵630×11，长5.6千米，总投资3100万元。供热能力120吨/时，供暖面积137万平方米。主要供黄台工业区和开发区用汽。

1992年10月，济南市计委批准筹建济南开发区热电厂。1993年4月，举行开工奠基仪式。1994年12月，2台35吨/时抛煤机锅炉竣工投运。1995年11月，6兆瓦抽凝式发电机组投入运营。

1992年10月至1995年12月，济南明湖热电厂进行二期工程建设，新增2台35吨/时链条锅炉和12兆瓦抽凝式机组。

1993年开始，明湖热电厂先后投资150万元对1号、2号、3号锅炉和除尘器进行技术改造，提高锅炉效率，减少烟气。

1994年，济南市区域供热公司21台锅炉均配备DX旋风式除尘器，除尘效率97%。至1995年，济南南郊热电厂新建2台35吨/时链条锅炉和6兆瓦抽凝式发电机组。

1995年，明湖热电厂与济南环境技术服务中心合作投资80万元，对1号炉加装除尘脱硫装置，脱硫率75%。明湖热电厂二期工程建设2台锅炉。济南开发区热力公司投资8875万元，建设黄台水网，管径₵530×9，长9.8千米。

1996～1997年，市热力工程公司在燕山小区建设2台10.5兆瓦热水锅炉。

1997年，济南市区域供热公司在经三路锅炉房新建1台14兆瓦燃煤锅炉，配套安装1台SCX-111-20T/H湿式除尘脱硫装置。至2000年，济南北郊热电厂累计投资1680万元，分别将3台煤粉炉原有旋风除尘器改造为具有世界先进水平的BE76-4B型顶部振打静电除尘器。

1998年，济南市南郊热电厂新上2台58兆瓦热水锅炉，全部采用四电场静电除尘器，炉内脱硫，除尘率99.6%，脱硫率70%。至2004年，南郊热电厂建设路分厂新增4台58兆瓦热水锅炉，新建配套管网10.2千米，改造管网4.6千米，配套建设输煤、排渣、除尘、二级换热站等辅助设施。南郊热电厂金鸡岭热源厂新建2台75吨/时循环流化床锅炉，2台130吨/时循环流化床环保锅炉，1台12兆瓦背压式发电机组，1台12兆瓦抽凝式发电机组。

1999年，明湖热电厂投资650万元将1号、2号、3号炉的原水膜除尘器改为静电除尘器，除尘效率99.2%，烟尘排放达到国家规定标准。至2002年，明湖热电厂先后投资300万元，购置2台灰水分离器，处理量分别为200吨/时、100吨/时，灰渣水通过闭路循环系统循环使用，使废水达到“零”排放。

2000年，济南开发区热力公司投资4800万元建设管径₵630×8，长5.8千米的汽网西线，投资8225万元建设管径₵630×8，长4千米的东关水网。南郊热电厂金鸡岭热源厂新建2台75吨/时循环流化床蒸汽锅炉，采用静电除尘、炉内脱硫，制水系统采用世界先进的EDI制水工艺，无酸碱消耗，除尘效率99.6%，脱硫效率70%。

2001年，明湖热电厂投资195万元对1号炉进行脱硫改造，该项目为济南市“蓝天工程”示范项目。济南市区域供热公司在经三路14兆瓦锅炉新上DX旋风式除尘器与DCL脱硫净化器。同时将林南锅炉房3号锅炉除尘器进行更新。市热力工程公司在西八里洼区域建设1台20吨/时、1台35吨/时蒸汽锅炉。

2002年，济南明湖热电厂将1号35吨/时链条锅炉改造为75吨/时循环流化床锅炉。南郊热电厂投资250万元对厂内2～4号炉进行脱硫、除尘技术改造。投资100万元对4号、5号炉进行改造，采用HWQW涡流全雾烟气净化装置及双碱法湿式脱硫工艺；投资1300万元将1号35吨/时链条炉改为75吨/时流化床环保锅炉，采用炉内喷钙方法进行脱硫，脱硫70%；投资170万元对三电厂进行电除尘改造，除尘设计效率99.6%。至2004年，济南开发区东新热电厂新建3台75吨/时循环流化床锅炉。

2003年，济南开发区热力公司投资1170万元建设管径₵426×8，长3千米汽网西线与北线联网工程。济南开发区热力公司轻化热源厂建设1台75吨/时循环流化床锅炉。北郊热电厂新建1台240吨/时循环流化床锅炉。南郊热电厂投资150万元，新上一套灰水分离装置，完善厂内双碱法脱硫系统。

2004年，济南北郊热电厂投资103.2万元对循环流化床锅炉加装石灰石自动定量添加装置，2005年1月投入使用。济南市区域供热公司对经三路锅炉房20吨/时锅炉进行脱硫改造。南郊热电厂投资420万元对灰渣厂和噪音污染进行综合治理，使周边噪声达到环保要求，彻底解决扬尘污染。

2005年，济南开发区热力公司轻化热源厂建设1台75吨/时循环流化床锅炉，同时投资300万元建设一套炉后脱硫装置。济南市区域供热公司在小鸭集团锅炉房，新建2台35吨/时蒸汽锅炉。明湖热电厂分别将2号、3号35吨/时链条锅炉改造为45吨/时高、低混合流速循环流化床锅炉。济南市区域供热公司在小鸭锅炉房锅炉上投资300万元安装百叶窗滤槽复合型卧式除尘器，投资170万元新建钠钙双碱法脱硫系统。

2006年，南郊热电厂开工建设丁字山分厂1台58兆瓦链条式热水炉，配套建设烟气脱硫除尘设施；北郊热电厂投资1268万元建设3台煤粉锅炉双碱法脱硫设施，2007年10月底全部完工进入试运；南郊热电厂创建济南市第一个供热客服大厅；轻化热源厂二期工程正式开工。北郊热电厂将丹凤街、黄岗、黄屯换热站及管网移交至济南市热力工程公司。黄泰热力与山东鲁能亘富开发有限公司合作，投资建设鲁能领秀城供热锅炉房及供热管网项目，最终建设规模为4台58兆瓦热水锅炉，并根据市政府规划预留1台58兆瓦热水锅炉扩建位置。

2007年，济南热电有限公司投资4700万元，完成丁字山热源分厂一期一号锅炉工程建设；投资1500万元，新建3台130吨/小时锅炉脱硫设备，设计脱硫效率为90%。黄台电厂开始组织实施7号330兆瓦、8号330兆瓦机组改造项目和新建2台350兆瓦供热机组代替1～6号机组“以大代小”项目，同年完成8号供热机组改造。

2008年，济南热电有限公司北郊热电厂投资2420万元开工建设循环水供热工程。济南热电有限公司南郊热电厂投资400万元进行4台58兆瓦热水炉炉内脱硫改造，明湖热电厂投资1250万元对脱硫设施进行改造。济南热力有限公司对下属小鸭热源厂进行扩建，开工建设35吨/时蒸汽锅炉。为配合济南市迎全运重点配套项目——小清河综合治理工程顺利开展，济南热力有限公司完成该区域6000米供热管线的迁建任务，同时投资275万元对9台锅炉的锅炉管、空气预热器、过热器进行改造，大大提高了锅炉效率；将西八及轻化热源厂除渣机用水改为废水二次利用。黄台电厂继续实施“以大代小”项目，完成7号330兆瓦机组改造。东泰热力有限公司铺设临时管线，建立临时首站，确保奥体中心、龙洞片区按期供热。

2009年，配合济南市东部城区的建设，济南热力有限公司开工建设浆水泉热源厂、莲花山热源厂及其配套管网工程，当年浆水泉热源厂1号、2号锅炉土建施工完成100%，锅炉本体安装完成100%，外网建设完成Φ426-Φ820水网1万米的敷设。12月26日，浆水泉热厂点火仪式启动。莲花山热源厂一期两台70兆瓦热水链条炉开始进行厂区基础建设。济南热力有限公司实施了二环东路“汽改水”节能改造工程，共敷设管径DN920-DN1020管网9000米。济南热电北郊热电厂投资800万元建设1台29兆瓦热水锅炉。济南热电西部供热工程筹建处投资1.85亿元建设大学科技园热源厂供热项目，计划建设2台58兆瓦热水锅炉，9月完成热力管网建设，12月建成投产1台58兆瓦热水锅炉及配套环保设施，供热管网长度18千米，当年供热面积约20万平方米。投资3.62亿元建设西客站热源厂供热项目，计划建设4台70兆瓦热水锅炉及配套热力管网。

2010年，济南热电有限公司投资1.09亿元建设北郊热电厂2台70兆瓦热水锅炉，分别于2010年12月和2011年1月投产。投资2000万元续建丁字山分厂1台58兆瓦链条式热水炉，配套建设烟气脱硫除尘设施，11月投产运行。投资1.3亿元扩建金鸡岭分厂2台70兆瓦热水锅炉，配套建设脱硫工程，分别于2010年12月和2011年1月投产运行。投资3400万元建设金鸡岭分厂2台75吨/时和2台130吨/时(FGD)烟气湿法脱硫工程，12月投产运行。济南热电有限公司通过立项申报欧投自控项目，投资5.24亿元，其中利用欧洲投资银行3100万欧元，对441个换热站进行欧投标准化改造，采暖季节约1804万元。同年，济南热力有限公司“汽改水”供热节能改造工程指挥部成立，东部“汽改水”工作全面展开。完成浆水泉热源厂3×70兆瓦供热锅炉及供热管网建设任务，于11月3日开始启动运行；完成莲花山热源厂一期2×70兆瓦供热锅炉系统安装，完成6×70兆瓦主厂房施工及供热主管网建设任务，12月31日启动1号锅炉，开始对外供热。实施小鸭热源厂扩建工程，拆除原有两台小吨位锅炉，新建两台45吨/时蒸汽锅炉，以解决东部热源不足的状况。投资400万元改造西八热源厂、燕山锅炉房原有脱硫除尘设施。黄台发电厂完成“上大压小”项目，投资18亿元，新建2台350兆瓦热电联产机组。至年底，有城区供热企业15家，其中局属供热企业2家，非局属供热企业13家，蒸汽锅炉容量3447吨/时，热水锅炉容量1328.5兆瓦，建成供热主管网(₵≥100毫米)1252千米。其中，蒸汽管网515千米，热水管网737千米，换热站1346个，其中自管站722个，全市集中供热面积6600万平方米，其中住宅面积4689万平方米，集中供热普及率50.8%。

1991～2010年济南市供热情况表

表3—2—20

项目 年份	管道长度（千米）	供热面积（万平方米）	项目 年份	管道长度（千米）	供热面积（万平方米）
1991	53	178	2001	294	2213
1992	53	400	2002	294	2213
1993	63.2	440	2003	440	2795
1994	78.4	525	2004	929	3055
1995	93.5	1100	2005	1015	3325
1996	268	1250	2006	1020	3891
1997	110	1400	2007	1144	4256
1998	133	1453	2008	1460	5516
1999	169	1751	2009	1657	6274
2000	231	2089	2010	1723	7081

第二节　供热服务

1986年12月，济南化肥厂热电站竣工投运。1990年，各供热企业围绕优质供热服务抓好建设、管理等工作，坚持供热前召开“迎峰动员会”制度、用热户座谈会议制度和走访用户征求意见制度。

1996年，济南市热电公司制定“供热服务承诺制度”，下发《关于推行〈集中供热社会服务承诺制度〉的实施意见》。建立“供热服务承诺制度”四项制度：设立以公司“6917178温暖热线”为主的供热监督电话，实行24小时值班制度；成立供热调度室和供热抢修队；建立聘请义务监督员制度和用户座谈会制度；设立供热监测点，定期走访用热户，在全行业开展让用热户、政府、供热单位满意“三满意”活动。

1997年，完善“供热服务承诺”措施体系，即完善温暖热线，设立温暖热线网络，开展温暖热线连线、联姻服务。制定温暖热线调度工作内容，值班人员工作标准，交接班制度，值班人员岗位责任制，文明服务用语、忌语，温暖热线运行管理制度。完善抢修队伍。加强抢修队伍建设，配备抢修车、抢修工具、备品备件、通信工具，做到随叫随到，迅速出动抢修；完善用热户室温监测点和义务监督员聘任制，要求每一万平方米设置一个监测点，对监测点设置及室温监测方法作出规定，要求凡较大用热单位要聘请一名义务监督员，定期召开会议征求意见。

1998～2000年，热电系统开展“加强行风建设，创建示范窗口”活动。将供热服务内容细化、量化，作为创建活动评比内容。总公司提出以“开发求发展，服务求生存”的工作方针。提出创“名牌热力”新观念，改变被动服务观念，走出去，作好供热负荷调查，了解供热区域内的单位、居民小区供热情况，主动开发新用热户。南郊热电厂、北郊热电厂、区域供热公司、热力工程公司、济南明湖热电厂、济南开发区热力公司先后获创建“示范窗口”单位。“温暖热线”被评为全市社会承诺服务先进单位。

2001～2003年，在热电系统开展“创建文明窗口，改善服务环境”活动。撤销原归生产口管理的供热车间，成立供热公司，并将开发、供热公司、经营处统一划归经营口管理，实行供热、收费、服务“一条龙”工作法，避免工作中的推诿、扯皮现象；提升温暖热线信息系统，将开发处微机与温暖热线电话联网，便于温暖热线查询用热户情况，处理供热问题。

2004～2005年，围绕打造“暖万家”服务品牌，抓好建设、管理、服务工作。供热管理办公室依据济南市城市“十一五”总体发展规划制定“十一五”城市供热规划。重新修订完善济南市供热行业供热标准和供热服务标准；各供热企业强化企业文化建设，完善职工管理机制和供热工作目标责任制；完善供热服务组织指挥，信息反馈和新闻媒体、社会监督体系。对每年用热户反映意见建议分层分类进行反馈，处结率98%。规范供热服务保证措施，改进服务手段，用心服务、贴心服务得到落实。各企业建立高标准温暖热线调度室，实现全行业联网联动。南郊热电厂进一步完善客服管理系统，在实现原有在线检测、数据传输等功能外，增加监听、强插、强拆功能。利用短信向用热户群发供热业务信息，进行供热宣传服务。

2008年，完善《集中供热办事指南》，组织制定《供热服务规范标准实施细则》，开展供热服务品牌、服务规范和服务承诺宣传系列活动。共征求热用户意见、接受热用户咨询，受理热用户投诉、解答集中供热的有关政策和问题110余条，发放宣传资料、宣传品、便民服务手册约6000本。针对东部部分地区供热不达标问题，对近3万户给予退费补偿，退费总金额400多万元。针对供热结束前气温突降状况，各供热企业主动延长供热5天。

2009年，初步建立服务督查网络，加大对供热退费、用户开发等热点、难点问题的督查督办力度；通过举办媒体开放日等活动，邀请市民代表参观热源厂、换热站等设施，加强与市民沟通和交流；完善客服中心功能，优化整合供热企业服务热线，实现12319热线服务站全覆盖和24小时受理投诉与意见建议，市民诉求渠道进一步畅通。

2010年，市市政公用事业局率先在国内同行业制定并实施供热行业服务标准。各供热单位普遍实现12319热线服务全站覆盖，实现24小时受理投诉和意见建议。加强社区服务共建联系点建设，实行服务片区责任人包干制度，主动张贴便民服务卡，初步设立4个便民服务室，为用户提供便捷高效服务；与新闻单位合作开展“百姓温暖使者”进社区志愿活动，义务为群众提供咨询、维修供暖设施等服务。

第三节　供热监管

1983年9月12日，成立济南明湖热电厂筹建处。1984年1月，组建市环保局纬二路区域供热试验站。1985年1月22日，北郊热电厂筹建处成立，隶属市计委。同年，济南市建材一厂热电分厂基建处正式挂牌，1986年12月，济南化肥厂热电站建设竣工投运。1988年7月22日，组建济南黄台集中供热筹建处。1989年，南郊热电站从第一建材厂划出，成立济南市南郊热电厂，隶属济南市建材局管理。

1989年前，三厂两站分别归四个委(办)、局、区管理。1990年4月25日，成立济南市热电公司，隶属市建委，负责全市热电联产行业管理，组织生产经营。将市建材局所属济南市南郊热电厂、环保局所属济南市纬二路区域供热试验站、市计委所属济南市人民政府集中供热办公室划归市热电公司。实现对热电联产、集中供热企业统一领导、统一管理。

1992年3月25日，市政府批准成立济南市热力工程公司，隶属市热电公司，主要职能是负责集中供热工程的可行性研究、设计和施工。6月，成立济南市热力设计室(1993年2月更名为济南市热力设计研究院)，负责集中供热工程规划、设计、研究。1994年，市建委、市工商局、市劳动局、市热电公司共同制定《济南市集中供热企业(单位)资质管理规定》，并于1995年设置济南市供热企业资质审查办公室。

1996年11月26日，济南市热电公司更名为济南市热电总公司，同时挂济南市供热管理办公室牌子，正局级单位，隶属市政府领导，归口市建委管理，具有城市供热规划、设计、建设、供热资质审查，资金、资源、热源开发利用管理，供热执法监察等职能，对县(市)区供热规划、建设、管理实施监督和业务指导。1997年4月10日正式挂牌。实行党政一套班子，两块牌子办公。1999年9月22日，供热监察支队正式挂牌。

1998年，济南市地方法规《济南市集中供热管理条例》颁布实施。1999年，下发《济南市集中供热管理条例实施细则》。2001年、2004年、2008年、2010年，《济南市集中供热管理条例》历经四次修正。

2000年，济南市实施“蓝天工程”，市供热管理办公室(济南市热电总公司)对2000年参加集中供热用户实行供热工程建设资金优惠20%～30%的优惠政策。济南市区域供热公司率先将甸柳、佛山苑、梁庄、佛西供热管理站改为换热站，全部拆除原有锅炉。2001年，对年内新开发用热户继续实行优惠政策，全市开发供热面积大幅增长。5月16日，市委、市政府印发《关于济南市人民政府机构改革实施意见》，将济南市供热管理办公室并入市公用事业管理局。

2005年8月8日，市市政公用事业局党委下发《关于撤销济南市热电总公司机关及有关专业化公司合并为主业的通知》，将济南市热电总公司机关撤销，所属企业直属局管理。

2007年10月9日，经市国资委研究并报省国资委批准，同意济南市区域供热公司合并济南开发区热力公司及济南市热力工程公司分离的供热资产，设立国有独资济南热力有限公司。10月26日，济南市区域供热公司工商注册变更为济南热力有限公司。

2008年3月，济南明湖热电厂、济南南郊热电厂和济南北郊热电厂三厂整合组建济南热电有限公司，28日注册成立，注册资金5.5亿元，总资产25.4亿元。主要经营蒸汽、热水、电力的生产和供应，隶属于市市政公用事业局。

2009年，市市政公用事业局制定《济南市居民住宅集中供热第三方室温检测实施细则(试行)》，尝试利用法定中介机构裁定供热质量。市供热管理办公室印发《关于进一步加强供热管理提高供热服务质量有关事项的通知》，规定经测温，用户室内温度不合格且属供热单位造成的，供热单位必须向用户退还一定数额采暖费，并立即采取有效措施，保证用户室内供热温度达到规定标准。

2010年4月22日，市政府召开关于整合东新热电有限公司工作会议，确定济南东新热电有限公司本部热源厂(即开发区热电厂)及供热区域全部资产由高新区管委会划转到济南市市政公用事业局管理，由济南热力有限公司接管。将济南东新热电有限公司东区的孙村热源厂、出口加工区热源厂、青啤热源厂及其供热区域全部资产剥离，由高新区管委会管理。至年底，建城区共有15家供热企业，其中局属供热企业2家，为济南热电有限公司、济南热力有限公司。非局属供热企业12家，分别为山东华能黄台发电厂、山东黄泰热力有限公司、济南东泰热力有限公司、济南市匡山热力中心、济南绿园供热有限公司、济南铁路房产建设集团有限公司热力分公司、济南大学供热服务中心、济南轨道交通装备有限责任公司、山东工艺美术学院水电暖服务中心、济南市市中区房地产开发总公司热力公司、济南辛百成能源技术开发有限公司、山东鲁泉集团机电城商贸中心。

第八章　公共交通

第一节 线路站点

一、1986～1991年线路

1986～1991年，新开辟营运线路13条，依次为：19路、28路、31路、32路、33路、34路、35路、36路、37路、38路、103路、23路支线、28路支线；调整线路25条次，涉及1路电车、2路电车、2路、3路、4路、5路、7路、8路、9路、10路、12路、13路、22路、27路、29路、31路、32路、33路、34路、103路。

1991年年底，济南市共有营运线路42条，其中公共汽车线路39条，电车线路3条，线路总长度1211.85千米。

1986～1991年新开辟线路统计表

表3－2－21　　单位：千米

线路	开辟时间	起止点	途经主要站点	线路长度	备 注
19	1991-05-28	大观园 白马山铁路新村	大观园、青年公园、纬十二路、五里牌坊、辛西路、铁路新村	9.2	
28	1990	济南 商河	大桥、孙耿、庙廊	61.5	
31	1986-03-07	解放桥 窑头	解放桥、大众日报社、山师东路、安装处、窑头	5.8	
32	1987-01-05	王炉 经五纬一	无影山中路、长途汽车总站、天桥、经五纬一	7.5	
33	1987	金牛公园 千佛山	大明湖、趵突泉、青年东路	9.5	1997年11月，更名为“游66路”
34	1987-03-14	大观园 省委二宿舍	经七纬二、省体育馆、省社科院	4.2	
35	1988-10-01	金牛公园 七里山	天桥、大观园、英雄山	8.2	
36	1991-01-01	黄台物流中心 郎茂山小区	经十一路、济南大厦、舜井街	11.3	
37	1990-10-01	大明湖 洪家楼	闵子骞、中心医院、老东门	8.4	
38	1991-02-01	大观园 位里酿造机械厂	市立五院、大金庄、结核病防治院	18	
103	1990-08-01	汽车改装二厂 解放阁	和平路、解放桥、青龙桥	6	
23支	1988	解放桥 唐王渔场	郭店、王辛、唐王西	41	

续表3—2—21

线路	开辟时间	起止点	途经主要站点	线路长度	备 注
28 支	1991	解放桥 桑梓店	洪家楼、大桥、桑梓店镇政府	31	

二、1992～1995年线路

1992年，为促进济南市公共事业发展，市政府将公共汽车公司、电车公司、客车出租公司合并成立济南市公共交通总公司。

1992～1995年，新开辟营运线路4条，依次为：39路、41路、43路、45路；调整线路29条次，涉及1路、3路、6路、11路、13路、14路、15路、18路、19路、20路、22路、26路、29路、31路、32路、36路、37路、38路、41路、102路电车(原2路电车)、103路。

1995年年底，济南市共有营运线路46条，其中公共汽车线路43条，电车线路3条，线路总长度1300.9千米，线路网长度965.5千米。

1992～1995年新开辟线路统计表

表3—2—22　　单位：千米

线路	开辟时间	起止点	途 经 主 要 站 点	线路长度
39	1992-04-29	解放桥 白云湖	旬柳庄、郭店、白云湖乡政府	47
41	1992-12-19	明星影院 药山张庄	明星影院、八里桥、东方大酒店、苗圃	16
43	1994-11-25	东八小区 天桥	东八小区、马鞍山路、体育中心、远东贸易公司、人民商场、大观园、火车站	7.2
45	1995-02-26	匡山小区 解放桥	匡山小区、长途汽车站、国贸大厦、解放桥	11.5

三、1996～2000年线路

1996～2000年，新开辟营运线路43条，依次为：46路、47路、48路、K50路、49路、33路、70路、K58路、K51路、6路、71路、72路、73路、48路、游68路、K56路、76路、75路、K52路、74路、79路、K59路、86路、K53路、82路、85路、83路、K54路、80路、84路、87路、14路、30路、32路、42路、K55路、K57路、88路、K90路、K91路、K96路、K98路、104路；调整线路29条次，涉及1路、5路、7路、11路、12路、13路、18路、26路、31路、33路、35路、36路、37路、41路、42路、43路、48路、51路、K54路、游68路、70路、72路、73路、84路、103路。

2000年年底，济南市拥有公交线路89条，其中普通线路55条，电车线路4条，豪华线路15条，郊区线路15条，线路总长度1979.7千米，线路网总长度1092.8千米。

1996～2000年新开辟线路表

表3-2-23　　单位：千米

线路	开辟时间	起止点	途经主要站点	线路长度	备注
46	1996-12-01	大明湖东门 黄台电厂	解放桥、甸柳庄、全福立交桥、客车厂、黄台电厂	10.8	
47	1997-01-03	解放桥 省武警总医院	解放桥、甸柳庄、黄金招待所、武警总医院	12.2	
48	1997-04-30	经五纬一 陆军学院	陆军学院、市立五院、五里牌坊、大观园	12	1998年8月，更名为81路
K50	1997-10-18	泺口服装城 甸柳庄	动物园、长途汽车站、大观园、西门、解放桥、甸柳庄	13	
49	1997-10-18	经济学院 市政府	经济学院、趵突泉、大观园、市政府	10.3	
33	1997-10-27	济南东站 市立五院	济南东站、国贸大厦、长途汽车站、大观园、市立五院	11.3	
70	1998-04-28	盖家沟 银座商城	高墙王、南全福街东口、省图书馆、舜怡佳园、黑虎泉南	12.3	
K58	1998-06-13	泺口服装城 世购服装广场	动物园、长途汽车站、市立五院、世界购物广场	14.6	
K51	1998-07-28	羊头峪小区 火车站	齐鲁晚报社、千佛山、植物园、趵突泉、大观园	9.6	
6	1998-09-24	济南东站 王官庄小区	王官庄、人民商场、大明湖北门、济南东站	11.9	
71	1998-09-24	洪家楼 孟家	洪家楼、花园路、全福立交桥、华山立交桥	11.5	
72	1998-09-24	黄岗 泉城广场	长途汽车站、人民商场、趵突泉、泉城广场	11.9	
73	1998-09-24	美里湖 经五纬一	美里湖、八里桥、华联商厦、大观园	9.5	
48	1998-08-18	东八里洼 花园小区	东八里洼、植物园、千佛山、黄台南路、花园小区	11.7	
游68	1998-10-01	公交汽车修造厂 省博物馆	长途汽车站、国贸大厦、植物园、千佛山、省博物馆	13.8	2000年更名为K68路
K56	1999-04-16	世界购物广场 省建工学校	市立五院、八一立交桥、千佛山、博物馆	14.5	
76	1999-04-16	重汽中心 闫千户小区	重汽技术中心、英雄山、八一立交桥、华联商厦	13	
75	1999-04-26	洪家楼 新世界商城	洪家楼、解放桥、体育中心、园林局、新世界商城	11.5	
K52	1999-06-09	解放桥 十六里河	解放桥、银座商城、趵突泉、英雄山、重汽技术中心、十六里河	16.8	
74	1999-06-09	省建筑机械厂 华联商厦	刘长山路、五里牌坊、经七纬十二、华联商厦	12.3	
79	1999-06-09	黄台仓储中心 羊头峪小区	北园大街、花园庄、解放桥、燕子山西路	12.3	

续表3-2-23-1

线 路	开辟时间	起止点	途 经 主 要 站 点	线路长度	备 注
K59	1999-07-25	八里桥 经济学院	华联商厦、大观园、人民商场、百货大楼、解放桥、经济学院	16	
86	1999-09-16	山东联合大学 市立五院	市立五院、机床二厂、王官庄、山东联合大学	16.1	
K53	1999-09-19	公交汽车修造厂 友谊山庄	长途汽车站、北园大街、花园庄、解放桥、甸柳庄、窑头路	16.3	
82	1999-09-24	黄岗 人民商场	黄岗、拥军站、国贸大厦、生产路、人民商场	13.8	
85	1999-09-24	动物园 舜耕山庄	动物园、长途客运中心、趵突泉、千佛山、植物园、舜耕山庄	14.4	
83	1999-09-24	解放桥 华联商厦	八里桥、西市场、火车站、大明湖北门、大明湖东门、青龙桥	11.5	
K54	1999-09-27	大明湖 大明湖（环线）	大明湖、趵突泉、英雄山、千佛山、银座商城、青龙桥	10.6	
80	1999-09-27	祝甸 泉城广场	祝甸、花园路、黑虎泉、银座商城、泉城广场	10.8	
84	1999-09-28	石门 市政府	石门、黄台、泺口服装城、动物园、长途汽车站	11.5	
87	1999-09-29	解放桥 刘智远村	解放桥、甸柳庄、七里河、刘智远村	12.5	
14	2000-09-28	植物园 水屯北路	植物园、齐鲁医院、济南东站、水屯北路、老东门、黑虎泉	8.8	
30	2000-09-16	祝甸 山东轻纺城	祝甸、济南纱布厂、洪家楼、花园庄、老东门、大明湖东门、济南东站、大明湖北门、国贸大厦	13.3	
32	2000-09-28	植物园 西苑小区	植物园、铁路医院、山东剧院、杆石桥、人民商场、天桥、天桥街、长途汽车站、西苑小区	7.7	
42	2000-09-16	玉函小区南区 煤矿总医院	东八里洼、省人大宿舍、玉函小区北区、省石化医院、金钟电子衡器公司、省警官总医院、八一立交桥、辛庄高架桥、煤矿总医院	13.6	
K55	2000-04-29	解放桥 省卫生学校	解放桥、青龙桥、舜井街、泉城广场、医科大学、铁路医院、体育中心、省委、八一立交桥、城建宾馆、郎茂山小区、省卫生学校	12	
K57	2000-04-29	公交汽车修造厂 济钢新村	公交汽修厂、泺口服装城、动物园、长途汽车站、国贸、北关北路、沃家庄、汽车城、新国道超市、客车厂、花岗石厂、齐鲁药厂、花卉市场、电厂、铁厂、济钢、济钢新村	22	

续表3-2-23-2

线 路	开辟时间	起止点	途 经 主 要 站 点	线路长度	备 注
88	2000-12-28	仲宫 省体育中心	省体育中心、金钟电子衡器公司、重汽技术中心、市林业局、十六里河镇政府、车管所检测站、分水岭、西仙村、二仙村、终军广场、仲宫龙山路、仲宫镇政府、仲宫	21	
K90	2000-05-03	公交汽车修造厂 106医院	公交汽车修造厂、动物园、长途汽车站、长途客运中心、无影山、铁路宿舍、公交恒生旅游公司、市华联商厦、苗圃、段店西街	15.5	
K91	2000-09-12	八里桥 华阳路	铁路宿舍、长途客运中心、天桥区政府、天桥、少年宫、大明湖西南门、趵突泉、泉城广场、黑虎泉、青龙桥、解放桥、香贝尔大酒店、历城区环保局、济南砂布厂、化纤医院	17	
K96	2000-07-22	世界购物广场 建工学校	济空四站、张庄机场、张庄、西郊苗圃、煤矿总医院、济南茶叶市场、八里桥仓库、市华联商厦、槐荫广场、市委、饮虎池、趵突泉、泉城广场、银座商城、黑虎泉、和平商场、葛家庄、万嘉隆、省建工学校	19.3	
K98	2000-05-03	世界购物广场 洪家楼	高速客运中心、苗圃、裕园小区、市华联商厦、万紫巷商场、市政府、少年宫、大明湖、老东门、东关大街、花园庄	15.7	
104	2000-09-26	建材学院 泉城广场	中建八局二公司、青龙山长途客运站、市立五院、五里牌坊、省立医院、济南宾馆、大观园、人民商场、泉城广场	11.3	

四、2001～2005年线路

2001年至2005年，新开辟营运线路45条，依次为：63路、89路、K92路、K99路、K97路、64路、16路、62路、K93路、K100路、19路、110路、K94路、K107路、108路、K109路、65路、K95路、67路、106路、112路、111路、116路、114路、113路、115路、881路、882路、89路支线、118路、120路、21路、117路、119路、10路支线、20路、22路、40路、121路、122路、123路、126路、38路支线、77路支线、86路支线；调整线路67条次，涉及1路、7路、8路、9路、13路、27路、30路、31路、32路、34路、35路、36路、37路、38路、46路、47路、49路、K50路、K52路、K53路、K55路、K58路、K59路、62路、64路、70路、72路、73路、76路、77路、78路、79路、83路、84路、85路、87路、K91路、K92、K94路、K95路、K96路、K97路、K98路、99路、K100路、102路、K108路、K109路、110路、

113路、119路；停运公交线路7条，分别为17路、21路、24路、20路、22路、40路、28路。

2005年年底，济南市区拥有公交线路127条，其中普通线路93条、电车线路4条，豪华线路23条，郊区线路7条，线路总长度2410.1千米，线路网总长度825.9千米。

2001～2005年新开辟线路统计表

表3-2-24　　　　单位：千米

线 路	开辟时间	起止点	途经主要站点	线路长度
63	2001-01-12	济南东站 荆山	济南东站、大明湖东门、青龙桥、解放桥、甸柳庄、姚家庄、荆山	9.6
89	2001-01-18	省体育中心 大桥镇政府	省体育中心、齐鲁医院、银座商城、黑虎泉、山东新闻大厦、山师东路、甸柳庄、花园路、石门、黄河大桥北、大桥镇政府	21.4
K92	2001-06-28	还乡店 文庄	还乡店、全福立交桥、山东汽车城、国贸大厦、长途汽车站、大观园、辛庄高架桥、市立五院、王官庄、济南大学	22.7
K99	2001-06-28	解放桥 谢家屯	解放桥、甸柳庄、七里河、炼油厂、济钢、机场路、谢家屯	23.2
K97	2001-06-30	解放桥 遥墙镇政府	解放桥、历城区政府、洪家楼、花园路、华山风景区、还乡店、华山镇政府、遥墙镇政府	26.6
64	2001-07-01	重汽技术中心 甸柳庄	重汽技术中心、七里山、省城建学校、千佛山西门、环山小区、文化东路、和平路、解放路、甸柳庄	14
16	2001-08-10	体育中心 省农科院	省体育中心、植物园、千佛山、省千佛山医院、文化东路、和平路、解放路、洪家楼、花园路、全福立交桥、桑园路	11.3
62	2001-09-28	龙洞路 市立五院	龙洞路、浆水泉路、万嘉隆、燕子山路、省千佛山医院、千佛山、植物园、省体育中心、八一立交桥、五里牌坊、辛庄高架桥、市立五院	15
K93	2001-09-28	还乡店 玉函小区南区	还乡店、全福立交桥、花园路、甸柳庄、和平路口、文化东路东口、燕子山路、山大路、千佛山、植物园、省体育中心、八一立交桥、英雄山、二七新村、七里山、玉函小区南区	20.7
K100	2001-09-28	阳光舜城 现代家电市场	现代家电市场、匡山小区、八里桥、市华联商厦、八一立交桥、英雄山、二七新村、七里山、舜玉小区、阳光舜城	16
19	2001-12-26	大饮马 银座商城	大饮马、二环西路、段店、市立五院、辛庄高架桥、杆石桥、趵突泉、泉城广场、银座商城	13.8
110	2001-12-28	阳光舜城 创业服务中心	阳光舜城、舜玉小区、植物园、千佛山、山师、和平路、解放路、洪家楼、创业服务中心	14.3
K94	2001-12-28	二环东路 山水商城	二环东路、燕子山小区、山大路、千佛山、植物园、英雄山路、七里山、山水商城	16.8

续表3-2-24-1

线 路	开辟时间	起止点	途经主要站点	线路长度
K107	2001-12-28	现代家电市场 友谊山庄	现代家电市场、八里桥、无影山、长途汽车站、国贸大厦、花园庄、洪家楼、解放路、万嘉隆、经济学院、友谊山庄	19.2
108	2001-12-28	现代家电市场 全福立交桥	现代家电市场、匡山小区、西苑小区、长途汽车站、国贸大厦、山大二院、山东汽车城、全福立交桥	12.7
K109	2001-12-28	市立五院 水屯北路	市立五院、南辛庄、华联商厦、生产路、水屯北路	12.5
65	2002-05-01	全福立交桥 西营	千佛山、植物园、红叶谷、晾米台、西营	50
K95	2002-01-22	留学人员创业园 建材市场	华龙路东口、公交总公司、山大路、大明湖、生产路北口、三孔桥	17.6
67	2002-04-22	无影山 李家塘	天桥区政府、六里山南路、二环南路大涧沟南、金宫山庄、红旗村、历城三职专	41.7
106	2002-04-28	梁二村 泉城广场北	路家北、市立三院、张马屯东、黄台电厂、全福立交桥东、东关大街	21.8
112	2002-09-24	动物园 环山小区	标山路、水电路北段、济南东站、山大路北段、文化东路、环山路	16.2
111	2002-09-28	盖家沟配货中心 人民商场	泺口、制革街、天桥南、经二纬一、大观园、成丰桥	11.5
116	2003-12-05	解放桥北 邢村立交桥	山大路、七里河、丁家庄东、雅居园小区、刘智远村南、田庄东	17.5
114	2003-08-12	大魏 成丰桥	新徐、小鲁家庄、泺口动物园、成丰桥、西工商河路、制革街	12.2
113	2003-08-16	祝甸 经一纬五	祝甸北、辛甸北、洪翔路、北关、火车站、经二纬五	13
115	2003-08-23	山东剧院 邢村立交桥	全民健身中心、千佛山、燕山立交桥东、高新开发区、刘智远村	19
88.1	2003-09-20	仲宫 九顶塔	宏福路、门牙村、柳埠大桥、石桥	16
88.2	2003-12-06	仲宫 锦云川乐园	仲宫、金宫山庄、邢家庄、锦云川乐园	12.6
89 支	2004-01-06	大桥镇政府 靳家	马家店、东车、张龙图、范家庄	7.5
118	2004-11-18	祝甸 营市街	祝甸活动中心、洪家楼、菜市南街、北坦大街、经一纬六、营市街北口	15.4
120	2004-11-18	九曲 西苑小区	郎茂山路、刘长山路、阳光新路、经五纬十二路、交校路	12.3
21	2004-12-08	党家枣林 市政府东门	重汽路、南辛西路、营市街、经一纬五、火车站	14.8
117	2004-07-12	腊山立交桥 公交燕山车场	段兴西路、德兴街、省体育中心、全民健身中心、燕山立交桥西、文化东路东口	13.8

续表3-2-24-2

线 路	开辟时间	起止点	途经主要站点	线路长度
119	2004-07-07	解放桥北 高新区管委会	解放桥东、燕子山路、华洋名苑、草山岭西舜风路、崇华路	14.5
10支	2004-12-19	洪家楼 济钢东门	益寿路、公交总公司、甸柳庄、二环东路、济钢二分厂、贤文庄、石化经校、炼油厂、济钢	16.3
20	2005-08-26	公交营运中心 经二纬十二	八里庄、平安店、明星小区、腊山立交桥、经六路	28.5
22	2005-08-26	公交营运中心 营市街	中医药大学、山东师范大学、党家庄、文庄、济南大学、王官庄	8.9
40	2005-04-30	梁二村 全福立交桥	西梁王、李家庄、市立三院、张马屯、幸福苑、全福立交桥东	15.5
121	2005-09-08	盖世茶叶市场 友谊山庄	轻工学院、花园路、甸柳庄、经济学院	11.8
122	2005-09-20	济南东站 济钢东门	大明湖东门、山大北路西口、七里河东、丁家庄东、开拓路、殷陈南	18.2
123	2005-10-03	公交驾校 泉城广场	刘智远村、新泺大街东口、贤文庄、甸柳庄、文化东路中段	16.8
126	2005-12-06	常旗屯 营市街	田家庄、宋家庄、大金庄西、腊山立交桥、营市西街	15.3
38支	2005-01-29	经五纬十二 申家庄	德兴街、营市西街、腊山立交桥北、金鑫苑小区、小饮马、于庄中学、牛角运、明里村	3.2
77支	2005-09-30	唐家庄 郑店	楚家庄、美里村、美里湖公园	3.6
86支	2005-11-26	党家庄 联合大学	王官庄、七贤广场、北桥、明发路	16

五、2006～2010年线路

2006年至2010年，新开辟营运线路69条，依次为：9路支线、24路、25路、124路、125路、127路、128路、129路、131路、165路、203路、K301路、K302路、501路、502路、88支10、883路、885路、886路、88支路(3条)、130路、132路、133路、135路、136路、137路、138路、303路、305路、306路、307路、308路、309路、310路、311路、312路、315路、316路、317路、318路、321路、322路、323路、325路、86支路、140路、142路、BRT1、K139路、BRT2、303支路、888路、319路、22路、150路、313路、809路、811路、BRT3、BRT4、BRT5、BRT6、东山区间、游707路、游708路、游777路、326路；调整线路165条次，涉及1路、2路、9路、9路支、10路、13路、16路、18路、19路、K20路、21路、K22路、K24路、25路、26路、27路、29路、31路、36路、37路、38路、38路支、39路、40路、41路、42路、45路、46路、K50路、K51路、K52路、K53路、K54路、K55路、K58路、K59路、63路、64路、65路、66路、67路、K68路、70路、71路、73路、74路、76路、78路、79路、82路、84路、86路、87路、88路支3、88路支7、88路支8、89路、K90路、K91路、K92路、K93路、K95路、K96路、97路、K98路、99路、K100路、103路、104路、

106路、K107路、108路、109路、110路、117路、119路、120路、122路、123路、124路、126路、127路、129路、130路、131路、136路、137路、K139路、150路、165路、203路、K301路、K302路、303路、303路支、305路、306路、307路、309路、311路、312路、315路、316路、318路、321路、322路、323路、325路、501路、502路、BRT5、BRT6；停运公交线路8条，分别为39路、23路、29路、28路、60路、61路、69路、高峰跨线车。

2010年年底，济南市区拥有公交线路188条（不含单位、超市班车，包含旅游线路），其中常规普通公交线路82条，普通空调公交线路23条，小区公交线路2条，郊区线路65条，旅游线路3条，学生线路2条，大站快速线路5条，BRT公交线路6条。线路总长度3317.7千米，线路网长度1051.5千米。

2006～2010年线路开辟统计表

表3-2-25 单位：千米

线 路	开辟时间	起止点	途经主要站点	线路长度	备 注
9路支	2006-05-02	济南大学 火车站	七贤广场、市中锅炉厂、建设路大桥、水泥厂、五里牌坊、华联商厦	9.7	
24	2006-01-11	公交营运中心 宾谷街	中医药大学、交通学院、凤凰路、长清一中、清河街	18.5	
25	2006-09-12	山东师范大学 宾谷街	山东师范大学、女子学院、金街、中医药大学、北辰集团、文昌步行街	15.6	
124	2006-03-24	白马山铁路新村 营市街	山凹、白马山庄、谷庄欣都小区、南辛庄	5.6	
125	2006-07-07	白马山啤酒厂 长途汽车站	后龙、王官庄小区、南辛庄西路、省立医院、西工商河路	10.9	
127	2006-06-08	东宇花园 经七纬二	蓝翔中路、无影山北路北段、袁庄、省立医院、三中	12.7	
128	2006-04-28	王官庄小区东区 泉城广场	鸿园小区、八一立交桥西、饮虎池、泉城广场、朝山街北口	8.8	
129	2006-06-23	玉函南区东站 省立医院	土屋路、济大东校区、马鞍山路、经七纬一、经七纬八	10.6	
131	2006-12-31	公交燕山车场 转山西路	燕山立交桥、燕山立交桥东、正大城市花园、旅游路、下井庄	6.2	
165	2006-04-28	还乡店 新世界商城	齐鲁制药、南全福街东口、山大路北段、解放桥南	14.4	开线时为65路区间，2007年3月20日由区间车线路改为165路
203	2006-12-11	泺口南苑小区	公交维修公司、天桥南、四季花园、市林业局	—	
K301	2006-09-28	公交营运中心 章丘	中医药大学、炒米店、北小辛庄西街、高新开发区、西彩石、圣井	82	

续表3—2—25—1

线路	开辟时间	起止点	途经主要站点	线路长度	备注
K302	2006-12-30	公交营运中心 泺口汽车站	中医药大学、明发路东口、党家庄镇西、七贤广场、辛西路北口、火车站	32	
501	2006-12-21	南苑小区 省实验中学	十六里河镇政府、重汽技术中心、四季花园、六里山南路、济南中学	8.7	
502	2006-12-21	山东医专 实验中学	郎茂山小区南区、郎茂山小区北区、六里山南路、英雄山	6.8	
88.10	2007-12-28	仲宫 泉泸	欣苑小区、钱家西、李家、王家北	7	
88.3	2007-12-28	齐鲁医院 长峪	青年西路、英雄山、西仙村、突泉村南、周家峪、龙潭	47.8	
88.5	2007-12-28	齐鲁医院 卧龙池	七里山路、西仙村、门牙西、柳埠西、李家、柏树崖	46.1	
88.6	2007-12-28	齐鲁医院 石庙岭	英雄山、西仙村、门牙西、褚家庄、刘家庄、泥淤泉	42.6	
88支	2007-12-28	齐鲁医院 金刚纂	七里山路、西仙村、门牙西、金刚纂	42.2	
88支	2007-12-28	齐鲁医院 西邱	英雄山、西仙村、门牙西、西邱	35.1	
88支	2007-12-28	齐鲁医院 出泉沟	七里山路、西仙村、门牙西、出泉沟	33.9	
130	2007-01-18	大桥镇政府 动物园	马家店、姬家庄、赵家庄西、公交维修公司、泺口服装城	14.5	
132	2007-01-23	郑店村 经二纬六	美里湖公园、海那城、黄河水场、黄岗路北口、交校路	14.3	
133	2007-01-25	彭庄 南辛庄	演马庄、金鑫苑小区、名士花园、营市西街、南辛庄西路	11.5	
135	2007-03-23	黄台装材市场 人民商场	水屯路北口、水屯装材市场、凤凰山路北口、凤凰山路	9	
136	2007-09-17	公交驾校 济南职业学院	刘智远村南、潘庄、力诺科技园、彩石镇政府、商职学院东门	10	
137	2007-09-17	重汽技术中心 七里河	英雄山路、历阳大街、东山路、千佛山南路、文化东路、和平路	13.8	
138	2007-10-29	洪家楼 新东方花园	七里河路北口、历城五中、十里河西、十里河东、贤文小区	6.1	
303	2007-09-16	文化东路东口 虎门	燕山立交桥东、邢村立交桥西、彩石山庄、彩石镇政府、商职学院东门	38.1	
305	2007-09-16	文化东路东口 南泉	浆水泉路、邢村立交桥西、力诺集团、城建学院、北宅科	32.3	

续表3-2-25-2

线 路	开辟时间	起止点	途经主要站点	线路长度	备 注
306	2007-09-16	文化东路东口 商职学院东门	浆水泉路、邢村立交桥西、力诺集团、城建学院、济南职业学院	25.1	
307	2007-10-19	全福立交桥 韩西	齐鲁制药、幸福柳广场、郭家、济钢西门、机场路、简家屯	32.4	
308	2007-12-21	洪家楼 大正路	二环东路、十里河东、新生活家园、义和庄南、小官庄、辛庄	26	
309	2007-10-19	全福立交桥 机场	齐鲁制药、幸福柳广场、济钢西门、机场路、简家屯、遥墙、西大郭	30.9	
310	2007-11-28	孟家 秦家道口	刘姑店、谷家、冯家、马官寨、杨史道口、赵合	17	
311	2007-12-21	洪家楼 鸡山村	七里河、开拓路、山东建筑大学、山青院、教育城、山庄	30.3	
312	2007-12-29	公交燕山车场 九如山	正大城市花园、港沟、伙路、寨而头、龙湾、丁家峪、垒窝	46.3	
315	2007-09-16	全福立交桥 大码头	全福立交桥、幸福柳广场西、奥体中路、开源路、李家庄、川流、新码头	20.9	
316	2007-09-16	洪家楼 娄家	鑫达小区、华山风景区、坝子西、大辛柴家、东八户	42.5	
317	2007-09-16	建大和平校区 建大新校区	山大路、新校区西门、科学楼、科技馆、博文楼	18.9	沿途不设点
318	2007-10-19	洪家楼 老僧口	七里河、济钢西门、机场路、张越家、大徐家北、樊家	47.7	
321	2007-12-21	洪家楼 孙村	七里河小区、牛旺庄、安家、高而、孙村北	26.7	
322	2007-11-28	洪家楼 潘新	七里河、开拓路、济钢西门、锦平、齐鲁制药东厂、杨家、温家	33.3	
323	2007-12-28	公交燕山车场 黑龙峪	燕山立交桥东、下井庄、小汉峪东、亓家	23.1	
325	2007-12-28	洪家楼 上降甘	山大北路东段、姚家小区、河西南、云台寺、云河村、大南营	42	
86 支	2007-01-17	济南大学 陡沟	七贤广场、七贤庄、文庄中、岳尔庄东、党家庄	9	
140	2008-10-18	东宇花园 成丰桥	蓝翔中路、黄岗路北口、无影山北路、无影山东路南口	10.5	
142	2008-12-30	重汽技术中心 吴家	十六里河镇政府、大涧沟北、西仙村、东吴家东	10.8	
BRT1	2008-04-22	黄岗 全福立交桥	黄岗路东、长途汽车站、历黄路、北全福	11.5	

续表3—2—25—3

线路	开辟时间	起止点	途经主要站点	线路长度	备注
K139	2008-09-22	龙奥新居 卧龙花园	全运运动员村、历下广场、燕山立交桥西、山师东路、全民健身中心、小梁庄街	18.6	
BRT2	2008-09-26	北关北路 燕山立交桥	历黄路、历山路、解放桥、文化东路西口、山大路南口	11	
303支	2008-03-05	文化东路东口 玉龙	燕山立交桥东、邢村立交桥西、彩石山庄、玉龙北、玉龙	34.2	
88.8	2008-12-27	仲宫 核桃园	金宫山庄、北高而、锦云川乐园、高而南	17.7	
319	2008-01-18	洪家楼 柿子园村	七里河路、化纤厂路、邓家、工业北路、机场路、郭店东	31.4	开线时为10路支线，2007年2月17日停运，2008年1月18日再次开线改为319路
22	2009-06-25	公交营运中心 营市街	中医院大学、山东师范大学、济南大学、王官庄	23	
150	2009-09-22	和平路东口 新东方花园	解放东路西段、解放东路中段、燕山新居北、舜华路北口	10.4	
313	2009-01-22	全福立交桥 相公吉祥苑	工业北路西段、幸福柳广场西、开源路、工业北路东口、韩仓东	17.5	
809	2009-11-12	仲宫 大佛风景区	仲宫镇政府、南杨家、刘家庄、北崖村	16	
811	2009-12-27	杨而 仲宫	北草沟、东平坊、并渡口村、宏福路	8.2	
BRT3	2009-04-16	全福立交桥 信义庄	北全福、东仓、舜耕路、全民健身中心、英雄山北	11.6	
BRT4	2009-08-27	高墙王 燕山立交桥	宋刘村、鑫达小区、和平路东口、文化东路东口	9.3	
BRT5	2009-10-01	全运媒体村 火车站	龙奥北路、甸柳庄、长盛小区、大明湖北门	18.5	
BRT6	2009-10-13	全福立交桥 龙奥大厦北门	幸福苑、幸福柳广场、康虹路、新泺大街西口	13.8	
东山区间	2009-04-22	玉函小区南区 东山路	土屋路、东八里洼、历阳大街西口、历阳大街	3.9	
游707	2009-03-28	解放桥北 灵岩寺	解放桥北、灵岩寺	70	
游708	2009-04-03	省体育中心 植物园	省体育中心、植物园	60	
游777	2009-10-01	泉城广场 泉城广场	趵突泉东门、大明湖西南门、老东门、解放阁、舜井街	6	
326	2010-12-11	公交燕山车场 西营	大汉峪、云台寺、汪家场、西营	32.9	

第二节 车 辆

一、1986～1991年购置车辆

1986～1991年，济南市公共汽车公司与电车公司共购置420辆新车。其中，汽车单车201辆，汽车铰接车126辆，电车35辆，小公共汽车58辆。1991年年底，两家公司共经营市区公共汽车574辆，电车92辆，合计666辆营运车辆。

二、1992～2005年购置车辆

1992年，济南市公交总公司成立，负责经营管理市区的公共交通。在落实市政府提出的“大公交”工程中，以改革、服务、发展、环保为立足点，大力发展公共交通，购买新车，增加总量，方便人们出行。开通空调车，提高人们乘车舒适度；开通旅游车，满足不同人群需求；开通双层车，增添济南公共交通靓点。同时，还对部分汽车发动机进行改造，达到环保要求。

(一)普通公交汽车 1992年，购进天津产金马TJK6926A型单车26辆，济南产JK171A型、北京产京华BK6141型铰接车9辆，全年购进普通汽车共计35辆。1993年，购进聊城产东岳LCK6930型单车5辆，天津产金马TJK6926A型单车7辆，波兰产耶尔奇1辆，全年共计13辆。1994年，共购进63辆普通汽车，包括常州产长江CJ6922GICH型50辆，东岳LCK6930、LCK6970型13辆。1995年和1996年，分别购进长江CJ6922GICH型34辆和50辆。1997年，购进长江CJ6922GICH单车80辆，购进东岳LCK6980型单车5辆，全年共计85辆。1998年，购进普通汽车208辆，包括东岳LCK6810型71辆，东岳LCK6100G型17辆，长江CJ6922GICH型50辆，上饶产SR6995H1型15辆，合肥产安凯HFF6120GK-06型55辆。1999年，购进东岳LCK6810型120辆，济南产济客JK6800型77辆，安凯HFF6120GK-06型25辆，东岳LCK6970、黄河JK6110T1等型号单车8辆，全年共计230辆。2000年，购进东岳LCK6810型161辆，安凯HFF6120GK-06型25辆，全年共计186辆。2001年，购进东岳LCK6810型115辆，济客JK6800G型90辆，全年共计205辆。2002年，购车439辆，包括东岳LCK6810型17辆，济客JK6800G型100辆，长江CJ6922G1CH、CJ6920G4CH(依维柯)、CJ6100G2G1CHK(依维柯)型共222辆，济南产黄河JK6120G型100辆。2003年，购进聊城产中通LCK6810A-2型单车20辆，济客JK6803型60辆，全年共计80辆。2004年，购进济客JK6803型20辆，中通LCK6810A-260型60辆，长江CJ6920G4CH(依维柯)型100辆，济南产黄河JK6122(伊斯特龙)型70辆，全年共计250辆。2005年，购置丹东产黄海DD6920S05型单车18辆作为培训用车，购进杭州产东风DHZ6101RC3型100辆，北京产欧曼BJ6920C6MHB、BJ6100C7MHB型100辆，济南产黄河JK6122(伊斯特龙)型55辆，镇江产神野ZJZ6600PD型9辆，神野ZJZ6600PD型2辆，全年共计284辆。

1992～2005年，共购置普通公交汽车2162辆，减去报废车辆，2005年年底共有普通公交汽车2241辆。

(二)公交电车 1992年、1995年、1996年，分别购进上海产SK561型电车8辆、15辆及10辆。2000年、2001年每年分别购进济南产济客JK6120D型电车40辆。2002年和2003年，每年分别购进济南产黄河JK6120D型电车20辆。

1992～2005年，共购置公交电车153辆，减去报废车辆，2005年年底共有公交电车138辆。

(三)公交空调车 1997年，购进上饶产SR6995H2型空调车30辆。1998年，购进丹东产黄海DD6101HSAK型空调车25辆。1999年，购进上饶产上饶星王ZA6820型和常州产长江CJ6800G1CHK型各40辆。2000年，购进空调车235辆，包括长江CJ6800G1CHK型186辆，上饶星王ZA6820型45辆，黄海DD6922型4辆。2001年，民营企业福建百利宝经济发展有限公司济南分公司承包部分空调线路独立经营，购买长江CJ6800G1CHK型及长江CJ6100型空调车各49辆，一年后退出。同年，公交总公司购进长江CJ6800G1CHK型60辆，黄海DD6922型8辆，合肥产安凯HFF6100型5辆。2002年，购进空调车70辆，包括长江CJ6800G1CHK、CJ6830G5G2H型45辆，张家港产牡丹MD6103A1DH型19辆，黄海DD6922型6辆。2003年，购进长江CJ6100G2C10HK型1辆。2004年，购进黄海DD6890型43辆，牡丹MD6106型23辆，全年共计66辆。2005年，购进牡丹MD6100LDH型28辆。

1992～2005年，共购置公交空调车706辆，减去报废车辆。2005年年底共有公交空调车530辆。

(四)公交旅游车　1997年，购进聊城产东岳LCK6931型旅游车8辆。2000年，购进东岳LCK6760、上饶SR6590等型号的旅游车4辆。2001年，购进东岳LCK6980型5辆。2003年，购进常州产长江CJ6110TCHK型空调车、张家港产牡丹MD6121ED1H型空调车各2辆。2004年，共购进了12辆旅游车，包括牡丹MD6122型空调车、中通LCK6880型空调车等型号。2005年，购进空调车20辆，其中丹东产黄海DD6103K01型空调车、张家港产牡丹MD6102GDL型空调车各10辆。

1992～2005年，共购置公交旅游车53辆，2005年年底共有公交旅游车102辆。

(五)公交双层车　1993年，购进南京产金陵双层客车5辆。1997年、1998年、2001年分别购进安凯HFF6100型双层客车15辆、30辆、1辆。

2005年年底，共有公交双层车51辆。

(六)其他车辆　1992～1993年，开辟调整10条小公共汽车线路(301～310)时，购置红叶BK6581、华西CDL6602、南华NH6561型小公共汽车172辆。2000年5月31日，小公共汽车全部退出公交营运市场。

1992～2005年，共购置新车3297辆，减去报废车辆，2005年年底营运车辆总数3073辆。

三、2006～2010年购置车辆

(一)普通公交汽车　2006年，共购置普通公交车326辆，包括黄河JK6122型45辆，安凯HFX6122GK-06型100辆，中通LCK6890型100辆，中通LCK6120G-1型80辆，福田BJ6100C6/7MHB型1辆。2007年，购置金龙XMQ6105G型100辆，中通LCK6112G-3型100辆，中通LCK6770GH型12辆，合客HK6811G7型2辆，全年合计购置214辆。2008年，购置中通LCK6112G-3型100辆，金旅XML6105J13C型240辆，中通LCK6125GC型60辆，骏马SLK6115UF6N3型30辆，黄海DD6181S03型60辆，全年合计购置490辆。2009年，共购置205辆，包括中通LCK6125G-2型80辆，青年JNP6120G-3型125辆。

2006～2010年，共购置普通公交汽车1235辆，减去报废车辆，2010年年底共有普通公交汽车2864辆。

(二)公交电车　2006年，购置黄河JK6120D型电车20辆；2008年，购置马克YS6120DG型电车6辆。

2006～2010年，共购置公交电车26辆，减去报废车辆，2010年年底共有公交电车140辆。

(三)混合动力公交车　2009年，共购置混合动力公交车100辆，包括福田BJ6123C7C4D型20辆，中通LCK6121HEV型80辆。

2010年年底，共有混合动力公交车100辆。

(四)快速公交车　2007年，购置青年JNP6120G-3型快速公交车40辆，中通LCK6180G-1型快速公交车15辆，全年合计购置55辆。2008年，购置中通LCK6180G-3型快速公交车40辆。2009年，共购置快速公交车72辆，包括青年JNP6182G-1型52辆，青年JNP6120G-3

型20辆。

2006～2010年，共购置快速公交车167辆，2010年年底共有快速公交车167辆。

（五）公交空调车　2006年，购置中通LCK6890型公交空调车78辆。2007年，共购置公交空调车145辆，其中中通LCK6103G-1型15辆，厦门金旅XML6105UE52型130辆。2008年，购置金旅XML6105J13C型公交空调车100辆。2010年，购置混合动力新能源空调车100辆。

2006～2010年，共购置公交空调车423辆，减去报废车辆，2010年年底共有公交空调车881辆。

（六）公交旅游车　2006年，购置黄海DD6108型公交旅游车1辆。2007年，共购置公交旅游车6辆，包括金旅XML6601C2G型、XML6896E5A型、XML6106E42型各1辆，金旅XML6700E3G型2辆，金龙KLQ6129型1辆。2008年，共购置公交旅游车54辆，其中宇通ZK6100HT型20辆，江淮HFC65000A1C7BE3型2辆，金旅XML6807J23型7辆，金旅XML6700J32型4辆，宇通ZK6879HA型3辆，宇通ZK6999HA型2辆，宇通ZK6117HA型6辆，宇通ZK6127HA型1辆，宇通ZK6100HU型7辆，宇通ZK6879H型2辆。2009年，购置金旅XML6700H13型5辆，中通LCK6125H-2型1辆，中通LCK6107H-6型12辆，全年合计购置公交旅游车18辆。

2006～2010年，共购置公交旅游车79辆，减去报废车辆，2010年年底共有公交旅游车171辆。

（七）公交双层车　2008年，购置金陵JLY6101SACNG型公交双层车70辆。2009年，购置黄海DD6119S01型敞篷观光车5辆。

2006～2010年，共购置公交双层车75辆，减去报废车辆，2010年年底共有公交双层车76辆。

（八）其他车辆　2006～2010年，共购置超市班车95辆，教练车12辆。2007年，整合收编历城公交150辆，留用111辆。

2006～2010年，共购置各类公交车1765辆，减去报废车辆，至2010年年底营运车辆共计3987辆。

第三节　票制票价

1986年和1987年汽(电)车零售票价，沿用1973年的五进制“梯形票”票价，有0.05元、0.1元、0.15元、0.2元4种票价。

1986年汽（电）车零售票价表

表3—2—26

项　目	市　区				郊　区			
票价（元）	0.05	0.10	0.15	0.20	0.05	0.10	0.15	0.20
可乘站数（个）	5	10	16	25	4	8	13	19
乘距（千米）	3.5	7.0	11.5	16.3	3.4	6.8	11.1	16.2
人千米票价（元）	0.0143	0.0143	0.0130	0.0120	0.0147	0.0143	0.0135	0.0124

月票沿用1983年月票价格。市区月票6元，市郊区通用月票8元，公用月票10元。市区学生月票2元，市郊区通用学生月票3元。

1988年8月，本着“简化票种，方便群众，提高服务，略有增收”的原则，改革公共汽(电)车票制和票价。简化零票票种：市区线路改为三种票价，将五进位制改为十进位制，即起价1角，票额按1角的倍数递增，最高3角，并适当提高近程票价。调整月票价格：市区月票、市郊区通用月票和公用月票的价格，由6

元、8元、10元分别调整为7元、9元、11元，学生月票价格不变。

1989年1月1日，中小学生月票改为季票，面额分别为市区学生季票6元，市郊区通用学生季票9元，将每月发售一次改为每季发售一次，明确规定学生季票只限普通中小学、职业中专、职业中学使用。至年底，发售各类月(季)票78.42万张。

1991年6月1日，济南市实行盲人免费乘坐市内公共汽车、电车制度。盲人可持“济南盲人乘车证”乘车。同年，由于燃料、汽车配件等物价上调及税费增加，使企业成本连年上升，而票价依然维持低水平，价格严重背离价值，制约了城市公共交通发展，加重了市财政负担。9月25日，经市政府和市物价局批准调整零票、月票价格。零售车票票价：普通客票票制由1角起价、1角进价，改为2角起价、1角进价，即2角可乘坐1～5站，3角可乘坐6～13站，4角可乘坐14～21站，5角乘坐22站以上。近郊线路普通客票运率由0.034元/人千米提高到0.0385元/人千米。按乘坐里程计费，票制与市区线路相同。月票票价：市区月票由每张7元调整为10元，市郊区通用月票由每张9元调整为13元，公用月票由每张11元调整为25元，学生市区季票由每张6元调整为12元，学生市郊区通用季票由每张9元调整为18元。至年底，发售各类月(季)票83.28万张。

1993年，由于公交汽车燃油全部按市场价格供应，车辆配件维修费用不断提高，使公共汽车营运成本大幅度上升，企业亏损严重。为促进公交事业发展，为全市经济建设和人民生活服务，市政府研究确定，济南市自1993年6月1日起，适当调整公共汽(电)车成人月票价格：市区月票由每张10元调整为20元，市郊区通用月票由每张13元调整为25元，公用月票由每张25元调整为40元，学生月票不作调整。价格变动后，职工购买月票，个人承担部分，仍按原规定执行，即个人每月承担1.5元。企业由此增加支出部分，可计入成本。至年底，发售各类月(季)票81.09万张。

1994年10月1日，在市区33路汽车线路试行无人售票。乘客零票实行一票制，票价每人次0.50元。经试运行状况良好，公共汽(电)车逐步推行无人售票。

随着市区范围不断扩大，市区和郊区月票在使用上发生了矛盾，1996年经市政府研究同意将现行市区、市郊区通用两种月票合并为市郊区通用月票，并于12月1日理顺公共汽(电)车票价。成人月票由原市区月票每张20元和原市郊区通用月票每张25元，合并为市郊区通用月票每张25元；学生季票由原市区季票每张12元和市郊区通用季票每张18元，合并为学生通用月票每张8元(季票24元)；无人售票车零售票价0.50元和公用月票每张40元不作变动。至年底，发售各类月(季)票80.46万张。

1997年10月，济南市首条豪华(空调)线路K50路开通，实行无人售票制，票价1元，不使用月票。1998年，在夏季开放空调冷气时，每人次另收取冷气费1元。

1999年12月1日，公交票价调整。乘客零票价由每人次0.5元调整为0.6元，成人月票由每张25元调整为35元，学生月票由每张8元调整为15元，公共月票由每张40元调整为50元。

2000年1月28日，济南市公交总公司在50路、53路、56路、58路、68路公交车上试行IC卡电子车票。7月1日，市区公交车正式使用IC卡车票。IC卡分为普通卡、成人月票卡、学生季票卡、老人卡、残疾人盲人用卡，乘车收费标准与原来相同。IC卡为非接触式卡，乘客上车时将卡置于车载收费机感应区内，收费机绿灯亮并发出“嘟”声后，收费过程即结束。IC卡车票实行，解决了乘客坐车找零钱难的问题，市民乘车更加方便。

2001年9月1日，济南市公交总公司与华夏银行合作开发“华夏万通卡”，开始替代以往使用的公交电子车票。此卡除具有普通银行卡功能外，还具有电子车票功能，用户只需将银行卡磁条中存款转存到电子钱包中，就可持卡乘公交车，上述操作都在一张卡上进行，方便了乘客。公交总公司发行的IC卡车票可免费转换成华夏万通卡。同年，经市物价局召开的“公交价格调整听证会”通过，市政府批准，自2001年9月1日起，适当调整公共交通票价。普通车零票价格仍实行一票制，由每人次0.6元调整为1元；豪华(空调)车票价格由每人次夏季2元，其他季节1元，调整为不分季节每人次一律2元。取消纸板月票，改用电子月票，成人电子月票每月由35元调整为50元，学生电子月票每月由15元调整为20元。票价调整后，使用电子车票乘坐普通车每人次0.7元，乘坐豪华(空调)车每人次1.5元。电子车票按人次计费，可多人使用。年满70周岁老人可享受成人电子月票价格30%的优惠。10月1日，市政府决定，现役义务兵着军装、持士兵证乘坐市区公交车一律免费。

2003年5月1日，市老龄委、市财政局、市公用事业管理局联合下发《老年人乘坐公共汽(电)车优待规定实施办法》，年满65～69周岁老年人享受半价乘车优待，年满70周岁及以上的老年人享受免费乘车优待。实行老年人乘车优待只限乘坐使用月票的公共汽(电)车线路。符合条件的老年人持“老年人优惠乘车卡”或“老年人免费乘车卡”乘车。至年底，全市共办理老年人免费乘车卡4.59万张。

2004年10月1日，为贯彻落实《军人抚恤优待条例》和市委、市政府、济南警备区《关于进一步做好新形势下双拥工作的意见》以及市政公用事业局、市民政局下发的《关于革命伤残军人免费乘坐市区公共汽(电)车通知》，实行革命伤残军人持免费乘车卡，可免费乘坐市区使用月票的公共汽(电)车。至年底，共办理革命伤残军人免费乘车卡2236张。

2005年5月1日，经市政府和市物价局批准，对公交IC卡优惠幅度进行调整。由原来七折优惠调整为九折优惠，即普通车刷卡由原0.7元调整为0.9元，豪华(空调)车刷卡由原1.5元调整为1.9元。投币和公交月票不变。

2006年9月27日，根据市政府关于开通大经十路公共交通的工作部署，依据市物价局《关于大经十路快速公交(K301路)车临时票价的通知》规定，经十路快速公交(K301路)车全程票价12元。全程票价分五个区段执行，即长清大学科技园站至长途汽车西站票价3元；长途汽车西站至邢村立交桥站票价2元；邢村立交桥站至埠东村站票价2元；埠东村站至鹅庄站票价2元；鹅庄站至山东技师学院站票价3元。同时规定，本区段内，不论乘坐几站，一律按本区段全程票价收取；跨区段乘坐，按本区段全程票价和所跨区段全程票价收取。上述临时价格执行期一年(2006年9月28日起至2007年9月28日止)。期满前3个月，运营企业需上报成本资料，经价格主管部门成本监审后，核定正式票价。现行票价按临时票价中规定执行。12月28日，依据市物价局《关于K302路公交车票价的通知》规定：K302路公交车全程票价4元。票价实行分段计费，即由公交营运中心到辛西路北口票价为2元；辛西路北口到泺口汽车站票价为2元。同时规定在本区段内无论乘坐几站，一律按本区段全程票价收取，跨区段乘坐，按本区段全程票价和所跨区段全程票价收取。

2008年4月22日，快速公交(BRT)一号线试运行，依据市物价局《关于快速公交车票价的通知》规定，试运行期间零票实行一票制，每乘次1元。7月17日，总公司依据市物价局《关于确定济南市公交总公司“济南公交一卡通”IC卡押金标准的通知》，公交IC卡押金按每卡10元收取，在持卡人办理退卡时，公交公司按原价退还押金，因IC卡质量问题需更换的进行免费更换。至2010年10月，办理退卡91.8万张，因质量问题免费办理更换3.1万张。

至2009年年底，公交总公司共发行IC卡电子车票129万张，月票卡113万张；学生月票卡

21万张；70周岁以上老人免费乘车卡11万张，65～69周岁半价乘车卡7.7万张，残疾人免费乘车卡0.5万张，伤残军人免费乘车卡0.4万张。

2008年8月至2010年年底，票制票价无变化。

第四节 公交场站

20世纪80年代，济南市对公共交通站点设施进行规范和升级。1988年，东八停车场建成，面积2.45万平方米。1992年，建设西八停车场(2.05万平方米)、洪家楼停车场(4269平方米)、五院停车场(2.42万平方米)。1993年，建成省建筑机械厂停车场(9248平方米)、八里桥停车场(3074平方米)、王官庄停车场(1.67万平方米)。1994年，建设大明湖南门停车场。1998年，建设王辛庄停车场(5702平方米)。2002年，完成祝甸停车场(9013平方米)和刘志远停车场(3.73万平方米)建设。2003年4月，东八里洼加气站建成使用，日加气能力1万立方米。2004年，黄岗停车场建成使用，占地3712平方米。2005年，完成了英雄山公交调度中心(2.9万平方米)建设；同年，完成市立五院公交枢纽立项。

2007年，建成祝甸加气站和建筑机械厂加气站，占地均为660平方米。2008年，BRT黄岗停车场建设完成，场区共硬化地面1.51万平方米；完成BRT全福停车场建设，新建房屋面积160平方米，车间950平方米，场区共硬化地面1.4万平方米；完成长清大学城营运调度中心一期停车场施工建设任务，新建、改建房屋面积712平方米，硬化场区地面8000平方米；完成BRT北园停车场的施工建设任务，新建房屋面积200平方米，硬化场区地面4600平方米；完成燕山公交停车场施工建设任务，新建办公楼面积600平方米，硬化场区地面9900平方米。

2009年，鲁能领秀城停车场开工建设，年内完成场区地面硬化工程，共硬化地面6000平方米；完成赵庄停车场施工建设任务，新建房屋面积203平方米，硬化场区地面1.1万平方米；完成BRT零点停车场施工建设任务，新建房屋面积130平方米，硬化场区地面3400平方米；完成奥体中心停车场施工建设任务，新建房屋面积260平方米，硬化场区地面1万平方米。

2010年1月1日，奥体中心公交立体停车场正式动工，工程地上4层，面积2.03万平方米；地下1层，面积1762.78平方米；总建筑面积2.21万平方米。建筑高度23.2米，开敞式汽车库，设计停放车辆130余部，项目占地面积9015.7平方米，投资约7100万元。同年，完成大明湖东门停车场迁建工程，新建房屋面积58平方米，硬化场区地面1400平方米；完成鲁能领秀城停车场建设，新建车间面积280平方米。

至2010年年底，济南市公交场站83处，其中国家划拨29处(含正在办理手续的5处)，国家划拨用地面积占公交场站总用地规模的63.59%。二环以内公交场站较多，面积占全部公交场站的37.9%；东、西部区域场站分别占全部面积的28%和34.1%。

2010年济南公交场站情况表

表3－2－27

场站分类	场站数量（处）	场站面积（万平方米）	面积比例(%)
有土地证	24	27.72	28.73
正在办理	5	33.65	34.86
租　借	54	35.14	36.41
合　计	83	96.51	100

第五节 公交管理

一、公交调度

1987年11月，公司科研所研制的GDZ-3城市公交路线调度自动监控系统，经城乡建设环境保护部成果鉴定委员会专家鉴定，在国内车辆自动监控系统研究方面处于领先地位。1988

年，该项目获建设部科学进步一等奖。10月，在35路公交车上安装电子调度监控装置。

2005年，英雄山公交调度中心建成。2007年8月，为促进济南公交信息化提升和发展，为市民乘坐公交车提供便利的信息化服务，中国移动济南分公司与济南市公交总公司举行公交信息化合作协议签约仪式。

2009年10月9日，济南市公共交通总公司印发《关于成立公交指挥中心的通知》，决定成立公交指挥中心。主要职能是负责公交车辆运营智能调度及指挥，公交场站、站台、车辆监控、收银监控、点款监控以及车辆巡更监控等工作。11日，公交调度指挥中心正式启用。济南公交调度指挥中心包括智能调度系统、巡更系统、监控系统，具备应急指挥能力和可靠的通信服务水平。智能调度系统形成监控及调度中心与车载设备和电子站牌间的联动应急指挥网络，使管理工作具有实时性、安全性、快捷性、高效性。公交调度指挥中心设备主要包括36台液晶显示器和宽7.32米、高1.83米的大屏幕，及相关智能化设施。

2010年1月～2月，济南公交选取三公司303路、305路两条郊区线路试运行“定点发车、准时到站”。3月，在试运行成功基础上，公司向社会公开承诺303路、305路实现“定点发车、准时到站”服务。同年，济南公交第一个智能调度分控中心——三公司五队智能调度分控中心投入运行。

二、公交安全

1988年，公交公司实行安全管理经济承包责任制，将安全工作责任与个人和车队经济效益挂钩，提高安全工作水平。

2003年11月，设立总公司安全处，与营运处合署办公。

2008年1月，成立稽查大队，负责总公司营运、安全、服务、票务、劳动纪律的稽查。5月，成立安保公司，负责总公司票款收管及安全、公交场站治安、消防和安全管理等工作。场站管理公司保安分公司归安保公司管理，同时撤销场站管理公司保安分公司。

2009年，济南公交在2000余辆公交车上安装3G视频监控设备，公交车厢安全环境得到明显改善，公交车厢扒窃案件发生率下降30%。同年，电子巡更系统上线使用，应用于86个场站，实现公交夜间车辆智能化、可视化、可量化管理。场站、站台及监控系统实现对场站、收袋区域和重点场所的完全监控，形成全方位、立体式防范体系，对突发事件具有快速响应能力，提高安全工作的质量和安全管理水平。

三、公交服务

1989年4月，济南市公共事业总公司会同市公安局、市精神文明协调委员会、市综合治理办公室等部门，在全市展开为期一个月的“整顿公共交通乘车秩序月”活动。对外整顿行车秩序，创造良好的乘车环境，为公交车辆运行创造良好条件。要求驾乘人员严格落实《驾乘人员守则》，礼貌待客，文明服务，安全行车，提升服务水平。

1991年1月，35路公交车率先实现自动报站，该技术减轻了乘务员的工作强度，为乘客提供更好的服务。5月，公共汽车、电车公司参加由建设部和中国城建工会开展的全国城市公共交通系统优质服务竞赛活动。

1995年9月，济南市第一条无人售票线路在33路(现66路)试运行，10月1日正式运营。无人售票实行一票制，票价0.5元，月票通用。1996年5月26日，市区公交线路全部实现无人售票。

1999年7月，济南市人民代表大会常务委员会公布施行《济南市城市公共客运交通管理条例》。

2001年1月，全市公交车均可使用IC卡电子车票。9月，总公司与华夏银行合作发行“华夏万通卡”。该卡具有银行卡和电子车票双重功能。

2003年5月，实行65～69周岁老年人半价乘车、70岁及以上老年人免费乘车政策。

2004年，开展“心系乘客，建文明车厢，创优质服务，树良好形象”活动，促进服务质量进一步提高。11月，总公司推出“星级管理、星级服务”试行方案，并在车队和营运驾驶员、车队修理工中实行，开始构建“机关为基层、后勤为运行、全员为乘客”立体化服务机制。12月，全省城市公交协会2004年年会在济南召开，来自全省公交行业110多名代表，交流公交运营服务和改革发展经验。

2005年12月，设立总公司乘客服务中心，隶属营运处。负责总公司营运服务管理、公共交通客运票卡发售、客车出租及接待乘客咨询和投诉等业务。

2006年1月，伤残军人持免费乘车卡，可乘坐所有线路的公交车。乘客服务中心可为市民提供IC卡电子车票开户、充值、退换卡以及查询公交乘车信息等服务。

2008年1月，总公司以济南市承办第十一届全运会为契机，开始组织实施“八大工程”。即：公交服务质量提升工程、常规公交提升工程、快速公交推进工程、公交装备提升工程、绿色公交建设工程、场站建设工程、公交科技创新工程和员工素质提升工程。

2009年，济南公交总公司把“微笑服务”纳入星级考核，开展“微笑服务迎全运、文明行车铸品牌”活动。至2010年，始终抓好文明服务工作。

第六节 客运出租

1986～2010年，济南市客运出租汽车行业从无到有，逐渐进入相对稳定和规范轨道，整个行业在管理水平、从业人员素质、服务质量、安全生产、法制建设等方面都有很大提高。2010年年底，主城区在运客运出租汽车8043辆，出租汽车经营企业36家。出租汽车注册驾驶员近1.5万人，年营运行驶里程8.8亿千米，年客运量1.95亿人次。出租汽车车型以1.6升排量的捷达、富康、桑塔纳为主，有少量桑塔纳2000、帕萨特、别克等中高档轿车。

一、车辆

1986～1990年，由于车辆投入成本高，消费需求规模小，出租汽车数量相对偏少，整个行业处于自发发展阶段。1989年，济南市客车出租公司拥有各类出租汽车219辆(不含三轮车数227辆)。其中新购桑塔纳、切诺基等轿车41辆，大客车5辆。车型为小轿车、三轮车、大客车、旅行车。1990年年底，全市从事客运出租业的国营、集体和个体业户约有840户，各类出租车约1500辆，其中纳入市城市客运管理处管理的业户602户，登记注册各类汽车962辆。登记车辆中，国营车185辆，集体车187辆，个体车554辆，旅店兼营接送站车36辆。车型为小轿车、三轮车、大客车、旅行车。1991年，全市注册登记并领取经营证的客运出租业户共740户1074辆车(不含三轮车)。车型为小轿车、三轮车、大客车、旅行车。年内，市客运管理处按照市政府《关于进一步加强市区出租客车行业管理的通知》精神，重点进行统一管理工作。1992年，济南市制定一系列鼓励出租汽车行业发展的优惠政策，放松对出租汽车行业准入限制，各种社会资本特别是私人资本迅速进入，使出租汽车行业进入“井喷式”发展阶段，出租汽车数量和种类迅速增加。1992年10月1日，济南市公共汽车公司、电车公司、客车出租公司合并组建为济南市公共交通总公司。同年进行两次较大规模整顿。整顿范围和内容是：凡在市区内经营(含兼营或独资、合资出租企业)客运出租的车辆，包括各类旅游车、旅店业接送站车和客运三轮车，均在整顿范围之内。所有出租车辆都要按规定办理各种客运出租手续，并到城市客运管理处注册登记，手续不全者一律不准经营。全市注册登记并领取经营证的客运出租业户共1113户867辆车(不含三轮车)。

1993年4月9日，市政府发出通告，鼓励各级党政机关、企事业单位、驻济南部队，凡有条件的单位，可到市城市客运管理处办理登记手续，参与城市客运出租经营业务。在放开客运出租市场的同时，放开经营站点，统一收费标准，将出租车起租价由5千米调整为3千米。至年底，经营客运出租业务的单位由1992年年底的3家发展到66家。各类出租汽车发展到1888辆，比1992年年底增加1021辆。车型为小轿车、三轮车、大客车、旅行车。

1994年，全市客运出租车辆总数6158辆(不含三轮车)，同比净增4270辆；经营单位161家，同比增加85家。形成拥有面包车4934辆，轿车976辆，中巴车223辆，大客车25辆，从业人员近万人和日运送乘客11万人次的客运出租规模。车型为小轿车、面包车、三轮车、大客车、旅行车。1995年，全市客运出租车辆7948辆(不含三轮车)，同比净增1790辆。从业人员1.2万余人，日运送乘客27万人次。车型为小轿车、面包车、三轮车、大客车、旅行车。1996年年底，全市客运出租车辆9795辆(不含三轮车、大客车、旅行车)，同比净增1847辆。其中面包车8620辆，轿车1175辆，从业人员1.4万余人。车型：小轿车、面包车、三轮车、大客车、旅行车。自1993年开始放开出租市场至1997年下半年，发展黄面的(黄色面包车)、夏利等各类出租汽车1.5万余辆，出租汽车发展数量过多，供求关系失衡。1999年始，济南市将出租汽车作为“城市公共资源”，按照特许经营方式进行管理，陆续采取准入数量管制、经营权有偿使用和公司化运营等管理办法，制定“控制总量、进出有序、提高档次、规范管理、优化市场”的客运出租汽车发展目标。1999～2000年，将7269辆黄面的退出客运市场。2002年，将6294辆夏利出租车退出市场，按照市政府的出租汽车更新政策，“经营单位二换一，个体业户一换一”，全部更新为1.6升排量以上符合环保要求的三厢轿车，出租汽车总量严格控制在8500辆目标以内，供求关系日趋合理。

1997年年底，全市客运出租车13766辆(不含三轮车、大客车、旅行车)，其中面包车8188辆，轿车5578辆，从业人员2万余人。年内，对客运出租市场进行综合治理，经营单位由近200家精简到175家，服务和管理水平上新台阶。车型为小轿车、面包车、三轮车、大客车、旅行车。1998年，全市共有出租车辆13238辆(不含三轮车、大客车、旅行车)，客运出租经营公司170家，从业人员近2万人。车型为小轿车、面包车、三轮车、大客车、旅行车。

1999年5月10日，根据出租车经营单位规模、实力、经营管理等方面，对全市出租车总数50辆以下的出租汽车公司实行合并或兼并，经营单位由175家合并为72家，进一步规范客运出租市场。年底，全市共有出租车辆12000多辆(不含三轮车、大客车、旅行车)。车型为小轿车、面包车、三轮车、大客车、旅行车。

2000年，规定出租车“服役”期限，要求符合条件的在运出租车年底前全部改装为双燃料用车。全市淘汰面包出租车4006辆，更新符合环保要求的出租车2259辆，出租车档次明显提高。全市出租车总量为10700辆，客运出租经营单位60家。车型为小轿车。2001年，济南市合理控制客运出租汽车的发展，全年将出租车控制在10700辆，并开展出租汽车经营企业的资质达标工作。

2002年3月16日，制定济南市出租车退旧更新方案，规定运营满5年半的夏利车必须全部退出城市营运市场，或销往济南市六区以外的地区，新更换出租车辆必须为发动机排量在1.6升以上的车型。根据此方案，济南市区原有6000余辆夏利出租车应全部于2002年年底前退出客运出租市场，同时根据“经营单位二换一，个体业户一换一”配额政策更新车辆，新上出租车经营权有偿使用金为每辆车5万元，营运年限5年。按照规定，新上出租车必须是发动机排量在1.6升以上、加装ABS、尾气排放达到欧洲Ⅱ号标准的环保型三厢轿车，如桑塔纳、捷达、富康、奇瑞等车型，优先使用燃用清洁燃料的双燃料车。2002年年底，全市6219辆夏利出租车全部退出营运市场，新上新型车辆3000余辆，全市出租车总数控制在8000辆以内。随着全市出租车数量的减少，实行近4年的出租车单双号运行制度于7月27日取消，客运出租市场日趋规范、合理。同年，作为济南市五年大变样的最后一年，城市客运出租逐步走上依法管理、多家经营、规范市场、有序竞争的轨道，经营单位由原来的72家整合到43家。所有更新车辆全部上一个新档次，整体服务水平上一个新台阶。

2003年年底，出租车经营单位由原来的43家整合到41家。完善出租车经营企业资质管理和资格审查，充分发挥政府监管作用；在“非典”时期，与41家出租车经营企业签订预防非典目标责任书，采取行政措施降低出租车经营企业收费标准，维护出租车客运市场秩序。2004年，进一步加强客运出租市场管理。对全市7600辆出租车的车容车貌和卫生实行统一标准，加大对营运车辆的督查，服务合格率为95%。客管中心加强客运出租市场监管，推行行业服务规范，完成67辆普通型轿车退旧更新工作。

2007年，组织实施出租汽车退旧更新。对1999～2001年投入营运的出租汽车，在旧车退出客运市场更新车辆后，授予新一轮经营权，经营期限6年，免收本轮有偿使用金；对2002年后投入营运的出租车，运营期限由8年延至12年，运营期内可更新一次车辆。更新车辆标准为：发动机排量为1.6升以上，尾气排放达到欧Ⅲ(或国Ⅲ)标准的三厢轿车，提倡选用中高档轿车，1.8升排量车型所占比例不得低于30%(租价标准与普通车型相同)；车辆燃料使用汽油、压缩天然气(CNG)两用燃料；安装GPS调度安防系统终端。全面更新车辆1700辆，全部使用双燃料，执行现行运价，使用机打发票、电子营运资格证。

2009年，市政府投入2600万元对提前退出更新的出租车实行专项补贴，加快出租车辆更新。8月底，2136辆2002年投入营运的出租车提前退出客运市场。至年底，全市累计退旧更新出租车近6000辆，占车辆总数的75%。2010年，全年更新出租车553辆，彩色出租车(济南市主城区域统一使用薄荷青、亚洲黄、康福蓝3种颜色的出租车)数量达到全部在运车辆的82%。投资近30万元，分别在火车站、飞机场设立出租车服务监督亭，实现24小时监管。换发第二代出租汽车驾驶员电子资格证15101件。

二、服务

1986～2010年，出租汽车行业每年开展各种创建活动，延展精神文明建设的实践平台，深化奉献社会、服务人民的意识，提升行业形象。广大出租车驾驶员在优质服务上下功夫，礼貌待客，热情服务，逐步树立起“乘客至尊，服务至上”的服务理念。各出租汽车经营企业成立“雷锋车队”等优质服务车队，为乘客提供优惠优质的服务，推出学生高考期间半价服务、“八一”节对军人优惠服务、残疾人日免费乘车、党代会期间免费接送党代表等服务措施。示范车队建立对提高行业整体服务水平、搞好行业精神文明带来良好的示范作用，有830辆出租车被市文明委命名为“文明出租车”。

三、监管

1988年9月，成立济南市城市客运管理处，依照有关法律法规，对出租汽车行业实施统一管理。实现计价收费，统一票据。

1992年，《济南市城市客运出租管理办

法》公布实施，政府引导鼓励社会各界投资出租行业，行业发展进入繁荣时期，出租车数量和经营企业数量都达到历史最高水平。同时，客运处加强对经营的监督检查，加强对驾驶员职业道德教育和服务意识教育，设立投诉电话，创造公平的经营环境。

济南市实施“蓝天工程”，1999年起，利用4年时间，将不能满足乘客需求的黄面包车和夏利车退出市场，对出租经营企业进行联合兼并。同时，更新出租车实行经营权有偿使用，在全行业推行“出租汽车经营企业资质标准”和“出租汽车驾驶员违章记分”考核办法，扶优限劣，鼓励创立品牌。

2000～2005年，规范企业劳动用工，要求企业与驾驶员签订经营合同，先后进行两次经营企业资质审验工作，对规范企业行为起到积极作用。2006年，实施《济南市客运出租车安全管理、服务、卫生三大规范》，详细规定车辆运营设施、安全卫生、行业服务方面应达到的标准。清理规范政府行政事业性收费项目，使其由原来的16项减为13项，收费额每月降低82.17元。建立出租汽车运油价格联动机制，实现运价与油价联动。向市区出租汽车发放成品油专项补助款577万元。

2008年，市政府制定四项出租车优惠政策，打击客运出租非法营运行动、降低出租车承包费、调整出租车运价结构、开展关爱出租车驾驶员活动，减轻出租车驾驶员负担，维护行业稳定。

2009年，市政府拨付2600万元建设GPS调度中心及办公场所，投入800万元对GPS项目进行安装调试。成立由市政公用、公安等部门组成的联合执法队伍，重拳打击非法营运车辆、套牌车、非法异地营运等非法经营活动，查处218辆“黑车”，营造良好经营环境。2010年，成立由交通、公安两部门组成的联合执法队伍，集中开展客运出租市场清理整顿专项活动，查处非法营运车辆342辆，规范客运出租汽车市场秩序。

1986～2010年济南市公共交通情况表

表3—2—28

年份	年末营运车辆（辆）			乘客人数（万人次）
	公共汽车	无轨电车	出租汽车	
1986	496	62	67	22996
1987	493	66	278	24954
1988	511	66	269	26091
1989	484	67	348	25861
1990	512	57	458	26744
1991	574	92	442	28987
1992	658	83	867	29029
1993	663	83	1888	28693
1994	742	81	6158	25798
1995	871	81	7948	26742
1996	905	102	9968	28202
1997	1020	102	13766	29550
1998	1144	102	13238	32838

续表3-2-28

年 份	年末营运车辆（辆）			乘客人数（万人次）
	公共汽车	无轨电车	出租汽车	
1999	1354	102	12414	40519
2000	1558	142	10700	45954
2001	1872	148	10700	48578
2002	2411	142	7997	42916
2003	2545	162	7782	47734
2004	2702	149	7600	53354
2005	3073	138	7980	59191
2006	3751	140	8100	64181
2007	3863	140	8100	68100
2008	4384	146	8750	74565
2009	4231	140	8986	99095
2010	3987	140	8867	108072

说明：表中公共汽车数量包含县（市）区

第九章　机　构

第一节 行政机构

1986年年初，市公用事业总公司有13个科室。所属有8个企事业单位，即公共汽车公司、电车公司、客车出租公司、自来水公司、煤气公司、公用事业技工学校、计划节约用水办公室和动力机械厂。

1990年7月，市公用事业总公司加挂市公用事业管理局牌子(职能不变)。1996年9月，成立济南市公用事业管理局，设办公室、计划财务处(挂审计处牌子)、企业处(挂劳动安全处牌子)、科技教育处、法规处、公共交通管理处、供水管理处、燃气管理处、组织人事处(挂离退休干部工作处牌子)、宣传处等10个职能处室。

2001年9月，增加城市集中供热管理工作。设办公室、财务处、法规处、综合处、经营指导处(挂审计处牌子)、劳动安全与科技开发处、组织人事处(挂离退休干部工作处牌子)、宣传处等8个职能处室和济南市供热管理办公室(副局级)。2003年7月，市城市管理局并入市公用事业管理局，市公用事业管理局更名为市市政公用事业局，为市政府直属局级事业单位，授权行使行政管理职能。设办公室、财务处(挂审计处牌子)、法规处、综合处、劳动安全处、技术处、市政设施建设处、市政设施养护处、路政处、组织人事处(挂宣传处牌子)等10个职能处室和离退休干部工作处、济南市供热管理办公室(副局级)。

2004年9月，市政公用事业局由市政府直属事业单位改为市建设委员会所属的全额预算管理正局级事业单位，依照法律法规授权行使行政管理职能，将市政公用系统企业国有资产监管职能划归市国资委。设办公室、发展规划处、政策法规处、财务审计处、市政设施建设处、市政设施管理处、路政管理处、供排水管理处、燃气管理处、城市公共客运管理处、经营指导处、安全监察处、组织人事处等13个职能处室和供热管理办公室(副局级)、离退休干部处。

2010年4月，济南市市政公用事业局改为市政府直属财政拨款正局级事业单位，依照法律法规授权行使行政管理职能，将城市公共客运管理职责划入市交通运输局。设办公室、政策法规处(挂信访处牌子)、组织人事处、发展规划处、财务审计处、安全监察处(挂应急管理办公室牌子)、市政设施建设处、市政设施管理处、供水管理处、排水管理处、燃气管理处、国有资产监督管理处、服务督查处等13个职能处室和供热管理办公室(副局级)、离退休干部处。

第二节 事业机构

1986年，市公用事业总公司有2个事业机构，即市计划节约用水办公室、市公用事业技工学校。1988年8月，市城市客运管理处成立。1995年，市燃气管理处成立。1998年8月，市城建监察总队公用事业监察支队成立。

2001年9月，市城市客运管理处更名为市城市公共客运管理办公室，市燃气管理处更名为市燃气管理办公室，市计划节约用水办公室更名为市城市计划节约用水办公室。2003年7月，原市城市管理局管理的市城市道路桥梁管理处、市水质净化一厂、市水质净化二厂、市市政工程设计研究院、市路灯管理处、市城建材料开发服务中心、市市政工程拆迁办公室、市市政工程质量监督站、市政府防汛抗旱指挥部城市防汛办公室、市排水管理处整建制移交市市政公用事业局管理。市公用事业技工学校更名为市市政公用事业技工学校，挂市政公用事业职工中等专业学校牌子。市城建监察总队公用事业监察支队撤销。同年10月，市12319热线服务中心成立。

2004年9月，市城市公共客运管理办公室更名为市城市公共客运管理服务中心，市排水管理处更名为市排水管理服务中心，市燃气管理办公室撤销。12月，济南市市政工程设计研究院转企改制，改为民营企业。2005年7月，市市政公用事业技工学校并入济南职业技术学院。2006年7月，市城建材料开发服务中心转企改制。11月，市水质净化一厂、二厂转企改制。

2007年4月，市供排水监测中心成立。2008年7月，市排水管理服务中心加挂市排水总公司牌子。2010年4月，市城市公共客运管理服务中心移交市交通运输局管理。

至2010年，市市政公用事业局共有9个事业机构。

第三节 运营机构

1986年，市公用事业总公司有6个运营机构。即公共汽车公司、电车公司、客车出租公司、自来水公司、煤气公司和动力机械厂。

1991年3月30日，济南市北郊热电厂建成投产。1992年6月22日，市热力工程公司成立。1993年1月21日，济南开发区热力公司成立。4月，市热力设计研究院成立。2000年8月，市龙力热电开发有限公司成立。2003年8月15日，济南蓝天热电燃料有限公司成立。10月，济南港华燃气有限公司成立。2004年2月27日，济南百江燃气有限公司成立。2005年11月14日，济南百江液化气有限公司成立。11月16日，山东百江燃气有限公司成立。

至2010年，市市政公用事业局共有14个运营机构。

第三篇　电　力

济南地区的社会用电、用热任务主要由黄台电厂承担。1986年年初，黄台电厂累计发电近290亿千瓦时、总产值近19亿元，各项技术指标，达到全国同类机组较好水平。90年代，地区电网已具规模，逐渐形成与淄博、莱芜、济宁等电厂的联网，供电能力不断提高，供电范围不断扩大。进入21世纪，黄台电厂依靠科技进步，走可持续发展之路，对发电设备进行一系列供热、自动化、增容、环保等技术改造，打造“绿色”能源基地。2004年3月，黄台电厂隶属于山东鲁能发展集团有限公司。“十一五”时期，电力工业通过加快结构调整，转变增长方式，以“上大压小”形式关停小火电机组，实现结构性节能减排，经济效益和社会效益进一步增强。2008年12月，黄台电厂划归华能山东发电有限公司管理。至2010年年底，黄台电厂累计发电1535.23亿千瓦时。

济南电网位于山东电网中心，是山东电网的核心组成部分，担负着南电北送、西电东送的任务。长期以来为省会济南10个县(市)区提供可靠的电力供应，供电区域8177平方千米。1990年，济南电网基本形成，主要电源点有黄台电厂、莱芜电厂、辛店电厂、肥城电厂(石横电厂)以及早期的淄博地区电力。220千伏变电站3座，通过220千伏线路依次相连，形成辐射鲁中、鲁中南地区电厂的220千伏单环供电网络。2006年年底，济南电网拥有公司所属变电站48座，变电总容量6627.8兆伏安。济南电网有系统发电厂3座，总装机容量3175兆瓦。济南电网电源点还包括500千伏济南变电站和500千伏长清变电站。济南电网220千伏网架除西北部许美线单环运行外，实现双重环网，南部实现三重环网。110千伏电压等级除热北线、水北线、热屯线环网运行外，均采用辐射型结构，电网电源分布合理，结构稳定。至2010年年底，济南电网共有35千伏及以上变电站61座，变压器119台，变电容量10243.5兆伏安，2010年电网统调最高负荷4140兆瓦。

第一章　发　电

第一节　电　厂

华能济南黄台发电有限公司(以下称黄台电厂)始建于1958年9月，是山东省第一座高温高压火力发电厂。位于济南市东郊小辛庄原址，西距济南市中心15千米，南靠胶济铁路，北临济青公路，厂区占地面积88.8公顷。建厂后隶属于山东省电力工业局、山东电力集团公司。2004年3月，隶属于山东鲁能发展集团有限公司。2008年12月，划归华能山东发电有限公司管理。黄台电厂主要承担济南地区社会用电、用热任务。

1986年前，经四期工程建设和“填平补齐”工程，发电装机五炉六机，容量32.5万千瓦。1986～1990年，先后完成第五、六期扩建工程。五期工程安装1台国产30万千瓦亚临界压力汽轮发电机(7号机)，1台1025吨/时全套引进日本三菱公司生产的CE型亚临界压力辅设式一次中间再热强制循环燃煤汽包炉(7号炉)，1987年11月24日投产。六期工程安装1台国产30万千瓦亚临界压力汽轮发电机(8号机)、1025吨/时锅炉(8号炉)，1990年12月18日投产。全厂装机容量92.5万千瓦。全部六期工程概算投资总额11.26亿元，前三期工程由北京电力设计院设计，后三期工程由山东电力设计院设计，全部工程主要由山东电力建设第一工程公司承建施工。2000～2005年，先后对7号、6号、8号、5号机组进行节能增容改造，至2005年，发电容量增至102.5万千瓦，跨入百万大厂行列。

2007～2010年，贯彻“上大压小”政策，关停1～6号机组，利用拆除1～4号机组场地进行七期扩建工程，安装2台HG-1146/25.4-PM1型锅炉(9、10号炉)，2台C350-24.2/566/566型超临界、抽凝汽轮机(9、10号机)，2台QFSN-350-2-20型发电机。其中9号汽轮机是东方汽轮机厂生产的第一台35万千瓦超临界供热汽轮机，9号机组也是山东省首台超临界热电联产机组。2009年6月28日开工，2011年1月1日和5日，9号、10号机组两台35万千瓦发电机组先后投产。全厂装机发电容量136万千瓦。

第二节 技术改造

1992年始，先后对1～6号机组(装机容量32.5万千瓦)实施供热改造。至2005年，供热能力720吨/时，可供采暖面积800余万平方米，工业用户十几家。可取代容量2吨/时小型锅炉300余座，年减少烟尘排放7.6万吨，二氧化硫3万吨，成为济南市最大“绿色热源”。2007年11月，8号机组完成供热改造，替代老机组承担供热任务。

1996～1997年，完成所有设备治理改造，对1～4号机、1～3号炉控制室由分散控制改为集中控制。筹集资金6500万元，5台锅炉除尘器由水膜除尘改为电除尘，全厂除尘效率提高到99.3%，烟尘浓度降至200毫克/立方米以下，消减幅度89.4%，烟尘排放量每年减少3.6万吨，彻底解决老机组烟尘问题。2000年、2001年，分别投资1000万元和1200万元对两台30万千瓦机组电除尘器进行改造，除尘效率分别99.57%和99.84%。电厂全部设备除尘效率加权平均值为99.54%，烟尘排放浓度远低于国家规定的排放标准和总量指标要求。

2001～2004年，投资3.93亿元，实施7、8号机组全烟气脱硫技改工程，该工程是中国自主设计、自主监理、自主施工，具有独立知识产权的烟气脱硫技改示范项目。8号机组烟气脱硫工程于1999年10月被国家经贸委批准立项，列入国家第四批国债专项资金项目；7号机组烟气脱硫工程于2001年11月列入第二批“双高一优”项目并予以立项。8号机组脱硫工程于2002年4月9日开工，12月29日竣工投产，工程设备国产化率85%以上，脱硫效率98.5%，均超过设计值，标志着中国大型燃煤电厂烟气脱硫技术国产化取得重大进展。7号机组脱硫工程于2003年3月15日开工，2004年11月19日投入运行。7、8号机组脱硫工程全部投产后，按燃煤含硫量1.6%计算，每年可减排二氧化硫3.84万吨，减排烟尘1840吨。黄台电厂成为环保型热电联产企业和山东省、济南市社会经济发展的绿色能源基地。

2006～2010年，电力工业主要任务是加快结构调整，转变增长方式，通过“上大压小”形式关停小火电机组，实现结构性节能减排。2007年11月，关停1～4号机组；2010年5月，关停5、6号机组；关停总容量36.5万千瓦，占济南市“十一五”期间总关停容量的90%以上。

机组关停后，每年减少耗用原煤110万吨，减排二氧化硫1万吨，减排氮氧化物7000吨，减排烟尘1300吨，为山东省、济南市完成“十一五”期间减排目标做出突出贡献。

2010年年底，黄台电厂全年完成发电量42.04亿千瓦时，累计发电1535.23亿千瓦时，厂用电率5.6%，供电标准煤耗率321.88克/千瓦时，全年供热量478万吉焦。全员劳动生产率19959元/人。

1986～2010年黄台电厂技术经济指标完成情况汇总表

表3—3—1

年份	年末发电设备容量（万千瓦）	平均发电设备利用小时	年发电量（亿千瓦时）	供电标准煤耗率（克/千瓦时）	发电标准煤耗率（克/千瓦时）	厂用电率（%）	发电水耗（立方米/万千瓦时）	发电单位成本（元/千千瓦时）
1986	32.5	8218	26.71	414	380	8.20	—	30.75
1987	62.5	7790	28.22	412	379	8.21	—	30.43
1988	62.5	6684	41.78	407	379	7.04	—	45.32
1989	62.5	6787	42.42	401	372	7.21	—	69.07
1990	92.5	6676	42.46	398	369	7.17	—	73.68
1991	92.5	5708	52.80	386	361	6.55	—	73.93
1992	92.5	6092	56.35	382	357	6.40	—	81.96
1993	92.5	6819	63.08	378	354	6.40	—	100.86
1994	92.5	6543	60.52	378	353	6.62	—	117.50
1995	92.5	6603	61.08	378	353	6.71	—	136.17
1996	92.5	5959	55.12	379	353	6.91	—	190.09
1997	92.5	5690	52.63	373	348	6.68	—	221.70
1998	92.5	5470	50.60	378	352	6.87	40.78	172.61
1999	92.5	5842	64.04	374	349	6.76	39	164.03
2000	92.5	6395	59.15	375	350	6.77	36	156.70
2001	94.5	6354	59.49	374	349	6.62	40.30	167.90
2002	97.5	6057	58.19	367.56	343.10	6.66	39.50	190.62
2003	100.5	5223	52.31	370.31	344	7.07	39.40	206.41
2004	100.5	5003	50.28	370.80	343	7.51	39.40	248.96
2005	102.5	5688	57.71	368.66	344	6.78	38.50	260.44
2006	102.5	5273	54.04	378.55	352.26	6.94	36.41	268.12
2007	102.5	4884	50.05	379.35	353.35	6.85	35.72	285.65
2008	88	4314	37.96	351.24	328.95	6.35	34.84	401.79
2009	88	4719	41.53	331.70	312.38	5.82	29.81	346.13
2010	66	5674	42.04	321.88	303.85	5.60	29.05	375.54

说明：1998年前，不统计发电水耗率

第二章　供　电

第一节 电 源

1979～1990年，济南电网基本形成，主要电源点有黄台电厂、莱芜电厂、辛店电厂、肥城电厂(石横电厂)以及早期的淄博地区电力。3座220千伏变电站，通过220千伏线路依次相连，形成辐射鲁中、鲁中南地区电厂的220千伏单环供电网络。

1991年至2006年年底，济南电网拥有公司所属变电站发展到48座，变电总容量6627.8兆伏安。济南电网有系统发电厂3座，总装机容量3175兆瓦。济南电网电源点还包括500千伏济南变电站和500千伏长清变电站。济南电网220千伏网架除西北部许美线单环运行外，基本实现双重环网，南部实现三重环网。110千伏电压等级除热北线、水北线、热屯线环网运行外，均采用辐射型结构，电网电源分布合理，结构稳定。

2006年起，济南电网大规模发展建设。至2010年年底，济南电网共有35千伏及以上变电站61座，变压器119台，变电容量10243.5兆伏安。其中：220千伏系统共有变电站22座(含1座开关站)，变压器41台，变电容量6870兆伏安，供电负荷3401兆瓦；110千伏系统共有变电站35座，变压器71台，变电容量3296兆伏安，供电负荷1335兆瓦；35千伏系统共有变电站4座，变压器7台，变电容量77.5兆伏安，供电负荷30.2兆瓦；济南电网系统发电厂总装机容量3570兆瓦。地方及企业自备电厂24座，总装机容量1013.72兆瓦。电网经500千伏济南站主变、500千伏长清站主变、500千伏闻韶站，及党红线、韶临线、中苏线与省网联络。商河站通过陵河线由德州电网供电。济南电网220千伏网架大部分实现双重环网，基本满足N-1要求。滨州地区明集站、西王站、肖镇站及淄博地区周村站通过中明线、绣周线、章周线并入济南电网供电区域。同年，电网统调最高负荷4140兆瓦。

500千伏济南站　　(1990年摄)

第二节 输 电

一、济南市220千伏线路

1986年年底，建成220千伏线路有党红线、党Ⅱ南线、辛韩线、石韩线、黄屯线、黄韩Ⅰ线、韩党线、石屯线、石党线、石联线、马石线等。随着电网发展，220千伏线路辐射向济南各个方向。至2010年年底，辖区内共有220千伏输电线路70条，其中代理维护线路4条，跨境线路15条，分别与泰安、德州、滨州搭界，总长度1280千米。

2010年济南市220千伏线路一览表

表3—3—2

名 称	投运时间	长度（千米）	最小截面（平方毫米）	起 点	终 点
党红线	1976年3月	31.63	300	220千伏党家庄变电站	220千伏红庙变电站（泰安境内）
中明线	1991年11月	24.12	400	220千伏中索变电站	220千伏明集变电站（滨州境内）
中苏线	1991年11月	25.66	400	220千伏中索变电站	220千伏苏庄变电站（德州境内）
石平线	1997年3月	5.57	400	石横电厂	220千伏平阴变电站
党南线	1998年12月	12.05	300	220千伏党家庄变电站	220千伏南郊变电站
许南线	1998年12月	24.56	400	220千伏许寺变电站	220千伏南郊变电站
平许线	1998年4月	55.01	400	220千伏平阴变电站	220千伏许寺变电站
美屯线	2000年7月	10.06	400	220千伏美里湖变电站	220千伏水屯变电站
石佛Ⅰ线	2001年10月	16.26	400	石横电厂	220千伏佛山变电站
章济线	2002年4月	16.75	400	220千伏章丘变电站	500千伏济南变电站
章周线	2002年4月	20.92	400	220千伏章丘变电站	220千伏周村变电站（滨州境内）
电济Ⅰ线	2002年6月	15.43	400	章丘电厂	500千伏济南变电站
电章线	2002年6月	9.62	400	章丘电厂	220千伏章丘变电站
石长Ⅱ线	2002年6月	33.12	400	石横电厂	500千伏长清开关站
长党线	2002年7月	35.12	400	500千伏长清变电站	220千伏党家庄变电站
长许Ⅱ线	2002年7月	18.01	400	500千伏长清开关站	220千伏许寺变电站
石长Ⅰ线	2002年7月	34.54	400	石横电厂	500千伏长清开关站
长许Ⅰ线	2002年8月	18.15	400	500千伏长清开关站	220千伏许寺变电站
石平Ⅰ线	2004年9月	7.70	400	石横电厂	220千伏平阴变电站
韩历线	2005年11月	8.65	400	220千伏韩仓变电站	220千伏历城变电站
黄历Ⅰ线	2005年11月	9.47	400	黄台电厂	220千伏历城变电站
黄历Ⅱ线	2005年11月	11.21	400	黄台电厂	220千伏历城变电站
石佛Ⅱ线	2005年11月	4.55	400	石横电厂	220千伏佛山变电站
锦韩线	2006年10月	4.88	400	220千伏锦平变电站	220千伏韩仓变电站
锦济线	2006年10月	9.88	400	220千伏锦平变电站	500千伏济南变电站
长文线	2006年11月	5.59	400	500千伏长清开关站	220千伏文昌变电站
电脉Ⅰ线	2006年11月	10.73	400	章丘电厂	220千伏百脉变电站
电脉Ⅱ线	2006年11月	10.73	400	章丘电厂	220千伏百脉变电站
姚文线	2006年11月	59.57	400	220千伏姚家变电站	220千伏文昌变电站
许清线	2007年1月	19.62	400	220千伏许寺变电站	220千伏清河变电站
河乐线	2007年2月	15.62	400	220千伏商河变电站	220千伏乐陵变电站（德州境内）

续表3—3—2—1

名称	投运时间	长度（千米）	最小截面（平方毫米）	起点	终点
陵河线	2007 年 2 月	14.79	300	500 千伏陵县变电站（德州境内）	220 千伏商河变电站
双河线	2007 年 2 月	21.42	400	220 千伏双集变电站（滨州境内）	220 千伏商河变电站
电济Ⅱ线	2007 年 4 月	15.03	400	章丘电厂	500 千伏济南变电站
清铁Ⅰ线	2007 年 5 月	4.84	300	220 千伏清河变电站	220 千伏济西变电站
清铁Ⅱ线	2007 年 5 月	4.84	300	220 千伏清河变电站	220 千伏济西变电站
兴党线	2007 年 9 月	15.98	400	220 千伏兴隆变电站	220 千伏党家庄变电站
兴姚线	2007 年 9 月	35.07	400	220 千伏兴隆变电站	220 千伏姚家变电站
邢韩线	2007 年 9 月	5.11	400	220 千伏邢村变电站	220 千伏韩仓变电站
邢姚Ⅰ线	2007 年 9 月	13.09	400	220 千伏邢村变电站	220 千伏姚家变电站
电正线	2008 年 1 月	19.66	400	章丘电厂	220 千伏大正变电站
济正线	2008 年 1 月	6.99	400	济南变电站	220 千伏大正变电站
邢历线	2008 年 12 月	11.57	400	220 千伏邢村变电站	220 千伏历城变电站
邢姚Ⅱ线	2008 年 12 月	12.78	400	220 千伏邢村变电站	220 千伏姚家变电站
长兴Ⅰ线	2008 年 3 月	41.18	400	500 千伏长清开关站	220 千伏兴隆变电站
长兴Ⅱ线	2008 年 3 月	41.18	400	500 千伏长清开关站	220 千伏兴隆变电站
石长Ⅲ线	2008 年 6 月	31.55	400	石横电厂	500 千伏长清开关站
石长Ⅳ线	2008 年 6 月	31.66	400	石横电厂	500 千伏长清开关站
邢正Ⅰ线	2008 年 7 月	9.54	400	220 千伏邢村变电站	220 千伏大正变电站
邢正Ⅱ线	2008 年 7 月	9.54	400	220 千伏邢村变电站	220 千伏大正变电站
韶临线	2009 年 11 月	11.20	400	500 千伏闻韶变电站	220 千伏临邑变电站（德州境内）
韶中Ⅰ线	2009 年 11 月	26.22	400	闻韶变电站	220 千伏中索变电站
韶中Ⅱ线	2009 年 11 月	26.22	400	500 千伏闻韶变电站	220 千伏中索变电站
东彩线	2009 年 12 月	5.88	400	220 千伏东门变电站	220 千伏彩虹变电站
黄彩Ⅱ线	2009 年 12 月	3.11	400	黄台电厂	220 千伏彩虹变电站
美屯Ⅰ线	2009 年 7 月	10.06	400	220 千伏美里湖变电站	220 千伏水屯变电站
韶美线	2010 年 1 月	32.16	400	500 千伏闻韶变电站	220 千伏美里湖变电站
韶清线	2010 年 1 月	32.60	400	闻韶变电站	220 千伏清河变电站
黄彩Ⅰ线	2010 年 11 月	3.11	400	黄台电厂	220 千伏彩虹变电站
黄韶线	2010 年 11 月	66.84	400	黄台电厂	500 千伏闻韶变电站
黄屯Ⅰ线	2010 年 11 月	9.02	400	黄台电厂	220 千伏水屯变电站
黄屯线	2010 年 11 月	9.07	400	黄台电厂	220 千伏水屯变电站
韩飞线	2010 年 4 月	10.70	400	220 千伏韩仓变电站	220 千伏飞鹰变电站
济飞Ⅰ线	2010 年 4 月	5.90	400	济南	220 千伏飞鹰变电站

续表3—3—2—2

名 称	投运时间	长度（千米）	最小截面（平方毫米）	起 点	终 点
黄飞线	2010 年 5 月	18.85	400	黄台电厂	220 千伏飞鹰变电站
济飞Ⅱ线	2010 年 5 月	6.11	400	济南变电站	220 千伏飞鹰变电站
韶康Ⅰ线	2010 年 6 月	16.30	400	闻韶变电站	220 千伏安康变电站
韶康Ⅱ线	2010 年 6 月	16.36	400	闻韶变电站	220 千伏安康变电站
济绣线	2010 年 8 月	23.45	400	济南变电站	220 千伏绣江变电站
绣周线	2010 年 8 月	16.40	400	220 千伏绣江变电站	220 千伏周村变电站（滨州境内）

二、济南市110千伏线路

20世纪80至90年代，输电线路多为110千伏线路。随着社会发展，110千伏线路改造及新建较多，主要为电缆化改造。至2010年年底，管辖内共有110千伏输电线路54条，总长度为519千米，其中回孟线由历城公司与济阳公司代理维护。

2010年济南市110千伏线路一览表

表3—3—3

名 称	投运时间	长 度（千米）	最小截面（平方毫米）	起 点	终 点
水北线	1986 年 12 月	1.70	240	220 千伏水屯变电站	110 千伏北郊变电站
热北线	1990 年 11 月	1.74	240	220 千伏北郊热电厂	110 千伏北郊变电站
热屯线	1990 年 11 月	1.58	240	220 千伏北郊热电厂	220 千伏水屯变电站
黄新线	1991 年 4 月	1.39	240	220 千伏贤文变电站	110 千伏新河变电站
黄姚线	1991 年 6 月	1.39	240	220 千伏贤文变电站	220 千伏姚家变电站
姚义线	1991 年 7 月	2.17	240	220 千伏姚家变电站	110 千伏义和变电站
姚玉线	1993 年 11 月	3.83	240	220 千伏姚家变电站	110 千伏舜玉变电站
韩章线	1993 年 3 月	32.78	120	220 千伏韩仓变电站	220 千伏章丘变电站
章明线	1993 年 3 月	12.04	240	220 千伏章丘变电站	110 千伏明水变电站
姚和线	1993 年 9 月	0.98	240	220 千伏姚家变电站	110 千伏和平变电站
姚东线	1994 年 12 月	4.67	240	220 千伏姚家变电站	110 千伏东郊变电站
英南线	1994 年 2 月	3.90	240	220 千伏英雄变电站	220 千伏南郊变电站
平铝线	1997 年 3 月	7.28	150	220 千伏平阴变电站	110 千伏平阴铝厂变电站
美洛Ⅰ线	2000 年 10 月	5.55	240	220 千伏美里湖变电站	110 千伏泺口变电站
回孟线	2000 年 6 月	56.37	185	110 千伏回河变电站	110 千伏孟家变电站
美匡线	2000 年 9 月	5.24	240	220 千伏美里湖变电站	110 千伏匡山变电站
许长线	2001 年 1 月	5.42	240	220 千伏许寺变电站	110 千伏长清变电站
许齐线	2001 年 2 月	9.08	240	220 千伏许寺变电站	110 千伏朱庄变电站

续表3—3—3

名 称	投运时间	长 度（千米）	最小截面（平方毫米）	起 点	终 点
党金线	2001年4月	18.45	185	220千伏党家庄变电站	110千伏大金变电站
党前线	2001年4月	12.62	185	220千伏党家庄变电站	110千伏前卫变电站
许金线	2001年4月	16.59	240	220千伏许寺变电站	110千伏大金变电站
许前线	2001年4月	19.40	185	220千伏许寺变电站	110千伏前卫变电站
韩开线	2003年1月	12.32	240	220千伏韩仓变电站	110千伏开发区变电站
党热线	2003年7月	10.45	240	220千伏党家庄变电站	南郊热电厂
韩电线	2004年7月	7.36	150	220千伏韩仓变电站	220千伏历城变电站
电仓线	2005年5月	22.97	240	章丘电厂	220千伏韩仓变电站
电明线	2005年5月	19.33	150	章丘电厂	110千伏明水变电站
百普线	2005年8月	8.46	240	220千伏百脉变电站	110千伏普集变电站
许崮线	2005年8月	12.27	240	220千伏许寺变电站	110千伏崮山变电站
许团线	2005年8月	2.95	240	220千伏许寺变电站	110千伏团山变电站
章普线	2005年8月	10.66	150	220千伏章丘变电站	110千伏普集变电站
百埠Ⅱ线	2006年11月	6.69	150	220千伏百脉变电站	110千伏埠村变电站
文张线	2006年11月	19.71	1240	220千伏文昌变电站	110千伏张夏牵引站
百埠Ⅰ线	2006年12月	6.65	150	220千伏百脉变电站	110千伏埠村变电站
百章线	2006年12月	8.31	150	220千伏百脉变电站	220千伏章丘变电站
隆党线	2006年12月	8.79	240	220千伏兴隆变电站	220千伏党家庄变电站
隆姚线	2006年12月	7.65	150	220千伏兴隆变电站	220千伏姚家变电站
党张线	2006年6月	14.51	240	220千伏党家庄变电站	110千伏张夏牵引站
美虹线	2006年7月	19.22	150	220千伏美里湖变电站	220千伏彩虹变电站
美西线	2006年7月	5.30	240	220千伏美里湖变电站	110千伏西郊变电站
隆南线	2007年10月	5.24	185	220千伏兴隆变电站	220千伏南郊变电站
姚燕线	2007年10月	—	240	220千伏姚家变电站	110千伏燕翅变电站
平胡线	2007年5月	5.61	240	220千伏平阴变电站	110千伏胡庄变电站
历孟线	2008年12月	5.42	240	220千伏历城变电站	110千伏孟家变电站
文长线	2009年1月	10.17	240	220千伏文昌变电站	110千伏长清变电站
文马线	2009年1月	13.20	240	220千伏文昌变电站	110千伏马山变电站
许马线	2009年1月	27.75	240	220千伏许寺变电站	110千伏马山变电站
正潘线	2009年12月	2.07	240	220千伏大正变电站	110千伏潘庄变电站
隆和线	2009年4月	5.75	240	220千伏兴隆变电站	110千伏和平变电站
隆英线	2009年4月	0.02	240	220千伏兴隆变电站	110千伏英雄变电站
邢义线	2009年4月	7.97	240	220千伏邢村变电站	110千伏义和变电站
虹福线	2010年2月	2.18	240	220千伏彩虹变电站	110千伏全福变电站
历化线	2010年4月	—	240	220千伏历城变电站	110千伏化肥厂变电站
康梓线	2010年6月	6.07	240	220千伏安康变电站	110千伏梓东变电站

三、济南市35千伏线路

35千伏线路，主要作为用户线路及联络线路。至2010年年底，管辖内共有35千伏输电线路9条，线路长度70.62千米。

2010年济南市35千伏线路一览表

表3—3—4

名称	投运时间	长度（千米）	最小截面（平方毫米）	起点	终点
朱焦线	1970年3月	15.30	70	朱庄变电站	110千伏提水站
时庄线	1988年6月	10.72	95	220千伏韩仓变电站	500千伏济南变电站
向阳线	1991年9月	4.01	150	110千伏新河变电站	35千伏铁厂变电站
许园Ⅰ线	2000年9月	1.30	240	220千伏许寺变电站	35千伏鲁能工业园变电站
许园Ⅱ线	2000年9月	1.30	240	220千伏许寺变电站	35千伏鲁能工业园变电站
新钢线	2002年6月	2.30	24	110千伏新河变电站	35千伏二钢变电站
生钢线	2002年8月	2.11	240	110千伏新河变电站	35千伏二钢变电站
中热Ⅰ线	2004年5月	16.79	240	220千伏中索变电站	济阳热电厂
中热Ⅱ线	2004年5月	16.79	240	220千伏中索变电站	济阳热电厂

四、线路维护

1986～2000年，以正常巡视与特殊巡视为主；防外力破坏工作主要手段为联系当事人和设立警示牌等。防污闪主要是更换绝缘子。1986～1995年，重点更换耐张绝缘子，由单沿绝缘子更换为防污型绝缘子，直线杆塔全部更换为防污型绝缘子。1995～2000年，将全部直线杆塔以及耐张杆塔吊串绝缘子更换为硅橡胶合成绝缘子。防鸟害主要采取拆除鸟巢的办法，90年代末发明简易防鸟刺，对防鸟害有一定效果。

2000～2010年，城市建设不断发展，违章建筑、违章施工现象增多，防外力破坏除巡视、特巡、联系、设立警示牌外，增加对外宣传力度，印制电力设施宣传册，发送印有电力安全宣传的赠品，提高群众对高压输电线路的安全保护意识，普及保护电力设施的相关知识。采用杆塔悬挂大字警示牌增强输电线路周围群众安全意识。采用在违章施工现场附近杆塔安装摄像装置实行全天监控，有效发现违章施工现象并及时制止。2001年年初，全省发生大面积冰凌故障，发明橡胶阻水装置，有效缓解冰凌故障的发生。2005～2010年，新建线路及改建线路直线绝缘子均使用防鸟害合成绝缘子。至2010年，全部直线杆塔(不含钢管杆)均安装新型防鸟刺。

第三节　变　电

一、济南市220千伏变电站

章丘变电站　1992年12月投产，主变压器1台，变电容量120兆伏安，选用三相三圈油浸强油导向风冷型无载调压变压器。二期工程1993年12月竣工送电，新上120兆伏安，三相三线圈油浸强油导向风冷型无载调压变压器1台。

中索变电站　1995年12月投产，主变压器1台，变电容量120兆伏安，选用三相三圈油浸强油导向风冷型无载调压变压器。二期工程2005

章丘变电站　(2000年摄)

年6月竣工送电，新上120兆伏安，三相三线圈油浸强油导向风冷型无载调压变压器1台。

南郊变电站　1998年12月22日，新装1号变压器投产，变电容量15万千伏安，选用三相三圈油浸风冷高阻抗有载调压变压器。二期工程2001年开工，新装2号变压器。

姚家变电站　1991年9月投产，主变压器1台，变电容量150兆伏安，选用三相三圈油浸强油导向风冷型有载调压变压器。二期工程1994年9月竣工送电，新上180兆伏安，三相三线圈油浸强油导向风冷型有载调压变压器1台。

美里湖变电站　2000年7月1日投产，主变压器选用三相三圈高阻抗有载调压变压器。二期工程安装2号变压器，2003年7月投运。

东门变电站　2002年12月3日投产，主变压器1台，180兆伏安，选用三相三圈强油风冷节能型高阻抗低噪音有载调压变压器。二期工程2006年3月底竣工送电，新上18万千伏安有载调压变压器1台。

许寺变电站　一期工程15万千伏安变压器1台，二期工程于2003年12月15日投产，安装三相三圈油浸风冷有载调压高阻抗变压器1台。2005年5月通过综合自动改造，实现无人值守。

平阴变电站　一期工程主变压器1台，选用三相三圈强油风冷节能型变压器，容量150兆伏安。2003年12月26日，第二台主变压器投入运行，选用三相三圈强油风冷节能型变压器。

韩仓变电站　2004年4月投产，主变压器2台，变电总容量2×180兆伏安，选用三相三线圈油浸风冷高阻抗节能型有载调压变压器。

历城变电站　2005年12月20日投产，180兆伏安三相三圈有载调压高阻抗变压器2台。

百脉变电站　2006年11月6日投产，主变压器2台，变电总容量2×180兆伏安，选用三相三圈油浸风冷高阻抗节能型有载调压变压器。

文昌变电站　2006年11月25日投产，180兆伏安主变压器1台，选用三相三圈油浸风冷有载调压变压器。

兴隆变电站　2007年9月投产，主变压器2台，变电总容量2×150兆伏安，选用三相三圈油浸风冷高阻抗节能型有载调压变压器。

清河开关站　2007年投产，至2010年年底，无主变投运，带有220千伏线路4条。

商河变电站。2007年9月投产，主变压器1台，变电容量180兆伏安，选用三相三圈油浸风冷高阻抗节能型有载调压变压器。

邢村变电站　2007年9月投产，主变压器1台，变电容量180兆伏安，选用三相三圈油浸风冷高阻抗节能型有载调压变压器。二期工程2008年12月竣工送电，新上180兆伏安，三相三圈有载调压高阻抗变压器1台。

大正变电站　2008年1月投产，主变压器1台，变电容量180兆伏安，选用三相三圈油浸风冷高阻抗节能型有载调压变压器。

党家庄变电站　2008年12月投产，主变压器2台，变电总容量2×180兆伏安，选用三相三线圈油浸风冷高阻抗节能型有载调压变压器。

水屯变电站　2009年6月投产，主变压器2台，变电总容量2×180兆伏安，选用三相三线圈油浸风冷高阻抗节能型有载调压变压器。

彩虹变电站　2009年12月投产，主变压器2台，变电总容量2×180兆伏安，选用三相三线圈油浸风冷高阻抗节能型有载调压变压器。

安康变电站　2010年6月投产，主变压器2台，变电总容量2×180兆伏安，选用三相三线圈油浸自冷高阻抗节能型有载调压变压器。

绣江变电站 2010年10月投产，主变压器2台，变电总容量2×180兆伏安，选用三相三线圈自然油循环风冷高阻抗节能型有载调压变压器。

二、济南市110千伏变电站

和平路变电站 1982年12月投产，主变压器2台，变电容量2×31.5兆伏安，三相两圈风冷有载调压变压器。2009年6月，2台主变压器更换为2×63兆伏安，高阻抗、低噪音、三相两圈自冷节能型有载调压变压器。

玉函变电站 1988年7月投产，主变压器2台，变电容量2×31.5兆伏安，三相两圈风冷有载调压变压器。2004年4月，2台主变压器更换为2×50兆伏安，高阻抗、低噪音、三相两圈自冷节能型有载调压变压器。

新河变电站 1989年12月投产，主变压器2台，变电容量2×50兆伏安，三相三线圈风冷有载调压变压器。1993年8月，新增主变压器50兆伏安1台，高阻抗、低噪音、三相三线圈风冷型有载调压变压器。

长清变电站 1990年2月投产，主变压器2台，变电容量2×31.5兆伏安，三相三线圈风冷有载调压变压器。

泉城变电站 1994年1月投产，主变压器2台，变电容量2×50兆伏安，三相两线圈风冷有载调压变压器。2001年3月，二期增加50兆伏安主变压器1台，高阻抗、低噪音、三相两圈风冷有载调压变压器。

英雄变电站 1994年2月投产，主变压器2台，变电容量2×31.5兆伏安，三相两圈风冷有载调压变压器。2006年4月，2台主变压器更换为2×50兆伏安，高阻抗、低噪音、三相两圈自冷节能型有载调压变压器。

前卫变电站 1994年8月投产，主变压器2台，变电容量2×31.5兆伏安，三相两圈风冷有载调压变压器。2007年11月，2台主变压器更换为2×50兆伏安，高阻抗、低噪音、三相两圈自冷节能型有载调压变压器。

春晖变电站 1994年8月投产，主变压器2台，变电容量2×31.5兆伏安，三相两圈风冷有载调压变压器。

东郊变电站 1994年12月投产，主变压器2台，变电容量2×50兆伏安，三相两圈风冷有载调压变压器。

中大变电站 1996年1月3日投产，变电站为两级电压等级，110千伏进线电源电压，10千伏为负荷出线电压。110千伏系统采用SF6组合电器(GIS)设备。公司第一座110千伏按无人值守设计、投运的变电站。

泺口变电站 1997年3月投产，主变压器2台，变电容量2×31.5兆伏安，三相两圈风冷有载调压变压器。2002年4月，2台主变压器更换为2×50兆伏安，高阻抗、低噪音、三相两圈自冷节能型有载调压变压器。

匡山变电站 1997年7月8日投产，为110千伏双电源进线，主变容量为2×3.15千伏安，开关采用六氟化硫(SF6)弹簧储能开关。2台主变压器均为SFZ7-31500/110型双卷油浸风冷有载调压变压器，户外装置。

舜玉变电站 1998年7月15日投产，一期工程容量2×31500千伏安，一期工程土建按50000千伏安变压器基础设计施工。110千伏内桥接线，选用三相共箱式全封闭六氟化硫(SF6)组合电器。

佛山变电站 2000年11月30日投产，主变压器2台，变电容量2×50兆伏安，三相两圈有载调压油浸自冷分级绝缘低噪音变压器。

大金变电站 2001年4月15日投产，主变压器2台50兆伏安、三相两圈油浸自冷有载调压分级绝缘低损耗变压器。

开发区变电站 2001年6月投产，主变压器2台，变电容量为2×50兆伏安，三相两圈自冷低噪音有载调压变压器。

北郊变电站 2001年9月25日投产，主变压器采用2台50兆伏安三相两圈有载调压分级绝缘变压器。10千伏侧采用开关柜就地保护方式，整个变电站实现保护、控制一体化，能实现远方、就地操作，无人值守。

西郊变电站　一期工程于2002年6月2日投产，使用31.5兆伏安变压器2台。二期工程2006年12月27日投产，更换2台主变压器和与之相关的保护装置，主变压器为三相两圈油浸风冷有载调压节能型变压器。

义和庄变电站　2002年8月17日投产，一期主变压器2台，变电容量2×31.5兆伏安；二期主变压器扩容为2×50兆伏安。

经七路变电站　2002年8月20日投产，主变压器2台，变电容量2×50000兆伏安，主变压器选用三相两圈油浸自然循环风冷分级绝缘有载调压全封闭变压器，减少对市区及周围居民的噪音干扰。

城南变电站　2004年5月28日投产，一期工程安装50兆伏安变压器1台，三相两圈油浸风冷有载调压节能型变压器。

南康变电站　2004年9月投产，主变压器2台，变电容量2×31.5兆伏安，三相两圈风冷有载调压变压器。

梓东变电站　2005年5月投产，主变压器2台，变电容量2×31.5兆伏安，三相两圈风冷有载调压变压器。

团山变电站　2005年8月15日投产，一期工程主变压器2台，变电容量2×31.5兆伏安；二期工程主变压器选用高阻抗，低噪音，三相两圈自冷节能型有载调压变压器。

燕翅变电站　2005年12月27日投产，一期工程主变压器1台，变电容量50兆伏安，选用高阻抗、低噪音、节能型三相两圈自冷有载调压变压器。

河北变电站　2005年12月29日投产，一期工程主变压器1台，主变容量50兆伏安，三相双绕组油浸自冷有载调压变压器。

泉港变电站　2006年1月20日投产，一期工程主变压器2台，总容量2×31.5兆伏安，三相两圈高阻抗低噪音自冷节能型有载调压变压器。

朱庄变电站　2007年8月投产，主变压器2台，变电容量2×31.5兆伏安，三相三线圈风冷有载调压变压器。

全运变电站　2007年9月投产，主变压器1台，变电容量50兆伏安，三相两圈风冷有载调压变压器。2008年11月，主变压器增加1台50兆伏安，高阻抗、低噪音、三相两圈自冷节能型有载调压变压器。

马山变电站　2007年12月投产，主变压器2台，变电容量2×20兆伏安，三相三线圈风冷有载调压变压器。

天桥变电站　2007年12月投产，主变压器2台，变电容量2×50兆伏安，三相两圈风冷有载调压变压器。

明水变电站　2007年12月投产，主变压器2台，变电容量2×50兆伏安，三相三圈风冷有载调压变压器。

春博变电站　2008年12月投产，主变压器1台，变电容量63兆伏安，三相两圈风冷有载调压变压器。

奥体变电站　2009年8月投产，主变压器2台，变电容量2×50兆伏安，三相两圈风冷有载调压变压器。

全福变电站　2010年2月投产，主变压器2台，变电容量2×63兆伏安，三相两圈自冷有载调压变压器。

三、济南市35千伏变电站

鲁能工业园变电站　2001年4月投产，主变压器2台，变电容量2×10兆伏安，三相两圈风冷干式无载调压变压器。

吴家堡变电站　2004年8月投产，主变压器1台，变电容量12.5兆伏安，三相两圈自冷有载调压变压器。

历东变电站　2005年12月投产，主变压器2台，变电容量2×12.5兆伏安，三相两圈自冷无载调压变压器。

靳家变电站 2007年9月投产，主变压器2台，变电容量2×10兆伏安，三相两圈风冷有载调压变压器。

第四节 配 电

一、配电网

1986～1995年，济南供电公司为配合济南市城市建设，加快低压配电网建设和改造。对新建居民宿舍楼按用电容量标准规划建设用电设施，避免居民楼建成后，居民用电设施不能满足安全供电要求。针对居民用电负荷日益增长的态势，加快原有配电设备增容改造。根据电网资金情况，本着先急后缓，先解决“重点户”、后解决“一般户”原则，安排配电小区(低压区)改造和升级计划。改造低压线路，对陈旧老化、导线半径过细的低压线路，集中资金，优先安排。对新建设的低压线路，依照“按标准、略超前、留余地”原则，选择低压导线，严格按标准施工。至1995年年底，济南供电公司共有公用配电线路(不包括客户专线和客户投资架设的配电线路)144条，杆(塔)11855基，线路总长度662.33千米。1996年起，济南供电公司充分利用省会城市优势，向省公司及有关部门争取电网建设改造资金，推进城网建设与改造工程进度。济南供电公司实施“三个100”工程，即架设100千米线路、新装100台配电变压器、改造100个低压公用区。

2006年后，经过大规模建设与改造，济南市区配电网的网架结构、技术装备水平、供电能力、自动化程度等均有很大改善和提高。通过对配电网设备改造，10千伏开关无油化率100%。配网自动化柱上开关全部更换为动作可靠性较高、载流量较大的真空开关。电缆分接箱、环网柜等均选用进口或合资企业产品。高耗能变压器被逐步淘汰，新型低能耗S11型和非晶合金变压器得到大量应用。强化变压器用电工况在线监测设备应用，至2010年，共安装监控GPRS终端7820台。加强过负荷线路改造，解决配电网供电“卡脖子”问题。2010年，新建、改造10千伏配电线路158条、低压公用区273个。结合城市道路建设，拆除沿路架空明线，城区主要街道实现电缆化供电。至年底，10千伏线路的供电半径均缩短到2千米以内，市区10千伏线路全部实现“手拉手”供电，供电可靠性进一步提高。公用变压器布点大大增加，负荷密集区低压供电半径均控制在200米以内，低压线路全部更换为大截面绝缘导线或电缆导线，供电的安全可靠性和电压质量有较大提高。济南市配电网覆盖面积约10000平方千米，共有10千伏公用线路503条，总长度3002.3千米，10千伏专用线路208条，总长度1031.4千米。其中公用线路共安装各类柱上开关1035台，电缆线路长度1742.4千米，电缆分支箱、环网柜924台，市区电缆化率58.4%，架空线路绝缘化率100%。公用变压器2505台，总容量1013.2兆伏安。用户平均停电时间0.91小时/户，用户平均停电次数0.21次/户，综合电压合格率99.83%，供电可靠性指标为99.99%，均达到国家电网公司考核标准要求。

二、线路

(一)架空线路 10千伏架空线路主要采用铜绞线和钢芯铝绞线。1986年，10千伏架空线路采用钢芯铝绞线。1994年，10千伏架空线路导线由原来的裸线逐步更换为绝缘导线。1996年，10千伏架空线路全部更换为绝缘导线，导线截面半径普遍增大。2000年7月，济南供电公司完成第一批中、低压改造项目，城区10千伏线路第一次实现“手拉手”运行的供电格局。12月，配电网新建改造中压线路59条，新增“手拉手”线路49条。2008年，配电网新建改造中压线路74条，新增“手拉手”线路61条。新建低压配电台区627个，新增配电容量13.67万千伏安。至2010年，10千伏架空线路比2000

年增加176条，线路长度增加1178.54千米，城区配电线路结构日趋稳定、合理。

(二)带电作业 1998年10月，使用带电作业车，成功进行10千伏等电位带电作业模拟操作。1999年，完成带电消除导线上异物专用工具、高压绝缘引流线带电专用接头、配电室外架构自坠带电消缺专用平台的研制工作。2000年，实施“彩虹工程”后，在10千伏线路上正式采用带电作业车进行带电作业。带电作业成为客户接火送电的主要方式，提高工作效率，加快业扩工程进度。2003年，公司实施带电作业641次，为客户减少停电2564个小时。至2010年，公司实施带电作业增加到1237次，为客户减少停电6564个小时，带电作业能力大幅提升。

(三)电缆线路 1986年，济南供电公司在城市中心区配电线路和变电站出线使用电力电缆。至1990年，使用规模开始扩大。至2001年年底，城区共有10千伏电缆线路765.29千米。2002年起，电缆沟长度平均每年增长40%。至2006年年底，城区10千伏电缆线路长度1026.9千米，城区配电网电缆化率由2001年的40.5%提高到54%。电缆分支箱数量为379台(带开关的248台，不带开关的131台)，环网柜87台，大都为带开关设备，优化了济南电网结构。2008年后，电缆沟长度平均每年增长30%。至2010年年底，城区共有10千伏电缆线路1742.4千米，城区配电网电缆化率由2006年的54%提高到58%。

(四)低压公用区 1986～1995年，为配合济南市城市建设，加快低压配电网建设和改造，对新建设居民宿舍楼做到按用电容量标准规划建设用电设施，同时加快原有配电设备的增容改造，对陈旧老化、导线半径过细的低压线路，集中资金、优先安排改造。1996年，有低压区584个，低压线路长度498.76千米，配电变压器636台，配电变压器容量18.76万千伏安。1999年8月，完成第一批城网建设改造的42个低压改造工程，改善居民生活照明用电的环境。2006年，低压区1720个，低压线路长度725.2千米，配电变压器1480台，配电变压器容量63.66万千伏安。2008年9月，完成第三批城网建设改造的低压改造工程78个。至2010年年底，低压区增至2136个，低压线路长度1525.2千米，配电变压器2123台，配电变压器容量94.66万千伏安。与2006年相比，低压台区增加0.24倍，低压线路长度增加1.1倍，配电变压器台数增加0.43倍，配电变压器容量增加0.49倍。解决了低压公用区变压器过负荷、烧保险、线路老化等用电难问题，用户用电故障减少。

第五节 调 度

一、电网三级调度体系

济南电网电力调度，由济南地区电力调度所负责。电网调度管理的任务是组织、指挥、指导和协调电网的运行，按照济南供电公司生产计划安排负责实施电网停送电操作、设备检修及事故处理，对电网实施专业管理和技术监督，按最大范围优化配置资源的原则，实现优化调度，充分发挥电网发、供电设备的能力，最大限度满足社会和人民生活用电需要。

山东电网电力调度方式分为三级。省网调度为一级，由山东电网中心调度所(简称“中调”)负责。地市级电网调度为二级，由各地市地区调度所(简称“地调”)负责。县(市)级电网调度为三级，由各县电力调度所(简称“县调”)负责。各级调度机构在电网调度业务中是上、下级关系，下级调度机构必须服从上级调度机构调度，各级调度机构按照分工在其调度管理范围内实施电网调度管理。

济南地调负责按中调调度规程划分给济南电网设备的直接调度。对于构成山东电网重要组成部分的济南电网设备则由中调直接调度或由中调授权济南地调代为调度，地调管辖范围内的设备，其操作对中调管辖范围内的发、

济南电力调度中心　　(1997年摄)

输、变电设备或对系统运行方式有较大影响的，为省调许可设备。济南地调设备调度管辖权，基本上是济南电网220千伏变电站主变压器以下设备，即部分220千伏线路，110千伏变电站、线路全部设备。35千伏、10千伏配电线路和调度管辖的输配变设备。

县调负责按地调调度规程设备管辖范围划分范围内县区电网设备的直接调度。县调调度管辖权，基本上是各县电网内的110千伏变电站中主变压器以下设备，35千伏变电站和配电线路，县区电网变电站接入系统的主电源线路仍由地调直接调度。并网地方小火电厂的接入系统电源线路，地方小火电厂发电机组由地区调度行使调度权。接入系统大客户的小型发电厂，按签署的并网调度协议执行。

二、电网调度自动化

济南电网调度自动化系统建设始于1977年，至1996年发展成熟，安装于各厂、站的远动装置终端，采集各断路器等开关的实时状态。各母线电压和各线路潮流等实时数据，通过远动通道传给调度中心并直接显示在调度台仪表和系统模拟屏上，通过应用遥控、遥调等手段，可以在调度中心远程操作开关的投入、切除。

(一)自动化初期阶段　济南供电公司负责调度系统自动化工作的班组最早称为“三遥”，成立于1977年，主要工作是遥测、遥控、遥信。使用南自院的SYZ远动主站系统，其硬件采用分立式元件，即一个分站端对应一个主站柜。随后主站更换为东方的DCX4。1996年年底，采用鲁能积成开发的ES60型远动分站系统，具有四遥(遥信、遥测、遥控、遥调)功能。主站系统采用南瑞SD-6000，济南供电公司变电站无人值班工作全面推开。1997年，新建220千伏平阴变电站，分站设备采用鲁能积成开发的ES60系统。

(二)综合自动化阶段　1998年，新建220千伏许寺变电站和110千伏舜玉变电站，公司综合变电站自动化全面启用。变电站综合自动化系统利用计算机技术、现代电子技术、光通信技术和信息处理技术对变电站二次设备功能重新组合、优化设计，对变电站全部设备的运行情况进行全面监视、测量、控制和协调。2001年，新建成110千伏大金变电站、开发区变电站，分别采用南瑞科技NS2000综合自动化系统和南瑞城乡DSA变电站综合自动化系统。2006年年底，济南电网调度自动化系统实现对辖区内13座220千伏变电站、36座110千伏变电站、12座35千伏变电站、4座10千伏开关站、2座500千伏变电站、3座统调电厂、18座热电厂及县供电公司管辖的25座厂站实时监控。32座变电站接入主站功能，并对调度自动化主站系统部分硬件进行升级更新，稳定调度自动化系统运行。

（三）双机、双网、双通道阶段 2001年8月，济南供电公司调度主站升级改造，使用鲁能积成开发的IES500自动化系统。2002年上半年，绘制厂站接线图、220千伏潮流图、110千伏潮流图及相应的数据库录入、建模等工作，完成高层应用软件的SAT验收。2004年9月，安装调度员仿真DTS系统，为调度员提供与实际电力系统相似的模拟环境，提高调度员处理事故能力。系统于2004年和2006年先后进行两次通道扩容，对前置和存储设备进行升级改造，稳定调度自动化系统运行。

2004年，新建变电站分别采用深圳南瑞ISA300、南瑞城乡电网DSA、北京四方CSM-300E综合自动化系统。二次安全防护系统于2005年开始建设，通过布置物理隔离装置和硬件防火墙及部署防病毒软件和IDS入侵检测系统，以抵御黑客、病毒等通过各种形式对系统发起的攻击，保证各系统连续、稳定运行。2006年，新建220千伏百脉变电站、文昌变电站、110千伏泉港变电站，全部按高标准信息系统配置。

2006年，投入使用AVC电压无功优化闭环控制系统，实现对电网内各变电所有载调压装置和无功补偿设备的集中监视、集中控制和集中管理。2007年，建设济南地区电力数据网，增设自动化信息网络通信。

（四）标准化、智能化、网络化阶段 2009年4月，按照能量管理系统一体化设计思路，建设采用IEC61970国际标准、集SCADA/EMS/DTS于一体的OPEN-3000能量管理系统，并于2010年8月通过省调组织的现场验收，正式投入运行。系统采用双网、双服务器主备冗余设计，针对磁盘阵列模式，采用数据库故障隔离技术(即N-2技术)，配置SCADA、PAS、DTS等应用软件，并通过数据转发与WEB发布、负荷预测系统、综合数据平台系统等实现数据交换，该系统于2010年8月4日通过省调验收，正式投入运行。2010年，电力调度数据网快速发展，接入调度自动化系统的变电站逐步完成改造，采用双网、四核心主站汇聚方式，覆盖调度数据网，使之具备专线通道和网络通道两种数据接收途径。与调度数据网同期发展的电力二次安全防护系统以“安全分区、网络专用、横行隔离、纵向认证”为原则，横向采用防火墙和物理隔离装置进行分区，在站端和主站部署纵向加密装置，提高了二次系统信息传输安全性。

电网调度自动化调控室　(2003年摄)

三、电网调度通信

1989年，济南供电公司有4芯普通光缆1条，自公司修验场至省电力工业局，总长度4.0千米，传输设备PDH制式，带宽34兆。1997～1998年，一点多址微波通信是济南供电公司主要通信方式，电力载波、通信电缆为备用通信方式。1999年，开始采用电力ADSS特种光缆，光传输设备采用NOKIA公司NMS10系统，PCM设备采用深圳剑桥KB-6900系列设备。2000年，济南电网调度通信系统开始大规模光通信网络建设，济南电力通信逐步实现光通信、一点多址微波通信互为主备用。2001年年末，济南电网调度通信系统光通信站50个，基本覆盖全部变电站及部分二级单位。2002年，公司下属4个区供电部通过光通信网络实现与公司交换机联网、电费网上结算等。6月，长许1线投运公司第一条OPGW光缆，光缆通道可靠性大大提高。2003年，济南电网调度通信系统逐步完善，大部分变电站光通信实现环网运行，光缆总长度888.624千米。

2006年，通信光缆总长度1300千米，新增光缆120千米，110千伏及以上变电站全部实现环网运行，所有办公单位光纤覆盖率100%。完成调度中心、220千伏水屯变电站、历城变电站、中索变电站、南郊变电站、美里湖变电站等站19套SDH光传输设备改造，系统传输速率由622M提高到2.5G，光通信网核心层传输速率提升4倍。新建光传输系统采用爱立信OMS1600系列设备，公司2.5G光传输系统初现雏形。2007年，光缆总长度1516.62千米，新增光缆208.29千米。完成220千伏20套光传输设备升级改造，新建光传输系统采用爱立信OMS1600系列设备。至年末，济南供电公司2.5G光传输系统运行网元39个，原NOKIA光传输系统继续运行。2008年，光缆总长度1800.87千米，新增284.25千米。2009年，光缆总长度2019.72千米，新增218.85千米，随输变电工程新建500千伏闻韶变电站、220千伏贤文变电站等爱立信2.5G SDH光传输系统网元11个。2010年，光缆总长度2251.37千米，新增光缆231.61千米。年末，公司建成覆盖全部变电站、直属单位、供电所营业厅的现代高速光通信网，通信网承载业务包括继电保护、自动化、信息内外网、营销、会议、视频监控等，涵盖电网生产、管理、营销等环节。

四、地方电厂调度管理

1996年年底，济南电网有公用电厂、地方电厂、企业自备电厂机组12座25台，总容量19.47万千瓦，最大机组15兆瓦，最小机组1.5兆瓦。2006年年底，济南电网有公用电厂、地方电厂、企业自备电厂机组21座55台，总容量82.22万千瓦，最大机组为50兆瓦，最小机组为0.7兆瓦。1996～2006年，接入系统的小火力发电厂11座，机组34台，总发电容量65.15万千瓦。2006年，小火电厂个数比1996年增加近1倍，机组数增加1.36倍，总发电量增加3.35倍。2010年年底，济南电网有公用电厂、地方电厂、企业自备电厂机组24座64台，总容量101.52万千瓦。小火电厂(包括地方电厂、热电联产电厂、企业自备电厂)并入济南电网后，在电力调度方面按调度规程服从地调的调度管理。

第三章　用　电

第一节 用电水平

一、工业用电

1986年，全市工业用电21.5亿千瓦时。1996年，全市工业用电量47.48亿千瓦时，占全市用电量的69.9%。2000年，全市工业用电量60.73亿千瓦时，比1996年增长13.25亿千瓦时，增长率27.9%，年平均增长率6.97%。2005年，全市工业用电量101.21亿千瓦时，占全市用电量的66.20%。2010年，全市工业用电量157.32亿千瓦时，比2005年增长56.11亿千瓦时，增长率55.44%，年平均增长率11.09%。

二、农业用电

济南市农业用电基本分为两部分，一部分是各县公司向本县供应的电力，占比率较大；另一部分是市公司直供的农业电量(直供农电)，所占比率较小。

1986年，全市农业用电2.6亿千瓦时。1996年，全市农业用电3.04亿千瓦时。2005年，全市农业用电3.81亿千瓦时。2010年，全市农业用电上升至4.29亿千瓦时，增长率12.63%，年平均增长率2.53%。济南农业用电统计口径中包括林业、牧业、渔业和水利用电。1996～2010年，分类业中用电量变化不大，农业用电中农业生产、农副加工、农业排灌三项变化较大。

三、第三产业用电（公共事业及管理组织用电）

1986年，交通运输、邮电通讯业用电合计2398万千瓦时，商业、公共饮食、物资供销业用电合计2247万千瓦时，其他事业用电合计7929万千瓦时。2005年，第三产业用电21.28亿千瓦时。2010年，第三产业用电40.98亿千瓦时，比2005年增长19.70亿千瓦时，增长率92.57%，年均增长率18.51%。第三产业用电量增长主要因素有：产业多元化发展促进第三产业用电量的领域扩大；新型产业如网络服务业快速发展，科技进步带动第三产业有较高增幅；国际服务贸易提升。

四、城乡居民生活用电

1986年，城乡居民用电合计2.3亿千瓦时。1996年，城乡居民用电11.13亿千瓦时。2005年，城乡居民用电25.23亿千瓦时。2010年，城乡居民用电40.70亿千瓦时，比2005年增长15.46亿千瓦时，增长率61.28%，年均增长率12.26%。城乡居民用电量增长有三大因素：城乡居民家庭电器化程度提高，拉动居民用电量增加，电视、空调、音响、电脑等电器设备进入家庭，农村从一屋一灯到家用电器进入农户家中，生活水平日趋提高；新型居住小区开发，提高城镇人口居住面积，原来多人居住一室，提高到一人一室，随着居住条件改善，带动用电量提高；人口增加，城市人口本身繁衍增加和外来人员落户增加，也是拉动居民用电增长的重要原因。

1986 ～ 2010 年济南市用电供应情况

表 3—3—5　　单位：万千瓦时

项目 年份	全社会用电总量	农、林、牧、渔、水利	工 业	地质普查和勘探业	建筑业	交通运输和邮电通讯业	商业、公共饮食、物资供销	其他事业	城乡居民生活用总电	
									乡 村	城 市
1986	279847	26113	214768	143	3461	2398	2247	7929	22788	5377	17185
1987	310169	21009	243045	172	5228	2605	2520	8573	27017	6368	20649
1988	388966	27485	299243	255	6953	5896	2921	10659	35554	8773	26781
1989	422885	27209	325767	416	5782	5834	3599	12236	42042	9020	33022
1990	458039	22836	359939	310	2620	4183	3734	14385	50032	10968	39064
1991	490170	25874	378697	356	2708	3406	4408	16376	58345	15305	43040
1992	532830	33867	399168	379	3299	3367	5155	18289	69306	17829	51477
1993	554820	30080	404278	402	3618	4026	5402	22274	84740	24629	60111
1994	599908	25770	423614	429	3737	4505	6100	27317	108436	40952	67484
1995	649357	31817	463430	530	3752	5668	7880	28999	107281	26176	81105
1996	679146	30419	474824	472	4005	8923	10846	38345	111312	28934	82378
1997	708322	28695	481180	449	3599	9703	12478	47289	124929	30194	94735
1998	716136	26726	475822	481	3764	10239	22370	60132	116602	34927	81675
1999	776628	28025	518327	531	3717	11096	24242	63409	127281	36527	90754
2000	914389	31863	607320	533	4705	13770	23495	81055	151648	42015	109633
2001	979987	32255	650297	543	6734	15363	27435	79448	167912	47232	120680
2002	1085024	38495	729753	579	9286	14465	33655	88654	170137	56636	113501
2003	1197362	33685	800562	511	11489	13094	41343	107258	189420	70118	119302
2004	1321800	37197	888793	515	11587	15169	47185	114722	206632	81019	125613
2005	1528890	38080	1012112	493	13538	20087	53463	138781	252336	99304	153032
2006	1716323	42098	1154855	566	13042	22456	60486	153851	268969	112399	156570
2007	1907697	41409	1266655	651	9237	13267	81461	192751	302266	109268	192998
2008	2025031	40324	1328982	624	11468	18165	73952	213983	337533	122187	215346
2009	2177892	42144	1403642	1032	17364	23259	76966	250505	362980	129753	233227
2010	2450343	42888	1573200	1084	17460	28253	92430	288069	406959	147703	259256

第二节 调荷节电

调荷节电管理，重点是指计划用电、节约用电的管理工作。

一、计划用电

1986年后，计划用电的主要工作是平衡供需关系。每月按山东省“三电”(安全用电、节约用电、计划用电)办公室分配的电量、电力指标，依据各单位计划指标编制当月的电力分配方案，并采用定量器对电力指标实行定量供给。遇电网压负荷及电网事故，由调度员执行按顺序拉闸限电。

1987年，根据济南市用电缺口大、山东省“三电”议价油电、议价煤电指标加大等情况，实行对议价油电、议价煤电定向到户的分配考核。4月，山东省电力公司修订颁发《电力定量器管理细则》。12月，山东省经委、山东省电力工业局转发《关于转发水电部、国家经委、国务院电子振兴办〈关于推广使用电力负荷控制装置〉的通知》，要求“七五”期间基本实现控制到户。同年，为规范电费计算、减轻部分企业负担，济南市直供范围内的厂矿企业及商业用电加收燃料补助费。

1988～1989年，电力供需矛盾异常突出，在全市范围内厂矿企业实行“开五停二”及“开四停三”措施，弥补供需缺口，实行拉闸限电。同时在全市开展用电大检查，对不执行“开五停二”“开四停三”企业采取拉闸限电措施。

1990年，由于煤电供需缺口，超计划电量改为自筹煤换电，由各地市与电厂联系送煤炭，以煤炭按电量冲抵超计划电量。1993年，恢复交燃料差价。

1995年，贯彻落实山东省“三电”工作会议精神，推行峰谷电价。济南市工业生产和经济运行中存在大量浪费电力现象。全市产品单耗高过先进国家2～3倍，用电负荷86%，低于全省平均水平，电网低谷电力没有充分利用。电能消耗高，全市电炉钢吨电平均730千瓦时，高于山东省566千瓦时的平均水平，吨水泥综合耗电92.5千瓦时，高于山东省85.6千瓦时的平均水平。另外，非生产性用电浪费现象严重，长明灯、高耗能电器的使用没有得到明显控制。

1996年，济南市计划用电工作重点是检查落实“限电不拉路”。加大峰谷分时电价实施力度，组织企业安排好班次，凡是一班、二班制的企业一律安排上深夜班，做好削峰填谷工作。

1997年，济南电网继续实行“限电不拉路”。重新修订电网事故限电和拉路序位。当电网超负荷或出现事故需要限电时，首先由负荷控制中心实行无线电负荷控制进行限电。在实施无线电负控限电后，电网仍超限额时，按照研究确定的线路序位，采取再次进行限电措施，以保电网安全运行。

1999年后，电力供需矛盾缓解，计划用电工作减轻。2008年起，受发电缺煤停机和煤质差造成的降出力影响，济南电网连续出现限负荷情况。同时受“上大(火电)压小(火电)”和奥运环保要求的机组停运、奥运期间山东电网支援京津唐电网部分电力、地方小火电停发带来的统调用电负荷增加等因素影响，济南地区5～8月陆续开展有序用电。

二、节约用电

20世纪80年代初，居民生活用电量增长较慢，节约用电的重点是工业用电。由于企业生产设备和工艺落后，管理水平差，电能利用率低，浪费电的现象比较普遍。为让有限的电力发挥出最佳效益，市“三电”办公室开展调荷节电、鼓励余热余压发电、推广节能新技术，督促企业淘汰高耗能设备、合理组织生产等工作。

1996年1月，市经委、市“三电”办公

室、济南供电公司、市节约能源办公室联合下发《关于推行应用蓄冷空调和限期更换节能灯具的实施意见》，指出节约使用电力资源，挖掘电网现有潜力已成当务之急。3月，市经委、市“三电”办公室、济南供电公司、市节约能源办公室联合下发《关于进一步加快节能灯具推广应用的通知》，规定节能灯由市“三电”办公室、节约能源办公室统一组织货源，负责灯具供应。将山东省下达济南市的指标分解到各县(市)区“三电”办公室落实。节能灯生产初期，成本较高，价格较贵，推广应用比较困难。5月，制定《关于进一步加快节能灯具推广应用工作的考核办法》，督促各县(市)区“三电”办公室进一步加大节能灯推广力度。

1999年，济南市实施“蓝天工程”，发布《关于强化烟尘污染防治的通告》，与市环保局联合制定印发《关于推广使用电锅炉、电热水器的实施方案》。对安装使用电锅炉、电热水器的客户优先办理用电增容手续，并免交供配电贴费，享受优惠电价政策。对直供公用区居民生活用电，热水器和电炊具用电执行居民生活照明电价，并确定月度用电基数，对超基数部分执行优惠电价。全年更换燃煤锅炉3400台，对城市净化空气和环境保护起重要作用。

2000年12月始，济南市宣传贯彻国家经贸委、国家计委印发的《节约用电管理办法》。

2005年6月，市经委和供电公司联合下发《济南市电力迎峰度夏方案》，提出党政机关、商场要适当调高夏季空调温度，确保夏季用电高峰时段不出现拉闸限电现象。7月，供电公司制定节约用电八项措施，要求办公楼、变电站等场所夏天室内空调最低温度一律调为26摄氏度。办公楼装饰灯、广告牌照明灯按规定时间开启、关闭。办公楼开水器在晚上11点后关闭电源，早上6点开启使用。下班离开办公室时，随手关闭照明灯、微机、复印机、空调、饮水机等用电设备。各单位在保证正常工作前提下，及时关闭会议室用电设备。各单位在生产和办公场所注意节约用水。定期检查生产、办公场所的资源节约情况，对违反资源节约制度的部门和个人进行考核、通报。

自2006年，市“三电”办公室工作移交到市经济委员会，社会节约用电成为市经委的一项长期工作。

第三节 电力营销

一、电价

济南供电公司电价调整变化按上级文件规定办理，并及时通知用户。每年电价政策都有不同程度调整，有时一年调整两次。

1987年始，增加“议价油电”“议价煤电”，此种电价较高，属于定向到户的电量电价，简称“高来高去”。即发电使用计划外高价油、高价煤发电，所发电力价格高。厂矿企业因计划电量不能满足生产需要，可与电力部门签署协议，购置计划价格外的“议价电”，用来满足生产。此种电量根据协议定向到户，另行计算收费，单独立账备查。

1988年1月1日起，在原目录电价以外出售运煤加价。开始征收省电力建设基金。征收范围除居民照明、党政机关事业单位及农灌电量以外的电量，每度加收2分钱。

1993年3月1日起，山东省政府以鲁政发〔1993〕24号文下发通知，在全市范围内，每用电量1度，征收用电附加费0.015元。国家计委颁发山东省电网电价表，统一规范山东省的目录电价，至此山东省内的不同价位并轨到此目录中，形成山东电网统一电价。山东省物价局、山东省电力公司停收燃料附加费，停收煤运加价(煤运加价并入目录电价中执行)。济南供电公司对原有电费电价分类项目按文件精神重新进行梳理并向社会公布。

1995年，山东省人民政府办公厅以鲁政办发〔1995〕2号文件规定，自1995年3月1日起在全省规定范围内推行峰谷分时电价。规定高峰时段电价按基础电价上浮50%，低谷时段电价按基础电价下浮50%，平时段电价按基础电价执行。

济南供电局客户服务中心开业典礼　　(1999年摄)

1996年9月，济南供电公司对438个用电单位执行峰谷电价。根据电力供、用特点，按不同用电时段，实行不同电价制度。平段电价执行现行电价；峰段电价按平段电价上浮50%；谷段电价按平段电价下浮50%。

1997年3月，国家计委、电力部针对燃料、运输价格提高和新投产电厂上网电价及山东国际电源股份有限公司上网电价调整的影响，同意山东地方指导性销售电价每千瓦时提高1.66分，济南地区电价作相应调整。

1998年，农村居民生活用电实行最高限价。6月在城乡用电尚未实现同网同价前，济南市物价局制定并下发《关于确定九八年济南市农村居民生活用电最高限价的通知》。根据《山东省人民政府批转省计委等部门关于1998年全省电价调整方案的报告的通知》规定，每千瓦时由0.382元(含按规定加收的基金、费用)调整到0.432元，调价后在全国处于中等水平。由于山东电网装机容量增加，省境内从1998年下半年开始发电量出现节余。1999年，为鼓励居民多用电，对居民多用电实行优惠电价。根据《山东省电力工业局关于对居民多用电实行优惠的意见》规定，确定居民月用电量基数为150千瓦时。对月用电量在150千瓦时及以内的，执行现行居民用电电价。月用电量超过150千瓦时的部分，按现行电价优惠10%收取。

2000年7月，山东省实行分市地统一销售电价，根据《山东省计委、物价局、电力公司关于公布全省2000年电价调整方案的通知》规定，全省平均销售电价由每千瓦时0.413元调整为0.422元。对部分高耗能企业电价继续实行优待，年生产能力在5万吨以上的电解铝企业和铜生产企业的电价水平，按《国家计委、财政部关于降低电解铝等有色金属企业电费及免征有关政府性基金的通知》有关规定执行。

2001年7月，由于社会经济暂时出现“疲软”现象。为开拓电力市场，鼓励客户多用电，省电力公司制定电锅炉用电执行0.30元/千瓦时，电热膜采暖参照电锅炉电价执行优惠电价政策。

2002年2月，为进一步鼓励居民生活多用电，对月用电量超过150千瓦时的城市“一户一表”居民用户，其不超过300千瓦时部分，按九折电价优惠，超过300千瓦时以上部分实行八折。

2004年，根据国家发展改革委员会《关于调整电价的通知》，取消地方自行制定的电价优惠政策。停止执行启动困难企业、电锅炉、居民生活用电超基数优惠、光亮工程等电价优惠措施，严格按国家发改委核定的电价表中相应类别执行。对电解铝、氯碱等高耗能企业恢复征收“两分钱”农网还贷基金。国家发改委对山东铝厂等高耗能企业的电价优惠政策，仅限于2002年用电基数部分，之后新增电量严格按国家发改委核定电价执行，不再实行高耗能企业的电价优惠政策。当年调整电价标准，根据《国家发展改革委员会关于疏导华北电网电价矛盾有关问题的通知》，6月15日起对济南市直供区各分类用电价格进行调整。除居民生活用电、中小化肥生产用电价格暂不调整外，济南市直供农业生产用电价格每千瓦时提高0.74分，其他类用电价格每千瓦时提高1.74分。

2005年，居民生活用电价格每千瓦时提高2分。对于1千伏及以上供电客户以及尚未进行“一户一表”改造、暂由变压器产权所有者负责抄表到户的城市和乡镇转供电量，供电部门按照每千瓦时提高1.8分与转供电单位结算。大工业用电、非工业用电、普通工业用电、非居民照明用电价格每千瓦时提高2.72分。

2006年，山东电网输配电价每千瓦时提高0.3分。对自备电厂用户和向发电厂直接购电的大用户收取。居民照明用电价格每千瓦时提高0.69分。城乡中小学校用电价格统一执行居民照明电价。非居民照明用电价格每千瓦时提高0.74分。非工业、普通工业用电价格每千瓦时提高3.73分。大工业用电电度电价，每千瓦时提高2.12分。中小化肥生产用电每千瓦时提高2.12分。全市城乡用电一律同网同价。分类用电、多种电价、附加收费的电价政策仍旧施行。

2008年，调整电价标准，山东省电网销售电价平均每千瓦时提高2.6分。其中，居民生活用电、中小化肥生产用电价格不作调整。非居民照明用电价格每千瓦时平均降低0.48分。大工业、非普工业用电价格每千瓦时平均提高4.72分。农业生产用电价格受价区合并影响，略有调整，总体水平不变。全省到户电价(含农维费标准)由16个价区合并为6个价区。对所有客户(含趸售县内客户)到户电价全部统一按照山东电网销售电价表电度电价执行。趸售县内客户除中小化肥生产用电外，不执行大工业用电分类。取消非居民照明用电分类，将非居民照明用电并入非普工业用电，更名为“一般工商业”用电。

2009年，全省电价平均提价3.28分。居民电价暂不调整，大工业、一般工商业、化肥生产、农业生产电价平均上调4.29分。除居民生活用电外，各类电压等级差扩大到每千瓦时1.5分。增加220千伏及以上大工业用电价格，提高大工业基本电价：按变压器容量计收基本电费的，计收标准由20元/千伏安调整为28元/千伏安。按最大需量计收基本电费的，计收标准由30元/千瓦调整为38元/千瓦。

2010年，调整电价标准，凡并网企业自备电厂均应向山东省电力公司缴纳系统备用费。全省系统备用费标准按并网电压等级分档确定，具体为：220千伏为0.02元/千瓦时，110千伏为0.03元/千瓦时，35千伏及以下为0.035元/千瓦时。

二、抄表

抄表是电费电价管理中的首要环节。1986～1995年，抄表主要采用原始手工方式。1996年后，许多先进技术陆续应用到抄表工作中。抄表方式发生变化，对居民或小动力户出现多种形式的自动抄表系统。

1996年10月，历下区佛山苑小区应用微机集中自动抄表系统。该系统是在计量箱内安装具有脉冲输出功能的电能表和具有载波功能的数据集中器，经过通信电缆线路与居民小区营业站微机连接，可随时抄表并检测客户用电情况。

1997年4月，公司研制开发一项防止窃电、漏抄、错抄、电费计算更精确的居民小区远方微机集中抄表收费系统，通过电力部专家鉴定。

2000年，公司在槐荫区南郊居民小区应用电力低压载波集中抄表系统。该系统是在配电计量箱内装设有脉冲输出功能的电能表和具有载波功能的电量采集器，公用变压器低压侧装设载波数据集中器，再通过电话线通道(或光缆)与后台计算机相连，可随时抄表并检测客户用电情况。

2001年9月，成立抄表公司，负责直供直管城区公用变压器及以下小电力(含居民)客户的抄表、电费催收。由于居民用电实行“一户一表”户数逐年增加，抄表公司压力不断加大，2006年2月撤销抄表公司，将抄表工作移交各区供电部，由集中抄表恢复到原来的分散抄表形式。

2004年，开始利用负控中继站和光缆通信进行大用户远程抄表应用工作，至2007年实现大用户远程抄表全覆盖。2009年，开始大规模安装远程采集终端。至2010年，远程采集抄表覆盖率50%，抄表准确率和便捷性得到大幅提升。

三、电费回收

1986年后，实行“一户一表”工程，用电属于房屋开发建设单位或物业管理的居民住宅小区占全市小区较大比例，社会上存在着转供电现象，增加了电费回收环节，因催费依法停电导致的民事纠纷时有发生。为保证电费回收率100%，一方面采取行政、经济、技术、法律手段等一系列措施，另一方面电费回收人员发扬“三千精神”(千辛万苦、千言万语、千方百计)，协力完成电费回收任务。

2007年，开始全面推行高压客户预购电制度。7月1日，中国工商银行小额支付系统正式上线运行，手工托收电费方式改为全电子化方式，丰富了电费回收方式。2009年，全面推广居民客户非现金缴费，充分利用公共服务渠道和平台，推广应用银行代收、社会化代收、客户自助缴费等客户缴费方式，不断完善客户缴费体系，方便客户缴费。至2010年，居民客户非现金缴费比例为90%以上。根据《山东省国家税务局关于印发〈全省普通发票简并票种统一式样工作实施方案〉的通知》，2010年12月1日起正式启用新版供电专用发票，进一步规范发票管理。

四、电能计量

1986～1997年，山东省电力公司授权济南供电公司对辖区内县级公司0.2级及以下等级电能表检定装置进行周期检定。应用微机加强计量资产管理，编排电能表轮换计划和打印轮换工作单。1997年，用电MIS系统——计量管理子系统正式运行，对电能计量工作进行全过程管理，电能计量装置手写的检定记录和资产管理卡片停止使用，完全实现无笔化作业。2009年，开始普及智能表和远程用电信息采集，实现计量资产全寿命周期管理。完成法定计量检定机构复核，由山东省质量技术监督局授权对0.1级以下电能表和0.05级以下互感器进行检定。

五、“一户一表”

“一户一表”是指由供电部门直接供电到户、抄表到户、收费到户、服务到户(简称“四到户”)的居民用电管理方式。1999年7月，制定《关于实施“一户一表”工程的管理规定》，明确规定：集中申请办理“一户一表”的物业管理小区、住宅小区开发商、企事业单位宿舍等单位，原则上优先开放，个人申请“一户一表”具备供电条件的也可单独开放。10月，组织专业人员第一次对济南市居民用电市场进行调查。对不同地区居民家庭用电水平和实施“一户一表”的成效，进行综合调查和具体分析，为电力营销和中低压电网改造的科学决策与运行管理提供第一手参考资料。全年共安装“一户一表”1.23万户。

2000年，制定《旧城改造“一户一表”工程有关技术要求》。要求居民用电容量按不低于8千瓦/户设计安装“一户一表”，计量箱内导线不小于6平方毫米，每户配备5(20)安的具有脉冲输出的电能表，每个单元公用楼道灯单独装表计费，电费均摊到每一客户或由客户协商解决。全年完成“一户一表”改造12万户。2001年3月，成立“一户一表”工程办公室，全年共完成近10万户“一户一表”安装任务。

2003年8月，制定《新建房地产项目实施“一户一表”工程管理办法》。依照国家相关法律、法规，所有与居民住宅有关的房地产建设工程，配电设施必须按照“一户一表”标准建设，并移交济南供电公司运行管理。11月，制定《建成居民区“一户一表”改造工程管理办法》。规定公司“一户一表”办公室负责建成居民区“一户一表”工程审批、资金管理、工程管理及工程验收的组织。由供电部门和产权单位签订施工合同，进行施工。验收合格的工程，由公司出具法人代表授权委托书，供电部与产权单位签订资产移交协议，同时开始负责移交的配电设施安全生产管理，抄表公司负责移交建成居民区的低压抄表工作。

2005年12月，制定《新建住宅小区电能计量自动抄表系统管理办法》，规定：住宅小区内居民户实行“一户一表”，楼道照明、公建商业房、公共用电部分根据设计负荷容量选用单项电能表或三相电能表，电能表规格按照设计负荷进行选择，单项电能表可选用220伏、5(40)安或20(80)安。三项四线电能表可选用3×220伏/380安、3×5(40)安或3×20(80)安。多层住宅(七层及以下)的居民楼，楼内的照明单独装表计量，选用单项预付费电能表，容量为5(40)安，与居民表安装在同一计量箱内。全市共安装“一户一表”25万户。

第四节 农村用电

一、农电管理

1992年4月28日，济阳、商河两县的311个无电村全部通电，提前2年(原计划是1994年5月1日济南市实现村村通电)实现全市行政村通电率100%的目标。

1993年，为减轻农民负担，加强农村电价管理，济南供电公司推广长清县万德镇各村农村电价管理经验。主要是：按时抄表、公开电价，全村每户村民的用电数量、缴纳电费每月上墙公布，接受村民监督。村电工每月公布国家电费电价政策和收费依据，公布各户用电量、公布应收电费，使长期盛行于农村用电的“四乱”现象得到治理。

1995年6月6日，随着商河县最后一户村民住宅通电，济南市提前1个月实现市政府户户通电目标，全市村户通电率100%。

2000年，《国务院批转国家经贸委关于加快农村电力体制改革加强农村电力管理意见的通知》，开展农村电力管理“四到户”工作。

2003年始，全市实现“四到户”管理，进行设备改造和维护。

2007～2010年，针对农村经济发展情况，全市开展“新农村电气化村、乡镇、县”建设工程。

二、农村用电结构

1996年，全市农村用电量11亿千瓦时，全市110个乡镇，4746个村，113.94万户通电率100%，电力排灌面积23.37万千公顷。2003年，全市农村用电量17.96亿千瓦时，农业人口平均年用电量528.14千瓦时，分别是1990年的1.43倍和1.48倍。2006年，全市农村用电量22.55亿千瓦时，2010年全市农村用电量27.77亿千瓦时。

(一)排灌用电　1996年年初，全市耕地面积50.61万千公顷，农田排灌面积34.05万千公顷，排灌电力设备容量23.91万千瓦，排灌用电量1.29亿千瓦时，占农村用电的14.19%。2000年，全市耕地面积33.41万千公顷，农田排灌面积22.42万千公顷，排灌电力设备容量26.72万千瓦，排灌用电量1.62亿千瓦时，占农村用电的12.90%。2003年，济南市全市耕地面积32.83万千公顷，农田排灌面积23.91万千公顷，排灌电力设备容量29.13万千瓦，排灌用电量1.48亿千瓦时，占农村用电的8.2%。

（二）农村加工业用电　1995年年末，农村加工用电1.47亿千瓦时，占农村用电量的16.15%。2000年，农村加工用电1.36亿千瓦时，占农村用电量的10.86%。2003年，农村加工用电1.34亿千瓦时，占农村用电量的7.47%。2006年，农村加工用电7436万千瓦时。2010年，农村加工用电1.03亿千瓦时。在充足的电力保障下，加快产业化经营步伐，按照产供销、种养加、贸工农一体化的要求，着力引导发展专业户、专业村，不断推进农村经济规模化、集约化、产业化。冬暖大棚蔬菜、畜禽养殖、林木种植等产业日渐兴旺，从而拉动该类用电量的增长。

（三）乡（镇）村工业用电　20世纪80年代农村推行家庭联产承包责任制后，乡(镇)村工业迅速发展。1990年，济南市乡镇工业用电设备总容量15.14万千瓦，用电量1.64亿千瓦时，占全市农村用电量的32.91%。至1995年年底，乡镇工业用电设备总容量16.48万千瓦，用电量增加到2.98亿千瓦时，占全市农村用电量的32.72%。2000年，乡镇工业用电设备总容量16.7万千瓦，用电量4.09亿千瓦时，占全市农村用电量的32.59%。2006年，乡镇工业用电量增加到20.28亿千瓦时。2010年，乡镇工业用电量42.73亿千瓦时。

（四）农村居民生活用电　1990年，全市农村居民生活照明用电量1.09亿千瓦时。1998后，随着农村电网建设与改造工程的实施，农村电网建设速度加快，农村电气化建设突飞猛进。2000年，全市农村居民生活用电量4.2亿千瓦时，占全市农村用电量的38.93%，是1995年的1.64倍。2006年，全市农村居民生活用电量11.23亿千瓦时。2010年，全市农村居民生活用电量14.77亿千瓦时。

三、农村电网改造

1986年，为实现乡镇通电和村村通电、户户通电，对全市各县4582台高耗能配电变压器制订更改计划，其后每年向各县局下达更改指标，要求1995年年底前将全市各县局在供农电的高耗能配电变压器全部更换为高效节能型配电变压器。至1990年，济南市重点改造35千伏及10千伏农电线路和35千伏农用变电站，增装高低压补偿电容器。全市达到标准化条件的农用输变线路占80%，变电站占75%。配电线路占69%，用电站占51%。农电综合变损8.59%，达到部颁标准10%以下。

1998～2000年，全市第一期农村电网建设改造完成。建设改造110千伏变电站9座，容量26.90兆伏安，110千伏线路68.54千米。建设改造35千伏变电站16座，容量10.25兆伏安，35千伏线路230.94千米。10千伏线路增加到2621千米，低压线路1.09万千米，改造用电村4247个，农户85.5万户。

2002～2003年，全市第二期农网新建、改造110千伏变电站10座，增容302.5兆伏安。新建、改造110千伏线路11条、124.06千米。新建、改造35千伏变电站21座，容量79.25兆伏安。新建、改造35千伏线路26条、262.40千米。新建、改造10千伏线路232条、1122.43千米。

2006～2010年，新建110千伏变电站12座，扩建110千伏变电站5座，对21座110千伏变电站进行增容改造；新建35千伏变电站10座，对9座35千伏变电站进行增容改造。新增容量1744.35兆伏安，新建110千伏线路98.05千米，改造110千伏线路55.26千米。新建35千伏线路98.87千米，改造35千伏线路40.06千米，新建、改造10千伏线路2554.57千米，新建、改造0.4千伏线路1259千米。

第五节 用电管理

一、用电报装管理

1997年，济南供电公司对用户新装、增容、变更、迁移供用电设备等业扩工程实行“一条龙”服务。2000年3月，为减少办电手续，提高供电服务水平，推行业务主办制度，业务主办负责对外接洽客户，对客户提供用电报装业务咨询和全过程服务，对内调度各部门高压业扩报装业务。对业扩报装各环节，业务主办全过程参与、负责，发挥对外总牵头、对内总协调的作用，实现业扩管理“一口对外”。客户办理业扩报装时，只需与业务主办打交道，手续简便、时间缩短、服务周到。业扩报装自实行业务主办制度，服务水平明显提高。

2006年，为开拓电力市场，实现业扩管理快捷、高效，报装接电工作流程进一步创新。市区客户，如果办理容量在30千伏安及以上的新装用电或增容后为50千伏安以上用电业务，可直接到客户服务中心营业厅递交申请。还可通过其他三种方式(通过各区供电部营业厅递交申请；通过电话申请，申请电话为95598；登录公司网站，网上申请。)办理高压报装接电申请。办电手续简便，报装接电流程有所简化。

2009年，配合济南市物价局印发《新建住宅小区供电配套工程费标准》，明确新建住宅小区供电配套工程费收费标准，规范供电配套工程收费行为，保障居民用电合法权益。

2010年，深入推进国家电网公司“塑文化、强队伍、铸品质”供电服务提升工程，实施“彩虹工程”系列活动，推行业扩星级服务、大客户经理全程服务、一次性告知服务、项目前期服务、流程限时服务、人员规范服务，简化业扩报装手续、优化流程，有效提升了业扩报装服务效率和质量。

二、用电监察

1987年4月，山东省电力工业局颁发《用电稽查工作制度》。济南供电公司在用电监察班内设2名用电稽查员，建立用电稽查汇报制度，加强内部管理。

1993年8月，开展营业用电大普查活动，对所管辖每一条供电线路上的客户，从高压到低压拉网式逐户进行清理，逐项进行核实，边检查、边核实、边处理、边整改，做到普查一户、落实一户、完善一户。对普查客户逐户建立完整用电档案资料，逐步纳入计算机管理。同时对普查客户在“一查五定”(查清客户电气设备、用电设备容量，摸清用电规律、负荷特点，确定日用电量、用电负荷、用电时间、用电负荷率和用电单耗)基础上，核发济南供电公司电力供应与使用凭证，逐步实行凭证供电。凭证内容包括客户名称、客户地址、供电线路、电气设备容量、用电设备容量、用电负荷电量指标、批准时间等。

1996年以前，用电监察部门和人员设在公司，带有行政执法职能，对用电情况进行监督和实地观察调查，对违章用电情况及时下令纠正，对影响安全生产的设备缺陷，及时下令停止运行，并进行必要查封，直至整顿合格，消除隐患方可下令开封。并且有处罚权，对一些违章用电企业，影响电网事件进行相关通报和罚款。1996年4月1日，开始在全国施行《中华人民共和国电力法》，规定将电力监督检查权划归各地政府管电部门，即各地经济贸易委员会(简称经委)。经委负责对电力用户和供电企业进行执法检查。

1996年8月21日，电力工业部颁布《用电检查管理办法》，规定供电企业依据《中华人民共和国电力法》《电力供应与使用条例》和国家有关电力供应与使用的法规、方针、政策，以及国家和电力行业标准，对供电营业区的电力用户电力使用进行检查。由此电力企业拥有用电检查权。在电力行业存在近50年的用电监察退出历史舞台。《用电检查管理办法》规定供电企业用电检查人员的检查和范围，供电企业用电检查必须遵照执行，绝不允许超越范围超越内容规定擅自行动，该管理办法一直沿用至2010年。

三、用电安全监督

（一）现场安全监督 监督检查客户用电设备安全运行是用电检查人员的重要职责。客户用电设备运行安全状况，不仅直接关系到客户正常用电，而且关系到电网安全运行。客户设备停电检修，按照分工负责制，用电检查员深入客户设备检修现场进行监督和指导电工严格按程序操作。尤其是遇到客户设备故障，要及时赶到现场，帮助客户落实安全措施，指导客户排除故障。为缩短配电线路故障查找时间，1998年7月，济南供电公司要求全市企事业单位自建自管配电室(包括厢式变电站、开关站)统一使用专用锁具。专用锁具由公司统一定制，两套钥匙分别由客户电工和用电检查人员使用，便于用电检查人员判断和查找线路故障点。同时督促客户严格遵守安全用电规则，防止违章用电，避免用电事故发生。用电检查人员对重要客户经常进行安全检查，做好预防性试验，对应当具备保安电源的客户，主动督促客户建设保安电源。对客户用电设施和管理的问题，以济南市电力用户设备缺陷整改通知书的形式及时送达用户，并督促其尽快整改，提高广大客户用电可靠性。城市建设重点工程、大电力客户重要生产项目投产、国防工程、社会重大活动等方面用电，用电检查人员必须到现场，指导或监督客户电工安全送电。夏季防汛期间，用电检查人员须对市区各桥涵泵站进行排水用电安全检查，特别是黄河防汛供电设施，担负济南地区防洪的小清河控制闸、泄洪闸、水库大坝的重要供电线路、配电室等重要部位，要检查到位，重点排查，确保万无一失。2006～2010年，在开展客户用电安全检查基础上，联合市经信委组织开展重要电力用户安全性评价工作，提高重要客户用电安全管理水平。2010年，济南供电公司营销部设立“用电安全与稽查管理”岗，统一协调与安排全市用电安全管理工作。

（二）签订供用电合同 1998年6月，国家机构改革重要举措之一是电力企业转变职能，明确供电企业与电力客户不再是管理与被管理的关系，而是平等的民事主体，双方的供用电行为都要接受政府电力管理部门的管理，双方的权利、义务要用依法签订供用电合同的方式来

第十一届全国运动会用电保障车队　　(2009年摄)

确定。11月，供用电合同签订工作全面开展，由用电检查员依照《济南供电公司供用电合同管理实施细则》，与客户签订供用电合同。新增业扩项目，必须与客户在送电前签订供用电合同；已送电客户的供用电合同在1999年全部签订完毕，实现依法规范电力营销工作。该项工作延续至2010年。

四、社会保电

1986年后，需要保电的社会重大活动主要有：省市党代表大会、人民代表大会、政治协商会议、国庆节、春节、学生中考、高考、大型文艺汇演、运动会及重要体育赛事等。根据不同社会活动的影响程度，供电部门编制保电预案，落实保电措施，做好社会保电工作。

为规范社会保电工作，2003年4月制定《山东省省会城市政治保电工作管理规定》，要求保电工作按照“保电工作日常化、日常工作保电化”原则进行。建立内部保电常态机制，明确资产分工分界，明确部门、人员职责分工，及时反馈保电信息，确保工作有条不紊地进行。为保证全市考生在复习和中高考期间的安全用电，公司每年从6月开始，就调整部分线路停电计划，规定停电线路的送电时限，并增加抢修力量。2000年以后的高考，安排专人在各考点值班，确保考场安全用电万无一失。凡遇在济南举的办全国性信博会、糖酒会、体育赛事等重大社会活动或节日，供电部门都采取有力措施，确保社会安全用电。

2009年10月28日，第十一届全国运动会在济南举行，济南供电公司贯彻落实国家电网公司和山东省电力公司部署，完成全运会开闭幕式、16大项212小项比赛以及19个比赛场馆、主新闻中心和全运村的电力供应与保障任务。整个开闭幕式及赛事期间未发生一起设备、线路故障，未发生一起因电力供应造成的有较大社会影响的事件。

第四章　机　构

国网济南供电公司前身为创办于1905年的济南电灯房，90年代后发展成为国家电网28家大型重点供电企业之一。1986年，济南供电局内设办公室、政工部、纪委、人事部、工会、生技部、安质部、企划部、财务部、基建部、农电部、审计部、公安部、离退办等14个职能处室，下属变电工区、线路工区、地调所、各区电力公司等16个车间(公司)，共有职工1482人。2002年6月，由济南供电局更名为济南供电公司。2008年3月，更名为山东电力集团公司济南供电公司。2013年6月，由山东电力集团公司济南供电公司更名为国网山东省电力公司济南供电公司，简称国网济南供电公司。

第四篇　公　路

1986年年初，全市公路通车里程1373.7千米。同年始，济南市对国省干线进行大规模建设和改造。通过公路部门投资、引进贷款和各级政府大力支持。至2010年，先后建成济南绕城高速公路东线、济南绕城高速公路南线、经十东路、燕山立交桥、国道220线滨州至济南段一级公路、段店立交桥、济菏高速公路、济莱高速公路、二环东路高架桥等重点工程，对国道104、105、220、308、309线，省道102、103、104、106、242、244、248、249、321线等国省干线进行数次改造，形成畅通的干线公路网。全市累计投资39.5亿元，共新建改造农村公路9865千米，新建大中桥(危桥改造)179座，全市84个乡镇、4613个建制村通沥青(水泥)路。基本完成济南"一城、一区、一带"的客运站场建设及重要货运站场的建设，公路枢纽站场服务能力显著提高。

90年代起，济南市营业性公路货物运输车辆逐年增加，从1991年的2.6万辆发展至2010年的11.8万辆。其中，营运性专用载货汽车2010年8.2万辆，总吨位34.8万吨，逐渐出现以运输大型货物、鲜活货物、危险货物、散体物料、零担货物、集装箱等为主的专业化运输车辆，零担运输直达全国25个省市地区。全市等级客运站40个，新建平阴、济北、济南国际机场长途汽车站等客运站，改扩建济泺路客运站，济南西客站综合客运枢纽正式开工建设。全市公路客运车辆4598辆，总客位12.6万个，日均旅客发送量12.8万人次。全市道路货运站场(物流园区)19个，日均货物吞吐量8.76万吨。全市公路运输完成客运量1.28亿人次、货运量1.3亿吨；旅客周转量138.5亿人千米、货运周转量231.5亿吨千米。

第一章　公路线网

1996年年初，济南市辖区有5条国道，11条省道通过。1989年，山东第一条高速公路——济青高速公路开工。1994年，以城市"四大出入口"拓宽改造为标志，打破了济南市东、南、西、北四个方向的交通瓶颈。1997年，济南绕城高速公路开工建设，先后建成东线、北线、西线、南线。2002年5月，全长100千米、总投资40亿元的济南绕城高速公路全线贯通，确立了济南在全省高速公路网中的枢纽地位。

2001年起，加大公路建设及投资力度。至2005年，全市共完成公路建设投资58.35亿元，新改建干线公路321.1千米。相继完成经十东路、燕山立交桥、国道309线济南至淄博段改建工程以及南部山区数条旅游公路等在全省重点工程项目。至2010年年底，全市拥有国道417.956千米，省道512.782千米，县道954.6千米。

2010年济南市公路局管养公路基本情况表

表3—4—1　　　　单位：千米

类 别	养护里程	其 中		其 中	
		类 别	养护等级里程	类 别	有路面里程
国　道	348.49	一级路	198.91	水泥路面	6.47
省　道	479.50	二级路	291.81	沥青路面	448.93
县　道	954.60	三级路	290.40	中级路面	712
乡　道	3018.50	四级路	2226.30	低级路面	971.80
		等外路	0	无路面	30.60
合　计	4801.10	合　计	3007.42	合　计	2169.81

第一节 国 道

1986年年初，济南市境内有104、105、220、308、309五条国道，境内总里程366.73千米。2010年，国道104、105、220、308、309线途经济南总里程417.956千米，其中市公路局管养348.494千米(一级公路198.909千米，二级公路149.585千米)，桥梁16251.95延米/126座，涵洞15209.98延米/477座。

国道104线(北京—福州) 国道104线济南段起于济阳县济南德州界，途经太平、孙耿、大桥、华山、姚家、七贤、崮云湖、万德，止于济南泰安界。至2010年年底，该段全长90.223千米，路基宽度12～50米，路面宽度10～44.5米，有特大桥1座，大桥7座，中桥4座，小桥12座，桥梁总长10357.65延米，涵洞2220.58延米/68道。1985年日均交通量7831辆，2010年11526辆。

国道105线(北京—珠海) 国道105线济南段起于济南聊城界，途经玫瑰、孔村、孝直，止于济南泰安界。1985～2010年，该段先后拓宽改建为一、二级公路。至2010年年底，该段全长30.978千米，路基宽度20～26米，路面宽度15～23米，有中桥1座，小桥13座，桥梁总长229.9延米，涵洞1468延米/56道。1985年日均交通量5496辆，2010年12305辆。

国道220线(东营—郑州) 国道220线济南段起于济南滨州界，途经任凤、大桥、华山、天桥、段店、文昌、孝里、东阿，止于济南泰安界。1985～2010年，该段先后拓宽改建为一、二级公路。至2010年年底，该段全长153.885千米，路基宽度14～61.5米，路面宽度10～60米，有大桥9座，中桥12座，小桥44座，桥梁总长4324.1延米，涵洞8620.2延米/270道。1985年日均交通量4081辆，2010年18280辆。

国道308线(青岛—石家庄) 国道308线济南段起于济南滨州界，途经唐王、大桥、桑梓店，止于济南德州界。1985～2010年，该段先后拓宽改建为二级公路。至2010年年底，该段全长14.795千米，路基宽度28米，路面宽度21米，有小桥2座，桥梁总长60.5延米，涵洞749.8延米/24道。1985年日均交通量3740辆，2010年14618辆。

国道309线(荣成—兰州) 国道309线济南段起于济南淄博界，途经官庄、圣井、港沟、姚家、桑梓店，止于济南德州界。1985～2010年，该段先后拓宽改建为一、二级公路。至2010年年底，该段全长58.613千米，路基宽度11.5～51.5米，路面宽度10～45.5米，有大桥3座，中桥12座，小桥6座，桥梁总长1279.8延米，涵洞2151.4延米/59道。1985年日均交通量5347辆，2010年21796辆。

国道220线(济南至滨州一级公路) 在济南

国道309线济南段　(2010年摄)

市境内长63.076千米，路面宽24～31.5米，路基宽25.5～33米，连接线长7.9千米(二级公路)，概算投资7.12亿元。2004年10月开工建设，2006年7月17日竣工通车。该项目是鲁东北地区连接省会济南的重要区域经济干线，也是黄河三角洲地区与中原经济带进行经济文化联系的重要通道。

第二节　省　道

1986年年初，济南市辖区有省道济南至临沂002、济南至兖州003、枣园至徐州037、临邑至枣园071、济南至青岛107、泰安至临清014、仲宫至临朐101、章丘至索镇047、明水至莱芜067、泰安至明水137、济南至埕口239，共11条，境内总里程576.4千米。2010年，经先后改线改名划定通过济南市的省道有14条512.782千米，其中市公路局管养479.504千米(其中一级公路135.577千米，二级公路291.811千米，三级公路52.116千米)，桥梁6524.39延米/135座，涵洞16139.3延米/669座。

省道101线(济德线)　省道101线济南段起于天桥区北泺口，经桑梓店、天桥，止于济南德州界。1985～2010年，该段先后拓宽改建为二级公路。至2010年年底，该段全长4.577千米，路基宽度11.5～12米，路面宽度9～10米，有涵洞86.2延米/3道。

省道102线(济青线)　省道102线济南段起于济南市全福立交桥，经王舍人、郭店、明水、普集，止于济南淄博界。1985～2010年，该段先后拓宽改建为一、二级公路。至2010年年底，该段全长47.661千米，路基宽度16～48米，路面宽度10～46米，有大桥1座，中桥4座，小桥2座，桥梁总长463延米，涵洞836延米/17道。1987年日均交通量3931辆，2010年15689辆。

省道103线(济临线)　省道103线济南段起于济南八一立交桥，经十六里河、仲宫、柳埠，止于济南泰安界。1985～2010年，该段先后拓宽改建为一、二级公路。至2010年年底，该段全长35.733千米，路基宽度10.5～59米，路面宽度9～50米，有大桥4座，中桥4座，小桥13座，桥梁总长2184.75延米，涵洞1057.8延米/41道。1985年日均交通量4038辆，2010年27990辆。

省道104线(济微线)　省道104线济南段起于济南市槐荫区段店，经文昌、马山，止于济南泰安界。1985～2010年，该段先后拓宽改建为一、二级公路。至2010年年底，该段全长31.471千米，路基宽度15～30米，路面宽度12～24米，有大桥1座，中桥9座，小桥5座，桥梁总长814.64延米，涵洞784.7延米/36道。1985年日均交通量3906辆，2010年14423辆。

省道239线(大济线)　省道239线济南段起于惠民县联伍，经仁凤、曲堤、济北，止于济阳县回河街。1985～2010年，该段先后拓宽改建为一、二级公路。至2010年年底，该段全长29.93千米，路基宽度12～47.5米，路面宽度10～36米，有小桥6座，桥梁总长121.2延米，涵洞1275.1延米/56道。2008年日均交通量3192辆，2010年8590辆。

省道242线　(2010年摄)

省道242线(台莱线) 省道242线济南段起于济南滨州界，经辛寨、刁镇、明水、双山、文祖，止于济南莱芜界。1985～2010年，该段先后拓宽改建为一、二级公路。至2010年年底，该段全长47.254千米，路基宽度18～44米，路面宽度15～40米，有中桥2座，小桥8座，桥梁总长383.2延米，涵洞1704.5延米/64道。1985年日均交通量2845辆，2010年9470辆。

省道243线(明泰线) 省道243线济南段起于章丘市明水铝土矿，经明水、圣井、埠村、垛庄，止于济南泰安界。1985～2010年，该段先后拓宽改建为一、二、三级公路。至2010年年底，该段全长36.621千米，路基宽度7～26米，路面宽度6～24米，有中桥6座，桥梁总长363延米，涵洞707.5延米/59道。1985年日均交通量3223辆，2010年7942辆。

省道244线(枣徐线) 省道244线济南段起于章丘刁镇前刘，经绣惠、枣园、埠村、垛庄，止于济南莱芜界。1985～2010年，该段先后拓宽改建为一、二、三级公路。至2010年年底，该段全长26.791千米，路基宽度8～37米，路面宽度7～24米，有中桥3座，小桥1座，桥梁总长248延米，涵洞549.6延米/29道。1985年日均交通量1333辆，2010年12022辆。

省道248线(盐济线) 省道248线济南段起于德州济南界，经殷巷、玉皇庙、垛石、济北，止于济南莱芜界。1985～2010年，该段先后拓宽改建为一、二级公路。至2010年年底，该段全长66.825千米，路基宽度12～33米，路面宽度9～24米，有大桥1座，中桥3座，小桥13座，桥梁总长648.9延米，涵洞3333.5延米/110道。1989年日均交通量1286辆，2010年15554辆。

省道249线(宁济线) 省道249线济南段起于济南德州界，经新市、垛石、济北，止于济阳县老汽车站。1985～2010年，该段先后拓宽改建为一、二、三级公路。至2010年年底，该段全长28.414千米，路基宽度8.5～23米，路面宽度7～21米，有大桥1座，中桥5座，小桥2座，桥梁总长545.2延米，涵洞1484延米/62道。1998年日均交通量1984辆，2010年5277辆。

省道316线(永莘线) 省道316线济南段起于济南滨州界，经龙桑寺、许商、贾庄，止于济南德州界。1985～2010年，该段先后拓宽改建为二级公路。至2010年年底，该段全长39.008千米，路基宽度14～17米，路面宽度12～15米，有中桥6座，小桥8座，桥梁总长550.1延米，涵洞1694.4延米/54道。1989年日均交通量1516辆，2010年5629辆。

省道321线(寿济线) 省道321线济南段起于济南滨州界，经刁镇、水寨、高官寨，止于济阳胡家岸。1985～2010年，该段先后拓宽改建为二级公路。至2010年年底，该段全长37.877千米，路基宽度10.5～25.5米，路面宽度9～24米，有大桥1座，中桥1座，小桥4座，桥梁总长447延米，涵洞1180延米/51道。1985年日均交通量1892辆，2010年19292辆。

省道327线(临仲线) 省道327线济南段起于济南莱芜界，经垛庄、西营、仲宫，止于历城区仲宫大桥。1985～2010年，该段先后拓宽改建为二、三级公路。至2010年年底，该段全长45.361千米，路基宽度8～15米，路面宽度7～12米，有大桥1座，中桥3座，小桥17座，桥梁总长655.4延米，涵洞1410.9延米/85道。1985年日均交通量1697辆，2010年3139辆。

省道329线（薛馆线） 省道329线济南段起于济南泰安界，经玫瑰镇，止于平阴黄河大桥南济聊界。1985～2010年，该段先后拓宽改建为一、二级公路。至2010年年底，该段全长1.981千米，路基宽度20米，路面宽度15米，有涵洞35.1延米/2道。

第三节　县(区)乡公路

20世纪80年代，济南市县社公路(县乡公路)通车里程873千米，其中，二级公路12.8千米，三级公路151.3千米，四级公路623.1千米，等外公路85.8千米；通沥青路乡镇67个。1990年年底，全市县乡公路里程1436千米。2000年年底，全市县乡公路里程3338.4千米，与80年代初期相比，增加2465.4千米，增长282.7%，平均每年增长18.8%。

2010年，全市县道43条954.6千米，乡道510条3018.6千米，专用路18条98千米，村道4591条6266.8千米，县、乡、专、村公路通车里程10338千米。等级公路里程10192.65千米。其中一级路里程16.977千米、二级路里程618.255千米、三级路里程1276.914千米、四级路里程8280.504千米。按路面类型分，有铺装路面(高级)6629.378千米，简易铺装路面(次高级)3287.954千米，未铺装路面(中级、低级、无路面)420.626千米。晴雨通车里程10290.188千米、公路养护里程10337.958千米。济南市辖区100%行政村通公路，98%行政村通沥青(水泥)路。

第四节　高速公路

20世纪90年代起，济南市大力推进与现代化中心城市相适应的城市高速公路系统建设。至2010年年底，济南市公路管理部门负责管养的绕城高速东南线及济广高速市中区殷家林至市中长清界(0.985千米)，共计59.508千米，设计时速120千米/小时主体工程项目：特大桥1237.5延米/1座，大桥7080.66延米/19座，中桥1421.49延米/23座，小桥1628.5延米/77座，涵洞2764.54延米/63座，隧道单幅2342.6延米/1座。

济南绕城高速公路 处于津浦、胶济铁路十字交叉点，是国道主干线北京至上海、北京至福州和青岛至银川在山东省会济南外围联网形成的绕城高速公路，其里程之长、标准之高、规模之大居全国省会城市前列，是济南“五年大变样”的六大形象工程之一。济南绕城高速公路包括4个路段，全长109.277千米，全立交、全封闭。其中，西线为双向6车道，长15.809千米；北线为双向4、6、8车道，长34.895千米；东线为双向4车道，长19.577千米；南线为双向4车道，长38.946千米，工程概算投资49亿元。济南绕城高速公路全线共设有大型互通立交9座，特大桥3座，隧道1处，整个工程建设分两期进行，东、北、西三线作为一期工程于1999年国庆前建成通车；南线1999年9月8日开工，起点与京福高速公路连接，自此向东延伸，跨104国道、省道103线、穿猪耳顶北山，在309国道邢村立交桥处与济南绕城高速公路东线连接，于2002年5月底竣工通车。

济菏高速公路 在济南市境内长76.7千米，双向4车道高速公路，设计速度120千米/小时，路基宽28米，概算投资22.5亿元。2004年10月4日开工建设，2007年9月28日竣工通车。项目建成通车缩减了交通成本，拉动济南长清南部山区和平阴县的经济发展，并将平阴县纳入“济南一小时生活圈”，在鲁西南地区与省会济南、东部沿海地区之间架起一条经济大通道。

济莱高速公路 在济南市境内长40千米，双向6车道高速公路，设计速度100千米/时，路基宽33.5米，概算投资25亿元。2004年12月31日开工建设，2007年12月22日竣工通车。项目是国家高速网北京至上海公路、北京至台北公路山东境内重合段的重要辅线，是国道主干线青岛至银川公路的连接线，是山东“五纵四横一环”公路网主骨架的重要组成部分。项目建设缩短了莱芜与省会济南的“距离”，加快了济莱协作区发展；建成通车后进一步完善了国家主干线和山东省公路路网，有效缓解京沪高速山东段与济青高速公路的交通压力。

青银高速济南绕城高速公路北段（含济南黄河三桥） 在济南市境内长33.9千米，双向8车道高速公路，路基宽42米，设计速度120千米/时；济南黄河三桥为单塔斜拉特大桥，桥长1731米，概算投资26.8亿元，其中黄河三桥投资10.3亿元。2004年12月开工，2008年12月28日竣工通车。项目的实施将济南绕城高速公路北线推至黄河以北，形成新的绕城高速公路大北环，鲁西地区和东部沿海地区之间新添一条快捷大通道。该工程在缓解过境交通压力、改善市内交通状况的同时，对济南市“北跨”战略的实施、沿线县(区)经济社会发展等起到推动作用。

第二章　桥涵　隧道

1985～2010年，随着济南公路的快速发展，新建公路桥梁、涵洞在规模和数量上迅速增加。新建大(特大)桥有38座(国道12座，省道7座，高速公路19座)。2010年年底，市公路局管养公路桥梁32876.17延米/379座(特大桥9662.5延米/2座，大桥12506.13延米/47座，中桥6107.87延米/98座，小桥4599.67延米/232座)，涵洞34341.82延米/1213座。

第一节　国道大桥

燕山立交桥 位于济南市区东部经十路与二环东路交叉处。由济南市公路管理局市郊公路管理处管养。(参见第三卷第二篇第二章第一节同条)

二环东路高架桥 位于国道104线466千米376米处，地处济南市历城、历下区，为连续箱

燕山立交桥

梁桥。(参见第三卷第二篇第二章第一节同条)

药王桥　位于国道104线431千米64米处，地处济阳县，为空心板梁桥。桥长106.4米，桥下净空3.8米，桥梁全宽12.4米，行车道净宽10.1米，设计荷载汽车-20级，抗震烈度6°。由泰安市公路管理局设计，泰安市公路管理局施工，济南市公路管理局监理，总投资98.1万元，1992年10月通车。由济阳县公路管理局管养。

党家庄公铁立交　位于国道104线493千米133米处，地处市中区党家庄，为T型梁桥。桥长579.84米，桥下净空15米，桥梁全宽33.5米，行车道净宽32米，设计荷载公路-Ⅰ级，抗震烈度6°。由山东省交通规划设计院设计，中铁二十三局集团有限公司施工，山东省交通工程监理咨询公司监理，总投资4324万元，2007年10月通车。由市公路管理局市郊公路管理处管养。

界首立交桥　位于国道104线538千米291米处，地处长清区界首镇，为T型梁桥。桥长56.9米，桥下净空4.6米，桥梁全宽20.5米，行车道净宽18米，设计荷载汽车-20级，抗震烈度6°。由山东省交通规划设计院设计，中铁十四局集团有限公司施工，山东省交通工程监理咨询公司监理，总投资77.4万元，1986年6月通车。由长清区公路管理局管养。

腊山立交桥　位于国道220线240千米660米处，地处槐荫区，为连续箱梁桥。(参见第三卷第二篇第二章第一节同条)

宋庄公铁立交　位于国道220线246千米88米处，地处槐荫区宋庄，为T型梁桥。桥长794.84米，桥下净空17.9米，桥梁全宽33.5米，行车道净宽32米，设计荷载公路-Ⅰ级，抗震烈度6°。由济南金衢公路勘察设计研究有限公司设计，中铁十局、十四局集团有限公司施工，山东恒建监理有限公司监理，总投资7550万元，2009年7月通车。由济南市公路管理局市郊公路管理处管养。

下巴桥　位于国道220线281千米688米处，地处长清区，为刚架拱桥。桥长58.6米，桥下净空3米，桥梁全宽13.9米，行车道净宽13米，设计荷载汽车-20级，抗震烈度6°。由市公路管理局设计室设计，长清县公路管理局施工，市公路管理局监理，总投资35万元，1989年6月通车。由长清区公路管理局管养。

胡林桥　位于国道220线284千米112米处，地处长清区，为刚架拱桥。桥长62.5米，桥下净空5.1米，桥梁全宽13.9米，行车道净宽13米，设计荷载汽车-20级，抗震烈度6°。由市公路管理局设计室设计，长清县公路管理局施工，市公路管理局监理，总投资35万元，1989年6月通车。由长清区公路管理局管养。

玉带河桥　位于国道220线313千米652米处，地处平阴县，为空心板梁桥。桥长135.5米，桥下净空3.5米，桥梁全宽14.5米，行车道净宽13.5米，设计荷载公路-Ⅰ级，抗震烈度6°。由市公路管理局勘察设计室设计，市公路管理局工程处施工，市公路管理局监理，总投资132.1万元，1990年10月通车。由平阴县公路管理局管养。

浪溪河大桥　位于国道220线328千米343米处，地处平阴县，为刚架拱桥。桥长236.1米，桥下净空16米，桥梁全宽14米，行车道净宽13米，设计荷载汽车-20级，抗震烈度6°。由市公路管理局勘察设计室设计，泰安地区公路局工程处施工，市公路管理局监理，总投资441.1万元，1990年10月通车。由平阴县公路管理局管养。

小龙堂大桥　位于国道309线515千米168米处，地处历城区，为连续箱梁桥。桥长123.6米，桥下净空10米，桥梁全宽49.3米，行车道净宽41.8米，设计荷载汽车-超20级，抗震烈度6°。由山东省交通规划设计院设计，铁道部十四局施工，市公路管理局监理，总投资720万元，2003年11月通车。由历城区公路管理局管养。

港西立交桥　位于国道309线522千米260米

处，地处历城区，为连续箱梁桥。桥长110.8米，桥下净空5.5米，桥梁全宽46.5米，行车道净宽40米，设计荷载汽车-超20级，抗震烈度6°。由济南市市政规划设计院设计，山东省交通工程总公司施工，市公路管理局监理，总投资1322万元，2003年11月通车。由历城区公路管理局管养。

第二节 省道大桥

大涧大桥 位于省道103线10千米813米处，地处历城区，为空心板梁桥。桥长165.58米，桥下净空11.3米，桥梁左右幅全宽19.4米，行车道净宽16.4米，设计荷载公路-Ⅰ级，抗震烈度6°。由济南市公路勘测设计室设计，滨州市公路工程总公司施工，济南市公路管理局监理处监理，总投资1045万元，1996年10月通车。由济南市公路管理局市郊公路管理处管养。

二仙大桥 位于省道103线14千米92米处，地处历城区，为拱桥。桥长222.7米，桥下净空10.5米，桥梁全宽23米，行车道净宽22米，设计荷载汽车-超20级，抗震烈度6°。由市公路勘测设计室设计，省交通工程公司施工，市公路管理局监理处监理，总投资735万元，1997年8月通车。由历城区公路管理局管养。

仲宫大桥 位于省道103线18千米471米处，地处历城区，为T型梁桥。桥长265.75米，桥下净空7.2米，桥梁全宽23米，行车道净宽22米，设计荷载汽车-超20级，抗震烈度6°。由市公路勘测设计室设计，省交通工程公司施工，市公路管理局监理处监理，总投资893万元，1998年5月通车。由历城区公路管理局管养。

柳埠桥 位于省道103线30千米76米处，地处历城区，为空心板梁桥。桥长146.5米，桥下净空3.8米，桥梁全宽15米，行车道净宽12.5米，设计荷载汽车-20级，抗震烈度6°。由市公路勘测设计室设计，省交通工程总公司施工，市公路管理局监理处监理，总投资347万元，2002年6月通车。由历城区公路管理局管养。

窦家桥 位于省道248线85千米744米处，地处济阳县，为空心板梁桥。桥长213.4米，桥下净空10.5米，桥梁全宽28米，行车道净宽25米，设计荷载汽车-20级，抗震烈度6°。由济南金衢公路勘察设计研究有限公司设计，山东省路桥集团有限公司施工，济南金诺公路工程监理有限公司监理，总投资711万元，2006年10月通车。由济阳县公路管理局管养。

小清河桥 位于省道321线159千米742米处，地处章丘市，为空心板梁桥。桥长294米，桥下净空9.4米，桥梁全宽16米，行车道净宽15米，设计荷载汽车-20级，抗震烈度6°。由济南金衢公路勘察设计研究有限公司设计，济南金曰公路工程公司施工，济南金诺公路工程有限公司监理，总投资732万元，1997年11月通车。由章丘市公路管理局管养。

汪家场大桥 位于省道327线180千米40米处，地处历城区，为连续箱梁桥。桥长110.4米，桥下净空20米，桥梁全宽15米，行车道净宽12米，设计荷载汽车-20级，抗震烈度6°。由交通部第二航务工程设计院设计，中铁十四局有限公司施工，济南市公路管理局监理，总投资448万元，2000年9月通车。由历城区公路管理局管养。

第三节 高速公路大桥

津浦铁路公铁立交桥 位于济南绕城高速55千米500米处，地处历城区，为T型刚构桥。桥长1237.5米，桥下净空8.3米，桥梁全宽25.5米，行车道净宽23米，设计荷载汽车-超20级，抗震烈度6°。由山东省交通规划设计院设计，山东省公路工程公司菏泽公司施工，北方监理公司监理，总投资6200万元，2002年5月通车。由济南市公路管理局高速公路管理处管养。

小清河大桥 位于济南绕城高速3千米900米

处，地处历城区，为T型刚构桥。桥长331.06米，桥下净空6.1米，桥梁全宽27米，行车道净宽24米，设计荷载汽车-超20级，抗震烈度6°。由省交通规划设计院设计，省公路工程公司济宁公司施工，北方监理公司监理，总投资1397.2万元，1999年4月通车。由市公路管理局高速公路管理处管养。

小许家主线桥　位于济南绕城高速8千米858米处，地处历城区，为连续箱梁桥。桥长732.06米，桥下净空5.2米，桥梁全宽27米，行车道净宽24米，设计荷载汽车-超20级，抗震烈度6°。由省交通规划设计院设计，铁道部第一工程局施工，北方监理公司监理，总投资3901.4万元，1999年11月通车。由市公路管理局高速公路管理处管养。

郭店立交主线桥　位于济南绕城高速13千米938米处，地处历城区，为连续箱梁桥。桥长110.7米，桥下净空7.6米，桥梁全宽27米，行车道净宽24米，设计荷载汽车-超20级，抗震烈度6°。由省交通规划设计院设计，省公路工程总公司泰安公司施工，滨州监理公司监理，总投资580万元，1999年7月通车。由市公路管理局高速公路管理处管养。

胶济铁路桥　位于济南绕城高速14千米350米处，地处历城区，为T型刚构桥。桥长666.06米，桥下净空9.9米，桥梁全宽27米，行车道净宽24米，设计荷载汽车-超20级，抗震烈度6°。由省交通规划设计院设计，省公路工程总公司泰安公司施工，滨州监理公司监理，总投资2784.7万元，1999年7月通车。由市公路管理局高速公路管理处管养。

邢村主线桥　位于济南绕城高速19千米420米处，地处历城区，为箱形梁桥。桥长112.06米，桥下净空5.6米，桥梁全宽27米，行车道净宽24米，设计荷载汽车-超20级，抗震烈度6°。由省交通规划设计院设计，省公路工程总公司泰安公司施工，滨州监理公司监理，总投资590万元，1999年7月通车。由市公路管理局高速公路管理处管养。

港沟1桥　位于济南绕城高速24千米970米处，地处历城区，为连续箱梁桥。桥长215.9米，桥下净空11.8米，桥梁全宽25.5米，行车道净宽23米，设计荷载汽车-超20级，抗震烈度6°。由省交通规划设计院设计，省公路工程总公司菏泽公司施工，东泰监理公司监理，总投资1200万元，2002年5月通车。由市公路管理局高速公路管理处管养。

港沟2桥　位于济南绕城高速25千米730米处，地处历城区，为连续箱梁桥。桥长266.5米，桥下净空7.1米，桥梁全宽25.5米，行车道净宽23米，设计荷载汽车-超20级，抗震烈度6°。由省交通规划设计院设计，省公路工程总公司菏泽公司施工，东泰监理公司监理，总投资1350万元，2002年5月通车。济南市公路管理局高速公路管理处管养。

亓家庄大桥　位于济南绕城高速29千米300米处，地处历城区，为连续箱梁桥。桥长525米，桥下净空13.8米，桥梁全宽25.5米，行车道净宽23米，设计荷载汽车-超20级，抗震烈度6°。由省交通规划设计院设计，省公路工程总公司菏泽公司施工，东泰监

绕城东线小许家立交

理公司监理，总投资2700万元，2002年5月通车。由市公路管理局高速公路管理处管养。

黑龙峪大桥　位于济南绕城高速31千米185米处，地处历城区，为连续箱梁桥。桥长575米，桥下净空21.8米，桥梁全宽25.5米，行车道净宽23米，设计荷载汽车-超20级，抗震烈度6°。由省交通规划设计院设计，省公路工程总公司菏泽公司施工，东泰监理公司监理，总投资2850万元，2002年5月通车。由市公路管理局高速公路管理处管养。

34K+174桥　位于济南绕城高速34千米174米处，地处历城区，为连续箱梁桥。桥长187.9米，桥下净空13.6米，桥梁全宽25.5米，行车道净宽23米，设计荷载汽车-超20级，抗震烈度6°。由省交通规划设计院设计，省公路工程总公司菏泽公司施工，滨州监理公司监理，总投资800万元，2002年5月通车。由市公路管理局高速公路管理处管养。

泉卢大桥　位于济南绕城高速37千米620米处，地处历城区，为空心板梁桥。桥长164.4米，桥下净空7.7米，桥梁全宽25.5米，行车道净宽23米，设计荷载汽车-超20级，抗震烈度6°。由省交通规划设计院设计，省公路工程总公司菏泽公司施工，滨州监理公司监理，总投资820万元，2002年5月通车。由市公路管理局高速公路管理处管养。

大头河大桥　位于济南绕城高速40千米处，地处历城区，为空心板梁桥。桥长386米，桥下净空13.6米，桥梁全宽25.5米，行车道净宽23米，设计荷载汽车-超20级，抗震烈度6°。由省交通规划设计院设计，省公路工程总公司菏泽公司施工，北方监理公司监理，总投资1980万元，2002年5月通车。由市公路管理局高速公路管理处管养。

大涧沟互通立交桥　位于济南绕城高速46千米210米处，地处历城区，为连续箱梁桥。桥长328.1米，桥下净空7.4米，桥梁全宽25.5米，行车道净宽23米，设计荷载汽车-超20级，抗震烈度6°。由省交通规划设计院设计，省公路工程总公司菏泽公司施工，北方监理公司监理，总投资580万元，2002年5月通车。由市公路管理局高速公路管理处管养。

49K+210通道桥　位于济南绕城高速49千米210米处，地处历城区，为空心板梁桥。桥长428.2米，桥下净空4.6米，桥梁全宽25.5米，行车道净宽23米，设计荷载汽车-超20级，抗震烈度6°。由省交通规划设计院设计，省公路工程总公司菏泽公司施工，北方监理公司监理，总投资2150万元，2002年5月通车。由市公路管理局高速公路管理处管养。

51K+500通道桥　位于济南绕城高速51千米500米处，地处历城区，为空心板梁桥。桥长106米，桥下净空5.6米，桥梁全宽25.5米，行车道净宽23米，设计荷载汽车-超20级，抗震烈度6°。由省交通规划设计院设计，省公路工程总公司菏泽公司施工，北方监理公司监理，总投资2150万元，2002年5月通车。由市公路管理局高速公路管理处管养。

104国道分离立交桥　位于济南绕城高速57千米234米处，地处历城区，为箱形拱桥。桥长161米，桥下净空6米，桥梁全宽25.5米，行车道净宽23米，设计荷载汽车-超20级，抗震烈度6°。由省交通规划设计院设计，省公路工程总公司菏泽公司施工，北方监理公司监理，总投资850万元，2002年5月通车。由市公路管理局高速公路管理处管养。

殷家林互通立交桥　位于济南绕城高速58千米522米处，地处历城区，为连续箱梁桥。桥长116.16米，桥下净空6.2米，桥梁全宽25.5米，行车道净宽23米，设计荷载汽车-超20级，抗震烈度6°。由省交通规划设计院设计，省公路工程总公司菏泽公司施工，北方监理公司监理，总投资580万元，2002年5月通车。由市公路管理局高速公路管理处管养。

玉符河大桥　位于济广高速54千米866米处，地处历城区，为连续箱梁桥。桥长431.06

米，桥下净空4.6米，桥梁全宽25.5米，行车道净宽23米，设计荷载公路-Ⅰ级，抗震烈度7°。由省交通规划设计院设计，山东公路工程总公司施工，青岛市交通监理公司监理，2007年9月通车。由市公路管理局高速公路管理处管养。

2010年济南市公路局系统管养高速公路大(特大)桥情况表

表3—4—2

线 号	中心桩号	桥梁名称	全长(延米)	结构形式	通车时间
G2001 绕城高速	3K+900	小清河大桥	331.06	T 型刚构	1999
G2001 绕城高速	8K+858	小许家主线桥	732.06	连续箱梁	1999
G2001 绕城高速	13K+938	郭店立交主线	110.7	连续箱梁	1999
G2001 绕城高速	14K+350	胶济铁路桥	666.06	T 型刚构	1999
G2001 绕城高速	19K+420	邢村主线桥	112.06	箱形梁	1999
G2001 绕城高速	24K+970	港沟 1 桥	215.9	连续箱梁	2002
G2001 绕城高速	25K+730	港沟 2 桥	266.5	连续箱梁	2002
G2001 绕城高速	29K+300	亓家庄大桥	525	连续箱梁	2002
G2001 绕城高速	31K+185	黑龙峪大桥	575	连续箱梁	2002
G2001 绕城高速	34K+174	34K+174 桥	187.9	连续箱梁	2002
G2001 绕城高速	37K+620	泉卢大桥	164.4	空心板梁	2002
G2001 绕城高速	40K+000	大头河大桥	386	空心板梁	2002
G2001 绕城高速	46K+210	大涧沟互通立交桥	328.1	连续箱梁	2002
G2001 绕城高速	49K+210	49K+210 通道桥	428.2	空心板梁	2002
G2001 绕城高速	51K+500	51K+500 通道桥	106	空心板梁	2002
G2001 绕城高速	55K+500	津浦铁路公铁立交桥	1237.5	T 型刚构	2002
G2001 绕城高速	57K+234	104 国道分离立交桥	161	箱形拱	2002
G2001 绕城高速	58K+522	殷家林互通立交桥	116.16	连续箱梁	2002
G35 济广高速	54K+866	玉符河大桥	431.06	连续箱梁	2007

第四节 县乡公路大桥

济南市辖区内县乡村公路大桥上部结构形式主要分为梁式和拱式两大类。梁式：钢筋混凝土T型梁，空心板梁，实心板梁，箱形梁，I型梁，组合式梁。拱式：板拱、石拱、双曲拱、肋拱、刚架拱。下部结构形式主要有：桩柱式墩台、重力式墩台、薄壁墩台、埋置式桥台、拱形桥台。至2010年，济南市县乡村公路大桥18座。

崮云湖桥 位于县道崮五路0千米616米处，地处长清区，为钢筋混凝土板桥。桥长105米，桥面宽16米，行车道宽14米，设计荷载公路-Ⅰ级。由济南金衢路桥设计院设计，山东路桥工程公司施工，山东路桥监理公司监理，1994年10月通车。由长清区交通运输局管养。

京福桥 位于县道崮五路0千米258米处，地处长清区，为钢筋混凝土板桥。桥长146米，桥面宽16.5米，行车道宽14.5米，设计荷载公路-Ⅰ级。由济南金衢路桥设计院设计，山东路桥工程公司施工，山东路桥监理公司监理，1998年10月通车。由长清区交通运输局管养。

侯集桥 位于县道万归路1千米48米处，地处长清区，为钢筋混凝土箱形梁桥。桥长144米，桥面宽16米，行车道宽14米，设计荷载公路－Ⅱ级。由济南金衢路桥设计院设计，山东路桥工程公司施工，山东路桥监理公司监理，1991年10月通车。由长清区交通运输局管养。

朝阳桥　位于县道前口路23千米86米处，地处历城区，为钢筋混凝土T型梁桥。桥长175米，桥面宽15米，行车道宽15米，设计荷载公路－Ⅱ级。由德州市公路勘测设计院设计，山东省琴通路桥施工，历城区交通运输局监理，2004年10月通车。由历城区交通运输局管养。

并渡口大桥　位于县道并药路2千米247米处，地处历城区，为钢筋混凝土板桥。桥长113.5米，桥面宽13米，行车道宽13米，设计荷载公路－Ⅱ级。由济南公路设计院设计，山东黄河路桥工程有限公司施工，济南市北方监理咨询有限公司监理，2008年10月通车。由历城区交通运输局管养。

九曲桥　位于县道滩九路33千米561米处，地处历城区，为钢筋混凝土桁架拱桥。桥长102米，桥面宽10.5米，行车道宽10.5米，设计荷载汽车－超20级。由德州公路勘察设计院设计，山东黄河路桥工程有限公司施工，山东交通监理咨询有限公司监理，2009年10月通车。由历城区交通运输局管养。

南万大桥　位于乡道万肥路0千米140米处，地处长清区，为钢筋混凝土板桥。桥长120米，桥面宽9米，行车道宽8米，设计荷载公路－Ⅱ级。由济南金衢路桥设计院设计，淄博路桥建设集团施工，山东路桥监理公司监理，2004年10月通车。由长清区万德镇管养。

梁家码头桥　位于乡道温泉路5千米907米处，地处历城区，为钢筋混凝土箱形梁桥。桥长175米，桥面宽8米，行车道宽8米，设计荷载汽车－超20级。由济南水利设计院设计，中铁十四局施工，遥墙镇建委监理，2005年10月通车。由历城区遥墙镇管养。

营而大桥　位于乡道仲杨路0千米279米处，地处历城区，为钢筋混凝土板桥。桥长230米，桥面宽7米，行车道宽7米，设计荷载公路－Ⅱ级。2001年10月通车。由历城区仲宫镇管养。

周官屯桥　位于乡道中韩路2千米293米处，地处槐荫区，为钢筋混凝土板桥。桥长168.1米，桥面宽11米，行车道宽10米，设计荷载公路－Ⅱ级。由德州公路勘察设计院设计，山东三路路桥公司施工，吴家堡建委监理，1999年8月通车。由槐荫区吴家堡镇管养。

小圈桥　位于乡道江圈路8千米351米处，地处济阳县，为预应力钢筋混凝土板桥。桥长200米，桥面宽8米，行车道宽7米，设计荷载公路－Ⅱ级。由德州公路勘察设计院设计，济南利民公路工程有限公司施工，山西省交通工程监理咨询公司监理，2009年11月通车。由济阳县交通运输局管养。

巴漏河大桥　位于乡道湖广院－马安路9千米283米处，地处章丘市，为钢筋混凝土板桥。桥长220米，桥面宽36米，行车道宽31米，设计荷载公路－Ⅱ级。由铁道部第二勘察设计院设计，中铁七局集团第三工程有限公司施工，铁二院昆明世纪监理有限公司监理，2004年12月通车。由章丘市圣井街道办事处管养。

南河大桥　位于村道S104－南河洼村1千米196米处，地处长清区，为钢筋混凝土板桥。桥长110米，桥面宽6米，行车道宽6米，设计荷载公路－Ⅱ级。由归德镇设计施工，1986年10月通车。由长清区归德镇管养。

张夏桥　位于村道张夏府前街0千米80米处，地处长清区，为钢筋混凝土板桥。桥长128米，桥面宽12.5米，行车道宽11.5米，设计荷载公路－Ⅱ级。由德州公路勘察设计院设计，山东建设建工集团路桥有限公司施工，山东省交通工程监理咨询有限公司监理，2009年11月通车。由长清区张夏镇管养。

仲南大桥　位于村道龙山路2千米338米处，地处历城区，为钢筋混凝土板桥。桥长217米，桥面宽9米，行车道宽9米，设计荷载公路－Ⅱ

级。由德州市公路勘测设计院设计，山东黄河路桥工程有限公司施工，山东省交通工程监理咨询有限公司监理，2008年10月通车。由历城区仲宫镇管养。

菜园桥　位于村道工业北路－菜园路1千米289米处，地处历城区，为钢筋混凝土桁架拱桥。桥长102.52米，桥面宽17.8米，行车道宽17.8米，设计荷载公路－Ⅱ级。由德州公路勘察设计院设计，胜利油田建设集团施工，山东交通监理咨询有限公司监理，2005年10月通车。由历城区华山镇管养。

黄砂埠桥　位于村道S243－黄十路0千米141米处，地处章丘市，为钢筋混凝土板桥。桥长120米，桥面宽10米，行车道宽8米，设计荷载公路－Ⅱ级。由德州公路勘察设计院设计，济南城建工程公司施工，垛庄镇人民政府监理，2006年11月通车。由章丘市垛庄镇管养。

小梁庄大桥　位于济南大学城专用路3千米278米处，地处长清区，为钢筋混凝土空心板桥。桥长100米，桥面宽24米，行车道宽22米，设计荷载公路－Ⅱ级。由济南金衢设计院设计，山东路桥工程公司施工，山东路桥监理公司监理，2001年10月通车。由长清区交通运输局管养。

2010年济南市公路局系统管养公路大（特大）型桥情况表

表3—4—3

类别	路线编码	中心桩号	桥梁名称	上部结构形式	全长（延米）	通车时间
国道	104线	431K+064	药王桥	空心板梁	106.4	1992
	104线	466K+376	二环东路高架桥	连续箱梁	8425	2009
	104线	493K+133	党家庄公铁立交	T型梁	579.84	2007
	104线	497K+126	南北桥	空心板梁	123.4	2007
	104线	510K+278	夹河北桥	空心板梁	188	1983
	104线	511K+489	夹河南桥	空心板梁	194	1983
	104线	529K+733	金山铺桥	空心板梁	206.6	1984
	104线	538K+291	界首立交桥	T型梁	56.9	1986
	220线	240K+660	腊山立交桥	连续箱梁	1200	2006
	220线	246K+088	宋庄公铁立交	T型梁	794.84	2009
	220线	246K+602	腊山分洪桥	空心板梁	105.08	2009
	220线	246K+868	周王庄大桥	T型梁	135.06	2008
	220线	259K+800	三里庄桥	空心板梁	126.1	2009
	220线	281K+688	下巴桥	刚架拱	58.6	1989
	220线	284K+112	胡林桥	刚架拱	62.5	1989
	220线	313K+652	玉带河桥	空心板梁	135.5	1990
	220线	328K+343	浪溪河大桥	刚架拱	236.1	1990
	309线	499K+972	鹅庄大桥	空心板梁	146.04	2003
	309线	515K+168	小龙堂大桥	空心板梁	123.6	2003
	309线	522K+260	港西立交桥	连续箱梁	110.8	2003
省道	102线	26K+869	龙山大桥	空心板梁	117.04	2009
	103线	10K+813	大涧大桥	空心板梁	165.58	1996

续表3—4—3

类 别	路线编码	中心桩号	桥梁名称	上部结构形式	全长（延米）	通车时间
省道	103 线	10K+813	大涧大桥右幅	空心板梁	165.58	2006
	103 线	10K+813	大涧大桥左幅	空心板梁	165.58	2006
	103 线	14K+092	二仙大桥	其他拱桥	222.7	1997
	103 线	18K+471	仲宫大桥	T 型梁	265.75	1998
	103 线	30K+076	柳埠桥	空心板梁	146.5	2002
	104 线	19K+121	长清大桥	空心板梁	133	2006
	248 线	85K+744	窦家右幅桥	空心板梁	213.4	1987
	248 线	85K+744	窦家左幅桥	空心板梁	213.4	2006
	249 线	109K+264	垛石桥	空心板梁	245.6	2007
	321 线	159K+742	小清河桥	空心板梁	293.67	1997
	321 线	159K+742	小清河桥右幅	空心板梁	293.67	2007
	327 线	180K+040	汪家场大桥	连续箱梁	110.4	2000
县道	崮五路	K0+616	崮云湖桥	板桥	105	1994
	崮五路	K0+258	京福桥	板桥	146	1998
	万归路	K1+048	侯集桥	箱形梁	144	1991
	前口路	K23+86	朝阳桥	T 型梁	175	2004
	并药路	K2+247	并渡口大桥	板桥	113.5	2008
	滩九路	K33+561	九曲桥	桁架拱桥	102	2009
乡道	万肥路	K0+140	南万大桥	板桥	120	2004
	温泉路	K5+907	梁家码头桥	箱形梁	175	2005
	仲杨路	K0+279	营而大桥	板桥	230	2001
	中韩路	K2+293	周官屯桥	板桥	168.1	1999
	江圈路	K8+351	小圈桥	板桥	200	2009
	湖广院－马安路	K9+283	巴漏河大桥	板桥	220	2004
村道	S104－南河洼村	K1+196	南河大桥	板桥	110	1986
	张夏府前街	K0+080	张夏桥	板桥	128	2009
	龙山路	K2+338	仲南大桥	板桥	217	2008
	工业北路－菜园路	K1+289	菜园桥	桁架拱桥	102.52	2005
	S243－黄十路	K0+141	黄砂埠桥	板桥	120	2006
专用路	济南大学城专用路	K3+278	小梁庄大桥	板桥	100	2001

第五节　中小桥与涵洞

济南市辖区内的中小桥上部结构形式主要分为梁式和拱式两大类。梁式：钢筋混凝土T型梁，空心板梁，实心板梁，箱形梁，I型梁，组合式梁。拱式：板拱、石拱、双曲拱、肋拱、刚架拱。下部结构形式主要有：桩柱式墩台、重力式墩台、八字形桥台、薄壁墩台、轻型桥台、埋置式桥台、拱形桥台。涵洞结构形式有：钢筋混凝土圆管涵、钢筋混凝土板涵，钢筋混凝土箱涵、石拱涵、石盖板涵。

2010年年底，公路中桥共200座，市公路局管养98座；小桥共620座，市公路局管养232座；涵洞共34341.82延米/1213座。

2010年济南市公路局系统管养高速公路中型桥情况表

表3—4—4

线　号	中心桩号	桥梁名称	全长（延米）	上部结构形式	通车时间
G2001 绕城高速	2K+550	2K+550 分离立交	53.44	空心板梁	1999
G2001 绕城高速	3K+465	3K+465 中桥	44.44	空心板梁	1999
G2001 绕城高速	7K+760	7K+760 简家庄中桥	44.44	空心板梁	1999
G2001 绕城高速	10K+325	10K+325 中桥	44.44	空心板梁	1999
G2001 绕城高速	12K+388	12K+388 中桥	51.6	空心板梁	1999
G2001 绕城高速	17K+475	世纪大道跨线桥	53.44	空心板梁	1999
G2001 绕城高速	18K+850	18K+850 中桥	66.05	箱形梁	1999
G2001 绕城高速	20K+500	20K+500 通道	69.4	空心板梁	2002
G2001 绕城高速	20K+950	20K+950 通道	85.4	空心板梁	2002
G2001 绕城高速	22K+340	22K+340 分离立交 1	86.1	空心板梁	2002
G2001 绕城高速	22K+890	22K+890 分离立交 2	66	空心板梁	2002
G2001 绕城高速	23K+570	23K+570 分离立交 3	80.2	空心板梁	2002
G2001 绕城高速	23K+847	23K+847 通道 7	65.6	空心板梁	2002
G2001 绕城高速	27K+640	27K+640 通道 11	42.6	连续箱梁	2002
G2001 绕城高速	33K+898	33K+898 通道	81.7	空心板梁	2002
G2001 绕城高速	34K+515	34K+515 通道	40.94	空心板梁	2002
G2001 绕城高速	36K+350	36K+350 中桥	96.1	连续箱梁	2002
G2001 绕城高速	37K+930	37K+930 中桥	49	空心板梁	2002
G2001 绕城高速	41K+476	41K+476 分离立交 4	99.4	空心板梁	2002
G2001 绕城高速	42K+775	42K+775 通道 25	52.4	空心板梁	2002
G2001 绕城高速	52K+989	52K+989 魏家庄南分离	44.4	空心板梁	2002
G2001 绕城高速	56K+460	56K+460 通道	52.2	空心板梁	2002
G2001 绕城高速	56K+920	56K+920 通道	52.2	空心板梁	2002

2010年济南市公路局系统管养中型桥情况表

表3—4—5

类别	路线编码	桥梁名称	全长（延米）	通车时间	类别	路线编码	桥梁名称	全长（延米）	通车时间
国道	104线	南车桥	42.5	1982	省道	103线	南线跨线中桥	69.5	2002
		石店桥	85.52	1982			大涧中桥右幅	64.16	2006
		皮家店桥	100	1983			大涧中桥左幅	64.16	2006
		界首中桥	40.2	1984		104线	苾村铺桥	90.44	1976
		界首高铁跨线桥	50.44	2010			王家坊桥	89.44	1976
	220线	芦兰桥	46.04	2006			漩庄桥	90.44	1976
		付家桥	53.44	2006			马东北桥	50.44	1976
		邢家渡中桥	53.44	2006			马东南桥	53.44	1976
		前夏桥	83.6	1987			宋庄桥	45.44	1976
		凤凰桥	55	1987			关王庙桥	44.44	1976
		邢家中桥	54.04	2006		242线	青野桥	36.58	1991
		回河中桥	54.04	2006			后刘互通立交	89	2007
		刘店北桥	31	1990		243线	南明桥	53.7	1970
	220线	东阿立交桥	39	1990			上三叉口桥	56	1970
	309线	韩家桥	69.54	2003			北明桥	79.04	1970
		鹅庄东桥	69.44	2003			卫东桥	48	2010
		黄土崖东桥	53.44	2003			月宫桥	68.04	2010
		黄土崖中桥	69.44	2003		244线	垛庄桥	71.64	1970
		起凤桥	69.44	2003			口么桥	69.44	2005
		圣井中桥	85.44	2003			圣井立交	86.3	2007
		小港沟中桥	107.2	2003		248线	尹巷桥	90	2007
		孙村立交	92.5	2003			长青桥	43.2	2010
		土河中桥	25.2	2003		248线	班家桥	56	2010
		邢村桥	25	1999		249线	葵花桥	46.2	2007
		龙湖东桥	78.1	2009			临商河桥	66.4	2007
		龙湖西桥	26.1	2009			牛王店桥	46	2007
省道	102线	韩仓桥	25	2007			齐济河桥	66	2007
		龙山桥	84.04	1996			洼里王桥	46	2009
		枣园桥	90.6	2009		316线	栾洼桥左幅	65	1993
		龙山桥左幅	84.04	2009			庞家桥	83.2	1997
		肖家桥	70.04	2010			魏家桥	54	2003
	103线	大涧中桥	64.16	1996			彭家桥	44.4	2003
		仲宫中桥	49.3	1997			赵家桥	54	2003
		仲宫立交桥	50.3	1998			栾洼桥右幅	65	2009
		窝铺桥	86.5	2002			齐庙桥	62	2010

续表3—4—5—1

类别	路线编码	桥梁名称	全长（延米）	通车时间	类别	路线编码	桥梁名称	全长（延米）	通车时间
省道	321线	漯河桥	56	1983		王江路	西屯桥	38	1996
		西营中桥	55.5	2000			组家桥	45	2002
县道	平肥线	张天桥	55	2003			吕家桥	30	2005
		毛铺桥	55	2003		回孙路	大王桥	30	2004
		丘庄桥	55	2003		银商路	潘家桥	40	2005
	龙王线	刁山坡桥	74	2004		大怀路	商东河桥	65	1998
	演旧线	汇河桥	65	2004			改碱河桥	52	1998
	石姜线	姜沟桥	57	2004			杨家市公路桥	45.5	1990
	陶李线	南石峡桥	65	2009		龙白路	兴隆公路桥	36	1996
	漩刘路	柳杭桥	35	1995		大桥路	庞家公路桥	72	1998
		段店桥	64	1996		耿玉路	商中河桥	65	2008
	燕傅路	孝里街桥	30	2004	县道		土马河桥	65	2008
		孝里四南水北调桥	40	2005		白大路	吕常公路桥	57	1998
	万药路	小刘桥	97	2001		燕韩路	徐家桥	45	2004
	长西路	东仓南水北调桥	40	2005		龙怀路	改碱河桥	36	2009
	鸭西线	西营村北桥	32	2001		小院—北王	普邹桥	33	1999
		巨野桥	60	2009		白大路	吕常公路桥	57	1998
	老柳线	西营A桥	40	2005		小贾庄—曹范	引清桥	74	1993
	老柳线	西营B桥	54	2005			白云湖桥	40	1995
		东湖一桥	39	2006			振兴桥	46	1999
	摩泥路	摩天岭桥	89.2	2004		梭庄—石珩	绣江桥	57	1998
	井药路	张家桥	45	2003		陈坡—党家	北河桥	35	2000
		出泉沟桥	64	2003		近东路	东平洛桥	60	2004
	济太路	北张桥	36	1988		北三线	北贵平桥	48	2004
		石家二桥	40	1988		西站路	站西桥	52	2004
		石家三桥	30	2006		白铁线	司桥桥	57	2004
		石家一桥	30	2006		田北路	老博士桥	56	2004
		艾栏桥	39	2006		西翟路	丁山头桥	32	2004
		郑家桥	30	2006	乡道	平宋线	后寨桥	36	2004
		付家桥	30	2006		李东路	孔集桥	58	2004
	王江路	段家二桥	60	1996		张大路	张大路济菏高速桥	40	2005
		临商桥	60	1996		东龙湾村—刀山峪村	郝庄桥	36	1990
		东太平桥	40	1996					
		董家桥	35	1996		西隆路	郭庄南水北调桥	40	2005

续表3—4—5—2

类别	路线编码	桥梁名称	全长(延米)	通车时间	类别	路线编码	桥梁名称	全长(延米)	通车时间
乡道	长中路	贾庄南水北调桥	40	2005	乡道	靳司路	司家桥	39	2009
	西燕路	燕王南水北调桥	40	2005		吕魏路	盛家桥	39	2005
	归码路	房庄南南水北调桥	40	2005		罗梁路	孔坊桥	48	2004
	卫吴路	国街南水北调桥	40	2005			后刘桥	30	2005
	薛董路	薛庄南水北调桥	40	2004		张刘路	张刘桥	32	2004
	北西路	小王南水北调桥	40	2005		矛家路	布店王桥	30	2006
	名王路	马店南水北调桥	40	2005		庙孙路	牧马桥	39	2006
	高怀路	乙武南水北调桥	40	2005		纪碱路	胡贤桥	91	2005
	万北路	北站桥	35	2008		胡贤桥路	窝沟李桥	30	2006
	春峪口村—邵庄村	春峪口桥	50	2004		王仁路	甲首王桥	30	2005
							曹家桥	30	2006
	大马路	马东桥	30	2009		李美生路	潘家一桥	40	2006
	大辛—潘辛	潘新桥	40	1999		李洪亭路	李洪亭桥	39	1996
	店天路	西泉泸桥	46	2003		谢胡路	太平镇邢渡干渠胡家桥	33.9	1996
	汪家场—石佛峪	李家庄东桥	46	1987		南赵路	郑家桥	40	2005
						雹赵路	雹赵路桥	30	1994
	枣林—道沟	枣林大桥	40	1991			姚家寨公路桥	30	1994
	彩捎路	石泉桥	60	2008			于家寨公路桥	30	1994
	驴堰路	驴堰路桥	99	2009		沙怀路	杨楼南桥	70	2004
	西营—藕池	藕池桥	30	2009		商斜路	吴家公路桥	32	1996
	S103—里石	石匣桥	59.4	2009		双玉路	玉东桥	45	1988
	济齐路—彭庄	农机站桥	52.8	1986		张许路	于屯桥	42	2003
						钱潘路	岳桥公路桥	35	1998
	机场—济齐路	南堡桥	50	1988		岳吴路	岳桥村南桥	58	1994
	大龙路	睦里庄桥	36	1989			左家桥	31.7	2000
	党家—蛮子庄	北泉沟桥	31	1986		郑莱路	兴隆公路桥	30	1996
	南外环—展西	展西桥	40	1988		晋小路	何家桥	30	1989
							后堤子桥	30	1989
	祝家—丁屯	谷家桥	36.5	2000			晋家桥	30	1998
	太卢路	蒋家桥	36	1995			房屯桥	38	2000

续表3—4—5—3

类别	路线编码	桥梁名称	全长(延米)	通车时间	类别	路线编码	桥梁名称	全长(延米)	通车时间
乡道	商高路	扒牯李桥	50	1995	村道	高怀路—卢庄村	卢庄南水北调桥	40	2005
	常展路	常庄公路桥	51	1995		青年路—老李村	韩庄南水北调桥	40	2005
		王坡公路桥	67	2000		济平干渠—冯庄村	冯庄南水北调桥	40	2005
	牛于路	幸福大桥	35	1997		青年路—后朱	新李南水北调桥	40	2005
	S242—南明	南明桥	80	2005		青年路	新五南水北调桥	40	2005
	相公—张家	桑园桥	40	2003		G104—卧龙峪	卧龙桥	60	1995
	相公—查旧	相公桥	35	2004		马场村—拔山	拔山桥	30	2002
	田官—南刘	田官桥	30	1992		长平路—姚河门村	姚河门南水北调桥	40	2005
	彭刘—张家林	通鑫桥	45	2004		潘庄村—洼里村	潘庄南水北调桥	40	2005
	湖广院—马安	洪家河桥	57	2004		广里村—移民村	广里南水北调桥	40	2005
	辛庄—宗家	辛庄桥	39	1990		胡林村—南黄崖村	南黄崖桥	35	1990
村道	黄山—大河口	小河口桥	63	2004		G104—黄草洼村	黄草高架桥	70	2000
	小屯—桃园	桃园桥	55	2004		后孙村—袁庄村	后孙南水北调桥	40	2005
	北贵平—南贵平	北贵平西桥	40	2004		张高路—花岩寺村	西野老桥	40	2004
	东门—西山	新永济桥	80	2009		长孝路—曹楼村	曹楼南水北调桥	40	2005
	孔庄—大荆山	大荆山桥	30	2009		长孝路—顾小庄村	顾小庄南水北调桥	40	2005
	G104—孔庄村	三尖台桥	50	1989					
	张夏村—上龙化村	龙化桥	60	2008		长孝路—兴隆庄村	兴隆南水北调桥	40	2005

续表3—4—5—4

类别	路线编码	桥梁名称	全长（延米）	通车时间	类别	路线编码	桥梁名称	全长（延米）	通车时间
村道	长孝路—西辛村	西辛南水北调一桥	40	2005	村道	张家庄—土屋	土屋桥	82	2005
	归北村—南水北调大坝	归北南水北调桥	40	2005		周朱路—前周	周王友谊桥	39	2009
	褚集村—十里铺村	刘街南水北调桥	40	2005		党寨路—西西村	西西大桥	80	2009
	三龙庄—西仓村南	东仓北南水北调桥	40	2005		济阳县新市镇政府南路	新市镇府前桥	30	2009
	南纸坊村	南纸坊桥	55	2004					
	王北—天井峪	王北桥	46	2005		燕韩路—后洼埃村	后洼埃桥	46	1995
	龙山路	龙山桥	45	2001		商展路—于屯村	于屯桥	45	1995
	西崖—邱家	西郭桥	80	1995		白大路—朱洼村	朱洼公路桥	42	1986
	S103—金牛山	金牛山桥	36	2006		左家—康家	马庙桥	36	1990
	刘家峪路	刘家峪大桥	45	2006		光明村—河西陈村	陈家公路桥	40	1990
		岱密奄桥	46.5	2008		燕韩路—后洼埃村	后洼埃桥	46	1995
	八里峪村路	三岔桥	60	2008		商展路—于屯村	于屯桥	45	1995
	洪家园—水坡	洪园桥	92	2009		白大路—朱洼村	朱洼公路桥	42	1986
	大龙—西丝峪	大龙西桥	48.1	2009		左家—康家	马庙桥	36	1990
	S103线—榭疃	榭疃A桥	30	2009		光明村—河西陈村	陈家公路桥	40	1990
	大桥镇S804—大王庙	大王庙桥	60	2001		光明村—河西陈村	光明桥	30	1995
		大王庙中桥	56	2001		河西陈村—营子村	营子桥	31	1995

续表3—4—5—5

类别	路线编码	桥梁名称	全长（延米）	通车时间	类别	路线编码	桥梁名称	全长（延米）	通车时间
村道	商展路—后张村	后张桥	39	2009	村道	王白庄—三涧溪	涧溪桥	30	2005
	西八里村—S248	西八里桥	42	1996		茂李—西关	绣惠桥	50	1990
	兴旺—月宫	巴漏河桥	91	2006		乔家—北关	北关桥	52	2006
	长申地村—青野村	青野桥	47	2006		康家—S321	水南桥	39	2006
	朱各务—吉祥	吉祥桥	39	1990		南垛庄—东峪	海山桥	40	2009
	南涧—西石河	石河桥	30	2002					

第六节 浮桥 隧道

一、浮桥

黄河流经济南市行政区域220余千米。20世纪80年代前，人们渡黄河大都靠木帆船进行摆渡，泺口渡口是黄河北岸到省城济南最大渡口。年渡运汽车最高30万辆次，过渡行人200万人次。80年代初，济南黄河第一座公路桥建成后，泺口过渡行人和车辆大为减少。随着市场经济的不断深入和发展，方便两岸跨河经营，缓解济南黄河第一公路大桥压力，1988年5月，在济南河段率先架设泺口浮桥。至2010年，济南境内共有经营性黄河浮桥18座，其中在济南市注册11座，承压舟154对，专用拖轮12艘，年通行车辆约200万辆，通行人数150万人次。拥有浮桥19架，货运船舶270艘，旅游船舶47艘。

济南东郊黄河浮桥　（2007年摄）

2010年济南市浮桥表

表3—4—6

名称	投资（万元）	运营时间	桥面长度（米）	月均通行量（万车次）	桥址		结构	
					南	北	拖轮（艘）	承压舟（对）
平阴县黄河开发中心东大浮桥	400	1998-06-30	300	6	平阴县刁山坡镇孙庄村	东阿县大桥镇郭口村	2	12
济南市平阴县众川恒信浮桥	718	2005-04-08	298	1.5	平阴县平阴镇翟庄	东阿县大桥镇王洼村	1	18
平阴县黄金黄河浮桥	300	2003-03-31	260	1.5	平阴县栾湾乡刘山头	东阿县牛角店镇黄渡村	2	18
济南市长清区长齐阴河浮桥	301	1998-06-30	260	2	长清区文昌街道办事处西魏村	齐河县胡官镇阴河村	1	12
济南平安黄河浮桥	180	2001-04-04	260	2.5	长清区长清镇北张村	齐河县焦庙镇东张村	1	22
山东省黄河航运局泺口浮桥	500	1990-10-01	282	12	天桥区泺口	天桥区鹊山	2	18
济南东郊黄河浮桥	1500	2001-10-11	450	4	历城区华山镇刘姑店村	济阳县崔寨乡邢家渡	1	23
济南东城黄河浮桥	1000	2004-04-01	222	4	历城区遥墙镇秦家道口	济阳县崔寨镇花二庄	1	13
章丘市胡家岸浮桥	710	1994-01-01	240	4	章丘市高官寨镇胡家岸村	济阳县济阳镇沟杨村	1	16
济南济章黄河浮桥	500	1998-06-30	380	2	章丘市黄河乡北房村	济阳县济阳镇东关村	1	38
济阳邹平黄河浮桥	400	2001-12-17	380	3	邹平县码头乡延安村	济阳县仁风镇时圈村	1	16

二、隧道

2010年，市公路管理局管养隧道1处。济南隧道位于G2001济南绕城高速32千米995米处，全长2342.6米/单洞，净空7.1米，净宽10.3米(单幅)，山东省交通规划设计院设计，中铁十四局有限公司施工，东泰监理公司监理，2002年5月通车。

绕城高速济南隧道

第三章　公路养护

第一节 日常养护

一、公路

省养公路：至2010年，济南市省养公路全部建成沥青混凝土或水泥混凝土路面。2010年，全年安排养护投资2.42亿元；年末优良路率83.72%，累计实施文明示范路1155.5千米；路面1259.9千米，其中沥青混凝土路面1218.4千米，水泥混凝土路面41.5千米。

地养公路：交通运输主管部门下属的52个基层交管所均承担辖区内农村公路管理养护、检查考核及路政管理工作；全市84个涉及农村公路的乡镇均建立农村公路管理站，具体负责本辖区乡道、村道农村公路建设、养护工作的组织实施。市、县、乡、养护承揽人到养护员的农村公路管理网络体系健全；各养护管理主体按照行政区域通过招投标分别确定养护承揽人、签订养护承揽协议；养护承揽人按照县道、乡道、村道每1.5千米、2千米、2.5千米的要求择优配备1名日常养护员，分别与养护员签订养护协议开展日常养护工作。

二、桥梁 涵洞

济南市桥涵养护工作根据各级桥梁养护管理制度及桥梁养护规范要求严格有序实施，制订桥梁检查、危桥处理、责任认定等工作流程。2007年前，市公路局由桥梁工程师对管养桥梁定期检查。2008～2010年，市公路局委托有资质的专业桥梁检查部门对所有管养桥梁定期检查，评定桥梁技术等级，摸清桥梁病害情况和运营状况，制定加固处理措施。桥梁维修加固工程均按照招投标程序进行，对安全隐患较大的桥梁立即抢修，施工、设计、监理单位均为有资质的施工企业。2006～2010年，市公路局共加固改造桥梁52座，投资7500万元，所管养桥梁载重适应率100%。2010年年底，全市有国省公路在养桥梁433座。

三、水毁预防与抢修

济南市南部为低山丘陵区，北部为黄河冲积平原，以粉沙质土为主。雨季易造成南部公路路堑边坡滑塌、北部路基冲刷。1986年起，针对济南市气候特点和公路具体情况，市交通运输局制定公路防汛预案和抢修方案，成立抢险应急队伍，坚持汛前和汛中排查，及时采取针对性措施。至2010年，市公路局加大水毁处理力度，对路堑边坡采取削坡、挂网喷浆、锚杆加固、安装主动防护网等处理措施，共治理13万平方米；对黄河北粉砂土路基采取设置集中排水槽、路基护坡、挡墙等设施进行防护，共修复路基水毁10万多立方米，增设砌石工程3万多立方米，路面修复7万多平方米。以上水毁治理工程投资近3000万元，确保公路安全度汛。

四、文明示范路建设

1994年开始，在国道104线、省道103线、省道327线创建部级、省级文明示范路，加强与地方政府沟通，取得地方政府支持，以“畅、安、舒、美”为标准，实施“五大养护工程”。2006年年底，国道105线通过交通部组织的文明样板路检查验收，获得全国第一名。2010年，创建国道220线、国道309线文明示范路。年底，济南公路完成文明样板示范路建设1155.5千米；建立起6个县级和84个乡镇养护示范圈，总里程3482千米，占全市农村公路总里程的1/3。

第二节 公路绿化

1986～2010年，济南市交通运输局以改善公路路域环境，实现公路“畅、洁、绿、美”为目标，结合国家森林城市创建工作，制定《绿化通道工程建设规划》，打造公路绿色长廊。济南市公路绿化主要围绕公路综合整治活动进行，确保绿化工作顺利推进。2009年，济南市开展创建国家森林城市工作，市政府制定《济南市公路综合整治年活动实施方案》，对全市公路沿线绿化标准进行细化，下发《公路沿线绿化工作标准指导意见》，国省干线公路绿化工作主要由市公路管理局负责实施。在全市范围内开展春季植树“大干60天”、雨季植树造林等活动。配合工程改建，同步实施绿化工程。2010年，投资30余万元打造国道309线章丘淄博界绿化节点；投资约40万元提升国道308、104、220线三岔口节点绿化。至年底，全市共完成国道绿化684.5千米，省道绿化471千米，绿化里程绿化率100%。全市公路绿化树种由原来的杨树、柳树、火炬树、白蜡树等丰富为法桐、紫叶李、蜀桧、大叶黄杨、小龙柏、百日红、黄栌等乔木以及紫叶小檗、女贞等灌木和扶芳藤、美国地锦等攀援植物，在数量和质量上都有所突破。

第四章　公路运输

1986～2010年，随着经济体制改革不断深化和交通市场逐步开放，交通运输业各种运输方式和企业、个体户相互竞争、相互促进的格局逐渐形成，公路运输较快发展。

第一节 运输车辆

一、车辆种类

20世纪80年代中期，济南公路运输车辆以解放汽车为主，载客汽车和农用运输拖拉机数量较少。1986年，全市共有运输车辆2.67万辆，其中载货汽车1.67万辆，载客汽车8800辆，运输用拖拉机6653辆。1990年，全市共有运输车辆3.97万辆，其中载货汽车2.6万辆，载客汽车1.21万辆，轮胎式拖拉机2.67万辆，以上三种运输车辆分别比1986年增长155.90%、137.97%、400.78%。

1996～2000年，济南交通系统投入技改资金2.2亿元，更新客货车900余辆，高档客车从无到有，发展到127辆，集装箱、危险品、大件等专用货车发展到666辆。营运客车运力较1995年增长71%，营运货车运力较1995年年末增长4.5%。2000年，营运客车高、中、普比例为0.7∶3.8∶5.5，营运货车重、中、轻比例为0.9∶3.2∶5.9。全市有运输车辆12.92万辆，其中载客汽车6.86万辆，普通载货汽车5.66万辆，专用载货货车1924辆，轮胎式拖拉机5.48万辆，分别比1995年增长202.03%、118.50%、-5.2%、140.66%。

2009年，全市营业性客运车辆4243辆，总客位12.43万个，分别比2005年增加11.16%、43.53%；中高档客车比例由71.42%增至82.25%，大型客车比例由17.03%增至

28.92%，车辆平均客位数由23.1个上升至29.3个；实载率由72%提高到78%；百车千米汽油和柴油油耗分别下降9.38%、6.68%，客运车辆整体舒适性、快捷性、安全性和节能减排水平显著提高。

2010年，全市共有汽车80.74万辆，其中载客汽车62.78万辆，载货汽车11.8万辆。公路客货营运汽车8.66万辆，其中载客汽车4598辆，总客位12.6万个，分别比2005年增加36.1%、62.9%，中高档客车比例由71.4%增至80.3%；营业性载货汽车8.2万辆，总吨位34.8万吨，分别比2005年增加71.8%、117.1%。载货汽车中大型货车比例由20.83%增至23.19%，车辆平均吨位由3.06吨增至4.04吨，其中载重8吨以上重型货车比例由10.25%增至12.13%；栏板货车、厢式车和专用载货汽车数量分别增长46.13%、28.52%、51.82%，分别为5.73万辆、6457辆和2165辆，分别占载货汽车总量的87.67%、9.88%和3.31%。柴油车比例由2006年的57.84%增至84.16%。货运车辆不断向重型化、厢式化和专业化方向发展，运输效率不断提高；客运车辆不断向高档化、大型化和信息化转变，节能减排效果显著。

二、车辆维修

1987年济南市汽车维修行业管理处成立初期，存在汽车维修企业技术落后、维修厂房狭小、占道经营等情况，汽车维修行业处于布局无规划、修理无章程、收费无标准的混乱局面，给行业管理工作带来严峻考验。1989年，市政府制定《济南市机动车维修行业管理规定》，全市汽车维修行业走上规范化发展道路。

1997年，济南市汽车修理技能鉴定所成立，为广大维修企业从业人员进行技能鉴定。2002年，汽车维修检测行业协会成立。同年10月，依托济南交通服务热线“96596”组建济南汽车故障救援网络。网络单位11家，由市区华达、润华5家骨干企业和县(市)区各1家企业组成，救援人员60人，救援车辆30余辆，在全市辖区内实行24小时救援服务。

2003年8月，按照市委、市政府优化发展环境要求，推出三类汽车维修业户“即时审批”、简化二类汽车维修企业开业审批程序等便民服务措施。11月，在参照“120医务救护”模式基础上，对救援网络进行改进扩容。同年，汽车维修业务审批转到审批大厅办理。

2006年6月，济南市在省内率先实行机动车维修工时定额、工时单价、配件加价率和维修质量保证期等内容的备案公示制度，为车主实现明明白白消费提供制度保障。2007年起，成立26家便捷维修企业和6家连锁维修企业，为车主提供方便、快捷服务。

2008年，组织研发“车辆维护作业过程视频记录系统”，并在全市客运和危险货物运输车辆维修企业推广应用；在全市范围内开展汽车维修企业质量信誉考核。

2009年7月1日起，《济南市汽车维修管理条例》正式实施。至2010年，济南市相继制定《济南市道路危险货物运输车辆维修企业开业条件》《济南市汽车维修工时定额、工时单价、配件加价率、质量保证期备案公示管理办法》《济南汽车故障救援网络管理工作规范》《济南市汽车维修行业统计管理工作规范》《关于推动我市汽车便捷维修发展的意见》《济南市汽车维修质量管理办法》《济南市汽车维修企业质量信誉考核办法》《济南市道路危险货物运输车辆维修管理规定》8个规范性文件。9月起，按照《济南市道路危险货物运输车辆维修企业开业条件》，在全市开展道路危险货物运输车辆专修管理。2010年，加强大、中客运车辆维修市场管理。参照济南市道路运输危险货物运输车辆维修管理模式，在全市开展大、中客运车辆专修工作，加强对大客车车辆维修企业的监管，并开展一车一档规范化管理工作。

第二节 公路枢纽

一、主枢纽规划

20世纪80年代，济南公路客货运输市场日益形成和发展，公路营运客货车辆逐年增加，但济南公路主枢纽客货运输能力低，客货运站场规划和建设相对滞后。1990年年底，济南客运运量1801万人次，货运运量3970万吨；客运周转量12.2亿人千米，货运周转量11.7亿吨千米；拥有载客汽车966辆，货车3232辆。由于资金缺乏，客货运输站场建设受到限制，客货运输站场功能单一，场地简陋，处于低水平、零散、落后状态，不能满足公路运输发展的需要。

1992年，交通部组织编制《全国公路主枢纽布局规划》，确定全国45个公路主枢纽的布局方案，济南是全国45个公路主枢纽城市之一。1996年，交通部颁布《公路主枢纽总体布局规划编制办法》。1999年，经交通部与山东省人民政府批准，济南公路主枢纽总体布局规划获准实施。根据规划，济南将建成“一个中心、两个系统”的主枢纽布局，即公路主枢纽组织管理中心、客运系统和货运系统。后根据济南公路主枢纽实际进展情况、社会经济和城市规划等外部环境变化情况，原规划不能满足济南市城市发展需求。2003年9月，在市交通局的主持下，委托交通部公路科学研究所等单位对1999年编制的《济南公路主枢纽规划》进行修编。规划至2010年，基本完成济南市“一城、一区、一带”客运站场建设及其重要货运站场建设。公路枢纽站场服务能力显著提高，基本适应济南市国民经济和社会发展需求。

至2010年，全市等级客运站39个，日均旅客发送量12.8万人次，比2005年年末增加54.4%。全市道路货运站场(物流园区)19个，日均货物吞吐量8.76万吨，比2005年增加75.9%。全市公路运输完成客运量1.28亿人次、货运量1.3亿吨；客运周转量138.5亿人千米、货运周转量231.5亿吨千米，年均增长17.9%和32.9%。济南公路主枢纽客货运站场的建设和运营对整合社会运力资源、促进济南市公路旅客运输市场的规范化管理、提升旅客出行条件和乘车环境、提高公路货运效率、促进现代物流的发展均起到重要作用。

二、主枢纽建设

济南火车站联运站 1969年开工建设并建成投入使用；2002年11月改扩建，2003年4月投入使用。规划日发送能力1万人次。该站在结合火车站广场改造时进行改扩建，在有限的空间中充分利用信息化技术改进客运站功能，使该站成为信息化水平较高、承担公铁分流功能的客运站。

济泺路客运站 1989年12月开工建设，1992年10月建成投入使用。位于济泺路与无影山中路交叉口，济泺路立交桥下。该客运站分南北两区，占地面积6.47公顷。作为济南公路主枢纽重要客运站，主要功能以快速客运为主，兼顾普通客运，主要承担北、西方向旅客发送任务，规划日发送能力2.7万人次。济泺路客运站是山东省交通运输集团龙头单位，是国家一级汽车客运站，也是全国最大的国有公路客运站和客运主枢纽之一，被誉为“中国第一站”。

青龙山客运站 1995年开工建设，8月建成投入使用。位于济微路81号，104国道西侧，距离二环南路0.5千米。占地面积3公顷，规划日发送能力1万人次。其主要功能是为济南市主城区南部旅客出行服务，其辐射方向以市南方向为主。

大桥路物流园区 1999年开工建设并于当年投入使用。位于济青高速公路零点立交桥北侧，地处济南市北绕城高速公路、二环北路和二环东路交汇处，内外交通条件优越。占地面积66.67公顷，规划年发送能力500万吨，其主要功能是提供物流服务、货物储存、货物交易，同时承担主城区和北部周边地区物流配送服务。

段店客运站　2005年开工建设，2006年1月建成投入使用。位于济南城市主干道经十西路(220国道)北侧，经六路延长线南面，西面与京福高速公路毗邻，地理位置和内外交通条件十分优越。段店客运站属于改扩建站，占地面积4公顷，规划日发送能力1.3万人次。其主要功能和辐射方向是高速客运和为西部地区旅客运输提供站场服务。

济北客运站　2006年4月开工建设，2007年10月正式投入运营。位于济北开发区，是济南市城市“北跨”战略的重要承载地，企业众多，人流密集。该地地处黄河北城市群组团，国道308和国道104交叉处西北角。济北客运站占地面积4.87公顷，总建筑面积1.02万平方米，其中主站房5260平方米。按照部颁标准一级客运站要求建设，具备运输组织管理、中转及换乘、通信信息服务和生产生活辅助服务等基本功能。客运站设有50个发车位，百余个备用和待发车位，设计日发送班次2000～3000个，日均发送旅客2万～3万人次，乘降旅客5万～6万人次，班车可通达北京、天津、烟台、青岛、新泰等省内外市县及济南周边地区。

邢村物流中心　2006年9月开工建设。位于济南市东部产业带的经十路南侧，占地面积20公顷，设计年货物作业能力180万吨。其主要功能为三大园区和工商企业提供物流和储存服务，同时承担东部周边地区物流配送服务。

甸柳庄客运站　2007年12月开工建设，2009年8月建成投入使用。位于二环东路与工业南路交叉口，即城市规划重点发展工业南路至南部山区28平方千米的边沿地带，该区域有4个生活居住组团，地理位置和交通条件较好。甸柳庄客运站占地面积7.33公顷，其辐射方向以市东方向为主，规划日发送能力2.4万人次。

济南西站综合客运枢纽　2010年6月开工建设，拟于2015年10月建成投入使用。位于京沪高速铁路济南西客站东广场南侧，通过东侧的齐鲁大道，向南经过经十路进入京沪高速公路、220国道。该客运站占地面积6.67公顷，总建筑面积6.75万平方米，按照部颁一级客运站标准建设。规划日发送能力3万人次。其主要功能是公铁联运、高速客运、普通客运等，是济南西部城区主要客源集散地。该站在设计功能上充分体现长途客运班线与铁路、城市公交、出租等多种运输方式的“零距离换乘”理念。

第三节　旅客运输

1986～2010年，加强客运动态调研，建立线路开通和车辆投放前的客流调查制度，对实载率低于70%的客运线路不再增加班次运力，对新增省际班线与既有班线重合度80%以上的实行严格控制。在办理客运许可业务中，坚持车型升级、集约化经营、农村支线优先发展原则，加快老旧破车辆更新改造，推进客运班线公司化管理、集约化经营进程。市区至市属各县(市)区驻地均完成集约化改造，省内干线均开行集约化车辆，客运车辆集约化经营比重为30%。先后开通K301、K302快速公交线路和济南至章丘、济阳、齐河、莱芜的城际公交或快客线路，济南市公共交通总公司与历城客运实现城市客运资源整合。开行济南机场至周边市县定线包车线路，先期开通济南机场直达淄博、东营、泰安、济宁、德州、滨州、莱芜等周边地市和济南广场汽车站、济南西客站等地的定线包车线路，方便市民中转换乘，实现公路、铁路、民航融合发展。

2001～2007年，济南市公路运输完成的客运量增长273%，平均年增长39%；公路交通成为济南市民出行的主要选择，公路运输完成的客运量所占比重为72%～73%，2007年增长至83%。2008年“4•28”胶济铁路事故后，交通部门及时启动“突发公共事件运输保障应急预案”，统一调配全市所有运力，及时运送滞留旅客。2009年第十一届全国运动会期间，制定全运会道路运输保障工作方案和应急预案，共抽调100部大型客车作为全运会期间专用应急运力，新增部分班线及包车运力，联合铁路、民航等部门，在媒体村设立联合售票中心，在各汽车客运站开辟“十一运专用购票窗口”，为与会嘉宾提供快捷及时的购票服务。全面承担网球赛事运输保障工作，高质量完成十一运网球测试赛、团体赛、单项赛三大赛事交通组织工作，期间共派发各类车辆4200车次，运送旅客5.3万人次，地面公交系统圆满完成开、闭幕式、田径比赛等观众聚集、疏散任务，并创造45分钟内疏散3.8万观众的纪录，实现高标准、高质量、高水平公交全运服务。

2010年春运和国庆黄金周期间，全市道路客运累计发送25.4万班次、5.4万班次，运送旅客431.6万人次、118.6万人次。全市道路旅客运输平稳有序，安全畅通，无旅客滞留和重特大道路运输安全责任事故发生。至年底，全市农村客运车辆800辆，总客位1.95万个，分别比2005年增加27.4%、41.1%；中高级车辆比例由31.1%增至90%，车辆等级大大提高；农村客运网络不断完善，通班车的建制村比例为99.8%，农村客运站数量2413个；农村客运班线361条，日发车班次2278班次；农村客运量498.9万人次，旅客周转量2.05亿人千米。

1987～2010年济南市公路客运量统计表

表3—4—7

年 份	客运量（万人）	客运周转量（亿人千米）	年份	客运量（万人）	客运周转量（亿人千米）
1987	1248	8.49	1999	4232	32.5
1988	1660	11.7	2000	4530	36.1
1989	2021	12.9	2001	4590	37
1990	1801	12.2	2002	4474	39
1991	1849	15	2003	4147	37
1992	2092	20	2004	4875	46
1993	1819	8.5	2005	5364	53
1994	2200	13	2006	5541	58
1995	2611	15.8	2007	12630	67
1996	3796	20.9	2008	12786	70
1997	3990	22.7	2009	11246	144
1998	4048	25.1	2010	12758	139

说明：1987年公路运输包括济南运输公司

第四节　货物运输

1986年起，济南地区货运市场全面开放。济南市逐步建立有形货物运输交易市场，并放宽货物运输市场准入限制，吸引企业购置货物运输车辆，参与货运市场竞争。同时，各省市及山东省内其他县(市)区大量涌入济南市经营货物运输。市场内从事货物运输、货运交易经营的业户有国营、集体、股份制有限公司，也有联营、私营及个人承包等，形成多种经济成分共存局面。

90年代中后期，出现以经营大件货物运输、集装箱汽车运输、鲜活货物运输、危险品货物运输、搬家运输、散体物料运输及物流运输为主的货运公司，部分企业采用“取货上门、送货到门”的“门到门”服务，先后在济南市成立多家货运代理点，逐步形成规模化、专业化的货物运输市场，形成以济南为中心，辐射山东全省各市的货物运输网络。至1999年年底，济南市公路货物运输交易市场发展到71个。

2000年，济南地区铁路、公路、水路、航空联运业户900余家，部分较强实力企业建立起以联合运输网络为基础，物流配送基地为核心的高效联运物流配送体系。2005年上半年，道路货运量和货物周转量增长速度分别为11.6%、31.6%，2000～2005年，道路货运发展速度为4.4%。2000～2010年，济南市货物运输企业、货运服务业等发展迅速，通过多种运输方式衔接的联运服务业迅速发展。10年间，货运量由2000年的0.7亿吨、货运周转量36亿吨千米发展至2010年的货运量1.3亿吨、货运周转量232亿吨千米，运输效率大大提高。

2001～2007年，济南市公路运输完成货运量增长130%，年均增长19%；公路是济南市货物集散的主要方式，公路运输完成货运量所占比重在52%～55%之间。公路完成货运量在全社会货运量中所占比例比较稳定。

至2010年年底，全市公路货运通车里程1.16万千米，济南至全省16市货运线全部由高速公路连接，实现“货运一小时交通圈”。全市从事道路货物运输经营业户数5.25万户，其中个体运输业户4.77万户，占全部业户的90.8%。从企业规模看，其中100辆及以上规模企业16家，50辆以上100辆以下规模企业27家，10辆以上50辆以下规模企业227家。从经营范围看，从事货物专用运输96户，从事大型物件运输8户，从事道路危险货物运输49户，其余为从事普通货运运输业户。

1987～2010年济南市公路货运量统计表

表3—4—8

年 份	货运量（万吨）	货物周转量（亿吨千米）	年 份	货运量（万吨）	货物周转量（亿吨千米）
1987	3460	8.87	1999	6903	34.6
1988	3569	12.6	2000	7024	36
1989	3948	14.2	2001	7211	40
1990	3970	11.7	2002	7454	43
1991	4324	13	2003	7466	44
1992	4677	14	2004	7888	47
1993	4584	12.9	2005	8484	56
1994	5205	14.1	2006	8784	56
1995	6182	16.7	2007	9398	61
1996	6731	28.1	2008	13588	81
1997	7130	32	2009	11827	207
1998	7507	34.9	2010	13029	232

说明：1987年公路运输包括济南运输公司

第五节 运输价格

一、货运价格

自1986年道路货运市场放开后，货运价格主要实行市场定价，由承托双方根据市场供需及所运输货物性质协商确定。至2010年，由于道路货运市场准入条件低，市场供给大于市场需求，使得道路货运价格长期在低位徘徊，整个市场利润率不高，同时造成超限超载等非法运输现象屡禁不止。

二、客运价格

1986～2010年，济南市道路客运严格执行上级物价、交通运输主管部门对客运票价的规定，票价执行情况整体稳定。1999年起，执行新规定，全市客运票价共四部分构成，即客运运价、旅客站务费、客运附加费和过路过桥费。各部分计算办法如下：

客运运价按照鲁价格发〔2004〕241号文件规定的山东省汽车客运运价表执行。

客运票价计算公式为：客运票价=客运里程×(运价率＋客运附加费)＋过路过桥通行费＋站务费。

面对铁路提速、民航航线加密等冲击，部门运输企业为保证班车上座率，主动降低票价执行标准，将影响降到最低限度。由于农村客运客源不稳定，空驶里程较多，道路条件复杂，油料消耗大，运营成本高，票价难以执行到位。

旅客站务费　一是按鲁交财〔1999〕58号文件计算，即一级汽车客运站每票收取1.5元，二级汽车客运站每票收取1元，三级汽车客运站每票收取0.5元；二是按鲁交财〔1999〕129号文件计算，即票价在5元以下的，暂不收取旅客站务费，票价在5元以上的，暂按每票0.5元计收旅客站务费，票价在10元以上的，按鲁交财〔1999〕58号文件规定计收旅客站务费。

客运附加费　按照鲁财综〔2002〕78号文件执行，即每人千米收取0.02元。

过路过桥费　该费用按实际发生的过路过桥费用进行摊销。摊销测算公式为：过路过桥通行费实际总额/总座位数量×55%。

第五章　公路管理

第一节 投资管理

一、投资

公路养路费切块分成　1985～2009年，山东省公路养路费实行切块分成包干制，由市公路局负责公路养护和建设改造，保障公路畅通。

地方政府筹资　地方公路建设以地方政府为主，公路部门补助群众集资为辅。农村公路建设项目资金主要通过国家和省补一块、市贴一块、县(市)拿一块、乡(镇)扶一块、沿线群众和受益单位自愿捐一块、采取市场化运作筹一块、利用国债资金和银行贷款建一块等方式筹措。1997年7月3日《中华人民共和国公路法》公布，其中写入地方政府筹资建设有关内容。

银行贷款　1985～2010年，市公路局根据国家相关基本建设贷款办法向银行贷款18.37亿元，用于济南公路建设。2009年费税改革后，燃油税返还用于公路建设。其中路面大中桥部分由中央及省财政补贴，路基小桥涵、绿化环保等部分由地方政府自筹。

二、管理

工程立项 立项审批是公路建设必须进行的基建程序，项目建设必须根据国民经济长远发展规划和公路网建设规划以及项目建议书，对建设项目进行可行性研究。高速公路建设项目由山东省发展和改革委员会审批，国省道建设项目由山东省交通运输厅审批。

招标 1993年，济南市公路局利用国际上通用的“菲迪克”(国际咨询工程师联合会)条款进行公路改建工程的招标实践，通过推行工程招、议标办法，打破“肥水不流外人田”的老观念，将竞争机制引入工程项目，择优选择施工单位，对提高工程质量起到推动作用。

工程监理 1986年始，根据交通部和省公路管理局颁发的《公路工程质量监理暂行办法》，济南市公路管理段在改建工程中执行工程监理制度，委派监理工程师和监理代表人，经过培训配齐质量检验员，健全测试手段，收集大量测试数据和完整原始记录，用科学方法，严把工程质量关。要求县道和大中型桥梁、投资额300万元以上或长度5000米以上乡村道路建设项目必须建立工地试验室，其他农村公路建设项目可按区域或以乡镇为单位建立工地试验室。所建国(省)道、县道和大中桥等重点工程项目，全部委托具备资质的试验检测单位进行质量检测。

第二节 路政管理

济南市公路路政管理按职责实行分级管理制：市级路政管理机构行使所辖公路的路政管理权，负责全市国省干线公路路政管理工作的监督、检查、考核及业务指导工作，全市路政管理工作制度建设，全市涉路许可项目审批或上报工作，指导处理重大路政案件。县(市)、区级路政管理机构负责行使本辖区公路路政管理权，负责管理和维护所辖国省干线公路路产路权，保障公路畅通；依法管理公路两侧建筑控制区，协调当地政府做好公路路域环境综合整治工作；实施公路巡查，受理、制止、查处各种违法利用、侵占、污染、损坏和破坏公路路产行为；负责涉路许可申请的勘查、资料审查、上报工作；维护公路养护、施工作业现场正常秩序；负责所辖公路用地确权等各类路产登记工作。

自1986年市政府颁布《关于公布〈济南市公路管理实施细则〉的通知》起，济南公路路政管理步入正规化、规范化建设。1987年3月17日，市政府批转“济南市交通局、济南市公安局关于改革道路交通管理体制有关事项的协议书”。规定路障(堆积物料、堆物作业、打场晒粮、摆摊设点、集市贸易、违章建筑、路面积雪等)清除和管理以及交通标志、标线等安全设施设置与管理交由公安部门负责。

1991年5月，《山东省人民政府关于我省公路标志标线划归交通部门统一管理的通知》中确定，自1991年7月1日起，将全省公路标志标线由公安部门划归交通部门统一设置、维护和管理。1992年2月22日，济南市中级人民法院驻济南市公路管理段行政巡回法庭成立，全市公路路政管理工作开始走向依法行政、依法治路的轨道。

2001年1月1日，《山东省高速公路管理条例》颁布施行。2004年3月18日，山东交通厅公路局印发《全省公路系统高速公路路政管理办法》，对高速公路路政管理、依法维护路产路权、规范高速公路路政执法行为做出明确规定。4月，省物价局、省财政厅、省交通厅共同下发《山东省公路及附属设施损坏占用收费规定》，保证路产路权在受到损坏和占用后得到补偿。10月1日，市公路管理局正式开通路政服务热线96660和GPS路政车辆监控调度系统，组建成立路政指挥中心，实现24小时接听受理路

2006年3月，交通主管部门加强路政巡查和农村道路管养

政事案举报、车辆救援电话；路政装备进一步完善，配齐执法车辆，并进行统一编号；加强路政队伍建设，制定《路政人员行为规范》《路政人员着装规定》，提高路政队伍整体形象，逐步实现文明执法。

2005年6月28日，省交通厅公路局印发《山东省公路路政许可实施办法》《路政巡查制度》《路政专用车辆管理制度》《路政执法人员学习培训制度》和《山东省公路系统公路标志和非公路标志管理办法》。2006年，省交通厅公路局确定3月31日为“山东公路路政日”；市公路管理局试运行路政综合管理系统(ICMS)，实现高速公路现场巡查图像网络回传，管理手段进一步向科技创新转变。

2007～2008年，济菏高速路政大队、济莱高速路政大队、青银高速路政大队相继组建成立，开启高速公路路政管理新模式。2008年，增配路政巡查车，统一安装车载办公、视频回传系统等硬件设备，在奥运火炬传递转场交通保障工作中发挥重要作用。2009年，以“迎国庆、保全运”为主线，组织完成近300千米高标准路域环境综合整治工作，对非公路标志进行清理，统一非公路标志样式；增设、维修公路标志155块，其中涉及奥体中心场馆的指示标志20块；完成绕城高速公路东线675块标志的更新改造任务，路域环境得到较大改善。

2010年，市政府在全市范围内开展公路综合整治活动，公路路况、通行条件进一步改善，养护水平、路域环境绿化全面提升。12月25日，省交通运输厅召开“保畅通、保安全、树品牌、树形象”活动动员视频会议，对开展“两保两树”活动做出部署。同年，共处理路政事案1264起，查处率100%，回收路赔费620万元，回收率100%；印制发放各类宣传材料6万余份，人员培训3316人次，办理各类涉路许可共153项；各治超检查点共检查车辆3383辆，卸分载货物19万吨；96660服务热线累计接听电话2.3万余个，路政服务大厅实现路政业务“一站式”办理，为社会公众安全便捷出行、经济和社会发展创造更加优良的条件。争取党委政府对公路综合整治工作支持，促使各级政府成立领导机构，财政列专项资金进行奖补，并将该项工作纳入目标考核体系，全年共栽植、补植各类绿化苗木900余万株；清理各类违法设置的非公路标志、杂牌1300余块；治理集贸市场79处；完成穿村、镇路段整治259.1千米；拆除公路沿线违法违章建筑物约14万平方米；完成公路两侧堆积物清理4648处、6.3万余立方米，全市公路路域环境明显改善，向社会提供“畅、安、舒、美”的公路通行条件。

第三节 运政管理

一、运输管理

济南市编制交通运输“十二五”发展规划，通过《济泰国家公路运输枢纽总体规划》初审，启动济南市《城市客运出租汽车管理条例》和《城市公共交通管理条例》修订工作。进一步完善交通行政处罚裁量标准，开展行政执法评议考核，开通行政执法电子监察系统和交通行政执法人员信息管理系统。2010年，全年无行政诉讼败诉或复议被撤销具体行政行为的案件。

二、车辆维修管理

1990年3月7日，交通部发布《汽车运输业车辆技术管理规定》，提出车辆技术管理应坚持预防为主和技术与经济相结合的原则；对运输车辆实行择优选配、正确使用、定期检测、强制维护、视情修理、合理改造、适时更新和报废的全过程综合性管理。济南市道路运输行业车辆技术管理走上有法可依轨道。

1991年4月23日，交通部发布《汽车运输业车辆综合性能检测站管理办法》，明确检测站的主要任务、基本条件、认定方式等，为汽车综合性能检测行业的健康发展提供有力保证。济南市汽车综合性能检测行业从无到有，不断发展壮大，最多时有14家企业。在市场公平竞争中，不断规范完善，形成布局合理，科学检测，规范运转的检测网络，为道路运输车辆保持车辆技术状况和安全生产提供有力技术保障。

1998年3月4日，交通部发布《道路运输车辆维护管理规定》。确定车辆维护制度是贯彻安全第一、预防为主的方针，保障汽车运行安全的基本制度。进一步明确道路运输车辆二级维护竣工出厂前，须经综合性能检测站按标准对车辆检测，检测报告作为签发竣工出厂合格证的依据之一。济南市严格遵照执行。

2001年，《营运车辆综合性能要求和检验方法》《汽车维护、检测、诊断技术规范》两个国家标准发布实施，进一步提升道路运输车辆维护作业和综合性能检测的标准化、规范化程度。济南市检测企业全面升级改造，推进了全市综合性能检测装备水平和技术水平的进步。

2003年，为进一步优化济南交通发展环境，推出多项便民服务措施。车辆技术管理人员前移，在检测现场为广大运输业户服务。在市区内打破原有行政区划界限，实现由车辆经营业户自主选择维修和检测企业的管理模式。

2004年，《中华人民共和国道路运输条例》颁布实施，综合性能检测由行政许可经营转变为委托经营。检测企业计量认证工作全面展开，济南市综合性能检测企业全部通过计量认证。

2005年始，推广应用检测站“影像抓拍系统”，利用信息技术提升管理手段和水平，实现对检测站全方位监管。

2009年始，开展检测企业质量信誉考核。全年共考核检测企业11家，符合AAA级质量信誉标准的企业6家、符合AA级质量信誉标准的企业4家、符合A级质量信誉标准的企业1家。

2010年，《山东省道路运输管理条例》规定，综合性能检测由省级道路运输管理机构许可经营。济南市检测企业按上级要求，有11家综合性能检测企业获得经营许可。

三、岗位培训

1997年2月19日，市交通局成立培训办公室，主要职责是对营业性道路运输驾驶员进行上岗培训。3月26日，根据《山东省道路运输条例》《山东省营运车辆驾驶人员上岗培训管理办法》，制定《济南市营运性道路运输从业人员上岗培训实施方案》，发布《营运驾驶员上岗培训的通告》。5月1日，营运车驾驶员上岗培训工作正式启动。12月31日，经市编委批准成立济南市交通行业培训管理处。主要职责是制定营运机动车驾驶员、机动车修理人员、运输服务业人员的培训计划，并组织实施。承担交通行业专业知识培训、技术培训、职业道德培训任务，并颁发合格证。

2001年10月，交通部发布《营业性道路运输驾驶员职业培训管理规定》，要求驾驶机动车从事营业性道路运输活动的驾驶员，应当参加职业培训，取得营运驾驶员从业资格，持有相应的营运驾驶员从业资格证书。2002年，省交通厅印发《关于贯彻交通部〈营业性道路运输驾驶员职业培训管理规定〉的实施意见的通知》。要求持有“山东省营运车辆驾驶人员上岗证书”的驾驶员应及时申请换发“营业性道路运输驾驶员从业资格证”。4月1日，济南市交通行业培训管理处下发《关于换发中华人民共和国营业性道路运输驾驶员从业资格证实施办法的通知》。5月，济南市持有“山东省营运车辆驾驶人员上岗证书”的驾驶员换发为资格证工作全面启动。

2003年8月21日，根据《山东省汽车维修从业人员上岗培训管理暂行办法》，制定《济南市汽车维修从业人员上岗培训实施方案》，决定对全市汽车维修从业人员实施岗位培训。2004年，根据《济南市人民政府办公厅关于印发济南市交通局主要职责、内设机构和人员编制规定的通知》，撤销济南市交通行业培训管理处，增加行政机关处室培训管理处。主要职责是制定营运机动车驾驶人员、机动车修理人员、运输服务业人员培训计划，并组织实施；承担交通行业专业知识培训、技术培训、职业道德培训工作；依法负责汽车驾驶培训机构的资格管理。

2005年1月17日，贯彻落实《中华人民共和国道路交通安全法》《中华人民共和国道路运输条例》《山东省道路运输管理条例》以及公安部、国家发展和改革委员会、交通部、农业部、国家安全生产监督管理局《预防道路交通事故“五整顿、三加强”实施意见》，省交通厅印发由公安部、交通部、农业部联合发文的《机动车驾驶员队伍整顿工作实施方案》，全面整顿机动车驾驶培训学校，加强机动车驾驶员培训行业管理，提高培训质量。1月底，省交通厅制定《机动车驾驶培训学校整顿工作方案》，要求已开办的驾驶培训学校于2005年2月1日至2月28日到市级道路运输管理机构办理驾驶培训学校整顿登记手续。自2005年3月1日至5月31日，按照国家法律法规和上级文件要求进行对照检查、整顿，分级达标；自2005年6月1日至6月30日，由省交通厅专家组根据JT\T433、JT\T434，对已办理登记的驾驶培训学校进行检查验收。济南市交通局加大调研力度，对全市驾校布局、状况、教练员、教练车、教学设施设备进行认真调查，摸清底数。3月25日，济南市印发《机动车驾驶培训学校整顿工作方案》，成立工作领导小组。自2005年9月始，济南市先后邀请省交通厅专家组对报名登记的63所驾校进行查验，46所驾校基本合格，并依照程序发放经营许可证。

2006年，《机动车驾驶员培训管理规定》颁布实施，为济南市开展驾驶员培训管理工作提供法规依据。同年9月25日，济南市第一批培训记录予以签注。2007年3月1日，《道路运输从业人员管理规定》颁布施行。国家对道路运输从业人员实行从业资格考试制度。6月29日，济南市成立机动车驾驶培训行业协会，积极发挥“组织、协调、服务、监督”职能，架起政府与企业沟通的桥梁。

2008年12月，省交通厅颁布实施《山东省驾校质量信誉考核办法》，规范驾校培训经营行为，建立驾培行业诚信长效机制。2009年，济南市根据该办法，制定《济南市驾校质量信誉考核实施方案》，首次开展驾校质量信誉考核工作。

2010年7月19日，济南市根据全省运管工作会议精神和《关于印发道路运输行业专项整治工作方案的通知》，制定《全市机动车驾驶员培训学校整治工作实施方案》，对济南市驾校进行整治，加强机动车驾驶员培训学校监督管理，规范驾校资格条件和培训经营行为，提高培训质量。

第四节 规费征收

一、公路养路费

1985年4月1日起，省政府《山东省公路养路费征收办法》开始施行。征收标准：交通部门公路运输企业的营运客货汽车、执行汽车、大型拖板车、挂车及城市专营出租公司出租的客车，按营运收入总额的15%计征；跨线公路的城市公共汽车，按跨线公路部分营运收入额的15%计征；厂矿、企业、事业单位的车辆及交通部门公路运输企业的非营运车辆，均按115元／月吨计征。

1991年，根据交通部、国家计划委员会、财政部、国家物价局《关于发布〈公路养路费征收管理规定〉的联合通知》，从1992年1月1日起，养路费按费率(按营运收入总额和规定的费率标准计征)和费额(按核定载重吨位和规定的费额标准计征)两种方式征收。同年9月7日，省政府颁布《山东省公路养路费征收管理规定》(以下简称《管理规定》)，规定养路费的征稽机构、征收和免费范围、征收标准和办法以及养路费计征依据。

1994年，省交通厅、省财政厅、省物价局联合下发《关于调整汽车、摩托车养路费征收标准的通知》，从1994年7月1日起山东省养路费征收标准作如下调整：养路费征收标准在现有基础上上调20%，由每月每吨160元调整到190元。正三轮(含简易三轮机动车)每月每车54元，侧三轮摩托车每月每车12元，二轮摩托车每月每车10元。

1996年，省政府下发《山东省人民政府关于征收路港建设费的通知》，路港建设费按费率(营运收入总额的3%)和费额(汽车按每月每吨30元征收；从事营业性运输的轮式拖拉机，按每月每吨位20元征收；正三轮摩托车，按每月每车10元征收，侧三轮摩托车、二轮摩托车按每月每车5元征收)两种方式征收。

1997年4月1日起，根据省交通厅《关于交通专业运输车辆缴纳养路费问题的通知》，交通专业运输企业客车暂按133元／月吨，货车按95元／月吨缴纳，与220元／月吨之间的差额，按运输企业欠款处理。20吨以上大型汽车(含20吨)减半征费。8月1日起，根据国务院办公厅、中央军委办公厅《关于免收军车通行费和军队生产经营车辆改挂地方车辆号牌问题的通知》，对改挂地方号牌的车辆每年定额征收8个月养路费。

1998年1月1日起，在全省实施交通部、物价局联合印发《公路汽车征费标准计量手册》(以下简称《手册》)，按《手册》中核定原则和计量标准征收有关公路规费。《中华人民共和国公路法》(以下简称《公路法》)提出公路养路费采取征收燃油附加费的办法。

1999年10月31日，九届全国人民代表大会常务委员会对《公路法》修改规定：公路养路费的征收改为“中华人民共和国国家采用依法征税的办法筹集公路养护资金”，实行“费改税”改革。

2000年3月，省政府办公厅发出《关于贯彻国办发〔2000〕2号文件继续做好公路养路费等交通规费征收工作的通知》，要求在国家交通和车辆税费改革方案未正式下发前，各地必须严格执行现有交通规费征收的各项规定。

2006年9月，根据《关于调整牵引半挂车公路养路费征收标准的通知》，暂对半挂牵引车公路养路费征收政策调整如下：对半挂牵引车和有挂车牌照的半挂车，牵引车部分按照《手册》核定吨位，220元／月吨标准征费；半挂车部分按《手册》核定征费吨位参照挂车减征30%征收，即按154元／月吨标准征费。

2008年12月22日，财政部、国家发改委、交通运输部、监察部、审计署联合下发《关于公布取消公路养路费等涉及具体和车辆税费项目的通知》，自2009年1月1日起，在全国范围内统一取消公路养路费、巷道养护费、公路运输管理费、公路客货运附加费、水路运输管理费、水运客货运附加费。

二、路桥收费

1985年2月24日，经省政府批准同意，根据

“谁投资、谁收益”和“以桥养桥”原则，开始施行《山东省黄河大桥过桥费征收办法》。过桥费征收工作，由省交通厅指定桥梁管理部门，在桥两头设立收费站，配备专职人员负责征收。征费标准为：1吨及1吨以下机动车，每车每次收费1元；1～5吨机动车(包括带挂车的拖拉机和汽车的挂车)，每车每次收费3元；5～10吨机动车，每车每次收费5元；10～20吨机动车，每车每次收费7元；20吨以上机动车，每车每次收费10元。

1992年，省财政厅、省交通厅、省物价局联合发出《关于调整黄河大桥车辆过桥费征收范围及标准的通知》，征收标准调整为：1吨及1吨以下的机动车，每车每次收费2元；1～5吨机动车(包括带挂车的拖拉机和汽车的挂车)，每车每次收费5元；5～10吨机动车，每车每次收费10元；10～20吨机动车，每车每次收费15元；20吨以上机动车，每车每次收费20元。

1996年，根据省物价局、省财政厅、省交通厅《关于调整全省车辆通行费征收标准的通知》，车辆通行费征收标准调整为：1吨以下(含1吨)机动车辆，每车每次收费10元；1～5吨(含5吨)机动车辆(汽车挂车不另收费)，每车每次收费15元；5～10吨(含10吨)机动车辆，每车每次收费20元；10～20吨(含20吨)机动车辆，每车每次收费25元；20吨以上机动车辆，每车每次收费30元。

1998年，省物价局、省财政厅、省交通厅联合发出《关于调整我省高速公路车辆通行费收费标准的通知》，高速公路通行车辆分类由现行五类调整为六类：1吨以下(含1吨)货车，11座(含11座)以下客车为一类车；1～3吨(含3吨)货车，11～30座(含30座)以下客车为二类车；3～7吨(含7吨)货车，30座以上客车为三类车；7～14吨(含14吨)货车为四类车；14～25吨(含25吨)货车为五类车；25～50吨(含50吨)以下货车为六类车；50吨以上特大型货车车辆通行高速公路，要在高速公路管理部门办理超限运输手续后上路运行。高速公路最低收费标准由现行每车次5元调整为每车次15元。济南至机场段10元。按车型分类执行统一收费标准：济青、京福、胶州湾高速公路收费基价(一类车)由每千米0.32元调整为0.4元；济聊、京沪(泰安至红花埠段)、泰莱高速公路执行高速公路收费标准(二等级)，其通行费标准在第一等级收费标准基础上降低15%。

2000年，根据省物价局、省财政厅、省交通厅《关于调整我省高速公路车辆通行费收费标准的通知》，对泰莱、博莱、潍莱、烟台绕城和青岛环胶州湾等5条高速公路车辆通行费标准作适当调整。

2006年，省物价局、省财政厅、省交通厅联合发出《关于明确收费公路车辆通行费征收政策的通知》，车辆通行费实行按车型收费和计重收费两种计征方式。按照国家规定，将车型划分为五类，具体分类如下：2吨(含2吨)以下货车，7座(含7座)以下客车为一类车；2～5吨(含5吨)货车，8～19座客车为二类车；5～10吨(含10吨)货车，20～39座客车为三类车；10～15吨(含15吨)货车，20英尺集装箱车，40座(含40座)以上客车为四类车；15吨以上货车，40英尺集装箱车为五类车。至2010年，沿用2006年收费标准。

2010年高速公路车辆通行费收费标准情况表

表3—4—9

类 别	车型及规格		收费系数	收费费率（元／千米）
	客 车	货 车		
第一类	≤7座	≤2吨	1	0.40

续表3—4—9

类 别	车型及规格		收费系数	收费费率（元／千米）
	客 车	货 车		
第二类	8 ～ 19 座		1.25	0.50
		2 ～ 5 吨（含 5 吨）	1.8	0.72
第三类	20 ～ 39 座		1.5	0.60
		5 ～ 10 吨（含 10 吨）	2.5	1
第四类	≥ 40 座		1.875	0.75
		10 ～ 15 吨（含 15 吨）20 英尺集装箱车	3	1.20
第五类		>15 吨 40 英尺集装箱车	3.5	1.40

2010年高速公路特大桥（隧道）车辆通行费收费标准情况表

表3—4—10

类 别	车型及规格		收费系数	收费费率（元／车次）
	客 车	货 车		
第一类	≤ 7 座	≤ 2 吨	1	15
第二类	8 ～ 19 座	2 ～ 5 吨（含 5 吨）	1.33	20
第三类	20 ～ 39 座	5 ～ 10 吨（含 10 吨）	1.67	25
第四类	≥ 40 座	10 ～ 15 吨（含 15 吨）20 英尺集装箱车	2	30
第五类		>15 吨 40 英尺集装箱车	2.33	35

2010年普通路桥车辆通行费收费标准情况表

表3—4—11

类 别	车型及规格		收费系数	收费费率（元／车次）
	客 车	货 车		
第一类	≤ 7 座	≤ 2 吨	1	10
第二类	8 ～ 19 座	2 ～ 5 吨（含 5 吨）	1.5	15
第三类	20 ～ 39 座		1.5	15
		5 ～ 10 吨（含 10 吨）	2.0	20
第四类	≥ 40 座		1.5	15
		10 ～ 15 吨（含 15 吨）20 英尺集装箱车	2.5	25
第五类		>15 吨 40 英尺集装箱车	3.0	30

说明：对装运2只20英尺国际标准集装箱运输车辆的收费，按以上40英尺集装箱车辆收费标准执行

济南地区养路费及部分路桥收费由济南市公路管理局征稽处及所属收费站负责征收、稽查和管理。

三、车辆购置附加费

车辆购置附加费是国家向购车单位和个人在购车时征收用于公路建设的专用资金。

1985年，国务院作出开征车辆购置附加费(简称附加费)决定，颁发《车辆购置附加费征收办法》，规定凡购买或自行组装使用的机动车均须缴纳附加费。附加费征收管理工作由交通部门负责，国内生产或组装车附加费由生产或组装厂代征，以车辆实际销售价格为计费依据，征收费率为10%；国外进口车辆附加费由海关代征，以计费组合价格为计费依据，征收费率为15%。1994年1月1日起，附加费征收改为由车辆落籍地交通管理部门直接征收，征收费率由国产车10%、进口车15%统一改为10%。2000年10月22日，国务院颁布《中华人民共和国车辆购置税暂行条例》，规定从2001年1月1日起开始向有关车辆征收车辆购置税，原有车辆购置附加费取消。至此，由交通管理部门征收15年的车辆购置附加费被国税部门车辆购置税取代。后经历4年由交通部门代征，于2005年1月1日起移交国税部门征收管理。车辆购置税取代车辆购置附加费正式成为国税机关全面管理的主要税种。

四、公路运输管理费

公路运输管理费(简称运管费)是向从事营业性道路运输的单位和个人征收的管理费。运管费专款专用，用于公路运输行业管理。

1986年9月，交通部、财政部发布《公路运输管理费征收使用规定》，对运输管理费的征收、使用作出具体规定。1987年，省财政厅、省交通厅颁发《山东省公路运输管理费征收使用暂行办法》，规定凡从事营业性公路客货运输、搬运装卸、汽车修理、运输服务的单位和个人，以及部队车辆参加地方营业性运输的须缴纳运管费。运管费征收工作由省交通厅指定的公路运输管理部门负责办理，征收率按营业额的1%计征，同时对运管费征收方法作出相应规定。1998年，财政部和国家计委财综字〔1998〕48号文件规定，汽车维修业不再纳入公路运输管理费征收范围。省交通厅、省财政厅颁发《山东省公路运输管理费征收、使用管理办法》，对公路运输管理费征收范围、标准、收支管理办法作出具体规定。2008年12月18日，国务院印发《关于实施成品油价格和税费改革的通知》，决定自2009年1月1日起实施成品油税费改革，取消原在成品油价外征收的公路养路费、航道养护费、公路运输管理费、公路客货运附加费、水路运输管理费、水运客货运附加费等六项收费。

五、公路客运附加费

1986年5月，省交通厅颁发《山东省公路客运站队建设基金征收办法》。凡在山东省购买汽车客票乘车的旅客(包括营业性的旅游客车和跨行公路的城市公共汽车)，均按本办法计征。征收的标准，按每位旅客购买全程的票价之外，每千米加收3厘钱。基金的征收工作，由山东省交通厅统一管理，各市、县(区)交通局具体负责征收。2002年，根据国家计委、财政部、交通部《关于规范公路客货运附加费增加公路建设资金的通知》要求，颁发《关于规范我省公路客货运附加费的通知》，取消“经济欠发达地区公路建设还贷资金”，将全省征收的“公路客运站队建设基金”按国家统一规定更名为“公路客运附加费”，征收标准为每人千米2分，会计制度和统计资料不健全的运输业户的客车按每月每座80元征收。公路客运附加费属省级预算外资金，实行“收支两条线”管理，全额缴入省级财政专户，主要用于交通基础建设。2008年12月18日，国务院印发《关于实施成品油价格和税费改革的通知》，决定自2009年1月1日起实施成品油税费改革，取消公路客货运附加费等六项收费。

六、公路货运附加费

1989年，省交通厅颁发《山东省公路货运建设基金征收办法》。凡在本省境内起运的公路、水路营业性货物运输，均征收货运基金。货运基金征收工作由各级交通主管部门负责，各级交管、运管、航管、港务管理机构为征收单位。2002年，根据国家计委、财政部、交通部《关于规范公路客货运附加费增加公路建设资金的通知》要求，颁发《关于规范我省公路客货运附加费的通知》，将全省征收的“货运建设基金”按国家统一规定更名为“公路货运附加费”，征收标准为每吨千米2分，会计制度和统计资料不健全的运输单位或业户按核定车辆吨位征收。汽车(不含特种车、挂车)按每月每吨位45元征收；汽车挂车、拖拉机和其他机动车按每月每吨位24元征收；21吨以上的特种运输汽车按每月每吨位18元征收。公路货运附加费属省级预算外资金，实行“收支两条线”管理，全额缴入省级财政专户，主要用于交通基础建设。2008年12月18日，国务院印发《关于实施成品油价格和税费改革的通知》，决定自2009年1月1日起实施成品油税费改革，取消公路客货运附加费等六项收费。

第六章　机　构

第一节 济南市交通局

1986年，济南市交通局下设二委、一处、八科、一办、一会(纪委、团委，运输管理处，组织人事科、宣教科、秘书科、劳工科、计财科、机料科、公路安全科、审计科，企管办，工会)。1987年，秘书科整合为办公室，其余七科升为七处，并增设运输管理处；同时，按照国家关于改革道路交通管理体制的决定，将交通车辆监理工作全部移交给公安部门。1989年，增设监察室。1990年，增设老干部处。1991年，企管办更名为企管处，同时增设机关党委。1992年，增设综合档案室、法制处、女工委员会。1993年，增设港航监督处。

1996年12月，按照建立社会主义市场经济体制要求和“规划、管理、监督、服务”方针，进一步转变职能，实现从部门管理向行业管理的转变，弱化具体审批职能，强化宏观调控职能，对直属企业由直接管理转为间接管理。1997年，撤销综合档案室、劳工处、机料处、企管处、法制处、女工委员会，增设政策法规处、综合处、维修管理处、稽查支队、交通规费征稽厅。2001年，撤销综合处、稽查支队、交通规费征稽厅，增设行业培训处。9月24日，交通局在原有职能基础上，划入市经委承担的市政府、军分区交通战备职能，增加黄河小清河水上交通安全监督局直接管理的内河水上交通安全监督管理职能。2002年，共设机关处室9个：办公室、政策法规处(挂济南市交通战备办公室牌子)、组织人事处、离退休干部工作处、财务审计处、科技教育处(团委)、安全监督处、监察室(纪委)、工会；局事业处5个：运输管理处、维修行业管理处、行业培训处、稽查支队、质量监督站。2005年，机关处室11个：办公室(挂济南市交通战备办公室牌子)、政策法规处、组织人事处(团委)、离退休干部工作处、财务审计处、规划基建处、安全监督处、培训管理处、县乡公路管理处、监察室(纪委)、工会；副局级事业单位1个：运输管理办公室；处级事业单位4个：维修行业管理处、稽查支队、质量监督站、信息中心。

2009年，根据省委办公厅、省政府办公厅《关于印发〈济南市人民政府机构改革方案〉的通知》和市委、市政府《关于济南市人民政府机构改革的实施意见》，设立济南市交通运输局，将原市交通局职责、市市政公用事业局城市客运管理职责，划入市交通运输局。增加副局级事业单位1个：济南市公路管理局。2010年，规划基建处更名为发展规划处，增设处级事业单位1个：市城市公共客运管理服务中心。

第二节 济南市公路局

1987年，为济南市公路管理段，设段党委、段纪委、段工会，机关设办公室、政工科、工程科、养护科、征收科、计统科、财务科、审计科、材料科、设备科、教育科、总务科、路政科、保卫科、劳工科、设计室，直属单位为济南黄河大桥管理处、济南黄河大桥收费站、济南公路管理站、工程队、交调观测站(含泵站)。

1994年，济南市公路管理段更名为济南市公路管理局，机关设办公室、政工处、工程处、工程监理处、养护处、计统处、财务处、路政处、保卫处、教育处、审计处、材料处、设备处、总务处、综合档案室、监察室、多种经营办公室、征稽处，直属单位为济南市公路管理局黄河公路大桥管理处、济南市公路工程处、济南市公路管理局济南管理处、济南市公路管理局交通量调查管理处。

自2004年9月1日起，济南市公路管理局由自收自支县级事业单位改为自收自支副局级事业单位，由市交通局管理，组建济南309国道收费处。同年，市公路管理局设局党委、局纪委、局工会、局团委，机关设办公室、政工处、工程处、养护处、计统处、财务处、路政处、审计处、安全机料处、总务处、监察室、征稽处，直属单位为济南公路勘测设计院、济南公路工程监理处、济南公路产业开发中心、济南市公路工程处、济南市公路管理局济南管理处、济南市公路管理局交通量调查管理处、济南市公路管理局104国道金家收费处、106省道13-1收费处、济南绕城高速公路东南线管理处、济南绕城高速公路济南隧道管理所、绕城高速济南南收费站、国道309线济南收费处。

2010年，市公路管理局设局党委、局纪委、局工会、局团委；机关设办公室，发展规划处，建设处，养护处，路政处，征稽处，设备安全处，财务审计处，组织人事处，纪检监察室，机关党委，工、团、女工委办公室；直属机构为济南市公路管理局济南管理处、济南绕城高速公路东南线管理处、济南市公路管理局公路工程处、济南市公路工程监理处、济南公路勘测设计研究院、济南公路产业开发中心、济南市公路管理局国道309线济南收费站、济南市公路管理局104国道金家庄收费站、济南市公路管理局省道102线2-1收费站、济南市公路管理局济荷高速公路路政大队、济南市公路管理局电子收费管理服务中心。

第五篇　铁　路

济南市位于京沪、京沪高铁、胶济、邯济四条国家一级干线铁路交会处，北靠京津环渤海经济区，南临宁沪杭长三角经济区，东连青岛、烟台、日照港，是承北接南依东的交通要道，在全国铁路路网中具有举足轻重的地位。管辖境内铁路北至桥南，西至桑梓店，南至界首，东至章丘，总长323.938千米，以济南铁路枢纽为中心，以大型客站为重点，沿线设置26个车站60条专用线。2010年，济南市境内铁路完成旅客发送量1480.17万人次，比1986年增加739.13万人次，增长99.74%；货物到发总量3174.19万吨，比1986年增加1570.97万吨，增长97.99%。

1986～1996年，铁道部把企业改革作为推动和发展铁路运输生产的抓手。1986年3月，全国铁路实行投入产出、以路建路的全行业经济承包模式；实施以分局长、站段长负责制的经济体制改革，改革运输生产经营方式，使生产力和生产关系协调发展。济南市境内铁路建设扩能改造进入快车道。1991年，客货列车牵引全部实现机车牵引内燃化。1992年，胶济复线全线贯通，京沪线50公斤/米路轨和普通水泥枕全部更换成60公斤/米重轨和Ⅱ、Ⅲ型标准轨枕，新铺和焊接无缝线路，延长车站到发线，济西编组站由单向二级四场扩建成双向二级六场，货物列车改编能力由8000辆/日提高至17000辆/日，增长1.13倍。济南火车站拆除在原址上重建，增建站台和无柱雨棚，规模扩大，现代化水平提高。1995年投入使用后，昼夜最大旅客发到量为7.4万人次，比旧站时提高1.17倍。

1997年4月至2007年4月，按照铁道部关于在主要既有铁路干线先后6次进行列车大提速的决策部署，济南市境内京沪、胶济铁路干线列车实施大提速5次。直通旅客列车按照每小时100千米、120千米、140千米、160千米目标值，实施旅客列车提速。10年间，济南市境内铁路旅客发送量8805.27万人次，比1986～1996年间的7652.53万人次增长15.1%。

2006年7月至2010年年底，按照客运快速化、货运重载化的总体思路进行建设改造，济南市境内铁路现代化建设迈出新步伐。京沪、胶济铁路电气化改造工程分别于2006年7月1日和9月26日竣工并投入运营。2007年4月，京沪、胶济铁路动车组列车第一次同时上线运行，最高时速250千米。济南-青岛间首开一站式动车直达列车；加大济南-北京、济南-青岛间动车列车开行密度，实现动车列车公交化和“一日生活圈”。2008年12月20日，胶济客运专线建成投产，胶济铁路实行上、下行客货列车分线运行，结束胶济铁路104年客货列车混跑的历史。京沪高速铁路及济南西站工程于2008年7月1日开工建设，2011年6月30日建成运行，开行动车组列车90对，与济南有关动车列车86对，平均每8.4分钟有1列动车列车经过济南西站或上、下旅客。旅客乘坐G字头时速300千米列车赴北京或上海，分别只需1.5和3小时，比2005年快1倍。2005～2010年，济西编组站分别在京沪、胶济线编开到达南京东、南仓(天津)、青岛间5000～6000吨/列重载货物列车，货物输送能力分别比1996年的4300吨/列和4000吨/列提高39.5%和25%，济南市境内铁路成为华东、华北乃至全国中、西部地区旅客集散及物资交流的重要通道之一。

第一章　线路　桥梁

第一节 干 线

1986～1999年，济南市境内有京沪、胶济2条铁路干线，总长144.081千米，均为双线自动闭塞，国家路网一级干线。2000年5月，邯济铁路建成通车，全长231.759千米，为单线半自动闭塞一级干线。2008年7月1日，开工建设京沪高速铁路，2011年6月30日建成运行。至2011年年底，济南市境内共有4条一级铁路干线，总长323.938千米(含京沪高铁京济、济沪联络线)，其中，京沪、胶济线和京沪高铁为双线自动闭塞电气化铁路，邯济铁路双线自动闭塞电气化工程在建。

一、京沪铁路(桥南－大河间)

京沪铁路北起北京，南至上海，途经天津、河北、山东、江苏、安徽，地跨四省三市，是中国铁路南北交通大动脉，环渤海经济区连接长三角经济区的重要纽带，为双线、四显示自动闭塞电气化铁路，是全国铁路客货运输最繁忙的I级路网干线，年客货运输量是全国铁路平均运量的3.4倍。

京沪铁路在济南市境内有线路4条：北起曹家圈黄河特大桥桥南站(K466+347)处，向南经济西编组站，南至界首－大河站间(K543+000)处，计76.653千米；北起桥南站(K466+347)处，向西经济南站，南至党家庄站(K498+660)处，计32.313千米；水屯－白马山线21.647千米；党家庄－界首间第三线插入段16.149千米，合计146.762千米。设有桥南、董家庄、东沙王庄、北园、济南、济西、济南南、水屯、党家庄、炒米店、崮山、张夏、青杨、万德、界首等15个车站，其中，特等站2个(济南、济西)、三等站1个(济南南)、五等站1个(桥南)，四等站11个。

(一)路轨改造　1984年前，桥南－大河间正线为50公斤／米次重型钢轨，尚未铺设无缝线路。1984～1995年，济南铁路分局利用上下行正线清筛大修时机，在桥南－济西间更换60公斤／米和济西－界首大河间更换75公斤／米重型钢轨，焊铺无缝线路；将原有的69型普通水泥轨枕全部更新为Ⅱ型钢筋混凝土轨枕。

境内京沪下行线党家庄－炒米店间原K374和万德－界首间原K406分别为9.2‰和8.6‰的上坡道，是京沪全线通过能力的“卡脖子”地段。1986年后，为满足京沪线ND5型机车牵引定数4000吨／列及改变机型单机牵引5000吨／列的要求，先后两次对该路段进行改造。确定在济南－泰安段、党家庄－崮山间、青杨－界首间增建三线插入段，作为下行货物列车运行线，党家庄－崮山间全长6.322千米，青杨－界首间全长9.827千米。工程投资8050万元。主要工程数量：土石方110万立方米，特大桥1座629.2延米，中桥3座241.93延米，小桥涵40座，正线铺轨16.233千米，铺道砟5.3万立方米，铺道岔8组，新建房屋4545平方米。新增开山、范庄、义灵关、皮家店4个线路所，线路所全部采用6502电气集中联锁设备，区间为单向移频自动闭塞，14个闭塞分区，区间增加信号机12架。同时完成通信、电力等配套工程。该工程1992年4月15日开工，1994年10月19日竣工，1995

年7月28日开通。济南－泰安段下行线上坡道由9.2‰降至5‰，改善运营条件，使京沪线济南以南的年运输能力从4000万吨提高至4700万吨，旅客列车由33对增至45对，货物列车牵引定数由3700吨/列提高至4000吨/列。铁道部、济南铁路局对济南－泰安段三线实施续建工程：撤销4个线路所，把三线分别由党家庄站引入崮山站和由青杨站引入界首站。工程由铁道部和济南铁路局共同投资1.05亿元。京沪铁路二期工程2001年10月开工，2002年12月竣工投产。2003年，京沪线下行货物列车牵引定数由4000吨/列提高至4300吨/列。

（二）到发线延长　1985年前，桥南－界首间各站货物列车到发线有效长均为850米。为实施货物列车扩长增重战略，提高货物运输能力，先后分4期将车站到发线延长至1050米。第一期工程，1987年3月至1988年11月，对张夏、万德、界首站到发线延长，铺钢轨7.9千米、道岔31组，建桥涵2座、房屋750平方米。第二期工程，1988年10月至1989年11月，对水屯、崮山、青杨车站到发线延长，铺钢轨9.02千米、道岔47组，建桥涵2座、房屋675平方米。第三期工程，1992年10月至1994年10月，对党家庄、炒米店车站到发线进行延长，结合“三线”落坡工程一起进行，铺钢轨3.22千米、道岔16组，建桥涵2座、房屋1266平方米。第四期工程，2005年12月至2006年6月，利用电气化改造资金，分别将济南南车站和董家庄车站到发线进行延长，铺钢轨8.04千米、道岔11组，建桥涵3座、房屋482平方米。

（三）提速改造　1996～2002年，实施列车提速工程，水屯、桥南、党家庄、崮山、青杨、万德、界首站更换提速道岔22组，并将炒米店、崮山、张夏、青杨、万德、界首车站由单电动转辙机改造成双电动转辙机，提高列车运行的安全可靠性。2002～2003年，自桥南－界首、董家庄－党家庄间进行线路清筛大修，将原Ⅱ型轨枕淘汰，全部更换成Ⅲ型重型提速轨枕。京沪线济南市境内所有平交道口改成立交，线路两侧全部设置安全防护栏，实现线路全立交、全封闭，确保提速列车运行安全。

（四）电气化改造　2005年6月至2006年6月，铁道部对京沪线进行电气化改造，2006年7月1日正式开通运营。京沪铁路电气化改造济南市境内接触网工程采用1频单向交流制25千伏带回流的直接供电方式，全补偿单链型悬挂(直链型)，承力索正线、站线分别采用THJ-95、THJ-70铜合金绞线，额定张力均为15千克。接触网结构高度1.4米，距轨面高度6.45米，绝缘按重污区设计。2006～2010年，京沪铁路电气化开通投产后，北京－上海间开行动车组列车，北京－上海间运行5小时30分，并加大开行密度；货物列车牵引使用电力机车并实行长交路，牵引重量5500～6000吨/列，实现旅客列车快速化，货物列车重载化目标。

2010年京沪铁路桥南至大河间站场情况表

表3－5－1

站　名	中心位置	到发线		编组线		货物线		备　注
		股　道（股）	有效长（米）	股　道（股）	总有效长（米）	股　道（股）	总有效长（米）	
桥　南	K466+347	—	—	—	—	—	—	五等站
董家庄	K469+203	4	1244 ～ 1321	—	—	—	—	四等站
济　西	K470+871	35	1021 ～ 1117	63	64901	6	1610	特等站
水　屯	K475+715	2	1084 ～ 1165	—	—	—	—	四等站

续表3-5-1

站　名	中心位置	到发线		编组线		货物线		备　注
		股　道（股）	有效长（米）	股　道（股）	总有效长（米）	股　道（股）	总有效长（米）	
东沙王庄	K477+452	2	均 1050	–	–	–	–	四等站
北　园	K481+469	2	867 ～ 1157	–	–	–	–	四等站
济　南	K484+619	6	796 ～ 1049	5	3905	17	5373	特等站
济南南	K491+900	4	687 ～ 1053	–	–	–	–	三等站
党家庄	K498+660	5	985 ～ 1197	–	–	1	510	四等站
炒米店	K505+456	3	856 ～ 1059	–	–	–	–	四等站
崮　山	K511+830	2	均 1050	–	–	–	–	四等站
张　夏	K518+350	3	852 ～ 1090	–	–	1	564	四等站
青　杨	K524+651	2	均 1050	–	–	1	715	四等站
万　德	K531+398	2	均 1080	–	–	1	575	四等站
界　首	K543+054	2	均 1077	–	–	1	270	四等站
大　河	K550+250	–	–	–	–	–	–	–

二、胶济铁路(济南－王村间)

胶济铁路东起青岛，西至济南，全长384.588千米，分别与京沪、邯济铁路连接，是山东半岛沿海开放城市和港口铁路运输的大通道，其经济辐射区GDP占全省70%，年客流量6000万人次。济南市境内为济南K384+588至普集K322+039段，正线长62.549千米，设有济南、济南东、黄台、历城、郭店、平陵城、枣园、明水(2007年5月1日改名章丘)、普集等9个车站。1986年，胶济铁路复线引入济南站；新建北园、北关跨京沪线立交特大桥和京胶联线，引入济西编组站，立体疏解进入京沪线。1991年12月，胶济复线二期工程竣工开通运营。1992～2005年，先后进行扩能、提速、电气化改造，逐步使胶济线运输装备现代化。济南至青岛间开行一站式直达旅客列车，最高时速140～160千米，有53对货物列车牵引重量4000吨/列，比1985年提高800吨/列。

(一)路轨改造　1985年前，济南－普集间个别地段正线路基宽度达不到铁道部技术规范标准。1986～1987年，将3处3.4千米路基加宽至1.435米，提高列车运行的稳定性。1988～1995年，将69型旧普通水泥轨枕全部更换成Ⅱ型钢筋混凝土轨枕。1998～2001年，进行线路大修清筛，将正线原50公斤/米钢轨更换成60公斤/米重型钢轨并铺设跨区间和全区间超长无缝线路。随着黄台发电厂和济南钢铁厂扩能扩产，电煤和矿石、矿粉、焦炭及钢材运量大幅增加，先后对黄台、历城站站场进行扩建。1986年，对黄台站运转东场进行扩建改造，铺设线路6.85千米、道岔31组，新建桥涵10座、房屋4329平方米。1987年，黄台站运转东场建成，由原3股道增加至6股道；同年，对历城站运转场进行扩建改造，新增到发线4股道和调车编组场线路9股道，对车站咽喉区进行改造，扩大运输能力。

(二)提速改造　1998年，为实施胶济线列车大提速，更换提速道岔34组，其中，黄台站28组，历城站6组；将黄台、历城站到发线有效长由850米延长至1050米。1999～2001年，在济南－普集间平交道口改立交14处，拆除平交道口3处改成立交；利用废弃枕木、钢丝网、槽钢立柱将济南－普集间正线两侧全部进行封闭。

至此，胶济线济南－普集间实现全封闭、全立交，确保提速列车运行安全。

（三）电气化改造 2003年，胶济铁路进行电气化改造。普集－郭店段提速至200千米/小时；郭店－济南东段提速至120千米/小时；济南东－济南段维持80千米/小时。此次电气化改造工程，新铺线路采用60公斤/米、长25米新钢轨，铺设Ⅲ型钢筋混凝土轨枕。胶济铁路济南市境内曲线改造31条，车站信号道岔联锁由电气集中改造成K5B型微机联锁，区间改为ZPW-2000A无绝缘十八信息自动闭塞。正线双侧全部更新安全护栏。电力牵引工程在郭店设变电所，济南设开闭所兼分区所，济南东设开闭所。接触网206.3条千米，钢立杆517根，钢筋混凝土立杆1511根，基础734个，支柱装配1830组，软横跨305组，硬横梁105组。电气化改造工程2003年11月1日开工，2006年9月26日开通投产，同时取消郭店、枣园、普集车站。列车平均运行时速由原设计的130～160千米提高至200千米；年货物输送能力近期4972万吨，远期5310万吨。2007年4月18日全路第六次大提速，济南－四方间开行动车组列车，列车运行时速200千米，最高250千米。2008年8月1日起，胶济线动车组列车不断加大开行密度，实现济南－青岛间城际列车公交化。2009年4月，济南－青岛西间货物列车改用和谐号电力机车牵引，每列重量5000吨，图定每天开行重载货物列车32对。

2010年胶济铁路王村至济南间站场情况表

表3—5—2

站名	中心位置	到发线		编组线		货物线		备注
		股道（股）	有效长（米）	股道（股）	总有效长（米）	股道（股）	总有效长（米）	
王村	K324+221	—	—	—	—	—	—	
章丘	K336+100	4	1050～1077	—	—	5	2232	二等站2007年由明水站改称章丘站
平陵城	K363+969	2	1050	—	—	2	551	四等站2006年改移
历城	K377+281	8	700～1198	9	6156	3	1283	二等站
黄台	K385+702	6	1050～1248	4	1966	6	2397	二等站
济南东	K389+769	3	633～851	—	—	—	—	站管二等站
济南	K393+588	—	—	—	—	—	—	特等站

（四）胶济铁路客运专线 胶济铁路客运专线东起青岛，西至济南，是中国铁路“十一五”规划“四纵四横”快速客运网的重要组成部分，是为适应山东半岛经济建设和社会快速发展需要，由山东省、铁道部共同投资建设的重点项目。该线正线长362.5千米，其中，新建客运专线173千米，设计时速200～250千米，沿途设青岛、潍坊、淄博、章丘、济南东、济南等13个车站，设计年旅客运输能力6000万人次。客运专线自2007年1月8日开工建设，2008年7月20日实现淄博以东客货列车分线运行；12月20日，经过线路拨接施工，开通109千米线路，同时开通淄博、周村东、章丘、济南东4站。济南－青岛胶济客运专线全线建成开通投产，胶济铁路客货列车实现分线运行。客运专线是全国首次在动车组列车开行条件下进行施工建设

改造的干线项目，设计标准高、技术难度大、设备安装工艺精度高，广泛采用高速列车运行控制系统和先进的通信、信号系统等技术，在国内首次大规模采用国产化新型接触网导线等新材料、新工艺。2008年12月21日起，胶济铁路实行全线客货列车分线运行的新列车运行图。新图增开列车9对，其中，动车组5对，特快列车1对，快速列车1对，普通快车2对。

三、邯济铁路(济南－桑梓店)

邯济铁路西起邯郸，东至济南，是国家"九五"期间基本建设重点工程，是晋煤外运的大通道之一，由铁道部、山东省、河北省共同投资建设的单线合资铁路。邯济铁路包括邯济线及引入济南枢纽相关工程，线路全长231.759千米，其中，邯济铁路公司管辖范围为京广线邯郸南站(不含该站)至京沪线晏城北站(不含)，正线长224.73千米。引入济南枢纽长39.934千米，设有晏城、焦斌、桑梓店、泺口4个车站，由济南铁路局建设和管理。该线济南市境内有桑梓店、泺口车站，从桑梓店站中心里程K335+000至北园站外里程K347+500，共12.5千米。该段铁路正线由原津浦铁路和原泺口黄河铁路特大桥重新整修后使用，中国铁路第十四工程局和济南铁路工程总公司承建，1998年4月7日开工建设，2000年5月30日开通运营。

(一)到发线延长　2005年，济南裕兴化工厂由泺口迁至桑梓店，通过引进外资，迅速扩大过磷酸钙生产规模，并改名为济南市化工产业园。为保证其化工产品运输，天桥区政府和济南路桥公司共同投资2亿元，在化工园区新建1个3股道装运站和1条连接桑梓店火车站专用线，在桑梓店火车站新建到发线4条，有效长1047～1268米，对既有2条到发线进行延长。2008年8月1日开工，2010年1月20日竣工投产。

(二)双线建设与电气化改造　为进一步发挥铁路路网整体功能效益，强化晋中南、冀南和胶东半岛铁路运输能力，铁道部、山东省、河北省共同投资，对邯济铁路进行双线建设和电气化改造。山东省境内段自馆陶站－焦斌站，涉及济南市境内段桑梓店站－北园站，2010年9月26日开工。跨京沪线特大桥工程。该特大桥位于邯济铁路新扩能改造二线绕行地段，分别跨越京沪铁路和京福高速公路，由3条半径分别为800米、700米、1200米的曲线构成，整体呈S形，全长4.94千米，共有155个墩台，桥孔跨为预应力钢筋混凝土梁结构，工程造价1.5亿元，2010年12月12日开工。同年，客、货列车分别为4对和21对。

2010年邯济铁路焦斌至济南间站场情况表

表3－5－3

站　名	中心位置	到发线		货物线		备　注
		股道（股）	有效长（米）	股　道（股）	总有效长（米）	
焦　斌	K327+100	－	－	－	－	济南市与禹城市分界K328+600
桑梓店	K335+000	6	1042～1268	－	－	
泺　口	K345+907	3	850～906	2	1198	
北　园	K347+100	－	－	－	－	京沪、邯济线共用站
济　南	－	－	－	－	－	

四、京沪高速铁路(京沪高铁黄河特大桥－大河)

京沪高速铁路(简称京沪高铁)北起北京南站，南至上海虹桥站，全长1318千米(其中山东段458千米)，是国家"十一五"重点建设项目，总投资2209亿元，设计最高运营时速380千米，列车最小追踪间隔3.5分钟，北京至上海全程运行3小时58分，高速动车组列车沿途停靠24个车站。京沪高铁位于中国经济环渤海、长三角经济区，区位优势突出，沿线人口占全国总人口的四分之一，是国内旅客运输最繁忙的高速铁路，设计年运送旅客1.6亿人次。京沪高铁途经北京、天津、河北、山东、江苏、安徽、上海等4省3市。京沪高铁建成通车后，实行客货列车分线运行，旅客运输由京沪高铁承担，货物运输由京沪铁路承担。

2008年7月1日，京沪高铁开工建设。济南铺轨基地以济南为起点，向北延伸至德州，向南延伸至曲阜东。京沪高铁上下行正线路基80%为高架和桥梁，20%为填土路基。高架路基墩台采取钢筋混凝土浇筑。2010年7月18日路基桥梁工程完工，7月19日开始铺轨。轨道采用60公斤/米标准钢轨，由轨排制作厂制成轨排后，用铺轨机进行铺轨，钢轨与路基间应用CRISⅡ新型无砟轨道板，道钉机械铆焊固定。10月29日，京沪高铁山东段铺通。2011年1月30日，电气化接触网络工程全线贯通。主要建设工程完成数量：济南西站站场工程，碎石填筑13.74万立方米，铺设道岔45组，站台墙浇注5100米，站线铺轨6千米，站台填土18.7万立方米；济南西站站房工程，主体、安装、装修工程和高站台无柱雨棚全部完成；济南西站至济南站间高架联络线建成；同时因京沪高铁工程影响济南站地区车场和中部咽喉区及客整场工程改造按计划完成。2月15日、20日，德州－枣庄西、枣庄西－虹桥间先后进行联调联试；5月11日至6月10日，京沪高铁分阶段进行不载客试运行，最高时速为486.1千米。

第二节　专用线

1985年，济南市境内有铁路专用线68条。随着改革开放的不断深入和新技术、新产品的开发生产，工矿企业铁路专用线变化较大。1986～1993年，先后拆除在济南站出岔的煤建二处线、济南第八机床厂线、济南水泥厂线和在黄台站出岔的黄台桥支线、肉联厂线以及在泺口站出岔的黄河河务线。同时，新建在济南站出岔的济南广友物资集团线、济南民天面粉公司线、济铁天龙集团公司线和在泺口站出岔的北郊热电厂线。1994～1998年，拆除在济南南站出岔的省物资局线、青龙山线、回龙线、市物资局线、市水泥制品厂线和在黄台站出岔的山东酒精总厂线、济南轻工化学厂线、盐业线、市轻化公司仓库线以及在党家庄站出岔的天津石碴厂线、西郊石碴场线、大丘山石厂线，将水泥试验厂线改名山东水泥有限公司线，将炒米店站出岔的长清石碴厂线改名为长清水泥厂线；新建在济南南站出岔的西门子线、铁路材料厂线、334处线、502库线和在黄台站出岔的山东省棉麻公司线、中央储备粮济南直属储备库线。

1999～2005年，拆除在郭店站出岔的油库线和在明水站出岔的通信机械厂线、水泥厂线、铝土厂线；在党家庄站出岔的罗而建材站线、山东重骑集团摩托厂线；在章丘(枣园)站出岔修建华天粮油收储库线；为配合胶济线电气化改造和客运专线建设，在平陵城站新建中铁十局桥梁厂工程线；在明水站出岔的章丘化工公司线。2006年，中车集团济南车辆有限公司在平陵城站新建专用线。2010年，在桑梓店站出岔新建济南市化工产业园专用线。年底，济南市境内有铁路专用线60条。

2010年济南市境内铁路专用线情况表

表3—5—4

名 称	出岔地点	长 度（米）	名 称	出岔地点	长 度（米）
山东化工厂线	泺口站	1360	山东重骑集团摩托厂线	党家庄站	3717
济南化工厂线	泺口站	489	罗而建材站线	党家庄站	1686
北郊热电厂线	泺口站	6000	长清水泥厂线	炒米店站	1511
济南广友物资集团线	济南站	692	丙159线	万德站	3595
济南机床二厂线	济南站	325	405线	界首站	1277
济南北山粮库线	济南站	483	356线	界首站	3230
山东煤炭物资总公司线	济南站	320	发电厂线	黄台站	3381
山东新建物资流通中心线	济南站	320	山东省棉麻公司线	黄台站	865
济南民天面粉公司线	济南站	513	中央储备粮济南直属储备库线	黄台站	395
济铁局物资供应段线	济南站	1388	济南铁厂线	历城站	2250
济铁局车轮厂线	济南站	60	济南二钢线	历城站	10900
北车集团济南机车车辆厂线	济南站	640	济南钢铁厂线	历城站	48000
济铁天龙集团公司线	济南站	222	济南化肥厂线	历城站	5000
05单位528部物供站线	济南站	775	济南石料厂线	历城站	3890
94528部队仓库线	济南站	458	济南炼油厂线	历城站	8000
空军后勤物资站线	济南站	482	济南正昊化纤厂线	历城站	320
石油库线	济南南站	2106	济南机场油库线	历城站	480
米山石料厂线	济南南站	1661	济南石化集团公司线	历城站	312
济南第一机床厂线	济南南站	815	山东塑料试验厂线	历城站	48
省电力修造厂线	济南南站	346	52557部队线	历城站	91
济南第二机床厂线	济南南站	1579	济南东郊商贸储运公司线	历城站	600
炼油厂线	济南南站	516	济南百隆木材公司线	历城站	130
寅301线	济南南站	527	新时代民爆科技公司线	平陵城站	180
789线	济南南站	447	中车集团济南车辆公司线	平陵城站	2222
西门子线	济南南站	50	中铁十局桥梁厂工程线	平陵城站	523
济南铁路材料厂线	济南南站	820	埠村煤矿线	章丘站	12506
334处线	济南南站	520	石油线	章丘站	405
502库线	济南南站	640	华天粮油收储库线	章丘站	1313
山东水泥有限公司线	党家庄站	3459	山东章丘化工公司线	章丘站	959
55171线	党家庄站	284	济南市化工产业园线	桑梓店	6917

说明：2005年枣园站封闭后，专用线改由章丘(原明水)站出岔管理；同年普集站封闭后，专用线改由王村站出岔管理

第三节 桥 梁

济南市境内有铁路桥梁515座(特大桥7座、大桥9座、中桥168座、小桥331座)，共计30134.4延长米；涵渠702座，共计16678延长米。

北园－北关跨线特大桥 该桥地处京沪、胶济联络线上行K1+578～K3+601千米处，为济

南铁路枢纽北环二线工程的重点项目。该桥118孔，全长2023米，钻孔桩296棵，总投资3354万元。1989年10月1日开工建设，1991年8月19日架梁全部完成，1992年4月20日正式验交投产。该桥的SRC结合梁为铁道科学研究院设计，引进德国、日本先进技术，结合国情制出施工设计图，高跨比为1：22，充分满足城市交通发展需要。所用隔音屏连接板为国内首次使用。

曹家圈黄河特大桥 该桥为京沪铁路双线桥，全长2484.15米，正桥由60孔各长31.7米的预应力钢筋混凝土梁和6孔分别长64米、64米、105.2米、114.4米、105.2米、64米的全钢桁梁组成。1981年7月1日建成分流通车，1984年1月1日由济南铁路分局济南西工务段正式接管运营。该桥自建成通车后，主河道及靠近主河道的各桥墩发生下沉现象，1982年工程验交时即作为桥的主要病害。至1993年，第110～115号桥墩均出现不同程度下沉，最小下沉桥墩111号为37.1毫米，最大下沉桥墩115号173.5毫米，严重威胁京沪线客货列车运行安全。经铁道部批准，1994年年底，由铁道部大桥局对曹家圈铁路大桥进行抬梁施工和加高支座处理，利用22个封锁点、67小时，对22个支座进行垫高，确保列车运行安全畅通。

泺口黄河铁路特大桥 该桥于1909年由德国人建造，为12孔铆接穿式钢桁梁，第1～8孔和第12孔为91.5米简支梁，第9孔和第11孔为128.1米锚梁，第10孔为164.7米悬臂挂梁，全长1256.4米。1991年4月21日起，大桥停止客货列车通过，全桥封闭，所有客货列车改经位于齐河县的曹家圈大桥横渡黄河。1992年，落实国务院黄河防汛要求，将该桥北岸1～4孔钢梁拆除。适应邯济铁路运营需要，1999年对该桥进行改造，修复北岸1～4孔钢梁，5～12孔利用主桁梁及横梁全部更换纵梁，纵横梁采用角钢连接，将北端0号台至8号墩6.67‰的上坡改为平坡，8～11号墩平坡、11号墩至南端12号台6.67‰下坡维持原状，2000年8月通车运营。

葛家河特大桥 该桥地处京沪线济南－界首段第三线K533+611千米处，全长629.20米，为19孔32米预应力钢筋混凝土T型桥。1992年4月开工，1995年3月建成并开通营运。

京沪高铁济南黄河特大桥 该桥位于济南市境内，全长5143.4米，包括主桥、北引桥和南引桥，是北京至上海、太原至青岛铁路两线共用的四线桥。大桥距上游济德高速公路杨庄大桥3千米，距下游泺口铁路大桥11千米。大桥主桥为四线高速铁路桥，主桥钢梁部分全长728米，结构形式为下承式、等高度、连续、刚性梁柔性拱。该特大桥是京沪高铁重点、难点控制工程之一。主桥水中深孔大直径钻孔桩采用固定钢平台施工，水文和地质条件复杂，施工技术难度大。2008年8月10日开工建设，2010年4月14日合龙。

京沪高铁联络线跨白马山专用线特大桥 该桥位于济沪联络线K4+842～K6+636千米处，是连接西客站和济南站的枢纽，2009年3月6日开工，2010年7月28日铺架完成。桥梁全长1826米，由中国铁道第十工程局施工。设计坡度12‰以上，其中，上坡为15‰，下坡为14.5‰，属于大坡度架梁施工。

京沪高铁跨既有京沪线特大桥 该桥位于济南南－党家庄间济沪联络线下行K10+707～K12+863千米处。2009年1月开工，2010年11月1日竣工。该桥全长2156米，其中主跨钢梁84米145吨。

京沪高铁黄河特大桥 (2009年摄)

第二章 机车 枢纽 站场

第一节 机车 车辆

一、机车

济南市境内铁路设有济南和济南西两个机务段。济南机务段为客运机务段，1986～1990年为蒸汽、内燃机混合段，1991年实现内燃机化，负责担当旅客列车牵引任务，牵引济南至蚌埠、青岛、烟台间的旅客列车及济南、黄台、历城站调车作业。济南西机务段为货运内燃机务段，负责担当货物列车牵引任务，牵引济南西至蚌埠、徐州、天津南仓、石家庄、丰台西的直通货物列车和管内区段解结货物列车以及济南西站调车作业。为适应京沪、胶济铁路电气化开通运营，2005～2010年，济南、济南西机务段分别配属HXD3、韶山型和谐号电力机车，分别担当京沪高铁、胶济客专线动车客车牵引和京沪、胶济线重载5000吨以上货物列车牵引。

和谐号

1986～2010年济南机务段机车配属情况表

表3—5—5　　单位：台

年份	总台数	其中			机型										
		电力	内燃	蒸汽	HXD3	SS4	东风4	东风4D	东风5	东风7	东风11	东风8B	NJI	前进	解放I
1986	115	—	90	25	—	—	86	—	4	—	—	—	—	13	12
1987	126	—	103	23	—	—	94	—	9	—	—	—	—	13	10
1988	105	—	91	14	—	—	77	—	14	—	—	—	—	11	3
1989	106	—	93	13	—	—	79	—	14	—	—	—	—	11	2
1990	109	—	100	9	—	—	84	—	16	—	—	—	—	9	—
1991	101	—	101	—	—	—	84	—	17	—	—	—	—	—	—
1992	101	—	101	—	—	—	84	—	17	—	—	—	—	—	—
1993	105	—	105	—	—	—	91	—	14	—	—	—	—	—	—
1994	111	—	111	—	—	—	94	—	17	—	—	—	—	—	—
1995	112	—	112	—	—	—	96	—	16	—	—	—	—	—	—
1996	113	—	113	—	—	—	98	—	15	—	—	—	—	—	—

续表3—5—5

年 份	总台数	其 中			机 型										
		电力	内燃	蒸汽	HXD3	SS4	东风4	东风4D	东风5	东风7	东风11	东风8B	NJI	前进	解放I
1997	115	—	115	—	—	—	75	14	16	—	10	—	—	—	—
1998	121	—	121	—	—	—	54	40	14	—	13	—	—	—	—
1999	126	—	126	—	—	—	46	43	13	—	24	—	—	—	—
2000	128	—	128	—	—	—	43	44	13	—	28	—	—	—	—
2001	126	—	126	—	—	—	39	44	13	—	30	—	—	—	—
2002	135	—	135	—	—	—	34	43	13	—	45	—	—	—	—
2003	133	—	133	—	—	—	26	41	14	—	52	—	—	—	—
2004	130	—	130	—	—	—	23	49	13	1	44	—	—	—	—
2005	127	—	127	—	—	—	15	54	13	1	44	—	—	—	—
2006	147	23	124	—	12	11	17	49	13	1	44	—	—	—	—
2007	126	11	115	—	7	4	20	37	13	1	44	—	—	—	—
2008	271	9	262	—	7	2	113	38	27	11	43	30	—	—	—
2009	271	9	262	—	7	2	105	23	27	11	43	53	—	—	—
2010	317	66	251	—	54	12	88	64	32	10	43	11	3	—	—

1986～2010年济南西机务段机车配属情况表

表3—5—6　　单位：台

年 份	总台数	其 中		机 型									
		电 力	内 燃	SS4	HXD3	东风4	东风7	东风8B	ND5	东风5	东风4C	东风4D	NJI
1986	101	—	—	—	—	—	—	—	95	6	—	—	—
1987	102	—	—	—	—	—	—	—	95	7	—	—	—
1988	102	—	—	—	—	—	—	—	95	7	—	—	—
1989	103	—	—	—	—	—	—	—	95	8	—	—	—
1990	103	—	—	—	—	—	—	—	95	8	—	—	—
1991	118	—	—	—	—	—	—	—	110	8	—	—	—
1992	129	—	—	—	—	—	—	—	116	13	—	—	—
1993	129	—	—	—	—	—	—	—	116	13	—	—	—
1994	130	—	—	—	—	—	7	—	115	8	—	—	—
1995	129	—	—	—	—	—	14	—	115	—	—	—	—
1996	136	—	—	—	—	—	14	—	122	—	—	—	—
1997	141	—	—	—	—	—	14	—	126	1	—	—	—
1998	146	—	—	—	—	—	14	—	131	1	—	—	—
1999	145	—	—	—	—	—	14	—	131	—	—	—	—
2000	144	—	—	—	—	—	13	—	131	—	—	—	—

续表3－5－6

年份	总台数	其中		机型									
		电力	内燃	SS4	HXD3	东风4	东风7	东风8B	ND5	东风5	东风4C	东风4D	NJI
2001	142	—	—	—	—	—	13	—	129	—	—	—	—
2002	162	—	—	—	—	—	13	23	126	—	—	—	—
2003	154	—	—	—	—	—	13	15	126	—	—	—	—
2004	172	—	—	—	—	—	13	27	132	—	—	—	—
2005	218	—	—	—	—	41	15	21	141	—	—	—	—
2006	387	17	370	17	—	73	24	45	126	37	62	—	3
2007	364	42	322	42	—	72	24	37	105	37	36	8	3
2008	325	81	244	81	—	73	24	24	41	36	35	8	3
2009	393	159	234	122	37	85	24	11	26	36	26	23	3
2010	424	187	237	51	136	25	24	63	23	31	71	—	—

二、车辆

济南市境内铁路设有济南和济南西两个车辆段。济南车辆段为客车段，负责本段所属客车车辆检查、修理以及济南站过路旅客列车的技术检查。1986～1990年，铁道部分别为该段配属软席、硬席、软卧、硬卧、餐车、行李车等。1991年，增配双层客车，供中短途旅客开行。2006年，增配动车组。2007年，分别在京沪、胶济客专上线。济南西车辆段为货车段，负责货车车辆辅修、轴检、段修和编组站、区段站货物列车技术检查以及红外线轴温探测工作，保证货物列车运行安全。

1986～2010年济南车辆段客车配属情况表

表3－5－7　　单位：辆

年份	合计	动车	软座	硬座	软硬座	软卧	双层	硬卧	软硬卧	餐车	行李车	其他
1986	477	—	3	348	—	13	—	43	2	25	31	12
1987	530	—	3	393	3	13	—	46	2	27	30	13
1988	583	—	3	423	3	15	—	57	2	33	32	15
1989	614	—	4	430	3	18	—	75	2	33	35	14
1990	638	—	6	438	3	19	—	82	6	35	36	13
1991	657	—	4	434	3	19	19	91	8	35	31	13
1992	657	—	4	410	3	20	19	113	8	34	29	17
1993	633	—	5	395	3	19	19	107	3	34	30	18
1994	615	—	6	376	3	19	19	107	3	34	30	18
1995	663	—	6	379	3	26	19	136	3	39	34	18
1996	643	—	9	375	3	26	—	134	3	34	30	29
1997	716	—	13	393	3	32	—	166	3	39	36	31
1998	608	—	12	322	2	27	—	149	3	31	31	31

续表3—5—7

年份	合计	动车	软座	硬座	软硬座	软卧	双层	硬卧	软硬卧	餐车	行李车	其他
1999	601	—	12	311	2	28	—	147	3	30	32	36
2000	643	—	14	281	2	39	—	192	3	31	35	46
2001	591	—	14	240	—	39	—	187	—	29	33	49
2002	592	—	14	226	—	39	—	192	—	28	35	58
2003	605	—	14	243	—	51	—	221	—	28	归中铁快运	48
2004	642	—	11	245	—	60	—	247	—	30	归中铁快运	49
2005	656	—	14	260	—	64	—	247	—	30	归中铁快运	41
2006	1856	—	18	801	—	161	—	651	—	108	归中铁快运	117
2007	1849	64	9	707	—	151	—	706	—	102	归中铁快运	110
2008	1361	144	7	458	—	101	—	526	—	74	归中铁快运	51
2009	1707	152	7	574	—	115	—	627	—	91	归中铁快运	141
2010	1721	144	7	569	—	114	—	654	—	90	归中铁快运	143

第二节 通信 信号 电力

一、通信

1986～1994年，济南铁路地区通信实行容量较小的纵横制电话自动交换机。1995年，在济南开通程控自动电话交换机，用户容量9000线、中继线3060条，程控开通后，济南铁路地区自动电话号码升至5位；人工长途通信系统采用微机智能人工长途后，增开上海方向长途自动直达电路。1998年6月，济南铁路地区电话交换机与济南市电信局交换机间实现全自动联网；至年底，开通济南铁路地区万门S12J程控交换机。

1986～2001年，济南铁路分局调度所对各车站行车指挥电话为音频选叫电话。2000年，济南调度所设置数字调度主系统，沿线各站设置数字调度分系统。2003年至2005年3月，济南分局调度所行车指挥开通DMIS信息系统，逐步实现调度指挥信息化、智能化。

1990～2005年，济南铁路先后开发无线列调(列车无线调度电话)、无线寻呼、微波通信、卫星通信等。2008年，在胶济客运专线通信工程建设中，完成济南GSM-R交换机软件升级以及数据修改工作，保证济南GSM-R交换机与北京GSM-R交换机互联；完成济南、济南西机务段85台机车和8列动车组的机车台升级工作。

二、信号

1986～2003年，京沪、胶济铁路济南市辖内信号系统区间为双线移频红、黄、绿三显示自动闭塞，透镜式色灯信号机。2000年，济南市境内邯济铁路开通后，区间为单线继电半自动闭塞，透镜式色灯信号机，车站为电气集中联锁。2004～2005年，京沪、胶济铁路济南市辖内建成开通ZPW-2000A红、黄、绿、黄绿四显示自动闭塞，列车追踪间隔时间由8分钟压缩至6分钟；京沪、胶济铁路济南市辖内车站联锁均为电气集中联锁。2005年，京沪、胶济线开通车站微机联锁。2011年5月，京沪高铁济南西站建成开通ZPW-2000A红、黄、绿、黄绿四显示自动闭塞和微机联锁。

1986年，京沪、胶济线济南市境内分别采用连续式国产四信息移频和双频点式机车信号。1992年5月，改为连续式移频机车信号。1996～2001年，逐步采用SJ-93型数字化通用式机车信号。2002～2004年，应用SJ-94型数字化通用式机车信号。2005年2月，JT1-CZ2000型主体化机车信号车载系统在铁路投入使用。

三、电力

1992年，建成济南西－泰安电力贯通线。1993年、1994年，分别建成济南西－于官屯、济南－明水电力贯通线。对济南西和济南第一、二配电所进行增容技术改造。1995年，京沪、胶济铁路济南市辖内将信号电源由单电源改造成双电源供电，提高信号显示的安全可靠性。2007年，对章丘配电室电源线路进行大修。2011年2月，京沪高铁电力贯通线建成。

第三节 给排水

一、给水

济南水电段负责济南地区、济南以北及济南－枣园间给水、电力工作。1986～1990年，济南机务段有前进型和解放型蒸汽机车，除保证蒸汽机车上水外，负责济南火车站旅客列车上水和其他生产生活用水。为解决旅客列车上水难问题，1990年12月，实施“茶杯子工程”，对济南火车站站内旅客列车上水井、水栓进行改造，采取增大扬配水管口径、改双栓等措施，保证过往旅客列车上满水。1991年，济南南站给水过渡工程首次采用变频调速恒压供水设备对客车上水、供水，取得成功。2000年，济南水电段在济南西给水所建成微机监控给水自动化系统。2007年，在青杨站重新建设新水源井，改善站区职工家属生活用水条件。

1986～2010年，济南市境内京沪、胶济、邯济铁路的济南、济西、济南西、济南东、济南南、水屯、北园、泺口、黄台、历城、章丘站场通过济南和章丘市自来水公司供水，沿线党家庄－界首、桥南－东沙王庄、郭店－普集(不含章丘站)各站及桑梓店站场利用自打机井抽水到水塔，供日常生产生活用水。

二、排水

1986～2010年，济南市境内铁路范围内及章丘站生产生活污水均利用城市地下污水管网排出。1988～2004年，济南铁路分局、济南铁路局每年投入专项资金，对济南、济南西机务段、车辆段和站场进行污水处理，达标排放；沿线小站站区生产生活污水就地排入小沟渠。

第四节 运输车站

一、济南车站

济南车站地处京沪、胶济、邯济铁路交会点，是集客运、货运、装卸、行车于一体的客货运混合站、辅助编组站、特等车站，是济南铁路枢纽的重要组成部分。1986～2010年，先后对济南客站站场、站房和运转地区车场及货场进行扩建改造，客货运输综合能力大幅提高。

(一)客运站台及到发线扩建 1985年前，济南客运站场有3座旅客站台，站台长度400米，旅客列车到发线5条，不能满足客运量增长需求。1986年，对济南车站3座旅客站台延长至

550米以上，宽仍为12米，使京沪线旅客列车编组由原12～14辆扩编至17～20辆。在第三站台北侧新建旅客第四站台和旅客列车到发线9、10股，第四站台长500米，宽12米，到发线有效长650米，济南站客运场旅客列车到发线为7条(3条作为京沪、胶济货物列车通过线)。7月8日竣工投产，提高了旅客运输能力。

(二)新建客运站房　济南火车站钟楼等站房设施建成于1911年。1952年，在钟楼西侧新建两层候车楼1幢，建筑面积6190平方米。1988年，济南客站改扩建工程列入铁道部“八五”建设规划。施工期间将济南站旅客运输分流至济南南站(原白马山站)和济南东站。1992年7月7日，开始拆除济南旧客站。1993年4月30日，济南新客站奠基，5月1日正式开工建设。1995年6月8日竣工投产。新客站由主站房、高架候车室、综合楼、售票大厅、地下商城、地下行包、邮件输送地道及站前广场组成。工程概算投资3.2亿元。

新客站建筑工程采用钻孔灌注桩基础，鱼骨式剪力墙，球型结点网构式层架，珍珠岩陶粒混凝土超轻型墙体材料，珍珠岩陶粒地面保温层。建筑总面积69859平方米，其中，主站房22236平方米，高架候车室12340平方米，综合楼33588平方米，附属配套工程(含配电所、冷冻站、锅炉房、列检所等)9301平方米，改建既有站房5920平方米。旅客地道110延长米，行包及邮政地道223延长米，站台风雨棚10214平方米。新客站建成后，旅客运输能力大幅度提高，昼夜最大客流量7.4万人次，比改扩建前提高1.17倍。

(三)地区车场改扩建　该车场位于段店以北500米处，原为济南站上行编组场。1992年4月15日，随着京沪线上行货物列车改编作业移至济南站，7月1日改扩建成地区车场，主要担负济南枢纽地区车流和到达济南站装卸作业车的改编任务。车场规模为半自动驼峰，峰头设有减速器，尾部设有点连式减速顶，共有线路25条，其中正线2条，到发线5条，编发线5条，调车线13条，列车改编能力为一昼夜3000辆。

1995年12月，对该车场实施改扩建工程，1996年10月竣工。新铺设线路1.7千米，其中到发线6条，交换线2条，调车线8条；新铺道岔13组，敷设各种电缆88千米，架设信号机163架，改造灯塔4座。2010年，对该车场进行技术改造，敷设电缆40根，轨道电路19个；修改电缆配线62处，拆除旧设备和安装新设备78处，移设区间设备5处，调试道岔123组、信号机157架、轨道电路155区段，试验联锁进路520条。改造投产后，改编作业量上升。年内日均办理1265辆，比改造前增加337辆。

二、济南东站

济南东站原为胶济线北关站。1992年，因修建胶济线跨越京沪线北园－北关特大桥，将北关站东移1.128千米。同年5月1日，改名为济南东站，7月1日投入运营。该站为济南站站管二等站、客运辅助站。

(一)改扩建工程　工程投资4750万元，1990年7月开工，1992年6月竣工。新建正线3条、到发线4条；基本站台1座和中间站台2座，各设旅客站台风雨棚3座；旅客地道1座，连通各站台；立交桥3座，客车整备线4条，上下两层候车室1904平方米，综合楼655平方米，建有给排水、电力、通信信号等设施。

(二)过渡工程　工程投资208.6万元，1991年11月开工，1992年7月1日竣工。铺设4股西端至北环上行线，作为胶济上行线的过渡线，将下行正线改为兼作客车到发线。新建300吨蓄水池2座，250吨水塔1座，增加客车上水栓58个，新建行包通道、道口房、列检所、车辆红外线检测站，增设站台电力照明、通信信号等配套设施。

(三)续建工程　工程投资2200万元，1992年9月开工，1995年年底竣工。续建软席候车室241平方米，行包房923平方米，大厅1180平方米，售票厅1830平方米；铺设线路4.98千米、道岔18组；续建跨线天桥1座；新建生产房屋980平方米。

三、济南西车站

京沪高铁济南西站位于济南市区西部腊山，是京沪高铁全线5个始发终到客运大站之一。2008年7月16日，京沪高铁济南西站及相关工程开工建设。受京沪高速铁路公司委托，该工程由济南铁路局代建，2011年6月30日建成开通运行。

济南西站有站场正线3.6千米，旅客列车到发线15条，旅客高站台8座，其中，基本站台1座长450米，宽20米，其余7个站台均为长450米，宽12米，共建站台无柱雨棚65326平方米；站房共5层，地上3层，地下2层，总建筑面积99786平方米，旅客乘降上进下出；高架候车大厅，面积22000平方米；基本站台设候车室2座，面积分别为2267平方米和2337平方米，并设有贵宾室1007平方米。全站设电梯82部，其中，候车大厅内设58部垂直电梯，供旅客进入候车室；候车大厅设引导旅客显示屏121个，根据旅客乘坐车次，告知旅客应至候车室；候车大厅和候车室分别设有危险品检查仪6台；候车室和出站口设直通旅客站台和出站口电梯24部。售票大厅一、二、三层有46个人工售票窗口，48台旅客客票自动售票机，售票大厅内设有各次旅客列车票额和主要旅客列车停靠站及票价价目大屏幕显示屏。车站设有自动消防喷淋灭火系统。济南西站有东、西两个旅客广场，东广场长470米、宽345米，西广场长470米、宽110米。京沪高铁济南西站与济南站之间建有联络线，其中，京济联络线13.494千米，济沪联络线16.633千米，供京沪高铁、京沪线、胶济线动车和普通客车运行互联互通。

四、周边车站

济南枢纽周边站有桥南、水屯、济南南、党家庄、桑梓店、泺口、北园、董家庄、东沙王庄、黄台、历城站，其中，货运站5个(济南南、党家庄、泺口、黄台、历城站)，其他6个站均为列车会让站。1989年10月12日，桥南−北园北环双线建成投产，京沪线上行济南−北京客货列车改走北环二线和曹家圈黄河特大桥，原津浦线桑梓店、桑南、鹊山、泺口站关闭。2000年，邯济铁路建成投产后，重新启用原津浦线和整修后的泺口黄河特大桥，作为邯济线引入济南枢纽的通道，桑梓店、泺口站重新投入运营。

济南西站

济南西站老场景

五、其他车站

2006年8月前，其他铁路火车站有炒米店、崮山、张夏、青杨、万德、界首、郭店、平陵城、枣园、明水、普集等。9

月，胶济铁路电气化改造竣工投产后，取消郭店、枣园、普集火车站。2007年5月，明水站改为章丘站。至2010年年底，章丘站为客货运混合站，万德、界首、平陵城站为货运站，炒米店、崮山、张夏、青杨站为会让车站。

第五节 编组整备站所

一、济西编组站

济西编组站地处济南市西郊位里庄，京沪、胶济、邯济线交会点，是全路7个大型路网编组站之一，特等站。该站下行列车改编系统1981年7月1日开工建设，1983年9月建成投产。1986年，铁道部决定对济西编组站进行改扩建。

(一)济西编组站上行场改扩建工程 在应急工程的基础上，济西编组站上行场改扩建工程历经二期改扩建、续建配套、工程收尾三个阶段。1987年11月4日，二期改扩建工程开工，1992年4月15日开通试用。完成到达、编发、到发场新建部分工程，基本形成上行系统。7月1日建成投产后，停用济南站上行场，上行列车的改编全部移至济西编组站上行系统作业。1991年4月，续建配套工程开工，1993年7月竣工。完成原上行到发场设备和部分车站设施拆迁、上行尾部信号楼过渡，补齐上行到达场3股道、编发场15股道、到发场预留股道和预留线束，实现原上行到发场和新建上行系统之间的平稳过渡，并按铁道部第三勘测设计院的设计规模建成上行系统。上行驼峰头部采用电脑测长、雷达测速TZ101遥控系统、TJK3和TJK2A型车辆溜放减速器及减速顶点连式调速系统，尾部采用平面调车集中设备，通信采用导频全无线自动播发设备，信号采用透镜式色灯信号6502电气集中联锁，全场车号系统采用无线电台遥控抄车号设备。1993年7月，收尾工程开工，1994年11月竣工。完成济南西机务段内燃机车整备场改造，新建上行加冰场、货场，上行正线更换60公斤/米钢轨，加装双机移频设备及新型防雷单元受电发码。

(二)下行系统股道延长工程 该工程分两期完成。1988年，第一期工程开工，1992年7月竣工。完成下行到达场11条到发线和编组场32条编组线向上海方向的延长，除编组线20～32股作相应延长外，其余7条编组线和12条编发线均按1050米标准延长。1992年8月，第二期工程开工，1993年7月竣工。将下行到达场的1条线与下行到发场的2条线接通，作下行组合列车的到发线，同时对下行驼峰减速顶点连式调速系统作相应延长，重新调整各股道的纵断面，改善车辆溜放作业条件。

(三)行驼峰自动化改造工程 1998年8月开工，2000年6月竣工。该工程自动化程度较高，采用调车进路微机联锁系统、溜放进路微机自动控制系统、车辆溜放速度微机自动控制系统、驼峰尾部停车器自动控制系统、推峰机车遥控系统等新技术。主要工程量：驼峰线路部分，包括驼峰峰高及溜放区段平、纵面的调整，32条编组线的调坡及尾部停车器控制。驼峰机械部分，包括一、二、三部位减速器安装，空压机站及供风管路系统安装。驼峰信号部分，包括铺设6组电气集中道岔、34组风动道岔、32条编组线、3台推峰机车控制。新建信号楼、空压机站、变电室等1637.37平方米及电力、通信配套工程。

(四)上行驼峰自动化改造工程 2003年4月开工，12月底竣工。主要改造项目和工程量：峰下交叉渡线508～514前一节钢轨至三部位减速器后一节钢轨范围内原43公斤/米道岔、钢轨更换为50公斤/米道岔30组，线路1.588千米；新建信号楼357.1平方米，新设TW-2型驼峰自动控制系统、测重控制系统、微机监控系统；更新全场信号设备，道岔转辙设备更换为ZK4型电控机39台，更新雷达38台和测重设备40台；整修尾部停车器60台及TWT尾部停车器微机自动控制系统；按50%更新调整布置全场减速顶2807个；新设推峰机车遥控系统，装备3

台调车机车；新建空压机站440.9平方米，储气罐棚108平方米；新设螺杆式空压机4台、储风罐5个、移设4个、利旧2个，新设压缩空气净化设备2套，更新全场72台减速器及整体道床、过渡道床，更新部分管路并实现微机变频自动供风；电力、通信、电视监控、数据传输系统，相应进行部分设备的更新加强并同步移频。

上行场改扩建及下行场股道延长工程的竣工投产，使济西编组站成为双向二级六场的大型路网编组站。Ⅰ场为下行到达场11股道；Ⅲ场为下行到发场7股道；Ⅳ场为下行解编场32股道(其中编发线12股道)；Ⅱ场为上行到达场13股道；Ⅴ场为上行解编场33股道(其中编发线16股道)，Ⅵ场为上行到发场7股道。设计能力为日均办理列车编解17000辆(上行系统9000辆，下行系统8000辆)，有调作业平均为75%以上。济西编组站上下行驼峰自动化改造的竣工投产，使该站货物列车改编作业全部自动化，提高驼峰的解编能力和运输效率。2010年，该站日均办理货物列车16515辆，比1985年增加9689辆，增长141.9%；济南枢纽货物到发总量3174.19万吨，比1985年增加1790.49万吨，增长129.4%。

二、济南客车整备所

济南车辆段客车整备场地建于20世纪50年代，位于济南火车站西街以西500米处。随着客运量增长，因场地狭小、线路短，除少量客车能入库存放检修和洗刷外，大部分客车底只能存放在济南站下行场、桑梓店和张夏车站，给客车检修、洗刷、消毒、整备工作带来困难。1996年，铁道部批准将济南站原下行编组场(经一纬五路以北300米至北大槐树以北100米处)改建成济南客车整备所。工程分两期建设。

(一)第一期工程 投资4900万元，1996年11月开工，1997年10月1日竣工。拆除房屋1723平方米、线路17.047千米、道岔82组；挖土石方16390立方米，清筛道床6908立方米，铺道床13097立方米，再铺线路2.83千米、道岔23组；新铺线路6.53千米、道岔9组；砌筑排水盖板线槽3580米，硬化站场、道路地面23488平方米，新建生产房屋12400平方米。主要技术标准：采用尽头和贯通混合式布局，7股道为贯通式整备线，2股道为尽头式整备线，其中1股道配有双层客车检修地沟。济南车辆段内原有市郊、短途客车整备线6股道、客车底走行线和牵出线各1股道、空调客车“三机”检修线和客车临修线各1股道。新建成空调客车“三机”检修库和客车整备房屋，并配有客运洗熨设备13台件，客货两用电梯1部，ZL系列组合冷库1座，另有客车洗刷、消毒、上下水设备等。

(二)第二期工程 投资2536万元，1999年6月开工，12月竣工。铺设线路6股道计3.101千米、道岔17组；新建双层客车检修地沟321.5米，房屋4863平方米；敷设通信线路、电缆13.558千米；新建灯桥1座、室外给排水及供热管网等。客车整备所的建成投产，提高了济南车辆段的客车整备能力。2010年，昼夜客车整备能力为80列，比1985年增加35列。

(三)旅客列车密闭式集便系统 该系统是铁道部第一个对客车密闭式厕所改造及建设地面接收处理系统的绿色环保示范工程。总投资1422万元，2004年9月开工，12月底竣工投产。在客车整备所对15、16股进行技术改造，铺设道岔3组；新建2条各长540米的检修地沟和2条卸污线；新建真空中心卸污站和污水处理厂各1座，安装相应的进口和国产设备；铁道部配置K25B型改造密闭式厕所旅客列车2列。

三、京沪高铁济南动车运用所

2009年7月1日开工建设，2011年5月18日建成启用。该所是京沪高铁运营的配套项目，位于济南市大金庄附近，占地44.4公顷，铺设26条铁道，主要承担京沪高铁在济南西客站始发、终到的高速动车组及少量跨线动车组的一、二级(专项)检修和内外部保洁、吸污等整备作业，动车组夜间存放以及完成相关动车组运用、检修信息的数据维护工作等任务。该所站场设施根据功能分为检测区、存放区、检修区、临修区、洗车区、生活区等6个部分，用于动车组维修的设备56种。

第六节 货 场

一、济南站货场

(一)经一纬六路货场改造与拆除 经一纬六路货场为济南站老货场，1904年投入使用。1987年，投资50万元，拆除货3股和16股，将原三线二台(货台)改为二线二台，新建货物站台4400平方米。1989年，投资52万元，新建货台风雨棚2666平方米、零担仓库800平方米、货运营业楼1800平方米。货场改造工程竣工后，货场面积168010平方米，货位561个18865吨，股道24条有效长4550米，雨棚5个17754平方米，货台16个53262平方米，龙门吊1台，叉式车15台。2008年3月，根据铁道部《关于济南站仅办理集装箱业务的通知》，济南站停止办理整车、零担运输业务，同时封闭货场。2009年8月，货场全部拆除。其货运业务转至济南、泺口、济南南、黄台、历城车站办理。

(二)集装箱货场改造与拆除 济南站北货站位于万盛街东北方向800米处，1969年7月5日投入使用。20世纪80年代末，随着集装箱运输量大增，铁道部投资300万元，将济南站北货场改建成集装箱运输专用货场，同时兼办笨大货物运输装卸业务。1988年9月，改建工程开工，1990年8月竣工投产。新建有效长150米货物线1条，低货位3万平方米，货物仓库1000平方米，营业楼900平方米，货场地面硬化2.1万平方米，新增36吨、20吨龙门吊和100吨地磅各1台，形成20英尺、40英尺和10吨集装箱及笨大货物运输装卸、中转能力。2010年6月1日，根据铁道部通知，济南站集装箱货场停止办理运输业务，并于8月20日拆除完毕。其货运业务转至济西、泺口、济南南、黄台、历城车站办理。

(三)辛庄货场改建 辛庄货场位于辛庄西300米，1958年5月投入使用。1988年，投资33.9万元对该货场进行改建，1989年年底竣工投产。将原辛庄货2股拆除后南移，新铺设与辛3股平行的辛2股，并在辛2股、3股间和辛2股北侧新建顶端站台和长250米货物站台各1座，面积3892平方米，安装龙门吊1台。

(四)南郊货场拆除 为防止南郊地区卸煤污染空气，根据济南市规划布局，2001年8月将南郊货场拆除交地方新建住宅。

二、济西站货场

(一)下行货场 原为对过路货物列车鲜活、冷藏货物上水、加冰、加盐用的商务场。1993～1995年，济西站利用原有4条商务作业线路，投资400万元，铺轨400米，铺设道岔3组，在线路西侧新建高站台1座，拆除报废的制冰机房、冰库，新建生产房屋416平方米，并对通道、货位进行硬面化，改建成下行货场。1993年7月开工，1995年11月竣工并开办货运装卸业务。

(二)上行货场 位于济西编组站上行驼峰东侧，由车站自筹资金1000万元建设。1994年4月开工，1995年10月建成投产。铺路轨1.3千米，地面硬化16400平方米，建成有效长各为450米的货物装卸线2条、货物站台1座、货物仓库2400平方米、货运营业楼2400平方米及加冰线、冰库、盐库等，置加冰机1台。除办理货物运输装卸业务外，兼办制冰、加冰、加水、加盐等商务作业。

三、黄台站货场

为胶济复线建设的配套工程，1987年8月开工，1989年4月竣工投产。对货3、4、5股和牵出线分别延长0.45～80米，铺设道岔9组；增建货物站台风雨棚450平方米；新建货物站台1座及货物整车、零担仓库各1座。

第三章　运　输

第一节 旅客运输

一、旅客运量

1987～1989年，境内铁路客运量增长较快，年均客运量1764.67万人次，1988年铁路发送量1888万人次，旅客运输出现列车超员和买票难、乘车难的问题。1990～1996年，随着高速公路和民航快速发展，运输市场竞争激烈，铁路发展相对滞后，境内铁路客运量下滑，年均客运量为1447万人次。1997年起，对铁路运输装备进行大规模扩能改造，在京沪、胶济干线实施旅客列车提速，更新机车车辆设备，调整列车运行图，方便旅客出行，中长途旅客数量明显增加。2003年，市境内铁路客运量年均回升至1576万人次。2004～2005年，分别上升至1896万人次和1924万人次。2006～2007年，随着京沪、胶济铁路电气化开通投产和全路第六次列车提速及动车组列车开行，旅客运量大幅增加，2007年2518万人次。2008～2010年，随着外出务工、旅游客流增加，旅客上座率进一步提高。2010年，运送旅客3327万人次。

1987～2010年济南市铁路客运量统计表

表3—5—8

年　份	客运量（万人）	客运周转量（亿人千米）	年　份	客运量（万人）	客运周转量（亿人千米）
1987	1720	92.47	1999	1630	134.2
1988	1888	106.9	2000	1693	144.3
1989	1686	98.61	2001	1642	152
1990	1438	89.06	2002	1625	160
1991	1436	96.1	2003	1576	149
1992	1359	104	2004	1896	183
1993	1426	108	2005	1924	192
1994	1589	111.5	2006	2248	219
1995	1519	105.7	2007	2518	245
1996	1362	98.6	2008	2845	265
1997	1453	110.6	2009	3072	278
1998	1546	120.1	2010	3327	308

二、旅客列车

（一）列车对数　1986年，济南站旅客列车对数为43对，1987年为46对。随着兖石、新兖、京九、桃威线开通运营，特别是实施五次列车提速调图，客流量增加。1998年，济南站京沪、胶济线旅客列车分别为36对和24对，比1987年分别增加9对和8对，在济南－上海间开通夕发朝至全列空调卧铺列车。1993～2000年，开行济南－日照直通旅客快车和济南至聊城、菏泽及济南－威海旅客列车，将济南－真如旅客列车延长至杭州、金华。2001～2003年，增开济南－上海全列空调旅客列车和济南－广州东、济南－乌鲁木齐、济南－重庆等跨局长途旅客列车。2004年，铁道部对京沪线采取减货增客措施，减少货车对数，增加客车对数。京沪线客车48对，比1998年增加12对，其中经济南到开42对，有效缓解京沪铁路客运能力严重紧张的局面。2004～2009年，增开济南－长沙、济南－深圳旅客快车。

2006～2009年，在京沪、胶济线开行特快、快速旅客列车的同时，开行北京－上海、济南－青岛点对点站式城际直达快车和动车组列车，并不断加大动车开行密度，实现城际列车公交化。2010年，济南火车站一昼夜车站到发旅客列车151列，平均每9分钟到、发1列。

（二）列车编组　1986～1988年，京沪线因旅客站台有效长不足，每列旅客列车编组12～14辆。1989年，京沪线主要客运站站台延长工程竣工后，旅客列车编组增至17～20辆，胶济线列车编组不变。旅客列车分别挂有硬席、硬卧、软卧、餐车、邮政和发电车等。2003～2006年，在胶济线实行小编组高密度开行办法，根据客流情况，每列旅客列车编组5～8辆。2007～2010年，京沪、胶济线开行动车组列车，一般每列编组6～8辆(特殊情况由铁道部发令加挂扩编)。

三、客运计划

1986～1997年，旅客运输贯彻“先远后近、防止列车超员”原则，对长途旅客列车的售票区段进行严格控制，铁道部、路局对各站中长途旅客列车软、硬卧票额进行计划分配，并按车厢号对号向外发售。1998～2005年，按照“择高择远、效益最大化”原则，实行旅客列车票额分配计划动态配置，并依据客流变化动态调整旅客列车限售区段。根据不同列车、不同车站在不同季节的客流特点，实行淡旺季票额分配方案。在春节和五一、国庆黄金周等节假日客流高峰情况下，客运部门开行临时旅客列车或临时加挂客车车厢。2006～2010年，对长途列车卧铺票、动车客车票实行票额控制和硬座客票发售，防止旅客列车超员。

四、客运服务

1986～1987年，在济南站建立列车上水情况鉴定卡，各次旅客列车根据鉴定卡内容对上水情况进行监督；长途旅客列车按列车编组规定在列车中部加挂餐车，供乘车旅客用餐。对未挂餐车的中、短途旅客列车，列车乘务人员事先联系沿线较大停车站准备好快餐食品送上车，保证旅客按时用餐。1989年，实施“茶杯子”工程，对济南站上水井、上水栓进行全面改造，向过往客车旅客免费送开水；在候车室设置免费饮水箱，旅客喝水难问题基本得到解决；济南客运段和济南站加强路风教育，严厉查处野蛮待客的路风责任事件。1993年，对客运乱收费项目进行清理。1999年，济南站客运把旅客需要作为服务标准，主动助残扶老携幼；济南客运段开展“亲情服务”“无干扰服务”“零投诉”活动。2000年9月，实施“四六品牌工程”，济南站列为品牌车站，济南客运段有3对客车为品牌列车。2002～2003年，开展客运服务质量年活动。2004～2006年，开展“诚信站车”活动，引导站、车客运人员树立以人为本服务理念，打造客运品牌，提升服务质量。2007年，为提高动车组列车旅客服务质量，实行同一车次两段共同担当：将承担的12对动车组列车乘务任务均衡分到济南、青岛客运段。2008～2010年，对进京、进沪、进穗列车和绿皮车进行车容车貌、服务质量全面整顿和达标验收，服务水平明显提高。

五、客票发售

（一）车站售票 1986～1995年，济南火车站发售车票采用人工售票方式。1996年6月，济南火车站开始发售计算机电子客票，软纸电子客票取代手工卡片式客票。1997年10月，济南火车站开始发售异地车票。2002年，实现铁路局、全国铁路大客运火车站联网售票和发售往返车票。2007年，优化动车组列车售票方式，开展利用席位复用、票额共用和延长预售期及试用联程售票功能。2011年6月1日起，济南火车站对动车列车售票实行旅客实名制。6月30日，京沪高铁开通运营，济南西站除实行微机实名制向旅客人工售票外，同时新开通旅客自动售票机售票。机器自动识别纸币并自动找零，方便了旅客。

（二）客票代售 1986～1997年，济南等火车站在市区各大宾馆、汽车站、工矿企业、旅游景点、大专院校附近建立铁路车票代售网点，并定期进行清理整顿，以规范代售票秩序，防止乱收费。1998～2008年，济南站火车票代售点向郊区、县(市)延伸，旅客客票代售网点覆盖面进一步扩大。2011年6月，济南地区火车票代售网点发展至74个。

六、旅游专列

1996年10月，济南火车站开行济南－北京“飞利浦”号球迷专列。1998年2月，开行济南－深圳旅游专列，方便济南市民赴香港、澳门旅游。2000年，济南中铁国际旅行社有限公司推出齐鲁快车旅游专列，获“中国旅游知名品牌”称号。2003年3月，济南火车站为方便老年人旅游开行“夕阳红”旅游专列。2004～2005年，济南火车站协助山东省政府开行“山东名牌产品万里行”专列。2006～2010年，济南开往香港、澳门14列，台湾6列，贵阳、昆明9列，桂林5列，三亚6列，张家界5列，焦作7列，东北6列，黄山3列，内蒙古2列，新疆4列，西安2列，杭州1列，九江1列，枣庄微山湖2列，共计旅游专列73列。

列车工作人员服务新兵运输，营造和谐列车环境 (2009年摄)

1986～2005年济南市境内各火车站旅客发送情况表

表3-5-9

单位：万人次

车站＼年份	1986	1987	1988	1989	1990	1991	1992	1993	1994	1995	1996	1997	1998	1999	2000	2001	2002	2003	2004	2005
济南	595.73	644.74	733.77	664.95	605.59	638.85	425.85	169.58	156.96	373.14	507.96	569.94	645.01	692.51	730.31	728.22	706.73	672.87	787.05	802.43
济南东	9.38	9.31	8.38	7.14	4.58	–	137.47	357.80	369.79	189.04	50.08	32.08	26.63	19.98	20.94	22.00	31.01	30.93	26.76	47.10
黄台	10.58	8.70	8.07	7.04	4.90	2.97	1.87	1.84	2.35	2.40	0.82	0.32	0.70	0.66	0.67	0.38	–	–	–	–
历城	5.53	5.57	5.80	4.78	3.52	2.84	2.27	2.40	3.02	2.61	1.35	0.73	1.00	0.82	0.89	0.57	–	–	–	–
韩仓	1.32	1.27	1.24	1.02	1.08	0.75	0.67	0.95	1.37	0.24	–	–	–	–	–	–	–	–	–	–
郭店	8.47	7.80	5.03	4.36	2.58	1.85	1.07	0.90	1.23	1.18	0.42	0.01	0.02	–	–	–	–	–	–	–
于家村	2.17	2.27	2.09	1.66	0.15	0.02	–	–	–	–	–	–	–	–	–	–	–	–	–	–
平陵城	4.88	4.44	4.19	3.38	2.63	2.01	1.64	1.49	1.87	1.52	0.58	–	0.07	–	–	–	–	–	–	–
毕阳	2.96	2.95	2.74	2.25	1.31	0.43	–	–	–	–	–	–	–	–	–	–	–	–	–	–
枣园	6.25	5.89	5.83	4.26	2.70	2.15	1.70	1.29	1.47	1.28	0.52	–	0.03	–	–	–	–	–	–	–
章丘	31.21	32.21	34.74	30.30	25.48	22.09	20.11	17.02	10.00	11.50	12.00	13.50	18.50	20.00	19.50	17.40	16.90	13.40	13.77	2.57
杲家坡	1.46	0.98	1.16	0.70	–	–	–	–	–	–	–	–	–	–	–	–	–	–	–	–
普集	1.65	6.42	6.27	4.70	3.74	2.84	2.02	1.70	–	–	–	–	–	–	–	–	–	–	–	–
桑梓店	2.14	2.09	1.89	1.96	1.61	0.50	–	–	–	–	–	–	–	–	–	–	–	–	–	–
泺口	1.26	1.25	0.90	0.77	0.72	0.26	–	–	–	–	–	–	–	–	–	–	–	–	–	–
济南南	10.76	9.17	8.28	6.18	4.34	3.72	33.20	92.70	101.91	43.07	1.12	0.25	0.44	–	–	–	–	–	–	–
党家庄	4.01	3.23	2.80	1.96	1.40	1.17	0.90	1.01	1.16	0.74	0.39	0.04	0.02	–	–	0.01	–	–	–	–
炒米店	3.50	2.63	2.46	2.05	1.51	1.30	0.90	0.55	0.61	0.37	0.19	–	–	–	–	–	–	–	–	–
崮山	5.41	3.65	3.11	2.49	2.06	1.43	0.80	0.28	0.39	0.26	0.14	–	–	–	–	–	–	–	–	–
张夏	9.02	5.83	5.15	4.34	3.45	2.87	1.72	0.77	0.93	0.72	0.49	0.05	–	–	–	–	–	–	–	–
青扬	5.44	3.91	3.86	3.29	2.97	2.55	1.39	0.48	0.58	0.51	0.19	–	–	–	–	–	–	–	–	–
万德	14.54	9.72	10.35	7.72	5.51	3.50	2.72	1.35	1.80	1.22	0.44	0.05	–	–	–	–	–	–	–	–
皮家店	0.38	–	–	–	–	–	–	–	–	–	–	–	–	–	–	–	–	–	–	–
界首	2.99	2.48	2.43	2.09	1.80	1.59	1.10	0.49	0.49	0.35	0.20	–	–	–	–	–	–	–	–	–
合计	741.04	776.51	860.54	769.39	683.63	695.69	637.40	652.60	655.93	630.15	576.89	616.97	692.42	733.97	772.31	768.58	754.64	717.20	827.58	852.10

2006～2010年济南市境内各火车站旅客发送情况表

表3—5—10 单位：万人次

车站＼年份	2006	2007	2008	2009	2010
济 南	854.28	1042.12	1166.05	1224.99	1334.53
济南东	123.37	49.73	56.36	88.60	121.52
章 丘	—	—	—	4.31	24.12
合 计	977.65	1091.85	1222.41	1317.90	1480.17

说明：不含停止旅客发送的各站点

第二节 货物运输

一、整车运输

1986～1996年，境内铁路办理整车货运业务的车站19个，济南站深入聊城地区开发整车货源并纳入月、旬运输方案。1997～2001年，重点抓好济南钢铁厂钢铁、济南炼油厂原油和成品油、埠村煤矿煤炭整车直达外运，同时停办货运量较小的崮山、张夏、青杨站整车货运业务。2002～2003年，停办北园、平陵城站整车货运业务。2004～2010年，实施货运大客户战略，与年货运量500万吨以上的济南钢铁集团公司、中石油济南分公司等签订保运合同，确保优先运输，同时停办炒米店、郭店、普集站整车货运业务。2010年，境内铁路办理整车货运业务的货运站为12个。整车装运品类主要有钢铁及副产品、石油、煤炭、焦宝石、化肥、农药、粮食、砂石等，占整车运量的90%。济南南站无整车货场，整车货物装卸利用专用线作业。

1987～2010年济南市铁路货运量统计表

表3—5—11

年 份	货运量（万吨）	货运周转量（亿吨千米）	年 份	货运量（万吨）	货运周转量（亿吨千米）
1987	2897	282.25	1999	4871	484.2
1988	3037	307.8	2000	5168	522
1989	3303	335.9	2001	5845	549
1990	3416	337.5	2002	6563	602
1991	3458	338	2003	6887	683
1992	3508	358.4	2004	7140	747
1993	3714	360.7	2005	7211	796
1994	3755	377.3	2006	7413	821
1995	3877	398.4	2007	7784	878
1996	4224	413.8	2008	8344	966
1997	4365	447.8	2009	9028	1046
1998	4659	432.1	2010	9913	1132

二、零担运输

1986～1990年，济南站深化零担运输改革，始发站最大限度装运直达或超越中转站的整零货物，中转站组织一站整零，提高零担运输水平。1991～1994年，增加远距离零担货物运量，提高零担运输服务质量，敞开受理零担，确保随到随运。1994年，济南站零担发送63万吨，比1986年增加11.2万吨。1995～2005年，由于高速公路汽车运输和中铁快运迅猛发展，零担货源流失严重，致使零担运量锐减。2005年，济南站零担发送10.9万吨，比1986年减少40.9万吨。经铁道部批准，从2008年3月1日起济南火车站经一纬六路零担房停止办理发到零担货物业务。

三、集装箱运输

1986～1990年，市境内济南、黄台站铁路集装箱运输业务逐年发展。1991年，对集装箱运输实行运输计划单列、请求车单独提报和审批计划优先、配车优先、挂运优先、回空优先等优惠政策，促进集装箱运输的发展。1992～1995年，不断扩大5吨、10吨箱运输业务，提高集装箱运量。1996～1997年，改革集装箱运输经营管理体制，组建路局、分局、车站三级集装箱运输中心机构和由铁路局、济铁分局两级中心参股的山东济铁集装箱运输有限公司，形成面向市场的集装箱运输经营管理体系；济南站大力发展20英尺大型国际集装箱运输，开行济南－成都东集装箱“五定”(定日期、定开行点和运行线、定车次、定品类、定到站)班列。1998～2003年，集装箱运输推广一口价、一次收费、全程包干运输方式，开发特种集装箱运输业务和管内集装箱循环专列。2003年，市境内铁路发送集装箱31.57万吨，比1986年增加13.3万吨。2004年，成立中铁集装箱运输有限责任公司济南分公司，集装箱运输收入与铁路局清算。2005年，集装箱运输按照集中办理、集中收费、方便客户、优先运输原则，由中铁集装箱运输有限责任公司负责受理、承运和交付业务，公司对客户全程负责，费用按规定和合作协议与铁路局清算。2006～2010年，加强网上集装箱营销宣传，大力开发货源，实施海铁集装箱联运战略和进口不足内贸补的营销策略，加大建材、食品、电子等适箱货物开发力度，促进内贸增量；与租箱公司合作，抓好空自备箱的接续运输；扩大出口长距离集装箱“五定”班列

济西站货运铁路线 (黄刚摄)

运输，促进增运增收。2009年，受公路集装箱运输竞争影响，济南、黄台车站集装箱发送29.99万吨，比2008年减少10.02万吨。2010年6月，济南站集装箱货场停办运输业务。年内济南市境内铁路集装箱发送22.34万吨，比2009年减少7.65万吨。

四、危险货物运输

1986年，为加强危险货物运输安全管理，由山东省经委牵头，有关部门组成联合检查组对办理液化石油气、丙烯、液氯业务的济南、黄台、泺口站货场及充装单位进行安全检查。1987年3月，济南站货场停办危险货物到发业务，转到黄台、泺口站办理。1991年，针对危险货物运输专用车不足情况，采用敞车代替毒品车运输。1995年，进口液体、液化气体运输量增加，路局确定黄台站为集装箱装运危险货物办理站。2002～2003年，根据《国家危险化学品安全管理条例》，对剧毒货物运输办理站全部安装计算机跟踪管理系统，对危险货物自备罐车重新建立台账，实行危险品罐车准运证制度，同时停办泺口站货场危险货物运输业务，仅办理危险品到卸业务。2005年，黄台站货场停办危险货物运输业务，改在铁路专用线内办理。2006年起，停办危险品发到业务。至2010年年底，济南市境内办理专用线危险品发送到卸运输业务有历城、济南南两站。

五、货运营销

1998年7月至2000年12月，济南铁路分局(简称分局)撤销客运、货运、运输分处，组建新的运输管理分处和客货营销中心，客货营销中心负责对外市场营销，并将分局调度所划归客货营销中心管理。分局基层运输站段成立客货营销科，建立营销队伍，自上而下形成客货营销网络，各司其职，开展营销宣传和营销活动。分局和运输站段在济南火车站广场和纬二路等市区繁华地段开展客货营销宣传活动，介绍铁路客货运输的优越性和优惠政策；组织货运营销组深入工矿企业、物资单位，通过召开货主座谈会，征求货主意见建议，改进运输方式。2001～2005年，每年进行货源调查，按照生产量、外运量、地销量及流量、流向分门别类登记造册，掌握第一手资料，建立货主档案，取得一定效果。2005年，市境内火车站货物发送总量859.10万吨，比2001年增加35.81万吨。2006～2010年，实行货运大户战略，把货运营销重点转向钢铁、铁矿石、石油、煤炭等重点厂矿企业并实行优先运输和优惠价格，货源仍呈下降趋势。2010年，市境内铁路完成货物发送530.79万吨，比开展营销前的1997年减少357.66万吨。

六、保价运输

1986～2004年，开展货物保价运输。在分

济南火车站货运装卸场　(2011年摄)

局货管分处(原货运科)设立货运保价办公室，按照货主自愿原则，由铁路车站与货主签订货物保价运输协议，铁路按规定收取保价费；保价运输发生责任事故，铁路及时进行赔偿。1991年，开始实施货运事故赔款从货运保价费中支付。1999年，对保价运输货物发生事故时，实行“先赔付，后划分内部责任”办法，促进货物保价运输的发展。2004年，分局货物保价运输因损坏、丢失、被盗等责任事故赔款235.6万元。2007年，济南车务段大力抓好历城车站济钢钢材保价运输，货物保价收入702.2万元，比2006年增加331.2万元。2008～2010年，坚持货运保价“两手抓”：一手抓扩大铁矿石、钢材等大宗货物保价业务，一手抓提高车站货运保价人员积极性，将货运保价收入指标纳入年度考核范围，与职工收入紧密挂钩。2010年，济南市境内铁路车站货运保价收入完成957.6万元。

七、装卸作业

1986年，市境内铁路装卸部门设济南、泺口、黄台3个作业所。济南铁路分局在装卸作业所推行经济承包责任制，分局装卸管理所、作业所、班组层层签订以劳力吨、机械吨和装卸机械保养维修为内容的责任状，按责任状考核分配。1987～1989年，济南站进行“站装合一”试点。1990年，设济西装卸作业所，济南市境内铁路装卸作业所增至4个。2000年，加强委外装卸规范化管理，配备委外装卸管理干部，使委外装卸工作得到加强。2001～2004年，撤销分局装卸管理所，将货运装卸划归车站管理，成立货装车间，实行货运装卸一体化管理，装车、卸车效率分别提高6.4%和7.3%。同时，把防止“三重一超一落”(超重、集重、偏重，超载，坠落)作为确保装车安全的主攻目标，制定主要货物装载方案，历城站大钢坯敞车装卸加固方案被评为“1997年度全国铁路货物装载加固最佳方案”。加强检斤测重，对散装货物做到划线装车。实行“谁作业谁负责，谁负责谁签认”制度，使装车货物“三重一超一落”处于可控状态。2003年，济南西站安装超载偏载监测仪并投入联网运用，车站对超偏载监测仪实行24小时监控。2007年，将装卸业务、资产、人员纳入多种经营系统管理，即济南铁路地区装卸业务从车站剥离出来，划归济南铁路经营集团公司并与下属物流业合并，实现物流、装卸一体化管理。

1986～1989年，市境内铁路车站大力发展装卸机械，货物装卸逐步增加机械作业量，机具装卸作业比重为51.4%。共有装卸机具48台，其中装砂机12台，卸煤机5台，龙门吊5台，汽车吊2台，装载机14台，叉式车10台。1990～2005年，人工装卸作业减少，装卸作业机械化水平不断提高。2005年，市境内铁路车站共有装卸机具56台，其中龙门吊11台，汽车吊3台，装载机16台，叉式车18台，挖掘机2台，机械化装卸作业所占比重上升至52.2%。2006～2010年，铁路机械化装卸比重提高至53.4%。2010年，市境内铁路车站共有大型装卸机械44台(2008年济南火车站停办货运业务，27台装卸机械全部往外调拨或封存，未统计在内)，其中，龙门吊9台，汽车吊2台，挖掘机2台，装载机14台，叉车17台。

1986～2010年济南市境内火车站货物发送与到达情况表

表3—5—12

单位：万吨

年份/车站	1986		1987		1988		1989		1990		1991		1992		1993		1994		1995	
	发送	到达	发送	到达	发送	到达	发送	到达	发送	到达	发送	到达	发送	到达	发送	到达	发送	到达	发送	到达
济南	95.68	337.49	104.17	309.72	108.03	299.51	114.67	311.77	133.11	289.01	135.36	273.80	168.19	337.75	169.28	309.34	138.39	205.12	161.27	230.02
泺口	7.63	37.97	12.87	36.64	14.40	38.81	15.01	43.39	11.05	46.36	11.88	47.89	10.11	40.67	8.98	33.10	12.38	26.79	7.25	31.87
济西	0.28	10.04	0.14	10.99	0.05	14.57	0.16	16.28	0.04	16.09	0.011	15.24	2.78	18.55	45.84	48.51	54.55	34.59	48.08	40.00
黄台	22.56	183.73	29.06	178.27	35.70	204.11	40.51	201.47	41.33	205.59	56.61	252.01	66.34	270.75	64.46	311.31	59.67	279.92	60.71	315.01
历城	237.52	328.96	231.51	335.04	243.05	375.43	260.70	397.02	294.69	438.00	302.10	447.59	294.31	439.03	296.02	474.07	321.56	564.96	348.20	531.51
郭店	1.67	12.21	3.59	15.71	5.73	28.86	5.74	21.36	4.89	31.16	5.54	25.88	6.76	24.99	9.17	32.99	7.58	21.31	4.31	24.48
平陵城	0.38	1.04	0.31	1.18	0.35	1.40	0.57	2.35	0.88	0.90	1.00	0.74	1.07	1.32	1.22	1.28	1.46	0.85	0.03	0.66
枣园	79.78	11.66	82.55	10.67	82.96	10.29	101.70	14.02	104.06	9.78	86.31	10.59	87.42	12.62	118.23	9.29	101.54	9.48	105.40	9.93
章丘	31.20	19.70	34.60	24.00	40.40	23.10	47.50	23.40	44.80	24.20	40.70	25.20	32.20	25.20	32.00	24.20	31.00	23.30	40.60	21.50
普集	14.60	2.20	15.40	3.40	16.30	2.70	18.10	4.60	16.30	3.60	16.10	4.10	13.20	3.40	15.40	3.60	14.80	3.50	13.60	3.30
济南南	32.33	58.88	36.64	57.40	38.01	51.84	38.57	57.28	40.60	54.88	38.88	59.56	—	—	—	—	32.27	57.05	—	—
党家庄	17.08	14.48	17.30	13.47	19.88	13.38	23.63	8.77	35.82	11.61	28.88	8.89	23.90	11.85	29.67	8.50	24.06	5.19	48.36	4.58
炒米店	8.00	3.12	9.32	2.80	10.95	2.04	13.18	0.88	9.30	1.33	16.25	3.50	14.09	3.35	14.19	4.90	12.94	3.71	18.56	1.35
崮山	4.30	5.12	1.39	3.45	1.93	6.88	3.05	3.39	3.42	2.68	2.16	1.74	2.49	2.93	2.37	0.92	0.50	2.26	0.61	3.57
张夏	3.52	1.47	4.80	0.52	4.46	0.39	5.29	0.52	6.32	0.68	5.65	0.34	4.86	1.32	1.79	0.67	1.68	0.83	0.93	0.44
青杨	4.39	1.73	2.45	0.10	3.84	0.14	4.31	0.06	3.52	1.32	1.22	0.27	5.26	0.02	2.08	0.04	0.25	1.03	1.13	0.77
万德	4.14	0.92	1.32	1.15	0.99	1.09	1.31	1.32	1.87	1.59	1.90	2.27	2.55	4.23	1.73	3.51	4.00	5.13	2.57	4.47
界首	5.68	1.76	10.71	1.54	9.89	1.36	8.10	0.83	5.49	2.50	9.78	1.94	6.09	2.99	4.49	3.47	6.23	2.49	6.00	4.04
合计	570.74	1032.48	598.13	1006.05	636.92	1075.90	702.10	1108.71	757.49	1141.28	760.43	1181.55	741.62	1200.97	816.92	1269.70	824.86	1247.51	867.61	1227.50

续表3—5—12—1

年份/车站	1996		1997		1998		1999		2000		2001		2002		2003		2004		2005	
	发送	到达	发送	到达	发送	到达	发送	到达	发送	到达	发送	到达	发送	到达	发送	到达	发送	到达	发送	到达
济南	117.46	193.98	103.47	184.06	92.33	172.97	92.74	154.31	117.09	132.90	106.25	141.59	97.27	137.59	102.13	136.52	132.70	155.20	94.20	138.70
泺口	9.89	39.71	15.20	47.40	8.44	47.06	8.53	40.78	10.93	37.49	9.83	47.41	8.86	59.02	11.70	64.09	12.10	50.30	9.30	42.20

续表3—5—12—2

车站 \ 年份	1996		1997		1998		1999		2000		2001		2002		2003		2004		2005	
	发送	到达	发送	到达	发送	到达	发送	到达	发送	到达	发送	到达	发送	到达	发送	到达	发送	到达	发送	到达
济西	64.33	41.37	56.86	25.63	53.11	22.13	50.91	18.12	53.44	19.07	48.10	17.92	54.05	23.00	51.41	35.98	64.10	54.30	31.20	30.10
黄台	56.95	232.32	54.81	266.78	50.13	259.26	50.05	254.28	60.68	284.76	59.71	300.41	49.91	267.86	52.18	275.33	96.00	326.90	61.90	239.40
历城	354.67	612.51	352.61	694.78	338.72	718.25	321.82	667.21	373.08	707.46	356.32	646.30	370.14	717.78	390.89	677.57	416.40	692.50	488.00	931.60
郭店	5.17	31.04	6.98	31.89	4.15	28.86	6.41	37.90	10.00	34.19	8.11	47.00	6.89	47.88	7.89	35.60	2.40	21.60	—	—
平陵城	0.23	1.22	0.35	0.98	0.38	0.78	0.44	2.06	1.19	2.72	1.00	0.71	0.93	1.03	—	0.33	—	0.20	—	—
枣园	116.80	11.36	134.13	12.77	127.32	13.21	128.76	15.09	126.64	15.47	103.30	16.50	98.98	18.27	74.41	27.81	89.60	53.90	25.10	18.90
章丘	35.10	18.60	31.20	12.50	27.70	11.50	32.30	19.20	30.80	19.30	27.10	37.10	17.40	46.50	14.10	45.40	26.70	57.50	10.40	9.30
普集	15.70	4.00	14.10	3.60	13.50	10.10	13.00	4.40	13.60	6.90	17.20	11.10	17.80	12.60	16.10	14.20	11.20	11.50	—	—
济南南	38.77	46.22	39.83	61.73	37.29	52.75	31.29	49.39	28.92	50.14	29.85	54.82	25.00	59.80	22.54	77.62	59.60	79.60	75.50	101.90
党家庄	47.57	4.19	52.38	6.77	40.12	6.94	32.12	8.62	61.92	16.41	53.94	23.50	28.76	45.22	49.02	39.09	55.70	14.20	63.50	16.30
炒米店	17.53	1.39	13.66	2.97	6.87	2.79	2.53	3.29	7.89	4.00	4.36	2.52	0.01	0.68	—	0.74	—	0.90	—	0.20
崮山	0.74	1.96	—	—	—	0.01	—	0.10	—	1.50	—	3.72	—	0.79	—	0.21	—	0.20	—	—
张夏	0.55	0.23	—	—	—	—	—	—	—	—	—	—	—	—	—	0.06	—	—	—	—
青杨	1.60	0.45	—	—	—	—	—	—	—	0.06	—	0.43	—	—	—	—	—	—	—	—
万德	1.91	4.84	4.40	7.76	3.04	3.86	1.27	1.68	1.04	2.14	3.44	2.43	2.98	0.58	6.55	0.81	0.20	0.70	—	0.50
界首	6.94	1.40	8.47	2.60	5.64	2.36	4.66	4.40	5.35	3.58	4.80	5.73	4.74	2.19	1.54	1.06	0.10	2.20	—	2.90
合计	891.91	1246.79	888.45	1362.22	808.74	1352.83	776.83	1280.83	902.57	1338.09	833.31	1359.19	783.72	1440.79	800.46	1432.42	966.80	1521.70	859.10	1532.00

续表3—5—12—3

车站 \ 年份	2006		2007		2008		2009		2010	
	发送	到达	发送	到达	发送	到达	发送	到达	发送	到达
济南	84.40	117.60	90.30	128.20	84.50	112.34	61.39	97.94	20.03	64.92
泺口	9.10	51.00	7.70	46.70	7.20	75.83	4.14	48.66	14.94	35.11
济西	33.30	27.40	31.40	19.20	40.80	19.73	33.84	11.03	44.79	31.56
黄台	58.40	215.70	45.20	225.10	39.80	173.33	29.74	187.84	25.14	245.47

续表3—5—12—4

年份 车站	2006		2007		2008		2009		2010	
	发送	到达	发送	到达	发送	到达	发送	到达	发送	到达
历 城	477.20	1223.40	480.30	1389.20	461.20	1389.00	395.73	1316.59	310.43	1659.90
平陵城	–	0.70	2.40	–	13.90	9.73	4.29	0.06	15.73	0.07
章 丘	88.90	94.70	77.20	186.00	31.50	141.97	60.86	363.18	66.28	444.75
济南南	66.30	83.40	39.00	102.30	22.40	122.34	13.28	101.53	10.89	104.84
党家庄	59.20	15.10	26.70	7.10	38.90	4.93	17.01	11.79	6.79	36.99
万 德	0.10	–	–	–	0.10	0.01	0.01	0.05	0.03	0.42
界 首	–	1.00	0.80	1.30	0.10	1.13	0.38	1.63	2.65	2.00
桑梓店	–	–	–	–	–	–	3.06	10.33	13.09	17.37
合 计	876.90	1830.00	801.00	2105.10	740.40	2050.34	623.73	2150.63	530.79	2643.4

2010年济南市境内主要火车站发送与到达货物品类表

表3—5—13　　单位：万吨

货物 车站	合 计		煤		石 油		焦 炭		金属矿石		钢 铁		非金属矿石		矿建材料		水 泥	
	发送	到达	发送	到达	发送	到达	发送	到达	发送	到达	发送	到达	发送	到达	发送	到达	发送	到达
济 南	20.33	64.93	–	3.76	–	7.29	–	–	–	–	8.79	33.89	0.02	0.38	0.01	3.65	0.01	–
泺 口	15.42	35.11	–	18.76	0.07	1.63	–	–	–	0.01	0.92	0.29	–	0.59	0.67	0.81	–	–
济南西	44.77	31.66	–	19.58	–	0.92	–	–	–	–	2.64	0.79	0.10	0.50	1.03	2.60	–	–
黄 台	25.53	245.48	–	213.08	–	0.01	–	–	0.11	–	5.06	0.03	0.01	1.32	0.35	0.30	–	–
历 城	310.42	1659.91	6.53	677.99	185.26	31.12	3.27	40.68	–	895.94	109.57	7.72	0.07	3.34	0.06	0.40	–	–
济南南	10.89	104.83	–	2.48	3.86	7.86	–	–	–	–	2.50	80.99	–	0.07	–	0.30	–	–
党家庄	6.89	36.99	–	7.78	–	–	–	–	–	–	–	0.87	–	–	–	27.76	6.46	–
平陵城	15.73	0.07	–	–	–	–	–	–	–	–	–	–	–	–	15.73	0.07	–	–
章 丘	66.28	444.75	49.90	421.21	–	–	–	–	–	0.10	4.30	11.41	0.23	3.57	0.05	1.50	–	–
桑梓店	13.09	17.37	–	–	–	–	–	–	–	–	13.09	17.37	–	–	–	–	–	–

续表3-5-13-1

货物 / 车站	木材		粮食		棉花		农药化肥		盐		化工品		金属品		工业机械		电子电气机械	
	发送	到达	发送	到达	发送	到达	发送	到达	发送	到达	发送	到达	发送	到达	发送	到达	发送	到达
济南	–	1.47	2.27	0.52	–	0.07	1.34	0.24	–	–	1.35	0.86	–	0.12	1.15	5.22	–	–
泺口	0.88	1.05	2.02	0.51	–	0.04	1.45	0.18	–	–	3.51	3.92	0.26	0.01	1.30	0.37	–	–
济南西	0.08	0.25	18.69	1.78	–	0.17	5.61	2.27	–	–	5.91	0.98	0.06	–	0.42	0.59	0.08	–
黄台	0.05	0.73	1.09	3.47	0.40	4.23	0.33	0.74	–	0.05	0.14	0.09	–	–		0.09	–	0.02
历城	–	0.04	0.55	0.72	–	–	0.02	0.15	–	–	3.13	1.34	0.93	–	0.07	0.02	–	–
济南南	–	0.09	0.88	–	–	–	0.02	–	–	–	0.04	4.19	–	0.65	0.03	–	0.01	–
党家庄	–	–	–	–	–	–	–	–	–	–	–	–	–	–	0.10	–	–	0.01
平陵城	–	–	–	–	–	–	–	–	–	–	–	–	–	–	–	0.07	–	–
章丘	–	0.64	0.10	0.77	–	–	11.52	4.04	–	–	0.01	0.19	0.04	–	–	0.08	–	–
桑梓店	–	–	–	–	–	–	–	–	–	–	–	–	–	–	–	–	–	–

续表3-5-13-2

货物 / 车站	鲜活货物		农副产品		饮食烟草制品		纺织品		纸及文教用品		医药品		其他		零担		集装箱	
	发送	到达	发送	到达	发送	到达	发送	到达	发送	到达	发送	到达	发送	到达	发送	到达	发送	到达
济南	0.08	0.03	0.30	0.38	0.14	0.93	0.01	–	0.09	0.02	–	0.01	0.66	1.24	–	–	4.11	4.85
泺口	1.54	5.46	0.04	0.06	0.13	1.27	0.84	0.01	1.09	0.07	–	0.07	0.68	–	0.02	–	–	–
济南西	3.52	0.10	0.06	0.10	1.48	0.26	1.20	–	1.85	0.01	0.22	–	1.82	0.73	–	–	–	0.03
黄台	0.01	–	–	0.31	0.10	0.93	0.03	–	–	1.64	–	0.32	1.14	0.69	–	–	16.71	17.43
历城	–	0.02	–	–	–	0.02	–	0.14	–	–	–	–	0.96	0.27	–	–	–	–
济南南	–	–	–	–	0.02	3.79	0.02	–	–	0.27	–	1.13	3.51	3.00	–	–	–	0.01
党家庄	–	–	–	–	–	–	–	–	–	–	–	–	0.33	0.57	–	–	–	–
平陵城	–	–	–	–	–	–	–	–	–	–	–	–	–	–	–	–	–	–
章丘	0.07	0.04	–	0.10	0.02	0.07	–	–	–	0.04	–	–	0.04	0.97	–	–	–	0.02
桑梓店	–	–	–	–	–	–	–	–	–	–	–	–	–	–	–	–	–	–

第三节 运输调度

一、调度指挥

1986～1992年，济南铁路实行经济大包干和经济承包责任制，运输生产由生产型向效益型转变，济南铁路分局调度所加强日班计划的编制和实施，对卸车、装车和分界口货物列车交接对数在日班计划中重点掌握，加强车流推算和调整，实行均衡运输，减少列车在编组站、区段站和分界口的等线，实现多装多卸多接超计划目标，提高经济效益；为确保德州分界口空敞车排空任务完成，保证重点物资装车，采取车种代用和顺路装车措施，实现既保排空又保装的双赢。1994～1999年，加强对日班计划质量考核，全面落实经营责任制，在运输调度指挥中采取“攻长、调短”措施，实行分界口敞口接车，进一步提高运输进款和增加货物周转量。2000～2005年，济铁分局与调度所签订经济承包责任状，重新确立“保重点、保质量、抓增运、上效益”的运输调度策略，挖掘运输潜力，搞好运力配置，将主要干线车流调满，充分利用新线分流，保证增运增收。2006～2010年，在充分运用调度指挥新装备新技术的基础上，加强运输调度指挥，在客货列车密度大、线路施工多的不利条件下，严格坚持按图行车，按等级会让，按照“先客后货、先快后慢、先正点后晚点”的列车运行调度指挥原则，尤其对进京、进沪、进穗的特快、快速、动车旅客列车重点掌握，确保正点运行和正点到达，对晚点的旅客列车组织火车司机赶点，或压缩停站时间，恢复正点并给值班调度员、火车司机赶点奖励；调度所各行车调度台开展“四百一无”(客车、货车始发、终到100%，无责任行车事故)竞赛活动。2010年，旅客列车始发、运行正点率分别为99.8%和98.6%，货车始发、运行正点率95.2%和95.1%。

二、车站作业

(一)接发列车 车站接发列车由车站值班员和助理值班员按分工职责共同完成，接发列车实行标准化、程序化作业，不得简化或遗漏。1986～2000年，开展中间站作业标准化活动，评选作业标准化班组和个人。1996年4月，全国铁路车务系统京沪示范线现场会在张夏车站召开，推广张夏车站接发列车用语标准化、作业程序化的做法。1997～2000年，加强车机联控和主要干线车站股道电码化，确保接发列车安全。2001～2010年，正常作业严把信号、闭塞、进路“三关”；非正常作业尤其施工时，严把道岔进路关；开展等级车站检查评比活动，把接发列车作业程序化、用语标准化、双人确认制落到实处。

(二)调车作业 济南铁路调车作业形式有驼峰溜放调车作业和平面推送调车作业两种。济西编组站和济南站地区车场分别有自动化驼峰和半自动驼峰的调车作业。济南站配备客车底调车机车，专门负责客车底整备场与旅客列车到发场之间客车底的编组、取送调车作业。黄台、历城站调车作业繁忙，由专用调车机按调车作业计划在调车场进行平面调车或到货物线、专用线进行取送车作业(章丘站调车作业由历城调车机负责)。济南市境内其他车站的调车取送作业均由解结列车本务机车负责。

1985年，调车作业采用手信号，即人工手执灯、旗指挥。1986～1991年，引进专用电台，改用电台语音指挥调车，推广使用无线调车指挥系统。1992年，在济西、济南等编组站推广使用无线数控灯显调车设备。1996年，开始在各中间站调车组应用。

1985年，车站驼峰调车沿用手闸和铁鞋制动进行调车作业。1986年，济西站下行场峰下30股道安装使用点连式减速顶。1988年，济南站上行场驼峰安装调速器和峰下减速顶。2003～2004年，济西站上、下行驼峰进行自动化改造，实现驼峰货车车辆溜放作业自动化。

为确保调车作业安全，制定和推行调车作业标准化。1986～1995年，开展“五化一好”调车组活动。1997～1999年，在济西、济南站开展标准化调车场活动。2001～2010年，开展“等级调车组”活动。

三、运输计划

1986～1992年，济南铁路分局提前1个月编制下达月度货物运输计划，货物运输计划按管理权限跨局、跨分局的由路局审批，分局管内运输计划由分局审批。1993年3月，济南铁路分局率先在全国铁路进行货运计划微机网上审批改革试点。1994年7月，将货运计划分为基本计划和调节计划。1995年7月，将货运计划分为月编计划和日常计划。1997年12月，货物运输计划实行“网络公开、异地办理、随报随批、及时承运”办法。2000年7月，全国铁路统一运用货运营销及生产管理系统(FMOS)管理货运计划，该系统对货运计划采取“集中批、随时批、立即批、自动批”审批方式。2005～2010年，实行大客户铁路商务网站直接提报货运计划和请求车，经铁路运输部门批准后，直接下达给大客户和承运车站，减少车站提报计划过程，方便货主。

四、装卸车

(一)装车　1986～1996年，贯彻“三先三后”装车原则，即“先中央、后地方，先计划内、后计划外，先重点物资、后一般物资”，优先确保煤炭、支农、救灾、石油、钢铁、外贸等重点物资运输。1997～2003年，按照效益优先原则，采取“先中长、后短途，先跨局、后管内”的顺序装车；严格控制限制口装车，扩大自管内装车和顺路装车，年日均装车2523车，比1986～1996年日均多装654车。2004～2010年，实施大客户战略，对货运量500万吨以上的大客户济钢集团、中石化济南分公司实行优先装车，确保运输；加强黄台、历城、泺口、章丘装车点建设；在历城车站开展路地直通运输。

(二)卸车　1986～1996年，坚持“一卸二排三装车”原则，在加速管重输送的同时，将卸车纳入承包经济责任制，不断加大考核力度，1996年日均卸车1907车，比1986年日均多卸476车。1997～2000年，重点攻克货物集中到达和冬季矿粉、洗精煤冻结给卸车带来的困难，组织集中抢卸，并将卸车与铁道部、铁路局新的清算指标体系直接挂钩清算，调动卸车积极性。2000年，日均卸车2646车，比1996年日均多卸739车。2001～2005年，突出抓好电厂、钢厂、港口等卸车大户的卸车，并与上述单位签订卸车协议或责任状，明确双方责、权、利。2006～2010年，实行以卸定装，加大卸车挂钩清算奖励力度，2010年日均卸车3447车，创历史新高。

五、编组站改编能力及区间通过能力

(一)济西编组站能力　通过能力：2005年，日通过能力(查定)443列，实际324列，利用率0.73；2006年，日通过能力(查定)443列，实际309列，利用率0.70；2007年，日通过能力(查定)467列，实际326列，利用率0.70。改编能力：2005年，日改编能力(查定)14182辆，实际14518辆，利用率1.02；2006年，日改编能力(查定)14182辆，实际13815辆，利用率0.97；2007年，日改编能力(查定)13695辆，实际13824辆，利用率1.01。

(二)京沪线关键区间通过能力　1987年4月1日，北园－济南(单线)，客车25对，货车30对，K值(能力利用系数，下同)：上行100，下行61.6；万德－界首(坡道)，客车30对，货车55对，K值：上行80.6，下行91.7。1991年4月21日，北园－济南(单线)，客车34对，货车28对，K值：上行100，下行87.5；万德－界首(坡道)，客车33对，货车61对，K值：上行78.3，下行91.7。桥南－济南西，1995年，客车30对，货车69对，K值：上行91.4，下行94.6；2005年，客车22对，货车77对，K值:上行93.3，下行95.2。2001年10月21日，青杨－万德，客车53对，货车58对，K值：上行94，下行100。

(三)胶济线关键区间通过能力 1991年4月21日，济南－北关，客车17对，货车26对；K值：上行77.6，下行97.4。1995年，济南－济南东，客车18对，货车43对；K值：上行90.8，下行90.9。1997年，济南－济南东，客车19对，货车39对；K值：上行73，下行99。2000年10月21日，济南－济南东，客车32对，货车40对；K值：上行80，下行99。

六、列车运行图

1986年始，列车运行图编制基本上四年一大改，一年一调整。1987～1992年，先后4次编制和调整列车运行图，以改革、挖潜、扩能、提效为中心，坚持以客为主、客货兼顾的调图原则，采取压点提速、节约动力、调整列车间隔和推行内燃机车长交路等措施，增加京沪、胶济线客货列车对数，满足客货运量增长需要。1997～2007年，先后6次编制和调整提速列车运行图。2007年“4.18”新图比旧图增加旅客列车24对，其中增加动车组列车12对；德州分界口新图客车57对，比旧图增加9对，货车68对，行邮行包专列2对，客货列车127对。2008年，根据优化京沪线列车运行和胶济客运专线投产客货列车分线行车需要，“4.28”“5.31”“6.25”“7.21”“8.2”“9.22”“12.21”7次调整京沪、胶济线列车运行图，扩大运输能力。

第四节 列车提速

1997年4月至2007年4月，全国铁路主要干线先后进行6次列车大提速，与济南市境内铁路干线有关的5次。

第一次提速 1997年4月1日实行。京沪线由东风11型牵引的快速旅客列车，济南－蚌埠间上下行技术速度提高至101.7千米／小时，比提速前提高13.1千米／小时；胶济线济南－青岛间由东风4D牵引的特快旅客列车，上下行技术速度提至85.9千米／小时，比提速前提高4.5千米／小时。

第二次提速 1998年4月1日实行。京沪线旅客列车最高速度140千米／小时；胶济线旅客列车速度105千米／小时，技术速度提高19.1千米／小时。

第三次提速 2000年10月1日实行。京沪线最高速度保持140千米/小时，济南－蚌埠间上下行技术速度比第二次提速后提高2.6千米／小时。

第五次提速 2004年4月1日实行。京沪线旅客列车速度普遍为160千米／小时，个别地段最高为180～200千米／小时。

第六次提速 2007年4月18日实行。京沪、胶济干线平均提速至129千米／小时，比2004年平均提高17.2千米／小时，京沪线首次开行时速200千米、胶济线部分地段首次开行时速250千米动车组列车。

第五节 安全生产

1986～2004年，济南铁路运输站段坚持“安全第一”不动摇，把安全作为运输生产的头等大事。2004年年底，济南铁路运输站段实现连续行车无责任重大、大事故2829天，无责任客车事故2324天，无责任路外交通重大事故8420天，均创历史最好纪录。2005～2010年，济南、济西特等运输车站和济南车务段及济南、济南西机务段均消灭行车重大、大事故，实现行车安全。

1986～2010年，济南铁路分局和主要运输站段均把安全投入列为工作重点，从改善硬件装备和设施入手，加大对新技术、新装备的投资，确保行车、人身和路外交通安全，累计安全投资11.38亿元。

第四章　体制改革

第一节 行政管理体制改革

1983年3月，济南铁路分局开始试行改革，将分局多种经营办公室改成多种经营分处，同时在分局机关公开招聘劳动人事科长。1985年11月前，济南铁路分局及所辖站段实行党委领导下分局长、站段长负责制。1985年12月，实行分局长负责制。1986年，对下属31个基层站段分三批实行站段长负责制。1987年，分局和站段进一步明确分局长、站段长中心地位，分局党委对分局的全面领导转为保证监督。分局行政实行系统管理，建立以分局局长为首的决策中心和五大系统，实行逐级负责、分层管理。决策中心负责分局运输生产、基本建设、经济管理方面的中长期发展规划和年度计划等重大问题。五大系统分别为由分局副局长、总工程师、总会计师分工领导的运输生产指挥、基建工程、经营管理、科技开发、生活后勤系统。各系统按照分工负责制，责、权、利紧密结合，较好地发挥系统管理的整体效应。1988年，贯彻《中华人民共和国企业法》，对系统管理进行完善和提高。同年，分局党委由1名副书记兼任分局副局长。1989年12月，撤销交叉任职。实行分局长负责制，为正确处理行政首长决策中心与党委领导核心问题，实行党政联席会议决定重大事项的集体决策机制，进一步理顺党、政、工三者关系。1996年2月～4月，铁道部及有关新闻部门对济南铁路分局“双向参与、共同负责”领导体制，强化党对企业的政治领导的经验进行总结推广。1998年，分局在装卸管理中心等部门进行民主选举主任、站段长的试点；实行部门领导、站段长聘任制。2001年，对分局收入检查分处副分处长岗位进行公开招聘。2002年，对41个站段领导班子进行全解重聘。2003～2004年，对分局办公室副主任和劳资职教、审计、电务分处副分处长等部门领导岗位、分局机关12个缺员岗位进行公开招聘，基层班子全部实现干部年龄、文化“双达标”。2005～2010年，济南铁路办事处、运输站段对任用干部严格考核，坚持任用前公示和试用制度，增加干部任用透明度。

第二节 经营机制改革

一、经营责任制考核

(一)运输承包经济责任制 1986～1990年，铁道部实行投入产出、以路养路的全行业经济承包模式，分局对站段推行一局多型的经济责任制，相应的配套措施。1986年，在原计划、财务体制下，实行以放权让利为主要内容的运营承包，即“五包”(包任务、包质量、包经济效益、包安全、包文明单位建设)、“两定”(定留利基数、定不同提成和分配办法)，并提出具体的考核办法和条件。1987年，实行微调，加大配套改革力度，实行较为完善的运营承包责任制，以“五包”“两定”的形式对基层单位进行经济承包。1988～1990年，承包的总形式为：一包三年，打好头年，挂钩清算，包死基数，确保上交，动静结合，包中有调。根据各单位业务性质，采取五种不同的形式进行考核。

(二)综合指标考核经济责任制 1991～1993年，分局在原承包政策不变的前提下，实行逐年滚动承包，按照“五包”内容进行综合指标考核，进一步突出安全、路风等指标地位。1994年，对基层单位采取千分制，按年度进行党、政、工、团一体化管理考核。对主要任务、质量、效率、效益成果指标按站段不同权重，确定激励和约束标准，实行半年考核，年终结算。1995～1996年，为适应“两个转变”(转变经营管理体制、转变经济增长方式)，以经济责任制为核心形成以站段责任共担、利益共享、管理有序、考核一体的企业内部一体化考核机制。

(三)资产经营责任制 1997～2004年，分局为有效传递经营管理责任，强化挂钩考核力度，在深化改革基础上，突出经济效益、安全生产两个重点，优化考核机制，强化过程考核，制定实施“六挂一联二否决”经营责任考核办法，建立“两挂四考双否决”的考核模式，进一步调动干部职工生产积极性，确保国有资产保值增值和职工收入逐年增长。2005～2010年，在每年年初的职代会上，运输站(段)站(段)长将安全、效益、基建任务指标分解，层层签订资产经营合同和责任状，并实行风险抵押，保证实现资产经营目标。

二、“三项制度”改革

1992年3月，实施劳动工资、劳动用工、干部聘任三项制度改革，全分局干部职工分别与分局局长、站(段)长签订劳动合同，实行劳动合同制。按照定机构、定人员、定职称要求，开展聘任干部和职工考工认级工作，在分局建立起能上能下的干部管理机制，能进能出的用工机制，能高能低的工资分配机制。1993～1995年，在济南机务、车辆段进行全额计件工资试点和济南列车段(现客运段)餐营承包试点。

三、运输生产布局调整

1989年，撤销分局工程段，成立分局第二建筑段；将装卸管理所和装卸机械厂，合并成立分局装卸管理中心。1996年，撤销临沂列车段，整建制划归济南列车段管理。1997年，将分局物资分处设备中心汽车大修厂划归济南西机务段管理，更名为分局汽车大修厂。1998年，将聊城北行车公寓整建制划归济南生活管理段管理。2000年，撤销泰安电务段，分别并入兖州、济南电务段；撤销聊城北车辆段，将聊城客列检整建制划归济南车辆段管理，将菏泽南、聊城北列检、站修、聊城红外线车间整建制划归济南西车辆段管理；撤销济南西工务段，将该段管辖党家庄站以北的设备及人员全部划归济南工务段管理，将党家庄站以南的全部设备及人员划归泰安工务段管理。2001年，将济南电务段通信部分资产、设备、人员全部划出，成立山东铁通公司济南分公司。2002年，将分局装卸管理中心下属各装卸作业所(含委外装卸)全面委托所在站段管理和经营，同时成立济西站装卸作业所，实行站、装合一的管理体制。将装卸管理中心装卸机械厂更名为分局装卸机械厂，为独立核算、自负盈亏的工附业单位。将铁通济南分公司管理的分局管段独立广播工区生产人员连同设备资产，全部划交分局管内电务段管理。2004年，撤销聊城北机务段，整建制并入济南西机务段；撤销聊城水电段，将台前站以北人员、设备并入济南水电段，台前站以南人员、设备并入兖州水电段；撤销兖州、临沂、聊城电务段，并入济南电务段；将济南第一、第二建筑段合并，组建新的济南建筑段。2005年3月18日，铁道部实施路局直接管理站段体制改革，全路统一撤销铁路分局编制；济南铁路分局撤销，成立济南铁路办事处，作为济南铁路局的一个派出机构。2005

年6月，济南铁路局直管站段后，再次进行生产布局调整：撤销泰安车务段，整建制合并于济南车务段；将北园、东沙王庄、泺口站和水屯、桥南、董家庄站从济南车务段划出，分别划归济南站和济西站管理；7月，撤销济南、兖州水电段，合并成立济南供电段；将济南车务段平陵城站划归淄博车务段管理。2006年3月，撤销徐州客运段，整建制划归济南客运段管理；撤销青岛、徐州车辆段，整建制划归济南车辆段管理；撤销青岛北、徐州北车辆段，整建制划归济南西车辆段管理；撤销泰安工务段，整建制划归济南工务段管理。2008年3月，根据铁道部《关于调整济南和上海铁路局部分管辖区段的通知》，自3月25日18时将济南铁路局江苏省境内的徐州客运段、徐州车辆段、徐州北车辆段划交上海铁路局管理。2011年6月30日，京沪高铁济南西站作为主体客运车站开通运营，将泰安、曲阜东、滕州东、枣庄高铁车站整体划交济南西站按所属客运车间管理。11月29日，复设济南西工务段。

四、非运输企业公司制改革

2000年后，济南铁路分局对所属勘察设计公司进行改制。根据济南铁路分局《关于对分局勘察设计公司改制为有限责任公司的批复》，依据《中华人民共和国公司法》等法律、法规，对分局设计公司章程进行修改完善。报经路局批准，聘请北京中路华会计师事务所有限责任公司山东分所评估资产、验资，报铁道部资金中心核备，分局出资(国有股)占60.8%、公司职工股占39.2%，形成投资主体多元化。随后，按照有关规定办理改制手续，分局勘察设计公司成为规范的有限责任公司。

五、社会职能移交

根据2002年国家经贸委、财政部、教育部、卫生部、劳动保障部《关于进一步推进国有企业分离办社会职能工作的意见》和铁道部、济南铁路局部署，2003年12月至2004年1月，济南铁路分局与市政府达成协议，将济南地区铁路办的3所中学和7所小学整建制移交市政府教育部门管理。

第三节 运输机制改革

1986年，济南铁路分局首先在济西、济南站分别实行“站机合一”“站机联合”，后逐步在黄台、历城站推行“站机合一”，车站调车人员和调车机车乘务员均用车站货车办理辆数考核生产计发奖金，提高调车效率。1994年7月，分局将济南西机务段调车队乘务员、机车划归济西站管理。

1996年5月，分局在济南站货场内部实行企业化经营试点，把货运营业推向市场，实行自主经营、自负盈亏、工资封存、多劳多得的经营模式，调动职工积极性；6月，分局将济南站行包房、行包装卸组建为行包中心，把行包运输推向市场；10月，分局将济南站客运计划室、客票预售所、售票房和济南东站售票房划出，组建济南站售票中心，实行统一经营，统一管理；11月，改革集装箱运输管理体制，分局集装箱运输中心挂牌营业；12月，分局停办31个日发送旅客不足30人的车站客运业务，将济南市辖内月发送货物不足50车的10个货运站停办货运业务，使客流、货源向大站集中。

1998年4月，济南铁路分局组建客货营销中心，并在13个运输站段建立营销机构和营销队伍；分局召开九大企业厂长、经理座谈会，加大客流和货源开拓力度；同年，在胶济线旅客列车开行中实施“小编组、大密度”运输办法，增强铁路旅客运输在竞争中的优势。

2000年，为规范运输代理，合理配置资源，争取效益最大化，分局成立运输经营管理委员会，对客运、货运、运输代理实行统一管理和经营。2002年，分局撤销装卸管理中心，其装卸管理职能合并至货运管理分处，沿线装卸作业所一律合并于车站货运，实行车站货运、装卸合一管理新体制。2003年，实行电子计算机网上报批货运要车计划。2004年，改革劳动组织，列车机车实行单司机值乘(2人倒替值乘和休息)的客运单班作业试点。2005～2010年，实行铁路货运大客户战略和路企直通运输，成立路企联合办公室，实现路企效率、效益双赢。

第五章　机　构

第一节　济南铁路办事处

1986年，济南铁路分局行政领导设分局局长1人，副局长4人，总工程师1人，总会计师1人。行政科室设21个：办公室、总工程师室、行车安全监察室，运输、货管、客运、机务、车辆、工务房产、电务、计划统计、财务、劳动人事、职工教育、物资设备、生活卫生、集体企业科和基建、多经、企业管理办公室，电子所；另设巡视室，直(附)属单位10个；下辖济南西、兖州、泰安地区办事处，兖石临管处(代管)，36个基层单位。1987年，增设审计科、社会保险办公室、史志办公室。1989年，将劳动人事科分开，设立劳动工资科和干部科，同时成立宣传教育、监察、老干部科，直(附)属单位增为12个。1991年，路风办公室从党委划出，成为行政科室。1992年，撤销史志办公室、物资设备科、职工教育科；将房产从工务房产科划出，成立房产建筑科；将多经办公室升格为多经分处，基建办公室更名为基建科；将电子所划出，按直属单位管理。1994年1月1日，行政职能科室升格为分处(室)，为副处级。1月12日，成立新闻信息中心，行政编制为党委管理。1995年3月，监察分处和纪委合署办公，划归纪委系列。1996年，成立收入检查、房产生活、教育卫生分处，将工会代管的退管会划归行政管理，撤销新闻信息中心和济南西铁路地区办事处。1997年，撤销货管分处，将装卸管理职能与货运管理职能合并，成立货装分处。1998年，撤销客运、货装、运输分处，成立客货营销中心和运输管理分处；撤销多经、集经分处，成立多元经营管理中心。2000年，撤销教育卫生、劳资分处，成立劳资职教分处、房产生活卫生分处、物资设备分处和物资中心(直属)，基建分处更名为建设分处。2001年，撤销多元经营管理中心。2002年，撤销客货营销中心，成立货运营销分处；复设多元经营管理中心。2003年，成立客运营销管理分处。

2005年3月18日，铁道部决定全国铁路局直管站段，据此撤销济南铁路分局。济南铁路分局撤销前，内设行政机构：办公室、总工程师室、企业管理办公室、安全监察室、运输管理分处(含调度所)、货运营销管理分处、客运营销管理分处、机务分处、车辆分处、工务分处、电务分处、建设分处、计划统计分处、财务分处、劳动工资和职工教育分处、干部分处、审计分处、房产生活分处、收入检查分处、物资设备分处、人武部、老干部部、退休管理办公室、社会保险事业办公室、多元经营管理中心。济南铁路分局下属济南地区基层单位：济南站、济西站、济南车务段、济南客运段、济南机务段、济南西机务段、济南车辆段、济南西车辆段、济南工务段、济南电务段、济南水电段、济南建筑段、济南生活管理段。济南铁路分局撤销前，共有职工5.34万人。

4月1日，济南铁路办事处正式挂牌办公。其主要工作职能：抓好铁路运输安全检查监督工作；受济南铁路局委托，协调组织落实地方党委、政府布置的任务；负责原济南铁路分局辖区各铁路单位的内外联系、协调；做好原济南铁路分局辖区铁路单位的社会保险、房产管理、离退休人员管理等工作；协调公、检、法机关做好原济南铁路分局辖区治安综合治理稳定工作；完成济南铁路局和路局党委交办的工作。济南铁路办事处内设机构：综合办公室，党群办公室，财务室，社会保险办公室，安全监察室，离退休管理工作部。2010年年底，济南铁路办事处共有职工34人。

第二节 济南铁路局

1986年，济南铁路局下辖济南、青岛、徐州分局；济南铁路局行政机关序列21个处室，基层运输站段41个，职工12.8万人。2005年3月18日，铁道部决定撤销全国铁路分局建制，由铁路局直管站段。年底，济南铁路局行政机关序列26个处室，基层运输站段48个，其中，驻济南地区11个，全局职工13.08万人。2008年3月，根据铁道部决定，将原徐州铁路分局管内京沪线韩庄至符离集间、陇海线连云港至虞城县间连同徐州站、徐州北站、徐州客运段、徐州车务段、徐州机务段、徐州北机务段、徐州工务段、徐州电务段、徐州车辆段、徐州供电段等设备人员，由济南铁路局划归上海铁路局管理。年底，济南铁路局行政机关序列27个处室(含济南、青岛铁路办事处)，基层运输站段由2005年的48个减至27个。2010年年底，济南铁路局行政机关共设27个处室(含济南、青岛铁路地区办事处)，管辖运输站段31个，其中驻济南15个。

济南铁路局直管驻济南站段：济南站、济西站(2011年6月由原京沪铁路济南西站改名)、济南西站(2011年6月30日京沪高铁济南西客站启用，定名为济南西站)、济南车务段、济南客运段、济南机务段、济南西机务段、济南供电段、济南车辆段、济南西车辆段、济南工务段、济南西工务段(2011年11月29日成立)、济南工务机械段、济南电务段、济南通信段。

1992年拆除的济南老火车站

建于1995年的济南火车站

第六篇　航空　水路

1985年11月，济南张庄机场由中途站变为有始发航班的航空港。1986年1月11日，经国务院、中央军委批准立项，同意在济南新建遥墙民用机场。1992年7月1日，在新落成的候机大楼，举行济南机场竣工和试运营仪式；7月26日，济南机场正式通航；同月，张庄机场恢复为军用机场，不再起降民用班机。1994年3月18日，山东航空有限责任公司成立。1997年12月18日，国家计委批复同意济南遥墙机场飞行区二期工程扩建项目。1999年10月24日，济南机场新跑道正式启用，成为山东省唯一一家4E级机场。2004年4月，山东机场有限公司成立。至2010年，济南机场运营航空公司21家，始发航线140条，通航城市45个，起飞69961架次。

济南的河运主要由黄河和小清河承担。1986年，黄河济南市境内河段全年通航期为152天。1990年，济南市境内河段182.7千米航道达到国家四级航道标准，可通航800吨级以下各类船舶，全年实际通航期136天。1992年年底，因黄河枯水，黄河航运停止。小清河发源于济南诸泉群，流经5个地市、18个县区，由寿光市羊角沟入海，全长237千米。1988年，小清河航运形成海河联运格局，使山东内地的集散货物可从济南直运羊角沟，由羊角沟转运至沿海各港口。东北的木材、鞍山的钢材、丹东地区的硫化铁等货物经羊角沟港转运至山东内地。1995年，小清河航运首航日本，省城济南的物资通过海河联运走出国门。1998年，因小清河进行全面治理而全线停航。

第一章　机　场

第一节 济南张庄机场

济南张庄机场，位于济南市西北郊黄河铁路桥8.7千米处，距市中心直线距离6千米。1958年2月6日，中国民航局决定在张庄机场设民航济南航站。4月，张庄机场改为军民合用机场。1985年11月，从英国引进的肖特-360型飞机在张庄机场起降营运，张庄机场由中途站变为有始发航班的航空港。1987年，在原候机楼基础上增建484平方米，为国际候机室。1989年，人民空军对张庄机场跑道进行改建，跑道改建后长为2200米，宽45米，厚0.28米，为水泥混凝土结构，11月15日复航，机场可起降三叉戟客机。1990年4月8日，机场首航麦道(MD)-82型客机，其飞行技术等级为4D。同年，在原候机楼基础上增建571平方米，为联检房。1992年7月，张庄机场恢复为军用机场，不再起降民用班机。

第二节 济南(遥墙)国际机场

一、基础设施建设

济南国际机场是国内干线二级机场，配有二次雷达和仪表着路系统。机场可起降波音707、737、757、767，麦道-82(MD-82)，图-154等大中型客机。通过干线网飞抵全国各主要城市和中国香港地区。为充分发挥省会城市的经济辐射和吸引外资，加强对外经济、技术、文化交流、促进对外友好往来和旅游事业的发展都起到重要的作用。

(一)一期工程 1985年3月28日，山东省人民政府向国务院、中央军委报送《建设济南香王店民用机场的请示》。8月11日，上报《关于建设济南民航问题的补充报告》。1986年1月11日，国务院、中央军委批准立项，同意在济南新建遥墙民用机场，按二级机场、供起降麦道-82飞机的技术要求进行设计；总投资为6000万元，其中民航总局安排2000万元，其余由山东省和济南市自筹解决。1987年8月12日，国家计委对国家民航局、山东省计委《关于送报济南遥墙民用机场设计任务书的报告》和《关于济南遥墙机场投资落实情况报告》作了批复，要求工程总投资控制在9000万元。1989年8月，国家计委第一次批审为1.5亿元。12月13日，经国务院批准，中国、科威特济南机场项目贷款协议在济南签署，数额为1050万美元。1990年5月21日，国务院正式批准济南机场为新开工项目。9月，国家计委第二次批审机场总概算增至2.3亿元。为“使济南机场10年不过时”，省市概算追加2689万元，总计2.6亿元。实际完成投资近3亿元。

1990年11月15日，济南机场破土动工，中共山东省委、省政府、济南军区、中共济南市委、市政府的主要领导人参加开工典礼。参加施工的单位有：济南第一建筑公司、市政一公司市工业设备安装公司、中国建筑工程第八局、济南空军施工部队及沈阳、上海、天津、北京等地的各种专业公司。1992年7月1日，在新落成的候机大楼举行“济南机场竣工试运仪式”。9时30分，一架MD-82飞机载139位乘客飞向蓝天。7月26日，济南机场正式通航，国务院副总理邹家华为机场通航典礼剪彩。

济南机场第一期工程设计规模：年客运量50万～80万人次，年货运量2.3万吨；批准工程总概算2.3亿元，跑道长2600米，宽60米(含道肩)水泥混凝土道面。济南机场候机楼形体呈现以圆形为母体的“如意”形二层框架结构，坐东朝西，长180米，宽45米。

济南机场通讯导航系统主要有盲降、南北近远台、航向台、下滑台、归航台等9个导航台，导航设备引进美国、法国等国家20世纪90

济南(遥墙)国际机场

年代先进设备。有德国高频收发讯机6套，美国引进可录30路信号的多频道录音设备，32路自动电传转报机，德国产程控电话机600门。气象系统有制氢设备2套，无线气象传真接收机2台，713气象雷达，机场气象情报自动处理系统，常规气象观测系统。供油系统有铁路专用线，站区三个储油罐可储油6000吨，输油管线21千米，有站坪加油设施，供油主要关键设备为美国、德国、英国90年代先进产品。有可装4.7万公升的奔驰加油车，运油车3部，管线加油车2部等设施。跑道助航灯光为“Ⅰ”类灯光系统，有比利时进口的坡度灯，中心灯每70米一只，有边灯、下滑灯、环视灯、入口灯、“T”字灯400个，跑道南端为主降灯。消防设施，有英国产功能全的卡迈卡尔消防车一部，在跑道两侧设有消防栓6个，确保机场设施和飞行安全。

（二）二期工程　1997年12月18日，国家计委批复同意济南遥墙机场飞行区二期工程扩建项目。在原有跑道东侧200米处新建一条长3600米、宽60米的跑道，原跑道改作平行滑行道，并向南延长至3600米。新建跑道设双向I类精密进近仪表着陆系统及助航灯光系统。扩建是山东民航历史上第一次在不停航情况下进行的。1999年10月24日，济南机场新跑道正式启用，成为山东省唯一一家4E级机场。2001年3月经国家发展计划委员会批准立项，2002年11月30日航站区扩建工程正式开工建设，2003年4月26日开始地面主体工程施工，2005年3月28日正式投入运行。济南国际机场航站区扩建工程被确定为山东省“一号工程”和民心工程，是省会城市的标志性建筑。总面积8万平方米的二期航站楼位于现用航站楼以南，为两层结构，一层为到港层，二层为离港层，按照年旅客吞吐量800万人次、高峰小时3200人次的规模设计，拥有贵宾室13个，设登机桥11部(13个登机口)。站坪23万多平方米，拥有远、近机位26个，可同时停放32架大中型客货飞机，站前停车场分8个停车区，可停放各种车辆1200辆。工程概算总投资16.24亿元。扩建后的济南国际机场，大幅度提升自身的服务和运输保障能力；新航站楼投入使用后，将最初使用的航站楼改造成货运综合楼，最大限度满足航空货运的需求。

新航站楼采用单元式构思，建筑构型集合飞鸟的视觉美感和飞机工艺科技的精髓，用大跨度钢结构显现出一个开阔、明亮的大空间；银灰色铝镁锰金属屋面向世人展现鲲鹏展翅的恢宏气势，象征齐鲁儿女腾飞的凌云壮志。环绕四壁的点式玻璃幕墙明亮通透，给来往宾客带来视觉享受。楼内宽敞明亮的大厅，整洁有序的环境及配套齐全的服务设施为旅客提供舒适、优雅的候机环境。同时济南国际机场服务配套设施功能齐备，设有海关、边防检查、检验检疫等常驻航空口岸单位可提供进出境客货服务；机场地区设有星级酒店两家，有多家银行进驻区域开展业务，机场候机大厅各项服务齐全，可满足旅客需求。

二、供储设施建设

1990年11月，济南国际机场供油系统开工建设。1993年6月竣工，9月第一次接收油槽车，10月中转库通过长21.87千米的地下输油管道向机场油库输油。

储油库　储油库占地35938平方米，建筑面积2038平方米。罐区总容量6520立方米，包括2000立方米立式锥底拱顶航煤油罐3个和80立方米高架立式锥底航空煤油沉淀罐4个及50立方米埋地卧式汽、柴油罐4个；库区内设有综合办公楼、化验计量室、油泵房、修理间、器材库、车库、门卫值班室、污水泵房及机场特种车辆加油站，设有800立方米消防水池2座和消防系统。

航空加油站、中转油库　航空加油站占地2935平方米，建筑面积704平方米，建有航空加油站综合办公楼、油车库、灌油岛等。中转库占地29239平方米，建筑面积1357平方米。建有

500立方米立式锥底油罐2个、80立方米高架立式锥底沉淀罐3个。站内设有综合办公楼、化验计量室、油泵房、修理间、器材库、车库、门卫值班室、污水泵房及总长420米的铁路卸油专用线，建有800立方米的消防水池和消防系统1座。

机坪管线加油系统　管线直径219毫米、总长2.2千米，站坪管线加油系统呈环状布置，设有加油地井20套，能同时为10架飞机加油，设有站坪紧急停泵按钮等。航空煤油专用管线直径159毫米、总长21.87千米，自中转库至机场储油库。2004～2005年，中航油山东分公司先后进行机坪管线扩建工程和供油扩建工程。扩建机坪加油管线直径325毫米、总长2040米，增设加油栓井17套。

供油扩建工程　新建航空加油站，占地11430平方米，建筑面积1284平方米，站内设有外场值班室、大油车库及修理间、灌油点大棚、地面加油站站房、污油罐1个。2004年11月开工，2005年11月投入使用。

中转库铁路复线工程　总长420米的铁路卸油专用线，有油槽车位32个，并装有卸油鹤罐17个，其中航空煤油16个，航空汽油1个。2005年3月开工，11月投入使用。

储油库供油自动控制工程　增加变频器柜2台、端子转接柜1台、仪表柜3台、电动球阀6只、手动球阀6只、电动调节阀1只、自力式泄压阀1只、流量计2只、压力变送器22只、上网计算机3台及相应的控制软件等附属设施。2005年4月开工，11月投入使用。

储油库10千伏高压配电工程　改造安装高压中置柜8台、干式变压器2台、直流屏1台和后台监控系统1套等。工程于2005年6月开工，11月投入使用。

第二章　航　线

第一节　国(境)内航线

1986年，济南民用航空有始发航线7条。

1987年11月7日，济南－大连、济南－武汉两条航线通航。

1991年9月17日，济南－香港包机通航。

1988年11月5日，济南－广州使用三叉戟客机首航。

2002年12月，济南机场共有国内航线95条。

2003年，济南机场新开航线16条，主要是经停济南的航线：沈阳－济南－成都、长春－济南－成都、青岛－济南－成都、烟台－济南－广州、烟台－济南－厦门等。

2005年12月，济南国际机场有山航、东航、南航、川航、海航、深航、上航、厦航、大汉、春秋、祥鹏等13家航空公司投入运力，国内航班60条，分别通达北京、上海、广州、深圳、重庆、成都、西安等国内35个城市。

2007年，新开通国内航线13条、恢复航线2条，加密航线5条；与9家航空公司建立合作关系，争取3家公务机公司航班代理权，引进深航在济南设立航班过夜基地。

2008年，新引进1家航空公司；新开通航点1个、航线10条，加密航线4条。

2009年，济南机场执飞公司达到19家。5月21日，济南国际机场与区域内27家机场联合签署战略合作协议，共同成立“东北腹地及环渤海区域相关机场战略联盟”。9月2日，济南－台北直航定期航班实现首航。

2010年，济南机场运营航空公司达到21　家，始发航线140条。

2010年济南机场国内航线情况表

表3—6—1

航空公司	直飞航点
山东航空	北京、长春、长沙、成都、重庆、大连、福州、广州、海口、杭州、南京、深圳、威海、温州、武汉、上海／虹桥、西安、郑州、绵阳、烟台、银川、青岛
中国东方航空	北京、长春、广州、杭州、哈尔滨、昆明、上海／虹桥、上海／浦东、沈阳、武汉
中国南方航空	长春、长沙、成都、大连、广州、哈尔滨、沈阳、武汉、乌鲁木齐、西安、南京、厦门
海南航空	长春、沈阳、深圳、西安
上海航空	上海／虹桥
深圳航空	深圳、广州、福州、南宁
四川航空	成都、重庆、大连、哈尔滨
厦门航空	福州、厦门
鲲鹏航空	西安
成都航空	成都、大连

济南机场国(境)内航线开通时间表

表3—6—2

时　间	航　线
1987-11-07	济南－大连、济南－武汉
1988-11-05	济南－广州
1988-11-16	济南－杭州－福州
1991-03-31	青岛－济南－广州，每周二、周五各一班，当日往返
1991-09-17	济南－香港（包机通航）
1992-08-23	济南－厦门，每周二、周日各一班
1992-10-29	成都－广州－济南－广州－成都，每周四一班
1992-11-01	沈阳－济南－海口，每周日往返一班
1992-11-15	乌鲁木齐－西安－济南，每周日往返一班
1992-11-25	成都－济南
1997-04-05	济南－南昌－广州
1997-05-19	沈阳－济南－桂林
1997-10-27	济南－长沙－海口
1997-11-13	济南－广州－北海
1997-12-22	济南－威海
1998-03-29	济南－合肥－黄山
1998-04-11	济南－武汉－汕头

续表3-6-2

时间	航线
1998-09-16	济南－重庆－贵阳
1999-01-21	济南－临沂－武汉
1999-12-13	济南－南京－宁波
2000-03-22	济南－重庆－成都－济南、济南－福州－厦门－济南
2000-04-08	成都－济南－大连、长春－济南－长沙－张家界
2000-04-30	大连－济南－黄山
2000-06-15	济南－武汉－昆明
2000-07-16	济南－张家界
2001	济南－郑州－西安－西宁－格尔木、临沂－济南－大连－佳木斯、济南－烟台－哈尔滨－黑河、济南－宜昌－南宁、济南－长沙－桂林－梧州、临沂－济南－大连－长春、临沂－济南－武汉－南宁、济南－威海－哈尔滨－黑河、长春－济南－长沙－三亚航线
2004	烟台－济南－西安、三亚－长沙－济南－大连、济南－厦门、济南－南京－福州
2006	济南－南昌－福州，西安－济南－哈尔滨，济南－武汉－贵阳、济南－乌鲁木齐、济南－威海－哈尔滨、济南－贵阳、济南－三亚
2008	济南－上海浦东、济南－绵阳、济南－武夷山
2009-09-02	济南－台北（定期直航航班）

第二节 国际航线

1995年8月15日，济南－上海－新加坡航线首航，东航使用空中客车300型飞机执飞，每周两班。

1996年10月22日，济南－俄罗斯莫斯科货运包机航线由俄罗斯东方航线股份公司使用伊尔76T型货机开通。

1999年5月28日，济南－韩国济州岛国际航线首航。

2002年，济南－首尔，东航使用空中客车A320型飞机执飞，每周一、五两班。济南机场共有国际航线5条(首尔、新加坡、釜山、曼谷和莫斯科)。

2004年，济南－曼谷航线开通。

2006年8月，济南国际机场正式开通经北京飞往法兰克福、旧金山、洛杉矶、东京的4条国际航线。经国家民航总局批准，济南－东京，国内航段CA1155，国际航段CA421，每天一班；济南－法兰克福，国内航段CA1151，国际航段CA931，每天一班；济南－洛杉矶，国内航段CA1155，国际航段CA983，每天一班；济南－旧金山，国内航段CA1151，国际航段CA985，每周二、四、五、六、日执飞。

2008年，济南－日本的不定期国际旅游包机航班开始运营。

2009年9月2日，济南－大阪开通定期直航旅游包机。

济南国际机场国际及地区航线情况表

表3—6—3

航空公司	直飞航点
山东航空	台北－桃园、台中、首尔－仁川、大阪－关西 定期包机：花莲
台湾长荣航空	台北－桃园、高雄
大韩航空	首尔－仁川
中国东方航空	香港

济南机场国际航线开通时间表

表3—6—4

时 间	航 线
1995-08-15	济南－上海－新加坡
1996-10-22	济南－莫斯科（货运包机航线）
1999-05-28	济南－济州岛
2002	济南－首尔
2004	济南－曼谷
2006	济南－东京、济南－法兰克福、济南－洛杉矶、济南－旧金山
2008	济南－日本（不定期国际旅游包机）
2009-09-02	济南－大阪（定期直航旅游包机）

1986～2010年济南民用航空情况表

表3—6—5

年份＼指标	始发航线（条）	通航城市（个）	起飞架次（架次）	年份＼指标	始发航线（条）	通航城市（个）	起飞架次（架次）
1986	7	—	1176	1999	39	30	8215
1987	8	—	2036	2000	41	30	9291
1988	8	—	2120	2001	46	33	12351
1989	8	—	400	2002	53	34	13097
1990	10	9	1688	2003	54	50	13935
1991	12	14	3630	2004	90	42	16365
1992	17	17	2634	2005	90	53	17898
1993	15	20	2124	2006	119	56	41901
1994	21	22	2873	2007	75	44	23175
1995	27	24	3520	2008	116	40	52557
1996	36	36	7476	2009	156	57	63602
1997	43	38	16914	2010	140	45	69961
1998	48	38	8807				

第三章 航空运输

第一节 航空客运

1986年，自济南国际机场始发旅客为14087人次，比1985年增长250%。1987年，始发旅客23795人次，比1986年增长70%，在全国机场旅客客运量排序中居29位。20世纪80年代后期，济南国际机场的飞机数量增多，机型增大，航线运输等业务迅速增加。1996～1998年，济南国际机场旅客吞吐量平均增长率为16.9%，其中1997年进入旅客吞吐量超过百万人次的机场行列，1998年在全国各机场旅客吞吐量排行中位居第27位。2005年，济南国际机场完成旅客吞吐量279.82万人次，比2004年增长17.6%。2006年，全年完成旅客吞吐量369.63万人次，同比增长20.6%，分别比全国、华东地区行业平均增长率高出5～6个百分点。2007年，旅客吞吐量首次突破400万人次，吞吐量排名提升到全国机场第24位。2008年，完成旅客吞吐量482.87万人次。2010年，济南国际机场把握对口援疆政策和世博游需求，加大市场开发力度，相继加密济南至呼和浩特、乌鲁木齐、上海、成都、大连等地航班，新开济南－乌鲁木齐－喀什航线，全年旅客吞吐量为689.9万人次，同比增长17.9%，比“十五”期末增长125.64%，年均增长17.67%。

第二节 航空货运

1986年，济南航站作为民航第13飞行大队的基地，全年货邮量909.3吨。1987年，货邮发运量为1269吨。至1996年，年平均增长率为19.5%。1996年10月22日，济南至俄罗斯货运包机航线开通后，货邮吞吐量连年稳定大幅度增长。1998年，在全国各机场货邮吞吐量排序中，济南国际机场居第27位。2005年，济南国际机场完成货邮吞吐量34432.8吨，同比增长6.8%。2006～2009年，随着航线不断增加，航空运输业得以迅猛发展，货邮吞吐量呈持续增长态势。2010年，济南机场货邮吞吐量为70175.3吨，同比增长24%，比“十五”期末增长104.07%，年均增长15.33%。

1986～2010年济南国际机场生产完成情况表

表3－6－6

年 份	起降架次	旅客吞吐量（人次）	货邮吞吐量（吨）
1986	1176	24535	181.4
1987	2036	43620	585.9
1988	2102	39364	508.2
1989	400	8286	110
1990	1688	50725	722
1991	3630	85135	783
1992	2643	147737	1955

续表3—6—6

年 份	起降架次	旅客吞吐量（人次）	货邮吞吐量（吨）
1993	4247	316443	4041.1
1994	5460	498220	6855.9
1995	7040	714391	9380.3
1996	14537	968590	14084.4
1997	16782	1007712	17713.3
1998	17320	1003548	19112.5
1999	16438	1036642	19168.6
2000	18583	1212063	25229.2
2001	21946	1337148	27995.8
2002	24522	1589504	30917.3
2003	26357	1739838	23558.1
2004	31065	2371786	32237.3
2005	34846	3057538	34432.8
2006	41901	3696305	38170.2
2007	46400	4363450	44938.1
2008	52500	4828746	48875.3
2009	63602	5852871	56596.6
2010	68721	6898936	70175.3

第四章 航空管理

第一节 机场管理

1986年1月11日，经国务院、中央军委批准兴建济南(遥墙)国际机场。1987年，建航管总机楼300平方米。1989年3月～9月，空军奉命对张庄机场跑道进行改建。1990年2月13日，民航山东省管理局管辖的13飞行大队等划归东方航空公司，后成立东航山东分公司；5月，济南机场经国家计委批准扩建，新建跑道长3600米，等级达到4E。1992年11月4日，民航山东省管理局根据民航华东管理局转发中国民航局《关于华东管理局所属省局二级机构设置的批复》，机关科室全部升格为处级单位，设办公室、财务审计处、劳动人事教育处、计划经营管理处、物资设备处、公安处等5处1室；直管单位设运输服务部、机场管理建设部、机务油料保障部、航务管理站、通信站、车辆保障部、旅客服务公司等7个单位，除车辆保障部为副处级外，其余均为正处级。交通战备办公室划归航务管理站领导。调度室为副处级，隶属航务管理站领导。

2002年1月18日，航务管理站和通信站脱离民航山东省管理局，成立民航济南空中交通管理中心，后改称民航空中管理局山东分局。2003年4月13日，省委、省政府决定组建济南国际机场股份有限公司；11月22日，根据国务院批复，山东安全监督管理办公室(以下简称山东监管办)成立，民航直属的济南、青岛、烟台三个机场正式移交山东省政府管理，民航山东省管理局随即撤销，机场实行属地化管理。山东监管办下设综合处、飞行标准处、机场处、市场处。2004年4月，省政府批准成立国有独资的山东机场有限公司；12月，山东机场有限公司与济南机场股份有限公司建立母子公司体制。至年底，完成山东境内11家航空运营人、维修单位的年检和29架航空器年度检查并签署适航证；进行新辟航线审查评估、验证工作4次；审查换发执照429人次、转机型训练审查批复32人次、审查换发教员合格证14人次、审批转教员(模拟机教员)31人次、审批转正驾驶23人次、签发技术审定批准书46人次。共完成各项安全检查和运行监察178次，发出整改通知书100多份，检查中提出问题390条，调查辖区内航空不安全事件28起。

2008年，济南机场顺利通过世界卫生组织专家的实地测评，成为全国第8个国际卫生机场。2009年4月21日，山东监管办更名为民航山东安全监督管理局。6月19日，中国货运邮政航空公司正式开通沈阳-济南-南京自主邮运航线，结束济南机场没有全货定期航班的历史。至2010年，济南国际机场发展成为功能完备、服务优质、运行高效的和谐文明航空枢纽。

第二节 飞行安全管理

1992年11月，机场塔台管制室成立，飞机起降指挥工作移交塔台，同时更名为飞行报告室。

1994年，山东航空公司成立。公司规定，三级副驾驶通过飞行技术评审会转升二级副驾驶，须经过200小时的左座教员带飞，由飞行大队长、飞行中队长、局方委任代表组成的三人小组首先进行模拟机检查；三人小组检查通过后，申请大队、中队航线技术检查；航线技术检查通过后，向飞管部申请国航飞行教员模拟机检查，再由飞管部指定异地交叉航线检查，然后由飞行技术评审会审查批准，聘任为责任机长，确保山东航空公司机长的质量。

1994～2001年，山东航空公司始终坚持“安全第一”的工作要求，坚持“飞飞整整”的方针，开展预防为主，杜绝安全事故的发生。2002年1月8日，民航济南空中交通管理中心成立，设航务管理部，下设区域管制室、塔台管制室、飞行情报服务报告室、气象服务室4个基层生产单位，负责济南空中交通管制区内空中交通管理的组织实施，包括空中交通管制、通讯导航监视、航行情报和气象服务等。7月，飞行报告室和航行情报室合并，组建飞行情报服务报告室。同年，结合“4·15”和“5·7”空难事件，围绕实现“安全飞行8周年”目标，以“关口前移、重心下移”为要求，开展执行飞行人员技术标准、检查飞机适航状况、执行签派放行标准以及空防安全管理和飞行品质监控等方面的整顿。2003年，机场消防队隶属于山东省公安局管理。8月，结合公司发生的“1·20”和“8·25”飞行事故征候，开展“端正飞行作风、提高飞行质量、减少飞行差错、避免事故征候”为内容的安全整顿活动。年底，济南机场实施属地化管理，民航山东省局撤销，原省局安全检查站改隶济南国际机场股份有限公司。医疗急救中心更名为济南国际机场股份有限公司医疗急救中心。职责是执行国家有关医疗卫生的法律法规，承担机场地区的应急医疗救护，为机场出入港旅客、航空公司机组人员、机场工作人员提供医疗急救、医疗保健、临时留验服务，参与机场范围内传染病防控工作。同年，共检查旅客87.8万人次，行李货物200万件，查获危险品、违禁品、假冒证件3658件(个)，监护飞机13301

架次。2004年12月，安检站改隶新成立的山东机场有限公司，客流量比2003年增加39%。

2004～2005年，山东航空公司先后制定《航空安全奖惩规定》《航空安全差错标准》等管理规定，建立健全安全管理激励制度，细化航空安全工作，有效控制飞行事故、飞行事故征候的发生，使安全管理部门能及时了解航班生产运行状况。公司建立QAR译码职能，提升飞行品质监控；开展个性化训练，有重点、有针对性地提高飞行技术，保证飞行队伍稳定健康成长。定期发布《航空安全信息周报》《航空安全信息月报》《译码周报》等安全文件，保障飞行运行安全。2005年3月，开展以航空公司合并运行后落实规章不到位，航空公司空勤、机务维修和航务签派人员不严格执行执勤时间、超时作业，机场运行条件与使用许可证不相符，机场控制区秩序混乱等十项整治内容为主的安全整治活动，取得明显成效；8月16日，山东机场有限公司组建安全监督管理部。同年，济南国际机场新航站楼启用，新航站楼安监系统安装德国史密斯检测有限公司生产的EDS安检机。

2006年5月30日，山东机场有限公司与山东省公安厅签署移交书，将机场公安局移交山东省公安厅。6月30日，山东省公安厅机场公安局正式挂牌，该局成为省公安厅直属局，其职责除负责维护济南机场空防安全和治安秩序，承担机场内发生的治安和刑事案件侦查工作外，对青岛、烟台等省内其他机场公安机关进行业务指导。12月25日，为强化机场安全管理，实现统一专业统一管理目标，成立山东机场有限公司安全监察部。2007年3月，机场消防队划归济南国际机场股份有限公司安全护卫部门管理，每年进行2次灭火演练，开展1次队内消防业务比武。同年，安检站顺利通过民航总局的航空保安审计。该站被华东地区管理局评为空防安全先进集体。为强化空防安全监管，民航总局先后印发《航空保安特别工作措施》《禁止随身携带液体物品乘坐国内航班的规定》《禁止随身携带打火机、火柴乘坐国内航班的规定》《国内航班严格执行旅客随身携带物品件数的规定》，将原先开放式的安检工作区、隔离区进行封闭，加强证件检查和公安布控人员的查堵，加大开包检查力度，加强飞机监护，进一步规范危险品运输秩序，制定《安检站危险品运输检查规定措施》。

2008年，建立机场公安监控系统和治安卡口系统，并在主要路口设置交通禁左、逆行系统，增强技防、物防水平，切实提高警务保障能力。同年，为做好奥运安保准备工作，安检站制定《安检站2008年奥运会安全保卫工作方案》《安检站防爆特别方案》和《安检站防范和处置核生化恐怖袭击工作预案》。2010年，济南机场加大场道、围界、消防、助航灯光、机场净空、控制区道口等机场安全设施的改造提升，提高安全裕度，顺利通过国家民航局航空审计和安全审计。

第三节 公司选介

山东航空集团有限公司

山东航空集团有限公司原称山东航空有限责任公司，于1994年3月18日经山东省人民政府批准成立。1999年11月18日，经优化资源配置，改设为山东航空股份有限公司。2002年9月11日，为提升企业竞争能力，重组为山东航空集团有限公司(简称“山东航”)。

山东航的筹组始于20世纪90年代初。1992年2月21日，山东航筹建处成立，筹组工作由山东省经委总体负责；7月26日，在济南(遥墙)国际机场举行通航典礼。1994年3月12日，签署关于山东航空运输问题的协议，同意山东省人民政府恢复筹办山东航；3月18日，山东省人民政府下发《关于成立山东航空公司的通知》，确定该公司为省大型一类企业，由山东省经委负责筹建，确定新公司按有限责任公司的形式组建，由10家股东单位出资。股东公司对未来公司机队选型进行初步调查论证，确定未来机队主要机型为波音737-300型，上报省政府并征得同意；11月5日，经民航总局批准，山东航领取经营许可证。11月26日，正式投入运营。1995年2月9日，山东航在山东省工商行政管理局注册登记。同年，山东航运输机队规模为8架，共开辟航线64条，运行航班4449架次，完成运输总周转量2591.78万吨千米，运送旅客277621人次。1999年8月8日～12日，山东航第八次董事会上通过《关于B股上市筹建情况及筹组方案的决议》，确定由山东航空有限责任公司为主发起人，联合鲁银投资集团股份有限公司、山东华鲁集团有限公司、浪潮电子信息产业集团公司、山东水产企业集团总公司等4家企业共同发起成立山东航空股份有限公司，发行B股并争取上市。2000年8月，在境内上市外资股(B股)14000万股，发行价格为每股1.58元港币(折合人民币每股1.68元)。

1995～2000年，山东航机队规模从小到大，航空运力从弱到强，共安全飞行124660小时，执行航班任务58387班次；安全运送旅客397万人次，完成货邮运输量47365吨，实现运输总周转量37394万吨千米。2004年，公司完成旅客运输量300.9万人次，货邮运输量29823吨。至2005年6月底，公司总人数3248人。同年，共引进波音飞机10架，在济南、青岛、烟台、成都设有飞行基地；总资产55亿元，累计上缴利税11亿多元。2010年12月26日，在济南(遥墙)国际机场，山东航空SC1156航班平稳落地，山东航实现安全飞行100万小时。依据《中国民用航空安全奖励办法》，山东航获中国民航飞行安全一星奖。

2007年12月26日，随着山航SC4992航班的平稳落地，山航顺利实现安全飞行十三周年

东航山东分公司

1990年12月12日，经中国民航局批复同意成立东航山东分公司。1991年2月24日，东航下发《关于成立中国东方航空公司山东分公司的通知》；3月5日，东航山东分公司正式挂牌成立，为副司局级，总部设在济南张庄机场。

1994年5月，东航山东分公司总部由济南迁至青岛市燕儿岛路16号东方航空大厦。12月，按照“巩固济南、加强青岛、发展烟台、注重国内、放眼亚洲”的经营策略，成立济南基地。至1996年，承运能力大幅度上升，经济效益增长迅速，累计飞行19321小时，运送旅客118.62万人次，货邮运输17720吨，实现利润1.58亿元。1998～2000年，分公司在东航总部的统一安排下进行飞机置换，将原有的麦道-82型飞机全部售出，逐步引进空中客车A320型和A319型飞机。至2003年10月26日，东航山东分公司执管空中客车A320系列飞机12架，经营10条国际、地区航线和50多条国内航线。

1993年10月26日至2010年10月26日，东航山东分公司累计安全飞行60余万小时，安全运送旅客3239万余人次，运送货邮量40余万吨，实现运输总周转量近37亿吨千米，创造分公司新的安全飞行纪录。

山东机场有限公司

2004年4月，经山东省人民政府批准，成立直属省政府管理的国有独资山东机场有限公司，注册资本8亿元。同年，省政府批准同意山东机场公司与济南机场公司建立母子公司体制。

山东机场有限公司实行董事会领导下的总经理负责制，控股济南国际机场股份有限公司，拥有7个全资子公司：山东省民航客货销售代理公司、山东辉煌国际航空旅运有限公司、济南国际机场宾馆、山东机场吉翔食品公司、山东建翔建设有限公司、济南国际机场免税店、山东航空国际旅行社。公司管理部分为7个部门：党群工作部、市场开发部、安全监察部、企管部、财务中心、人力资源部、办公室。济南机场股份公司为运营管理主体，设为外场指挥中心、安全检查站、安全护卫部、旅客服务部、信息技术部、设备动力部、场务部、工程部、医疗急救中心、车辆保障部、商贸广告部、货运中心。至2010年，济南国际机场先后被世界卫生组织和国家质检总局授予“国际卫生机场”称号，被中国民用机场协会授予“全国文明机场”称号，公司获全国用户满意优质奖。

第五章　水路交通

第一节 黄河航运

1986年，驻济南黄河航运企事业单位有：山东省交通厅黄河航运局、济南黄河航运公司和山东省黄河河务局航运大队。山东省交通厅黄河航运局统管山东黄河航运业务。

20世纪中期以后，由于黄河上游龙羊峡、刘家峡、盐锅峡等水库下闸蓄水，两岸农田引黄灌溉，致使沿黄流域长期干旱，黄河中下游流量大幅度下降，下游常在300个流量以下，不能维持正常通航所需500个流量的水量。全年通航期1986年152天，1987年137天，1988年142天，有时船舶半载方能航行，有时沿黄大量货物无法运输，只能改走陆路。

1988年，山东省黄河航运局有职工1788人，运输船舶15艘，功率3796马力，船舶净载吨位4760吨，全年完成货运量11.8万吨，货物周转量2178万吨千米，企业总收入1159.7万元，总支出1136.6万元，盈利23.1万元。济南黄河航运公司有职工398人，运输船舶8艘，功率810马力，船舶净载吨位796吨，固定资产净值63万元，全年完成货运量2.99万吨，货物周转量214.84万吨千米，自1978年后，累计债务237.8万元。山东省黄河河务局航运大队有船舶11艘，净载吨位1382吨，功率2215马力。完成货运量1.73万吨，货物周转量183.92万吨千米。

1989年，济南地区黄河国营、集体航运单位和个体联户，共有运输船舶28艘，总功率6938马力，总净载吨位6966.9吨。全年共完成货运量21.2万吨，货物周转量2867.3万吨千米。黄河航运局企业总收入1169.18万元(航运收入380.3万元)，完成税金30.23万元，总利润59.23万元(航运利润9.3万元)。

1990年，济南市境内河段182.7千米航道达到国家四级航道标准，可通航800吨级以下各类船舶。河段枯水期206天，封冻期23天，全年实际通航期136天。年内，济南地区黄河国营、集体航运单位和水运个体联户，共有运输船舶20艘，总功率4674.38千瓦，总净载吨位6162.9吨。全年共完成货运量17.78万吨，货物周转量2297.43万吨千米，分别为1989年的83.9%和80.1%。平阴、董庄、泺口3个港口吞吐量总计为18.2万吨，是1989年的91.5%。其中，平阴港吞吐量合计为2万吨，是1989年的5倍；董庄港吞吐量合计为16.2万吨，是1989年的86.2%；泺口港因受水情、航道变化的影响，船舶无法靠泊，全年没有装卸货物。济南地区黄河共有渡口39处，其中平阴县9处，长清县12处，槐荫区2处，历城区1处，天桥区1处，章丘县5处，济阳县9处。共有渡船91艘，总功率2989.25千瓦，总净裁吨位为1728.22吨，总计乘客定额10659人，共有渡工556人。

1999年10月20日，泺口渡口浮桥架成通车，该渡口是黄河水系最早最大的公路渡口。位于济南黄河公路大桥以西8千米处，由23艘87型双体承压舟和3艘双体渡轮连接而成。桥长274米，桥面宽7米，中间车行道4米，能通过60吨以下各种车辆。鲁西北及华北各地来往济南的车辆，走泺口渡口浮桥比走济南黄河公路大桥，缩短路程20余千米。为不影响船舶通行，主航道处由3艘双体渡轮组成活动门桥，可随时拆卸安装。泺口渡口浮桥架成后一个月内，日均车流量350余部，社会效益显著。

“七五”期间，济南地区黄河共完成货物运输量99.56万吨，是“六五”期间货物运输量184.58万吨的53.94%；完成货物周转量1.46亿吨千米，是“六五”期间货物周转量2.58亿万吨千米的56.73%；济南地区黄河3个港口，吞吐量总计为122.9万吨，为“六五”期间吞吐量984.8万吨的12.48%。1991年，黄河水系在济南设有3个水路运输单位，有运输船舶34艘，总净载重吨位6836吨，总功率5173.6千瓦。全年完成货运量6.78万吨，货物周转量977.87万吨千米，与“七五”时期相比，是货运量最少的年份。1992年年底，济南境内黄河航运单位有运输船舶25艘，总净载重吨位4510吨。因遇历史上罕见的枯水，全年被迫停航。1994年，因黄河枯水，黄河航运继续停产。黄河航运局逐步摆脱依赖黄河运输为主导产业的局面，转换经营机制，实施海河并举、水陆并举、多种经营、全面发展的经营规划，企业有了新发展。

第二节　小清河航运

1988年，小清河航运局有内河运输船舶76艘(其中拖轮16艘，货驳60艘)，1380马力，4110吨位。黄台港是小清河上游最大的内河港口，有货场面积3.07万平方米，装卸以机械化为主，吞吐量5.69万吨。上航货物以食盐为大宗，下航货物以砂石及煤炭为主。营运特点是组货、运货、销货一条龙。内河完成货运量5.5万吨，货运周转量955万吨千米，分别是年计划的611%和63.7%。海上运输有5组顶推船、2艘拖轮，2661马力，5350吨位。使用的500马力双浆双机顶推船，在国内较先进，开辟羊角沟至大连、营口、黄骅、威海、莱州、龙口等6条海上航线。完成货运量24.5万吨，货运周转量7174万吨千米，分别是年计划的98%和110.4%。海河联运格局的形成，使山东内地的集散货物可从济南直运羊角沟，由羊角沟转运至沿海各港口。东北的木材、鞍山的钢材、丹东地区的硫化铁等货物经羊角沟港转运至山东内地。减轻津浦和胶济铁路的压力，疏通全省对外经济交流的渠道。货源流向稳定并日益增加，经济效益渐好。

1989年，全年完成货运量40万吨，货物周转量1.03亿吨千米，分别是年计划的140.4%和127.4%，比1988年分别提高33.3%和26.9%；实现利润108.5万元，比1988年增长近10倍。小清河实行海河联运，可同沿海诸港及国外直接发展贸易。黄台港是小清河上游最大的港口，吞吐量10.1万吨，国营内河船舶完成货运量7.3万吨，货物周转量1233万吨千米。

1990年，小清河航运局全年完成货运量31.8万吨，货运周转量8004万吨千米。分别为年计划的93.5%和88.9%，比1989年分别下降20.5%和22.4%，实现利润12万元。1988～1990年第一轮承包期间，海运生产创造月产四个历史第一。即货运用转量第一(1100万吨千米)；港口吞吐量第一(107360吨)；日装船吨数第一(10250吨)；船舶平均在港停泊时间第一(6.2小时／艘次)。鲁海304船组和内河四队，在全局海河单船、队生产领先，周转量和收入分别完成1285万吨千米，105.2万元和215万吨千米，20.46万元。同年投资80万元，为海河联运枢纽港——羊角沟港(羊口港)扩建千吨级海船舶位2个，当年建设当年投产。投资420万元，建造一艘浅吃水节能型千吨级自航货轮，10月投入营运。完成柴庄拦河闸闸门更新，船闸阀门轨道更新及度汛抢修等工程，共投资227.5万元。

1991年，小清河航运局有运输船舶60艘，8393载重吨。海河联运全年完成货运量36.8万吨，货物周转量8316万吨千米，港口吞吐量58.1万吨，企业总收入1827万元，利润25万元，分别为年计划的147.2%、138.6%、116%、110.7%和125%。全年共投资近千万元，大修柴庄和金家桥两座通航枢纽；扩建羊口港；疏浚黄台港和羊口港。制订组货经济责任制，广开货源。使货源腹地延伸到德州、惠民、青州及山东沿海。承运货物种类由过去的盐、煤增加到粮食、化肥、木材、钢材等14个种类。全年共组织计划外货源15万吨，占全部运量的45%。

1992年，小清河航运局有职工1650人，船舶总吨位9463吨，其中海船6983吨位、内河船2480吨位。全年共完成货运量44.6万吨，货物周转量1.28亿吨千米，企业总收入2566万元，分别比1991年增长21.2%、53.9%和40.4%。实现利润33.7万元，为计划的112.3%，各项经济指标均创历史最高水平。

1992年3月9日，山东省小清河航道管理处正式挂牌办公，对小清河航道实行管理。先后依法处理山东酒精总厂、黄台火力发电厂向小清河排污及部分农民在小清河任意筑坝等违章事件。4月28日，小清河航运局第一艘千吨级海河联运货轮“鲁海301”自羊口港首航湛江。后陆续开辟羊－大(连)、羊－龙(口)、羊－沪、羊－津、羊－丹(东)、羊－广(州)、羊－厦(门)等航线。该千吨轮具备直航韩国、日本、东南亚各国及港台地区的能力，为济南市小清河实现外运提供了条件。

1993年，小清河航运局所属企事业单位共12个，职工1846人，船舶总吨位1.07万吨，其中海船7803.3吨位，内河船2919吨位。全年共完成货运量35.3万吨，货物周转量1.64亿吨千米。企业总收入2911万元，为1992年的113.4%，实现利润43.6万元，为1992年的129.4%。

1994年，完成货运量33.3万吨，货物周转

20世纪90年代，济南小清河上的拖轮与驳船

1990年，小清河黄台港

量1.65亿吨千米，吞吐量38.3万吨，分别为1993年的94.3%、101%和103.7%。实现总产值911万元，企业总收入2952.5万元，利润5.7万元，分别为1993年的113%、101.4%和13.1%。面对水运市场疲软、资金严重短缺、运价不到位的困难局面，山东省小清河航运局加大改革力度，局机关由18个处室合并为11个，人员由79名减为52名。竞争上岗，拉开分配档次，形成岗位靠竞争、收入靠贡献的人事、分配机制。充分利用羊口港年内被评为二类开放港口的优势，全年羊口分局盈利41.5万元。

1995年，小清河航运局完成货运量35.7万吨，货物周转量1.63亿吨千米，货物吞吐量52.7万吨，分别是1994年的107%、198.8%和12.5%；完成工业总产值923.8万元，总收入3389万元，分别是1994年的101.4%和114.8%。小清河航运局的主要港口——羊口港，是山东省唯一的海、河、公路、铁路联运的枢纽港，3月被批准为二类开放口岸，有7个码头，15个泊位(其中内河泊位9个，海船泊位6个)，年货物吞吐量120万吨。同年完成货运量65万吨，周转量3.5亿吨千米。小清河航运局鲁海301轮6月16日满载1400吨国产优质复合肥，走出国门，首航日本。省城济南的物资通过海河联运直接进出国门变成现实。

1996年，小清河航运局全年完成货物运输量34.7万吨、2.97亿吨千米，分别是年计划的91.3%和141.6%，是1995年的97%和182.5%；港口货物吞吐量完成56.7万吨，工业总产值完成840.5万元，总收入4535万元，创利润14.6万元，实现利税136万元。

1997年，小清河航运局投资455万元，购买1艘清泉号货轮(吨位1400吨)，并对该轮实行内部股份合作制，航运局作为发起人以国有股出资255万元，向全局职工募集280万元，对清泉号轮船实行独立核算，自负盈亏，以该轮的全部资产承担内部有限经济责任。经过两个月投产营运，收入70万元，比原来预测的月收入提高9.4%，创造较好的经济效益。在羊口港新建5000吨级码头，可增加吞吐能力50万吨。工程主要包括：5000吨级泊位两个；140米长的码头岸线；500米长的防潮坝；以小清河河口拦门沙治理为主的25千米航道疏浚工程以及仓库、道路、照明、通信等生产生活辅助配套设施。

1998年，因小清河进行全面治理而全线停航；海上运输因东南亚金融危机导致航运市场需求下降，港航生产出现大的滑坡。

小清河景区观光船码头　(2011年摄)

第七篇　邮电　信息

1986年，济南市邮电局(所)129处，邮电业务总量2076万元，其中邮政业务总量487.44万元；邮电及农村投递路线总长度7568千米，长途电话电路总数789路，电报电路总数160路；火车邮厢16辆，邮运汽车69辆；市内邮政支局(所)42处。1990年，邮电业务总量5470万元，业务收入2109.22万元。2010年，全市邮电通信营业收入63.8亿元；邮电局(所)211处，邮政业务总量完成39893.34万元，业务收入47247.8万元。

1986年后，济南市先后成立移动通信公司、电信公司、通信公司、网通公司、联通公司等电信运营企业。2004年5月，中国电信集团公司山东省济南市电信分公司成立。同年，中国联通和中国网通合并为“中国联合网络通信有限公司济南市分公司”。至2010年，济南市国有通信企业主要有：联通公司、移动公司、电信公司。全市固定电话117.17万户，公用电话17.77万户。

1996年后，以政务信息化、社会信息化、企业信息化为主的全市信息化建设发展迅速。1999年，济南市启动政府上网工程。2010年，全市市直部门和县区主要业务信息化支撑程度分别为80%和45%。县级以上政府服务事项覆盖率50%。济南市公用信息平台成为全市党政机关网络交换枢纽与核心数据中心。

进入21世纪后，信息产业迅猛发展。2005年，信息传输计算机服务软件业完成增加值54亿元，软件业实现销售收入95亿元。2010年，信息产业成为济南市支柱产业之一。济南市认定软件企业38家，总数为310家；新认定软件产品202个，总数为1858个。新认证系统集成资质企业9家，总数为70家。通过CMM/CMMI认证软件企业26家。全市电子信息产业实现销售收入864.1亿元，比2009年增长18.3%。其中，软件服务业435亿元(占全省的61%)，比2009年增长24.3%；电子信息产品制造业295.4亿元，比2009年增长12.3%；网络传输业51.7亿元，比2009年增长5.2%。软件与信息服务外包1.1亿美元，比2009年增长25%。全行业实现利税72亿元，比2009年增长23%；增加值240亿元，占全市GDP比重约为7.2%。全市通信设施投入共计14.3亿元，较2009年同期增长1倍，互联网总出口为300G，移动电话用户650万户，互联网宽带用户99万户，分别同比增长22.6%和16.4%。全市备案网站2.5万家，上网人数300多万。

第一章 邮 政

第一节 网点 设施

一、邮政网点

1986年1月28日，设北园路邮政支局。5月1日，设山大路邮政支局。1990年2月10日，设甸柳新村邮政支局。5月1日，设舜玉路邮政支局。1991年1月10日，设乐山街邮政所。1992年6月1日，设燕子山东路邮政支局。10月4日，设师范路邮政支局。1993年6月18日，设王官庄邮政支局。12月24日，设文化东路邮政支局。1995年5月18日，设八里桥邮政所。5月20日，设英贤桥邮政所。5月28日，设火车站邮政所。6月1日，设玉函路邮政所。8月7日，设大桥路邮政支局。8月8日，设黄台邮政支局。10月25日，设玉函北区邮政所。10月26日，设黄屯邮政支局。1996年3月15日，设建筑新村邮政支局。3月18日，设万竹园邮政所。6月18日，设经六路纬四路邮政所。6月22日，设山东世界贸易中心邮政所。7月19日，设杆石桥邮政所。10月15日，设济南卫校邮政所。11月15日，设按察司街邮政所。1997年10月6日，设邮政商厦邮政支局。1998年2月9日，设邮电新村邮政支局。3月15日，设济军医专邮政所。5月15日，设红苑邮政支局。8月31日，设交校路邮政所。2001年7月5日，设华龙路邮政支局。7月6日，设十六里河邮政支局。10月15日，设山东大学邮政所。2002年1月26日，设经十纬七邮政所。11月22日，设趵突泉邮政支局。11月29日，设西苑小区邮政所。12月20日，设解放东路邮政所。

2003年，根据省工商行政管理局和省邮政局《关于规范邮政分支机构名称及有关登记注册问题的通知》精神，新开设支局所，一律称“邮电”支局所。3月8日，设舜园邮电所。6月24日，设英才学院邮电所。6月26日，设腊山北路邮电所。10月17日，设商学院邮电支局和建工学院邮电支局。10月31日，设段东邮电所。12月31日，设纬十二路邮电所。2004年3月26日，设泉城路邮电所和北园芙蓉邮电所。4月22日，设体育中心邮电所。8月16日，设经十东路邮电支局和高新区邮电支局(齐鲁中环路)。12月22日，设北园银座邮电所。2005年4月7日，设阳光邮电所和桃园邮电所及新建段店邮电支局。6月10日，设英雄山路邮电支局。10月24日，设明珠国际商务港邮电所。11月3日，设通信技术学院邮电支局和营市西街邮电所、东方石化园邮电所、经济学院燕山分院邮电所。11月30日，设建设路邮电所。2006年7月3日，撤销纬十二路邮电所。9月11日，设蓝翔技校邮电所。11月9日，设济齐路邮电所。11月28日，设高新技术开发区邮电支局(崇华路)。12月8日，后陈家楼邮电所迁址三孔桥，更名为三孔桥邮电所。同日设阳光舜城邮电支局。2007年3月1日，设济南职业学院邮电所。4月4日，文化东路邮电所，更名为文化东路邮电支局，同时撤销燕山东路邮电支局。4月5日，撤销成大邮电所。6月15日，设中恒商城邮电所。10月12日，设伟东新都邮电所和金牛公园邮电所。同日，经济学院燕山分院邮电所更名为铁路职业技术学院邮电所。2008年1月7日，设燕山邮电所。2009年3月16日，撤销山师邮电所。3月，历城局辖的党家庄、桑梓店、孙村、港沟、建工学院、英才学院、铁路职业技术学院等支局、所，分别划归槐荫、天桥、高新区邮政局管辖。3月25日，设通讯城邮电所。4月1日，撤销周王庄、段东、泉城路邮电所。5月16日，撤销无影山、锦绣川、靳家、高尔邮电支局。5月25日，设龙奥邮政局。7月21日～23日，八里桥、健康路邮电所，先后更名为八里桥邮电支局和健康路邮电支局。开元山庄邮电支局，更名为开元山庄邮电所。12月22日，撤销腊山北路所，改设为中心局支局。

2010年9月2日，王舍人庄邮电支局迁址，更名为百花邮电支局。至2010年年底，市区内共设有邮电支局66处，邮电所36处。市中区支局：经二路、杆石桥、舜玉路、乐山街、经六纬四、邮电新村、英雄山、二七、伟东新都、阳光舜城、七里山。邮电所：经七路、玉函路、体育中心(2011年1月1日撤销)、明珠国际、建设路、十六里河、玉函北区、火车站。历下区支局：山师东路、文化东路、健康路、甸柳新村、和平路、解放东路、花园庄、建筑新村、铁路机校、铁路机校储蓄、文化西路、趵突泉。邮电所：燕山、开元山庄、通信学院、按察司街、万竹园、科苑、大明湖、院前、英贤桥、世贸中心。槐荫区支局：辛庄、邮政商厦、纬六路、纬九路、段店、王官庄、大金庄、吴家堡、八里桥、中心局、党家庄。邮电所：红庙、道德街、营市西街、济南大学、阳光、济齐路。天桥区支局：师范路、毕家洼、堤口路、成丰桥、北园路、泺口、桑梓店。邮电所：通讯城、蓝翔技校、黄屯、西苑、交校、中恒、三孔桥、北园芙蓉、北园银座。历城区支局：营业室、工业北路、山大路、黄台、大桥、百花、济钢、大龙堂、董家、唐王、遥墙、华山、郭店、西营、柳埠、仲宫、大王、华龙路、工业南路、商学院。邮电所：济钢新村。高新区支局：高新区、孙村、港沟、建工学院、龙奥。邮电所：英才学院、铁路职业技术学院。长清区支局：平安店、归德、孝里、双泉、马山、五峰、万德、武家庄、张夏、崮山。邮电所：新城、莲台山、安置一区、山东交通学院、山东师范大学、山东轻工学院、山东中医药大学、中华女子学院、联大。

1990～2010年济南市邮政局支局所统计表

表3－7－1　　单位：处

年份	合计	其中					
		市区	章丘	长清	平阴	济阳	商河
1990	160	74	24	14	13	16	19
1995	176	86	27	15	13	16	19
2000	190	96	29	13	14	16	22
2005	216	121	29	17	12	15	22
2010	195	102	28	19	11	15	20

二、邮政设施

(一)信筒信箱　1986年，设各种信筒信箱264个；2010年设697个。随着城市发展，道路不断拓宽改造，沿街所设信筒，不断被列入拆除计划。1986～2010年，市区先后拆除信筒46个。

1990～2010年济南市邮政局信筒信箱统计表

表3—7—2　　　　　　　　　　　　　　　　　　　　　　　　单位：个

年份	合计	其中					
		市区	章丘	长清	平阴	济阳	商河
1990	590	381	72	33	50	35	19
1995	928	384	360	79	50	36	19
2000	1332	322	180	476	258	42	54
2005	764	339	41	252	23	55	54
2010	697	352	41	252	12	17	23

(二)邮政机械　1986年，配备由美国制造的5610型邮资机。1987年4月，安装有声信函录音机，发展有声信函业务。1988年4月20日起，先后在各营业室、配置多功能电子秤。1990年，在挂号邮件处理部门，开始增设登单机。用电子扫描笔，在条形码签上一划，即完成挂号函件登注清单。同年，济南邮政储蓄开始实行单点微机操作，利用微机办理邮政储蓄业务；报刊发行实行微机处理。1992年11月，在济南邮政大厦生产车间，开始安装的包裹细分机(苏州轻工机械厂制造)和包裹粗分机(贵州五三九厂制造)投产。同年，开始使用微机管理邮件路单。1994年4月1日，使用微机开发汇票。在函件分拣车间，安装由比利时引进的阿尔卡特贝尔公司制造的信函自动分拣机2台，由邮电上海三所制造的红框理信机3台投产。商函处理作业线投产。1997年，各邮政储蓄点开始设置自动柜员机。2003年9月1日，邮政综合办公网应用系统开通。网上设置公文、信息通知、电话簿、通信录、管理等管理系统；对一般性通知，信息等公文，进行网上传输，并逐步扩充办公网其他系统。2010年，营业服务使用机械和网上办公不变。

1990～2010年济南邮政机械统计表

表3—7—3

年份	装卸用叉车（辆）	装卸用拖（挂）车（辆）	装卸用牵引车（辆）	装卸过桥（台）	装卸平台（台）	邮件传送机（套）	邮件升降机皮带机（套）	信函分类理信机（套）	信函分拣机（套）	包裹分拣机（套）	报刊分发流水线（套）	商函处理作业线（套）	自动柜员机（台）	微机（台）	邮资机（台）	过戳机（台）
1990	2	118	8	0	0	5	5	0	0	—	0	0	—	—	—	—
1995	6	140	—	0	0	2	—	3	2	2	—	1	—	—	—	—
2000	0	0	24	—	—	—	—	3	2	1	1	1	33	941	39	49
2005	—	—	—	—	—	—	—	—	—	—	—	2	39	1140	55	46
2010	—	—	—	—	—	—	—	—	—	—	—	2	95	398	103	—

第二节 邮政业务

一、业务种类

(一)国内邮政业务 主要为函件、包裹、汇兑、储蓄、报刊发行、集邮和特快专递等。

函件 1985年，国内函件业务简化为信函、明信片、印刷品、盲人读物等。另办代发广告、贺年明信片等。1986年6月，印刷品准寄范围规定：凡经出版行政机关批准的书籍、报纸、期刊和材料，可作印刷品交寄外，其他非上述范围的纳入信函、代发广告或民用包裹交寄。1987年5月1日，办理收寄有声信函(邮寄信函磁带)业务。同年11月10日，恢复办理快递(件)信函业务。1988年1月1日，盲人读物免费收寄，如挂号只收挂号费。同年5月1日，各县(市)区邮政局开始办理邮政快件业务。1990年7月31日，保价信函保价金额调为每件最多以人民币1万元为限。1991年7月1日，收寄挂号信函贴用条码标签。同年12月1日，开始发售中国邮政贺年(有奖)明信片，次年2月开奖，2月20日至6月20日发奖。其后每年发售一次。同年开办商业信函业务。1992年7月1日，开办国内邮政电子信函业务、电子传输书信、稿件、文件、合同等，可通达北京、上海、天津和各省省会等36个城市。1995年5月，开办中国邮政礼仪(邮资)信函业务。同年7月10日，开办“高考录取通知书”寄递业务。1998年7月1日，停办邮政快递(件)业务。1999年12月28日，开办邮政限时信函业务，利用电子信函机进行传递。2000年1月1日，邮政快件业务恢复在省内办理。2001年11月1日，开办邮政混合信函业务。由经二路营业室负责接收济南本市落地进口混合信函以及省内其他地区的转口混合信函业务。至2010年，各类函件业务未变。

包裹 1986年，济南邮政办有快递小包、代收货价、甲乙类保价包裹、商品包裹、用户专用袋包裹等包裹业务；7月，民用包裹每件重量以5千克为限，并收寄纸质品包裹。同时将包裹分为民用包裹(含纸质品包裹)和商业(品)包裹两类；用户专用袋包裹划入商品包裹类。1987年12月10日，开办大件商品包裹业务，每件重量以25千克为限。1990年7月31日，各类包裹全部改为按保价收寄，取消甲类保价包裹和乙类保价包裹的业务规定。内装物品价值1千元以上的包裹，按贵重包裹收寄。停办用户专用袋业务和代收货价业务。1992年7月1日，开办台湾快件包裹业务。1996年12月1日，不再办理商品包裹、纸质品包裹和航空包裹业务。2001年8月1日，开办国内快递包裹业务。包裹业务形成普通、快递、直递三个包裹档次，至2010年未变。

汇兑 1987年7月1日，开办邮政快件汇款业务，利用快件传递汇票。1996年6月1日，每笔汇款最高限额由5千元提高至1万元。1999年3月1日，每笔汇款限额提高至5万元。2001年7月26日，开办邮政电子汇兑业务，采用计算机网络技术，传输汇款信息。2002年1月1日，取消“邮政汇款单”，改用计算机网络方式传递汇款，实现电子汇兑。至2010年未变。

邮政储蓄 1986年5月20日，济南邮政首先在市区经二路邮政营业室，恢复办理邮政储蓄业务，为全省第一个开办局。10月15日，开办异地储蓄存取业务；至年底，所辖各县(市)区邮政局全部恢复办理邮政储蓄业务。济南邮政收储的存款，全部缴存人民银行，人民银行按月存累计日平均余额的2.2‰支给邮政手续费。1990年1月1日，收储的存款由缴存银行改为转存银行，银行向邮政支付存款利息。1997年开始“绿卡”工程建设，至1998年储蓄网点实现联网，并与全国50多个城市的2300多个邮政储蓄网点，实现邮政储蓄活期存款通存通取。2000年4月1日，邮政储蓄按照人民银行要求，开始实行个人存款账户实名制度。2001年，实现全国行业内邮政储蓄活期存款异地通存通取。2003年8月起，邮政储蓄收储的存款，由转存银行改为逐步自主运用资金。2005年6月，实现邮政储蓄计算机网和电子汇兑系统两网互通，可跨行交易。至2010年，邮政储蓄网点187个。

报刊发行　1989年，推行报刊自办发行，邮发报刊数量减少。订销报刊期发份数分别比1988年减少32万份和18万份。1990年，在报刊自办发行不断扩大、报刊期发份数减少情况下，济南邮政按照“积极发展，认真办好、使邮政部门继续成为报刊发行的主渠道”的方针，开辟新的发行渠道，扩大市场，报刊期发份数分别比1989年增长6.95万份和6.73万份。1995年，发行报刊5592种，期发份数380万份，业务量为全国第5位。2000年，报刊期发份数为78.99万份；2005年，期发72.86万份；2010年，期发为287.88万份。发行济南版报刊305种。

集邮　1980年，恢复集邮业务。1989年3月18日，在经十路132号门东侧，开设第二集邮门市部，办理集邮爱好者手中集邮复品的交换业务，并兼营集邮品信托业务。1990年9月1日，在燕子山居民小区开设燕子山集邮门市部。1992年12月28日，纬一路集邮门市部迁至经一路66号济南邮政大厦营业大厅内，并开设邮票交换厅，进行邮票交换。1997年10月，济南邮政商厦邮政支局，设专柜出售集邮邮票、票品。2000年9月18日，集邮中心门市部、乐山街集邮门市部、燕子山集邮门市部，分别划归槐荫、市中、历下区邮政局管辖。2004年2月12日，在纬二路168号开设济南市集邮礼品中心，经销各类邮资凭证，集邮品、纪念币等(2008年1月撤销)。2009年4月27日，在趵突泉邮政支局开设岁月个性化邮票旗舰店。至2010年，集邮业务未变。

特快专递　1987年7月1日，济南邮政开办国内特快专递邮件业务，业务分“定时业务”和“特需业务”两种。凡信函、文件、资料、物品、商品等，均可作为国内特快专递邮件寄递。至1995年，历城区、章丘市、长清县、济阳县、平阴县和商河县邮电局，先后开办特快专递邮件业务。2000年9月1日，开办省内特快专递限时递业务。2004年8月10日，“全夜航”邮路开通，当日收寄的特快专递邮件次日17时前有效投递，与全国136个城市实现次日投递。2005年7月，启动“次晨达”业务，当日下午收寄的特快邮件，次日上午投递。2007年6月18日，开通3条快递集散邮路：市区至长清、平阴，市区至章丘，市区至济阳、商河。至2010年，各类业务未变。

1990～2010年济南邮政业务情况表

表3—7—4

项目 年份	函件（万件）	包裹（万件）	汇兑（万张、笔）	储蓄（万元）	特快专递（万件）	报刊发行（万份）	集邮（万枚）
1990	4457.62	50.94	100.09	5926.97	1.47	12868.80	205.47
1995	7611.11	126.31	145.62	90021.81	40.12	10967.67	2205.09
2000	7304.19	96.71	106.80	256524.01	73.14	16896.34	3499.65
2005	9300.87	77.05	510.59	807851.07	200.15	13533.56	329.79
2010	4109.59	65.78	109.96	691173.18	559.99	14164.69	86.99

1986～1992年邮政业务统计表

表3—7—5

项目＼年份	1986	1987	1988	1989	1990	1991	1992
函　件（万件）	3394	4027	4326	4268	4360	4801	4902
包　件（万件）	58	63	69	53	51	51	96
报刊期发数（万份）	195	199	194	113	121	146	148
邮电局所（处）	129	131	176	194	202	204	198
电　报（万份）	1026	130	168	142	144	144	144
电报电路总数（路）	160	204	228	235	241	233	246

1993～1998年邮政业务统计表

表3—7—6

项目＼年份		1993	1994	1995	1996	1997	1998
国内分类业务总量	函　件（万件）	5872	6449	7596	7292	6427	6155
	包　件（万件）	93	126	126	150	109	102
	汇　票（万张）	101	113	133	127	120	101
	订销报纸累计数（万份）	10560	8674	9251	9893	10845	11326
	订销杂志累计数（万份）	1171	1298	1659	2176	2725	3740
	邮政快件（万件）	304	286	289	278	197	80
	特快专递（万件）	14	37	45	61	53	54
	公众电报（万份）	116	79	53	38	21	15
	邮电局所（处）	276	234	276	444	1084	1200
	电报电路（路）	264	244	242	218	217	195
国际及港澳分类业务	函　件（万件）	2	55	42	40	30.46	23.80
	包　件（万件）	—	0.20	0.30	0.30	0.20	0.20
	特快专递（万件）	—	1	2	1.60	1.43	1

1999～2004年邮政业务统计表

表3—7—7

项目＼年份		1999	2000	2001	2002	2003	2004
国内分类业务总量	函　件（万件）	6285	6821	6380	7968	8850	7901
	包　件（万件）	81	90	81	88	103	77
	汇　票（万张）	111	107	98	98	95	81
	订销报纸累计数（万份）	11816	11786	10902	11178	11732	12617
	订销杂志累计数（万份）	4608	5122	1166	615	590	764
	邮政快件（万件）	—	—	—	—	—	—

续表3—7—7

项目		1999	2000	2001	2002	2003	2004
国内分类业务总量	特快专递（万件）	68	73	96	110	143	172
	公众电报（万份）	14	14	11	2.5	0.68	—
	邮电局所（处）	1132	190	195	194	195	206
	电报电路（路）	211	—	—	—	—	—
国际及港澳分类业务	函　件（万件）	18.90	17.40	17	15	10.55	9.20
	包　件（万件）	0.30	0.35	0.50	0.58	0.78	0.80
	特快专递（万件）	1.10	1.60	1.50	1.53	1.49	1.60

2005～2010年邮政业务统计表

表3—7—8

项目		2005	2006	2007	2008	2009	2010
国内分类业务总量	函　件（万件）	6461	6070	6892	6923	—	—
	包　件（万件）	77	76	74	72	—	—
	汇　票（万张）	78	91	108	119	—	—
	订销报纸累计数（万份）	12356	14932	12759	13833	—	—
	订销杂志累计数（万份）	740	733	902	1408	—	—
	邮政快件（万件）	—	—	—	—	—	—
	特快专递（万件）	197	222	285	436	—	—
	公众电报（万份）	—	—	—	—	—	—
	邮电局所（处）	211	223	227	222	208	211
	电报电路（路）	—	—	—	—	—	—
国际及港澳分类业务	函　件（万件）	8	5.70	6.40	10.40	7.20	6.18
	包　件（万件）	1	0.86	1.10	1.10	1.20	1.36
	特快专递（万件）	2	2.10	3.70	7.40	15.40	—

说明：1.按国家邮电系统规定，邮电局所指标统计口径调整幅度较大，2000年与以前年份不可比。

2.邮电局部分业务量指标统计口径调整幅度较大

1992～2008年邮政业务收入统计表

表3—7—9　　单位：万元

年份	函件	特快专递	邮政快件	包件	报刊	其他	总计
1992	938	200	327	290	1644	—	3399
1993	1068	508	327	279	1745	1395	5322
1994	1116	947	318	346	2411	2340	7478
1995	1224	1133	281	424	3020	3745	9827

续表3—7—9

年份＼项目	函件	特快专递	邮政快件	包件	报刊	其他	总计
1996	1577	1448	316	545	3825	4612	12323
1997	2852	1882	455	771	4247	8400	18607
1998	3339	1879	205	779	4934	8283	19419
1999	4862	2205	—	1129	5348	13232	26776
2000	4896	2713	—	1039	5918	15717	30283
2001	3416	2732	—	1090	6282	17756	31276
2002	3951	3057	—	1164	5979	14908	29059
2003	4303	3432	—	1388	5205	17675	32003
2004	3925	3701	—	1353	5315	19194	33489
2005	4480	4525	—	1323	5307	21341	36976
2006	5621	5445	—	1236	5628	22598	40528
2007	6831	7264	—	1275	6315	25588	47273
2008	8818	9991	—	1296	6935	18456	45496

说明：1. 2008年邮政收入不包含邮政储蓄收入。

2. 2009年、2010年数据未作统计

（二）国际及港澳台邮政业务　1987年7月10日，济南邮政开办国际特快专递业务。1988年4月1日，开办国际快递信函业务。1992年7月1日，恢复办理国际邮政汇兑业务。1994年8月8日，开办国际电子信函业务，并为全省各类进口国际电子信函邮件的中继汇接局。2000年6月，开通西联国际汇款业务；同年11月，开通国际银邮汇款业务，汇款通达世界19000多个银行。2008年5月1日，停办寄往澳大利亚的保价信函业务。

1990～2010年济南邮政国际及港澳台邮政业务统计表

表3—7—10　　单位：万件(笔)

年份＼项目	函件	包裹	特快专递	汇兑
1990	31.59	0.07	0.17	—
1995	41.67	0.29	1.53	—
2000	18.14	0.35	1.71	0.02
2005	7.73	0.81	1.67	0.29
2010	618	1.40	1.37	0.38

（三）其他业务　1988年4月1日至9月30日，办理代销国库券。1989年7月1日，代销保值公债。1990年8月7日，代销十一届亚运会基金奖券。1996年4月26日，办理磁卡电话业务。1999年7月28日，代理保险业务。2001年11月16日，开办代收代扣电话费用业务。2002年4月2日，开办特快送汇业务；5月1日，开办送双单业务和异地窗口卡业务；11月14日，开办邮寄电话账单业务。2003年3月20日，开办邮政电子汇款回执业务；6月1日，开办邮政礼仪业务。2005年

6月，开办商务汇款业务；8月11日，开始代扣(收)电力费用。2006年3月1日，开办邮政短信业务。2008年8月1日，开办国内经济快递业务。

二、邮件处理

1994年，开始安装“信函自动分拣机”，按信面邮政编码分拣平信。2000年9月后，济南邮政的分拣封发邮件部门，划归济南邮区中心局管辖。

(一)国内邮件

函件　分拣封发国内平常函件和挂号(含汇票)函件，根据函件封面书写地址的流向流量，按照“平十挂三”(平信同一地址满十件，挂号同一地址满三件)的直封标准，分别设置函件封发对象(接收局)。1986年，设有平信直封格口571个，平刷直封格口195个，挂号直封格口498个，挂刷直封格口185个。1991年6月1日，分拣平信，开始用人工按邮政编码分拣。1994年，安装自动分拣机，按邮政编码分拣平信，每小时可分拣3.5万件。同年，配制条码登单设备处理挂号，用电子扫描笔在挂号信封面条形码上扫一下，即可完成挂号信函登单程序。1999年12月30日，实行邮区中心局分拣体制，济南邮政与全国235个二级中心局，建立直封邮件关系。至2010年没有变化。

包裹　分拣包裹。原系人工摆地摊的分拣封发办法。1992年11月，均由机器操作，日处理包裹6000件。封发包裹。是按同一寄达局满三件或不满三件而总重量满30千克或大包裹，大宗包裹，均建立直封关系。1999年，包裹直封格口为330个。至2010年没有变化。

特快专递　特快专递邮件，1987年开办后，即设专台处理，单独封装，不与普通邮件混登混封。至2010年没有变化。

(二)国际及港澳台邮件　济南邮政接收的国际及港澳台邮件，都由专设的国际邮件组进行处理。出口的邮件，分别发往北京、上海、广州等国际邮件互换局，转发境外。进口的邮件封面书写外文的，译出中文后，发往相关投递局投递。需验关的邮件，转发至青岛海关验关。1997年3月18日，济南海关驻济南邮局办事处开关，验关邮件，改由就地验关处理。

1990～2010年济南市邮政局国际及港澳台邮件交换量统计表

表3—7—11　　　　单位：万件

项目/年份	平常函件			给据函件			包件			特快专递			汇兑	
	出口	进口	转口	出口	进口	转口	出口	进口	转口	出口	进口	转口	出口	进口
1990	31.59	10.45	253.84	0.43	0.19	4.22	0.07	0.14	0.35	0.17	0.15	–	–	–
1995	41.67	9.40	468.14	0.51	0.43	4.56	0.29	0.27	0.84	1.52	1.68	–	–	–
2000	17.41	–	–	–	–	–	0.35	–	–	1.62	1.61	0.44	0.02	0.02
2005	7.37	448.31	–	1.37	1.92	–	0.81	1.48	–	1.67	–	–	0.29	0.23
2010	4.72	–	–	1.46	–	–	1.40	2.29	–	17.37	6.05	–	0.24	0.14

三、邮件运递

(一)邮运

火车邮路　1990年5月1日，恢复开押济南至徐州火车邮路。配3个押运班，每班3人。10月1日，停押。1991年4月21日，重新起用运邮。1993年4月1日停运。1995年4月1日，又起用运邮。菏(菏泽)哈(哈尔滨)火车邮路：1989年1月，由济宁延伸至菏泽，为菏哈火车邮路。邮路横跨6省市，与44个地面局交换邮件，往返60多个小时。至2000年，济南邮政派押的火车邮路共4条：济南－菏泽－哈尔滨干线火车邮路，全程3832千米，和36个地面局办理邮件交接，途经6个省、直辖市，全程业务量3500～4000袋；济南至连云港干线火车邮路，全程1058千米，和14个地面局办理邮件交接，途经2个省，全程业务量1800袋左右；济南至烟台干线火车邮路，全程1048千米，和8个地面局办理邮件交接，全程业务量1600袋左右；济南－烟台－上海西干线火车邮路，全程3890千米，和36个地面局办理邮件交接，途经4个省、直辖市，全程业务量5500～6000袋。2004年4月，铁路调点调图调整了火车邮路，济南至连云港、济南至烟台两条火车邮路撤销。济南－烟台－上海西火车邮路调整为徐州－烟台－金华西干线火车邮路，全程5308千米，和50个地面局办理邮件交接，途经5个省、直辖市。全程业务量5500～6000袋。至2005年，火车邮路共有5条。

汽车邮路　1986年4月1日，济南汽车邮路开通济南至长清、平阴、肥城、济南环行邮路9条。1987年4月1日，撤销济南至临沂邮路，改开济南至仲宫、西营邮路。1989年9月1日，又延伸至莱芜。1990年4月1日，撤销济南至菏泽、无棣邮路，改开济南至惠民、滨州邮路。1991年4月21日，济南至莱芜邮路撤销。新开济南至东营邮路和济南至万德、仲宫环行邮路。1992年7月1日，济南火车站改造施工期间，增开济南至泰安、济南至淄博、济南至临清、济南至青岛、济南至烟台(重)等5条邮路。1993年4月1日，增开济南至烟台、济南至莱芜两条邮路。同日，将济南至淄博邮路延伸至潍坊。同年7月1日，济南至泰安邮路延伸至济宁。1994年4月1日，济南至莱芜邮路，改开济南至泰安、莱芜邮路。济南至泰安、济宁邮路，改开济南至济宁、兖州邮路。1995年4月1日，开济南至临沂直达邮路。1996年4月18日，开济南至青岛、济南至聊城、济南至滨州快速邮路。8月19日，开济南至泰安直达重件邮路。12月1日，开济南至薛城直达邮路。1997年1月和4月，先后开济南至威海、济南至枣庄两条报刊零售快速邮路。1998年8月28日，又开济南至滨州、济南至威海、济南至枣庄、济南至日照、济南至德州等5条报刊零售专线邮路。1999年7月1日，撤销济南至聊城、滨州、临清三条邮路。同时组开济南至长清、平阴、聊城和济南至邹平、博兴、滨州两条环行邮路，并开济南至商河直达邮路。同年12月30日，在取消县(市)区邮政局分拣封发邮件功能的同时，开济南至长清、济南至平阴、济南至章丘、济南至西营、济南至商河、济南至聊城等邮路，至2010年不变。

航空邮路　济南邮政于1987年开始利用济南始飞的飞机运递邮件。11月1日，开通航空邮路6条，通达北京、上海、武汉、郑州、西安、南京。1993年3月31日，增加至福州、广州、海口、厦门、成都、重庆、深圳、哈尔滨、沈阳、大连等10条航空邮路。1997年6月1日，济南邮政在遥墙机场设立航空邮件转运站，具体办理航空邮件的交换事宜。至2000年，航空邮路增至23条，邮路总长38579千米，年运输邮件35万多千克。至2010年年底，济南市有航空邮路24条。

市内邮路　敛筒。1999年12月，邮政投递局成立后，敛筒工作改由邮政投递局统一管辖。所辖信筒信箱129个。其中，由专人敛取的88个，由投递员兼敛的41个。随着城市发展，设在市区内街道上的信筒信箱不断减少。至2010年，邮政投递局辖信筒信箱83个。其中由专人敛取的25个，投递员兼敛的58个。趟班。趟班是联络辖区内所属各支局所、邮政投递点和报社的市内邮路。以市局为中心，设东、西、南、北4条。日出班最多时为28趟。1991年8月，趟班路线调整，增加以老屯集装箱场地趟班出发点。趟班路线调为21条。1997年1月，趟班路线均以济南邮政大厦为起点。每日7个班次，出班25趟、涉及73个营业、投递点和报社的邮件报刊运输。日行程879千米。2005年趟班路线调为12条，日出班39趟。2010年5月，优化趟运流程，市内趟班调为上下午各一个频次，上午为第一频次，出班7趟次。下午为第二频次，出趟13趟次。日行程2343千米。各县(市)区局，未设专职城区趟班。接发。接发是接送火车、汽车、飞机运输的邮件报刊的市内路线。日接送火车18次、汽车14次，飞机3次。1987年委办汽车邮路撤销后，接送汽车邮件路线同时停用。同年日接送火车邮件，增至48次，接送飞机增至6次。1992年7月，济南火车站改建，接送火车邮件路线，分设为火车东站(北关)、火车南站(白马山)两条路线。同年接送航空邮件的路线，改至遥墙机场。1995年6月，火车站工程竣工。火车南站路线撤销。1997年11月，济南邮政大厦建成后，接发邮件路线，均改以邮政大厦为中心。1999年，每日接送火车邮件45次，航空邮件23次，报刊11次。至2010年不变。

县域邮路 各县(市)区邮政局，除过境邮路外，还利用自有运输工具，开辟境内邮路联络下辖各邮电支局。1991年4月，平阴局开辟境内环行汽车邮路210千米，联络所辖支局。1992年5月，章丘局开通境内联络北部支局汽车邮路166千米。1993年5月，章丘局又开通联络南部支局汽车邮路170千米。1996年7月，商河局开通联络境内支局的汽车邮路3条，计237千米。1998年8月，长清局开通联络境内支局的汽车邮路160千米。2001年9月，过境商河邮车增加，支局可直接与过境邮车交换邮件，商河局自办汽车邮路调为2条，计103千米。2005年，县域自办汽车邮路共计789千米。随着过境邮路的变化，各局的自办汽车邮路不断进行调整，至2010年，自办汽车邮路，章丘2条，310千米；长清1条，200千米；平阴1条，150千米；济阳1条，35千米；商河2条，220千米。

1990～2010年济南邮政邮路统计表

表3－7－12

年份	邮路总条数	邮路单程千米	其中							
			火车邮路		汽车邮路		航空邮路		其他邮路	
			条	单程千米	条	单程千米	条	单程千米	条	单程千米
1990	54	12685	10	6299	17	2159	6	3961	21	266
1995	63	33022	7	5395	27	7104	12	20227	17	296
2000	120	54487	5	5534	83	10219	23	38579	9	155
2005	25	1492	—	—	15	1401	—	—	10	91
2010	44	1386	—	—	42	1321	—	—	2	65

(二)投递 邮件投递分按址投递和窗口投交两种，分别由投递员和营业员完成。

城市投递 1986年，市区邮件投递点设有经二路、院前、槐荫、天桥、泺口和历城辖区投递点(支局)。分别投递所在区内用户的邮件报刊。1986年10月1日，增设北园路和七里山两个投递点。1987年7月1日，北园路投递点撤销，邮报投递工作并入天桥投递点。1990年6月6日，增设山师东路投递点。1991年1月1日，原历城辖吴家堡、大金庄两投递点，划归槐荫邮政局管理。1992年9月7日，天桥投递点迁址师范路11号，更名为师范路投递点。1993年7月16日，槐荫投递点，分设为辛庄、纬九路两个投递点。至1998年，市区内设有经二路、七里山、院前、山师东路、辛庄、纬九路、大金庄、吴家堡、师范路、泺口和历城区内投递点。投递段道市内4区207个，历城区72个。1999年12月29日，邮政投递局成立，统一管辖市内4区邮件、报刊投递工作。2000年1月18日，各邮件投递点，改称邮政投递分局。2001年10月16日，增张庄路投递分局。2002年3月13日，辛庄投递分局，迁址济微路66－38号，更名王官庄投递分局。2005年1月15日，增舜玉路投递分局。10月1日，增北园投递分局。2006年3月，增文东投递分局，同年4月中旬增辛庄投递分局。2010年4月9日，高新区投递部划归邮政投递局管辖。投递分局改称投递部，吴家堡投递分局并入大金庄投递部。至2010年年底，设经二路、七里山、舜玉路、院前、师东、文东、辛庄、纬九路、王官庄、大金庄、老屯(张庄)、师范路、泺口、北园、高新等15个投递部和经二路、东郊两个大户室，及洪家楼、王舍人投递部、历城属10个支局投递。市区投递段道413个，投递员539人，日均投递邮件、报刊34.93万件(份)。历城投递段道79个，投递员85人，日均投递邮件，报刊3.95万件(份)。投递频次，实行日投二次，部分段道日投三次，偏远地区日投一次。1997年9月15日，推行信报分投的作业方式，调整投递频次、出班时间，在市区内优先投递报纸。2001年3月1日起，实行早报早投办法，市区内订阅的《人民日报》《大众日报》《齐鲁晚报》《生活日报》《济南时报》等报纸，早7时开始组织出班投送，推行日投3次；2004年，在每个投递局，划定早报早投的投递区域范围，并逐步推行全投递区实现早报早投。2006年在“投递建设年”中，对投递网进行改造，实行分层分网，成立竞争性业务投递网和普遍服务投递网，调段道、缩时间，提高投递深度和安全率。成立经二路、东郊两个一站式服务大户室，配备机动车辆7部，对大客户实行个性化一条龙服务。至2010年年底，各投递段道日投三班(次)的54个，日投二班(次)的361个，日投一班(次)的77个。信报箱安装。在城市快速发展中，高层居民楼房迅速增加。按址投递的邮件，如上楼投递实难完成。从1979年开始推行安装信报箱(安装在一楼，一户一箱)办法。至1985年安装信报箱407组(个)，占应安装信报箱楼房总数的5.9%。1993年，市区已建成居民小区72个，楼房7822幢。1994年，开始在居民小区内安装信报箱群，解决高层楼房住户通信难题。同年8月，在历下区佛山苑小区建成一个邮政信报箱室，室内设用户信报箱格口650个。1999年，对没有通信设施的居民住宅楼房，开展“温馨报箱送进家庭”活动，为561892户居民安装上信报箱。2000年后，市内居民小区新增楼房4027幢，计60余万户。至2001年年底，安装信报箱20万个。2005年先后在8个高档住宅小区为4000余户居民设置信报箱(群)。至2005年年底，尚未设置信报箱的住宅楼房有8千余幢。至2007年年底，住户信报箱安装率仍不足15%。2009年4月30日，在48处示范点安装的户外集群式和单元式两种信报箱已完成，为3万户居民提供用邮方便。至2010年，市区信报箱安装率仍不足20%。

农村投递 农村投递以自编力量为主，实行定班期、定路线、定人员、定地点、定时间“五定”要求。农村投递里程、深度也作了规定。农村投递里程标准：山区，步行为22～24千米，自行车35～40千米；半山、丘陵、河网区，步行24～27千米、自行车40～45千米；平原，步行27～31千米，自行车45～50千米。报刊邮件投递深度，给据邮件投递到户，报刊、平常邮件投到村办公室或指定的地点和接收人。各县(市)区的农村投递工作，以邮电支局为中心辐射辖区的各个行政村，章丘908个行政村、长清613个行政村、平阴346个行政村、济阳852个行政村、商河917个行政村均实行村村通邮。

1990～2010年济南市邮政局农村投递里程表

表3—7—13　　单位：千米

年份	合计	其中					
		市区	章丘	长清	平阴	济阳	商河
1990	11670	2993	2476	1509	1123	1578	2011
1995	12168	2993	2476	1836	1007	1514	2342
2000	12362	3152	2485	1862	1007	1514	2342
2005	12445	3450	2595	1866	1007	1185	2342
2010	28368	18147	2935	1917	1005	2022	2342

第二章　通　信

第一节 有线通信

一、市内电话

1987年10月22日，济南程控电话开通。1988年2月10日起，济南市电信局对程控局用户开办新业务，包括缩位拨号、呼出限制、免打扰服务、呼叫等待、三方通话等。1989年12月15日，济南市电信局第二期引进联邦德国西门子程控电话交换机2.8万门合同签约。

1991年，二期引进的程控交换设备投入使用，程控电话交换机取代步进制交换机，济南市内电话容量问题得到缓解。1993年12月12日零时，济南市内电话号码由6位升至7位。全年电话装机4.3万部。1995年6月25日零时，扩大的济南本地电话网开通，取消济南市所辖五县(市)的长途区号，五县(市)电话号码由6位升至7位，整个济南地区实现本地网，并统一使用“0531”区号。

1996年，本地网用户线完成20万线，总数达79万线对，比1995年年末增长34%。全市城乡电话用户达43万户，城乡电话普及率为10.97部/百人，城市电话普及率为30.44部/百人。1997年，本地公网电话交换机72万门，全市城乡电话用户59万户，城乡电话普及率14.54部/百人，市区电话普及率为39.65部/百人。2000年10月31日，济南市电信局本地网电话用户突破百万，新增固定电话用户76.34万户、交换机总容量120万门。2005年5月21日零时起，济南市电话升至八位，济南地区固定电话、小灵通在原7位号码前加“8”。济南市本地网电话号码资源拓展了10倍。2010年，全市固定电话为117.17万户，公用电话17.77万户。

二、长途电话

1990年1月25日，济南市电信局开通国际及港澳台长途电话直拨业务。11月29日，开办国际及港澳台长途电话半自动台，年末长途电话电路2842条，长话业务量为940万张，长途有权用户7289户；先后与外商签订长途2500路端和3500路端交换设备合同。1991年，长话业务总量为1201万张；全市长途电话有权用户10734户，净增3445户。1993年，长途自动交换机容量净增5510路端，为1.4万路端；长话业务电路净增5332路，为12177路；长途交换和传输实现了数字化。1995年，济南市通信网的容量规模、技术层次、服务水平都有一个大的提高。年末，长途自动交换机容量6万路端，比1994年年末增长17.64%，比“七五”期末翻了5番；长途业务电路3.2万路，比1994年年末增长55.94%，比“七五”期末翻了3番。2000年，长途电话交换机容量9万路端；长途业务电路14.19万路，比1999年同期增长30.08%。2005年，长话业务2M电路3227条。2010年，PSTN长途电话交换机实占容量(2M)4937，移动长途电路2M数7318条。

三、电报

1985年12月30日，256路程控自动转报系统投产运行。1988年2月1日，开办礼仪电报业务。1989年3月，邮电部电信总局在桂林召开全国自动转报管理中心第五届年会，济南市电信局在自动转报中心业务竞赛中名列全国26家转报中心之首。5月，邮电部与瑞士哈斯拉公司技术合作项目，共同开发研制TM203用户电报和公众电报合网系统，决定首先在济南市电信局安装、调试、使用。1990年，全市电报电路241条，电报业务量为4144万份，分别比1985年增长2.5倍和2倍。至年末，256自动转报系统入网电路169条，日交换量最高为22万份。1991年，济南市电信局制定《“八五”计划和十年发展规划》。由邮电部与瑞士哈斯拉技术合作共同开发研制的世界上第一套TM203用户电报和公众电报合网系统，于4月7日凌晨2时一次割接成功进入试运行。6月7日，济南市电信局“TM-203”电报交换系统正式开通，是九十年代的先进产品，该系统的使用在我国尚属首次。1996年1月8日，济南市电信局开办发往台湾省的鲜花礼仪电报业务。2001年，电报业务总量70.38万元。2002年，电报业务总量42.66万元。随着通信新技术、新业务以及互联网的不断发展，电报业务的用户逐年减少，2003年，电报业务收入仅17.15万元。2004年始，全市电报业务逐渐退出市场。

1992～2009年电信业务收入统计表

表3—7—14　　单位：万元

年份	长途电信收入	其中：国内长途电话	国际及港澳电话	国内国际电报	市内电信收入					农话收入	数字通讯收入	其他
					市内电话	无线寻呼	移动电话	其他	合计			
1992	8654	5775	530	304	4140	537	560	975	6212	300	—	—
1993	14268	10274	3009	414	9520	1058	1624	3074	15276	2196	—	—
1994	18552	13687	3867	293	11100	1779	3717	4100	20696	3000	—	—
1995	24488	17538	5786	200	12218	2070	4883	9161	28332	4689	—	—
1996	23893	16313	6452	132	20733	17194	8687	9951	56565	6710	—	—
1997	31001	22888	5791	80	27093	22142	17814	10753	77802	7221	—	—
1998	34006	29056	4767	183	40404	17881	33476	3945	95706	7275	—	—
1999	40094	25870	2859	75	44367	16187	44136	1041	105731	11357	4459	—
2000	34951	32197	2755	127	70918	14115	67403	13726	166162	13220	5084	—
2001	48060	45335	2655	70	74864	13236	67761	10390	166251	14109	6386	—
2002	36198	33362	2793	43	81033	6618	109482	10828	207961	15786	9030	—
2003	49841	47959	1838	44	98947	100	125030	14296	238373	13132	13939	—
2004	48314	46562	1701	51	122694	—	103138	16334	242166	14997	38344	152551

续表3—7—14

年份	长途电信收入	其中：国内长途电话	国际及港澳电话	国内国际电报	市内电信收入					农话收入	数字通讯收入	其他
					市内电话	无线寻呼	移动电话	其他	合计			
2005	51516	49429	2030	57	85996	—	179488	4897	270381	16359	22638	120304
2006	54070	51668	2324	78	126481	—	144848	607	271936	17728	39923	69538
2007	57543	54807	2655	81	130432	—	168064	366	298862	16953	69878	35992
2008	120965	115213	5194	558	111737	—	128196	2977	242910	—	72971	55209
2009	124616	119127	4967	522	80214	—	147244	2921	230397	—	96341	64382

说明：1.长途电信收入2000年口径与1999年略有不同。

2.2010年数据未作统计

1986～2010年邮电通信设备拥有量统计表

表3—7—15

年份＼项目	交换机总容量（万门）			电话机（万部）		
	市话	农话	合计	市话	农话	合计
1986	3.48	1.02	4.50	5.99	0.57	6.56
1987	4.46	1.11	5.57	7.00	0.60	7.60
1988	4.55	1.49	6.04	8.02	0.63	8.65
1989	4.56	1.52	6.08	8.31	0.66	8.97
1990	4.95	1.40	6.35	9.12	0.75	9.87
1991	7.88	1.49	9.37	9.64	0.84	10.48
1992	12.02	1.67	13.69	13.25	0.78	14.03
1993	15.27	3.09	18.36	18.05	1.39	19.44
1994	29.07	2.89	31.96	26.68	1.92	28.60
1995	42.43	7.73	50.16	36.48	2.70	39.18
1996	51.82	5.63	57.45	54.03	3.89	57.92
1997	57.70	14.73	72.43	59.44	4.90	64.34
1998	98.20	9.90	108.00	66.60	6.40	73.00
1999	95.00	29.00	124.00	71.55	18.20	89.75
2000	133.31	40.41	173.72	83.08	23.26	106.34
2001	130.44	46.36	176.80	97.33	34.29	131.62
2002	105.90	38.60	182.60	118.30	38.60	156.90
2003	162.09	49.91	212.00	161.10	42.20	203.30
2004	179.90	55.40	235.30	203.90	48.20	252.10
2005	195.66	58.29	253.95	206.30	52.60	258.90
2006	203.80	50.00	253.80	194.00	49.90	243.90
2007	197.50	48.00	224.50	194.90	48.30	243.20

续表3—7—15

年份 \ 项目	交换机总容量（万门）			电话机（万部）		
	市话	农话	合计	市话	农话	合计
2008	178.30	60.30	238.60	189.70	44.30	234.00
2009	192.20	45.00	237.20	192.00	45.00	237.00
2010	122.40	28.60	151.00	177.40	35.90	213.30

第二节 无线通信

一、无线寻呼

1987年，济南市电信局开始筹建无线寻呼业务。之前，试用邮电部第一研究所研制的YCF-121型无线寻呼系统中心设备一年。经过安装、调测、人员培训等工作，当年11月13日开办无线寻呼业务，设业务专用电话，号码为615555，昼夜服务。1988年1月1日，人工无线寻呼系统正式开通。1988年年底，寻呼业务1143户。1989年年底，全市寻呼业务突破2000户。1990年，由于社会各界对无线寻呼通信需求量越来越大，原有设备容量饱和，济南市电信局决定改用深圳中山大学通信技术研究所研制的SF-3000型无线寻呼通信设备。该设备容量较大(为12000户)，采取集中编码器方式工作，呼叫准确率高，同时具有群呼、定时呼、追呼、覆台查询及用户管理等性能，发射功率100瓦，覆盖面为半径20千米。1990年8月1日投产，至年底用户3992户。1992年5月3日，中文无线寻呼系统扩容工程竣工开通，设备容量由1.2万户增至6万户。1993年1月11日，开通“127”自动寻呼台。4月26日，寻呼台20万寻呼系统开通，“127”自动寻呼号码升至6位。5月8日，开通全省第一家“128”自动寻呼系统。全年无线寻呼用户净增22567部，为45022部。1994年4月16日23时，开通20万户无线寻呼系统。1995年，无线寻呼实现华东三省一市联网，并建成高速无线寻呼系统，年末公网无线寻呼总容量40万户，比1994年年末增长200%，比“七五”期末翻了7番。1996年年末，无线寻呼用户14.36万户。1997年10月1日，198、199全国寻呼网BP机在济南放号。年末，无线寻呼系统容量55万户，比1996年增长37%；无线寻呼用户15.9万户，比1996年增长11%。1998年，无线寻呼用户20.2万户。10月，无线寻呼业务从济南市电信局剥离出去，电信局不再经营无线寻呼业务。

二、模拟移动电话

1991年，济南模拟移动电话网开始建设。5月16日，开通移动通信服务。1995年，模拟移动电话交换机6万门，济南与30个省市联网和自动漫游，并开通数字移动电话。1996年，模拟移动电话及数字移动电话(GSM)交换机总容量12.5万门，均实现全国联网和自动漫游。1997年，完成模拟移动通信五期工程及数字移动通信(GSM)三、四期工程；模拟移动电话交换机及数字移动电话交换机总容量17.5万门，比1996年增长40%。1998年9月16日，济南电信局试开通1861移动电话费自动查询系统，济南市模拟移动电话和数字移动电话用户均可通过该系统查询话费。完成模拟移动通信六、七期工程及数字移动(GSM)五期工程；模拟移动电话交换机容量7.5万门；模拟移动电话接通率50.72%。1999年7月，在济南移动通信公司成立之时，济南市的模拟移动电话网建设已经完成7期工程，拥有模拟交换机1台，用户容量7.5万户，2001年12月31日，顺利实现模拟网的全网退网工作。

三、数字移动电话

1995年12月28日，济南电信局开通数字移动电话(GSM)。1998年，数字移动电话交换机容量20万门，比1997年增加一倍；数字移动电话接通率60.64%。1999年7月，在济南移动通信公司成立之时，济南市的数字移动电话网建设已经完成6期工程，7至17期扩容建设2010年进行。2009年，济南联通移动交换机容量198万户，至2010年发展至225万户。2009年5月17日，济南联通开通第三代移动通信网络WCDMA，即3G业务，推出全业务品牌“沃”。至2010年年底，联通3G实现全球200多个国家漫游服务。3G移动电话用户19.47万户。

四、无线市话

2002年2月，无线市话“小灵通”业务开通试用；5月17日，小灵通向社会试放号；7月1日正式放号。2003年，推出通信新业务“一号通”，系济南通信公司为商务人士量身定做的个人虚拟通信号码系列业务。2004年，新增小灵通用户35.75万户，达到77.19万户。2005年，完成小灵通第七期扩容工程、全省小灵通悦铃平台建设工程。2006年，济南网通公司推出新业务“亲情1+”。全年全市小灵通用户56.70万户。2007年，全市小灵通用户57.61万户；2008年，全市无线接入电话平均户数60.37万户；2009年，全市小灵通用户47.81万户；2010年，全市小灵通用户35.28万户。

1986～1992年电信业务统计表

表3—7—16

项目 \ 年份	1986	1987	1988	1989	1990	1991	1992
传　真(份)	42	96	562	10	612	2326	4649
长途电话(万次)	256	295	540	695	940	1201	2287
市内电话(户)	20150	23632	29373	35808	38502	46262	65250
农村电话(户)	2555	2800	3897	4199	4558	4973	5710
住宅电话(户)	—	—	—	—	5446	10229	21242
长途电话电路总数(路)	789	1131	1472	1782	2842	3935	6725

1993～1998年电信业务统计表

表3—7—17

项目 \ 年份		1993	1994	1995	1996	1997	1998
国内分类业务总量	长途电话(万次)	4105	5908	7651	9683	12784	16235
	年末市内电话(万户)	10.86	17.34	24.91	33.44	40.55	49.98
	年末农村电话(万户)	0.89	1.51	3.06	4.76	6.75	9.42
	本地网电话通话量(万次)	—	53542	63962	86569	107739	119222
	直拨国际港澳(万户)	0.19	0.48	1.14	0.67	1.65	0.97
	国内传真(万份)	—	1.57	2.53	4.04	4.92	5.44
	年末住宅电话(万户)	5.82	10.84	17.93	25.51	35.44	46
	年末无线寻呼电话(万户)	—	7.08	10.07	25	36.85	47.70

续表3—7—17

项目 \ 年份		1993	1994	1995	1996	1997	1998
国内分类业务总量	年末移动电话（万户）	—	1.18	2.31	4.34	12.71	21.80
	长途电话电路（万路）	1.19	2.05	2.75	3.56	4.16	6.45
	宽带网及互联网拨号注册电话（户）	—	—	7	492	926	13374
	每百人互联网用户数（户／百人）	—	—	—	—	—	—
国际及港澳分类业务	国际电话（万次）	65	47	50	64	79.08	68.07
	港澳电话（万次）	26	33	30	38	42.33	42.70

1999～2004年电信业务统计表

表3—7—18

项目 \ 年份		1999	2000	2001	2002	2003	2004
国内分类业务总量	长途电话（万次）	14686	13836	24939	14124	17966	18775
	年末市内电话（万户）	59	83.08	97.33	118	161.10	203.90
	年末农村电话（万户）	18	23.26	34.29	38.60	42.20	48.20
	本地网电话通话量（万次）	137928	151226	345781	374903	468119	521447
	直拨国际港澳（万户）	—	—	—	—	—	—
	国内传真（万份）	5.73	4.23	3.55	3.13	2.72	—
	年末住宅电话（万户）	61	84.63	106.40	126.20	158.45	187.73
	年末无线寻呼电话（万户）	55.30	59.30	60.50	28.30	—	—
	年末移动电话（万户）	31.40	60.80	87	119.90	174	232.80
	长途电话电路（万路）	11	14.19	37.89	57	69	44.30
	宽带网及互联网拨号注册电话（户）	28625	115672	129155	641000	782000	828000
	每百人互联网用户数（户／百人）	—	—	2.27	11.15	13.42	14.03
国际及港澳分类业务	国际电话（万次）	56	42.86	72.41	46.65	50.17	45.87
	港澳电话（万次）	32	23.10	26.73	20.79	27.48	17.93

2005～2010年电信业务统计表

表3—7—19

项目 \ 年份		2005	2006	2007	2008	2009	2010
国内分类业务总量	长途电话（万次）	14305	50725	87188	89052	92892	—
	年末市内电话（万户）	206.30	194	194.90	189.70	192	177.40
	年末农村电话（万户）	52.60	49.90	48.30	44.30	45	35.90

续表3—7—19

项目＼年份		2005	2006	2007	2008	2009	2010
国内分类业务总量	本地网电话通话量（万次）	407961	505252	494268	504981	575369	—
	直拨国际港澳（万户）	—	—	—	—	—	—
	国内传真（万份）	—	—	—	—	—	—
	年末住宅电话（万户）	189.80	191	187.30	156.90	138	137.50
	年末无线寻呼电话（万户）	—	—	—	—	—	—
	年末移动电话（万户）	239	346	407.80	505.50	582.10	857.60
	长途电话电路（万路）	54.50	97.10	102.60	—	—	—
	宽带网及互联网拨号注册电话（户）	743435	762576	826231	886818	1009065	1173000
	每百人互联网用户数（户／百人）	12.44	12.64	13.66	14.69	16.73	19.42
国际及港澳分类业务	国际电话（万次）	33	78	74.20	92.60	95.30	—
	港澳电话（万次）	13	28	35.80	30.40	31.20	—

第三节 无线电

一、无线电频率台站管理

（一）无线电设备源头管理 1986～2000年，管理方式以行政审批为主。累计批复经销设备申请文件49份，批准经销单位84家(次)；批复生产设备申请文件18份，批准设备生产单位17家，批复设备研发申请文件6份，批准维修单位10家(次)。1988年，与市工商行政管理局联合下发《关于加强无线电发射设备销售市场管理的通告》，加强市场检查，先后发现有7家商店无证销售对讲机，对擅自销售的42部机器、10个单位擅自购买的67部对讲机分别作了处理。2000～2006年，批准公众移动通信系统试验2次。2002年5月、8月，分别批准深圳中兴通讯公司、山东华为通信在济南市进行3G移动通信系统试验。2007年后，管理手段向服务转变，业务范围突出销售备案工作。2007年备案单位34家。2009年始，销售备案工作在互联网上实施，备案单位45家。在全国率先建立起无线电干扰器销售备案制度。2010年，备案单位54家，为销售单位制作频率申请操作手续提示牌，累计发放48张。

（二）台站专项管理 年度验证。1987～2010年，累计验证23次，验证率90%。重点通信设备管理制度。1988年8月11日，《转发国家无线电管理委员会办公室、邮电部电信总局〈重申公众无线电寻呼系统使用频率的通知〉的通知》。1989年1月23日，印发《关于按规定办理电视转播台、卫星地面接收站使用手续的通知》。1997年3月11日，印发《关于进一步做好无线电管理代办业务的通知》。1998年4月14日，印发《关于加强对各县(市)无线寻呼台(链路机)管理的通知》。2005年7月21日，印发《关于加强对蜂窝无线电通信基站设置使用管理有关问题的通知》。2010年8月，制定《济南市公众移动通信无线电管理工作联席会议制度(试行)》。业余电台管理办法。1996年11月，下发《济南市加强业余无线电台管理的通知》。2010年2月，制定《济南市业余无线电台验机办法(试行)》，当年累计验机3次、30多个电台。

二、台站资料普查

1993年，普查单位218个，普查登记电台10635部，办理报废电台手续2285部，查出私设电台174部。1999年4月至2000年6月，普查各类无线电通信设备(移动电话除外)5090部。其中，广播电视和电视差转38部、短波电台15部、寻呼设备84部、集群基站5座、卫星通信地球站5座、微波通信设备123部、其他设备4800余部。

2006年，实施报废手续设备218部，补办电台执照136个，收回频点20个，抽验设备385部。录入无线电台站和设备资料近12000条。至2006年，登记各类无线电台站9847部，设台单位101家，业余无线电台72个。2007年，自查自纠地理位置等数据约500条，修改新增必填项数据6000余条，设置与修改台站信息400余条，补录台站资料信息约1800条。

三、无线电监测及技术服务

(一)监测设施 1987年11月，市政府办公厅调拨无线电监测车1辆。1990年，市无线电管理委员会办公室编制完成《监测站建设八五计划和十年规划设想》。1990年，先后购置全频段接收机、频谱综测仪、无线电干扰机、计算机电脑等设备。2001年，济南市无线电监测系统实现与山东省无线电监测系统联网。2007年，调研规划济南地区A级无线电监测网的建设方案。2009年，5个小型电磁频谱监测站建成。济南地区无线电监测设施(含省无线电管理办公室三个固定监测站，一台移动监测站)形成“五四二一”格局，即五座小型无线电频谱监测站，四座大型监测站，二台移动监测站，一台民航专用监测站，实现系统联网，市区基本实现全区域监测信号覆盖。2010年，投资13万元，建成12平方米的无线电检测屏蔽室。

(二)监测业务 1987～2000年，无线电监测技术设备较少，设施有限，仅能利用全频段接收机进行监听和测向，用频谱综测仪进行无线电发射设备的简单测试，对重点保护频段实施干扰性保护。1987年始，进行无线电信号监测，每年累计监测约300小时。2003年始，对山东省移动公司济南分公司的GSM900/1800MHZ基站和济南通信分公司的PHS基站，按3%的比例开展年度抽检，检测各类基站153座。对无线接入及微波、地球站站点进行电磁环境测试，共测试站点248个。2007年3月始，建立、落实无线电频谱监测月报制度，月均监测时间1000小时。

第四节 数据通信

一、分组交换网

1993年9月1日，分组交换全国骨干网DPN-100型分组交换设备全网开通。1995年，数据通信建成全省分组交换骨干网、数字数据本地网，并延伸到5县(市)；建成电子信箱、计算机互联网。分组交换用户412户。1996年年末，完成本地分组交换网工程。1997年年末，数据通信完成公用分组交换骨干网二期扩容工程，新增端口586个，总数2422个，分组交换用户1192户。2005年，分组交换接点机实占端口数694个；2008年，分组交换接点机实占端口数458个；2009年，分组交换用户429户。因分组业务萎缩，济南分组网缩网，只保留省网和市网设备各2台。2010年，分组交换用户109户。

二、数字数据网

1994年11月28日，中国数字数据网(China-DDN)济南本地网建成开通。1995年，新发展数字数据(DDN)用户225户。1998年，济南本地数字数据网(DDN)扩容工程28个接点通过初验；山东省(DDN)二期工程及分组交换三期工程通过终验。数字数据(DDN)用户1372户，比1997年增长56%。1999年年末，数字数据(DDN)用户2025户，比1998年增长47.59%。2001年1月1日，原济南电信公司向社会推出一项新的数据业务——中国电信宽带网业务。该业务主要提供ADSL和FTTX+LAN两种接入方式。2003～2008年，数字数据网接点机实占端口数分别为3477个、3824个、2127个、2023个、2584个、2520个。2009年，数字数据网业务用户1786户。2010年，数字数据网业务用户1076户。因低速数据专线业务萎缩，济南本地网缩网，只保留37个节点。

三、ATM网

1998年，山东省ATM网络济南本地实验网建成。2000年，山东省ATM网络济南本地网全面建设，延伸到济南所辖的5县(市)。2003～2008年，ATM实占端口数分别为1027个、394个、364个、450个、424个、441个。2009年，ATM业务PVC用户209户。2010年，ATM业务PVC用户175户。

四、帧中继

1996年11月，开通帧中继(高速分组交换)业务。1997年，发展帧中继用户52户。完成全国帧中继宽带系统工程。1998年，帧中继用户91户，比1997年增长75%。1999年，帧中继用户622户，比1998年增长583.52%。2003年，帧中继实占端口数20个。2005～2008年，帧中继实占端口数分别为992个、1042个、956个、1030个。2009年，帧中继业务PVC用户2081户。2010年，帧中继业务PVC用户1816户。

五、计算机互联网

1995年，济南市计算机互联网用户7户。1996年7月5日，中国电信国际计算机互联网济南本地网开通。年末，计算机互联网用户492户。1997年，互联网用户926户；1998年，互联网用户374户；1999年，互联网用户28625户。2000年，济南本地宽带城域网开通。2001年1月1日，原济南电信分公司向社会推出中国电信宽带网业务。该业务主要提供ADSL和FTTX+LAN两种接入方式。2009年，互联网接入用户73.2万户。2010年，互联网接入用户91.1万户。互联网骨干网端口总数495个。

第三章　信息化

第一节 信息技术应用与开发

一、政务信息化

1996年，济南市信息化工作领导小组成立，制订全市信息化建设规划纲要。纲要提出“建成政务信息网。党政机关和市属行政事业单位基本上实现办公自动化，用电子文件取代纸张文件，提高工作效率，开放电视会议系统，向社会开放电子信箱政务查询系统。”

1997年，先后启动金卡、金桥、金企、金农等系列工程。开通国际互联网济南信息港、国际经贸信息网。在电信网不断扩大规模和质量升级的同时，有线电视网、计算机网相继开通，形成“三网开泰”的信息高速公路体系。

人才信息网络管理系统、公安交通信息化管理系统、城市供水收费系统、液化气卡基收费系统、规划管理系统、统计信息系统居国内领先水平。软件产业有了长足进步，齐鲁软件园被命名为国家高新技术产业软件园，成为全国4家国家级软件园之一。

1998年，济南市第十次党代会提出“把信息化基础设施建设纳入城市建设总体规划，加快济南综合信息互联网络建设，为把济南建成智能化城市奠定基础”。济南市大力发展信息服务业，加快实施“一网、一园、十金、十库”工程①。市人事局、市物价局的业务处理网络居全国先进水平。12月10日，《济南市信息化建设规划纲要》发布实施。该纲要确定济南市信息化建设的基本原则是：贯彻中央提出的“统筹规划，国家主导，统一标准，联合建设，互通互联，资源共享”的方针；坚持市场导向，利益驱动的原则；坚持应用导向，保证重点，分步实施的原则；贯彻技术先进性与实用性相结合的原则。纲要还确定济南市信息化建设的总体目标，即在2010年以前，建成“一网、一园、十金、十库”。此外，纲要指出济南市信息化建设的内容和任务可归纳为四大工程、两个牵动。四大工程是济南地区综合信息互联网(济南信息高速公路)建设工程、数据库系统建设工程、信息应用工程和信息化教育工程。两个牵动是牵动信息市场的培育成熟，牵动电子信息产业的发展，达到调整产业结构、推动经济发展、提高经济效益、促进社会进步的目的。

1999年，市信息化办公室组织实施济南市政府上网工程，建成机关内部高速信息网络，开通政府网站域名。至年底，20多个机关单位在网上注册gov.cn的政府域名。4月，济南信息港政府上网工程启动。山东旅游信息网是政府上网工程首家开通的网站，外部访问量日均1000余次。年末，在济南信息港“落户”的政府部门75家。济南市政府网站于7月中旬开通试运行。网站开设泉城风采、济南五十年变迁、金秋洽谈会、城建重点工程、重点企业集团、国企改革、2000年招商项目、公用事业指南等特色栏目，浏览量不断增加。2000年10月25日，济南市政府网站正式开通。

2003年，省信息产业厅与济南市共同实施“省市共建信息化省会城市”工程，经过近两年的培育和指导，市卫生局、市公安局、市地税局、市国税局等10家单位通过检查验收，被确定为“省市共建信息化典型示范单位”，在全省推广经验。其中，市物价局、市卫生局、市档案局、市教育局等单位被评为全国行业内信息化建设先进单位。市卫生局药品采购电子商务平台实现所有市级医院80%常规用药的网上招标采购，电子交易额1.63亿元，累计3.27亿元，采购药品平均降价20%，有效杜绝医院药品采购中腐败现象的发生，使广大市民得到实惠，被誉为政府“阳光工程”。市国税局开发的普通发票网上查询系统投入运行，利用该系统，可以十分方便地辨别普通发票的真伪，有效杜绝“发票腐败”和利用发票偷漏税案件的发生。市物价局医药价格信息网实现定点医院、药店与医保中心的信息共享、物价监管，保障医疗保险制度改革的顺利实施，使医保用药价格更加合理，被国家物价局誉为“重大创举”。

2005年，依托公用信息平台建设的电子政务网络覆盖所有县(市)区和311个单位。开通市政府公众信息网，80%的市直部门建立网站，政府工作效率和行政服务能力明显提高。财税增收、行政审批、政府资金网上结算等跨部门信息共享和业务协同工程取得显著经济和社会

① “一网”是指济南市综合信息网。“一园”就是建设好齐鲁软件园。“十金”“十库”是指金宏、金卡、金农、金卫、金税、金关金贸、金企、金智、金安、金社十大类信息化工程及其相配套的应用数据库。

效益。财税增收信息化工程实现22个部门企业基础数据的交换共享，不仅为财政累计增加税收1.8亿元，更为社会综合治税和企业信用体系建设提供了数据支撑，其建设经验被国家四部委概括为“济南模式”在全国推广。行政审批信息化工程完成工商企业注册登记前置审批相关的15个部门、26个审批事项“一厅式”网上并联审批，项目审批周期平均缩短1/3。政府资金网上结算信息化工程完成234个结算单位的网上报账、自动监控和信息查询，工作效率提高50%以上。信息技术在教育、科技、文化、卫生、交通、公用事业、社会保障、公共安全等各项社会事业中得到普遍应用，促进了城市管理水平的提高和各项社会事业的进步。

2006年，建立市级专业数据库34个。其中，人口数据库录入全市560万常住人口和40万暂住人口信息，企业基础信息数据库录入工商企业4万多户全方位信息，法人单位数据库录入56万户法人单位全方位信息。初步建成市、县、乡、村四级网络体系，形成涉农网站集群，数据总量52.5GB。

2007年，以“便民服务”为主要内容、以通过市场机制“不花社区一分钱”为建设方式、以信息化手段为居民提供便捷服务的社区信息化试点工作进展顺利。建成农村信息服务站10个，累计开发60多个农业数据库和167个网站，开通“农业新时空”信息平台，市、县、乡、村四级信息联动网络初步建立，为农业增效和农民增收提供了现代化手段。

2008年，依托电子地图、移动监管车、城管通等信息化手段，实现对城市的实时化、精细化、动态化管理的数字化城市管理系统初步建成，市、区两级城市管理、指挥、监督平台投入试运行。国库网上统一支付、网上政府采购平台、住房公积金联网审计等信息化工程顺利开展，财税增收、行政审批、网上结算等跨部门信息系统运行良好，依托市公用信息平台推动信息共享和政务协同工作效果显著。

2009年，全市电子政务网络建设稳步推进，市公用信息平台整体搬迁到龙奥大厦，支撑服务能力逐步增强。有300多个部门接入平台，29个部门的信息系统部署在龙奥大厦信息平台，开通内、外网信息点约4100多个，运行着100多个应用系统、300多台服务器及网络设备，网上审批、联网审计、资金结算等系统稳定运行，国库资金网上支付单位243家。

至2010年，济南市电子政务为民服务水平显著提高，市直部门和区县主要业务信息化支撑程度分别为70%和40%以上，县级以上政府政务服务事项覆盖率为50%以上，县级以下街道(乡镇)和社区(行政村)的政务服务事项覆盖率为20%以上。

二、社会信息化

济南市社会信息化是随着电话、互联网、计算机的普及而发展的。1988年，济南电信局开办国内长途直拨电话，国内半自动长途电话，国际港澳直拨电话，“174”长途电话查号台，无线寻呼，程控电话等新兴业务。1989年，开通“114”微机查号台、“118”电报服务台、电话信息服务台。1990年1月25日，济南市电信局开通国际及港澳台长途电话直拨业务。11月29日，开办国际及港澳台长途电话半自动台。1991年，济南市开通移动电话系统。1993年，济南市区全部实现市话程控数字化；长途交换和传输实现数字化；农话自动化程度明显提高；开通分组交换网。5月12日，开通磁卡电话。

1994年，全省数字数据通信分组交换网、中国数字数据网(China-DDN)、全国可视电话系统骨干网相继开通。1995年，济南市扩大本地电话网正式开通，济南地区统一使用0531区号，市辖5县(市)电话号码由6位升至7位。12月28日，济南开通数字移动电话(GSM)，与全国15个省市联网和自动漫游。年内，相继开通电子信箱、虚拟专用网(VPN)和国际计算机互联网(Internet)业务。

1996年，济南市信息化工作领导小组成立。7月5日，中国电信国际计算机互联网(INTERNET)济南网正式开通。成为继北京、上海之后，中国第三个建成并开通节点机的城市。1997年5月，中国公众多媒体信息网——169济南信息港正式开通，是全省第一家公众多媒体综合信息服务网络。1998年，全市在信息港上注册的因特网用户超过1万户，上网人数突破2万人。

1999年，全市因特网用户突破5万户，其中专线用户占50%。网吧130家。

2000年，济南市网络基础建设形成从“三网开泰”到“九网通衢”的局面，九大信息网络服务公司分别是中国电信、中国联通、中国吉通、中国网通、中国移通、中国铁通、广电网、三联百灵网、鲁能通信。全市信息产业年增长50%，从事信息产业的企业3000余家，从业人员约11万人，大型信息产品市场10处，上市公司2家。全市普通电话总容量超过150万门，装机容量100万户，移动电话总容量100万门，用户突破50万；各类网站1500余家，因特网上网人数超过25万人。

2001年，济南市初步建成以光缆为主的公共传输干线网，光纤用户接入网，实现光纤到路边，到小区，为济南经济驶入网络经济时代提供了良好的物质基础和技术保障。

2002年，济南市建成技术先进、功能完善、覆盖全市的数据通信和数字电话交换网；建成大容量、高速率、覆盖全市的GSM网和CDMA网；7月1日，小灵通无线市话网开通；有线电视网覆盖到乡镇，基本完成双向改造。一个以高速光纤网为主、具备多种传输手段的通信网络形成。企业信息化建设初见成效。全市中型以上企业65.95%设立网站，联网计算机占企业拥有计算机总数的68.93%；32.97%的企业建有局域网，25%的企业建有数据库；30.85%的企业实行管理信息化；网上采购率最高30%。济南市被国家确定为电子商务与现代物流试点城市。

2003年，全市本地光纤总长度34.7万芯千米；电话交换机总容量212万门，固定电话用户203.3万户，其中无线市话(小灵通)用户41万户；固定电话普及率118部/百户；移动电话装机总容量200.5万门，用户174万户，普及率102部/百户，互联网用户78.2万户，其中宽带网用户26.9万户，城市居民宽带网普及率20.2%；有线电视用户88万户。济南市被列为全国有线数字电视首批试点省市之一，城区有线数字电视试验网开通，发展试验用户3000户。全市规模以上制造企业的信息化水平和综合竞争力明显提高，济南二机床、济南正昊化纤、济南试金集团等成为应用信息技术改造和提升传统产业的企业信息化示范单位。济南市承担的“十五”时期国家科技攻关项目——电子商务与现代物流试点城市示范项目于年底通过国家专家组验收，被誉为“最具示范意义的示范项目”。市教育局通过实施“校校通”工程，全市中小学拥有计算机3.5万台，平均每21名学生拥有1台计算机，普通高中全部普及信息技术教育。

2004年，全市基本建成以固定通信、移动通信、数据通信和有线电视网为主体，微波和卫星通信、集群通信为补充的覆盖全市的信息高速公路骨干网络。11月30日，济南市有线数字电视开播。用户可收看的数字电视节目增加到100多套，同时提供政务、气象、信息、新闻、体育、金融、交通、旅游等生活信息服务。9月22日～26日，由联合国亚太经社委员会、中国工程院、信息产业部、山东省人民政府共同主办的第二届中国(济南)国际信息技术博览会在舜耕国际会展中心举办。20多个国家和地区、国内20多个省市的208家IT企业参会参展，客商及代表4500人，参观人数21万人次。共签订投资合作项目24个，总投资额101.31亿元，其中涉及济南市的项目20个，投资金额

87.15亿元。

2005年，济南市构建起以光纤为主、无线为辅、立体交叉、覆盖全市的城市“信息高速公路”体系，整体规模和技术水平达到国内先进水平。年末，全市固定电话用户265.7万户，普及率44线/百人；移动电话用户266万户，普及率45部/百人；互联网用户141.8万户，普及率24%；有线电视用户124.3万户，入户率72%；城市居民家庭电脑49.3万台，普及率54台/百户。2006年，济南市有大型网络运营企业9家，各类互联网网站6400多家。城市出口带宽21G，光纤网络总长度105万芯千米。

2009年，全市基本建成覆盖城乡的信息高速公路体系。全市以光纤入户为目标的网络改造工程实施顺利，光纤接入的精品宽带楼宇覆盖区域达到60%以上，用户接入速率2M以上，3G和第三代移动通信网络TD-SCDMA、WCDMA、CDMA2000均已商用，3G网络覆盖市区和县城驻地；全市交通枢纽、高速公路、机场、星级酒店及大型活动场所通信网络质量得到提升；无线宽带试验网建设已经可以进行无线宽带技术实验和演示；800M数字集群信号已覆盖市区，成为城市应急通信指挥的有效手段。数字泉城建设深入推进，以“厅、屏、图、站”为代表的数字泉城信息服务项目，在全运会期间发挥便捷、高效、实用的便民服务作用。100多个社区实现居民电话费、水电费等生活缴费项目和机车票预定的“一厅式”自助办理，解决居民“生活缴费难”的问题。建成180个信息化便民服务屏，解决社区等公共场所缺少公共信息化终端，造成居民获取信息化服务困难的问题。完成城区旅游交通、餐饮住宿等265个生活服务点的三维立体全景图、整合气象、交通、社保等信息资源，实现网上交互式查询和在线预定。建成以信息化网络为平台，展示信息化社区的服务内容，为居民提供信息查询服务，接受居民建议和意见的社区便民服务网站100多个，成为政府解决民生问题的决策信息源。济南公交调度指挥中心建成启用，3000多辆公交车安装GPS系统，实现车辆3G视频监控、智能调度、电子站牌等应用，公交智能化水平进入国内先进行列。依托电子地图、移动监管车、城管通等信息化手段，实现对城市实时化、精细化、动态化管理的数字化城市管理系统初步建成，市、区两级城市管理、指挥、监督平台投入试运行。

2010年，济南市被省政府确定为首批6个山东省两化融合试验城市之一，编制《济南市创建信息化与工业化融合试验区实施方案》，方案确定在济南市6大产业集群(交通装备、电子信息、冶金钢铁、石油化工、机械装备、食品饮料)中的50家重点企业，推广新信息技术在产品研发设计、生产过程、企业管理、市场营销、人力资源开发、新型业态培育、企业技术改造等7个环节的应用。以中国重汽、法因数控、二机床、济南重工等离散型生产企业为示范，在产品研发设计环节，推广应用三维计算机辅助设计(CAD)、并行设计、运动仿真、虚拟制造等技术，实现设计研发的数字化；以中国石化济南分公司、山东钢铁(济钢)、山东山水集团、晋煤明水化工等连续型生产企业为示范，在生产过程环节，推广制造执行系统(MES)、集散控制系统(DCS)、智能传感等技术，实现生产过程的自动化；以浪潮、九阳等管理创新型企业为示范，在企业管理环节，推广基于商业智能的新型企业资源规划(ERP)、供应链管理(SCM)等系统，以及基于新一代互联网的动态联盟等模式，改造管理流程，实现企业运营管理的协同化；以佳宝乳业、福胶集团、玫德铸造等外向型生产企业为示范，在市场营销环节，推广多网异构融合、射频识别(RFID)和物联网等技术、产品，优化企业采购销售流程，提高产品可追溯性，实现市场营销的网络化；以浪潮集团、中创软件、积成电子等人才密集型企业为示范，在人力资源开发环节，采用可视化、网络化、交互式等便捷教育手段，加强新信息、先进制造、新信息与先进制造集成等技术的培训，实现人才的信息化；以盖家沟物流、佳怡物流、零点物流等新兴服务业企业为示范，在新型业态培育环节，发展现代物流、软件服务外包、数字媒体等新型业态，实现产业发展的多元化；以济钢、重汽、二机床、山水、济南热电、黄台电厂、章丘东风煤炭等资源消耗型生产企业为示范，在企业技术改造环节，推广清洁生产、安全生产、新信息与先进制造集成技术，实现技术的现代化；以济南市重点园区公共服务平台、济南市农业服务平台、山东邦尼电子商务平台为支撑，完善企业服务体系，提升政府服务意识；发挥济南省会城市IT产业优势，建设"两化融合"服务支撑体系。建设以浪潮ERP、中创中间件、华天CAD、中孚信息安全产品为代表的服务支撑体系，建立IT企业与传统企业联络平台，完善"两化融合"建设的服务平台体系。节能减排信息化、农村信息化工作受到国家表彰。二机床、山水集团成为山东省信息技术应用中心，济钢、重汽、二机床被工信部树为两化融合促进节能减排试点示范企业称号。推进农业和农村信息化建设，全市建成一个网站群、两大共享平台(网控中心平台和数据中心平台)、开通三大主网站(山东金农信息网、中国农业书店和山东农业市场网)、实现市、县、乡、村四级联动信息服务；开展"信息化下乡"活动，采取信息服务大篷车流动培训、电脑下乡、信息化应用体验和农村信息化培训教材发放等方式进行农村信息化建设宣传；搭建农民培训平台，在章丘市普集镇、市中区陡沟办事处的2个国家级综合信息化服务培训中心推动下，普及信息化基础知识，全年培训农民2000余人；建设农村综合信息服务站，市中区陡沟村被工业和信息化部评为"农村综合信息服务站"先进单位。在全省推广一卡通。城市一卡通成为第一个覆盖全省的便民卡，累计发卡50多万张，日交易额80万元，安装POS机1万多台，一卡缴费包括公交、高速公路、出租、公园、统一银座、通信等范围，签约商户1000多家。开展新一代信息技术推广应用。推动物联网在城市管理等典型领域的应用，基于物联网的路灯节能系统开始建设，年节电量1亿度。

第二节 信息安全管理

1999年，济南市信息化办公室专门成立济南市解决"计算机2000年问题"应急指挥中心，设立技术支持电话，与技术专家配合，解决相关问题，并对重点企业进行现场检查，预防各类事故的发生。

2003年7月～9月，市保密局、市安全局、市信息产业局组成信息安全检查组联合对全市各区县、各部门进行大规模信息安全工作大检查。现场检查40家单位，160家单位提供自查报告。

2004年，开展互联网上网服务营业场所专项整治，共检查网吧1万家次，其中查处违法违规网吧715家次，配合工商部门取缔黑网吧66家；配合有关部门加大淫秽色情网站打击力度，净化信息网络环境，及时查处"消费储值"等利用网络开展的非法经营活动，年内共取缔非法经营网站7个。

2006年6月，全市开展信息安全风险评估工作；8月，召开全市信息安全风险评估工作宣贯会，并启动编写《济南市信息安全风险评估工作指南》。

2007年4月，市信息产业局制定《济南市互联网网络与信息安全应急预案》，建立起网络与信息安全应急协调、处理机制。5月，《济南市信息安全风险评估工作指南》通过由省信息产业厅、省科学院、山东大学、济南大学等单位专家组成的专家组验收，6月，市信息化领导小组办公室、市信息产业局联合印发《济南市信息安全风险评估工作指南》，规范全市的网络安全风险评估工作。

2009年，济南市围绕打造数字全运会的

目标，按照全运会组委会的统一部署，各通信运营商全面加强网络升级改造，3G、800M数字集群、WLAN、WIMAX无线宽带、RFID等新技术首次服务于全运会保障。全运村带宽超过10G，各比赛训练场馆机房及信息管网健全完善，竞赛成绩处理、竞赛信息传输、视频会议、视频监控和调度指挥等系统安全可靠运行，信息亭全面服务全运赛事活动、竞赛组织和服务保障工作，应用程度亦超过历届赛会。在信息通信保障上实现“零失误、零差错”，组建12支信息技术与通信保障团队，共计投入保障人员2000多人，保障车辆120辆；制定开闭幕式、各项赛事通信保障预案，开展应急演练20多次，高质量完成开闭幕式、火炬传递等重大活动通信保障工作和12项赛事的信息技术保障任务。开幕式期间，奥体场区实现10万名观众同时通话、两千位记者同时上网、近千名现场指挥人员同时群呼的网络通信能力，容量配置超过北京“鸟巢”国家体育场。

2010年1月13日，在全市范围内开展网络与信息安全检查，42个市直有关部门和10个直属事业单位按照《政府信息系统安全检查指南》进行自查。11月上旬，市经信委会同有关部门组成联合检查组对市公积金管理中心、市水利局、市统计局、市民政局、市地税局、市人力资源社会保障局进行抽查。11月29日，成立济南市网络与信息安全协调小组，统筹协调跨部门网络与信息安全工作。

第四章　机　构

第一节 济南市邮政局

1986年，济南市邮政局下辖党群机构9个，行政机构14个(生产单位11个，县局4个)。1987年1月1日，安全科与科学技术研究科合并，成立安全技术科。1988年12月6日，撤销组织科与宣传科，成立企业管理办公室。1989年5月17日，增设业务检查科和劳动工资科。同年8月14日，科(室)改称处(室)，设局长办公室、企业管理办公室、总调度室、劳动工资处、计划财务处、审计处、监察室、宣传教育处、保卫处、邮政业务处、电信处、科学技术处、安全车管处、邮政质量检查处、人民武装部、总务处、供应处、房屋管理处、规划基建处、老干部处、退休职工管理办公室、工会等。

1992年6月11日，邮政业务处与总调度室合并，成立邮政处；总务处与房屋管理处合并，成立行政处；退休职工管理办公室并入工会，增设职工培训中心。1994年4月4日，职工培训中心并入宣传教育处。1997年3月7日，撤销企业管理办公室和邮政质量检查处。

1999年4月15日，职能处(室)改称部(室)，调整机构，设办公室、人事教育部、计划财务部、审计部、经营服务部、运行维护部、工程建设部、安全保卫部、党群办公室、离退休人员管理办公室和工会。2000年9月26日，济南市邮政局分设为济南市邮政局和济南邮区中心局2个由省邮政管理局管理的直属单位。2001年3月6日，设质量检查部。2002年8月7日，经营服务部改称市场部，质量检查部改称业务管理部。2003年2月13日，工程建设部划归后勤管理中心管辖。2004年2月18日，离退休人员管理办公室并入工会，在工会领导下，为离退休人员服务。2006年1月23日，计划财务部与审计部合署办公。2009年3月，成立山东邮政11185客服中心，负责全省邮政经营服务的支撑工作。2010年3月19日，办公室与党群办公室合署办公，改称综合办公室，离退休人员管理办公室划归综合办公室管辖。并撤销业务管理部和安全保卫部，成立监督检查安保部，负责邮政视察、安全保卫等工作，成立运行维护部负责网络调度、邮运、投递、设备、车辆管理等工作。同年11月，综合办公室增加“监察”职责。市场部更名市场经营部、监督检查安保部更名监督检查与安全保卫部。至此，职能管理机构：综合办公室(党群办、监察室)、计划财务部(审计部)、市场经营部、监督检查与安全保卫部、运行维护部、人力资源部。群众组织：工会(内退员工管理办公室)。直属单位：山东邮政11185客服中心、邮件处理中心、物业管理部。

第二节　济南市电信局

1986年，济南市电信局下设办公室、经营科、总工程师室、长途通信科、市话通信科等行政职能科室14个，设长途电话交换科、载波机务一站、无线科、营业科、市话二、三、四、五、十、十一、七里山分局等生产经营单位19个。1987年8月19日，成立市话六六分局。1989年8月26日，根据《济南市电信局执行国家计划单列城市工资标准后有关问题的通知》，市电信局职能科(室)改为处(室)、生产科(室)改为分局。

1989年4月1日，历城区邮电局电信部分，划归济南市电信局管理，成立“历城区电信局”(为济南市电信局农话科)。1993年2月23日，济南地区五县(市)邮电局(长清县、平阴县、济阳县、商河县、章丘市邮电局)，由济南市邮政局划归济南市电信局管理。1994年7月，济南市电信局经邮电部党组批准，级别调整为准局级单位，与省局隶属关系不变。

1998年9月22日，章丘、长清、平阴、济阳、商河五县(市)邮、电分营，邮政局、电信局分别正式挂牌运营。1999年7月19日，电信分营，济南市电信局拆分为“济南市电信局”“移动通信公司”，分别独立运营。

济南邮电大楼

2001年2月28日，电信业改革，济南市电信局更名为“山东省电信公司济南市分公司”。2002年5月，中国电信南北分拆，中国网络通信(集团)有限公司成立，由原北方十省电信公司组建。9月28日，原山东省电信公司济南市分公司更名为“中国网通山东省通信公司济南市分公司”。2003年6月和2004年1月，通信公司与吉通和网通(控股)公司融合重组。2004年11月16日～17日，中国网通(集团)在美国纽约和香港股票市场挂牌上市，原中国网络通信(集团)有限公司山东省通信公司济南市分公司，更名为“中国网通(集团)有限公司济南市分公司”。2005年5月10日，原隶属于中国网通(集团)有限公司济南市分公司的山东省专用通信局，经剥离后归山东省省委直接管理，不再作为济南网通所辖单位。7月1日，山东省专用通信局正式独立运营。

2008年10月15日，根据国家电信体制改革要求，原济南网通与原济南联通合并，成立中国联合网络有限公司济南市分公司，成为济南地区规模最大的全业务通信运营商，业务范围涵盖固定通信、移动通信、国内及国际通信设施服务、数据通信、网络接入和电信增值、系统集成等业务，固话、宽带、手机用户总数超过450万。

第三节 济南市信息化工作领导小组办公室

1996年，济南市信息化工作领导小组办公室成立，为正局级全额拨款事业单位，是市信息化工作领导小组的办事机构，下设综合处、信息业务处2个处室，是全国首个成立的信息化领导机构。

2001年，济南市成立信息产业局，市信息化工作领导小组办公室移至市信息产业局。2006年，市信息化工作领导小组办公室改称市信息化领导小组办公室，仍设于市信息产业局。

2009年，市信息化领导小组办公室随市信息产业局移至新成立的市经济和信息化委员会。

第四节 济南市信息产业局

2001年政府机构改革，组建市信息产业局。下设办公室、信息化推进处(挂市信息化工作领导小组办公室牌子)、网络管理处、信息安全管理处、科学技术与对外合作处、组织人事处。下属事业单位：济南市信息化培训中心，为自收自支县处级事业单位，主要负责网络、信息安全、信息化标准和规范的培训工作。2004年政府机构改革，保留市信息产业局，为市政府工作部门。2009年政府机构改革，组建市经济和信息化委员会。将市经济委员会除机电产品进出口管理和整顿规范市场经济秩序以外的职责、市信息产业局(市信息化办公室)的职责，整合划入市经济和信息化委员会。将市人民政府办公厅管理的济南市无线电管理办公室移交市经济和信息化委员会管理，不再保留市经济委员会、市信息产业局(市信息化办公室)。

第五节 无线电管理机构

1985年3月，济南市政府成立市无线电管理委员会；7月，市政府办公室成立无线电管理科。1987年2月，无线电管理科改为无线电管理处。同年11月，建立济南市无线电监测计算站，为科级事业单位，隶属于市无线电管理委员会办公室领导。1992年7月，市无线电管理委员会下设办公室，为市政府负责全市无线电管理的常设职能机构。2001年9月，明确市无线电管理委员会办公室为副局级单位。2004年12月，市无线电管理委员会办公室更名为市无线电管理办公室。2010年4月，市无线电管理办公室整建制划入新组成的济南市经济和信息化委员会。

济南市史志编纂委员会

（2005年9月～2008年12月）

济南市史志编纂委员会

（2008年12月～2012年2月）

注：“*”表示离任。

济南市史志编纂委员会

（2012年2月～2013年12月）

主　　任　杨鲁豫

顾　　问　张福山　诸葛士廉　朱文兴

第一副主任　巩宪群

副 主 任　李华贤　任建新　陈　荣　刘　民　杜　平　张德萍

崔春荣　凌安中　王宏志　蒋晓光　张　利　李吉祥

委　　员　李会宝　田　庄　陈东生　徐　群　史同伟　刘程华　孙竹兮　尹清忠

岳绍红　王玉玲　贾　杰　朱传东　张树振　李四灵　马军远　王　军

孙元文　崔　刚

济南市史志编纂委员会

（2014年1月～2015年3月）

主　　任　杨鲁豫

顾　　问　张福山　朱文兴

第一副主任　巩宪群

副 主 任　李华贤　任建新　陈　荣　刘　民　张德萍　崔春荣

凌安中　王宏志　蒋晓光　张　利　翟旭东

委　　员　李会宝　田　庄　陈东生　徐　群　史同伟　刘程华　孙竹兮　尹清忠

刘　浩　王玉玲　贾　杰　朱传东　于晓奎　孙庚贵　孙建新　马军远

王　军　孙元文